imaginist

想象另一种可能

理
想
国

imaginist

Rembrandt's Eyes

伦勃朗的眼睛

天才与他的时代

Simon Schama
[英] 西蒙・沙玛——著
黄格勉 林晓筱 译

上海三联书店

著作权合同登记图字：09-2024-0129
地图审图号：GS（2023）4217号

图书在版编目（CIP）数据

伦勃朗的眼睛：天才与他的时代 /（英）西蒙・沙玛著；黄格勉，林晓筱译 . -- 上海：上海三联书店，2024.5
ISBN 978-7-5426-8440-0

Ⅰ . ①伦… Ⅱ . ①西… ②黄…③林… Ⅲ . ①伦勃朗(Rembrandt，Harmensz van Rijn 1606-1669)—传记 Ⅳ . ① K835.635.72

中国国家版本馆 CIP 数据核字 (2024) 第 066989 号

伦勃朗的眼睛
天才与他的时代
（英）西蒙・沙玛 著；黄格勉，林晓筱 译

责任编辑：苗苏以
特约编辑：何碧云
装帧设计：吴伟光
内文制作：陈基胜
责任校对：王凌霄
责任印制：姚　军

出版发行 / 上海三联书店
（200041）中国上海市静安区威海路755号30楼
邮　　箱 / sdxsanlian@sina.com
联系电话 / 编辑部：021-22895517
发行部：021-22895559
印　　刷 / 北京华联印刷有限公司

版　　次 / 2024 年 5 月第 1 版
印　　次 / 2024 年 5 月第 1 次印刷
开　　本 / 710mm × 1000mm　1/16
字　　数 / 896千字
印　　张 / 61.5
书　　号 / ISBN 978-7-5426-8440-0/K・770
定　　价 / 298.00元

如发现印装质量问题，影响阅读，请与印刷厂联系：010-87110703

献给约翰·布鲁尔、加里·施瓦茨，

及同住“克利俄之家”的所有房客。*

* 克利俄（Clio）是古希腊神话中司历史的女神。——编注

我们应为胆敢谈论绘画而感到汗颜。

——保罗 · 瓦雷里

目 录

第一部　一名画家的前途

第二部　典 范

第三部　奇　才

第四部　浪　子

第五部　预　言

第六部　后 话

第一部

一名画家的前途

第一章

本质

1. 斯海尔托亨博斯，1629 年

齐射三十发之后，大炮被迫冷却下来。或许在那时，康斯坦丁 · 惠更斯 3
（Constantijn Huygens）才发觉自己听到了响彻炮兵队的夜莺啼叫声。[1] 从奥兰治亲王腓特烈 · 亨利（Frederik Hendrik, the Prince of Orange）所在指挥部的窗前望去，一望无际的围城之景尽收眼底。惠更斯若受到邀请，或许就处在一个绝佳的位置，能以辽阔的鸟瞰视角，画出其中一幅战事图。他会用画笔记录指挥官的才能，捕捉其足以与亚历山大大帝或大西庇阿（Scipio）比肩的功勋为后人传颂。有人喜欢将这样的场景描绘成展现英勇的舞台。而在像惠更斯这样文采奕奕的人看来，从塔楼卧室俯看到的远景像是一场盛大的假面舞会，场景里烟火闪耀，奇异的装置噪声不断，各色旗帜令人目眩。但他也知道，尽管看上去是一场溃败，但实际上这样的节日游行自有其严格排列的阵仗：第一排是吹笛手和鼓手；随后是鞍甲无可挑剔的马匹；往后是江湖骗子和披着狮皮的人；再往后是纸板做的海豚和龙；最后是古色古香的凯旋车队，由佩戴花环的公牛拉着，有时由骆驼拉着。

然而，眼前的这般景象却大不相同：表面井井有条，实际一片混乱。距离并没有让整场行动富有理性。如风暴中的老鼠般到处乱窜的场景比比皆是。

甲胄骑兵和火绳枪兵会时不时地冒险突入烟雾中，骑兵在人和马匹留下的血污残骸中驭马慢跑，枪兵乐观地对着城堡外墙射击。除了他们之外，工兵在低矮、潮湿的战壕里试探性地匍匐前进，可想而知，他们这样做是因为担心被自己人的流弹击中。还有一些人，他们虽参与了军事行动，但却不那么富有动感：有人头靠在战鼓上打鼾，有人在掷骰子，有人在抽烟斗，还有一些特别不走运的人，在颓唐的绞刑架上摇晃。黄昏时分，每过一会儿，迫击炮发出的榴弹就会蜿蜒着蹿入墨黑的天空，找到城里的一座屋顶，随后在天狼星闪烁的空中绽放出朱红色的焰朵。

4 康斯坦丁·惠更斯是奥兰治亲王身边两位秘书中级别较低的那一个，他没日没夜地把时间花在破解加密情报上。这些情报是从西班牙人和佛兰德人的部队那里截获的，他们被围困在斯海尔托亨博斯（'s-Hertogenbosch）这座拥有主教座堂的城市里。惠更斯在莱顿大学研读法律期间，专门接受过密码编写训练。但当腓特烈·亨利称赞他在破译密码上的天资时，他却对这番恭维不屑一顾。他带着骑士般的谦卑说，这“不过是蠢驴干的活儿而已”，只有那些对艺术一窍不通的人才会认为它神秘难解。[2]事实上，这是一份缺眠少觉的苦差，惠更斯日后坦言，他为能破译所有递交给他的敌军文件而自豪。不过，他偶尔也会让自己转向别的东西放松一下。他会拿起鹅毛笔，用那只优雅的手写下拉丁文、荷兰文或者法文的诗歌，会把V这个字母的尾巴像鞭子一样扬起，白皙的手指在纸上掠过。作品完成后，他会往纸上撒一层白色的细沙，吸干那些优美词句上多余的墨汁。

那是1629年，荷兰独立战争正经历第六十个夏天。共有128 077个全副武装的人在为荷兰共和国服役。[3]这个在有些外国人眼中本该算是镇定的国度（即使他们正忙着从军火商那里购买军火），已经集结起一支数目庞大、蓄势待发的军队。本来更适用于拉草料车的货马，现在却二三十匹一组套上挽具，用来拉野战炮和大炮。那些大多来自外国的骑兵，操着英语、瑞士德语或法语，骂骂咧咧地挤满了麦芽酒馆，老主顾们只能和鸽子一起蹲坐在门廊和长凳上。28 000名这样的威猛军人被召集到斯海尔托亨博斯城外，这里位于布拉班特（Brabant）的中心地带，是惠更斯先祖和亲王先祖的领地。自 5 月以来，他们一直在拼命从两千多名守军手中夺取这座拥有主教座堂的城市。这些守军为布鲁塞尔的哈布斯堡女大公伊莎贝拉（Habsburg Archduchess Isabella）及她的侄子——西班牙国王腓力四世（Philip Ⅳ）效命。然而，这场始于春光明媚之时的围攻战，到了灰暗且潮湿的夏季，已转变成了徒劳无功的苦差。

斯海尔托亨博斯的地方军事长官用水灌满了土木防御工事前的低地，将
那里变成了无法逾越的泽乡。腓特烈 · 亨利的英国工程师用上了骡马驱动的
轻便抽水机，企图将那里的水抽干，这样，笨重的军用器械才能再次启动，
继而对城堡外围展开攻击。长矛队和火绳枪兵队的队长才可以部兵。铠甲将
被擦亮，军刀将在磨刀石上磨砺，火花将飞舞起来。费一番周折之后，外科
医生的工作台上厚厚的黄褐色污垢至少将被刮掉一层。不过，到那时，军队
将在黎明降临之前，在 7 月连日的倾盆大雨中醒来，这场大雨会将战略部署
消融在流水和黏稠的泥浆中。在士兵身后，一队数量远超部队的随从人员依
旧在湿漉漉的泥浆里安营。那里就是一个没有欢乐气氛的大型露天游乐场：
主妇，妓女，女裁缝，洗衣妇，衔着乳头的婴儿，偷翻别人口袋或快速从啤 5
酒杯里喝一口的流涕顽童，捕捉害虫的人，盯着别人拉尿的江湖游医，接骨
师，戴着羽饰帽、高价出售硬皮面包的军中小贩，酒保，手摇风琴艺人，寻
找骨头的半野生半家养的狗，还有那些浑身湿透、邋遢不堪的流浪汉，他们
呆呆地站着，双眼凹陷，警惕地观察四周，就像一只只蹲在鲱鱼船的船尾，
眼巴巴看着残羹冷炙的海鸥。

要等到 8 月中旬地面干透之后，亲王才能继续进军。但此时，一支由西班牙、意大利和德国士兵组成的万人牵制部队已经侵入了共和国东边的前线省份，显然是要逼迫腓特烈 · 亨利放弃围城。从乡下传来的消息报道了惯有的恶行：妇女被侵犯，牲畜被宰杀；一群群心慌意乱的村民或逃进森林，或担惊受怕地划船躲进芦苇丛。亲王的妻子阿马利娅 · 凡 · 索尔姆斯（Amalia van Solms），因担心刚愎自用的丈夫会因固执而遭灾，便让一个学者诗人用奥维德的英雄颂体写下一首拉丁文诗，寄给了“扞格不通、此刻还在斯海尔托

伦勃朗，《戴护喉的自画像》，约 1629 年。木板油画，38 厘米 ×30.9 厘米。纽伦堡，日耳曼国家博物馆

亨博斯的城墙下抗敌的腓特烈 · 亨利”。[4]

然而这位亲王，这个身材矮小、留着两撇修剪齐整的胡子、个性顽固的男人，此时兴致正酣，疯狂劲上了头，所以丝毫不为所动。他不是像约书亚一样，被人称为“诸城的征服者”吗？[5]无论以什么代价，无论要僵持多久，他都要拿下他的城市。他会看着天主教的主教及所有僧侣和修女带着战败者应有的屈辱与恭敬离开。尽管腓特烈 · 亨利不是加尔文派的狂热信徒，但他依旧相信，理应将圣约翰大教堂里的天主教偶像崇拜清理干净。这样一来，四年前因布雷达（Breda）——这座他父亲的城市——投敌而留下的惨痛记忆就会稍稍冲淡一点。在腓特烈 · 亨利看来，攻陷斯海尔托亨博斯，不只是在战争无止境的杀戮中斩获的另一份战利品，还意味着向西班牙哈布斯堡王室不容置疑地表明，他们已别无选择，只能无条件地承认新教尼德兰联省共和国的主权和自由。

于是，围城行动一丝不苟地展开了，在堡垒后面和油腻的泥土中，开始有人死去。“兔子”（konijnen）在令人窒息的黑暗中挖洞，侵蚀着敌人的土木防御工事，他们埋下慢燃引信，祈祷能够绕开从对面过来的反地道。在他们头顶开阔的地面上，四处可见被炮火炸裂或被外科医生砍断后放在支架上的残肢断腿。而在这座幽闭恐怖的城市里，平民百姓被困在烧焦的树木和炸毁的碎砖堆中间。在圣约翰大教堂的哥特式礼拜堂里，人们点亮了细蜡烛，以求圣母马利亚能够迅速显灵，拯救苍生……

2. 莱顿，1629 年

伦勃朗（Rembrandt）曾身披盔甲给自己画像。他穿的并非全身套甲。没 7
有人愿意穿那样的成套盔甲，除了骑兵，因为骑兵极易被长矛兵从马肚子底下刺到。但是，伦勃朗会经常性地戴上他那副护喉。这是一副用铰链连在一起的领甲，用来保护头颈底部、锁骨和上背部，领甲上方系着一条丝质骑马领巾或者围巾，看起来非常得体；这一抹钢铁让他不致被人认为过于轻浮。不过他并不打算去军营报到，尽管他二十三岁了，已到参军的年龄，尤其是兄长在磨坊中惨遭意外、落下了残疾以后。这是一件在社交场合穿的盔甲，带有一种军装的时髦感，就像20世纪久坐的政客们装模作样地穿在身上的戎装，或者“都市伞兵”穿的防弹背心一样。正是这副铆钉闪闪发光的护喉，给予了伦勃朗一种不用入伍便可展现出的军人风度。

然后，险情让夏日骤然降温。1629年8月初，阿默斯福特（Amersfoort），这座距离阿姆斯特丹不到40英里*的城市，在没有愤怒地打出一枪的情况下，就被入侵的帝国军队占领了，引发一片恐慌。更糟的是，城里那些被吓得瑟瑟发抖的市政官员为意大利和德国士兵打开了城门，士兵们迅速将该城教堂的供奉对象换成了圣母马利亚。香炉转动。九时公祷声和晚祷声不绝于耳。恐慌不久就得到了平息。拂晓时分，一次针对韦塞尔（Wesel）帝国堡垒发动的闪电式反击，不仅让守军猝不及防，而且还从后方切断了天主教部队的退路，预示着整场侵略将以饮恨撤军告终。

但在恐慌弥漫期间，危机感是真实存在的。民兵连，即由啤酒酿造师和染匠组成的部队，现在被派往东边的前线城镇。在所有人的记忆中，这些人平日里除了穿着浮夸的靴子和花哨的肩带在周日游行，或者对着杆子上的木头鹦鹉射击之外，根本对敌人构不成任何威胁。他们此行的任务，是通过在四面受困的交战区实施有效打击，给职业军队分压。表面看来，一切都和往常一样。餐桌上依旧放着鳕鱼干和黄油。大学生依旧在讲萨卢斯特†的课堂上呼呼大睡，到了夜晚就醉醺醺地对着体面人家紧闭的百叶窗高声尖叫。然而战火并没有完全避开。宣传刊物用极为逼真的细节提醒着居民，五十年前荷兰城镇遭受围攻时，由爱国强行征兵令引发的恐怖气氛如今还在延续。就读于军事工程学校的学生被征去制作防御工事和枪炮基座的木制模型。其中有些学生甚至被派往布拉班特战区，以核实他们的构想是否能够经受住战火的

* 英美制长度单位，1英里约为1.61公里。——编注

† 萨卢斯特（Sallust），拉丁全名 Gaius Sallustius Crispus，罗马历史学家和政治家。——编注

考验。在加尔格沃特河（Galgewater）和旧莱茵河（Oude Rijin）上，驳船吃水很深，船舱里塞满了无面甲高顶头盔和游击队队员，边上则堆放着一箱箱芜菁和一桶桶啤酒。

所以，伦勃朗把自己打扮成一个军人是应景的。当然，一个“人” 8
（person）在 17 世纪意味着一个“形象”（persona）：一种伪装，或由一个演员扮演的角色。伦勃朗在扮演他自己，脸部深深的阴影和粗糙的处理方式，使这张面具变得复杂，暗示出他在所扮演的角色和他本人之间艰难地寻求平衡。没有任何一名画家像伦勃朗那样了解社交生活中的戏剧性。他能在人身上看到演员，也能在演员身上看到人。西方艺术史上最早描绘舞台生活——更衣室和剧院服装部——的画作就出自他之手。但是，伦勃朗的戏剧并不局限于剧场门内。他按照历史人物和同代人各自选定的形象来画他们，仿佛当着观众的面，对他们的规定动作进行彩排。然而，他给自己分配的却是一些生动的小角色，如圣司提反（St. Stephen）殉道和耶稣受难时的行刑者、被加利利海上翻腾的湖水吓坏了的水手，只偶尔扮演一些重要的主角，比如在酒馆里嫖娼的回头浪子。[6] 伦勃朗和莎士比亚一样，都认为全世界就是一个舞台，并且他对上演这出戏时所需的所有技巧了了分明：阔步走和碎步走，衣着和脸妆，全套姿势和怪相，挥舞手部和转动眼球，捧腹大笑和几近昏厥地啜泣。他知道如何去引诱、恐吓、哄骗、安慰一个人；如何忸怩作态或郑重布道；如何挥舞拳头或袒露胸脯；如何犯下罪孽，又如何弥补罪过；如何杀人，又如何自杀。从来没有哪个艺术家会如此痴迷于塑造角色，这一切是从他对自己的塑造开始的。从来没有哪个画家会用如此毫无保留的才情，或如此深不可测的激情，观察我们的登场和谢幕，以及在此期间的一整出喧闹的表演。

所以，这是一位从未登台表演过年轻下士的最伟大的演员。落在镶有铆钉的金属片上的柔软流苏、微微拱起的断眉（海牙的副本上没有）、深陷的右眼和半蒙着阴影的脸，这些都与那一本正经的护喉形成对比，使刚猛劲大打折扣，暗示出金属片之下的脆弱：凡人与尚武精神的相遇。画中有一丝笔触，由于饱含人性，所以无法成全整套表演。光线下露出一整张富于变化的嘴，唇上打着高光，仿佛因紧张而舔过一般；水汪汪的大眼睛，极宽的脸颊和下巴；还有那只安在整张脸正中位置的鼻子，17 世纪绘画中最扁的鼻子。

再者，就是那一撮鬓角卷发（liefdelok），披散在他的左肩上。从未因沉溺于展现轻浮而遭人谴责的惠更斯，创作了一首长诗来讽刺这种由海牙年轻人带起来的怪异风尚：有着开衩装饰的马裤、过肩披风、飘扬的绑膝绸带。[7] 而加尔文派的传道士认为，过分张扬的长发是上帝尤其厌恶的东西。显然，伦勃朗根本没有把这些放在眼中。他一定花了很多时间来打理这一撮鬓角卷发，这种发型在它的发源地法国宫廷里也被称为“cadenette”——因为只有精心打扮才能创造出想要的随意感。头发需要对称修剪，发梢需要保持完整，而发身向下逐渐变细，在最末端梳成聚拢或分散的几绺。

9 不过，这幅画中没有一丝一毫徒劳的自我满足。伦勃朗看着镜中的自己，已然担负起了捕捉怪异真理的使命：他试图校准一个基点，在这个基点上，莽勇将被不安所遮蔽，带有男子气概的沉着被忧郁的不安去了势。他是荷兰的哈姆雷特，一个将内在外化的形象，一个身穿铁甲的诗人，行动的生活和沉思的生活兼而有之的化身，某个必定会得到惠更斯称赞的人。

3. 斯海尔托亨博斯，1629 年

惠更斯一定是从位于城市南边的菲赫特村（Vught）的木制营房里，听到了重达 48 磅的炮弹连续击中土木防御工事时发出的声音。炮弹扬起一阵砂石，其中或许还能看到零星的岩石、栅栏的木屑，偶尔还会有小动物。不过，对于真正的基督教禁欲主义者来说，这是一场在喧嚣中保持笃定的考验。所以，惠更斯两耳不闻炮火声，开始写他的自传。[8] 他那时只有三十三岁，但这个年纪或许已算中年。他显然已成熟到可以反省他的教育经历，以及在公共事务界的漫长学徒生涯。他的父亲克里斯蒂安（Christiaan）在担任第一任执政*奥兰治的威廉（William of Orange）的秘书期间，把培养两个

* 执政（荷兰文 stadhouder，英文 stadholder），亦译“省督”，指前荷兰共和国或其某省的执政长官。——编注

儿子成为名家视为首要职责。被当作典范来培养，意味着需尽早起步。惠更斯在六岁时就接受了六弦提琴训练，七岁时学习了拉丁语法和鲁特琴。入学之后，他在十二岁时学习了逻辑学和修辞学，十三岁时又增加了数学、古代哲学、历史、法律，并在这些年里扎实地学习了由归正会博士们制定的基督教教义。

就像所有精通文科的专家一样，惠更斯被送去跟随一名绘画大师学习。正如一本英国绘画手册的作者所言，在高雅教育中，所谓艺术是“我们天生的粗鲁和羸弱的打磨器，并且是治愈我们心灵被迫承受的诸多疾病的良药”这样的言论，可谓司空见惯。[9] 尽管没人指责过惠更斯粗俗，但即便在年轻时，他也会时常陷入忧郁之中。对于一个也许读过罗伯特·伯顿（Robert Burton）的《忧郁的剖析》（*The Anatomy of Melancholy*）的人来说，这意味着他有深不可测的内在；但对于其他人来说，这表明他有着出格的想象力和过剩的黑胆汁。尽管艺术家们背负着拥有黑色体液的恶名，但是绘画训练被认为可以矫正这种问题。不管怎么说，绘画流淌在惠更斯的血液里。他的母亲是安特卫普的苏珊娜·赫夫纳格尔（Susanna Hoefnagel），她是伟大的约里斯·赫夫纳格尔（Joris Hoefnagel）的侄女，约里斯绘制的许多城市地形图，以及世上所有已知的野兽和昆虫的细密画，都以极高的质量获得了巴伐利亚公爵和神圣罗马帝国皇帝的青睐，从而名利双收。[10] 苏珊娜希望约里斯的儿
子雅各布·赫夫纳格尔（Jacob Hoefnagel），或者她的邻居——平面艺术家雅 10
克·德·盖恩二世（Jacques de Gheyn Ⅱ）能够收下康斯坦丁。雅克为执政的宫廷工作，自己也是一位多产的素描画家，绘制了诸如蜘蛛和西克莫无花果这样的东西。但是，雅各布·赫夫纳格尔在维也纳忙于编辑工作，并靠他父亲的名声赚钱，而德·盖恩二世表示他不想接这份工作。于是，德·盖恩二世转而推举了亨德里克·洪迪乌斯（Henderik Hondius），惠更斯记得这个人，他是一名版画雕刻师和出版商，也许有些自满，但是，“他人不错，随和的性格使得他能够成为我们这位受过良好教育的年轻人的导师”。[11] 在亨德里克·洪迪乌斯那里，他学会了解剖和透视，也学会了该如何勾画树木和山岭的形状，并学到了洪迪乌斯的另一个专长：防御工事的设计和建造。[12]

成为一名受过教育的业余爱好者——艺术爱好者（kunstliefhebber）——是一回事，而要以画画为生则完全是另一回事。难以想象，一个有着像惠更斯这般家庭背景和前途的人，会乐于成为一个职业画家。为贵族中的业余艺术爱好者担任导师的亨利 · 皮查姆（Henry Peacham）写道，油画不适合绅士，它会弄脏你的衣服，浪费你的时间。[13] 然而，惠更斯却把细密画——水彩画——的优雅练习，加至他那份长长的典雅才能名单：短双颈鲁特琴、六弦琴、书法、舞蹈和骑术。有时，为了维持并完善绘画技法，他会带上一本速写本，一块小画板（tafelet），到乡下去画树木、鲜花，甚至画一两个人。[14] 他甚至把这种微型世界玩出花样来，将精巧的图案和题词雕刻在榛子壳上，并将这些当作雅趣的小物件送给他的好友们。[15]

不过，作为奥兰治亲王的秘书则有着另一份义不容辞的职责。就这份职责来说，良好的绘画功底是不可或缺的准备。在 17 世纪早期，真正的高雅风度需要的不仅仅是花哨的轻剑技巧，或是自信地将两条腿按照某个角度摆放好，以求获得肢体的对立式平衡（contrapposto），还要求一名绅士成为一个“kenner”，这个词的字面意思是指无所不知的人，一名鉴赏家。真正的鉴赏家不仅仅是提出近似偏见的意见的人，也不是一个会附和前辈爱好的人。他们是那种靠训练有素的练习和学习，通过观看和实践（最好在意大利），积累品位的人。“对于一名未受教育的绅士来说，用一双粗俗的眼睛观看［艺术］是不够的——他必须能够区分艺术，并且分辨它们的本性和外在。”[16] 一个配得上自身气质的鉴赏家应能够在高级才能和低级才能之间做出决断。他会知道什么是最好的绘画，因为他自己也体验过制作这种绘画的艰辛。

惠更斯的老师洪迪乌斯在位于海牙的店里藏有一批欧洲北部艺术大师——霍尔拜因、丢勒，以及勃鲁盖尔——所画作品的雕版复制品，惠更斯或许在那里翻阅过画册，扮演过批评家的角色。虽然雅克 · 德 · 盖恩二世不想成为惠更斯的导师，但是他的儿子，住在惠更斯家隔壁的朋友雅克 · 德 · 盖恩三世（Jacques de Gheyn Ⅲ），却命中注定会成为一名艺术家，尽管产量并不
11 高。因此，自一开始，他就踏入了一个充满公众形象的世界，并且秉持一条自明之理：艺术是尼德兰的荣耀，需要培育和鼓励。洪迪乌斯本人发表过一

幅为《吉祥国度尼德兰》(*The Fortunate State of the Netherlands*)所作的寓言版画。画中，在一片象征着胜利的棕榈叶下，一名画家在人文艺术的陪伴下写生，为自由联邦奉献一己之力。[17]

惠更斯在意大利、巴黎和伦敦目睹了宫廷是如何定制这些东西的，因此当他在 1625 年成为腓特烈 · 亨利的秘书时，他认为自己有义务发现能够装点宫廷的画家，使得这里能与哈布斯堡王朝、波旁王朝和斯图亚特王朝相媲美。他服侍的亲王是一位执政，不是一名国王，事实上，更像是一位世袭的总统，严格来说，亲王听命于七个联合省的议会*。但是，亲王身世显赫，没理由不被高贵的御画像、具有训诫意味的历史画和壮丽的风景画环绕。惠更斯饱读古典史，感受到“共和国的壮丽”并不必然是一个矛盾的术语。将这位亲王称为新的亚历山大大帝一点都不为过，毕竟，他一度击败过当朝君王派来的指挥官；他是一个精通军事艺术和高雅艺术的统治者。

就这样，惠更斯前去搜寻有才之人。荷兰共和国不缺画家，无论是风景、海景、瓶中花卉、嬉戏游伴、打着饱嗝的农民，还是英姿飒爽的军人，他们都能迅速画完。[18] 但是这些人并非腓特烈 · 亨利极力建造的宫廷画廊所需的人才。惠更斯在他的传记中明确表示，他最缺的是本国的彼得 · 保罗 · 鲁本斯：动魄之景的缔造者，雄伟之境的制造者。宫廷里曾有一句格言：亲王们乃地上的诸神，但只有鲁本斯知道如何让他们不朽，他能让欧洲王室中的外表乏善可陈之辈——个子矮小、豁牙缺齿、脑满肠肥——幻化为一个个阿波罗和狄安娜。在他的笔下，无足轻重的小规模冲突也会变成荷马式的战斗场景。鲁本斯之所以能做到这一切是因为他本身就是高贵的，这种高贵无人可以企及。这和血统无关，只关乎风度。他的整体气质挑战了画家不能同时是绅士的传统判断。他的学问让人无法望其项背，他的谦恭永远文雅得体。惠更斯指出，即便长期自认比鲁本斯高出一等的西班牙大师们也意识到，“他不仅是为画架而生的”。简言之，他是“世界七大奇观之一”。[19] 不过遗憾的是，鲁本斯恰好也为荷兰的敌人——信奉天主教的哈布斯堡家族工作。

---

* 即联省议会（States General），也译作“荷兰议会”。——编注

康斯坦丁·惠更斯,《自画像》，1622 年。羊皮纸上银色铅笔作画

12 惠更斯一直在寻觅的人实难找到——某个经过适当的训练和提拔后，假以时日能成为一个新教徒版的鲁本斯画家。哦，共和国当然也有一些“能干”的人，有些人就住在海牙，比如埃萨亚斯·凡·德·维尔德（Esaias van de Velde），一位风景画家，画战斗场景和小规模冲突也有两下子。另外，代尔夫特（Delft）还有米希尔·凡·米勒费尔特（Michiel van Mierevelt），为有权和有钱的人批量画肖像画。这位画家的风格庄严得体，完全可以信赖，惠更斯热情地称赞他虽未超越霍尔拜因，但足以与之比肩。[20] 此外，阿姆斯特丹有彼得·拉斯特曼（Pieter Lastman），乌得勒支（Utrecht）有亚伯拉罕·布卢马特（Abraham Bloemaert），两人都是画历史题材的画家。不过，唉，都是天主教徒。

直到他听某人说［这人或许是他以前学生的朋友约翰内斯·布罗斯特惠森（Johannes Brosterhuysen），经常与惠更斯通信，并且也是细密画的专家］，莱顿有两位非常受人尊重的年轻人。直到 1628 年的年底，在颇费周折地亲自前去拜访之后，康斯坦丁 · 惠更斯才意识到，他最终找到的不是一个荷兰的鲁本斯，而是两个。尽管惠更斯极其兴奋，把这两人称为“一对年轻、高贵的画家”，但是这两人实难归入绅士之列。[21] 扬 · 利文斯（Jan Lievens）是一位刺绣师的儿子，伦勃朗则是磨坊主之子。不过，当惠更斯坐在那里，顶着远处隆隆的枪声写作时，他意识到自己遇到的是稀世珍宝。这一次，传闻被证明是真的。在莱顿，他喜出望外。

4. 莱顿，1629 年

伦勃朗全身心地绘制画中的每一个事物，尤其关注阁楼画室角落里那一小块灰泥。灰泥位于墙与大门柱竖梁的相交处，它向房间内突出，已经开始剥落、掉灰，露出了一片三角形的玫瑰色砖块。这是由莱茵河的湿气造成的，油汪汪的绿色河水在运河上形成了冰冷的薄雾。湿气偷偷地侵入沿街那些带山墙的房子的裂缝和百叶窗。在那些分布在木材街（Houtstraat）和拉彭堡路（Rapenburg）的富有市民——教授和布匹商人——居住的大房子里，侵入房屋的阴湿气会碰上屋内的瓷砖，被它们抵挡住，抑或完全被阻断、掩盖。一排排的瓷砖从墙角开始铺设，随后根据主人的财富水平和品位向上铺开。如果房屋主人财富平平，他们就会铺设一系列的长条瓷砖，上面刻着孩童嬉戏的场面或者谚语格言；若经济允许，就会在上面再加一些别的东西。如果已经很有钱了，他们就会用一片片色彩绚丽的瓷砖拼凑成一整幅图——一只插满花的大花瓶、一艘全速前行的东印度公司的贸易商船，或是“沉默者威廉”*的画像。但是，伦勃朗的画室空空如也，上述这些陈设一点也没有。湿气没 13
有受到任何阻挡，渗透进了灰泥之中，拱起了泥坯子，鼓起了墙面，在水汽聚集的角落里，墙面裂了缝、开了口。

---

* 即尼德兰执政威廉一世。——译注

伦勃朗喜欢描绘这样的东西。自一开始，他就对破败之物极感兴趣。那是残缺之物的诗篇。他喜欢描绘世俗经验留下的痕迹：凹痕和麻子，红眼眶的眼睛和结痂的皮肤，这些赋予了人物面容一种斑驳的丰富感。花斑、瘰疬、污点，还有硬结的血块，这些都是他带着欣喜之情近距离观察的东西，是他用抚弄的目光细细打量的不规则之物。除了《圣经》之外，他只对"衰败之书"感兴趣，书中的真理写在老汉和老妇额头镌刻的皱纹里，体现在破旧谷仓凹陷的木头、废弃建筑里布满青苔的石雕、病狮子罹患疥癣的毛发上。并且，他是一个上了瘾的剥壳者，渴望剥开事物和人物的表皮，剔出其中包裹着的内涵。他喜欢漫不经心地思索外在和内在之间、易碎的外壳和脆弱的内核之间尖锐的差异。

房间的角落里，伦勃朗的目光扫过正在解体的墙壁上的鱼尾状三角形，墙壁层层剥离，每一层都有其令人欣喜的独特质感：翘起、蜷缩的石灰表层；表层破碎的白垩灰泥，以及在这之下的土灰色砖块，还有细小的裂缝旁积起的黑色尘垢。所有这些材料，各自展露着各自的破败。他将这些忠实地展现在绘画中，观察之细致，描摹之专注，足以使那破碎的结构呈现出一种类似腐肉般的坏死品质。在门的上方，另一条纹理繁多的裂缝在灰泥上轻盈地划过。

伦勃朗为了赋予墙缝以物理上的直观和视觉上的可信，或许用了他的画刷中尖端最为精细的那一把：这是一把短毛软刷，用某种外表丝滑的小型啮齿类动物的毛制成。这种画刷是细密画画家的最爱，能画出最为纤细的线条，或者在画板上转动并轻轻压平，制造出更饱满的笔触。[22] 松鼠毛画刷能驾驭各种颜色——比如，画砖用的胭脂红、赭色和铅白色，用来表现积满污垢的灰泥的那种混以淡淡的黑色的铅白色；也可以在画板几近毫厘的空间里，将颜料的痕迹完美呈现出来，一套泥土材料（画家的）转化为另一套泥土材料（建筑商的）。这就像炼金术。[23] 但是这种嬗变并不发生在哲学家的蒸馏器中，只会发生在我们陶醉的双眼中。

描绘这块剥落之墙究竟耗费了几分钟，还是几个小时？这是花费精力苦思冥想地设计出来的，还是靠一时冲动想象出来的？他的问题究竟是过于冲

伦勃朗,《艺术家在他的画室》(墙的细部)

动还是过于勤勉，伦勃朗的批评者无法就此达成一致，尤其在他去世之后。
无论是哪种情况，在人们普遍的记忆中，他都是现代主义出现之前最擅长使 14
用宽刷的大师，这样说并不为过：彪形大汉肉乎乎的拳头拍打着稠密凝结的颜料，揉捏、抓挠、摆弄着颜料表面，就仿佛那是糊状的黏土，是用来雕塑，而非用来绘画的材料。但是，自绘画生涯伊始，且在其整个生涯过程中，伦勃朗都与维米尔极为相像，两人都是控制精细活动的大师，是光之刻面的裁剪师，也是调节光影的螺丝刀，能让细小的物体闪耀光芒，比如在金属门闩上游动的一粒粒亮光，以及落在画家鼻尖的微尘大小的阳光。惠更斯和洪迪乌斯的祖先都是金匠和珠宝商，这种才能或许就是他俩非常欣赏的。伦勃朗完全有理由相信，在他想成为别的什么人之前，首先得证明他具有匠人的资格。毕竟这一点在他的同代人眼中就意味着“技艺”(ars)：能用娴熟的双手将幻象表现出来。[24]

《艺术家在他的画室》(*The Artist in His Studio*)是否只是对这种“技艺”的展现：一幅习作，一则速写记录？它是在一块橡木板上画出来的——其大

伦勃朗，《艺术家在他的画室》，1629 年。木板油画，25.1 厘米 ×31.9 厘米。波士顿，波士顿美术博物馆

小和书本摊开的尺寸差不多——在按照常规用白垩和胶水的混合物再次加工之前，这块木板上似乎画着另一幅作品；那时，它只不过是横放在房间里的一小块木板。[25] 这样一来，我们就被不怀好意地引向了这样一种假设：这幅画是对画家的工作环境的一次随性且相当自由的描绘，是对他的工具和绘画实践的一次视觉性罗列。墙上挂着调色板[26]，墙边摆着一块用来制备颜料的磨石，其表面因频繁使用而出现了一个坑，下面用一截看起来随意砍下的树干支撑着。磨石后面的桌子上放着一只中等大小的壶，还有一个陶质加温盘。我们或许还能闻到油和感光乳剂的味道，尤其是一股刺鼻的亚麻籽油味。乍看之下，这幅画就像是一位艺术大师在炫耀他的作品：华丽渲染材料的表面，不仅仅是灰泥，还有木纹粗糙的木地板，上面有着密密麻麻的裂缝、污物和划痕；门上暗沉的铁质配件。但是，即便不把这幅画当成是一幅炫耀、自夸之作，我们也还是会马上注意到某些巧妙的细节。画家选择通过描绘构成这幅画的材料，来炫耀他精湛的技艺。那块铁砧一样的磨石是如此显眼，我们几乎可以看见他在上面制作颜料的样子。

所以，在这幅带有自我推销意味的习作中，究竟有多少谦逊的成分？当我们瞥见这块粗糙的矩形小画板时，伦勃朗想要我们想起的词是："不炫耀"（zonder pretentie）。当我们看他最初画的那些有着浓密的头发、留着摇滚明星般的胡茬的面部特写（tronies）时，脑海中也会浮现出这个词。"不炫耀"这个词既适用于被描绘的对象，也适用于描绘的方法。不过，我们逐渐明白，在欣赏这幅画时，我们的身心是愉悦的。其实，这块画板上充满了矫饰，从这位画家身上那套精心绘制、庄严得与画面不相称的蓝金色衣装，到朴实面孔上那双醋栗般的眼睛。虽然从表面上看，《艺术家在他的画室》的绘画语言有些吝啬，尺幅上也比较微小，但它并不比伦勃朗此前所作的那些画更小。 15
他最初那些自画像的蚀刻版画，其大小如邮票般迷你，但效果却极其华丽。同样，这幅画也可以被认为是伦勃朗的"微型巨作"：一篇辞藻华丽的导论，每一个词都在宣告绘画自身的本质。将所有这些意义纳入朴实的框架内，这是他这代人典型的自负之举。在最拘囿的空间里实现最大可能的表达，从而完成了一幅令人费解的寓意画；一道思维难题，等待睿智的解法来阐释其内在的信息。这幅画处处都能证实伦勃朗手法之精巧，而细细打量之后又会发现，这是一幅展现他惊人的原创性思维的作品。因为，伦勃朗的画很少有简单的。他只不过以看起来平淡无奇为傲罢了。如果他曾将这幅画展现给康斯坦丁·惠更斯，人们或许会怀疑，究竟是谁在细细打量谁。这位自大的新手或许带着谜语大师的风范，在他那顶毡帽底下扬起眉毛，用一种挑衅的语气说：来看看这个。现在，你看到了什么？没看到多少？嗯，只有你想知道的关于我和我的手艺的一切。

16 又或者，他觉得一个真正的细密画画家是能意识到他想要表达的内容的？毕竟，惠更斯的母亲是赫夫纳格尔家的人，惠更斯本人与英国细密画画家伊萨克·奥利弗（Isaac Oliver）相识，又是约翰·多恩诗作的荷兰语译者。多恩那些简练的十四行诗里包含着思维和情感的整个宇宙。惠更斯就像他那一代中任何一个老练的艺术鉴赏家一样，或许知道而且很可能拥有洛林的平面艺术家雅克·卡洛（Jacques Callot）的非凡版画。卡洛的那幅《战争的诸多苦难》（*Miseries of War*）以残酷的细节展现出士兵屠戮平民的场景，某些时候是平民在屠戮士兵，这一切都以微观的尺度蚀刻在画作中。惠更斯一定体会到了法语标题中的反讽——*Les Petites Misères de la guerre*（《战争的诸多微小的苦难》）——因为微小的不是灾难，而是蚀刻的版式。如此小的画幅里包含着如此多的悲伤和苦痛，会产生一种异乎寻常的自我放大效果。这种程度的浓缩，这种程度的聚焦，是必要的：在一平方英寸[*]的地方，十个人被吊在一棵树上，就如同顶针上承受的无限痛楚。在意大利，透镜已经被磨制出来，人们显然能够通过它观望宇宙，聚满天闪耀的星斗于小小的圆镜片之中。有传言说，当时的人们打造了一种设备，通过这些设备可以看见整个微生物的国度，比如长得像小龙虾的微生物悬浮在一滴水珠之上，更有甚者，在一滴珍珠状的精液上可以看见一个胎儿。

所以，像惠更斯这样聪明的雇主，早已习惯了这种拿画幅大小玩的把戏，应该完全不会被伦勃朗画作中规中矩的尺寸所骗。他在自传中其实注意到：

---

* 1平方英寸约等于6.45平方厘米。——编注

“伦勃朗钟情于将自己所有的注意力集中在小型绘画中，［但是］在这样小画幅的画作中，他成功地展现了其他人在大画幅的绘画中努力去展现却始终徒劳的东西。”[27] 但是，惠更斯此处所谓的“小画幅”指的是《悔过的犹大归还银子》（*Repentant Judas Returning the Pieces of Silver*）这幅画，它的画幅比《艺术家在他的画室》大六倍。照此来看，这块小木板油画显然不是历史题材的绘画，不是惠更斯打算让伦勃朗去画的类型。但是，它也不是一幅传统的自画像，因为它将画家的特征风格化地处理成了矮小的漫画形象。那么，它是什么？

这是一种本质（quiddity）：事物的精华，某种让事物（在这里指的就是 schilderkunst：绘画的艺术）呈现出如其所是的样子的东西。但是，在 17 世纪的用法中，这种“本质”还有另一层意义：一种微妙的挑衅，通往启蒙的谜一般的道路。

首先，人们通常认为伦勃朗并不是一位学识渊博且深奥难懂的智者，而是一位情绪的作曲家，一位激情的演奏家。这些他当之无愧。但从一开始，他也是一个狡诈的思想家，既是诗人也是哲人。

我们该怎样理解这种本质呢？首先，画中有画：同样的矩形比例，但是在构图的中央，有一种压倒性的，甚至违反常规的呈现。[28] 画板使远处那个穿着外衣，古怪得像一个娃娃的画家变矮了。无论这幅画还意味着什么，《艺术家在他的画室》和画中画之间的差异表明，那个形象不可能如几乎所有现代 17
读者所设想的那样，是对绘画中的画家的镜像式反映。[29] 为什么？因为即便有物理学上的可能性，伦勃朗也不可能把他那一小块画板放在一个标准的画架上，身体向前倾，手里握着画刷和调色板，在画板表面展现精湛的画技。他更有可能是坐在桌旁画的，仿佛这是一幅素描，靠在一个非常像图书馆阅书架的折叠支撑物上，就如同很多年后他为阿姆斯特丹的画室所作的素描中显示的那样。[30] 所以，这幅画不是画家对自身行动的临摹。事实上，这幅画完全没有他穿着盔甲的轻浮自画像中的自恋。这一次，伦勃朗并没有沉迷于自我欣赏，他陷入了冥思。并且，他呈现出的自我形象，并非照着镜子画出来的，而是出自他的心灵之眼。只要能画出来，就是一幅展现内在视觉的画作。[31]

这么说来，这块占据画面主要位置的橡木画板就是谜团的中心，既可见又不可见，大部分得以呈现（它的阴影落在门上，仿佛在抵抗世界的侵入）但仍旧无法捉摸。就如同画中其余所有材料的构造一样——木地板、剥落的灰泥、带钉子和钉孔的画架——画板的物理特征也被准确地描绘出来。起初，这看上去不合常理，伦勃朗小心翼翼地处理的居然就是看上去无意义的画板背面：水平的木质纹理、倾斜的棱角，还有被光照得透亮、仿佛要把从画幅左边的窗户投射进来的每一束光都吸收进去的外侧边角。

那些附庸他人的画家是不会这样作画的。他们对晦涩没有兴趣。相反，他们只会急于将他们能做到的展现给我们看，以此确保我们能获取一切必要的信息，从而成全他们的自我推销。我们常常会越过这些画家的肩头，看到他们正在画拔示巴、战神和爱神、一瓶花、一个社会地位低下的人，抑或他们自己。我们常常看到他们坐着，有时站着，总是与作品保持合适的角度，以便向我们炫耀他们谄媚至极或权威十足的风格：雄伟壮丽，勤勉稳重，温雅中透着愉悦、富足中透着温柔。我们被引导着去欣赏画作中他们的开衩紧身衣上的裁剪、白得炫目的襞襟上的褶皱，以及这些衣物后面虽谨慎隐藏但依稀可见的盾徽。他们以这种方式迎接我们的审视，充分展现出他们最关心的（除去他们自己之外）就是我们这些雇主。他们使我们陶醉。他们得意扬扬。我们就是这样做的，而且做得很好，不是吗？我们眼前的朱红色，其饱和度多么炫目；我们眼前的铅白色洁白如雪；我们的肉色就像威尼斯画派笔下那样，多么柔情似水；我们的青蓝色多么富有表现力。夸赞我们，说服我们，赐我们以荣耀，通过这样做，向全世界表明你的品位实属世间罕有。

但是，这个系着腰带、穿着长袍的小个子男人似乎并没有兴趣摆出姿势。更糟糕的是，他对我们丝毫没有什么兴趣，一丁点兴趣也没有。他甚至懒得展示他在画板上画了什么，因为确切地说，他要展现的资质体现在那块画板之外，也就是说，存在于他要让我们看到的整个光秃秃的房间里。那一块剥
18 落的灰泥；门上鞭痕般的裂缝；墙上斑驳的污渍；地板上磨损的痕迹——所有这一切都确凿地展现出他娴熟的技艺：呈现幻象的画家之技。此外，沿着地板强有力地绘制出的透视线条，证实了伦勃朗坚持着另一个必要的工作习

惯：即便是那些最具独立思考能力的大师也应具备的自律（disciplina）。

所以，伦勃朗不仅仅是在招揽生意，抑或否认他只是个庸常画家（pictor vulgaris）的说法，他在意的是更具野心的东西。他将自己展现为绘画的化身：绘画所需的技巧、自律、想象力，以及创造力。[32] 这就是为何他穿着如此具有礼节感的衣服，或者更确切地说，袍服：正式的襞襟；恢宏无比的蓝色无袖短外套，外加金色的披肩衣领和腰带。整套装扮与 17 世纪 50 年代的自画像素描和油画中那种衣形怪异、色彩暗淡的工作套装相去甚远。[33] 不仅外部世界从他对画板的狂热凝视中被隔绝在外，我们也一样。他完全沉浸在精神世界之中，被一种纯粹的思绪、一种诗意的"狂热"的涌动牢牢控制，研究者在论述米开朗琪罗时确信这种狂热就是神灵催生的创造力之核。[34]

《艺术家在他的画室》究竟画的是哪个确切的作画阶段，这是一个让人十分头疼的问题。有些研究者认为，这是最初的构思时刻，先于在画板上留下任何一笔。还有一些研究者坚持认为，既然画家的手上握着几把小刷子，并且还有一根在绘制细节时用来稳定手部的支腕杖（它起到的作用就像台球架杆），那么这一定是在收尾过程中的暂停时刻——艺术家往后站，仔细思索着该在某处添加最后一笔。[35] 不过，这不是一个类型化的场景，不是靠工作维持生计的青年伦勃朗的日常写照。这是一条紧凑的语法，一种将绘画既当作名词又当作动词的表述：工作和使命；机械和魔法；繁重的工作和飞翔的幻想。

伦勃朗的双手——他的艺术的操作元件——抓着调色板和画刷，一根小拇指弯着，紧紧贴着支腕杖。一抹阴影落在他的眉毛和脸颊上，或许这让他也成了一个被诗意的忧郁笼罩的人，一个和惠更斯一样的忧郁兄弟，而且在气质上与最著名的忧郁者丢勒相近。[36] 他脸庞的下方沐浴在一道更为明亮的光线中，但凭借这一点，不足以对他是怎样一个人给出随意的猜测。这是伦勃朗的独特之处，他乐此不疲地通过每一幅蚀刻版画来改变自己的面容：周一，乞丐；周二，无赖；周三，悲剧演员；周四，小丑；周五，圣徒；周六，罪人。但这一天是周日。而在周日，这位演员取消了他的日场演出。他的脸是一部合上的书。画中的他没有双眼。

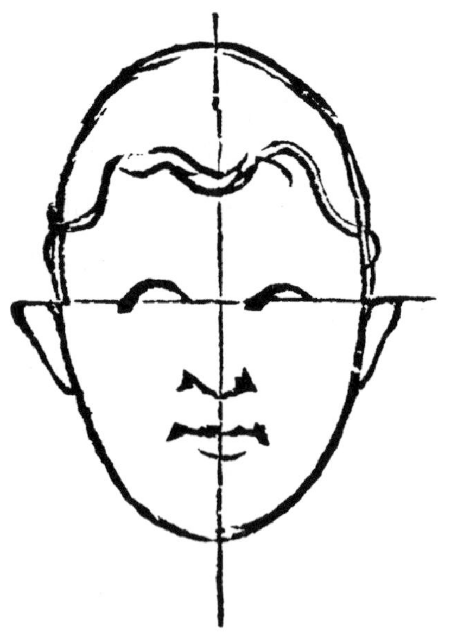

威廉·高瑞，插图，选自《脸部凸起肌肉入门》，第一版（米德尔堡，1668）。私人收藏

让·巴普蒂斯·科莱尔特临摹约翰内斯·施特拉丹乌斯，《油彩》（细部），约1590年。雕版画，选自《新发现》系列。阿姆斯特丹，荷兰国立美术馆

我们从“样本书”中了解到，绘画入门书最初面世于16世纪的意大利，
随后迅速在尼德兰普及使用，而绘制人脸是初学者的首门功课。毕竟，它最
19 接近小孩子凭本能画出的苹果状或鸡蛋状的脑袋。画师的任务在于教授直觉。
所以，最年轻的学徒会被要求去画一个椭圆形，随后纵向将这个椭圆形分成
两半，然后在从上到下差不多一半的位置画一条横线。依照这个简易的十字
交叉格，就可以按部就班地画出人脸上的各个部位了：鼻梁位于中间，眉毛
位于交叉线的左右两侧。但是，无论是孩子还是成年人，当学徒们被要求绘
制脸部的某个突出特征时，他们总是优先选择画眼睛。“首先，你得从眼白画
起”，爱德华·诺盖特（Edward Norgate）在《细密画指南》（*Miniatura*）中重
复着那些样本书中的观点。[37] 让·巴普蒂斯·科莱尔特（Jan Baptist Collaert）
翻印了一本16世纪的样本书，书中描绘了一间忙碌的画室，里面有一位画
师正在绘制圣乔治，而一个年长的学徒则在参照女性模特进行写生，最年轻
的那个学徒则坐在一边，纸上画满了眼睛，都是古典绘画中的眼睛，标准的

欧洲杏仁眼：围合起来的眼角、虹膜、眼珠连带着两侧眼窝里花蕾般鼓胀的泪阜、肉帘一样的眼睑、如打开的扇面一样的睫毛，以及眼睛上拱起的眉毛，所有这一切都描绘得精准无误。每一处细节，以及细节之间的关系，决定了一种解读人物的方式，一种支配激情的方式。若瞳孔涣散到其黑色几乎要吞噬了整块虹膜的地步，那或许就暗示着一种心情，下垂的上眼睑则可能暗示着另外一种心情。一只只看得见白色的巩膜，而虹膜和瞳孔缩至针孔状的眼睛，或许意味着恐惧、麻木，抑或难以遏制的愤怒。卡雷尔·凡·曼德尔（Karel van Mander）用长诗的形式首次为艺术家撰写了一本操作手册。他提醒读者，米开朗琪罗在《最后的审判》中就是用同样的方式对阴间的撑船者卡戎（对此，他或许还顺带提到了所有与之相关的恶魔）的眼睛进行描绘的，就如同但丁描述的那样："双眼围绕着红色的火焰之轮"，愤怒而令人毛骨悚然。对于凡·曼德尔来说，眼睛是"精神的镜子""灵魂的窗户"，也是"欲望的座席，心灵的信使"。[38] 亨利·皮查姆则在1634年竭尽所能，让读者能够正确地理解到：

> 绘制眼睛需极为精妙的技巧，要么一板一眼，要么一蹴而就，表达出灵魂的品位和心灵的气质……比如在绘制一个傻瓜或者白痴时，要将他的双眼画窄，描摹出他因憨笑而起皱的太阳穴，以及张大嘴、露出牙的样子。要画一位严肃而虔敬的父亲，就给他一张威严中透着谦卑的脸，他盯着你看时，其镇定的样子是通过上眼睑盖住眼球的很大一部分来表现的，这是镇定、沉思的头脑具有的典型特征。[39]

所以，要想描绘眼睛，必须付出极大的努力。比如，画眼白就不能用未经调和的铅白色，这会给眼白一种古怪的晦暗特质，仿佛马上就会患白内障，而应该在白色中混入一丁点黑色的颜料。同理，眼球绝不能一黑到底，而是
应该用棕土色混合炭黑，外加一丁点白色；暗色的虹膜要用灯黑色外加一点 20
铜绿色来表现。[40] 一些看似无关紧要的东西，例如反射在瞳孔或虹膜或两者之上的微弱光线，其大小、形状和反射的角度，可以使一张脸看起来快乐或沮

伦勃朗,《带三种习作的画纸：一棵树、一只眼睛和一张艺术家局部自画像》(图片倒置，以便看清眼睛)，约 1642 年。蚀刻版画。纽约，大都会艺术博物馆

丧，好色或傲慢。

绘制眼睛乃艺术之始。[41] 描绘视觉器官的轮廓，既是学徒开始了解这门手艺奥秘的开端，也象征着这门手艺的终极目的：视觉之力的速记员。描绘眼睛是非常基础的日常功课，以至于会印刻在艺术家的潜意识中。许多年之后，成为大师的他会在空白的画板或者蚀刻板上，以习惯性的涂鸦或随意描摹几笔的方式重拾这种习惯。伦勃朗画的眼睛通常会呈现在他最凭直觉勾画的铜版画草图上，自由浮动在其所属的面孔之上。在一块 17 世纪 40 年代蚀刻的铜版上，伦勃朗在一边画了一棵树；在他上脸部的右侧，贝雷帽下露出了一只眼睛。但是在树和帽状物体之间，还有一只完全脱离身体的眼睛，画得极好，它睁得大大的，看上去警觉而焦躁，全然一幅奇异的景象。

不过，伦勃朗绘制眼睛时，是带着明确的目标的。那么，他是如何在《艺术家在他的画室》这幅画中处理那双眼睛的呢？他用了刷毛最为纤细的画刷，用细细的笔尖蘸上黑色颜料，使得眼睛的形状没有呈现出小杏仁的样子，而

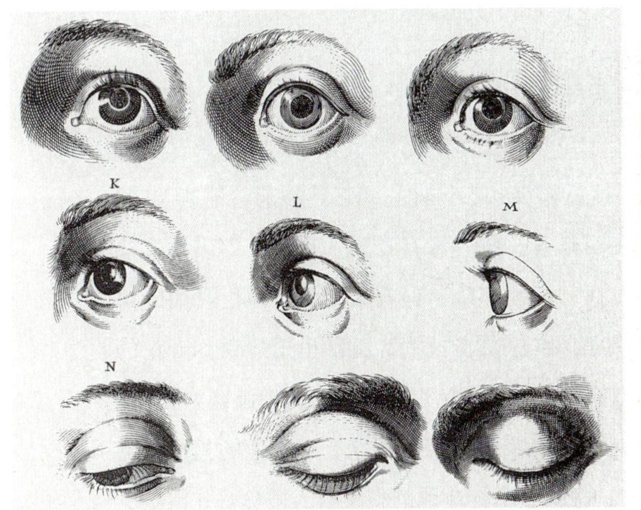

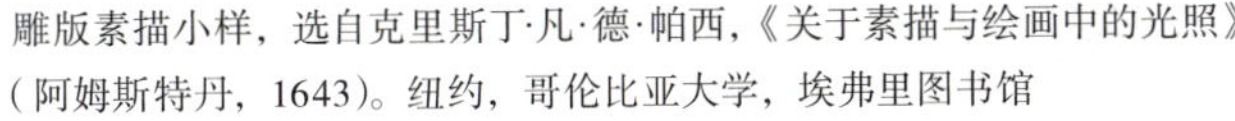
雕版素描小样，选自克里斯丁·凡·德·帕西，《关于素描与绘画中的光照》（阿姆斯特丹，1643）。纽约，哥伦比亚大学，埃弗里图书馆

伦勃朗，《艺术家在他的画室》（头部和肩部细节）

像铅粒，或者两颗马六甲胡椒籽，或者两个涂黑的字母o，看上去与其说反射了光线，倒不如说吸收了光线。为了画这样的眼睛，伦勃朗一定是先在眼睛的部位画了一个小小的、完美的圆点，然后用画刷一圈一圈地涂抹，直到把圆点画成圆形针头。这对眼睛没有凸面。它们并不像玩具娃娃脸上的黑色玻璃珠，从眼槽里向外突出。它们平铺在脸上，黯淡无光。严格来说，它们是两个黑洞——两个窟窿，并非遭到了损坏，而是有某种东西正在里面孕育待生。在这两个钻孔后面，在内在想象空间的深处，真正的行动正在一圈一圈地展开，思维的机器鸣叫着，飞舞着，就像时钟内部精细相连的零件。一个理念，这理念蕴藏在天才之中。

伦勃朗知道，在艺术家的传统视觉语言中，没有什么足以用来表达这一
时刻，而且肯定不能用某种呆滞的注视来表达。所以他用黑乎乎的眼睛取而 21
代之，用它来传达一种创造性的冥想，某种醒着的睡眠，自柏拉图以来的艺术创作者们都将其描述为一种出神状态。经常用来形容这种超凡状态的词是“ingenium”（天赋），用来象征这种状态的图像是一个脚踝生翅、飞离俗世的女性形象。天赋或者创造力（inventio）是神圣的，离开了这一点，技巧和训练最多不过是体力劳动。天赋本身就能将惊世之才与熟能生巧区别开来。而

且天赋不像技巧和练习，它不是某种可以通过努力获取的东西。它是天生的，正因如此，它才真正令人惊叹，才是一种上帝的恩赐。诗性视野临到这些被赐予内在之眼的人身上，让他们接近谵妄状态，就如同它曾临到“神圣天使”米开朗琪罗身上一样。尽管从表面来看，我们没有看到什么米开朗琪罗式的东西，只看到阁楼里的这颗小土豆一样的脑袋，但看起来就好像伦勃朗确实读过乔尔乔·瓦萨里写的传记一样。在这部传记中，瓦萨里论述说，真正的天才需要与世隔绝，如此，其理念才可能发酵。“若有谁想要把画画好，”瓦萨里写道，“就必须将自己从种种顾虑和束缚中释放出来，因为他的艺术造诣（virtus）需要思绪、孤独和时机，这样才不会让他的思维误入歧途。”[42]

这位磨坊主之子，难不成在年仅二十三岁，身陷虔诚且专业素养极高的莱顿城时，就已经认定要把自己展现为天才的化身了吗？怪不得一位来自乌得勒支的访客会认为他“极受人尊敬，并且领先于他的时代”。[43]此人叫阿诺特·凡·布切尔（Arnout van Buchell），于1628年与伦勃朗结识。不过，伦勃朗当然不会自认为是现代意义上那种卓尔不群的天才，这类人无奈地降生在某一种文化当中，被困在这种文化的围城里，只听命于内心的缪斯，从孤独中汲取营养。不过，孤独可能真的会找上伦勃朗，但他不会主动去寻求。从另一方面来说，伦勃朗很早就意识到自己具有不同于常人的才华，这一点同样不能低估。天赋意味着某种超越聪慧的东西。这种才能以一种神圣的火花为先决条件，在那双黑漆漆的眼睛后面，画家的感知力显然已经被点燃。或许，伦勃朗若想以这种方式展现自己的自豪感，就需要一个表面上平淡无奇的环境和一种漫不经心的风格，这样才能让人接受其大胆的行为。不过，这种精心策划的粗鲁，依旧是一种伪装。被尼德兰艺术家熟知并推崇备至的丢勒早就注意到：

22 一个具备感悟力和经验的艺术家，与其他很多能在恢宏的作品中［展现］其伟大力量的艺术家相比，更善于在粗糙且随意制造的方寸之物上将这种力量展现出来。唯独技艺超群的艺术家才会理解这种奇怪言论中蕴含的真理。因此，一个人往往可以用笔在半张纸上将某物绘制出来，或者用工具在一块木头上将某物雕刻出来，这样的作品会更具有艺术的完满感，比他耗费一整年来完成的巨作更为优秀。这种才能是无与伦比的。因为上帝有时会赐予一个人某种能力，使他懂得该如何创造出他那个时代所不能创造的东西。[44]

所以，即便伦勃朗并不认为自己是一个“天才”，他也一定意识到了自己身上正在萌发的原创力。因为在1629年的荷兰，再也没有比《艺术家在他的画室》更为全面地展现技艺和构思的作品了。当时已经有不计其数的艺术家自画像，日后也会诞生更多数不胜数的此类作品，这些作品不断地寻求种种聪明的方式，来暗示自己既在画室中，又游历在画室之外。他们会出现在画中的镜像里，比如帕米贾尼诺（Parmigianino）；或者出现在画架上的肖像画中，比如安尼巴莱 · 卡拉齐（Annibale Carracci）；又或者在高脚玻璃杯里，抑或在一幅被随意丢弃在艺术家的其他小玩意中的版画里。但是他们不会以绘画的化身出现。即便伦勃朗狡猾地将自己退到角色里，但是他自己这副带有被挖空眼睛的面具，古怪得让人回想起17世纪最著名的寓意画册里的那副面具，它挂在Pittura，亦即“绘画”之神的脖子上。他消失在自设的形象里。

康斯坦丁 · 惠更斯本人并不是一个头脑迟钝的人，他对这种复杂而大胆的表演究竟能够领会多少？在这件事上，他有没有在伦勃朗的房间里那堆更为显眼的历史画中，看到过《艺术家在他的画室》这幅画呢？他是否会认为画中那块大画板是一种暗示，意在说明这位艺术家具备他所寻找的创作宏大历史题材画作的能力？确定无疑的是，他对伦勃朗和扬 · 利文斯都深深着迷，足以让他夸夸其谈一番：在他看来，这两人迟早会横扫阿尔卑斯山南北，超越先前的大师。但是，他还是不能完全避免这样一种傲慢的印象，即认为这两人都是璞玉：品质上乘却未经打磨，浑然天成而非经后天雕琢。伦勃朗故意戴上一副漫不经心的伪装，拒绝别人告诉他自己好在什么地方，而惠更斯似乎上了当，坚信他就是那种天赋异禀的人。但其实，他选定伦勃朗时，后者已经在拉丁语学校学习过一段时间了，并且至少在莱顿大学读过一段时间，可以和任何学者坐而论道。惠更斯难道就一点也没有领会到吗？比如，勾勒出那块画板明亮的边缘的晃眼线条，或许是伦勃朗在暗指艺术史上最著名的
23 单挑游戏。那场比拼游戏，利文斯和伦勃朗都很熟悉，而两人也处在明显的竞争中，都希望别人能发现这一点并兴奋地加以承认。

这场竞争记录在普林尼（Pliny）那本古代世界画家史中，尤其体现在他为亚历山大大帝最喜欢的画家——科斯岛的阿佩莱斯（Apelles）——所作的传记当中。阿佩莱斯最为 17 世纪的人所熟悉的事迹莫过于他将亚历山大大帝的情人坎帕斯普（Campaspe）画得极好，竟使得大帝将这位情妇当成礼物送给了艺术家。尤其是画家们，他们奉传说中的阿佩莱斯为技艺鼻祖、完美的职业典范。毕竟，他是世上最伟大的国君所熟悉的艺术家。他这一生的故事就是天才的圣典。据普林尼所说，有一次，阿佩莱斯在打听到了宿敌普罗托耶尼斯（Protogenes）的消息之后，就赶到罗得岛（Rhodes），想要看看这人到底是何许人也。“他直奔画室而去。但那位画家并不在。但是，在那里的画架上摆放着一块准备作画的巨幅画板。”阿佩莱斯用带颜色的“极为纤细的线条”随意地在画板上画了一道，以此作为来访后留下的名片，也是一个心照不宣的签名，因为有着无上美德并且创作力非凡的阿佩莱斯同样因为遵从自己“每日必留一笔”（Nulla dies sine linea）的信条而为人所知，这句话一度成为文艺复兴时期提倡自律的座右铭。[45] 普罗托耶尼斯回家之后，看到了这一挑衅的线条，被激怒了：“他在先前那条线的正上方，用另一种颜色画了一条更为纤细的线。”在这类内容真伪难辨的书中，常常出现这种奇怪的擦肩而过：阿佩莱斯再次来到了画室里，发现对方果然应了战，随即使出撒手锏——第三条线，甚至更为纤细，它切断了前面两条。普罗托耶尼斯认了输，猛冲到海港寻找他的敌人，心里认定这块画板“应该传给他的后代，让所有人当作奇迹来顶礼膜拜，尤其是艺术家”。普林尼十分忧伤地补充道：“据我所知，这块画板就放在凯撒坐落于帕拉蒂诺山（Palatine Hill）的宫殿里，它在宫殿首次遭遇大火时被烧毁；这块画板之前一直受到我们的瞻仰，它宽阔的表面上什么也没有，只有几条几乎无法看清的线，这样一来，这个画板处在诸多画家的杰出作品中，看起来就像一个空白的空间，从而博得了众人的注意，

比其他的杰作获得了更多的尊重。”

假设这就是伦勃朗通过他那卓越的线条想要传达的意思（仅仅是推测），亦即，用最简便的方法传递出最高的自负；再假设惠更斯看出了其中的玄机，并且将《艺术家在他的画室》当作一种狡诈的专题论文来理解，如此一来，他是否就为之感动了呢？毕竟，他不是在挑选专题论文。他要挑选的是宏伟的历史题材画作、庄重的肖像。亲王的兴趣在于——图像本身。如果他看懂了伦勃朗 1629 年的这件作品，那么他可能会对所见之物稍感不安，并且或许会得出这样的结论：他虽然才华出众，但却是一位有些奇怪的年轻画家。要想将他纳入麾下，或许并非易事。

现在，惠更斯将怎样处理这种奇异的特质？他要的是质量。他要的是可靠性。他要的是本土的鲁本斯。天才？又有谁知道这是什么呢？

5. 纽约，1998 年

有人或许会说，现代有关伦勃朗的文献也秉持同样的观点。不久之前， 24
不识时务的警察还未对专著展开巡视，“天才”和“伦勃朗”似乎还是同名词。而对于数以百万计对他的画做出直觉性反应的人来说，用“天才”来形容伦勃朗，似乎和用它来夸赞莎士比亚、拉斐尔、塞万提斯、弥尔顿或贝尼尼一样理所应当，这些人都生活在浪漫主义重新定义“天才”这个词之前。米开朗琪罗就是这样一位既轰动意大利，又名满世界的天才。在他逝世后不久，许多撰写艺术家传记的作家习惯性地将那些令人费解且难以归类的人当作奇才，认为他们的才华远超同代人，像是被神灵触碰过一样。出于同样的缘由，这些罕见的奇才通常会被人当作天生忧郁，甚至疯癫的反社会之徒。习性怪异、脾气古怪、离群索居的艺术家，与他们所在时代不成熟的粗俗品位或者学院庸才制定的陈规为敌，继而常常与雇主的期望背道而驰，这样的人并非现代抑或 19 世纪的产物。[46] 比如，17 世纪的作家们就是这样记载（通常是抱怨）萨尔瓦多·罗萨（Salvator Rosa）的，这位只比伦勃朗年轻九岁的艺术家，背负着恃才傲物、不顾雇主需求的恶名。当然，了解到天才身上的怪异和固执是一回事，崇拜这一点则是另一回事。许多批评家在评论那些真正罕见的画家时认为，这种恣意妄为是一种可悲的自我沉迷。

不过，艺术史研究者扬 · 埃蒙斯（Jan Emmens），这位最为犀利的伦勃朗学者，在一份叫作《长篇议论》（*Tirade*）的期刊当中，对他眼中媚俗化崇拜伦勃朗的行为展开了有理有据的猛烈抨击，自此之后，对这种天才论调的厌恶才真正变成一种职业义务。[47] 战后一代对文化偶像崇拜的冷漠是可以理解的。在尼德兰，人们对在文化平民英雄面前自贬的行为表现的不信任，起源于一段特别不光彩的历史。1944 年，在纳粹德国占领期间，荷兰的投敌分子想出了一个绝妙的主意，他们把伦勃朗的生日上升为全国性的“伦勃朗日”，以取代彼时为表爱国之心偷偷为流亡伦敦的威廉明娜女王（Queen Wilhelmina）举办的诞辰庆典。[48] 伦勃朗喜欢与犹太人为伍的不当习惯被忽视了（尽管并不是所有党卫军军官都忽视了）。这种将伦勃朗改造成大德意志文化完美典范的可怕企图（其中包括一出官方督办的歌剧《夜巡》），并没有激
25 发荷兰民众的想象力。但这段插曲或许已被当成不分青红皂白地崇拜伦勃朗所导致的最典型后果。

即使在对伦勃朗的记忆中没有这种可憎的歪曲，战后对任何一种文化英雄主义的反感——在最极端的情况下，人们会努力去彻底摆脱“作者独创性”这一观念——也必然会导致伦勃朗的独创性在人们眼里大打折扣。埃蒙斯的博士论文《伦勃朗与艺术法则》进一步推进了这种“去经典化”的过程。他在这篇论文中认为，是批评家发明了“打破规矩者”伦勃朗这则“神话”，这些批评家在伦勃朗去世之后，将他对古典礼仪的表面蔑视投注到了他的整个生涯之中。据埃蒙斯所言，按照 17 世纪早期的习俗来看，伦勃朗绝不像 17 世纪后期的批评家所质疑的那样，是一位臭名昭著的“异端”。他绝不是一个打破规矩的人。相反，从一开始，比起违背规范，他对遵循规范更感兴趣。

比起把伦勃朗当成反叛者，我们现在更愿意承认他是一个墨守成规的人。说得委婉一点，这似乎有点矫枉过正。《艺术家在他的画室》所承载

的学识和思想的分量，似乎足以表明伦勃朗对职业原则有多么重视。这幅画当然充满了类似的常见的东西。但在这幅画中，用以表现这些东西的形式，以及将它们转变为绘画的风格，却并不常见。伦勃朗没有沿袭用符号和象征的杂乱组合来影射各种深奥文本的常见做法，而是将他的概念付诸行动，并且践行了他小小的宣言。彼时的任何一种习俗都不会预见以下这种情况：将盘根错节的思绪装入最简单的包裹中。伦勃朗就在凡俗之物中。这就是本质。

现今，我们大可不必担心夸大了伦勃朗的原创性。他曾被认为比同代人高出一筹，但现在却大体被他们淹没了。所谓的“伦勃朗研究项目”（Rembrandt Research Project），其最初的任务在于一劳永逸地从次要的模仿者、追随者和学徒的作品中，去伪存真地甄别出大师的真迹，其结果在一些人看来（并不包括我），非但没有让这些差别变得更为清晰，反倒使其更为模糊。伦勃朗著名的风格，其厚重的油彩和戏剧化的光线，据说（不是我的观点），可以被别人模仿到惟妙惟肖的程度，真迹和仿作之间的差别只在毫厘之间。不过，伦勃朗的画作依旧被认为是独一无二的。现在人们更喜欢把这种独特性当成是别的东西的产物：他所处的社会，他接受的文化熏陶，他的宗教信仰（不管是哪种）；他的恩师，他的赞助人，阿姆斯特丹的政治特性，荷兰经济的特性，他的画室的日常运作，以及他同时代的文学。这些对他的成长固然重要，但是我相信，没有一样东西是决定性的。

不过，一旦我们接受这种老生常谈，即伦勃朗的画并不像密涅瓦从朱庇特的头上诞生出来那样天生就是全副武装的。一旦假定他并非自绝于周遭世界之外，而其实是一个社交频繁而非反感社交的动物，那么在欣赏他最有力
的作品（无论是他的绘画、素描，抑或蚀刻作品）时，就不可能不被另一个 26
无法忽视的简单事实所震撼：他达到的成就，就如同丢勒在别处所说的，“无法，在他的时代得到认可”。

然而，最初并非这样，完全不是这样。尽管他很有创造力，但惠更斯发现的伦勃朗却不断地在用别人已设立的标签来衡量自己，并展开较量：他在

阿姆斯特丹的老师彼得·拉斯特曼，他在莱顿的朋友和对手利文斯，甚至或许还包括他家乡的文艺复兴大师卢卡斯·凡·莱登（Lucas van Leyden），以及卡雷尔·凡·曼德尔的传记中尊奉的一大堆尼德兰大师。最为关键的是，伦勃朗在整整十年里，强迫自己与“画家中的王子和王子中的画家”彼得·保罗·鲁本斯竞争。要变得独一无二，伦勃朗首先要变成别人的分身。[49]

或许，惠更斯对鲁本斯赤裸裸的谄媚，再加上他与这位佛兰德大师的私人接触，以及他希望当战事允许时后者能为腓特烈·亨利宫廷作画的强烈欲望，激起了伦勃朗强烈的竞争意识和嫉妒心。但不论怎么说，他根本无法避开这位“安特卫普的典范”。典范（就如同一种本质）在伦勃朗的世界里具有两层意义：既是完美的巅峰，也是竞争的对象。艺术史大多数的内容都是围绕类似的典范写成的：阿佩莱斯和普罗托耶尼斯；另外两个古希腊人，宙克西斯（Zeuxis）和帕拉休斯（Parrhasius）；米开朗琪罗和拉斐尔；以及（后来的）贝尼尼和博罗米尼（Borromini）。

对于博物馆的游客来说，伦勃朗和鲁本斯之间的区别可能比相似点更为显见。来鲁本斯展厅参观的人，当他们驻足停留时，往往会对墙上庞大而晦涩的色彩交响曲望而却步。而那些来伦勃朗展厅参观的人会走近观看，仿佛在拜访一位亲戚。当然，伦勃朗最后成了鲁本斯根本无法想象，也不会期望成为的那类画家。但是，在伦勃朗塑造自己的关键十年里，在那些见证了他从一个勉强过得去的画家成为一个不容争辩的伟大画家的岁月里，他完全受制于鲁本斯。他仔细研究了鲁本斯那些伟大的宗教画的雕版画，并且挣扎着画出自己的版本，既有着明显的仿效痕迹，同时又显然有自己的迥异之处。他从鲁本斯的历史画中大量借鉴了人物的姿态和构图形式，将它们转换到自己选择的主题中。他的愿望最终成真了。惠更斯和执政将荷兰共和国人人都在争取的最具鲁本斯风格的项目——耶稣受难系列画，委托给了伦勃朗。这些作品成就了他。随后，这些作品也几乎毁了他。

不过，这些还远远不够。鲁本斯的《赫洛与勒安得耳》（*Hero and Leander*）上市后，他就买下了。他用画耶稣受难系列画挣来的钱，从一个家族手里买下了一幢房子，而这个家族曾出售过鲁本斯在安特卫普的一幢奢华的城市宅邸。

这位年长大师的身影一直在伦勃朗的脑中挥之不去。他已经变成了鲁本
斯的分身。他开始像他画作里的人那样穿戴，模仿鲁本斯的《三博士来朝》 27
（*Adoration of the Magi*）中一个缠头巾的人物的姿势和穿着，并将这两者移植到自己身上。当他首次把自己包裹在华丽的斗篷下，绘制蚀刻半身自画像时，仿佛就是将自己的脸庞安在了他想要效仿的典范的身体和举止上。这张脸确凿地宣称，它就是伦勃朗。而除去这一点之外，画中的其余部分都在悄声说出："鲁本斯"。

6. 海牙，1631 至 1632 年冬

伦勃朗遇到了一些事。他再也不那么与众不同了，不再有那些耀眼而微小的灵光：他作为绘画的化身，出神地站在简陋的画室里。不再有恶棍般的面部特写：根茎蔬菜般的鼻子被一撮恣意的头发覆盖，黑色的双眼流露出难以辨认的表情。渐渐地，他成了优雅的自我羡慕的对象：这张脸轮廓鲜明，几乎只有骨头；帽子上插着一根鸵鸟毛，帽檐上围着一圈饰有珠宝的帽带；双肩上挂着一条一直垂到胸口的金链子。那面镜子一定用了好多次。他的画风现在变得圆滑、浮夸，就像出自一个等待委任的宫廷画师之手。画的表面泛着一层微光，仿佛是珐琅器或者漆器。

前途似乎还算光明。临近 1629 年年末的某个时候，康斯坦丁 · 惠更斯显然已为伦勃朗的才华所倾倒，为执政腓特烈 · 亨利买下了他的三幅画作，其中包括一幅自画像。亲王马上将他的画作当成礼物送给了安克鲁姆男爵罗伯特 · 克尔（Robert Kerr, Lord Ancrum），他是查理一世的朝臣，是安东尼 · 凡 · 戴克（Anthony van Dyck）喜欢画的那种穿着波纹绸衣的苏格兰人。安克鲁姆男爵当时为了参加查理国王侄子（凛冬之王和波希米亚王后的儿子）的葬礼，正造访海牙。而他自己的儿子，威廉 · 克尔（William Kerr）正在执政手下围攻斯海尔托亨博斯的部队里服役，所以这位苏格兰男爵跟着一大群

伦勃朗,《戴饰羽帽的自画像》，1629 年。木板油画，89.5 厘米 ×73.5 厘米。波士顿，伊莎贝拉·斯图尔特·加德纳博物馆

达官显贵长途跋涉来到布拉班特，亲眼见证了这座城市于 9 月 14 日投降。鼓乐声连绵不绝，征服者在拉丁文颂词中不断被咏唱；桶桶美酒皆饮尽，人人脸上尽欢颜。

腓特烈·亨利有足够的理由想要在安克鲁姆男爵面前好好表现。他知道鲁本斯已在众人之中脱颖而出，被西班牙国王选定为特殊使节去觐见英国国王，以此尽力达成两国间的和平协定，从而使反哈布斯堡王朝联盟去掉一股强大的力量。既然腓特烈·亨利本人就是鲁本斯艺术的爱好者（谁不是呢？），并且已经拥有了六幅鲁本斯的画作，那这一切一定会让他感到难过。更糟的

伦勃朗,《戴软帽和金链子的自画像》,约 1630 年。木板油画,69.7 厘米 ×57 厘米。利物浦,沃克美术馆

是,鲁本斯似乎已经很好地完成了他的使命。据说,查理一世在听说斯海尔托亨博斯陷落之后失声痛哭。这根本不是海牙所渴望的。所以,一场温和但毫不隐讳的“反说服”行动也动员起来。要取悦这位因艺术修养而闻名天下(且不论他别的缺点)的斯图亚特君王,没有什么比一批珍贵的画作更适合的了。安克鲁姆男爵从腓特烈·亨利那里得到的礼物,以最合适的方式进入了藏品迅速丰富起来的英国王室收藏之中。惠更斯无疑是这一场品位高雅的外交攻势的总设计师。“鲁本斯正在对我们不利。”他也许对亲王说过。那好吧,就让斯图亚特君王看看,在我们国家,我们也有可以和鲁本斯比肩的画家:

28

我们的利文斯，我们的伦勃朗。

当然，伦勃朗在画这幅画的时候，也许完全没有想到，自己的肖像画最终会被收入英国国王的藏品中。不过，惠更斯也许同样觉得，在这批作品中竟然包含一幅戴着大金链的年轻人的自画像，这既滑稽又应景。众所周知，鲁本斯为自己绘制的为数不多的自画像中，有一幅已于1623年作为礼物送给了查尔斯·斯图亚特，当时他还是威尔士亲王。在那幅画（至少有一份副本）中，鲁本斯的衣领下只露出了几节粗链子。这是有原则且端庄的绅士们的穿戴方式。这种项链是亲王赠予功勋卓著的臣民的一种以示尊敬的符号。它们是将君主和臣仆联结在一起的双向纽带。接受赠予的臣民将此当成是金枷锁。作为回馈，他们被标记成君王的宠臣，几乎可以说是亲信。画家获此殊荣的机会并不多见。现任西班牙国王的曾祖父查理五世皇帝，曾将此殊荣颁给提香。查理五世的儿子腓力二世，曾经将另一项此等殊荣颁给他最喜欢的佛兰德画家——安特卫普的安东尼斯·莫尔（Anthonis Mor），据凡·曼德尔所说，那条金链价值3000达克特[*]。[50]凡·戴克在自画像中会一只手拿一朵象征王室荣光的巨大向日葵，另一只手拽着一条大金链子。但是，鲁本斯的项链最多。可以想象，他在安特卫普的顶级豪宅中的柜子里一定摆满了这样的项链。

不过，肯定不曾有人授予过伦勃朗类似的物件。荷兰没有国王，而荷兰执政既不愿意也无权授予如此伟大的勋章。从另一方面来说，金属饰品并不难获得，既然伦勃朗使用这一主题和使用铠甲一样频繁，那说明他或许有
29 某种戏剧道具用来完成那些富于幻想的肖像画。所以他在献给安克鲁姆男爵的自画像中，给自己戴上了象征荣耀的项链，不带任何愧疚地将自己画成了文雅之士。似乎没有人对此持有非议。惠更斯有可能觉得这位“金童”，这块“璞玉”，会在查理一世的画廊里与鲁本斯争夺一席之地，这个想法让他感到欢欣鼓舞。就伦勃朗而言，他或许觉得惠更斯会马上领会到这份天真的虚饰。惠更斯不是马上就要成为领主，受封成为他刚购买的庄园聚利海姆（Zuilichem）的男爵了吗？

---

* 达克特（ducat），旧时在欧洲大部分国家流通的金币。——编注

到了 1631 至 1632 年的那个冬天，伦勃朗无疑感觉到他距离跻身伟人之列只有一步之遥了，他成了候补的宫廷画家。他从莱顿搬到了阿姆斯特丹。但是，他一定在海牙待了一段时间，因为惠更斯的兄长，荷兰议会的秘书毛里茨（Maurits），与朋友雅克 · 德 · 盖恩三世一起雇伦勃朗画了一对“纪念友情的肖像”——当友情中的一方故去之时，这对肖像可以在活着的一方（这里指的是毛里茨 · 惠更斯）的财产中重逢。惠更斯曾让利文斯为他绘制过肖像（伦勃朗可能也绘制了一幅）。当他得知手下的门生背着他偷偷接受委任，尤其接受的是他兄长的指派，而非出自他的恩赐时，他或许会感到不悦。这样一来，他自然就会去挑这幅作品的刺。1633 年，康斯坦丁写了一首尖酸刻薄的小诗，嘲讽伦勃朗没能创作出可被接受的德 · 盖恩肖像：“那么，哦，读者满心生疑 / 不管这幅肖像画的是谁 / 肯定不是盖恩。”[51] 但惠更斯肯定不至于大动肝火，去阻碍伦勃朗的宫廷仕途。况且，1632 年时，这位年轻画家已收获了最为丰硕的果实：奥兰治王妃的侧身像。在这幅画中，阿马利娅 · 凡 · 索尔姆斯朝左边望去，很可能与腓特烈 · 亨利那幅朝相反方向看去的肖像是一对。

他那时才二十五岁。七年前，他还是阿姆斯特丹历史画家彼得 · 拉斯特曼门下的一名小学徒。面对突如其来的成功，有一丁点儿眩晕之感，也是可以理解的。他正在叩响荷兰上流社会的大门，那是富豪贵胄的世界，聚集着国家的高层和共和国的高级长官。他的手指一定早就发痒了，迫切想去掂掂那些锦缎的重量。

海牙当时处在太平之年。在腓特烈 · 亨利担任执政的第一个十年里，这座城市已经从一个集行政部门和军营于一体的不起眼之地，转变成了一座优雅、规模适中的宫廷之城。中世纪风格的“哥特骑士会堂”是荷兰议会开会
的地方，四周被优雅的北部文艺复兴风格的建筑所包围，从那里可以眺望 30
霍夫维弗湖（Hofvijver）。湖泊的另一边，在椴树成荫的兰格沃霍特（Lange voorhout）大道上，已经可以看到石灰岩壁柱和山形墙。在执政和议会的传统住所后面，有一片荷兰伯爵留下的古老的卷心菜园。腓特烈 · 亨利下令将其翻新，改建成了北部风格的普莱恩广场（Plein），专供上演露天化装舞会和芭

蕾舞剧，亲王和王妃都万般着迷于这两种活动。[52] 参照荷兰人的标准来看，海牙已然是一座自成贵族气派的城市：到处可见的马厩、价格不菲的裁缝、剑术学院、周边林间的狩猎活动。兰格沃霍特大道上，占据海牙主要人口的异邦外交官，在搭乘四轮马车的几个小时里，通过各自的掌马官和左马驭者来争夺"代理权"。一支支六马驱使的车队里，马匹刷得如丝般光亮，相互争奇斗艳。哪国大使的马队最为耀眼，随从身上的制服最为奢华，相伴的女士最令人迷醉：那不勒斯？波兰？法国？这是一座充斥着高筒靴、蕾丝胸饰、金丝银线缝成的黑缎紧身上衣的城市；一座集合了异域香盒、鹦鹉螺高脚杯、珍珠项链的城市；一块充斥着轻快的击剑、新鲜的牡蛎、有羽冠的雀鹰、恶毒的流言、轻易可变的虔诚，以及乏味的晚餐的地方。

某些艺术家非常擅长在这样的文化氛围中表现自己，至少要把自己是名家大腕的戏唱足。比如，亨德里克·洪迪乌斯，惠更斯之前的绘画老师，集艺术家和高雅企业家的名声于一身：既是精装书籍的出版商，也是为宫廷和市里的达官贵人提供艺术品的艺术商。他自家的宅邸距执政的住所只有一小段距离。[53]1631 年的冬天，两位无可辩驳的名家统领了海牙的绘画界，其中一位甚至都不在此地生活。他们是赫里特·凡·洪特霍斯特（Gerrit van Honthorst）和安东尼·凡·戴克，两人都以各自的方式达到了现在的地位，而且都离不开鲁本斯的影响。

到了 1631 年冬天，洪特霍斯特成了海牙首选的宫廷画师。他拥有助他巧妙获胜的一切条件：在意大利长期居住在合适的地方，与著名的赞助人文琴佐·朱斯蒂尼亚尼（Vincenzo Giustiniani）住在一起，同时又为另一个赞助人——枢机主教希皮奥内·博尔盖塞（Cardinal Scipione Borghese）工作，这位主教的门徒中还包括年轻的贝尼尼。当洪特霍斯特回到自己家乡乌得勒支的时候，他已经因绘制具有烛光场景的历史画和风俗画而成了著名的"夜间的盖拉尔多"（Gherardo della notte），那些画作都直接借鉴了卡拉瓦乔的画中光与暗的戏剧效果。洪特霍斯特源源不断地创作了一系列历史题材画和带有隐晦色情意味的风俗画作，从而得到了顺利的发展。到了 1631 年，他已经四次被任命为乌得勒支圣路加画家公会的会长。据他的一个学生所说，他的画室已具备流水线生产的条件，共配备不少于二十四名付费的学徒。他是一名相貌英俊、举止优雅、天资卓越、多才多艺的画家。[54]这样一来，他也就合情合理地成了鲁本斯于1627年7月来到荷兰之后要寻找的人。鲁本斯此行表面上是与后辈画家交谈，实则是为了完成某些复杂的外交任务。洪特霍斯特当时正在把家搬到市中心一幢奢华的房子里，并且他一定是少有的几个拥有自 31
己的四轮马车并加以炫耀的画家之一。不管怎么说，他为鲁本斯安排了一场奢华的晚宴，其间两人不免照惯例相互敬酒、互相称颂了一番。

牵线搭桥有了回报。长着牛眼、露着乳酒冻般胸脯的金发女郎在“嬉戏游伴”场景中纵情愉悦，与此同时，另外一人的手指在笨拙的鲁特琴上弹奏，类似这样的画作，洪特霍斯特画得越来越少。他开始越来越多地画那种能为他赢得达官贵人委托的画作，也就是那种让鲁本斯成名且变得炙手可热的画作——一幅《塞涅卡之死》(*Death of Seneca*)，一幅《狩猎中的狄安娜》(*Diana at the Hunt*)。鲁本斯作为外交家，为天主教哈布斯堡家族的利益忙得不可开交，因此反哈布斯堡的亲王以及他们手下类似惠更斯这样的人才发掘者，自然会留神观察，寻找可接受的鲁本斯替代者。而那位作品众多、风度翩翩，又多才多艺的洪特霍斯特，则在恰当的时间受到了海牙另一个宫廷的关注：凛冬之王和波希米亚王后，这两人已在“三十五年战争”开始时被神圣罗马帝国驱逐出了本土。而那位波希米亚王后伊丽莎白·斯图亚特，恰巧又是查理一世的妹妹，对洪特霍斯特笔下她的家族身着寓言性衣装的肖像画尤为欣赏，于是对她在英国的兄长吹嘘了一番他的才能，哪怕洪特霍斯特是一位忠诚的天主教徒，也没关系。查理国王的王后，来自法国的亨丽埃塔·玛丽亚，不也是一位天主教徒吗？

洪特霍斯特在1628年时曾为查理一世效力过，他画了一幅斯图亚特家族的肖像画，最终获得了国王所能指派的最重要的任务：为白厅中那座由伊尼戈·琼斯(Inigo Jones)新设计的国宴厅绘制一幅巨大的寓言题材画作。白厅的天花板上将覆盖着鲁本斯创作的一幅巨大的寓言画，画上描绘了查理的父亲詹姆斯一世在统治时期创造的不可思议的荣耀图景(和平、团结、正义)。1649年查理走向断头台时，或许也伴随着同样嘈杂的哈利路亚声。但

赫里特·凡·洪特霍斯特，《墨丘利向阿波罗和狄安娜引荐自由七艺》，1628 年。布面油画，357 厘米 ×640 厘米。伦敦，白金汉宫，皇家收藏

是正对白厅街的那面墙却由洪特霍斯特描绘的阿波罗和狄安娜（亦即，查理和他的王后）所占据。画中的二人坐在松软蓬松的云朵之上，与此同时墨丘利（亦即白金汉公爵，鲁本斯最热忱的收藏家和崇拜者之一）正将二人介绍给“自由七艺”的化身。这幅画获得了空前的成功，以至于这位君王更加不顾一切地想让洪特霍斯特留在英国。但此举徒劳无功。查理虽然失望，却并
32 没有因此而吝啬无礼。1628 年 11 月洪特霍斯特离去之时，随身带着一份文件，文件表明：苏格兰、英格兰和爱尔兰陛下授予了他荣誉臣民的称号；支付年薪 100 英镑用作日常生活开销；3000 荷兰盾作为其作品的薪酬（比伦勃朗一生收到过的任何作品的报酬都多）；一套十二件纯银餐具，其中包括一对带脚的盐瓶；一匹出自皇家马场的纯种马。换言之，他受到了与鲁本斯同一级别的对待。

洪特霍斯特现在功成名就。再没人对他是一名天主教徒说三道四了。尽管他还得在乌得勒支待上一小段时间，但是宫廷贵族们已经排着队邀他作画了。在这些画中，贵族们身边陪伴着孩子和猎犬，有的身着便服，有的则一身田园打扮，要么扮成乡村情郎和牧人，要么就扮成诸神和宁芙的模样。很快，洪特霍斯特就完全遮蔽了米希尔·凡·米勒费尔特这类更为严肃的老一辈画家的荣光，成为执政的专属肖像画家，并且惠更斯还雇他去装点亲王的宫殿。当他最终搬到海牙时，其地位已及大领主，并配以招摇显赫的大宅子，仆人、马匹一应俱全。当他钟爱的天主教兄弟于1641年因亵渎宗教罪身陷囹圄时，执政为了他私下进行调停，那自不必说。

所以，当伦勃朗受雇前去为阿马利娅王妃画侧身肖像（很有可能会挂在洪特霍斯特绘制的亲王画像对面）的时候，他一定会难以抑制地去想象自己过上洪特霍斯特般的生活：荣耀、名声、金钱、宅邸、四轮马车、金链子。

在1631至1632年的那个冬天，海牙出现了另一个人，他或许比洪特霍斯特还要更直接地刺激了伦勃朗想要成为“荷兰的鲁本斯”的雄心。此人便是安东尼·凡·戴克。当然，凡·戴克曾是鲁本斯最具天赋且最负盛名的门徒。但他与老恩师的关系却并不简单，因为他不想仅仅是充当鲁本斯在政治上不受欢迎或者有其他事务要处理时的替补佛兰德大师。1630年之前，凡·戴克那明显完全属于他自己的风格只铸就了一半。他最重要的一幅宗教画是为安特卫普的一座教堂创作的《圣奥古斯丁的狂喜》（*St. Augustine in Ecstasy*），这幅画大量借鉴了鲁本斯的风格，并被紧挨着放置在鲁本斯创作 33
的圣母和圣徒巨画的左侧。尽管尝试过了，但是对于凡·戴克来说，想要避免在鲁本斯长久以来在宫廷里建立的盛名中循环打转，是十分困难的（或许也是不可取的）。他在热那亚的赞助人就是鲁本斯二十年前画过的那些家族。当他给法国古典学者尼古拉斯-克洛德·法布里·德·佩雷斯克（Nicolas-Claude Fabri de Peiresc）作画时，房间里或许也放着佩雷斯克的挚友鲁本斯的自画像。况且，被别人认作是鲁本斯第二，虽然会有一些苦恼，但还有一些显见好处，尤其是报酬的额度。他受雇于布鲁塞尔的女大公伊莎

安东尼·凡·戴克,《腓特烈·亨利画像》，约1631至1632年。布面油画，114.3厘米 ×96.5厘米。巴尔的摩，巴尔的摩艺术博物馆

贝拉，作为一名宫廷画师而享有津贴，并且和鲁本斯一样享有减免税务的待遇。

1631年冬天的海牙对于凡·戴克来说，似乎成了凭借一己之力最终获得（经洪特霍斯特许可的）“画家中的王子”称号的地方。而他在那里创作的作品，实话实说，确实美得无与伦比：腓特烈·亨利的画像令人叹为观止，画中的腓特烈身披镶金的黑钢铠甲，呈现出一副督军的模样；一幅香艳的提香画风的田园画，画中牧羊人米亚提诺（Myrtillo）扮成女人的模样，正在与宁芙女神阿玛瑞丽斯（Amaryllis）展开一场炽烈的亲吻比赛。如果奥兰治亲王和王妃（以及他们的顾问惠更斯）希望明确无误地表明，他们并不是在一个了无生趣、朴素无比的加尔文派宫廷里执政的话，那么他们无疑需要这样的一幅画来引起必不可少的、引人注目的轰动。

凡·戴克在海牙频繁受雇于人的那段时间里，画了许多荷兰艺术界和文学界的领军人物。这些绘画作品将被收入到他编选的肖像选集当中，他打算以雕版画的方式，作为《图像集》（*Iconography*）出版，其中收入的画像不仅包括艺术家，还包括政治家、将军和亲王。这本杂集是一份有意设计的充满含义的声明。书中声称，画家，北方的画家，不再仅仅被当成手艺人了，相 34
反，像彼得·保罗·鲁本斯爵士（还有日后的安东尼·凡·戴克爵士）这样的人，理应被当成一个天然的贵族，完全可以与哲学家、战士和诗人比肩。当然，鲁本斯早已名列博学艺术家之列（该序列里还包含凡·戴克本人）。而荷兰艺术家的部分，他则添加了美好的洪特霍斯特肖像以及不那么美的惠更斯肖像，后者有一双轻微向外突出的眼睛，随着岁月的流逝，这双眼睛将逐渐给惠更斯带来麻烦。画中惠更斯的手搭在一本巨大的书上，里面是他的诗歌，或许还包括他一生创作的八百首音乐作品中的一部分。其实，凡·戴克拜访过惠更斯位于海牙的家，或许也想过依此画一幅画。但那段时日并不是完成这项难能可贵的差事的最佳时机。因为一场风暴刮倒了树木，其中一棵树压在了惠更斯家的房顶上，这样一来，惠更斯就无法如凡·戴克希望的那样，全心全意地投入绘画之中。[55]

凡·戴克的这些画作在他过世后才得以部分与公众见面。但是，年轻的

保卢斯·庞提乌斯临摹安东尼·凡·戴克，《赫里特·凡·洪特霍斯特》，17 世纪 30 年代。雕版画。阿姆斯特丹，荷兰国立美术馆

保卢斯·庞提乌斯临摹安东尼·凡·戴克，《康斯坦丁·惠更斯肖像》，17 世纪 30 年代。雕版画。阿姆斯特丹，荷兰国立美术馆

伦勃朗一定与惠更斯和洪特霍斯特都有接触，他或许会了解到这个《图像集》的宏大项目。也许，这个项目还让他感到苦恼，因为他并没有像诸如风景画家科内利斯 · 普伦堡（Cornelis Poelenburgh，鲁本斯曾在 1627 年造访荷兰时拜访过他）那样，被列入名单中。但也许，正是想跻身这份当代艺术大师名录——堪比瓦萨里笔下那些意大利画家和雕塑家的生平，以及卡雷尔 · 凡 · 曼德尔的尼德兰艺术家传记——的想法，激发了伦勃朗为当下也为后世打造自己形象的幻想。

因为恰恰就在这个时期，伦勃朗开始参照鲁本斯的画作改变自己。他一定临摹了由保卢斯 · 庞提乌斯（Paulus Pontius）复制的鲁本斯的杰作《十字架上的基督》（*Christ on the Cross*）。他和利文斯都将这幅版画当作各自临摹实践的起点。他甚至有可能已经了解到了凡 · 戴克本人在大约 1630 年和 1631

年，乐此不疲地对鲁本斯这幅画所作的各种临摹版本。可想而知，伦勃朗肯定会得知一个惊人的消息，因为惠更斯兄弟势必都参与了安排：鲁本斯将于1631年12月在海牙逗留数日，试图与腓特烈·亨利达成更易接受的停战条件，尽管这种尝试几乎可以预见会以失败告终。鲁本斯只需看一眼凡·戴克为腓特烈·亨利画的凯旋肖像就可以省去这个麻烦，他将腓特烈·亨利画成了现代的亚历山大大帝。至于凡·戴克自己在听说他旧日的老师和敌手将出现在新赞助人的门前时会想什么，我们只能靠想象了！

机会突然降临，转眼又失之交臂，伦勃朗当时哪怕对此只是略知一二，也会有一种可见却不可得的剧痛感。近在眼前，又遥不可及。不过，伦勃朗就像别人一样，手头有一个替代版本的鲁本斯。那是由保卢斯·庞提乌斯制作并在前一年，也就是1630年面世的一幅雕版画，临摹自这位佛兰德大师的自画像，最初是1623年为献给查理一世而画。在鲁本斯看来，这幅画代表 35
了他的自我形象。当他那位爱好文物的朋友佩雷斯克向他讨要一幅自画像时，他就临摹了1623年的这幅画。鲁本斯不会像伦勃朗那样不停地改变自己的外表，他对自己的感觉是不会变的。此后，他在创作为数不多的几幅自画像时，也会摆出一模一样的姿势来：绅士派头十足的四分之三侧身；朴素但凸显贵族气的斗篷；脖子下面露出一条金链子的其中几节——这样的形象塑造，巧妙地把令人生畏的一面和迷人的自谦同时展现出来。

对于一只脚已经迈进海牙宫廷大门的伦勃朗来说，这就是他最求之不得的身份：绅士知识分子。他或许已经了解到，鲁本斯获得了牛津大学荣誉学位，向全世界宣布他是一位*博学的画师*（pictor doctus）。尽管在世世代代的人眼中，相比学者，伦勃朗更像是一个吉卜赛人，但是他毫无疑问也想被人当成一位高贵的有识之士，而非平凡的*庸常画家*（pictor vulgaris）。或许，伦勃朗也已经知道，查理国王授予鲁本斯嘉德骑士之时，还将自己手指上的一枚钻石戒指摘下来，送给了画家，还赠送了一条镶钻的帽带，以及授予仪式上搭在鲁本斯肩上的那把剑，剑柄上的宝石闪闪发光。为何伦勃朗没有这些东西呢？荣誉、名声、财富。假以时日成为伦勃朗·凡·莱因爵士，这样的幻想过分吗？毕竟，惠更斯在伦勃朗这个年纪时，确实已经被上一任英格兰国

彼得·保罗·鲁本斯,《自画像》,约 1623 年。木板油画，86 厘米 ×62.5 厘米。温莎城堡，皇家藏品

王晋升为康斯坦丁爵士了！

伦勃朗那时已经深深地陷入了对鲁本斯的迷恋之情当中——既奉他为楷模，又拼命让世人看到他俩之间的差异。他同样在1631年为执政画了一幅《下十字架》（*Descent from the Cross*），这幅画直接取材于安特卫普大教堂里鲁本斯那幅巨大的杰作的雕版画，同时也是针对佛兰德大师鲁本斯那幅无限宽广的祭坛画的一次精心计算的新教徒式回应。[56] 现在，他变本加厉，大胆地将自己的肖像嫁接到鲁本斯最著名的自画像上，仿佛他与鲁本斯的关系就像凡·戴克与鲁本斯一样亲密如父子。以这种不光彩的方式来让人领养，固然表达了尊敬，同时也有些厚颜；用同样的姿态尊敬父亲并与父抗争。

毫无疑问，这是一份声明。伦勃朗先前的蚀刻自画像中没有一幅能达到 37
那幅被称为《戴软帽的自画像》*（*Self-portrait in a Soft Hat*）的规模。当然，软帽其实是鲁本斯的一顶帽檐上翻的呢帽。这幅蚀刻画不仅是伦勃朗自画像中最大的一幅，而且还是截至当时他最用心、最精雕细琢的一件作品。[57] 尽管他是在1631年开始制作蚀刻版画的，但是似乎此前耗费了多年时间为这幅画担忧、苦恼，一遍遍地修改，一次次推倒重来，用新的一层蜡制的基底覆盖最近的成品，以便再一次处理铜板，并在修改稿上刮刮刻刻，把铜板放入酸液盆里，让酸液腐蚀出新的线条来。这套工序他重复了十一次，有十一个版本。这是一种强迫症。这就是他的标识，是他想要成为新的鲁本斯的宣言。

起初，他是按照伦勃朗，而不是鲁本斯的画风来画的，仅仅是他头部的画像，脸部右边的阴影处理得如往常一样，并且肩上披着他最爱的鬓角卷发。他从鲁本斯那里借鉴来的只有那顶帽子，帽檐的右边向上折起，比鲁本斯戴起来还要显眼。但是，在创作随后的几个版本时，这个卑鄙的偷盗者变得更明目张胆起来。到了第四版时，头部和肩膀已经转到了与鲁本斯自画像中一模一样的角度，但是，伦勃朗那花哨的蕾丝衣领更加正式地勾勒出他的脸部，仿佛此举是为了弥补金项链的缺失。当全世界都知道鲁本斯有几条货真价实

* 即《戴软帽、穿刺绣斗篷的自画像》。——编注

从上往下逆时针：

右上：保卢斯·庞提乌斯临摹鲁本斯，《自画像》，1630 年。雕版画。阿姆斯特丹，荷兰国立美术馆

左中：伦勃朗，《戴软帽、穿刺绣斗篷的自画像》，1631 年。蚀刻版画，第一版。伦敦，大英博物馆

左下：伦勃朗，《戴软帽、穿刺绣斗篷的自画像》，1631 年。蚀刻版画，第五版。伦敦，大英博物馆

右下：伦勃朗，《戴软帽、穿刺绣斗篷的自画像》，1631 年。蚀刻版画，第十版。纽约，皮尔庞特·摩根图书馆

的项链时，伦勃朗若给自己佩戴一条假的，会被视为一种无礼的冒犯，即便他的脸皮再厚，也不至于这么做。制作第五版是将伦勃朗和鲁本斯混合在一起的一个决定性时刻，二十四岁的人被融进了五十四岁的人的图像中。通过将自己包裹在鲁本斯那件宽大的斗篷里，伦勃朗非常清楚地意识到，他所做的已经远不止偷窃那位佛兰德大师的衣服这么简单了。衣服的褶皱、镶边以及布料的垂感，都刻意与鲁本斯众所周知的品性相匹配——慷慨、仁慈、富有创见，恰如其分地烘托出他英俊的脸庞上透出的睿智。鲁本斯的衣服剪裁得就像他的绘画风格，奢华、铺张，但从不会落入粗俗的狂妄。

伦勃朗采用了这套衣服，并且做了一丁点富有才智的剪裁，让衣料的褶皱更加松弛，以适应他为自己打造的更为张扬的性格。乍看上去，此举不过就是一个小小的改动，让斗篷突兀地向上提起，用更为宽阔、彰显富态的皮草装饰其边缘。但从实际效果来看，这一改动包含了对鲁本斯原型的双重挑战。伦勃朗现在站立的姿势和衣着都像一位绅士、一名骑士，他的左臂抬起，紧贴身体，袖子在手腕处收紧，让他的手能够腾出来搭在看不见的剑柄上。但最赤裸裸的借鉴出现在他的右手臂，明显地伸向有光的一侧。伦勃朗并不满足于偷取原型的姿态和装扮，要记住，他那时正在照着鲁本斯《下十字架》的雕版画来作画，从那幅画中他偷学来了最有记忆点的细节：尼哥德慕（Nicodemus）的右臂和肘部，也是同样轮廓鲜明，抵在耶稣的白色裹尸布上。

到了蚀刻的第十个版本，他用浮雕细线把底色变得更暗，而靠近伦勃朗 38
身体轮廓的部分则明亮起来，仿佛处在背光之中，此举使得衣袍底下急剧突出的右肘变得更为戏剧化。他的鬓角卷发经历了一次突然的猛长，公然挑衅一切清规戒律。他的着装更加浮华夸张：下坠的蕾丝领打了褶，装饰着花边，沿着领子展开的衬里上有着复杂的浮花织锦。

伦勃朗如实复制了鲁本斯的斗篷（并将它的裁剪进行了一番装饰）——早在这件衣服从它主人的肩上滑落之前。艺术家手册中普遍存在一种共识，卡雷尔·凡·曼德尔在《画家之书》（*Schilder-boeck*）中也反复提到，那就是合法地，也确实是必要地，进行剽窃，或者至少是不受约束地借鉴被他们嫉妒的楷模和大师。“Wel gekookte rapen is goe pottagie”——好好烹制各种食材，才能成就上品好汤。伦勃朗在1631年时肯定已经将此建议烂熟于心了。他所做的远不止从鲁本斯的风格中借鉴各种食材这么简单。他抬起整个身份，试了试大小，走了走，觉得非常适合他。

当然，也会有感觉不对劲的时候。性格古怪的伦勃朗，塑造形象和本质的人，不会仅仅将自己限定在巴洛克大师的浮夸习惯之中。然而，在塑造自己的十年里，伦勃朗竭尽全力让他的这一新形象鲜活起来，用大型作品——鲁本斯风格的壮观场景，充满力道十足、绚丽无比的戏剧效果，令人震颤，精神焕发，充满肉欲且撩人心弦——来替换细密画。他会一遍遍地观摩鲁本斯的杰作，一遍遍地唤起灵感，创作了受命献给执政的耶稣受难系列，还有献给惠更斯这位鲁本斯爱好者的那幅令人叫绝的《参孙致盲》(*The Blinding of Samson*)。这些项目中的很多作品都获得了轰动性的成功，有的则可悲地遭遇失败，还有一些作品则在执行过程中受创于那种个性的缠斗。当鲁本斯于1640年去世时，伦勃朗已经成为他那个时代不折不扣的大师——不是在海牙，而是在阿姆斯特丹——直到那时，他才将模仿他人的重负卸下。

但在1631年时，他在铜板上——头一次——刻上了“Rembrandt f [ecit]”(“伦勃朗画”)这几个字。他不得不反着写这些字，无疑是对着镜子操作的，这样镜像外的字序才会是正确的。以“伦勃朗”示人，用他受洗过的教名当作签名，其本身也是一个自负满满的姿态，因为这意味着他与那些以教名为人所知的人同属一列：列奥纳多，米开朗琪罗，提香，拉斐尔。不过，他似乎只有通过成为鲁本斯，才能成为“伦勃朗”。

前提是，他知道鲁本斯是怎样成为鲁本斯的。

第二部　典范

第二章

扬与玛利亚

1. 罪孽，1571 年 3 月

现在，扬 · 鲁本斯被拘禁在迪伦堡（Dillenburg），他或许会在痛苦中 41
清醒地认识到，与奥兰治王妃同床共枕是一个错误。当然，众所周知，她嗜酒如命。酒喝多了之后，她甚至会咒骂她丈夫，先威胁说要他的命，随后威胁说自己也不想活了。她的王室姻亲多次试图让她戒酒。但萨克森的安娜（Anna of Saxony）根本拦不住：脸说变就变，脾气说来就来。在付出代价之后，他才知道这一点。扬 · 鲁本斯认为，这一切都无法为他所犯的罪行开脱。这不是由罪犯说了算的。当亲王的弟弟，拿骚的约翰伯爵（Count Johan of Nassau）直截了当地问起，在这起不光彩的事件中，哪一方更为主动时，扬 · 鲁本斯用慎重而颇具律师风范的口吻回答说："如果他无法肯定自己会被接受，那他绝不敢接近她。"[1] 他很难开口补充说，国内早有传言，他不是第一个越轨者。科隆的小酒馆里流传着一段事关一位船长和一个当地货币兑换商之子的流言蜚语，据说这两人用各自的方法讨好过安娜，并都得到了接纳。谁知道他们的命运是怎样的呢？唉，参照德国的法律和习俗来看，他自己的命运是明摆着的。哪怕扬 · 鲁本斯没有鲁莽到给尼德兰最显赫的贵族戴绿帽子，他也得为自己的通奸行为付出昂贵的代价。他只求能够体面地接受剑刑斩首，这样至少配得上他博学的法律博士之衔，而不是像普通扒手一样被交到绞刑官手里。他曾亲手判处这类人上绞刑台，亲耳听见过绞刑架吱呀作响的声音，亲眼看见急不可耐的秃鼻乌鸦在上空盘旋。

当扬·鲁本斯反思这罪恶深重的越轨会带来什么样的后果时，想到他的四个孩子将遭受丧父之痛，不仅名誉蒙羞，还会穷困潦倒，他一定感到心痛欲绝。他自己的父亲，药剂师巴托洛梅乌斯（Bartholomeus），在他刚行穿裤
42 礼*没多久就撒手人寰了。无论扬·鲁本斯的诸多不幸源于何处，都不该归咎于痛苦的童年。在父亲去世后，扬的母亲，芭芭拉·阿伦茨（Barbara Arents）出于对孩子和自己的考虑，选择改嫁他人，明智地接受了扬·兰特米特尔（Jan Lantmetere）。兰特米特尔是一名食品商人，他的家族来自世上最重要的城市且在当地地位显赫：雄伟气派、山墙随处可见、货物堆积如山的世界贸易之都（mercatorum mundi）——安特卫普。查理皇帝的帝国从布拉格一路延伸到秘鲁，而安特卫普就是帝国那颗快速跳动的心脏。扬的新伯父菲利普，在这座城市早已拥有权势：他集市政官、治安官、市议员于一身，是那类在街上会等着别人向他脱帽致敬的人。而扬的母系家族阿伦茨-斯皮尔瑞克斯（Arents-Spierincks），在当地行政界举足轻重。扬·鲁本斯到了掌握必要的学识和礼仪，将富裕抛光打磨成修养的时候了。于是，这个在拉丁语学校能用早熟的庄重语气，激昂地朗诵西塞罗作品的男孩，在二十一岁时受命去意大利渴饮“智慧之泉”（fons sapientiae）。七年之后，也就是在1561年，扬·鲁本斯从容地回到了安特卫普。他学成名就，羊皮纸上盖着罗马智慧学院的庄严印章，证明他已获得教会法与民法的博士学位。[2]

此时，他已经具备了跻身贵族的资格，而贵族们也很快就接纳了他。1562年10月，距离扬·鲁本斯回到佛兰德仅过去了一年，他就被选为安特卫普十八位市议员（schepenen）中的一员。在遭遇不幸之前，他每年都连任该议席。到了三十一岁时，他已经成了城里的名流，并获得了分享他们说的俏

* 16世纪中期至20世纪初，西方男童在幼年通常穿长袍或连衣裙，年龄稍长时行“穿裤礼”，首次穿上马裤或短裤。——译注

皮话和绯闻的资格。他会与那些真正有钱的人同坐一张长桌共进晚餐，会仁慈（但坚定）地倾听纠缠不休的穷人的唠叨，会为身染瘟疫的人们祈祷。在需要审理案件的日子里，他会披上那身黑色的长袍，绷着神色凝重的脸，与同事一起坐在法院（vierschaer）的长椅上，将恶棍和歹徒送上绞刑架。这座城市正处盛世。房屋的外立面由石灰岩和砖块砌成，明亮而瑰丽，屋内则铺着奶油色的大理石，更为鲜明地反衬出由坚果木和乌木制成的深色柜橱。在市中心，一座全新的市政厅正拔地而起——一座真正的宫殿，完全不同于威尼斯以北的任何建筑。这是一座彰显荣耀的四层建筑，下铺粗石，上搭栏杆，四面立着爱奥尼亚式壁柱，到处可见文艺复兴风格的装饰。扬·鲁本斯想必出席了这座建筑1565年的落成典礼，他或许会在大楼坡顶上傲然耸立的圆顶小神庙中，心满意足地眺望这座熙熙攘攘的大都市。扬·鲁本斯就是这个最美丽的地方的主人之一。1561年，他谋得了一门好亲事：上等壁毯经销商亨德里克·派伯林克斯（Hendrick Pypelincx）之女玛利亚（Maria），她娴静、虔诚，嫁妆丰厚。扬·鲁本斯和他的新娘一起站在圣雅各教堂的圣坛前时，一定憧憬着幸福美满的一生。

他怎会想到，就在他云程发轫的那一年，也就是1561年，另一场隆重的婚礼会给扬·鲁本斯，也为当婚的那对不幸的新人带来灾祸呢。在遥远的莱比锡，富甲一方却也相应负债累累的二十八岁鳏夫奥兰治-拿骚的威廉，带着一支由1100名骑士、侍从、听差、传令官、鼓手，以及由一群按习俗配备的 43
摔跤手、弄臣、侏儒和舞者组成的队伍，迎娶了萨克森的安娜。这对新人按照古老德国的传统，在仲夏的玫瑰花瓣、乡村的空气和人们打着饱嗝的祝福中举行了婚礼，并公开地同床共寝。新娘十六岁，精神饱满，光彩夺目，一头亚麻般的金发在婚礼头冠底下紧紧扎起来，绕成扑克牌的红桃状。安娜的额头很高，眼睛硕大但略显呆滞，不规整的鼻子将白如生面团的脸颊分开，这些特征都继承自她已故的父亲：猎起猪来不知疲倦、顽固暴躁的莫里斯（Maurice），此人是萨克森的选帝侯、德国最笃信路德宗的亲王，此外，他还是信奉天主教的哈布斯堡皇室的宿敌。

安娜继承了父亲身上的这股子奔放劲儿，外加她在回复威廉那些充满套话的求爱信时，显出的那股令人窘迫的热情（一天回三封情书！），从这两点，威廉或许猜到了他俩的婚姻可能会缺少平静。[3]但话说回来，亲王虽然恳挚谦恭，但实则是一个急于享受肉欲，又对老婆言听计从的男人。安娜是被选择性地介绍给他的，仅就他所看到的那一点点来说，他非常喜欢安娜。或许，她看上去有一点亢奋过度，但毕竟她比小孩子大不了多少。完全有理由认为，她那时不时爆发的暴脾气，最终都会因身居高位的意识、良言相劝的帮助，以及身为人母的成熟而有所遏制。眼下，婚礼上出现了一个著名的小插曲，威廉不经意地宣称，安娜不妨把《圣经》放在一边，去读一读类似《高卢的阿玛迪斯》（*Amadis of Gaul*）这样的骑士罗曼小说。

婚礼上出现了一些不好的征兆。婚礼庆典上进行不间断的马上长矛比赛时，她的舅舅、监护人、现任选帝侯奥古斯都全副武装地从马上摔了下来，摔断了一条手臂。[4]威廉带他的新娘回布拉班特的宫殿后不久，欧洲各国的宫廷就开始议论纷纷。有人相信，这场婚姻是对路德宗的背叛，这其中就包括新娘的外祖父，黑森伯爵（Landgrave of Hesse）腓力一世。有一些人则认为他们的结合是对天主教的背叛，其中就有西班牙国王腓力二世。针对新任王妃的信仰归属，双方进行了复杂的博弈。西班牙国王腓力二世委派他同父异母的姐姐、尼德兰摄政，帕尔马的玛格丽特（Margaret of Parma），督促安娜迅速且毫不含糊地归顺罗马教会。黑森的腓力一世则下达了一条相反的命令，要求允许安娜全然享有忠于路德宗信仰的自由。威廉对双方的要求均不予理睬，他倾向于一个更为灵活的解决办法。安娜可以在一些外在的事务上遵从天主教会的教义，而在她自己的小教堂里则允许有信仰自由（公开场合听天主教神父的，私下场合听新教牧师的）。在一个极其愚昧的时代，这样的解决方法显得极为明智，但此举除了亲王的心腹之外，在谁那里都不讨好。在16世纪中叶，基督教世界表面上已分裂成天主教和新教。但更深的分歧却将激
44 进派和实用派区别开来。后者主张只要人们的宗教活动不破坏和平与规矩，那他们的良心就无须被干涉；前者则憎恶此类狡猾的政治折中行为，认为此举无异于向撒旦卑躬屈膝。

威廉是一个实用主义者，用16世纪的话说，他是一位政客（politique*）。这既是情势所逼，也是道德倾向使然。他的父亲拿骚-迪伦堡伯爵是一个路德宗信徒，不过宗教态度极为平和，不会因为圣方济各会频繁现身于他那座山顶小镇而感到不安。[5] 毕竟，伯爵的亲哥哥海因里希（Heinrich）依旧忠于老教会。当威廉的一位堂兄在与法国交战中战死沙场后，他突然就继承了布拉班特、佛兰德、弗朗什孔泰（Franche-Comté）的大部分领土，外加五十块男爵领地、三个意大利公国、不复存在的阿尔勒王国，以及罗讷河谷南部的主权公国奥兰治。这些使得他摇身一变，从一个小小的德国世袭勋爵，成了欧洲北部权力最盛的领主。哪怕继承权附带信仰天主教的条件，但是这似乎对他没有产生什么影响。反倒当地流传的一则笑话显得更意味深长，这则笑话称，尽管威廉的父亲在莱茵兰地区（Rhineland）被称为“富人威廉”，但与十一岁大的儿子相比，他反而是个穷光蛋。为了与这些新获的财产和头衔相称，这位男孩被迫离开他生于斯长于斯的迪伦堡——一座中世纪的城堡小镇，山顶建有城堡塔楼，山下则是一片杂乱分布的石板斜屋顶和木板搭建的麦芽酒馆。“富人威廉”和“超级富人威廉”一起坐在一架轿式马车里，马车滚动着车轮，一路向西北的尼德兰进发，向少年亲王的布雷达宫殿驶去，随后到达富有的布鲁塞尔，觐见查理五世皇帝。

离开了哥特式的拿骚之后，威廉学习成为一名风度体面的朝臣和遵纪自律的年轻战士，迅速适应了布拉班特哈布斯堡王朝的文雅。他对权贵说法语，对仆人说佛兰芒语，很难不让人喜欢，并很快成了饱受痛风之苦的皇帝眼前的红人，得以在寝宫侍君。事实上，是这位皇帝父亲，而非那位伯爵父亲，在1551年威廉十八岁的时候，选定了布伦的安娜（Anna of Buren）为他门当户对的妻子。四年之后，查理五世决定扔下江山事务，退隐修道院。他重重地倚在奥兰治亲王的右手臂上，一瘸一拐地走进位于布鲁塞尔的宫殿，宣布退位。肢体语言能说明一切，人们不难察觉，那位现在正式受托管理西班牙王国和尼德兰政府的腓力亲王，紧紧跟在后面，被皇帝和奥兰治亲王挡住；

* Politique一词在16世纪的语境中，专指一些在宗教问题上采取折中态度的政客。——译注

皇帝身穿黑袍，显得身形庞大；奥兰治亲王身材修长，穿一件开衩的紧身衣，衣服上的银线闪闪放光。

腓力二世和奥兰治的威廉，两人的脾气和信仰完全相反，简直像是伊丽莎白时期剧作家精心设计的一对角色。这位长着“地包天”下巴的西班牙国王是个禁欲主义者，而且一心专注审判，对自己尤其如此。尽管威廉被人们称为“沉默者”（因为他从不会透露自己的想法），但在两人当中，腓力的寡
45 言少语更令人不安。奥兰治亲王善于交际，他有多醉心于世俗的欢愉，腓力就有多么受世俗欢愉的折磨。威廉十六岁的时候，曾在他那座位于布雷达的雄伟城堡里款待过时任那不勒斯国王的腓力。那场宴会非常奢靡，席间有孔雀肉和孔雀舞，但是对于过分律己的哈布斯堡王室来说，这些场合就如同一场审判，仿佛每吃一口美食，就会大大加剧肉体的堕落。尽管他俩各方面都不相容，但是威廉却愿意成为腓力二世忠心不二的仆人，就如同他曾是查理皇帝身边赴汤蹈火的卫士一样，并且他还多次煞费苦心地表达过对天主教会的忠心。就腓力来说，无论他私下怎么想，其实都别无选择，只能让奥兰治亲王继续担任要职；这么做没有别的原因，仅仅是为了对其他可能动邪念的贵族同僚起到约束作用。就这样，威廉依旧待在国务委员会，受命担任执政（stadhouder），或称“代理官”（lieu-tenant）——字面意思是君王授权的代理官员——发誓维持和执行君王在荷兰省、泽兰省和乌得勒支省的律法。在亲王看来，他与萨克森的安娜的联姻绝不会妨碍他的职责。但是，当路德宗的牧师被发现出现在安娜王妃位于布雷达和布鲁塞尔的小教堂并为她布道之后，腓力确信了他的怀疑：这场联姻是一场阴谋，意在将德国新教思想偷偷带入信奉天主教的尼德兰。

对于腓力国王来说，宽容就是叛教的先兆。众所周知，奥兰治的威廉在其布拉班特的个人管辖领地里是出了名的宽容之人，他会不遗余力地保护新教徒免遭宗教法庭的迫害。宗教法庭是查理五世于1520年引入尼德兰的。当地的贵族抗议说，宗教法庭在他们的省份里没有法律地位，但奥兰治的亲王也没有理由为此类不服从行为提供援助和安抚。罗讷河谷的奥兰治是他的私人封地，其中心是雄伟的奥古斯都 · 凯撒圆形露天剧场。威廉在此地创立了

一种统治制度，允许人们公开信奉两种信仰。他相信，实用主义的仁慈是避免在天主教和新教（后者因加尔文派在法国南部、英国和尼德兰的信徒越来越多而日益强势）这两种相互妖魔化的信仰之间，爆发你死我活的全面战争的唯一方法。但是，腓力国王急于发动的恰恰是一场摩尼教式的明暗二宗争霸战。腓力深刻地意识到他父亲在统一基督教世界方面的失败，发誓要以自己的生命来完成消灭异端和征服土耳其人的神圣使命。在他的心中，这两者与实现真正的基督教和平密切相关。如果能把奥斯曼人阻挡在爱琴海和亚得里亚海，那么他就可以把注意力和兵力转向异端。如果能让异教徒屈服，那么远征东方的圣战就能战无不胜。

那些恼人的尼德兰异教省份，是这一项世界使命中极其重要的战略组成部分。[6] 黄金必须从这些省份的高利贷银行中挤出，供应品和征税必须从它们的码头和贸易商行中获得，但与此同时，异教邪说必须禁止从这些地方的
印刷所流传出来。1529 年，在查理皇帝统治下，安特卫普发生了一场异教 46
书籍大焚烧，并且宗教法庭的审判官们被授予了帝国官员的权力。但是，这座世界之都的出版商，与那些声名狼藉的无神论威尼斯人相比，也好不到哪里去。短暂的冷静之后，他们继续出版一些据称是论述古典历史和哲学的作品，这些作品以颠覆信仰和宗教闻名。现在是让尼德兰人在金钱上更大方，在观念上更谨慎的时候了。这就是腓力竭力要向尼德兰的领地巨头及控制着十七个省的代表大会（即联省议会）的市议长说清楚的事。国王迫切需要三百万弗罗林来补充军费，以维持与法国的战争。这一要求闻所未闻，议会大感震惊，当即拒绝了。紧接着就爆发了国王和不愿妥协的贵族之间长达四年剑拔弩张的争吵。联省议会分别于 1556 年和 1558 年召开会议，但会议的作用仅仅在于提供了一个平台，用以让代表们表达他们对政府的诸多不满。二十多年以来，王室的财政都建立在各个省份每年进贡的款项上，所以
要突然转向财政集中制是不太可能成功的。腓力国王最终能战胜法国，多 47
半要归功于尼德兰提供的人力和财力，但这并没有让他对这些省份更友好。1559 年，他带着愤恨和不满离开了布鲁塞尔。联省议会对他的离去表态，他可以获得为期九年的固定金额款项，条件是撤回西班牙军队。可这样一来，

约昂·布劳,《尼德兰十七省地图》,选自《大地图集》*,第三卷(阿姆斯特丹,1664 年)。纽约,哥伦比亚大学图书馆,巴特勒古籍善本室

他还算是自己国土的主宰吗?

尽管与联省议会展开的这场旷日持久的争执令人烦恼，但它同样颇具启发性。尼德兰那些被异教侵染的财富，已被一个错综复杂、隐秘而令人恼火的教区机构网络置于国王的控制之外。在遍布尼德兰各地，诸如梅赫伦（Mechelen）、杜埃（Douai）、多德雷赫特（Dordrecht）和弗拉讷克（Franeker）这些城市的档案室里，藏有大量用丝绸装订的羊皮卷，这些羊皮卷盖满了印章，因年久而发黑发硬，令人敬畏，上面用古老的文字记载着“自由”“公民权”“豁免权”“特权”。此外，档案室里还有各城镇和省份的宪章，这些文件构成了各地人民对抗君主政府围攻的重要工具。在腓力眼中，这些宪章属于中世纪的过时之物，如今必须让步于世界神圣使命这一现实。这些羊皮卷将被付之一炬，他的意志将会实现，而那些真正忠实的教众将会以他的名义高唱赞歌。

腓力将这个吃力不讨好的任务交给了尼德兰摄政去落实细节，这位摄政是他同父异母的私生女姐姐，亦即刚毅的帕尔马的玛格丽特。她虽与意大利人联姻，但生来是一位佛兰德贵族，并按照她父亲查理五世的意愿，在尼德兰接受了教育。她性格当中有疑似当地人的一面，这一点让腓力吃不准她在遭遇尼德兰贵族和市民的顽强抵抗时，是否真的具备迎难而上的勇气。为了增强玛格丽特的决心，腓力精心挑选了一批新型保皇派来辅佐她。这群人出身低微，靠着自身的智慧和国王的恩宠崭露头角；受过大学教育，在法律和文学上颇有建树；具有官僚的品质，无限忠诚于君王的绝对统治。在高官当中，以这类模式培养出来的代表是安托万·佩勒诺·德·格朗韦勒（Antoine Perrenot de Granvelle）。此人不是一个奴颜婢膝的狂热分子，而是一个老练而饱学的人文主义者，对各省的地方传统持反感态度，值得信赖。他计划改革的两个目标——统一宗教和疏通财政——意在相辅相成。他将使用新的主教等级制度对十七个省进行合理整合，并且将从最可靠的宗教裁判官中集中任命主教，而不是看那些贵族恩主的眼色。此举可以确保信仰的一致性。在扫

* 约昂·布劳（Joan Blaeu）的《大地图集》（*Atlas Maior*）是 17 世纪出版的一本大而昂贵的地图集。——译注

除恩主网络之后，民众就会回归对国王和教会的天然忠诚。而通过民众的财产和商品——从麦芽到盐等各种东西——筹集的钱，将为政府和可能需要保护政府（但愿不会有这个需要）的军队提供资金。

总之，这就是他们打的如意算盘。不过，颁布由政府任命主教的法令是一回事，真正实行起来却是另外一回事。新教已在尼德兰贵族中获得不少信
48 徒，有些人是偷偷摸摸转变的，有些人，比如威廉的弟弟拿骚的路易（Louis of Nassau），则毫不内疚地宣布自己信奉归正会的教条。这样的狂热者，或许会对格朗韦勒的改革行动不利。但是，改革行动对恩主造成的威胁，也让很多类似威廉亲王这样的温和派人士，变成了愤愤不平的政府批评者。把改革说成是理性的和有条理的，其实是一种拙劣的伪装。事实上，改革是专制的工具，是对他们的“旧宪法”的蓄意破坏。贵族的不满中包含着一丝“义愤填膺”的势利。像格朗韦勒这样的官员被当成暴发户而遭到孤立，他们无法融入那种由血脉相连的统治者把控的阶层和圈子，决心将出身更为卑微的无名小卒任命到本应由领主册封的职位上。如果做得到，贵族就会坚持在主教的位置上安插自己的亲信（以及他们的亲戚，那些名字里带有相同封地名的人）；如果做不到，他们就会发动愤怒的群众来做一些阻碍性的活动。谁知道呢？也许威廉真的相信他能一边拒绝与陛下的官员往来，一边保留对国王的忠诚。但是渐渐地，几乎是顺其自然地，他就成了格朗韦勒及其在国务委员会的支持者们反对的焦点。恰恰是在威廉的策划下，地位最为显赫的贵族集体退出了国务委员会，此举意在拐弯抹角地警告玛格丽特，只要格朗韦勒和他的政策依旧存在，他们实难确保国家的安宁。到了 1564 年 3 月，集权改革只停留在了纸面上。玛格丽特没有了军队来协助威压，唯一的选择就是让步，迎合贵族的要求，赶走格朗韦勒。格朗韦勒（不情愿地）离去后，威廉和他的同僚们不计前嫌，答应回归国务委员会。

如果亲王将铲除敌手等同于宗教宽容的胜利，那么他很快就会醒悟过来。格朗韦勒的离去给很多尼德兰人（无论出身高贵还是低微）释放了一个信号，使得他们纷纷宣布效忠宗教改革。此举反过头来让腓力更加坚定了决心，再次坚称反抗异端的战争应该升级而不该松懈。宗教法庭仍将保留。那些斥责

新教徒是罪犯的布告不会撤除。在威廉看来，坚定不动摇地实行严政，却得不到有效的政府支持，这种政策势必会招致灾祸。但是，在腓力眼中非善即恶的简单世界里，这样的政策是完全合理的。目前没有兵团来执行他的意愿，但是他不能因此就背叛他的良心，拖延执行基督的命令。如果他保持真诚，坚定不移，上天会保佑他的。他会活着看到他的战士手持为主而闪闪发光的长矛，从一座座山峰上冲下来，进入低矮的绿色平原，朝着罪恶的城市进军。

与此同时，地狱占据了上风。1565 至 1566 年间的冬天极为残酷。斯海尔德河完全被冻上了，安特卫普的码头工人陷入了贫困的境地。谷物短缺，面包卖出了天价。城里的织布坊、染坊、玻璃作坊、铜器厂和制皮店全都停了工，城市工作坊里昔日熟悉的气味，此时一反常态地消失在了凛冽的空气中。虽然加尔文派的布道并没有把这些厄运归咎于王室政府的名下，但在很 49
多人看来，四旬节的苦难就像古埃及时期那位顽固的法老带来的灾祸。手工业者抱怨说，有些人吃得非常好。从德国和法国开始传入尼德兰的讽刺木刻版画上，随处可见贪吃的僧侣在餐桌前流口水的场景。一位归正会的传道士抱怨教堂精雕细琢的装饰，对犯错的神职人员说："你们用天鹅绒包裹这些木块，却让上帝的子民赤身裸体。"[7] 义愤并不是地位卑微者才有。像扬·凡·马尼克斯和菲利普·凡·马尼克斯兄弟（Jan and Philip van Marnix）这样从英格兰和日内瓦流亡归来的加尔文派上流人士，更加自由地发表他们的诗篇和观点。他们对于何为正确的教条有着明确的态度，也给布雷德罗德（Brederode）伯爵和屈伦博赫（Culemborg）伯爵这样的贵族壮了胆。贵族们在晚餐桌上对狩猎活动的抱怨，转变成了对信仰的表态，最终以双手放在剑柄上发表慷慨激昂的誓言收尾。贵族的愤慨之辞促成了"同盟"的形成，该同盟意在终结针对"异教"发动的邪恶镇压。一份意在"折中"的文稿随即起草并签署，但它要求摄政玛格丽特取消并废除国王的所有宗教政策。1566 年 4 月 5 日，数百名绅士骑着马，在布雷德罗德伯爵、屈伦博赫伯爵以及威廉的弟弟路易的带领下，浩浩荡荡地进入了布鲁塞尔。他们竭尽全力，鼓足声势，向摄政玛格丽特请愿。形势紧急，沉默者威廉却依旧谨慎行事，对玛格丽特保持表面的忠诚。但是，他发现自己被大家认为是同情贵族同盟的。事实上，他并非完全不同情他们。为了让被激怒的玛格丽特消气，她手下一位叫作贝尔莱蒙（Berlaymont）的顾问不无嘲讽地表达了自己的惊讶，说她竟然为了“这么一群乞丐”（ces gueux）而完全乱了阵脚。布鲁塞尔街头传言四起，布雷德罗德伯爵和他的同僚将计就计，巧妙地将他人的攻击转变成了荣耀的勋章。他们的确是一群乞丐——好吧，一个真诚的乞丐好过一个无赖的政府！裁缝们开工了，开始制作衣服，为来了活计而兴高采烈。绅士叛军穿着灰褐色的行乞修士装，脖子上挂着乞讨木钵，骑马出城。很快，酒馆里响起了“乞丐之歌”（Geuzenlieden），酒馆的柱子和房梁上钉着版画，上面画着“同盟军”（confoederatio）紧紧握在一起的右手，这些手上拿着响板、拐棍和乞讨木钵等突然备受追捧的乞丐标志物件。佩戴乞讨木钵在反叛的绅士当中成了一种时尚，有些木钵还配上了银边和银链，是为那些更具时尚意识的“乞丐”量身定制的。

反抗孕育着混乱，这让威廉有点担忧。无论他做什么，似乎都不能平息这样的流言：尽管亲王表面上尽量与乞丐军保持距离，但他实际上就是乞丐军的头领。威廉官职众多，其中之一便是安特卫普的守城官。这个官职使得他别无选择，只能响应玛格丽特的召唤，于 1566 年 7 月赶往安特卫普，试图
50 平息那里的百姓被反天主教的布道点燃的激情。当他到达安特卫普之后，布雷德罗德伯爵，当然，身穿一身乞丐灰袍，为他举办了一场令他猝不及防却又盛情难却的公开欢迎仪式，原本持中立立场的他就这样迅速被攻陷了。两人骑着马穿行在城市的各条街道上，街道两旁站满了向亲王欢呼的人群，仿佛他已经接受了他最终将为之献身的角色：一国之父（pater patriae）。哈布斯堡家族在尼德兰的统治江河日下。面对这场混乱，无论是威廉还是扬·鲁本斯都无法乐观起来。扬·鲁本斯和亲王一样，也曾发誓支持国王的法律，现在却也开始认为宗教法庭是对法律的滥用，而不是对法律的合理伸张。他也无法对席卷这座城市的加尔文主义狂热完全无动于衷。赞美诗集到处可见，顷刻间成了一种煽动性的文学形式。像赫尔曼·莫蒂德（Herman Moded）和盖伊·德·布雷（Guy de Bray）这样的传道者，吸引了民众前来聆听布道，他们将罗马教会的圣物和仪式怒斥为渣滓和垃圾，是上帝极为厌恶的恶臭之物。

一位尽职的治安官怎样做才能维持治安呢？

扬·鲁本斯本人极有可能在某种程度上也是这样模棱两可、举棋不定，一边遵守天主教的规矩，一边与他受命镇压的异端暗通款曲。1550 年，在启程前往意大利之前，就像所有谨慎的旅客在面对道路和山路的诸多风险时一样，扬立下了遗嘱。在这份文件中，他将自己的灵魂献给“全能的主、万福的圣母马利亚，以及天国的诸天使”，而他的“遗体献给神圣的大地”。[8] 到了 1563 年，他修订了遗嘱，将他的婚姻纳入考虑，提及圣母马利亚的那部分不见了，取而代之的是单纯对上帝的称颂。至于夫妻两人的遗体，遗嘱中只说它们将安葬在“日后商定的地方”。用词的平淡宣告了他对虔诚仪礼变得冷淡，是一次重大的转变：马利亚之名被一个法律惯用语代替。

到了 1566 年的五旬节，众多加尔文派教徒称赞上帝、咒骂教皇的声音，变成了一曲炽热的合唱。安特卫普的城墙外，在那些治安官顾及不到的地方，人们听着“露天传道者”（hedge-preachers）宣布，罗马反基督者的数量从几百人一路猛增到了一万五千人，有时甚至达到了两万人。对于秩序守护者来说，更为不祥的征兆是，这些集会者已安营扎寨下来。人们开始在野外烹制食物。天黑了之后，人们不愿停止布道，也不愿停止吟诵赞美诗，家家户户在夏日夜空下做晚祷，随后就睡在被踩踏得泥泞不堪的草地上。不过，与往常的集会不同的是，这里没有娱乐人员，没有吉卜赛人，也没有江湖郎中，只有一大群全神贯注的人。他们低声细语着，大声呼喊着，歌唱着，祈祷着。就在这些临时搭建的木制布道台下方，以及会众的周边，站立着装备有火绳枪和弓弩的人。在这一层保护屏障后面，传道者们呼吁进行一场伟大的净化。眼下，暴力依旧停留在口头上。甚至有些地方治安官朝这帮露天教众望去时，看到的却是一支安静有序的队伍，富有的商人和绅士中间令人心安地散布着一些码头工人、印刷工人和织布工。

在安特卫普之外，尤其在荷兰和尼德兰北部其他地区，事态变得更为严
峻，其中一个重要的原因是，越来越多狂热的新教徒贵族自己也变成了“圣 51
像破坏运动”的支持者。尽管屈伦博赫伯爵在当地的教堂里给他的宠物鹦鹉喂食圣饼（加尔文派教徒将这类饼称为“烘烤的神”）的传闻有可能是伪造的，

但是赫尔曼·莫蒂德确实曾声称，是这位伯爵怂恿了他。[9]教堂的墙壁被刮去了表面，涂上了白垩色石灰，指定的方形石板被重新涂成黑色，上面刻上了金色的十诫。十诫的前两诫——“除了我以外，你不可有别的神”和“不可为自己雕刻偶像，也不可做什么形象仿佛上天、下地的百物”——从此以后将定期提醒所有心地不纯、留恋旧圣像的会众。运动于8月10日在斯滕福德（Steenvoorde）地区拉开帷幕，佛兰德西部（westkwartier）的教堂和修道院都遭到了民众的攻击，他们砸毁圣像、撕毁画作，并且成为亵渎法衣的始作俑者。[10]在泽兰省的米德尔堡（Middelburg），艺术家马利努斯·凡·雷默斯瓦勒（Marinus van Reymerswaele）感应神召，加入圣像破坏者的行列。这群人在教区教堂里砸碎彩色玻璃，损毁圣像。一次又一次的攻击都未遇到任何阻力，威廉的“折中态度”变得越来越难维持。

在8月18日，教区教会里地位最高、最宏伟的教堂——安特卫普圣母大教堂（Onze Lieve Vrouwekerk）的座堂圣职团，开始沿着1399年指定的路线，穿越这座城市的一条条街道。游行队伍的正中央是一顶由二十个人抬着的轿子，上面摆着一尊色彩艳丽的圣母像，她的脸庞白如百合花，长袍上绣着缕缕金线。这是圣母升天节后的周日。倘若换作往常，这就是安特卫普最为隆重的公众节日，除了圣像之外，街头游行队伍里还有供人们观赏的其他景观：双排桨船和海怪造型的花车；行进的高塔和喷烟的巨龙；巨人、杂耍演员和野兽（就是由小丑们用手推车推着的河马）。但是这一年，游行队伍看起来乏味得多，鼓声和笛声也更为低迷。身着艳丽衣装的行会成员队伍、火绳枪兵队伍和弓弩手队伍人数大幅度减少，因为他们的同仁认定对圣母木像的崇拜是可耻的偶像崇拜行为，并且已经要求各自教区的小教堂移除一切圣像、祭坛画和圣物。游行队伍带有一种对此心知肚明的气氛，既蔑视又紧张地面对着有时会对他们做出侮辱行为的人群——他们在圣母像经过时报以嘲笑，并且威胁说这将是“小马利亚的最后一次游行”。当圣母木像最终回到教堂的哥特式裙楼之后，为了免遭潜在袭击者的攻击，他们把它用栏杆给围了起来。教堂其他区域里的圣像也受到了防御性的保护，仿佛在等待一场围攻。米兰圣母像有一头长长的、松散的发辫，身披一件亮丽的蓝色长袍，双耳呈现出小麦色；圣柱圣母像先前只不过是一尊木制像，后来经由大批感恩的人改造，变成了一尊银制像。这群人将治愈的奇迹归功于她仁慈的赐福。这两尊圣像都被罩了起来，以免受到心怀敌意之人的破坏。[11] 教会的日常礼事照常进行：赞美经、晨经、辰时经、午时经、申初经、晚课经，以及交替圣咏、连祷歌、读经、应唱圣歌，声音回荡在教堂的穹顶之下。不过，对于那些拯救虔诚信 52
徒的祈祷，教众可能会表现出特别的热情。

守城官奥兰治的威廉相信，城里的暴乱一触即发。当摄政玛格丽特召他出席金羊毛骑士团（由尼德兰的贵族组成，发誓效忠于国王和皇帝）特别召开的会议时，他将这一顾虑全都告诉了她。亲王提醒说，如果他现在离开安特卫普，他将无法保证此地的安稳。一派胡言，玛格丽特回答说。整座城市一片宁静。我们受到人们的爱戴。来吧，你得来劝阻骑士团的成员别走上反叛的邪恶之道。别拖延了。

威廉听从了玛格丽特的命令。8 月 19 日那天，就在威廉骑马出城门的同一天，一群年轻人，有的是学徒，有的是拉丁语学校的学生，叫嚣着进入了大教堂，开始对着为安全起见早已围起了栏杆的马利亚圣像咒骂。带头的年轻人对自己的这番表演颇为得意，受到笑声和咒骂声的怂恿，他爬上了布道台的前面，开始戏谑地模仿起弥撒来，直到一位出离愤怒的水手与这位年轻人扭打起来，将他摔在了教堂的地板上。宗教改革支持者和虔诚的教徒互相被激怒，在教堂的中殿大打出手，一直打到了街上。打斗的消息不胫而走，先在小酒馆里流传开来，随后传到了露天布道区。这些消息让人们更加坚信，随着亲王的离去，安特卫普完全成了一座不设防的城市。

到了第二天，也就是 8 月 20 日，一大群人在晚祷之后唱着歌颂上帝的歌，聚集在大教堂的门前，携带着大量从工作坊带来的木槌、大剪刀、小刀和锤子。有些从码头和造船厂来的人，还带来了抓钩、牵索和缆绳，仿佛要抢登上敌人的船舰。扬·鲁本斯和他的同僚担心聚众的规模，决定召集公民卫队。但是随着很多人倒戈加入圣像破坏者的行列，卫队成员的数量锐减。卫队企图解除人群中最具攻击性之人的武装，但瞬间转变成了一场场混战。若不是守卫在某人富有先见之明的命令下，迅速放弃了本就无心展开的治安行动，事态将变得更为严峻。教堂毫无抵抗能力。座堂圣职团和唱诗班已经逃离了他们的宿舍。当人群强行冲破上了闩、插了销的大门，一路沿着中殿猛进时，赫尔曼·莫蒂德，这个将原名“斯特里克”（Strijcker）希伯来化的人，登上布道台，再一次催促人群将庙宇中的偶像和傀儡彻底清除出去，这些都是撒旦为引诱轻信者的双眼，引导他们的灵魂偏离正道、堕入地狱而安插的。砸毁这些邪恶的东西，他下令道，推倒它们，刺穿巴比伦淫妇画像的心脏。赞美上帝。

于是，信徒们奉命行事，真的开始打砸起来。而且因为挨打的不是同胞，而是不会说话的木头、石头、布物和玻璃，所以攻击行为进行得肆无忌惮。
53 曾经让信奉基督教的佛兰德变得美丽迷人的一切，现在却正因此而成了需要毁坏的对象。加尔文自己不也坚持认为，既然上帝的权威是不可见的，那么一切假定能显现上帝神迹或基督和使徒的作品的东西，都是无根据的亵渎行为吗？《海德堡教理问答》不是曾告诫基督徒，不能妄图认为自己比上帝更为聪慧吗？上帝希望他的福音通过“活生生的话语”，而非木制和油漆的玩偶来教诲众人。

在一些不那么热忱的教区里，公会执事已经悄悄地将礼拜堂里的艺术品拆除了。这样一来，那些桶匠、皮货商人、制革商人和制篮匠人的主保圣人，现在只在精神上，而非以圣像形式掌管着各自的圣所。教堂内供艺术家售卖祭坛装饰品、雕像和绘画的区域，几周前出于谨慎已经拆除了摊位，摊主们也已遭到了遣散。但是，圣像破坏者还有很多事可做，他们分散成忙碌的团伙和小队，在整个教区穿行，搜索冒犯的偶像。四名男子用钩子和绳索套住十字架坛上的耶稣受难像，借此将整座雕像拉倒，落于大教堂的地板上，这与上十字架的画面形成诡异的对比。中殿两边排列着的圣徒像，也随着基督像一起倒在了地面上。弗兰斯·弗洛里斯（Frans Floris）的《圣母升天图》（*Assumption of the Virgin*），连同其他伟大的祭坛画一起，被用凿子和锤子从原来的地方剥离，画作本身被砸成碎片。同样出自这位大师之手的《反叛天使的堕落》（*Fall of Rebel Angels*），被从击剑公会的礼拜堂墙上撕了下来，它就像画中的主人公一样，翻滚着跌入了下方黑暗的空间。这件伟大的画作幸存了下来，但还是遭到了损坏，三联画永远失去了两侧。[12] 当破坏者们因为一幅画的重量和体积，比如贝尔纳德 · 凡 · 奥利（Bernard van Orley）的《最后的审判》（*Last Judgement*），而行动受挫之后，他们就将遭挫的怒火加倍发泄到那些更容易毁坏的目标上。袭击者戏谑地穿着从法衣柜里取出的教士长袍和无袖十字褡，肆意毁坏雕刻精美的唱诗班长凳；他们从装着圣油的器皿里取出油膏，抹在一双双装着重钉的靴子上，践踏着脚下的圣物。既然上帝的荣光除了人类的声音之外，无法通过别的什么来称颂，那么使用了人声音栓（vox humana）的音管就成了首个被从管风琴中卸下的东西，其他的音管很快也被掷下。“我和大概一万人进入了教堂，”一位叫作理查德 · 克拉夫（Richard Clough）的英国商人这样写道，“那里看起来就像地狱，仿佛天堂和人间都一起消失了，圣像倒地，值钱的艺术品被损坏……［此地曾是］欧洲最富丽堂皇的教堂，而今完全遭毁，连能坐的地方也没有了。”[13]

在圣母大教堂被完全洗劫一空之前，圣像破坏者就已散布到城市各处，对三十座教堂和数不尽的修女院和隐修院下了手，这些地方曾是安特卫普的荣耀所在。他们找到胡贝图斯（Hubertus）、威利布罗德（Willibrord）、海特勒伊德（Geertruid）和巴沃（Bavo）的圣像，砍下它们的头颅，挖去鼻子、耳朵和眼睛，让那些头颅在过道上翻滚。门廊上到处都是被捣毁的雕像的碎
片，残肢、断手、截断的躯体就像一个个被肢解的瘟疫受害者一般，等待着 54
运尸车来将它们运走。修道院的图书馆被付之一炬，古代的插画手稿、弥撒书和圣歌书籍在火焰中熊熊燃烧。

又过了一天，安特卫普城完全成了一片带有悔恨色彩的灰烬，一辆辆马车载着圣像破坏者到了城墙之外的村庄，在那里他们的体能得以恢复。到了 8 月 23 日，怒火已经退散，城里的地方治安官可以安全地在废墟瓦砾之间巡视了。他们发现，遭遇这次清洗之后，安特卫普的圣地无一幸免。教堂失去了色彩。昔日装饰着绚丽浮雕的拱顶，以及丘比特拍翅振翼、羔羊驮起基督徽章的墙面，现在全都被掩盖在白垩色石灰之下，就像一个个悔罪的妓女一样裹着裹尸布——为破坏者赎罪的牧师如是说。

奥兰治的威廉和扬 · 鲁本斯从各自不同的立场来审视这场灾难。两人当

中，扬 · 鲁本斯可能在加尔文派教徒圈里更为活跃（这是宗教法庭声称的）。但无论他们的信仰如何变化，他俩都必须懂得，*圣像破坏运动*（beeldenstorm）已经使得温和的宗教态度变得既必要，又不大可行。信仰存在分歧的双方都有一些头脑更为冷静的人，他们对旧教堂遭受的猛烈袭击感到震惊，又担心西班牙报复，于是试图让这个国家重归理性。8 月 23 日那天，禁止洗劫教堂的正式法令颁布了，而在接下来的一天，玛格丽特颁布了一道"调解协议"，该协议体现了由威廉和安特卫普的市议长雅各布 · 凡 · 维森贝克（Jacob van Wesembeke）共同倡导的不同教派共存的渺茫愿望。要派遣一支使团去面见国王，（抱着乐观的态度）乞求国王的理解。在等待回复期间，宗教法庭的诉讼程序和平复冒犯的措施也悬置了起来。新教徒将可以获得自己的礼拜场所，条件是他们撤出占领的教堂。这种分开管理的方法已经在法国的部分城市和地区实行了，因为在这些地方，新教主义势力最盛，但这种方法也带来了令人沮丧的结果，它让地方上的冲突变成了全面的宗教战争。

威廉担心尼德兰的遭遇不会比法国好多少，于是他竭尽所能把不安压在心里。1566 年秋天，他游历了他作为执政所管辖的三个省份——荷兰省、泽兰省和乌得勒支省——并将信徒从一个地方迁移到另一个地方，企图安抚他们彼此的焦虑。他自身的焦虑感却越变越强，这在情理之中。尽管玛格丽特声称会遵守调解协议，但她其实心里清楚，腓力二世已决定动用军队的力量前来镇压。威廉亲王在抑制狂热新教徒方面越来越无力，就连他的弟弟拿骚的路易，他也没能抑制住。这些人已经完全投身到反叛行动中。1567 年早期，威廉私下放弃了折中的打算，咬紧牙关准备迎接即将到来的斗争。安娜和他俩的小女儿，携带着靠典当金银餐具和珠宝换来的钱，被偷偷地送往位于迪伦堡的拿骚祖传故居里安顿起来。

55 威廉在跟随家人一起出走之前，为让安特卫普免遭屠戮之灾，拼命做出了最后一项努力。1567 年 3 月 15 日，距离这座城市几英里开外，就在斯海尔德河边上一个叫奥斯特维尔（Osterweel）的村庄里，一支装备简陋、指挥不当的新教徒军队被政府军包围了，随后遭到了屠戮。城门里，可想而知，人们陷入恐慌。城里的居民担心天主教军队的报复降临到他们头上，于是请求亲王派遣一支远征军来支援残存的新教士兵。亲王与市长安东尼·凡·斯特拉伦（Anthonie van Straelen）一起面对民众，他说道，这样做徒劳无功，只会让城市自身陷入不设防的状态。人群的首领一时间无法确定哪一项举动带来的危害最小，于是决定将他们的挫败感转移到城市护卫队身上，并在迈尔桥搭建起自己的军营，配备了大炮。于是威廉发表了另一场演讲，这次是在市政厅的台阶上，并承诺成立一支民兵队，这才缓解了混合着恐惧和愤怒的危机态势。

威廉心中清楚，在不久的将来，此番不稳固的权衡之举注定会失败，此外，他还未准备好成为随后的惨败中最有名的殉道者。4 月 10 日那天，他正式从国务委员会请辞，一天之后，他向东北方向启程，去往布雷达，准备在那儿与他的大女儿汇合，她那时已经从玛格丽特的王室中脱了身。到了 5 月的第一个星期，亲王在 150 名士兵的陪同下，来到了迪伦堡，受到了他的弟弟约翰的款待。约翰继承了父亲的爵位，成了拿骚伯爵。安娜那时身怀六甲，早他一步来到此地，却不那么受人待见。在她看来，迪伦堡就是一座监狱。她忍受着众多拿骚家族成员的无情对待：姐妹们、姑婶们、兄弟们，尤其是对她保持警惕的婆婆——令人生畏的施托尔贝格的朱丽安娜（Juliana von Stolberg）。

至于亲王，他现在已经沦为了一个逃亡者，他的出生地反倒成了安宁的避难所。经历了这一切之后，威廉心中依旧摇摆不定，不知道是否要站到反叛军那一边去，这个想法对于他想要寻求秩序和安稳的内在本性来说，无疑是难以接受的。阿尔瓦公爵（The Duke of Alva）于 1567 年 8 月 22 日抵达布鲁塞尔，随后迅速替他做出了决定。反对格朗韦勒和玛格丽特的叛军领袖，无论是主战派还是折中派，在未加细细区分的情况下，统统以谋反罪遭到起诉。威廉在这一连串叛变者名单中的地位已经十分清楚，因为他的儿子菲利普·威廉遭到扣押。菲利普·威廉那时还是勒芬大学的学生，他被直接送往西班牙，由他的教父，也即与他同名的国王监护。当这所大学的院系代表大胆地向阿尔瓦的西班牙议员德·巴尔加斯（de Vargas）抗议劫持事件的时候，后者发表了一通赤裸裸地主张权力的摄人宣言作为回应，意在挫一挫这些教授们可怜而敏感的内心。“我们对你们的特权不屑一顾。（Non curamus privilegios vestros.）”他宣称。不久之后，亲王所有的领地、庄园和财产都被
56 国王没收。九艘驳船从威廉位于布雷达的宫殿出发，将那里的家具、挂毯和画作沿着运河运走，并将它们存在根特，归国王享有。即便到了这一刻，已经没有回头的可能了，威廉印制的“无罪声明”（这是尼德兰反叛运动中第一份重要的宣传文件，与凡·维森贝克共同起草）依旧坚称，国王是听从了邪恶劝谏的蛊惑而误入歧途，并强烈希望马德里能涌现出更多开明的劝谏。

恰恰是这种拖延之策，让威廉失去了在1567年的秋天发动军事袭击的最佳时机。那时，西班牙军队占领佛兰德和布拉班特所引起的怒火还在燃烧，而阿尔瓦的恐怖行动还未造成广泛的威胁。等到威廉、拿骚的路易和布雷德罗德合力集结起一股军事力量（主要靠征召德国和法国雇佣军）的时候，他们的任务已变得更为艰巨。之所以如此，主要是因为尼德兰民众对帮助“解放者”会带来的后果情有可原地感到担忧。那时，路易出其不意地袭击了保皇党阿伦贝格公爵（此人也曾是威廉的朋友），从而在北部的海利赫莱（Heiligerlee）取得了唯一的胜利。但仅仅两个月后，路易的军队就在耶姆古姆（Jemminghen）遭遇了一场大溃败，他手下的两千名士兵要么被杀害，要么向阿尔瓦投降了，他们的指挥官为了保命被迫跳水逃生。威廉企图在林堡（Limburg）南部调动自己的部队，发动军事入侵，但部队因为军饷和补给问题而迅速溃败，将大部分精力都投入到掠夺当地村落上。此后，威廉把自己的姿态放到了最低，在斯特拉斯堡（Strasbourg）、杜伊斯堡（Duisburg）和科隆之间长途跋涉，企图向德国和法国的亲王借兵、借钱，以此来对抗阿尔瓦那支纪律严明、装备精良的部队。这一下，他真的沦落为“乞丐”了，先前的“乞丐绅士”还算有点意思，如今可笑不出来了。“我们可以把奥兰治亲王，”阿尔瓦开心地写道，“视为一个死人了。”对此，鲜有异议者。

在1568年的春天，维森贝克骑马来到迪伦堡的宫廷，其境遇比乞丐亲王好不到哪里去。他把这座城市因新政权带来的苦难以一手资料的形式报告给威廉，尽管亲王早已知晓了这些凄惨的故事。帕尔马的玛格丽特目睹了尼德兰即将遭遇的命运之后，辞去了摄政的职务。这恰恰是阿尔瓦希望看到的

局面。尽管腓力二世原本打算留住这位摄政，与此同时允许公爵继续发动全面的镇压战争，但是阿尔瓦为了散布恐怖而设立的最为重要的机构——纷争调解委员会（受其迫害的人称它为“血腥委员会”），让她的存在显得多余了。阿尔瓦公爵瘦削、易怒，且极其聪明，在做这件事时有条不紊地投入了热情，并得到了由多位西班牙顾问和 190 名训练有素的公诉人组成的心腹团队的帮助。此外，他还如往常一样，配备了询问官、狱卒、拷问者和刽子手。西班牙宗教法庭卓有成效地训练了这群人，让他们用行之有效的方法展开各自的工作：在夜间查扣文件；劝导（有时需要借助断头台的垫头木和拇指夹的帮助）秘书和仆人检举他们的雇主；流水线般生产认罪供词。目标有大有小。 57
阿尔瓦的恐怖之网捕捉到的大多数人都出自商贸阶级。但是公爵心里非常清楚，只有迫害从精英阶层挑选出来的人，才能起到杀鸡儆猴的效果。贵族的地位越高，打击的效果就越震撼。

1568 年 1 月 4 日，84 名尼德兰贵族和上层公民被送上断头台。随后到了 3 月，另有 1500 人被捕，他们生还的希望一片渺茫。共有大约 9000 人因信奉异端、叛国或兼而有之的罪名而受到了惩罚，在这些人当中，大约有 1000 人丢了性命。[14] 运气好的人，会在断头台上遭到即刻处决。而那些被判定攻击教会的普通公民，则会在遭受火刑之前经历碎轮刑或四肢裂解刑。如果他们犯了亵渎《圣经》罪，就会在上绞刑架之前，被用烫热的针头刺穿舌头。大约有 9000 名嫌疑人被传唤到宗教法庭接受审讯，他们当中有许多人要么遭到多次严刑逼供，要么被扔在监狱里任其消瘦，等待最终的审判。现代的历史学家迫切地想要纠正老一套爱国主义编年史中的片面之词，他们煞费苦心地（这是正确的）强调说，阿尔瓦的恐怖行径带来的每一桩伤亡背后，事实上都有至少好几百个同样的人无法被历史看见。但是，这是一场更注重恐怖效果而非伤亡数量的行动，通过残忍而简单高效的方式来实施。“必须确保每一个人都活在时刻担心天花板会在头上坍塌的恐惧中。”1568 年，阿尔瓦公爵在写给腓力二世的信中如是说。[15]1569 年在马德里起草并在布鲁塞尔出版的《禁书名单》问世之后，人们就有可能因为阅读（更别提拥有）煽动性的漫画，或者诸如《捣蛋鬼提尔》（*Till Eulenspiegel*）这样的讽刺作品而遭到逮捕。新政府记得，深深动摇教会权威的不仅仅有印刷物带来的猛烈抨击，还有街头的戏班子，于是这一届政府还出手禁止了“歌唱、演奏或者创作滑稽剧、叙事诗、歌曲、喜剧、诗歌叠句，以及其他用新的或者旧的语言写成的、涉及我们的宗教或者基督教会人士的作品”。[16] 为了防止安特卫普的市民忘了还有绞刑架在等待着他们的脖子，阿尔瓦在城市的南边建了一座五角形的城堡，这座城堡由意大利军事建筑专家弗朗切斯科 · 帕乔托（Francesco Paciotto）和巴尔托洛梅奥 · 孔皮（Bartolomeo Compi）设计。城堡每一侧的墙壁大约有 325 码*长，城墙上设有带射弹口的棱堡，并配有大炮。其中两门大炮直接对准这座城，那里的民众为了建构这座城堡付出了重大的代价——这么做是为了保护他们，公爵曾强调说。驻扎在那里的西班牙部队就住在这个小型的、自给自足的城市里，城里配备小教堂、总督府邸、磨坊、铸造工厂、肉铺、烘烤铺和酒馆。城中央有一个集合广场，那里自然矗立着一座全副武装、坚不可摧的巨型总督–公爵雕像。

这座城市向亵渎圣物的暴民投降时，扬 · 鲁本斯作为市议员却对此听之任之，现在他自然就成了阿尔瓦派出的警察要对付的目标。早在阿尔瓦公爵到达此地之前，玛格丽特就曾下令清查安特卫普的市政官员的行为。1567
58 年 8 月 2 日，一份长长的文件呈现在玛格丽特面前，上面详细地陈述了市政官员为他们的集体行为所做的辩护。阿尔瓦认为文件毫无诚意，粗暴地将之推到一边，并在 12 月时下令递交一份新的报告。这份报告将用以与他的亲信从搜查到的文件和告密者口中整理出来的信息相互核对。这份意在自辩的全新报告共计 85 页长，其中包含 293 项证据论证，于 1568 年 1 月 8 日递交给了阿尔瓦，随后再递交给他手下最冷酷无情的公诉人卢多维科 · 德尔 · 里奥（Ludovico del Rio）做进一步的核查。扬 · 鲁本斯想必非常担心这份报告的说服力，三天之后，他请求一位叫作扬 · 希利斯（Jan Gillis）的律师朋友在法官面前担任他的辩护代表。随后，此事经历了漫长而累人的拖延过程。直到 1568 年 10 月——正是在这个月里，奥兰治的威廉那支小部队在林堡的

* 1 码约合 0.91 米。——编注

南方遭遇了屈辱性的溃败，他们的指挥官卖掉了剩余的枪支，乔装打扮、孤身一人回到了迪伦堡——扬·鲁本斯才被传唤至安特卫普的市政厅，对有关异端罪和煽动罪的指控做出应答。[17] 他对自己从这场审判中幸存并不抱乐观的态度。这座城市最受人爱戴的市长，也就是主持 1561 年"城市珍宝"（landdjuweel）庆典的光彩照人的指挥，安东尼·凡·斯特拉伦，已经在上个月因为同样的罪责，在同样缺少更具说服力的定罪证据的情况下，遭到了公开斩首。一位天主教修士称扬·鲁本斯为"这座城市的第一市议员，并且是最有文化的加尔文派教徒"，这些身份对他没有什么帮助，因为博学并不能减轻异端罪，实际上反倒更容易被当成是轻信的表现。扬·鲁本斯在回答"血腥委员会"的狂热询问官盘根问底的问题时，尽全力进行了辩解。他承认共听了大概四到五场布道，但从未出席过归正会的集会或圣餐仪式。他之所以参加布道会，是出于好奇，而不是出于邪恶的心理；他声称，他如今是，也一直是忠实的天主教会教徒，也是国王忠诚的奴仆。

他同样也知道，这样做对德尔·里奥或者公爵本人不会起到一丁点作用。秋季早些时候，鲁本斯已经将他的妻子玛利亚和四个孩子（孩子的年龄从一岁到六岁不等）送往了南方，他们在瓦隆尼亚（Wallonia）和林堡翻山越岭，那里有大量落草成寇的叛乱雇佣兵出没，其中有些人还是威廉的残部。母子一行人在途中参加了玛利亚的家人举办的一场洗礼仪式，随后穿过了哈布斯堡尼德兰辖区的边境，进入了克莱沃公国。扬·鲁本斯成功地将案件拖延了下去，降低了审判的速度。但是他的时间快不够用了。最后，他终于亲手拿到了安特卫普市政部门开具的证明文件，该文件证明他整整当了八年的市议员，并且在任职期间忠心耿耿。之后他就立马溜出了这座城市，沿着和家人同样的路线向莱茵兰地区逃亡。他们一家的最终目的地是科隆，那里聚集了一大群遭受阿尔瓦的压迫而流亡至此的难民。科隆当时依旧是一座主要信奉天主教的城市，但是实用主义至上的当局却在（携带着金块的）荷兰和佛兰德难民身上看到了商机。他们默许难民入城，甚至纵容他们设立私密的礼拜场所，只要他们的出现不搅扰公共秩序就行。但是，扬·鲁本斯却被这座城市的当局当成了潜在的捣乱分子：一个"不去教堂 59

的人”。[18] 1569 年 5 月 28 日，当局的这些疑虑变成了一份专断的命令，勒令扬 · 鲁本斯于八天之内离开这座城市。扬 · 鲁本斯只能打出他最后一张王牌了。他拿出了两封信件，信上详述了他受人爱戴的往昔岁月，并且确认他来科隆是为了从事辩护律师的职业。此外还有一个细节，驳斥了任何想要驱逐他的企图。他宣称，他受雇于奥兰治王妃殿下，她甚至曾在旅行时任命他为她的孩子的监护人。

于是，这一家子人获准留了下来，因为扬的这番吹嘘看似不可能，但其实是真的。到了科隆之后，扬就找到了以前在安特卫普的同僚扬 · 贝茨（Jan Bets），此人来自梅赫伦的一个地方治安官家庭。众所周知，他正担任威廉亲王和路易亲王的法律顾问，他们也都信赖他所掌握的有关德国法律和习俗的深奥知识。1569 年，他主要忙着处理安娜王妃的嫁妆归属，试图提起诉讼，让这笔嫁妆免于与威廉亲王的财产一并被没收。尽管安娜一直以自己的贫穷状况为由申辩，并把自己的困境归咎于威廉，但贝茨的任务不一定就是对威廉不忠。根据尼德兰的法律，虽然在婚姻存续期间，妻子的嫁妆为夫妻双方共同享有，但妻子依旧保有对嫁妆的所有权。考虑到威廉已经到了山穷水尽的地步，他想钻法律的空子，将安娜的财产从这场破产中拯救出来，这是合乎情理的。再退一步讲，他一定算过了，救回这笔财产或许会捂住她尖锐的指责声。贝茨的策略是，尽力拉拢那些有影响力、有同情心的人——马克西米利安皇帝（Emperor Maximilian）、黑森伯爵，以及帕拉蒂诺亲王（Prince Palatine）——来声援她的主张，希望以此说服腓力国王。

为萨克森的安娜工作肯定是不轻松的。鉴于此，贝茨很可能会觉得，需要大部分时间离开科隆，辗转于法兰克福、莱比锡和维也纳的几个亲王宫廷之间，这样做不仅非常方便，而且很有必要。正因他常常因外交事务而不在本地，才让他的朋友扬 · 鲁本斯有机会在他不在时，照看王妃的家庭和法律事务。一旦与安娜接触，扬立刻就获得了她的青睐。只不过，法律咨询是在何时变成贴心爱抚的，那就不得而知了。以几百年之后的眼光再度审视，会发现他们是非常不适合的一对——佛兰德律师沉着冷静，尤其喜欢引经据典，而沉迷于酒精的王妃连紧身衣都要撑爆了。但是，扬的儿子彼得 · 保罗，最终会成为西方艺术史中最热衷于称颂女性之妖娆的人。所以，这位父亲表面看来留着整齐的胡须，行为得体大方，私底下却可能同样具有蓬勃的动物本性。她那戴满珠宝的双手会满怀感恩之情地长时间停留在他那浆洗过的袖口，而他的双眼会紧张地游走在她的脖子和胸脯上，他俩这种毫无顾忌的举动，彰显出一种炽热的迷恋，这份迷恋让他们发狂，陷入了盲目的幻觉之中。

不幸的萨克森的安娜会不会实际上是令人渴望的呢？如果你听过历史学 60
家的讲述，你就不可能这样想了。自尼德兰的反叛运动在 18 和 19 世纪受到诸如约翰 · 亚当斯（John Adams）和约翰 · 洛思罗普 · 莫特利（John Lothrop Motley）等美国人的称颂，从而被当成自由主义的奠基史诗之后，沉默者威廉自然也就成了这场运动中的无畏英雄。从长远的角度来看，在离开尼德兰到 1572 年“乞丐舰队”在布里尔（Brill）取得第一场军事大捷之间的那段黑暗岁月里，威廉肩负的不仅仅是国之命运，亦是西方自由民主的命运。因此，那些加重他负担的人，不仅是亲王事业的叛徒，也是西方民主大业的叛徒。可惜，安娜丝毫没有察觉到，她那不管不顾的自我放纵，正在危害民主的命运。悲哉安娜，她的名字甚至让在 19 世纪 50 年代发现她卑劣往事的荷兰档案管理员巴克赫伊曾 · 凡 · 登 · 布林克（Bakhuizen van den Brink）博士厌恶到颤抖，忍不住将眼睛从那些下流的细节中移开。[19] 她被人们描述成各种样子：无美感，无魅力，无理性，身患脊柱侧弯症，一个心肠恶毒、大喊大叫的泼妇，管不住下半身的酒鬼，在文艺复兴臭名昭著的女性名单中，她处于中心地位。

也许这一切都是真的。但实际上，我们对这位萨克森的安娜知之甚少，所知道的不外乎那个反复被重申的观点，即自一开始她就是个不好对付的人。我们知道的是，她从一个会写信表达对未婚夫难以启齿的热情的少女，变成了一群迅速从摇篮进入坟墓的孩子的母亲，这些都是 16 世纪的女人惯常的经历。但也有一些例外——两个女儿，安娜和艾米丽，以及一个叫作莫里斯的儿子（以他萨克森的外祖父的名字命名），他也体弱多病，差点儿无法存活。然而，莫里斯最后还是活了下来，并成了第二伟大的尼德兰执政和帮助荷兰获胜的总司令。在历史学家看来，莫里斯的优良品德——勇敢、智慧、自律——一定完全来源于他父亲那一脉，且奇迹般地没有受到母亲的恶习的污染。从某种程度上来看，威廉和安娜的这场婚姻确实成了一场悲剧。那些私人的过错，无论出于想象，还是真实存在的，都被暴躁的王妃变成了公开的闹剧。早在威廉举步维艰之前，安娜就常常因威廉与那些毫不掩饰对她的厌恶之情的人（尤其是他的弟弟路易）商讨问题而责难于他。她变得焦躁不安，歇斯底里，有一点妄想狂的倾向。她深切地感受到，她的丈夫也不是一位对婚姻忠诚的圣徒，他对宫廷里的女子优雅地鞠躬或者随便开一句玩笑，都在她过于紧张的想象力之下，变成有预谋的引诱行为。王室里许多注定成为生育机器的年轻女性，一边等着继承丈夫的爵位，一边任她们的丈夫忙于处理他们口中女人一无所知或毫不关心的政治策略。安娜同她们一样，也开始独自行动，参加狩猎派对或骑士比赛。在这些场合，安娜不缺殷勤地用歌曲和韵文将她比作维纳斯、狄安娜、西布莉（Cybele）和伊西斯（Isis）等女神的追求者。

61 为何一位女神要像一个流浪汉那样活着？安娜怎么也想不通威廉的权势和官运为何会颓败，在她看来，这说明他一定具有一种特别能招惹厄运的古怪能力，于是她疯狂地想要找到一个出气筒。在他俩结婚之前，她的丈夫曾承诺让她过上幸福、华贵的生活，但是婚后却带给了她无尽的哀伤。她眼睁睁地看着这位完美的求婚者变得憔悴又忧郁，他的头脑里塞满了她无法理解的策略，所有这些策略似乎都加重了他们的麻烦。渐渐地，她自己独处的时间越来越多。早在威廉成为通缉犯，其殷实的家业被毁坏、抢夺、典当之前，安娜就已决定绝对不要被他拉下水。迪伦堡之行是一趟苦修之旅，她的身孕成了严峻的考验，肚里的孩子带来了巨大的不便。她恨透了拿骚家族的人。1568 年年末，她带着一群喧闹的跟班，逃往了科隆。威廉绝不会抱有幻想地认为，他这位出轨的妻子是出于爱国之心才这么干的。科隆享有宝石市场的盛名，又盛产莱茵白葡萄酒，这两点或许要比此地的虔诚和政治环境对她更有吸引力。他有足够的理由对安娜的任性恣情感到担忧。如果她像往常一样行事，那她的恶名只会让他在军事和政治上的窘境雪上加霜。果不其然，有关王妃不端行为和巨额开销的消息，很快就传到了威廉这边。他给他“亲爱的妻子”写了一系列的信件作为回应，试图提醒她作为妻子应尽的责任。[20]起初，他希望她能听劝，和他一起游走于法国和德国之间。但是，安娜根本不愿回复，好不容易回复时，也只是坚决拒绝了所有说服她接受此类不便之事的提议。据说有一次，她在收到威廉寄来的一封信件后，当着信使和她的全体随从的面，公然将它撕毁，并在提起他的名字时尖声大笑。

威廉筋疲力尽，仕途也跌入了低谷，但他仍尝试表现柔情。1569 年 11 月，在一封感人肺腑的信件中，他温柔地向她提起：“你曾在上帝和教会的面前承诺过要抛弃世间的一切追随你的丈夫，在我看来，你应该将丈夫放在心上，而不是只关心那些琐碎和轻佻的事情……我这么说，并非劝你来我这边，因为如果这样做有悖于你的初衷，那么解决方案应当由你定。我只是想要提醒你，我与你结合是应了上帝的旨意，并怀有相敬如宾的感情（amitié）。对于一个男人来说，世上最抚慰人心的事，莫过于妻子的安慰，莫过于看到她愿意与丈夫共同肩负万能的主放在他身上的十字架，更何况这副十字架是为了彰显上帝的荣耀和他国家的自由而背的……只要［与我的妻子］相见数日，我就能幸福地忍受上帝给我的一切痛楚。”[21]

这对夫妇最终在威廉的旅途中相逢。相互斥责之后，他们掩面对泣地和
解了。但是，威廉一离开，安娜断断续续的忠诚也随之消失了。1570 年的新 62
年，亲王又给“我的妻子，我亲爱的”写了一些被弃之不顾的信件，但到了春天，从科隆传来了更多有关她与人疯狂调情并公开侮辱他的名声的报告。威廉听后，对重圆这段婚姻不再抱希望。他现在更关心的是，他妻子的恶名会给他在欧洲宫廷里已岌岌可危的地位造成怎样雪上加霜的结果。他曾希望得到幸福。现在他只关心别出丑。1570 年 4 月，他写信给安娜的外祖父，黑森的选帝侯，乞求他劝告安娜走回正道。“我妻子恶劣的名声所招致的后果，不仅会落在她头上，也会落在我和她的孩子，以及她所有的亲戚头上……说实话，我已经忍无可忍……接踵而至的不幸，或许会让一个男人丧失心智、耐心和敬意；事实上，我没有得到她本应给的宽慰，反倒是受到了她成千上万次的侮辱……讽刺和难以忍受的鬼话。”他接着说道，这一点是更让他感到痛苦的，因为“我不惜以我的灵魂受诅咒为代价，向你发誓，许久以来我都

希望我俩能像上帝恩准的那样一起生活下去”。[22]

但是，安娜的心中早已没有了上帝。她一心只想着另一个人。1570年的圣约翰节前夜，长夜漫漫，村里的传说规定，这一晚女人可以自由选择伴侣，男人必须服从，而安娜选择了扬·鲁本斯。他显然已经成了她不可或缺的顾问和助手。她之前住进了一幢华丽的房子，在那里，鲁本斯替她审阅贝茨给她的信件，并向她解释了她的财产可能遭受的命运。或许，他在这样做时，曾特意对这个女人展开天花乱坠的谄媚，而她会像渴饮莱茵白葡萄酒一样将这些话语一饮而尽。或许，他的头脑已经被女恩主身上的显赫气质给改变了。他虽然是法学博士，但终究还是和他的药剂师父亲和粮食商人继父没两样。在某个时候，他俩的谈话一定在酒精的作用下越轨，超出了有关限定继承和充公财产等法律话题的范畴。鲁本斯受邀参加了晚宴。

2. 赎罪

亲爱的上帝，他现在怎么样了？他离家已经三个星期了。他从未像这样因为王妃的事务出门这么久。如果因为突发事件滞留锡根（Siegen），他肯定会和她说的。或许，他寄过信来了？或许，这些信件半道被劫了？又或许，是他半道被劫了？只有天知道他们心里有多恐惧：有人说，那里有乞丐部队；还有从军队叛逃的士兵，他们躲在树林里，打劫路人。斯多葛学派的哲学家
63 劝导人们要有耐心，要坚强，但是玛利亚尽管尽力安抚了孩子，自己却满心忧虑。[23] 她的朋友们，尤其是一位叫作雷蒙特·赖因戈特（Reymont Reingott）的亲戚，在城里四处打听，并给在锡根做生意的熟人写信。她自己也写了好几封直接寄给王妃的信，请求她原谅自己冒昧，并恳求她告知丈夫的下落和境遇。最终，她在绝望之中，派赖因戈特的两个仆人作为信使前往锡根，看看能否发现一些线索。他们有过种种猜测，但没有什么确切的消息。玛利亚的心悬在半空，痛苦不已。她游走在那些商贾之妇之间。她们的额头上奇怪地绑着一块薄片，上面悬挂着鞍环，这使得这些科隆商人的女人看起来就像

一群忙碌的昆虫。而她则戴着一顶浆洗过的佛兰德便帽，在她们之间非常显眼。她还要这样忍受多久？

1571年3月的最后一个星期，她收到了回复。28日那天，在四旬节的阴冷天气中，一名信使送来了一封信。这封信并非来自锡根，而是来自迪伦堡拿骚伯爵的城堡。或许，玛利亚在知道她丈夫还活着之后，暂时松了一口气。但随后的消息却像一把剑般刺穿了她的身体。原来，扬·鲁本斯在离开锡根的那一天——确切地说，刚一踏上伯爵的领地，就被捕了。他被关进了城堡，生杀大权掌握在了亲王手中，他玷污了亲王的名誉，也玷污了他自己妻子的名誉。

要命的消息来了。3月28日那天，另一个人在她那所砖墙立面的房屋前下了马，带来了一封寄自迪伦堡的信，这一次，信是她丈夫亲手写的。她最担心的事不但发生了，而且还更糟。除了她害怕的事情之外，这封信还给她平添了一种不祥的感觉，她觉得这是一封寄自坟墓的临终忏悔信。他坦陈了一切，乞求她的原谅，称自己卑鄙下流，配不上她的爱。他说，他已经向拿骚伯爵坦白了一切。王妃已经一年多没有见过威廉亲王了，却似乎有了身孕，这尤其给他的境遇蒙上了一层阴影。他不指望亲王的家人能怜悯他了。但是，从他的妻子这里，他或许觉得可以获得一些理解，因为在表示极度悔罪和悔过之余，扬想尽办法详细地嘱咐妻子，尽量不要让他的朋友、科隆的流亡社区，以及他俩的亲戚和生意伙伴知道这桩丑闻。他还是那样，既是一个罪犯，又是一名律师，集挫败和自负于一身。尽管他一点也配不上妻子的谅解，却料到了她会原谅他。甚至在读到他的第一封信之前，玛利亚就已经决定原谅他，并尽她所能来保住这个家。他依旧是她口中“亲爱且挚爱的丈夫”，并且她无限地给予他“你所寻求的原谅，无论现在还是永远，**只要你依旧爱我如初**［作者做的强调］”。[24] 这句佛兰芒语，“你依旧爱我如初”（dat gij mij zult liefhebben alzoo gij pleegt），包含了一个妻子所有的恐惧和疑虑，毕竟对于玛利亚来说，她不得不怀疑扬·鲁本斯是否还会要她。“只要你还需要我，”她 64
接着写道，“别的一切都不在话下。”她已经派她的亲戚赖因戈特带着一份请愿书前往迪伦堡，但是她担心这份请愿书不会被各位领主接受，因为“这其中没有华丽的辞藻，也没有真知灼见，只有我的愿望，我已尽我所能表达清楚了”。

更令人震惊的是，玛利亚在给她丈夫的回信中认为，他对于这桩丑事可能被公之于众的担忧相较于她，有过之而无不及。因为她竭尽所能向他保证说：“我没有把你的事说给任何人听，甚至都没有向我们的朋友提起过，也没有寻求别人的帮助，而是尽力自己解决，至少在我们这边，你的事情是保密的。”但是，她补充说：“至于为你的离去寻找借口，已经为时过晚，因为你如今的去向［监狱］已是众人皆晓的事了。不仅此地的人，就连安特卫普的人也都知道了。我们与赖因戈特统一了口径，说你很快就会回家，这才把流言压下去许多。我还给你的父母写了信，他们和我们所有的朋友一样，一直沉浸在难以言说的悲痛之中，只要没有收到你即将回家的消息，他们就会惶惶不可终日。你在来信中说，我不该表露出痛苦和沮丧，但这实在是强人所难，因为我无时无刻不陷入其中。有句话说得好，于悲伤中强颜欢笑最为伤人。尽管如此，我还是尽全力忍受着，但我从未离开过家……我总对那些来找我谈心的人说，我被那些广为流传的有关你的流言蜚语搅得痛苦不堪。”而他俩的孩子，她补充说，一天里要为他祈祷两三次。他也应该相信上帝，她希望上帝“不要严惩我，也别让我们如此悲惨地分离两地，因为这对我来说是最为严酷的审判，实难忍受”。

她一定写到快午夜时才放下笔，但在她封好信件之前，一名信使自黑夜中抵达，带来了扬·鲁斯寄来的另一个便条，显然对她的怜悯和慷慨喜出望外。玛利亚在浏览完丈夫的字句之后，于凌晨动笔回信。从她的回复可以判断，扬之前那种几乎不通人情的自私以及对保密的强调，现在才姗姗来迟地化为悲伤、内疚和恐惧。但是，虽然玛利亚极力安慰他，并努力重圆破碎的婚姻，她自己却一边写信，一边陷入了崩溃的边缘。“我很高兴看到你因为我的宽恕而感到快乐，”她动笔写道，“［但是］我没有想到，你竟然认为我会为此事为难你，事实上我也没有这么干。你身陷如此险恶的境地，而我若有可能便愿意倾尽心力来帮助你，这时候我又怎么可能会对你如此严厉？再者说……我没有一天不在为自己犯下的诸多深重的罪过向天父祈祷，如此说来，憎恨之情怎么可能抹杀了我们一直以来的长相厮守，让我不能原谅**这一丁点你对我犯下的错误**［作者做的强调］？”

扬的消沉让玛利亚感到“悲伤过度，几乎哭瞎了双眼，无法再写下去”。她写道，他的信件里没有什么能让她安心的。“我几乎无法读下去，因为这封信表明，你本人已放弃了希望，说起话来就像一个快要死的人，看到这些后，
我的心都碎了。我无比悲伤，不知道该写什么。似乎在你看来，我巴不得你 65
去死，因为你希望我把你的死亡视作赎罪。啊，你这么说，给我带来了多么大的痛苦啊！这种痛苦根本无法忍受。如果不再有仁慈，我还能去哪里？我还能去哪里寻找仁慈？我只能用无尽的哭喊和泪水向天国祈求。我希望上帝能听到我的祈求，让诸亲王心软下来，这样他们就能听到我们的祷告，并对我们施以同情；否则你必死无疑，我也将死于心碎。若我收到你的死讯，我的心也将即刻停止跳动……我们的灵魂紧密相连，浑然一体，所以我的感受和痛楚与你一模一样。若那些好心的绅士能看到我的泪水，就算他们是石头或者木头做的，也一定会心生怜悯。”如果别的方法都失败了，她就打算亲自去见亲王的弟弟约翰伯爵，尽管所有人，包括各位领主和扬本人都明确禁止她这样做。

信写到最后，或许就在玛利亚止住泪水，转而悲叹之际，她又打起了精神，请她的丈夫不要失去希望。“我恳求你不要总想着那些不好的事情，而应该尽可能勇敢起来。恶魔会不请自来。比死亡本身更糟的是，你一心只想着死亡，害怕死亡。所以，你要驱散这种念头。我希望并且相信，上帝会宽恕我们，会在这些悲伤中赐予我俩一些幸福。”此外，她在附言中说：“请不要再称自己为‘不值得你爱的丈夫’了，因为我真的已经原谅你了。”

如果说玛利亚相信天国的主宰能够听到她痛苦的祈求，那么她对地上的主宰则不抱有多大的希望。她的朋友们曾乐观地认为鲁本斯很快就会获释，但这种想法却是虚妄，当这一事实越来越明显时，她再也不想干坐在家里，等候生死不明的决判了。于是，尽管伯爵的手下严令玛利亚待在科隆，她还是在 5 月的第三个星期私自去了锡根。她在锡根这个永远印上了她丈夫罪过的地方，给约翰伯爵写了一封满怀激情的信，乞求他能饶恕扬，并冒昧地向

他询问，她是否能去探望他。尽管身处在一个满是新教徒的圈子里，但她本能地像那位与她同名的求情者那样行事：圣母马利亚曾袒露胸脯，乞求天父宽恕罪恶之人。她倒不至于袒露胸脯，但她会尽一切所能，向权贵索要怜悯。他们不屑给她回信，于是她朝那把怒火更近了一步，来到了距离迪伦堡不到一英里的一个村子。她接着又写了许多信，焦急地询问扬·鲁本斯的健康状况。扬被她的坚持不懈打动，随后向逮捕他的人问起，他们能否允许他与妻子，这位坚定不移的典范，短暂相处，好让他能听到“她亲口说出‘宽恕’二字”。[25] 哪怕在夜晚的城堡门口见上一两分钟，也足够了。如果这一请求无法得到批准，那是否可以允许她在城堡底下行走，以便他能透过铁窗看她一眼？

他们并没有心软。他们断然驳回了扬的请求，并勒令玛利亚离开迪伦堡。这不是一个好的信号。扬的信件中，又一次，流露出了绝望。“如果我被判处
66 死刑，你就写信告诉你的父母，说我突然被派到了另一个国家。”[26] 1572 年 10 月，玛利亚·派伯林克斯的磨难到了一个临界点。扬被人从迪伦堡带到了位于拜尔施泰因（Beilstein）的另一座拿骚城堡，安娜自罪行被揭露之后，一直被关押在那里。在那里，两个罪人被迫面对彼此，在一个更像是听证会而不是正式审判的程序中交代了他们的罪行。两人都一副可怜的样子，过去的精气神荡然无存：这位律师不再能言善辩，王妃也不再大吵大闹。在扬被捕之后的几天里，他俩的情况还不致如此。安娜在看到约翰伯爵出示的有关她行为不端的报告之后，拒不承认所做的一切，还给威廉写了一封信，表明自己是无辜的，并且愤慨地抱怨那些“叛徒”玷污了她的名声。三天之后，也就是 3 月 25 日，她悄悄地给扬·鲁本斯写了一封信，口气正好相反，承认了自己有罪。直到 6 月，她还在法国新教牧师面前坚称，她受到了不公正的指控，并且毫不犹豫地拿自己的境况与那位传说中因为拒绝屈从于两位老者的淫欲而被老者污蔑的苏珊娜相比。[27] 但是到了夏日，她的肚子一定已经大到哪怕最宽松的鲸骨衬箍都掩饰不住的地步。

安娜坦白一切之后，立刻被带到了拿骚家族的另一个居住地，位于迪茨（Dietz），她在那里作为一名囚犯和被遗弃者，度过了孕期的剩下月份。她的

通奸罪给萨克森家族以及他们曾颇费周折促成的这段婚姻蒙了羞，他们几乎都与她断绝了关系。尽管他们清楚安娜的罪行，但安娜所遭受的待遇仍使黑森伯爵和萨克森的选帝侯受到了侮辱，当他们知道威廉正在启动分居和离婚的法律程序时，他们立刻要求退回安娜的嫁妆。1571 年 8 月 22 日，安娜产下一名女婴，取名为克里斯蒂娜·冯·迪茨（Christine von Dietz），威廉亲王即刻与之撇清了父女关系。这个孩子和安娜生的所有子女一样，自小体弱多病，活下去的希望渺茫。尽管这个孩子的存在十分碍眼，但她还是活下来了，并且勉强暂居于迪伦堡，注定要过上一种忧郁且异常的生活。她的舅舅约翰和同母异父的哥哥莫里斯称她为“那个小女孩”（la fillette）。

在安娜分娩产下女儿之后，为避免她做出进一步的害人之举，他们将她带到拜尔施泰因关押起来。一等离婚生效，她就被送回了德累斯顿，她在那里度过了短短几年的严密监禁生活，直到 1577 年 12 月去世，她才卸下了一切与她的不幸之事相关的重负。待到长眠地下之时，她至少得以体面地埋在位于迈森（Meissen）的祖坟里。两年前，威廉迎娶了另一位妻子，刚从女修道院出来的波旁的夏洛特（Charlotte of Bourbon）。这将是一段幸福的婚姻，两人将迎来另一位亲王：腓特烈·亨利。

安娜和扬正式签署的悔罪书，让亲王得以再婚。现在，无论是好是坏，
扬·鲁本斯的境遇都将得到改变。尽管扬时不时会陷入悲观之中，但是玛利 67
亚似乎一直坚信，哪怕只出于政治上的权宜之计，威廉也不会发起一场公开审判和行刑。亲王正极力重整旗鼓，恢复他在尼德兰的政治和军事行动，在这期间，他没有必要将令他恼羞成怒的欧洲最著名的绿帽子事件昭告天下。在听证会过去后不久，玛利亚首次获准在迪伦堡的囚室里探望扬。她在科隆的朋友们的帮助下，一直在支付他的食物和他按亲王的意思安排的生活起居的各项开支，但她不可能再幻想着还能找回那个在 3 月的清晨起身前往锡根的男人。她的丈夫的确变得惊人的苍老和憔悴。探监后不久，她忐忑地等了两年半的消息终于来了。约翰的秘书施瓦茨博士（Dr. Schwartz）确认说，死刑被解除了。尽管这一消息让人欢欣鼓舞，但扬是否会被判终身监禁依旧不清楚，考虑到他的身体状况，玛利亚相信，他所剩的日子也不多了。

1573 年 3 月 13 日，玛利亚绝望极了，不得已拿即将到来的复活节做起了文章。她写信给伯爵说：“不为我丈夫祈求自由，就无法过耶稣受难日。愿阁下可怜我俩，让我们夫妻团圆，这么做不仅是为了我丈夫，他在这两年里受尽了折磨，也为了我，因为在这段时间里，我一直是无辜的，还有我可怜的孩子们，他们不仅见证了父亲的崩溃，也见证了母亲的哀愁和精神上的痛苦。”[28] 在这之后不久，玛利亚收到了等待已久的回信，信中阐明了她丈夫终见天日需要满足的条件。在支付 6000 泰勒的保释金之后，扬 · 鲁本斯将获准待在锡根，受伯爵的管辖，并由伯爵手下的一位官员负责监管。他可以与妻子和孩子团聚，但他们的自由将受到极大的约束。扬 · 鲁本斯被严令禁止以任何理由离开家，包括踏入任何类型的教堂。只有伯爵批准的人才能去见他们。由于扬 · 鲁本斯再也无法施展职业技能，他们一家将以每年 5% 的利率获得这 6000 泰勒的利息。经计算，这笔钱如果省着点花，足够维持日常开销了。相关人士——亲王、伯爵以及被冒犯的萨克森伯爵和选帝侯——全都享有随时撤销这项安排，重审扬 · 鲁本斯，要求他无条件入狱的权利。若有任何违背协议的举动，将自动剥夺他的自由，并即刻判他死刑。

尽管这些条件非常苛刻，但玛利亚感到了难以言表的安慰和喜悦，全都答应了下来。5 月 10 日是五旬节，庆贺圣灵即真正的安慰者（当然，扬已经注意到了这一点）的节日，迪伦堡城堡的大门为这位囚犯敞开了，还为他备
68 了一匹马。在锡根安顿下来之后，扬 · 鲁本斯马上发现此地有许多可抱怨之处。这是一座拥挤的、烟雾弥漫的小镇，四处都是铁匠和金属工匠，与雄伟、优雅的科隆相比，实在相去甚远。他们不许上街、逛集市，禁止拜访别人，别人也不许拜访他们。在这样的情况下，他们发现，要想把六个孩子和两个大人安顿在几间拥挤的房间里，无疑是另一种形式的监禁。扬冒着被人指责背信弃义的风险，马不停蹄地向迪伦堡的理事大臣提出请求。他想要获准在护城墙附近散步，因为那里的空气有助于恢复他衰弱的身体。此外，他还想获准参加教会组织的某种“对有罪之人来说极为必要”的礼拜活动。第二个请求被无条件地拒绝了，但是约翰打算批准鲁本斯在指定官员的监管下，偶尔去散散步。[29]

由于受到种种约束，扬 · 鲁本斯实际上根本不可能在锡根重操律师的旧业。而且战争断绝了从佛兰德的家人那里获得帮助的可能，所以扬 · 鲁本斯一家完全得靠之前那 6000 泰勒保释金所承诺的每年 300 泰勒的利息过活。然而，通常情况下，这些钱在半年后就无法兑现，有时甚至一分也拿不到。玛利亚写信抱怨了这种怠慢行为，但与此同时，她也知道，她唯一能唤起伯爵和他的兄弟良心的武器，就是她自身无可挑剔的美德。然而，她的丈夫却差一点玩火自焚。1575 年 12 月，迪伦堡寄来了一封愤怒的信，把他所做的各种自以为是的坏事控诉了一通：在不受人监管的情况下在城里四处走动；接收从海德堡和科隆寄来的未授权的信件；其中，最可耻的是，他竟然在一个周五晚上与一位朋友共进晚餐。既然他如此厚颜无耻地违反了保释条例，那么就别怪伯爵施加更为苛刻的限制条例。他们一家人自此无论出于何种理由，均不能离开家，否则他将再次被监禁；至于获准参加公共礼拜活动，几乎不用抱任何希望了。有关他违反规定的报告看上去相当具体，但扬否认了每一项指控，声称这些指控毫无根据，完全有可能是由心怀恶意的人杜撰的。扬意识到他的妻子比他更具道德说服力，所以让她（由他口授）给迪伦堡写信，询问是否能恢复他的一点点自由。[30]

答案必然是不能。但是，约翰伯爵的秘书在拒绝鲁本斯夫妇宽大处理的请求时，却给了他们一丝微弱的希望。他暗示说，约翰伯爵本人并不反对宽容处理，但是萨克森的选帝侯、威廉和黑森伯爵，这三人依旧一点也不打算原谅他。扬和玛利亚真正希望的是结束他们在锡根的监禁，并有机会搬去某个离这里很远的地方，丈夫在那里可以继续干他的本职工作，而妻子也不会害怕集市中流传的流言蜚语。到了 1577 年的年末，一连串对他们有利的情况重新燃起了他们的希望。安娜于 12 月去世了。威廉亲王已幸福美满地度过 69
了两年的新婚生活，并且他的政治仕途也有所好转。反对阿尔瓦的叛乱行动，其中心已北移到了荷兰省和泽兰省的海港和城镇。在这两年里，阿尔瓦发动了一场掠夺和围攻的战役，试图牵制和击溃反叛军，但以失败告终。莱顿接收了一大批来自南方的新教徒难民，如今已经成了加尔文主义的要塞。这里的人们宁可忍饥挨饿，抵抗长达一年多，也不愿屈服于阿尔瓦的部队。当“乞丐舰队”打破了围城之势以后，阿尔瓦公爵的强压政策也随之瓦解。阿尔瓦于 1573 年 12 月离开了尼德兰。西班牙国王于 1575 年宣布破产，未得到军饷的军队倒戈成了叛军，在安特卫普造成了令人记忆深刻的恐怖后果。1577 年 2 月，新任的西班牙总督雷克森斯（Requesens）被迫放弃了阿尔瓦恐怖政策的所有措施：惩罚性征税、镇压异端，以及驻扎军队。荷兰省、泽兰省（威廉是掌管这些地区的执政）和布鲁塞尔的议会之间签署了停战协议。根据协议条款，信仰自由政策得到了恢复，新教占据北方，天主教占据南方。到了秋天，威廉以凯旋之态进入了安特卫普和布鲁塞尔，就在十年前，他沦为逃犯，背负着叛国罪从这两座城市逃走。

欧洲的政治和军事版图改变了，这种改变显然是良性的，那么新的和平会给扬 · 鲁本斯一家带来更为安逸的未来吗？这个家里又添了两位新丁：1574 年，菲利普出生了；1577 年，在纪念圣彼得和圣保罗的节日里，一个以这两位圣徒来命名的孩子也出生了。那一年，玛利亚和她的母亲克拉拉（Clara）都给伯爵写了信，再一次请求他为扬 · 鲁本斯向威廉说情。她俩在信中提出，现在和解已降临到了他们的祖国，他们或许也应获准回国了。亲王一直担心先前的丑闻会以某种方式偷偷地渗透进公众的视野，所以并不想答应。但是到了 1578 年的春天，约翰伯爵经授权，与扬 · 鲁本斯达成了另一份协议，打算批准鲁本斯一家搬离锡根，去往别处安顿，只要这个地方不在尼德兰边境线之内就行。

到了 1578 年的年末，在扬 · 鲁本斯被捕七年之后，这家人回到了科隆。他们是否能重新拼凑起过去生活的碎片，现在还很难说。尽管扬或许再也不能重操法律旧务，但他与法兰克福一位金融家往来的商务信件表明，他找到了某种养家的门道，或许在两次战争的间隙，他在北方失去的部分资金和收益得以恢复。限制这家人行动自由的严令不再执行，于是他们一家人成了这座城市的一个路德教会的成员。甚至连他们从施特嫩巷（Sternengasse）当地的商人那里租来的房子，其不祥的名字“乌鸦之屋”也没有对他们的正常生活投下任何黑暗的咒语，“体面”也再一次降临在了这家人身上。1581 年，最小的一个孩子巴托洛梅乌斯（Bartholomeus）出生了。

1583年1月10日，由约翰·凡·拿骚伯爵签署的一份官方文件中，约翰以自己和亲王的名义宣布，扬·鲁本斯从今日直至以后，再也不受任何监禁所限，并且再也不会受到进一步的惩罚。[31] 他的刑期终于服完了。伯爵在一封私人信件中确认说，他（一直以来）深受“鲁本斯妻子的祈祷”感动，才最终做出了这项宽恕之举。但是，扬·鲁本斯如果想获得长久以来一直在追求并做出了巨大牺牲的自由，还需要满足最后一个条件：他无论有意还是无意，都永远也不能出现在奥兰治亲王威廉殿下的视线范围内，以免让这位领主想起之前的恶劣事件，使他一时情绪激动，理性屈从于愤慨，从而忍不住再对作恶之人下手。为了完全避免这种可能性，他们将扬·鲁本斯放逐，余生皆不准踏入尼德兰十七个省，无论北方还是南方。 70

十八个月后，这项判罚沦为了一纸空谈（尽管它从未撤销）。1580年6月，腓力二世正式判定威廉为“我们这个基督教国家里的头号叛徒”，并悬赏25 000埃居来要他的命。天主教“不满者”认为威廉是和土耳其异教徒一样的无耻之辈，而加尔文派中的激进分子对他未能实行新教神权统治感到失望，在这两群人当中，不乏志向远大的杀手。1582年3月，威廉在安特卫普被一位受雇于葡萄牙商人的杀手——胡安·豪雷吉（Juan Jauréguy）于近距离刺杀。手枪在刺客手中开火，射出的枪弹划过了亲王的一侧脸庞。尽管威廉流了很多的血，甚至两次被认为已经死亡，放弃了抢救，但他还是活了下来。先是他的医生用一枚铅弹按压住撕开的口子止血，随后一群助手轮流用手指按住伤口。这位病人的忍痛能力让许多人感到震惊，却让他的宿敌格朗韦勒感到失望，他抱怨说：“这个烦人的奥兰治怎么死也死不掉。”全欧洲的新教徒大臣都赞扬上帝赐予的此等奇迹。

两年以后，1584年7月，就在威廉完全放弃落入亚历桑德罗·法尔内塞（Alessandro Farnese）统帅的西班牙军队手中的佛兰德和布拉班特（包括他的家乡布雷达）之后，他将总部迁到了位于代尔夫特的一个朴实之地，那里先前是一座女修院。在那里，就在亲王离开卧室下楼时，一位叫作巴尔塔萨·热拉尔（Balthasar Gérard）的家具工匠朝他开了两枪。由于热拉尔的枪是朝着下楼的亲王向上瞄准的，枪弹先是射入了威廉的腹部，接着进入他的肺部，然后穿过他的身体，嵌入了灰泥墙中。“我的上帝，请饶恕我的灵魂，请饶恕这个可怜的人。”这就是他临终前说的最后一句完整的话。当被问起是否死前已告解并与基督和解时，这位垂死之人用虚弱的声音表示肯定。热拉尔在企图爬上亲王庭院的墙壁时，被人抓住。他身上没有其他物品，只有一对充气囊，他本想用它们游出护城河。

三年之后，就在 1587 年 3 月的第一天，扬 · 鲁本斯在科隆的一家大宅院
71 里死在床榻上。在他罹患重疾之前，他似乎经历了一次重大的心灵转变，或者说，他毕竟需要得到重大的宽恕。他回归了最初的忏悔之地。他重新获得了荣誉，甚至也重新获得了尊严，被安葬在圣彼得教堂里。他的妻子玛利亚早已习惯了悲伤，但却依旧没能接受悲伤。她的三个孩子——亨德里克（Hendrik）、艾米丽（Emilie）和巴托洛梅乌斯——在父亲去世之前，就已离开了人世。她的不幸是多么沉痛，所遭受的放逐——离开她的国家、家庭以及父辈的教会——是多么痛苦。现在到了回家的时候，是时候去尽力弥补这一切了。

（本章校译：陈少芸）

第三章

彼得罗 · 保罗

1. 在废墟中作画

圣徒无处不在。 72

1587 年，玛利亚 · 鲁本斯回到安特卫普时，这里的居民半数已不知去向，昔日坐拥十万人口的城市，现今萎缩成了区区五万人的城镇，仿佛一场传染病越过砖墙和山形墙，席卷了这里的家家户户。晨光透过矗立码头的桅杆展露出来。遭人遗弃的织布机和印刷机上落满了灰尘。酒馆的长凳和枕垫上空空荡荡。但是，圣徒们（更别说使徒、门徒、教会圣师、真教会父老，以及殉道者、主教、隐士、潜修者）纷纷回归，重新占据了大小教堂的中殿、礼拜堂、祭坛和唱诗席，他们在文字中受侮辱，却在绘画中受颂扬。有一些圣徒是人们熟知的，特伦特大公会议（Council of Trent）特别推崇将他们用作对抗异端和怀疑的特效解毒药。其中最无处不在的莫过于忏悔的方济各，画上的他显得黝黑，神情哀伤，准备好在崎岖的维纳山顶显现出圣痕。随着 1583 年官方钦定的尼德兰圣男圣女索引——约翰努斯 · 莫拉努斯（Johannus Molanus）的《比利时圣人名录》（*Indiculus Sanctorum Belgii*）出版，也有一些亲近当地传统的特有圣人受到人们的全新追捧，这其中包括：圣女阿梅尔伯加（Amelberga），据说她的身体被一群鲟鱼托着一路往上游，来到了根特。圣威尔格福蒂斯（St. Wilgefortis），在英格兰，她被称为“昂康布尔”（Uncumber），她飘逸的胡须帮她躲过了潜在的侵犯者，但是没能让她免受异端父亲的伤害——他砍下了她的脑袋，拔光了她的胡须。圣丁夫娜（St. Dymphna）的父亲则威胁女儿与之发生乱伦关系，并追踪逃难的女儿一路到了佛兰德人居住的村子海尔（Geel），以不服从基督教条例为由，在那里当场砍了她的头。她的死与圣塔布拉（St. Tarbula）相比，显得利落多了。圣塔布拉在被钉上十字架前，身体被锯成了两半，为了完成行刑，不得不把这两半身体分别钉在两个十字架上，堪称最血腥的殉道。[1] 新一代的天主教圣像制作者也没有回避展示那些因殉教而被割取的特定人体部位：圣利维努斯（St. Livinus）被割掉的舌头（舌头被割下喂狗，但奇迹般地复原了，并谴责性地对着行刑者摇晃起来）；圣阿加莎（St. Agatha）被割下的双乳；圣露西
73 亚（St. Lucy）的双眼（她自剜双眼，以避免受到其他凌辱）。一些论述全面且对惨不忍睹的内容毫无保留的殉道使徒列传，例如，切萨雷·巴罗尼乌斯（Cesare Baronius）的《教会年鉴》（*Annales Ecclesiastici*）和彼得鲁斯·比维留斯（Petrus Biverius）的《十字架圣殿》（*Sanctuarium Crucis*），让宗教插图画家永远不会缺少令人敬畏的创作范例。出于对反宗教改革的顾忌，画家禁止描绘比较可疑的奇迹，但是通俗雕版师和雕刻家却依旧在描绘诸如圣克里斯蒂娜（St. Christine）或圣特隆德（St. Trond）这样的当地奇人，这些人或因在夜间飞行时展露治疗神迹，或因被当成善良女巫的化身而闻名。艺术家们通过描绘圣徒的特征，在激起人们对圣徒传奇的记忆方面越来越有创造力，他们坚信沉浸在圣徒传中的忠实信徒会用想象补全圣徒的故事。比如，描绘蒙特法尔科的圣克莱尔（St. Clare of Montefalco）连同她的平衡特征，就能让她的追随者想起，她去世后，在她的身体里发现了三颗铁球，每一颗铁球的重量都等于另两颗铁球的重量之和，这种神秘的现象足以表明，这位圣徒的躯体里确实存在着不可分割的三位一体。

首先，神圣的安特卫普是玛利亚所在的城市，此地受到与之同名的圣母马利亚的守护，圣母的精神依旧驻扎在大教堂里。1585年，亚历山德罗·法尔内塞在占领这座城市后，做的第一件事就是移除了市政大厅前这座城市神

话中的奠基者西尔维厄斯·布拉博（Silvius Brabo）的雕像，并且用脚踩异端毒蛇的圣母像取而代之（那些真正有学识的人还会把脚踩毒蛇理解成“圣母无原罪”的标志，如此一来，恰好用一个神圣的事件取代了异教创立城市的事件）。但是，玛利亚·鲁本斯或许重新发现了其他数不尽的“圣母”形象，它们存在于版画和绘画中，但很少以复仇的样子出现。圣母以“圣母中保”“代祷者马利亚”的形象示人，她袒露胸部，她的儿子则展露侧身的伤口，共同向天父寻求对罪人的宽恕。马利亚将她的念珠传给使徒或者圣徒（尤其是圣多明我），并给身染瘟疫的人祈求安宁。本笃会和西多会在修缮他们的寺院时，或许更喜欢“哺乳的马利亚”：她正在进行神圣的哺乳仪式，微笑着将甜美的乳汁挤入那位声音悦耳的博士克莱尔沃的伯纳德（Bernard of Clairvaux）饥渴的嘴里。[2] 再或者，她会以“妊娠的马利亚”的形象出现，隆起、紧绷的肚子就像 8 月处女座时期矮树篱上的豆荚；抑或是“悲伤的马利亚”，她儿子的身体正被人从十字架上抬下来，灰色（有时是黄色或者绿色）的肉身布满鲜亮肉色的刺孔，她的双眼悲伤地闭了起来；抑或是“升天的马利亚”，她双眼朝上注视天堂，身穿天蓝色的长袍；抑或是“加冕的马利亚”，她的王冠安放在一级云朵阶梯上，七个天使唱诗班（分别由约斐尔、拉结尔、米迦勒、昆努伊勒、犹菲勒、卡麦尔和汉尼尔领唱）对着她头上的光环洒下如雨的赞歌。

事实上，鲜血淋漓的安特卫普需博得一切能获得的代祷。阿尔瓦因没能收复尼德兰北部省份而蒙羞，于 1575 年回到了西班牙。但是，他的离去依旧没有带来什么好事。西班牙王室破产之后，军队没有军饷，举步维艰。按照传统，补偿周期性拖欠军饷的手段往往是抢夺，但那时正赶上腓力国王变得 74
极为高尚，所以他不支持此类做法。1576 年 11 月，驻扎在佛兰德的士兵厌倦了等待，万念俱灰之下发动了暴乱。他们打算用武力夺取按照传统和道义理应属于他们的东西。安特卫普是尼德兰最富有的城市，自然就成了他们冒险赌一把的首选目标，那里遭受了连续三天无法遏制的暴力袭击：几百人被杀，几千人遭到攻击，居民的房屋和作坊被洗劫一空。[3]

这就难怪，奥兰治的威廉在接下来的一年，也就是 1577 年的夏天，进入安特卫普时，会被那里的幸存者奉为救世主。他以联省议会的名义完全接管这座城市之后，马上展开了一系列的行动，其中之一就是拆除阿尔瓦建造的所有军事要塞，包括对当地公民实施暴行的西班牙守备军驻扎的要塞。不到两年之后，他不得不重建防御工事，用来抵抗新一轮的军事袭击。这场袭击行动由新任的西班牙指挥官，精明果断的亚历山德罗·法尔内塞指挥。威廉在这座城市里并没有受到普遍的爱戴，也没有赢得普遍的信任。态度最为坚决的加尔文派教徒依旧记得他在1567年做的两面讨好的事，彼时，这些人打算组建一支民兵队，在城外援助反叛军，他们判定亲王在信仰问题上并不坚定。威廉不安地辩解说，现在他跟他们一样，成了一个“加尔文派教秃”*（意在表明顺从，而非狂热），但是牧师们却没能理解这个玩笑。1581年，据说在威廉管辖的城镇布雷达，天主教徒已经对西班牙人敞开了大门。于是，全部由新教徒组成的安特卫普市议会决定，摒弃所有继续假装宗教共存的努力，完成于1566年开始的大清洗运动。这一次，大清洗是有组织的官方行为——没有自行封权的暴徒团伙挥舞木槌。但结果是一样的。在第一轮圣像破坏运动过后，现在轮到阿尔瓦委托制作的画作和雕像被移除了，墙上再一次被白垩色的涂料覆盖。“除了我之外，你不可有别的神”，这条训诫再一次以金色的希伯来文和佛兰芒文，出现在漆黑的地面上，那里曾经站着和善的圣母马利亚。

两度被涂抹成白色的安特卫普，并没有始终保持对归正会的忠诚。1584年，在听说威廉被刺杀的消息之后，法尔内塞无疑受到了鼓舞，再一次将这座城市给围了起来。这场围城切断了一切救助的希望，让这座城市陷入长达近一年半的饥荒，直到1585年，城门才再次打开。这位总督幼年在布鲁塞尔长大，后来接受了极为正统的西班牙基督教教育，他不像阿尔瓦那样报复心强，但也绝不是一个有耐性的人。他受到西班牙顾问的严厉监视，下令马上清除政府部门里的所有新教徒。那些受到误导，远离真教会的人，被勒令在四年的时间里翻悔，否则就要被流放。此举带来了整个欧洲历史上声势最为

* 原文为 calvus et Calvinista。——编注

浩大的悲痛大迁徙。不下 10 万人（包括当初逃离阿尔瓦及其 1576 年恐怖政策的那些人）离开了尼德兰南部，去往乌得勒支同盟的七个自由省份，这些人成了奠定荷兰共和国基石的最初一代人。许多人认为没必要按照法尔内塞的要求等上四年时间，光是在安特卫普陷落到 1586 年秋天的这段时间里，就有 32 000 人——其数量是当时人口的整整三分之一——离开了安特卫普。[4] 75

这种宗教的忠诚可不是小事。但是，这不是离开的唯一理由。一代代的孩子都曾听大人说起过，安特卫普得名于“被扔掉的手”（handt-werp），它指的是一只被投进了斯海尔德河的巨大的手。这只手属于巨人安蒂冈努斯[*]，他在入河口设障拦路收费，有谁拒绝支付过路费，就会被他砍断手臂。但是，创立这座城市的英雄西尔维厄斯 · 布拉博凭着计谋和武力，砍下了巨人的手，将它丢入了河口，由此确保了后来人在过港口时再也不会受到威胁。但现在，一个青年，而不是传说中的残暴巨人，成了这里的恶霸，扼制了安特卫普的自由。北方省份的“乞丐舰队”在斯海尔德河的河口巡逻，位于右侧河岸的利略（Lillo）新设了一座射程覆盖到对岸的炮台，从而为“乞丐舰队”提供了支援。舰队和炮台一起扼住了安特卫普的贸易咽喉。当地的制造商被切断了海外原材料的供给，被迫转而以高昂的价格走陆路进货和出货，所以变得萎靡不振。由于资本家转移了资金，工匠们要么忍受穷困，要么移居他地。几个月内，整座城市由盛及衰，贫民救济院只能关起大门，以免贫困潦倒的人群涌入。法尔内塞坚信，经济困难是教会和王室为取得胜利而必须付出的代价，他一度感伤地写道 :“世间最难受的事，莫过于看到这群人遭受苦难。”到了 1595 年的年末，在冬季即将到来之际，满载着生活必需品——烹饪锅、床架、椅子和板凳——的马车和货车晃晃悠悠地从城门口离开，向北方和东方进发。整个制造业，尤其是纺织业——生产亚麻布、窗帘布、羊毛制品和挂毯的制造商全都撤离了。雇工和雇主、纺织机和纱管、资本和技术再度聚集在了莱顿、哈勒姆和代尔夫特的运河边上，将这些朴实无华的小镇转变成了小型的经济奇迹。[5]

* 即德鲁翁 · 安蒂冈努斯（Druon Antigonus）。——编注

迁移的路径并不都是单向的。在 1579 至 1581 年逃离了加尔文主义统治的天主教神职人员，积极响应了法尔内塞极具侵略性的反宗教改革号召。而耶稣会修士、多明我会修士和嘉布遣会修士纷纷回到佛兰德和布拉班特，希望之前被洗劫一空的隐修院和女修院依旧存在。大教堂再次座无虚席，座堂圣职团和唱诗班回归就位。大管风琴重新修缮完毕，奏出的浑厚和弦再次响彻教堂中殿。那么，玛利亚 · 鲁本斯在做什么呢？十有八九，她渴念着熟悉的事物：与亲戚相聚桌旁；与老朋友闲谈；圣母大教堂里的晚祷。在度过了那些出于权宜之计苟且偷生的岁月后，她一定受够了那种忍受耻辱、低声下气的生活。她在安特卫普最奢华耀眼的大街——迈尔街 24 号，购置了一所房子，与布兰迪娜（Blandina）、菲利普和彼得 · 保罗一起搬了进去。购买房子的钱是从哪里来的呢？可能有一部分是派伯林克斯家族归还给她的，此外，似乎也很有可能，在科隆的最后几年时间里，由于扬获准恢复了职业和商业
76 活动，鲁本斯一家因罪行而失去的一些财产也得以挽回。即便如此，玛利亚在安特卫普的生活也并不富裕，只是没有在德国时那么捉襟见肘。她在 1606 年立下遗嘱，提及她在回归此地后的那些年里做出的“牺牲”，尤其提到要给她的女儿布兰迪娜提供一笔嫁妆。布兰迪娜在 1590 年 8 月 25 日嫁给了西蒙 · 杜 · 帕克（Simon du Parcq）。结婚时，布兰迪娜二十六岁——当然，按照那时的习俗来看，这个年龄出嫁并不算晚，但却足以让玛利亚感到担忧。她总是提心吊胆，格外留意那些会立刻为鲁本斯一家带来不好名声的流言蜚语。因此给她女儿准备一笔每年可生出 200 弗罗林利息的嫁妆——一笔虽然不多，但绝非不值一提的小钱，对她来说不是坏事。

婚礼完成之后，玛利亚立刻做出了一系列巨大的改变。或许，她分给布兰迪娜的那一部分资产让她现在已别无选择。迈尔街上的房子腾空了；两个男孩，菲利普和彼得 · 保罗，现在被安置在两个值得托付的赞助人那里。菲利普现在十六岁了，勤勉好学，被送往布鲁塞尔，成了让 · 里夏多（Jeann Richardot）手下的一名秘书。而里夏多本人是远近闻名的富人，学识渊博，还是一位枢密院议员，其家庭在反宗教改革运动中的布拉班特地区要多气派就有多气派。菲利普有着远超自身年纪的雄辩口才，因此也成了里夏多的儿

子纪尧姆的家庭教师。彼得·保罗那年才十二岁，一直在罗穆亚尔德斯·韦尔东克（Romualdus Verdonck）的拉丁语学校上学。这座学校坐落于大教堂的庭院中，是法尔内塞为培养有文学修养的教士而创立的五所学院之一。这些学校培育出的教士需服从教会教义，并具备修辞技能，以便击败诡辩家、自由主义者，以及必要时应付那些厚颜无耻的异教徒。但这一点并没有成为决定这个男孩未来职业的必然要素。他需要接受严格的语法和修辞学训练，从而熟练掌握每日必读的希腊文和拉丁文文本，此外还要研究《圣经》以及论述虔诚和冥想的书籍，这些能帮助他将来在宫廷、账房或者告解室找到一份好工作。玛利亚极有可能觉得，如果扬还活着（他一定在德国时就开始了对这两个儿子的教育），他肯定会赞成给孩子这样的教育。拉丁语学校会让学生们坐在一张张破败的长椅上，听取有关普鲁塔克（Plutarch）、西塞罗和塔西佗（Tacitus）作品的大量课程，是安特卫普下一代天主教人文贵族的摇篮。

现在，他的哥哥被送往了布鲁塞尔，姐姐已经嫁人，母亲则搬去了更朴实、更适合主妇居住的克洛斯特街（Kloosterstraat），那里靠近大教堂，十分舒适。那么，这位早慧的男孩要做些什么呢？彼得·保罗相对同龄人而言个子较高，顶着一头乌黑卷曲的头发，这张脸因一对透着灵气的大眼睛而显得极有活力，又因饱满、红润的双唇而变得柔和，这些特质势必让他透出从容的优雅和谦恭的魅力。这一切将在几年之后让他遇见的赞助人、高级教士和亲王为之心融。他是那种只要出现，大部分人都忍不住要露出微笑的人——而且这种微笑并非出于讽刺或者屈尊，而是出于友善的共鸣。1590年时，这种不自觉流露出的亲和力，似乎是当侍臣的完美品质。于是，彼得·保罗被
派往安特卫普西南方30英里之外，位于潮湿多草的佛兰德平原的奥德纳尔 77
德市（Oudenaarde），去那里给拉兰伯爵夫人玛格丽特·德·利涅（Marguerite de Ligne, Countess of Lalaing）装饰她的小宫廷。伯爵像许多养奶牛、住城堡的贵族一样，拥有一长串头衔、领地、财产和官职，他于1583年去世，留下了两个女儿和一座位于奥德纳尔德市的豪华府邸，名为伊斯科奈克斯府（d'Escornaix），他的遗孀待在这座府邸的时间越来越多。几乎可以确定的是，这位伯爵夫人听人说起过现今的安特卫普人已不再提起的那桩可怕丑闻，因

为十九年前，她有一位亲戚（另一个拉兰家的人，丧夫的霍赫斯特拉滕伯爵夫人）是第一批在1571年绝望的四旬节期间，去玛利亚位于科隆的房子里拜访和安慰她的人之一。现在，这个职位似乎非常适合玛利亚·鲁本斯的儿子，他会成为一个极为迷人且完美的小听差。

自17世纪写作《传记》(*Vita*)的作者起，传记作家都倾向于认为彼得·保罗一定很讨厌这项工作。鲁本斯终其一生都在大肆抱怨套在侍臣身上的"金项链"。即便在他自己佩戴着"金项链"时，他依旧会这样抱怨。在奥德纳尔德市的经历并非完全是在浪费时间。尼德兰的小宫廷，尤其是乡村城镇里的那些，依旧有着这个国家被勃艮第家族——中世纪后期礼仪的制定者——统治的一个世纪里留下来的精致的盾形纹章和仪式。作为一个听差或侍从，鲁本斯确实需要侍奉各位女主人，需要优雅地展现用裤袜完美覆盖的腿，外套和上衣要穿到刚好位于剑柄上方的位置；需要紧紧跟随猎鹰者和猎犬；狩猎兔子时，要表现得充满活力；跳沃尔塔舞时，要不喘不吁；合唱牧歌时，要保持清醒。对于一个脑子里装着诗人维吉尔（Virgil）的男孩来说，有些仪式确实会让他感到煎熬。在伊斯科奈克斯府内，有些地方或许激起了他早期对历史的渴望：家族小教堂里拉兰家族的祖坟，散发着忏悔和涤罪的气息；那些或站着，或单膝跪着的先人石像，身上穿戴着长袍或十字军的锁子甲和头盔，双手紧紧合十祈祷。尽管鲁本斯自己创作的服饰画集要在很久之后才能完成（其中的木刻版画取材自作古已久的伯爵和伯爵夫人的墓葬雕像），但他或许在那时就已经知道了历代先人的穿衣风格。或许正是在墓穴阴森的静谧之中，他尝试完成了最早的素描？

或者说更早？

一晃许多年过去。1627年，鲁本斯五十五岁，已成为欧洲人心中"画家中的王子和王子中的画家"，他坐在一艘往来于乌得勒支和阿姆斯特丹的牵引驳船上。在此番造访荷兰共和国期间，他的东道主赫里特·凡·洪特霍斯特得了一场病，于是将照料鲁本斯这件令人紧张的任务委派给了年轻的学徒约阿希姆·冯·桑德拉特（Joachim von Sandrart），他出自一个从瓦隆迁徙过来的加尔文派家庭。鲁本斯说，桑德拉特听。桑德拉特在后来关于艺术家的论著

《德意志学院》（*Teutsche Akademie*）中谈起了这段往事。[6] 鲁本斯说，他年轻
时，一直热衷于临摹汉斯 · 霍尔拜因和瑞士艺术家托比亚斯 · 施蒂默（Tobias 78
Stimmer）的小型木刻版画。鲁本斯在晚年时，依旧在临摹施蒂默的《圣经》场景画中的人物，比如被逐出伊甸园的亚当，因畏惧驱赶的大天使，单膝下跪；而在另一幅素描中，一个虚弱的人仰躺在地上，被一条条放肆的蛇压着，手脚不断挣扎。[7] 不过，更有可能的是，在他年纪尚小的时候，施蒂默画作中的叙事力量首次唤起了他的视觉想象力。并且，这一切很有可能发生在他们一家回到安特卫普之前，因为施蒂默除了是个多产的插画家之外，也是一个激烈抨击教皇和罗马教会的讽刺作家。因此，鲁本斯不大可能是在韦尔东克的学校里看到这些木刻作品的，毕竟这种学校是作为宗教统一的堡垒而建立的。施蒂默的《〈圣经〉历史中的全新人物形象》（*Neue künstlicher Figuren biblischer Historien*）于 1576 年在巴塞尔首次出版，这正是一本新教徒的标准教科书，是那种扬 · 鲁本斯在科隆公开声明自己是路德宗教徒时，可以安全地将其交给孩子们阅读的书。

当然，也有可能，玛利亚在回到安特卫普时，身边就带着这本巴塞尔版《圣经》画本。无论彼得 · 保罗是在什么时候拿起笔或铅笔，开始临摹施蒂默那阴沉、浓厚的阴影线的，这种木刻画肯定给他留下了深刻的印象，而且这么说是合情合理的。这些小型画以神话或者《圣经》中的标志性次要人物为依托，配以经文里的诗句以及论述其对于基督教传统的重要性的布道文，实乃将戏剧性高度浓缩的奇观。施蒂默最别出心裁的地方在于，他用这种小型版式，打开了一块宽阔的景观空间，并以这个空间为背景，部署了雕塑般刻出来的大型人像，这些人像或扭动身体，或向下坠落，摆出各种姿态。比如，在由嶙峋的山丘、草原和花朵组成的田园风光中，该隐披着兽皮，像条顿野人那样站着。他的头发因发狂而竖起，肩上扛着一根和大力神的武器一样结实的大棒，怒视着遭他谋杀的弟弟亚伯纤弱的躯体。在另一幅惊人的即兴作品中，施蒂默从后背视角刻画了正要被献祭的男孩以撒，他的脚底、光秃秃的脖子、肩膀和背部，无助地暴露在惨白、刮风的天空下，鸟群盘旋在摩利亚山（Mount Moriah）的山顶。风将他的头发刮向一边，这个跪在祭祀之火

托比亚斯·施蒂默，《该隐和亚伯》。木刻版画，选自《〈圣经〉历史中的全新人物形象》（巴塞尔，1576 年）。纽约，哥伦比亚大学，埃弗里图书馆

托比亚斯·施蒂默，《献祭以撒》。木刻版画，选自《〈圣经〉历史中的全新人物形象》（巴塞尔，1576 年）。纽约，哥伦比亚大学，埃弗里图书馆

前的男孩顺从着，一动不动，丝毫没有察觉到一个天使突然到来，一把抓住了他父亲亚伯拉罕举起的剑刃，也没有察觉到在这幅版画左前景空间里各种黑暗形态的纠缠。

宽阔空间里巨大而生动的人物形象；强烈扭曲的躯干和四肢，在空中扭动和摸索；人群富有律动性的和谐布局；用清晰的光辉或柔和的阴影，达到富有表现力的光影效果；像画家一样处理线条的方法——施蒂默的许多技巧，都成为鲁本斯自己经常使用的艺术技巧，让人很难不觉得，就是施蒂默（或许还包括霍尔拜因）给他带来了启蒙。这位瑞士艺术家能够在柔软的木块上恣意地塑造长袍的褶皱、狮子的鬃毛、鲸的嘴、天使翅膀上的羽毛，木
79 块上被划出一根根线条，梨花木屑在他的凿子前卷起——材料极简，成果极丰——这难道不正是一个拥有一把削刀和自信的画笔与钢笔的天才小男孩感触最深的东西吗？

所以，是不是某张潇洒勾勒的素描图，让他的母亲坚信，相比施展混迹宫廷的手段，彼得·保罗更适合从事艺术呢？因为，过了不到六个月，她就把他从奥德纳尔德市的伯爵夫人身边带走了，并且大约在 1591 年年末，将他送到了安特卫普的大师托比亚斯·维尔哈希特（Tobias Verhaecht）那里当起了学徒，这位大师主要以风格主义的人物风景画而为人所知。维尔哈希特绝对不是圣路加公会（Guild of St. Luke）里的突出人物。但是，玛利亚那时依旧不确定如何为她的小儿子做安排最好，对于她来说，比起维尔哈希特平平无奇的才能和名声，更重要的是他是自家人：他娶了扬·鲁本斯的继父兰特米特尔的孙女。他去过意大利（扬肯定会赞成的），有可能是与小彼得·勃鲁盖尔一同前往；也曾在佛罗伦萨画过画，在那里，佛兰德人（the fiamminghi）的作品，尤其是他们创作的乡村场景画，长久以来一直十分受欢迎。现在，他带起了学徒，就目前来说，他的资历已足够了。

维尔哈希特的见多识广和亲缘关系，或许可以让玛利亚在某种程度上放宽心，他把彼得·保罗这个原本注定要从事法律工作或去教会工作的贵族子弟收为弟子，并培养他成为一位画家，并不会让这孩子失去贵族的地位。她或许没有这么容易被说服。大多数佛兰德画家（尽管并非全部）要么出自艺术世家，要么出身贫寒。圣路加公会说到底依旧具有行会的属性，金匠、银 80
匠、釉工和画家都属于其成员。“画家”（schilder）一词的词源暗指中世纪骑士的“盾上绘画”（shield-painting），彰显出这项技艺谦逊的一面。老一代人当中，有些著名画家之所以闻名天下，凭借的不仅仅是作画的技艺。他们当中的佼佼者弗兰斯·弗洛里斯的神圣历史题材画作，就挂在安特卫普大教堂里，但他也是一名臭名昭著、屡教不改的酒鬼。据卡雷尔·凡·曼德尔记载，他私下里喜欢吹嘘自己能把对手喝趴下，还曾宣称自己在向同席的安特卫普服饰商公会的三十名成员敬了两轮酒之后，依旧站立不倒。“甚至，在喝得半醉或全醉的情况下回到家里时，”凡·曼德尔难掩羡慕之情，如是写道，“还能拿起笔刷，创作大量作品。”[8] 杰罗姆·威尔瑞克斯（Jerome Wierix），当时最多产的圣人和圣典画家，他的故事甚至更为恶劣。1578 年的一场狂欢中，威尔瑞克斯表现得异常放纵，他举起一把锡制啤酒壶，朝酒馆老板娘的头上砸去，结果将她杀了。他的朋友们花了一年的时间才把他从监狱里解救出来，条件是，他必须悔罪并赔偿，支付遇害者家人一大笔现金。

玛利亚·鲁本斯可不愿他的小儿子与这样的人为伍。但她的家人和周围的朋友认识许多完全不同的艺术家，因此她坚信彼得·保罗会立志成为优雅的典范：博学的画师（pictor doctus）。况且，时机刚刚好。一整代老一辈的艺术家都已过世。伟大的老彼得·勃鲁盖尔于 1569 年去世；弗兰斯·弗洛里斯一年后去世；米希尔·科克西（Michiel Coxcie）从脚手架上失足摔下身亡，那时他已九十岁高龄，按说不该爬上新市政大厅的脚手架的。战争和宗教迫害产生的暴动带来了进一步的人才损失。风景画家汉斯·波尔（Hans Bol）离开了安特卫普，正如卡雷尔·凡·曼德尔所说，“是因为憎恨艺术的恶毒战神造成的骚乱”。此外，与波尔一起前往荷兰省的，还有他一个非常有才华的学生雅各布·萨弗里（Jacob Savery）及其弟弟鲁兰特·萨弗里（Roelant Savery），两人都是再洗礼派信徒。卢卡斯·德·黑尔（Lucas de Heere）前往英格兰，成为伊丽莎白一世抵抗西班牙天主教圣战的宣传员。

当时，教会迫切希望修缮因 1566 年和 1581 年的两次圣像破坏运动带来的损坏，而佛兰德和布拉班特却苦于无创造性人才可用。再者说，1563 年召开的上一次特伦特大公会议下达了有关宗教绘画的规定，这样艺术家就需要态度虔诚、技艺精湛，能仔细分辨出可画和不可画的主题之间的微妙区别，同时又不能对虔诚的力量有丝毫损伤。一般的经验法则是，历史上可见的场景（登山宝训、耶稣受洗和受难）是合法的主题，而那些不可言说的主题（天父上帝的容貌）则是不合法的。奇迹和经外书中的可疑奇观处理起来需格外
81 小心。而这种从奇迹中谨慎鉴别出寓言的做法，不应该以损害反宗教改革的核心使命为代价：通过能够唤起信徒最深情感的充满戏剧感的圣像，来维持信徒的拥护（并救赎怀疑者和异教徒）。如此一来，当时需要的其实是神学上有造诣的剧作家，半是学者、半是诗人的画家。

16 世纪 90 年代，符合这些要求的典范似乎已快绝迹，哪怕是只具备一丁点所需品质的人也抓住了这个好机会。比如，马滕·德·福斯（Marten de Vos）就是靠填补文化真空而成就一番事业的。在阿尔瓦实施恐怖政策期间，

他曾担任圣路加公会会长；而在16世纪70年代后期，奥兰治的威廉突然回归之后，他立刻改信新教；到了16世纪80年代早期，他成了加尔文派贵族最喜欢的一名画家；随后在法尔内塞下达最后通牒，将选择缩减到要么服从、要么流放之后，他通过悔过，重新回到天主教的怀抱。这种无耻的实用主义信仰给他带来了金钱和荣誉。他可以靠承接历史画、肖像画和书籍插图的委托过活。1594年，德·福斯得到了一项极好的工作：为西班牙派来的尼德兰新统治者——厄内斯特大公（Archduke Ernst）——在安特卫普的入城庆典设计临时建筑。

马滕·德·福斯的巨大成功，或许给了玛利亚·鲁本斯启示，她的儿子也许确实可以拥有一份辉煌的职业，给教会和国家创作作品。显然，德·福斯的名声，至少部分是建立在人们认为他是一位出色的意大利画派画家的基础上的。他确实到过意大利，据说还在丁托列托（Tintoretto）本人门下学习过。而且，德·福斯创作过的一些宏大的历史画，诸如《圣母子迎接十字架》（*The Virgin and Child Welcoming the Cross*）的确展现出了某种鲜活，甚至几乎过于饱和的色彩，画面中全是炽烈的红色和烟雾般的黑色，而且有着新颖而多变的运动感，这些都是那位威尼斯大师的画作风格。托比亚斯·维尔哈希特的能力还远远无法为他的学徒画家提供足够的指导，从而使鲁本斯有机会进入德·福斯那样的环境工作。表面看来，鲁本斯的第二位老师亚当·凡·诺尔特（Adam van Noort），无法给他的前途带来多少改善。凡·诺尔特和德·福斯一样，也是一个为求一己之便，从路德宗改宗为天主教的人。正是出于这个原因，他可能与这些年来信仰摇摆不定的整个阶层（尤其是鲁本斯一家）有直接的联系。在玛利亚和她的两个儿子回到这座城市的前一年，凡·诺尔特迎娶了安特卫普最著名的新教家族努伊茨（Nuyts）家族的女儿。然而，为了响应法尔内塞的最后通牒，他俩将婚礼安排在安特卫普大教堂里，依照最严格的天主教仪式隆重举行。无论如何，亚当·凡·诺尔特此后成为反宗教改革的最坚实支持者之一，由此和德·福斯一样获得了奖励，得以参与筹备1594年的胜利入城庆典。

不过，这些似乎都不足以替代富有启迪的指导，而这种指导显然是诺尔

82 特的画室和维尔哈希特的画室无法给予的。鲁本斯现在十四或十五岁了，他已经通过观看意大利最伟大的大师们的版画复制品，意识到他的佛兰德老师对大师风格的模仿有多笨拙。如果他要自己找到第三位老师，在其门下完成自己的学徒期，那么所选之人必须在传达意大利古典主义庄重的创作原则方面，要比维尔哈希特和凡·诺尔特有着更为可靠的资历。

1592 年的年底，就在玛利亚和他的儿子正在寻找老师的时候，符合这一要求的人抵达了安特卫普。奥托·凡·维恩（Otto van Veen）是一名宫廷画家，其名气不亚于亚历山德罗·法尔内塞本人，他为总督画肖像，并因此获得了除本职之外另一个暧昧不明的职务：*首席工程师*（ingénieur-en-chef）。他与维尔哈希特、凡·诺尔特完全不是一类人，也与马滕·德·福斯不同路。他有贵族血统，接受的是古典主义的教育，为人彬彬有礼，志向高远。人文主义者、地理学家亚伯拉罕·奥特留斯（Abraham Ortelius，他曾写过一篇论艺术的论文）曾在凡·维恩的*友人图册*（album amicorum）上出于友谊而夸张地写道，奥托就像被普林尼称赞为绘画和文学双料奇才的潘菲卢斯（Pamphilus）一样，“是我们的世界里，集文学和艺术于一身的第一人”。但是，在 16 世纪后期的尼德兰，凡·维恩毫无疑问是一个文化异类，而这恰恰也意味着，他是鲁本斯一直以来在寻找的那类人，“博学的画师”的典范。

奥托的家世发轫于其先人。他的父亲科内利斯和扬·鲁本斯一样，也是一名博学的律师和治安官。他自称布拉班特公爵的私生子的后代，尽管他们一家似乎在某个时候定居在了泽乡泽兰省。科内利斯·凡·维恩在莱顿长大，到了 1565 年，宗教斗争如海上的风暴一样席卷了那里，他在那时成了市长，全家人都住进圣彼得教堂大街上一座气派的房子里，彰显了他的财力和地位。不过，科内利斯与许多同时代的人不同，他绝不妥协，不顾一切地忠于他的教派和国王（哪怕他十个孩子中，一个叫作西蒙的儿子决定皈依加尔文派，他依旧忠心不二）。当阿尔瓦的军队将莱顿围了起来，那里的居民奋起反抗罗马教会和西班牙国王时，科内利斯·凡·维恩发现那里待不下去了。那年 10 月，他离开了莱顿，去了安特卫普，据猜测，他离开得有些仓促。不过，有可能那时当权的天主教守旧势力与其敌对势力一样不受欢迎，因为到了 1573

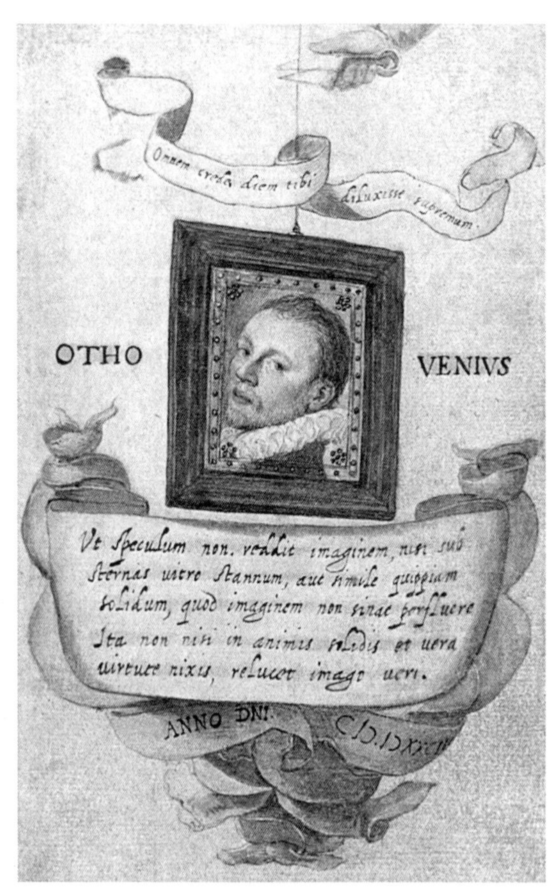

奥托·凡·维恩，《自画像》，1584 年。素描，选自《友人图册》。布鲁塞尔，比利时皇家图书馆

年的 2 月，他申请了护照，佯装要去亚琛，但实际上举家前往了列日，那里是亲王主教赫拉德 · 德 · 格罗斯贝克（Gerard de Groesbeeck）的管辖之地。时年十二岁的奥托即将在这里接受大部分教育，并成为诗人画家多米尼克斯 · 兰普森尼厄斯（Dominicus Lampsonius）的门徒。

接受过兰普森尼厄斯的教导非常重要。作为一名画家，兰普森尼厄斯名不见经传；但作为一名作家，一名写出了北方艺术家传记的作家，以及北方艺术独立尊严的坚定倡导者，他具有难以估量的影响力。[9] 他曾在罗马跟随费德里科 · 祖卡洛（Federico Zuccaro）学习，在回到欧洲北部后，与年老的提 83
香通过信。然而，佛罗伦萨作家乔尔乔 · 瓦萨里在《艺苑名人传》（*Lives of the Artists*）的 1550 年版和 1560 年版中，将北方艺术家一笔带过，只轻蔑地称他们为“佛兰德各式各样的模仿者（artifici）”，这激起了兰普森尼厄斯的愤怒，由此他发现了自己毕生的宣传使命：维护尼德兰艺术的价值和特点。瓦萨里的傲慢，让人想起了弗朗切斯科·德·霍兰达（Francesco de Holanda）援引自米开朗琪罗的那番话，即佛兰德绘画主要关注“外部的精准性……他们画日常用品和石艺，画田野中的绿草，画树的阴影，画河流和桥梁，并把这些称为风景画……这一切，尽管能够取悦一些人，但却没有理性和艺术感，没有对称和比例，没有熟练的技巧和大胆的尝试，最终，既缺乏实质，也没有洞察力”[10]。兰普森尼厄斯在北方画家传记《肖像》（*Effigies*）中转守为攻，驳斥了那种认为只有历史画才真正重要，而风景画仅是充数的乡巴佬作品的傲慢臆说。他争辩说，如此僵化的分类或许非常适合执迷于古典主义传统的意大利人，但是会导致学究式的枯燥无味，从而使艺术丧失自然性，而尼德兰人更热衷于捕捉活动形体的鲜活感，所以更能呈现这种自然性。这些被瓦萨里和米开朗琪罗视为微不足道的体裁——风景画和肖像画，这些在意大利人看来不需要真正的画家技艺，仅需要纯粹的模仿技能的体裁，恰恰是兰普森尼厄斯坚持认为尼德兰人最引以为傲的东西。他最热情赞美的那些艺术家——赫里·梅特·德·布雷斯（Herri met de Bles）、约阿希姆·帕特尼尔（Joachim Patenir）、希利斯·凡·科宁克斯洛（Gillis van Coninxloo）——恰恰体现了这些技能。

兰普森尼厄斯秉着同一种精神，试图将这种遗世独立的尼德兰传统与威尼斯画派对色彩的狂热结合起来，因为色彩能在塑造形体中起到非常积极的作用。在提香富有革命意义的创作手法中，上述特点相当于直接反驳了佛罗伦萨画派和罗马画派的主张。在这两个画派看来，*素描*（disegno）展现的是真正的艺术作品背后的塑造理念，即作品中的*神迹*（dio-segno）。

因此，曾在兰普森尼厄斯身边学习的奥托·凡·维恩，不可能没有受到过南北两派相互比较、相互竞争的意识影响。他最终是想加入意在改进北方艺术，使其更具意大利特色的阵营，还是宁愿跟随他的老师，肯定尼德兰画派的独特品质，那时尚未可知。无论他怎么选，只有去了意大利，他才能发
84 现他要面对的是什么。1575 年，凡·维恩去了罗马，随身带着列日亲王主教

写给枢机主教克里斯托福罗·马德鲁佐（Cristoforo Madruzzo）的一封介绍信，这封信能确保他进入罗马人文主义贵族的顶层圈子。在古代智慧以及米开朗琪罗和拉斐尔的崇高作品中浸润了五年之后，奥托·凡·维恩再度出现时，已彻底被改造成了天才“维尼乌斯”（Vaenius）：在艺术和文学上均有建树的大师，能流利地讲多种语言，是文明与典雅的化身，但在根基上依旧没有脱离北方。“维尼乌斯”现在获得了梦寐以求的工作。他从罗马到了布拉格，在皇帝鲁道夫二世（Rudolf Ⅱ）自诩讲究哲学的宫廷里工作了一段时间，然后去了慕尼黑，进入巴伐利亚的厄内斯特大公的宫廷。由于这位亲王同时也是科隆的选帝侯，所以很可能凡·维恩在鲁本斯的童年早期就待在科隆。

到了1583年年末和1584年年初的时候，奥托·凡·维恩回到了出生地莱顿。尽管这座城市现在清一色的都是加尔文派教徒，但他的父母在这之前——大概早在1576年时——就已决定搬回位于圣彼得教堂大街上的那所大房子以度晚年，他们信奉新教的孩子们设法保住了这所房子。不过就像许多别的家庭一样，凡·维恩一家在战火分裂了尼德兰的国土时，也因信仰的不同而分了家，散居各处。信奉加尔文派的西蒙生活在海牙；当雕刻师的兄长海斯贝特（Gijsbert，在奥托画的全家福中，他手上拿着一块素描木板）依旧信奉天主教，且依旧是安特卫普的公民。至于姐妹们，阿加莎（Agatha）和玛利亚（Maria）搬去了北方，嫁了人，定居在哈勒姆，而阿尔德冈达（Aldegonda）则待在信奉天主教的布拉班特。可以想象，他们一家人当时齐聚在莱顿的老家，让奥托画这张全家福，但也完全有可能他是按照各个成员的素描画凑成一幅全家福的。

这幅画最为直接地展现出凡·维恩想象中的双重身份：意大利风格为表，尼德兰风格为里。在这幅画的中央，那个穿着华丽丝质衣服的人就是奥托本人，与穿着朴素的加尔文派兄弟西蒙形成了鲜明的对比。奥托全然是一位见识广博的绅士艺术家，一头沙色头发剪得十分整洁，留着紧贴下巴的“马奇塞托胡”（marquisetto）*；穿着粉红色的时髦紧身上衣；那只精致、优雅的手上托着一块调色板。烫金的皮质帷幔装点着阖家团聚的房子，帷幔上有一只松

* 16世纪中叶到17世纪风靡于欧洲的一种胡须样式，胡子修剪得整洁而光滑，紧贴下巴。——译注

奥托·凡·维恩，《与家人一起的艺术家自画像》，1584 年。布面油画，176 厘米 ×250 厘米。巴黎，卢浮宫美术馆

鼠正直勾勾地盯着前方。奥托就像这只松鼠一样，正在变成一个敏捷的攀高枝者：圆滑、目光敏锐、贪得无厌。画中将几代人笨拙地挤在一起，为了将全家人都画进去，牺牲了本该有的绘画景深，说明它只可能是在尼德兰完成的。它显然是一幅旅行者回家之后的画作。

不过，他不会待在家里。他在莱顿完成了友人图册。表面上，这是一本展现朋友间私下寒暄、记录箴言的集子，但时常用作推荐书来展示，里面全是那些人文主义知识分子、哲学家、神学家和地理学家中地位最高、权威最重之人的签名，天主教徒和新教徒都有。是时候让这份毫无瑕疵的履历发挥
85 作用了。奥托回到了南方，迅速在布鲁塞尔成了法尔内塞手下的宫廷画家，并迅速画出了他的首幅重要的祭坛画。《圣凯瑟琳的神秘婚礼》（*The Mystic Marriage of St. Catherine*）这幅画，用一种直接借鉴自博洛尼亚画派，尤其是借鉴于柯勒乔的画风绘制而成。1593 年，他重新在安特卫普定居下来，注册

成为圣路加公会的一名画师，随后两项重要的任务迅速降临到他身上：一项是为圣安德烈教堂绘制《圣安德烈殉道》（*The Martyrdom of St. Andrew*），另一项是为圣礼小教堂作画。两项任务都采用了冷酷庄严和略带沉重感的风格，意在表现出博洛尼亚画派的特点以及高雅的罗马画派风格。1597 年，安特卫普的市议会委托凡·维恩为一幅挂毯准备画样，用以庆祝哈布斯堡王室的阿尔伯特大公取得胜利。这位大公很快就会接任厄内斯特的职务，成为尼德兰地区的联合摄政。奥托的画室里到处都是学徒忙碌的身影，他的委托书上写满了任务；他与玛利亚·鲁茨（Maria Loots）的联姻，让他攀上了这座城市最显赫的家族之一。

16 世纪 90 年代中期，除了奥托·凡·维恩之外，很难想象彼得·保罗·鲁本斯还能追随哪位更为杰出的典范。他是博学的画师，虔诚且富有诗意，既具有绘画才能，又不乏哲学修养。就如同兰普森尼厄斯会教导奥托·凡·维恩去学习意大利大师，但不要盲目地模仿他们一样，鲁本斯也被鼓励走一样的路线。作为一个学徒，他毕恭毕敬地遵从着老师的训导，期待得到赞扬，这导致他没有彰显出自己的绘画风格，反倒压抑了个性。所以，如果想从他佛兰德–意大利风格的学徒生涯中瞥见崭露头角的鲁本斯特质，势必会感到沮丧。[11] 因此，鲁本斯于 16 世纪 90 年代创作的几乎一切画作必然都是“三手”
作品，它们要么经由凡·维恩的指导，别扭地将罗马风格和佛兰德风格综合 86
在一起，要么就是基于意大利画的复制版画创作的。马尔坎托尼奥·雷蒙迪（Marcantonio Raimondi）的版画，以及佛兰德画家科内利斯·柯特（Cornelis Cort）仿效拉斐尔或者米开朗琪罗的作品创作的版画，在尼德兰广为流传。依据它们来制作基于意大利原作（尤其是原版草图）的绘画并不丢人。其实，兰普森尼厄斯曾将柯特这样的尼德兰雕版画家单拎出来，称赞他们并非对原作进行盲目复制的人，而是真正的再阐释者。[12] 同样，鲁本斯在以那些受公众认可的雕版画为基础绘制油画时，或许应该将自己身上北方人的敏感注入其
中。这就是所有潜在的新手画家被鼓励去践行的“仿效”（emulatio）原则： 87
在仿效大师的画作时，加入一点点自己的风格。

鲁本斯,《人的堕落》,早于 1600 年。木板油画,180.3 厘米 ×158.8 厘米。安特卫普,鲁本斯故居

鲁本斯的“仿效”性最为明显地体现在《人的堕落》(*The Fall of Man*)* 中,他仿效的是马尔坎托尼奥·雷蒙迪根据拉斐尔的设计创作的同名雕版画。

* 现一般称《亚当与夏娃》。——编注

鲁本斯严密地模仿了拉斐尔的构图。不过，他在作品中加入了一些元素，这些元素恰恰出自被广泛认为是尼德兰人拿手好戏的体裁：风景画和肖像画。看上去就好像他阅读了不少兰普森尼厄斯的作品。鲁本斯没有采用简要勾勒且高度风格化的伊甸园，而是绘制了一座真正的天堂花园，有着通常象征多育多产的兔子，以及丰富的植物和鸟类生物，这些都直接来源于佛兰德人对自然史的热爱。毕竟，据达·芬奇等画家所说，描绘生机盎然的大自然（natura naturans）可以展现艺术家近乎神的创造力。

同样，虽然鲁本斯或许知道丢勒对亚当（望楼的阿波罗像）和夏娃（古典维纳斯像）的完美比例的定义，但他画笔下的亚当和夏娃这两个即将堕落的罪人，却并不那么有雕像感，而是更具有丰腴的肉体感。马尔坎托尼奥·雷蒙迪的雕版作品中的夏娃似乎直接取材于古典浮雕作品，但在鲁本斯的画作中，夏娃的身形显得丰满而柔和，她的嘴唇是具有诱惑性的苹果红，仿佛是被她手中紧挨着嘴的水果映照出来的，这与她冷白色的皮肤形成了鲜明的对比。她倚着知善恶树，一只手缠在树上，仿佛她即将陷入的堕落之罪化作了蛇形将她缠绕住。亚当头部的改变更为明显：他脸上富有男子气概的大量胡须以及红润的脸色，将拉斐尔的雕像转变成了鲜活的造物；他伸出的手掌上没有托着苹果，而是露出年龄和欲望的纹路，不祥地指向那条蛇。鲁本斯在这里留下了什么样的个人标记呢？他涂抹在亚当耳朵里、眼睑上和下嘴唇上的鲜红色泽，他给亚当设计的略微隆起的肚子、肌肉发达的双手和躯干——他用一种令人信服的、具有肉体感的肖像画替代了原雕版画中装饰性的风格。

1598 年，鲁本斯在安特卫普的圣路加公会注册成为一名独立的画师，此举标志着二十一岁的他可以招收学徒了。德奥达特·德尔·蒙特（Deodate del Monte），这位有着迷人的意大利名字的银匠之子，成了鲁本斯的第一个门徒，仅仅比新拜的老师年轻五岁。尽管彼得·保罗已经是一个被官方认可的画师，但他还不是一个具有说服力的独立艺术家，此时的他或许还要与奥托·凡·维恩再合作两年。他天赋异禀，前途无量，充满期待，有点像他 1597 年在一块
铜板上绘制的不知名男子，当时他在这幅画的背面刻上了自己的名字。这幅 88
肖像具有珠宝般的光泽，几乎像是细密画画家的手法，充满了生动的细节：

鲁本斯,《男子肖像》,1597 年。铜板油画,21.6 厘米 ×14.6 厘米。纽约,大都会艺术博物馆

上翘的唇须末端,鼻梁和鼻尖上微微发亮的高光,都透出细致入微的笔法,令人愉悦。画作顶部的题字告诉我们,画中男子二十六岁,比鲁本斯大五岁。通常,他被描述为一个"地理学家",这种假设基于他右手拿着一把三角尺,很可能是他从事的职业的工具。但这个年轻人的左手抓着一个合上的怀表盒,这是对生命短暂的一种暗示。那个时代的人热爱象征物。所以,这一对物件也许是在暗示,生命短暂,我们应中规中矩。这是这位艺术家,以及画中的这位模特,此刻深切感受到的,因为他在画中人狡黠的脸上画出了一种难以捕捉的介于镇定和谨慎之间的表情。

2. 在朱利欧的阴影中?

当游行成了一个国家最擅长的事务时,这通常不是一个好兆头。近四分之一个世纪的宗教战争,让佛兰德、布拉班特和埃诺(Hainaut)的城市千疮百孔，满目疮痍。昔日兴旺的人口大多已经消失，再也无法重现1550年的辉煌。1599年，阿尔伯特大公和伊莎贝拉女大公（两人共同被授予这个头衔）正式上任成为尼德兰的联合摄政，布鲁塞尔和安特卫普不遗余力地为他们举办了胜利入城仪式。繁荣依旧存在于市民的记忆中。只待出现一个举行典礼的契机，各个行会就会从箱子里拿出最华丽的衣服，擦亮银质的小号。镀金工、刺绣工、木匠，当然还有艺术家（其中最著名的当属奥托·凡·维恩）受命为入城仪式（pompa introitus）建造一座临时的建筑。这是一个天赐良机。安特卫普城里搭起了拱门、门廊、台阶、亭子和华盖，迎接大公夫妇的到来。海豚、巨人、神灵和龙用来颂扬阿尔伯特骁勇的力量、对教会的忠诚和战无不胜的功绩。打扮成圣母和水仙女的人热情歌颂着他的新娘。

公众的热情并非都是当地官方安排的。大公夫妇此次不是以征服者，而是以统治者的身份，大张旗鼓地进驻尼德兰，而那位不久于人世的腓力二世，则在背后精心策划了这场表演。历经二十余年艰苦卓绝但毫无结果的战事，叛乱的北方新教省份依旧没有屈服。现在，腓力的责任是确保“顺从”的南方省份能保持原样。在阿尔伯特身上，腓力发现这位哈布斯堡亲王似乎结合了虔诚之心和尚武之力。他年纪轻轻就当上了枢机主教和大主教。在青年时 89
期（在严厉的阿尔瓦的教导下），他已经证明了自己能够成为一名可靠的战场指挥官，并且成功指挥了两次围攻战。有了这些，腓力国王还能再要求什么呢？1598年，阿尔伯特被任命为尼德兰总督，随后迅速与腓力最心爱的女儿伊莎贝拉·克拉拉·欧亨尼娅（Isabella Clara Eugenia）结婚。作为婚约的一部分，腓力将尼德兰的统治权授予了这对夫妇。显然，此举让大公夫妇获得自尼德兰陷入危机以来，任何一位统治者都不曾拥有过的高度自治权。夫妇两人可以颁布自定的法律，铸造自己的货币，任命和接见大使，仿佛他们就是一个主权国的统治者。阿尔伯特甚至承诺要重新召集长期解散的联省议会。事不宜迟，他开始给乌得勒支同盟各省送去外交提案，提议承认莫里斯（威廉和安娜之子，凭一己之力成了一个令人闻风丧胆的军事领袖）作为北方五省的执政，并承认北部新教和南部天主教分而治之的事实，作为乌得勒支同盟正式承认哈布斯堡王朝宗主地位的回馈。在这场精心策划的放权大戏背后

（荷兰人看得一清二楚），西班牙借助长矛和火药，依旧牢牢掌控着尼德兰南方。在腓力二世驾崩之前，他明确交代，如果阿尔伯特和伊莎贝拉没有子嗣，那么西班牙王室将保有再次兼并尼德兰的权利。他们的执行力受到西班牙守备部队的保障，而这些部队的指挥官宣誓效忠的对象不是布鲁塞尔，而是马德里的王权。

但是，阿尔伯特和伊莎贝拉上演的这出亲民戏令人陶醉，人们发自肺腑地为安特卫普迎来了崭新的局面而兴高采烈。这是尼德兰这一代人首次举办如此盛大的庆典，吸引了来自全欧洲的游客。此般盛况只在久远的过去才有。1599 年的夏末，阿尔伯特大公的姑表弟文琴佐一世 · 贡扎加（Vincenzo I Gonzaga）也来到了这里。这位曼托瓦公爵（Duke of Mantua）之所以现身佛兰德，至少部分原因在于他想去斯帕（Spa）的温泉疗养。

文琴佐需要好好疗养一番。1582 年，还是公爵领地继承人的他，一刀捅死了一名苏格兰学者——詹姆斯 · 克赖顿（James Crichton）。这名学者千不该，万不该，不该偏偏成了古列尔莫公爵（Duke Guglielmo）的宫廷宠臣。几年之后，文琴佐成了文艺复兴时期一场更为罕见的司法诉讼的传唤对象。他那位愤愤不平的前妻起诉了他，声称他俩新婚时无法圆房是因为新郎的缺陷，而非如文琴佐所称的是新娘的过失。于是他被要求当着教皇核准的委员会的面，在一名挑选出的处女身上展现男子的性能力。文琴佐背负着命案的恶名，又落下了性事的笑柄，在继承公爵爵位之时，急欲好好表现一番来挽回颜面。为了庆祝继位，他举办了一场奢华的拜占庭式庆典（因为文琴佐相信，他是
90 君士坦丁堡巴列奥略王朝的后代）。文琴佐在曼托瓦大教堂登位，身穿如正统君主一般的礼服，披着绸缎长袍和貂皮，手拿象牙权杖，头上戴着定制的王冠，王冠上镶嵌的红宝石足有鹅蛋这么大。文琴佐怕别人把他当成一个饭桶，还幻想自己是最后一名伟大的十字军战士，在基督教世界的门前击败了土耳其人。就连在最后的遗嘱中，他也表达了许多诸如此类的妄想：他命令送葬人将他的尸体安坐在王座上，身上还得披着铠甲，右手要放在大剑的剑柄上（但是出于对尸体会发僵和常识的考虑，他的继承人没有按照他的指令执行）。1595 年，文琴佐斥巨资调动了一支散兵队，与帝国军队一同前往匈牙利作战。

这支军队的士兵穿着黑色的军装，上面装饰着文琴佐的私人新月纹章，并带有标语：S.I.C.（Sic illustrior crescam），意为“如此我会更为闪耀”。但文琴佐很少“闪耀”，在大多数时间里，他在铺着天鹅绒的马车里发号施令，而他身后总跟着由厨师、情人和五人乐队组成的随从队伍。乐队中包括新上任的宫廷作曲家克劳迪奥·蒙特威尔第（Claudio Monteverdi），他们需要在合适的时间，依据军队或者他情妇的需求演奏音乐。尽管文琴佐后来抱怨在这次远征期间染上了不知名的皮肤病，痛苦不堪，但他还是在两年以后，在波希米亚又领导了一场同样不认真的战役。这场战斗带来了同样不痛不痒的结果，这让公爵犯起了嘀咕，不知是否要在对付穆斯林时调动更具杀伤力、更高效的武器：比如，感染斑疹伤寒的虱子，或者曼托瓦的炼金术士调制出的某种毒气。

等到1599年文琴佐公爵抵达佛兰德的时候，他不再是一个笑话，但他依旧是那个爱出风头、容易让人记住的人物。他的做派仿佛表明，他已经位列欧洲最伟大的亲王之列，而非最多余的亲王之一。一年之前，他把两千名随从人员带到了费拉拉（Ferrara），去那里庆贺新教皇克雷芒八世（Clement Ⅷ）获得垂涎已久的土地。此外，他还带领着相同规模的随从，到马德里参加了在那里同时举行的两场婚礼：阿尔伯特和伊莎贝拉的婚礼，以及腓力三世和堂亲奥地利的玛格丽特的婚礼。他在布拉班特和佛兰德以亲王的身份巡视列日、安特卫普和布鲁塞尔。他在斯帕的温泉沐浴，希望那里的矿泉水能复原他这副饱受摧残、染上疾病的身体。他一大壶一大壶地喝不够，还带了几千瓶矿泉水回家，以供未来疗养用。

有可能，文琴佐在西属尼德兰的时候，也在物色画家。在他祖父费德里科（Federigo）统治时期，曼托瓦公爵是意大利北部最雄心勃勃的艺术和建筑赞助人，那时朱利欧·罗马诺（Giulio Romano）是公爵亲近的顾问。文琴佐一直想要恢复这一声誉。在曼托瓦，曼特尼亚（Mantegna）的《凯撒的胜利》（*Triumph of Caesar*），以及朱利欧设计的令人惊叹的得特宫（Palazzo del Te）——这座建筑表面是一座宫殿，实则是藏匿情妇的地方——每天都在提醒文琴佐不要忘记曾经的荣誉。在他看来，因父亲古列尔莫不明智的吝啬行

91 为，这些荣誉早已屈辱地葬送了。佛兰德人（fiamminghi）是指望不上了，他们拿不出任何可以与此辉煌相提并论的东西。但是，文琴佐认为自己是一个至高无上的哈布斯堡王室成员，而他只要在马德里、维也纳或者布拉格待上一阵子，就不可能不意识到皇帝对尼德兰人有多重视。一大批由希罗尼穆斯·博斯（Hieronymus Bosch）创作的画面密密麻麻的木板油画进入了腓力二世的寝宫；老彼得·勃鲁盖尔和安东尼斯·莫尔的画在马德里和维也纳备受追捧；而在布拉格，文琴佐会遇到鲁道夫二世最宠爱的佛兰德风格主义画家：巴托洛梅乌斯·施普兰格尔（Bartholomeus Spranger）。

或许，在安特卫普、列日和布鲁塞尔的教堂以及贵族府邸里，面对着佛兰德人创造力喷发的强有力证据，文琴佐或他的顾问们开始相信如今正是将佛兰德画家纳入他的艺术家团队的时候。他们可以吸纳诸如托尔夸托·塔索（Torquato Tasso）这样的诗人，公爵已经将他从疯人院中解救出来；以及瓜里尼（Guarini）和蒙特威尔第这样的音乐家。关于第一类人，他需要找到有能力以提香和丁托列托那样的宏伟画风来绘制他家人肖像的画家，尤其因为他的小女儿埃莉诺拉（Eleanora）刚刚出生。弗兰斯·波尔伯斯（Frans Pourbus），一名技艺娴熟、笔法细腻的肖像画家，在公爵游历佛兰德时就已经被引荐给他，在紧接着到来的 8 月，他就被召唤到了曼托瓦。尽管没有文献记载，但似乎完全有理由推测，那时鲁本斯有可能被提起过，甚至有可能被当成同样前途无量的才子被引荐给公爵，可以圆公爵想拥有一间挂满“美人画像”的展厅的愿望。（文琴佐的品位，哪怕是艺术品位，是非常容易参透的。）[13]

无论鲁本斯是否已受雇成为曼托瓦公爵的“装点艺术家”（glamorist），也无论他是否如拉丁文著作《传记》作者所说的那样，心里别无他念，“只有想去意大利的强烈欲望”，八个月后，到了 1600 年 5 月 8 日，安特卫普的市长和市议会给他提供了一份官方认定的健康证明书，证明“因仁慈的上帝保佑，这座城市及其郊区有着清新、健康的空气”，没有瘟疫或其他传染疾病。由此，表明了想去往意大利意图的“彼得·鲁本斯”，也应该被允许来去自由，而不用被怀疑已感染瘟疫。此外，他也不必在其他方面被怀疑。在父亲扬·鲁本斯逃离安特卫普三十年之后（更别说其他的窘事了），市议会现在能够安全地称呼扬为“这座城市的前任治安官”了，并认为这样做是表示对他儿子的尊重，而非蔑视。彼得·保罗携带着这份证明，或许还有若干无价的指南手册——比如刚出版的肖图斯（Schottus）的《意大利旅行指南》（*Itineraria Italia*）；或许还有《意大利之趣》（*Delitiae Italiae*），这本书提供了很多不可或缺的建议，比如教人们如何避免被小酒馆敲竹杠，如何避免在妓女身上染病——准备踏上这段将塑造他整个人生的旅程。[14]

盛夏的曼托瓦与其说令人愉悦，不如说令人印象深刻：闷热，宏伟，略带一点难以亲近的感觉，泥泞的明乔河（Mincio）形成的漆黑湖泊和沼泽，让身处此地的人大汗淋漓。对于宫廷贵族来说，此地只是尚可，但对蚊子来 92
说，这里简直就是天堂。它们在沼泽和池塘里大量繁殖，并在黄昏时结成群，向人口密集的城市飞去，在那里平等地吸食贵族和平民的血液。曼托瓦的热病，几乎和此地的艺术和马匹一样远近闻名。本韦努托·切利尼（Benvenuto Cellini），这位喋喋不休的伟大金匠，刚到这座城市就遭到了热病袭击，愤怒地诅咒“曼托瓦、这里的君王，以及所有想要待在这里的人”。[15]整座城市弥漫着浑浊的雾状空气，仿佛给这里笼罩了一种异域特性，这是维罗纳和帕多瓦这类相较之下视野更清晰、空气更干燥也更宜居的城市所不具备的。这里的犹太医生会用某种不知名的配方配置药剂来缓解流汗病，据说这些人还在拼命帮助公爵寻找他痴迷的点金石。这里还有养殖曼托瓦母马和公马的大马厩，出产的马是全意大利公认血统最纯、速度最快的，肌肉优美得令人惊叹。许多前来贡扎加家族城邦的人，声称是为了向曼特尼亚和朱利欧·罗马诺的杰作表达敬意，实际上是为了欣赏这里的枣红马和栗色马。这些马被刷得毛色锃亮，身上安有制作精良的马鞍和笼头。确实，只有在曼托瓦，人们才有可能在正式的大厅里同时欣赏艺术和马匹，因为当初费德里科公爵委托朱利欧在大厅里绘制了他最喜欢的野兽在诸神身边用爪子刨地的作品。

喜欢骑马的鲁本斯肯定会对群马厅（Sala dei Cavalli）感兴趣。但是它的设计者朱利欧·罗马诺的机遇一定让他更感钦佩。朱利欧受雇于《廷臣论》（*The Book of the Courtier*）的编撰者巴尔达萨雷·卡斯蒂廖内（Baldassare Castiglione，时任费德里科·贡扎加的驻罗马大使），从而不仅成为最受宠爱的画家，还迅速成长为公爵身边不可或缺的人、建筑师、文化主事人，官方称其为“街道总长”和“曼托瓦城内外总会长”。他设计并绘制尚未建成的宫殿，重新装修现有的宫殿；负责支付各种款项，审定艺术品的委托制作任务；从马厩到银器，他的职责无所不揽。在公爵的宫殿里，他装饰了一间间房屋，不仅彰显出公爵的显赫地位，还将他与古代的凯撒联系起来。其中最辉煌的几间，意在炫耀贡扎加收集的非凡的古典大理石雕塑。朱利欧设计的得特宫建在城墙之外，其独到之处在于它不仅仅是一座贵族乡间别墅，而且是一座供消遣的剧场。得特宫的一些房间无疑设计得别出心裁，足以满足公爵的性娱乐活动；还有一些房间，朱利欧受到鼓励可以肆意发挥想象力，于是设计成了一个个令人瞠目的奇观。在普赛克厅（Sala di Psiche）里，（深受维纳斯折磨的）丘比特和普赛克在一群萨堤尔和精灵的欢闹之中结合，整个房间浸润在情欲的柔情蜜意之中。在巨人厅（Sala dei Giganti）里，没有欢愉，只有焦虑和恐惧，这里歌颂的是朱庇特战胜泰坦众神的故事。整座大厅——墙壁、天花板和门——都布满了显眼、歪斜的巨人身体，它们横七竖八地摆着，就像一块块垮塌的巨砾。这一大堆雕像硕大无比，以至于它们倒塌的力量看
93 起来（在艺术家巧妙的光学失真手法的帮助下）让大厅自身都有了颤抖摇晃之感。难怪朱利欧会受到他的赞助人如此慷慨的赞誉：他获准建造了一座叫作“皮皮之家”（Casa Pippi）* 的房子，其规模就连在文艺复兴时期的意大利也是无法想象的。这所房子恢宏无比，设计精美，连乔尔乔·瓦萨里也叹为观止。朱利欧跟勋爵贵族几乎无异，他成了公爵身边的亲从：“我们至亲的大师”（nostro maestro carissimo）。

朱利欧·罗马诺的成功一定触动了年轻的鲁本斯，因为轮到他建造一所城市别墅时，他发现这与一个佛兰德画家所向往的任何东西都不同，其中一些主题（比如，一座主管艺术的神墨丘利的雕像）是直接从朱利欧的曼托瓦宫殿照搬来的。但在 1600 年，鲁本斯是否能预见这样的荣耀会发生在他身上？尤其是身处文琴佐公爵掌管的曼托瓦，公爵一直在和他的祖父费德里科

* 皮皮是朱利欧·罗马诺的教名。——译注

竞争，但比的不是谁更有艺术品位，而是谁更能烧钱。据说，文琴佐公爵对他这位佛兰德画家做出的唯一评价是："他在绘制肖像画方面还不错。"[16]令人沮丧的是，没有文献提及鲁本斯在曼托瓦第一年时创作的作品，所以没有理由认为他在当时有什么好机遇，他可能只被当成一个艺术苦力，按照某种程式制作一些令人满意的肖像画，表现公爵一家人的愉悦或虔诚。有可能（但不能确定）在1600年10月，他作为文琴佐随从的一员，在佛罗伦萨大教堂参加了公爵的妻妹玛利亚·德·美第奇（Maria de' Medici）与法国国王亨利四世的代理婚礼*。但是，即便参加了婚礼（二十年之后，他得意地把自己画进了有关这场婚礼的画中，画中的他显眼地拿着一个游行十字架），鲁本斯也只是几百个朝臣之一，贡扎加喜欢带着朝臣向敌对省份彰显自己的势力。这些朝臣受命无休止地参加一轮轮的狩猎比赛、马上长矛比赛、枪靶比赛、模拟战斗、戏剧比赛、宴会以及标志着这场代理婚礼的假面舞会。

那么，究竟是什么改变了他的前途呢？一言以蔽之，罗马。

鲁本斯在曼托瓦时已经开始利用贡扎加家族收藏的古代艺术品：花瓶、浮雕、浮雕宝石以及半身像，这些艺术品大多在朱利欧的大画廊里展出。从这里的艺术品开始，他积累了大量的图案和主题，以备日后创作使用。[17]但是，尽管贡扎加家族的藏品非常丰富，不言自明的是，对于鲁本斯这一代人来说，一个有自尊心的人文主义者如果没有亲自见过现存的罗马古迹，就不能算是受过良好教育。1601年的春天，文琴佐打算再次出征，这将是他对克罗地亚的土耳其和匈牙利同盟的又一次（也是最后一次）战役。鲁本斯认定，那是个好机会。他借机去问公爵，他是否可以利用公爵离开的这段时间，在罗马临摹一些作品，主要是一些古迹。公爵批准了这一要求（虽然根据严格的附加条件，鲁本斯需要在1602年回到曼托瓦，及时参加复活节庆典），这
意味着，这时鲁本斯已经做了一些事情，来确立自己作为一个艺术家的地位， 94
让自己有潜力成为一个被认真对待的历史画家。不管怎么说，文琴佐提前确保了鲁本斯到罗马后能受到与他身份——他称鲁本斯为"我的画家"（il mio

* 代理婚礼（proxy marriage），指的是欧洲历史上，婚礼的一方或双方因战争、牢狱等原因，没有现身婚礼现场，而用别的替代方式举办的婚礼。——译注

鲁本斯临摹古作品,《拉奥孔和他的儿子们》，约 1601 年。黑色粉笔素描，47.5 厘米 ×45.7 厘米。米兰，安布罗修图书馆

pittore）——相称的待遇，并且给在枢机选举人团中位高权重的枢机主教蒙塔尔托（Montalto）写信寻求帮助。枢机主教立刻回了一封恭维的信，承诺为艺术家效劳，并询问他可以在哪些方面给艺术家提供帮助。

到 1601 年 6 月底，鲁本斯已抵达罗马，并一刻不停地寻找最动人的古代杰作。他没有理由给自己的品位设限。他在梵蒂冈看见了拉奥孔无助地被盘绕的蛇围在中间，痛苦挣扎。他从不同的角度勾画了这个形象，仿佛那时他就已经意识到，他将来需要借鉴这件作品中不同方面的戏剧效果来绘制不同的主题：他可将痛苦的脸用在耶稣受难画中，将扭曲的身体用在基督受鞭

刑的画中。有一段时间，教廷对于人们得以接近异教雕像感到紧张，怕这样的行为某种程度上是对正当圣像的玷污。但是，鲁本斯与其他的同代人一样，不会因为采用古代作品中人物来展现基督教场景而感到良心上不安，仿佛他富有创造力的想象能够重新赋予古代大理石雕像以神圣。好几年以来，伟大 95
的罗马统治者——如博尔盖塞家族、奥尔西尼（Orsini）家族、切西（Cesi）家族——的私藏都为学者开放，供他们研究和临摹。鲁本斯全情投入，为日后的创作积累了大量的范本。不难想象，他待在切西枢机主教的庭院里临摹“蹲伏的维纳斯”，夏日午后散发着百里香的气味。或许在那时，他已经想到可将她转变成突然被人窥视的苏珊娜*。临摹古代的大理石雕像是一项既充满诱惑又需下苦功的练习。古人概括的神圣理念，首先存在于对人体的理想愿景中，随后再体现在雕塑中，而许久以来临摹这些雕像一直被推举为领会这种理念的合适方法。但是鲁本斯的临摹展现的却不是崇高性的片段。他或许从诸如“含羞的维纳斯”的优雅质朴或法尔内塞宫的赫拉克勒斯孔武有力的肌肉中，看到了其中包裹着人类激情必不可少的部分：情感（affetti）。由此，他很自然地将拉奥孔仰视的眼睛用在了为安特卫普大教堂绘制的《上十字架》（*Elevation of the Cross*）中耶稣的脸上，而将法尔内塞宫的赫拉克勒斯用在了圣克里斯多夫巨大的躯干上（同样在安特卫普大教堂里），这些与其说是理想形式，倒不如说是强烈怜悯之心的载体。在一篇论述古代雕像的论文［我们只能从 17 世纪的批评家罗歇·德·皮勒（Roger de Piles）的复述中了解到］中，鲁本斯警告说，要避免机械地复制：“首先，要避免被石头影响。”[18]

将石头变得温暖，在静止中注入活力，在庄重中注满情感：这就是真正的鲁本斯气质。但这一点不仅体现在彼得·保罗身上，还体现在他的哥哥菲利普的身上。1601 年的年末，菲利普也来到了意大利。这对兄弟之间有着非比寻常的感情。两人的感情既因本能而十分坚固，又由于共守着家族过去不光彩的秘密——严肃、背负罪孽的父亲，热忱而耐心的母亲——而变得更

* 指鲁本斯创作的《苏珊娜与长老》这幅画。——译注

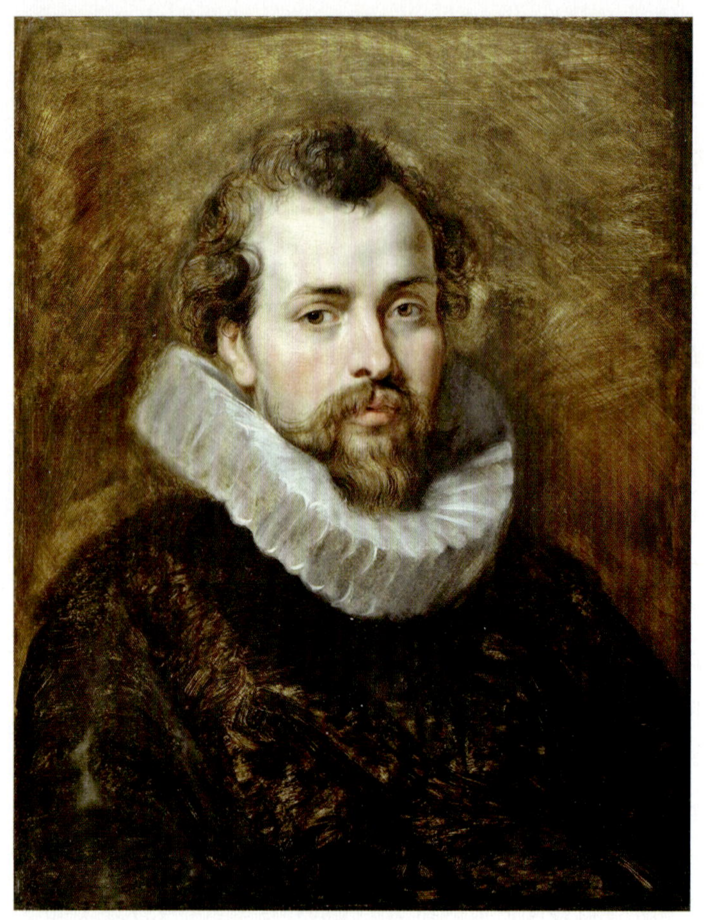

鲁本斯,《菲利普·鲁本斯肖像》，约 1610 至 1611 年。木板油画，68.5 厘米 ×53.5 厘米。底特律，底特律艺术学院

为深厚。尽管两人都有着精心培养的文雅和修养，但他们并不忌讳表达强烈的感受。“我不怕和你说，弟弟，”菲利普写信给彼得·保罗说，“那些依旧相信可以完全不带情绪保持人类性情的人，只不过是在用疯癫和愚蠢的方式胡说八道，他们展现的不过是无情和冷漠。要抛弃那些冷漠，因为它会让人变得不是人，而是成为一块铁、一块石头，一块比神话中沾满泪水的尼俄伯（Niobe）之石还要硬的石头。”[19] 那么,他俩最为之倾注热情的是什么呢？恰恰就是彼此。菲利普在 1602 年 7 月又写了一封信，信上说：“在我心中，兄弟
96 之爱胜过一切。”[20] 尽管这份兄弟之爱装饰着自我放纵的诗意花环，但却毫无

疑问是充满激情的。彼得·保罗·鲁本斯与奥托·凡·维恩一起工作时，一直和菲利普分隔两地。一开始，菲利普在布鲁塞尔担任里夏多的秘书，随后他又去了勒芬大学，拜在于斯特斯·利普修斯（Justus Lipsius）门下学习。1601年5月，彼得·保罗在曼托瓦，正准备前往罗马。菲利普用一种炽热的语调给彼得·保罗写了一封信，现代人听了或许会觉得更像是写给情妇的：

> 现在我们天各一方，但伴你左右之念越来越强。我不知道是什么不幸的思绪，让我们总去追求那些求之不得的事物，比起那些我们能够得到的事物，更想得到这些求之不得之物。今日，我感情喷涌，我的心奔向你，越过国界，高高飞越山峰之上，带着饱满的柔情，拜访我爱的人。[21]

到了1601年的年底，使兄弟俩痛苦相隔的距离突然消失了，因为在过了这么长时间之后，菲利普终于能够实现拜访意大利的愿望。他在勒芬大学跟着利普修斯学了四年，他不仅是课堂上的一员，还是这位智者最爱的学生和奇才。他和其他被挑选出来的才子一起住在老师家里，组成了一个学者之家（contubernium）。在帮助老师准备塞涅卡和塔西佗作品选集的过程中，菲利普和他的朋友们想必坚定了有朝一日要去罗马的决心。他们想在每一块坍塌的石头、每一根残破的柱子都见证过斯多葛学派清醒的悲观主义的地方，钻研该学派的教诲。尽管这趟旅行危险重重，但是利普修斯相信，这是年轻人获取审慎和独立这两种必要品质的真正方法。菲利普对利普修斯灌输给他的有关《奥德赛》的种种典故深有感触，他给这位哲学家写了一封更像是安慰一位焦躁的父亲的信，信上是他用拉丁文诗体写就的“平安抵达之感恩献歌”，意在表达他的感激之情，感谢老师指导他越过危险的海洋，并指引着他朝“古代意大利的荣耀”[22]靠近。

菲利普并非只身前往。正式来说，他是利普修斯门下两个年轻学生——让-巴蒂斯特·佩雷斯·杜·巴龙（Jean-Baptiste Perez du Baron），以及菲利普的前任雇主让·里夏多的儿子纪尧姆·里夏多——的导师和同伴。他们在威尼斯度过了1601年的圣诞节，那时寒风刺骨，运河完全冻上了。他们想必将人

鲁本斯,《曼托瓦朋友圈》,约 1602 年。布面油画。77.5 厘米 ×101 厘米。科隆,瓦尔拉夫–里夏茨博物馆

文主义旅行指南上规定的一切“值得欣赏”的地方都去了个遍。不过,身为利普修斯的正式门徒,意味着他们在意大利不仅仅是一群文化观光客。利普修斯曾为他们特别推荐过诸如帕多瓦和博洛尼亚这样的著名学术之地,因此他们三人打算在意大利的大学获得法学学位,再完成在勒芬大学的学习。菲利普选择了博洛尼亚,到了 1603 年,他像他父亲之前一样,成了一名教会法与民法的博士。

直到 1602 年的夏天,这对兄弟才最终团聚,地点几乎可以确定是在距
97 离曼托瓦不远的维罗纳。菲利普在那里还遇见了来自安特卫普的一位老朋友,
扬 · 沃维瑞斯(Jan Wowerius),他也是利普修斯的学生。1606 年时,鲁本斯
画了一组肖像画,画中的场景就设置在圣乔治湖(Ponte di San Giorgio)和明
乔河前,画中有他和他的哥哥、沃维瑞斯和另外两个人,或许是菲利普照看

的学生纪尧姆·里夏多和佩雷斯·杜·巴龙。这是鲁本斯唯一一次在自画像中将自己呈现为手拿调色板、正在工作的画家的样子（与伦勃朗形成对比）。但这幅画的意蕴精神却是利普修斯。他们这位不在画中的学术导师和父亲在那一年去世了，这幅画是为了纪念他而画的。

这幅画通常被称为《曼托瓦朋友圈》。虽然它给人的印象更像是一个精心排练的场景，而非自发性的密友聚会，但它还是证实了鲁本斯十分重视广交朋友的美德。两兄弟属于珍视兄弟、伙伴和朋友的那一代人，他们很难想象学者或艺术家的生活若离开了充满活力和知无不言的朋友将会如何。这些北方人也很难想象独自徘徊在杂草丛生的废墟里，或对着摇曳不定的烛光，独自阅读手稿的场景。当鲁本斯到达罗马时，他的意大利语说得优雅又流利，并且在这座城市里，他毫不费力就融入了来自德国和尼德兰的年轻艺术家和学生的圈子里。这些人在图书馆里学习，并且研究枢机主教和梵蒂冈的藏品。再者说，他们当中有很多人不仅得到了教皇克雷芒八世任内枢机主教的默许，而且还受到了热烈欢迎。在鲁本斯待在曼托瓦的第一年，焦尔达诺·布鲁诺（Giordano Bruno）在罗马的火刑柱上被烧死，而教皇的其中一个亲密顾 98
问——教会历史学家、圣徒传记作者、殉教史研究者、枢机主教切萨雷·巴罗尼乌斯，赞助了一大群年轻的北方人，他相信这些人都热衷于旨在对抗异端的复兴事业。其实，并不是所有佛兰德人和德国人都对此有着一样的热忱。卡斯帕·西奥皮乌斯（Caspar Scioppius）是一名前新教徒，现在负责管理梵蒂冈的印刷出版界。他怀着炽热的改宗热情，无疑没有辜负教皇的期望，一刻不停地警告当局注意本国人当中信仰不坚定的可疑分子，并对违背信仰的人发表激烈的谴责言论。他一度企图说服菲利普·鲁本斯成为西班牙国王的臣民！教皇手下有一位叫作约翰内斯·费伯（Johannes Faber）的植物学家兼园丁，负责打理他的药草园，这个人有着宽宏大量且不拘一格的性格，他对教会的效忠并没有妨碍他与伽利略结下友谊。费伯在许多方面都非常杰出，他是扬·鲁本斯的母校罗马智慧学院的植物学教授，在万神殿附近的自家房子里设有一处自然历史博物馆。此外，他还写过许多论述龙、蛇（尤其是毒蛇）以及罗马知名鹦鹉的书籍。其中就包含这么一则故事：一个商人养了一只鹦鹉，为了最大限度地检验它的模仿能力，他竟然教这只鹦鹉用佛兰芒语唱歌。[23]类似这样的人自由自在地出入罗马教廷，与主教和枢机主教保持着良好的关系，为他们管理图书馆，就古董宝石和浮雕宝石提供专业的咨询意见，辨认半身像，为耶稣会士和奥拉托利会会友推荐可以为他们的教堂和礼拜堂创作作品的艺术家。

鲁本斯为人随和，勤勉善学，人际关系也无可挑剔，毫不费力地融入了这个上流交际圈的中心。费伯博士不仅把他当成一位画家，还把他当作像他哥哥一样的学者，“一位对古董青铜器和大理石作品有见识的业余学者”[24]。尽管他来自安特卫普这一点或许不利于他待在佛罗伦萨，因为那里的佛兰德画家依旧被贬称为手艺工。但在罗马，这一背景几乎可以肯定就是一种优势。他家乡的出版社，尤其是他童年伙伴巴尔塔萨·莫雷图斯（Balthasar Moretus）开办的出版社，已经出版了许多展现罗马古董和早期教会历史的画册。枢机主教希望这些画册能够重新点燃人们对教会的热情。此外，阿尔伯特大公在罗马被当成是开明虔诚的典范。

其实，恰恰是阿尔伯特给予了鲁本斯首个机会，让他证明了自己是一个能够绘制神圣历史题材的严肃画家。作为耶路撒冷圣十字圣殿（Santa Croce in Gerusalemme）的赞助人，阿尔伯特要负责的不仅是一座罗马教区教堂，还是这座城市的七个朝圣地之一，一个具有传奇意义的地方。耶路撒冷圣十字圣殿据说是公元 320 年由第一任基督教罗马帝王君士坦丁（Constantine）建造，专门用来安置由他的母亲圣海伦娜（St. Helena）在去耶路撒冷朝圣之后带回罗马的一大批令人惊叹的圣物。据说，作为早期基督教收藏家中最足智多谋的一个，圣海伦娜从耶稣受难地带回了不下三片十字架残片、一颗行刑钉、
99 一截救世主头冠上的荆棘（可以想象，从髑髅地的废石堆里辨认出这些荆棘是很难的）、原始的“INRI”铭文（“拿撒勒的耶稣，犹太人之王”的缩写），当然，还包括她最得意的发现：一块取自各各他的浸润着耶稣血液的泥土。

对阿尔伯特大公来说，还有什么能比给耶路撒冷圣十字圣殿增添富有神圣感的装饰，更能将自己推荐给新教皇克雷芒八世呢。而当他发现交给他保

管的所谓“真正的十字架”，其实只不过是罗马街头叫卖的产品时，他又是多么痛苦！更糟糕的是，教堂的工作已经完成，但却未给金匠们结清款项，这让他的名声变得更臭了。要知道，这可是一位前任主教和枢机主教做出的事！他迫不及待地接受了他的罗马大使的建议，即通过给两边的礼拜堂提供新的祭坛画和双联画——画的内容都旨在暗示圣海伦娜和圣物的历史——来恢复自己的名声。而因为这位大使碰巧就是另一个里夏多家的人——菲利普·鲁本斯那位枢密院议员身份的老雇主的儿子，也是他现在的旅伴纪尧姆的兄长。所以也难怪，大使建议委派的艺术家就是彼得·保罗，而相关各方都认为这样做是出于兄弟情谊，而非裙带关系。

鲁本斯积累的技巧和素材现在可以马上投入实际运用了。也许正因为他非常勤勉，收集起了一切必要的神圣事物的参照物和典故（而非靠直觉构思出一个统一的整体来），所以最终的作品看起来像一个有规划的项目，而非一次构思创作。圣海伦娜的形象尽管某些方面得益于拉斐尔的《圣塞西莉亚》*，但主要来自一尊古代雕塑，是鲁本斯在一处叫作“塞索里姆”（Sessorium）的废墟里找到的。它刻画的是罗马的一名贵妇，她因为转变了信仰而立刻赢得了信徒的崇拜，从而轻而易举地获得了传世的名声。画中的圣海伦娜穿着一件将质朴的虔诚感和贵族气的丰裕感巧妙地结合在一起的衣服，显得非常得体，她站立在一座凯旋拱门前，手里拿着象征着皇权的权杖。拱门和权杖都暗示着新信仰战胜了旧异教帝国。这对耶路撒冷圣十字圣殿来说具有重要的意义，因为这座教堂建立在塞普蒂米乌斯·塞维鲁皇帝（Emperor Septimius Severus）的别墅的废墟“塞索里姆”上。菲利普·鲁本斯的老师于斯特斯·利普修斯曾发表过一篇名为《论十字架》（*De Cruce*）的论文，这篇论文推动了将神圣十字架当成救赎标记的崇拜，而彼得·保罗创作的祭坛画通过追溯传统，道出了这座特殊的教堂曾经是异教徒在接受了新的信仰之后获得救赎的地方。皇帝之母海伦娜的右手倚靠在一座巨大的十字架上，十字架周围飞翔着小天使，他们分别拿着皇权宝球以及暗示她在耶路撒冷的挖掘行动的物品：

* 也称《圣塞西莉亚的陶醉》（*The Ecstacy of St. Cecilia*）。——编注

鲁本斯，《圣海伦娜发现真十字架》，1602 年。木板油画，
252 厘米 ×189 厘米。格拉斯，市立医院小教堂

荆棘冠和神圣的铭文。鲁本斯第一次将他对祭坛画和其中建筑学意义上的布景之间重要关系的理解呈现了出来：他截断了十字架，以此暗示它延展到了画面上部的空间里，一直抵达教堂的天花板，而天花板上的十字架则用马赛克来呈现，海伦娜仰视的眼睛看向的就是那里。在这位圣人的左后方，是螺
100 旋状的“所罗门式”立柱，上面用缠绕的葡萄藤作装饰。这一传奇的想象出自耶路撒冷圣殿中的原始柱子（有几根柱子的式样保存在圣彼得大教堂的一幅屏风画上），更加强化了旧圣城和这座新圣城之间的关联。

文琴佐公爵侵扰完土耳其人归来后，会不会听说了这些壮观的螺旋状立

鲁本斯，《曼托瓦公爵一家膜拜三位一体》，约 1604 至 1606 年。布面油画，190 厘米 ×250 厘米。曼托瓦，公爵宫博物馆

柱，便把自己幻想成了新的所罗门王？他确实清楚鲁本斯在耶路撒冷圣十字圣殿所做的一切工作，因为里夏多曾给公爵写信，希望他能延长鲁本斯在罗马的居留期，以便完成他的工作。几年之后，鲁本斯给公爵和他的家人画了一幅画（包括已故但没人哀悼的父亲古列尔莫，至少在画中，父子俩不可思议地“被和解”了），画中的这一家人在曼托瓦耶稣会教堂里的马焦雷礼拜堂膜拜三位一体。他将中心人物——两位公爵和他们各自的妻子——安排在一个带栏杆的阳台上，阳台的两侧立着华丽的所罗门式立柱，非常高，看上去似乎将天堂和人间连为了一体。

当然，给贡扎加一家创造一种天堂的氛围并不是一件简单的事。鲁本斯

借鉴了威尼斯传统，依照这种传统，总督和他的家人通常被绘制成赞助人的样子，与主保圣人或者甚至是圣母马利亚同在画幅之中。他尤其利用了提香给文德拉明（Vendramin）一家绘制的伟大肖像，将它视为构图的范例。但是众所周知，威尼斯人在教义方面比较宽松，而特伦特大公会议制定了绘制天堂景象的严格规则，规定了人间的事物与神圣事物在同一画面空间内时的共存原则。比如三位一体的异象，就规定只能赐予圣徒和使徒。毫无疑问，贡扎加家族和美第奇家族（甚至埃莉诺拉·哈布斯堡，文琴佐极为虔诚的母亲）均不满足这条规定。但问题是，这座教堂是圣三一教堂（Santissima
101 Trinità），而且文琴佐一贯非常想要被当地的耶稣会当作赞助人。1604年，鲁本斯显然已经被认可为一位非常具有创造力的历史画家，他巧妙地解决了这个问题。在这幅画中，圣父、圣子和圣灵被描绘得仿佛在一块挂毯或者华丽的织布上，这样一来，贡扎加一家就不是在膜拜三位一体本身，而是在膜拜三位一体的画像，这些在织物上的画像生动得令人惊叹。鲁本斯借鉴了另一项本土传统：佛兰德挂毯。这种挂毯以其光彩夺目之美，在北方，乃至在整个欧洲都无可比拟。不过，在他这幅曼托瓦的绘画中，三位一体的图像看起来其实并不全然具有“编织感”，或者说不像是画出来的：他们与下方的赞助人一样具有肉体的质感，并且恰如其分地具有更加光辉的外形。鲁本斯通过巧妙的创意，谨慎地将凡人世界和神圣世界分离开来，并与此同时化解了挂毯技艺和绘画艺术之间厚此薄彼的区分。米开朗琪罗和瓦萨里一直想要将佛兰德工匠与意大利艺术家、将普通与高贵区别开来，而鲁本斯不止一次成功地推翻了这种偏见。

3. 礼品马匹*

102 等到兄弟俩于1602年夏天在维罗纳相聚时，彼得·保罗已经从罗马归来，

* 此处原文是“gift horses”，“gift horse”常用于英语谚语“Don’t look a gift horse in the mouth”（不要对礼物挑三拣四）。参照本章的内容，它用在标题上一语双关。——译注

为公爵工作了三个月。他为了满足贡扎加宫廷的需求一直在东奔西走，或许想要通过兄弟相见的机会，好好放松一下，因为菲利普给他写了一封关切的信，在信中表达了对彼得·保罗的担忧，认为他“本性纯良，很难拒绝这样一个亲王，一个对你不断提要求的亲王。但是你得坚决争取全面的自由，尽管自由几乎是曼托瓦宫廷里禁止的东西。你有权这样做”。

说说容易，要做到可就难多了。菲利普这番鼓励抗争的言辞直接来自新斯多葛学派的处世原则，即面对暴虐、恶毒的君王时要保持高贵的坚韧。但是老利普修斯要求所有学生和追随者效仿的哲学家典范是塞涅卡——这位悲剧作家屈服于自己的恶毒君主尼禄的意愿，甚至宁愿自杀，也不愿忍受良心的刺痛让这位皇帝为难。彼得·保罗对哥哥的忠诚和关心心怀感激，但是他那时还不够成功，也不够独立，无法冒险摆出一副自以为是的果敢样子来。不管怎么说，1602 年让他在曼托瓦忙得不可开交的那份工作并非配不上他的天赋：他根据曼托瓦当地的天才大师维吉尔的史诗巨作《埃涅阿斯纪》（*Aeneid*），创作了一系列盛大而炫目的历史画。鲁本斯此时的这些画作还远不能将英雄式戏剧和感官的流畅完美融合，这两点的结合将成为他最伟大的历史画的标志。鲁本斯从拉斐尔、提香、委罗内塞（Veronese）、曼特尼亚和朱利欧·罗马诺（以及其他画家）的画作中进行了多重的借鉴，这表明他依旧在一点一点地形成自己的个人风格，而非一气呵成地完成。但是，这种大型作品中，有一些部分已经偏离了其参考素材的指引，朝着更为自由、更为自信的方向前进，仿佛彼得·保罗在他二十五岁这年，已然敢在这些意大利前辈画家面前挺直腰板，不畏直视他们的眼睛了。比如，《奥林匹亚诸神》（*The Olympian Gods*）中的朱诺，双眼满溢着强烈的嫉妒，一只按照透视方法完美绘制的手臂向前伸出，她的身体包裹在松散的长袍中，长袍是显眼的鲜绿色，催生出一种紧张感，仿佛一支毒标越过拥挤的场景，向她憎恶的对手维纳斯的心脏掷去。而维纳斯一头金发，半裸着身体，一副自负的样子，冷漠地懒坐在那里。这展露了一个艺术家不惧巨大的风险，敢与大师们一较高下的姿态。最终，到了 1603 年的春天，我们可以在鲁本斯写给公爵的国务大臣安尼巴莱·基耶皮奥（Annibale Chieppio）的一系列信件中听到他的声音。

他的语气出奇地坦率和沉稳，考虑到他眼前要经历的大事，这样的沉稳或许是件好事。

103 这看上去一定像是一项荣誉，而非苦差。1603年3月5日，公爵给他驻西班牙的大使安尼巴莱·伊贝蒂（Annibale Iberti）写信说，他的画家鲁本斯正打算给腓力三世和他的首席大臣莱尔马公爵（Duke of Lerma），朝中的真正掌权者，带去一份精致而珍贵的贡礼。尽管文琴佐·贡扎加向来以挥霍无度而闻名，但他的这番姿态是经过深思熟虑的，是一次外交策略。西班牙哈布斯堡王室在意大利的统治势力南至那不勒斯王国，北至米兰，是控制整个意大利半岛的主要力量。无论文琴佐有什么别的缺点，他绝对不傻。他敏锐地意识到，在西班牙和法国长年保持的敌对关系中，曼托瓦有着极为重要的战略意义。随着西班牙新国王在马德里登基，他变得焦虑起来，担心他的领地被认为过于渺小或善变，从而不再拥有无限期的行动自由。其他文艺复兴时期的城邦——比如最近的费拉拉——就被不合理地吞并了。如此一来，直接给新登基的国王和他的宠臣上贡一份让他们眼前一亮的礼物，就能向腓力三世展现贡扎加家族无穷无尽的资源，向这位最强势的基督教君主传达永恒的、谦恭的效忠之心，并且（相当令人难以置信地）表达文琴佐的诉求：接替名誉扫地的热那亚人安德烈·多里亚（Andrea Doria），出任西班牙海军上将。

这是文艺复兴时期精心策划的一次散财宴：一场效忠仪式，同时提升了送礼人和受礼人的权威。这些礼品是经过仔细考量的，用贡扎加公国特有的长处——艺术、炼金术和马匹，来弥补西班牙宫廷的不足。公爵从派往马德里的密探那里打听到，腓力三世与他那位伟大而郁郁寡欢的父亲相比，有着恰好相反的性情：热爱运动、优雅、喜欢寻欢作乐，对狩猎的热衷程度远远超出了君王们的惯常消遣。因此，核心礼品将是一架漂亮的轿式马车，它做工精致，为乡间出游特别设计，并配以六匹曼托瓦出产的无上至宝——枣红马。无论去狩猎牡鹿还是野兔，西班牙国王都将以乘坐由曼托瓦公爵奉上的豪车示人。

不过，众所周知，这位轻浮的国王并不是朝中的真正掌权者。权力旁落在他的宠臣，被解放的奴隶之子莱尔马公爵手中。这位公爵控制着觐见国王

的途径，并掌握着国库的钥匙，通过这两个手段，大笔财产落入了他的口袋，
知道这一切的人都称呼他为“大盗长官”（el mayor ladrone）。但是，莱尔马
是一个自命不凡的贼，给他的礼品必须附和他对自己文化品位的过高评价。
因此，鲁本斯来了。贡扎加家族收藏的四十幅绘画作品被送了过来，除了波
尔伯斯画的文琴佐全身画像，以及昆丁·马西斯（Quentin Metsys）的圣杰罗
姆画像外，其余都是由曼托瓦当地画家彼得罗·法凯蒂（Pietro Facchetti）在
罗马绘制的大师画作的仿作（重点仿制提香和拉斐尔的作品）。由此，莱尔马
得到的将是一个综合版的公爵画廊，它能提醒一个新贵不要忘记，像贡扎加
家族这样的王室，其高雅的品位并不是一朝一夕就能获得的。老一代王室忠 104
于天主教职责，而新一代的西班牙王室明显热衷于世俗的享乐。鉴于此，文
琴佐还为国王和公爵准备了另一份礼物：装满香水的高颈瓶（送给公爵的是
金瓶和银瓶，送给国王的是水晶瓶）。在上一个世纪，穆齐奥·弗兰吉帕尼
（Muzio Frangipani）意外地发现，从精油中提取的香气能够溶解在精馏酒精之
中。现在扑鼻的香味可以稳定在酒精介质中，随后灌入大瓶子里，用玻璃塞
堵住瓶口，并用铅密封。莱尔马的妹妹莱莫斯伯爵夫人（Countess of Lemos）
素有虔诚之名，文琴佐就送给她一个巨大的十字架和两架烛台，均由水晶制
成。至于国王手下最得力的顾问唐佩德罗·弗兰克萨（Don Pedro Franqueza），
他则送了香水瓶、奢华的锦缎和金线织物。而且，文琴佐一直在招募有音乐
才华的人，来壮大早已令人叹为观止的曼托瓦合唱团，所以他为西班牙皇家
礼拜堂的音乐指挥也送去了一笔可观的钱财。

就如同签订条约、通婚、下达最后通牒一样，国与国之间互送精心准备的礼物也是常见的外交手段。但可以肯定的是，跨越曼托瓦和西班牙之间几千英里的距离，此等大规模的送礼行为是前所未有的。让他这位年轻的画家亲自负责礼物的护送，无疑让他感到荣幸，这是公爵对他的信任，意味着公爵在他身上发现了远超一位宫廷仆人的品质。同样，鲁本斯心里清楚，这项任务万一有个差池，他就得对这位领主负全责，而按这位领主的脾性，他不大能理解人有歹运这回事。当文琴佐亲自来监督他装载艺术作品时，他一定准确地意识到，这项任务风险和荣誉并存。不能把任何事托付给手下去做。

彼得·保罗爱惜地将画作包裹在两块类似现代油布的双层厚蜡布之间，随后小心翼翼地把它们放在木箱中，木箱内衬涂有锡以作额外保护。至于那些水晶制品，他先垫上天鹅绒和羊毛填料作为缓冲，随后在周围铺上一层层的稻草。此外，之前没人想到过，这些美丽的枣红宝马需要远途跋涉到海岸那头，因此他为它们建造了一座旅行马厩。他们需要沿途停下来好几次，用葡萄酒给马匹洗浴，这样就能确保它们以最好的品相抵达马德里。同样，为了运载那辆小小的轿式狩猎马车，他命人做了一架高栏运货马车，由骡子拉着走山路，这段路必然会走得很慢，但鲁本斯希望这一路能够平安无事。

1603 年 3 月 5 日，由马匹、运货马车和四轮马车组成的队伍越过了圣乔治大桥，向东南方向的费拉拉进发。十天后，在艰苦卓绝地穿越了连接艾米利亚高原与托斯卡纳的亚平宁山脉富塔山口之后，鲁本斯和运输队抵达了佛罗伦萨。三天后，他在写给安尼巴莱·基耶皮奥的第一封信中透露，这项工作的重要性不言而喻，但事先的准备工作却做得严重不足，他对此感到极为惊慌失措。他们在博洛尼亚时根本一头骡子都找不到，而且，当地的骡夫
105 在看了用来运载皇家轿式狩猎马车的新奇装置之后，觉得这玩意儿太滑稽了，不适合用来穿越亚平宁山脉。唯一可行的替代方案是，将这辆高栏马车留在博洛尼亚，然后将轿式狩猎马车用皮带捆扎在一辆运货马车上，靠牛费力地拉着通过山口。鲁本斯为能否搞到托斯卡纳的里窝那（Livorno）港的登船证而烦躁不已，只能带领剩下的马匹和马车继续向佛罗伦萨进发。到达佛罗伦萨之后，他打听到的消息丝毫未能减轻他的担忧。他向托斯卡纳的商人打听怎样才能预订到从里窝那出发的通行证，他们“画了个十字，对我们犯下此等错误感到震惊，纷纷表示我们应该去热那亚上船，而不是在没有事先确保能获得通行证的情况下，冒险绕远路去里窝那”[25]。鲁本斯很有可能想的也是这件事，他怀疑文琴佐一定出于什么不可告人的隐秘原因，才让他经过佛罗伦萨，或许只是怀着一种幼稚的欲望，除了想在岳父——托斯卡纳大公斐迪南·德·美第奇（Ferdinand de' Medici）面前炫耀这份豪华的礼物外，也没有什么歹毒的用心。鲁本斯随后在一次餐后觐见中发现，对于此次西班牙之行，托斯卡纳大公了解到的细节似乎比他掌握的还要全面，于

是他的种种怀疑加深了。“此外，他能够当面说出我的身世、我的国家、我的职业和我的地位，这让我的自尊心得到了满足，而我像个傻子一样站在那里。”[26] 斐迪南对这趟旅程的兴趣并非完全出于客套。他通过自己手下一个叫作扬·凡·德·内森（Jan van der Neesen）的佛兰德人，询问鲁本斯是否还能腾出地方来，额外给一位阿利坎特（Alicante）海港的西班牙官员送去一匹驯马和一张大理石桌子。尽管鲁本斯一定为越加繁重的运载量而感到担忧，但他还是答应了这一请求，他凭本能确信，为了满足亲王们的要求，这点麻烦不算什么。

斐迪南·德·美第奇想要做些什么作为报答，却对天气无能为力。倾盆的春雨让黄褐色的阿尔诺河泛滥，洪水耽搁了已经延期的轿式马车，也推迟了鲁本斯亲自去里窝那寻找适合载他前往西班牙的船只的计划。他在佛罗伦萨时接到了令人沮丧的消息：由于此次出行的准备工作做得并不充分，航程得分为两个阶段。首先从里窝那出发，到达热那亚，而后再换船，前往阿利坎特。但是现在，斐迪南大公有意让鲁本斯尽快抵达西班牙，于是一切困难奇迹般地消失了。里窝那是西地中海最忙碌的海港之一：码头上停满了装载着托斯卡纳农产品的船只，如油、水果干，以及从格罗塞托（Grosseto）、奥尔贝泰洛（Orbetello）、蒙塔尔托（Montalto）和科尔内托（Corneto）等小港口送来的潟湖盐。在这些船只后面，停泊着更大型的货船（galionetti）以及被意大利人简单称作“navi”（船舶）的百吨双桅圆船。其中一些 navi 上装备着一眼就能看出来自北方异国的索具，船上的水手说着汉堡和安特卫普地区刺耳的方言。鲁本斯在这类不讨人喜欢但靠得住的宽梁船中找了一艘，将那些珍贵货物堆放上去。4 月 2 日，复活节刚过三天，他写信说，他最终带着随从、马匹和行李上了船，等待能送他们去西班牙的惠风。

通常，这个季节刮的是西风，这种风使得从第勒尼安海（Tyrrhenian 106
Sea）驶向西班牙东部的旅程变得异常艰难。在这种风力之下，从里窝那到阿利坎特的航行大约要花上七天到（最糟的情况下）三十天。[27] 鲁本斯的船在离开里窝那三个星期之后，在阿利坎特下了锚。考虑到春季海面波涛汹涌，这段旅程虽然慢了些，但所幸没有遭遇重创。他一上岸就去确认了那些礼物的情况，从枣红马到水晶蜡烛台，一一查看，并欣喜地发现一切都很妥当。西班牙当局对他们很客气，这要归功于鲁本斯耐心维系的关系与恩惠之链。斐迪南·德·美第奇为他找的佛兰德商人，确实在航行的一头一尾都帮了他的忙。

甚至在离开意大利之前，鲁本斯就再一次意识到，他真是犯了傻才会相信在曼托瓦接收到的情报。这份情报与这次任务的最后阶段有关：从阿利坎特到马德里的陆上行程。只需看一眼地图，他就知道这段路程长达 280 英里，需穿越崎岖不平且大部分还是山路的地段，然后登上卡斯蒂利亚高地。要完成这段路程，时间和金钱上，肯定要比“三到四天”的预算多得多。鲁本斯焦虑地给基耶皮奥写了一封信，信上说他可能要被迫动用公爵分配给他的个人资金，并且有可能还要额外借一点钱才能走完这段旅程。不过，他会慎重且诚实地做好一切账目记录，这样文琴佐公爵就会明白，他不可能乱花公爵的钱。用红酒给马洗澡可不便宜。

结果表明，钱不是鲁本斯最大的麻烦。从阿利坎特向北启程后不久，安达卢西亚的天空变得铁青，随后便倾泻了一场持续二十五天的大雨，把长长的运送队伍结结实实地淋了个透。西班牙的路变成了泥道，骡蹄子踩上去发出吧嗒吧嗒的声音，这让骡子越来越暴躁。随从们发了烧，不得不留在偏僻的乡村客栈里，靠吃玉米栗子糊和黑面包养病。鲁本斯上哪里给马匹寻找安身之处，以便给它们安排红酒洗澡仪式？散发着老鼠的臭味和馊奶酪味的潮湿马厩能行吗？由那些被他们此行的目的地打动、乐善好施的西班牙下层贵族提供的砖瓦庭院呢？抑或是在虽然简陋但条件适宜的修道院回廊？

在离开阿利坎特一周后，这支曼托瓦旅行队已全身湿透，沾满了泥污，踉踉跄跄地进入了马德里，这里是旅途的终点。鲁本斯原本设想的是到达这里后，他就可以松一口气了，但这种宽慰并未持续多久。他被告知，腓力三世的王室成员已不在马德里，搬去了离此地往北约 100 英里远的巴利亚多利德（Valladolid），要想到达那里（当然）还得痛苦地穿越岩石丛生、道路艰险的乡间。确实，在西班牙，几乎人人都知道莱尔马公爵坚决要求进行这次搬迁，声称他让国王远离马德里的官场是为了安抚卡斯蒂利亚的贵族，所以鲁本斯很可能会感到疑惑，为什么文琴佐公爵和斐迪南大公都没有告诉他这

一消息。在精疲力竭的旅行队再次启程之前，鲁本斯并不确定他是否还能再 107
回到马德里，便去埃尔埃斯科里亚尔（El Escorial）修道院逛了逛，他对那里的皇家藏品叹为观止，并临摹了拉斐尔和提香的作品，这两位大师分别是线条和色彩运用上的典范。将这两种技巧结合起来，消除“素描”和“色彩”之间的非此即彼，这是他对自己提出的挑战，而这项挑战与追赶上西班牙王室一样艰巨。

运货马车和马匹朝北方进发。果然，天又开始下起了雨。5 月 13 日，在离开阿利坎特将近一个月之后，鲁本斯进入了巴利亚多利德，在那里他给文琴佐公爵写信说：“我已经将负责运送人、马和瓶子的重任转交给了安尼巴莱 · 伊贝蒂先生。瓶子完好无损，马匹毛色锃亮，形态优美，就和我从阁下的马厩里带出来时一样。”[28] 然而，曼托瓦大使伊贝蒂显然没有感到很高兴，他除了接过这项任务，带着冷冰冰的端正态度接见了鲁本斯之外，丝毫没有给这位画家他自认为在克服这一切困难之后应得的热情接待。但是，考虑到伊贝蒂自称一点也不知道鲁本斯此行的任务，这一场冷冰冰的接待或许也就不那么让人感到意外了。马？什么马？面对他的茫然态度，鲁本斯（据他自己说）只能回以标准的关切与礼貌。“我惊讶地回复说，我相信殿下是出于善意，只是事务繁多，难免会记不起一件已经忘记的事，因为我并不是公爵派给他的第一个使节，而且并未正式告知他当前我职责之内的事必须依照命令执行。他或许也有他的诸多苦衷。”至少，伊贝蒂似乎也帮了大忙，让鲁本斯摆脱了严峻的财务危机。鲁本斯自己的薪水和从曼托瓦带来的备用金早已花完，要不是当地商人借给了他一笔日后由公爵来偿还的贷款，他早就身无分文了。伊贝蒂出于仁慈之心，给被他干脆地称为“佛兰德人”的鲁本斯提供了新衣服和住所，供他安顿好随从、行李和马匹。

彼得 · 保罗很快发现，他此行的使命还是没有完成。腓力三世一行人去布尔戈斯（Burgos）附近的某个地方打兔子了，还得往北走。再来一段追逐国王的旅程显然是不可能了。鲁本斯既没有精力，也没有钱去考虑这件事，而且他还在等待那辆载着轿式狩猎马车的货车，最终这辆车于 5 月 19 日完好无损地抵达了。他会耐心地等待，直到国王狩猎回来，这一等可能要几个星期，也有可能要等上几个月。或许，利用这段时间喘口气也不错。他可以把礼物卸下来，梳理马匹，擦拭马车，擦亮花瓶，让一切如文琴佐公爵所愿，能够取悦国王。

可以想象一下这个场景。在一个明媚的春日早晨，阳光终于透过鲜嫩的栗子树叶照射下来。彼得·保罗戴着他最好的宽边帽，以免头部（他的发际线已经向后退去，头渐渐有一点秃了）被莱昂（León）的太阳晒到；他手持手杖，指向将要打开的木箱；他在马匹周围走动，它们晃动着鬃毛，在围起
108 的栅栏内变着方向跑来跑去；轿式狩猎马车就在不远处，擦拭一新，闪着光亮，优雅考究，完全配得上哈布斯堡王室；他心中燃起了一阵愉悦的志得意满，希望安尼巴莱·伊贝蒂那张不情愿的嘴里能蹦出几句致贺词来。随后，绘画作品被抬到了内室，一个个箱子竖放着。

他究竟是什么时候感到口干舌燥，突然间觉得紧身上衣让他喘不过气来的呢？准确地说，他究竟是什么时候看到这场灾难带来的全部损失的呢？是在木箱子被打开，钉子落入土里的时候？还是在一缕腐坏的空气，裹挟着被雨水淋透的稻草味和霉味，扑向他脸庞的时候？当他打开木箱，从镀锡内衬里提起一幅幅腐烂的画布时，他是否在以只有他能察觉到的方式微微颤抖？他是否像一个悲剧演员一样，毫不犹豫地咒骂了一声“恶毒的命运”？他这样咒骂时用的是佛兰芒语还是意大利语（他在写给公爵的信中保留了用拉丁文表达哀悼的习惯）？这些绘画作品看起来就像身染瘟疫的人一样，表面鼓胀起来，起了泡，沾满了油污。有的地方像是得了麻风病：一块块颜料以松散的薄片状挂在画上，或变成了聚集在木箱底部的碎片。鲁本斯用手指轻轻地触碰了画的表面，它就像一只爬行动物蜕皮一样，轻易剥落了。

能从这堆残骸中拯救出什么来呢？等到缓过神来后，一向有条不紊、遇事不慌的鲁本斯发现，并非一切都毁了。两幅原创的画作——马西斯的圣杰罗姆画像和波尔伯斯的文琴佐画像（仿佛画中主人的浮华变成了守护天使）——依旧完好无损。遭受西班牙雨季侵袭的画作被小心翼翼地移出包装和画框，清除了霉斑和尘垢，然后在卡斯蒂利亚久违的阳光下晒干。即便是颜料依旧附着在画布表面的部分，大多也已经严重褪色，但经过细心润色还

是可以修复的。当然，这项缓慢而费力的工作可能要几个月才能完成，几天时间是不够的。伊贝蒂对于如何减少损失有着完全不同的想法。雇当地的画家帮助鲁本斯快速画出“六七幅森林场景画”，以此来代替损坏的油画，这样做不是更高效吗？虽然鲁本斯已经被眼下的困境吓得不轻，但相比之下，这一提议让他更为震惊。这让他不禁想起米开朗琪罗那一套过于轻蔑的陈词滥调：所有佛兰德人都只会画旷野中的花花草草。考虑到他看到的当代西班牙绘画（“无能到令人难以置信”），他绝不想“因低劣的作品而被羞辱，如此辱没了我在这里获得的名声”[29]。他在写给基耶皮奥的信中坦陈了这次灾难，带着可想而知的痛苦，以及一丝他难得表露的酸楚。他已经开始动手将画面上鼓起的颜料块刮去，并进行第一轮的修补工作，在提起这项工作时，他插了一句略带讥讽的话，并（不那么令人信服地）声称自己这样说没有任何怨恨色彩：“我会运用一切技巧，势在必得地完成这项工作，因为尊贵的殿下（公爵）很乐意让我来守护并运送这些由他人绘制的画作，却不带一幅我的画。”

但是与哥哥十分亲近的鲁本斯非常了解哥哥的哲学理念，于是不可避免地从新斯多葛学派在磨难中保持坚忍的原则中汲取了力量。对自己忠诚，才 109
有可能化险为夷。鲁本斯拒绝技艺低下之人的帮助，也拒绝在自己的风格上做出让步，于是他此刻明白了，通过这次危机，他惊世之才的美名非但不会受到损害，反倒还会增强。伊贝蒂到处宣扬说，鲁本斯抱怨要花九个月的时间才能完成这项工作，而且他擅长的只不过是一些典型的“佛兰德式”乡村娱乐场景。既然如此，那好吧，那就利用命运给他的挑战，让所有人大吃一惊吧！就从这位高傲的外交官开始，他看起来是故意要打压鲁本斯的气焰。反正新鲜的颜料会让任何正经的艺术鉴赏家都能立刻注意到修补痕迹，那他干脆将佛兰德人的直率变成优势，与伊贝蒂的拙劣伎俩形成鲜明的反差。凭借技巧和速度（但不会因为仓促而粗心），他相信自己的修复工作一定能得到赞誉。更为有利的是，他现在可以用自己最近绘制的原创作品来替换两幅无法修复的作品。

这两幅新作品中，有一幅是《德谟克利特和赫拉克利特》（*Democritus*

and Heraclitus），画中的两位古代哲学家，一个面带笑意，另一个愁容满面，双双坐在一棵树下，中间隔着一个球状物，它象征着人的抱负心在世间规则面前的屈从。新画作的主题当然不是随意选择的。首先，它旨在展示鲁本斯的品位和博学；建立起他与拉斐尔的《雅典学院》（*School of Athens*）的关联，那两位哲学家最著名的亮相就是在拉斐尔这幅作品里；也与科内利斯·柯特的那些版画建立起联系，它们在 17 世纪早期的欧洲特别流行。如果鲁本斯将这一古典造诣展现给西班牙王室（尤其是当着那位曼托瓦大使的面，那位大使总是称鲁本斯为"佛兰德人"，仿佛他是低等智慧生物），或许就能唤起那种通过对立的竞争来催生真理和行动的传统。[30] 他或许仔细盘算过，博学地指涉斯多葛学派哲学——面对命运的残酷折磨要欣然接受——或许会被莱尔马公爵当成是对自己的恭维，因为公爵素来以小心行走在愉悦和庄重之间的谦逊举止而闻名。但在那些长着慧眼的人看来，这幅画同样也是纯粹的自传之作。考虑到鲁本斯这一路走来经历了那么多未曾预料到的危机和灾难，他很有可能与高大的赫拉克利特一样，对于人类竟自大到妄图让世界屈从于他们的意念，摆出一副哭笑不得的表情来。不过，他本质上是一个现代版的德谟克利特：在灾难面前，心平气和，沉着冷静；面对命运的无常，他非但没有急躁、烦恼，反倒镇定自若，觉得有趣。所以，在这幅画中，是德谟克利特用他有着宽大褶皱的袍子为世界提供遮盖和装饰，并用鲁本斯式修长、纤细的手指将世界守护住。

伊贝蒂对这位"佛兰德人"以自己的方式处理这件事的坚定决心感到惊异，于是放弃了快速绘制风景画的计划，但决定对鲁本斯明确表示，他对曼托瓦的事务享有优先处置权。当王室最终于 7 月初打腻了兔子回到巴利亚多利德时，是伊贝蒂，而非鲁本斯，把轿式狩猎马车和马匹送到了满心欢喜的
111 腓力三世面前，尽管这有悖于文琴佐公爵的指令。鲁本斯事无巨细地向公爵汇报了觐见的情况，他心里有火，但这股怒火出于顺从的需要而被压了下去，他只是补充说："我带着喜悦之情观察到，国王打着手势，点着头，露出微笑，表明他欣然接受了礼物。"就连这番讲述也意在向文琴佐暗示鲁本斯在写给基耶皮奥的一封更为直白的信中坦率表露的内容，也即他受到了蓄意的侮

辱，在整个过程中，他被安排在尽可能远离国王的地方，并且被迫只能通过肢体语言来判断国王的反应，仿佛他在一群朝臣中伸长了脖子。他讲述伊贝蒂的所作所为的信件，目前来看是不真诚的。比如，在谈到献礼仪式中遭到的冷遇时，他说：

> 我不希望对此事［即不经告知就改变礼仪］有所误解，这不重要，但是我对如此突然的改变感到意外。因为伊贝蒂本人多次向我提起过公爵大人的信，大人在信中明确下达过由我将礼物呈给国王的指令……我这样说，并不是在抱怨，仿佛自己是一个小人，满心只想讨得一点点奉承，我也没有因为被剥夺了这份恩惠而苦恼。我只是简单地如实描述这件事。[31]

就是这样。

发生在莱尔马公爵府上的第二次献礼，情况则完全不同。鲁本斯将大画幅作品陈列在一间大厅中，画幅较小的作品以及他的《德谟克利特和赫拉克利特》则陈列在旁边的小房间。公爵走了进来，他平易近人，穿着随意。他摆出一副最内行的鉴赏家的表情，绕着藏品看了一个多小时，小声说着客套话，最终宣布，曼托瓦公爵“赠送了一些他最珍贵的藏品；非常符合他的品位”[32]。突然，鲁本斯和伊贝蒂发现他们陷入了一个新的、完全没有预料到的困境之中，不过他们并不打算以此来折磨自己。因为鲁本斯的修复工作做得非常出色，公爵误认为他看到的就是原作，正如这位艺术家报告的那样，尤其因为“许多幅画由于遭到了破坏，反而获得了一种显在的古旧感（多亏了精良的修复）”[33]。鲁本斯强调说，他没有引导公爵（也没有引导国王和王后，他俩也对这批画作表示了赞赏）做出这样的假设。但是，他也没有指出他们所犯的错误。他好歹收住了赫拉克利特式的坦率，没有让国王和他的首席大臣露怯。

他的谨慎收到了成效。莱尔马欣喜若狂。这是何等的才华，何等的高雅，何等的周到！他甚至认为鲁本斯太体贴了，竟将这么多表现神圣慰藉的画收集起来，当作对他的特别安慰，因为就在几天前，他刚刚失去了亲爱的公爵夫人！此等奇才，咱们基督教王国最伟大的宫廷绝不能错失！于是，莱尔马给文琴佐公爵写了信，询问他是否能解除鲁本斯的职责，好让这位佛兰德艺
112 术家待在西班牙。曼托瓦公爵意识到他的宫廷画家的身价一下子涨了，当然也就婉言拒绝了这一请求，并且督促鲁本斯除了完成要做的事情之外，不要忘记委派给他的任务，即绘制“西班牙最美丽的女子”。显然，文琴佐对公爵的藏品有他自己的定义。

莱尔马想要再争取一下，不愿意就这么放弃这位横空出世的天才。他提出了一个曼托瓦公爵出于礼数实难拒绝的项目：他自己的骑马肖像。这是鲁本斯迄今为止迎来的最佳机遇，借此他可以证明自己不仅仅是一个有魅力的新手画师。但是这个项目非常复杂，甚至还有风险，他初露头角的政治直觉不可能忽视这一点。提香曾为查理五世画过一幅骑马肖像画，画中的查理五世正在米尔贝格（Mühlberg）战场上，全身披着铠甲，手上握着骑士长矛。凭借这幅画，提香设定了王室骑马肖像画的标准。这幅画就挂在埃尔埃斯科里亚尔修道院里，而鲁本斯在潮湿的马德里短暂停留时，曾仿制过这幅杰作。反过来说，这幅画必然也会让他想起所有骑马皇帝像的原型：高高耸立在卡比托利欧山（Campidoglio）上的马可·奥勒留（Marcus Aurelius）雕像。这尊英武的雕像包含了一切帝王的理想特征：冷静地驾驭着一匹高头大马，由此展现出征服全世界的统治力、勇武之力，以及充满哲思的镇定感。[34] 提香在这个庄严英武的公式中加入了明显的基督教骑士精神，如此一来，这位国王兼皇帝查理同时也成了“基督战士”（miles christianus），他跨在骏马之上，全副武装准备迎战异教徒、宗教异端和土耳其人。在尼德兰人科内利斯·安东尼松（Cornelis Anthoniszoon）创作的诸多版本的雕版作品中，骑着马的奥勒留形象一再被用于彰显君王的庄严气度，其中包括法兰西的弗兰西斯一世、英格兰的亨利八世，以及奥地利的马克西米利安皇帝。

这一传统还延续到了查理五世的儿子腓力二世，尽管他是以在埃尔埃斯科里亚尔的书桌上发动圣战而获得英名。腓力二世的大多数肖像都是坐着的，或许这样做是有意避免与永远无法比拟的父亲相比较。但也有例外，比如丁托列托的《腓力二世进入曼托瓦》（*Entry of Philip Ⅱ into Mantua*），不必说，

鲁本斯肯定知道这幅画。不过，查理五世的孙子腓力三世没有这份顾虑，不会排斥将自己描绘成一个至高无上的骑马武士，尽管他发动的大多数“战役”，打击的都是牡鹿和野猪。

确切地说，由于公众的流言蜚语认为王室的实际权力并不握在君王手中，而已经旁落莱尔马之手，所以鲁本斯不得不格外留心，避免绘制出“冒犯君上”（lèse-majesté）的画，加深人们对此的印象。他的解决方法是：将提香画中骑在马上之人的侧脸转 90 度，面对观看者，就像埃尔·格列柯（El Greco）那幅《圣马丁与乞丐》（*St. Martin and the Beggar*）中那样。莱尔马当时正在为他的妻子居丧，变得异常忧郁，甚至有一点遁世的感觉。这样一来，鲁本斯的挑战就在于，呈现出一个如战士般的大臣的形象，既可以保留其虔诚的朴素感，又传递出一种富有生气的权威感。没有比利用反差更好的方法了（就如同他在《德谟克利特和赫拉克利特》这幅画中展现的一样）。一位穿黑色衣 113
服的骑士，有着智者的银棕色头发，骑一匹引人注目的灰白色马：这是一匹真正的飞马，长着一对黑色大眼睛，一对耳朵竖着，卷曲的鬃毛飘动着，是那种在骑士小说中常常出现的烈马。风吹动马匹左边的鬃毛，这意味着它处在动态中（至少是在快速小跑），而这位公爵一只手控制着马，另一只手抓着指挥杖，展现出完美的静态画面。巴洛克时期，艺术界对骑马形象有这样一种共识：在马鞍上不费力气地控制马匹的样子，不仅仅用来类比开明政府，更是其标志——力量和智慧的完美平衡。所以鲁本斯给莱尔马提供的恰恰就是他想要和需要的：一种辉煌的谎言；一个无畏的指挥官形象，身体稳健，头颈在狭窄的西班牙襞襟中高抬，驭马向前，将嘈杂的战场留在身后；它完美反驳了那些说他不过是寄生虫和盗贼的难听的流言。事实上，这位二十六岁的新手画师改造了这种绘画体裁，从白厅到凡尔赛宫，从斯德哥尔摩到维也纳的无数王室宫廷中，它将成为巴洛克时期全能君主最喜爱的肖像风格。

如果鲁本斯对“伟大马匹”进行过全方位的研究，那么他必然会考虑布景问题——这幅画将高高地挂在公爵府的画廊最里面，宽度要占满整个空间，这样一来，来访者就能从下方带着谦卑和敬畏之心观望它，仿佛出现在他们面前的是无所不能的凯撒。等这项工作进行到较晚的阶段，或许是 1603 年秋

鲁本斯,《马背上的莱尔马公爵》，1603 年。布面油画，289 厘米 ×205 厘米。马德里，普拉多博物馆

天，鲁本斯在莱尔马位于温托塞拉（Ventosilla）的乡间宅邸里为这幅画收尾时，他用另外几张画布扩大了画幅，以便能够在其中加入两棵树：一棵棕榈树和一棵橄榄树，分别象征着胜利与和平，两者都是公爵的性格写照。鲁本斯的这一构思极为巧妙，让人想起他在《亚当和夏娃》和《德谟克利特和赫拉克利特》中使用的枝叶悬垂的树木，以此来突出公爵的形象：粗壮的树枝勾勒出他右肩的力量；棕榈树叶像基督的光环绕在他的头边。即便是其中的光影也成了完美的宣传——战争的暴风云如同舞台幕布一样分开，让一缕耀眼的光辉笼罩在主人公的头部和那匹雪白的战马头上。

直到11月底，鲁本斯才完成了令他满意的莱尔马肖像画。他是在巴利亚多利德开始这项工作的，当时是照着模特来画公爵的身形，因为在一幅初步素描中，莱尔马留着胡子的脸是事后贴到画中人脸上的。就在鲁本斯做最后润色的时候，莱尔马迎来了他政治生涯中最重要的时刻。英格兰女王伊丽莎白一世，哈布斯王朝的眼中钉，终于驾崩了，王位继承的不确定性引发了事关英格兰未来宗教信仰的种种问题，毕竟继任的詹姆斯国王是天主教徒玛丽·斯图亚特（Mary Stuart）的儿子。在这个时期，鲁本斯恰好与莱尔马来往频繁，因此不可能不接触到这场有关政治与外交的讨论。但与此同时，鲁本斯收到曼托瓦公爵一系列信件的猛烈催促，口气越来越迫切，都在催他赶紧离开西班牙。不过，文琴佐的计划是让鲁本斯途经巴黎和枫丹白露，在那里 114
画一些法国美人的肖像。鲁本斯在一封写给基耶皮奥的信中郁闷地承认，在他去往西班牙之前，公爵就表明了这一意图。但是这段时间的经历，说得委婉一些，是一场使他迅速转变的教育。他离开曼托瓦时，还是一位朝臣新手。离开巴利亚多利德时，他已经变成了一名老练的外交家、政客和旅行承办人，尤其重要的是，他成了一个以凯撒而非交际花为主题作画的画家。他如何能在不惹毛赞助人的前提下，以足够的底气清楚地说明他的地位已不同于当初了呢？如今，鲁本斯已是一个擅长用言不由衷的话语表达抗议的高手，于是，他又一次用这样的方式巧妙地达到了暗示效果。在写给基耶皮奥（他对此类事件展现出了足够的耐心）的信中，鲁本斯写道："这项任务不太紧急"，而且由于"此类合约总是会导致许多不可避免［以及不可预料］的后果"，所以，谁知道他会在法国耽搁多久呢？公爵凭什么认为，法国人在看过他画的样本后，不会像西班牙人或者罗马人那样对他的艺术产生兴趣呢？如果公爵殿下真的如他强烈渴望的那样，想让他回到曼托瓦，那么将这项任务派给已经在枫丹白露的德 · 布罗斯（de Brosse）先生或者罗西（Rossi）先生岂不是更明智？也许他们已经为公爵的画廊绘制了一些法国美人的画呢？为解决这个问题，鲁本斯进一步假设，基耶皮奥肯定不想把一大笔钱浪费在“那些不配让我去画的作品上，这些能够满足公爵品位的作品，任何人都能画……我真挚地恳求他安排我去画一些更配得上我才华的作品，无论是在国内还是在国外。我肯定自己定能获得您的支持，因为您一直愿意在公爵大人面前为我说话。怀着这份信赖，谨以谦卑的敬意，亲吻您的手”。[35]

他的鲁莽奏效了。画法国美人肖像的任务没有再次提起。鲁本斯乘船，直奔意大利而去。

4. 兄弟情谊

但是，这位无所不能的画家会游泳吗？他从西班牙回来之后，完成了《赫洛与勒安得耳》（*Hero and Leander*），只要看一眼这幅画，你就不会觉得他会游泳。在赫勒斯滂*的波涛深处，勒安得耳，这位长途游泳的爱人，溺亡了。这一晚，一场风暴（在鲁本斯的画作中，风暴依旧猛烈）扑灭了他的爱人赫洛设在一座高塔上的引航之灯，并夺走了他的性命。勒安得耳的脸已变得苍白，而他那具依旧保持着完美体态的身体，被一队奥维德的花样游泳选手——海仙女涅瑞伊得斯（Nereid）托举了起来。只有领头的那对海仙女更懂得水
115 波的推动力，用有效的侧泳方式拖着勒安得耳。她俩的姐妹们，仅仅依靠便于漂浮的鲁本斯式的身体，在浪峰和浪谷之间进行人体冲浪。她们连接在一起，组成了一道装饰性的人体波浪，荡漾在画布上。画面左边有一些海仙女，

* 赫勒斯滂（Hellespont），今称达达尼尔海峡。——译注

鲁本斯，《赫洛与勒安得耳》，约 1605 年。布面油画，95.9 厘米 ×127 厘米。纽黑文，耶鲁大学美术馆

形象复制自米开朗琪罗和鲁本斯自己的《勒达与天鹅》，看上去像是在给喷泉雕塑当模特；还有一些海仙女倚在海上，仿佛海水就是一张舒适的软垫沙发；另有一些海仙女踩着水，惊恐地盯着穿着红色衣袍的赫洛；赫洛一头扎进海水里，怀着对爱人的悲痛之情自杀了。画面的左下角有一只海怪，它张着煤斗般的大嘴，自信地等着他的午餐。[36]

或许，鲁本斯看了太多宫廷舞会和街头游行的表演，这些表演使用纸板道具对海神掌管的海域进行程式化的演绎，这才使得他在创作中将人物的布局编排得像一场水上芭蕾舞。但是，翻腾的大海本身也被他刻画得十分震撼，就算他如同人们设想的那样看过达·芬奇的《大洪水》[37]，这画面也让人很难不去做这样的想象：他在西班牙和热那亚之间的海上，靠着船舷，勾勒着海浪的涌动和冬日青灰色天空中不祥的乌云团。现藏于爱丁堡的一幅《赫洛与勒安得耳》初步素描，确实逼真地呈现了堆叠在一起的海浪，浪头卷起，泛着泡沫。尽管人物造型充满了风格主义的矫饰感，但通过鲁本斯极为高超的绘
117 画天赋，这幅画并未止步于表现技法。由身体组成的圆环，在暴雨密布的沉重空气和翻滚的波涛形成的漆黑隧道中颠簸翻滚。一股股泡沫和浪花像贪婪的鳗鱼一样蜿蜒着穿过画面空间，与此同时，一束束如箭矢般尖锐刺眼的光亮正射向乌黑的昏暗之景。这幅图卷吸着，拉扯着，吞噬着，吞咽着，就像动物般的海洋一样。这就是一片荒野，有的地方狂躁，有的地方优雅。这是一次冒险的尝试，就像丁托列托最原始的作品那样，而鲁本斯采用了他的这种画法，用来反抗提香式充满肉欲的宁静。难怪伦勃朗会喜欢这幅画，他欣赏它充满激情的冒险精神、狂暴的光亮，以及翻腾着、展现出如阿拉伯装饰图案般活力的构图。1637 年，伦勃朗不惜以 440 荷兰盾的天价买下这幅画。这幅画在伦勃朗位于圣安东尼布里街（St. Anthoniesbreestraat）的房子里挂了七年，他在 1644 年将它卖了，赚了一笔不错的利润。[38]

无论鲁本斯在渡过地中海回去的航行中，遇到的是顺风还是逆风，海洋的变化都从此印刻在了他的脑子里。《赫洛与勒安得耳》之后，他紧接着创作出了《法老和他的军队葬身红海》（*Pharaoh and His Army Drowning in the Red Sea*）。现在这幅画仅有部分残存，却仍令人叹为观止：许多无助仰望的脸庞，挣扎着沉入水下的骑士。一幅名为《基督平息加利利海上的风暴》（*Christ Calming the Sea of Galilee*）的画——伦勃朗在 1636 年创作的一幅画高度模仿了这幅画，现在那幅画已经落入了一个艺术品盗贼之手[39]——也是在鲁本斯离开西班牙之后的这段日子里画的，还有两幅属于鲁本斯的《埃涅阿斯纪》组画也是：《埃涅阿斯和他的家人离开特洛伊城》（*Aeneas and His Family Departing from Troy*）和《埃涅阿斯遭遇海难之景》（*Landscape with the Shipwreck of Aeneas*）[40]。鲁本斯的维吉尔系列画作，对于曼托瓦来说有着特殊的重要意义（至于对文琴佐 · 贡扎加，那就很难说了），因为维吉尔是这座城邦的本土诗人，而鲁本斯在这两幅画中加入了他对主题的完美理解，体现了维吉尔在灾难和希望之间精心构造的平衡。两幅画都被分成了绝望和希望两

上：鲁本斯，《埃涅阿斯和他的家人离开特洛伊城》，1602 至 1603 年。布面油画，146 厘米 ×227 厘米。枫丹白露城堡
下：鲁本斯，《埃涅阿斯遭遇海难之景》，1604 至 1605 年。布面油画，61 厘米 ×99 厘米。柏林，老国家艺术画廊

个部分，而大海在两幅画中分别代表希望和绝望。在《埃涅阿斯和他的家人离开特洛伊城》中，风胀满了等待出航的船只的中桅帆，也拂过特洛伊浩劫中逃难者们垂头丧气的身体，催促他们赶快行动。而在《埃涅阿斯遭遇海难之景》中，大海的角色则相反。画中的海洋，就像《赫洛与勒安得耳》中赫勒斯滂的海水一样，漆黑一片，汹涌澎湃，不断拍打着利古里亚海岸。鲁本斯 18 世纪的狂热爱好者和传记作者罗歇·德·皮勒认出了这处海角，确认画中的利古里亚海滩就是拉斯佩齐亚（La Spezia）附近以岩石耸立而闻名的韦内雷港（Porto Venere）。[41] 幸存者们紧紧抓住从沉船后方伸出的圆木，而画面中间的空间则留给了鲁本斯早期的田园风光：一座灯塔矗立在山上，下方的风景沐浴在一片令人舒适的光亮之中，包裹在鲁本斯的椭圆形构图里，彩虹在上方拱起，道路在下方蜿蜒——以子宫的造型来呈现埃涅阿斯在拉丁平原的命运。

通常，象征命运反复无常的是女神福尔图娜（Madama Fortuna），她的头发，以及在风中飘扬的绸缎，就像船帆一样。在诸如风格主义画家巴托洛梅乌斯·施普兰格尔的绘画 [42] 中，她会以站在船舶前面的形象出现，背景是波涛汹涌的海面或者一座安全的港口。彼得·保罗从西班牙航行返回之时，菲利普·鲁本斯仍在意大利。他看到了水手遭遇海难的景象，为他弟弟是否能安
118 全归来感到焦急。他不愧是鲁本斯家的一员，他用拉丁文诗句表达了自己的担忧，祈求那些“居住在天上的光明神庙里，在布满船只的海洋里……掌管第勒尼安海”的神明“保佑你的船免受引发海上暴风的可怕群星伤害。愿顺风和温柔的西风带你越过微波荡漾的明媚水面，助你的轻舟抵达港口，船首高挂荣耀之冠”[43]。菲利普承认，他惶恐之心尤甚，就连平日里这世上他最热爱的学习研究，现在也让他充满厌恶。鲁本斯兄弟俩如此情深，却因为时间不凑巧而擦肩而过。彼得·保罗的“轻舟”刚刚安全抵达港口（可能在热那亚），从痛苦中解脱的菲利普却决定必须返回尼德兰。随后，在菲利普北上的路上，两人才得以于 1604 年 2 月在曼托瓦相见。或许菲利普别无选择。他已经完成了法律学业，并且和他父亲一样，成了教会法与民法博士。但是，他又不同于他的父亲，他是“那个好的鲁本斯”：有责任心且认真，义不容辞地要将他

负责照看的两个已完成学业的年轻学生送回尼德兰。而且很有可能，他也想回家看望他的母亲玛利亚，她的健康状况开始有些令人担忧了。

然而，他那位如父般的老师，明确表示想要让他回来。1604 年 1 月的最后一天，就在他们兄弟团聚前，于斯特斯 · 利普修斯感觉自己年岁已高，为时局而困扰，并且感觉这两样犯愁之事以某种方式纠缠在一起。于是，他写信给菲利普，几乎带着恳求的语气要求他在一切为时过晚之前，赶紧回到勒芬大学。“赶紧，赶紧，赶紧回来与我交谈，坐在我身边……我并没有把你撵走，只是委托你去别的地方待一段时间。但是，意大利将你迷住了。我一点也不爱这个地方，因为你太爱它了。”不久之后，他又写了一封信，在信中想象了他俩见面时的场景。“我等着你，我急切想见你，我张开双臂拥抱你。尽早回来吧。我老了，我头发发白了。我等不起了。若无法立刻享受你的陪伴，怕是永远也见不到了。”[44] 这些话是一位父亲对养子发出的沉重叹息。为了确保菲利普能听到他的叹息，利普修斯几近无意地提起他从马上（这匹马其实是一位里夏多家族成员，即阿拉斯的主教，送的礼物）摔下来的事。“我过得还好。”他带着不那么令人信服的平淡补充说。

利普修斯想要菲利普回来的原因有很多。他当时正打算出版一部不那么具有个人风格的颂扬圣母的神迹画册，但更为重要的是，他即将完成他这一生的重要著作——一部详尽论述塞涅卡的戏剧和哲学作品的权威之作。如果不是遭遇了这起从马上摔落的事故，他就会把终稿带到安特卫普，交给巴尔塔萨 · 莫雷图斯的出版社。不过，就算没有遭遇不测，他确实也需要最信赖的学生来监督出版的最后阶段。这项带有尽孝性质的编辑职责，菲利普实难拒绝。这个老人（只是看上去老，他只有五十五岁上下）就像是菲利普一直以来所缺失的父亲。他在勒芬的住所，从某种意义上来说，就是菲利普真正的家。在那里，几个挑选出来的学生同吃同住，一起与老师畅谈。但是，这种亲密无间的父子关系，也会带来可预见的内疚和窒息感。利普修斯十分确信自己时日无多，非常渴望菲利普 · 鲁本斯继任他在勒芬大学的教职，并且 119
在菲利普身上看到了集学养和道德于一身的品质，这种品质足以让菲利普顶着战争给不幸的比利时人（miseram Belgicam）带来的无休止的打击，使新斯多葛学派的信条得以延续。[45] 在即将到来的艰难时日，菲利普将成为天主教人文主义的旗手。

然而，等真正到了时候，菲利普却退缩了，拒绝了这份工作。他再次见到他那位教授父亲，并把老师的作品交给出版社之后，他的心就又一次立刻转向了意大利和彼得 · 保罗。至于在处理这些苦恼的事情时，这位老者和这位年轻人之间发生了什么，那就很难知道了。众所周知，利普修斯向来极其重视智识的独立性，所以现在他很难拒绝给予菲利普 · 鲁本斯这种独立性。当时枢机主教阿斯卡尼奥 · 科隆纳（Ascanio Colonna）有一份图书馆管理员的职位空缺。科隆纳的父亲曾在勒班陀（Lepanto）战役中担任教廷舰队的指挥官。科隆纳是一个学识极为渊博之人，自 1602 年以来一直以阿拉贡总督的身份在西班牙任职。他回到奎里纳莱山（Quirinal hill）脚下的家族宫殿之后，需要一位有学识的帮手来照看他那座著名的图书馆。这位枢机主教患有严重的胃肠道疾病，只能靠每天喝一种于他受损的味觉无害的冷饮维生。利普修斯或许留意过他的这一传闻。1605 年 4 月 1 日，他代表他的门徒写信时，没有遗漏任何有可能奏效的恭维之词。他宣称，菲利普 · 鲁本斯就是“我希望拥有的儿子的样子，如果上帝赐予我一个儿子的话”。[46]

菲利普得到了这份工作。但是他不打算完全抛弃他的导师和恩师。他带着利普修斯写的《塞涅卡》的崭新献本，想要亲自交给新任教皇，即来自博尔盖塞家族的保罗五世（Paul V），外加一首献诗和一张这位智者的肖像。画中的利普修斯穿着他那件标志性的豹毛镶边外套，他一只手拿着这本书，另一只手放在他那条黑色的西班牙猎犬萨菲尔（Saphyr）身上，它既象征着忠诚，又象征着磨难中的坚忍，因为这条小狗的结局非常不幸，它掉进了装满沸水的铜锅里。痛失爱犬的主人用拉丁文写了一首哀歌：“哦，可怜的小家伙 / 你现在去了黑暗的冥国地界 / 愿你的兄弟刻耳柏洛斯 * 好生待你。”[47] 当书和画作最终送到教皇手中时，鲁本斯两兄弟都在现场参加了赠送仪式。

在曼托瓦工作了两年之后，彼得 · 保罗设法从文琴佐公爵那里获得了休

* 刻耳柏洛斯（Cerberus），古希腊神话中长得像怪物的冥界看守犬。——编注

鲁本斯,《基督受洗》,约1605年。布面油画,482厘米 ×605厘米。安特卫普,皇家艺术博物馆

假许可,好让他能去罗马为贡扎加的收藏馆仿制一些画(这一次没有关于绘制“美人”的指令)。他为曼托瓦的耶稣会教堂绘制伟大的王室祭坛画和配套画作[包括《耶稣显圣容》(*Transfiguration*)和庄严的《基督受洗》(*Baptism of Christ*)]的工作已经完成了。这幅《基督受洗》画得异常华丽,表明鲁本斯希望被视作伟大的意大利大师的继承人。他有意地以提香的柔和风格来塑造天使,那群身材健硕、正在宽衣的受洗者借鉴自米开朗琪罗,基督和施洗者约翰的形象则来自拉斐尔。他们被安排在一片灿烂的风景中,一棵让人联想起十字架的拟人状的树矗立在画面中央。[48]

鲁本斯向贡扎加表明了自己的想法,即使没有他哥哥即将来罗马作为强
大诱因,他或许也希望摆脱曼托瓦。那时,公爵的领地一团糟。一个叫作弗 120
拉·巴尔托洛梅奥·坎比·迪·萨卢蒂奥(Fra Bartolomeo Cambi di Soluthio)的僧侣自称蒙受了神恩,像定期流行的瘟疫一样来到意大利各城邦,不断地对着拥挤的人群大声呼喊,声称罪恶盛行,惩罚即将到来,还通过一系列治

愈的奇迹来增强自己的可信度。当然，曼托瓦的犹太人被认为是导致公民遭遇所有不幸的罪魁祸首。可想而知，这位僧侣应对这一“问题”的方法，就是进行一轮迅捷的驱逐和屠杀。军队被派去保护犹太人居住区，人们的情绪因此变得异常歇斯底里。最终一些完全无辜的犹太人被随机挑选出来，冠以子虚乌有的攻击基督徒的罪名，然后被当作替罪羊遭到公开处决。

到了 1605 年 12 月，彼得 · 保罗已经离开曼托瓦，搬去了罗马。自从在安特卫普的学生时代以来，兄弟俩第一次同住在一个屋檐下。他们住的房子位于十字大街（Via della Croce），靠近西班牙广场[49]，周围住着许多北方艺术家：保罗 · 布里尔（Paul Brill）和马修 · 布里尔（Matthew Brill），彼得 · 保罗经常和他俩在坎帕尼亚（Campagna）骑马和写生；亚当 · 埃尔斯海默（Adam Elsheimer），一位从法兰克福来的极具创造力的艺术家，他在罗马住在格雷奇大街（Via dei Greci），他创作的高度紧凑、构图巧妙的历史题材风景画，或许会让鲁本斯想起施蒂默那些最具戏剧性的作品。埃尔斯海默于 1610 年 12
121 月英年早逝，鲁本斯写道：“听到这则消息之后，我的心因忧伤而受到的重创无以复加。”[50]他们失去的还不止这位画家。安特卫普传来了另外两人去世的消息时，古罗马广场遗址上的野花才刚刚长出。第一个消息由他俩的朋友巴尔塔萨 · 莫雷图斯在一封哀悼信中告知：利普修斯，多年来一直预言自己不久于人世，最终于 1606 年 3 月 26 日去世了。在去世前的几天里，他向一位朋友透露说，菲利普是“唯一与他心智相通的帮手，那些值得你托付内心最深的秘密的人理当被爱”[51]。这位门徒在听闻最亲近的导师去世的消息之后，其感受如何，只能靠想象了。但是他答应参与撰写一份拉丁式的集体悼词，利普修斯所有最博学的门徒都会参与。不到一个月的时间里，兄弟俩又接到了他们唯一存活的姐姐布兰迪娜也去世的消息，她或许是被在欧洲北部城市肆虐的瘟疫夺去了生命，享年四十二岁。玛利亚 · 派伯林克斯已有四个孩子先她一步走进了坟墓：巴托洛梅乌斯、亨德里克、艾米丽和扬-巴蒂斯特。尽管她仍可以依靠朋友、派伯林克斯家族和兰特米特尔大家族的支持，但她现在一个人住在位于克洛斯特街的那间黑木屋里。

然而这一切都不足以——至少现在还不足以，让兄弟俩放弃在罗马的逍遥生活。1606年的夏天是他们生活中的一段黄金时期，那是一个自由的季节，美中不足的是，菲利普逐渐意识到阿斯卡尼奥·科隆纳的暴脾气。不过，他继续忙于编撰一本极不寻常的汇编集：《选集Ⅱ》（*Electorum Libri Ⅱ*）。这本杂集中收录了对罗马社会各类细节的观察和评论：不同等级、不同穿衣风格的罗马参议员和贵族所穿长袍的花边的精确剪裁（以及颜色）；被扔进圆形竞技场，宣布马车比赛开始的那块布的形状（以及颜色）；罗马军队中所有等级的军士喜欢的军用斗篷；贵族女性缀满装饰物的软鞋子；新娘钟爱的长发、发辫和发带的准确数量和样式。[52] 记录这些不计其数、种类繁多的事物，菲利普意在提供权威的信息，尤其是拉丁文作家之间相互矛盾、引起疑惑的领域。但是，若没有他弟弟展开同样艰苦卓绝的研究工作，继而给出一系列一一对应的视觉例证的话，他是很难下判断的。弟弟彼得·保罗细心地根据石棺、凯旋浮雕、半身像和雕像绘制了这些素描，那些东西是他从各种各样的地方找到的：有的在公共场所，有的立在贵族的庭院和花园里，有的陈列在梵蒂冈的美术馆里，还有的刻在他早就不停收集起来的古代硬币、宝石和浮雕宝石上。彼得·保罗的许多素描和文字抄写都是为了给菲利普的书提供说明而作，但他同时也系统性地积累起了一份有关历史细节的视觉档案，为他日后创作历史题材画作提供了丰富的素材。这位鲁本斯既是艺术家又是叙事者，对他来说，痴迷于臂章的花样和长袍的扣环这类东西，并非琐碎的文物研究。这是严谨叙事者的标志。历史的可信性和寓言的幻想与稚气之间的差别，便在于此。

于是，彼得·保罗将他哥哥做学问的一丝不苟转变成了视觉上的考古 122
学。他将这种才能运用到了委托给他的一项任务中，获得了无与伦比的效果。他希望通过这项任务——为奥拉托利兄弟会新堂（Chiesa Nuova）绘制祭坛画——树立起足以与同时代最伟大的意大利历史画家比肩的地位。

这座“新堂”最重要的一点是，它非常古老。或者更确切地说，它所在的地方据说甚至可以追溯到罗马基督教的早期，因此鲁本斯的许多有权有势的赞助者，比如枢机主教切萨雷·巴罗尼乌斯，执意复兴这座原始教堂。这座教堂旧名小谷圣母（Santa Maria in Vallicella），建在6世纪晚期伟大的圣格列高利（St. Gregory the Great）教皇创立的一座本笃会修道院的遗址上。格列高利因诸多美德和品质而被人铭记：在东罗马帝国权威名存实亡的时候，他成了饱受洪水、饥荒和野蛮人入侵之苦的意大利省份的有效管理者；他是在英国和德国的福音传教活动的伟大赞助人；他是素歌的编撰者和祈祷仪式的传播者。不过，最重要的是，格列高利强有力地支持并捍卫了圣彼得至高无上的继位权，使他独立于拜占庭帝王和他的主教（君士坦丁堡主教）。这些使得格列高利成了教皇制度的实际（而非名义上的）建立者。1575 年，格列高利十三世教皇将这座教堂赐给了奥拉托利会的会众，从而永久地改变了这座教堂的历史。

奥拉托利会的会友都是菲利波·内里（Filippo Neri）的信徒。内里是一名牧师，最初想成为去印度传教的传教士，但后来他反倒认定“罗马将成为我的印度”。他在 16 世纪 50 年代成立了一个兄弟会来照顾前往圣城的朝圣者。渐渐地，内里经常陷入令人狂喜的异象。通常是关于圣母的，这种异象持续时间长、对他起的作用也非常大，以至于他身边的牧师有时会在他陷入异象时离开教堂，在他回归现实之后才回来继续做礼拜。自然，内里觉得有必要将这些异象分享给普通信众，他质朴而充满激情的布道吸引来一群追随者，这些追随者随后发展成了一个团体。这个团体在很多方面与举足轻重的耶稣会截然不同：它的组织方式开放而松散，而耶稣会不仅组织严密，并且行动隐秘；他们在公共广场传教，通过他们的“演说”号召信徒祈祷；他们的传教热情直接，而非由理智驱动；他们的传教是自发和即兴的，而不是循规蹈矩的。比如，内里在没有为建造教堂筹集到一分钱时，就已经决定拆除分配给他的那座早已摇摇欲坠的教堂，打算将其重建成罗马最宏伟的教堂，这完全符合他的个性。

由于内里是这样传奇般的亲民、虔诚、受人欢迎，大量资金涌入了新堂的建设中，尤其在他于 1595 年去世后。1595 年 5 月，这位牧师在他生命的
123 最后一天里，还在和一长队来访者讨论信仰问题，然后他在宣布“最后，我们终难逃一死”之后与世长辞。谁能忍得住不向这样一位牧师捐助呢？然而，尽管内里教堂的主体在 1600 年前已经建成，但直到 1605 年，教堂壮丽的外

立面才最终竣工。随后，自 1593 年以来由巴罗尼乌斯领导的奥拉托利会的会友才得以进行教堂的内部装饰。无论从概念上还是从实践上来说，这都是一项艰巨的挑战，也因此它无疑成了整个罗马最被看重的一项任务。那位幸运接手此任务的艺术家，需要设计出一个方案来，设法将该地复杂的历史和最新住户（因为内里的遗体已葬在教堂里）的质朴结合起来。这个方案需要使人想起圣格列高利和早期罗马圣徒和殉道者的世界，其中许多圣徒和殉道者的遗骸（现存于新堂里）是在建筑挖掘过程中发现的。而且，奥拉托利会会友坚持，高祭坛上的绘画必须设法融入一幅圣母神迹象（实际上，这是一幅相当没有说服力的 14 世纪圣像），据说画中的圣母止住了伤口的血流，这是奥拉托利会对圣母崇拜的信仰焦点。

一个佛兰德的无名之辈，在罗马待了两年不到的时间，居然能击败费德里科 · 巴罗奇（Federico Barocci）这样的对手，赢得了这项任务，这似乎是不可思议的。据说，菲利波 · 内里生前每天都要在巴罗奇画的《圣母往见》（*The Visitation*）面前沉思。但是，巴罗奇已年过七十，或许被认为年纪太大。据说他深受消化系统疼痛的折磨，严重影响了他的产出，而且无论如何，他不太可能愿意离开乌尔比诺。另一方面，冉冉升起的天才圭多 · 雷尼（Guido Reni）可能被认为太过年轻，缺乏经验。安尼巴莱 · 卡拉齐在中风后患上了忧郁症，几乎放弃了绘画。卡拉瓦乔因 5 月份被控谋杀而逃亡，此时正藏匿在他的赞助人科隆纳家族的庄园里。还有诸如克里斯托福罗 · 龙卡利（Cristoforo Roncalli）这样的天才，他无疑认为自己具备被雇佣的条件。不过，就算竞争变得更为激烈，鲁本斯也有可能胜出，正如他在给基耶皮奥的信中所写的那样，“如此光荣地对抗罗马所有杰出画家的自命不凡”。[53]

到了 1606 年夏天，彼得罗 · 保罗 · 鲁本斯（Pietro Paolo Rubens）* 已经是一个很有竞争力的角色了。他可以拿他在耶路撒冷圣十字圣殿的第一幅祭坛画，以及曼托瓦耶稣会教堂的三幅伟大画作来证明自己。他的主要赞助人之一，枢机主教贾科莫 · 塞拉（Giacomo Serra），是热那亚人，很可能知道鲁本

* 鲁本斯的意大利语称谓。——编注

斯为利古里亚城邦斯皮诺拉–多里亚王室的主要成员（尤其是妇女）所画的惊人画像。不管塞拉是否知道这些作品，他对鲁本斯都有足够的信心。他愿意为该项目捐助 3 斯库多[*]，条件是将这项任务授予这位佛兰德画家。也许更重要的是，奥拉托利会会友视鲁本斯兄弟为佛兰德–德国圈子里的杰出成员，认为他俩具有强大的学术能力和精神能量。也许他们曾是局外人，但如今不再是了。彼得 · 保罗也不再被认为是拿着刷子的工匠。1606 年 8 月 2 日，当他被授予这项任务时，来自尼德兰的艺术家们也沾了光，一同为之庆祝，他们
124 觉得终于可以摆脱米开朗琪罗的嘲讽了。

鲁本斯的大胆或许也促成了他的成功。为了证明自己能胜任这项工作，艺术家们需要向奥拉托利会提交近期的作品，以证明自己的技巧和能力。鲁本斯并没有提交早前的绘画，而是画了一幅大型的油画草图（高约 5 英尺[†]，宽约 4 英尺），呈现他对祭坛画的构思。也许他充分利用了关于祭坛画的指定主题的内幕消息，但毫无疑问，这幅"小样"（modello）有力地证明了他够格承担这项任务。[54]

虽然古典拱门前的台阶上聚集的历史人物之间实际上相隔至少三个世纪，但鲁本斯还是把他们组合在了一起，共同见证罗马从异教统治转向基督教救赎的时刻。从拱门下可以瞥见帕拉蒂诺山被侵蚀的废墟和小小的圣特奥多罗（San Teodoro）教堂，这里长期以来被认为是早期基督教徒的殉道之处。站在格列高利左边，全身裹着华丽的紫罗兰色绸缎的是弗拉维娅 · 多米蒂拉（Flavia Domitilla），她是皇帝图密善（Emperor Domitian）的亲戚，因拒绝敬奉罗马帝国后期的神祇与神像而在 2 世纪被火刑处死。两个穿着帝国铠甲的，是早期的殉教者毛鲁斯（Maurus）和帕皮亚努斯（Papianus），但他们很容易让人们回忆起巴罗尼乌斯和奥拉托利会会友特别感兴趣的圣徒：多米蒂拉的宦官亚基略（Achilleus）和聂勒（Nereus）。这两人原本都是士兵，而后突然转变信仰，继而为此殉道，他俩的圣物就保存在多米蒂拉的墓地里。[55]

---

* 斯库多（scudo），16 到 19 世纪在意大利流通的货币。——译注

† 英美制长度单位，1 英尺约 0.3 米。——编注

鲁本斯，《〈圣格列高利与圣多米蒂拉、圣毛鲁斯、圣帕皮亚努斯〉的草图》，约1606年。布面油画，146厘米 ×119厘米。柏林，柏林画廊

鲁本斯按自己现在已经形成的习惯，在资料库中搜索特定的人物造型和
整体构图：格列高利的双手，一只伸出去并按透视法缩小，另一只抓住一本
书，这个造型来自拉斐尔《雅典学院》中的亚里士多德；留着胡子的士兵圣
徒和多米蒂拉的头部都取材自古典半身像，这群聚集在神圣幻象（在这个初 125
步素描版本中，可以从向下照射到格列高利仰起的脸上的光中看出）周围的
神圣人物取材自提香的《荣耀中的圣母与六位圣徒》（*Virgin in Glory with Six
Saints*）。但是，画中动与静、光线与阴影的绝妙交替（例如，在这位面部光
滑的士兵圣徒的右腿上）；“戏剧”所在的浅层空间和往后深深嵌入的背景；

鲁本斯，《圣格列高利与圣多米蒂拉、圣毛鲁斯、圣帕皮亚努斯》，约1606至1607年。为新堂所作初步素描。蒙彼利埃，法布雷博物馆

尤其是色彩鲜艳的布料令人眼花缭乱的流动效果，变换着，上升着，仿佛受到满溢的光辉之力的影响——凡此种种，鲁本斯都并非借鉴自他的前辈。在这里，他无可辩驳地就是一位开创者。

8月初至9月26日，鲁本斯与奥拉托利会签订了合同，这位艺术家进一步完善了他的设计。现存于蒙彼利埃的一幅钢笔与粉笔素描，似乎就是这幅画的素描草稿（sbozzo o disegno），需要得到奥拉托利会的批准才能进行最终定稿。拱门和景观依然保留，不过除了圣格列高利之外，圣徒的人数从三人增加到了五人。在其他方面，鲁本斯缓和了第一版素描中庄严的罗马风格造成的压迫感。蓄着胡须的士兵圣徒不再直勾勾地、挑衅地盯着观画者，而是在和他的同事交谈。基路伯小天使一个为格列高利捧着圣书，一个飞翔在格

列高利头上的装饰性画框周围，这个画框将用来展现施展神迹的圣母像。只有格列高利头部的严肃感非但没有减轻，反倒加强了。他看上去年纪更大了，胡须刮得很干净，脸上的皱纹和颈部下垂的皮肉勾勒得很仔细。他戴着一顶一眼就可以认出的法冠，而不再是先前的油画草图中那顶有趣的怪帽子（出自菲利普·鲁本斯的研究），其红色和白色的帽带浸润在神圣的光亮之中。

最终的版本在 1607 年上半年绘制完成，那时鲁本斯已请求延长罗马的假 126
期，并获得了文琴佐公爵的批准。公爵无疑意识到了让“他的佛兰德人”执行罗马最重要的任务所体现出的声望。最终版本融合了前两份草图中的一些元素，但以惊人的感性效果取代了原本的严肃感。格列高利身后那个蓄着胡须的人物又改成了直视着观画者，但他出乎意料地变成了赤身裸体的形象，并且他的脸像鲁本斯兄弟俩一样饱满，有着一样红润的嘴唇和柔和的卷发。所有的服装均做了精心设计，显得极为华丽：罗马铠甲上现在装点着豹皮；重叠的钢板上装饰着肉眼可见的图案，是公牛头和做着怪相的脸；多米蒂拉留着一头金色的长发，直垂到她露出的肩膀上，她穿着一件闪闪发光的鲜红色、蓝色和深紫色的连衣裙，上面披着一件宽松的长袍，显得格外耀眼；现在甚至连格列高利的长袍也是用厚重的浮花锦缎做成的，还装饰着一件色彩鲜艳的法衣，上面绣着圣彼得的形象：圣彼得坐在大教堂里，手里拿着通过使徒统绪传承下来的钥匙，非常显眼。

这幅画像是一场演出，令人眼花缭乱，也许有点过于耀眼了。菲利波·内里一直大力倡导绘画是“贫民圣经”（Biblia Pauperum），是为穷苦人和不识字的人准备的。但即使是他，也可能会略微反感于鲁本斯对圣人衣装哗众取宠的展示，以及对奢华与圣洁和谐相融的浮夸强调。这幅画不可避免地会给人留下这样一种印象：一位年轻的天才在存心炫耀他已掌握了绘画之书里的每一项技能，从建筑到服饰，从肤色到钢板和动物皮毛的完美描绘，不一而足。鲁本斯让科林斯柱头的石料里伸出一枝真实的圣体葡萄树藤，藤蔓像繁茂的花环一样沿着柱子垂下来，无生命的石头通过圣母的神迹变成了活生生的自然物。这是鲁本斯一次更加肆无忌惮的炫技。最终，令人惶恐的华丽场面，被构图中精心设计的虔诚感控制。在画面的左边和右边，一双双眼睛抬

鲁本斯,《圣格列高利与圣多米蒂拉、圣毛鲁斯、圣帕皮亚努斯》，1607 年。布面油画，477 厘米 ×288 厘米。格勒诺布尔，格勒诺布尔博物馆

头望向圣母像，光线从她这里流溢出来。在画面的中心，鲁本斯成功地塑造了格列高利这个人物，他将阳刚与温柔、高贵的风度（与他强有力的政治经历相匹配）与圣洁的虔诚结合在一起。他用充满积云和碎光的天空取代了帕拉蒂诺山，博学的典故让位于纯粹的画面戏剧感。圣徒的胡须闪烁发亮，头颅被光照亮而显得悲悯，他的侧面不再融入景观中，而是与天蓝色的穹顶形成鲜明的对比，并被白鸽象征的圣灵触动（而且几乎真的触碰到了）。

难怪鲁本斯会宣称，这是“迄今为止我画的最好也最成功的作品”[56]。他
在 1607 年春末完成了这幅画，但要等到圣母像放进他画中的新位置后，他才
可以将整幅画安在新堂中。与此同时，他忍受了一段漫长的低沉期。得知他
们七十多岁的母亲玛利亚哮喘病发作得越来越频繁，菲利普大为担忧，急忙 129
赶回安特卫普。彼得·保罗在曼托瓦的定期薪俸只是断断续续地寄来，而由
于他的主要赞助人枢机主教贾科莫·塞拉在威尼斯，他为新堂绘制祭坛画应
得的 800 克朗的第二期款项被耽搁了。现在，文琴佐公爵似乎想让他的艺术
家去佛兰德和布拉班特进行一次夏季访问，因为他想再要一些斯帕的温泉疗
养水。

鲁本斯担心祭坛画的事情得不到解决，尽管如此，他还是同意回到曼托瓦。当他突然得知公爵的计划发生了变化时，他肯定会盼望启程回家。1607 年夏天，文琴佐一行并没有去佛兰德，而是去了热那亚，置身于圣彼得达雷纳（San Pietro d'Arena）*的别墅群中，那里的台阶散发着橙花和茉莉花的芬芳，一直延伸到靛蓝的第勒尼安海。他一生中真正的事业，似乎就这样莫名其妙地被暂时搁置了。但他不愧是鲁本斯，他利用这段时间对热那亚贵族富丽堂皇的别墅做了大量的笔记。这些别墅不像罗马贵族的别墅那样宏伟壮观，但却更为宜人，利古里亚的海风扑面而来。他与斯皮诺拉-多里亚家族和帕拉维奇尼（Pallavicini）家族交往，在他们的花园里小口品尝冰镇水果，向他们的女眷恭恭敬敬地献殷勤，抚摸他们的宠物猿和矮人的头，对他们高傲的金刚鹦鹉啧啧称奇。有些贵族已经坐下让他作画，其他的贵族现在也纷纷效仿。

* 圣彼得达雷纳（San Pietro d'Arena），直译为“沙地的圣彼得”，是热那亚的一处港口。——编注

鲁本斯，《维罗妮卡·斯皮诺拉·多里亚画像》（细部），约 1607 年。布面油画，225 厘米 ×138 厘米。卡尔斯鲁厄，卡尔斯鲁厄国家美术馆

吉安·卡洛·多里亚（Gian Carlo Doria）以一名圣地亚哥骑士的样貌出现在画中，他的马凌空高抬前腿，而他用一只手握住缰绳；一道鲜红色的饰带在利古里亚悬崖上迎风飘扬。维罗妮卡·斯皮诺拉（Veronica Spinola）那轮廓鲜明的小脸，因耳边紧紧卷起的头发里的一朵血红色康乃馨，而衬托得更加鲜明了。这张脸从她那副夸张的襞襟上露出来，就像摆在盘子里的一块苍白的甜点。她的上半身被热那亚人喜欢的西班牙式紧身胸衣束得严严实实的，但鲁本斯向来是暗示肉欲的大师，他让她的珍珠项链以诱人的不均匀状垂挂下来。

那些热那亚贵族女性的肖像，其本身就是一种惊人的形式创作：饱和的色彩有节制地绽放。这些画重新定义了一种体裁。因为在肖像画的悠久历史上，华丽的全身肖像大作一直只为诸如伊丽莎白一世和凯瑟琳·德·美第奇（Catherine de' Medici）这样尊贵的王室成员绘制。鲁本斯给他的热那亚女士们奉上的全然是皇家待遇，但他又在这些画像的布景里融入了活生生的自然气息。[57] 裙褶在微风中轻轻飘动。7 月午后的阳光洒在柔滑的皮肤和深色的丝绸上。鲁本斯蘸了油彩的画笔在画布上流畅地移动，以惊人的精准度绘制皮肤的表面和纹理，同时也描绘出人物衣装下的血肉。他掌握了他的绘画对象，重新赋予她们生命，把她们变成感官的盛宴。

但这些只是夏日里的收获。鲁本斯的思绪并没有完全沉静下来，依旧挂
念着他为新堂绘制的巨作的命运。当把这幅画放在高高的祭坛上的日子到来 130
时，他立刻意识到，他要面对另一场灾难，这场灾难将对他的坚韧性格再次构成考验。问题出在教堂的光上。并非光线不足（像许多罗马的教堂那样），而是从高窗中倾泻进来的光太亮了，因为这座教堂经过专门设计，以提供充足的光照。鲁本斯作品的整体效果，极大程度上依赖于明快与柔和的色彩片段之间的微妙调和，而这些都被强烈的反射光给掩盖了。这些反射光就像水银一样，在他光洁的表层颜料上跳动。“光极不适宜地洒在祭坛上，”鲁本斯在写给基耶皮奥的信中沉重地说道，“让人难以分辨出人物，也无法欣赏色彩的美感，以及我小心翼翼地，根据自然状态画出的那些精致的头像和衣着，而我所画的这些，根据众人的意见是非常成功的。鉴于作品中所有的优点都

鲁本斯，《圣母子被诸天使膜拜》，1608 年。石板油画，425 厘米 ×250 厘米。罗马，小谷圣母新堂

被浪费了，并且除非我的成果能被看到，否则我的努力得不到应有的荣誉，所以我不想将它公布于众。”[58]

奥拉托利会的会友也看出了这个问题。但合同就是合同。鲁本斯相信自己能找到一个更合适的地方来放置这幅画，于是欣然同意再绘制一幅复制品来替代它。他这次是在石板上作画，石板表面没有反射光的风险。但是灰色石块暗淡的色彩，似乎让整件作品变得沉闷乏味。或许是由于匆忙，或许是觉得无所谓了，又或许是出于厌恶，鲁本斯竟开始拆散那些在原构图中紧密联系的元素，正是这些元素在尘世和天国之间创造了一场真正的奇遇。它不
131 再是一幅统一连贯的作品，而是成了三幅分散但相互关联的画作。原本聚集在关键人物格列高利周围的圣徒，现在被分成两组，分别站于半圆后殿的两

侧，仿佛是盾形纹章中的扶盾者或赞助人画像一样。格列高利不再穿着华丽的白色丝绸衣服，而是和毛鲁斯及帕皮亚努斯站在一边。多米蒂拉在原画中穿着华贵的服装，如今改得较为素淡，身边有宦官陪伴。与早前的版本相比，他们如雕塑般的外表更显眼，也更具威严感。这幅画中所有的情感力量，现在都已经转移到圣母和圣子身上，仿佛鲁本斯在回应先前有关圣母被她圣贤的奉献者们抢去风头的批评。圣母子由许多基路伯小天使包围，飘浮在由天使组成的半圆形云海之上，这些天使充当着画中人物膜拜圣母子的媒介。这就是我们今天在新堂中仍然可以看到的画作：一件恰当且顺从的作品，但是完全缺乏原作那种将感性与宗教幻象相结合的独特与壮丽之美。

鲁本斯现在有了一幅多出来的祭坛画，损失惨重。枢机主教塞拉根据商定的 800 克朗，已经支付了大约 360 克朗，但在余款支付之前，鲁本斯自己又额外花了 200 克朗。不过，他仍然有信心，他还有另一个买家，这个人就是曼托瓦公爵。鲁本斯乐观地写信给基耶皮奥，说曼托瓦公爵曾表示有兴趣把他的一幅画放在画廊里。当然，罗马的赞助人会排着队来买下他这幅多出的祭坛画，但他认为，在同一个城市存在两幅几乎相同的画作，对他的声誉有损。继而在这封信中，突然开始出现一种焦急而紧张的推销语气。价格是不是有点贵？“我不应该基于罗马的估价来定价，应该由殿下来决定。”尺寸会不会太大呢？尺寸完全没有问题，因为这幅画又高又窄，正好适合曼托瓦的画廊。鲁本斯了解他的赞助人喜欢华丽的风格，因此强调人物身上穿着“华丽的服饰”。主题是不是有点深奥？相反，它很好理解，因为“虽然这些人物是圣人，但他们没有任何不适用于其他类似级别的圣人的特殊属性或标记”。

即使按照鲁本斯老练的圆滑标准来看，这样说也有点过分了。没有人比他更清楚，为了让这幅画与展示它的地方精准匹配，他付出了巨大的精力。这幅画对异教转变为基督教权力的辉煌呈现，完全依赖于一种强烈的意识，即新堂光滑的大理石下面埋藏着早期教会在罗马时期及格列高利时代的历史遗迹和记忆。毫无疑问，鲁本斯把这幅画作为“为你量身定做的圣徒”的圣坛画来兜售，是寄希望于文琴佐对这段复杂历史的无知。

鲁本斯可能也在赌，因为公爵在前一年采纳了他的建议，根据他的推

卡拉瓦乔，《圣母之死》，1605至1606年。布面油画，369厘米×245厘米。巴黎，卢浮宫美术馆

荐购买了一幅巨大的圣画，这次应该会按照同样的原则行事。此外，当时那幅画并不是一件不起眼的物品，而是卡拉瓦乔的《圣母之死》（*Death of The Virgin*），本是为斯卡拉圣马利亚教堂（Santa Maria della Scala）创作的祭坛
132 画，后来被委托创作它的加尔默罗会（Carmelite）神父们拒绝了。卡拉瓦乔除了是个臭名昭著的杀人犯之外，他激进的自然主义也有些出格，不符合加尔默罗会神父的品位。这位画家突出圣母赤裸的腿和脚并无恶意，因为这毕竟是赤足加尔默罗会委托创作的主题。画家显然想要投其所好，通过这种方式建立同样赤足的神父与圣母之间的亲近关系。但它带来的震惊如此之大，以至于引发了惯有的反对卡拉瓦乔的流言，称他以妓女为模特。画中明确且不留余地地将圣母刻画成已故的样子，这可能也冒犯了加尔默罗会中的一些

人，他们普遍认为圣母马利亚只是进入了永恒的沉睡，而非已故。而卡拉瓦乔在呈现醒目的肢体时的果敢以及情感激烈的雕塑式构图，最有可能吸引鲁本斯，因为鲁本斯的作品也正朝着这个方向发展。尽管卡拉瓦乔身陷诸多丑闻，但鲁本斯对这件事的介入，有力地证明了他对艺术卓越价值的信仰。而鲁本斯本身就是一个美德的典范，这使得他的证词更有说服力。但考虑到父亲的身份，彼得·保罗不可能不理解人性弱点的本质，哪怕他自己也在试图克服人性的弱点。

鲁本斯不仅设法为曼托瓦公爵买下《圣母之死》，他还打算将它展出一个星期，从 1607 年 4 月 7 日到 14 日。他坚信这幅作品深刻的虔诚品质，会让那些窃窃私语的人闭嘴。当时画展非常成功，于是他也提出为自己的作品举办一场几乎同样轰动的宣传活动，在公共展览会上展示他的祭坛画，让它也能够为广大民众欣赏。他认为，众人一定会为这幅作品喝彩，那样公爵就几乎没有理由拒绝它了。

然而，这一次鲁本斯大错特错。也许正是因为卡拉瓦乔的画以 350 克朗 133
的价格被曼托瓦的画廊买下了，而当时公爵的财库比往常更缺钱，所以文琴佐拒绝购买鲁本斯的祭坛画。1608 年 2 月底，鲁本斯改变了口气，以一种无可厚非的不耐烦情绪，要求必须付清拖欠他的薪俸以及欠克里斯托福罗·龙卡利的钱，因为龙卡利早已完成了为公爵夫人的私人礼拜堂画的一幅作品，并要价 500 克朗。基耶皮奥认为，这幅画比卡拉瓦乔的画还要小一些，这个要价太高了。作为安排这项委托的人，鲁本斯在信中写道："我对付款事宜的怠慢感到震惊。"这句话让他听起来突然像个安特卫普的银行家。

1608 年春的某个时候，他回到了曼托瓦，发现拖欠款项的托词显然毫无说服力。他的祭坛画用纸和布包着，放在公爵宫殿中他的画室的地板上，而宫廷沉浸在奢华之中，期待着公爵的儿子弗朗切斯科迎娶哈布斯堡王室成员萨伏依的玛格丽特（Margaret of Savoy）。蒙特威尔第的歌剧《阿里安娜》（*Arianna*）和一部芭蕾舞剧正在上演；假扮的土耳其人正在曼托瓦湖上与真正的基督徒战斗；烟花划过夜空；整个曼托瓦被成千上万的彩纸灯笼点亮。贡扎加家族的仙境。盛景永不结束。

然而，公爵毕竟是个凡胎。随着夏天的临近，文琴佐觉得自己老了，决定再次离开这里去温泉疗养。鲁本斯并未受邀同往。菲利普寄来的信件上说，母亲的哮喘病越来越严重，让他更加感到不安。文琴佐在安特卫普时，先是菲利普，随后是阿尔伯特大公在寄来的信中，明确问起能否批准彼得 · 保罗返家。文琴佐回信说，他的画家对意大利爱之深切，实难放行。但到 10 月底，玛利亚的病情已严重恶化。鲁本斯当时还在为新堂的画做揭幕准备，他在罗马写信请求批准他回到佛兰德，虽然他向基耶皮奥保证，等母亲身体好转之后，他就回到曼托瓦，但他没等收到回复就出发了。他在信的结尾写道："我吻您的手，请求您继续支持我和我尊敬的雇主大人。"信的落款是："您忠实的仆人彼得 · 保罗 · 鲁本斯，于 1608 年 10 月 28 日跃上马鞍"。

除了冬天下雪的时候，从尼德兰到意大利通常要花两个多星期的时间。当彼得 · 保罗骑马前往安特卫普时，菲利普关于玛利亚去世的信件或许正在穿越阿尔卑斯山。我们知道，彼得 · 保罗对自己的马术感到自豪，很可能从意大利一路骑到佛兰德，在酒馆的马厩里更换坐骑，在山路上改骑骡子。但是，即使马蹄扬起漫天的尘土，也无济于事，因为他赶到家时，发现哥哥已经戴孝服丧，而母亲已经安葬在与她最后几年在克洛斯特街的居所紧邻的圣米迦勒修道院里了。不难想象，彼得 · 保罗在悲痛欲绝的同时，一定感到一
134 些内疚，因为他回来得太晚了。就算帮着整理玛利亚的遗物——床、桌子、椅子、帷幔、床单和书籍，也难以安抚他的情绪。这些东西大部分都遗赠给了两兄弟，他们也是玛利亚的遗嘱执行人。她特意将她除家族肖像画之外的所有藏画，[59] 归为"彼得 · 保罗的财产，这些都是他画的"，她还补充说，这些画都特别好。得知这一点时，彼得 · 保罗一定感到极其痛苦。彼得 · 保罗知道能安抚悲痛的唯一方法：为她即将永眠的教堂设计一个精美的祭坛，并在上面摆上他从新堂取下的那幅极其美丽的画。天国的马利亚在尘世玛利亚的遗体上方找到了自己的位置；她们都将被人们铭记为"圣母中保"，人类罪恶的慈悲代祷者。

（本章校译：陈少芸）

第四章
安特卫普的阿佩莱斯

1. 忍冬花

在已故婆婆的坟墓旁接受婚礼祝福，并不是理想的选择。但伊莎贝拉·布 135
兰特（Isabella Brant）不太可能抱怨。毕竟，她差几天就十八岁了，比新郎小十三岁。而在安特卫普，十八岁的姑娘被认为应该尊重丈夫的家庭，哪怕这座坟墓属于一个不像玛利亚·派伯林克斯那样以圣洁闻名的人。此外，安放那位受人尊敬的夫人的石棺被放在圣米迦勒修道院里。从某种意义上说，这里是她们的邻里教堂，就在克洛斯特街上，从鲁本斯家的方向走几步就到，而从布兰特家的方向也只有几步远的距离。所以伊莎贝拉大概会感到满足。她要嫁给她所在的城市的一位奇才，这位奇才刚从意大利回来就已经满载荣誉。并且，他还长得这么好看，高高的额头，挺拔、笔直的鼻子，栗色的络腮胡闪着金光，为他随时露出的微笑增添了一抹迷人的光彩。

而当彼得·保罗看着他的新娘时，他又看到了什么呢？首先是眼睛，巨大的，像猫科动物一样的眼睛；他在罗马的朋友们曾把类似这样目光敏锐的、山猫般的眼睛，看作是他们那充满求知欲的林塞学院*的标志。伊莎贝拉的眼

* Accademia dei Lincei，直译过来就是“山猫学院”。——编注

角迷人地上翘，好像在等待一则笑话，再加上高高隆起的眼眉和微微弯曲的上嘴唇——这一切都让她的脸具有一种小精灵似的顽皮劲儿。她身材苗条，体态优美，不像许多佛兰德姑娘那样如面团般臃肿，仿佛穿着衬裙的布丁。而她甚至在订婚之前，就已经是这个家庭里的成员了。就在一年前，她母亲的妹妹玛丽亚·德·莫伊（Maria de Moy）嫁给了鲁本斯的兄长菲利普。兄弟俩的母亲没能活着看到他们俩结婚，这令人感到遗憾。她本可以从这两桩婚事中获得很大的满足，因为它们都是与朋友缔结的良缘，而这些好朋友会小心翼翼地只记住扬·鲁本斯最美好的一面。和他们已故的那位令人哀痛的父亲一样（至少在这几件事上是这样的），扬·布兰特（Jan Brant）既是一位律
136 师，也是一位拉丁语学者，他在法律和安特卫普市秘书的职责之间腾出时间来，撰写关于凯撒、西塞罗和阿普列乌斯（Apulieus）的评论。他和他们是同类人。

庄重的仪式结束后，布兰特家或许还举行了宴会。安特卫普市的重要人士也许都来赴宴了：市长、市议员、地方法官、行会财务主管、民兵连的军官；靠香料、纺织品、钻石和挂毯发家或祖上靠这些发财的人；不炫耀资本，而是把钱花在房子上的人，房子经过特别设计，用来收藏收集到的画作、古物和奇珍异宝——奇异的贝壳和珊瑚、做工精良的罗马浮雕宝石、犰狳和水豚的骸骨；还有一些人，他们在交谈中会夹杂着通过游览各地习得的意大利语或法语感叹词，他们的话题较少围绕证券市场展开，更多是他们正在准备的马可·奥勒留的版本，或者他们最近与一位法国金币收藏家的通信。总之，这是一群不同寻常的朋友。

新娘和新郎本可以按照古老的佛兰德传统戴上结婚冠冕，但是乡村音乐、打嗝般的萨可布号和低沉的风笛，都让位给了优雅的意大利小调和如歌般的提琴声。既然无诗不成席，那么他们自然会用从学校里学到的那种过度夸张的语调朗诵拉丁文诗歌。不过在适当的间隙，他们还会加入猥琐戏剧中挤眉弄眼式的恶作剧行为。所有站起身来庆贺这个场合的伴郎，都马上领会到接下来的程序。首先，向婚姻圆满之神许门（Hymen）问候，只不过要略微加一点污言秽语。“我们今晚召唤你，这一夜我的兄弟兴致勃发，欲望燃烧已久，

你所保佑的年轻新娘也一样。当然，你那处女的焦急之心，今天必会得到缓和，明天你会发誓，是今晚成全了你最美好的一天。”[1] 接下来需要做的事有点费力，得致敬父母（在17世纪这仅意味着向两个父亲），一个活着，一个已去世。致敬善良、博学的扬 · 布兰特：“此等有学问之人不仅在我们这座城市中少见，就连在先人之中也不曾见过。”还有扬 · 鲁本斯，对他的赞颂明显更为迅速：“我们的父亲在参议院任职时，无论解释法律之谜，还是用雄辩的口才给予建议，他都做得同样［无可挑剔］。”接着，预热开始，用一种更加激动的声调；影射的内容越下流，说话的方式就得越夸张，要一边挥舞手臂，一边说：“婚礼之神已迫不及待地点燃婚礼之焰，随后进入家庭庇护所，在那里他会看到婚床，那是维纳斯的竞技场，只能用于童真的战斗。”

此时一定会传来哄笑声或窃笑声，接着会传来突然爆发出的被人逗笑的声音和碰杯声。新娘红了脸。新郎假装感到绝望。但这些毫无用处。伴郎毫不留情地继续逗笑说：“独自待在那儿吧，年轻的新娘，一个人跟你丈夫在一起。他全心全意地爱着你，他会对你说出只有伟大的爱情大师才能传授的所有甜言蜜语。而在他说这些含情脉脉的话时，他会给你丘比特曾给予普赛克、阿多尼斯曾给维纳斯的吻。你必须顺从。这是规矩。”

这座圣母之城迎来了鲜花盛开、充满虔诚祝愿的春天。从1607年开始，137
战火停息了，但是官方的停火协议还要等到1609年4月才能在市政厅的议会厅（Staatenkamer）里签署。烟火一束束地射向天空。钟琴响彻整晚。人们喝了很多酒，空谈了许多幻想。斯海尔德河将重新开放；港口将再次停满帆船；佛兰德将再度迎来丰年；这座古老的大都市将从棺木里复活过来，以从未有过的活力，迎接全新的黄金时代。或许，尼德兰原来的十七个省甚至会重新统一在一起。唉，遗憾的是，大多数热切盼望统一的人并不是（这与鲁本斯不同）本着妥协、宽容及和解的精神。这样的结果是最近重新安顿在新学院的耶稣会士热切希望的，因为只有这样，北方的异教徒才能认识到他们的做法是错误的，并重新拾起对教会和国王真正的忠诚。在三角洲北部，加尔文派传道士（他们对休战一点也不满意）也祈盼统一，但认为只能通过一场神圣的新教战争来达成，这样才能收复南部“丢失”的省份。

处于二者之间的实用主义者是真正促成停战协议的人，但却对休战的前景几乎不抱多少幻想。战争给荷兰经济造成的损失，曾使共和国的护国者（Lands' Advocate）约翰·凡·奥尔登巴内韦特（Johan van Oldenbarnevelt）确信，有必要以某种方式制止战争。一段时间以来，损害主要是单向的：荷兰军舰给西班牙帝国造成了重创。不过，最近荷兰各城镇的财政部都感受到了巨大的压力，只能通过惩罚性的税收来缓解。鲁本斯在卡斯蒂利亚的老赞助人莱尔马公爵，把佛兰德的军队看作是一座巨大的水闸，它把原本可以用来拯救西班牙国王免于破产的墨西哥银币都流干了。事实上，他的这种保守主义得到了尼德兰战役中的战斗英雄——斯皮诺拉侯爵的支持，这一事实一定对腓力三世产生了重大影响。国王和大臣经过一番深思熟虑，向布鲁塞尔的阿尔伯特和伊莎贝拉透露，他们准备通过谈判达成休战协议，满足荷兰提出的条件，即七个联省从此被视为“自由之地”。作为交换，荷兰应该撤除他们在印度的军事和殖民所有权，西班牙国王非常担心这些殖民地会在荷兰的进一步侵略下崩溃。但对于奥尔登巴内韦特来说，这在政治上不具有可行性，他们也不可能满足西班牙的后备方案，即坚持在荷兰共和国公开容忍天主教崇拜。最终，哈布斯堡家族（正如全欧洲人注意到的那样）忍气吞声，达成了停战协议。这是一个喘息的空间，可以让千疮百孔的尼德兰止血并挽回资金的损失。[2]

对鲁本斯的一些老朋友，比如卡斯帕·西奥皮乌斯来说，休战是可耻的失败。尽管军事结果摆在面前，但西奥皮乌斯仍然相信能够复兴一个绝对的、
138 不可分割的基督教帝国。但他远在罗马，做着耶稣会教徒的梦。在安特卫普，统治着这座城市的七十个家族中，大多数都是鲁本斯的朋友，他们开诚布公地为这个喘息之机感到高兴。这就是空气、阳光和生命。他们需要这样的契机。对于大公夫妇阿尔伯特和伊莎贝拉来说，至少，他们可以建设一些东西了。而他们的确也建设出了一些东西。1605 年，他们已经召唤来罗马最有天赋的佛兰德艺术大师之一——画家、工程师和建筑师温塞尔·科伯格（Wensel Cobergher），任命他为布鲁塞尔的宫廷艺术家。科伯格与大公夫妇一起，策划了一个雄心勃勃的建设计划：在布鲁塞尔和安特卫普建造耶稣会教堂；在

圣母马利亚显灵的那些地方建造新的朝圣教堂；此外，因为虔诚应该与繁荣相连，所以还要建一条连接斯海尔德河和马斯河的运河，这样就可以绕过荷兰在三角洲第一个河口的封锁了。[3]

可以预见的是，鲁本斯将得到与科伯格以及大师彼得之子老扬·勃鲁盖尔同样的荣誉和特权。大公夫妇甚至可能会担心，鲁本斯似乎并未完全决定待在安特卫普。到目前为止，他还没有向曼托瓦公爵表示他不会返回意大利。在 1608 至 1609 年佛兰德寒冷的冬天里，他很可能会怀念南方的天空和在罗马的好朋友。他直到 4 月 10 日，才对其中一位曾治愈了他的胸膜炎，人称“医神”（Aesculapius）的好友约翰内斯·费伯博士（Dr. Johannes Faber）透露说：“我还没有决定是留在自己的国家，还是永远回到罗马。”[4] 对于像鲁本斯这样斟字酌句的人来说，“永远”是一个意义重大的词。但他对费伯说，他收到了“一份条件最丰厚的邀请”。“在这里，他们说尽各种恭维话，尽一切努力挽留我。大公和公主殿下都写信来劝我继续为他们效劳。他们的出价非常慷慨，但我不想再当朝臣了。”[5]

阿尔伯特和伊莎贝拉一定知道鲁本斯的犹豫。他们非常了解文琴佐·贡扎加，能够感觉到彼得·保罗极不情愿把他的自由再一次拱手让给贵族，听候他们的差遣；他可以住在哪里，可以画什么，能不能得到报酬，能得到多少报酬，这些都需要请示。所以夫妇俩给予了他方便。鲁本斯不必随他们的朝臣一起住在布鲁塞尔，他可以留在安特卫普。（事实上，他们给了老扬·勃鲁盖尔同样的特权。）他将得到年薪 500 弗罗林的报酬，但是，根据他的职位条款，除了最初给大公夫妇画肖像外，他不会被要求做任何特别的工作，全部由他自己决定。任何额外为大公夫妇专门绘制的作品，都将按件付费。他也不受圣路加艺术家公会的规章制度的约束，其中包括招收学徒的数量和学徒收费方面的限制。如果这些还不够，鲁本斯还将免除所有国家和城市税费。

无论他从罗马得到了什么样的邀请，都无法与这一难得的机会相比。9
月的第三个星期，一封任命信宣布，鲁本斯被正式“聘请、委托、指派和任 139
命”为“我们宫廷的画家”。[6] 如果说，曾经服从命令待在故土的他仍然渴望着意大利，那么现在他就可以在一群安特卫普艺术家和学者组成的“古罗马研究者”社团的陪伴下，远远地欣赏意大利的风采了。他们都在那里待过，如今会聚在一起讨论意大利的古迹，并追忆意大利当代的种种乐趣。1609年6月，鲁本斯受到了社长老扬·勃鲁盖尔的热烈欢迎，加入了这个社团（他的兄长和岳父也是其中的成员）。他将会在这里发现许多画家，比如塞巴斯蒂安·弗兰克斯（Sebastian Vrancx）和他旧时的老师奥托·凡·维恩。他将与这位老师一起，分享在罗马的共同记忆。这样的生活可能不太像与菲利普在十字大街合住的那段日子，但至少有可能闲聊几句枢机主教和他们的藏书室，并哀悼两位在同一年去世的伟人——卡拉瓦乔和亚当·埃尔斯海默。无论在哪段日子里，鲁本斯和他的朋友们都会以新斯多葛学派的方式，略微从道德的角度，针对伟大的天才因个人的缺陷让艺术界过早蒙受损失这一主题说上几句。卡拉瓦乔的缺点众所周知。至于另一位艺术家，鲁本斯在一封写给费伯的信中，亲切地将他称为“亚当阁下”，他“在小人物、风景和许多其他主题上，无人可比”，但此人“在他研究的鼎盛时期去世了”。鲁本斯认为，他之所以会给自己带来不幸，部分原因在于“他的懒惰，它夺走了世上最美丽的东西，给他造成了痛苦，并最终，我相信，让他陷入绝望之中；然而，依靠自己的双手，他本可以积累一大笔财富，让自己受到全世界的尊重”。[7]

没有人会指责鲁本斯无视名利，或指责他虚度光阴。他的个人生活是精力充沛、有条不紊的典范。据他的侄子菲利普（转述给法国评论家罗歇·德·皮勒的话）所说，他凌晨4点就起床了，听弥撒，然后天一亮就开始工作，一边听一位朗读者给他吟诵经典，一边画素描或上色。就像鲁本斯所做的其他事情一样，他的饮食也很节制，尤其是，他不吃肉，“因为他担心肉散发出来的味道会妨碍他用功，而且一旦开始工作，他就无法消化肉”。在一个满是啤酒和葡萄酒的小镇上，他很少喝酒，并且每天下午一定要驾乘“一匹西班牙良驹”去兜兜风。[8]然而，尽管有意识保持如此节制的生活，但鲁本斯绝不是一个苦行僧。对待客人，他热情好客；对有求于他的人，他总能提供有用的信息和建议。最重要的是，一个苦行僧几乎不可能像鲁本斯那样，在回到安特卫普的头几年里创作出感性的、温柔的、醉心于色彩的作品来。

鲁本斯，《三博士来朝》，1609 年。布面油画，320 厘米 ×457 厘米。马德里，普拉多博物馆

1609 年，安特卫普市议会为纪念《十二年停战协定》（Twelve Years' Truce）的签署，委托鲁本斯创作了《三博士来朝》这幅画，表面上这是一幅宗教历史画，但其华丽的仪式感丝毫不亚于提香或丁托列托为威尼斯总督创作的任何一幅作品。一幅存于格罗宁根（Groningen）的壮观的油画素描表明，鲁本斯用一位 17 世纪传记作家称为“画笔之怒”（la furia del pennèllo）的方法，以惊人的自由感和流畅度进行构思、造型和调色。在这幅素描中，火把 140
在夜空中摇曳，照亮了由跪在地上的国王主导的场景：他穿着一件华丽的金色披风，反射出他献给圣子的礼物。他的两位同僚同样具有帝王气质，其中一位蓄着先知般的白胡子，胡子落在深红色天鹅绒长袍上；非洲人巴尔塔萨则穿着纯白的马格里布（Maghrebi）长袍，戴着华丽的头饰。就如同《基督受洗》一样，鲁本斯在这幅画中加入了一群肌肉健壮的米开朗琪罗式裸体，

他们在画中负责搬运王室的礼物和行李。他们躬身而紧绷的形态，与婴儿床周围温柔的场景形成了对比，在那里，一个衣着华丽到令人惊讶的圣母抱着一个写实的、背脊瘫软下来的婴儿在接受朝拜。在最终版本中，圣母穿上了更为传统的朴素蓝长袍，并且这幅画的视觉中心已经从跪着的国王转移到了身穿深红色衣服、站立着的国王身上，同时，他们的随从则展现出许多种角色：长鼻子、包着头巾的大臣在与人深入交谈，还有魁梧的士兵，以及一群骆驼。但是，西班牙国王腓力四世购得这幅画之后，鲁本斯在1627年前往马德里的途中对其做了大幅修改，尤其是，他在其中加入了他本人的肖像：一位骑在马背上的骑士，当然，他还佩了剑、戴着荣誉之链。然而，在这两个版本
141 中，东方富裕的氛围、衣着和财富的华丽展示，似乎要淹没《圣经》中的天真和质朴。当然，这正是安特卫普的贵族们想要的，他们自己就生活在一个虔诚和华丽天然相伴的世界里，需要用这样的画来装点他们盛大的仪式空间。

道德和肉欲感天然地结合在鲁本斯的创作个性中，仿佛分别继承自他的母亲和父亲。从在安特卫普的职业生涯早期开始，鲁本斯（像卡拉瓦乔一样）就擅长画历史画，并在其中将身体的力量和心理的细微活动结合起来。这似乎正是他的朋友，阿姆斯特丹市长尼古拉斯·罗科克斯（Nicolaas Rockox）想要的。罗科克斯曾将鲁本斯的《参孙与大利拉》（*Samson and Delilah*）作为展示品直接挂在壁炉上方，所以他想让鲁本斯给他那座位于科泽尔街（Keizerstraat）的华丽住宅里的大房间再画一幅画。我们可以再一次从鲁本斯为他的巨作收集的素材中，列出一份图像学元素清单来：罗马头像，想必大利拉就是以此为模型的；墙上的壁龛上有一尊维纳斯和蒙着眼睛的丘比特的古典雕像；象征情欲的燃烛，被一个老鸨紧紧抓住（强化了认为大利拉是个妓女的普遍看法）；这位肌肉发达的英雄和他的情人摆出《勒达和天鹅》里的姿势，隐隐透着米开朗琪罗的风格。但这幅画远非是这些常见事物的集合。
142 它的效果取决于将精致和蛮力巧妙地并置在一起，有时这种并置如此惊人，以至于让一些评论家错误地认为这幅画根本不是鲁本斯画的[9]——大利拉粉红色的手，纤细修长的手指，爱抚着放在参孙黄褐色的背上；来逮捕参孙的人极其专注和仔细，以一种怪异的角度将手转过来，剪掉参孙的一缕卷发，不

鲁本斯,《参孙与大利拉》, 约 1609 年。木板油画，185 厘米 ×205 厘米。伦敦，英国国家美术馆

想将这位巨人吵醒；非利士卫兵队队长向一位士兵投来凶狠的目光，好像在警告不要出声；大利拉完美光滑的双脚被困住了，一动不动地放在包裹着参孙臀部的兽皮边。在这致命的最后休息时刻，仍然有肉欲活动的痕迹聚集在重重垂下的紫色华盖下：大利拉那丝滑的鲜红绸缎袍子再现了性快感后留下的阵痛；那件白色的衬衣令人难为情地敞开着，仿佛是参孙饥渴难耐地去吸吮她那丰满的乳房时撕开的。参孙满足地睡熟了，嘴唇张开，鼻孔微张，一只手向后曲着，完全放松下来，另一只手放在情人的肚子上，脸颊枕在手背上。他是一个可怜的畜生，无所不能却变得无能为力。

参孙和大利拉并不是鲁本斯在结婚那年画的唯一一对恋人。但如果说这幅《旧约》故事画是对未克制的激情带来的致命后果最具肉欲感、最直观的描述，那么他的《与伊莎贝拉 · 布兰特的自画像》(*Self-portrait with Isabella*

Brant）则恰恰相反：由婚姻的纽带牢牢绑定的圆满之爱。这幅画看起来很放松，但实际上仍然遵守了婚礼画像的得体礼仪。伊莎贝拉毕恭毕敬地坐在她丈夫边上较低的位置，右手搭在他的袖口上，是一种非正式版本的“右手交握”（dextrarum iunctio），它早在古代就象征着夫妻神圣而有约束力的结合，在信奉天主教的佛兰德和信奉新教的荷兰，它会出现在订婚戒指、定制的“婚礼硬币”、奖章以及无数其他庆祝物品上。[10] 甚至在他们头顶上拱起，形成一处新婚凉亭的忍冬花，也可以看作是葡萄藤的变体。在当时的道德规范书籍中，藤蔓始终缠绕着象征着丈夫的橡树或榆树的粗壮树干。但彼得·保罗不仅是伊莎贝拉的坚强后盾，也是伊莎贝拉的勇敢的骑士（dappere ridder），他的左手放在一把做工精美的剑柄上，这是传统的骑士护驾姿态。虽然鲁本斯还没有被封为骑士，因此没有资格佩剑，但他的父亲和其他律师长期以来一直认为，法律人士的家族本质上是绅士。而对鲁本斯而言，这一点也适用于宫廷艺术家。[11]

从他的视觉和文字档案中搜罗适合他构图的象征物、联想和图像，这仅仅是鲁本斯将他的绘画进行概念化的第一阶段。接下来才是真正的工作：使这些传统自然化，使它们具有可信的有血有肉之人的活力。他在绘制热那亚人的画像时已经沿着这个方向走了很远，而他和伊莎贝拉的这幅画像最终被
144 人们记住的原因，不是在于它过于机械地重复了传统，而是在于它解放并更新了这些传统。早期的婚姻画像有时以伊甸园为背景，以第一对夫妇的原罪来对比基督教婚姻的救赎。但鲁本斯为自己和伊莎贝拉重新塑造了一个堕落之前的天真的伊甸园。它也是一处爱的凉亭，但没有构成古典文艺复兴时期维纳斯花园的藤架、喷泉和迷宫，也没有与之相关的所有负面含义。相反，鲁本斯为自己和伊莎贝拉创造了一个抒情而肆意奔放之地。山羊草和蕨类植物在他们脚下沙沙作响，野生的忍冬花在他们头上乱作一团。卷曲的雌蕊和雄蕊从浓密的深色树叶中探出来，顶端打着明亮的高光，仿佛在散发光芒，这样的画面令人想起乡间空气里浓郁而沁人心脾的香味。花的主题继续延伸到伊莎贝拉腹部的刺绣图案上，沿着她裙子的金色镶边向下，在她丈夫的一只脚上合拢。在这里，俏皮和庄严是相伴而生的：伊莎贝拉的草帽，帽

鲁本斯,《与伊莎贝拉·布兰特的自画像》，约 1610 年。布面油画，174 厘米 ×132 厘米。慕尼黑，老绘画陈列馆

檐灵巧地翻上去一截，立在一顶包裹她卷发的少女蕾丝帽上；她丈夫的小腿上穿着时髦的深黄色长筒袜，隐约可见的金色吊袜带更加凸显其精致；从她眼角和唇边泛起的微笑可以看出，她对自己的处境感到愉悦。彼得·保罗的举止表明，他在意大利的功课学得很好。他浑身上下展露着优雅淡然（sprezzatura）：威风凛凛，又不显粗俗狂妄；庄重中又带着优雅的轻松风度。他那件丝质外套上的光泽，彰显着鲁本斯在尘世获得的成功，下巴的样子表明了他的认真。他的身体散发着一种可原谅的自我欣赏：带花边的衣领垂下来，两个侧领之间露出优雅的喉部，这在保守的安特卫普是一种先进的时尚宣言，在那里，磨石式的襞襟已经过时了。[12]

这幅画十分引人注目，足以挂在一个接近典礼的空间里。但其核心的构图技巧，使得彼得·保罗和伊莎贝拉处在优雅但安全的婚姻纽带里：一个蜿蜒的S形，从丈夫头顶的帽子开始，沿着他的肩膀和右臂，越过他俩握在一起的手，穿过妻子的胸部，然后从她的左臂落至她裙子的深红色褶皱中。

2. 郁金香

1611年3月21日，伊莎贝拉和彼得·保罗的第一个孩子，一个名叫克拉拉·塞雷娜（Clara Serena，以她曾祖母的名字命名）的女孩，在圣安德里斯教堂（St. Andrieskerk）受洗。五个月后，到了8月28日，孩子的伯父兼教父菲利普去世了。他被安葬在圣米迦勒修道院里，三年前，他本人就是在那里安葬了他的母亲玛利亚。[13]

145 当最好的朋友去世时，你会有什么感觉？如果这位朋友也是你的兄长，并且除了你和你年幼的女儿之外，他还是这个曾经的九口之家里唯一健在的兄长，你又会有什么感觉？历史学家喜欢告诉我们，我们对这样的事情只能一无所知，17世纪的人的悲伤就像古代苏美尔人的哀悼仪式一样远在我们的情感之外，无处不在的鼠疫和痢疾势必会造成人们情感的麻木。他们提醒我们，不期而至的死亡或许会让我们措手不及，但会被我们的祖先当成万能之

鲁本斯,《伊莎贝拉·布兰特肖像》，约1622年。黑色和红色粉笔素描带白色高光，38.1厘米 ×29.2厘米。伦敦，大英博物馆

神降下的不容置疑的裁决。当然，从某种程度上说，他们是对的，因为他们警告我们，不要把我们自己的情感敏感度投射到还未感受过浪漫主义情感带来的狂喜和折磨的文化上。然而，有时他们过于反对认知带来的冲击力，反对我们凭直觉意识到的跨越几个世纪的奇特熟悉感。毕竟，历史学家坚持认为“过去”就是“外国”，这符合他们的既得利益，因为他们喜欢声称自己垄断了翻译这种“外国”语言的权利。但是，我们有时并不需要他们。有时，这种受文化制约的反应会出现裂隙，一种立刻能被现代情感体认的感情会浮现出来。

1626年夏天的情况就是如此，伊莎贝拉·布兰特在三十五岁那年去世了，她很可能死于前一年开始肆虐安特卫普的霍乱的最后阶段。鲁本斯的一位法国朋友皮埃尔·迪皮伊（Pierre Dupuy）按照礼节，以惯有的方式写信向他表达了慰问：听从不可揣摩的上帝之命，相信时间会治愈伤痛。由于鲁本斯长期接受的是斯多葛学派哲学的教育，所以人们可能会认为，他确实会顺从基督教的宿命论。但是，他没有。他感谢迪皮伊提醒他“命运的必然，它不会

遵从我们的热情，并且，作为至高权力的表达，它没有义务为我们解释它的所作所为”，此外他还感谢他“让我寄托于时间”。他接着说：“我希望时间将会给我带来理性本应带来的一切。因为我并不会自负地认为，我已经获得了斯多葛学派的平静；我不相信与其感知对象如此紧密相连的人类感情是不符合人类本性的，也不相信一个人可以对世上所有事物都同样漠不关心……真的，我失去了一位优秀的伴侣，一个爱的对象——事实上，爱她是毋庸置疑的——因为她没有任何女性的缺点。她没有反复无常的情绪，也没有女性的软弱，只有善良的心地和诚实的本性。因为美德，她生前受到所有人的爱戴，死后也蒙受所有人的哀悼。在我看来，失去这样的爱人让人痛彻心扉。遗忘，时间的女儿，我无疑需要帮助。但我发现很难把失去亲人的悲痛与对她的怀
146 念分开，我必须爱她，珍惜她，直到此生终结。我想最好还是出去走走，让我远离那些必然会让悲伤再次涌上心头的事物。”[14]

由于没有信件存世，所以我们也无法知道在鲁本斯的兄长去世时，他是否也同样经历了哲学的平静与苦涩的悲痛之间来回撕扯带来的痛楚。但考虑到他们亲密且深厚的兄弟情谊，经受这样的灾难而不会一蹶不振，这是很难想象的。菲利普去世时年仅三十六岁，正值权力和财富的鼎盛时期。菲利普和鲁本斯的岳父扬·布兰特一样，是这座城市里的四名书记员之一，这是一个声望极高且十分重要的职位。尽管已经远离了勒芬大学纯粹的学术生活，但菲利普在他一生中的大部分时间里都还是一名学者。他编辑古籍，润色他和彼得·保罗在罗马合作的作品。一位有教养的贵族的职业生涯展现在他的面前，那是沉思的生活和行动的生活的完美结合。

不过，一份出自鲁本斯之手的悼念他兄长的文件却保留了下来。但这是一幅画，别名《四位哲学家》，它现在存于皮蒂宫（Palazzo Pitti），几乎可以肯定是他在 1611 到 1612 年那段时间画的。单从这幅画的尺寸就不难看出，鲁本斯想要画的不仅仅是一幅人物群像，更重要的是在同一个空间里，展现生者（在最左边的彼得·保罗，在右边的扬·沃维瑞斯）与死者（拿着鹅毛笔的菲利普，还有他那位带着权威姿态指向一份文本的老师利普修斯）的集会。虽然画中没有一个人在直接盯着另一个人看，但这件作品仍然是一场跨越坟

鲁本斯，《与于斯特斯·利普修斯、菲利普·鲁本斯和扬·沃维瑞斯的自画像》，通常称为《四位哲学家》，约 1611 至 1612 年。木板油画，167 厘米 ×143 厘米。佛罗伦萨，皮蒂宫

墓门槛的对话，是对四人在智力和精神上的情谊的强调。图中的郁金香清楚地显示了这一点，因为闭合的花朵象征着死亡，而开放的花朵象征着生命，它们放在同一个玻璃花瓶里。两者被放在一起，也鲜艳逼真地提醒着人们不要忘记利普修斯最大的成就之一：他在莱顿建造的植物园，这座植物园是莱顿大学植物园（Hortus Botanicus）的前身。在《论恒常》（*De Constantia*）中，利普修斯写道，野生矮种郁金香，据另一个安特卫普人吉斯林·德·布斯贝克（Giselin de Busbeke，此人也为这幅群像中的四个人所熟知）所说，是哈布斯堡皇帝斐迪南的大使从波斯和土耳其带来的，最终由另一位来自佛兰德的移民，尼德兰最有学问的植物学家卡罗卢斯·克卢修斯（Carolus Clusius），在莱顿杂交成功。[15] 郁金香与塞内加的半身像一起放在神龛中，给整幅画奠定了基调。通过肯定兄弟和朋友、老师和学生、古典榜样和现代门徒，尤其是郁金香爱好者们之间的纽带，永生否认了死亡的必然降临，拒绝了死亡带来的阴阳两隔。

过去的不朽已昭示在远景中，透过两根将这幅群像框定的古典立柱就可以看到。在鲁本斯的时代，从卡皮托利山（Capitoline）望去，可以看到坐落着圣特奥多罗教堂的帕拉蒂诺山，那里被认为是罗马最初的建城之地，据说罗穆卢斯和雷穆斯*就是在那里被狼用奶水喂养的。从更直接的个人意义来说，
148 那里也是鲁本斯兄弟在笔记本和素描本上记录罗马古代遗迹的地方。这四位人文主义者将罗马视作他们共同文化的摇篮，而他们也被绑在一条记忆的链条上，其无形的链节贯穿了整幅画。彼得·保罗对他兄长的爱是通过另一种来自自然界的象征来表达的：一株铁线莲，它攀缘在菲利普头顶的柱子上。他的笔指向老师利普修斯的作品，而哲学家利普修斯的左手几乎与他指定的遗嘱执行人沃维瑞斯的右手相碰。

人物间联系的链条并没有就此结束。菲利普曾帮助患病的利普修斯完成了塞涅卡著作的善本，并且在收录于《选集Ⅱ》（由彼得·保罗绘制插图）的一首诗中，想象一尊罗马斯多葛学派人士的半身像突然活过来，越过正在工

* 罗穆卢斯和雷穆斯（Romulus and Remus），传说中创建罗马城的双胞胎。——编注

作的利普修斯的肩膀看过去。此外，这是他心目中一尊特别的半身像，意大利人文主义者福尔维奥 · 奥尔西尼（Fulvio Orsini）认定（纯粹是推测）它就是塞涅卡的头像，彼得 · 保罗很可能在 1600 年去往意大利之前，在一幅彩绘插图中看到过它。不过，在罗马，他在法尔内塞宫里亲眼看到了这尊半身像，这促使他创作了一系列不同角度的头部画像。1608 年，当他回到安特卫普时，随身就带着一件这尊半身像的复制品，并在创作那幅画时，把它与带有纪念意味的郁金香一起放在壁龛里，为古典时期、近期和后世这三者之间提供了另一种联系。长期以来，塞涅卡一直被认为是一位哲学家，他为公众服务，并在侍奉皇帝的义务、自我的良心和对学生的责任之间拼命协调，早已累得疲惫不堪。（这尊假定的塞涅卡雕像有着憔悴的面容、高贵的头顶和紧绷的双颊，这些特质似乎完全符合人们想象中他的样貌。）同样，利普修斯被认为不仅是塞涅卡著作的编订者，而且还是塞涅卡式困境的继承者，他发现在服从和坦诚之间取得平衡是一项令人心力交瘁的任务。利普修斯被誉为白银时代哲学家的现代化身，这一点也在这幅画中得到体现，他似乎在为世世代代言说和辩论，就像历史记录中塞涅卡曾做的那样：他在遵从尼禄的命令割开了自己的手腕时，依旧在言说。

其实，鲁本斯在两年前刚画过这样的一幅《塞涅卡之死》。这是他对残暴和谨慎展开的另一项研究。按照塔西佗的记载，医生极不愿意执行这位哲学家的指示，非常小心地照料着他，右手紧紧地握着止血带，与此同时也握着那把已经刺穿了这位伟人的血管的刀。切口处，一条明亮的、精确绘制的血流喷射进一个金色的盆里，盆差不多有一口小浴缸那么大。在塞涅卡的右边，一个学生手里拿着墨水瓶和笔，张大嘴巴，全神贯注地把遗言的每一个字都记了下来，仿佛他在用这位伟人的生命之血写作。与鲁本斯这些年创作的所有杰作一样，这幅画中的静物细节——比如把笔记本沿着书脊翻卷过去，这样它就可以放在年轻人的膝盖上了——描绘得如此之精准，以至于它去除了这个故事中的说教意味，并以惊人的人性戏剧取而代之。尼禄派来的
士兵绝不是常见的经典类型，相反，他们是白发苍苍的老兵，但他们的肌肉 149
却突然顺从了塞涅卡临终时刻散发出的纯粹真理的力量。与耶稣受难画之间

鲁本斯,《塞涅卡之死》，约 1608 年。木板油画，181 厘米 ×152 厘米。慕尼黑，老绘画陈列馆

的联系是经过深思熟虑的，只不过连接这一头的是亵渎——殉道者的缠腰布折叠得很像传统的《戴荆冕的耶稣像》(*Ecce Homo*) 或《忧患之子》(*Man of Sorrows*) 里的样子，长矛兵的专注和信仰的突然转变，让人想起了百夫长朗吉努斯，他刚一刺入基督的肋旁，就马上信了教。画中一名士兵的脸被领悟的力量照亮了，就像在耶稣受难场景中一样。[16]

如果塞涅卡是斯多葛信条之父，那么利普修斯就是他忠实的门徒。也许可以认为，在鲁本斯这幅多人肖像画中，利普修斯用手指着的就是他的那部作品：1584 年出版于莱顿的《论恒常》，这或许是他在全欧洲最有名的一本书了。那些对他持怀疑态度的批评家很难不注意到他的大胆：他曾在加尔文派的莱顿大学、路德宗的耶拿大学和天主教的勒芬大学任教，自以为是地向别人宣讲恒常的美德。但对于热爱利普修斯的人来说，变化无常的是世界，而不是利普修斯。而鲁本斯则通过描绘他憔悴的脸、装满真理而凸起的额头，以及他习惯穿的豹毛镶边外套（最后遗赠给了位于哈雷的大学），成功地展示出了哲学家的内在完整性。

《四位哲学家》中还有最后一个存在，使得画面完成了一个由虔诚的信徒组成的圈：那只猎犬，可能是其主人记忆中最忠实的那一只。它的爪子高举在沃维瑞斯的椅子旁边，似乎在劝说他成为利普修斯遗产的忠实执行者。不用说，这位哲学家曾写过一篇关于狗的博学论文，赞扬它们的坚忍、忠心、力量，以及动物界的其他动物不具有的智力。他自己也养了几只，从他的描述中可以看出，这只猎犬就是摩普苏斯（Mopsus），在西班牙猎犬萨菲尔死在烹饪锅里之后，它梦寐以求地继位成了斯多葛学派地位最高的狗。任何像鲁本斯这样熟悉罗马石棺的人都知道，按照传统，贵族的坟墓上会在主人的肖像边放一幅宠物狗的画像，这样他们就可以一起前往来世。

在忠诚的摩普苏斯对面的角落里，站着画家本人，他是过去和现在之间的对话者。现在，他看上去比忍冬花凉亭里那个光鲜亮丽的花花公子要老得 150
多。他的表情严肃而引人深思；成熟的下巴须使得脸上的胡须更显浓密；栗色鬈发的发际线往头顶退去，露出了充满智慧的大额头，就像他的兄长、老师和石龛里那位殉道哲学家的额头一样。鲁本斯又一次设计出了一种人物间的交流，通过一条从猎犬的头部蔓延到艺术家头部的金链般的线，把人物联系在一起。他们是一帮志趣相投、生死与共的朋友，而不是一群只关心自己的人。他们从桌上向外看，望向我们，望向永恒，看起来好像有重要的事情要说。兄弟俩难以区分的黑色服装，似乎把他们连为一个整体，共同向后世发表演说。在这两个人物中，仍在世的画家显得更为自信，他的胳膊肘以贵族或士兵的姿态向我们伸出。表面上，从构图来讲，彼得·保罗谦虚地站在后面。但正是他的存在引起了我们的注意。这一点，他是知道的。

3. 信念的重负

商人扬 · 勒 · 格兰德（Jan le Grand）无视一切亵渎的迹象，在推荐鲁本斯为圣温诺思伯根本笃会修道院（Benedictine Abbey of St. Winnoksbergen）祭坛画的最佳创作人选时，毫不犹豫地称他为“画神”。[17] 这番溢美之词写于1611年3月，距离鲁本斯回到安特卫普仅过去两年半的时间，但他身上似乎已经有了一种奥林匹亚的气质。他是一个学识渊博、有着天赋之才和社交风度的奇人。然而，如果鲁本斯没有表现出对该怎样向普通民众传播福音这一问题的深刻理解，那么这些品质对佛兰德和布拉班特的虔诚天主教徒来说就都不重要。尽管他有贵族的风度，但在信仰问题上，他却显现出平民的气质。约翰努斯 · 莫拉努斯、费代里戈 · 博罗梅奥（Federigo Borromeo）、帕莱奥蒂神父（Father Paleotti）和其他反宗教改革运动的博士们，都想要用图像来创作一本为穷人和文盲准备的“贫民圣经”，他们对具体的要求直言相告，这一点非常有益。首先，视觉性的经文必须能让没有文化的人一目了然，而不必混杂晦涩的典故和难以理解的人物。如果画中有人做出手势或摆出某种面相，那么其意思必须十分明了。不能有谜题。其次，图像必须以最具写实风格的绘画来呈现，这样神圣的故事就不会在时间和地点上显得生疏，而会以观看者的生活为切入点进行直接的、可触知的呈现。最后，宗教画应该极为有力地击中情感，以根除任何怀疑，把信徒带进与基督和教会的崇高交流之中。

151 鲁本斯超越了他所有的尼德兰前辈，也超越了自己的同代人，迅速因能满足以上所有这些标准而声名远扬。结果，他在1609至1620年间创作了不少于六十三幅祭坛画：仅为安特卫普的教堂和小教堂就创作了二十二幅；为布鲁塞尔的教堂创作了十幅；为里尔（Lille）、梅赫伦和图尔奈（Tournai）的教堂创作了三幅；在法国和德国的教堂也留下了许多幅祭坛画。[18] 在这些教堂里，他从来没有程式化地对待他的工作，没有用流水线生产的方式来创作出信手拈来的殉道场景。相反，鲁本斯（就像他在意大利时做的那样）非常注重教堂的具体建筑结构、当地的传统和圣物、赞助人的特定兴趣和神学理念。为了兼顾所有这些元素，他需要把他的作品变成一个统一的奇观，一种对神圣戏剧完整而综合的体验。

这一点，在他为圣沃尔布加教堂（Church of St. Walburga）创作的《上十字架》（*The Elevation of The Cross*）中表现得最为明显，这是他第一幅无可争议的杰作。圣沃尔布加教堂可不是一座普通的安特卫普教区教堂。它靠近港口，距离扬·布兰特位于克洛斯特街的房子不远，而在1601年时，彼得·保罗和伊莎贝拉还住在那条街上。它也是城中最古老的教堂之一，斯海尔德河附近那些住在拥挤的鹅卵石小巷里的渔民、水手和船长都会来这里。它的名字取自一位圣人——威塞克斯的沃尔布加，她在从英国去往德国的途中，奇迹般地平息了一场暴风雨，从那以后，北海那些饱受暴风雨侵袭的海员对她尤为尊敬。据当地传统所说，圣沃尔布加最后是在这座安特卫普教堂的地下室里去世的，她一生的大部分时间里都在那里祈祷、斋戒。最初，这座教堂只是一处简陋的小教堂，但到了15世纪末，那里扩建了两条走廊。到了16世纪初，人们有意扩建教堂以扩大唱诗席，但因为圣沃尔布加教堂后面就是拥挤的街道，空间不够用，所以只能在小巷子里增加一个悬空的立面，就像佛兰德货船上加高的船尾——此举恰恰应和了一种文化，即教堂经常被隐喻性地描述成一艘船。[19]

鲁本斯立刻意识到，这种独特的建筑风格是增加戏剧感的有利条件。安东·盖林格（Anton Ghering）对圣沃尔布加教堂内部的描述清楚地表明，这座高祭坛现在的确建得很高，要走十九级台阶才能到达。因此，鲁本斯决定利用如平台般的唱诗席的有利条件，构思出一幅别出心裁的垂直三联画来，因为这幅画的主题“受难”时刻，本身也是与上升有关的，即上十字架。在尼德兰艺术中，这是一个相对罕见的主题，尽管鲁本斯本人曾为罗马的耶路撒冷圣十字圣殿创作过《圣海伦娜发现真十字架》，并在那幅画的侧边画中处理过这个主题。而《圣海伦娜发现真十字架》则是基于杰罗姆·威尔瑞克斯创作的一幅相同主题版画插图，该版画出自一部论述圣像的最为权威的反宗教改革著作，由西班牙耶稣会士杰罗尼莫·纳达尔（Jeronimo Nadal）撰写。但这幅插图和纳达尔的阐述只是一个起点。显然，当鲁本斯开始思考构图方式时，他最在意的是那个特别高的位置。为什么不在那里创造一幅向上的悲

鲁本斯,《圣沃尔布加的奇迹》, 约 1610 年。木板油画, 75.5 厘米 ×98.5 厘米。莱比锡, 造型艺术博物馆

152 剧习作呢? 用构图将观画者的注意力从救世主的身体转移到他的双眼上, 这双眼睛痛苦地向上望去, 哀求地望着天父, 而天父的图像将会放在这幅画的正上方。

或许鲁本斯一直记得小谷圣母教堂的灾难, 所以他决定 (对他来说这是不太常有的事) 这次就在现场工作。为了确保他可以在不受教堂日常事务打扰的情况下进行创作, 一个当地的海运船长租借了一整艘船的帆来, 一队水手帮忙把帆布围绕画家的工作区域支起来, 并盖住了唱诗席, 从而将这块空间转变成了一个帐篷, 避开好奇的信徒们的目光。[20] 鲁本斯在帆布的包围下开始创作。主祭坛下面有一段祭坛台座, 鲁本斯认定这幅祭坛台座画的主题里应该包括一片海景, 以此来表征圣沃尔布加在暴风雨中拯救她所在船只的

奇迹。这是一幅场面汹涌的小画，伦勃朗会将它作为自己那幅《基督平息加利利海上的风暴》（*Christ Calming the Storm on the Sea of Galilee*）的模型。[21]

鲁本斯之所以能在人物塑造上冒这样的风险，那是因为，与他在意大利领受的任务相比，他现在可以自信地感到，他得到了赞助人无条件的支持。圣沃尔布加教堂的教会委员科内利斯·凡·德·格斯特（Cornelis van der Geest）就像鲁本斯的继祖父一样，是一个富有的香料商人，同时也是该教堂所在地区的居民，更重要的是，他还是安特卫普最雄心勃勃的收藏家和鉴赏家之一。鲁本斯后来称格斯特为“他的一个老朋友”，并明确表示，他是这项任务“最热心的推动者”。

鲁本斯按照他的惯有风格，在这幅画中以令人不安的方式将高速运转的自发性和有条不紊的实验性结合在一起。初步素描是用粉笔和钢笔画出来的；人物形象取自他以前的作品，尤其是为罗马的耶路撒冷圣十字圣殿所绘的画作，并被赋予了新的生命和活力。1610年初，新祭坛建造完工，到了6月，鲁本斯已经画出了足以让教堂长老满意的构图要素。合同在那个月初签订了，并且根据安特卫普的习俗，在克莱因·泽兰（Klein Zeeland）旅馆的一间私人用餐间里，举行了一场宴会来庆祝这一时刻。鲁本斯自己也很高兴，因为这项工作将给他带来2600荷兰盾的收入。[22]这幅画的油画素描就已经表明，一些革命性的事情正在发生。即使在老一辈的佛兰德人看来，三联画实际上也已经过时了。也许鲁本斯和凡·德·格斯特故意要恢复一种古老的建筑形式，来纪念圣沃尔布加教堂昔日的传奇（就像他在耶路撒冷圣十字圣殿的祭坛画中，企图暗示埋在圣殿地底下的罗马帝国废墟一样）。不过，与此同时，他想把三联画的三个画板拼接在一起，以此形成单一的、完整的场景。两块侧板将有各自独立的主题——左边是悲伤的圣母马利亚和福音书作者圣约翰，右边是罗马的百夫长和骑兵——但通过姿态和表情，他们的行动都指向中间那块画板中的上十字架景象，并与之形成延续。

在草图中，作品的构思天才已经跃然纸上。鲁本斯突然想到，如果将基 153
督牺牲的沉重负担转嫁给场景里的罪人，也就是试图将十字架竖起来的刽子手身上，或许就能真实地反映基督牺牲的全部意义。尤其对于那些从船上、

上：鲁本斯，《上十字架》的油画素描，约 1610 年。三块画板尺寸分别为：67 厘米 ×25 厘米，68 厘米 ×51 厘米，67 厘米 ×25 厘米。巴黎，卢浮宫美术馆

左下：鲁本斯，《上十字架》，约 1610 至 1611 年。左侧画板，462 厘米 ×150 厘米。安特卫普大教堂

右下：鲁本斯，《上十字架》，约 1610 至 1611 年。右侧画板，462 厘米 ×150 厘米。安特卫普大教堂

右页：鲁本斯，《上十字架》，约 1610 至 1611 年。中间画板，462 厘米 ×341 厘米。安特卫普大教堂

IESVS NAZA
RENVS REX

货仓和船坞来到此地的信徒来说，他们更容易认同辛苦劳动的罪人，而不是救世主自己，因为这些罪人的劳动就像船上的船员在奋力升起主帆。所以基督的身体一动不动，并且放着光，他的眼睛向上顺从地看着天父，这与劳工们的辛苦劳作形成了鲜明的对比。鲁本斯又一次在暴力和宁静之间创造了一种神秘的交融。为了达到这种效果，他从诸如《基督受洗》和《三博士来朝》这些早期画作的特定角落里，召唤出了他熟悉的半裸身体、肌肉发达的摔跤手、角斗士、运动员和杂技演员，将他们放到了舞台中央，并用黝黑的皮肤、出汗的身体、皱起的眉头与艰苦的劳动完善了这些人物。

素描的两块侧板也在很大程度上体现出了鲁本斯的核心设计：一台狂怒的、消磨精力的巨大机器。唯一宁静的地方是基督的身体，以及圣约翰和圣母冷静的顺从，后者并不是用悲剧性的昏厥场景来体现的，而是蕴含在她的悲痛之中，这里鲁本斯回归到了中世纪的信仰：她一直知道儿子的命运。[23] 与此形成戏剧性对比的是，鲁本斯在同一块画板的角落里聚集起一群绝望、惊
156 恐的女人：其中一个不忍直视，另一个无法转过身去，还有一个处在两种反应之间；而在画板的底部则是极具肉欲感的抹大拉，她的双乳裸露在一个正在吃奶的婴儿面前，身体向后仰着，就仿佛十字架会落在她身上一样。在右侧画板上，一个冷酷无情、满脸胡须的罗马军官（他的头像取自鲁本斯在法尔内塞宫中临摹的古典赫拉克勒斯像的素描）伸出指挥棒，下令竖起十字架。

然而，鲁本斯认为，这么做并不完全正确。画面的动态构图里缺少了某种东西。但通过想象力的飞跃，他捕捉到了这种东西。鲁本斯依据传统（比如，威尼斯圣洛克大会堂里那幅丁托列托的伟大作品——《上十字架》），将耶稣受难场景以髑髅地山脉为背景，远远望去，还可以看到别的十字架和远处的景色，这样一来，他必然通过透视打开了一个长长的景深空间。但是，这不仅需要在背景中填充更多的士兵和窃贼，导致与右侧画板中的内容相重复，还要以开阔的视野和光线包围画面中心的暴力行动，从而削弱了聚焦的效果。此外，鲁本斯不仅要考虑那些从中殿的走廊尽头接近这幅画的观众，还要顾及那些坐在唱诗席下面的人，他们无疑将拥有非常敏锐的视角。他像往常一样，使用的解决办法是，化问题为创新。难道，他要做一件史无前例

的事，只展现髑髅地中直接与耶稣受难场景相关的部分，给站在或坐在十九级台阶下面的观众带去一种几乎具有幽闭恐惧意味的逼仄感？难道他还要改变十字架抬起的角度，使它被抬到笔直的位置，这样一来十字架就会惊悚地朝观画者倒去？让牺牲的全部重量仿佛从地上升起，并笼罩在跪着的信徒头上，还有比这更让人震撼的见证救赎体验吗？

于是，鲁本斯把左侧画板中安置着圣母、圣约翰和那些悲痛的女人的狭窄岩架，也沿用到中间画板中，这样一来，中间画板就压缩成了一个空气稀薄、令人窒息的拥挤空间。由于可操作的空间变小，可供放置手上重物的平台变陡，刽子手的劳动就变得更加艰苦，更加放不开手脚，也就显得更加粗暴了。他们的头和身体也相应地改变了，变得和岩石表面一样残酷。那个小腿向观画者方向突出的中心人物，其肌肉变得更加可怕，并且现在他的头发被剃光了。素描中穿着铠甲、留着胡须，戏剧性地皱着眉头的士兵，现在变成了一个更躁动不安的人，膝盖弯曲着，而他的伙伴（从素描中得以保留）则蹲在十字架的底部，用背部承受重量。窃贼已从中央场景里移除，仅出现在右侧画板里，但出于另一个戏剧性的灵感，鲁本斯将耶稣受难场景中这类常见的辅助人物用一个恐怖的细节取而代之：一个重罪犯被人拽着头发押上刑场，脚踩到了另一个平躺着的囚犯的脸，这位囚犯正被人固定在十字架上。
把钉上十字架的窃贼从中间画板上移除，这就给展现惊人的细节腾出了空间， 157
这种经过精心设计的细节旨在将观画者的目光锁定在人物的行动上：一滴硕大的泪珠停留在抹大拉的马利亚的眼睛上，另一滴眼泪缓慢地从她玫瑰色的面颊落下；太阳和月亮天启般一起出现，散布着血色的光舌，染红了令人震惊的湛蓝色天空；一个面目狰狞、饱经风霜的老者被置于岩石的缝隙里，他秃顶的红脑袋、灰白的头发、爪子般的手指，将人的注意力引向基督左手流出的鲜血，血流顺着基督的手臂淌下来；另一股鲜血从额头被荆棘刺穿的地方流进了他的眼睛。没有哪个低着头接受圣体和圣杯的领受圣餐者，在观看了这些恐怖的细节之后，不会在脑中想起教会有关“真实临在”的教义：救世主的肉体存在于面包和葡萄酒之中，它们是他的肉和血。同样，观看者不会漏掉用拉丁文、希腊文和希伯来文写成的铭文——“犹太人之王，拿撒勒的耶稣”，写有铭文的纸边缘卷曲着贴在十字架上；观看者也不会忽略，画中利用地形，把不太可能结合在一起的葡萄藤（同样用于圣餐）和橡树叶（象征着复活）组合起来；因为这里是一个非常爱狗的城镇，所以画作中也添加了西班牙猎犬来见证殉难，四条腿的斐多（Fido），象征着坚定感和信念感。

鲁本斯将沸腾的创造能量倾泻到颜料中，涂抹在画板上。在这幅画的好几个地方，画笔用厚重的奶油色来塑造形体，尤其是在描绘大量紧实而扭结的肌肉在绷紧的皮肤下发力时。但在更多的地方，所谓的“画笔之怒”以令人窒息的方式施展开来：迅速地、几乎不顾一切地画下的长长的线条，干燥的鬃毛在画布表面铺开一层稀释剂；一阵颜料的风暴，拍打着，旋转着，卷曲着，化成了一缕缕细密至极的金色发丝，垂在抹大拉的马利亚深红色的背后，化成了圣安妮粗糙的白色头巾，也化成了救世主血淋淋的缠腰布上的褶皱。

但是，即便飓风也会有静止的中心，而在鲁本斯刮起的颜料旋风中，他对颜色鲜艳区域的把控还是准确且蓄意的。他在十字架的顶部画了一条巨大的斜线，并让它一路穿过基督的身体，并抵达右下角那个刽子手的肩膀上，而这条斜线体现出的动态力量，非但没有脱离色彩，反而与之共同起作用。任何一个淳朴的崇拜者，在看到那条无情地拉拽着十字架的线之后，都会从心里感到它的残酷无情。但是对于一名受教育程度更高，也许刚刚度过义务性的意大利人文之旅的“古罗马研究者”来说，或许会有很多的思考。毫无疑问，他会庆幸自己识别出救世主那张痛苦的脸就是被蛇扼死的拉奥孔的基督教版本。也许钉住耶稣双脚的那颗钉子，也会让他想起在教会内部展开的深奥而激烈的讨论：十字架上的钉子究竟有多少？但是仔细琢磨这些博学的细节时，他可能会发现自己莫名其妙地就被画中一个精确的点给吸引住了：腰部缠着蓝布的刽子手那绷紧的手臂肌肉正好擦过那双被刺穿的脚。在突然
158 认识到这一点之后，他或许会猛然想起西斯廷教堂的天花板上，造物主给予亚当生命的那只伸出的手臂。然后，他会感觉到这其中惊人的联系。因为，如果造人是故事的开始，那么这里展现的就是故事预定的结局：这出罪恶和救赎的戏剧，在髑髅地奋力的呻吟声中得以完成。我们那位从意大利回来的

佛兰德绅士或许最终会心满意足地发现，在这座朴素的老教堂里，在这块如船尾甲板般的唱诗席中，当地的米开朗琪罗终于无可辩驳地推翻了佛罗伦萨人的假设：他的同胞们只适合画风景画。

当代寻找《上十字架》的朝圣者将不会在圣沃尔布加教堂里发现这幅画。1794 年，法兰西共和国的军队“解放”了哈布斯堡王室统治下的尼德兰，也解放了鲁本斯的杰作，这幅画和《下十字架》一起被当作文化战利品，用船运到了巴黎。一幅纪念 1810 年拿破仑与奥地利的玛丽 · 路易丝结婚的官方画作显示，婚礼的列队经过了鲁本斯的这两幅祭坛画，尽管没有人注意到，它们此时被挪为俗用，囚禁在卢浮宫里。在荷兰军队出工不出力的滑铁卢战役之后，这些画被归还给了尼德兰，十七个省重新整合为一个王国（正如鲁本斯一直希望的那样），但统治它的却是布鲁塞尔的荷兰王。在安特卫普，人们组织了一场盛大的节日来庆祝画作的回归，并决定在大教堂的中殿和十字耳堂交叉的地方重新挂上这两幅画。自那以后，这两幅画一直保存在那里（其间变更过几次位置）。圣沃尔布加教堂被人掠走了最宝贵的藏品，但教会的神父们在 1733 年就拆掉了原本的高祭坛，取而代之的是华而不实的、带有拱廊和山形墙的晚期巴洛克式建筑物，体现出他们对鲁本斯原创概念（一出绘画和建筑的完整戏剧）的漠视。虽然在欧洲各学院的评论圈中，鲁本斯的地位从未像此时这样高过，但天主教会开始发现，作为信徒们的视觉入门作品，鲁本斯绘画中原始而有肉体感的质地还是让人不由得捏一把汗。所以，鲁本斯的三幅祭坛台座画，包括那幅有关航海的《圣沃尔布加的奇迹》，都被卖掉了，取而代之的是教堂的新建筑师画的一幅画。1797 年，这座教堂被法国人改造成了海关大楼。1817 年，它最终被拆除了，科内利斯 · 凡 · 德 · 格斯特的遗骨仍然躺在旧唱诗席的遗址下，而这座建筑则变成了一片废墟。

安特卫普大教堂在 19 世纪比利时爱国主义者眼中成了国家复兴的象征，因此鲁本斯的两幅神圣杰作必然要像位列万神殿般存放在那里。这两幅伟大的三联画，一左一右放在教堂耳堂的角落里（被鲁本斯后来创作的《圣母升天图》分开），看到的人很容易认为它们是成对的，《下十字架》紧接着《上十字架》。尽管这两件作品显然在鲁本斯的心中是相互关联的，但在概念和执

行上却有着天壤之别。早在鲁本斯完成圣沃尔布加教堂的作品之前，安特卫
159 普的教区议会在1610年决定为大教堂定制一幅巨大的历史题材画，就在那时，罗科克斯提供了具体的人选。鲁本斯曾在1609年为罗科克斯画过两幅重要的历史画，一幅是为他的宅邸画的《参孙与大利拉》，另一幅是为市政厅画的《三博士来朝》，而罗科克斯当时就在市政厅担任高级市政官和市长。但对这位痴迷鲁本斯的贵族来说，这些还不够，他想让鲁本斯为大教堂画一幅气势恢宏的宗教画，以完成自己作为安特卫普的米西纳斯*的履历。罗科克斯曾担任火绳枪民兵公会的队长兼首席军官，当这个公会决定为他们在大教堂里的礼拜堂定制一幅祭坛画时，机会来了。碰巧在1610这一年，鲁本斯买下了一处房产，这座房产附带了一块亚麻漂白场，它毗邻公会街（Gildekamersstraat）上火绳枪兵集合和训练的靶场（doelen）里那片树木繁茂的院子。看起来，这位画家似乎被罗科克斯在他职业生涯周围编织的金网给捕住了。

他倒并不介意。为大教堂描绘一幅历史画，就意味着加入一长串伟大的安特卫普大师的行列：弗兰斯·弗洛里斯、米希尔·科克西、马滕·德·福斯，尤其是他的老师奥托·凡·维恩，其最有灵感的作品就是这座教堂里的祭坛画。[24] 事实上，一些伟大的作品，诸如弗洛里斯的《圣母升天图》，已经在捣毁圣像者的锤子下消失了，鉴于此，鲁本斯更应该抓住这一机会，将自己的画作留在欧洲北部最雄伟的教堂里。

与《上十字架》不同，这幅画所选的题材更常出现在佛兰德传统和意大利文艺复兴经典中。鲁本斯居住在罗马时，距离圣三一大教堂（Santa Trinità dei Monti）只有一步之遥，因此他一定看到过达妮埃莱·达·沃尔泰拉（Daniele da Volterra）为奥尔西尼小礼拜堂画的那个版本，或许也知道费德里科·巴罗奇为佩鲁贾大教堂（Perugia Cathedral）画的那幅极富情感的画作，画中有向上爬的梯工和晕过去的圣母。尽管鲁本斯必然会欣赏意大利大师们风格化的精美，但他需要用一种更为朴实、更突出肉体的方式，重塑这个主题，尤其是因为这幅作品的赞助人——火绳枪兵队——既不是意大利贵族，

* 米西纳斯是古罗马著名的外交官和文学赞助人。这里代指文学艺术事业的慷慨资助者。——编注

也不是出自僧侣阶层，而是一个植根于这座城市尚古且喧闹的传统中的机构。

这个传统的核心是对他们的主保圣人克里斯多夫的民间崇拜。他的故事记载在《金色传说》（*The Golden Legend*）中，恰恰是反宗教改革运动的神父们最想从可信的圣徒万神殿中抹去的那种虚假神话。但正是克里斯多夫丰富得离奇的故事，使他在普通人的生活中如此受欢迎。民间传说将他塑造为一个高大的巨人，可能还是个迦南人，他（像所有最高级的伪圣人一样）生活在小亚细亚，大约在 3 世纪的某个时候。这个故事的一些版本坚持认为，他出生时原本是一个狗头怪兽——列普罗布斯（Reprobus），肩膀上长着一个狗头，只是随着年龄的增长才呈现出完整的人形。他的使命是寻找世界上最强大的王子，然后用超人的力量辅佐他。结果，那个王子原来是撒旦，因为这 160
位巨人观察到，这个强大的主子只要看到或听到有人提十字架就会畏缩。寻找显然是万主之主的基督时，他被委以重任，在一位提着灯笼的隐士的带领下，用宽阔的背驮着旅客蹚过一条深深的河。有一天，当他蹚过黑暗的河水时，他驮着的那个孩子变得越来越重，直到巨人抱怨说他背不动了，就仿佛他在支撑着整个世界。幼年基督显现说，是的，因为你背负着创造这个世界的人。从此以后，他就成了克里斯多夫，意即“背负基督者”。[25]

尽管罗科克斯和鲁本斯急于讨好教会，但他们很难忽视火绳枪兵队对圣克里斯多夫的虔诚，而且无论如何，他们的高尚品德总会为平民百姓口中的世俗传说留出空间来。尼德兰各地都有这个友好巨人的巨大雕像，民兵连会指定一名成员为“克里斯多夫”，在五旬节和圣母节的游行队伍中，这个人会踩着高跷，套着纸板做的外壳，背上背着一个柳条做的彩绘耶稣玩偶。[26]

鲁本斯面临的挑战是，找到一种方法让克里斯多夫显得极为庄严，或者更好的情况是，将他与一个无可指责的神圣主题神秘地联系在一起。他曾把法尔内塞宫里的赫拉克勒斯变成一个在浅水里行走的基督教巨人，这位巨人皱起眉头，肌肉因用力而紧绷，而天真烂漫的幼年基督紧紧地抓着他的头发。既然有这个先例，答案自然就来了。鲁本斯的主题将是：所有信徒承受的信仰之重。他有可能从圣西里尔（St. Cyril）撰写于 4 世纪的《圣经》集注中得到了一些帮助。这本集注在 1608 年有了一个新的版本。该集注认为，圣餐中接受基督的血液和身体是一种“承受”，因为它现在“分布在［领圣餐者］整个身体的各个部分”。[27] 因此，鲁本斯需要一个主题，既要像在《上十字架》中那样以一种引人注目的直接方式凸显出救世主的身体，又要暗示出他将身体的物质转移给了他的追随者。这一点使得以悲剧性的重负感为核心的“下十字架”成为一个显而易见的选择，另外还有两则在福音书中记载的有关背负基督的故事：怀孕的马利亚探视年长的亲戚伊利沙伯（Elizabeth），这位女子也奇迹般地怀了一个孩子，这个孩子就是将来的施洗者圣约翰；以及在圣殿中将圣婴抱到高级教士西面面前的场景。因此，虽然克里斯多夫被降格放在了三联画的一扇门上，但是这样一来，火绳枪兵队也就当然可以随心所欲地在想让这位主保圣人更加显眼时将这扇门关上。在他另一边的那扇门上则是隐士和灯笼的形象，这不仅是一个偶然的轶事，而且是整个作品中次要主题的关键：将重量转化为纯粹的天国之光。

一旦鲁本斯以这种方式构思作品，他肯定会突然意识到，这个故事对于它的选址来说是多么贴切，因为在圣沃尔布加教堂里，问题和挑战都在于高度，而在火绳枪兵队礼拜堂这个相对昏暗、凹陷的空间里，问题和挑战则在
161 于光线。因此，大幅中间画板中的巨大的悲悯之情就集中体现在，将基督了无生气的青白色尸体和穿着亮眼的血红色衣袍并张开双臂、像摇篮一样拥抱耶稣尸体的福音书作者圣约翰并置。仿佛救世主的血从他的身体里流出来，流进了福音传播者的体内。尽管基督的躯体已经清空了尘世的活力，但在鲁本斯充满爱意的塑造下，它似乎依旧保留了其解剖学意义上的完整性，其散发出的光照亮了明亮的裹尸布和亚利马太的约瑟、圣母，以及两位悲痛的马利亚——抹大拉和革罗罢妻子的脸。因此，尽管人物的行动是在髑髅地日落将近的昏暗中展开的，黑暗开始笼罩整个场景，但耶稣本人就是光源。事实上，他就是西面在圣殿中抱着圣婴时预言到的“照亮外邦人的光”，现在，这光让他能安然死去。

乍一看，鲁本斯莽撞的创新冲动似乎平息了，《上十字架》中戏剧性地将三块画板统一起来的做法，在此被更为传统的三联画形式所取代：三个独立的叙事，只能通过联想将其联系在一起。但是，如果说在《下十字架》中，

实验性的锋芒被软化了，那么这幅画也获得了一些东西，因为鲁本斯在三块画板中，为自己绘画风格的南北两种冲动之间创造了一种奇妙的对话。《圣母往见》（*The Visitation*）和《圣殿中的献礼》（*The Presentation in the Temple*）是他迄今为止对威尼斯传统最优雅的致敬。那位光着脚、头上顶着篮子的金发女郎，眼神挑逗，袖子卷起，纯粹是委罗内塞式“在干草上打滚”的甜蜜恶作剧。正是将这种细节插入宗教画中后，这位威尼斯艺术家被宗教法庭起诉了。不过，画中出现一个散发着牛和夏日汗味的农家女孩完全在意料之中，因为鲁本斯让撒迦利亚（Zacharias）* 和伊利沙伯住在位于坎帕尼亚或威尼托（Veneto）某处带柱廊的别墅里，他们头顶有藤架，露台下有正在啄食的孔雀和家禽。光带有天蓝色的乡村气息，透过拱形的台阶，可以看到一个捕鸟人走进了一片田园诗般的富饶乡村，约瑟和撒迦利亚看起来就像两位乡绅（messeri-contadini），正打算交换关于农作物收成的消息。事实的确如此，只不过庄稼长在马利亚和伊利沙伯神秘受孕的肚子里。鲁本斯的特殊天赋在于，他在《圣母往见》这块画板上借鉴了意大利田园牧歌的传统（包括圣母迷人的草帽）来展现他的第三个主题：受神祝福的丰饶。这个主题将在其余生里一直回荡在他的耳畔。[28]

另一方面，《圣殿中的献礼》展现的是纯粹的提香式宫殿风格，一场奢华的幻想，因为圣殿被塑造成一座华丽的大理石宫殿，带有饰镶板的拱顶，构造丰富的复合式科林斯柱头，以及富有纹理的石灰华，这让鲁本斯展现出在渲染物体表面方面的杰出技能。西面本人戴着天鹅绒帽子，披着绣花披肩，看上去像是介乎总督和教皇之间的人物。他望着天堂，感谢上帝让他在临终前见到救世主。光芒从小基督那闪亮的头上倾泻而出，仿佛它就是一只由精神发电机供电的高瓦灯泡，照亮了老人的脸。甚至西面肩膀上的丝质披肩上 164
也绣着太阳光线，再次暗示了救世主是光源。其实，这光就像福音的光一样，既有力又广泛地扩散开来，从而能从一个方向照到圣母的脸上，并向后反射到了西面身后那位智慧、温柔、长着胡子的尼古拉斯·罗科克斯的侧脸上。

---

* 施洗者圣约翰的父亲。——编注

左：鲁本斯，《下十字架：圣克里斯多夫背着孩童耶稣》，1611 至 1614 年。木板油画（祭坛画合上），420 厘米 ×310 厘米。安特卫普，安特卫普大教堂

下：鲁本斯，《下十字架》，1611 至 1614 年。木板油画（祭坛画打开），420 厘米 ×610 厘米。安特卫普，安特卫普大教堂

右页：鲁本斯，《下十字架》，1611 至 1614 年。中间画板，420 厘米 ×310 厘米。安特卫普，安特卫普大教堂

在西面和圣母马利亚之间的是女先知亚拿，她脸露微笑，没了牙齿，那双老迈的手合在一起，好像既在祈祷，又在和婴儿玩耍。据某些研究者推测，她身上可能带有鲁本斯的母亲玛利亚·派伯林克斯的特征。[29]

在《圣殿中的献礼》中，奢华的场景和西面那红金色长袍的主导地位，被圣母庄重的服装和举止软化了。尤其是约瑟，他跪在老人和孩子面前。木匠右脚的脚底有一处独特且深刻的细节：脚跟闪着光亮、布满老茧，脚掌起了皱并开裂了。鲁本斯设法将福音书中对单纯的信徒来说最有意义的元素结合在了一起：对贫穷、谦卑和朴素的颂扬。

在中央的大面板中，侧画中的明暗关系被颠倒了过来。光不再是空灵的或扩散的，而是强烈地集中在悲剧性的弧线上，那弧线从裹尸布上端开始，穿过基督青灰色的身体，一直延伸到圣约翰的身上。在《上十字架》中，构图努力抵抗那种猛烈的肉体能量带来的撕裂感。但这幅画中的所有形式似乎都融合在一起，或者说，像基督的血一样凝结成了悲剧中心的主导力量。尽管有强烈的肉体冲击，但有一种稳定的、有规律的运动，就像循环的脉搏，在整个构图中跳动，肢体布置得就像轮子的辐条，围绕着中心点——基督伤口上被刺穿的那一点——转动。在《上十字架》中，最具张力的元素集中在画面的底部，集中在残忍的劳工身上。而在《下十字架》中，他们成了两个惊人的细节，被孤立在画面的顶部，身体的侵略性堪比卡拉瓦乔最大胆的作品。右上角，裹尸布的一角被身形强壮、留着灰胡子的人用牙齿咬住，他下巴上的皮肤因用力而紧绷着。在左上方，半裸着身子的那个人的腿因透视而缩短，径直伸入空虚、漆黑的空间。在梯子的半截处，肌肉紧张感多少得到了放松，因为衣饰华丽的亚利马太的约瑟和尼哥德慕分别在两边帮扶，眼睛可以在此处稍做休息，尸体势必还要继续下搬，但在这里停顿了一下。在这幅画左边靠中间的位置，手臂和腿的复杂排布将人们的视线引向了三位悲痛的马利亚身上。鲁本斯在此并不满足于悲剧的泛泛化描述。每个马利亚都必须以各自特有的方式哀悼。圣母的脸上写满了死亡引发的全部剧痛和无法安慰的悲痛，这种悲痛让她的容貌失色。一种更有戏剧性、情感上也更为强烈的悲伤充满了革罗罢的妻子马利亚

那饱含泪水的双眼，而抹大拉的马利亚的表情似乎反映出更内敛的庄严感，
她是“优雅美”（venustas）的化身：一种将外在美和内在精神的光辉结合 165
起来的优雅气质。一直以来，鲁本斯都是富有创造力的剧作家，他把悲剧的冲击力从抹大拉的脸上转移到了她的肩膀上，基督那沾满血迹的脚搁在她的肩膀上，染红了被他的脚趾压在底下的金发。这种冲击感一如既往，是经过精心策划的，具有启发意义。它的目的是提醒大家不要忘记抹大拉从罪恶中获得的救赎：这位留着长发的从良妓女曾洗过基督的双脚，并用自己的头发将它们擦干，作为她悔罪的象征。

在伦勃朗出现之前，没有什么比这幅画更能代表神圣的戏剧了。《下十字架》在一幅画中展现了所有的绘画。这是一幅风景画、肖像画、历史画，尤其是一幅令人惊叹的静物画（nature morte），静物感体现在一块精心描绘的石头上，这块石头把铭文压在地上；另外还体现在将铜盆染成酒红色的那顶荆冠上。这是北方绘画和南方绘画的结合，既有惊人的绘制技巧，也有真实的提香风格的色彩。所有雄心勃勃的巴洛克艺术家身上都笼罩着伟大的威尼斯画派大师们的投影，但没有人做到比鲁本斯更为彻底地致敬了前辈。他的用色不仅仅是在由线条构成的构图中充当愉悦的填充物，而且还实实在在地塑造了形体。鲁本斯无论出于直觉还是理智，都能领会到不同颜色的效果对视觉感知构成的影响，而《下十字架》使用了强烈的明暗对比，将观画者的眼睛带到艺术家想要他们观看的地方。尼哥德慕深蓝色的右肘突兀地向外伸出，顶着耀眼的裹尸布，把我们的注意力顺着他前臂的边缘往下推，一直推到与圣约翰的手臂和肩膀上那饱和度极高的红色相遇。这条色彩之路的清晰度和力量感，使观画者的眼睛无法在这幅画的任何地方停下来，而只会停留在圣徒宽阔的胸膛和肩膀处，这副肩膀伸展开来，架住了被刺穿、衣物被撕裂的救世主身体。圣约翰的整个身体都为这一刻做好了准备。他为了支撑救世主的身体，右腿牢牢地固定在梯子的第二级上，骨盆向前顶，上半身向后弯曲，以承受压力。他已经准备好代表我们所有人来肩负起信仰的重担。

4. 绅士的养成

这是安特卫普的一间挂满画作、挤满绅士的房间。参加这次聚会的人衣着考究，谈吐文雅，打扮庄重，无可挑剔。从某种程度上来说，这是一场刻意彰显贵族品位的聚会。科内利斯 · 凡 · 德 · 格斯特，也就是举办这场聚会的房子主人，让他的画家威廉 · 凡 · 海赫特（Willem van Haecht）刻意突出门上
166 方的盾形纹章。一些外国人喜欢抱怨佛兰德市民过分喜爱纹章，说仿佛在黑色的底上加一块银狮子盾形纹章，当地商行的财富就会变得更加可观似的——这样的闲话就不必理会了。还有一些粗俗的英文故事说，尼德兰人每两周就要换三次盾形纹章，以取悦反复无常的妻子——这些故事听过就忘了吧。[30] 毕竟，凡 · 德 · 格斯特和他的朋友们向往的，并不是那种拥有树木繁茂的庄园、嗜好养母马和捕猎的普通上流人士，而是那种有眼光的贵族。他们记得，罗马枢机主教带着客人穿过满是大理石的画廊，从鲜红色的袖子里伸出一只光滑而白皙的手，指向这个或那个宝物——一尊头像、一座人体躯干雕塑、一块浮雕宝石——他们把自己视为这些人的北方同类，是崇拜美的教会里的杰出人物。因此，这里放置的是他们精心挑选的文物（复制品），膜拜完美的献祭品：望楼的阿波罗和法尔内塞宫的赫拉克勒斯。因此，这些绅士称自己为“kunstliefhebbers”是有一定道理的，从字面上看，这个词指的是艺术爱好者——注意，这里的艺术不仅仅指的是“schilderij”（平凡的绘画），而是“kunstschilderij”，也就是高雅艺术：历史画和气势恢宏的肖像。他们对这门爱好是如此热情，又如此有学识，以至于他们以收藏家和鉴赏家的身份，寻求并获准加入了圣路加公会。[31] 这是一件不同寻常且前所未有的事：绅士们想要和画家们直接交往，就仿佛他们都是同一社群里的人。他们既想炫耀自己的纹章，又想炫耀自己的艺术知识，这二者似乎并不兼容，不过这群精英却不这么认为。他们拥有的是心灵的公国。他们的东道主的名字不是很吉利吗？Geest（格斯特）翻译过来就是 l’esprit：才智、智慧、想象力和精神，世俗和虔诚的完美结合。好吧，那就让他玩一种高尚的双关语吧。让这座房子的座右铭被广泛书写吧：Vive l’Esprit（精神万岁）。

威廉·凡·海赫特,《科内利斯·凡·德·格斯特的画廊》,1628 年。木板油画,100 厘米 ×130 厘米。安特卫普,鲁本斯故居

没有什么比昆丁·马西斯的《圣母与圣子》(*Madonna and Child*)更能体现出神圣与绘画的崇高结合了。作为这栋房子的主人和资深艺术爱好者，凡·德·格斯特很荣幸地把这幅画展示给他最尊贵的客人阿尔伯特大公看。不过，他只是带有显摆意味地用食指指向基督圣子，而另一个人，也就是站在大公左肩旁的那位，看上去似乎在更积极地讲解。显然，那人就是鲁本斯，这位向来很有策略的导师，现在以不同的姿态出现在这个画廊里。他那幅画满战士的《亚马孙之战》(*Battle of the Amazons*)就挂在后墙上。在前景的中心位置，一些平面艺术作品摆在八角形桌子的边缘。其中最大、最引人注目的是扬·威尔瑞克斯（Jan Wierix）的一幅画，画中的亚历山大大帝正在拜访艺术家阿佩莱斯的画室，而阿佩莱斯正在为国王的情妇坎帕斯普画裸体肖像。在普林尼讲述的历史中，亚历山大大帝会通过给阿佩莱斯各种各样的恩惠来表达对他的尊重，这些恩惠甚至包括坎帕斯普本人。这不是前枢机主教阿尔伯特大公会做出的事。但是，本着这些画廊之作彼此呼应的解谜精神，机智的观画者们会受到启发，在过去和现在那些到访的赞助人身上找到令人发笑
167 的相似点。最聪明的鉴赏者甚至还会记得，威尔瑞克斯这幅画（在这里被忠实地以微缩形式再现)，赋予了阿佩莱斯其当地转世者的特征——卷曲的头发，修剪整齐的胡须，挺拔的鼻子：活脱脱一个彼得·保罗。也许凡·海赫特试图共享一些阿佩莱斯式的荣誉，因为他自己的签名版本的《达那厄》就在这幅画下面。

在某个时刻，鲁本斯自己也忍不住尝试了这种风格，与他的朋友老扬·勃鲁盖尔一起，以画廊画的形式创作了一系列感官的寓言。《视觉寓言》这幅画伤风败俗地收入了他们最受喜爱的作品，其中包括两人精湛的合作作品《圣母与圣子》，鲁本斯画了人物，勃鲁盖尔画了花朵。而画中的其他画作则厚着脸皮在展现鲁本斯的多才多艺，这反映在他为不同赞助人量身定做的画像中：吉安·卡洛·多里亚的骑马肖像画，以及阿尔伯特和伊莎贝拉的宫廷画像。画中百科全书般的收藏品（哲学家和皇帝的头像，其中包括马可·奥勒留和塞涅卡；右下角的珍贵贝壳；地球仪、六分仪、太阳系仪和罗盘；硬币和奖章）不仅与我们所知道的鲁本斯的收藏品一致，而且与每一位有教养的绅士具有

鲁本斯和老扬·勃鲁盖尔,《视觉寓言》, 1617 年。木板油画, 65 厘米 ×109 厘米。马德里, 普拉多博物馆

168 的学识相符：历史、人文和自然科学；数学和建筑学；宇宙学和古典考古学。若没有受过这样的教育，任何有自尊心的绅士都是不完整的。但它传达的学识和道德高尚感却不得不被削弱。因此，这堆荣誉之链就像小学生获得的奖品一样，被不经意地扔在了学术用具的宝库中。

这种教育的突出优点是它的广博性。《视觉寓言》的左边和右边的背景显示了两种截然不同的前景。然而，在佛兰德艺术爱好者心中，这两点是互补的。从画面右边看去，可以看到一条更宏伟的走廊，拱顶高耸，一尊尊独立的古代人体雕像被一扇高高的圆形窗户照亮，展现出一幅伟大的罗马君王的王室藏品图景。然而，从左边的拱门看去，看到的港口景象与其说是意大利式的，不如说是佛兰德式的；甚至也许是安特卫普的理想景象，一座座带山墙的屋顶，港口入口处有一座小塔。这正是凡·德·格斯特、罗科克斯、扬·布兰特和彼得·保罗·鲁本斯眼中，他们在世界上所处的位置：从概念上讲，这里既是由红砖建成，又是由金石垒起来的，在当地坚不可摧，从远方看又壮丽无比；就事实而言，他们所处的地方只是斯海尔德河河口的一处靠岸之地；从文化上来说，他们都生活在一个叫作安特卫普-罗马的充满智慧的乌有之地。

似乎正因为与事实有出入，所以维持这种虚构是重要的。安特卫普的贵族们曾寄希望于停战协定——它可能预示着一个新的黄金时代的到来——但这种希望几乎没有实现。该市人口稳定在5万人左右，但这个数字相当于16
169 世纪50年代，也就是弗兰斯·弗洛里斯和老彼得·勃鲁盖尔事业全盛时期的一半。昔日荷兰联省议会的海岸堡垒依然屹立在斯海尔德河河口的东岸，他们的大炮使得北海船只无法逆流而上到达港口。因此，安特卫普的大部分贸易只能取道南部的运河，通过陆路和河运往来法国、德国和意大利之间，从而获利。但这事关生活，而不是财富。从波罗的海和西印度群岛运来的粮食、木材和香料越积越多，积攒成大笔财富，而荷兰省和泽兰省的新教徒商船队正积极地收获这些财富。在该地的画家和贵族精英们贫乏的想象中，安特卫普几乎成了一座世界城市。1616年9月，时任英国驻联省大使的达德里·卡尔顿爵士（Sir Dudley Carleton）在安特卫普逗留了几天。他对眼前的景象感到既惊叹，又沮丧。他在给朋友约翰·张伯伦（John Chamberlain）的信中写道：

> 这座城市的建筑，美而统一，街道又高又宽阔，城墙美观而坚固，实乃我见过最美丽的城市……但是我必须用一句话来告诉你这座城市的状况，你可以按照字面意思来理解：这里是 magna civitas, magna solitudo（一座伟大的城，一片巨大的沙漠）。因为在我们待在这里的全部时间里，我从未看到过哪条街上同时出现四十个人：我们的人从未（虽然两次都是在工作日）在商店或街头看到有人买卖值一便士的货物。两个走街串巷的小贩和一个卖唱的民谣歌手，一次就能背上和皇家交易所一样多的东西。在许多地方，街道上长着草，然而建筑物都保养得很好（在这孤寂之景中是罕见的）。自从停战以来，这里的情况比以前更糟了（这似乎很奇怪）。[32]

1627 年，鲁本斯本人会将安特卫普的困境比作一具消耗殆尽的躯体："每天一点一点地衰败"。但他后来的这种悲观情绪来自 1621 年西班牙和荷兰共和国之间重燃的战火，这对希望实现尼德兰统一的他来说，无疑是一个灾难性的打击。十年前，他像他的朋友们一样，通过爆发式的文化繁荣，来抵御任何滋生出的禁闭感。民兵连趾高气扬地昂首阔步，火枪不断发射，鼓声不断。街道上的游行队伍，无论是宗教的还是世俗的，都丝毫没有丢失往日那种狂放的热情；纸板怪兽又一次在鹅卵石铺成的大街上摇摆起来。各个修辞学会*（鲁本斯是其中一个学会的名誉会长）继续上演着他们颇受欢迎的表演，喜剧和悲剧都有。遍布全城的新建筑，无论是私人的还是公共的，在近几十年来第一次拔地而起。有时，这些建筑的外立面透出一种将旧的佛兰德习俗与新的意大利式巧思结合的本能，创造出一种砖石结构的混合风格，这种风格被风趣地称为 speklagen——培根切片。有时，它们更彰显出坚毅的宏

* 修辞学会（chamber of rhetoric），15 至 17 世纪活跃于低地国家的文学团体，致力于诗歌、戏剧和演讲。——编注

170 伟感来，比如1614年奠定基石的壮丽的耶稣会教堂。以圣嘉禄·鲍荣茂（St. Carlo Borromeo）命名的圣嘉禄·鲍荣茂教堂，拥有华丽的大理石和由鲁本斯设计的丰富多彩的彩绘装饰，与它的罗马原型相比毫不逊色。尽管教堂内部被大火烧毁，鲁本斯画的小天使们仍然在教堂的外立面上无忧无虑地挥动着翅膀，城市里的节衣缩食没有使它们的翅膀变得沉重。

在考虑如何安顿好自己、伊莎贝拉和克拉拉·塞雷娜时，鲁本斯决定他的房子应该向世界展现一张勇敢的面孔，绝不能显得小家子气或带有地方偏狭感。在安特卫普的16世纪画家住宅中，有过漂亮的艺术家宅邸的先例。昆丁·马西斯的“圣昆丁府”装修豪华。而根据布鲁塞尔皇家图书馆保存的一幅18世纪的钢笔画显示，弗兰斯·弗洛里斯也为自己建造了一座宏伟的古典风格的房子，坐落于现在的阿伦伯格街（Arenbergstraat），里面有雕像壁龛和彩绘装饰。[33]但是，尽管鲁本斯不可能不去关注他这些当地的前辈，但他显然想到的是曼特尼亚位于曼托瓦的漂亮房子，特别是朱利欧·罗马诺的“皮皮之家”——贵族画家豪宅中的典范。他也不会忘记圣彼得达雷纳的利古里亚式别墅，或是热那亚简朴优雅的16世纪宫殿，他逗留此地为文琴佐·贡扎加效劳期间，曾对这些宫殿做过一些描述性的记录，后来将这些记录结集成书，于1622年出版。这些房子有着恬静、优雅的带壁柱外墙与宽敞的室内空间，显然吸引了他，成为他构筑自己居所时的模板。[34]但在这里所有的“古罗马研究者”看来，佛兰德跟意大利北部地区不同，尽管与鲁本斯父亲所在的年代相比，安特卫普人口更少了，但对于鲁本斯真正想要的那种艺术大师的别墅来说，这里仍旧显得拥挤不堪。

1610年11月，他找到了他要的房子：一栋结实的大房子，尽管它是16世纪佛兰德风格的建筑，有倾斜的屋顶和阶梯形山墙，正面是带石材镶边的“培根切片”砖。它面向瓦珀河，这条运河曾经是环绕古城的护城河的一部分。这所房子本身一点也不破旧，但对鲁本斯来说，最吸引他的可能是它附带的那块地。因为沿着街道延伸开去，与运河平行的是一间配有烧锅棚的古老的洗衣房。鲁本斯花了7600弗罗林买下了瓦珀街的这处地产，如果他愿意的话，他和伊莎贝拉本可以先搬进这座现成的佛兰德式住宅，与此同时进行一些修缮和扩建。但是他俩选择和克拉拉·塞雷娜一起住在港口附近的布兰特家族的房子里，这里离鲁本斯正进行重要工作的两座教堂不远。一向谨慎的鲁本斯和他的岳父岳母住在一起，远离尘雾、木匠的锯子和石匠的锤子。他这样做是明智的，因为改建瓦珀街的房子变成了一个五年工程。不过，等完工后，鲁本斯就可以搬进这座城市里几乎前所未见的房子里了，而且，这栋
建筑准确地展现出了主人的个性：北方人的粗犷外加意大利式的优雅；外部 171
收敛优雅，内部富丽堂皇。里里外外，它既被设计成一处能让人沉思的舒适之所（locus amoenus），又是一个定制的专业画室。就像鲁本斯心中所想的西塞罗别墅一样，这栋房子不仅仅是简单的住宅，更彰显了一种温和而平衡的生活，它的空间既可为公共教育所用，也可充当私人隐居之所。难怪他的朋友沃维瑞斯认为，这将“让外国人感到惊讶，受到游客的激赏”。[35]

如今的外国人和游客在瓦珀街 9 号看到的，除去把庭院与花园隔开的宏伟石屏和花园尽头的夏季凉亭之外，就是原来房子的一个仿品。1640 年鲁本斯去世后，他的第二任妻子海伦娜·福尔芒（Helena Fourment）继续住在那里，房子直到 1645 年才租给卡文迪什勋爵（Lord Cavendish）。卡文迪什勋爵是已不复存在的查理一世朝廷的一名在逃保皇党成员，他发现这里既适合个人居住，又适合开办西班牙骑术学校。1692 年，这栋房子的新主人坎农·亨德里克·希尔韦夫（Canon Hendrik Hillewerve）——他本人就是一名艺术品行家——让雅各布斯·哈勒温（Jacobus Harrewijn）为房子的外部、花园，以及一些内部的房间制作了雕版画。20 世纪的鲁本斯爱好者们正是依据这些流传下来的版画，为 1910 年的布鲁塞尔世界博览会，用彩绘石膏和纸板重建了这栋他们想象中忠于原房子的复制品。这件走过场的复制品非常受比利时公众喜欢，以至于在第一次世界大战期间遭受了毁灭性轰炸并被德军占领之后，
重建鲁本斯故居似乎也成为国家重建的理想象征。比利时坚决保持中立态度，172
以避免重复在第一次世界大战中遭受的命运，于是在鲁本斯爱好者之间爆发了一场激烈的争执，一派主张严格复原这座房子在历史上的样貌，另一派则打算把这所房子的世博会版迁移到瓦珀街。纯粹主义者不愿意在没有严谨的考古证据的情况下，把某个随便划分的空间称为“厨房”或“卧室”。而民众

派则想要在毋庸置疑的鲁本斯故居地址上营造出一种巴洛克式的“老佛兰德”氛围，并使用17世纪的家具——橡木橱柜、蓝白色瓷砖、锡制酒杯和黄铜枝状烛台——来唤起观者对画家的职业、家庭和学术环境的想象。

令纯粹主义者懊恼的是，这个问题是由历法上的随机性，而不是考古学上的完整性决定的。鲁本斯逝世三百周年的日子很快就要到了，受委托负责这项工作的建筑师埃米尔·凡·阿弗贝克（Emile van Averbeke）赶着完工。德军攻占这里倒是小事，出于一些糟糕至极的原因，这非但不会阻挠整项工程，甚至能起到推波助澜的作用。德国的鲁本斯学术研究传统向来实力强大，甚至可以说有些狂热，但就其较为恶劣的一面来说，这种实力和狂热也会延伸到第三帝国中那些崇拜鲁本斯的所谓文化精英身上。[36]鲁本斯酷爱丰满的金发女子和激烈的动作，这一点被当作了他和他的祖先一样支持日耳曼种族理论的证据。1944年，艺术史研究者阿尔弗雷德·施坦格（Alfred Stänge）在柏林召开的国家社会主义艺术史学家组织会议上发表演讲，他颂扬了这位画家的内在能量，并认为这种力量是堕落的、过度思考的艺术的对立面。[37]尽管确实很难找到确凿的证据，但是赐予鲁本斯以荣誉会员的身份，认为他是雅利安先哲中的一员，或许在德军占领期间起到了加速重建他的房子的作用，尤其因为，敌占当局或许会觉得这样做可以帮助他们赢得佛兰德民族主义者和法西斯主义者的支持，这些人的通力合作正是他们求之不得的。不管出于什么原因，不管从哪个角度来看，1938年时，鲁本斯的故居并不存在。但到了1946年，它落成了。

因此，可怜的鲁本斯，就像伦勃朗一样，被最不受欢迎的崇拜者挟持为人质，而这些人追求的与他本能的、有原则的世界主义相去甚远。毕竟，他在瓦珀街为自己设计的房屋对文化法西斯主义来说是一种毒药：一种快乐的文化杂种，一种本土风格与国际风格结合的不伦产物。房子的正面完工后，足足有120英尺长，但新旧房子之间由一道中央门廊分开。在左边，佛兰德风格的外立面被狭窄的矩形窗户打破，窗户由铅板构成，分成四格。在右边，意大利风格的附楼的中层窗户漂亮地拱起，并嵌在带条纹石框内，这是对鲁本斯自己的热那亚风格设计的教科书式改造。

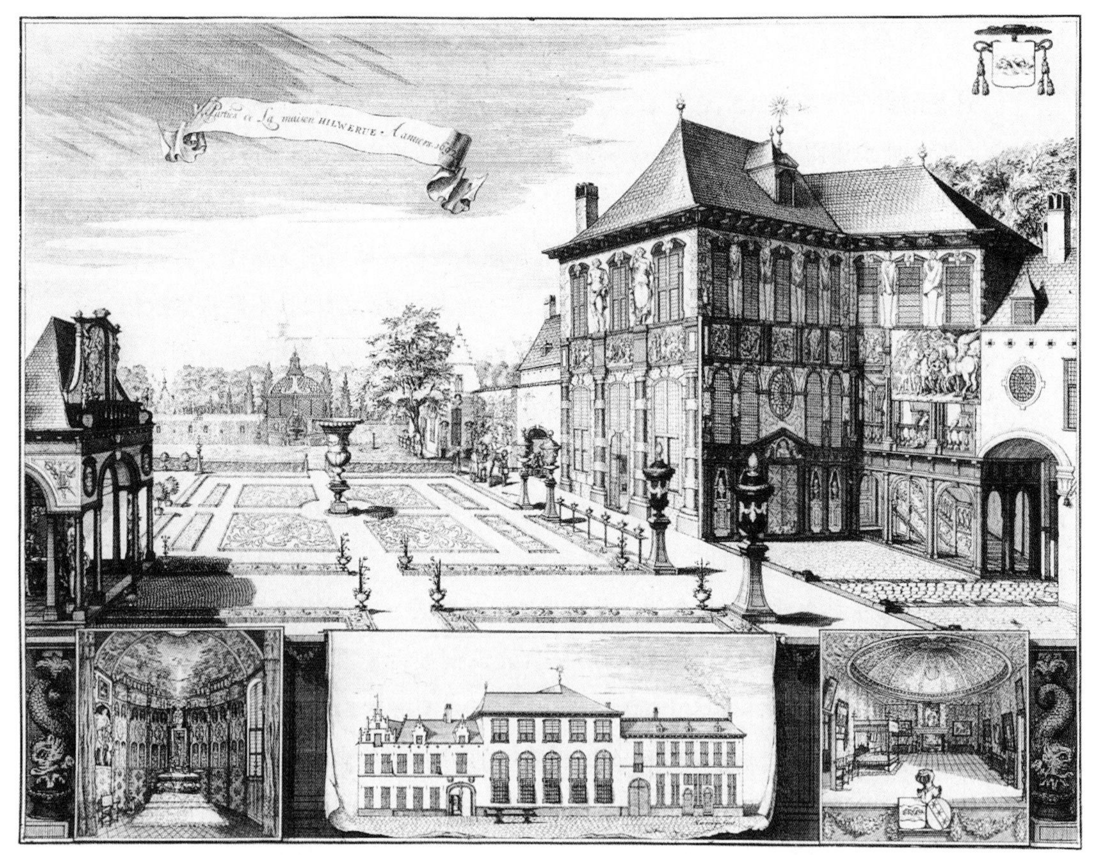

雅各布斯·哈勒温临摹 J. 凡·克鲁厄斯,《鲁本斯的房子和花园》, 1692 年。雕版画。安特卫普, 鲁本斯故居

这所房子的设计既满足了行业要求，又具有良好的照明。一楼的大画室 173
足足有 46 英尺长，34 英尺宽，30 英尺高，给人的印象不仅仅是一处工作场所，也是一个富丽堂皇的大厅。即使是鲁本斯创作的最大画幅的作品，放在这里也有足够的摆放空间，但这个空间有着充足的北面光线，非常壮观，让人不免觉得，鲁本斯把光当成一种场景，为“工作中的画家”提供一种自觉的景观。严肃的构思工作，比如素描或小型油画素描，似乎不太可能是在这间巨大的房间里完成的。房子里还有一间上层的工作室，供鲁本斯的学生和助手们使用，那里由一扇宽大的天窗照亮，借助这种光照条件，他们可以在那里根据大师本人的“样稿”（modelli）来作画。因此，那个大型“画室”更可能是被鲁本斯用来润色那些助手的作品的，这样一来就可以名副其实地称

这些画作“出自他自己之手”。当然，如果这些助手是像老扬 · 勃鲁盖尔和弗兰斯 · 斯奈德斯（Frans Snyders）这样的同龄人或同行,或者像安东尼 · 凡 · 戴克那样最有天赋的门徒，那么他们完全有可能在同一个空间里合作。但也不难想象这样一个画面：鲁本斯在这个精心铺了地板、墙上刷了灰泥、天花板饰有镶板的房间里，站在画架旁，在创作一幅画的最后阶段，不断打量这幅画，直到满意为止；聆听别人朗读塔西佗的作品，或者维金纳琴奏出的意大利曲调，抑或是安特卫普街头的精选八卦，尽管没有明显做作的姿态，但多少有点在扮演哲学画家的角色。

他是一个斯多葛主义者吗？不妨说是一个有选择性的斯多葛主义者。虽然这所房子没有粗俗的气息，但鲁本斯肯定会为这个房间建筑上的宏伟配上相称的家具，就如同他在朋友罗科克斯、凡 · 德 · 格斯特和莫雷图斯的家中看到的那样：镀金的皮革墙饰；复杂的黄铜烛台；椅背挺直、椅腿弯曲的椅子；厚重的橡木桌，上面铺着土耳其毯；镶嵌玳瑁或珍珠的红木或乌木书写柜；设计成圣徒、野兽或神的模样的顶饰；还有更为精致的艺术柜（kunstkabinetten），门打开，就可以展示出有风景、农民宴会或史诗般战斗场面的彩绘画。镶嵌有黄铜的皮垫椅旁边是雕花旅行箱和北方风格的精美家具：巨大的亚麻布衣柜，上面精雕细刻着花朵、野兽、神和英雄。来访者会在整座房子里感到一种几乎令人窒息的厚重感和富有感，从北面悄悄照进的光亮带来了慎重和智慧感，缓和了这一切，使之变得可以接受。

挂毯、地图和绘画会厚厚地覆盖在墙上，如果必要的话，绘画作品会分行悬挂。鲁本斯不吹嘘自己，也没有因为假谦虚而承受太多负担。1640 年去世时，他仍然拥有 156 件自己的画作，由于没有一个专门的储存空间，他为赞助人、家人、朋友画的肖像画，外加规模较小的历史画和油画草图，可能都得到了充分的展示。这些画当中夹杂着一个名副其实的大师画廊，是他最
174 崇拜的大师的画作，其中以威尼斯画派大师（提香、丁托列托、维罗纳）为主，外加一些尼德兰画派早期的杰出人物：从凡 · 艾克和马西斯到勃鲁盖尔。[38] 这些画作中有些是鲁本斯临摹的，有些则是原作。但是，游客离开这座房子时，几乎都会感到其强烈的跨越阿尔卑斯山的自信感：它表明文化障碍无关

紧要，仿佛鲁本斯在引导游客穿过一处巍峨的狭口（勃鲁盖尔的素描和彩绘作品中就出现过这种地方）。从鹰岩上望去，可以看到欧洲作为一个文明的整体，北方与南方、低地国家和意大利的山丘，在一个无界限的全景图中起伏，融为一体。军队交锋的可怕场面逐渐远去，收获季节的田野风光尽收眼底；村庄的盛大节庆；滑冰的人群；神话英雄的壮举与功绩；古老的酒神狂欢和现代人在玫瑰色藤架下的调情；富有肉感的抹大拉和牙缝很大的酒鬼。大千世界融于一室。[39]

那么，在这个微型的大千世界里，鲁本斯把他的木乃伊放在哪里了？从他的一位助手画的画可以判断，这是一个托勒密时期的男性，保存相对完好，缠着绷带，脖子和胸前有装饰物，（像奥西里斯 * 一样）被包裹在一个杉木箱子里。[40] 那时埃及的文物开始出现在尼德兰，由驻扎在诸如开罗、阿勒颇等近东城市的殷切商人，通过航运送到了北欧的学者和有文化的收藏家手中。[41] 但鲁本斯待在方尖碑林立的罗马时，或许就对埃及的文物产生了兴趣。在罗马，这种古代的文物在一些教会学者（包括教皇）看来，不仅预示了异教，甚至还预示了基督教罗马。[42] 无论如何，他为他的古典雕塑量身定制一个属于自己的博物馆时，很有可能把这尊木乃伊陈列在了最前面的位置。他在罗马或许看到过类似的雕塑庭院，里面收藏着博尔盖塞家族和奥尔西尼家族的藏品。虽然他还没有到过英格兰，但他肯定知道萨默塞特宫的柱廊是由他那一代最博学多才的贵族托马斯 · 霍华德（Thomas Howard），也就是阿伦德尔伯爵（Earl of Arundel）建造的。阿伦德尔伯爵收藏的人物雕像既武勇又具有人文主义精神，可以说为鲁本斯提供了最伟大的男性肖像研究。许多这类画廊的设计都是为了让人联想到罗马的古迹，尤其是别墅的开放式中庭，有着独立的柱子，以及模仿开阔天空的足以以假乱真的彩绘天花板。鲁本斯当然做得更好，他创造了当地版本的万神殿，其中包括饰镶板的拱顶、用来放置雕塑半身像的壁龛，甚至还有一个眼孔，即圆顶顶部的眼睛状孔，光线透过眼孔可以照亮下方的展品。诚然，空间只允许建造半座半球形的万神殿，而不

---

* 奥西里斯（Osiris），古埃及冥界之神。——编注

是整个圆形大厅，但由于配备了一条通往拱顶大厅的长方形中廊，其效果一定还是非常庄严的：先贤肃然成列，美德凝固在大理石中。

鲁本斯最初设计他的博物馆时，他已经有了大量的罗马雕塑品，有些是
175 真品，有些是复制品，比如他的假塞涅卡头像。但在 1618 年，也就是他和伊莎贝拉搬进竣工的房子三年后，他得到了一个意想不到的机会，把他体面的古董收藏品变成了无与伦比的藏品，至少在尼德兰没有什么藏品能与之比肩。那年 3 月，他通过乔治·盖奇（George Gage）——一位负责为英国驻荷兰共和国大使达德里·卡尔顿爵士购买艺术品的经纪人——得知，这位外交官可能有兴趣用自己收藏的大量古典雕塑交换鲁本斯的一批作品。随后，双方进行了一场细致而旷日持久的谈判，鲁本斯在交易过程中相当充分地利用了双方地位的不平等。他将依照卡尔顿的“骑士之言”来判断这些大理石的价值。他认为，他是“一个诚实的人”，一个“靠自己手艺吃饭的人”（sed qui manducat laborem manuum suarum），他之所以放任自己的“心血来潮”，只是因为他的工作室里有大量存货。他的这种谦卑的表现，并不只是一丝虚伪而已。1631 年，鲁本斯积极寻求并被授予了“西班牙骑士”称号，不过在此之前，他对马、剑和荣誉之链的喜爱早已给人留下了绅士骑士的深刻印象。但这一次，重要的是得摆出一副工作室主人（而不是一个孤独的艺术大师）的架势来，因为鲁本斯提供的十二幅画中，只有五幅完全出自他之手，尽管其中包括黑色的、极其痛苦的《十字架上的基督》，“真人大小，也许是我画得最好的一幅”。[43] 在剩余的作品中，还有一些令人惊叹之作，大多出自鲁本斯之手，比如惊心动魄的普罗米修斯，“被缚在高加索山上”。画中的那只鹰出自弗兰斯·斯奈德斯之手，它啄食着英雄的肝脏，肝脏描绘得栩栩如生。还有一幅名为《捕猎豹子》（*Leopard Hunt*）的画，鲁本斯如同他惯常做的那样，将风景部分委托给了一位画风景的专家。在一些情况下，比如莱尔马公爵的“十二使徒”系列的复制品是由他的学生们画的，鲁本斯会竭力使卡尔顿相信，经过他的修饰，复制品与完整的原作无异。

在某些情况下，他是可信的，另一些情况下则并非如此。更糟糕的是，当这批油画运抵海牙时，它们的尺寸与鲁本斯说的规格不符。不过，对于像

卡尔顿这样精通尼德兰文化的老手来说，这种差异本不该让他感到惊讶，因为他肯定知道不同省份，甚至不同城市的测量标准存在差异。事实上，尽管鲁本斯谦卑地将自己描述成卑微的工匠，这位英国人还是察觉到了他是一个饥渴的收藏家。所以这位艺术家除了提供画作外，还使用现金进行补偿。尽管他感叹自己在那一年已经在房子上花费了数千弗罗林，而且为了给卡尔顿爵士提供完美的润色作品，他已经“很长时间……没有动过一笔了，除了为阁下您效劳之外”。[44] 到了 6 月，大使拿到了他的画作，而鲁本斯拿到了他要的石头。这套收藏品的数量和质量都是惊人的：二十九个箱子，其中包括骨灰瓮、铭文、石碑，以及头部雕像和丘比特裸体雕像，这些雕像有的附带着海豚，有的则附带着狗。当足以装满一整个博物馆的藏品都摆放完毕之后， 176
参观者们就可以悠闲地游览几个世纪以来的古物了，从笑嘻嘻的萨堤尔和哭泣的尼俄伯身边走过；领略和平女神、正义女神和丰饶女神的寓意雕塑；经过贞洁的狄安娜，热血的朱庇特；随后经过一列由智者和纯粹的强力者组成的队伍：马库斯 · 阿格里帕（Marcus Agrippa）和马可 · 奥勒留，尤利乌斯 · 凯撒和奥古斯都 · 凯撒（凡人和不朽者），克劳迪乌斯（Claudius）和西塞罗，德鲁苏斯（Drusus）和格马尼库斯（Germanicus），图拉真（Trajan）和尼禄，卡利古拉（Caligula）和图密善，一个接一个，智慧的头颅，暴虐的头颅，帝国的鼻子，尚武的额头，一整座“罗马共和国”囊括在闪着阴郁之光的大理石中。[45]

这批巨大的财宝，既供个人思考，也供公众欣赏。从鲁本斯给一位叫作尼古拉斯–克洛德 · 法布里 · 德 · 佩雷斯克的古文物收藏家朋友的信中可以看出，他无疑常常会花一个下午的时间，与这些去世多年的同伴交流，并研究他收集的同样珍贵的古典徽章和宝石：玛瑙、象牙、浮雕宝石和光玉髓，所有这些都存储在他这间“万神殿”前厅的玻璃柜里。但从游客的反馈来看，同样显而易见的是，鲁本斯希望他们（通常他们也会自愿）进行参观，并能留下好的印象。他们中肯定有一些普通人，因为要记住普鲁塔克所写的某个能对得上这些罗马半身雕像的准确段落而感到疲惫不堪，于是便去庭院和花园里，放下学习，短暂地喘一口气。这个封闭的空间，有着小巧的洞穴和缩在一角的喷泉、气派的门廊屏风及围绕庭院墙壁的彩色壁缘，与巨大而庄严的“万神殿”内部的寒冷氛围截然不同，乍一看，似乎是一个讨喜的变化。但是，如果鲁本斯跟着他的客人到外面去，他很快就会纠正他们认为房子的外观是为了消遣而设计的错误想法。没有谁有这样的运气。在每一个转弯处，来访者都会被“指导”和“提高”所包围。在门廊的侧拱上，鲁本斯铭刻了摘自尤维纳利斯（Juvenal）的第十首《讽刺诗》的引文：

> 那些适合我们，并对我们有用的东西，就让诸神赐予我们吧；人相比亲近自己，更亲近诸神。
>
> 一个人必须祈祷健康的身体里有健康的思想，一个勇敢的灵魂不惧怕死亡……没有愤怒，一无所求。

这就是参观者在墙上能看到的全部铭文。但是，那些知道尤维纳利斯的人可能还记得，这一段文字的后续诗文里，对艰苦工作（labors of Hercules）的颂扬胜过沉溺感官享乐的生活。“我推荐给你的，你只能给你自己，因为美德是通往和平的唯一道路。”[46] 那些站在那里凝视着这位童子军领袖开出的秘方的人当中，有多少人记起了扬·鲁本斯，并闭上了嘴？

177 这时，我们的客人迈着沉重的脚步，脑袋因装满了知识而累得嗡嗡作响，也许真的觉得自己被困在寓言世界里了。但事实上，重点已经从博物馆微妙地转向了庭院。“万神殿”代表了外在的鲁本斯：活跃的公民，利普修斯式的人物，深深参与历史和政治，致力于公正的基督教和平的崇高理想。（具有讽刺意味的是，1618 年，也就是他的西塞罗和塞涅卡被安置在各自的壁龛里的那一年，欧洲开始了长达三十年的宗教和王朝战争，这使得鲁本斯的理想在他有生之年无法实现。）相比之下，庭院则代表了艺术的领域——当然，这是一种经常为君主和宗教权威服务的艺术，但同时也是一种严肃地关涉情感和感官的艺术。[47] 于是赫拉克勒斯一再出现在鲁本斯的作品中，显得几乎就是画家自己的另一面：一个受感官驱动的父亲的孩子，但在人生的十字路口，他选择了尤维纳利斯推荐的辛勤付出和美德之路。鲁本斯在院子的墙上画出了一条假的雕带，用的是灰色模拟浮雕画法*，呈现了神话和古代画家生活中的一些片段。有一个场景是大力神喝醉了酒，被一种强烈的激情控制着，这种激情会导致他杀死自己的孩子。鲁本斯并不认为自己能做出这种可怕的事。但他的一些最伟大的画作充满了令人震惊的暴力：断掉的头颅；被连根拔掉，丢给狗吃的舌头；癫痫发作；赤裸裸的强奸；偷偷摸摸，在交媾的农民。如果他没有通过自己的感官捕捉到肉体的恶魔力量，他就不会有今天一半的艺术成就。

智慧和雄辩之神密涅瓦和墨丘利，站在鲁本斯院子的凯旋拱门上放哨，以抵御这些令人发狂且具有毁灭性的冲动。在希腊文中，这两位神的名字被认为是一个雌雄同体的防卫组合——“Hermathena”，它启迪着这位画家，保护他免遭嫉妒和罪恶。密涅瓦的盾牌中间嵌着蛇发女妖美杜莎的蛇形头像，此盾牌在庭院的其他地方也有，就在画家画的另一位英雄珀尔修斯的手臂上。珀尔修斯是鲁本斯画笔下的另一个重要人物，因为他的神话故事与绘画的诞生有间接的联系。珀尔修斯最喜欢的坐骑，飞马帕伽索斯，是他砍下美杜莎的头颅后，从她头上喷涌而出的血里诞生的。帕伽索斯的蹄子撞击了赫利孔山后形成了灵泉，缪斯女神们，包括绘画女神，都曾在灵泉中沐浴。所以，最毒的血和最清澈的水都是艺术灵感的源泉，鲁本斯可能看到过卡拉瓦乔对这一主题的惊人演绎。他自己也描绘了珀尔修斯坎坷的一生中的另一段故事（现存于艾尔米塔什博物馆）：从海怪手中解放了被缚在岩石上的安德洛墨达，画中还有带美杜莎头的盾牌和带翼的马。但是，为了在他的庭院里展示精湛的技艺，他不惜以湿壁画的形式，在一面坚固的墙壁上复制了这幅画，就像一块挂在阳光下晾干的假画布。从他给卡尔顿的信件中，我们得知这是他的一个惯常做法，人们很容易想象，那片曾经晾晒着白色布料的古老漂白场， 178
此时却挂满了长长的画布——一幅圣塞巴斯蒂安画像，一幅捕猎狮子画，一幅酒神像——所有的画都用木钉固定在那里，利用比利时不可预知的太阳——太阳在云层中忽隐忽现。

* Grisaille 指灰色模拟浮雕画法，也指用此方法作的画，下文亦称“灰调画”。——编注

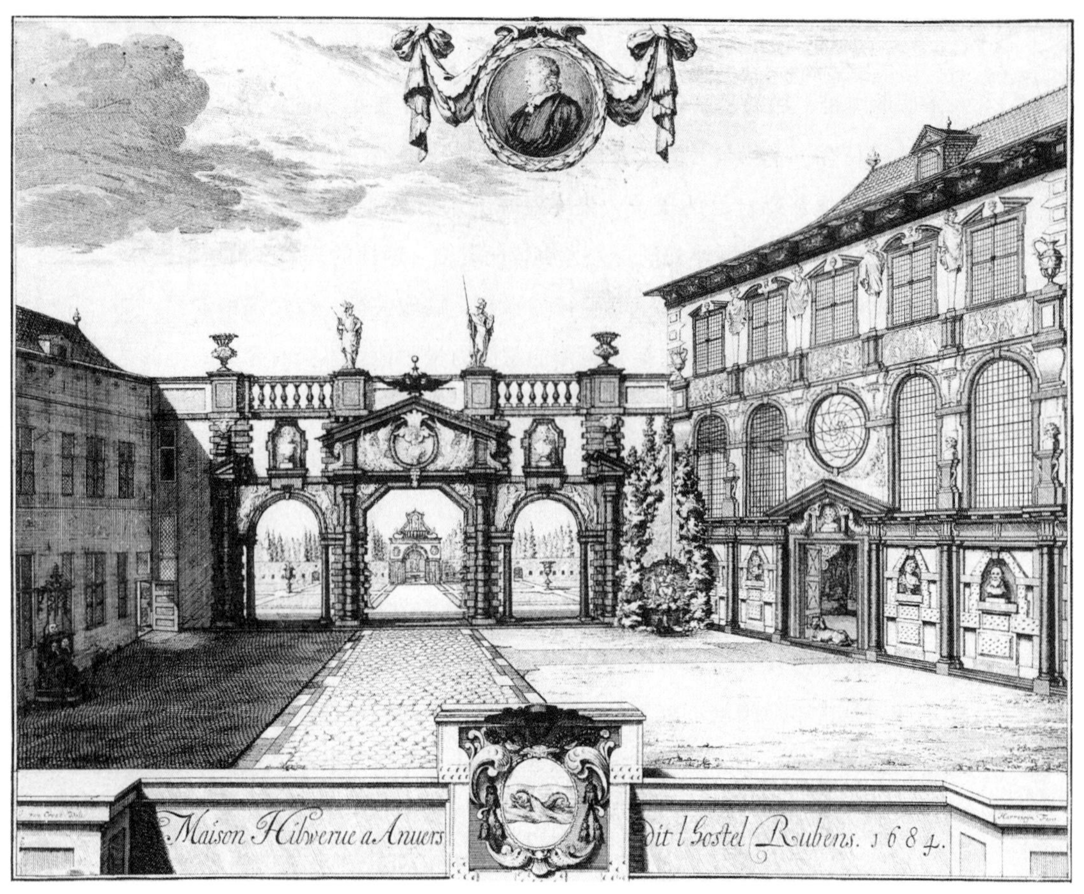

雅各布斯·哈勒温临摹 J. 凡·克鲁厄斯,《鲁本斯的房子和拱门》,1684 年。雕版画。安特卫普，鲁本斯故居

鲁本斯开的视觉玩笑非常成功，以至于 20 世纪 40 年代的修复者们看到 1692 年的版画中的庭院装饰细节时，竟认为珀尔修斯和安德洛墨达就是一幅挂在露台上的画，并以为雕带的其余部分实际上是雕刻出来的浮雕。这种欺骗性绘画的概念，似乎与注重极致品位的严肃鲁本斯并不相符。不过，这种幻觉游戏只是庭院四周墙壁上关于绘画的艺术评论的一部分。仿雕带上的许多场景取材于古代画家的故事，体现了鲁本斯特别重视的美德。有一个场景是这样的：宙克西斯（他既被称赞也被指责为视错觉的操控者）正从克罗顿的少女中挑选出一些可以组合成完美女性裸像的特征（这个少女的额头，那个少女的胸部）。因此，彼得 · 保罗 · 鲁本斯是鉴别力的典范。那些了解普林

尼和卢西恩（Lucian）的人可能还记得，宙克西斯之所以受到称赞，不仅是
因为他能用单色来制造种种视错觉（就像庭院里的灰调画那样！），还因为他
大胆地通过色彩对比而不是轮廓和外形来塑造形体。鲁本斯就是这样一位色
彩大师。雕带中的另一个场景复制了阿佩莱斯的《诽谤》（阿佩莱斯创作这幅
寓言画，是为了对一位错误地指控他有政治阴谋的竞争对手做出回应），其中 179
常见的嫌疑人——骗子、嫉妒者、欺诈者，以及与之有关的人——一起被推
到君主面前，据说，君主被阿佩莱斯画上了一对驴的耳朵。这就是鲁本斯，
一个彻彻底底的正直之人。

但是，这个无可比拟的阿佩莱斯–赫拉克勒斯–宙克西斯–珀尔修斯，还是凡人吗？

穿过他的凯旋拱门，走上花园小径，你很难得出其他结论。因为这是鲁本斯王国的三分之一疆域：他的那片人间天堂，他与世隔绝的花园（hortus conclusus），一个家庭伊甸园，细致地种植着低矮的黄杨和紫杉树篱，就像丝绸上的刺绣。众神和英雄并没有完全被驱逐出这片静修之地，但他们在这里表现得更加和蔼可亲。他们的小庙是一座柱廊式夏季凉亭，是礼拜大自然的神龛。鲁本斯认为，贺拉斯、普林尼和西塞罗可能都会在他们的别墅里安置这样一座小庙。这里的主神是温和的弗洛拉，春天的母亲，嫁给了西风之神仄费洛斯，并开出了各种各样的鲜花。在她边上，大力神赫拉克勒斯（又一次参照了鲁本斯一生魂牵梦萦的那尊法尔内塞宫雕像）心满意足地倚着他的木棍，终于结束了他的考验和劳作，得到了休息。

随着鲁本斯步入职业生涯的辉煌阶段，他的花园对他来说变得越来越重要（当他买下瓦珀街宅邸毗邻的房产后，花园的面积也随之扩大）。在 17 世纪 20 年代，他从当地的阿佩莱斯，一跃成为国际公认的同时代最伟大的大师，自然也就成了法国王太后玛丽·德·美第奇（Marie de' Medici）和英国查理一世等王室成员的不二选择，他们希望鲁本斯能将王朝的美德永世永代地传承下去。他的外交手段触碰到了素以敏感著称的皇室的自尊心，因此，假以时日，这种外交手段不仅在绘画中，而且在政治谈判中也能得到运用。尽管

鲁本斯，《和平与战争》，1629 至 1630 年。布面油画，198 厘米 ×297 厘米。伦敦，英国国家美术馆

马德里最初有人抱怨说，西班牙国王由一个亲自画画的人来代表是不合适的，但当鲁本斯于 1629 至 1630 年通过谈判，成功促成了英格兰与西班牙之间的和平条约时，这种批评也就烟消云散。

这是他作为公众人物的巅峰时期。条约给了他外在的尊严和内心的满足。他三次被封为骑士：在布鲁塞尔、伦敦和马德里。但他也可以站在他的“万神殿”里，直视他的哲学祖先——西塞罗、塞涅卡、马可·奥勒留——的冷酷的眼睛，因为他知道，他也为实现光荣的和平尽了最大的努力。在离开伦敦之前，他送给了查理国王一幅象征“和平与战争”的寓言画。智慧女神密涅瓦果断地将战神挡住，她卷起袖子，整个形象令人心安。乳房丰满的和平女神哺育着美丽的小普鲁托斯（财富之神），长着山羊腿的萨堤尔呈上了丰饶角溢出的丰饶果实，一只豹子正仰躺在地上玩弄一株垂下的藤蔓。在他们头顶上方，天空密布的乌云散开了，取而代之的是密涅瓦头盔上方一片深蓝色的穹窿。

鲁本斯，《战争的恐怖》，约 1637 年。布面油画，206 厘米 ×342 厘米。佛罗伦萨，皮蒂宫

八年后，鲁本斯重复了这个主题，但却表达了完全相反的情绪。这一次，蓝天被烟雾笼罩。欧罗巴头上戴着圆顶王冠，从雅努斯神庙敞开的大门中冲了出来，神庙大门在和平时期是紧闭着的。尽管维纳斯得到了常规的丘比特小队的支持，而且她自身也极具魅力，但在争夺战神关注的斗争中，她还是输给了复仇女神阿勒克图。鲁本斯的这幅画会在安全通行证的准许下送到佛罗伦萨的美第奇宫廷，他在给那里的代理人贾斯特斯·苏斯特曼斯（Justus Sustermans）的信中写道："附近"—— 180

> 是代表瘟疫和饥荒的怪物，它们是战争不可分割的伙伴。地上躺着一个女人，她背过身去，手里拿着一把折断的代表和谐的鲁特琴……还有一位母亲，怀里抱着一个孩子，这表明创造力、繁殖和慈爱都受到战争的阻碍，战争腐蚀和毁灭了一切。[48]

鲁本斯希望在欧洲不断交战的各种教派和权力之间达成和解，但这一希望不幸落了空。他希望西班牙与英格兰达成的和平可以作为西班牙与荷兰共和国和解的前奏，并将分裂的尼德兰的两部分统一起来，但却事与愿违。安特卫普又一次陷入停滞。鲁本斯的赞助人阿尔伯特和伊莎贝拉都去世了。尽管他设计了迎接他们的继任者——枢机主教兼亲王斐迪南（Cardinal-Infante
181 Ferdinand）——的凯旋仪式，但他已经失去了早先的信念，即一个诚实的人可能会在这个可悲的世界上有所作为。“我是一个天性爱好和平的人，于公或于私，誓死与各种纷争、诉讼和争吵抗争到底。”1635 年 5 月，他在给他的朋友佩雷斯克的信中，这样说道。同年的晚些时候，他担心，除非英格兰国王、教皇，以及“最重要的是耶和华神”，干预另一场血腥的危机，否则“一场（一开始并没有扑灭的）大火现在就有可能蔓延到整个欧洲”。但只有年岁更长也更悲观的鲁本斯才会补充道：“但是，让我们把公共事务留给那些关心公共事务的人吧。”[49]

渐渐地，鲁本斯转而在自然和私人生活中寻找他在历史和政治中找不到的东西：永恒的爱的救赎。1635 年，他把从卡尔顿那里购得的大理石雕像卖给了白金汉公爵，只留下了少数几件令他特别满意的古董，比如那尊伪塞涅卡雕像；他收藏的宝石和浮雕宝石；还有一个古典时期的粥碗，他觉得特别适合他的第二任妻子海伦娜 · 福尔芒在怀孕期间使用，因为它“很轻，也很便携”。[50]伊莎贝拉 · 布兰特去世四年后，他决定再婚，因为，正如他向佩雷斯克解释的那样，“我还不愿意过独身生活……我娶了一位年轻的妻子，她来自一个诚实的中产阶级家庭，尽管每个人都试图说服我与王室联姻。我害怕傲慢，害怕贵族固有的恶习，尤其是女性身上的傲慢和恶习，这就是我选择了一个看到我拿着画笔而不会觉得羞愧的人的原因。说实话，我很难用自由这笔无价财富，来换取一个老妇人的拥抱”。[51]

182 海伦娜是丝绸商人丹尼尔 · 福尔芒的女儿，鲁本斯无疑是通过他的另一个女儿认识他的，她嫁给了伊莎贝拉 · 布兰特的一个哥哥。海伦娜在 1630 年嫁给鲁本斯时，只有十六岁，而她的丈夫则已经五十三岁了。难怪他突然觉得，和她在一起度过的日子就是五月时节，而他之前本以为迎来的会是寒

鲁本斯，《爱的花园》，约 1630 至 1632 年。布面油画，198 厘米 ×283 厘米。马德里，普拉多博物馆

冬。虽然欧洲是一片荒野，遍布杂草和荆棘，但他自己的后院却是一个和平、有序和富足的王国。在这幅如今藏于普拉多博物馆的豪华的《爱的花园》（*Garden of Love*）中，画家和他十几岁的妻子似乎正朝着与鲁本斯家装饰得一模一样的门廊翩翩起舞，门廊上有带条纹的柱子、山形墙和一块有着扇形边饰、被娇艳的玫瑰簇拥着的拱顶石。带着这份迟来的男子气概，鲁本斯的爱的花园变得越来越大，难以抑制其中蓬勃而出的恣意人性和丰饶的植被。宁芙和小天使看起来既像是植物世界的创作，也像是动物世界的创作：甜美的水果和抽芽的花朵，在艺术家势不可挡的创作洪流的滋润下，肆意接受养料。这就是鲁本斯对一个似乎被谎言和死亡吞噬的世界的回应：一个伊甸园般的繁衍场景，一首盛大的园艺赞美诗。“万神殿”里的塞涅卡，这位温文尔雅的生活的典范，一定很震惊。

鲁本斯和他的工作坊，《鲁本斯和海伦娜·福尔芒在花园中》，约1631年。木板油画，97厘米×131厘米。慕尼黑，老绘画陈列馆

在他房子后的庇护所里，政治世界的仇恨和野蛮被驱逐了。但是，鲁本斯的“与世隔绝的花园”不仅仅是一个供冥想的避难所。这也是世界本应有
183 的样貌在植物世界里的投影。它由多种多样但和谐的物种组成——它们无比多样，却又在造物主的巧妙构思下，以某种方式错综复杂地联系在一起。因此，鲁本斯的花园不仅仅是他房子里的一个娱乐消遣场所。这是其圆满的体现，充满了各种思想和幻象。它甚至以园艺学的形式体现了鲁本斯最坚定的信念之一：相信过去与现在、生者与死者，以及那些看似不可逾越的分离实体之间的联系，在造物主无所不知的视野中，它们是一个完美整体的一部分。鲁本斯和其他狂热的园艺爱好者一样，认为他的院子在围墙内将分散的、丰富多彩的已知世界的各种现象重新统一了起来。床上放着郁金香，浴缸里放着橘子，既有异国情调，也有当地风尚，赫斯培里得斯的金苹果与尼德兰的

土耳其花共享空间。如果一幅描绘鲁本斯一家在花园里散步的画作内容可信的话，那么我们还可以看到，孔雀和火鸡，这些亚洲和美洲的禽鸟，在一起昂首阔步。鲁本斯最后的一封信是从斯滕城堡寄来的，信中嘱咐他的门生——雕刻师卢卡斯 · 费代尔布（Lucas Fayd'herbe）去提醒他的园丁不要忘记给他送去在安特卫普花园里采摘的第一批无花果和蔷薇梨。

就这样，鲁本斯实现了在家里周游世界，追随赫拉克勒斯的足迹，从金苹果园到东方，没有任何传说中的不适感。不过，虽然他在中年时情有可原地偏爱舒适的家庭生活，但他的名声却在继续远播。从西班牙到波罗的海，184
他是人们口中时代的奇迹、才华和美德的典范，虔诚而彬彬有礼，不知疲倦地工作，英勇无畏。没有人说他的坏话——只有一个人除外，也就是那个荷兰人，鲁本斯昔日的雕刻师，卢卡斯 · 福斯特曼（Lucas Vorsterman）。不过，很多人都说他是一个疯子。

5. 出口鲁本斯

巴蒂乌斯是谁？他想要什么？

1611 年 10 月，鲁本斯突然收到荷兰寄来的一封详尽的悼唁信，信上悼念了他的兄长菲利普的离世，或者用写信人更喜欢的说法，悼念他“过早地离开，踏上幸福的旅居之途”。对于多米尼克斯 · 巴蒂乌斯（Dominicus Baudius）这样的修辞学教授来说，这番说辞用得很自然，或者说，至少也算体现出了他的职业性——他同时也是莱顿大学的历史学和法学教授，这个教席在 1585 至 1591 年间，恰恰是由于斯特斯 · 利普修斯担任的。巴蒂乌斯也许是想借助这种联系来暗示说，自己对菲利普 · 鲁本斯是有些熟悉的，不过他不能直截了当地说出来。当然，他也绝对不会从《圣经》中援引经文来安慰这位悲痛欲绝的弟弟，因为鲁本斯不需要这样的劝慰（不过他从荷马的作品中选取了他认为合适的段落，并用符合当下传统的虔诚，而非用理性，“来逐渐减轻我们的痛苦和悲伤带来的暴虐感受”[52]）。但这些只是信的开头。随着信件的展开，巴蒂乌斯的目的才得以显露出来：他真正想要的是鲁本斯的友谊，并且试图堆砌赞美之词来获得他的友情。因此，在信中，画家（不可避免地）被称呼为“我们这个时代的阿佩莱斯”，某个新的亚历山大大帝肯定会发现他。为了不让鲁本斯觉得这只主动伸出的手属于某个爱出风头的无名小卒，巴蒂乌斯厚颜无耻地以自己谦虚且卑微的方式暗示说，他担任的职位并非完全可鄙，除了他的大学职务之外，他在“这个北方斯巴达”享有荷兰官方历史学家的头衔。[53]

巴蒂乌斯之所以写这封疯狂谄媚的信，原因在于他听到一则诱人的传言，说是鲁本斯打算访问荷兰共和国。他渴望借助与这位时代天才的“友谊”，在教员当中炫耀一番。所以，他在这封信的结尾处无耻地提到了一长串鲁本斯最亲密的朋友的名字——奥托 · 凡 · 维恩、沃维瑞斯、他的岳父布兰特——请代他向他们问好，仿佛他们是他的熟人一样，他希望如果困惑的鲁本斯向这些人问起他是谁时，他们可以替他说些好话。毫无疑问，鲁本斯出于礼貌，
185 彬彬有礼地回了一封简短的信。但巴蒂乌斯并没有就此作罢。1612 年春天，他又寄来了一封信，为没能早点回信而深表歉意。他的理由是：“我一直忙于法庭上的事务，无暇顾及生活和友谊等其他事宜。”[54] 他再一次惹人烦地提起了他与鲁本斯之间的共同经历：五十岁的巴蒂乌斯确信，鲁本斯会为他的第二次婚姻之喜感到高兴，甚至会送给他一幅画作为婚礼的礼物！为了避免让鲁本斯觉得他的这个提议有点过分，巴蒂乌斯亲手写了几句诗作为交换。他在诗中歌颂鲁本斯的作品“出自如此完美的画笔，让大自然自身因被这样的对手征服而雀跃”。巴蒂乌斯的诗接着描述了鲁本斯的三幅画，其中包括那幅骇人的《被缚的普罗米修斯》。他大概在荷兰看到过这幅画，因为他竟津津乐道地描述起这幅画的细节来：“残忍的鸟儿不停地吞食肝脏……/ 但它仍不餍足于这顿可怕的大餐，用爪子撕扯着受害者的脸和大腿 /……鲜血从胸口喷涌而出，染红了鸟儿脚下的每一个地方 / 从鹰的眼睛里喷射出野蛮的火焰……/ 无论是宙克西斯还是阿佩莱斯，都无法创作出与之相提并论的作品。没有人能超过你，你唯一的对手就是你自己。”[55]

“我不是奉承您，”巴蒂乌斯写道，令人很难信服，“高贵的心灵无法被我

鲁本斯与弗兰斯·斯奈德斯，《被缚的普罗米修斯》，1611 年。布面油画，242.6 厘米 ×209.5 厘米。费城，费城艺术博物馆

的话玷污，但我必须说出我的想法：……只要世间的艺术依旧作为与自然相抗衡的美的本质而受到赞扬，这些杰作就会永存。”虽然在这种情况下，以画换诗似乎不是平等的交易，但巴蒂乌斯指望着鲁本斯从亚里士多德和贺拉斯那里继承而来的有关诗歌与绘画是姊妹关系的博学知识，会为他的提议赋予尊严。既然他认识（或者据他说是认识的）奥托·凡·维恩，那么他一定知道凡·维恩书中的徽章，它是根据贺拉斯的格言“各得其所”（Cuique suum stadium）设计的，这句话蕴含着诗歌和绘画不相上下的意义。[56] 在一块金属板上，一位诗人坐在一张桌子前沉思，一首五音步诗歌写了一半，而一位画家正在画架前画一幅斯芬克斯像。[57]

这种不依不饶的自我推销收效甚微。巴蒂乌斯没能等到鲁本斯的回复，既没有收获友情，也没有得到画作。第二段婚姻没持续几个月，他就去世了。他留下了一部诗集，其中收录了赞颂这位佛兰德画家的那首诗。不过，在巴蒂乌斯去世之前，他或许成功见到了他倾诉的对象。因为鲁本斯确实在1612年的夏初去了荷兰，他的目的不是与文人交往，而是寻找一位能把他的作品复制出来的雕刻师，这些作品在各国很受欢迎，尤其是那幅《上十字架》。当然，安特卫普并不缺少能干的制图人或雕刻师。尤其是威尔瑞克斯一家，他们依旧在为虔诚之书、《圣经》和圣徒的生平不断地制作雕版。鲁本斯对当地的有才之士怀有足够的信心，所以才让西奥多·加勒（Theodor Galle）和科内利斯·加勒（Cornelis Galle）兄弟复制了一些他早期的作品。
187 但是，如果有哪个北方来的人夸口说，佛兰德没人能比得上住在哈勒姆的伟大平面艺术家亨德里克·霍尔齐厄斯（Hendrick Goltzius），那么也实难对其做任何反驳。鲁本斯之所以去寻找北方的雕刻家，还有另一个实际的原因。当国内和国际市场都准备抢购鲁本斯最好的作品时，进取心那么强的荷兰人（也有人会说他们太肆无忌惮了）无法克制自己不去复制这些作品。17世纪的欧洲没有普遍认可的版权公约，因此无法阻止这些盗版印刷品在市场上流通。

为什么他本人不来掌控这一项业务呢？鲁本斯一定这样想过。为什么不雇佣荷兰本国人呢？甚至在此趟北部之旅之前，鲁本斯还借用了奥托·凡·维恩的荷兰雕刻师——威廉·凡·斯凡嫩伯格（Willem van Swanenburg）——来复制他更著名的历史题材画作，比如《罗得和他的女儿们》（*Lot and His Daughters*；喝着酒，暗中抚摸着）和带有戏剧感的卡拉瓦乔式的《以马忤斯的晚餐》（*Supper at Emmaus*；一个身形魁梧的素人，惊讶地把椅子往后一拉）。[58] 鲁本斯很可能在凡·斯凡嫩伯格及其大家族中，发现了与自己家族的相同之处。他们出自一个古老的莱顿家族，在法律和市政界特别有名，并与凡·维恩一家交好。包括威廉在内的许多家族成员都是民兵组织的军官。他们虽然是加尔文派教徒，但并不是那些将任何与南方天主教徒的交往都视为叛国行为的莽夫或狂热分子。他们都是主张休战的人，不会因为奥托·凡·维恩，一个天主教徒，在荷兰议会的委托下，为议会会议厅画了十二幅表现巴达维亚人反抗罗马人（利用古典题材来类比自己国家对西班牙的反抗）的系列画作而感到意外。

可惜，才华横溢的威廉·凡·斯凡嫩伯格在1612年8月英年早逝。那一年的大部分时间里，他可能一直在生病。鲁本斯意识到自己选择的合作者不久于人世，可能想去征求他的意见，问问由何人来继任他的职位比较好。也许，他也想去莱顿这座加尔文派的堡垒里探个究竟，想到利普修斯教过课的那些房间里去，用手杖戳戳那片他曾在上面开辟药圃的土地？去看看风车的风帆在微风中旋转？白门（Witte Poort）附近就有一座。他确实在6月去了哈勒姆，去那里拜访亨德里克·霍尔齐厄斯。虽然年龄相差一代，但这两位艺术家有许多共同之处。二人都在早年有过跨越德国和尼德兰交战边界的经历。他们最终站在了天主教和新教边界的不同侧，这不是一件小事。16世纪70年代，鲁本斯一家流亡在外，在那段绝望的日子里，霍尔齐厄斯创作了宣传版画，把沉默者威廉描绘成了一个新的摩西，正带领他的人民摆脱暴政的奴役。威廉被暗杀后，霍尔齐厄斯接受委托，制作了一幅葬礼版画。这是一幅巨大的蚀刻画，需要十二块独立的铜板，印刷时，它的尺寸超过15英尺。但是，鲁本斯和霍尔齐厄斯仍然有话可聊。他们都讨厌狂热分子；他们拥有相同的学术和诗歌积累，并共享对罗马的记忆。毕竟，霍尔齐厄斯和妻子也是 188
天主教徒。鲁本斯当然非常欣赏霍尔齐厄斯天马行空的创造力和戏剧化的演绎方式，它由一种强有力的情感驱动，而鲁本斯在绘画中倾注了同样强有力的情感。

这次会面有某种象征意义，仿佛尼德兰重新统一了，他们是不是因此而乐得太忘乎所以了？艺术品交易商巴尔萨泽·格比尔（Balthazar Gerbier），后来成为鲁本斯在英国宫廷中最重要的联络人，他在怀念霍尔齐厄斯的诗中回忆起，某个晚上，他在哈勒姆郊外一家因宴饮作乐而臭名昭著的乡村客栈里开怀痛饮。在这群狂欢者中，除了格比尔本人和霍尔齐厄斯之外，还有其他当时在荷兰的佛兰德画家，比如小彼得·勃鲁盖尔。由于鲁本斯本人对这种放荡行为态度冷漠，那一晚的活动似乎蒙上了一丝扫兴的阴霾，好在这场聚会以醉酒闹事者遭到逮捕而戛然而止。[59]

清醒过来的霍尔齐厄斯一定帮了鲁本斯大忙。无论是在国际市场上销售版画，还是从复制安尼巴莱·卡拉齐等人的作品，到专门生产自己工作室的产品，这些方面没有人比他更有经验。事实上，霍尔齐厄斯还培养了他的继子雅各布·马瑟姆（Jacob Matham），并在健康状况开始恶化时，越来越多地派他做事。在他的慷慨允许下，鲁本斯雇佣了马瑟姆，并在回程时把他带回了安特卫普。在那里，马瑟姆制作了许多幅版画，包括罗科克斯的《参孙与大利拉》。但他没有达到鲁本斯希望的那样多产，法律也不像鲁本斯希望的那样无懈可击。鲁本斯真正想要的，是建立一个多元化的、完全一体化的艺术公司——鲁本斯公司，由大师担任首席执行官和创意人，负责创作草图，并在作品最后成型时进行润色，使得“出自我手”这样的描述并非完全是一句假话。这样一来，由学生和助手组成的团队就可以进行机械化的工作，将大师设计的图案画到巨大的画板或画布上。比如，他会邀请擅长描绘花卉或动物的同僚和朋友在画面中相应的位置作画，协助完成定制作品。发明，这是大师的专利，与单纯的执行之间存在着差异。“鲁本斯公司”将作为一家巴洛克艺术生产工厂来运营，包括图案生产部门和一个服务于国际版画市场的出口部门，并持有许可证，禁止他人未经授权复制发行。

1619 年 1 月，鲁本斯给凡·维恩家族的另一位成员——彼得——写了一封信。彼得当时住在海牙，除了以法律为生之外，还涉猎艺术。他能把版权问题提交给当局吗？鲁本斯来得不是时候。荷兰共和国已经处于内战的边缘，开战双方是意图与西班牙重新开战的加尔文派激进人士和捍卫停战协议的人士。“和平”派输得一败涂地。宽容的传教士胡果·格劳秀斯（Hugo Grotius）被关进了监狱；实用主义者奥尔登巴内韦特被审判，并遭斩首。不出所料，1619 年 5 月，荷兰议会不打算给这位以狂热效忠西班牙王室而闻名的安特卫普天主教徒提供任何恩惠。但是鲁本斯在海牙还有朋友，所以他并没有放弃。 189
也许彼得·凡·维恩提醒了当局，他们当初也没有反对雇佣他的天主教徒哥哥奥托来装饰他们的房间。此外，还有英国大使达德里·卡尔顿，他现在有一座房子里摆满了鲁本斯的巨作，包括用古董换来的《被缚的普罗米修斯》。最终，不知道是哪方势力起了作用。1620 年 5 月 11 日，鲁本斯在荷兰共和国获得了版权特权。

鲁本斯满怀信心地盼望着这一结果，他已经聘请了北方人。先是彼得·苏特曼（Pieter Soutman）。两年后，也就是 1618 年，则是来自扎尔特博默尔（Zaltbommel）的卢卡斯·福斯特曼，此人二十多岁，是一个不折不扣的天才，据说自十二岁起就成了一个技巧熟练的版画雕刻师。[60] 从一开始，就没有人怀疑卢卡斯的天赋。他的第一个任务可能是卡尔顿定制的一幅画：具有强烈色情意味的《苏珊娜与长老》（*Susanna and the Elders*），在宣扬欲望的同时假装道德。不过事实证明，福斯特曼在表现虔诚和亵渎这两方面都出类拔萃。在与鲁本斯合作的头两年里，他创作了十二幅巨大而壮观的版画（包括《下十字架》），这是鲁本斯的作品在欧洲最为重要的一次传播。福斯特曼在使用雕刻刀的过程中形成了一种个人风格，他用密集但有控制的线条层层叠加，从而力道十足地展现出鲁本斯作品中丰富的色彩。在一两年的时间里，双方的工作关系似乎非常融洽，并按照人们通常的做法，通过一个仪式得到了确认——福斯特曼第一个孩子埃米尔–保罗的受洗仪式，鲁本斯成了孩子的教父。此后不久，福斯特曼成为安特卫普的公民，并担任圣路加公会的会长。

也许正是从学徒到大师的快速进步，使得福斯特曼敢于挑战鲁本斯。这一点，大师几乎没有料到。毕竟，他是一个不可挑战的大人物。鲁本斯一定认为，福斯特曼虽然天赋出众，并多年来持续不懈地努力，但他是一个无足轻重的人，他的职业生涯要归功于鲁本斯的信任和慷慨。而这个自命不凡的忘恩负义之辈，竟然要求（请注意，是要求）获得某种对自己作品的专属认可，比如在上面题词。真是厚颜无耻！如果没有他的老师，他还能复制出什么呢？

他既想获得承认，也想分享收益。遭到鲁本斯拒绝后，福斯特曼似乎决定单独行动，要么加上自己的名字，要么破坏工作室的制作。他甚至成功地用版权的法律机制来对付他的老板，寻求并最终获得了自己的特权，这无疑让鲁本斯非常愤怒。但福斯特曼仍不甘心。他在鲁本斯让他雕刻的一幅油画草图背后，刻上了一句题词："一个糟糕的判断［大概是法律上的］花费了我很多心血，让我焦虑，并失眠多晚。"[61] 随后，福斯特曼决定拿这幅画的原作作为要挟，将这幅画和他自己刻的铜版都严加看管起来。另外，福斯特曼干脆
190 慢悠悠地干活儿，无休止地拖延鲁本斯已经承诺要做的一个项目。最终，鲁本斯受够了。1622 年 4 月，他写信给彼得 · 凡 · 维恩，说他已经两年没有从雕刻师那里收到真正的作品了，这位雕刻师已经屈服于 alblasia——懒惰、傲慢和骄傲的恶习。这样的人能做出什么呢？他担心，什么也做不出来。

这里涉及的不仅仅是个人恩怨。鲁本斯坚持的立场是：构思和创造性才是最重要的，因此才拥有知识产权的所有权。这正是北方艺术家一直以来进行的斗争中的关键因素，他们希望被当作饱学的思想家来严肃对待。福斯特曼的立场比较实际，头衔应属于实际操作者。1622 年春天的某个时候，此事已超出了口头的争论，甚至不仅限于大声指责。鲁本斯请求地方法官保护他免遭雕刻师的伤害，因为雕刻师已经转向人身威胁。令人惊讶的是，他的请求被拒绝了。快到 4 月底的时候，鲁本斯的一群朋友向布鲁塞尔的枢密院请愿，要求他们干预此事，因为鲁本斯的生命受到了福斯特曼"傲慢无礼"的威胁。人们普遍认为，福斯特曼已经精神错乱了。伊莎贝拉立即采取了行动，命令安特卫普的治安官保护鲁本斯，不让"一个扬言要他性命的恶毒手下"伤害他。不出所料，挑衅者还没做什么，舆论就已失去了控制。1622 年夏天，巴黎有传闻称，鲁本斯遭到精神失常的福斯特曼攻击，虽没有被杀死，但负了伤。[62] 到 1624 年，福斯特曼已经从位于瓦珀街的画室里消失了，取而代之

的是更温顺的保卢斯 · 庞提乌斯，他为鲁本斯刻了自画像。庞提乌斯的手或许没有福斯特曼那么有才华，但不太可能去挥舞匕首。

这个被抛弃的人并非完全没有朋友。1624 年以后，他和其他佛兰德艺术家一起带着一些作品去了英国。在那里，他被鲁本斯的老朋友兼赞助人，博学的阿伦德尔伯爵雇佣，负责复制他收藏的名作。而安特卫普的那些朋友——阿德里安 · 布劳沃（Adriaen Brouwer）、雅各布 · 约尔丹斯（Jacob Jordaens）、安东尼 · 凡 · 戴克——则答应给他足够的工作，诱使他在 1630 年回到了这座城市。当他的女儿安东尼娅出生时，这一次成为她教父的是凡 · 戴克，而不是鲁本斯。作为回报，凡 · 戴克在几年之后将福斯特曼与惠更斯、鲁本斯一起纳入了他的《图像集》中。这是那部选集中最令人不安的肖像画之一：一件华丽的佛兰德披风，上面是憔悴的脸颊、紧张地斜向一边的眼睛，以及一个饱受折磨的灵魂的忧伤纹路。

这也难怪。因为福斯特曼失明了。他的眼睛瞎了之后，收入也跟着没了。
他陷入了痛苦和贫困，那些继续照顾他的人认为他一直是诗性忧郁症的受害 191
者。福斯特曼自己也相信，他为鲁本斯做的无情而艰苦的工作损害了他的视力；鲁本斯，全世界都知道他代表着基督徒文雅风度的灵魂、美德的支柱，他在梨树间呼吸着空气，而福斯特曼则借着愈渐暗淡的眼睛，试图把一根针戳进铜板里，艰难地谋生。让福斯特曼难以接受的一定是这样一种感觉，不管这种感觉是否合理，亦即，如果没有他的版画，鲁本斯就不会享有他作为时代奇迹的世界声誉。在整个尼德兰和尼德兰以外的地方，有许多新手，他们的桌子上摆放着他的版画，这些人会开始仿效他的作品，看看自己是否也能成为同代人中的鲁本斯。

在荷兰省，有一位有志成为鲁本斯的仿效者，他一定收藏了一些鲁本斯的版画，包括保卢斯 · 庞提乌斯制作的、博尔斯维特兄弟制作的，当然还有福斯特曼制作的。1631 年，这个人做了仿效者应该做的事情：临摹一幅画，并添加自己的痕迹。不过，他参考的是鲁本斯的自画像，而留下的"痕迹"则是伦勃朗那张不规则的、自信的脸。这并不是那些提倡进行启发性模仿的顾问的意思。有些人肯定会认为，这有点过分了。

小卢卡斯·福斯特曼临摹安东尼·凡·戴克，《卢卡斯·福斯特曼肖像》。蚀刻版画，选自《图像集》。阿姆斯特丹，荷兰国立博物馆版画秘藏

第三部　奇才

第五章
RHL

1. 哦，神恩庇佑的莱顿[1]

在通往莱顿的路上，首先映入眼帘的就是风车。无论你是乘坐拖船沿着 195
莱茵河穿行，透过弥漫的烟雾欣赏低处放牧着牛群的牧场，还是骑着马从莱德多普（Leyderdorp）或苏特沃德（Souterwoude）沿路走来，都能看到风车。风车在城墙的顶端或后面矗立着，隔一段距离就有一座，就像哨兵一样。这种沉默的机械哨兵数目众多，它们的臂膀在微风中慢慢地摆动着。在风车后面，透过鳞次栉比的山墙，你可以看到 13 世纪的塔楼——莱顿古堡，以及两座宏伟的新教教堂——圣彼得教堂和高地教堂（Hooglandsekerk），教堂呈灰褐色，有着高高的塔尖，就像大学花园里晾晒的河豚鱼干。风车方阵笨拙地运动着，看起来可能是在欢迎你，也可能是在威胁你，这取决于你的心情和天气的情况。走近时，你能听到风车木臂划过冷空气时发出的嘎吱嘎吱的呻吟声，那是拴在那里劳作的“巨兽们”在抱怨。这些风车有着古老而带有水的意味的名字，比如“方舟”和“鹈鹕”，它们似乎一直都在那里，要么从泥炭湿地里抽水，要么为城市的面包师磨面粉。

然而，它们并非一直在那里。当地的编年史家，比如扬 · 凡 · 豪特（Jan van Hout）和他的侄子扬 · 欧尔勒斯（Jan Orlers）在著作中多次提到一种设

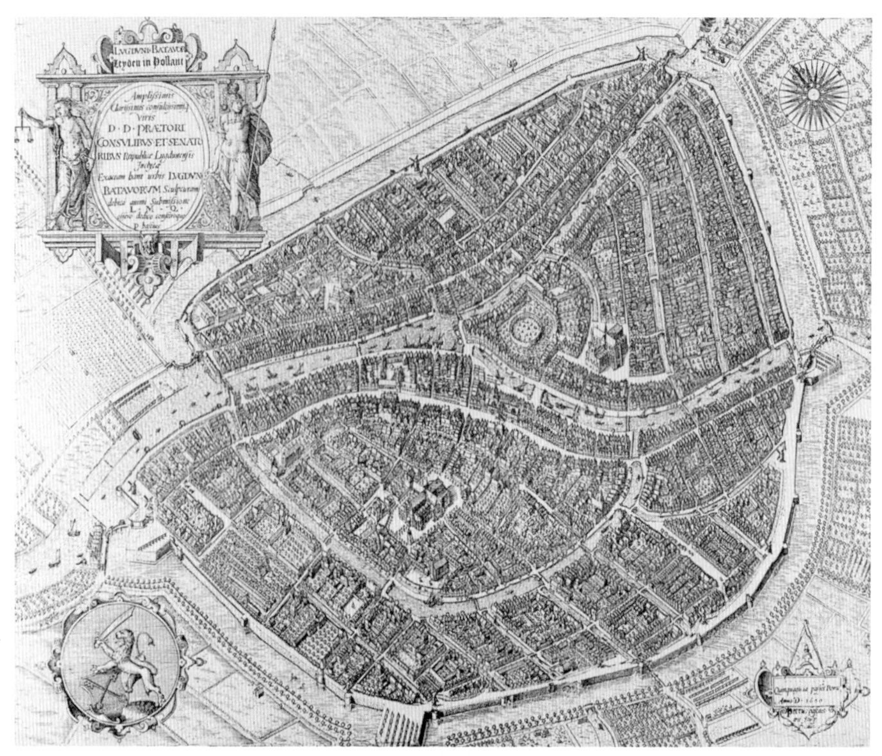

彼得·巴斯特,《莱顿地图》, 1600 年。莱顿，莱顿市档案馆

想，认为莱顿最初叫卢格杜努姆（Lugdunum），是古巴达维亚人的部落堡垒。他们自豪地认为那些遥远的祖先和他们这代人一样精明而警觉，认定自己的居住地是侦查莱茵河的好地方，因为莱茵河在这里穿过沙丘的脊背，最终流入北海。就在莱茵河的两条支流（即“旧莱茵河”和“新莱茵河”）交汇的地方，在它最后一条河段的上游，巴达维亚人挖掘了自己的阵地。他们最初的瞭望塔肯定是摇摇晃晃的木质结构，从塔上眺望，会发现这是一个可以向想要进入（莱茵兰）和想要离开（去英国）的人收取过路费的绝佳地点。在那
196 之后的几个世纪里，这个地方只不过是一处堡垒，以及夹在沙滩和河流之间的贸易营地。南面是低洼的沼泽地，有时洪水会泛滥到足以让人们驾着平底船，在被风吹弯的芦苇间来回穿梭着捕捉鱼类和水禽。

河流湍急，河上船只来来往往。到了 13 世纪，这个小村庄已经发展成了一个城镇。随着莱顿的发展，这里开始需要磨坊，而风车改变了一切。人们从洪水中创造食物，从沼泽中发展畜牧草地，并从封建制度的束缚中获得了一定程度的自由。在一个需要防御洪水，而不用抵抗骑兵的地方，军事力量能起到的作用要小一些。因此，虽然市中心有一座城堡，但拥有这座城堡的伯爵与市政官员们分享着他的权力。市政官员负责收取过路费并维护莱茵兰的水防体系。他们确保贸易畅通无阻，并交给伯爵一部分过路费，而伯爵则承认他们的自由权利。在莱茵兰水务局大楼那用红砖墙和木料构建的房间里，水利委员们怀着强烈的公共责任心考虑着疏浚淤泥和加固堤坝的事宜，而同样强烈的公共责任心在欧洲其他城市只会用于镇压强盗、异教徒和防范瘟疫。

在中世纪晚期的某个时候，风车被搬出城墙，移到了周围的草地上。莱
顿那时只是一个约有 5000 居民的小城，尽管会遭受勃艮第公爵和海尔德兰 197
（Gelderland）伯爵的敌对军队定期围攻，但显然对自己的安全有足够的信心，所以敢于将风车设在进城的道路上，尤其是西面，因为那里的风力最强劲。它们被安置在河边和桥边，船夫们在那里卸下船上装载的谷物，或载上一袋袋面粉，准备返回城市。其中一座风车属于某个叫鲁洛夫 · 赫里特松（Roelof Gerritszoon）的人，他父亲在他之前就是一名磨坊主，而他的曾孙则是伟大的伦勃朗 · 凡 · 莱因。[2] 随着城市缓慢而稳定地发展，磨坊主的日子越过越红火，谷物零售商和面包师也跟着发了财，这些人都加入了伦勃朗的族谱。困难时期，物价上涨，他们受人指指点点，彼此也相互抱怨。磨坊主无论是为面包磨面粉，还是像伦勃朗的父亲那样为啤酒研磨大麦芽，似乎总能挺过艰难的岁月。这两种食物是各个阶层和年龄的人们（包括孩子们）的生活基本必需品（因为在这片水乡，没有人想要去喝水），是早餐和晚餐的必备食物。总之，磨坊主们过得很好，他们中的许多人，包括伦勃朗的父系祖先，买下了其他磨坊的股份，连带着买下了磨坊周围的小房子和花园。磨坊本身也开始改变，从直接建立在圆形底座上、风叶张开的粗糙的老式“标准磨坊”，变成了更壮观的结构，有时是八角形的，偶尔用砖块建造，极少数情况下用的是石头。他们的主人不再住在磨坊内部的简陋房子里，而是住在前面的房子里，这种

房子有像样的前厅，独立的厨房，甚至楼上还有房间。16 世纪磨坊主的财产清单表明，他们是富有的商人，其富裕程度远远超过了简单的工匠。他们的厨房里摆满了锡制餐具和铜壶。笨重的橡木箱子里装满了亚麻布，有些用来当床上的幕帘。有足够的椅子（kamerstoelen），由纺锤形椅腿和藤条椅座构成。通常白色的灰泥墙壁上起码会挂几幅小型“木板画”（bardekens）——一幅亚当与夏娃画像或田园风光画。[3]

所有这些幸福都是以厚脸皮为代价换来的。在荷兰甚至整个欧洲，磨坊主都是经常被取笑的对象，其中很大一部分原因在于他们普遍背负着骂名，被人们当成是骗子、敲诈勒索者和通奸者，靠着天平玩弄女性。这些笑话背后隐藏着人们对村里那些自封为领主的磨坊主的恶毒的怨恨，他们篡夺了领主的庄园所有权，毫不顾忌地欺骗少女，冒充她们的未婚夫和她们发生关系。1544 年的《安特卫普歌谣集》（*Antwerp Song Book*）[4] 中这样唱道：“他可以在磨坊里磨，不用风，不用风 / 他可以和他的小妞儿，以双倍的速度磨。”对于那些饱受贪婪的磨坊主们侵犯的人来说，唯一的安慰是，有时这些磨坊主喝醉了酒之后，其淫欲会受到阻碍。赫布兰德 · 布雷德罗（Gerbrand Bredero）于 1618 年创作了一部闹剧，其中刻画了一位叫作斯利姆 · 皮埃（Slimme Piet）的磨坊主，他喝得酩酊大醉，没有注意到自己竟然和妻子睡在了一起，
198 这完全背离了他的初衷。[5] 磨坊主们受够了这些淫秽的谣言时，可以向他们的主保圣人圣维克多祈祷辩白，以此来安慰自己。圣维克多殉道时就是脖子上绑着一块磨石，淹死在水中的。

尽管遭到种种嘲笑，但磨坊主们心里清楚，在战争时期，他们的风车对这座城市来说是多么不可或缺，并与城里人的生死息息相关。1420 年，巴伐利亚公爵指挥一支军队侵入了这里，为了使这座城市陷入饥荒，逼迫他们投降，他烧毁了风车，此举算是对磨坊主们的一种间接的恭维。1572 年，奥兰治的威廉在起义失败后，下令让莱顿市议员摧毁村里的磨坊，以免落入敌人手中。有些磨坊主的风车，比如伦勃朗的祖父赫里特 · 鲁洛夫松（Gerrit Roelofszoon）的，在西班牙军队朝这座城市开拔之时，就被匆忙拆除了；另一些则被安装在平台和滚轮上，立即移到了城墙顶部，其高度足以捕捉到风，

但又足够安全，可以受到环绕城市的装甲大门、塔楼和堡垒的保护。

在一段时间里，这种策略奏效了。到 1574 年 1 月，八座重建的风车开始运转，面包按照定额迅速分发给了市民。但是，如果敌人的行动切断了粮食供应，受保护的磨坊就没有用处了。这正是 1574 年 5 月发生的事情，当时一支由大约 5000 人组成的更强大的西班牙军队占领了莱顿周围的大部分战略要地，并在那些要地建立了重兵把守、配备有大炮的堡垒。[6] 不仅仅是谷物，就连被赶进市里的马和牛吃的干草也严重短缺。麦芽磨坊主比以往任何时候都重要，因为他们可以把大麦磨成麦芽粉，用来制作稀粥或粗糙的无酵面包。不管怎么说，这总比煮熟的青草和兽皮味道好——有些人相信自己很快就会沦落到吃这些东西的地步。这座城市在次年 10 月解放之前所经历的一切，被视为当地苦难和救赎的史诗，每年在 10 月的第三天都会被人们记起。围攻最终因为荷兰人故意引发的洪水和一系列猛烈的风暴而解除，因为西班牙军队有可能被困在迅速上升的“内海”中，而荷兰的“乞丐舰队”则可以越过这片“内海”，前来营救。西班牙指挥官巴尔德斯（Valdez）匆忙撤营，以免被围剿。在围城的大部分时间里一直卧病在床的威廉，奇迹般地恢复了健康，走进了这座欢乐的城市。甚至连在春天肆虐的瘟疫，这时也随着秋天的薄雾消退了。教堂的钟楼上响起了钟声。莱顿人狼吞虎咽地吃着面包和鱼，感谢上帝赐予他们风和雨，帮助他们脱离了危险。伦勃朗的祖母莱斯贝斯·哈尔门斯多赫特（Lysbeth Harmensdochter）自 1573 年以来就守了寡，现在积极争取并获准在城墙上重新建起磨坊，就建在一座被称为“白门”的塔楼边上。[7]

17 世纪早期在莱顿长大的人，即使与这场灾难相隔两代，也不可能忘记这段痛苦而又激动人心的历史。伦勃朗的父母都出生于 1568 年，他们那一
代人从小听着长辈讲述这史诗般的故事，就像不列颠之战和闪电战成为 20 世 199
纪五六十年代成长起来的伦敦人的爱国圣典一样：邪恶和暴政被战胜，自我牺牲和勇气得到回报。突围过程中的不朽人物都已经成了人们熟悉的英雄：彼得·凡·德·韦尔夫（Pieter van der Werff）市长，即便在极其险恶的情况下，也从未有过与西班牙协商的念头；亚努什·多萨（Janus Dousa），带领

着一支敢死队，在夜幕的掩护下出城，想要带回一些食品和牲畜。人们也不会忘记那些“脱逃者”（glippers），他们没有与这座城共患难，而是选择了逃离，他们将和恶棍一样臭名昭著。纪念无处不在：伊萨克·克拉松·凡·斯凡嫩伯格（Isaac Claesz. van Swanenburg）的《法老溺死在红海中》（*Pharaoh Drowning in the Red Sea*）就悬挂在新市政厅；此外还有《分发面包和鲱鱼》（*The Distribution of Bread and Herring*），画中的人们双手合十祈祷或跪在神圣的食物前，仿佛现世的福音场景。这幅画不是出自他人之手，正是在1575年由当地的年轻画家奥托·凡·维恩画的。1577年，一座珍贵的蓝宝石祭坛从圣彼得教堂搬走，随后设在了市政厅的正面，这就好像《圣经》里的宝座从神圣的领域进入了世俗。据说，荷兰的威廉二世伯爵曾在这座祭坛上受洗。[8]到了16世纪90年代，这里又出现了一块配套的蓝宝石牌匾，祭坛石和牌匾上都刻有金色的字母，上面写着鼓舞人心的布道词。一块强调苦难和奇迹般的救赎；另一块强调，无论好运还是厄运都应该服从上帝的意志，这种观点会讨城里那些更为严格的加尔文派教徒的喜欢。在公众普及层面，人们可以在市场摊位、书店和集市上买到无数记载这段史诗的版画和地图。[9]每年的10月3日，整个城市都会举行一次盛大的庆祝活动。在这个节日里，鲱鱼和面包是必不可少的（但肯定不是唯一的）食品。[10]这曾是（现在仍然是）莱顿的盛大集市，有民兵枪队的游行；畸形秀（比如海怪展览，有些是干枯的标本，有些据说是活的）；喧闹的街头闹剧；风笛手、杂技演员，以及一桶桶的啤酒。每年市长和“四十人理事会”的议员都会骑着马在城里游行，尽管他们现在戴着大礼帽和黑色领带，而不是宽边软帽和褶襟，他们的游行仍然要经过排山倒海般密集的旗帜，他们乘坐的马车的车轮搅起覆盖在街道上的泥浆——这种泥浆由等量的啤酒、五彩纸屑和马粪组成。

莱顿的历史可以明显地分为“围困前”时期和“围困后”时期。1573年以前，这里是一个还算繁荣的集镇。布匹制造商从英国进口原羊毛，再将成品出口到德国或销售给国内消费者，过着体面但不引人注目的生活。这是一个熙熙攘攘的小港之城，这里的人不像哈勒姆人那么有教养，没有代尔夫特人那么优雅，也没有乌得勒支人那么庄严神圣。但1574年后，它就像安特卫普一样，成了历史的游乐场。莱顿坐在历史跷跷板的一端，安特卫普坐在另一端，随着伟大的佛兰德人的城市（即安特卫普）衰落，莱顿的财富迅速积累起来。莱顿并不是从南部流亡来的加尔文派教徒的唯一目的地，但到达那里的人数比别的城市高出很多，尤其是在 1585 年帕尔马公爵占领安特卫普之 200
后。对于最激进、最虔诚的加尔文派教徒来说，直到 1578 年才将官方信仰从天主教改为新教的阿姆斯特丹仍然是一个可疑的地方，充满了可疑的异端邪说。但在这场苦难的净化下，莱顿成了归正会的大本营，而这座堡垒的核心是一所大学，它由奥兰治亲王在围攻结束才几个月后，也就是 1575 年创建。它的第一批宿舍（依旧用于学术）建在拉彭堡运河边的圣芭芭拉修道院，之前住在那里的居民——“白修女”，已经被驱逐。

加尔文主义和布料改变了这座城市。它的人口在两代人的时间里几乎翻了两番，从 16 世纪 80 年代的 12 000 人增加到 17 世纪 20 年代的近 45 000 人，一举成为荷兰省人口第二多的城市。[11] 在很短的时期内，这座温和且谨遵教会教义的老布料市场小镇，变成了一个“蜂巢”：忙得不可开交，拥挤不堪，充满了经济和文化的活力。但有时“蜜蜂”会互相蜇对方。“蜂巢”里酝酿着一种一触即发的暴躁情绪，使得老莱顿人和新莱顿人之间的关系紧张起来，而且这种紧张关系常常是危险的。

在这个拥挤的移民小镇上，羊毛是国王，而另一种从南方带来的佛兰德人的特产——亚麻布，则是王后。旧的隐修院和修女院现在变成了布料大楼，这充分说明了羊毛和亚麻布无可争议的统治地位。例如，先前的拿撒勒姐妹会（Sisters of Nazareth）修女院，现在变成了海湾会馆（Bay Hall），在那里，布料公会的理事维持着特定布料的质量控制（和价格管制）。那些浓密的、油腻的、乱蓬蓬的生羊毛，被剪成一束束的长毛，不仅仅从英国，还从西班牙敌人的高原羊圈里运到了这座城市。一些小巷（stegen）里散发着羊毛脂的芳香。车间（通常是小房子的前客厅）的木地板上，生羊毛经过洗涤、粗梳、精梳和纺织后，变成了细雪状的纤维。这些小房子的门对着街道敞开着，在微风吹拂的日子里，这些绒毛就像蒲公英的种子一样飘荡在街道上，紧贴在人们的帽子和披肩上，钻进了人们的耳朵、鼻孔和肺部。莱顿拥挤的后街咔嗒咔嗒地响着，纺车的轮子转动着，纺线和梭子在深深的屋檐下来回穿梭。经过编织或针织，一段段哔叽布、厚羊毛毡（不是我们台球桌上的那种绿布，而是一种细斜纹布）或精纺毛料被制作出来——这取决于纤维铺设和捻动的方式，以及商人口中巴黎、法兰克福和科隆的裁缝目前寻求的样式。面对来自东英吉利亚（East Anglia）地区的更轻的“新布料”的竞争，莱顿纺织工人推出了优雅的羊毛和丝绸混合物，他们希望在法国和意大利销售这种光滑、精致的丝毛混合布料。处在行业最底层的是染色工，他们注定要对着一桶桶刺鼻的、冒着热气的靛蓝染料劳作，他们与皮革匠等其他臭气熏天的手艺人一起被流放到城镇边缘，尽管皮革匠对莱顿制鞋工业至关重要。[12]

201 那些布拉班特人、瓦隆人、佛兰德人［更不用说来自荷兰其他省份和城镇，以及德国于利希（Jülich）和克莱沃的移民，还有一些寻求比斯图亚特王朝治下的英格兰更好的耶路撒冷的清教徒“朝圣者”］应该住在哪里？1611年，这座城市不堪重负，时常会爆发的火灾和瘟疫有加剧的风险。“四十人理事会”决定大举扩张老城区的北部和西部，这样一来，莱顿就可以扩容近三分之一。[13] 但是，即使增加了居住空间，也不足以满足迫切的需求。经市议会认定过大的房屋都要被拆除，地块被细分为四到八个住宅单元。许多原本就不太大的房子现在又重新划分了楼层和房间，局促得无以复加。哈尔门·赫里特松，这位第四代磨坊主现在从事研磨大麦芽的生意，显然有一两个卡洛斯金币的闲钱，于是立即用它购买了位于他家所在的北拉彭堡社区（或者按莱顿的说法，bon）里一些很有发展前景的土地。

哈尔门·赫里特松自己的房子位于薪水巷（Weddesteeg），从加尔格沃特街角数过去第三个房子就是。加尔格沃特街冷冰冰的街道名*来源于曾经挂在墙上的绞刑架，现在这里却坐落着城市的建设者（stadstimmerman，字面意思是“木匠”）居住的那些精致且有山墙的建筑。在哈尔门的房子前面，两边都有风车，风车后面是城墙，城墙下是一条流经小城的莱茵河支流。为了保持通往城墙的道路畅通无阻，薪水巷只开发了一侧。因此，按照当时的标准，

* Galgewater（加尔格沃特街）中 galge 在荷兰语里表示“绞刑架”。——编注

哈尔门·赫里特松的那块莱顿的土地是一个开放的空间，可以让新鲜的空气和光线扫进房子。在1611年扩建之前，从窗口朝河对岸望去，满是果园和开阔的田野。[14]婴孩伦勃朗被人从他那辆有轮子的学步车（rolwagen）里抱出来，可以摇摇晃晃地走到离他房子几英尺远的地方，看到两个“莱茵”（Rijn）：一个是莱茵河支流维尔斯特河（Velst），它蔓草丛生，缓缓地流过大门和围墙；另一个是他祖母买的风车，出于显而易见的原因，它被称为“莱因”（De Rijn）。虽然用现在的话来说，伦勃朗·凡·莱因的名字将来会不胫而走，但他的一生都会与世界上的这个小角落，这个石头、空气和水的汇聚之地紧密相连。

薪水巷并不是一个令人印象深刻的地方。它没有位于圣彼得教堂和拉彭堡路附近或布里街（美丽的新市政厅所在地）上的凡·斯凡嫩伯格家族和凡·维恩家族的贵族豪宅，但也不是一个简陋的地方。伦勃朗父母家的房子十有八九就像那时莱顿绘画中呈现的房子一样：正面由砖块铺就，有着狭窄的立面；靠街边的房间装着高高的铅制窗户，光照充足；房子总共三层楼，有着陡峭的斜屋顶，顶部是常见的阶梯式山墙；一楼有倾斜的屋檐，用来排走雨水。它并不是什么豪宅，比年轻的鲁本斯住的任何房子都要小，却足以容纳磨坊主那一大家子人。1581年，他的祖母莱斯贝斯还活着，改嫁给了另一个磨坊主，房子里除了孩子之外，还住进了一名女佣和两个磨坊工人，当 202
风刮得足以使磨盘整夜转动的时候，工人就在现场工作；此外，还有一个来自弗里斯兰的大学生房客。

哈尔门·赫里特松和科尔内利娅·威廉姆斯多赫特·凡·祖伊特布鲁克（Cornelia Willemsdochter van Zuytbrouck）一共有九个孩子，伦勃朗排行老八。两个较大的孩子在幼年时就夭折了，都葬身于1604的瘟疫之中。然而，确切的出生日期只是伦勃朗用来戏弄他的传记作家的众多谜团中的第一个。他的首位袖珍传记作家扬·欧尔勒斯在1641年出版的第二版莱顿史中明确指出，他出生的那一年是1606年，那个我们应该庆祝的日子是7月15日。真的是这样吗？目前还没有发现伦勃朗出生或受洗的官方记录，而且在欧尔勒斯出版这本书的时候，伦勃朗的父母都已经去世，所以没有办法核实他的生日。

1620 年 5 月，他出现在莱顿大学的入学手册中，十四岁，但根据当时的传统来理解的话，这意味着他当时的年龄既有可能与欧尔勒斯记载的一致，是十四岁，也有可能与欧尔勒斯的记载不符，是十五岁。而他自己，不管是不是在恶作剧，也为这种混乱的记录添了油，加了醋。1631 年的蚀刻自画像是他第一幅署名为“伦勃朗”的画，上面清楚地注明他时年二十四岁，因此他的出生年份应定为 1607 年；1634 年 6 月，在要求公布他与萨斯基亚的结婚公告时，他表示自己只有二十六岁；1653 年 9 月，在对保罗 · 布里尔的一幅画做的公证评估中，他说自己“大约四十六岁”。这三份文件都可以将他的出生年份核定为 1607 年，而不是 1606 年。当然，伦勃朗本人也有可能不确定自己的出生日期。并不是所有 17 世纪的人，包括文化人，都知道或关心这些事情。问题在于，伦勃朗自己提供的日期没有一个与欧尔勒斯提供的信息相符。[15]

确切地说，伦勃朗每次露面的时间和地点都是混乱的。20 世纪后期来到莱顿的游客，在美丽而平静的运河边散步，感受这片古老的学术社区的脉搏，观察此地外在的文雅之风——自行车、啤酒和书店——需要借助想象力的延伸，才能重新体会 17 世纪早期城镇和大学里激烈的党派斗争气氛。从伦勃朗出生到 1620 年 5 月他在这所大学注册的这段时间里，城市和学院之间的分歧如此严重，几乎到了内战的边缘。原因在于神学和学术政治有害地混合在了一起。莱顿的困境，从本质上说，与荷兰所有城镇的困境没有什么不同。但是，由于莱顿在共和国中具有如此重要的象征意义，而且聚集了一大批传道士、教授和辩论家，他们都声称垄断了智慧，并且都热切地想要长篇大论地谈论智慧，因此他们都使出浑身解数，就相互敌对的立场展开了激烈的辩论。

203 分歧的核心是尼德兰独立战争遗留下来的未竟事业。只要各省的当务之急仍是防止西班牙军队入侵尼德兰北部，那么，荷兰人之间关于他们到底为什么而战的分歧就可以安全地搁置一边。一直以来，他们都更加清楚要反对哪些东西：腓力国王的宗教法庭；中央专制的皇家政府对地方机构的镇压；武装营地；专横的审判。但是安娜和威廉的儿子，即荷兰执政莫里斯在军事上的成功，阻止了西班牙人的入侵，随后欧洲大部分地区事实上承认了他们独特的联省国家，这就不可避免地引发了一场关于共和国内部性质的争论。它是一个由加尔文主义新教占据主导地位的共和国，还是一个不由任何一种基督教流派统治的地方？

奥兰治的威廉曾经预感到这些。他努力想要创建一个能容下新教和天主教信仰的宽容国家。但是，这种慷慨包容的理想随着他在代尔夫特的楼梯上被枪杀而一并消失了。那些声称继承了他的遗志的人，对待宗教宽容要谨慎得多。他们准备让生活在共和国里的新教徒，甚至天主教徒和犹太教徒，按照他们各自的信仰和方式进行祈祷，但不允许在公开场合进行礼拜。这一立场的捍卫者，如奥尔登巴内韦特和胡果·格劳秀斯，认为应该有一个占主导地位的加尔文主义国教，但他们拒绝让它享有神权，即统治权力。他们还坚持认为，应当由他们这样的世俗行政官员来判定宗教言论是否失当，但只有当谩骂式的攻击升级为威胁到脆弱的城市统治时才这样做。本质上，他们是贵族中的悲观主义者。他们环顾欧洲，看到了以虔诚的名义进行的谋杀。他们认为，只有头脑清醒、内心冷静、（尤其是）有哲学头脑的开明管理者，才能使他们的国家免遭法国和德国的命运。他们以这种智慧的名义，坚持认为应由他们来谨慎地管理教会；由他们来任命或解雇传道士和牧师；只有他们才有权召开国家教会会议，（奥尔登巴内韦特希望）在这样的会议上，为了维护国内和平，最严格的加尔文主义教条可能会得到约束。贵族们在安静的图书馆里，为愤怒的狂热分子和轻信的人们而连连摇头，不知道自己能做些什么来防止他们之间爆发致命的冲突。

严格的加尔文派教徒认为自己属于一个更加神圣、甚至神圣得多的派别。对于他们来说，奥尔登巴内韦特和胡果·格劳秀斯等人的想法是没有骨气的实用主义，属于不道德的诡辩，那些人不明白共和国的事业就是全能之主的事业；主选择了荷兰人，与他们立约，来实施他的特殊目的和历史计划。反对者之所以说要走一条“宽广的道路”，并对和平充满热情，是因为这些人比天主教徒好不了多少；其实他们更坏，因为他们伪装成新教徒，准备打开锡安的大门，让异教徒、拜偶像者、反基督者军团进入。因此，在激进派传道士们的谩骂中，那些促成停战的政治家以及他们那些常常控制着各大城市议 204

会的支持者，被说成是毒蛇、爬行动物、恶魔，长满鳞片的肮脏身体被可憎之物控制，这些可憎之物受阴间的派遣，要给新以色列带来灾祸。

当还是孩子的伦勃朗倾听世界的喧嚣时，他听到的都是这些坏脾气之人在莱顿的讲道台上的激烈言辞。他甚至可能在薪水巷家中的客厅里感到了某种强烈的忧虑，因为他自己的家人有特别的理由对加尔文派教徒的报复言论感到紧张。哈尔门 · 赫里特松已经成为归正会的一员，不过有人怀疑，他并不是一个特别热心或严守教规的人，尤其是因为他的妻子尼尔特根 · 凡 · 祖伊特布鲁克*来自一个古老的天主教家庭，她的大多数亲戚仍然对天主教忠心耿耿。因此，和许多同样处境的人一样，哈尔门的宗教信仰很可能是由谨慎和良知共同决定的。1610 年左右，谨慎行事的必要性变得非常明显，先是莱顿，然后是荷兰省以及整个荷兰共和国都被划分为“阿明尼乌派”和“戈马尔派”。

最初，争论发生在教授之间。学术争执之所以如此激烈，是因为赌注极为微薄——这句名言在此时变得前所未有地不合理。处于 17 世纪头十年最后时期的莱顿，胜败事关生死——事实上还不止如此，是事关灵魂永驻的福祉。不妨把这场争论想象成邻居之间可能发生的最糟糕的争吵，而雅各布斯 · 阿明尼乌（Jacobus Arminius）教授和弗朗西斯库斯 · 戈马尔（Franciscus Gomarus）教授就是这样，被他们共同的花园墙隔开，这堵墙在人们的想象中是如此之高，令人畏惧，荆棘丛生。一方是“阿明尼乌派”的荷兰人，他们是思想更为开阔和宽容的党派的门徒，认为上帝恩宠的赐予可能在某种程度上受到信徒的信仰和行为影响。阿明尼乌的同僚，海牙牧师约翰内斯 · 沃滕博加特（Johannes Wtenbogaert）——后来伦勃朗为他绘制了肖像并制作成了蚀刻版画——还认为（并说服护国者奥尔登巴内韦特同意他的观点）应该修改“加尔文派归正会”的“信条”来反映这一点。对于他的对手戈马尔，这个主张按字面意思理解加尔文之言的佛兰德人来说，这样的假设是异端邪说，与天主教通过行为救赎的教义几乎没有区别。根据戈马尔的说法，加尔文教义的本质在于救赎是上帝预先注定的。选民从出生的那一刻起就被选定；

* 即科尔内利娅 · 威廉姆斯多赫特 · 凡 · 祖伊特布鲁克。——编注

其余的人注定要在地狱中被烤死，而在这个世界上也没有什么办法可以避免这一结局。在神的旨意面前谦卑地接受人的无能，是真正的基督徒生活的首要条件。

在这两个立场之间不可能有妥协。像奥尔登巴内韦特这样，追随阿明尼乌的思维方式的人，认为南方加尔文派教徒在共和国的地位正变得越来越稳牢，除非尽快采取行动，抢得先机，否则他们不宽容的立场就会占上风。因此，阿明尼乌派决定利用他们在鹿特丹和莱顿等城市议会中暂时占据的主导 205
地位，敦促召开一场全国宗教会议，会上将有权修改最严格的加尔文主义信条。1610 年，他们向荷兰议会提交了关于这些修改意见的《抗辩书》。戈马尔派立即以文件的形式提出了他们的抗辩，这就是《反抗辩书》。与《抗辩书》相反，该文件坚持认为，只有在事先承认信仰是神圣不可侵犯的且所有传道士都同意的情况下，才能召开宗教会议。从那以后，他们就被贴上了“抗辩派”和“反抗辩派”的标签，这两个标签听起来都带有一种笨拙而又隐晦的教会色彩，但在伦勃朗童年时期的荷兰，它们代表的是两个走向了全面冲突的教派。

1611 年，事情从咆哮、怒骂变成了怒吼和嘶号。触发这一切的原因是（还会有什么？）教授职位的继承。事实上，这个教席碰巧是阿明尼乌曾拥有的。奥尔登巴内韦特在沃滕博加特的建议下，提议任命一位名叫沃斯提乌斯（Vorstius）的德国牧师。在一般人看来（即便是一些抗辩派教徒也认为），沃斯提乌斯是个宽宏大量的新教徒，几乎快要到满不在乎的地步了。就连沃斯提乌斯自己都认为这次任命不是一个好主意。当沃斯提乌斯到达莱顿时，他的疑虑得到了证实。在教职员工会议上爆发的指责风暴，迅速蔓延到讲师和学生们身上，他们或是为自己的学术英雄欢呼，或是痛斥对手，并在酒馆门口的台阶上“口吐莲花”，大肆诅咒对方。在佛兰德的布料工人和制造商中，绝大多数人同情严格的加尔文派教徒，反对沃斯提乌斯。戈马尔本人已经离开莱顿，前往米德尔堡，但在大学和讲道坛上不乏他的支持者，让教条之火熊熊燃烧着。到 17 世纪 20 年代末，整个城市，整个共和国，都已被严重灼伤。

抗辩派寡头们压制传道士的发声是一回事，面对会众的怒火则是另一回事，尤其是现在愤怒愈演愈烈，会众对他们进行人身攻击，向他们扔东西，嘲讽他们，并开始威胁到他们对智慧乃至权力的垄断。在这个节骨眼上，奥尔登巴内韦特和他的顾问，比如格劳秀斯，犯了一个致命的战术错误。他们决定，如有必要，将以武力强制执行公道。不管喜欢与否，荷兰省都应保持宗教宽容。为了抑制对抗辩派牧师和贵族的攻击威胁，他们除了动用民兵外，还雇佣了武装人员（waardgelders）。这项举动在执政莫里斯看来是在篡夺荷兰七省议会授予他的军事权力。最重要的是，正是武装连队的创建，使这场危机成为政治危机，而非神学危机，并使奥尔登巴内韦特和格劳秀斯最终被指控犯叛国罪成为可能。

神恩庇佑的莱顿（Leyda gratiosa），迅速恶化成共和国最危险的两极化城
206 市之一。城里的佛兰德人，无论贫富，都是狂热的加尔文派教徒，现在他们披上了黑白长袍，表现出毫不妥协的热情。在市议会里，统治这座城市的摄政团对他们的安全感到非常紧张，于是在市政厅前建了一道栅栏，民兵和武装人员在里面用步枪和长枪演练。全城笼罩着一种惶恐不安的气氛。伦勃朗家这样的老莱顿家族可能更同情抗辩派，尤其是考虑到尼尔特根的天主教家庭背景，以及哈尔门的孩子都没有在圣彼得教堂和高地教堂这样的官方加尔文派教堂受洗的事实。他们的家族公证人阿德里安·派特（Adriaen Paedt）是这座城市里最引人注目的抗辩派人士之一。十有八九，这个磨坊主之家会觉得他们突然生活在一个“陌生人”——移民——已经变成主要威胁的地方。莱顿不再是“他们的”莱顿了。

他们最担心的事终于在1618年发生了。莫里斯调动反抗辩派的军队逮捕了格劳秀斯和奥尔登巴内韦特，并发起了对共和国所有市议会的清洗，其中包括莱顿。这里新任命的警长威廉·德·邦特（Willem de Bondt），是荷兰省出了名的热衷于迫害天主教徒和抗辩派之人。到了接下来的1619年，全国性的宗教会议在多德雷赫特召开，为神学争论的双方举办了一场滑稽的“听证会”。这只是开始，很快宗教会议就宣布抗辩派的信条是最卑劣、最恶毒的异端邪说，并把所有公开支持抗辩派信条的人赶出了归正会。所有抗辩派的集会和宗教会议都被禁止了。当然，在莱顿大学，教职工遭到了彻底清

理，许多学识渊博、口才出众的教授不得不前往其他城市（如鹿特丹或阿姆斯特丹），这些城市更愿意接纳他们的信仰。在接下来的三四年时间里，荷兰共和国有史以来首个严格的加尔文主义政权控制了国家、教会和学术机构。这是一场神权革命。和所有的革命一样，这场革命也需要象征性的牺牲。1619 年，奥尔登巴内韦特因叛国罪而立即受到审判并被斩首；当地的抗辩派领袖，莱顿的市议长，龙布 · 胡戈比茨（Rombout Hoogerbeets）被判终身监禁；莱顿大学最著名的校友胡果 · 格劳秀斯被囚禁在卢夫斯泰因城堡（Loevestein Castle），后来他藏在一个书柜里逃了出来。不得不说，对于一个毫无悔意的知识分子来说，这是一个完美的逃脱方式。乌得勒支议会的秘书吉尔斯 · 凡 · 勒登贝赫（Gilles van Ledenberch）通过自杀才被释放出狱，即便出了狱，他的棺材还和普通罪犯的残缺遗骸一起被吊在海牙城外的绞刑架上。[16]

因此，虽然鲁本斯（非自愿地）出生在一段宗教战争的历史中，但伦勃朗却是在宗教战争中长大的。这对他们两人来说，都非常重要。但不知怎么的，在这一片喧嚣中，伦勃朗接受了一种教育。事实上，这种教育（除去耶稣会士和他们编写的《圣徒传》外）几乎和鲁本斯接受的一样：学习维吉
尔、贺拉斯、普鲁塔克、塔西佗的作品，并对荷马、欧里庇得斯（Euripides） 207
和赫西奥德（Hesiod）进行一些思考。七岁的时候，他就和别人一起列队穿过了位于洛克斯特拉街（Lokhorststraat）的拉丁语学校的拱门，门上的白色石灰石上刻着一行字，昭示着学校的教学内容："虔诚、语言和人文科学"（Pietati, Linguis et Artibus Liberales）。在接下来的七年里，他的世界将被石板和教鞭所支配，在这个由木凳组成的嘈杂世界里，学生们学习吟诵、语法分析、变位、变格。和以往任何学校一样，后排的学生咯咯发笑，老师则会勃然大怒。在伦勃朗上学期间，校长是一名法学教授，名叫雅各布斯 · 雷金吉乌斯（Jacobus Lettingius），他对学院的管理似乎特别严格，至少在 1625 年之前是如此。这一年，他被发现拿走了超过自己应得的学费（schoolgeld）。除了研习经典和《圣经》，伦勃朗还上了书法课，尤为重要的是，同鲁本斯、惠更斯一样，他也学习绘画，教他的是亨里克斯 · 瑞弗林克（Henricus

Rievelinck），人们尊敬地称他为“教授绘画艺术的老师”。[17] 在这里，就在洛克斯特拉街那座砖砌的房子里，伦勃朗将第一次绘出眼睛。

在年轻的荷兰共和国，商人家庭的孩子接受拉丁语学校的教育并不罕见。伦勃朗的主要竞争对手（或许也是朋友）扬·利文斯的父亲是一名刺绣师，来自根特。但扬的兄弟中至少有两个人接受了进入大学所需的古典教育，其中一个的拉丁语名字很大气，叫尤斯图斯·利维乌斯（Justus Livius）。扬若不是神童的话，很有可能就跟随他们的步伐了。然而，伦勃朗是他家族的那一代人中唯一接受过这种水平教育的。他的长兄赫里特（Gerrit）注定要跟随父亲哈尔门进入大麦磨坊，然而他在 1621 年左右遭遇了可能是机械故障引发的事故。二哥阿德里安（Adriaen）成了一名鞋匠，但在娶了一位磨坊主的女儿后，他自己也开始从事磨坊生意。三哥威廉（Willem）继承了母亲家族的事业，成了一名面包师。还有一个弟弟科内利斯（Cornelis），关于他几乎无迹可查。他还有两个姐妹，马赫特尔特（Machtelt）和莱斯贝斯（Lysbeth），后者可能患有某种精神或身体上的残疾，因为她父亲的遗嘱指定要由她的一个哥哥来照料她。即使这两个女孩都有健全的心智和身体，在 17 世纪早期的莱顿，她们也只能得到最基础、最实用的教育。女孩子不会去读塔西佗，当然也不会去读奥维德。

所以伦勃朗绝不是一个笨拙、不识字、缺乏良好教育的男孩。他接受了荷兰省最具学术性的城市所能提供的最好的教育。在他的一生中，他的作品都有着强烈的文学激情，充满了对文本和图像的渴望。的确，与鲁本斯相比，伦勃朗没有刻意去突出人文主义者的风度，没有动不动就写下拉丁文的诗句，更不会引用维吉尔的诗作来润色他的信件。1656 年，他的财产被列入破产法
208 庭的物品清单时，其中并没有包括一座巨大的图书馆。即便如此，在那个时代，没有哪个画家比伦勃朗更有书卷气，或者更准确地说，更了解《圣经》的经文；没有人比他更痴迷于书的重量（无论是道德层面的还是材料层面的重量）、装订、书扣、纸张、印刷和故事。如果这些书不在他的书架上，它们肯定无所不在地出现在他的绘画和版画中：高高地堆在摇摇欲坠的书架上；颇具权威地躺在传道士或解剖学家的桌子上；紧握在雄辩的牧师或沉思的诗

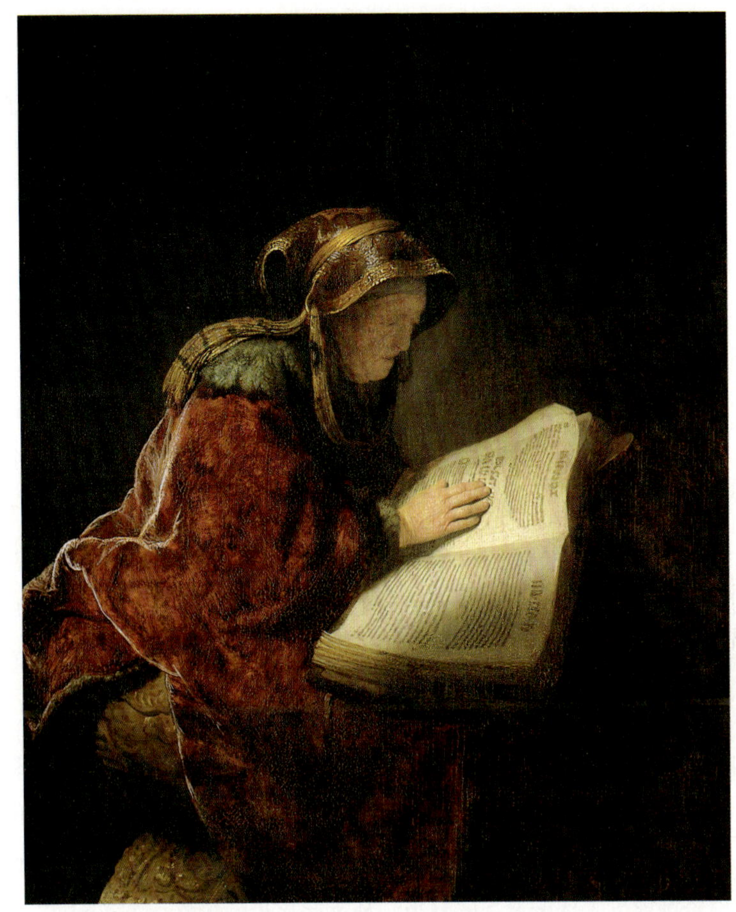

伦勃朗，《正在阅读的老妇人》，1631 年。木板油画，59.8 厘米 ×47.7 厘米。阿姆斯特丹，荷兰国立博物馆

人手中。没有人能比他更好地描绘羽毛笔放在纸上，即将开始写作的时刻（对我们许多人来说，这个过程会持续好几个小时）。尽管阅读在伦勃朗同时代的人当中很受欢迎，但没有人能像他那样把阅读描绘成一种强烈、神圣而专注的行为。他画的一个老妇人，通常被认为是他的母亲尼尔特根，但其呈现出的形象肯定是年老的女先知亚拿，她在基督诞生的那段时间里“昼夜”进出圣殿。伦勃朗在这幅画中依照莱顿风俗，展现了她深深沉迷于《圣经》的样子。亚拿对鲁本斯也很重要。在《下十字架》的右侧画板中，他将她与大主教西缅放入了同一个场景，因为她也认出了婴孩耶稣就是救世主。对于鲁本

斯来说，照亮亚拿的光源当然就是基督的身体；但对于伦勃朗的亚拿来说，光辉则出自书页。

2. 上底色

1620年5月16日，“伦勃朗·赫尔曼尼·莱顿西斯”（Rembrandus Hermanni Leydensis，缩写为RHL，是伦勃朗早期一些画作上的签名）这个名字被列入了莱顿大学的注册名单里。他的认证年龄是十四岁，仍然和父母住在一起，是一名文科专业的学生。研究者费了好大的劲才找到他当初报名入学然后又突然离开的原因。他的父亲哈尔门受了伤，不仅无法工作，还无法按照当地民兵队（schutterij）的要求，尽自己的一份力。他已经为豁免兵役支付了一
209 小笔费用，但是如果一个儿子可以代替他入伍，这笔费用就可以免除了。唉，大约在1620到1621年之间，大儿子赫里特在从事碾磨大麦这一非常危险的职业时致残了。但在伦勃朗这个最聪明的孩子之前，至少还有另外三个兄弟——阿德里安、威廉和科内利斯——可以应征入伍。因此，似乎没有必要把伦勃朗进入这所大学解释为一种逃避兵役的策略。[18]

他这样入学并随后退学，可能出于一个更加平淡无奇的理由。鹿特丹的伊拉斯谟为年轻男性规定了三个阶段的教育——七年玩乐、七年拉丁语学校教育，以及七年大学教育——而伦勃朗几乎是直接迈入了最后七年的学习。但他很早就辍学了。扬·欧尔勒斯1641年的记录表明，“他没有任何欲望或意愿”在大学学习，“他内心唯一想做的事就是绘画，因此他的父母不得不把他从学校带出来，让他按照自己的意愿，去一个画家那里当学徒，学习［艺术］的基础和原理”。[19] 人们很容易想象成伦勃朗在拉彭堡聆听了教授们的一两堂课后，突然产生了到别处去的强烈冲动，但我们真的不知道他是否在莱顿大学上过课，也不知道他在那里待了多久。1620年没有点名制度。伦勃朗跟着他的第一位导师雅各布·伊萨克松·凡·斯凡嫩伯格（Jacob Isaacsz. van Swanenburg）学习了三年，随后又于1623年年末在阿姆斯特丹的彼得·拉斯

特曼工作室学习了六个月，尽管如此，似乎也没有理由认为他不能在短时间内既当学生，又当学徒画家。

或许欧尔勒斯是对的，伦勃朗确实有成为艺术家的强烈愿望，但这种可能性似乎充满了感性的谬误，其真实性依旧存疑。当然，文艺复兴时期绘画的编年史，以及卡雷尔 · 凡 · 曼德尔书中记录的尼德兰和德国艺术家中，不乏受自身热情驱使的画家。说辞也可能就是真相。所以，把伦勃朗想象成被类似的冲动驱使未必就过时。无论如何，在莱顿当学徒并不能排除在当时或以后发展其他职业的可能性。戴维 · 贝利（David Bailly）是一个佛兰德移民家庭的儿子（尽管他本人出生在莱顿），他不仅是一位颇有造诣的静物画和肖像画家，还是一位优秀的书法和击剑老师！而他的导师阿德里安 · 扬松 · 凡 · 登 · 伯格（Adriaen Janszoon van den Burgh），既是外科医生，又是画家（适合描绘战斗和殉难场景），这显然并不妨碍他与另一位杰出而成功的艺术家雅克 · 德 · 盖恩二世的妹妹喜结良缘。巴托洛梅乌斯 · 多伦多（Bartholomeus Dolendo）是一位制作戳印和印章的金匠，同时也是一位艺术家和雕刻师。我们已经介绍过奥托的弟弟彼得 · 凡 · 维恩了，他既是画家也是一名律师。

秉持加尔文主义的莱顿首先是一座圣言的圣殿，但它仍然可以为制作图 210
像的人提供一份有前途的职业。城市里的教堂，比如圣彼得教堂，已经没有了绘画，取而代之的是黑色和金色相间的手写《摩西十诫》，在那里仍然可以看到。但是，这座城市的视觉文化，以及市民对这种文化的依恋之情非常强烈，不允许这里再一次遭受 1566 年时那样的破坏。在所有以该市命名的人当中，最伟大的是一位叫作卢卡斯 · 凡 · 莱登的绘画大师。他是个神童，九岁时就已经创作出了《穆罕默德和修道士塞尔吉乌斯》（*Muhammad and the Monk Sergius*）的雕版画作品。卡雷尔 · 凡 · 曼德尔的《画家之书》里记载了诸多画家，而关于卢卡斯的篇幅（7 页）比其他艺术家的更长。跟任何在莱顿长大的孩子一样，伦勃朗对卢卡斯生活中发生的大事件都很熟悉，比如卢卡斯在 1521 年时曾会见过阿尔布雷希特 · 丢勒，这种熟悉就像一个年轻的佛罗伦萨人会熟悉米开朗琪罗的生平一样。当他去市政厅看卢卡斯的《最后的审判》(*Last Judgement*)时，他会想起作品中呈现出来的他家乡的这段历史。1602年，皇帝鲁道夫二世的代理人兼艺术经纪人西蒙·冯·利普伯爵(Count Simon von Lippe)曾询问是否有机会买下这幅三联画。执政莫里斯急于做些什么使西班牙人和中欧的哈布斯堡家族产生隔阂，他意识到鲁道夫对尼德兰画家以及收藏尼德兰绘画都很有热情，于是在艺术中看到了另一个外交契机。莫里斯向当地贵族施压，当地贵族也向市政部门施压，企图达成这项买卖。尽管霍尔齐厄斯和卡雷尔·凡·曼德尔定居在哈勒姆，而不是莱顿，但他们却亲自在当地发起了一场反对本土杰作外溢的运动，这无疑是在强烈呼吁大家要有市民的自豪感、历史意识和良知。这场运动奏效了，卢卡斯的三联画留在了市政厅，就此没有人敢去动它，即使在“反抗辩派”占据权力上风时也没有人敢这么做。[20]

尽管1619到1620年前后，在加尔文派教徒反对偶像崇拜的斗争最为激烈的时候，新的宗教历史绘画的委托制作短暂地中断过，但已故市民(从小商人到教授和律师，不一而足)的物品清单表明，在17世纪前三分之一的时间里，莱顿大约有三分之一的画作仍然属于这一体裁。《圣经》的每一部分都有被人喜欢的和不断被复述的情节：《旧约》中以撒的献祭，罗得和他的女儿们，犹滴与荷罗孚尼，大卫、摩西、以利亚；《新约》中的耶稣诞生，以马忤斯的晚餐(适合放在厨房里)，好撒马利亚人和浪子的寓言(亵渎或忏悔的选择)。[21]尽管反抗辩派占了上风，但并不代表一种突然敌视绘画的文化出现了，因为清单还是一样的。当地甚至还有一种家用的替代“祭坛画”，叫作kasgen，小到可以放在桌子或餐柜上。一位热爱艺术的寡妇，马赫特尔特·派兹·凡·桑托芬(Machtelt Paets van Santhoven)，通过在一个房间里展示八幅《圣经》画作来宣传她的虔诚。[22]即使是站在加尔文派一方的贵族扬·欧尔
211 勒斯，拥有的也不仅仅是《圣安东尼的诱惑》(*Temptation of St. Anthony*)和《摩西敲击岩石引水》(*Moses Striking the Rock for Water*)，还有“一幅美丽的《圣母图》”(“een schoon Maryenbeelt”)！[23]

无可挑剔的加尔文派教徒并不反对坐在那里让人给他们画肖像，毫无疑问，他们会穿着庄重而得体的黑白礼服，而城市里最著名的画家约里

斯·凡·斯霍滕（Joris van Schooten）则准备好了为他们效劳。任何一个有自尊心的大学校长、城市孤儿院的院长，或者民兵上校，都不会错过让自己高贵而庄严的身份不朽的机会。除了正式的肖像画，莱顿许多最重要的机构也需要用视觉文件记录他们的活动，无论是伊萨克·克拉松·凡·斯凡嫩伯格给羊毛制造商绘制的画作，还是扬·凡·德·沃特（Jan van der Woudt）在大学的击剑室、解剖剧场和植物园画的版画，这些形式都可以。虽然静物画似乎是传道士们谴责的“懒惰”的范例，但在一系列闪闪发光的物品中加入像头骨或烟斗这样具有“短暂”意象的图像（所谓“因为我的年日如烟云消灭”*），能使物质主义者成为道德学家，并且保护画家和赞助人免受“偶像崇拜”的指控。[24]

荷兰的加尔文主义革命并没有使静物画和风景画简洁的单色构图发生明显的变化。不过，扬·凡·霍延（Jan van Goyen）在莱顿采用的这种以灰、褐、绿为主，如素描般迅速勾勒的新绘画风格，显然与当时对清醒和本土美德的强调相一致。在与西班牙重新开战的最初几年，这种强调不仅体现在艺术上，也体现在文学上。艺术贵在不要太花哨。从类似保罗·布里尔、科宁克斯洛和鲁兰特·萨弗里（Roelant Savery）这样的佛兰德艺术家创作的，讨外国王室喜欢的林地嬉戏场景，或者慵懒、朦胧的拉丁风景，到渔民在柳树旁挂着渔网，或骑马的人在潮湿的铁青色天空下踩着泥泞的道路行进的场景，这种转换不仅仅是当地的画风替换精致的国际画风这么简单。这也是在用一种坦率的平淡方式取代浮夸的诗意，是一种脚踏实地的表现。尽管如此，莱顿的绘画清单显示，更古老、更“朴实”的流派仍在与更新一点的流派一起蓬勃发展。客厅和厨房仍然有“五种感官”的风俗画：农家小酒馆的场景；关于丰盛和贫乏的厨房的寓言；对过度饮酒（比较含糊）和积攒黄金的警告（不那么含糊）；还有来自安乐乡（Luilekkerland）的颠倒世界的场景，在那里，烹好的家禽在空中飞过，房屋的屋顶则是用甜肉馅饼盖成的。这类画作制作迅速，售价低廉，很可能被当作室内装饰，就像瓷砖一样，而不是艺术。伦

* 出自《圣经·诗篇》102：3。——编注

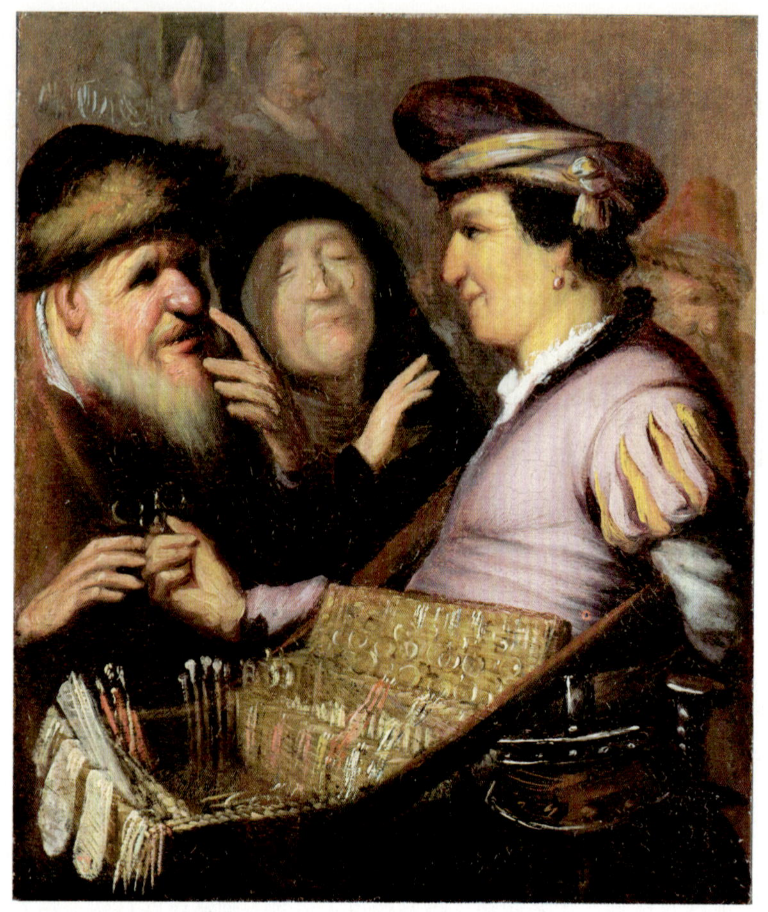

伦勃朗,《视觉感官》(《卖眼镜的人》), 约 1625 年。木板油画, 21 厘米 ×17.8 厘米。私人收藏

勃朗最早的一些绘画作品都是真正的风俗画，比如《视觉感官》(*The Sense of Sight*)[*] 中贩卖眼镜的小贩，就是带有浓重佛兰德特色的朴实的小作品，这类画作在酒馆和客厅里都能找到。

因此，当十几岁的伦勃朗问他那位受伤的磨坊主父亲，他是否可以从大
212 学退学，找个画家当学徒时，他并不是沉溺在某种典型的波希米亚式的反抗行为之中。他选择的其实是买卖。因为在虔诚、博学且部分恢复理智的莱顿，

* 伦勃朗的“感官”系列包括五幅画,《视觉感官》是其中之一。——译注

到处都是图画。这些图画装饰了地方官员和旅店老板、面包师和建筑商、吝啬鬼和权贵等所有人的房屋，数量多得惊人。对于较为简朴的家庭来说，绘画实际上是一种比挂毯和印花皮革挂件更便宜的装饰，可以用来覆盖裸露的、常常潮湿的灰泥墙壁。这样看来，水管工兼屋顶石板瓦工科内利斯 · 凡 · 库伍恩（Cornelis van Couwhoorn），住在城市极为破败的地区，去世时却留下了 26 幅画作，也就不足为奇了。一个糖果商拥有 20 幅画，地位再高一点的袜子染色工托比亚斯 · 莫耶尔特（Tobias Moeyaert）去世时，房子里竟然有 64 幅画！地位最高的赞助人，医学教授弗朗索瓦 · 杜 · 波伊斯 · 西尔维厄斯（Francois du Bois Sylvius）经常赞助莱顿的文艺作品，他住在拉彭堡路 31 号，家里至少有 173 幅画。当然，最有价值的和受欢迎的杰作集中在凡 · 曼德尔在《画家之书》中提到的 13 位最有钱的“艺术爱好者”手中，比如商人和典当行运营官巴托洛梅乌斯 · 费雷里斯（Bartholomeus Ferreris），他拥有伟大的亨德里克 · 霍尔齐厄斯那幅沐浴在金雨之中的《达那厄》，以及卢卡斯 · 凡 · 莱登、昆丁 · 马西斯和老彼得 · 勃鲁盖尔的作品。[25] 这些油画（以及素描和版画）可以在书店买到，画作取材于经典书籍和《圣经》，并经常与之摆在一起；也可以在市政厅的摊位上买到，或者在每年两次的自由集市（vrijmarkt）上买到，集市的摊位设立在市中心。当然，几乎每周都有拍卖会，在那里，逝者和破产者的财产可以被挑选出来进行廉价拍卖。17 世纪初，经常为慈善机构提供福利的抽奖活动也开始将绘画作品、名贵的盘子和挂毯列入奖品名单。[26]

哪些人可以算是艺术家呢？如果你在 1628 年去拉彭堡路 56 至 57 号参观过马提亚斯 · 凡 · 奥弗贝克（Matthias van Overbeke）那座宏伟的房子的话，你就会发现这里集结了所有不会让安特卫普的“艺术爱好者”丢脸的人：不仅有佛兰德画家鲁本斯、科宁克斯洛、鲁兰特 · 萨弗里、塞巴斯蒂安 · 弗兰克斯，还有戴维 · 贝利这样的本地人才，以及海洋风景画家扬 · 波塞利斯（Jan Porcellis），擅长绘制风景画和“嬉戏游伴”的伟大画家埃萨亚斯 · 凡 · 德 · 维尔德。但在像扬 · 欧尔勒斯这样非常老道的收藏家那里，似乎真正受宠的是贝利、彼得 · 德 · 尼恩（Pieter de Neyn）、艾尔诺特 · 爱尔斯维尔（Aernout Elsevier）、昆拉德 · 凡 · 希尔佩罗特（Coenraad van Schilperoort）、迪尔克 · 利

文斯和扬 · 利文斯等本地人才，以及那些由凡 · 霍延创作的可以称为“纯风景画”或“历史景观”的画作，比如汉尼拔翻越阿尔卑斯山或圣彼得所处的
213 海滩场景。在他收藏的五十多幅画作中，还有两幅标注为“那不勒斯市场”和“巫师”（toverij）的画作。这两幅画只可能出自一个特殊的人之手：雅各布 · 伊萨克松 · 凡 · 斯凡嫩伯格。十四岁的伦勃朗就是去他堪称“巫师密室”的画室里学习磨颜料、上色和涂底色的。

就在几年前，跟着凡 · 斯凡嫩伯格家的某个画家当学徒，是一条在莱顿取得艺术和社会地位上的成功的捷径。为首的是伊萨克 · 克拉松，他是后围城时代占统治地位的画家，是莱顿最接近官方的一位市民艺术家，他获得的地位就像他的老师弗兰斯 · 弗洛里斯 1566 年之前在安特卫普的地位。他在那里的学徒生涯，让他学会了如何满足大众对才艺的多种需求。要真正出人头地，不仅需要绘画，而且要会设计一套完整的都市化的装饰。对此，伊萨克 · 克拉松满怀热情地进行创作，其作品被用来制作成了挂毯、印章、窗户和版画。他可以做浮夸的作品，也可以做低廉的作品。布料行会想用画作装饰哔叽布会堂（Saaihal），要求作品里既要有寓言性的颂扬，也要精准地描绘出整理羊毛、梳理羊毛和纺织的场景，他们找的就是这位“伊萨克 · 尼古雷”（他喜欢别人这么叫他）。代尔夫特市议会和莱顿市议会都打算在豪达（Gouda）圣约翰教堂的彩色玻璃窗上留下纪念性的画作，他们来找的也是这位伊萨克 · 尼古雷：他为前者描绘了围攻和解围的场面（包括一幅令人难忘的沉默者威廉的画像），为后者描绘的显然是类似于撒马利亚之围的场面。[27] 但是凡 · 斯凡嫩伯格不仅仅是一位画家，还是一个寡头执政者，是统治着这座城市的“四十人理事会”中的一员，当过十三次市议员，五次市长，并且一直是民兵队伍的高级军官。因此，和鲁本斯一样，他也可以说自己过着西塞罗式的生活：既行动又沉思。1568 年，他画了一幅自画像，在这幅画中，他以佛兰德人的打扮成为调色板上的显要人物：举止和衣着都与提香的形象匹配。

难怪当鲁本斯想要寻找一位荷兰雕刻家时，会去找凡 · 斯凡嫩伯格家族。他期待这位雕刻家不仅仅是一位做版画的苦力，更是一位人文主义的合作者。

他选择了威廉，伊萨克三个儿子中最小的一个，看起来有望在公共事务和艺术生活方面继承父亲的名声，因为他已经是城市民兵组织的一名少尉，而这往往是晋升贵族阶层的第一步。但威廉于 1612 年 8 月去世，两年后他的父亲也随他而去。到 1620 年伦勃朗寻找老师的时候，凡·斯凡嫩伯格一家的命运已经发生了翻天覆地的变化。家中的一些人仍然是天主教徒，但更多家族成员成了抗辩派，没有人站在狂热的加尔文主义反抗辩派的一边。他们的房子和财产仍然完好无损，但权力和影响力却消失了。不过，现在还有两个凡·斯凡嫩伯格——雅各布·伊萨克松和克拉松·伊萨克松。虽然在声名方面，两人都与父亲相去甚远，但在这座城市里依旧占有一席之地。作为老大，雅各布·伊萨克松曾被认为最有前途，这是可想而知的。他曾被送往意大利巡游，这表明他展现出了创作严肃历史画的潜力。事实上，1605 年鲁本斯兄弟住 214
在十字大街的时候，他很可能已经在罗马了。由于来自佛兰德的荷兰人是一个紧密相连的小群体，雅各布·伊萨克松与彼得·保罗和菲利普同坐一张桌子，也不是不可能的。然而，与鲁本斯不同的是，雅各布·伊萨克松对意大利的热情并不仅限于古老的石雕和羊皮纸。他继续向南旅行，来到当时西班牙势力的前哨城市那不勒斯，并与当地一位名叫玛加丽塔·卡多纳（Margarita Cardona）的女子结婚，重申了自己的天主教信仰。也许正是那不勒斯略带防腐的特质以及对火、死亡和冥界强烈的迷恋，诱使雅各布到了一个莱顿年轻贵族不该去的地方。他开始描绘幻象：精心刻画出细节的地狱和巫术场景，里面爬满了怪物和可憎之物，即将孵化的脏东西，飞翔的爬行动物，被刺死、烧死的罪人，等等。从他为数不多的存世作品来看，这些东西时常出现在博斯和老彼得·勃鲁盖尔的版本中，已经有点过时和司空见惯了。但在迷信的那不勒斯，受折磨的圣人数量是其他地方无可比拟的，因此雅各布对幻象和巫师的描绘一定显得有些过于热情了，无论是对他自己还是对教会都没有好处。他因为画了一幅《女巫的安息日》（*Witches' Sabbath*）而被传唤到了宗教法庭。不仅如此，他还冒失地在慈善圣母教堂（Santa Maria della Carita）里自己的摊位上卖掉了这幅画。[28]

他的审讯记录没有保存下来。但诉讼不可能进展顺利，因为雅各布决定

雅各布·伊萨克松·凡·斯凡嫩伯格,《地狱场景》, 17 世纪 20 年代。木板油画, 93.5 厘米 ×124 厘米。莱顿, 布料厅市立博物馆

离开那不勒斯回到莱顿。他大概是在匆忙之中离开的，因为他最初离开时，竟撇下了那不勒斯的妻子。那是在 1617 年。他的父亲和弟弟都去世了，他身处荷兰最愤怒的加尔文主义城市之一，自己却是天主教徒。雅各布在莱茵兰重新安顿下来，周围是芦苇和飘浮的云朵，他似乎意识到可以用一种适当的方式出售自己充满异国情调的作品。所以他继续一边绘制装饰性的那不勒斯城镇景色和市场场景，一边为市场提供黑色的幻想之作：关于“鬼魂”、狂欢的安息日、张开的地狱之口的画作。后者就是我们所说的新颖举动，它们可能并没有听起来那么糟糕。作为恐怖漫画早期历史的一章，这些画有时候甚至会很有趣。一幅幸存下来的画（尽管严重受损，进行了大面积的重新绘制），据说描绘了《埃涅阿斯纪》第六卷中的一段，在画面中，库迈女预言家从一

个看起来像啤酒罐盖子的东西上向埃涅阿斯展示了冥界。就在下面，一群恶魔般的动物正准备进食，它们张着大嘴，露出尖利的牙齿和无底洞般的喉咙。一排排赤裸的罪人被赶到烈焰之坑里，他们脸色苍白，扭动着身体，像满桶的鱼饵一样。

伦勃朗会花三年时间来学习这些东西吗？或者模仿雅各布·伊萨克松的另一种风格——画风景平淡的小街和集市？当然，这已经足够把他送回讲堂了。他自己最早的作品并没有显示出雅各布·伊萨克松的影响，正如鲁本斯的作品没有亚当·凡·诺尔特和托比亚斯·维尔哈希特的痕迹一样。很有可能，
伦勃朗虽然年纪轻轻，但一定认为雅各布·伊萨克松对恶魔的痴迷是对更古 215
老的尼德兰式末日图景的怪异回归。不过，虽然雅各布·伊萨克松的作品和风格都没有对伦勃朗产生影响，但这位学徒不由自主地学习了他作品的“基本原理和原则”，因为他们身处同一个工作室，而学徒应当按照老师的意愿完成日常的苦差事——这其实是学习更加严肃的构图技艺的前提条件。

所以，初学者伦勃朗·哈尔门松会去做这些杂务。他学习如何把一块未使用的画板上的结块和凸起刨平；如何用铅白、白垩和薄胶水混合成底层颜料；如何用棕色和灰色让“底色”产生微妙的不同层次的色调，为画面奠定调性，然后在上面涂上有光泽的颜料层。他会熟练地用手指拨弄松鼠和黑貂的细尾毛，以及从牛耳朵或獾背上取下的粗毛。这些毛被组成扁平的长方形，用绳子绑在木制的笔杆上，或者插进鹅毛翎管里。[29] 有时候，他可能会以为自己是一个药剂师而非艺术家的学徒。在伦勃朗的时代，人们有可能买到经过晾干、筛净的颜料块，只需要把它们磨碎，泡在味道浓烈的亚麻籽油中，就可以使用了。但是，基本颜料的制备非常简单：灯黑、铅白、朱砂、钴蓝和铜绿，就连雅各布·伊萨克松这样的普通艺术家都会把这项工作交给他的学徒。

伦勃朗一生都痴迷于颜料的物理纹理，他“吸收”着他的艺术，通过自 216
己的感官不断将它增强。他使醋与铅条或饼干状的铅制“带扣”发生反应，吸收酸涩的醋味，制作出 17 世纪所有油画中都用到的那种极细的白色粉末。这样想来，真是不错。如果他非常不幸的话，可能不得不再弄几堆马粪，依靠它们产生的热能来完成这个反应。雪白的颜料来自热气腾腾的粪便，这是

画家炼金术的另一个奇迹。黑色更容易搞到。感谢上帝，再也没有人去盗墓，并通过烧焦骷髅来制成“骨黑”了。灯黑只有通过燃烧沥青或焦油，从而产生顽固的油质烟灰才能获得。钴蓝替代了从天青石中提取的青蓝，它便宜得多（但不稳定），只要将添加了钴来着色的钾玻璃磨成粉末，就能制成这种颜料。而铜绿则是一种浓绿色，如果处理得当，它可以和孔雀石一样深，一样漂亮，但它不过是优质的瑞典铜接触浓醋酸时表面形成的亮壳。产生这种反应的最佳酸剂通常是发酵后的葡萄酒废料，一种由捣碎的葡萄籽和葡萄皮组成的浓稠沉渣。拿来做上好的绿色颜料总比做劣质酒要好。但最神奇的是，当硫化汞与硫黄混合加热后，会产生一团焦黑的暗块，将暗块在水中捣碎，就会变为一种惊人的鲜红色——完美的朱砂，这几乎是炼金术上的转化。再加上产量丰富的土色调——赭色、黄色和红色，就构成了所有 17 世纪画家需要的基本颜料。不过，更冒险的人可能会找到铅黄（铅锡黄色）、靛蓝，或者非常浓烈的胭脂红，它来自捣碎后的墨西哥雌胭脂虫的尸体。

除了香气和色调外，颜料的纹理质地也奇妙多变，值得探索。根据介质（亚麻籽油、核桃油、罂粟油）的密度，颜料可能会像小溪一样清澈，也可能像汤一样浓，蘸上后刷毛上就像粘了一层奶油。在阳光下停留一段时间，一摊颜料很快就会凝结成各种各样的形状：油皮、硬皮、块状、凝乳状、泥浆状、粒状、珠状、疣状和鼓包状。如果用好奇的手指或一把尖尖的刷子去探测黏糊糊的表面，它就会留下微小的波纹，在画板的表面肆无忌惮地挺立起来。学徒会测试表面对粘着颜料的刷子产生的不同阻力，从而明白在底漆合适的情况下，如何制作獾刷毛，使其光滑地掠过木板表面或者带着浓稠的颜料扫过画布的经纬。绘画，正如凡 · 曼德尔所说，是“艺术的保姆”，需要去探索和尊重其多变的脾气。红粉笔被认为会激发勇敢的冲动，而钢笔和墨水则用来构造更深思熟虑的图案。但是，伦勃朗的这只讲究效益并重视暗示意义的手，会用乌鸦羽毛笔变戏法似的三笔勾勒出整个天空和水的世界，并彻底改变那些学院派的假设。

这些都是动手的活儿，而卡雷尔 · 凡 · 曼德尔写出《画家之书》则是动脑
217 的活儿：它于 1604 年首次出版，1618 年在阿姆斯特丹再版。在 17 世纪的上

半叶，这是唯一一本用荷兰语论述绘画的书，所以，任何一个聪明的年轻学徒想要在动手能力的基础上有所提升，至少要去研读这本书中的艺术家生平和关于如何画历史画、风景画、众神之宴、农民舞蹈等方面的详细建议。当时，凡·曼德尔是一个受人尊敬，或者几乎可以说是受人膜拜的名字，尽管这并没有为他的一生带来什么好处，他于1606年在阿姆斯特丹去世时几乎身无分文。啊，可是他的葬礼可真够热闹的——三百名送葬者排成长长的黑色队伍，跟在灵柩后面，走到了老教堂，敲响了圣米迦勒节的钟声。

对于那些认为叛逆的伦勃朗的神话应该用（同样神话般的）墨守成规的伦勃朗来取代的人来说，伦勃朗一定是注意到了凡·曼德尔写的那本无所不包的“规则手册”。那么，这位博学的门诺派教徒对麦芽磨坊主的儿子说了什么呢？当伦勃朗读到长诗《最崇高的自由绘画艺术的基础》* 开头的劝诫词时，他可能会觉得自己回到了雷金吉乌斯博士的教室里。拥有了天赋之后（凡·曼德尔承认，没有天赋，任何训练都是徒劳的），首要的要求就是拥有健全的道德，鲁本斯就是个人生活有节制的范例。不喝酒，不赌博，不打架，不做任何无聊的消遣，也不能嫖妓。尤其不能嫖妓。但是也不能早婚，对绘画抱有僧侣般信念的人，就是不能早婚。这种令人沮丧的严厉态度，在很大程度上是源于凡·曼德尔本人对困扰尼德兰画家的可怕名声感到苦恼（如果他能实话实说的话，那么他自己那座流氓艺术馆也为这种名声做出过贡献）。凡·曼德尔大谈特谈画家的耻辱之举，说他们竟然会加入一个连锡匠等低贱的笨蛋也能加入的公会，而他们本应像希腊的帕姆菲勒斯那样被尊为博学而文雅的人，因此，他强调绘画是最高贵的艺术。凡·曼德尔不止一次引用当地的谚语“*要想成为画家，必须理解野蛮人*（Hoe schilder, hoe wilder）”来形容画家画室的声名狼藉，你几乎可以看到冷静、脸颊消瘦的他说这话时龇牙咧嘴的痛苦模样。不不不，他坚持认为，如果你想变得伟大，首先要成为一个好人，此后后辈们就可以说：“*要想成为画家，必须理解平静的人。*（Hoe schilder, hoe stille.）”伦勃朗·哈尔门松读到这篇文章时会不会坐直了身子？

* 《画家之书》包括六部分，《最崇高的自由绘画艺术的基础》是第一部分。——译注

他读进去了吗？他发誓要去戒除恶习了吗？他是否曾真心实意地承诺去过那种洗冷水澡的斯多葛学派的生活，用节制来控制欲望，用冷静的理性来控制激情？鲁本斯刻在花园墙上的“健康的身体里有健康的思想”会成为他的座右铭吗？

他真的有兴趣继续读下去吗？如果他读下去，他就会涉猎有关绘画的十三章诗文，而这些诗文最近被认为是集哲学的复杂性和思想的精妙性为一体的杰作。《格罗夫艺术词典》（*Grove Dictionary of Art*）中关于凡·曼德尔生
218 平的官方条目甚至声称，《最崇高的自由绘画艺术的基础》几乎完全是一份理论指南，而不是实践指南。[30]但这并不准确。书中有关“规则”（ordonnantie）（凡·曼德尔的本意是谈论绘画的构图、制图和结构顺序）的一章，充满了关于人体比例的非常具体的建议（从肘部到肩膀的精确距离，等等）。凡·曼德尔提供了一步步进阶的步骤，如何将不同的人物进行组合，以确保历史题材的绘画围绕一种“透视景深”（doorkijkje）展开。这种透视景深可能是由一条蜿蜒的道路或一条蜿蜒的河流组成的，就像他在1605年创作的《过约旦河》（*Crossing of the Jordan*）中蜿蜒流淌的溪流一样，除去别的东西不谈，它象征了凡人世界和天堂之间的界限。事实上，要衡量凡·曼德尔的规则对后世产生的影响，最突出的问题在于，这些规则很明显是在描述他自己的作品：一开始是古典雕像式风格，最后是灵活的、扭曲的风格主义。因此，举例来说，当他强调人物群像中姿势变化——有的站着，有的跪着，有的坐着，有的在爬，各种动作都有——的重要性时，更容易让人想到佛兰德的过去，而不是荷兰的未来。过去的英雄们——丢勒、卢卡斯·凡·莱登，尤其是老彼得·勃鲁盖尔——经常出现在他的例子中，这并不是没有原因的。

书中有些段落实际上与他自己作品提供的证据不符，而伦勃朗这一代人很可能会铭记于心。凡·曼德尔不止一次谈到大自然色彩的无限变化，在他看来，这些变化体现在鹦鹉的羽毛上。他坚持认为，大自然应该是伟大的导师，尽管他本人并不是一个原始的自然主义者，而且实际上也不喜欢卡拉瓦乔式粗俗的现实主义。同样，尽管凡·曼德尔对诗人雅各布·圣纳扎罗（Jacopo Sannazzaro）的田园诗《阿卡迪亚》（*Arcadia*）赋予了过多的重视，但他关于

扬·萨恩雷丹姆（Jan Saenredam）临摹亨德里克·霍尔齐厄斯，《卡雷尔·凡·曼德尔肖像》，1604 年。雕版画。阿姆斯特丹，荷兰国立博物馆版画秘藏

风景画的篇章却充满了自然的自发性和新鲜感。画面中，艺术家在屋外清新潮湿的微风中写生，描绘垂柳叶下的垂钓者或沿着辙迹累累的小径艰难跋涉的车夫。

在论“规则”这一章过后，有一章是论“反射”（reflexy-const）的——光、影、反射、日落、月光、火光和水雾的处理，长篇大论地论述“彩虹”及其显示出的纯粹的、不连续的色彩带——伦勃朗肯定会遵循凡·曼德尔的严格要求，即皮肤的色调应该用鲜亮的衣服，甚至户外环境中的绿色来巧妙地渲染出阴影。也许他也会把凡·曼德尔关于烛光是绘画中最难掌握的光源

的观点视为一种挑战。他会学习到哪些颜料由于过于不稳定（铅黄），应该
219 避免使用，哪些颜色组合是有效的（蓝色和金色），哪些是无效的（紫色和黄色，绿色和白色，因为较浅的颜色会削弱较深的颜色）。如果说他对详细而准确地呈现一匹马的各个部分的章节不太感兴趣，那么凡·曼德尔详细论述的不同类型的布料——丝绸、亚麻和羊毛——穿在人体上的表现特性，比如垂坠的或有褶痕、硬挺或柔软、打褶或起皱，等等，很可能给他留下了深刻的印象。

不过，可以说，伦勃朗最铭记在心的一章或许是凡·曼德尔对他所谓的“情动”（affecten）的论述。在这一点上，这位荷兰作家最应该感激的是阿尔贝蒂、瓦萨里和意大利画派，但他确实在表达强烈的情感方面带着自己的文化思维定式，那就是对戏剧的热爱。凡·曼德尔本人是哈勒姆著名的修辞学会“白色康乃馨”的成员之一，他当然认为自己不仅是一位画家，而且是一位诗人。他自己很有可能表演过，或者至少演说过。他关于如何表现激情的指导有时听起来很像一个导演在指导他的剧团。肢体语言本身就是一种口才。例如，悲剧性的悲伤可以通过将一只手放在胸前（更好的是双手交叉放在胸前），头微微歪向一边肩膀等来表示。但唯有在脸上，画家才可能做出一些剧院观众不那么容易看到的事情：尤其是眼睛，它是心的使者，心灵的镜子。眼睛连同它们的辅助守护者——眉毛以及前额上宽阔的戏剧空间，一起诉说着内心最深处的情感状态。凡·曼德尔在书中引用了卢卡斯·凡·莱登的一幅版画，画中大卫在扫罗面前弹奏竖琴。从表面上看，国王扫罗的面部表情带着君王应有的镇定，然而，对于细心的观察者来说，很明显，扫罗的眼睛流露出他内心的嫉妒、仇恨和恐惧。

尽管凡·曼德尔鄙视肖像画，认为这是一种令人生厌的骗钱行为，而且似乎已经放弃了面部特写（tronies）这种已确立形制的尼德兰绘画体裁，但他的文字显示，他是一位善于观察面部表情的专家。他指出，笑和哭在人脸上产生的效果惊人地相似。其不同之处在于，大笑的脸是向外扩的，尤其是脸颊周围，而哭泣的脸则会向内收缩；一张快乐的面孔，其快乐感可以通过额上的细小皱纹和半闭着的眼睛流露出来，而沮丧的脸则可以通过耷拉着的

饱满下唇来表现出沮丧感。在某一时刻，凡 · 曼德尔受真正的诗意灵感启发，把前额的变化——收紧、放松、光滑或露出皱纹——比作天气的变化，从阴沉的暴雨天到明媚无云的晴天。

所有这些建议——博学多才地提及古代和现代绘画中的典故——加起来，
是否构成了一套明确的硬性规则？几乎没有。就连凡 · 曼德尔自己也在他那
长长的学者式论述中的某些片段中建议，应该让想象力，即创造力（inventie）
或才智（geest），自由驰骋；画家甚至要自己去探索色彩的可能性。而对伦勃
朗来说最为重要的事情——提香最后几年里刻意而富有表现力的“粗糙”风 220
格，凡 · 曼德尔却说得模棱两可：他一方面欣赏这位威尼斯大师对此的运用，
一方面又谴责有些人没有提香的真才实学却一味追求这种时尚。

如果伦勃朗不可思议地读完了凡 · 曼德尔的作品，那么，他这样做可能更多是为了获得灵感，而不是为了获得指导。这本书的内容更多是传记而不是技术手册：先是古代艺术家的生平（几乎完全基于普林尼的著作写成）；然后是意大利大师的作品（几乎完全以瓦萨里的作品为基础）；最后，也是最具原创性的部分，是德国和尼德兰艺术家的生活，从凡 · 艾克到马西斯、勃鲁盖尔和霍尔齐厄斯。在这些书页中，一个年轻的荷兰艺术家也许能看到自己会像书中的许多人一样，从无足轻重到有所建树，从有所建树到成就斐然，并使自己相信，不久以后，莱顿的市民也许会承认在他们中间存在着第二个卢卡斯。

3. 历史课

在莱顿，成名之路似乎要经过阿姆斯特丹。聪明的小奇才扬 · 利文斯——刺绣师兼帽工的儿子——从小就显示出过人的天赋，在十一岁嘴上还没有长胡须时，他就被送到了那座港口城市，在历史画家彼得 · 拉斯特曼门下学习，并将位于莱顿布里街的家搬到了他的老师位于阿姆斯特丹布里街的家里。根据城市编年史家扬 · 欧尔勒斯的记载，1621 年前后，十四岁的利文斯回到莱

顿时，已经掌握了在家乡赢得声誉所需的所有知识和技能。[31]

没有什么比嫉妒更能帮助一个人厘清自己的职业规划了。看着同代人利文斯的作品迅速走红，伦勃朗这位被困在雅各布 · 伊萨克松那启示录般的古老世界中的学生，或许有理由幻想，如果跟着彼得 · 拉斯特曼学习，自己的前途会有什么变化。毕竟，这位大师不仅在荷兰大都市阿姆斯特丹，而且在更广泛的欧洲世界里都是成功的典范。他赢得了丹麦国王的委托，去装饰腓特烈堡城堡（Frederiksborg Castle）礼拜堂，这是一项重要的任务，类似的任务鲁本斯也曾被委任过。和鲁本斯一样，拉斯特曼也把这些重要的工作分配给了同事和助理。这项来自丹麦的任务被分配给了一群艺术家来完成，其中包括扬 · 派纳斯（Jan Pynas）和雅各布 · 派纳斯（Jacob Pynas）兄弟，他们合力把阿姆斯特丹建成了一个不容小觑的地方，这里不仅是一台巨大的财富引擎，而且还是一个具有高雅情趣和品位的地方。其丰富的剧院和文学生活已经为一种独属于荷兰本土的文化奠定了基础。现在，拉斯特曼和这群
221 艺术家——克拉斯 · 莫耶尔特（Claes Moeyaert）、弗朗索瓦 · 韦南（François Venant）、扬 · 滕纳格尔（Jan Tengnagel）以及派纳斯兄弟——共同创造出一系列以自然风光或建筑为背景，色彩鲜艳、充满活力的戏剧性绘画作品，满足了当地人和远道而来的人们的需求。来自莱顿的拉斯特曼似乎拥有名利之门的钥匙，而年轻的伦勃朗迫不及待想要打开这扇门。

伦勃朗很可能是在 1624 年的年底抵达阿姆斯特丹的。[32] 彼得 · 拉斯特曼的房子位于布里街，坐落在亨德里克 · 德 · 凯泽（Hendrick de Keyser）设计的有着优雅尖顶的南教堂投下的阴影中。在那座房子里，拉斯特曼那位令人敬畏的母亲巴伯 · 扬斯多赫特（Barber Jansdochter）生命垂危。她享尽天年，也赚足了钱。这里曾经是她的房产，是她靠经营旧货生意和鉴定绘画、盘子、版画、家具等物品赚来的，那些东西要么是死者的遗物，要么是陷入窘境的人舍弃的。在巴伯于 1624 年 12 月被安葬在老教堂之前，她无疑对自己的房产进行了评估，满意地发现它的价值不少于 23 000 荷兰盾。这笔钱对于她来说不算少，毕竟她已经守寡二十一年，在年老时还负担起了照顾死去的儿子——制帆工雅各布——留下的四个孩子的重任。[33]

在阿姆斯特丹，财富的得失就像天空一样变幻莫测，这让她忙个不停。她漫长的一生见证了这座城市的变迁，昔日的城市几乎已经面目全非。当她在 16 世纪 70 年代嫁给丈夫彼得 · 塞格松（Pieter Segerszoon）时，这座城镇的人口还不到 3 万人，都集中居住在老教堂和达姆广场之间的运河边。码头上停满了矮胖的小船，船上载着荷兰人的生活必需品：鲱鱼、木材和波罗的海谷物。1603 年，当彼得 · 塞格松去见他的造物主时，这座城市的人口已经增加了一倍，达姆广场上可以听到各种各样的声音：从海尔德兰省和上艾瑟尔省（Overijssel）来的人操着浓重的东部口音，打着哈欠；德国人发着喉音；瓦隆人和布拉班特人发着软喉音；挪威人和丹麦人发着单调的汩汩声；意大利人连续不断的辅音使说话人听起来像是要放声歌唱或扬言干架。巴伯 · 扬斯多赫特和彼得 · 塞格松也许来自旧阿姆斯特丹，但他们并不反对新阿姆斯特丹，至少不反对它的世界主义。他们喜爱葡萄牙的犹太人从里斯本带来出售的胡椒、肉豆蔻和丁香，这意味着现在整个欧洲餐桌上需要的香料都必须经由阿姆斯特丹才能送达。似乎每年这里都会把奢侈品变成必需品：从新大陆运来的糖和烟草可以在阿姆斯特尔河沿岸的加工棚里找到。必须承认，即使是趾高气扬、自命不凡的南方人，他们在用钱币和教义问答征服了这座城市的同时，也为精美的物品——锦缎和天鹅绒、镂刻的盘子和镀金皮革——构建起了一个市场，这对任何人都没有什么坏处。对于那些喜欢奢侈品的人来说，这里有丝绸和葡萄酒；而对于那些老派的人，还有奶酪和鱼、卷心菜和啤酒。

拉斯特曼的父亲彼得 · 塞格松喜欢旅行，对房产有鉴赏能力，显然具备了在这种流动的商业文化中获得成功的条件。他一开始非常贫寒，就住在皮 222
尔街（Pijlsteeg），街上到处都是作坊和妓院。不过，这些妓院为当地负责监督他们的治安官的手下提供了谋生的机会（他们常常会善意地睁一只眼闭一只眼，继而从中获利）。拉斯特曼的父亲发轫之初，可能是治安官手下的一名通讯员，后来他按照信使的等级不断往上爬，成了一名在不同国家之间送信的可靠的送信人。他熟悉尼德兰南部和德国的危险道路和河流，是个值得信赖的人，不仅给商人，还给像奥兰治亲王这样的政客送文件。1577 年，他被任命为阿姆斯特丹最重要的机构之一——孤儿法庭——的官方信使。当时的阿姆斯特丹到处都是孤儿，彼得·塞格松很认真地处理着未婚女子和寡妇留给这些孩子的钱和财产。

只有一个问题，而在 1578 年，这成了一个大问题。彼得·塞格松和妻子巴伯·扬斯多赫特都是天主教徒。与莱顿和哈勒姆不同，阿姆斯特丹一直对腓力国王忠心不二，因此，当战争迫使它改变立场，顺从信奉新教的荷兰省时，它面临的变故（alteratie）显得尤为严峻。所有天主教徒都被开除了公职，其中一定包括彼得·塞格松。这个家庭的收入虽然减少了，但并不贫困。他们搬到了圣扬斯大街（St. Jansstraat），住在一座名字非常符合他们的状况的房子——“卑微的国王”里，周围都是与他们的情况类似的王公贵族，他们处境拮据，靠买卖二手商品谋生。这碰巧是巴伯·扬斯多赫特的强项。她是一个天生的房地产和破产销售的清道夫，很快就凭借独到的眼光获得了财富和名声，以至于整座城市都开始依赖她，并将她视作最可靠的财产估价人之一。她尤其善于评估那些精美的东西——盘子、油画、版画和挂毯。

忙碌而坚决的巴伯·扬斯多赫特就这样拯救了她的家庭，重塑了它的命运。当孩子们长大成人的时候，她已经很富有了，并从“卑微的国王”搬到了“金杯”——一座名副其实的房子。她的孩子都很有发展前景。四个儿子中有一个成了制帆工，这是一个相对卑微的职业，但在世界的新造船中心还有更糟糕的活计。其他儿子都很出色。塞格·彼得松（Seeger Pieterszoon）成了一名金匠，干得很出色，后来升为公会的会长；另一个叫克拉斯（Claes）的孩子，也和金属打交道，成了一名雕刻师。在年长的塞格和年纪较小的克拉斯之间，还有画家彼得。

那么，对一个在笔和刷子上表现出明显天赋的聪明孩子，该怎么办呢？当然要把他送到意大利去。彼得现在以姓氏拉斯特曼示人，于 1603 年踏上这段旅程时，大约二十岁。1605 年，他在罗马做了和彼得·保罗·鲁本斯差不多的事，时间也差不多：闻百里香，盯着米开朗琪罗发呆，让自己显得神气十足，重新给自己起名叫“彼得罗”（Pietro），描绘帕拉蒂诺山上的废墟。来
223 自佛兰德的荷兰人圈子在罗马十分引人注目，而且彼此之间的联系十分紧密，

所以和凡·斯凡嫩伯格一样，拉斯特曼可能会遇到彼得·保罗·鲁本斯。当这个安特卫普人接到在罗马新堂创作的重大委托时，拉斯特曼可能会感到一阵嫉妒。1607 年，他比鲁本斯早一年回到北方，但同样带回了一整箱仿制画：有米开朗琪罗·卡拉瓦乔那些健美而大胆的人物画；卡拉齐兄弟（尤其是安尼巴莱·卡拉齐）那些完美均衡了各种优雅元素的画；以及“亚当阁下”埃尔斯海默诗意而质朴的画作，他那些在铜板上流畅绘制的优雅历史画是简练叙事的奇迹。[34] 他还从保罗·布里尔等佛兰德画家在坎帕尼亚发展出的略微隐晦的风景画风格中学到了很多东西。

鲁本斯回到安特卫普时，等待他的是母亲的坟墓。拉斯特曼回家时，迎接他的则是位于布里街的新房子，这是他母亲特意为他买来当画室用的。尽管传道士会警告信徒不要被图像迷惑，但他们几乎没有影响对历史画的需求。17 世纪早期，人们对历史画的需求达到了顶峰，拉斯特曼和他的追随者也处于事业的鼎盛时期。古典的历史画可以体现富有的赞助人的见多识广，表明他们对仓库和账房以外的事情也感兴趣。与《圣经》有关的画作大多选择古老的题材，大部分由卢卡斯·凡·莱登或梅尔滕·凡·海姆斯凯克（Maerten van Heemskerck）制成了雕版画，其中许多作品被选来当作长期的道德训诫，往往强调家庭灾难，包括大卫和乌利亚（通奸），耶弗他和亚伯拉罕（牺牲家人），哈曼和末底改（狂妄），多比和多俾亚（刚毅、信念和勇气）。谁能对这种挂在前厅（voorhuis）的墙上、医院或孤儿院的会议室里、市议员和市长们的房间里的视觉说教提出异议呢？

一定是拉斯特曼家里的关系让他很快就上了道。1611 年，可能是凭借着哥哥塞格的影响力（塞格刚刚被提拔为金匠公会的会长），他赢得了为南教堂——荷兰共和国第一座为新教量身建造的教堂——设计一扇大玻璃窗的委托。拉斯特曼在作品中用圆顶的圣彼得大教堂代替了原本应有的波斯神殿。居鲁士大帝正在教堂前收集珍贵的金银器皿，用于修建耶路撒冷的圣殿，这种设计体现了拉斯特曼的信心，或者在事关信仰的内战爆发之前阿姆斯特丹的轻松气氛。对金银的详细展示，可能是在对他哥哥或者为这扇窗户付钱的金匠公会表达感激之情。但是，宏伟的建筑、高贵的人物形象和闪闪发光的

彼得·拉斯特曼，《哀悼亚伯》，1623 年。木板油画，67.5 厘米 ×94.5 厘米。阿姆斯特丹，伦勃朗故居博物馆

静物的结合，就像一张虚拟的名片，宣传着拉斯特曼作为一名值得雇佣的历史画家的资历。

当然，这也是对卡雷尔·凡·曼德尔有关成功的建议的认真回应。从 1611 年到伦勃朗到达布里街之间的这段时间里，拉斯特曼创作了一系列画作，其中一些相当漂亮，有一些则不那么漂亮，但都和凡·曼德尔的“规则手册”的描述相对应。凡·曼德尔写道，将人物进行分组，确保重要的行动发生在
224 中间地带，主要人物置于人群的突出位置。把身形巨大但次要的人物放在画的最前面，部分加上阴影，以突出他们身后或者阴影之外被光照亮的人物活动。为值得彰显戏剧性的故事提供一个背景：可以是宏伟的拱门或圆顶；令人辛酸的废墟或巨大的桥梁；或者是岩石或树丛景观，它们在天空的映衬下有着突出的轮廓，可以为构图提供一个框架结构。至于植被？这是至关重要的。要用如实观察到的植物来点缀作品，最好（但不是绝对的）与主题相关，

比如长势惊人的巨蓟，有自己思想的葡萄藤，荣耀加身的月桂树，象征尊敬的橡树，散落的玫瑰，点缀的石竹。婴儿呢？视情况而定，是个很好的选择。动物？必须有：马匹用来战斗；牛用来献祭（一般是雪白的）；山羊和绵羊（《旧约》中希伯来牧羊人的风格）；驴（先知和救世主）；孔雀（典型的东方风格）；狗（适用于各种风格：悲剧、喜剧、嬉戏、忠诚）。在《哀悼亚伯》（*The Lamentation of Abel*）中，亚当、夏娃和两个身份不明的小男孩，每个人都在哭，这是能看出来的。但是，高贵的、毛发光滑的牧羊犬才是灾难的最佳化身，它的主人是坐在祭坛边的牧羊人，已经被谋杀，它因此变得多余。

同样要注意的是，衣服的折痕和褶皱要与所选的面料相匹配。要努力将珍贵精美的器皿、闪闪发光的盔甲和暗淡却凶险的武器纳入画中。在每幅画的中心，通过来自戏剧的一系列富有表现力的手势和脸部怪相来讲述故事。最重要的是，让眼睛说话。当人群场景中有各种动作时，要围绕着主要的行动来构图，尤其是当主题稍显平淡的时候，以《约瑟在埃及分发玉米》（*Joseph Distributing Corn in Egypt*）这幅画为例，这种各式各样人物混杂的场景会使观者将画面空间看成一场眼花缭乱的派对。要给雇主一种喧嚣的感觉；看在上帝的分上，把整座该死的尘世舞台（theatrum mundi）都给他吧：瞪着眼睛的人、游手好闲的人、杂耍的人、流荡的人、穿缎子衣服的姑娘、穿破烂衣服的男人、戴丝质头巾的人、穿毛茸茸的高筒系带靴的人，让他们随着明亮而刺耳的声音——鼓声和喇叭声、三角铁的叮当作响和螺号的轰隆声——来表演吧。

说句公道话，拉斯特曼可不止这一个路数。他的许多历史题材的画作（当 225
然也是最成功的那些）都是比较安静的作品，其关注点集中在一小撮人物身上，常常是一对关系密切的人物（路得和拿俄米；十字架上的耶稣与抹大拉的马利亚；大卫和乌利亚）。随着画面中的噪声下降，拉斯特曼能通过富有表现力的眼神交流来呈现他画中的戏剧感。在这些平静的作品中，风景和静物细节强化了叙事的道德寓意。大卫觊觎乌利亚的妻子拔示巴，要把他派到战场上去送死，他的命运彰显在地上位于士兵和大卫王之间的那顶装饰着羽毛

彼得·拉斯特曼,《约瑟在埃及分发玉米》, 1618 年。木板油画, 58.4 厘米 ×87.6 厘米。都柏林, 爱尔兰国家美术馆

的头盔上。希波克拉底在一旁为德谟克利特做检查, 想要看看他是否有精神错乱的迹象, 德谟克利特赤脚踏在地上, 脚旁放着大量打开的书籍, 这体现了他在哲学上的完整性。《上帝在示剑山向亚伯拉罕显现》(*God Appearing to Abraham at Shechem*)是拉斯特曼最美丽的作品之一, 现存于圣彼得堡。这幅画中有一套完整的衬托元素 : 打手势的仆人、驴, 以及所有巴洛克艺术中最具对抗性的雄山羊。画中的景观构造得如此巧妙, 光线也如此精妙, 前景打上了阴影, 背景稍微倾斜, 完美地框出了亚伯拉罕和撒拉被上帝的夺目光芒照耀着的脸。大批的旁观者被推到背景之中, 仿佛被强有力的耶和华之光阻挡在了圣景之外。

十几岁的伦勃朗不会理解不了这些课程。但是, 如果说彼得 · 拉斯特曼有哪幅图可以当作伟大历史画的完美诠释, 并且可以与意大利的大师相提并论的话, 那一定就是他在 1625 年完成的《科里奥拉努斯和罗马女人》

彼得·拉斯特曼，《科里奥拉努斯和罗马女人》，1625 年。木板油画，81 厘米 ×132 厘米。都柏林，圣三一大学

（*Coriolanus and the Roman Women*）。伦勃朗第一幅标注了日期的画也是这一
年完成的。这幅画大致上基于朱利欧·罗马诺的一幅作品绘制而成，画中一
位叛逃到蛮族敌人沃尔西人那里的前罗马将军，正站在铺着金色地毯的台阶
顶端的圆顶帐篷前，听着他的妻子、母亲和孩子们不顾一切地恳求他不要毁
灭家乡罗马。拉斯特曼再一次选择了一个情节，其戏剧性不是身体上的，而
是心理上的。这是一段言语之间的空白，冲突的效果来自母子之间眼神和手
势的生动交流。母亲穿着朴素的红白相间的衣服，像是在对一个迷路的孩子
伸出手臂。科里奥拉努斯孝顺地伸出左臂，仿佛同时也在阻止他的战士。整 226
件作品当然符合凡·曼德尔“规则手册”中的建议，但在叙事控制上达到了
最高程度。演员们聚集在一起，就像在一个狭窄的舞台上，但很容易辨别。
画面充满了暗示性的对比——老人和婴儿之间，圣贤和士兵之间，女性精致
漂亮的服装、娇美的皮肤和（科里奥拉努斯左边）蛮族战士下垂的胡须、身
上披着的粗糙动物皮之间，都存在着对比。这些都是拉斯特曼直接从塔西佗

的《日耳曼尼亚志》（*Germania*）荷兰语版的雕版插图中选取出来的。对于那些熟悉这个故事的人来说，这个场景的诸多细节已经宣布了悲剧的结局，即儿子做出了让步，作为叛徒被沃尔西人处决。一把斧子和一根矛正向这位将军的头靠拢。在他身后，被俘的罗马人的一支支权标逐渐消失在阴影中。在一排人头的背景中，一个老兵意味深长地抬头望着那排可怕的长矛。但是，拉斯特曼更乐于暗示这种血腥的牺牲，而不是将它直接表现出来。

1625 年的某个时候，十八岁的伦勃朗回到了莱顿，带回了一幅拉斯特曼的《科里奥拉努斯和罗马女人》素描，脑子里装满了学到的历史画课程。然而，他最早的作品表明，他对如何应用这些典范有些犹豫不决。他试图仿效，结果有时以仿造告终。以伦勃朗于 1626 年创作的《“历史画”》（*“History Painting”*）为例，其中的军人形象同样出现在一段铺着地毯的台阶顶端，一群人（这次是男人）聚集在他脚边，摆出恳求的姿态，而大胡子顾问和长矛手则在一旁看着。这幅画亦步亦趋地仿造了拉斯特曼的原作，甚至把科里奥拉努斯那顶部有乳头状突起的帐篷，转换成了模糊的古典背景。本杰明·宾斯托克（Benjamin Binstock）敏锐地指出，这幅画的主题是巴达维亚人的首领克劳迪乌斯·西威利斯正在欢迎他的高卢囚犯加入他针对罗马人的武装叛乱，这个主题就如同拉斯特曼的那幅画一样，是一场凭借宽大的胸襟取得的胜利。

227 多年来，这幅《“历史画”》的主题一直没有得到令人信服的鉴定。目前流行的观点是在 1963 年提出的，认为伦勃朗表现的是约斯特·凡·登·冯德尔（Joost van den Vondel）的戏剧《帕拉梅德斯》（*Palamedes*），或名《被谋杀的无辜者》（*Murdered Innocence*）中的一个场景：一名顾问在阿伽门农（Agamemnon）面前被不公正地指控犯叛国罪，并被判处死刑。[35]1619 年，奥尔登巴内韦特受到审判和处决，这出戏是对导致这一结果的一系列事件几乎未加掩饰的改编，结果在 1625 年出版时引起了巨大的震惊和攻击。冯德尔大概是希望，执政莫里斯那年的死亡，以及他同父异母的弟弟腓特烈·亨利——一个更加务实的新教徒——的继位，能够让他站在被司法处决的抗辩派领袖立场上的发声受到认同。新政权确实朝着宽容的方向发生了变化，但变化并

伦勃朗,《“历史画”》(《宽宏大量的克劳迪乌斯·西威利斯》), 1626 年。木板油画, 90.1 厘米 ×121.3 厘米。莱顿,布料厅市立博物馆

不大。这桩丑闻迫使冯德尔躲藏起来,他被处以巨额罚款,这部戏则要到几十年后才能上演。

如果我们假设,伦勃朗依然保有学生时代对莱顿的信仰战争的愤怒记忆,那么《帕拉梅德斯》可能是一个有吸引力的主题。但这么说的前提是,他从一开始就是一名叛逆少年,渴望为他的抗辩派朋友或他母亲的天主教家族辩护,并决定不顾一切地通过作品把心里话说出来。对于一个十九岁的无名小辈来说,这种对抗性的策略是不可思议的,毕竟他还想闯出名堂,并凭借自己从拉斯特曼那里学到的东西,找到自己的赞助人。诚然,在莱顿有一些潜在的强大的抗辩派赞助人,其中最有影响力的当属历史学家彼得鲁斯·斯克 228
里维留斯(Petrus Scriverius),他肯定会赞同对那段刚过去不久的历史进行亲

奥尔登巴内韦特式的解读。同样属实的是，1626 年，像约翰内斯 · 沃滕博加特（伦勃朗后来为他创作了一幅油画肖像和一幅蚀刻肖像）这样的抗辩派传道士领袖成功地回到了莱顿和荷兰省的其他城镇。

即使伦勃朗作为一个鲜为人知的新手真的鲁莽到把自己的命运交付在归来的流亡者手中，那么，除非传达的信息明确易懂，否则用绘画来表达忠诚的意义何在？如果把这幅画理解为《帕拉梅德斯》，它的表达显然是不明确的。悲剧英雄在哪里？如果悲剧英雄是帕拉梅德斯，就违反了凡 · 曼德尔的基本原则，即叙事中的主要人物应该与一众次要人物明确区分开来。然而，伦勃朗画笔下的这群求乞者或囚徒似乎都大同小异，没有一个人因命运或地位的高贵而显得特别与众不同。

但也不妨设想，正如本杰明 · 宾斯托克认为的那样，拉斯特曼的那幅《科里奥拉努斯和罗马女人》中，站在后排的古日耳曼人使伦勃朗想起了一个完全不同的故事，一个对莱顿人、对荷兰人来说意义更大的古代历史事件——巴达维亚人反抗罗马帝国。斯克里维留斯本人把巴达维亚人的历史乃至考古学的发现作为他的主要研究课题，并就这一课题写了一本著名的书，已经出了两个版本。所以，要么是伦勃朗在讨好这位学者，要么就是斯克里维留斯自己提出来的，无论是哪一种情况，这都是一个完美的主题。在当地人的传统观念中，莱顿是古巴达维亚部落的首都。如果我们同样进行合理的假设，认为伦勃朗是想在第一幅历史画中奉承而不是挑衅当地人的脆弱情感，那么巴达维亚人反抗罗马帝国的故事就会是一个很有吸引力的当地主题。不过，从现代考古学的角度来看，这位国王般的人物和他随从的服装，几乎没有早期日耳曼人的特征，但他们确实会让人想起安东尼奥 · 坦佩斯塔（Antonio Tempesta）的版画。那些版画记录了巴达维亚人起义的历史，并被拿来作为《巴达维亚与罗马的战争》（*Batavorum cum Romanis Bellum*）一书的插图。出版这本书的不是别人，正是鲁本斯的老师——莱顿本地人奥托 · 凡 · 维恩。[36]

所以，这确实是一个关于巴达维亚人的场景，但故事是什么？如果伦勃朗是在效仿拉斯特曼的《科里奥拉努斯和罗马女人》，那么这一相对平静的场景可能呈现的是一个和解的故事，而不是对抗或谴责。在《历史》第 4 卷第

17 章里，塔西佗描述了克劳迪乌斯 · 西威利斯（一个截然相反版本的科里奥拉努斯）为了赢得曾与罗马人作战的高卢人的忠诚，向他们赠送“工艺品和礼物”，并“把被俘的长官送回他们自己的国家，至于军中的士兵，去留则听凭自愿。留下的人在军中获得了荣誉的职位，而离开的人则可以带走从罗马人手中夺取的战利品”。[37] 画面中，战利品是一大堆被丢弃的军事装备，这是
伦勃朗毕生痴迷于盔甲的最早证据。这一善行的受益者们脸上混合着敬意和 229
吃惊的表情，似乎与塔西佗的叙述完全一致。就连克劳迪乌斯 · 西威利斯那种高贵华丽的姿态，也和塔西佗笔下西威利斯就奴隶制、自由和勇气问题发表的激动人心的演说相一致。“自由是大自然赐予的礼物，即使是无法言语的动物也配得到，但勇气是人类特有的恩赐。”[38]

这幅画创作于 1626 年，这是另一条重要线索。就在前一年，腓特烈 · 亨利在布雷达市及周边地区的私人领地被西班牙将军安布罗吉奥 · 斯皮诺拉（Ambrogio Spinola）夺走（这次投降的场景后来在迭戈 · 委拉斯凯兹的杰作中得到了不朽的刻画）。佛兰德和布拉班特的要塞受到了最严重的威胁。因此，描绘一段展现低地部落亲如兄弟、团结起来摆脱外国枷锁的历史，可能是一个应景的举动（尽管也是一厢情愿）。这幅画传递的信息（与《帕拉梅德斯》传递出的信息不同）可以让伦勃朗在几乎每一类莱顿市民中赢得朋友和崇拜者，无论是加尔文派、抗辩派，还是天主教徒。毕竟，他正在试图把自己塑造成 RHL——伦勃朗 · 赫尔曼尼 · 莱顿西斯。

当然，也需要潜在的顾客喜欢这幅画。即使考虑到当时的观画者喜好略显呆板严肃的情节，这幅画也有些过头了。它竭力想要成为彼得 · 拉斯特曼，但就是做不到。首先，创造一个真正隆重的场景，并在里面布满高雅的人物，似乎让十几岁的伦勃朗有些紧张。他也许不是一个反叛者，但从一开始，他就对普通的而不是高雅的面容，包括他自己的面容，有着浓厚的兴趣。在这幅画中，他的脸从王室权杖后面露出来，戴着 17 世纪的衣领，仿佛刚从新卢格杜努姆穿越回来。（在画面中呈现自己，很可能是一种不署名的“签名”方式。）[39] 克劳迪乌斯 · 西威利斯身穿华丽的服饰，但是他的面容却带有一种暴徒的气息，与他身为战士首领的身份相称。大约四十年后，在另一幅描绘巴达

维亚领袖的画中，伦勃朗不顾当时的礼仪，对这一特征大加赞美。如果说站着的那个留胡子的顾问似乎是从拉斯特曼的先贤画廊借用的——尽管为了再一次与塔西佗描述的日耳曼部落相匹配，稍微带上了一点德鲁伊教的基调——那么，他的脸（以及王子背后那个翻鼻孔、斗鸡眼的小孩子）相比于高贵的历史画来说，与底层酒馆风俗画中的那些人有更多的相似之处。伦勃朗让坐着的抄写员脸上露出抬头纹和挑起的眉毛，可能是采纳了凡·曼德尔的建议：人的激情写在上半张脸上。但这张脸绝对不是凡·曼德尔或拉斯特曼在自己优雅的作品中想要表现的。这是一张来自街头的脸：粗糙且布满疙瘩，一张如根茎蔬菜般的脸，在将其扔进炖锅之前，需要挖出眼睛，刮净胡茬——总而言之，一个真正的伦勃朗式样的脸庞。

230 就这一点而言，整组人物的装扮都很粗糙，就像一群二流演员匆匆穿上各式各样的古装和破衣烂衫。与其说这是一群由绅士组成的修辞学会，还不如说是一个在集市和市场上巡回演出的临时剧团。但正是在这种原始、笨拙、略显不协调的表演中，我们可以感觉到年轻的伦勃朗发现了自己的艺术形象（artistic persona）。大约在同一时间，他还画了人群拥挤的小风俗画场景，里面充斥着朴实的底层人物。这些粗声粗语的人物也出现在一幅令人吃惊的小木板油画《基督将货币兑换者赶出圣殿》（*Christ Driving the Money Changers from the Temple*）中，他们以四分之三的身长呈现，挤在一个紧凑的垂直空间里，这幅画也画于1626年。当然，这幅作品中，人物睁大眼睛表示震惊，眯起眼睛表示贪婪，很容易让人将之与凡·曼德尔有关如何表现“激情”的某部分教导联系起来。但是，想一想凡·曼德尔画的那些细腻文雅的人物，我们有把握说，他要是看到这些酒馆里的动物闯入崇高的历史领域，一定会吓得昏过去（或者至少会厌恶地捂紧鼻子）。不过，很有可能，年轻的伦勃朗非但没有沾沾自喜地认为自己在做什么新鲜事，反而认为是回归到了一种更古老的尼德兰传统（比如勃鲁盖尔的画）。在这种传统中，与《圣经》有关的绘画里往往会配以一些司空见惯的人物：乞丐、强盗、守财奴和商人。不管这一举动被视为传统还是大胆的创新，伦勃朗依旧违反了那个时代绘画的第一条原则，即高雅与低俗的生活应该严格分开。然

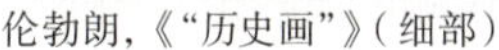

伦勃朗，《“历史画”》（细部）

伦勃朗，《基督将货币兑换者赶出圣殿》，1626 年。木板油画，43.1 厘米 ×32 厘米。莫斯科，普希金艺术博物馆

而，从一开始，伦勃朗就习惯性地、坚决地将各种类型杂乱地混合在一起，这就是不宜将拉斯特曼和他的追随者们归在一起，冠以“前伦勃朗派”称谓的原因。这么说就好像他们在做一些孵化工作：尽可能庄重地温暖鸟巢，等待杜鹃鸟破壳。

这并不是说，伦勃朗早期创造性的笨拙让他的绘画特别吸引人，也不是说所有这些早期历史画都是未经雕琢的瑰宝。1625 至 1626 年的许多画作都很粗糙。伦勃朗大胆的构思超越了他的绘画技巧，他采用了拉斯特曼的水平结构，明确界定了空间和群组，并将它们变成狭窄、笔直、刻意拥挤的场景——有人认为，这是为了加强场景中的戏剧紧凑感。但这些早期作品就是这样，凭借的就是一股赤手空拳的冲劲。它们不是拉斯特曼和许多阿姆斯特丹的历史画家创作的那种光鲜亮丽、和谐平衡、精雕细琢的作品。

伦勃朗，《圣司提反被处以石刑》，1625 年。木板油画，89.5 厘米 ×123.6 厘米。里昂，里昂美术馆

毕竟，还有什么比《圣司提反被处以石刑》（*The Stoning of St. Stephen*）更粗糙的呢？

231 圣司提反是“第一个殉道者”，是继基督和使徒之后，第一个因坚定信仰而死的人（公元 35 年）。[40] 他“心中满怀信念和圣灵”，被任命为“七个忠心诚实的执事”之一，在使徒传福音时进行施舍。圣司提反显然慷慨地完成了他的使命，因为他也“在民间行了大事迹和神迹”，只有在犹太集会的争辩中取得决定性的胜利时，才会暂停下来。这当然激怒了犹太议会的长老们，他们指责他的布道违反了摩西律法。他驳斥了这一项指责，摆出一副“天使才有的面孔”。然而，圆滑并不是司提反的长处，当他再也无法调和新的信仰和旧的信仰时，他问：“有哪一位先知，你们的祖先不逼迫呢？他们杀了那些预言那义者要来的先知，现在你们又成为那义者的出卖者和凶手了。”

这种辩护没有得到很好的回应。“众人听见这话，就极其恼怒，向他咬牙切齿。”但是司提反“被圣灵充满”，他举目望天，看见了上帝的荣耀，又看见耶稣在天堂，站在上帝的右手边。更糟的是，他决定把这件事告诉所有人。长老们捂住耳朵，堵住这位执事的口，把他拉出耶路撒冷城外，用石头将他砸死了。临终前，司提反哀求主耶稣接受他的灵魂。

《圣司提反被处以石刑》这幅画被解读为对抗辩派的殉道者的又一次
辩护。因此，这位被石头砸死的圣徒继帕拉梅德斯之后，成为奥尔登巴内 232
韦特的另一个替身。但 17 世纪早期的历史绘画并不需要承担党派社论的使命。这个故事出自《使徒行传》第 6 至 7 章，是那些（可以肯定地说）被隔绝在威尼斯和托斯卡纳新闻圈外的画家经常描绘的古老主题，比如卡尔帕乔（Carpaccio）和福拉 · 安杰利科（Fra Angelico），他们的整个绘画生涯都在描绘执事的生和死。更近些年，安尼巴莱 · 卡拉齐和鲁本斯都创作了这一殉道主题的作品，而后者的雇主一点也不像彼得鲁斯 · 斯克里维留斯，而是瓦伦谢纳圣阿芒本笃会修道院的神父（Benedictine fathers St. Amand at Valenciennes）。彼得 · 拉斯特曼在意大利逗留期间，很可能看到过安尼巴莱的版本，这促使他也画了一幅。这幅画已经失传了，不过另一个人的临摹素描表明，它是这位阿姆斯特丹大师最强大的作品之一。画中一群暴徒密集地包围着他们的受害者，其中一个暴徒侧过脸来，高举双臂，正要把石头砸在司提反毫无防备的头上。另一边，坐在那里，被一群作假见证者包围着的是迫害者扫罗，他“同意赐他一死”。

伦勃朗对他老师的原作做了什么？乍一看，并没有做出很多改变。画面的基本要素——一群谋杀犯扑向受害者，其中最冷酷坚定的人摆好姿势，准备给出致命一击。血祭与通常代表耶路撒冷的罗马废墟的轮廓互相映衬——都是从拉斯特曼的画作中保留下来的。然而，再一看，几乎所有的一切，或者说所有重要的部分，都发生了巨大的变化，而且是凭借剧作家的直觉来完成的。对群像的精心编排被一种幽闭的噩梦取代，拉斯特曼作品中张弛有度的空间缩小为犹地亚（Judea）一座山上一个令人窒息的狭窄角落。这让人想到鲁本斯《上十字架》中那个小架子上的酷刑。伦勃朗并没有让光线均匀地落在画面上，而是把这幅画分成了黑暗区与光明区，戴着头巾的罗马士兵在马背上冷漠地注视着。在拉斯特曼的作品中，扫罗被置于中景，而在这幅画里，他高高在上地坐着观察执行死刑的场景，似乎是为了强调他的裁决是错误的。他的头转了过去，听着致命的诽谤。拉斯特曼的司提反即将被两个高大粗野之人制服，第三个粗野之徒即将拿起另一块石头；伦勃朗的殉道者已在风车般沉重的击打中跪倒在地，一块又一块石头无情地砸向他。像往常一样，拉斯特曼的画停在了高潮前；而“导演”伦勃朗却把我们带到了最残忍、最激烈的时刻。司提反的脸沐浴在神圣的光芒中，但在施加的伤害下，已经变得浮肿。

折磨他的人的面孔构成了一出恶毒的歌剧：有的面部扭曲，有的在嘲笑，有的因愤怒而发狂，有的恶毒地紧抿嘴唇。满脸胡须的袭击者怒目圆睁，突出的眼白上有黑色的凹坑，这是米开朗琪罗笔下恶魔的眼睛。在这场暴力风暴的中心，伦勃朗做了一件无耻而古怪的事：他在至少三个主要人物身上赋
233 予了自己的特点，让他同时成为目击者、刽子手和受害者。画面中间司提反头顶上方举起岩石的人物也许是最像他的，而且紧挨在其身后的那个张着嘴的卷发人物，以及圣徒本人，都有几分他的面相。当然，艺术家将自己纳入这样的历史画作也并非没有先例。卡雷尔·凡·曼德尔曾把自己描绘成一名抬着约柜穿越约旦河的利未人。但是，就像大多数形象签名一样，它旨在表达虔诚：这位门诺派画家的灵魂（在他真正去世前一年）正准备前往应许之地，这幅《圣经》画就是他的个人遗嘱。然而，伦勃朗这位十九岁的艺术家如此凶猛地将自己插入一件大型作品的中心，即使不是厚颜无耻的自以为是，至少也是不寻常的。

如果有人指责伦勃朗自我宣传的方式不得体，他可以援引无可挑剔的加尔文派强调个人见证福音的言论来为自己辩解，这种感同身受如此彻底，就好像信徒亲身经历了苦难和救赎。为了营造直接见证和戏剧紧凑感，他做了一些在他个人最成功的历史画中最经常做的事情：将故事中的不同片段打碎，并集中在某个单一的框架里。（当然）线索就在司提反的眼睛里，他的眼睛看

伦勃朗，《圣司提反被处以石刑》，1635 年。蚀刻版画。私人收藏

着上面，和他伸出的手的方向一致。毫无疑问，我们肯定会想到，正如《圣经》上记载的那样，他是在哀求主耶稣时死去的。但我们也会想起他死亡前的那一刻出现的异象：上帝在天堂，耶稣站在上帝的右手边。光辉从天上的异象中倾泻在殉道者和杀人犯身上，而临终时的司提反（以耶稣临终时的方式）确定：“这罪［不该］归在他们的身上。”

作为一种创作构思，这体现了惊人的自信，即使执行时仍有许多不足。伦勃朗热衷于使用整个画面空间，将人物垂直堆叠起来，就像站在舞台的阶梯平台上一样。由于人物过度拥挤，近与远之间的关系变得难以辨认。这幅画充其量也只能说是勉强完成。1635 年（司提反死后整整 1600 年），伦勃朗重新审视了他的构图：他用一幅小而有力的蚀刻版画，对空间和人物进行了精简，去掉了骑马者、扫罗，以及中景里的许多细节。他把司提反和刽子手
234 们孤立在一块突出的岩石上，他们身后的地面急剧下降，观看者从山下安全的地方偷偷地观察着，身后是耶路撒冷的城墙。司提反的眼窝空洞，在他的上方有一块巨大的岩石，岩石边缘和拿着它的人的五官一样锋利，那人正准备发动致命的一击。司提反的左手臂并没有举起来做无辜的哀求，而是松松地垂在身侧。一只拖鞋掉在地上，让人感到辛酸。但这是九年后的事了。这时的伦勃朗除了拉斯特曼，还有了另一位老师，即鲁本斯。

有人认为《圣司提反被处以石刑》和 1626 年的《“历史画”》是按照委托创作的一组双联画。不过，尽管《圣司提反被处以石刑》和创作于 1626 年的《太监的洗礼》在大小、表现出的情绪和氛围上非常不同，倒是有可能是一组双联画。至少这种假设是符合逻辑的，因为在《使徒行传》中，太监接受洗礼的故事就紧跟在圣司提反故事的后面，并且与另一个基督教的执事有关，这次是腓利（Philip）。[41]（考虑到教会执事与慈善机构之间的联系，这两幅以执事故事为主题的画很可能是为莱顿诸多济贫院之一的管理者所画的。）《圣司提反被处以石刑》有多暴力，《太监的洗礼》就有多和平：这是一个通往恩典之旅的故事。埃提阿伯女王干大基的手下有一个权力很大的太监正从耶路撒冷回来，在路上读《以赛亚书》。他对《圣经》的专注使他在天使面前成了一个严肃的皈依材料。天使提醒了腓利，腓利随即拦住了太监，向他传教。当腓利向太监解释“他像羊被牵到宰杀之地”这句话的含义时，事情就确定了。这句话是对耶稣受难的预言。到了下一个有水的地方，太监要求并接受了洗礼。

这个故事似乎不够丰富，更谈不上戏剧性，不足以吸引历史画家，但拉斯特曼至少画了四次，最后一次是在 1623 年。[42] 这是伦勃朗在阿姆斯特丹看到的版本，也是他的老师最成功的画作之一。画中所有的风景和人物、故事和背景、光和阴影的元素都完美地融合在一个叙事的整体中。汇入洗礼河的
235 水流经过岩石嶙峋、树木繁茂的风景，在故事中起到一种功能性的而非装饰性的作用。相应地，通过新鲜而生动的色彩，以及确切的绘画技巧（向外突

彼得·拉斯特曼，《太监的洗礼》，1623 年。木板油画，85 厘米 ×115 厘米。卡尔斯鲁厄，卡尔斯鲁厄国家美术馆

出、被树木遮盖的岩石，向与之呼应的云和阳伞倾斜），拉斯特曼把这幅画的细节不遗余力地表现了出来。不过，最具创意的手法在于，他让空马车占据了整个构图的主导地位，这让人回想起太监从异教到救赎的历程。这一次，拉斯特曼没有把他的主人公放在高处，而是把阳伞作为太监地位的象征，以便与他跪着受洗时的谦逊形成更好的对比。

你或许会想，即使在这幅画中，学生的表现也比老师出色，他采用了拉斯特曼的设计，并以某种方式把它改得面目全非。这样想或许很美好，但事实并非如此。画中景色粗犷，马匹僵硬，构图平庸。不过，伦勃朗所做的改变，再一次以它们特有的方式令人震惊，并真正预示了他日后的兴趣和痴迷

伦勃朗，《太监的洗礼》，1626 年。木板油画，78 厘米 ×63.5 厘米。乌得勒支，圣加大肋纳会院博物馆

之所在。垂直的画板缺乏拉斯特曼的画作具有的优雅和意大利式的和谐，正是这种优雅与和谐为人们带来感官上的愉悦。但与此同时，伦勃朗的版本却具备了他老师的原作所缺乏的特质：报告文学般的直观性。伦勃朗一如既往地摒弃了那些无伤大雅的惯例。他将《使徒行传》8：26—40当成了一个圣地之旅的故事。那么，这里应该看起来像圣地，而不是亚平宁山脉的一角，于是有了棕榈树。伦勃朗以优异的成绩从拉丁语学校（即便不是大学）毕业，他当然也知道，那棵被誉为不朽的棕榈树长期以来一直是耶稣复活的象征。[43]

此外，在这个故事中，伦勃朗还抓住了另一个元素，即从黑色到白色的转变。少了这个元素，整个画面就会缺乏戏剧性。《圣经》中没有任何地方提到太监的衣服，一件貂皮大衣似乎也不适合穿过犹地亚向南走的行程。然而，伦勃朗无法抵抗绘画时将非洲人的黑皮肤转换为重获新生后的白皮肤的念头。为了做到这一点，他需要使黑色元素不仅是画面中一个微妙而委婉呈现的次要存在，而是要带到画面的中心。拉斯特曼的典型做法是，在一小块画面中让一个非洲孩子帮太监捧着《圣经》，而伦勃朗除了太监本人的面孔之外，还给了我们三个非洲人的面孔，而且这些面孔都非常个性化。正如伦勃朗摒弃一般的山地景观，选择了沙漠绿洲中的棕榈树一样，他也摒弃了平淡且显得 236
踌躇的摩尔人面貌，选择了一组坦然的、如实描述的、个性鲜明的非洲肖像。伦勃朗这一摆脱刻板图像束缚的举动，在此之前只有鲁本斯做过，他在大约1616至1617年间，怀着强烈同情心对一颗非洲人的头颅绘制了一系列的习作。然而，这并没有让伦勃朗成为绘画界的早期民权倡导者。相反，在所有这些令人同情的笔触背后，折射出的是标准的新教种族理论。这种理论认为黑人是一种诅咒，太监的受洗将为他们提供救赎性的漂白。伦勃朗赞同这种普遍性的观念并不奇怪。真正令人惊奇的是，他竟然能接触到非洲模特（他们住在阿姆斯特丹还是莱顿？是家仆还是奴隶？），还将他们强壮而庄严的形象当成他在作品中讲故事的关键。

老师和学生之间的最后一场对比，将伦勃朗无法抑制的本能体现得更加明显。凭借这股本能，他超越了拉斯特曼。1622年，拉斯特曼绘制了历史题材画《巴兰和驴》（*Balaam and the Ass*）。这则故事取自《摩西五经》的《民

鲁本斯,《非洲人头像习作》,约 1617 年。木板油画转移到画布上，51 厘米 ×66 厘米。布鲁塞尔，比利时皇家美术博物馆

数记》，讲述了巴勒王（King Balak）差遣摩押人（Moabite）先知巴兰在埃及和应许之地之间诅咒以色列人的故事。可以理解的是，已经降下麻烦企图阻止巴兰的上帝，显然对此不是特别满意，于是又派了一位天使站在路上阻拦他，那天使只有巴兰的驴才能看到。驴见到天使，做出了三次回避的举动，有一次靠着墙挤伤了巴兰的脚，而回报它的竟是巴兰的三次毒打。后来它停止哀号，奇迹般地对巴兰开了口，抱怨他的粗鲁对待。在经过一些讨论之后，上帝使巴兰的眼目明亮，让他可以见到天使。这位天使证实说，若不是驴故意避开，他早就拿剑把巴兰杀了。巴兰看见了光，就俯伏在地，后悔了。

似乎还没有人画过这个主题。拉斯特曼视觉上的启发——尤其是驴头，它张着嘴，转过头和骑手说话——来源于 16 世纪的绘画艺术家迪尔克 · 维尔特（Dirk Vellert）的作品。[44] 但他真正的灵感，至少在构图形式方面的灵感，

彼得·拉斯特曼,《巴兰和驴》, 1622 年。木板油画, 40.3 厘米 ×60.6 厘米。耶路撒冷, 以色列博物馆

无疑来自亚当·埃尔斯海默。拉斯特曼严格地效仿他，画出了轮廓分明的植被，以此来呼应天使的翅膀和先知的头巾，而人物也被安排在一个相对较浅的、如檐壁浮雕般的横向空间里。在伦勃朗的版本中，维尔特那头歪着脖子的母驴第三次出现了。不过，不出所料，伦勃朗让这头牲畜张大嘴巴，将那口极为突出的牙齿完全露出来，好让人们注意到它突然具备的说话能力。他将一个在拉斯特曼绘画的背景中处于从属地位的细节推到了前面，亦即《民 237
数记》中描述的陪同巴兰的摩押人使臣和巴兰的仆人，他们的出现大概是为了确保巴兰能不折不扣地执行他的诅咒任务。不过，最大的变化无疑是用纵向的构图代替了横向的构图，就像《太监的洗礼》中一样。这样伦勃朗就能够让挥舞着剑的天使离开地面，飞到空中去，于是翅膀（再次呈现出惊人的效果，仿佛它们属于某种猛禽）就会升起来，填满画板左上方四

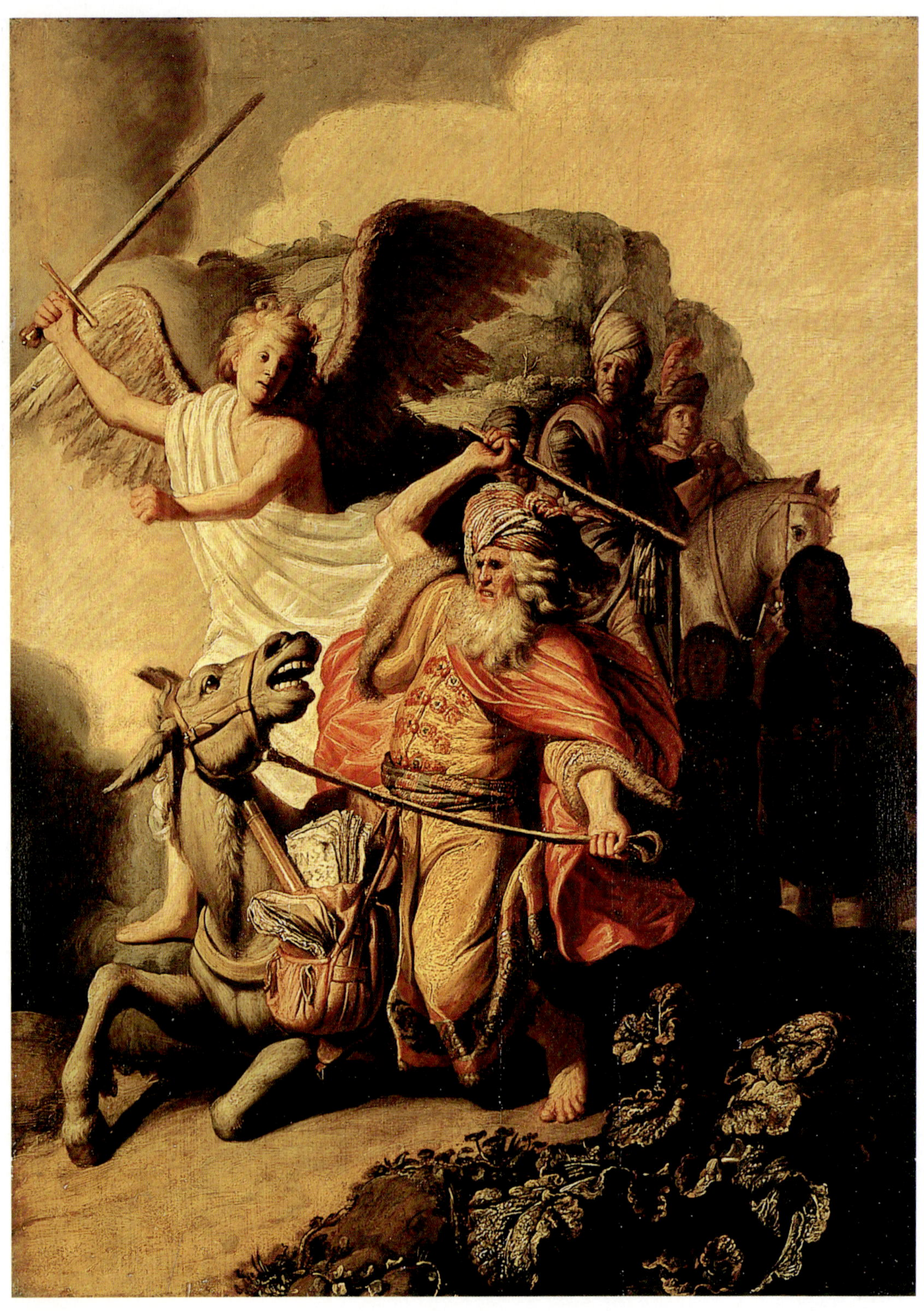

伦勃朗,《巴兰和驴》, 1626 年。木板油画, 65 厘米 ×47 厘米。巴黎，小皇宫巴黎市立美术馆

分之一的空间。拉斯特曼的天使就像一个夹着一对翅膀的行人，对挥舞着棒子的先知构成了挑战，但未必是不可战胜的；伦勃朗的天使虽然面容美丽，但确实令人畏惧，并且是危险的。此外，艺术家伦勃朗通过在拉着的缰绳、举起的棍子和竖起的剑之间建立视觉连接，就像对砸死司提反的几个刽子手那样，形成了一种动态的、凸显暴力行为的节奏感。当然，这完全是一场鲁本斯式的表演。

还有巴兰的眼睛。那是伦勃朗的眼睛。拉斯特曼遵循了凡·曼德尔的教导。先知听见驴说话时感到很惊讶。他顺着“舞台”的方向，惊讶得睁大了眼睛。观看者们看到放大的瞳孔、白色的巩膜，等等。而伦勃朗以一种变态的（请原谅我用这个词）天才笔法，做了相反的事情：他把巴兰的眼睛画成了两条黑色的缝隙。因为这毕竟是上帝擦亮这对眼睛，让它们看到天使和真理之光之前的时刻。先知，这个有说话能力的人，震惊得说不出话来，雄辩的口才被赐给了他的牲口。有那么一会儿，他的眼睛还是瞎的。

伦勃朗一生都在关注精神和内在的失明，即使是那些自认为视觉敏锐的 238
人身上也会出现这种情况。这只是使他的作品与荷兰主流绘画截然不同的特质之一，后者在光学精度方面十分引人注目。[45] 他自己的知觉，即使在他年轻的时候，也敏锐得惊人，就像那些驴牙证明的那样。但他已经开始被一个悖论困扰。澄明的白天里，清晰的光照到我们身上，让我们拥抱物质的、可见的世界，这是巨大的力量的恩赐，但当它处在另一种光边上时就会显得微不足道。这种光就是福音真理的内在之光，内在视觉的推动者之光。这一点在新教文化中体现得尤为强烈，虽然它源于一种可以追溯到奥古斯丁时期的传统：精神上的视力是危险的，就如同魔法师的咒语。

伦勃朗在他职业生涯的第二年，画出了不止一幅而是三幅历史题材的作品，来体现这种内在视觉的力量，这难道不令人惊讶吗？司提反的眼睛睁开，看见了天上的异象，而这个世界的光使巴兰的眼睛暗淡，这双眼睛在受天使净化的那一刻，依然充满邪恶的黑暗。同样在 1626 年，他还画出了经外书故事《多比、安娜和小山羊》（*Tobit, Anna, and the Kid*），使失明本身成了故事的核心。[46]1619 年，反抗辩派在多德雷赫特大会上明确表示，经外书不再被认为是真正的经文。但是，不管赞成与否，这些书里充满了奇怪而激动人心的故事，荷兰艺术家和他们的赞助人都不会对这些故事置之不理。所以，在信奉新教的荷兰并不缺少苏珊娜，同样，在信奉天主教的佛兰德，从《多比之书》中抽取的情节也比比皆是。这本书无所不包：灾难降临在正义的人身上，信仰受到压力，天使般的幽灵，水生怪物，蜜月恐怖故事，以及一个幸福的结局。难怪它会成为伦勃朗最爱的书，或者说，至少是他最忍不住要反复重温的书——他为此创作过油画、素描和二十幅蚀刻版画。

多比自己是一个身处恶境的好犹太人，一个身处亚述的流亡者。他亲自担负起妥善安葬被尼尼微屠杀者杀害的教友的责任。但他非但没有得到奖赏，反而遭逢了一出离奇的悲剧。一天晚上，他睡在墓旁的树下，结果被滚烫的麻雀屎（也有人说是燕子屎）弄瞎了眼睛。他只能托付儿子多俾亚去米底亚人的土地上，收回一些藏匿起来的钱。在旅途中，多俾亚遇到了一个同伴，他是一个神秘的陌生人。行经底格里斯河时，多俾亚突然遭逢一条大鱼的攻击，被这个陌生人救了下来。陌生人指示他一定要保存好鱼的心、肝和胆。在伊拉克的长途旅行中，这样做一定是一种折磨。但是如果腐烂的鱼残骸是对多俾亚的一种惩罚，那么它们对魔鬼的惩罚要严厉得多。魔鬼曾附在多俾亚的未婚妻撒辣身上，导致她先后在婚礼之夜杀死了七名新郎。多俾亚送给新娘的寒酸礼物是烤内脏。就在他烧烤的那一刻，恶魔们迅速离开了房
239 子（谁能责怪他们呢？）。多俾亚带着妻子、钱和鱼胆回到了家，他把鱼胆抹在父亲的眼睛上，随后他父亲奇迹般地复明了。光线突然进入被遮蔽的双眼，多比看到儿子的伙伴变成了大天使拉斐尔，他在一阵光芒中离开了这个团聚的家庭。

经外书在此之前已经被描绘过很多次了，但是最受欢迎的是那些有关鱼的场景。这一点毫不奇怪，尤其因为在传统的天主教教义中，涂抹多比的眼睛被认为是天使报喜的预兆。拉斯特曼凭借描绘壮观场面的天赋，创作过表现先知被大鱼攻击和婚礼夜驱魔的作品。而伦勃朗为他最早的一幅多比选择的场景，就绘画题材而言，却是前所未有的。最接近的样式是扬·凡·德·维尔德二世（Jan van de Velde Ⅱ）根据威廉·伯伊特维赫（Willem Buytewech）

的素描创作的一幅版画，伦勃朗一定看到过它（伦勃朗早期的版画人物常常与伯伊特维赫那些风格化的人物非常相似）。凡·德·维尔德二世和伯伊特维赫描绘的是一个悲伤的场景，它发生在多俾亚离家期间。当多比的妻子安娜费了好大劲把一只小山羊带回家时，她的丈夫竟然谴责她，说小羊是她偷窃来的。版画上，令人敬畏的安娜正在为自己辩护，她称这是一份礼物，并带有劝诫意味地对懊悔的丈夫摇起一根手指。为了最大限度地展现悲情，伦勃朗再一次改变了触发情感的时刻，将笔触对准了下一个时刻：多比为自己毫无根据的指责而懊悔不已，祈祷上帝收回他的生命，把他从负担中解脱出来。

这是一个可怕的时刻，是多比绝望的隆冬。这位老人虽落魄但威风凛凛的样貌，简直就是他过去体面生活的残迹。他那毛皮镶边的红色大衣打着补丁，破烂不堪；鞋子破了洞，露出了脚指头。（如果说书籍是伦勃朗的第一个癖好，那么鞋子则是第二个，因为没有哪个巴洛克画家在利用鞋子的情感暗示方面能和他媲美，而莱顿恰好是荷兰共和国的制鞋和制靴中心。）在画作不安的中心，至少有四双眼睛：用于献祭的小羊脸上黑玻璃般的大眼睛，无声地述说着自己的无辜；狗只露出一只的忠诚的眼睛；被诬告的妻子睁大的眼睛——她受了很大的委屈，从愤怒变成了可怕的沮丧，眼角的鱼尾纹深深地皱了起来。安娜盯着多比乳白色的白内障，因为多比看不见她。而多比的眼睛虽然瞎了，却不是死的，伦勃朗把它们画得又浓重又仔细，仿佛他画笔的刷毛上沾满了鸟粪。伦勃朗让这双浑浊的眼睛流出悔恨的泪水，暗示了它们背后闪烁的道德生命。

他肯定熟悉眼疾方面的医学文献，比如，雅克·吉列莫（Jacques Guilleumeau）和安德烈·杜·劳伦斯（André du Laurens）广受欢迎的作品，荷兰语版本由卡雷尔·凡·巴腾（Carel van Baten）翻译。这些文献中都保留了许多中世纪的传统，将视力损伤和忧郁的体液分泌过多联系起来。[47] 当然，虽然多比的失明并不是他自己造成的，但在早期那些描绘他不明就里地指控妻子的作品中， 240
往往会融入一种司空见惯的说法，即这种疾病既是一种身体状态，也是一种道德状态。[48] 但是伦勃朗已经接受了一种截然不同的传统，把受损的视觉与内在视觉联系起来。因此，他更喜欢多比极为痛苦地面对真相的时刻，而非

伦勃朗，《多比、安娜和小山羊》，1626 年。木板油画，39.5 厘米 ×30 厘米。阿姆斯特丹，荷兰国立博物馆

伦勃朗,《坐着的老者》(可能是伦勃朗的父亲),约 1626 年。钢笔和画刷素描。巴黎,卢浮宫美术馆,书画刻印艺术部

心怀误解的时刻。当他将拉斐尔从老人的房子里离开的一幕蚀刻下来的时候，他会再一次确保被治愈的多比在天使现身时散播的神圣之光中暂时失去他的世俗视觉。

伦勃朗那年十九岁，或者二十岁——如果你更倾向于欧尔勒斯记载的生日的话。无论如何你也想象不到，他会成为任何意义上的大师。1626
241 年，尼德兰所有的艺术家都比他画得更巧妙、更有创造力、更漂亮：埃萨亚斯·凡·德·维尔德和弗兰斯·哈尔斯（Frans Hals）正处于鼎盛时期；风景画家扬·凡·霍延正在稳步前进；威廉·克拉松·赫达（Willem Claesz. Heda）正在改造静物画；扬·波塞利斯对海景画也做了同样的事情。在乌得勒支，一群艺术家正在想象，如果卡拉瓦乔有幸是荷兰人，他会如何作画。在安特卫普，彼得·保罗·鲁本斯正在哀悼他去世的妻子，并开始着手完成他手头任务的后半部分，即用王太后玛丽·德·美第奇以及她已故丈夫亨利四世的生活场景来装饰卢森堡宫。

然而，伦勃朗正在画一些所有人都忽略了的故事，或者说，他在用自己独特的方式描绘熟悉的历史故事。他的画笔并不像他或他的赞助人希望的那样流畅，就好像落后于他疾驰的想象力和才智。但他并不完全在用头脑作画。他也在感知。看着自己似乎已经失明的老父亲哈尔门，伦勃朗找到了他一生的主题：存在于黑暗之中的光。

（本章校译：董晓娣）

第六章
竞争

1. 夏日烛光，1627 年

鲁本斯可曾觉得整件事情就是一场闹剧，一场可憎的假面舞会，在封闭的车厢和糟糕的小船里悄悄上演着：表面做着一件事，心里却盘算着另一件事？他毕竟是在崇信坦率的环境中长大的。他的古典导师，接二连三都是品性高尚之人——西塞罗、塞涅卡、利普修斯——都视真诚为高贵品质中最精华的部分。而在这里，在荷兰，他对画家们很满意，正竭尽全力从绘画中寻求启发。[1] 但是，国务总是纠缠不休，像一只流浪狗一样撵着他的脚后跟，他却不能把它踢开。 242

鲁本斯不会一味地怨天尤人。有人之前就曾对他预言过，旅行会冲淡妻子伊莎贝拉 · 布兰特的去世带给他的悲痛。[2] 但他已年过五十，那些山谷、树林，以及马匹蹒跚前行时臀部饱受蚊蝇搅扰的情形，他已经见识得够多了。相比之下，更佳的建议就是去工作——去画画，但也要将精力投到另一个伊莎贝拉，也就是那位女大公的事务中去，让他的思绪围绕着联邦的诸多问题转个不停。只有天知道，问题已经多到无以复加了。两年前，即使处在疫情之中，那里也有欢庆的场面。布雷达已经落入他的朋友安布罗吉奥 · 斯皮诺拉侯爵的围城大军的手中，此人表现得很有绅士风度，允许荷兰驻军及其指挥官尤斯蒂努斯·凡·拿骚（Justinus van Nassau）——威廉的私生子，带着他们的旗帜退军。同年，好色的老单身汉莫里斯终于死了，他同父异母的弟弟腓特烈·亨利取代了他，成为执政。据说，亨利是一个更为温和的亲王，安特卫普和布鲁塞尔一度有希望达成和解。但和往常一样，希望在熊熊燃烧之后，化为了灰烬。战场上的成功，尤其是水战的成功——荷兰人的渔船被敦刻尔克的私掠船压制，几乎出不了海——让马德里的天主教激进分子兴奋不已。被鲁本斯痛心疾首地称为“上帝的祸害”的那群人，又一次梦想获得圣战的凯旋，想用教会的缰绳勒住异教徒的脖子。[3] 就这样，战争一直持续着。
243 新上任的执政已经证明，他对大炮的偏爱不亚于前任，果敢程度也毫不逊色。战争双方都损失惨重。为了取悦战神，人们失去了宝贵的生命。在格罗尔[*]围攻战中，莫里斯执政的私生子拿骚的威廉（William of Nassau）被一块锡匙碎片杀死，因为守军已经沦落到了拿厨具向敌人投掷的地步。欧洲的国库正在蒸发，因此，正如鲁本斯在写给他的朋友皮埃尔·迪皮伊的信中所说的那样，“他们不仅深陷债务之扰，所有的资产都被抵押，而且几乎找不到任何新的应急之策来喘一口气”[4]。但这似乎很难扰乱国王和大臣们的心，只要能对敌人造成同等或更严重的伤害，他们就能忍受（对他们臣民的）一切伤害。你们有枪，我们有海盗，看看谁厉害？在荷兰所有的鲱鱼船都沉入北海深处之前，荷兰的大炮不会放松对斯海尔德河的控制，因此，安特卫普可能还会因为战士们盲目的顽强而消亡。一条 20 里格[†]长的运河还在挖掘中，伊莎贝拉希望将其命名为“福萨·玛丽安娜”（Fossa Mariana）[‡][5]，企图凭借这条运河绕过封锁线，但没有人知道运河什么时候能完工。就在伊莎贝拉来检查她那条“圣母”沟的挖掘进度时，荷兰人突袭了施工队，不仅杀害了一些劳工，还带走了一百多名俘虏。几乎每过一周，就会有人提出新的运河提案，于是鲁本斯没好气地对迪皮伊调侃道，既然不能靠枪来赢得战争，他们就寄希望于用铁

---

* 格罗尔（Grol），即现在的赫龙洛（Groenlo），尼德兰东部的一座城市。——编注

† 里格（league），旧时长度单位，1 里格约等于 4.8 公里。——编注

‡ 公元前 102 年，罗马执政官盖乌斯·马略主持挖掘了一条连接罗讷河和斯托马林湾的福萨·玛丽安娜运河，从而解决了河口沙子淤积导致航行困难的问题。此处化用了这一典故。——编注。

锹来赢得战争。当挖掘工作正在进行的时候，他的城市却奄奄一息，“像一具正在腐烂的尸体，一点点地凋零下去。居民的人数每天都在减少，因为这些不幸的人无论是靠工业技术还是做生意都无法养活自己”。[6]

和平一直都是头等大事。鲁本斯的朋友们不断谈论着和平，热切渴望着和平。然而，它似乎比以往任何时候都要遥远。但是，鲁本斯并非捐弃希望之人——至少现在还不是。首先要打破敌人——丹麦、英国和荷兰联省——的包围。如果其中一方能以某种方式置身事外，其他人，甚至是荷兰人，就有可能变得容易驾驭。现在，刚登基的英国国王查理一世于1625年在巴黎与法国公主亨丽埃塔·玛丽亚（Henrietta Maria）举行了代理婚礼，鲁本斯在婚礼上见到了皇室的宠儿——白金汉公爵乔治·维利尔斯（George Villiers）以及他在绘画方面的代理人，即生于荷兰的巴尔萨泽·格比尔。鲁本斯的自画像已被国王收藏，而查理显然渴望得到他更多的作品。似乎这位公爵也迫不及待地想在位于斯特兰德大街白金汉宅邸的藏品中（那里已挂着必备的提香和丁托列托的画作）加入鲁本斯的画作，而格比尔被任命为那里的画作管理员。如果鲁本斯能够为公爵提供一幅英俊的骑马肖像画，就像为西班牙莱尔马公爵和热那亚公爵画的那样，骑手毫不费力地驾驭着他的大马，马匹昂首奔蹄，那将是一件特别令人振奋的事情。这样的画面会让那些说公爵不过是个衣冠楚楚的投机分子的人闭嘴。

公爵还想从鲁本斯那里得到别的东西：他的大理石雕塑。白金汉公爵不 244
遗余力地把自己打造成一位风度翩翩的指挥官（而他策划和领导的大部分远征都搞砸了）。然而，他也需要被他人视为显赫之人，成为查理一世身边如同枢机主教黎塞留（Cardinal Richelieu）之于路易十三那样的人物。如果不收藏一批古董来证明他的古典学识，那就无法号称显赫。要想装点自己的门面，有什么方法会比买回原本属于达德里·卡尔顿爵士的古董半身像和雕像藏品更好呢？那些古董半身像和雕像是当初卡尔顿爵士为了换取鲁本斯的画作而卖给他的。公爵委托格比尔出价10万弗罗林来购买这些藏品（不包括宝石、浮雕宝石、钱币和奖章，这些东西鲁本斯是不会放弃的）。这笔钱非常诱人，因为安特卫普正值商业低迷期，鲁本斯认为将来的情况只会更糟。但他真正的野心是以某种方式将这笔交易增值为更伟大的东西：和平策略。这并不容易办到。在公海上，“英国人正变得越发无礼和野蛮”，鲁本斯在6月给迪皮伊的信中如是说，“他们把一个西班牙船长砍成了碎片，还把所有的船员扔进了海里，就因为他们曾英勇自卫”。[7]类似的事件只会让他的任务变得更加紧迫。

鲁本斯也完全有理由担心双方的诚意。去年12月，他去加来（Calais）会见格比尔，表面上是为了商讨出售古董的事宜，但那位公爵的代理人并没有出现，让他忍受了三个星期阴冷的海峡大风。当他们终于在巴黎谈起正事时，出现了一些转机的信号。白金汉公爵的提议是这样的：如果在布鲁塞尔的伊莎贝拉能说服她的侄子腓力四世批准停战协议，公爵这一方会尽其所能说服荷兰人接受两到七年的休战，在此期间将进行更为正式的和平会谈。对鲁本斯来说，这似乎好得不能再好了，而事实也确实如此。伊莎贝拉和斯皮诺拉都对和谈抱有诚意。他们的理由是，如果英国和西班牙能够联合起来，那么只剩下丹麦人作为盟友的荷兰人除了接受和谈将别无选择。这是个不错的计划。唯一的问题是，虽然腓力四世表面上同意，但由好战大臣奥利瓦雷斯伯爵（Count-Duke of Olivares）秘密策划的实际政策却恰恰相反。奥利瓦雷斯没有准备和谈，而是计划与欧洲最不愿意与西班牙并肩作战的势力，亦即他们的老对手法国结盟，发动全面战争。这两个天主教大国将共同向英国和荷兰共和国发起一场势不可挡的进攻。1627年3月，西班牙和法国甚至在马德里签订了一份秘密条约。

鲁本斯和伊莎贝拉一样都不知道自己被人摆了一道，他被派去欺骗英国人，让他们空抱对和平的幻想，而西班牙实际上却正在备战。奥利瓦雷斯对伊莎贝拉出言不逊，认为委托一个画家处理国家事务是不成体统的。这让鲁本斯倍感难过。伊莎贝拉尖刻地回应说，从白金汉公爵的角度来说，由一位
245 画家出面已经足够了（因为格比尔是一位细密画画家和鉴赏家），而在荷兰进行的艺术生意，将会是外交行动的一个有效掩护。没有人希望荷兰人在英西和谈取得进展之前就紧张过头，从而破坏和谈。关键的中间人是达德里·卡尔顿爵士，他当时仍然是英国驻海牙的大使。卡尔顿在大使馆里摆放着他本

人收藏的大量鲁本斯的作品，另外，那些曾经属于他的古董半身像藏品也是这次和谈的主题，由卡尔顿为鲁本斯办理前往共和国所需的护照简直再合适不过。

7 月 10 日，鲁本斯抵达布雷达，在落入荷兰共和国军队手中多年之后，西班牙国王的旗帜再一次飘扬在这里的堡垒上方。格比尔已经和卡尔顿在海牙会合，鲁本斯写信给格比尔说，他们应该在小镇泽芬贝亨（Zevenbergen）见面，那里就在战斗前线的对面。格比尔的答复是，在如此接近西班牙领土的地方会面，会给人留下糟糕的印象，仿佛英方正在不遗余力地达成协议，这让英方看起来更像是恳求者，而不是谈判者。他提议在更深入共和国领土的某个城市见面，比如代尔夫特或阿姆斯特丹。鲁本斯向来一丝不苟，绝不会逾越自己收到的指令，于是不得不回到布鲁塞尔，请求让他再走上几英里路，并得到了批准。7 月 21 日，他在代尔夫特会见了格比尔，那里距奥兰治的威廉被暗杀的房子只有一步之遥。在两个星期的时间里，含蓄的格尔比和直率的鲁本斯一起，走遍了荷兰共和国，他们轻声探讨欧洲的命运，大声谈论“抢掠欧罗巴”（Rape of Europa）。

当然，把画作，大量的画作，放在一个画家面前，不管他心里还有什么别的想法，都会引起他的注意。在安特卫普，画作并不难找，即便如此，鲁本斯也从未见过图像如此密集的世界，更何况在荷兰共和国里，信徒严格遵守加尔文派的教义，他们本该憎恶这些图像才对。这里画作随处可见：在贵族客厅的墙壁上，在市场的摊位上，在版画店里，在孤儿院和各行会的大厅里，在市政厅的法庭上——这是一个图像的世界，不仅仅有油画，还有版画和素描，捶打的金属板和雕花玻璃，既有嬉戏游伴、民兵肖像、风景和田园风光、妓院场景和早餐场景，也有那些可能让他感到惊讶的祭坛画。

当然，这些祭坛画并不会公开展示，而是存放在飞速建造和装潢的秘密教堂（schuilkerken）里。很明显，新任执政无意用武力铲除天主教徒和抗辩派教徒。相反，他们达成了默契。非加尔文派教徒可以按照他们的信仰和礼仪举行集会和礼拜，但不能公开进行。于是，人们从房屋里开辟出一些空间来，用屏风、管风琴、雕像和画作将那里装潢得富丽堂皇，光彩夺目。从外面看，这些房屋和其他私人住宅并无二致，可一旦走进去，上一些台阶，你就会进入一间摆满了长椅、圣像、圣盘，焚香缭绕的房间。在恢复天主教社
246 区的信仰生活方面，没有哪座城市比乌得勒支这座大主教城更热衷了。因此，鲁本斯在 7 月最后一周的访问成为整个行程中安排得最周密、最热情洋溢的大事，也就不足为奇了。在荷兰共和国，没有任何一个地方能让鲁本斯产生像这样的宾至如归之感。城市中心有一座大教堂（即便现在里面已经没有了图像），门廊的对面就是赫里特 · 凡 · 洪特霍斯特的新房子，他在各个方面都堪称鲁本斯欣赏的那类画家：他接受了意大利教育；他对卡拉瓦乔热情崇拜；他有雄心壮志，想要为海牙的宫廷创作高雅肖像画和历史画；他的工作室里有不少于二十五名学徒，每个人都为这一难得的机会支付了 100 荷兰盾的高额学费。从这个角度来说，乌得勒支的文化氛围，与安特卫普或布鲁塞尔的任何东西一样，都是拉丁式的。这个地方显然以罗马古迹为荣，并鼓励对它进行研究。乌得勒支的一些牧师继续管理着旧教会遗留下来的财产和资金，用于慈善和教育。令人惊讶的是，这里甚至还出现了一位宗座代牧[*]，他的存在几乎不是什么秘密。这里有牧师，也聚集着天主教女修士（klopjes）。这些女修士发誓要保持贞洁、贫穷和虔诚，因此除了名字外，她们的一切都和修女无异。[8] 此外，在乌得勒支还有一大群艺术家，他们都曾千里迢迢南下翻过阿尔卑斯山，想要成为画家。其中，鲁本斯拜访过并欣赏的科内利斯 · 普伦堡才刚刚回国。他带回了坎帕尼亚的饱和的阳光，将它浸润到他的风景画和田园画中。

这样一来，对鲁本斯来说，造访乌得勒支并在那里举行庆祝活动，就不仅仅是一种例行礼节了。在乌得勒支，他可以看到意大利画派是如何被带到北方，直接进入荷兰共和国的中心，而又不失本地风格的，就像他自己所做的那样。这不仅仅是把意大利画派挪为己用，而是要融会贯通。鲁本斯画作中绚烂的色彩借鉴了威尼斯画派，而他画中充满戏剧性的肌肉借鉴了米开朗琪罗，但他在其中加入了完全属于尼德兰的朴素自然主义，创造了一种自成

* 指罗马天主教名义上的地区主教，管理不作为教区组织的地区。——译注

一体的巴洛克风格。他可以从那些骨瘦如柴的殉道者和桃色皮肤的妖娆妓女身上，从照亮了他们的滑稽动作和痛苦表情的烛光中看到，迪尔克·凡·巴布伦（Dirck van Baburen）、亨德里克·特尔·布吕亨（Hendrick ter Brugghen）、亚伯拉罕·布卢马特和洪特霍斯特都在努力将卡拉瓦乔的风格引入荷兰画，但他们取得的成就参差不齐。和卡拉瓦乔一样，他们在神圣的历史题材和音乐聚会场景中使用了未经编辑的街头素人，给这两种类型的画作注入了这位罗马典范的原始身体力量。并且，他们都把庞大的身躯紧紧地塞进画面空间，几乎要挤出画面，进入观者的房间。但是，只有特尔·布吕亨避免了一种幽闭、迟缓的笨拙感，成功地构建了诗意的庄严感；只有他似乎把握了微笑和媚笑之间的区别；只有他驾驭了那庄严的光，让其洒在他冷酷的色彩上，并完美地勾勒出材料的质感，使得画中人看起来像是悬浮在一种神秘的神恩状态中。难怪有人说鲁本斯独独对他赞叹有加。

在鲁本斯看来，乌得勒支一定是一个诱人的愿景，他可以想象，如果他 247
为争取和平而耐心付出的努力能够开花结果的话，将会诞生一个怎样的尼德兰。在北方，有人崇拜天主教，但却由加尔文派教徒统治着；那么在南方，为什么就不能对天主教的统治有某种事实上的宽容呢？他不可能没有注意到，教派差异并不妨碍城市艺术家之间的共事之谊和合作关系。公会的元老是保卢斯·莫雷尔瑟（Paulus Moreelse）和亚伯拉罕·布卢马特。前者是一个严格的反抗辩派加尔文派教徒，而后者则是一个虔诚的天主教徒，他曾受布鲁塞尔的耶稣会教堂所托，创作了《三博士来朝》，这幅画就矗立在高高的祭坛上，放在鲁本斯那两幅描绘圣洁的狂喜的杰作《圣依纳爵·罗耀拉的奇迹》（*The Miracles of St. Ignatius Loyola*）和《圣弗朗西斯·哈维尔的奇迹》（*The Miracles of St. Francis Xavier*）之间。事实上，生活在乌得勒支并没有妨碍布卢马特为斯海尔托亨博斯（这里很快就成为腓特烈·亨利的战略关注对象）的天主教大教堂绘制自己的《圣依纳爵·罗耀拉的奇迹》。而洪特霍斯特的天主教信仰并没有成为他担任圣路加公会会长的障碍。所以鲁本斯在乌得勒支坦然地接受了荷兰意大利画派大方的招待、奉承和宴请。作为回报，他对普伦堡的田园画和布卢马特的历史画给予了恰当的赞美。据约阿希姆·冯·桑德拉特说，在洪特霍斯特的画室里，鲁本斯被一幅名为《第欧根尼》（*Diogenes*）的画所吸引，上前询问它的作者是谁，结果惊讶地发现——作者就是桑德拉特！[9]不可思议的是，洪特霍斯特竟没有为鲁本斯的这趟旅程做向导。他可能是外出了，也可能是病了（1627 年是他少有的几个没有担任公会会长的年份之一），或者只是因为他怀疑鲁本斯的来访有外交方面的目的，不希望损害自己在海牙的地位。这一点特别微妙，因为他是一个天主教徒。但他还是委派了桑德拉特代尽地主之谊，这段经历一定在这位年轻的德国瓦隆画家的职业生涯中留下了不可磨灭的印记。过了些年，富有创造力的青年才俊桑德拉特从安特卫普搬到阿姆斯特丹，恰好在伦勃朗的工作室里待了一段时间，这使他成为 17 世纪少数几个与北方最伟大的两位巴洛克大师都有个人联系的艺术家之一。

但在 1627 年，伦勃朗这颗新星仍需走很长的路，才能够让众人看到它的光芒。桑德拉特带鲁本斯去莱顿了吗？尽管鲁本斯十五年前曾到过莱顿，而且他的许多朋友和熟人，如丹尼尔 · 海因修斯（Daniël Heinsius），也一直待在莱顿，但人们一直认为，这座由暴躁的教授和传道士组成的城市并不在鲁本斯一行人的行程之内。不过，鲁本斯或许去过莱顿，这种可能性不应断然排除，因为桑德拉特在 1675 年出版的《德意志学院》中曾对这次旅行做过简短描述，其中并没有具体说明鲁本斯和格比尔除了乌得勒支还去过哪些城镇。[10]有一个地方是特意忽略的，那就是海牙。这样做是为了避免让那些对此感兴趣的大使（比如法国大使）觉得鲁本斯和格比尔在搞外交活动。其实，
248 他们的整个任务都受这种顾虑的限制，即便有些许的可能，也很难说能完成任务。回到英国后，格比尔抱怨说，至少在书面上，他们没有提出任何坚定的建议，更不用说什么明确的建议了。到了 9 月下旬，他们得知了最坏的情况：马德里的奥利瓦雷斯不但不支持他为和平做出的努力，反而一直在策划战争。法国和西班牙结成侵略同盟的消息无疑是晴天霹雳，彻底摧毁了鲁本斯企图与英国建立信任的努力，使他与格比尔会谈时精心打下的基础沦为了笑柄。鲁本斯一定为自己被人利用来为阴谋诡计“打掩护”而懊恼不已。他在给格比尔的信中表示，他唯一的希望就是，法国和西班牙这对结成联盟的

宿敌之间会像“火与水”一样不相容，然后不可避免地回到斯皮诺拉与伊莎贝拉提倡的更明智的和平策略上来。与此同时，他带着利普修斯最为悲观时所持的宿命论态度宣布：“我不知道还能做什么，我相信我自己的良知和上帝的旨意。”[11] 他更痛苦地对迪皮伊吐露：“我们筋疲力尽，忍受了太多的痛苦，这场战争似乎没有任何意义了”，而且似乎“奇怪的是，西班牙给予这个国家的供给如此之少……却有丰富的手段在其他地方发动侵略战争”。[12] 现在，浮现在他眼前的不是什么宏大的政治和解，也不是乌得勒支务实的宗教共存，而是普通士兵要面对的又一轮悲惨的、无休止的战斗困境。在距离安特卫普三四里格的地方，西班牙人正在把某个被上帝遗忘的村庄改造成一座巨大的堡垒。堡垒设计得非常糟糕，士兵们不得不蹚着齐腰高的水去换岗。许多人病倒了，更多的人鬼魅般消失在秋雨中。[13]

不过，鲁本斯的访问也许改变了一些人，不是在会议室里的大人物，而是画室里的艺术家。经常有人认为，即使鲁本斯没有去莱顿，这个城市里两位最有抱负、最有才华的年轻艺术家也会注意到他在乌得勒支引人注目的逗留。鲁本斯对荷兰卡拉瓦乔派画家的奉承可能被视为一种赞许。这种赞同的态度是在暗示：特尔 · 布吕亨和洪特霍斯特将成为你们荷兰的鲁本斯，并将像我一样，走他们自己的路。事实上，洪特霍斯特即将被召入海牙波希米亚国王和王后的宫廷，以及英国查理一世的宫廷。信息很明确。对伦勃朗和利文斯这两位年轻画家来说，获得认可和成功的道路都指向了乌得勒支。于是，他们开始调整自己的风格，使之更像洪特霍斯特而不是拉斯特曼；阿姆斯特丹大师的鲜明色彩和雕塑般的形体，被卡拉瓦乔派的烛光取代。

这个故事有一半是真的。在 1627 到 1628 年左右，伦勃朗确实大幅度地改变了他的历史画风格。他把外景画入了室内。他色彩中的明快和硬朗逐渐消融，变成了单色的青铜器和暗色的天鹅绒。一片片柔和的光穿过洞穴般的晦暗空间，就像月亮摆脱了云层的笼罩。但伦勃朗在诸如《以马忤斯的晚餐》
（*The Supper at Emmaus*）中进行的亮度实验，很少或根本没有受到乌得勒支 249
卡拉瓦乔派的光影技巧影响。事实上，除了与利文斯之间激烈的竞争之外，这些作品与任何人都没有太大的关系。恐怕只有艺术史学院“恐惧留白小组”

（Horror Vacui Division）强调的“把伦勃朗从他手中解救出来的使命”，才会如此努力地将他 1627 到 1629 年创作的历史画的独特性解释成是从乌得勒支学来的。

沿着他创作出《以马忤斯的晚餐》之前的绘画道路一路走来，沿途在罗马、安特卫普、乌得勒支和莱顿停靠，就可以看到伦勃朗如何贪婪地吸收大师们的教诲，然后又以惊人的大胆构思背离了这些教诲。这则故事之前已经被画过无数次了。但它对于有墨色眼睛的画家、内在视觉的报告者来说，是再完美不过的，因为它是一段呈现信仰和视觉关系的历史。由于这幅画与现存于波士顿的那幅《艺术家在他的画室》的尺寸差不多，显然出自同一时期，并且重复了那幅画中的许多视觉主题（粗糙的木板，上面还有裂缝和破洞；一块斑驳剥落的灰泥），因此有理由认为这幅画是对它的补充，是心灵之眼被领悟所浸润的另一时刻。

《路加福音》第 24 章讲述了耶稣在埋葬后的第三天首次显现的故事。耶稣在没有透露自己身份的情况下，加入了两个门徒的谈话，并向心中愁烦和起疑念的人提供了像往常一样的有益教导（“愚昧的人啊，心思迟钝的人啊……”）。然而，让过去的大师们无法抗拒的始终是启示的时刻：耶稣在晚餐时与他们一起分饼，“他们的眼睛就明亮了，这才认出他来”。卡拉瓦乔曾两度描绘这一场景。在 1602 至 1603 年创作的第一个版本中，所有的人和物似乎都像触了电一般被定住了：按透视法缩短的手向前伸着；顿悟的瞬间，人们瞠目结舌，餐巾也掉落下来。在大约于 1605 到 1606 年（当时鲁本斯、拉斯特曼和特尔·布吕亨都在罗马）完成的第二个版本中，震惊之情已经体现在背对画面的使徒的姿态中，而卡拉瓦乔策略性地画出的碎面包卷，则象征着用圣餐来回忆耶稣受难。

很有可能，卡拉瓦乔是在 1606 年夏天画的第二幅作品，当时他因网球场谋杀案畏罪潜逃，正藏身于罗马南边的马尔齐奥·科隆纳（Marzio Colonna）亲王的庄园里。鲁本斯作为在第二年购买卡拉瓦乔《圣母之死》的主要竞价者，看过两个版本的《以马忤斯的晚餐》也并非不可能，因为他自己的画作结合了卡拉瓦乔在第一幅中的活力（一个使徒向后推着椅子，另一个伸出手

卡拉瓦乔,《以马忤斯的晚餐》，约 1606 年。布面油画。米兰，布雷拉美术馆

来）和第二幅中坚实的、雕塑般的体积感（一个平静的基督，充满关切的旅店老板娘）。鲁本斯的第一位荷兰雕刻师威廉·凡·斯凡嫩伯格随后为鲁本斯制作了一幅版画，这幅作品一定在荷兰广泛流传，而且伦勃朗显然会看到它，因为它是在他老师的兄弟的店里发行的。这幅作品在乌得勒支被视为一种挑衅。因此，很有可能，由卡拉瓦乔派画家创作的该主题的不同版本——1616 250
年的亨德里克·特尔·布吕亨版和 1623 年的亚伯拉罕·布卢马特版——都是对卡拉瓦乔和鲁本斯的回应。

伦勃朗对“神圣的惊愕”这一主题的尝试（第 323 页）则截然不同。他也在努力将卡拉瓦乔和鲁本斯的两幅画中的矛盾特质——爆发式的戏剧性和凝固的静态——结合起来。但是，他的画作摆脱了餐桌上与这段轶事相关的大惊小怪，从对画家来说最重要的东西——视觉问题——出发，重新诠释了

鲁本斯,《以马忤斯的晚餐》,1610 年。布面油画,205 厘米 ×188 厘米。巴黎,圣厄斯塔什教堂

这个场景。正如其一生所做的那样,伦勃朗回到了《圣经》本身,但他没有停留在《路加福音》第 24 章第 30 节(“他和他们坐在一起吃饭的时候,他拿了饼……递给他们”),而是继续往下读到第 31 节:“他们的眼睛明亮了,这才认出他来;**他就从他们的眼前消失了**”[作者做的强调]。从表面上看,这对一个历史画家来说是不可能完成的挑战,因为它要表现出凝视一个不在场的人的情景。伦勃朗毫不畏惧,继续读了下去。《路加福音》的同一章里也讲述了随后发生的一个截然不同的事件。耶稣再次出现在使徒中间,可想而知,

使徒们变得“惊慌害怕，以为所看见的是魂”。伦勃朗将这两个事件叠加成一个画面（正如他后来一次又一次做的那样），集中体现耶稣显灵的鬼魅特性。现在，耶稣可以既在那里，又不在那里；既可辨认，又难以捉摸，仿佛如果没有背光，他就会融入缥缈的天际。

这幅画极其简明，全然是福音书的特性，仿佛其本身就是奇迹般出现的，而不是经过塑造，将薄薄的、几乎是单色的颜料铺在纸上，又将纸粘到橡木板上创造出来的。作品的单色调和附着感使画面像一幅蚀刻版画的试验草 251
图，强烈的光线和浓密的晦暗区域显然更适合版画。看到这一点，那些对影响力有着敏锐嗅觉的学者就会惊呼一声“啊哈”，并挥舞起一幅亨德里克·古特（Hendrick Goudt）根据亚当·埃尔斯海默的铜板油画《朱庇特和墨丘利在菲利门和博西斯的房子里》（*Jupiter and Mercury in the House of Philemon and Baucis*）制作的雕版画。据说伦勃朗的这幅画就是以该版画为基础的。诚然，右边的朱庇特和伦勃朗的基督的位置，以及框在左后方的厨仆的细节，无不体现出了相似性，可以证实这个假设，但这种图像学上的“匹配”究竟能解释什么呢？这些其实一点也不重要。它们是伦勃朗创作的动机，而非实质。这会让我们想起勃拉姆斯对一个聪明的家伙的轻蔑反驳：“傻瓜都能看出来。”此人曾指出他的《第一交响曲》的最后一个乐章疑似贝多芬《第九交响曲》的最后一个乐章。在形式上与古特复刻的埃尔斯海默作品相似只是一个起点，这不是伦勃朗画作中最有趣的品质，而是最无趣的，在一幅已然成为一场革命的画作中，这只不过是一句漫不经心的引语。更重要的是，伦勃朗去除了古特复刻的埃尔斯海默作品中所有与这段轶事相关的道具和杂乱的东西（比如前景的静物），而选择了视觉戏剧中一个强烈的聚焦点。埃尔斯海默细致入微地描绘了室内的细节，梯子、横梁、挂桶和窗帘；伦勃朗则满足于《艺术家在他的画室》中那块同样粗犷朴素的木板，对纹理的处理有着同样惊人的准确性。两者之间的差异是巨大的：一个是堆叠的叙事，一个是真实的瞬间。而且，伦勃朗还找到了一种省力的方法，用来处理兴奋和庄严之间的紧张关系，将其庄严，即瞬间的凝重，通过一个建筑细节体现出来：一根不可能出 252
现在以马忤斯的旅馆里的巨大石柱。

亨德里克·古特临摹亚当·埃尔斯海默，《朱庇特和墨丘利在菲利门和博西斯的房子里》，1613年。雕版画。阿姆斯特丹，荷兰国立博物馆

毫不夸张地说，这幅画太震撼了。它通过感官传达认知的变化，又通过认知来改变感官。极端的明暗对比并不只是一种自负的炫技："卡拉瓦乔？真的吗？现在看看我能搞出什么花样来。"明暗对比恰恰就是主题。于黑暗中见光明；《圣经》（再次）被构思为治疗失明的方法。治愈者本身几乎不可见，以剪影的形式呈现，背光来自紧靠基督头部后面的某种光源，可以理解为是某种蜡烛发出的光，但在每个重要的方面都宣示着这是启示之光、福音之光。门徒的眼睛与现存于波士顿的那幅《艺术家在他的画室》里画家的眼睛截然相反，不是陷在眼眶里，而是从里面弹了出来，就像蜥蜴一样，虹膜和瞳孔
253 收缩在白色巩膜的大圆球里。门徒的皮肤紧贴着额头，但他的下巴是松弛的，张开的嘴只用一抹精准的颜料来表现，其总体上的精简程度几乎是卡通化的。

伦勃朗，《以马忤斯的晚餐》，约 1628 年。木板裱贴纸上油画，37.4 厘米 ×42.3 厘米。巴黎，雅克马尔–安德烈博物馆

而在伦勃朗需要的地方（同样和《艺术家在他的画室》中类似），他可以画出极其精确的局部画面，门徒的手势尤其如此。他右手的手指按透视比例缩小，大幅度地张开，就像得了破伤风一样，左手则颤颤巍巍地进行着自我保护。这种清晰与混乱之间的模糊性，正是画面的核心，伦勃朗通过介乎于勾勒线条与素描之间的微妙技法，几乎难以察觉地给我们留下了深刻的印象。例如，乍一看，基督头部的剪影在灯光照耀着的墙板上显得轮廓分明，我们可以看到精准的细节：基督胡子上细微的分叉和落在额头上的一绺头发。但事实上，

伦勃朗是在原有的轮廓之上，用柔和、飞扬、几乎模糊不清的笔触增加了这些细节。这种功力，只有能控制精细运动的神奇之手才能做到。基督的整个右侧身体，到他安详地紧握的双手为止，采用的是半明半暗的处理方法，因此他的身影看上去像是在灰黄色的倏逝之光中颤抖。

像伦勃朗几乎所有最杰出的画作一样，这幅画也有一些微不足道却醒目的瑕疵。石柱的钉子上挂着的大袋子或马鞍包，不自然地挂在那位瞪大眼睛的门徒头顶上（这是“悬置的怀疑”的一种类比），作为一个局部画面插入了画作，既存在于光明中，又存在于黑暗中。但这毕竟是一幅展现悬而未决主题的画，而伦勃朗这位“舞台导演”发现，他忍不住要将闪闪发光的静物细节——桌子边缘伸出来的闪着亮光的刀柄，白色的餐巾——与跪在耶稣脚边的第二个几乎看不见身影的门徒结合在一起，门徒后脑勺的头发似乎是竖起来的，在白布的衬托下显得格外扎眼，而那白布作为受难场景里裹尸布的缩影，又勾起了人们的回忆。伦勃朗需要用半影勾勒出后方侍女的身影，使她显露出来，这么做大概是为了暗示福音之光已经照亮了她，但效果却令人不安，它呈现的是一种温和的光晕，就像午夜时分的钟面。

因此，伦勃朗的《以马忤斯的晚餐》并不是一幅完美的画作，只是一幅展现出令人惊叹的才智和创意的作品，一幅神圣的叙事作品。它干净利落地越过了任何形式上的影响，最终进入了一个完全由画家自己创造的领域。虽然伦勃朗曾经那么遵从于《画家之书》中的规则，但他大约在 1628 到 1629 年期间，已经在做凡·曼德尔、洪特霍斯特和拉斯特曼等人做梦也想不到的事情了。或者说，他没有做他应该做的事，即“最后的修饰”。也许他还记得，普林尼曾称赞阿佩莱斯知道“什么时候应该把手从画上拿开”。[14] 因为粗略完成的、看起来不完整的作品，与任何表面上的成品相比，更能调动起观者的各种机能，让他们参与到画作中来。仿佛伦勃朗选择了迫切的眼睛，而拒绝了光滑的画笔。

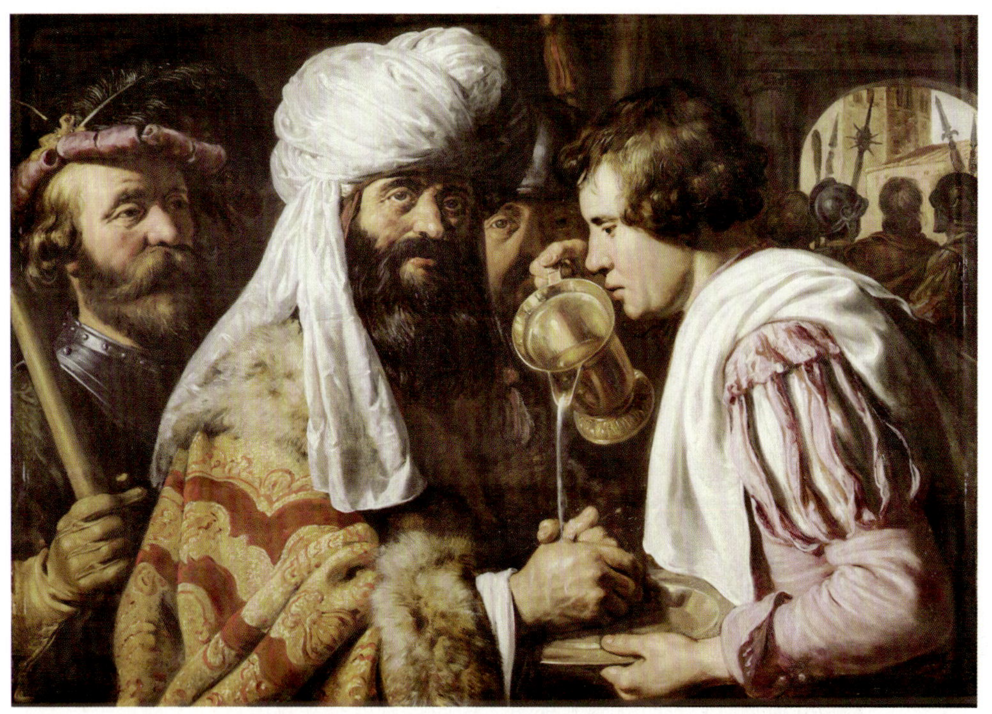

扬·利文斯,《彼拉多洗手》,约 1625 年。木板油画,83.8 厘米 ×106 厘米。莱顿,布料厅市立博物馆

2.(有限的)伙伴关系

事实上,莱顿有一位年轻画家一心想成为家乡的洪特霍斯特,他就是扬·利文斯。他的《彼拉多洗手》(*Pilate Washing His Hands*)大约是在 1625 年完成的,这幅画表明他曾仔细研究过要想在乌得勒支取得成功需要什么条件,以及在腓特烈·亨利的新宫廷中取得成功意味着什么。笨重的巨型人物,以半身姿态挤在画面中,就像在大人国里试镜一样。他们华丽的服饰和显眼的杯子呈现在强烈的光线下,彰显了画家在材料表现(stofuitdrukking)——描绘金属、丝绸和毛皮等材料——方面的天赋。与往常一样,这幅画中也有"阴影的戏份",有些是滑稽的,有些是严肃的。比较有趣的细节是彼拉多和侍童之间的那张士兵的脸,整张脸沿鼻子被任意分成了明和暗两个区域。结果很奇怪,"吉利的"和"无力的"眼睛相互争执着,仿佛处于一场胜 254

负未分的消遣游戏之中。（略微跑题的幽默笨拙地融入叙事中，似乎要成为利文斯作品中缓解紧张氛围的调节剂，尽管在乌得勒支画家的许多风俗画场景中，也有能让人捧腹大笑的笑话，只不过笑话的内容我们注定永远无法得知。）[15] 另一方面，严肃的“阴影的戏份”是一种卓越的发明。在画作背景的右边角落里，背对画面的基督，正由卫兵带领着，从黑暗的室内穿过一道拱门，走到耶路撒冷广场上亮得刺眼的阳光下。这是一个很能说明其叙事之巧妙的例子，它使利文斯，而不是伦勃朗，早早就被誉为莱顿新出的奇才。

在莱顿的某个地方，某个父亲一定已经开始用“你为什么不能像扬 · 利文斯那样？”来训斥自己的儿子了。因为孩童时期的利文斯无疑是个佼佼者。伦勃朗十四岁时就成了学徒，但利文斯八岁时就被送到肖像画家约里斯 · 凡 · 斯霍滕那里学习了。伦勃朗大概十七八岁的时候来到了拉斯特曼的画室，可利文斯十岁时就到了那里。他明摆着就是莱顿的第一个神童——不朽的卢卡斯——的转世，他的“玩具和抓阄道具是……炭笔、粉笔、钢笔、笔刷和雕刻刀”[16]。欧尔勒斯（他拥有九幅利文斯的画，但没有伦勃朗的画）说，十二岁时，利文斯复制科内利斯 · 克特尔（用手指和脚趾作画的奇才）的《德谟克利特和赫拉克利特》能够精确到以假乱真的程度，没有哪个行家能够将其与原作区分开来。如果这还不够的话，他还是一个少年斯多葛主义者，在 1618 年的动乱中，他始终坚持不懈，从不允许像内战这样的小事打断他刻苦地绘制由威廉 · 伯伊特维赫制作的版画。[17]

255 就在不久前，扬 · 利文斯还被认为在他的莱顿同胞那奇特而突出的才能面前相形见绌。但眼下情况不同了。反倒是伦勃朗常常被归类为缺乏独创性的追随者，亦步亦趋地跟在天才利文斯的身后。在我看来，这是一种过度的修正。年轻的利文斯很有天赋，尤其是在平面艺术方面，这是毫无疑问的。[18] 但要说他在创造力和技术质量方面是个更有资历的伙伴，似乎还有待商榷。现在也经常有一种论调，认为在利文斯和伦勃朗密切合作的时期，他俩的画作无法区分开来。诚然，那些对荷兰执政的艺术藏品进行清点的人，有时会把其中一个人的作品误认为是另一个人的作品，这也许是因为惠更斯喜欢把他俩的名字放在一起的缘故。但我们不必纠结于此。在一些最著名的例子中——《参孙与大利拉》(*Samson and Delilah*)、《拉撒路的复活》(*The Resurrection of Lazarus*)和《十字架上的基督》(*Christ on the Cross*),我们可以直接比较他们各自对同一主题的处理。正如惠更斯自己指出的那样,两人之间的差异是显而易见的。比起裁定在伦勃朗和利文斯的竞争性合作关系中“谁引导了谁”,更有趣的是他们竞争性合作的紧密程度以及两人共同的创造力。

由于过去两个世纪对画家职业的自主性大加渲染,因此我们会过于想当然地把画家的一生视为自我发现的旅程。尽管浪漫主义式的想象过于夸张,但我们为伦勃朗绘出的这条道路应该也不会错得离谱。[19] 自我拷问,尤其是精神上的自我拷问,在 17 世纪和 19 世纪一样,都是人们关注的焦点,只不过方式不同。尽管伦勃朗在《以马忤斯的晚餐》和《艺术家在他的画室》等画 256
作中展现了自己的特质,但他肯定不是为了标榜自己的独特性。相反,他在一开始就迫切地需要榜样、对手和典范。毕竟,竞争即使不是艺术实践的内容,也属于艺术史的内容,它可以一直追溯到普林尼记载的在希腊画家宙克西斯和帕拉休斯之间展开的视错觉艺术比赛。宙克西斯的葡萄画得栩栩如生,鸟儿都飞到画中的舞台上啄食,“于是帕拉休斯画出了一幅非常逼真的幕布图,宙克西斯对鸟儿的判断感到骄傲,要求现在就拉开幕布,把画展示出来;当他意识到自己的错误时,他用一种使他荣誉扬名的谦虚态度放弃了奖品,并说,他欺骗了鸟儿,而帕拉休斯却欺骗了他这个艺术家”。[20]

利文斯和伦勃朗是莱顿的宙克西斯和帕拉休斯吗?他们是彼此赏识、互相折服,会分享绘画模特和最佳想法的画坛好友吗?[21] 还是说,他们是你死我活的竞争对手,把对方最近的发展视为一种挑战,想要智胜并超越对方,率先抢得为执政在海牙的宫廷效力的机会?哪个更重要:相互仿效,还是心怀妒忌的竞争?也许,像任何稳固的劳动合作关系一样,上述因素都有,在他们之间,嫉妒与互惠是并存的。可以肯定的是,他们共享了一些技术:用深棕色或深灰色的单色(doodverf)在底部勾勒出构图的基本线条;或者在处理毛发的细节时,用画刷柄的末端进行刮擦。他们都会沉迷于,有时甚至是沉

伦勃朗,《音乐寓言》, 1626 年。木板油画, 63.4 厘米 ×47.6 厘米。阿姆斯特丹，荷兰国立博物馆

溺于对拱起的眉毛和紧锁的眉头的娴熟处理。他们显然有共同的模特，模特们有着两位画家喜欢运用的面部特征，比如那个威严的老人，有着高秃的额头、族长气质的灰色络腮胡，下嘴唇下有一条小裂缝，他扮演的是保罗（两人都画过）、约伯（利文斯的）、耶利米（伦勃朗的）和杰罗姆（利文斯的）。同他一样在两人的画中随处可见的女性角色，是一个满脸皱纹、大眼睛的老妇人。伦勃朗将她画成女先知亚拿，利文斯则将她画成约伯的妻子，后来又画成一个来自异国的戴着头巾的占卜师。更有趣的是伦勃朗早期的《音乐寓言》（*Musical Allegory*，1626）中弹奏古大提琴的突眼青年。利文斯在灰调素

扬·利文斯,《伦勃朗肖像》,约 1629 年。木板油画,57 厘米 ×44 厘米。私人收藏

伦勃朗,《艺术家在他的画室》,约 1629 年。钢笔素描。洛杉矶,J. 保罗·盖蒂博物馆

描《参孙与大利拉》中,让他笨拙登场,扮演了一位蹑手蹑脚的非利士士兵。尤为重要的是,他们还将对方引入自己的画作中。在伦勃朗的《音乐寓言》中,那位站立的竖琴手有时被认为是他本人,但事实上,这个人的鼻子又细 257
又长,下颚尖尖的,眼睛凸出,酷似鱼眼,与利文斯更为相像。

大约在 1629 年,利文斯为伦勃朗画了一幅讨喜的肖像,正如被画者希望的那样,画中人显得既柔弱,又刚硬:蓬乱浓密的赭色卷发上戴着一顶黑色的天鹅绒帽;伦勃朗那已变得丰满的下巴顶着一条缠绕脖间的白色围巾;他眼中闪烁的寒光,与钢制护喉上的反光交相辉映,这是位准备战斗的画家。伦勃朗则为他的朋友画了一幅精彩绝伦的素描,看起来既放松自若,又高度紧绷:利文斯的脸庞被一种深思熟虑的神情笼罩,就像伦勃朗现存于波士顿的那幅《艺术家在他的画室》中的脸庞一样。不过,在这幅素描中,他并没有站在远离画板的地方,而是刚刚从椅子上站起来,一只手紧紧抓住椅背的

顶端，身体朝画板前倾着，在检查他的作品。乍一看，他站立的地方甚至和《艺术家在他的画室》中描绘的画室一模一样，这说明他俩确实共用了一个工作区域。但事实上，两间画室有明显的不同。利文斯画室里的磨石离他的画架很近，而不是靠在墙上（没有人会在每天工作时随意移动磨石）。并且，利文斯的画架离门有一段距离，房间看起来比伦勃朗的那间大得多。毕竟，伦勃朗父亲的宅邸和用于出租的房产都在加尔格沃特河附近北拉彭堡社区的佩莱坎舒克（Pellecaenshouc），相比之下，利文斯家房子所在的区域尽管只略微大了一点，但显然更加气派。

无论他们是否真的共用一个工作室，也无论他们中的一个人是否会步行（从利文斯位于圣彼得教堂附近的那间旧房子大约需要走十五分钟，而从布里街的新房子需要走十分钟）去那里为模特作画，抑或只是看看对方在做什么，毫无疑问，伦勃朗和利文斯都把对方当作能擦亮创作火花的打火匣。对惠更斯来说，这对组合，其微妙的交错关系，无疑是吸引人的一部分，正如他想的那样，这种关系确保了他俩都会努力超越对方，走向卓越。

因为如果惠更斯要实现他的目标，亦即找到（除洪特霍斯特之外，另一位）能像凡·戴克和鲁本斯之于哈布斯堡家族和斯图亚特家族一样，为执政的宫廷和住宅工作的画家，那么这个人需兼具这两个年轻人各自体现出的品
258 质：利文斯画作中的宏伟叙事和辉煌的景象，伦勃朗画作中的诗意想象。只有鲁本斯将这两种天赋融于一身。而惠更斯需要的是肖像画家。1628 年，米希尔·凡·米勒费尔特逐渐失去人们的青睐。他在代尔夫特有一条作画的流水线，画家只负责画脸和手，剩下的工作则交给助手去做。向潜在的客户提供一套固有的姿势，然后将脸安在人体上，此举或许极省事，但用不了多久，必然会显得程式化。洪特霍斯特在英国奉承国王，也得到了国王的恩宠。很有可能，惠更斯首先找到的是利文斯，而不是伦勃朗。惠更斯是和兄长毛里茨一起找到他的。身为共和国执政的秘书，毛里茨也有一个潜在的赞助奖励需要找人落实。那为什么不从他自己的肖像画开始呢？这个想法让利文斯诚惶诚恐，但也跃跃欲试。“他想要为我画肖像，并被这种念头攫住了，”惠更斯在他的自传中写道，“我向他保证，如果他能来海牙，在我的房子里住上一

段时间，我会非常乐意给他这个机会。他急不可耐，几天后就赶到了，他解释说，自从见到我之后，他夜不能寐，白天也很烦躁，根本无法工作。我的面容在他的脑海中牢牢地扎下了根，他的急切心情再也不能耽搁了。”[22] 惠更斯被这位年轻画家展现出的热情吓了一跳（无疑也被迷住了），于是在行使公务的间隙，给画家留了一些时间。但时间并不充裕，尤其是在冬季，白天作画的时间很短。利文斯只能勉为其难，先为他这位杰出的雇主画好手和衣服，并明确表示来年春天再回来完成惠更斯的脸。“再一次，”康斯坦丁写道，为门客的热诚感到高兴，“他在约定的日期之前就来了。”在绘制人物肖像的过程中，把写生的时间打断，分几次进行，是所有画家面对的共同难题，而利文斯给惠更斯画的这幅肖像，似乎确实也受到了这种断断续续的创作过程的影响。那双刻意叠在一起的手，似乎与惠更斯的头部不成比例，显得比他的脸还重要。不过，脸上露出的沉浸在哲思中的神情，一定让雇主很高兴，尽管他补充说，他的朋友们认为画中没能如实展现出他活泼的一面。“我只能回答说，错在我。在这段时间里，我深受一件家庭事务的困扰［也许是他妻子高龄妊娠吧？］……不出所料，我竭力压制的忧虑，通过我的表情和眼神都清楚地表现出来了。”[23]

这么说来，最初给荷兰共和国最具战略影响力的赞助人留下不可磨灭印象的人是利文斯。但一旦惠更斯遇到了利文斯的相似者，他一定会很快意识到，伦勃朗至少和利文斯旗鼓相当。他当然会注意到他们远非不可区分。“在稳健自信、情感鲜活（iudicio et affectuum vivacitate）方面，伦勃朗棋高一着；若论观念之崇高，题材、形式之大胆，则利文斯更胜一筹。他年轻气盛， 259
所画的内容无一不是宏伟壮观的。相比以真实尺寸描绘人物，他更愿意选择更大的尺寸。而伦勃朗则把所有的心思和专注力都投入到了小型绘画中，他在小规模的画作中达成的效果是人们在别人的大画幅作品中寻觅不着的。”[24]

换句话说，在不偏袒任何一人的情况下，是选择夸张的表现力，还是紧凑的戏剧感？是选择醒目的姿势，还是不经意间流露的眼神？三个半世纪以来，惠更斯这番简洁而生动的对比，无人能超越。此外，他还煞费苦心地给予了利文斯和伦勃朗应有的评价。事实上，有些作品，比如《拉撒路的复活》，

扬·利文斯,《康斯坦丁·惠更斯肖像》,约 1628 年。木板油画,99 厘米 ×84 厘米。阿姆斯特丹,荷兰国立博物馆

无论是油画版本还是蚀刻版本,利文斯的表现手法都(至少)与伦勃朗旗鼓相当。[25] 不过,这可能是因为,这一次(也是唯一一次)两位画家似乎交换了角色。伦勃朗的画板大得非同寻常,也许是这两幅画中更夸张的一幅。而利文斯的画作从小细节中实现了最大的戏剧性力量,画中鲍里斯·卡洛夫 * 的手指从墓口伸出来,仿佛是基督的手拉起来的。基督双手交叉,正在祈祷。利文斯(用他的竞争对手更常用的那种精确性)选择了《圣经》中一个生动的

* 鲍里斯·卡洛夫 (Boris Karloff) 是英国演员,因出演《弗兰肯斯坦》(1931) 中的怪物一角而名声大噪。此处比喻死而复生者,即拉撒路。——编注

扬·利文斯,《拉撒路的复活》,1631 年。布面油画,103 厘米 ×112 厘米。英格兰,布莱顿博物馆和美术馆

时刻:耶稣在与上帝对话,祈求赐予他力量去施展奇迹。因此,他刻意将基督的形象孤立在一片强烈的、超自然的光中。而伦勃朗的画作则突出了包括抹大拉的马利亚和马大(Martha)在内的那些惊呆了的见证人,并赋予拉撒路一种快要变为尸体的绿色磷光。很明显,伦勃朗想要彻底打破意大利大师丁托列托以及鲁本斯和拉斯特曼等人树立的传统,即将拉撒路描绘成一具造型优美的尸体,以最佳状态复活,看起来就像刚从休养所回来一样。伦勃朗的观点一如既往地站得住脚,只不过呈现的效果过于夸张。尽管他的画很好,但利文斯却给基督留出了巨大的黑暗空间,这在他直接根据这幅油画内

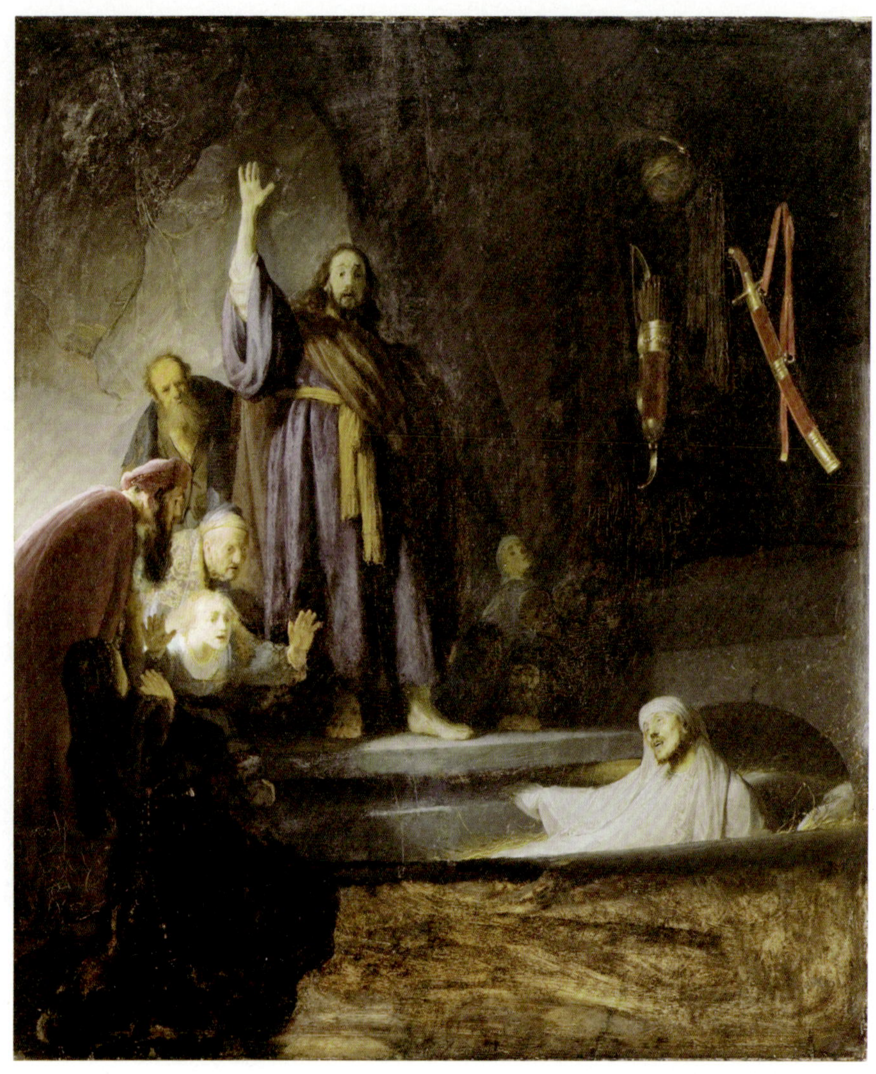

伦勃朗,《拉撒路的复活》，约 1630 年。木板油画，96.4 厘米 ×81.3 厘米。洛杉矶县艺术博物馆

容制作的蚀刻画中体现得更加明显，其结果是将注意力集中在了对新教徒来说最重要的事情上：在第二次生命的奇迹中，全能者直接通过他的儿子赐予了力量。[26]

利文斯的《拉撒路的复活》是唯一一幅以这种方式绘制的历史画，画中的小人物聚集在画面深处的阴暗空间中，身上的光线营造出一种戏剧性的明
260 暗效果。在这幅画诞生前，二人已经历了多年围绕特定题材展开的竞争。在

大多数情况下，伦勃朗都能通过简练的绘画风格达到引人注目的戏剧效果，从而巧妙地避开了利文斯更为复杂的夸张风格。三幅以《圣经》中参孙与大利拉的故事为主题的画（两幅是利文斯的，一幅是伦勃朗的），就能说明这一点。这三幅画都暗暗参照了鲁本斯为罗科克斯的房子画的那幅伟大作品（在荷兰可以看到这幅画的雕版画）。三幅画的时间顺序激发了艺术史学家的渴望，非要在这个“二人组”中分出孰先孰后来。利文斯的小型灰调木板油画是否就是伦勃朗现存于柏林那幅中等尺寸木板油画的原型？而伦勃朗的这幅画反过头来是否也是利文斯的大布面油画的原型？又或者，布面油画才是开启这场竞争的作品？伦勃朗的木板油画是对其惊人的回应，而利文斯的小木板油画则是最后的反驳？要厘清这一点，不是不可能，但困难重重。不过，说到底，这并不重要。重要的是，与伦勃朗精心渲染出的高度紧张和惶恐的背叛时刻相比，利文斯一大一小的两幅画作，都是对视觉剧场的笨拙尝试。

利文斯创作的巨幅作品是三个版本中最令人遗憾的一幅，它竭力想超越
鲁本斯，把参孙的身体表现得既笨重又脆弱。利文斯在细节上花了很多心思： 261
用画刷柄末端制造的标志性的刮擦痕迹，下巴和脸颊上的胡须，以及沉睡中微微皱起的眉毛。所有这些都是好的。但是，画中那庞大、苍白、肥硕的身躯，不可避免地破坏了参孙狮子般的形象。尤其是左臂，它支撑着参孙的脸，好像莫名其妙地与大利拉的手肘连在了一起，仿佛这位诱惑者，在散发着魅力的同时，正浮夸地展示着额外长出来的一只手臂。[27] 虽然画布尺寸很大，但大利拉的上半身和下半身似乎尴尬地挤在一起。利文斯显然想让剪刀成为这幅画最具戏剧性的元素，刀刃不祥地指向了参孙的脖子。但是，这种灾难一触即发的效果，被非利士士兵脸上笨拙而紧张的表情以及他举起的手给破坏了。这只手与大利拉的手形成了鲜明的呼应，仿佛两只手正要在毫无防备的巨人的脖子上方击掌。

利文斯没有办法精准地把握非利士士兵这个关键人物。他很有可能是从 262
这幅大型布面油画入手，毕竟大型画是他当时惯用的卡拉瓦乔派形式，大尺寸的人物紧贴在画面中；之后他才画了那幅小型木板油画，空间安排得更加清晰，算是对伦勃朗的回应。[28] 但是，即便利文斯的小型木板油画早于伦勃

扬·利文斯，《参孙与大利拉》，约 1630 年。布面油画，129 厘米 ×110 厘米。阿姆斯特丹，荷兰国立博物馆

扬·利文斯，《参孙与大利拉》，约 1628 年。灰调木板油画，27.5 厘米 ×23.5 厘米。阿姆斯特丹，荷兰国立博物馆

朗的那幅，它也明显缺乏后者在情感和心理上的复杂性。在利文斯的木板油画中，我们看到的是大利拉把手指放在嘴唇上，告诫那个眼神呆滞、靴子吱吱作响的士兵。这是无声电影里的情节，一不小心就会沦为滑稽戏。这一次，参孙的身形缩小了很多。他斜靠在大利拉的膝盖上。大利拉用左手把他的头发从脖子上拨开，给人一种她刚才在找虱子的不愉快印象。

伦勃朗的大利拉显然不是在给参孙梳理头发。不过，在画面的核心位置，他设法给她安排了一些动作，从而奇迹般地暗示出比故事中的紧迫时刻更丰富的内容。当她的右手撩起参孙的一绺待剪的铜色头发（波浪般的卷发在金色的灯光下闪闪发光）准备剪掉时，她的这只手几乎在漫不经心地抚摸着他的头发。由此可见，伦勃朗的确是在追寻鲁本斯获得成功的关键：多情的温柔与残酷的背叛并存的悲剧感。将整个故事浓缩在一个瞬间，这就是伦勃朗后来极为擅长的事情。

现存于柏林的那幅伦勃朗的《参孙与大利拉》，其特殊品质记录了他的创
263 造性与利文斯更接近工匠精神的天赋之间的差距。鲁本斯的参孙赤裸着上身，

展现出古希腊–罗马式的肌肉感，而伦勃朗的回应方式是将他遮盖起来：给他穿上浓重的金色衣服，衣服吸饱了光，暗示他即将失去辉煌。画家调动了他描绘剥离的灰泥时所展现的全部材料表现技巧，用来描绘服装的材质，画出了系在参孙腰间的蓝红色和金色的腰带，随后把画刷柄的末端往回刮擦，在黄色颜料中形成重重的斑点和凸起的珠状，从而呈现出精致的线头和针脚。接着，在这个已经错综复杂的图案上，他又添加了点点滴滴的蓝色颜料。他之所以如此费尽心思地描绘这些技艺精湛的片段，并将它们用在大利拉的刺绣下摆上，就是为了在两具身体即将被撕扯开的地方将它们编织在一起。与利文斯的灰调画中不同，这里参孙的整个上半身都放在大利拉的大腿之间。一幅初步粉笔素描（这在他早期的历史画作中非常罕见）表明，画家对大利拉大腿和小腿的渲染花费了较多的心思。最初，大腿和小腿可能是裸露着的，后来采用了典型的伦勃朗式的反暗示法，用闪闪发光的彩色织物加以覆盖，使其更具有感官上的暗示性。与鲁本斯的模特不同的是，这个大利拉并不是什么魅力四射的夺命交际花，她只是一个唯利是图的酒馆女郎，有着丰腴的乳房和肮脏的趾甲。她的加害对象参孙的身体也相应地被剥夺了神话的力量。他与其他巴洛克式的参孙形象截然不同：既不是巨人，也不是泰坦，而是像个男孩般可怜地躺在大利拉母性的怀抱里。唯一能体现参孙式力量的标志，是一个被强光照亮的静物细节（伦勃朗的历史画中经常如此）：气势如虹的英雄之剑，与后面士兵的武器不同，它深深地插入鞘中，松弛地挂在他的臀部下面。我们无须获得弗洛伊德精神分析领域的高学位就能理解伦勃朗这么做的目的，即通过符号和委婉的方式来描述性场面。例如，裸露的双脚最能说明亲密关系和背叛：参孙的脚底坚硬，轮廓粗犷；大利拉的脚苍白，闪亮，没有清洗。

伦勃朗完美地捕捉到了这一瞬间的惊恐，就连非利士士兵绷紧右臂肌肉时鼓起的血管和他右眼中微弱的闪光，都显示出他的警惕和恐惧。与利文斯画中士兵不确定的手势不同，这个士兵的左手只是在不自觉地做着小心翼翼的动作，他战战兢兢地向前，知道自己即将迈出决定性的一步，从木楼梯的最后一级可能吱吱作响的台阶上走下去。伦勃朗描绘了后面那条腿上的巨大

伦勃朗，《参孙与大利拉》，1628 年。木板油画，61.4 厘米 ×40 厘米。柏林，柏林画廊

的靴子，好像士兵在努力保持着平衡，以免惊醒受害者，而利文斯的哑剧则将人物的重量都放在了前脚上。

正是这种迫在眉睫的感觉，通过细节构建出的不安感，隐秘地透出了不祥之兆。人物上方打磨出的高光将这种不祥感聚集起来，这标志着伦勃朗是一个戏剧家，而不是一个通俗闹剧作者。他已经成了刻画困境的精打细算者，在点滴之间，而不是在整桶水中衡量着这种困境。鲁本斯和利文斯都觉得有 265
必要画一整队在门口或等待或正在进入的士兵，来表明参孙的最终命运，而伦勃朗却只画了一个象征性的人物，也就是那个从厚重的帷幔后面走出来的人。他的脸只有寥寥几笔，一半还在深沉的阴影中，其险恶之心只通过紧抿的嘴来表达。但是，对容貌的粗略刻画，只是为了让人们将注意力放到他周围明亮的钢铁轮廓上。伦勃朗在创作的最后，迅速地勾画出了让这些细节变得极为凶险的高光：士兵头盔的边缘；圆形的铁门把手；剑刃前端闪亮而精美的线条，以微妙的果敢勾画出来，仿佛是为杀戮而新磨的。

伦勃朗对事物的情感分量的感知本能是根深蒂固的。他在 1656 年破产时的财产清单显示，他是一个强迫性的囤积狂，收集了盔甲、武器、头骨和贝壳，以及更常见的半身像和石膏像。[29] 他何时开始以这种杂食的方式收集物品的，我们无从得知，不过某些明显的道具，如东方头巾和弯刀在其画中的反复出现，表明他在莱顿时期就开始了收集的习惯。不过，他将这些物品的材料质感转化为颜料的技能，至少部分是通过研究当时的静物画习得的。虽然伦勃朗只画过一两幅能被我们恰如其分地归类为静物画的作品，但他实际上是荷兰艺术最严格的实践者之一。伦勃朗在选定的物体上使用的那种带有金属质地的、抛光似的光，与 17 世纪 20 年代彼得 · 克拉松（Pieter Claesz.）之类的静物画专家使用的光接近。和他们一样，伦勃朗选择了一种阴郁的、近乎单色的颜料，将它涂抹在混合了白垩粉的稀释胶上，刷上一层薄薄的黄褐色和铅白色的透明底色。他达到的透明光度似乎既揭示了金属的材料质感，又矛盾地暗示了它们的非实体性。这是当时新教文化的一个普遍现象，此举讨好了那些既喜欢展示贵重物品，又假装对这些物品不满、把虔诚之辞挂在嘴边的主顾。而莱顿拥有大量的金匠和高档布料织布工，可能是发展这些灵巧技能的完美场所。伦勃朗的第一个学生赫拉德 · 道（Gerard Dou），在 1628 年才十四岁时就来和他一起工作，后来成为著名的用光大师，是第一个所谓的“美画家”（fijnschilder）。对于道来说，对物质表面进行光亮渲染就是目的本身。而对于伦勃朗来说，这种光亮始终是他讲故事的工具。

有一幅画，贵金属的光芒无疑是它的中心，惠更斯称赞它为杰作，“足以与所有意大利的作品，确切地说，与所有从远古时代留存下来的奇异之美相媲美”。这幅画就是《悔过的犹大归还银子》。画面上，被人猛地扔在地板上的硬币（数一数，总共有 30 枚），散落在惊愕的撒都该人（Sadducee）
266 面前的一摊光亮中。犹大的右膝旁有一处明显的改动痕迹，这说明伦勃朗最初画的是一个钱袋，但后来为了避免分散对致命银币的注意力，又把它涂掉了。启示之光一如既往地从舞台左侧射入，伦勃朗带着对光学逻辑的一贯漠视，让其照亮了他想与钱币联系在一起的东西：坐着的祭司身上刺绣华丽的披风和头巾，这是污秽财产的象征；以及最醒目的物件——金银律法盾牌，上面缀有装饰物，挂着链子。也许这是另一种类型的亲笔签名，类似于他将自己的形象放入画中的签名方式，因为在荷兰语中，画家（schilder）一词的词源就是“盾牌（shild）”，据说尼德兰画家们最早做的工作就是盾牌上绘画。初步草图清楚地表明，伦勃朗最初的想法是将犹大鲜明地分成左暗右明的两个部分。[30] 后来引入了灯光耀眼的桌子，上面摆放着伟大的《塔木德》或《圣经》。这是一次明智的调整，因为这样似乎把光投射到了那些惊愕的祭司的身体和脸上，其中一个祭司嘴巴大张着，用一只虫子般的眼睛直视着观画者。

这幅画比现存于柏林的那幅《参孙与大利拉》更有野心，但在某些地方
267 却不如那幅画那样成功。画中的建筑环境是为了营造气氛，不具有空间上的精确性，这在伦勃朗的画中十分常见。从倾身的祭司背部延伸出去的缘饰，似乎与这栋建筑没有任何关联，而有罩篷的区域与大柱子以及后墙之间的关系，也体现出了古怪的不连贯感。祭司们后方背景区域里带裂纹的墙面，更是加剧了这种不连贯感。前景中背对着画面的人物，其昏暗的轮廓进一步

伦勃朗,《悔过的犹大归还银子》，1629 年。木板油画，79 厘米 ×102.3 厘米。私人收藏

突出了桌子和书，这种做法此时已经相当公式化了，他在 1628 年使用过两次，一次是用在《圣殿里的西面与圣婴》(*Simeon in the Temple with the Christ Child*) 中的约瑟身上，另一次则用在《两个争辩的老人》(*Two Old Men Disputing*) 中的圣彼得身上。

但是，相较于被惠更斯称为这幅画的核心和灵魂的品质，所有这些瑕疵都显得无足轻重：犹大这个非凡的形象被逼到了边缘，即将在绝望中上吊，他悲惨地扭绞着双手，身体在自我憎恶和悔恨的阵痛中扭曲着，无法将自己的眼睛从钱上移开——根据惠更斯的说法，他“尖叫着乞求宽恕，但没有希望，所有希望的痕迹都从他的脸上抹去了；他的目光涣散，头发被连根拔除，衣服被撕裂，手臂扭曲，双手紧握，直到血液循环不佳，变得麻木。盲目的冲动使他跪在地上，整个身体在令人怜悯的狰狞状态中扭动着”。[31]

如今，现代评论家都会因为这种激动人心的、发自肺腑的主观解读而被学院派严厉指责为无知地脱离了历史，更不用说博物馆那些说话不留心的参观者了。然而，对于伦勃朗生前创作的任何一幅画来说，惠更斯的这番倾吐都堪称迄今为止最为详尽的评论，何况他还是与画家同时代的最有鉴赏力的评论者之一。只是，面对这个场景中最主要的悲剧时，惠更斯那哲学般的冷静不仅毫无用武之地，甚至还导致他把不存在的细节投射到了画中。画面中没有任何迹象表明“头发被连根拔除”。不过，惠更斯是在自由发挥，伦勃朗肯定也想要这种效果，犹大被残忍地剃光了头发、流浪狗一般的外表，会让人联想到犹太-基督教习俗中头发被撕扯的悲伤。伦勃朗的巨大冒险，在惠更斯身上引发了一种完全违背学术礼仪规范的反应。看着犹大，这位朝臣不再是威严的朝臣，而是回到了他的另一个形象，即基督教诗人、约翰·多恩的朋友兼作品译者，面对眼前的场景，他的反应就仿佛被投进了画中的世界，使他以及读者-观众都直接见证了这痛苦悔恨的一幕。在对犹大的描述的结尾，惠更斯补充了一个惊人的评论，他认为这幅画“与几个世纪以来的所有优雅作品（omni saeclorum elegantiae oppono）”形成了鲜明的对比。这正是伦勃朗追求的直观性。并且，惠更斯领悟到，伦勃朗是通过从古典历史画中的流光溢彩和雕塑般的宏伟中迅速抽离，才实现这一目标的。惠更斯感受到的正是这种充满想象力的跳跃。这种跳跃对利文斯来说通常过于大胆，他难以
268 效仿，硬来只会摔得满脸是泥。而这也是惠更斯敦促利文斯专注于他的强项——肖像画——的原因，因为“在我们习惯于称之为历史画作的作品中，尽管［利文斯］有着惊人的天赋，但他不太可能与伦勃朗动人的创造力相匹敌”。

惠更斯意识到，两位明显带有地域特色且相对缺乏正规教育的年轻艺术家，已经创作出了可以与鲁本斯和霍尔齐厄斯等国际知名天才之作相媲美的作品。这让他面临着两难的局面。他身上有一部分，很强大的一部分，充满了本土自豪感。“高贵血统”这一信念有多荒谬，伦勃朗和利文斯便是活生

生的证明。当然，尽管惠更斯并不想夸耀荷兰共和国是一个平等的联邦，但他确实利用两位奇才的天赋来暗示，此类天生的天才能在他的祖国培育出来并非偶然。事实上，他并没有严格遵照事实，而是大肆渲染他们普通的出身和庸常的训练。他再三强调，他们的成功“并不能归功于教师，而应该归功于他们的天资”，其用意是要把伦勃朗刻意放在注重技艺（ars）和自律（disciplina）的古典传统之外。惠更斯对此表达得再明确不过了。在赞赏了伦勃朗将绝望的、受尽折磨的犹大构思成与“几个世纪以来的所有优雅作品”截然不同的形象之后，他继续写道：

> 这就是我想让那些无知的人见识到的，他们声称（我以前为此斥责过他们），今天创造的或用语言表达的一切，在过去都被表达或创造过。而我坚持认为，就连普罗托耶尼斯、阿佩莱斯和帕拉休斯都没有想到，就算他们能回到人间，也不可能想到，一个青年，一个荷兰人，一个乳臭未干的磨坊主之子，竟能把这么多的东西放在一个人的形象中，并把它们全部描绘出来。我在写下这些文字的时候，依然感到惊愕不已。伦勃朗，所有的荣光都归于你！把特洛伊，甚至是整个亚细亚，搬到意大利，其成就都不如把希腊和意大利的桂冠戴在荷兰人头上，这是一个从未走出过家乡城墙的荷兰人取得的成就。[32]

这里选择的夸张手法意味深长。在提到维吉尔的《埃涅阿斯纪》时，惠更斯甚至连这位古典诗人也不放在眼里了，他声称伦勃朗取得的成就，超过了埃涅阿斯“把特洛伊……搬到意大利”，也就是说，他超越了“创立罗马”的功绩！惠更斯一方面为他的两位门徒表现出的鲁莽、对传统习俗的漠视感到兴奋。对他来说，这似乎与他的祖国的救赎史诗一脉相承。他的祖国也在用如此大胆的方式改写历史，足以惊倒古人，呼唤自己的荷马，呼唤自己的维吉尔。不过，他另一方面却忍不住对两人表现出的无视自我提升的傲慢与冷漠报以嘘声。利文斯很固执，而且易怒到了极点，“会彻底拒绝一切批评，即便认为批评得有道理，也只会以糟糕的情绪接受它。这种坏习惯，在任何

269 年龄段都是有害的，而在青年时期则绝对是恶劣的”。他们都不愿意去意大利旅行。“对于在其他方面如此辉煌的人，这样的想法自然有些愚蠢。如果有人能把这种愚蠢的念头从他们的脑海里赶走，他将为完善他们的艺术力量贡献唯一所需的元素。我多么希望他们能认识拉斐尔和米开朗琪罗……他们会迅速超越所有人，名正言顺地让意大利人来到荷兰。要是这些生来注定要把艺术推向最高峰的人更了解自己就好了！”

那么，他们应该更像鲁本斯，还是说与他的相似度越小越好？惠更斯拿不定主意，一方面暗暗佩服他们断然拒绝意大利古典主义之旅的自信，一方面也为他们由此表现出的幼稚无知的固执而感到遗憾。伦勃朗和利文斯无意中为他打开的两难局面，实际上已经暴露了他自己思想气质中的断层。他同时具有两种身份，作为怀揣人文主义的世界主义者，惠更斯打算在普莱恩广场盖起一座帕拉第奥式的镇宅，那里曾经是荷兰伯爵的卷心菜园；作为恪守加尔文主义的爱国者，惠更斯讴歌本土的朴素。他在自己的位置上不安地从一个角色转移到另一个角色，至少，他清楚自己正在和两个怪异而神奇的家伙打交道。他几乎不能拿他们对异国的不信任来反对他们，因为他很清楚，他们这一代的荷兰人，无论偏狭得多么令人遗憾，都相信他们已经是世界的中心，至少也立于世界商业的中心。他也明白，共和国内复制版画的规模越来越大，包括意大利绘画精髓在内的艺术收藏品也越积越多，他们在莱顿忙得不可开交，自然不愿意花时间和精力跨越阿尔卑斯山。

> 我觉得自己有责任声明，这样的奉献和坚持，我从未在其他人身上看到过，不管是从事什么工作、多大年龄的人。这些年轻人真的是在救赎时间*。这就是他们唯一考虑的东西。最令人惊奇的是，他们甚至把年轻人最纯真的消遣看成是在浪费时间，好像他们已经上了年纪，早就过了玩这种愚蠢把戏的年龄。

* 指以荣耀上帝的方式管理时间。——译注

对惠更斯来说，这种对工作的不懈专注，既令他钦佩又让他有点害怕，因为他当时已经习惯了不断重申人文主义的口号：在所有事情上都要有节制。鲁本斯正是节制的化身，他已经证明，节制就是职业生涯保持高产的必备条件。但这两个人似乎是被愤怒驱使的。当惠更斯怀疑他俩已经沾染了损害画家职业的疾病，即忧郁气质时，他颤抖了——艺术评论家说，这种气质会控制他们的才华，在天才（ingenio）之光闪耀过后，将不可避免地使他们回到黑暗和悲伤中。

3. 唯有信仰

当时的荷兰人当中，有旅行者，也有居家者。他们已经成为世界地理学 270
家，在纸上绘制地图，在船上更换地图，但同时，他们又是欧洲所有国家中最令人费解的居家爱好者。鲁本斯也向往自己的房子带来的安宁和花园带来的平静，即便在他为了无法实现的和平正踏上另一段旅程的时候，也是如此。多年来他的足迹已经遍布欧洲各个角落，有时是为了个人事务，有时是奉命行事。他熟悉奥斯坦德（Ostende）和加来的码头，熟悉横穿阿尔卑斯山和亚平宁山脉的盗匪猖獗的通道，熟悉穿越莱茵河和马斯河的轮渡和浅滩，熟悉英格兰的道路和荷兰的锚地。虽然他现在很想坐在他的夏日凉亭里，虽然他对王公大臣们的阴谋诡计深恶痛绝、失望透顶，但他依旧没有完全放弃和平的希望。所以，瓦珀街宅邸的马厩里会停放一辆收拾得妥妥当当的马车。惠更斯、洪特霍斯特、凡·戴克、凡·维恩都是旅行者。利文斯将会在英格兰和安特卫普寻求出路，他的弟弟迪尔克将客死东印度群岛。[33] 而伦勃朗的家人从未离开过莱顿，在他对萨斯基亚·凡·优伦堡产生浓厚的兴趣之前，他的旅行范围仅限于阿姆斯特丹和莱顿，很可能还包括海牙。无论怎么看，这并没有使他的思想拘泥于一方天地。他的早期作品甚至显示出一种游历天下的知识分子的迹象，而且他比同时代的任何人都更痴迷于东方文化。这一点不仅体现在头巾和大象上。伦勃朗还会收集莫卧儿帝国的细密画，并在版画和素描中制作自己的版本。他的作品中有非洲人和斯拉夫人，有穆斯林和犹太人，有爪哇人的波状刃短剑和波兰人的马镫。

他虽然真的想挖掘出自己作为一流画家的潜力，却拒绝了惠更斯强烈建议的意大利之行，这并非因为他缺乏对意大利大师的强烈好奇心。他们中的很多人——拉斐尔和米开朗琪罗，柯勒乔和达·芬奇——都曾以某种形式出现在伦勃朗的作品中，提香在他迈向成熟的过程中起到的作用，就像鲁本斯之于他的成长一样重要。尽管如此，你也有充足的理由认为伦勃朗不可能在帕拉蒂诺山的蒲公英丛中写生，或者孜孜不倦地临摹卡皮托利山上的古迹。根本原因在于，伦勃朗对古典主义完全无动于衷。这种疏离并非出于历史性的原因。古代史诗和遗留下来的文学深深地触动了他。科斯岛的阿佩莱斯就像利文斯一样紧密地生活在他周围。这种疏离是哲学性的。学院派古典主义
271 讲究一个前提，即艺术最深刻的理念体现在古代的雕塑中，因此，所有认真的学生在训练的初级阶段都必须临摹这些雕塑。这些雕塑反过来又是一种哲学理念论的具体表现。这种理念论在柏拉图和亚里士多德的美学理论中均有所阐述，它认为艺术是贴近于最高理念的视觉形式。这样一来，艺术的任务就是编辑自然，净化世俗生活的杂质，将现实推向理念，将物质推向不可言说，将肉体推向精神。艺术不是对世界的一份报告，而是对世界的改造。

伦勃朗永远不会去改造世界，至少不会以古典主义者理解的方式进行改造。从这个意义上说，那些因他晚年对美学规范报以粗鄙的冷漠态度，从而对他口诛笔伐的批评家是有道理的，而扬·埃蒙斯认为这只是一种回溯性的、不合时宜的判断，他的观点则是错误的。在其整个职业生涯中，相较于在人中找神，伦勃朗对在神中找人更感兴趣。

这一点也适用于他画的那些国王和牧童。他笔下的大卫体现的并非米开朗琪罗梦想中肌肉发达的男性之美。他是一个紧张的青少年，正在为一个偏执的国王弹奏竖琴。这是一场有关手和眼睛的戏剧。大卫的手指在琴弦上滑动，头上戴着一顶精巧的花冠。尽管这幅画的这一区域经过了大量的修整，但还是看得出扫罗左手的手指就像紧紧抓住生命般抓着王座的扶手，而他右手的手指则放在画面的死亡中心，紧紧握着即将向冒犯的牧童投去的长矛，

伦勃朗，《大卫对扫罗演奏竖琴》，约 1629 年。木板油画，61.8 厘米 ×50.2 厘米。法兰克福，施泰德艺术馆

好像指关节会随着国王的镇定一起破裂。伦勃朗显然注意到了卡雷尔·凡·曼德尔对卢卡斯·凡·莱登处理扫罗眼睛的描述：扫罗的眼睛被“内心的恐惧”困扰着，无法正常向外看。[34] 事实上，当卢卡斯版的扫罗把目光从站在那里演

卢卡斯·凡·莱登,《大卫对扫罗演奏竖琴》，约1508年。雕版画。伦敦，大英博物馆

奏的、古怪到难以描述的大卫身上移开时，他的双眼似乎沉入了眼眶并眯了起来。不过，卢卡斯笔下的国王是个古怪的人，已经被恶意压弯了腰。而伦勃朗版的扫罗则是斜眼对着竖琴师，似看非看。他的头与王室的服装不搭调，令人不安。伦勃朗像往常一样，在材料细节上倾注了巨大的心血：扫罗头巾的丝线是用一条条细小的黄色、蓝色和白色颜料构成的，与偏执国王那不协调的脸部的粗糙处理形成了更为鲜明的对比。眼睛边缘点上去的一圈粉红色和红色，传递出一种失眠的不安。此外，国王这张脸上还有着邋遢的胡茬。它让人感受到一种剧烈的精神动荡，一个谋杀犯在沉思。

伦勃朗的这幅画很受欢迎，在 17 世纪 30 年代，可能就有人进行了复制。在这之后，安特卫普的艺术家威廉 · 凡 · 德 · 莱乌（Willem van der Leeuw）又为这幅画创作了雕版画。伦勃朗对神经紊乱的视觉呈现需要多么严格的技巧，这从版画的生硬程度就可以看出——扫罗一半焦虑一半算计的表情，在版画 272
中被歹徒式的无情取代。版画底部附带的一首由科内利斯 · 普莱姆普（Cornelis Plemp）写的诗，更突出了其通俗剧般的特质："他的眼里满怀愤怒；/ 扫罗的思绪邪恶而苦涩；/ 腐烂的祸根侵蚀着他的肠胃。"[35] 普莱姆普的诗歌虽然对画中已经很明显的内容进行了无谓的强化，但却提醒了人们，在尼德兰，戏剧性地将《圣经》人性化并不是油画或版画的专利。除了《圣经》题材的诗歌之外，舞台剧也经常将《圣经》中最受欢迎的情节，如参孙和以斯帖的故事，改编成流行剧。艺术和文学的目标都是为了让基督徒尽可能地与《圣经》建立直接的关系。在 1626 至 1635 年间，"国家《圣经》"，即荷兰官方授权的版本，正在莱顿进行翻译和编辑。在荷兰，没有哪个城市能与作为《圣经》最高堡垒的莱顿相提并论。从莱顿的加尔文派要人和传道士的角度来看，阿姆斯特丹的 273
世俗化令人生疑，而乌得勒支则想都没想就厚颜无耻地倒向了天主教仪式。

因此，在伦勃朗和利文斯的有关莱顿的历史画中，频频出现《圣经》及《圣经》注释的题材也就不足为奇了。两位艺术家都对老化的牛皮纸、发黄的羊皮纸、皱巴巴的纸张和开裂的皮毛的纹理情有独钟。在现藏于荷兰国立博物馆的《正在阅读的老妇人》（见第 261 页）中，古老的文字和女先知亚拿（其模特可能是伦勃朗的母亲科尔内利娅）那苍老而布满皱纹的皮肤，似乎有着相同的庄严特征。但无论是书还是女先知都没有显露出垂死的气息。书页似乎有自己的生命和光亮，在没有明显的微风吹拂下，就被掀了起来。但是，在如此强烈的新教文化氛围中，给予《圣经》应有的实体存在感，不仅仅是要把它作为一个虔诚的道具插入到传统的历史画中进行写实性描绘，还关系到应该摒弃哪些东西：圣像、象征物、传说——天主教用来表征古代神学的一整套杂乱的东西。巴洛克教堂里的圣人、先知和使徒的形象旨在发挥神秘的作用，以便让做礼拜的人进入一种恍惚的狂喜状态。这些绘画，连同圣礼仪式、流淌的圣乐以及令人眼花缭乱的建筑光影和空间，都是人们为了在尘世中实现基督教的狂喜付出的巨大努力。正如鲁本斯理解的那样，这需要借助真人大小或超大型的人物、壮观的色彩饱和度以及剧烈扭动的身体才能实现。

加尔文派的要求恰恰相反。宗教绘画的真正任务是让信徒意识到要服从《圣经》中揭示的上帝的话语。惠更斯坚定不移地忠于新教教义，完全赞同它的教义：唯有《圣经》，唯有恩典，唯有信仰（Sola Scriptura, Sola Gratia, Sola Fide）。[36] 既然救赎只来自信仰，那么基督教唯一可以容忍的艺术就是能使个人尽可能接近《圣经》真理的艺术，最重要的是，对新教的基本行为——祈祷——起到激励作用。这些画作是挂在室内作为这些虔诚活动的视觉陪衬的（因为任何有正义感的传道士都不会认为它们能夯实信仰），它们必然会比天主教的同类绘画要小，人物没有那么情绪高涨或高高在上，那些能分散注意力的精致装饰和复杂建筑背景统统被抛在了一边。对于伦勃朗和利文斯这类具有戏剧气质的画家来说，他们要面临的挑战是发明一种《圣经》绘画，这种画既能用某种方式避免庸俗的场面，又能使《圣经》在信徒的生活中变得具体且直观。要是伦勃朗能去海牙参加惠更斯家的晚宴，他就一定会明白这
274 一点，那里有康斯坦丁·惠更斯亲自书写的祈祷文和谢恩祷告词，全家人，包括仆人在内，每天饭后都会聚在一起朗诵经文，并一起祈祷。

但是，这其中还有另一个因素。在 17 世纪 20 年代末的荷兰，《圣经》就是政治。随着腓特烈·亨利的上台，许多主要的抗辩派成员，尤其是约翰内斯·沃滕博加特和雄辩的神学家西蒙·埃皮斯科皮厄斯（Simon Episcopius），刚刚流放归来。西蒙在 1619 年多德雷赫特宗教会议前徒劳无益地为抗辩派进行了辩护。他们不准备让这件事过去。一待新上任的执政明确表示他与前任莫里斯不同，不会动用军事力量驱散抗辩派集会，包括胡果·格劳秀斯（与法国保持着安全的距离）在内的抗辩派领袖便重新回到了实践基督教宽容的事业中。[37] 战线已经明确划定。最凶猛的反抗辩派宣传家亨利库斯·阿诺尔迪（Henricus Arnoldi）坚持认为，国家必须颁布绝对的律令，必要时还得采用强制手段，比如，容忍路德宗的崇拜——更不用说天主教徒和犹太人——就等于从内部摧毁了归正会的信仰。如果对他们如此放任，那反对西班牙暴君和

反基督者军团的战争还不如不打。另一方面，埃皮斯科皮厄斯在他的小册子《自由宗教》（*Vrye godes-dienst*）中认为，既然所有的基督徒普遍都有一个基本的核心信仰，而只在相对次要的事情上有分歧，那么在无法真正达成一致的问题上，就没有必要寻求严格的统一。从这个前提出发，埃皮斯科皮厄斯提出，容许各种不同的《圣经》读法和不同形式的崇拜，不仅是可能的，实际上也是可取的，因为这样做可以避免引发曾将尼德兰和其他国家带入全面宗教战争的那种分裂的怒火。[38]

虽然阿诺尔迪是代尔夫特的牧师，而埃皮斯科皮厄斯是阿姆斯特丹人，但莱顿作为最重要的神学中心，实难幸免于又一轮关乎信仰的激烈辩论。与荷兰其他地方相比，占据莱顿大学和市议会主导地位的仍然是根深蒂固的反抗辩派人士，因此莱顿任何一位年轻的历史画家都需要在神学争论的暗礁之间谨慎前行。当然，伦勃朗是由天主教徒教导过的，也与抗辩派人士有联系。但这并不意味着，他在17世纪20年代后期创作的历史画应该被视作进行信仰宣传的钝器。事实上，它们的总体风格能够经受一种灵活的、跨教派的解读，这或许是他故意为之。毕竟，他的父亲、兄弟和他自己很可能隶属于一个庞大的群体：即使身在这个以宗教信仰著称的国家里，该群体里的人也不曾积极参与任何特定的宗教集会。除非神权政治在荷兰取得胜利，否则这些家庭都会过得安宁。因此，伦勃朗在17世纪20年代晚期的宗教绘画中的叙事策略，堪称讲原则的神学多样性的实例。一方面，他自发地使用一种普世
的语言来描绘宗教历史，这与埃皮斯科皮厄斯追求一个基督教信仰的共同核 275
心的普世诉求相吻合。但另一方面，伦勃朗画笔下的先知和使徒住在狭小或空荡荡的房间里，《圣经》和启示的纯粹光芒照耀在黑暗、光秃秃的空间里，这样的叙事几乎不会引起主流加尔文派的反对。

他是怎么做到的？例如，他是如何编造出一个新教的圣彼得的？当然，在罗马，对使徒圣彼得的崇拜正在围绕着他所谓的坟墓和伟大的宝座——圣彼得王座（cathedra Petri）——展开一场蔚为壮观的复兴。贝尼尼将它构想成一个神奇的悬浮座椅，由教会圣师们用指尖托起，上面洒满了天光。1616年左右，鲁本斯为圣彼得画过一幅真人比例的四分之三身像，衣着华丽，姿

态英武。而在 1637 年，鲁本斯受科隆市的委托，画了一幅与圣彼得生平有关的祭坛画。（他有多久没有想到科隆和他父亲生前很少离开的那所位于施特嫩巷的房子了？）也许是想到了卡拉瓦乔在人民圣母教堂（Santa Maria del Popolo）的杰作吧，他选择的主题是与他同名的那位圣徒“双脚朝上”被钉死在十字架上的场景。传统上，彼得专门要求的倒钉十字架一直是一个受欢迎的形象，因为根据传统，他认为自己太卑微了，不配像基督一样端正地钉在十字架上。而将彼得固定在十字架上时用的究竟是绳索还是钉子，这一由来已久的争论仍然存在，这给马滕 · 德 · 福斯（画的是绳索）和鲁本斯（画的是钉子）这样的画家带来了一场论战，这种论战肯定会让人们对他们的解释产生兴趣。关于圣彼得，人们还有其他偏爱的素材，包括打鱼的神迹，彼得不认主，以及从基督那里得到天国的钥匙。彼得曾两次被囚禁，一次是落在希律王的手中，一次是在尼禄掌权的罗马。不过，当画家们选择监狱的主题时，以 1621 年亨德里克 · 凡 · 斯滕韦克（Hendrick van Steenwijk）的作品为例，他们几乎总会描绘他奇迹般地被天使释放的一幕。

但伦勃朗笔下的彼得不是罗马的彼得，而是莱顿的彼得。事实上，至少从 13 世纪开始，彼得就已经是这座城市的主保圣人了。[39] 尽管那里的宗教改革运动进行得非常激烈，但城徽上仍然有交叉的钥匙（也被认为是代表着莱茵河的两条支流），当地最宏伟的教堂现在还是圣彼得教堂。不过在教堂内部，任何与圣彼得有关的物品都已经被搜刮一空了，所以伦勃朗画中的使徒，也只能是孤身一人，身边没有绳索，也没有公鸡。他最重要的标志——横放在稻草上的钥匙，几乎和圣人的脸一样受关注。但这肯定是希律王的监狱，而不是罗马的。那钥匙既是对彼得被禁锢的讽刺，也是对他被任命为天堂守门人的暗示。一个典型的罗马主题就这样巧妙地变成了基督教的普遍主题。在凡 · 斯凡嫩伯格临摹亚伯拉罕 · 布卢马特的作品创作的雕版画里，圣彼得坐在遍地岩石的风景里，被各种象征物包围，据说他在那里接受了“新律法”。而
277 伦勃朗画中的彼得则是单膝跪地，完全沉浸在悲情和忏悔中。布卢马特采用了标准的忏悔手势，与伦勃朗画犹大时使用的双手扭绞动作相同。但在这里，伦勃朗让彼得紧握粗糙的双手，一根肮脏的大拇指紧紧摁住另一根，就像在

伦勃朗，《监狱中的圣彼得》，1631 年。木板油画，59.1 厘米 ×47.8 厘米。私人收藏

祈祷一样，他那白色胡须间张开的嘴唇加深了这一印象。一整本书的悔恨都写在了卧于圣人额头的九行皱纹和皱眉线上，并用一条条密集而细小的白色颜料，仔细地、精巧地，几乎过度地进行渲染。伦勃朗完美地创造了一个与加尔文派的罪恶感相匹配的彼得，这幅画的主人的身份就能说明这一点：东印度公司的大商人雅克 · 斯贝克斯（Jacques Specx），他是荷兰与日本贸易的开创者，也是巴达维亚的总督。

在莱顿市政厅，彼得和保罗一起出现在卢卡斯 · 凡 · 莱登的《最后的审

伦勃朗,《两个争辩的老人》，约 1628 年。木板油画，72.3 厘米 ×59.5 厘米。墨尔本，维多利亚州国家美术馆

判》的两边，成为教会的两大使徒支柱。1527 年，卢卡斯还制作了彼得和保罗的雕版画，他们坐在一处风景中，进行着热烈的争论。经过极具说服力的鉴定，这一画面就是伦勃朗现藏于墨尔本的绝妙之作《两个争辩的老人》的主题。[40] 如《加拉太书》第 2 章中讲述的那样，这场公开的争论发生在安提阿（Antioch），其焦点是彼得愿意遵守犹太教禁止与外邦人一起吃饭的规定。对保罗来说，顺从犹太律法是对向普世传福音之使命的可耻背离，他“就当面抵挡他［彼得］，因他有可责之处”。伦勃朗将场景移到了室内，没有钥匙和剑这类圣徒常见的象征物，所以也难怪这幅画的第一任主人——艺术家雅克·德·盖恩三世（伦勃朗后来为他画了肖像）在 1641 年立下的遗嘱中，仅仅将它描述为“两个坐着的老人在争论，一个人的腿上有一本大书，与此同 278
时，阳光照了进来”。[41]

也许，正如克里斯蒂安·廷佩尔（Christian Tümpel）和约翰·格雷戈里（John Gregory）敏锐地指出的那样，伦勃朗之所以委婉地刻画两位使徒，恰恰是因为当时在莱顿和共和国其他地方展开的有关信仰宽容的激烈辩论中，他们分别是对立双方的代表。[42] 保罗在安提阿秉持的更为积极的普世主义立场，恰好与抗辩派的包容性相匹配；彼得强调律法至上，则与反抗辩派对正统教义的强硬坚持相对应。这个契合点并非无懈可击，因为保罗多年来一直是加尔文派毋庸置疑的英雄，而他在新教神学中引发的一切反响并不是一种放松的信仰宽容。不过，也许伦勃朗是在为康斯坦丁·惠更斯一类的赞助人作画：其公开的身份是一位坚定的反抗辩派人士，但实际上则是一位更加务实和宽容的加尔文派教徒。不管怎么说，保罗和彼得无疑是教会的两大支柱。伦勃朗遵从图像学传统，这次将彼得刻画成了一个敦实、秃顶，留着四四方方的短胡子的人。由于没有人比保罗更优秀，所以彼得被放在阴影中，背对画面，他更像一个专注的倾听者，而不是布道者。

这两个人物被伦勃朗用一束惯用的意味深长的强光沿对角线分开，光束照亮了保罗的脸，他的嘴唇张开，念念有词，食指指向《圣经》中的关键段落。彼得的回应姿势更多是防卫性的：手指插在书中，落在可能有利于他做出反击的段落。在伦勃朗的作品中，类似这种光明与黑暗部分的强烈对比，并不是最后一次出现，这不仅仅是形式上的对比，更是一种叙事手段，一场视觉上的争论。[43]

利文斯和伦勃朗都一再刻画保罗撰写书信的主题。出于明显的原因，彼得难以与荷兰加尔文主义相契合，而保罗则无可争辩地成了荷兰加尔文主义的宗师。自路德以来，保罗因提出过“因信称义”的教义，几乎已经被奉为归正会的奠基人。在安提阿展开的有关律法与信仰孰先孰后的争论，其争论的核心对荷兰新教徒来说有着深刻的意义。他们拒绝所有认为仅仅靠仪式或对律法的服从就能领受恩典的观点。当保罗还是迫害教会的扫罗*时，他曾出现在我们所知的伦勃朗最早的作品《圣司提反被处以石刑》中，画中的他正坐在耶路撒冷的山顶，旁观对司提反的审判。他后来遇见了真理之光，失了明，从马背上摔了下来。可以想见，这种因负伤而转变信仰的剧情或许对伦勃朗来说很有吸引力，因为他对视力失而复明的矛盾情节非常感兴趣。不过，他画的并不是那个情节，而是圣徒创造教会基本神学观时的一幕：手里拿着笔，陷入了沉思。

伦勃朗和利文斯一共创作了三幅类似的画作。其中最早的一幅，可能出自伦勃朗之手。在画中，这位使徒被安排在牢房里，在他身后的显眼位置，
279 放着他标志性的物品——剑（他将被斩于这把剑下）和保罗书信。他在沉思神圣的真理，一只脚已从凉鞋里抽了出来。利文斯的版本保留了这一沉思时刻，但这个版本的特点在于，它十分具体地呈现了这一时刻：保罗正在撰写《帖撒罗尼迦后书》（*Second Epistle to the Thessalonians*）第 2 章的开篇，让人们警惕基督再次降临的虚假预言（可以想象，这是对当时荷兰的千禧年信徒发起的一场视觉论战）。伦勃朗现藏于纽伦堡的版本则反其道而行之，用大胆、自由的风格，取代了自己早期画作中颇为刚硬的风格和利文斯天鹅绒般的笔触，这在某种程度上使人物的形象更显坚实，尽管描绘得不那么犀利和直白。从构图上看，纽伦堡的这幅画作是根据雅克·德·盖恩三世的一张描绘契罗（Chilo）的版画创作的。契罗是古希腊七贤之一。但使画中的保

* 保罗原名扫罗，皈依前曾极力迫害基督徒。——译注

罗如此具有说服力的，恰恰是伦勃朗没有拘泥于德·盖恩之处，以及与他自己早期画作的不同之处。伦勃朗在这幅画中没有让保罗摆出手托下巴、把笔放在书上的姿势，而是让他将右臂松松垮垮地搭在椅背上。他没有像画监狱那幅画那样，让人物定睛凝视前方，也没有像德·盖恩的版画那样突兀地使用阴影轮廓，而是将老人的头转过来，让他那双微微低垂的眼睛从书本上移开，不在任何东西上停留。这是一种完全不自知的时刻，它传递出了一种哲理性的超然，取代了之前那种极为做作的、高度自觉的姿态。与利文斯画中清晰可辨的文本不同，这幅画上的经文章节都被隐去。但可想而知，《圣经》依旧在向外邦人放射出光亮，正是这些外邦人给予了保罗其一生的使命。光线落在圣徒令人敬畏的头颅上，但尤其强烈地落在他的左手上，他的左手紧贴着书，手的上方悬挂着一把短弯刀。这个金色的角落正是保罗展现力量的场所：这只手和书，迫害的利刃在它们面前将变得黯淡无光、无能为力。

在莱顿的岁月接近尾声时，利文斯和伦勃朗的作品中随处可见深思、沉睡或忧郁的男性长者形象。曾经有人认为，所有这些满脸胡须的老者要么是以“伦勃朗的父亲”为模特画的，要么就是实打实的“伦勃朗的父亲”的肖像。其实，在牛津的阿什莫尔博物馆里藏有一幅精美的钢笔素描，上面有一段明显是伦勃朗亲笔书写的铭文，注明这位特殊的老人是“哈曼·赫里茨·凡·登·莱因”（Harman Gerrits van den Rijn），一位退休的磨坊主（也许是个盲人）。伦勃朗所有素描中最早的一幅大约创作于1626年（见第307页），画的也是一个身材魁梧的老人，他头上戴着一顶软帽，肩膀向前倾着，好像睡着了，看似是同一个人物的肖像。但利文斯和伦勃朗画中的圣徒、使徒和《旧约》先知，参照的模特虽然也是老态龙钟、胡子拉碴的，却与这位老人完全不同：他的脸颊不那么饱满，鼻子也更长更直。就像他们对古书残破的英雄气质有着别样的兴趣一样，他们喜爱的老人身上呈现出的那些被岁月侵蚀的特征，似乎也让这两位艺术家异常着迷。除了油画之外，他们还画了他的素描肖像，尤其是粉笔素描，画中人低着头，几乎总是坐着，这些画
他们画了无数次。[44] 他们可能不是构思出一个特定的主题后，再找这位老人坐 281

左上：伦勃朗，《桌边的圣保罗》，约 1630 年。木板油画，47.2 厘米 ×31.6 厘米。纽伦堡，日耳曼国家博物馆

右上：伦勃朗，《狱中的圣保罗》，1627 年。木板油画，72.8 厘米 ×60.3 厘米。斯图加特，斯图加特州立美术馆

下：伦勃朗，《艺术家的父亲》，约 1630 年。红色与黑色粉笔素描带棕色水彩，18.9 厘米 ×24 厘米。牛津，阿什莫尔博物馆

下来开始画，而是被他这个模特可能呈现出的形象所鼓舞，再去思考画什么主题。在画的过程中，他们可以再次从他那光秃秃的头顶和高贵地皱起的眉头所呈现的悲悯中汲取灵感。

例如，大约在 1630 到 1631 年间，这个模特在利文斯的作品中以圣杰罗姆的身份出现，后来又在一幅宏伟的巨幅布面油画中，以约伯的身份赤身裸体地出现在粪堆上，就像《圣经》中写的那样，他被撒旦折磨（身上还有未破的疮疹），他的妻子让他诅咒上帝，死了算了。但无论是小幅的《圣杰罗姆》还是大幅的《约伯》，其灵感都归功于一幅作品 :《耶利米哀悼耶路撒冷的陷落》（*Jeremiah Lamenting the Destruction of Jerusalem*）。这件作品可以说是伦勃朗在这一时期所画的孤独老者中最令人难忘的一幅。伦勃朗对写实主义的反感再次妨碍了人们准确识别这一主题。尽管它重复了 1532 年的福斯特曼版《圣经》木刻插图中哀恸的耶利米摆出的姿势，但也做了一些变化，都是自由地从其他著名的忧郁形象中借鉴过来的，例如拉斐尔画的《雅典学院》中的赫拉克利特。[45] 但背景中的一个微小的细节，即一个人用手捂着眼睛从火光冲天的废墟中跑出来的样子，似乎确实暗指他是犹大国王西底家（Zedekiah）。据《耶利米书》第 52 章记载，在耶路撒冷被洗劫、圣殿被毁后，西底家被巴比伦王尼布甲尼撒（Nebuchadnezzar）弄瞎了眼睛。[46] 伦勃朗将《耶利米哀歌》的开篇（“先前满有人民的城，现在何竟独坐！先前在列国中为大的，现在竟如寡妇！”）与《耶利米书》最后一章中，先知坐在石板旁，列举一切将和犹大俘虏一起被带走的东西（“锅……铲子、蜡剪、盘子、调羹，并所用的一切铜器”）的场景结合在一起，从而创立了一种视觉上的对等关系。这完全符合他将两个独立的文本合并在一起的习惯。

耶路撒冷的陷落是荷兰加尔文派传道士最不厌其烦地重复的说教内容之一，他们试图提醒罪人注意，盲目崇拜黄金和其他世俗虚荣会带来致命后果。当然，所多玛的命运也同样具有惩戒性。尽管在阿姆斯特丹荷兰国立博物馆的那幅画中缺少了盐柱，但有一段时间，人们认为那个忧郁的人就是罗得。不过，有关耶路撒冷的类比更为常见 : 只要以色列子民坚守契约，上帝就会复归耶路撒冷的荣耀和繁荣，反之，上帝就会使其陷落以示惩罚。诗人和剧

伦勃朗，《耶利米哀悼耶路撒冷的陷落》，1630 年。木板油画，58.3 厘米 ×46.6 厘米。阿姆斯特丹，荷兰国立博物馆

作家约斯特·凡·登·冯德尔曾写过一部关于罗马人第二次摧毁耶路撒冷的戏剧，他还出版了一系列由《旧约》先知口述的独白，其中包括耶利米对其预言（圣城将被洗劫，其国王将被刺瞎双眼）应验感到悲痛的场景。[47]

伦勃朗的笔触本能地反映出主题的本质：华丽的死亡。与约伯、杰罗姆，以及彼得和保罗不同，耶利米身着鸽灰色、镶有毛边的华服，里面是精心绣制的紧身短上衣。为了达到他想要的那种富贵与毁灭之间的对比效果，伦勃朗在耶利米的衣着部分采用了前所未有的丝绸般柔软光滑的笔触。他极为用 283
心地呈现精美织物的触感，希望来年在阿姆斯特丹能将这些与时尚相关的技巧运用到穿着考究的主顾们身上。但伦勃朗也在《耶利米哀悼耶路撒冷的陷落》中展示了他对新教贵族心理的精明理解。他知道他们想要买静物画，这些画中的盘子、鹦鹉螺壳状的高脚杯和压花酒杯虽然都很耀眼，但如果加上劝世静物画（vanitas）中常见的象征物——骷髅头、沙漏——就可能会传达出他们的主人对画中华丽渲染的宝物的厌恶。同样，无论谁有幸成为《耶利米哀悼耶路撒冷的陷落》这幅中等尺寸的木板油画的主人，都可以享受其精致的宝石般的表面，而不必担心会被指责过于奢侈。

除了可以标榜虔诚之外，《耶利米哀悼耶路撒冷的陷落》也有一些预言性的动人之处。伦勃朗拥有一本弗拉维乌斯·约瑟夫（Flavius Josephus）的《犹太古史》（*The Antiquities of the Jews*），正如书中描述的那样，耶利米宁愿居住在荒凉之地，也不愿意接受巴比伦王的提议，在他国享受优渥的生活。在约瑟夫的文字中，巴比伦人给了他“丰富的礼物”，并允许他随心所欲地将礼物带到任何地方。所以，在这幅画中，可以看到耶利米独自一人待在他悲伤的圣所里，一根被毁坏的柱子底部的岩石上堆放着一些金色的器皿，它们细腻考究的表面被毁灭的火焰照亮了。当然，因追随假神而遭受的惩罚、昙花一现的世间财富，这些都是当时文化中的陈词滥调，在诗句和图像中被无休止地提起。但是，其他人只是将这个“万能药”挂在嘴上，而伦勃朗却要实践它了。

4. 追随无双之人

生活是不公正的。这就是康斯坦丁 · 惠更斯在谈到鲁本斯时的想法，由于种种原因，他无法将他从脑海中抹去：他是“我们这个时代的阿佩莱斯”，不仅是所有在世画家中最伟大的一位，也是最聪明的一位；他博学、仁爱，而且虔诚地遵循着他那可悲的天主教的做事方式。惠更斯崇拜他的艺术造诣，渴求他的友谊。尽管他们之间存在着分歧，但他们不都是尼德兰人吗？他的父亲克里斯蒂安曾是沉默者威廉的秘书，而鲁本斯的父亲则是萨克森的安娜的顾问。嗯，也许最好不要深究这个问题。不过，也有其他不那么可耻的联系。康斯坦丁 · 惠更斯的父母之所以为他和妹妹康斯坦蒂娅（Constantia）取这两个名字，不仅仅是为了纪念第一位信仰基督教的罗马皇帝*，而且是为了致敬恒常（constancy）的美德本身，这种美德构成了于斯特斯 · 利普修斯的信仰和作品的中心。[48] 惠更斯接受的教育和鲁本斯的一模一样，但有一个关键的不同，即教徒的忏悔方式。虽然他憎恨天主教，也憎恨抗辩派，但他喜欢
284 天主教徒（无论如何，总归有一些喜欢），也喜欢阿明尼乌派（无论如何，总归有一些喜欢）。他，惠更斯，像鲁本斯一样，有一间已有三千卷藏书的大图书馆。他也打算在海牙的市中心为自己建造一座意大利式的别墅。他们在一起有什么不可以谈的呢？“我盼望倾听您精彩的谈话已久，”他给鲁本斯写信说，“我不知道是什么恶魔从我身边夺走了您的陪伴。”[49]

但遗憾的是，鲁本斯同时也是他的敌人：西班牙国王的一个代理人，更糟的是，一个成功的外交代理人。从荷兰驻伦敦大使阿尔伯特 · 约阿希米（Albert Joachimi）的信中，惠更斯一定了解到鲁本斯于 1630 年在英国取得的胜利——不仅仅签下了那份让共和国失去了英国盟友的条约，而且还赢得了钦佩：获得剑桥大学的荣誉学位；与英国伟大的贵族人文主义者和古文物学家罗伯特 · 科顿爵士（Sir Robert Cotton）和阿伦德尔伯爵恢复了友谊。惠更斯本人也认识这些人。鲁本斯甚至还去见了科内利斯 · 德雷贝尔（Cornelis

---

* 即君士坦丁一世（Constantine I）。——译注

Drebbel），后者是齐普赛街（Cheapside）的征税人、永不疲倦的项目发起人，也是太阳能大键琴和鱼雷的发明者。几年前，惠更斯在一位伦敦大使的引荐下结识了他。鲁本斯曾仔细研究过德雷贝尔的永动机（perpetuum mobile）计划（据说，他对此抱怀疑态度）。现在，他们两个都被授予了英国爵士，彼得·保罗爵士和康斯坦丁爵士。

无疑，惠更斯也知道，英国国王曾聘请鲁本斯为白厅的新国宴厅天花板绘制一系列凯旋题材的画作，以此来颂扬他已故的父亲詹姆斯一世（年轻的惠更斯曾奉命在巴格肖特[*]为其弹奏鲁特琴）身上所罗门式的智慧和凯撒式的权力。一旦这些工作完成，鲁本斯将是为荷兰执政创作类似作品的最佳人选。但是，只有在尼德兰的两个因信仰和战争而分裂的部分实现了和平，或者至少是休战的情况下，这个计划才能实现。

他知道这也是鲁本斯的心愿。他还进一步了解到，在“法西同盟”如预料的那样崩解之后（这让鲁本斯感到一种痛苦的满足），伊莎贝拉成功地说服了腓力四世，允许布鲁塞尔的议会与海牙的议会直接进行交涉。这次的问题不在西班牙，而在荷兰。因为，在1630年，无论是海牙的执政，还是议会，都不是特别容易驾驭的。事实证明，斯海尔托亨博斯的沦陷只是腓特烈·亨利取得的一系列胜利中的第一场。因此，鲁本斯与格比尔谈判的前提——一旦英国人与荷兰人疏离，共和国将被迫接受议和——现在已经没有意义了。必要时，荷兰共和国将独自作战。鲁本斯离开英国前，于3月5日拜访了老约阿希米，这就是老约阿希米向他传达的信息。他被明确告知，要想使尼德兰十七省缔结和平，只有一个办法，那就是“把西班牙人从那里赶出去”。[50]

事情还没有完全结束。自阿尔伯特大公去世后，伊莎贝拉遵从贫穷佳兰 285
隐修会（Poor Clares）的习俗过起了修女般的生活，她已经绝望地意识到，在尼德兰南北之间、天主教和新教之间实现和平几乎是不可能的。她最信任的顾问斯皮诺拉认同她和平主义的基本主张。此人的军事履历，是有资格在这个问题上发表意见的，但在马德里，他却被弃之不用。现在他也死了。还

* 巴格肖特（Bagshot），英格兰南部的一个小镇。——编注

有一个人，他的声望在交战的双方都有足够的影响力，那就是鲁本斯。1631年12月，巴尔萨泽·格比尔（现为查理一世在布鲁塞尔的代理人）报告说：“彼得·鲁本斯爵士于上周日，即本月14日，带着一个小号手去了贝亨奥普佐姆（Bergen op Zoom），铆足了劲要给战神致命一击，并给这个国家和帝国带来生机。”[51] 几周后，胡果·格劳秀斯给鲁本斯的通信好友皮埃尔·迪皮伊写信说：“您一定听说了吧，我们的好朋友鲁本斯先生几乎一到就被奥兰治亲王送回来了，什么任务也没有完成。”[52]

惠更斯一直在腓特烈·亨利身边，他一定亲历了这一突然的会面，当时他心中的典范鲁本斯碰了一鼻子灰后被打发走了，并被明确而坚定地告知，只有议会才有权进行有关停战的谈判。也许他知道，鲁本斯会深入领会自己接受的斯多葛学派教育，不会因个人一时的受挫而放弃一切外交努力。在安特卫普的家里，有许多东西让他留恋：他那十六岁的金发大眼、身材妖娆的新婚妻子海伦娜·福尔芒；他的画作，他的硬币和宝石，他的果树。但整个1632年，他仍在围城工事间来回奔走，以进一步劝说执政倾听和平的声音。惠更斯与他的典范就护照发放的问题进行了痛苦的正式交涉。[53] 在要塞小镇马斯特里赫特（Maastricht）向荷兰军队投降四天后，鲁本斯再次出现在腓特烈·亨利的军营中，却又一次空手而归。但没关系，不管对方怎样拖延和推脱，不管面对的是怎样的人身侮辱，只要能实现神圣的和平，没有什么是他不愿意做的。

1632年12月，荷兰联省议会终于同意接待来自布鲁塞尔议会的十位特使。这似乎是每个人都期待的时刻。情况虽然和鲁本斯希望的有所不同，但他还是积极地投入到了这件事中。在马德里的西班牙政府感到不满，因为这次外交倡议不是由他们，而是由布鲁塞尔议会发起的，于是禁止在没有国王明确授权的情况下进行任何进一步的谈判。为了安抚王室成员并确保佛兰德的代表们不超出他们的职权范围，伊莎贝拉再次要求鲁本斯（她希望他是各方的朋友）最后一次去海牙。但以什么身份去呢？一个代表西班牙人的温顺的间谍，至少，在其中一个佛兰德代表——阿尔斯霍特公爵（Duke of Aerschot）看来，他就是这样的人。这意味着需要留心观察鲁本斯和他的同事们，阿尔斯霍特为此非常生气，于是竭尽全力阻挠鲁本斯完成任务。1633 年 1 月，鲁本斯的正式护照申请不出所料遭到了拒绝。

这成了压垮他的最后一根稻草。彼得·保罗决定从今以后留在家里，画 286
画，嫁接树木，生孩子。他已经五十六岁了。是时候去照料他的花园了。

鲁本斯被拒绝以个人身份进入荷兰，不过，他的版画替他完成了这趟旅行。在 17 世纪 30 年代早期，出自他那些平面艺术家——安德里斯·斯托克、凡·斯凡嫩伯格、福斯特曼、庞提乌斯和博尔斯维特兄弟——之手的雕版画和蚀刻版画，可以在共和国各个城镇的集市、书店和市场上买到。这张带着沉思的微笑、留着时髦的胡须、讨人喜欢的脸，进入了从米德尔堡到格罗宁根市，以及两地之间各处的艺术爱好者和收藏家的图书馆和书房。荷兰的艺术家们对此感到五味杂陈。至少有一次，乌得勒支的鉴赏家阿诺特·凡·布切尔声称，该市的画家们纷纷抱怨福斯特曼的版画尤其定价过高。不过他们同时也承认，鲁本斯在尼德兰的名声是通过他的画作的复制版画传播开来的。也许他们担心竞争，因为随着荷兰的各地市议会越来越“广泛地”接受各种形式的崇拜，这些宗教题材版画的市场必然会壮大。

最抢手的版画之一是保卢斯·庞提乌斯对鲁本斯的油画《十字架上的基督》做的雕版画。这幅画本身是根据科隆一位佛兰德难民霍尔齐厄斯·格尔多普（Goltzius Geldorp）的耶稣受难画绘制而成。它就是鲁本斯在 1618 年的批量交易中，向卡尔顿提供的那幅“真人大小的耶稣受难图”（卡尔顿拒绝了，抱怨这幅画太大，他位于海牙的低矮房子根本放不下），而在鲁本斯看来，它“也许是我画过的最好的作品”。[54] 与为圣沃尔布加教堂和安特卫普大教堂所绘的杰作不同，这幅画残忍而悲惨地让救世主独自出现在画中，他白色的身体位于乌云滚滚、雷声阵阵的黑色天空下。背景中是一片风景（必然是欧式的），远处是圣殿的圆顶。在“T”字形的十字架顶端，一向得体的学者鲁本斯用拉丁文、希腊文和希伯来文写上了铭文。此外，他还在庞提乌斯的雕版画中加上了《路加福音》23：46 的一句诗文，“父啊，我将我的灵魂交在你手里”，非常清楚地表明他想要描绘耶稣生命的最后时刻。对于那些狂热宣扬十字架崇拜的反宗教改革的神学家来说，这样的时刻无疑是一场胜利；而这幅画的版画版还增加了天使，他们正在与魔鬼和死神展开搏斗。后者尤其重要，因为耶稣受难被认为与复活有密不可分的关系，是一场击败了死神的死亡：是一次新生。

1631 年的某个时候，利文斯和伦勃朗（在画上署名为“RHL”）都直接根据鲁本斯的画作画出了他们各自版本的《十字架上的基督》，他们一定是通过庞提乌斯的版画看到这幅画的。当然，这些画有可能是受天主教赞助人委托创作的，但考虑到创作地点是加尔文派占主导的莱顿，也就没有必要进行
287 这样的假设。大约在同一时间，惠更斯委托伦勃朗专门为执政画六幅耶稣受难场景画——在荷兰共和国，这可是再重要不过的委托项目。这些早期画作是否承担着某种试探性的任务，想要看看两位奇才中哪一位更适合这个系列呢？从惠更斯的角度出发，这是否是另一场练习，想让他最喜欢的两个年轻门徒相互竞争，看看他们是否能超越那位难以捉摸的、无人能比的安特卫普大师？

无论作品的确切性质是什么，也无论是为谁画的，伦勃朗和利文斯都接受了一项挑战：以某种方式创作出一幅能将反宗教改革的图像变得有助于新教信仰的画作。无论在冷静的评委眼中，利文斯和伦勃朗在这一点上有多么相似，但在面对这一艰巨的挑战时，伦勃朗拉开了自己和竞争对手之间的距离。[55]

他是怎么做的？他和利文斯的画作都去掉了代表胜利的翅膀。两人都将十字架设在黑色的场景，即“笼罩大地的黑暗”之中，完全没有其他东西来分散救赎的悲怆。这样做，与加尔文派的教义中有关人的肉体的脆弱性相符合，尤其是与鲁本斯那具有希腊式肌肉和英雄式肋骨的胜利躯干相比，莱顿的这两个基督形象显得憔悴、虚弱和痛苦。两人都鲜明地刻画了基督的伤口。在利文斯的画中，一条血流顺着基督被百夫长朗吉努斯用长矛刺穿的侧身流淌下来。在伦勃朗的画中，鲜血从基督被刺穿的脚上滴落，血滴上有着细小的高光，染红了十字架，随后聚集在树皮从木头上剥落的地方。这两幅画都使用了拱形造型，产生了强烈的效果，救世主的手臂几乎紧贴着边缘，将身体架了起来。

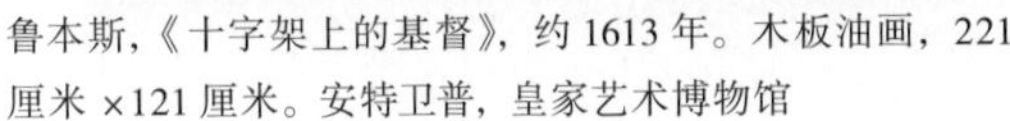

鲁本斯，《十字架上的基督》，约1613年。木板油画，221厘米 ×121厘米。安特卫普，皇家艺术博物馆

保卢斯·庞提乌斯临摹鲁本斯，《十字架上的基督》，1631年。雕版画。阿姆斯特丹，荷兰国立博物馆

那么，最终为什么是伦勃朗的画更引人注目呢？答案在于头部。鲁本斯
在这幅画作以及他早前的《上十字架》中描绘的被钉十字架的救世主，都取 288
自他很久以前与菲利普在罗马时用红色粉笔精心绘制的拉奥孔的头部和上半
身。1618年，康斯坦丁·惠更斯在伦敦时，曾在萨默塞特宫阿伦德尔伯爵的
画廊里看到过这尊著名雕塑的复制品。他的朋友雅克·德·盖恩三世画了这尊
雕塑的素描，后来又被制作成了版画，惠更斯本人还为其加了一首小诗。现
在，如果伦勃朗想给惠更斯留下深刻的印象，他有两个选择：要么巧妙地奉
承惠更斯的鉴赏力，把他自己的基督头像画成拉奥孔的样子，要么自信地开
出一条新路，创作出与高贵的拉奥孔以及鲁本斯的版本（它在庞提乌斯的版 289

伦勃朗，《十字架上的基督》，1631 年。木板裱布面油画，92.9 厘米 ×72.6 厘米。法国，勒马斯−达日奈教区教堂

画中原封不动地保存了下来）截然不同的作品。他的朋友利文斯就不那么喜欢用反暗示法。他的耶稣受难当然是一幅充斥着折磨的画面，但其特征仍然是精雕细琢的，嘴巴张大得刚刚足以让他说出临终七言。而伦勃朗则果断地选择了原始的痛苦。他的基督头颅宽大，没有理想化，而是粗糙到了近乎野蛮的地步，一切崇高的痕迹都被抹去。（事实上，它与犹大的头部极其相似！）他的嘴张得大大的，上唇向后咧，露出用一点点的灰白色颜料涂出来的上颚和牙齿。鼻孔大大张开，眼睛上方和两眼之间的皮肤绷紧着，布满了深深的痛苦的皱纹。他发出动物般的号叫声，脸上带着受酷刑折磨的痛苦表情。伦勃朗的一幅小型蚀刻自画像中，他的脸在同样痛苦的喊叫中扭曲着，这说明他曾练习过痛苦的表情，试图让自己的脸部出现痉挛。

伦勃朗仿佛改变了福音书的内容，将鲁本斯和利文斯采用的《路加福音》中的顺服诗行，变成了《马太福音》中在愤怒和绝望中提出的著名抗议："Eli, eli, lama sabachthani... 我的神，我的神，为什么离弃我？"

即便这确实是一种胜利，在这个危急时刻，这种胜利也很难被发现。伦勃朗提供的是一个加尔文派的基督形象：瘦骨嶙峋、筋疲力尽、淌着血，手臂细得可怜；终于走到了苦难的尽头。很明显，这是最无情的活人献祭，而伦勃朗在处理十字架底部时，粗暴地将支撑物锤在了一起，这和献祭的残暴是一致的。天主教的教义必然会赞美基督完美的身体，把它当成道成肉身的选定形式，神性与人性的融合，而在伦勃朗的这幅新教版受难图中，这具身体根本达不到天主教的要求。画上微鼓的腹部、清瘦的胸腔和消瘦的手臂，完全就是一具可怜的躯体，一本薄薄的悲伤之书。哪怕是剥落的树皮，也与天主教的规范有很大的偏差，这是伦勃朗对"生命之树"传统的另一个典型的博学式暗喻，在一些教会的教义中，十字架据说就是由它制成的。[56] 这些画面大多会加入藤蔓（杰罗姆·威尔瑞克斯）、苹果树（亨德里克·霍尔齐厄斯），或者像鲁本斯自己的《上十字架》中那样，加入橡树叶——总之，会加入一些宣告受难带来第二次生命的绿色植物。伦勃朗的树没有叶子。它是一截光秃秃的树桩，被闪电击中过，树的活皮脱落了，悬在生与死之间。找不到绿色的希望。

那么，假设这两个版本的《十字架上的基督》的创作背景是惠更斯想看看这两个莱顿门徒中，哪一个更能仿效，甚至有可能超越无人能比的鲁本斯。既然大师鲁本斯仍然无法为执政在海牙的宫廷工作，那么惠更斯至少可以为腓特烈 · 亨利在诺代恩德宫（Noordeinde）的宫殿提供水平最接近的荷兰竞争
290 对手的画作，无论这个人有多么早熟。而且，不仅仅有历史题材的画。也许，伦勃朗从地方的无名小卒跃升为被青睐的宫廷赞助对象，最令人惊讶的标志是，尽管惠更斯曾称赞利文斯是一位肖像画家，但伦勃朗却得到了给执政的夫人阿马利娅 · 凡 · 索尔姆斯作画的工作，这幅画很可能是为了与洪特霍斯特为腓特烈 · 亨利创作的肖像凑成一对。他一定想象过自己将获得洪特霍斯特那样的地位：拥有马车、宏伟的房子、几十个甚至更多的付费学生，成为公会会长，以及接国际委托单子的企业家。毕竟，洪特霍斯特为丹麦宫廷创作的 30 幅画作能收到 3.5 万荷兰盾的报酬。有什么能阻止伦勃朗攀上类似的名利高峰呢？

唯有不必要的坦率。他把奥兰治王妃的画像构思成了左侧身的姿势，有着妻子的端庄得体，显示出对亲王的父权权威的遵从，而这位亲王在 1631 年洪特霍斯特绘制的肖像中，则是从相反的方向看过来的。但在 1632 年清点藏品时，王妃似乎选择将伦勃朗画的这幅肖像“挂在她的两个画廊之间，边上没有亲王”。这可能不是一个好兆头。阿马利娅早已以强势和“难缠”著称，对惠更斯来说这一点尤其明显，虽然她对丈夫极为忠心，但她曾是波希米亚王后伊丽莎白 · 斯图亚特的女侍臣，她一定想要一些类似于凡 · 戴克风格的肖
291 像，人物有着如喷彩般的妆容，而不是伦勃朗这种过分忠实于真实面相的风格：他把她苍白的脸、老鼠绒毛般的头发和小眼睛都如实地呈现出来。当然，伦勃朗也不想得罪人。他最重要的天赋在于，他理解当时的人希望自己以什么样的方式被人看到和了解——这不仅仅是一种本能，也是教养使然。在阿马利娅 · 凡 · 索尔姆斯的这件事上，他显然认为，在她面对公众时，自我意识中最在意的是加尔文派的虔诚和贵族的尊严。所以他非常刻意地创作了一幅完全没有虚荣特质的肖像画，这是通过她的头部和肩部来捕捉的，她有着坚实的下巴（没有一丝过度咬合的痕迹），以及珍珠头饰、项链和耳环，还有精

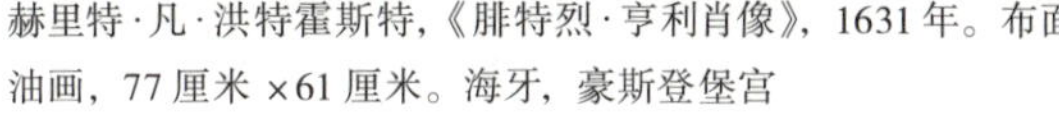

赫里特·凡·洪特霍斯特,《腓特烈·亨利肖像》,1631年。布面油画,77厘米×61厘米。海牙,豪斯登堡宫

伦勃朗,《阿马利娅·凡·索尔姆斯肖像》,1632年。布面油画,68.5厘米×55.5厘米。巴黎,雅克马尔-安德烈博物馆

心描绘的三层蕾丝花边领子,从而将高贵与谦卑加以调和,这与鲁本斯那幅将年老的伊莎贝拉画成了贫穷佳兰隐修会成员的单调的肖像画有点类似。但是,伦勃朗可能过度强调了阿马利娅虔诚严肃的名声,超过了她本人或亲王所希望的程度。艺术,也就是说,宫廷艺术,不是关于真理的。它是为了美而修改的真理。于是,另一组亲王和王妃的肖像被盛大地挂了起来,它们是在适当的时候被委托制作的,且都是由洪特霍斯特完成的。

也许伦勃朗并不是惠更斯要找的宫廷肖像画家,尤其是当他看到兄长毛里茨那幅臭名昭著的肖像以及他的朋友雅克·德·盖恩三世的肖像时,他认为画得与本人非常不像。但可以肯定的是,伦勃朗就是他们一直在寻找的历史画家。他已经展示了他既能效仿鲁本斯,同时又能对鲁本斯的风格加以改造的实力。现在,让他应对一个更加雄心勃勃的挑战吧:创作一幅可被接受的新教版本的鲁本斯最伟大的杰作《下十字架》。

《下十字架》和与之相伴的《上十字架》都是在1632年8月至1636年之间进入了执政的藏品之列。伦勃朗本人在1636年给惠更斯写信讲述他受命创作三幅耶稣受难场景画时，提到了这两幅作品。但没有理由认为他的《上十字架》和《下十字架》最初就是被构思为系列作品中的前两幅进行创作的。

伦勃朗很有可能颠倒了鲁本斯构思的顺序，先画了《下十字架》，想看看它是否能得到惠更斯和执政的认可。他没有像古代艺术那样将耶稣的身体呈现为英雄的躯干，而是描绘成身体坍塌、器官移位的样子，从而维系了基督的诗意感召。更重要的是，伦勃朗的出发点是卢卡斯·福斯特曼（现在他回到了安特卫普，与安东尼·凡·戴克交好，大概与他的老上司保持着距离）的雕版作品。从某种程度上来说，福斯特曼个人的恶名被他早期作为最富有绘画性的雕刻家的声誉中和了，他使用雕刻刀建立起紧密的线条层，这些富有力量的线条能够用黑白色呈现出鲁本斯绘画中的色彩范围和饱和度。至少人
292 们是这么说的。[57]但事实是，22英寸 ×17英寸的雕版画无论完成得多么出色（福斯特曼的作品肯定是出色的），就其色彩力度来说，丝毫不能与安特卫普圣母大教堂内火绳枪兵礼拜堂中的那件巨幅画作相提并论。问题的关键不在于圣约翰的衣服是血红色，或者圣母的衣服是冷蓝色，而是鲁本斯在这些作品中，正如我们看到的那样，将色彩作为展示其高超画艺的主要手段。这么看来，伦勃朗是在对原画的单色复制品做出回应。伦勃朗看到这幅版画里是密密麻麻的一群人，他们围绕着救世主的身体，戏剧性地挤在一起。因此，他非常明智地决定进行剥离和简化，这不仅是为了使构图在更小的画幅中获得令人满意的辨认度，还因为这幅画可能是供执政在私人寓所里进行祈祷和敬拜用的。因此，鲁本斯版本的重点是行动和反应，而在伦勃朗的版本中，重点是沉思和见证，这是符合加尔文派信仰的正确表现方式。在鲁本斯的原作中，几乎所有人物都在以某种方式与救世主进行直接的身体接触——
293 触摸他的肉体，或者染上他的鲜血。这对于一个视圣餐为根本的教会来说是尤为正确的。其中，圣餐的目的是要领受圣餐者通过圣礼，在身体上体验基督的殉道，亦即“真实临在”。确实，这是天主教徒和新教徒之间最严重的分歧之一。在伦勃朗的版本中，行动者势必被观察者（或晕眩者和畏缩者）

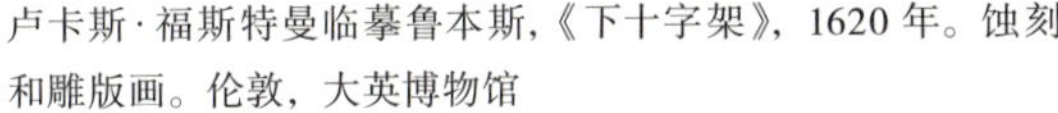

卢卡斯·福斯特曼临摹鲁本斯,《下十字架》，1620 年。蚀刻和雕版画。伦敦，大英博物馆

伦勃朗,《下十字架》，约 1633 年。木板油画，89.4 厘米 × 65.2 厘米。慕尼黑，老绘画陈列馆

取代。在鲁本斯的画作中，横在十字架顶部的人物用牙齿咬住了裹尸布，而在伦勃朗的画里，他被简化为一个挂在下降机械顶端的人，一个人体滑轮。X 光片显示，起初伦勃朗其实想紧随鲁本斯，把圣母画在站立的亚利马太的约瑟身后，一只手抓住基督的手臂，另一只手伸向他的腿——换句话说，让她出现在鲁本斯作品中的几乎同一个位置。但最终，他还是决定用距离和顺服，而不是身体的接近来表现：他把圣母从十字架边移开一段距离，现在她晕倒在了左前景中。[58] 面对不可避免要去遵行的上帝旨意时的那份无助，就是这个场景的主题。

虽然光线从基督的身体上照射出来（就像鲁本斯的原作中一样），映照在紧挨着的支撑者（包括一个具有伦勃朗本人更年轻时的面部特征的人）的脸上，但这次事件的见证者和参与者一样多。[59] 画作的尺寸小得无可比拟，实际上却让人感觉构图更宽敞，树木和拱形的大门建立了中景和背景，减少了神圣的幽闭感，而这种神圣的幽闭感正是鲁本斯在那两幅伟大的安特卫普祭坛画中追求的。一道空间和深度的屏障将围观者与十字架隔开，面对殉难，他们没有开口交流，而是用悲痛的静默和顺服诉说着无奈的沉思。

即便是在呈现努力抬升过程的《上十字架》中，也笼罩着同样的静谧感。由于直到 1638 年才有鲁木斯这幅画的雕版画，而伦勃朗也没有机会在安特卫普看到鲁本斯的原画，所以鲁本斯的作品不太可能是伦勃朗版本的直接灵感
294 来源。关于其灵感来源，有人提出了种种假设，尤其认为它可能来自阿尔布雷赫特 · 阿尔特多费（Albrecht Altdorfer）的木刻作品。然而，虽然伦勃朗这幅画与鲁本斯的版本相比，显然没有那么多的近似性，但构图的中心对角线，即士兵的手臂和基督的左臂之间的连续延伸线，似乎与安特卫普的那幅画作非常接近，这一点不可能完全出于偶然。所以，也许伦勃朗是依靠某人的素描或记忆——比如凡 · 戴克的——来画的。当然，在鲁本斯的原作中，其实有一个骑马的见证人，但只在右侧木板上。而在伦勃朗的画中，戴着头巾的骑马者直接看着看客，由此展现出加尔文派的共同罪责和集体责任的重要性。伦勃朗再一次通过一双眼睛建立了绘画作品和观看者之间的本质联系。由于画家决定将戴着贝雷帽、穿着紧身短上衣的自己塑造成下巴咬紧、双手环绕十字架、准备将救世主抬起来的行刑者，这使得画面的内涵变得更加严肃。事实上，虽然士兵闪亮的盔甲吸引了人们对他的关注（尽管没有鲁本斯的版本中那个秃顶行刑者结实的裸露躯干来得果断），但伦勃朗本人才是整件作品的戏剧性支点。鲁本斯的伟大作品充满了暴力的力量，那是恶魔般的泰坦巨人的作品，是大地发出的颤抖。在伦勃朗的作品中，有一个士兵和一对身影模糊的苦力，而中间是一个画家，他那双用来拿调色板和支腕杖的手，正引导着十字架抵达它的位置。

这种将自我嵌入画中的方式并不算新颖。1627 年，鲁本斯又回到了他为庆祝《十二年停战协定》而创作的《三博士来朝》中，并把自己画成了一个骑马的骑士，事实上，他已经正式成了一名骑士。从一开始，伦勃朗就在《圣司提反被处以石刑》和 1626 年那幅巴达维亚人主题的《"历史画"》中加入了他自己的肖像。但以自画像来吸引注意力，表明自己既是艺术作品的创作者

伦勃朗，《上十字架》，约 1633 年。布面油画，96.2 厘米 ×72.2 厘米。慕尼黑，老绘画陈列馆

（通过贝雷帽表示），同时也是上帝的工具（十字架的支点），这在当时是前所未有的。尽管这种做法非同寻常，但不应该认为这是艺术家在亵渎性地将自己强加在《圣经》上，否则就是严重偏离事实，也偏离了伦勃朗的意图的可能范围，无论他有多么大胆。伦勃朗没有让自己闯入神圣的奇观中，而是试图做一些相反的事情，即像所有那些评论历史画的人建议的那样，将自己完全浸润其中。毫不夸张地说，他肩负着罪责，成为中世纪的普通人（Elk）形象——将人类的罪孽揽在自己身上。伦勃朗扮演的"画家普通人"，成功地将绘画行为本身与救世主受难等同起来。这是一个只有黄金时代的荷兰加尔文

派教徒才可能接受的矛盾修辞。[60]

但话说回来，伦勃朗也并不是个完全自谦的人。

5. 扮相

295 当伦勃朗把自己的脸叠加在鲁本斯的自画像上时，他并不是要偷取偶像的形象，而是想试戴一下。就好像他趁大师在乡间庄园时，偷偷溜进了大师位于瓦珀广场的房子，在面对一箱金链子时，不知怎的，难以抑制地用手指去触摸上面的链节，让它们的重量正好落在他的脖子和肩膀上。

当然，鲁本斯很少试戴任何东西。他的自我形象，正如他的性格，就像他兄长的导师利普修斯坚持的那样，应该被置于每一个正直的基督教绅士生活的中心：无论受到王室和赞助人的善待或不公正对待，无论处于顺境还是逆境中，他都应该是坚定、温和、毫不动摇的。因此，彼得 · 保罗只有四幅单人自画像，无论他创作时处在生命的什么时期，所有的自画像看起来都大同小异，有些自画像与其他自画像相比，只不过多了一丝秃顶的迹象，但这些自画像主要是一种记录，表明时间的流逝对真实的（echte）彼得 · 保罗的影响是多么小。鲁本斯也出现在其他一些画作中，但都有朋友、兄弟、妻子和孩子等亲朋好友（amicitia et familia）的陪伴，而且很明显，他往往不是群像中最重要的人物。

当然，伦勃朗并没有在画完四幅自画像后就停手，也没有满足于二十四幅或四十四幅。从他第一幅有年代记录的绘画作品《圣司提反被处以石刑》开始，到 1669 年，也就是他去世的那一年创作的那些为止，他的面孔频频出现在画作中，留下了详尽的面孔档案。就这一点而言，在 20 世纪之前，没有任何一位画家，或许也没有任何一位艺术家能出其右。[61] 与鲁本斯不同的是，他的露面很少是合群的。伦勃朗只出现在一个人的身边（除了历史场景之外）：他的妻子萨斯基亚 · 凡 · 优伦堡。从本质上说，这是一场横跨四十年的独白，其不知疲倦的炫技特质，导致伦勃朗不可避免地被当成自恋艺术家的典型。甚至在伦勃朗活着的时候，乔瓦尼·贝内代托·卡斯蒂廖内（Giovanni Benedetto Castiglione）之类的意大利艺术家也无耻地模仿起“伦勃朗风格”，以便将自己装点成他们所在时代的米开朗琪罗：极其冷静沉着，不搭理赞助人愚蠢的怪念头，只对自己的缪斯女神负责。这是一种脱离、甚至敌视社会习俗的艺术个性，十分讨 19 世纪的浪漫主义者的欢心。即使在毕加索最被有钱人眷顾、最有可能套用刻板形式的时候，他也会郑重搬出伦勃朗的形象来说服自己，他的凛然正气没有因诱惑而受损。

但伦勃朗丝毫没有想把自己塑造成“不合群第一人”，更没有像肯尼 296
斯·克拉克（Kenneth Clark）认为的那样，在早期的蚀刻自画像中把自己塑造成一个“愤怒的年轻人”。[62] 他的自我形象倍增的原因，并不在于坚持不懈地、近乎偏执地标榜艺术自我，恰恰相反，伦勃朗实验性地将自我分解成了无数其他的形象：士兵、乞丐、资产阶级、王子、安特卫普的大师。

当一切尘埃落定时，彼得·保罗就是唯一的鲁本斯。

那伦勃朗呢？伦勃朗，正如我们已经注意到的那样，他是“普通人”。

“普通人”不仅仅是普遍意义上的罪人。他也在戏剧中扮演着那个时代的普洛透斯*。顾名思义，他能够扮演所遇到的任何一个人物形象。伦勃朗就是这样一个千变万化、不断更新的“普通人”，他想要进入所有被画主体的皮肤（对他的肖像模特和历史人物都是如此），受到这种需求的驱使，他想从内心深处了解他们希望被人看到的样子。他不是爱出风头的人，他的自我审视不应该与强迫性的自我暴露相混淆。事实上，在他最早创作的自己脸部的画作中，其隐藏的东西比展露出来的还要多，因此更引人注目。它们隐藏的，当然是艺术家的眼睛。如果真的如凡·曼德尔所言，眼睛是通往心灵的窗口，那么伦勃朗则关上了这扇百叶窗。

在佩里·查普曼看来，他的额头或脸部某一侧的深色阴影，彰显着一种忧郁气质，[63] 而忧郁是创造性天才的面相特征。毫无疑问，伦勃朗的导火线很短；他极其暴躁易怒，尤其是在后来，毕竟他有很多事情要处理。然而，他

---

* 普洛透斯（Proteus）是古希腊神话中变幻无定的海神。——编注

伦勃朗，《自画像》，约 1628 年。木板油画，22.5 厘米 ×18.6 厘米。阿姆斯特丹，荷兰国立博物馆

是否像诸如康斯坦丁 · 惠更斯等人那样，想象过自己是受到了过量的黑胆汁困扰，还有待商榷。当然，如果对伦勃朗来说，忧郁天才的姿态是值得显摆的，哪怕只是为了符合一般天才的形象，他也很可能会用绘画的方式来暗示这种诗意的情绪；所以，他画出了明暗对比的自画像。但是，他对艺术家的风采近乎反常的遮蔽，可能还有另外一种解释：突出画家眼睛投射出的力量。

所有的目光，所有的凝视行为，在某种程度上都是力量的试探性表达。我们常常认为，目光越直接、越不畏惧，其背后的人就越强大，就像一个掰手腕的人竖立起的拳头一样。[64] 但从一开始，伦勃朗就决定与观画者玩一种不同的游戏，一种猫捉老鼠的游戏，一种画家版的狡猾的躲猫猫游戏，“现在你可以看到我了，现在你看不到我了”。请看阿姆斯特丹荷兰国立博物馆收藏的那幅令人着迷的 1628 年自画像。按理说，如果伦勃朗让自己坐在深邃晦暗的
300 地方，以产生落在他眼睛和上脸部的阴影，他是不可能创作出清晰的图像的。因此，无论这幅画画的是什么，它都不可能是一个简单的镜像。事实上，它是真容（icon vera）的对立面。“真容”即在裹尸布上神秘自显的基督面孔，

约瑟夫 · 利奥 · 克尔柯纳（Joseph Leo Koerner）认为阿尔布雷希特 · 丢勒于1500年创作的那幅伟大的自画像主要来源于此。[65] 即使借鉴了救世主的面孔，丢勒的自画像也毫不退缩地保持着它的精确性，仿佛它不是用手塑造出来的，仿佛圣像和艺术家的人格一样，本身就是一个更高级的代理人的创造。

从另一方面来说，伦勃朗式的自画像都是纯粹的发明：完全是在化妆；卷曲的头发和分叉的发梢在张牙舞爪；刻出的眼睛就像面具上的洞。现藏于慕尼黑的那幅1629年自画像中，画家的自我设计是显而易见的。他的衣领上涂抹着厚厚的白色颜料，这种厚涂法通常令人想到他更晚期的风格；他肩膀上的高光是用粗犷、潇洒的笔触刷出来的。底色上的刮擦、阴影线和点状涂抹痕迹，使得那些表现他金属丝般的卷发的划痕显得更加狂野，就像一场小小的绘画风暴。在凡 · 高之前，这种程度的狂放不羁将不会重现。

这个妆化得豪迈潇洒，但是，这几乎是一具透明的虚伪面具。因为伦勃朗的面孔无论怎么化妆，显然还是会透着所有凡人肉体都有的恶作剧感和轻蔑感。伦勃朗的脸与丢勒的神秘客观的幻影不同，与鲁本斯在大批量发行的版画中精心编辑的一般人文主义贵族不同。它是橡胶做的，而不是木头做的：具有小丑般的灵活性，时而紧张，时而松弛；一张就连其主人似乎也无法完全控制的脸。它表演，但很少迎合。当它化身成更体面的人物——资产阶级的花花公子、脸颊光洁的军官——时，它会符合某些社会习俗和期望，但却以某种方式让我们立即对摆出的姿势产生不信任，怀疑这套服饰是戏服而不是制服，从而看到角色之下的表演者。事实上，正是伦勃朗式自画像的不固定性——它对浮肿和被掏空感、对有瘀伤的皮肤和断裂的血管、对肿胀和褪色的屈服，对时间和命运的无奈描绘——造就了那种富有同理心的传奇力量，以及它对虚荣心的温和纠正。我们应该像鲁本斯那样恒定不变，但我们实际上却像伦勃朗那样反复无常。鲁本斯式的淡定，巴洛克式的冷静，就是我们想要将自己画成的样子，一幅镜子里的全身像，露出修长的美腿。但是，伦勃朗式的夸张表演，吸紧我们的脸颊，绷紧我们的腹部，调整鸵鸟毛头饰的位置，这才是我们滑稽的真实写照。这就是为什么，尽管现代评论中对天真到愚蠢的浪漫主义者进行了诸多嘲讽性的影射，但19世纪的作家把伦勃朗比

伦勃朗，《自画像》，1629 年。木板油画，15.5 厘米 ×12.7 厘米。慕尼黑，老绘画陈列馆

作莎士比亚，将他视为记录人类自我欺骗的深刻的档案管理员的做法是绝对正确的。

这位“普通人–演员–艺术家”追求的是多样性，其中也包括他自己的多样性。所以他早期的自画像，尤其是蚀刻版画，彼此之间有着惊人的差异性，颜料处理得风格迥异。伊莎贝拉·斯图尔特·加德纳博物馆收藏的那幅艺术家 301
戴着饰羽帽的肖像画（见第 036 页），与慕尼黑这幅率性、恣意的自画像是同一年画的，然而风格却大相径庭。《戴饰羽帽的自画像》里，颜料经过精心涂抹，营造出一种光滑、如漆般光泽的质感，目的是强调伦勃朗衣服材料的柔软和光滑，而四分之三身长和低视角则突出了这个姿势的崇高的礼节感。许多画作看似是对早期伦勃朗式的“类型”（type）做出了细微的变化，但实际上都是出自他人之手的复制品，有可能就是出自他的第一批学生——伊萨克·茹德维尔（Isaac Jouderville）和赫拉德·道之手。[66] 唯一无法掩饰的面部特征，是他圆润的下巴和伦勃朗式的神采奕奕的鼻子。这是一个英雄般的长鼻，艺术家将在接下来的四十年时间里，在上面雕刻出由年龄和脾气带来的影响。（当然，卡雷尔·凡·曼德尔在他的面部表情目录中，对这只鼻子只字未提，这是不应当的。）但即使是用这些基本的面部元素，伦勃朗也能塑造出截然不同的“面部特写”，或者说人物类型。他可以让他的鼻孔扩张，鼻梁上的皮肤皱起，眼睛眯起，嘴巴张开，发出野性的咆哮；或者他可以收紧鼻孔，把通常肉嘟嘟的嘴唇紧抿成一条缝，皱起眉毛，转过头来，仿佛越过一罐啤酒盯着我们看。咯咯笑着的类人猿和著名的“撞见鬼”的布丁脸似乎完全属于不同的身体。偶尔，伦勃朗的自画像与他自己的面容没那么相似，似乎更接近于他参照其他模特画的“面部特写”或脸部绘画，就好像他在排练或模仿他们的姿势一样：作为当下流行脸谱的伦勃朗。

通常，在 1629 到 1631 年间的素描和蚀刻版画中，伦勃朗的年龄似乎相差甚远，而不是仅差两三年。有时，他的衣领垂下，胡须更加旺盛、整齐，脸上的光照十分均匀。他将自己打扮成一个年轻的市民，一个坚实的公民，一个粗糙版鲁本斯；另一些时候，他的头发华贵地偏向一边，衣服敞开着。但这两种自我形象或多或少地对应着两种画家典范，伦勃朗借此试图将自己

伦勃朗，《不戴帽子、有白领子的自画像》，1629 年。蚀刻版画。阿姆斯特丹，伦勃朗故居博物馆

左上：伦勃朗,《身体前倾的自画像》，约 1630 年。蚀刻版画。阿姆斯特丹，荷兰国立博物馆

左下：伦勃朗,《头戴椭圆包边毛毡帽的自画像》，约 1629 年。蚀刻版画。阿姆斯特丹，伦勃朗故居博物馆

右上：伦勃朗,《皱眉的自画像》，1630 年。蚀刻版画。阿姆斯特丹，伦勃朗故居博物馆

右下：伦勃朗,《睁大眼睛、头戴帽子的自画像》，1630 年。蚀刻版画。阿姆斯特丹，伦勃朗故居博物馆

安德里斯·雅各布松·斯托克，《一名男子的肖像》，又名《卢卡斯·凡·莱登肖像》，约 1620 年。雕版画。莱顿，布料厅市立博物馆

鲁本斯，《一名男子的肖像》，又名《卢卡斯·凡·莱登肖像》，约 1630 至 1635 年。画刷与褐色颜料素描。巴黎，弗里茨·卢格特收藏馆，尼德兰学院

奇特的个性嫁接到这两种形象上。

其中一个典范是卢卡斯 · 凡 · 莱登，或者说是假卢卡斯。这幅不知出自何人之手的蚀刻版画，多年来一直被认为（基于非常勉强的理由）是这位本国天才的自画像。鲁本斯虽然受过古典画派和意大利画派的锤炼，但从来没有放弃与卢卡斯相关的更朴实的北方本土视觉。他根据那幅雕版画画了一幅素描，并添加了歌颂卢卡斯的名声的题词。伦勃朗不可能不知道这张极为简单、直接的脸庞，它与安东尼斯 · 莫尔和伊萨克 · 克拉松 · 凡 · 斯凡嫩伯格在自画像中的宫廷姿势和优雅服饰截然不同。还有一些其他假定为自画像的画作，
302 也是这种朴素而又毫不造作的谦逊风格，可以作为先例，比如，老彼得 · 勃鲁盖尔的《艺术家与赞助人》（*Artist with Patron*）。不管怎样，对伦勃朗来说，图像光有粗鲁与简洁还不够，他还想在此基础上，如我们看到的那样，建立

一整座能进行华丽表演的剧院。伦勃朗挑战更有宫廷风格的艺术家形象，创作出了一个质朴得咄咄逼人的形象，这一点似乎是无可争议的。1634 年，他的天才学生扬 · 约里斯 · 凡 · 弗利特（Jan Joris van Vliet）已经为明暗相间的那张脸制作了雕版画，这似乎表明，伦勃朗已经迎合了大众的需求，成功地创造了新卢卡斯的形象，既巧妙又坦率，既忧郁又乐观。

事实上，伦勃朗在这个方向上走得更远，他继承了卢卡斯 · 凡 · 莱登，特别是老彼得 · 勃鲁盖尔对真正的社会弃儿——乞丐的迷恋。[67] 像 17 世纪早期所有其他新教文化一样，荷兰人喜欢把他们的流氓和流浪汉严格地限制在戏剧、诗歌和绘画的范围内，或者限制在当地教养院的四面高墙内。[68] 到了 17 世纪的前十年，莱顿市长扬 · 凡 · 豪特（Jan van Hout）制定了残酷的区别对待政策。一边是那些值得关注的穷人，教会会为他们进行募捐，他们在慈善机构那里受到的关注在欧洲无可比拟。而另一边则是流窜各地、可能犯罪的大批流浪者，他们被市政官员视为一种侵扰，需要从国内驱逐出去（必要时 303
用马车），或被鞭打和说教，直到遵从勤劳体面的基督徒生活为止。[69] 阿姆斯特丹的艺术家维尔纳 · 凡 · 登 · 法尔克特（Werner van den Valckert）画了一系列的木板油画，精确地记录了穷人受到市民社区和教会社区适当监护的过程。一些城镇允许有限数量的穷人在指定地点乞讨。但这种限制、纠正和驱逐的政策非常成功，以至于外国人常常羡慕地评论说，荷兰城镇中心竟然没有乞丐。“在这里遇到一个乞丐，”詹姆斯 · 豪厄尔（James Howell）写道，“正如大家说的，就像在威尼斯街头看到一匹马一样罕见。”[70]

也许正是因为荷兰乞丐相对来说比较“隐蔽”，所以他们作为文学、绘画、甚至是伪宗教文本里的类型人物时，实际上成了异域想象的对象。阿德里安 · 凡 · 德 · 维尼（Adriaen van de Venne）在其蠢事画集《荒诞世界图景》（*Tafereel der belacchende werelt*）中，收入了一种体裁的荷兰版，这种体裁遍布欧洲，从西班牙和英格兰到波希米亚和意大利：流氓和流浪汉百科全书。[71] 凡 · 德 · 维尼列出了四十二种常见的骗子类型，其中包括“loseneers”，他们假装是从土耳其人那里逃出的俘虏；“iuweeliers”，他们专门生产假宝石；“swijgers”，他们将兑了水的马屎涂抹到自己身上，假装患上了黄疸病；“schleppers”，他们（说来真可笑）是伪天主教神父；以及十分恼人的“nachtbehuylers”，他们带着孩子躺在别人的房子前整夜呻吟，直到被放进屋子为止。毫无疑问，凡·德·维尼意在使这些文字成为一本警示手册。他对每一类流氓的描述都配之以严厉的道德箴言，写在单独的一栏里。他为那些骗子和乞丐配的插图和奇特的灰调画里，是一群因恶行而身体畸形的人形动物的形象。

伟大的洛林平面艺术家雅克·卡洛于1622年制作的蚀刻版画集《乞丐》（*Les Gueux*），保留了这种妖魔化的特征。这一系列的版画或许就是伦勃朗画中乞丐形象的主要来源。其中一个身穿破斗篷的人伸出一只手，指甲已经变成了吓人的利爪；另一个拄着拐杖的人则一副无赖的表情回望着观画者。但是，卡洛首开先河地将流浪汉描绘成了人类，而不是次等人类，哪怕他们与流浪汉字典中的形象（比如假朝圣者）相对应。伦勃朗不仅拥有卡洛的一些
304 版画，而且进一步将流浪汉人性化。在他的画笔下，他们不再是进行道德教化的钝器，也不再是人们的猎奇对象。毫无疑问，他们是同类人。凡·德·维尼的画像中那些将流浪汉扭曲成令人厌恶的鼠人和破烂不堪的害虫的可怕畸形元素，在伦勃朗的画作里都被抹去了。同时他也避免了凡·登·法尔克特的木板油画中那种沾沾自喜的风格——在法尔克特那里，穷人已经圆满地转化为了卑躬屈膝、感激地接受基督教施舍的人。[72] 在伦勃朗的这些画作中，已有一些有关人类毁灭景象的东西流露出来了，其中的人物类型与古典英雄截然相反，而伦勃朗从中发现了真正英勇的东西。事实上，这种英勇气概极其强盛，以至于在不止一幅蚀刻版画中，他自己的脸出现在了乞丐的身边。而在一幅令人过目难忘的自画像中，他自己也变成了一个乞丐。而且，他们不是慈善机构里和周日布道中的那种温顺恭敬的穷光蛋，而是真正的乞丐：弯腰驼背，沿街乞讨，言语粗俗，身上长着瘰疬；忘恩负义，不知悔改，危险——那种饥寒交迫的人，他们的出现会招来警察，会让体面的市民闩上百叶窗，把狗放出来。伦勃朗迷恋这些下层社会的人，他鼓励凡·弗利特在他自己的作品之外，再制作更多的乞丐版画，这远远超出了对一类人群的好奇心，而怪异地接近于颂扬。伦勃朗将自己置身于底层人民中，似乎想藐视凡·曼德尔

雅克·卡洛,《披斗篷的乞丐》,1622 年。蚀刻版画。纽约，大都会艺术博物馆，亨利·沃尔特斯赠，1917 年

关于道德尊严的训诫，陶醉于画家野蛮的下层生活中——“要想成为画家，必须理解野蛮人”（Hoe schilder，hoe wilder）——这正是道德家所憎恶的。不过，也无须借助浪漫主义关于伦勃朗向资产阶级习俗吐口水的陈词滥调，来承认他在这里做的事情之大胆，因为这样的先例有很多。拉伯雷式的艺术家，会选择性地去过贫苦生活。在荷兰，最明显的例子是伟大的阿姆斯特丹剧作家赫布兰德 · 布雷德罗，他曾接受过画家训练。他在一份关于他使用街头俚语的著名宣言中声称 :“我根本不在意我的母语是跟一个伟大的国王还是跟一个乞丐学的。”同理，我们可以想象，伦勃朗会坚持说 :“我怎么会在意 306

伦勃朗,《靠在拐棍上、一只手残疾的乞丐》,约 1630 年。蚀刻版画。纽约，皮尔庞特·摩根图书馆

伦勃朗,《背着葫芦的老妇人乞丐》,约 1630 年。蚀刻版画。纽约，皮尔庞特·摩根图书馆

我是向王子还是向贫民学习人的面孔和身体呢？”此时，我们的脑海中浮现出惠更斯抱怨莱顿年轻画家傲慢的那番话——一种“过度的自信”，也许在利文斯身上最为明显，但他一定会补充说，“伦勃朗也有同样的情况”。[73]

然而，这个厚颜无耻的乞丐，这个满脑子都是自己的卢卡斯-勃鲁盖尔-布雷德罗-伦勃朗，这个沉迷于破布和针线、弯曲的四肢、木制的拨浪鼓和乞讨碗的无赖艺人，同时也是那个仍然无法停止想成为鲁本斯的伦勃朗。在他创作出融合了伦勃朗和鲁本斯的蚀刻自画像，并署名“伦勃朗画”的同时，他还对这位佛兰德大师的作品做出了另一种温和的偷窃行为。他找到了卢卡

伦勃朗，《扮作一名坐在岸边的乞丐的自画像》，1630 年。蚀刻版画。纽约，皮尔庞特·摩根图书馆

伦勃朗,《身穿东方服饰、带着贵宾犬的艺术家》,1631年。木板油画。66.5厘米 ×52厘米。巴黎，小皇宫巴黎市立美术馆

斯·福斯特曼制作的另一幅复制版画，这次是《三博士来朝》，并从中提取了一个东方君主的形象，君主身披闪亮的绸缎长袍，腰间系着一条腰带。有了这个人物在面前，伦勃朗就不需要镜子了。他把一只手放在臀部，另一只手放在手杖上，摆出一种兼具优雅和阳刚的对立式平衡站姿。在后来的某一天，画中加上了一只贵宾犬，也许出自另一人之手。此刻，他站在那里，绸缎披挂的手肘和隆起的腹部闪烁着光芒，他化身成伦勃朗帕夏——一个勇士、占星家和献礼人。

（本章校译：董晓娣）

第四部 浪子

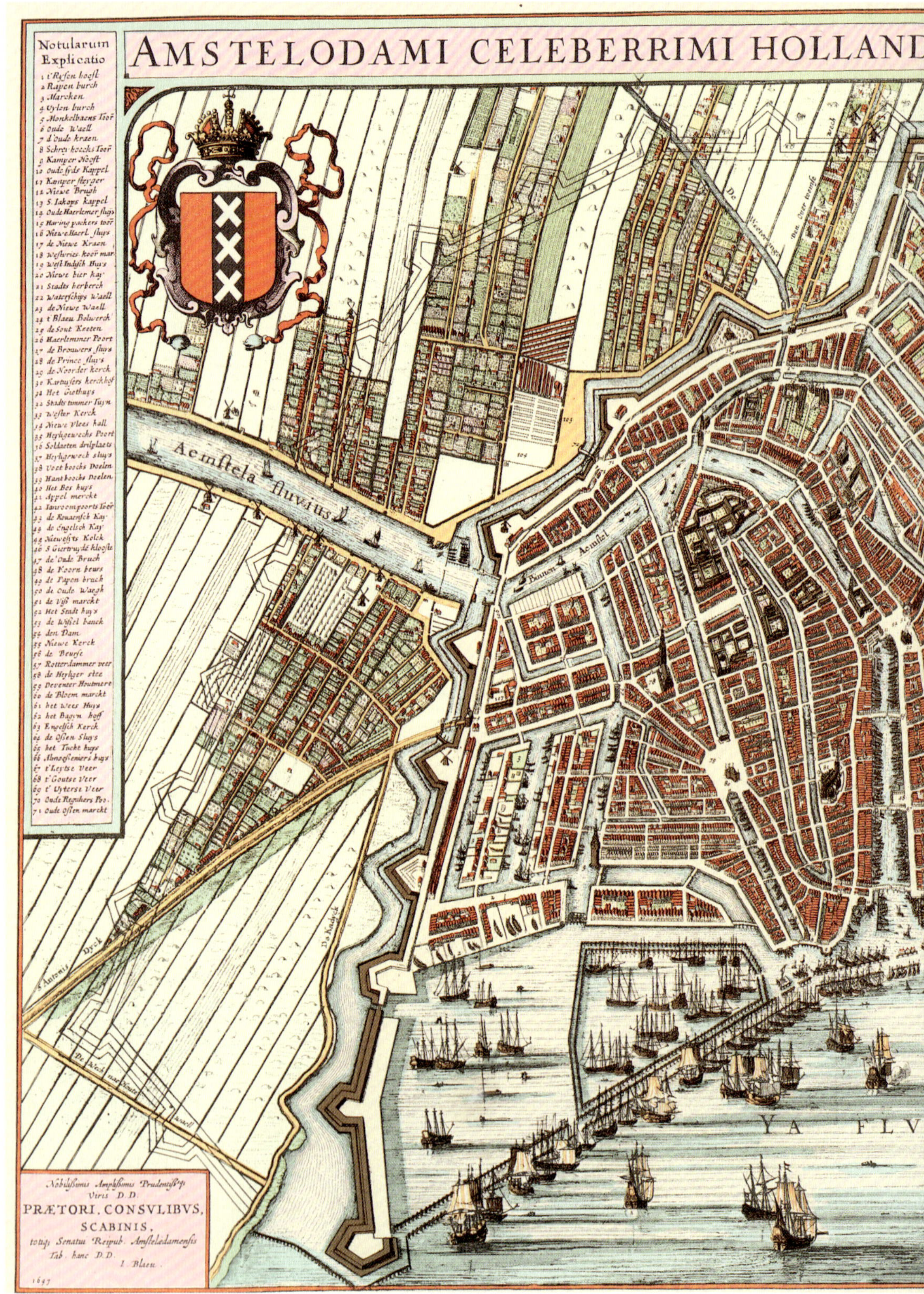
AMSTELODAMI CELEBERRIMI HOLLAND
Notularum Explicatio
1 t'Rysen hoofl
2 Rapen burch
3 Marcken
4 Uylen burch
5 Monkelbaens Toor
6 Oude Waell
7 d'Oude kraen
8 Schrey hoecks Toor
9 Kamper Hooft
10 Oude syds Kappel
11 Kamper steyger
12 Niewe Brugh
13 S. Iakops kappel
14 Oude Haerlemer sluys
15 Haring packers toor
16 Niewe Haerl. sluys
17 de Niewe Kraen
18 Westvries koor mar
19 West Indysch Huys
20 Niewe bier kay
21 Stadts herberch
22 Waterschips Waell
23 de Niewe Waell
24 t'Blaeu Bolwerck
25 de Sout Keeten
26 Haerlemmer Poort
27 de Brouwers sluys
28 de Prince sluys
29 de Noorder kerck
30 Kartuysers kerckhof
31 Het Giethuys
32 Stadts timmer Tuyn
33 Wester Kerck
34 Niewe Vlees hall
35 Heyligewechs Poort
36 Soldaeten drilplaets
37 Heyligeweck sluys
38 Voet boochs Doelen
39 Hant boochs Doelen
40 Het Bos huys
41 Appel merckt
42 Iansroompoorts Toor
43 de Rouaensch Kay
44 de Engelsch Kay
45 Niewesyts Kolck
46 S Giertruydé klooste
47 de Oude Bruch
48 de Koorn beurs
49 de Papen bruch
50 de Oude Waegh
51 de Viss marckt
52 Het Stadt huys
53 de Wissel banck
54 den Dam
55 Niewe Kerck
56 de Beurse
57 Rotterdammer veer
58 de Heyliger stee
59 Deventer Houtmert
60 de Bloem marckt
61 het Wees Huys
62 het Bagyn hoff
63 Engelsch Kerck
64 de Ossen Sluys
65 het Tucht huys
66 Almoesseniers huys
67 t'Leytse Veer
68 t'Goutse Veer
69 t'Uyterse Veer
70 Oude Reguliers Poo.
71 Oude Ossen marckt
Aemstela fluvius
YA FLV
Nobilissimis Amplissimis Prudentiss.q;
Viris D.D.
PRÆTORI. CONSVLIBVS,
SCABINIS,
totiq; Senatui Reipub. Amstelædamensis
Tab. hanc D.D.
I. Blaeu.
1647

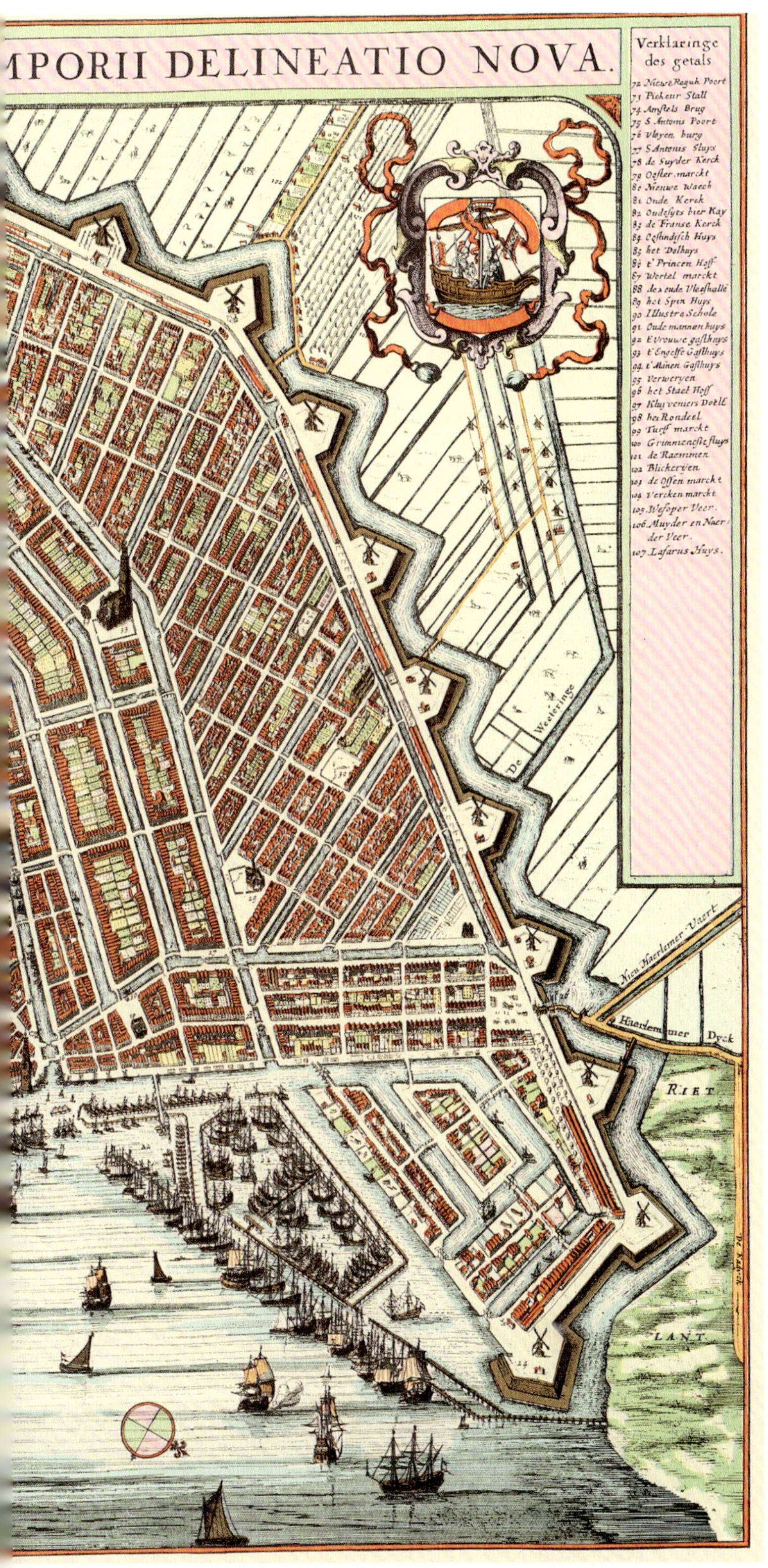

约昂·布劳,《阿姆斯特丹地图》,
1649 年。私人收藏

第七章
解剖阿姆斯特丹

1. 五种感官下的城市

从一只海鸥滑翔的高度望去，这座巨大的城市好像一弯半月；像一块被 311
老鼠啃食过的奶酪；像一只静静躺着的摇篮，底部倚靠在南方的草原上，顶部向艾湾（IJ）的黑暗水域敞开；像一艘“北方水手号”（nordvaarder）的矮胖的船身，只消装配上桅杆和船帆、帆索和护桅索，便可出发去干一番事业；像一只稻草填充的垫枕，沉重的头颅在它的表面压出了一道凹痕。

而在城市的某处，在这成百上千的灵魂中，有一位平凡的画家，一直在创作另一幅《五感寓言》。

嗅觉

一开始，须德海（Zuider Zee）的海水从艾湾的狭窄入口处挤进来，冲刷着将内港和外港分离开来的黏糊糊的双排围篱，夹带着一堆混乱的海草和杂草、毫无价值的小鱼、分泌着海盐的咸香气息的微小的甲壳类动物、腐烂的木头、船舱污水、被潮水冲刷过的无数寄住在玉黍螺和藤壶贝壳中的软骨小生物。在面对码头的第一排房子后面的木材厂里，则能够闻到更加悦人的味道。长长的青木被一根根竖立在那里等待干燥，其中有些已经弯曲，形成船体的一根肋骨。要是某人在与港口平行的小巷里散步一趟，便会吸入杉木（用于桅杆）、橡木和山毛榉（用于船体）的那种尖锐的气息。有那么一会儿，他会觉得自己身处挪威的一片新砍伐的树林中。

这种幻觉在酒馆和妓院那边则不再能成立了。在木材晾晒厂背后，有一条小道环绕着扬 · 罗登门（Jan Rodenpoort）和哈勒姆门（Haarlemmerpoort），泔水散发出阵阵熏天的臭气，仿佛一根根房柱。这栋嗅觉建筑的地基是一层又一层的贻贝壳；在其之上又有食客丢弃的虾、蟹、龙虾的好些部件，猫群
312 在里边翻找着残羹冷炙，这成堆的尸体不断催生着令人作呕的甜味。即便如此，这还是比夜香船[*]的味道令人好受些，这些船缓慢地驶过阿姆斯特尔（Amstel）水头进入艾湾，打算狠赚一笔：去找在阿尔斯梅尔种草莓的人、在西边贝弗韦克和北边霍伦种胡萝卜的人，他们都愿意拿出一笔钱买些肥料。这些“大粪水手”（vuilnisvaarders）对自己的供应事业很有一套专业视角，比如将羊粪带给阿默斯福特附近种烟草的人；马粪则留给园丁们，因为园丁懂得怎么用它来合成一种如魔法般肥沃的土壤，在这种土里种的卷心菜、油菜籽和豆子的生长速率是在欧洲前所未见的。如果剧作家布雷德罗所言为真，甚至有一些阿姆斯特丹人会购入尿液然后转卖给制革厂。[1]在荷兰，“废料”这个术语本身就是矛盾的。就连煮皂锅炉产生的钾盐这样的工业残渣，也可以作为肥料回收利用。粪船的丰富货物理应是在夜间运输的，但沿途的居民们仍然确保在天黑前紧紧合上百叶窗，担心可怕的恶臭会从窗户和裂缝中找到入口。

最难以忍受的气味，是加多森会墓园（Karthuizerkerkhof）在疫年——1624年和1635年——的夏季月份里空气中飘荡的死亡气息。那时有太多具躯体要埋葬，却没有足够的人手能来挖掘墓穴，小小的墓园里充斥着身着黑衣的丧葬队伍，二人并排前行着，毫不言语，等待着进出那道围墙，就好像悲恸也会形成交通堵塞一样。一旦有一点空间腾出来，人们就把裹尸布铺在

---

* 夜香（night-soil）是古时对粪便的婉称。西方未有水厕的社区，都有围绕着夜香发展而来的服务业。——译注

地上晾晒，裹尸布像模像样地在醋里浸泡过，以免增加传染的风险。任何易受惊的人都不会愿意在那里工作，也不会想和制革、生产牛油或者包装猪肠的工人一起工作。猪肠包装工人把牛百叶、肝脏、猪油以及麦粒塞进肠套里，制成冬季香肠。

这般污浊不堪的阿姆斯特丹，却也散发出大量、密集且多样的香气，即便最挑剔的鼻孔也能在这里得到满足。若是在一个春天的早晨，某位步行者仔细挑选了路线，避开王子运河（Prinsengracht）和港口之间专门用于放置染缸［鲜花运河（Bloemgracht）］和煮皂炉［圣雅各礼拜堂街（St. Jacobskapelsteeg）］的那些地方，他甚至可以欺骗自己，觉得整个城市已经变成了一枚香盒。在药材市场上，可以买到装着白藓、薰衣草、迷迭香和茜草的小“甜袋”，这种花束能够防止传染病的侵袭，挂在手腕上或脖子上相当好用，因为各种各样的动物死尸——狗、猫、猪，偶尔也有马的尸体——会毫无预警地浮现在运河肮脏的水面上。富人们则用土耳其玫瑰花水涂抹在牛皮或小山羊皮手套上，它的香味在一定程度上能掩盖腐烂的气味。而在东印度公司的仓库周围，悬挂着香料形成的肉眼难以见到的蒸汽云：肉桂、丁香、豆蔻。早晨时分，内斯（Nes）附近面包店的烤炉里，这些钉子、粉末、螺栓形状的香料散发出浓浓的酵母味，它们变黑、开裂，将自身的香气融到面包、蛋挞、饼干和甜肉中。这些美食都是为戴着高礼帽或华丽襞襟的人的餐桌特别烹制的。

挑剔的鼻子从高脚杯中细细地嗅着绿色的摩泽尔葡萄酒或深色的马姆西 313
葡萄酒的香气。但凡是一只普通的鼻子，无论年轻还是年迈，无论表面平坦还是坑坑洼洼，都会被盛在黯淡的锡壶或绿玻璃制成的锥脚球形酒杯里的麦芽啤酒味日日夜夜地撩拨着。早晨，散发着臭气的泔水和水坑会被一种具有收敛性和清洁性的浸泡碱液驱除，这种碱化的植物灰溶液既能冲洗简陋的房子，也能刷洗豪华房屋的地板和墙壁。但是，就算人们尽了最大的努力，即便最尽职的仆人和最狂热的*家庭主妇*（huisvrouw），也很难把霉气从自己的房间里赶走，因为即使是收拾得最为妥帖的衣柜也逃不过阿姆斯特丹潮湿空气的侵袭，最为透气的窗帘和灯芯草垫也容易发霉。不过，人们还是可以采取一些补救或防御措施的。那些讲究的人家，晚上睡觉前会在床单上放几包干花和干草，尤其是薰衣草。在房子的其他地方，也有人开始定制带有玻璃门面的书架，这种材料可以防止真菌入侵，因为即使将书籍存放在最重的箱子里，真菌也会使精美的书页掉色或出现斑纹。出于同样的原因，采用土耳其工艺制成的地毯一般都不会铺在地板上，而是桌子上。

应付阴暗潮湿的环境，也有唾手可得的办法。春夏时节，可以用瓷瓶盛装上花瓣厚实的大马士革蔷薇和麝香蔷薇，放在餐台上，再配上几朵紫罗兰和糖果般馥郁的斑点百合。冬季时（或者如那些爱好者所说，任何时候），在长长的烟斗里装入烟草，再加以香料和麻醉剂“调味”，如天仙子、颠茄，甚至我们今天叫作古柯叶的“印度浆果”——这些烟草燃烧产生的烟雾据说可以祛除混合着疟疾病菌的湿气。到了春天，白日变得更长也更明亮，在阿姆斯特尔河沿岸漫步一阵，经过鱼竿、雀跃的狗群和游泳男孩们白闪闪的后臀，步行者就会来到一片牧场和浅浅的灌木丛中。再往远处走，椴树上开出的花朵和新刈的青草让空气更加清新，偶尔会邂逅几棵杨树或梧桐树，边上是樱草和蓝铃花。如果远足者骑着马，在日落时分朝城门和城墙的方向折回，随着阿姆斯特丹城高耸入云的天际线映入眼帘，他可能会看见马鼻子吸着气，竖起耳朵，仿佛它也闻到了人类的汗水透过层层亚麻和哔叽衣物散发出的味道。

听觉

这是一座嘀嗒作响的城市，由各式各样略显无情的时间机械统治着：有时钟与手表，有摆钟与圆钟，有的嵌在钟楼里，表面刻着阿拉伯数字或者拉丁数字，有的则高高挂在教堂尖塔上，浑身镀金，衬托着黑色的墙壁，似乎上帝自己也要严格遵守时间，而且觉得一名好的基督徒也理应如此。深夜，那些砖和木材建造的坚固房子里一片寂静，唯能听到结构精巧的铜制机械有
314 规律的转动声，它们警觉地测量着黑暗的消逝，目睹天光逐渐变成浅灰色。
在门外，运河水拍打着桥梁；靠在达姆拉克运河（Damrak）沿岸的一众小船

的桅杆吱呀作响；更远处，较大的船只正在艾湾抛锚停泊；老鼠在船板上蹦蹦跳跳，仿佛踩着芭蕾舞步；如果传来一阵叫喊、咒骂或尖笑，也不是什么罕有的事，因为城里有一千多家客栈，街上满是水手，总有人打架或找妓女寻欢，或者这两件事都做。最后到了十点钟，总算能听到治安官的鼓声和守卫走路时故意发出的沉重的靴子声，那步伐缓慢而令人安心。

不过，如果不是因为钟的存在，习惯了罗马或伦敦的喧嚣的外国人，可能还会认为阿姆斯特丹是一个非常安静的地方。这就像是说，巴黎如果没有丝绸的话就会是一座平淡无奇的城市。在阿姆斯特丹，谁也无法逃开钟的包围，而阿姆斯特丹人也无法想象为什么有人会不想听见钟的声音。在布里街和彼得·拉斯特曼的房子对面，可以看到南教堂上亨德里克·德·凯泽的钟楼，上面挂着几排共三十五口钟，好像栅栏上的一队喜鹊。到了整点和半点，它们就会在诗篇和赞美诗的和声中敲响时间的变化；在城市的另一边，却传来不相配的洪亮音色，那是来自老教堂的兄弟钟、北教堂（Noorderkerk）的姐妹钟的挑战，尤其是西教堂（Westerkerk）高高的钟塔上由阿苏埃鲁斯·科斯特尔（Assuerus Koster）建造的钟发出的巨大鸣响声。白天，城里的生意节奏也是用钟声来衡量的。一点钟，位于达姆拉克大街尽头的证券交易所钟声响起，敞开大堂供人谈判生意。仅仅一小时后，同样的钟声则宣布交易结束。港口边的钟声欢迎着来自巴达维亚或斯匹次卑尔根岛或累西腓的船队归来；而低沉哀怨的钟声缓缓响起之时，则标志着一位名人的安葬。

尽管牧师们（至少）对教堂音乐顾虑重重，但阿姆斯特丹却到处充满了音乐。根据合同，城里的管风琴师扬·彼得松·斯韦林克（Jan Pieterszoon Sweelinck）和他的学生们负责每天中午和傍晚两次为城市的教堂奏响音乐。于是他们用管风琴的人声音栓奏出响亮的乐声，试图吸引市民的注意力，让他们多思考神圣的事务。而此时许多市民正在教堂过道上闲适地散步、避雨、闲聊、向邻居们脱帽致敬。[2] 天气较好的时候，当国王运河（Keizersgracht）岸边或老区前城墙运河（Oudezijds Voorburgwal）附近的百叶窗打开时，轻柔的声音——假声男高音或女高音——就会在街道上空飘荡，有的模仿着被称为“法国（实际上是马拉诺人）夜莺”的弗朗西斯卡 · 杜瓦尔特（Francisca Duarte）的歌喉，用意大利语或荷兰语咏唱着无情的牧羊女和为情所困的侍女之歌，琶音在绿色的运河水面上跳跃。更糟糕的是，少不更事的孩子们正在学习鲁特琴、大扬琴，甚至小提琴，并被送到舞蹈大师那里，像过去蛾摩拉城里那些放荡不羁的异教徒一样，扭扭捏捏地跳着碎步，晃动摇摆。

阿姆斯特丹不仅沉浸在音乐带来的欢乐中，同时也是音乐的制造者。走在大大小小的街道上，你可能会邂逅一位测试鼓皮紧度的鼓匠，他平稳的敲击让鼓发出砰砰声；另一条街道上，则会响起铸造车间的巨大轰鸣，在那里，工匠不断敲打着铸钟，使它形成完美的音调。其他一些铸造厂被转移到
315 了城市的外围，即东部地区或者艾湾里原本用于造船的人工岛上，这些厂子主要是生产战争武器的。这是一片铿锵有力的地带：锤子撞击着炙热的枪口，或把铁条锻打成易折曲的厚度，用来固定阿姆斯特丹的另一种必备物资——酒桶；或者把锡敲成更细的箔片，以制造商人们挂在墙上的那些伪“镀金”皮挂件。除了叮叮当当的敲打声，还有锯子和锉刀的声音。在拉斯塔格（Lastage），人们要将从赞河（Zaan）上的多家木厂运来的不同部件组装成整只船舶，团队疯狂地拉着锯子，这种十六把刀片同时工作的工具使人着实有些害怕。但是，阿姆斯特丹就是在木工基础上兴建的。这座城市迫切地需要大量的木桩来支撑沼泽泥地中的房屋，也需要木材来造梁、椅子、壁橱、箱子、餐台和床。在酒馆的地板上，木屑永不会缺席；而在城市的任何地方，几乎都能听到铁牙啃食木头的节奏，哪怕是在有几分凄凉的男子教养院的院墙内。这所男子教养院在当地被称作“锉刀房”（Rasphuis），在那里，囚犯的苦劳就是加工最坚硬的木材——巴西木。

每到安息日，就会有新教牧师向小偷小摸的闲杂人员布道，他们的声音训练有素，随着劝诫内容的紧要程度而上下起伏。在慈善之家的院墙里，孤儿们合唱着圣歌或诵读着《圣经》。而在如仓房一般的城市教堂里，驯顺的教徒们前来聆听布道，诵经者（voorlezer）在自己的那方小角落里念诵《圣经》里的篇章，等待着传道士站上主宣讲台的戏剧性的一刻：他让阿摩司、弥迦、以西结、保罗和使徒圣约翰的火焰填满自己的胸膛，注入圣洁的热度，然后

猛烈地怒斥那些顽固的背道者，一开口便好几个小时不停歇。在城市的别处，还有其余的虔敬之声。在紧锁的门、假造的墙壁背后，在地窖和阁楼里，有人秘密地唱着天主教弥撒的赞美诗。在铺着裸木地板、摆着长椅的房间里，一只小壁橱中搁放着约柜，有人唱着希伯来圣咏（kedusha），而应和者则操着来自伊比利亚的摩尔人特有的那种高亢的鼻音。

新教牧师们要赶超的并不只有天主教徒、犹太人、抗辩派和路德宗信徒，他们也想让自己的声音盖过修辞学会的家伙们："老学会"野蔷薇派（Egelantier）的老巢就坐落在一家肉店的楼上，在那里，市民们喝着一罐又一罐啤酒，趾高气扬地雀喧鸠聚——按照传道士的说法，这些人理应明辨是非才对。而现在又出现了一家对立的学会，白薰衣草派（Wit Lavendel），他们的房间里会聚了一大群布拉班特人和佛兰德人。既然已经是这些臭名昭著的浪荡子在统治城市了，天知道接下来还要容忍一些什么样的渎神闹剧！看看女人们吧，比如天主教徒罗默·菲斯海尔（Roemer Visscher）的那对不庄重的女儿，她们在平民荡妇组成的业余艺术欣赏圈里诵诗、唱歌的事可是人尽皆知。这样下去，哪天年轻丫头们（juffers）就要在科斯特（Coster）的剧院地板上厚颜无耻地踱步了，脸上贴着铅白、施着朱粉，一边咯咯地笑着，一边在贪婪和堕落的男人眼前撩动自己的裙子。 316

在市场和交易所里，阿姆斯特丹威胁着要把这座新的耶路撒冷建成新的巴别塔。葡萄牙语、意大利语、波兰语、高地德语和低地德语、丹麦语、瑞典语、土耳其语、拉迪诺语、西班牙语、佛兰芒语、弗里斯兰语；问候声、抱怨声、洽询声、易货声、辱骂声、恭贺声；街头小贩正在吆喝；演员和说书人在龙吟虎啸；庸医正信誓旦旦；小丑尖声笑着；看走钢丝表演的观众发出交响乐般此起彼伏的阵阵惊呼；周一早晨的狗市上，猎犬在围栏里狂吠不止；悬铃树上栖息的乌鸦群排练着不堪入耳的合唱。这里毕竟不是一座安静的小镇。

直到夜幕突然降临，喧嚣声突然变得模糊不清，就像往鹦鹉的鸟笼上扔了一块黑布。

味觉

“De gustibus non est disputandum...”（在口味的问题上，无须争执）——如果你每周的薪水是用斯图弗而不是用荷兰盾来计算的话，则更是如此。[3] 你醒来时，漫长的夜晚让你的嘴里感到几分黏稠，然后你把一块黑麦面包浸泡在一碗啤酒或酸牛奶里吃掉，嘴里更加充满了湿淀粉的味道。有钱人的餐桌上，牛奶则（相较起来）很是新鲜，黄油也鲜亮，面包是用小麦粉或粗面粉做的，啤酒带着大麦芽的清新味道，有时还有一条烟熏或腌制的鳕鱼，以及一块放在浅色陶盘上的火腿。

如果生活对加尔文派的信徒来说太过甜美，他们则可以通过一盘午间沙拉（middags sallet）来体会一下苦涩的味道：野菊苣、马齿苋、地榆、琉璃苣叶、蒲公英、毛茛、假荆芥、金盏花。已经够刺激了？那么可以撒上一把微甜的勿忘我，淋上一勺融化的黄油，中和一下舌尖上的刺痛。吃这道菜的时候，要尽量遵循礼仪书籍上的建议，不能把嘴张得太大，也不能咂嘴、舔手指或溅口水在手指上，更不能鼓起脸颊，让人看着像一只啮齿动物一样。

下午餐的时候，人们能品尝到自己的财富有几斤几两。赤贫者在老城墙的拱门下扎营（由治安官惠允），他们的餐饭是馊的、发霉的，啃的奶酪上面有一点老鼠留下的什么东西，或者变味的面包皮上有一小块脏兮兮的猪油。在老人院和孤儿院里，城市守卫穿着红黑相间的衣服端坐在一旁，他们的餐食虽然是粗茶淡饭，味道也还算令人满意，有干黄豆和豌豆、稀饭和培根。在新建的运河上，居民可以尝到各种丰饶的佳肴——鱼肉、禽肉、水果和蔬菜：用明火烤制的梭子鱼鱼尾；中身填满了鱼子的鳊鱼，并配上肉豆蔻、鳀鱼和用未成熟葡萄榨取的酸葡萄汁（verjus）；用精心贮存的莱茵葡萄酒煨制的鲤鱼，因自己的血液而粉扑扑的；用糖和松子煮过的雀肉，锁进金黄色的外皮里做成馅饼。人们也可尝到帝国强盛带来的甜蜜滋味。受到众人喜爱的
317 酒汤（kandeel）是印度人的礼物，一种把肉桂、肉豆蔻、丁香和糖溶于[illegible]酒中制成的饮料。牛舌挞则是另一种极受欢迎的甜点，配上糖和姜，更是让人垂涎三尺。[4]

祖母和姑婆们有着足够的年龄阅历，所以她们记得，“上等”蔬菜——皱叶甘蓝和菠菜、洋蓟、婆罗门参和芦笋——只有富人的餐桌上才会有。比较拮据的市民只能吃根茎类蔬菜：芜菁、欧洲防风根、水萝卜、甜菜和白萝卜。现在，它们在蔬菜市场（Groentemarkt）上的数量如此之多，以至于多数人都能承受其价格，而不像以前是少数人的专利。像“地下”（耶路撒冷）洋蓟这样的新品种经常可以看到，而胡萝卜也有了五颜六色的种类：不仅有传统的亮黄色，也有在北部靠近霍恩地区种植的橙色新品种，甚至还有紫色和深红色。[5]

无论如何饱餐一顿，走在这座城市里，味蕾几乎还是无法不叫苦连天。这里有两个鱼市——老区前城墙运河桥边的淡水鱼市和达姆广场（Dam）上的海鲜大市场——还有两座分别售卖野味和禽类的肉市大楼。阿姆斯特丹人很喜欢吃禽类，他们会把炉灶上的禽肉连着扦子一起拿下来直接啃，或者把禽肉放进面饼和馅饼里烤。现在，多亏了东印度公司的船队，他们还可以自由地撒上足量的胡椒粉。一场大餐的重头戏，必然是著名的带骨鸟肉馅饼，每只鸟都舒适地窝在另一只较大的鸟的体内，这样用餐者就可以从苍鹭到云雀（连同天鹅、阉鸡、野鹅、针尾鸭、赤颈鸭、琵嘴鸭、田凫、鸽子、鹆、丘鹬和沙锥鸟，最后一种鸟的内脏会被掏出，磨成糊状，然后再放进腔内）都咀嚼一遍，一次吃光一整间鸟舍。

新教牧师孜孜不倦地警告人们，贪吃会得到应有的惩罚。由于供应商控制了巴西的蔗糖生产，阿姆斯特丹养成了嗜甜的习惯，一种会让人变丑、带来龋洞的习惯。富人们会试图用墨鱼粉、珊瑚粉、干玫瑰和塔塔粉做成的牙粉来避免龋齿。他们用手指擦拭，使被唾液打湿的牙粉进到牙齿里。当不祥的阵痛开始暗暗萌生，脸颊开始肿胀时，他们可以敷一些杜松子油或丁香油，以防到了某一天，再也不能推迟与外科医生的钳子来场约会了。如果受害者（不顾传道士的警告）对微笑有点虚荣，可以用河马牙来制作一副假牙，并用闪亮的银线固定起来。

持续三四天的盛宴（并非什么不寻常的事）会让哪怕最热衷此道的美食家也付出代价。胃部不适的人可以服用一些泻药和催吐剂，这些片剂（和药水）仍然按照中世纪的药典制作而成，的的确确难以下咽。它们混合了甘草和黄樟等草药和树根，但也经常加一些所有自重的药剂供应商都会要求添加的成分：新鲜的尿液、鹿角粉、珊瑚粉、蟾蜍和蝾螈的分泌物。由这种方法得到的混合物，如果不是随着阿姆斯特丹人最喜欢的烈酒，即白兰地酒，一
318 同喝下，恐怕没有人能顺利吞下去——只有那种灼烧感才会让人忘却呕吐的本能。

虽然这些药方不管有多么难喝都真的能起作用，但受苦受难过的阿姆斯特丹人又会以两种最诱人的当地方式，很快地让自己再次沉浸在奢欲（luxuria）的滋味中：啃咬坚硬的金子，以及让两片被酒催得香甜绵软的嘴唇互相交会。

触觉

这似乎是一座努力保持着锋芒的城市。这里的磨刀匠们从来不会缺少客户。他们有马刀和长矛，有长戟和阔头枪，有冰刀和镐，有匕首和挖煤铲，有剃刀和手术刀，有锯子和斧头，所有这些东西都需要时刻注意防止钝化和生锈。所以当手指抚摸磨过的刀刃，感受它对皮肤的拉扯时，总是需要警惕，因为一不小心就能被划到。

可是，阿姆斯特丹也不总是直愣愣、尖溜溜的。三条新修的住宅区运河，绅士运河、国王运河和王子运河，像一条三环项链一样优雅地环绕着老城区的核心地带。而沿运河建造的那些形制壮美的房屋，顶部的山墙已经放弃了过去阶梯状的样式，而采用了钟形的流动曲线，微微带着城堡般的气质。即使是保持直角的“颈状”檐口，它们的线条也总是伴随着卷曲的、波浪式的纹饰，使石灰岩看起来如同粉笔一般柔软。

锋利与细腻，坚韧与柔和，总是在近处相互碰撞。为了摘除白内障，城市里的眼外科医生采用一种针一般细的工具来实施白内障手术，这种工具上面装着长长的、螺旋形的手柄，通常附着漂亮的装饰，可以更轻松地取出坚硬的阻塞物而不至于破坏角膜。雕刻师们始终保持雕刻工具——刻刀和雕

针——锋利，这样当他们受到某个主题和情绪的呼唤时，就能在铜板上刻出天鹅绒般柔软的线条。用雕针在易塑形的铜板上划出一道凹槽，凹槽边缘会由于细小铜屑移位而形成隆起。如果这些隆起的脊线完好无损，在与油墨接触时，它们会产生柔软而污浊的“毛刺”，使印刷品的线条有一种流畅、丰满的感觉。银匠们也一样。约翰内斯·吕特马（Johannes Lutma）是最有创造力的银匠，他知道这座城市喜欢不规则的东西，所以制作出来的水罐和水盆都带有扇形饰边、圆形凸起和褶皱，就像海浪和海床上的贝壳一样；这些金属好像是对自身坚固的特性有所不满，所以起伏流动起来，又在某一时刻固化凝结。

由于没有为圣人和使徒造雕像的需求，雕塑家很难在阿姆斯特丹崭露头角。不过，雕刀和木槌还是会在雕琢船头塑像以及房屋外立面和山墙上嵌入的小浮雕时需要用到。一双妙手总是能在城里处处派上用场。造纸工们尝试和东方进口的如面糊般柔软的纸竞争，他们抚摸着纸张的表面，确保它具有 319
合适的吸水密度，能让最挑剔的蚀刻师也满意。在布料工坊里，被派来管控生产质量的委员们觉得眼见为实还不够，也要仔细地用手指感受一番羽纱、锦缎和混纺粗织布的触感，时不时就会发现一些针脚拧结和擦散的迹象。天鹅绒的纺织工会用手背轻拂布料，感受绒毛是否顺滑如水。给画家供应木板和画布的商人们，则需要用指尖来确认橡木表面或者画布的经纬是否能够合乎要求地抓住底漆和颜料。

这座城市的感受力并非都依赖灵巧的双手。在配有帘子的箱式床尾，常常会悬挂长柄暖炉，这样人体才能安心地在寒冷刺骨的冬夜躺入亚麻被单中。大户人家的仆人会先确保丝质的长袜祛除了湿气和寒气，才小心翼翼地将其套在主人或女主人白皙的小腿和大腿上。阿姆斯特丹就是一座珍珠和钻石之城——虽然传道士们将这种风俗斥责为最难以启齿的淫乱之事，但依然会有成串的宝石戴在女情人（vrijsters）的脖颈上，永远在胸脯和喉咙之间。

能够拴上的，自然也能解开。到了夜晚，女士们和先生们的脖颈总算摆脱了襞襟环绕的束缚：老一辈人戴的襞襟古板又僵硬，活像一轮磨盘；而年轻人戴的外扩皱领（fraises de confusion）则更柔软，有着波浪形的褶皱或花边的领口，四周微微落下。让人喘不过气的鲸骨裙撑和紧身上衣逐渐让位于塔夫绸和毛皮制造的质地柔软的居家长袍；拖鞋和裸跟鞋取代了装饰着搭扣的靴子。远处（虽然也并不太远）的妓院或音乐小酒馆（musico）里，一名军人正流着涔涔汗水，一边拨弄着女孩的内衣，而此时有两双巧手一同在回应他的这份激情，一双友好地按压着他的臀部，另一双则像老鼠一样飞快地进进出出，用食指和拇指灵活地夹起一只钱包。

视觉

在阿姆斯特丹能看到什么？自然能看到一个广阔的世界，但还不止于此。要是你遇见了一位悉心磨制棱镜的专家，他就会为你打造一副望远镜，你便可以看到无穷无尽的天穹，上面星辰斑驳，还挂着一轮像发霉的凝乳一样变了色的、坑坑洼洼的月亮。

整座城市都伸长了脖子；一块水平的地界，却竭力要纵向延展。港口附近的木材起重机整日忙着吊起桅杆，放到返航的大型船舰的甲板上，这些“东印度船”（East Indiamen）的艏楼和舰首高高地耸立在水面上；起重机也会帮着轻小的船只装卸货物，把商品运到码头上。一些仓库会达到几层楼的高度，而兴建在阿姆斯特丹的一环环新运河边的商人住宅，也经常有六
320 层楼高，比莱顿或代尔夫特的同类建筑明显要高大许多。它们的外立面上冠有山墙，最新的款式是由本特海姆（Bentheim）的石灰岩或砂岩筑成，不光有钟形或“颈状”的样式，也有形似一座小寺庙的，配上山花、壁柱、女像柱、扛着地球的阿特拉斯，以及独立式方尖碑。天窗之上，海豚和帆船在天空中驰骋，而石膏雕刻的鹰和鹈鹕则从运河彼岸远眺凝视着它们。而当人们开始修建新的防御工事，以适应这座已经有三条运河的城市的扩张时，旧的堡垒和门楼在功能上就显得有些鸡肋了。德·凯泽和一起工作的城市建设者亨德里克·斯泰茨（Hendrik Staets）却决定将它们保留下来，这些建筑从此变成了坐落在北部的巍峨钟楼，并被赋予了独具个性的名字：尖塔*

* 常被错误地翻译为“泪塔”——译注

（Schreierstoren）是因镶嵌在其墙上的尖锐的铁钩（schreier）而得名；哈林帕克塔（Haringpakkerstoren）的名称则源于其砖砌尖顶下方形成的腌鱼产业。当西教堂 1631 年向教徒开放时，它的尖塔是整个共和国领土内最高的建筑，高约 283 英尺，顶部有一只金色的皇冠，上面象征着皇权的纹章据说是马克西米利安皇帝授予该城的。

阿姆斯特丹人的眼目贪婪，无远弗届，连远在热带的野兽也不放过。他们引进了来自印度群岛的大象和老虎；来自巴西的水豚、貘、犰狳（好像被涂上颜色的猪一样）；像拳头一样小或像士兵一样魁梧的猿猴；最令人惊讶的是那些不会飞的鸟类——来自毛里求斯的渡渡鸟，1626 年首次出现在展览上，它们是那么笨拙却又鲜活、奇异。如果无法向付费的公众展示完整的活体标本，则可以展示那些最令人好奇的部件，特别是动物的一些突起和赘生的部分，像是鲸鱼的阴茎、犀牛（renoster）的大角和独角鲸螺旋形的角［这样一来，了解生物的人就可以骗骗那些轻信的人，说独角兽（eenhorn）实际上是一种鱼］。在黄油市场（Botermarkt），即现在的伦勃朗广场（Rembrandtsplein），除了能找到异常巨大的蔬菜，还可以买到腌制的爬行动物，尤其是蜷曲成盘的大蛇，以及一些难以辨认的有鳞片的东西，附赠的权威证书说是龙的肚子；除此之外，还有形状奇特的瘤子；或者是一些活蹦乱跳的畸形人，比如屁股连在一起的小孩，以及侏儒和巨人，拉普兰人和因纽特人——他们闻起来（就像弄臣特林鸠罗 * 观察到的那样）更像鱼而不是人，还有身穿涂得花花绿绿的丁字腰布的印第安人，他们的脸被可怖地拉长、刺穿，身体上有一道道重重的划痕，简直像一件骨雕——据说，他们因为野蛮程度是如此之深，所以最喜食的肉类就是人的大腿。

总有人不愿沾染这些不堪入目的闹剧，他们宁愿去图书馆里安安静静地见识一下世界。正如长者所言，过去，在安特卫普一座城就能读到整个世界，因为五大洲都在它的帝国的势力范围之内。但那已是陈年旧事了。现在，安特卫普不过就是西班牙手下微不足道的一员“小将”，城里到处都是修士和

* 特林鸠罗（Trinculo），莎士比亚的戏剧《暴风雨》中国王的弄臣。——译注

修女，金库空空如也。要知道，三年前，也就是1628年，皮特·海恩（Piet Hein）的战船就已经俘获了腓力国王的美洲珍宝，如今要想看看这些珍宝，你必须到荷兰来。曾几何时，安特卫普生产了全欧洲使用的各种地球仪、地图、海图，让航海者和地理学家了解了大陆和海洋的边界。但今非昔比。佛兰德人赫拉尔杜斯·墨卡托（Gerardus Mercator）现在画出了自己的系列地
321 图，一张张汇聚成捆，由洪迪乌斯在阿姆斯特丹的公司集结成图册（atlases）出版。不过令他头疼的，是怎么才能与德高望重的大师威廉·扬松·布劳（Willem Jansz. Blaeu）一决高下。布劳是制作精美又严密的地球仪的专家，他的地球仪，任何自诩有教养的人必得备一只。地球仪每更新一版，都会将一些新的未知之地引入人们的视野，比如神秘的*南方大陆*（terra australis），就像是得到了上帝的许可，揭开他创造天地时隐藏的最后秘密。到布劳这里来寻求帮助的*船长*（schipper），不仅可以买到海图和地图，还可以买到航海指南和最新的光学器具，后者可以用来精准地在海上定位，这样，他便可以去新世界探险一番了。

要全面了解地球面貌，必得一尺一寸地去观察半岛和海岸线的边缘，记忆那些共和国的船长过去勘查过的遥远土地。有时，歪歪扭扭的曲线会滑入到开阔的、不确定的海洋中，引人无限遐想。既没有想象力又没有耐心的人，则可以选择把整个世界握在手掌心里，将它一览无余：巧夺天工的雕刻师会把地图雕在坚果壳、樱桃核上，或者刻在珍珠的表面。好收藏稀奇之物的人，则喜欢在自然界中发现神秘的图画，这些图样竟丝毫未经人手的操弄：一幅云雾缭绕的偏远树林风光，可能是藓纹玛瑙或牛黄上幻化形成的纹理（牛黄是从反刍动物的胃中取出来的，奶油质地，形似弯弯的小月亮）。还有些花纹是如此奇异、复杂、精妙，光凭人脑很难去描述它是什么，比如像猫一样大的贝壳，外面布满了紫色或红褐色的斑点，里面则是粉红色、毛茸茸的，就像女人身体的入口一样。

那时，安东尼·凡·列文虎克（Anthonie van Leeuwenhoek）还没有发明出显微的光学仪器，人们还看不到丰富多彩到难以想象的微观组织。不过，也有足够强大的放大镜可以把鲸虱脚上的毛发、蝎子刺上凸起的体节彰显出

来，让第一批探索微观宇宙的人一饱眼福。当你的一只眼睛抵在镜片这边的光滑边缘上时，可能会遇见另一只眼睛死死地往回盯住自己，那是一只蜂蝇的眼睛，仿佛装饰着精细的金银丝细工和十字纹路，显得机警而灵敏，甚至无所不知；抑或是一只小龙虾、螃蟹的眼睛，像一颗小小的纽扣，长在肉柄的末端。在一座日照时间并不长的城市里，总有人想要见识一些光芒万丈的事物：打磨宝石的工人会努力找寻出近乎纯粹的石英，将其造成闪耀的球形，把所有光线反射出来；锻打镜片的人，则能允诺给处于朦胧世界之中的近视患者一双猞猁般尖锐明亮的新眼睛。

自 1597 年阿姆斯特丹勉强皈依归正会已过去二十年，随着荷兰商船把谷粒和盐巴运来这片潟湖之地，一位威尼斯商人安东尼奥 · 奥比西（Antonio Obissi）也将玻璃吹制技术从穆拉诺岛（Murano）带到了阿姆斯特丹。北海沿岸的沙丘为他和他的弟子们提供了绝佳的硅材料来源。而到了 17 世纪 20 年代，阿姆斯特丹的玻璃制造商，例如以前做黄油的扬 · 扬松 · 卡雷尔（Jan Janszoon Carel），就可以产出各种各样的玻璃制品了。点缀着覆盆子图案、杯颈中空的锥脚球形酒杯，由于在熔化的硅中加入了铁的成分，呈现出绿色或者金色，这种杯子变得和原本常见的锡制壶具一样流行。更讲究一些的人，322
会把高脚杯和平底杯放在专门设计用来保持杯子原位不动的爪形座基上，后者是由银制的钉子围成的。虽然阿姆斯特丹的玻璃器皿还是不能和来自威尼斯、纽伦堡的那些最精美的成品媲美，但是玻璃现在的确成了中产人士的常备品。运河上一幢幢细长、高耸的房屋，不管三层楼还是四层楼，现在都开了许多窗户，慷慨地纳入尽可能多的阳光，照亮了昏暗的内室。如果经济条件允许，还可以买一面镜子，椭圆形、圆形或者长方形的式样皆可，让房间更加宽敞亮堂。史上前所未有的是，镜面能完全规则平整，不再是凸面的了，所以背面可以刷上一层锡或者水银。这些镜子挂在销子和横杆上，通常会向前倾斜一点，来捕捉从正对面的窗户透进来的光线，而直面镜子的阿姆斯特丹人，无论高不高兴，都得承认那是他们自己的真实面貌。虽然新教牧师总会谴责这种外貌上的虚荣，认为那是对自我的偶像崇拜，但大家很难不去看自己在镜中的身影，哪怕只是为了轻轻地调整一下倾斜的宽边帽檐，或者摆弄一下项链的吊坠而已。

自黑暗中闪耀光明（Ex tenebris Lux）！这个望向光明的商业帝国，也许是史上头一个真正看清自己各种面貌的国度。不过，虽然荷兰对自己在玻璃镜片中看到的视野抱着敬畏之心，但它也深知，这些图像并不像看上去那么稳定持久。其实，这视野是转瞬即逝的，就好像在一个罕有的无风的早晨，从运河桥上窥见的平静水面。要真正看到自己，也让自己之后的数十代人看到这个时代的阿姆斯特丹人的生活，还需要依靠画家的双眼和双手。

2. 涉足异乡

康斯坦丁·惠更斯早些时候就告诉过伦勃朗和利文斯，他们真该去意大利看看。所以利文斯去了英国，而伦勃朗去了阿姆斯特丹。

莱顿太小了，容不下伦勃朗的野心。当时，这座城市还没有成立圣路加公会，而且公会到 1648 年才成立。没有公会，艺术家理论上可以更自由地售卖自己的作品。但是，当时的行业标杆是在乌得勒支，那里的权威人物可以随时组建非正式的画家联合会，承接来自宫廷的大单。相较之下，莱顿的不成气候是个很大的问题。伦勃朗也有可能选择去海牙，利用惠更斯在荷兰宫廷给他介绍的关系。但是，除却霍夫维弗湖周围一小片区域内的广场和街道外，海牙也还是一座小城。阿姆斯特丹则很不一样，是一座多彩、富饶、怡人的大都会。鲁本斯开始做宫廷画家的时候，他也明确选择待在安特
323 卫普，这样他才能为商人和皇族作画。更何况，像安特卫普和阿姆斯特丹这样的大港口城市，源源不断地吸引着学生和学徒的到来。在莱顿，1628 到 1631 年，伦勃朗一共有过四个付费学徒：赫拉德·道、扬·约里斯·凡·弗利特、扬·德·卢梭（Jan de Rousseaux），以及客栈掌柜的遗孤伊萨克·茹德维尔——伦勃朗很可能把他带到了阿姆斯特丹。单凭这些人，他的画室可能已经在当地被当成工坊了，也许主要画一些“东方人”、乡巴佬和士兵的面部特写（tronies），展现下层生活的版画，或者小幅历史画。然而，和惠更斯相遇

伦勃朗，《从西北部眺望阿姆斯特丹》，约 1640 年。蚀刻版画。纽约，皮尔庞特·摩根图书馆

改变了他的命运。他的历史绘画尺幅变大了，野心也随之变大。

彼得·拉斯特曼也没有和他的老学生失去联系。回到莱顿之后，他继续给伦勃朗提供了一些建议。阿姆斯特丹是能在大世界中挣得一些名声的地方。能受到丹麦王室委托，说明乌得勒支并没能垄断能赚钱的历史画订单。更何况，一幢幢华丽的房子接连沿着运河矗立起来，房主们都想要一些肖像画来给房间做装饰。总而言之，快来挣钱，快来蜂巢里舀一勺蜜。

于是伦勃朗就去了。而留在莱顿的家人也已经历了一番沧海桑田。眼盲的父亲哈尔门·赫里特松在 1630 年 4 月去世，埋在圣彼得教堂。而十八个月之后，哈尔门的长子赫里特也去了另一个世界，也许是经历了磨坊的那场事故后就再也没有恢复。现在，由四兄弟共同打理家族的所有财产：伦勃朗和他的两个哥哥阿德里安和威廉，还有行踪不定的弟弟科内利斯（住址未知）。
赫里特残疾之后，阿德里安就放弃了鞋匠工作，重新做起了磨坊主，也许把 324

产品用来和威廉做生意，因为威廉是兼卖小麦的面包商。现在，阿德里安成了凡·莱因家族的顶梁柱。他们位于薪水巷的房子，如今住满了单身女人：母亲尼尔特根现在已经六十多岁了，两个女儿马赫特尔特和莱斯贝斯都未婚。尼尔特根在1640年去世之后，阿德里安搬回了父母的居所，不过家庭财产已经做了规划，如果家里的女人比男人活得更久（一般都是如此），她们也能有办法谋生。这方面的收入部分依靠出租房子得来。1631年3月，伦勃朗在白门外买了一片“花园”地块，也是为了在不幸事件——类似的不幸在17世纪30年代的荷兰时有发生——来临时有个保障。他在1631年末离开莱顿之前，必须确保家人能好好生活下去。

要从莱顿搬到阿姆斯特丹，在1631年可不仅仅是换个地址那么简单，而是必须穿越敌对势力的边界。17世纪20年代末，正值荷兰有关宗教宽容的大讨论达到高潮，主要城镇也开始分为两个互不相让的阵营。由加尔文派主导的莱顿依旧是坚定的反抗辩派的地盘，绝不容忍任何抗辩派的聚集，更不用说天主教人士的宗教集会了。现在，执政以及阿姆斯特丹、鹿特丹、多德雷赫特这些港口城市都希望和布鲁塞尔休战，但莱顿的传道士仍然觉得这样做是在精神上和政治上犯了叛国罪。像提议赦免胡果·格劳秀斯并准许他回家——鹿特丹尤其踊跃——这种事，让蒙召的神圣军队感到愤怒异常。

阿姆斯特丹则在各方面都很不一样。早在1622年，莫里斯亲王薨落前，随着反抗辩派最激进的发言人雷尼耶·保乌（Reynier Pauw）在市长竞选中失利，反抗辩派在市议会中占据的优势就大不如以往了。腓特烈·亨利继位后一年，市议会就决绝地放弃了加尔文派的高压统治，选举了安德里斯·比克（Andries Bicker）和赫尔特·迪尔克松·凡·伯宁恩（Geurt Dircksz. van Beuningen）作为四位市长中的两位。用不了多久，比克就会成为许多阿姆斯特丹寡头的教父，教他们如何以理智的名义来包装残忍。在此之前，有着大下巴和长鼻子的安德里斯·比克就已经是一位令人闻其名而生畏的大人物了，他的家族企业非常富有。他和他的三个兄弟，雅各布、科内利斯和扬，用他们继承的酿酒财富，铸就了一个巨大的贸易帝国，把世界分成了比克家族的一个个殖民地。安德里斯的份额是印度香料和莫斯科毛皮；雅各布的份额是波罗的海木材和谷物的粮仓贸易；科内利斯的份额则是来自炎热、潮湿、危险的美洲–巴西的糖料；而扬这个可怜的家伙只剩下威尼斯、东地中海地区和一家财富可观的造船厂。比克家族的地位实在是举足轻重。安德里斯尤其对加尔文派的狂热分子充满了蔑视。他认为，加尔文派教徒狂热的神权主义至少要为这座城市经历的艰难经济时期负一部分责任。他自己并不是抗辩派，但他认为，允许这些人以自己的方式进行私人崇拜，甚至允许抗辩派担 325
任市政职务，并无不妥。阿姆斯特丹的生意就是生意而已。它没有兴趣排挤有资产和事业的人，同理也没有兴趣排挤诚实的抗辩派手艺人，毕竟那样只会逼迫他们把这座城市急需的技能和资本带到别处去。在理智的人看来，城市被狂热分子和暴徒支配的那些日子实在令人痛心。他和志同道合者的工作就是要确保这种情况不再发生。在最初的几年里，比克、凡·伯宁恩、雅各布·德·格雷夫（Jacob de Graeff）、安东尼·乌特亨斯（Anthony Oetgens）、极其富有的雅各布·波彭（Jacob Poppen，传道士们谴责他暗地里是个天主教徒）以及他们的同僚们巧妙地采取行动，通过假装没能采取某些行动、没能禁止某些人任职来慢慢改变事态。

市议会的议员们很难指望“正道”的守护者对他们的规避行为不闻不问。而对这种情况置之不理对传道士来说也是不可能的。在反抗辩派的传道士中，最为愤怒的是阿德里安·斯毛特（Adriaan Smout），他每周都在讲道坛上指责摄政者们，谴责他们是“自由主义者”“马穆鲁克人”、卑鄙的伪君子，说他们假装是归正会的忠诚子民，却试图从内部颠覆教会。他们比异端和叛教者更糟糕；他们是骗子，是“以色列的叛徒”，会破坏主的圣地。在全面抨击的同时，斯毛特也得到了城内其他传道士的支持，包括同他一样自诩为耶利米的两位同胞，雅各布斯·特里赫兰（Jacobus Trigland）和约翰内斯·克洛彭堡（Johannes Cloppenburg）。

如果这一切只停留在言语层面，比克和伙伴们就耸耸肩作罢，就当是像孩子们扔的雪球一般无关痛痒。但到了1626年，事态变得严重了很多。在棕枝主日，斯毛特进行了一次极具煽动性的布道，号令那些顺从主的话语的人愤怒地站起来，反对不敬神的市长及其亲信。暴动随即发生，在镇压行动中，两人被武装民兵枪杀。危险的是，武装民兵的忠诚度似乎也开始下降，尤其是低级军官的队伍，他们是最狂热的加尔文派信徒。1628 年，一位来自阿姆斯特丹最富有家族之一——凡·弗洛斯韦克（van Vlooswijk）家族的抗辩派人士，被任命为其中一个民兵连的队长，代替了之前的反抗辩派队长，导致相当多的士兵和一些低级军官威胁要叛变。这场危机非常严重，城市的管理者不得不要求执政在阿姆斯特丹露面，以平息骚乱。他的确露面了，而且做了精心的设计，身旁陪伴着一名抗辩派和一名反抗辩派大臣。但这次表演既没能说服群众，也没能奏效。事实上，反倒促使叛乱的民兵领袖直接向海牙的荷兰议会提出诉讼，因为他们知道来自哈勒姆、代尔夫特和莱顿的代表团会支持他们。他们认为，阿姆斯特丹政府应该积极致力于捍卫“真”教会，而不是纵容各种腐朽的伪天主教徒，他们这些守卫者代表的是人民的真正心声，
326 绝不应该被用来压制义愤。

这场诉讼是个严重的错误。腓特烈·亨利没有兴趣听这些突然跳出来的下士和无名氏来给他讲授什么是人民权利和正义。他没有支持这些守卫者的领袖，反倒派了军队到阿姆斯特丹去逮捕他们，肃清他们的队伍。从此，城里的事情就全权交给了好心的上帝和安德里斯·比克（看起来，他与天上的全能者合作得不错）去处理。1630 年 1 月，一次特别激烈的争论过后，安德里斯和他的同僚们在市议会（vroedschap）决定，他们已经受够了新教牧师斯毛特。斯毛特被逐出阿姆斯特丹，和他一起走的还有满腹不满的特里赫兰和克洛彭堡，这一切都很合几位市长的意。今后，他们会去或者派代表去教会的会场上旁听，以防止煽动性的言论或行动出现。在这些会议上，他们几乎不需要说什么。只需要在那里，双手交叉，紧闭双眼，头戴帽子，就已经足够给予警告了。

激进的大臣们去了哪里？自然是去了莱顿，在那里，市议会与哈勒姆的市议会一样，和阿姆斯特丹针锋相对，比以往任何时候都更加严厉地执行对抗辩派集会的禁令。两座城市之间的两极分化，再没有比这更极端的了。它们代表了对荷兰政治和宗教性质的两种截然相反的观点：一边是单一的、正统的、好战的，另一边是多元的、异端的、务实的。而伦勃朗，我们已经看

到，是倾向于多样性一边的。

这并不是说他的家庭是抗辩派，或者皈依了抗辩派。他的父亲和兄长赫里特至少在表面上是正统归正会的人，因为他们都埋葬在圣彼得教堂。不过，伦勃朗母亲的家族一直都是天主教徒，而伦勃朗本人也肯定与臭名昭著的阿明尼乌派人士，比如彼得鲁斯·斯克里维留斯有一些联系。伦勃朗到达阿姆斯特丹的时候，权力斗争已经结束了。1631 年，抗辩派的教堂敞开大门让公众前来祷告，这是自 1618 年动乱之后的首次。当时，城里有四十座秘密的天主教堂（至少根据惊慌失措的加尔文派教徒的统计是这样）。也有一个犹太人的祈祷所，还没有完全达到会堂的规模；还有一些地方供路德宗和门诺派教徒礼拜，并保证不会有人打扰。伦勃朗的第一批赞助人和模特中，有上述所有教派的成员，也包括天主教徒，而且有四年的时间，他都是和城中一位著名的门诺派教徒——艺术商人亨德里克·凡·优伦堡（Hendrick van Uylenburgh）住在一起。

除了从未放弃审查权以外，阿姆斯特丹政府采取了许多种宽容的政策，这在很大程度上改变了城市的文化。城里的高等教育学院，即“雅典学院”（Athenaeum Illustre），是由“自由派”议员建立的，明确地要和莱顿大学形成对垒。而莱顿大学几经挣扎，终于还是同意了建立这所学校。但莱顿大学开出了一个条件，就是不管它教些什么，名字里都不能有“学院”或“大学”。学校的头两位教授，赫拉德·福西厄斯（Gerard Vossius）和卡斯帕·巴莱乌斯（Caspar Barlaeus），是来自莱顿大学且留在荷兰的抗辩派流亡者中最著名 327
的两位。开幕日那天，福西厄斯发表了题为“历史之功用”的演说，既是讲给杰出的听众，也是讲给他远在莱顿的反对者听的。第二天，巴莱乌斯（此后，他将专门研究为商业阶层定制的拉丁语修辞）演讲的主题则是最讨比克、波彭、乌特亨斯等人欢心的 mercator sapiens，即智慧的商人。

若是有哪件作品最能体现伦勃朗很快融入了这种宽容的社会环境，那就非他为抗辩派的元老约翰内斯·沃滕博加特画的肖像莫属，这是一幅充满英雄气概的四分之三身像。[6] 在 1618 至 1619 年的灾难来临之前，沃滕博加特一直是奥尔登巴内韦特的顾问，同时也是执政莫里斯的私人传道士及其同父异母的弟弟腓特烈·亨利的导师。显然，沃滕博加特给年轻亲王留下的印象要比给年长亲王的更深刻。为避免重蹈奥尔登巴内韦特和格劳秀斯的覆辙，他逃去了法国，却又在 1625 年趁他的亲王学生当上执政的时机回来了。不过，沃滕博加特很快就暴露了自己的野心：他并不想安安静静地过隐居生活。他决定住在海牙，让自己身处政治斗争的中心，和西蒙·埃皮斯科皮厄斯一道，他再次成了把国家引向宽容政策的运动领袖。1633 年 4 月，伦勃朗为他画像，是应了一位名叫亚伯拉罕·安东尼松（Abraham Anthoniszoon）的抗辩派商人的要求，那几日沃滕博加特正造访阿姆斯特丹，就借住在这位商人家里，而安东尼松的女儿即将嫁给死后才受人尊敬的阿明尼乌的儿子。所以，趁此机会，既盛情款待这位人物，也记录下一番伟业。那时沃滕博加特已经七十多岁了，但在伦勃朗笔下，他依旧容光焕发，神采奕奕，甚至有几分战士的气度。最重要的是他的身体姿态，一只手按着心脏，一只手握着一双手套（这在传统上是忠诚的手势），寓意着诚信和忠心耿耿。沃滕博加特的这两个特质，即便是他的敌人可能也不得不承认。不过他忠诚于什么呢？答案在画中的那本书里。

这多半是一本《圣经》，但是伦勃朗按照自己的老习惯，故意让上边的文字看不清楚。但书的表面闪耀着明亮的光芒，和沃滕博加特的面庞一样。他饱含哲理的头颅上太阳穴凸出，而他的眼神格外犀利，又因为看多了书本而有一丝疲倦，这可以从他反复擦拭过的眼睑（画家用一抹胭脂红来表现）看出来；他的每一道皱纹和鱼尾纹，就像不屈的橡树上的年轮一般记录着他坚韧的岁月。虽然伦勃朗只能在很短的时间内描摹出模特的主要外形和精气神，也可能把一些细节留给了学生去画，比如右手的下部分，但是整体构图都显露出其不可思议的聪颖，好像未曾需要绞尽脑汁地构思。从沃滕博加特的下巴延伸出的那段襞襟，让人更加注意到他强有力的面颊和嘴，而投在襞襟左侧内部那段表面上的阴影，又为画面增添了几分动态：整个头部猛地偏向一边，直面观众。书本和帽子放在桌子上，空间安排似乎稍显怪异，但同时也起到了把主体推向前端的作用。换句话说，这些布置都是为了掩盖其人物年事已高的虚弱体态。伦勃朗描绘的，反而是一位英雄般的思想者，有岁月沧

伦勃朗，《约翰内斯 · 沃滕博加特肖像》，1633 年。布面油画，130 厘米 × 103 厘米。阿姆斯特丹，荷兰国立博物馆

桑的痕迹，却未受到一丝一毫的摧残。沉思的生活和行动的生活都融合在一个粗糙的木框内。 328

伦勃朗在绘画沃滕博加特之前，就已经是一位善于绘制“动态，却也深沉”的肖像的大师了。他很快就发现，这种画像姿势不光知识分子和神职人员喜欢，那些性格冷硬、主导了阿姆斯特丹上流阶层的商业巨头也很喜欢。1631 年，他来到这座城市时，这些人正品尝着成功的甜头，为得到了上帝赐予的财富而互相庆贺，认为自己已经拥有了异于常人的知识、无可非议的政治头脑。他们还热衷于展示自己的艺术品位，尤其是自己的肖像，并自认为

与祖先已相去甚远，因为先辈们交易的是平凡的日常生活用品：鱼、谷物、木材、皮革、啤酒。他们的仓库里存放的，则是提供舒适的新事物，如丝绸、毛皮、天鹅绒、钻石、葡萄酒、香料、糖，不再是生活必需品了。他们的富裕程度，是祖辈做梦也想不到的。1631 年，阿姆斯特丹最富有的十位富人一同合计了他们的财富，总共有好几十万荷兰盾。许多聪明人及时购买了不动
329 产，使商业财富倍增。过去，他们的土地在城市边缘，但当阿姆斯特丹的范围扩大时，这些土地好像神迹显灵一般，突然变成了天价的建筑用地。而且他们在城北（Noorderkwartier）先买下一些毫无价值的沼泽和内海地块，再投入资本进行抽水工作，把湿地改造成干地，然后就可以坐等新土地升值到购买价格的四五倍了。

无论你看向何处，都能看到寡头统治者们的原始资本积累。伦勃朗 · 凡 · 莱因的到来在阿姆斯特丹人看来悄无声息，更引人注目的是 1631 年出版的萨洛蒙 · 德 · 布雷（Salomon de Bray）的对开本《现代建筑》（*Architectura Moderna*）。德 · 布雷有意识地模仿塞利奥（Serlio）这样的威尼斯建筑师的著作，甚至可能也模仿了鲁本斯汇编并在 1622 年出版的《热那亚的宫殿》。但这本精美的作品明显是在向荷兰最多产、最有创造力的建筑师亨德里克 · 德 · 凯泽致敬，当时这位建筑师已经去世八年了。不过，在赞美这位重塑了荷兰的普通民居和教堂建筑的大师的同时，必然也要赞美一下阿姆斯特丹富人居住的华丽豪宅。这本书想要暗示的内容是，虽然这些建筑仍然有着砖砌的正面和山墙，但它们绝不仅仅是商人的住宅而已，而是荷兰第一批可与意大利媲美的城市宫殿（palazzi）。这种华丽感在国王运河附近更加显著，因为其正对面新落成的西教堂正熠熠生辉，这座教堂在 1631 年的五旬节第一次对公众开放。在运河的转弯处，“十大富豪”榜单上的另一位富豪巴尔塔萨 · 凯曼斯（Balthasar Caymans）则请大胆的古典主义建筑师雅各布 · 凡 · 坎彭（Jacob van Campen）为自家兄弟俩建造了一座真正意义上的意大利式宫殿，它用石头砌成，顶上精心装饰着奢华的山墙。

这些豪宅的外立面，体现出新的上流阶层精致而矫揉造作的品位，用夸张的垂花、涡卷、扇形饰边来装饰建筑的高层。在房间内部则可以看到这种

狂妄的另一面：他们需要一幅肖像来告诉自己，国家不能缺少他们这样的好公民。

诗人夏尔·波德莱尔曾将肖像描述为“被艺术家复杂化了的模特”，这种形容让人印象深刻。实际上，绘制肖像好似一次三方谈判：需要综合模特对自身身份的感觉，画家对这一身份的感知（一种可能招惹是非也可能独具创意的想象力），以及肖像应当满足的社会传统。[7]不用说，在 17 世纪的荷兰，作品必须看起来和模特本人很相似。不过，虽然人们经常把肖像画叫作 conterfeitsel（模仿），现代人听起来就像是“复制品”的意思，但是肖像不可能和其原型一模一样，其二维的特性就已经决定了这一点。事实上，反圣像崇拜的传道士们指出，一些艺术家妄想侵犯上帝对受造之物的版权，这是一种渎神的傲慢。即便是不怎么思考此类事务的艺术家也会承认，“形似的肖像画”不管和模特有多么接近，也并不是一件纯粹的复制品。

使艺术品得以与复制品不同的，就是艺术家对模特性格的视觉提炼。在浪漫主义时代以前，这种“形象”（persona）的概念主要是表现社会地位—— 330
绅士、军人、学者、丈夫、地主——而不是心理活动。而人物的职业特质要通过姿态、手势、举止、服装、配件来体现：绅士需要佩剑；学者要配上书或古典胸像。不过，早在鼓励个性的现代文化兴盛起来之前，人们就意识到可以表现出模特的某种独特气质：剑拔弩张，或是深思熟虑；庄重矜持，或是儒雅风趣。当然，要达成这一点，就意味着描绘出的图像可能不符合模特的想象，跟他们在自家阿姆斯特丹新宅里的锡背镜子里看到的不完全一样，是有风险的。所以，我们可以理解为什么在伦勃朗之前，占据阿姆斯特丹城肖像市场的艺术家们一般都只会描绘有限的几种面部表情。当科内利斯·克特尔（Cornelis Ketel）和尼古拉斯·埃利亚松·皮克诺伊（Nicolaes Eliaszoon Pickenoy）这样的画家要画一名大人物的时候，他们会从公式化的姿势开始。比如让一只手放在臀上表示绅士身份，另一只手伸向剑柄表示军人身份，然后开始让肖像具有个性，先微微地调整面部和手部的表达，再尽量抓住面相特征，最后再让整体姿势达到理想的状态。其实很多时候，这类艺术家中的佼佼者都是让助手和学生画出背景里的建筑或者室内结构，以及身体的躯干部分，省出自己的力气去画手、脸，以及服装上那些最重要的、具有策略意义的元素，比如襞襟和袖口，把人物形象框定起来。用这种方式组合起一幅肖像，就像把船的各个部件（船身、桅杆、帆、锚、索具）加以组装：每个零件都出自赞河沿岸不同城市的各家工坊，最后在阿姆斯特丹的造船厂里拼在一起。

也许是因为对这种如机械一般生产出的肖像逐渐感到厌倦，科内利斯·克特尔决定让赞助人大吃一惊，完全不用笔刷，而用手指作画，甚至有时候会用脚——如果凡·曼德尔所言为真的话。不过，虽然有克特尔开创了这种稀奇的大脚之作，但其实在17世纪的前二十年，大部分肖像都姿态克制、庄严肃穆。也许，这就是那一代阿姆斯特丹上流阶层想要的效果：没有任何会为人诟病的浮华铺张；服装颜色暗淡，只是偶尔用手上的花朵或喉头的宝石来增添一道亮色。然而，到了17世纪30年代，住在运河旁的寡头们开始想要用更大胆一点的方式来造就自己永垂不朽的形象，因为他们相信，自己就是新推罗的统治者、世界货物的指挥官。

用什么样的方式，能够描绘出这种更加大胆、宏伟的肖像呢？在哈勒姆，弗兰斯·哈尔斯已经独具慧眼地开始用自由明亮的色彩描绘当地的贵族和民兵，这在荷兰是首开先河的。他们在画中的肉体饱满、鲜活，显得生龙活虎，四周笼罩着明亮的光晕，即便是最孱弱的模特也具有十分英武的轮廓。不过，虽然我们认为哈尔斯笔下的生命冲力（élan vital）具有某种普遍特质，但那在1630年也只能算是哈勒姆地方风格的最佳样本，汲取了亨德里克·霍尔齐厄斯画作中具有的活力和直接，以及朱迪思·莱斯特（Judith Leyster）和她
331 丈夫扬·米恩瑟·莫勒纳尔（Jan Miense Molenaer）的几分土气和粗暴。哈尔斯的风格的确对一些阿姆斯特丹人具有吸引力，他们也委托他为一支民兵团绘制了肖像。[8] 但不难想象，现在那些因为经营“上等货”而对大宗农副贸易不屑一顾的财阀，认为哈尔斯的粗犷豪放只适合哈勒姆的酿酒商和染布工人，跟不上他们自认为优雅的生活方式了。

如果说哈尔斯比较大胆却不够宏伟，那么安东尼·凡·戴克则是宏伟而不够大胆。与哈尔斯不同，他位居阿姆斯特丹高级肖像画师之首，与其说是鲁

本斯的学生，不如说是他的继承者。他精通极其华丽、优雅的全身像，画中人物的头部看起来不太正式，覆盖着一缕缕精心勾勒的蓬松的头发，但却传达出截然相反的意涵：这是经过仔细观察得出的漫不经心，象征着身份的高贵。最隆重的要数画中人的服装，衣褶流动、卷起，好像一面彰显优雅教养的旗帜。而且凡·戴克的肖像画中总会出现一只或一双轻柔的手，优雅纤细得像从细长的茎秆上垂下的一朵淡淡的花。自从凡·戴克造访海牙以来，人们就知道，他要在他的画册中加入许多荷兰人物，用于将在全欧洲范围内印刷发行的《图像集》。没有什么比这更能说明，共和国的贵族——以及他们的艺术家——已经可以和其他国家王室的达官显贵平起平坐了。现在，画像中的他们也可以端坐在两根科林斯柱之间，或身着闪亮的丝绸站立着，身旁有一只皮毛顺滑的猎犬。

凡·戴克在他的“万神殿”中列入了那些他认为最适合这种高级肖像画的画家，当然有凡·米勒费尔特，也有扬·利文斯。在伦勃朗前往阿姆斯特丹之后，利文斯也离开了莱顿。这可能是因为，一旦二人之间竞争性的合作关系不复存在，他需要找到一种不同于以往的绘画环境。也许，在伦勃朗成功将他的《下十字架》献给执政之后，利文斯的内心也受到了刺痛，想要为自己争取到来自宫廷的赞助。斯图亚特家族那个光鲜亮丽、自视甚高、充满诗意的世界，一定让他认为找到了千载难逢的机会。利文斯在英国三年的细节虽然鲜为人知，但与伦勃朗相比，他明显选择了一个截然不同的社会——欧洲最精致的贵族文化，其复杂考究的艺术鉴赏氛围曾令鲁本斯很是惊讶。凡·戴克为斯图亚特家族绘制的肖像中，最壮观的自然也是最华丽的谎言，仿佛提香来到了英国乡郡。他把毫不起眼的面孔和身材，装扮成理想化的古典田园美人；娇柔的人物披着慵懒的绸缎，倚靠在长长的石灰岩上，卷曲的发丝坠在眉间和脖后；流动的丝绸衣服松松垮垮地穿着，他们的眼睛深棕，嘴唇微润，呈现出仿佛伤口内部一般不自然的深红色，反衬着濒死之人般苍白的肤色——那极其微弱的颜色仿佛是用磨成粉末的蛋白石画成的。画作的背景，则按威尼斯画派的样式，有着精致的金色风景、高贵的古典圆柱、吻部细长的纯种犬以及魁梧的马匹。显然，这对于像比克、德·格雷夫这样的

332 家族来说，（暂时还）十分尴尬。然而，利文斯似乎就被凡 · 戴克式的壮观深深吸引了，或许，他也对凡 · 戴克本人的优雅气质很有好感。功夫不负有心人。利文斯被介绍到了浮华的斯图亚特宫廷，并当了一段时间的宫廷画家，专职让王族魅力四射。

所以，这两位既是朋友又是对头的莱顿画家，走上了完全不同的道路。伦勃朗要从冷硬的阿姆斯特丹人那里挣得名声，要将这些人物画出行动感。而英格兰宫廷肖像画家成功的第一要素，则是要能够描绘出什么事也不做的男人和女人，而且使其富有美的韵律。到了 1635 年，英国的委托订单已所剩无几，但利文斯并没有回到荷兰，而是去了安特卫普。伦勃朗只是借用了鲁本斯画中的姿势和服饰，以便更好地让人了解自己独特的天资；而利文斯却决定成为鲁本斯的邻居和追随者，也许是希望趁着凡 · 戴克仍然留在英国，填补他在安特卫普留下的空缺。从某种程度上来说，利文斯成功了，他为安特卫普最强烈反对宗教改革的教堂——耶稣会的圣嘉禄 · 鲍荣茂教堂绘制了一幅大型祭坛画，其设计类似于罗马新堂的祭坛画。这其中有一部分是鲁本斯的主意，还伴随有一系列宏伟的天顶壁画，也是由鲁本斯设计的。哪怕是利文斯在安特卫普完成的最离经叛道的作品，即那些表现力极强的木刻版画，究其根源也与鲁本斯有关：它们深受克里斯托弗尔 · 耶赫尔（Christoffel Jegher）的木刻版画影响，而这些木刻版画是耶赫尔模仿这位佛兰德大师的油画作品创作而成的。

1638 年，利文斯娶了苏珊娜 · 德 · 诺尔（Susanna de Nole），其父是著名的雕塑家安德里斯 · 科莱恩 · 德 · 诺尔（Andries Colijn de Nole），主要的工作是为城里的天主教堂做装饰。婚姻是利文斯职业生涯的一个转折点。这位刺绣师家庭出身的画家，决定将自己的原创风格融入天主教的巴洛克风格中，探寻这一广阔的世界。接受了贵族和天主教文化的熏陶，他将尝到成功和声誉的滋味（虽然仍达不到他的期望）。只是，过去他在创作于莱顿的那批优秀画作（例如《粪堆上的约伯》和《拉撒路的复活》）中呈现的那种大胆与情绪力量，将不复存在。利文斯必须搬到阿姆斯特丹的时候——比伦勃朗要晚十年——是别人劝他去的，因为他要躲避安特卫普的债权人。在荷兰，他继续画着他在 1632 年出发去伦敦时发展出的风格：冷峻的宫廷手法，气势磅礴的历史画和石像般优雅的肖像。

这不是伦勃朗要走的路。对伦勃朗来说，阿姆斯特丹绝非退路，那里处处是机遇。正如阿姆斯特丹的桂冠诗人们赞颂的那样，那里是新的全球贸易中心，显然也是“下一个”安特卫普，但却形成了自己独特的运作模式；同理，伦勃朗也想利用这座城市的赞助人提供的机会，去做一些不是模仿鲁本斯的事情。具体来说，他想要在鲁本斯基本已经放弃了的一种体裁中崭露头角：肖像画。他想要使肖像画同历史画一样享有盛名，并带来同样丰厚的报酬——钱对他来说无疑是很重要的。他要给这座城市的市民们画四分之三身像，甚至是全身肖像，让他们拥有意大利或英国贵族的气派，却同时少几分虚荣。然后，他要向这些人收取每幅 100 荷兰盾的费用。 333

他将重塑肖像画的形式。这是通过给大型肖像画注入与历史画同等的活力和能量来实现的。伦勃朗的整个职业生涯中产出的作品，都会让艺术史学家感到头痛，比如大都会艺术博物馆中那幅壮观的《穿着东方服饰的男人》，这样的人物习作究竟该归类为肖像画、历史画，还是*历史肖像画*（portrait historié）——即按委托人的要求，将人物塑造成《圣经》或神话中的人物。这是因为，他有意识地破除了绘画体裁之间的壁垒。他将人物置于历史故事中，并赋予他们街头男女所具备的那种可直接识别的特性（当然，这些人也常常是这样），而肖像的主体也注入了富含个人特征的戏剧性的紧迫感和能量感。

将平淡的生活戏剧化，这一方法将伦勃朗与尼古拉斯 · 埃利亚松和托马斯 · 德 · 凯泽（Thomas de Keyser）等更传统的肖像画家明显区别开来。传统肖像画家的主要工作，是要为顾客塑造出如雕像一般坚实的气质。其实，他们许多既有的标准工作流程，伦勃朗也有所采用：背景是暗淡的灰色或棕色，人物姿态利落，穿着相对朴素，背景中很少有布景元素。但他把所有这些常规的特征都转化成了动态的技术，目的是将人物从任何形式的画面空间的束缚中解放出来，推至观众的视线方向。光线的分布极其不均匀，一侧是聚光灯的高亮，通过突然投下的阴影，进入一片空洞的晦暗地带。在较为逊色的

伦勃朗,《穿着东方服饰的男人》, 1632 年。布面油画。152.7 厘米 ×111.1 厘米。纽约，大都会艺术博物馆

画家那里，画作的底色通常是一种不太明显的背景。而伦勃朗用一层层薄薄的、几乎透明的灰褐色颜料来构建底色，头和身体边缘的光线最为耀眼，随着向画作边缘靠近，颜色逐渐变暗，暗示着这位站着或坐着的模特身处的空间是永恒的，并在其中留下了他或她的印记。想象一下，这样的画作挂在贵族住宅的入口大厅或壁炉上方会是什么样的效果。即便画中的模特早已死去，他们看起来也会有一种活生生的力量。

尼古拉斯 · 鲁茨（Nicolaes Ruts）就是这样的例子，他可能是第一个委托伦勃朗为其创作肖像的人。画作完成于 1631 年，是伦勃朗在阿姆斯特丹的第

伦勃朗,《尼古拉斯·鲁茨肖像》,1631 年。木板油画，116.8 厘米 ×87.3 厘米。纽约，弗里克收藏馆

一年。这是一幅令人瞠目结舌的亮相之作，可以说是17世纪30年代他所有肖像画中最完美的一幅，大概就是这幅画，让潜在的主顾蜂拥而至，敲响他在布里街的家门。

在画面中心，可以看到他最令人叹为观止的材料表现（stofuitdrukking）
334 手法。伦勃朗在莱顿绘制《参孙与大利拉》等优秀的历史画作品时，已经在逐渐完善这一技巧了，但从未像在这幅作品中那样发挥得如此淋漓尽致。因为尼古拉斯·鲁茨穿上了他压箱底的行头：一件紫貂皮大衣。想象一下，伦勃朗也可能真是用了黑貂毛做的笔刷，才画出这种无比柔软、珍贵的毛皮那诱人的质感，但无论他具体是怎么画的，肖像中呈现的错觉都非常令人信服：鲁茨的帽子表面如天鹅绒般柔软平滑；大衣右侧袖口上的毛一根根挺立着，像刚刚刷过或抚摸过一样，这是通过一系列细小的白线来传达的；肩膀及往
335 下部分的毛粗细不同，颜色各异，柔软有光泽，那是通过在棕色主体上点缀赭色来实现的，似乎不是用画笔上色，而是用梳子直接梳上去的。仿佛伦勃朗已经用尽一生去感受织物带来的感官愉悦，他的手指在柔软的毛皮中漫游，甚至在涂抹颜料时也保留了这种精确的触觉体验。

没有任何一种布料比貂皮更珍贵，波斯丝绸、印度棉布、法国加工的锦缎都比不上它的价值。鲁茨的大衣上镶着的毛皮，正是来自莫斯科沙皇用来签订条约时附赠的外交礼物。沙皇曾用这种毛皮讨好过斯图亚特王室，安抚过蒙古可汗，奉承过奥斯曼苏丹。然而，尽管这位毛皮商人肩上的大衣华丽得无与伦比，伦勃朗却成功地没有留下一丝虚荣或骄奢的印象。恰恰相反，人物的面庞容光焕发，眼神锐利（简直就像贡献了这张毛皮的动物一样），胡须梳理得很整齐，头微微倾斜，面向与身体相反的方向，而身体本身保持在四分之三侧面的位置；鲁茨的目光则是一种略显不耐烦的、敏锐而智慧的目光，斜斜地从观者面前掠过。他代表了一名具有行动力的企业家的标准形象——这并不只是说笑罢了，因为莫斯科毛皮贸易无疑有着较高的风险，是“上等货”贸易中比较需要英雄气概的。[9]

毛皮生意虽然能带来丰厚的利润，但并不适合胆小怕事或囊中羞涩的人。只有在夏季，即6月下旬到8月的第三周，从白海通往阿尔汉格尔斯克这个

毛皮转运大港口的通道才不会结冰。从阿姆斯特丹出发的航船，如果没有发生意外，需要花费四到六周的时间才能抵达，船只也需要经过专门设计，才能抵御北极的严酷环境，并最大限度地运送货物。虽然是英国人在16世纪50年代首先打开了俄国的国内贸易市场，并开辟了白海出口的渠道，但却是荷兰人要求将位于北德维纳河河口的阿尔汉格尔斯克建造为安全港，以抵御挪威海盗的劫掠。到了17世纪20年代，这里几乎成了尼德兰的殖民地，无论是投资规模、组织规模还是商船规模，都遥遥领先于其他所有欧洲国家的商人。阿姆斯特丹商人在阿尔汉格尔斯克设立了常驻代理人，通过他们，就可以提前大量囤积下一个冬天需要储备的紫貂、松貂、白鼬、野猫、水貂、狼、北极狐，甚至松鼠。阿姆斯特丹现在由于控制了俄国人需要的几乎所有制成品——针、马刀、教堂钟、番红花、鲸鱼鳍、染色羊毛、马被、镜子、信纸、锡制大酒杯、玻璃高脚杯、珍珠、扑克牌、香薰、锡、金箔——的货运贸易，所以也处于国际贸易的主导地位。[10] 在尼古拉斯·鲁茨披着那身光芒耀眼的貂皮，给伦勃朗当模特的年代，荷兰商人每年都会派三四十艘船驶向阿尔汉格尔斯克。阿姆斯特丹人和多德雷赫特人不想要的东西，德国人、英国人和希腊人还是欢迎的，比如有一种小紫貂，因为吃了太多特殊的西伯利亚浆果而受刺激，用树皮挠坏了自己的毛皮。如果荷兰商人垫付了太多现金 336
和货物来预订未来一年中最好的毛皮，到了第二年夏天，和他们竞争的商人就无事可做了，只能哀叹没有东西可买。而另一边的情况是，当俄国商人安东·拉普塔耶夫（Anton Laptaev）胆大妄为地来到荷兰，想要直接出售他的毛皮时，却发现阿姆斯特丹商人之间事先已经达成了无购买协议，所以他只能把毛皮带回俄国，按照常规的方式进行出售。[11]

尼古拉斯·鲁茨于1573年出生在科隆的一个佛兰德流亡者家庭。那么，他的家人很有可能是知道鲁本斯家族的——或许还听说过他们的故事。与鲁本斯家族不同的是，他们家一直忠于归正会。尼古拉斯从小是门诺派教徒，但后来皈依了归正宗，也许是为了方便他加入建立了阿姆斯特丹毛皮商会的，由三十六人组成的兄弟会。然而，他并不能跻身阿姆斯特丹的大人物行列。他很难与比克家族和邦特曼特尔（Bontemantel）家族的人竞争，而且他在阿尔汉格尔斯克的码头上还没有自己的仓库。他很有可能是航运公司（rederijen）或者商会组织的合伙人，组织会把他们的资本集中起来，筹划特定的航线，按照股份来分配利润。作为一名比较弱势的经销商，他无疑希望伦勃朗为他绘制的这幅肖像，能让他指导业务的样子看起来有几分王族的气质，因此，他也选择了不同寻常的木材作为绘画的底板。这是一块珍贵的桃花心木，不是颜料附着牢靠的橡木。正是因为画作本身具有的宣传性质，画家才特意将鲁茨塑造成一副充满信用的形象——他用左手拇指牢牢抓住一张笔记或信纸，这就是最好的证明。这一次，字迹同样是模糊不清的，伦勃朗故意不去表现粗俗的文字细节，只想留下鲁茨言而有信、值得信赖的总体印象。鲁茨的右手也放在桌角上，桌面与画框平行，位于鲁茨的身体空间和我们自己的之间，又一次加强了诚信和安稳的感受。这是一双坚定的大手，人们肯定会愿意把自己的资本托付给它的主人。

尼古拉斯 · 鲁茨当然是想要别人这么觉得。不过这个“别人”是谁？是俄国人吗？在 1631 年 11 月，也就是伦勃朗画这幅画的时候，莫斯科公国的大使团已经出现在荷兰了。赛布兰 · 贝斯特（Sybrand Beest）在海牙的国会议事堂（Binnenhof）为他们画了肖像，这些人穿着长外套，戴着高高的毛毡帽，正好能防御荷兰的潮湿天气。这种代表团的贵族们是出了名的喜爱各种形式的礼物（必须说，他们也总是会投桃报李，回赠莫斯科特产的奢侈品）。鲁茨是不是想要在莫斯科人面前抬高自己的身位，让他们觉得自己是一个值得在阿尔汉格尔斯克立足的人，甚至想要得到那些大商人特殊享有的关税豁免待遇？

如果说这幅画是为了给鲁茨的商业财富助力，那么它肯定没有达到预期
的效果。虽然画中尽了一切努力把他表现成一个可靠的人，但就在他 1638 年
337 去世前几个月，他不得不申请了破产。在那之前，这幅画已经转移到了他女
儿苏珊娜的家中，有人推测，可能是她第二次结婚时送给她的礼物。不过，
尽管尼古拉斯商途坎坷，但他的儿子确实成功地在俄罗斯开了一座工厂仓库。
所以，苏珊娜还是可以充满孝心地把这幅大画挂在显眼的地方，不会觉得太
尴尬。

毕竟也没有什么理由不挂这幅画。要是用一个词来概括整幅作品，那就是“自信”：画家的果断坚决，也漂亮地表现在画中人身上。人物的身体占据了整个空间，但他的面庞却充满了商业智慧。[12] 伦勃朗使用了许多不同的笔触技巧来表现男士身上各异却互补的品质，而他在 17 世纪 30 年代创作出的所有最雄伟的肖像画也都是这样做的：他把襞襟（时尚的外扩皱领样式）处理得自由而明亮，体现出他充沛的精力；右袖口极其自由、厚重，是在灰色的底层颜料上快速地铺展灰色和白色的笔触实现的。胡须描绘得十分精细，体现出他一丝不苟的精神，小胡子在上唇部翘起，每一根毛发都用笔刷柄的后端深深抠进画板里。微微泛红的内眼睑之间，瞳孔中跃动着闪光，头的一侧笼罩在深色的阴影中，展现出人物的深思，仿佛鲁茨为了投资者们的利益牺牲了许多的睡眠。

难怪 J. P. 摩根会买下这幅画。就算世上还有更好地描绘出商人的英雄气质的肖像，也肯定没有哪一幅能以看起来如此省力的方式达成如此惊人的效果。

“看起来”是这里的关键词。伦勃朗的主顾常常是新教徒，厌恶宫廷和天主教肖像画中那些层层的帷幔、华丽的服装、宏伟的建筑细节，所以他常常不得不用表面上省力的方式来作画。阿姆斯特丹的门诺派社群特别推崇节俭朴素的美德，他们中的一些人也成了伦勃朗最早也最重要的赞助者，因为他的合伙人兼房东亨德里克 · 凡 · 优伦堡本人就是一位门诺派教徒。比如 1632 年完成的一幅肖像画的主人公马滕 · 洛滕（Marten Looten），他也是一位佛兰德移民，而且和伦勃朗在莱顿认识的那些人一样也是布匹商人，但他放弃正统的加尔文派，皈依了更严格、更禁欲、谨遵《圣经》教条的门诺派信仰。表面上看，伦勃朗没有费太多功夫，但他却能在基本的构图元素中传达大量引人入胜的丰富细节，比如洛滕的亚麻衣领周围环绕着的精细的边饰，就像鲁茨那件镶着貂皮的大衣一样暗示了人物的职业属性，还有帽檐上的褶皱和他微蹙的眉毛边缘轻柔的皱纹之间形成的视觉韵律，使人感受到友善的气息。

伦勃朗娴熟的省力技巧与他过去在历史画中运用的手法是一脉相承的。在历史画中，他已经开始舍弃杂乱无章的细节，避免让它们分散了叙事的核

伦勃朗,《马滕·洛滕肖像》, 1632 年。木板油画, 91 厘米 ×74 厘米。洛杉矶县艺术博物馆

心。在肖像画中，他同样拒绝繁复的装饰，从而能把他丰富得令人敬畏的绘
338 画技术集中用于真正重要的部分：透过肢体语言来概括人物，并用光照点亮
面部和手部的灵动感。服装不再起到装饰功能，也不再在整个画面中不加区别地均匀绘制。相反，伦勃朗会将某些部位专门提取出来，作为表现个性的元素，这其中当然包括襞襟和袖口，但也包括帽子、纽扣、手套——根据不同场合的需求而定，可以营造出动感而戏剧的效果，也可以打造得含蓄庄重。

因此，虽然伦勃朗 17 世纪 30 年代所有最雄伟的肖像画都带着临场生发的鲜活气息，但也是对姿势、颜料和光线进行了精细校准之后的结果，不管最后的完成速度有多快。[13] 例如，伦勃朗运用的肉色调是由多种颜色调和而成的，其中有胭脂红、浓密的黄赭色，甚至是深浅不一的绿色，而且针对面部的不同部位，经历了不同程度的岁月磨损的人群，都有不同的一套配色。在他的同时代人中，没有人会像他一样，如此细致地去观察中年人的上眼睑所呈现的凹凸不平、鼻子上的油光、下颌或脖子上的层层皱纹、眼睛虹膜的润泽、前额嵌进亚麻布帽子时显示出的紧致和锃亮。他的同时代人也不会像他一样，如此仔细地去记录脸部的高光区域在鼻子或下巴等暗部形成的微妙的反光。[14]

不得不承认，可能整个 17 世纪都没有一位画家比伦勃朗更努力、更长久、更仔细地观察过人的面部。不过，他花很多力气去描绘面部时，从来不会带上面相学的学究感。虽然伦勃朗笔下的人物头部和躯干都精准得令人几乎信以为真，似乎没人能否认画作中人物的栩栩如生，可是他常常并不是照原样去描摹，很少用尖锐的线条和轮廓去复刻形象。相反，伦勃朗笔法的那种自由和多变性，能与之接近的唯有弗兰斯 · 哈尔斯：在一些地方运用短小、潇洒、轻快的笔触，而在另一些地方则运用长而流畅的阿拉伯式曲线。当然，他追求的并不是在刻画时进行累加、堆砌，也不是像警方画像那样把脸上不同部位的特征拼在一起，而是要果决地把整体气质表达出来。所以，看上去有几分矛盾的是，伦勃朗最有力量的作品（比如英国国家美术馆的《一位八十三岁老妇人的肖像》），即便技法非常大胆松散，难以捉摸其规律，效果却极其明澈清晰。因为要达成清晰的图像，画家要首先在头脑中构思出具体的视觉形象，然后再转化为手中的灵巧动作。请看老妇人的软帽“两翼”上那半透明的上等细棉布面料，手法如此精妙，画笔在手中一转，边缘便以豪迈的笔触画出；而她右眼的细节，则结合了细密画中严苛的精确度和现代主
义绘画中才出现的激动人心的自由挥洒。有一个部位复杂得令人难以置信： 339
眉毛的肉质褶皱延伸至上眼睑，上眼睑则微微下垂，露出睫毛的根部，描绘睫毛的所有笔触都呈刺状，密集得惊人，有的细，有的粗。一只眼睛湿润且更为柔弱，位于脸部明亮的一侧，产生出略微失焦的忧郁效果。伦勃朗在这处下功夫是至关重要的，稍稍低垂的目光营造出了一种凄楚而庄重的情绪。

伦勃朗，《一位八十三岁老妇人（阿希耶·克拉斯达尔）的肖像》，1634 年。
木板油画，71.1 厘米 ×55.9 厘米。伦敦，英国国家美术馆

画家本能地预知到将来现代主义老生常谈的一个话题：双手越是不去精准地描绘，越含蓄委婉，就越能投射出让人感同身受的情感。

在伦勃朗的肖像画中，虽然不同细节的重要程度有着异常明显的区别，
340 但所有的元素，无论画得粗略还是严谨，最后都需要融合成一个连贯的形象，

伦勃朗，《约里斯·德·科勒里肖像》，1632 年。布面油画，102.2 厘米 ×83.8 厘米。旧金山，M. H. 德扬纪念馆

以确保给人的印象是一个活生生的人物。这不仅仅是调和不同笔法的问题。行之有效的方法是使肖像画的整体气质与其主体相符合——这就是所谓作品的“氛围”，类似于风景画中用冷色调还是暖色调来主导的问题。例如，马滕 · 洛滕的肖像笼罩着清凉、干净的气韵，正好适合这位门诺派布匹商人的虔诚心境。而在《约里斯 · 德 · 科勒里肖像》中，这位海军陆战队士兵则握着一把小火枪的枪托，沐浴在一种温暖的、类似于青铜色的光线中，凸显出其略带戏剧性和军事意味的站姿。伦勃朗先在粉白背景上铺设了一层薄薄的基础底色，通过对这层底色加以轻微修饰，就决定性地改变了画作带来的感受，

以实现预期的效果。大多数情况下，底色是由铅白色与土色颜料外加一点黑色综合而成的油性混合物，可以在一定的色域内进行调整，从金黄的赭色，到更深的灰色或棕色调，而底色反过来又会影响后续颜料层的亮度。要使多种技法和谐共生，需要果决地下判断。有的时候，尤其是在绘制夫妻肖像双联画时，伦勃朗好像并没有全心全意地对其中一幅画里的每一个元素进行微调，而似乎只是在走过场。由于两幅画中有一幅显得草率、没有竭尽全力（例如，在波士顿美术博物馆和纽约大都会艺术博物馆的画作），所以“伦勃朗研究项目”会将两幅都予以否决，认为必然都是出自他人之手。[15] 不过，伦勃朗在确定下来肖像画的主要元素之后，将画作交给与他一起在亨德里克·凡·优伦堡位于布里街的家中工作的学生或助手来完成，这也是完全有可能的。要不然就是，伦勃朗不仅是一个天才，也是一个易犯错误的人，他在某些肖像画里倾注的心血比在另一些里要多，即便两幅肖像本就是一对。

完美和不完美的作品之间的差距令人震惊，正是因为在同时期最好的那幅肖像中，人物的生命力如此惊人，似乎不是在故作某种姿态，而是被活生
341 生地捕捉进来。例如，正在削羽毛笔的书法家和坐在写字台前的学者，他们的头与身体形成 90 度的角，看起来并不是听任安排“坐着”，戴上一副社会面具来彰显自己的永垂不朽，而更像在日常工作中被突然打断了。在艾尔米塔什博物馆收藏的这幅学者画像中，一切都与“学者肖像”的传统相悖。伦勃朗画笔下的作家，不是像霍尔拜因捕捉到的伊拉斯谟那般棱角分明、在沉思冥想、近乎苦修士的形象，而是有着等身大的尺寸，焕发出饱满生命内在的强健温暖。他的脸颊红润，指甲磨光，眼睛明亮，下唇微润（透过精心添加的一笔高光体现出来），仿佛在沉思中习惯性地舔过。他的襞襟好像一堆巨大的泡沫，环绕着他的脖颈，点亮了他的面庞，为警觉的神情增添了许多活力。然而，画家透过貌似偶然却不可或缺的细节，营造出一种令人不安、仿佛眼前所见为真的错觉，比如张开的嘴好像正对着闯入者说话，皱巴巴、粗短的手指护住书上的一张信纸，而且画面中巧妙地投下了两道阴影。其中一道阴影是由无名指的下侧投在信纸上；另一道则由书本的系带落向木质阅读台的侧面，书本宽阔延展，阴影却稍纵即逝，这种触感就像维米尔的作品一

伦勃朗，《桌前的年轻人》，1631 年。布面油画，104 厘米 ×92 厘米。圣彼得堡，艾尔米塔什博物馆

样，传达出微妙的诗意。

直入本题（in medias res）方可坦率地显露出事物的本质，这种观念是令人惊讶而全新的。伦勃朗的画作预言了摄影术的到来：并非以拙劣的手法进行复制，而是相信一个人的所有性格都可以通过某一瞬间的行动揭示出来。定格，是将一个生命有选择地进行割取，但这个单一的瞬间却有能力体现出生命的连续性。如果以最尖锐的眼光来进行聚焦，那么捕捉下来的瞬间还会发挥更强大的作用，暗示着主体的流芳百世，用这种宽慰人心的方式联结起瞬间和永恒。

3. 尸体解剖

342 事实证明，伦勃朗还能空出一点时间做别的。1669 年 10 月，就在伦勃朗去世前的两天，有一位喜欢收藏古文物的宗谱学家彼得 · 凡 · 布雷德罗德（Pieter van Brederode）来拜访他，看见这位画家赫赫有名的“稀奇古物”藏品里仅剩的那些，他的眼睛像狩猎采集时代的猎人般一下子亮了。伦勃朗曾有过数量惊人且多种多样的收藏品，胸像、头盔、贝壳、珊瑚、武器（西方）和武器（印度）、瓷鸟、鹿角等等，但是其中大多物品都在 1656 年的一场拍卖会上卖掉了，作为对伦勃朗进行破产清算的一部分。不过，在留下来的物品当中，布雷德罗德写道，有“维萨里解剖的四只剥了皮的手臂和腿”。[16] 现代解剖之父安德里斯 · 凡 · 韦瑟尔（Andries van Wesel）——更为人熟知的是他的拉丁文名字维萨里（Vesalius）——在 1543 年出版的大师之作《人体构造七书》（*De Humani Corporis Fabrica Libri Septem*）第一版的封面上，就描绘了自己解剖前臂的样子。伦勃朗和鲁本斯不同，他不会花功夫去给自己置办太多书籍，但却钟情于各种怪异的纪念品，尤其是那些附带实际功用的物件。所以很有可能，三十七年前伦勃朗绘制《蒂尔普医生的解剖学课》（*The Anatomy Lesson of Dr. Tulp*, 1632）这幅杰作时，画中蒂尔普医生正在解剖的手臂，正是以其中一只“维萨里”手臂为模型。布雷德罗德看到，这些手臂露出粉色的肌肉，被浸泡在玻璃罐里以防止腐烂。[17]

假设果真如此，那么不难想象，尼古拉斯 · 蒂尔普（Nicolaes Tulp）一定因此感到受宠若惊，自己的公共解剖课竟会留下这样一份看似不可能的遗迹，使他与那位写就了《人体构造七书》的伟大的布拉班特作者遥远地联系起来。威廉 · 赫克舍（William Heckscher）认为，蒂尔普希望自己被描绘成维萨里再世，这种推论可能太过捕风捉影了，因为蒂尔普是一名全科医生（doctor medicinae），并不是一名专业的解剖学家。[18] 但我们从他过去的学生约布 · 范 · 梅克伦（Job van Meekeren）那里可以得知，蒂尔普的确非常重视解剖前臂和展示屈肌，以此来体现上帝创造人体之精妙。[19] 也许他是因为自己是阿姆斯特丹外科医生公会的兼职解剖学讲师，才选择以这个姿势入画，而这也将他与文艺复兴时期最杰出的解剖学家直接联系起来。这位文艺复兴大师第一个主张，要真正理解人体，单单学习书本知识或者做动物解剖是不够的，必须直接对人体进行检视。在公会的会议室里，还有什么能比把自己与大师相提并论，更能彰显自身的权威呢？[20]

虽然伦勃朗在1632年之前也画成过其他的杰作，尤其是《以马忤斯的晚餐》和《悔过的犹大归还银子》，但都没有像《蒂尔普医生的解剖学课》这样产生广泛的影响。所以从某种意义上说，是蒂尔普医生成就了伦勃朗，而伦勃朗也成就了他。当然，医生可能并不觉得自己需要一幅群像来给自己的 343
声誉添砖加瓦。在他被人称为"郁金香医生"（Dr. Tulip）之前，他早就已经把目光投向了医学这项博雅而高贵的艺术。他出生时名字叫克拉斯·彼得松（Claes Pieterszoon），是一个普普通通的麻布商人的儿子，在阿姆斯特丹中心最古老的运河街（Gravenstraat）和新堤坝街（Nieuwendijk）街角的一所房子里长大。[21]像伦勃朗一样，他上过拉丁语学校，又在1611年被录取为莱顿大学的医学生。那里的教员人数不多，但都是德高望重之士。克拉斯·彼得松将师从赖尼尔·德·邦特（Reinier de Bont，先后担任莫里斯和腓特烈·亨利的御医）和埃利乌斯·沃斯提乌斯（Aelius Vorstius），并接受著名的彼得·保乌（Pieter Pauw）医生的解剖学指导。保乌通常是借助图解手册或骨架来教授解剖学课程。但在冬季的几个月里，他有时会在大学的解剖剧场里公开解剖刚被处决的罪犯的尸体。解剖演示是莱顿大学的大事日历中令人热切期待的事件。这座城市里的所有显要人物都会前来出席，包括大学教务委员会主任、学监、院长，莱顿市长和市政官，还有成群的学生和教授。不仅如此，圆形露天剧场后排的长椅上还坐满了买票的公众，虽然有许多组装起来的骷髅骨架（其中一具是骷髅骑士，骑着一匹骷髅马）举着标语牌提醒大家思考自己作为凡人的命运，但他们还是非常享受整场"表演"。有音乐，有食物、饮料，有闲聊；有肠子、脑浆和心脏可看，只是视野会因为香薰发出的阵阵烟雾而有些模糊不清，那是用来掩盖尸体恶臭的。可以肯定的是，克拉斯·彼得松一定是专心致志地看着。

在解剖剧场附近还有一个比较安静的地方，他和他的同学们在那里学习：

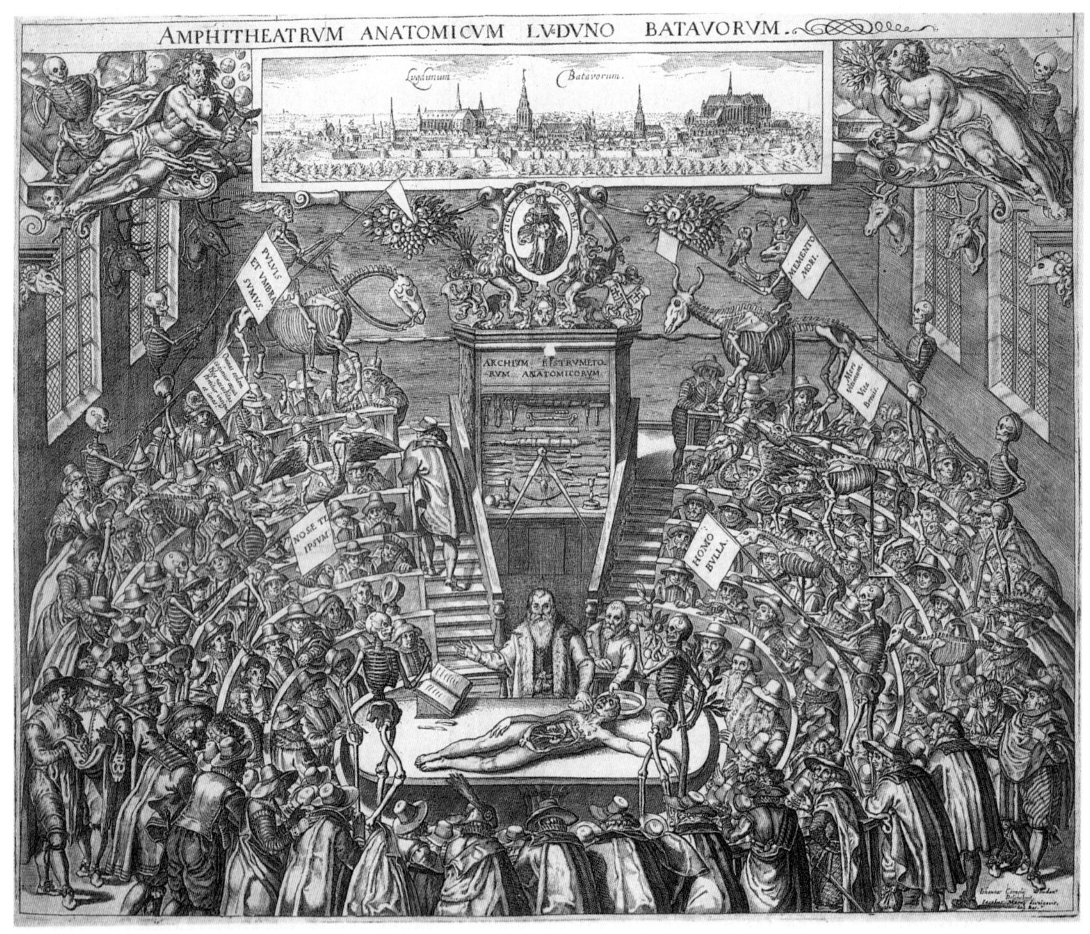

巴托洛梅乌斯·多伦多临摹扬·科内利松·沃达努斯，《莱顿解剖剧场》，1609 年。版画。阿姆斯特丹，荷兰国立博物馆版画秘藏

大学的植物园（Hortus Botanicus）。奥特赫·克莱特（Outger Kluyt）将花园照料得十分精心。它不仅是一片植物园、一组园艺“好奇柜”，更是基础生物学和基础医学的一个实地教学场所。在铺满碎贝壳的小径上，在凉棚和呈几何状有序排列的花坛之间，老师们传授着现代药剂师必备的有关草药和植物的知识。1636 年，彼得松将把从这里学到的知识纳入自己创作的医生手册《阿姆斯特尔药典》（*Pharmacopoeia Amstelredensis*）中。不过，就在克拉斯·彼得松密切关注着克莱特的药用植物园的同时，他很难不注意到其他花圃中出现了一种来自东方的新奇花卉，也就是由植物学家卡罗卢斯·克卢修斯移植

和栽培，在土耳其被称为 tulbend（因其形状类似于头巾）的花卉，而它在荷兰的名字正是 tulp。

那时候，这位聪明的青年学生还没有正式成为“郁金香医生”。1614 年，他成功地以有关湿性霍乱的论文通过了答辩，从莱顿大学毕业，成了一名全权资格的全科医生。当时，医生这门职业被划分为三个级别，各个级别之间虽然互相关联却有严格的界限，而有了执业资格之后，他可以从事最高级别的工作。像他那些从欧洲的大型医学院（比如帕多瓦或巴黎的医学院）毕业 344
的同事一样，蒂尔普的职业实际上是顾问医师，当客户有需求时，就为他们诊断疾病，建议做手术或者开具药方。在第一种情况下，他会让患者去外科医生那边锯一下骨头（长期以来，外科医生都不得不和制作木屐、冰鞋的人，还有处理动物内脏的工人一起参加同一所公会）。[22] 当时能做的外科手术类型非常有限，基本上仅限于切除胆结石、白内障和几种外部肿瘤，或者是“疏导”医生认为是病态的阻塞物、凝结物，方法包括颅骨穿刺（在颅骨上钻一个洞，缓解大脑和颅腔间的压力）、拔罐（把玻璃容器烧热，快速放到皮肤表面，把感染的病菌“抽出”），以及切开静脉或者用水蛭吸血，以缓解血管收缩的压力，便于血液稳定流动。他们也能做灌肠，尽可能地把痛苦的阻塞性直肠瘘移除。如果病人够幸运，还能保守治疗的话，医生就会让他带着药方去药剂师那里，拿到对症的药片或草药。

年轻的医生回到阿姆斯特丹后设立了自己的诊所，每天从清晨到黄昏， 345
他门口的台阶上都会成群结队地挤满了病人，希望他能为他们缓解病痛，而他也会定期去城里的养老院、医院、麻风和瘟疫病院做咨询。由此，他即便称不上十分富庶，也可以挣得一份稳定的收入，而且在城里拥有德高望重的名声。因为兼有名与利，他还能结成一门好婚事。1617 年，他娶了埃娃·凡·德·弗赫（Eva van der Voech），但他那好高骛远的母亲很不满意这个媳妇，因为儿子似乎是看中了她的美貌，而没有考虑她的家族关系。毕竟，埃娃的一个叔叔曾在 1566 年的圣像破坏运动中砸毁了许多教堂绘画，而且非常以此为荣，即便是虔诚的加尔文派教徒，也会觉得她的家族关系因此染上了些许污点。[23] 但克拉斯·彼得松还是一意孤行，结婚之后，他们搬进了王子运河上的一所房子，门牌上画着一朵郁金香，因此被称为“郁金香之家”（De Tulp）。1622 年，这对夫妇第二次搬家，来到了国王运河上一处更固定的住所，郁金香再一次出现在他们的檐下。而 1622 年，当这位医生成为市议会的九位议员之一时，他决定采用这朵花作为自己的个人纹章：金色的花朵镶嵌在蔚蓝色的背景上，左上角装饰着一颗星星。渐渐地，他的身份与他的房子、城市、故土变得水乳交融、难分彼此，他成了“郁金香医生”。在接下来的五十年里，郁金香医生都坐着他那经特别授权的、装饰着郁金香的马车，在城里四处拜访；高雅的“郁金香医生”也启发了约翰内斯·吕特马最惊人的幻想之作并且是这份礼品的接收人：一只郁金香形状的纯银酒杯，其颈部不是用简单、规则的直面来支撑，而是以闪亮的金属制成一根活灵活现的弯曲茎秆，搭配着刀锋一样的叶片和向内凹陷的花托。

当伦勃朗接到委托要绘制蒂尔普和他在外科医生公会的七位同事的肖像时，这位医生在阿姆斯特丹已经是一个相当有分量、有威望的人物了。1628 年，他接到任命，成为公会的解剖学讲师，从而开始负责主持阿姆斯特丹一年一度的公共解剖，而蒂尔普的妻子也于同年去世了。在这个瘟疫和死神频繁降临的国度，无论一个人对逝者有着多么深厚的感情，只要能找到合适的替代者，他就不会一直单身下去。而蒂尔普的新配偶，玛格丽塔·德·弗拉明·凡·奥茨霍恩（Margaretha de Vlaming van Outshoorn），有着令人艳羡的家族关系，即便是蒂尔普的母亲也没得抱怨。她和蒂尔普在同一个社区里长大，和医生一样，是一位虔诚的加尔文派教徒。玛格丽塔的先父曾是新教堂（Nieuwe Kerk）的堂长，也是市议会的核心成员，在反抗辩派崛起的全盛时期，曾四度出任市长。[24] 他们于 1630 年成婚，在郁金香住宅里共同生活了半个世纪。

就这样，蒂尔普决定在 1632 年 1 月进行第二次公开解剖，并以一幅群像来纪念，在其中他既是长官，也是医生。这并不是第一幅此类题材的作品。
346 1603 年，阿尔特·彼得松（Aert Pieterszoon）画了不少于二十八名外科医生公会的成员和官员聚集在讲师塞巴斯蒂安·埃格伯特松·德·弗莱（Sebastiaen Egbertszoon de Vrij）医生周围的场面。德·弗莱手持手术刀，站在一名英国海盗的无脸尸体旁。此后一幅描绘同一位医生的绘画，则可能是出自托马斯·德·凯泽[25]之手，这幅画的构图相较起来没有那么拥挤不堪，医生处于“骨学”的骨骼演示环境中，“解剖主体”（subiectum anatomicum）是一具骷髅，在图中已经被大卸八块了。还有，尼古拉斯·埃利亚松·皮克诺伊曾在1625到1626年的冬天为埃格伯特松的继承者约翰·方泰因（Johan Fonteijn）画过一幅正在解剖的肖像。不过，虽然这些前人画作都做到了尽职尽责，而且蒂尔普医生详细地向伦勃朗交代了他想要描绘什么、描绘哪些人，但我觉得，这二者都不足以让伦勃朗完成一幅能革新人们对“解剖”的认知的绘画。[26]

像荷兰所有的大城市一样（甚至更明显），阿姆斯特丹是一座团体式城市。它好像一间整齐的资本主义蜂巢，蜜蜂喜欢聚在一起嗡嗡作响，不喜欢单独行动。因此，自16世纪中叶起，集体肖像在那里兴盛起来是很自然的事。近来，对群像的需求量迅速增长，订单不仅来自外科医生，也来自民兵公会（他们早在16世纪30年代就开始委托画群像）和无数慈善机构的董事。由于报酬丰厚，在某些情况下高达100荷兰盾每人，任何有抱负的画家都想要通过绘制群像来分得一杯羹，更不用说这也是为自己的技艺打广告的 347
绝佳机会，因为这些画作一般都会在公会的会议室里半公开地展示。所以，维尔纳·凡·登·法尔克特、扬·凡·拉费斯泰因（Jan van Ravesteyn）、托马斯·德·凯泽和尼古拉斯·埃利亚松·皮克诺伊（他的家人在蒂尔普医生那里看过病）都声称自己是画群像的大师。

不过，绘制群像也是非常困难的。表面上看，艺术家要调和两个互相矛盾的任务：要让每一个人的样貌都清晰可辨认，但同时也要表现出强烈的集体特征。[27]理想情况下，绘画不仅要体现出多元性，也要体现出团结。群像的委托人还会提出一些其他的基本要求。人物必须按照其等级和职能进行区分，尤其是民兵中不同军衔的军官。到了17世纪20年代，随着肖像画整体上努力要摆脱像雕像一样呆板的形式主义姿态，群像也有了新的要求，那就是要表现群体中人物的互动，尽可能地接近生活中可能发生的真实场景，而且最好是表现出与所属机构相关的特征。因此，凡·登·法尔克特笔下的慈善机构董事常常正在探望病人或接纳孤儿，民兵们正在集结操练，或者在一年一度为期三天庆祝主保圣人的节日中狂欢。考虑了所有这些因素之后，群像画家也不能忘了让笔下一些人物向观众投去意味深长的一瞥，或者摆出一个有意义的手势。这样，那些看到画作的人就会自然地想起，这所机构和它的领袖人物在这座城市的生活中发挥了多么重要的作用。

擅长荷兰群像分析的阿洛伊斯·李格尔（Alois Riegl）在 1902 年指出，绘制群像需要同时建立“内在、封闭的统一体”（人物之间）和“外在的统一体”（人物和观众之间），这给群像画家带来了严峻的挑战，而他们中的大多数人显然都未能应对。难以避免的情况是，他们会主要把精力放在付账单的人身上。所以，像 1603 年阿尔特·彼得松描绘的解剖场景里，画面特别长，因为要容纳下全部二十八名外科医生，他们沿着一条轴线排成了三排，而职位最高的两位官员，一位手里拿着盆，另一位拿着在场人士的名单，以此与其他人区分出来。毫无感情色彩、二维且重复的构图，只有一些细微的变化缓解其单调乏味，比如人物头部的不同角度或放在一只肩膀上的手，即使在当时，这样的画作也会因呆板僵硬而受到诟病。为避免这样的尴尬，像德·凯泽和皮克诺伊这样新一代的群像画家，会有意识地努力营造人物之间真实的交流，使整个构图在剧情上具有更强的一致性。拿外科医生的题材来说，越来越少有外科医生愿意或者能够和正在演示的讲师一起入画，这反而成了一大优势。[28] 所以，在《塞巴斯蒂安·埃格伯特松医生的骨学课》这幅画作中，德·凯泽可以不需要拉长画面，避免了古怪的效果，从而建立起作品的物理中心，把解剖学家和一具描绘精湛的骨架放在视觉焦点，体现出其教学的道
350 德核心。适度营造的纵深感，让观众感受到这群人是站在近乎“真实”的空间里，而不是像游乐场的纸板人一样层层排列。后排的三位外科医生注视着（虽然好像也不是一心一意）埃格伯特松医生。前排的两位医生则望向观众，其中一位显然是指着骨架，提醒着我们人类的处境，即上天赐予的聪明才智必须与痛苦和死亡共存。画家别出心裁地让骷髅旋转着身体，可能也是要传达这一讯息（在莱顿的解剖剧场里，它则是通过举着标语牌来达到这个目的），它直勾勾地“回盯”着医生，空洞的眼眶似乎有话要说。

毫无疑问，虔诚的蒂尔普医生同样会要求伦勃朗将这种传统的双重含义

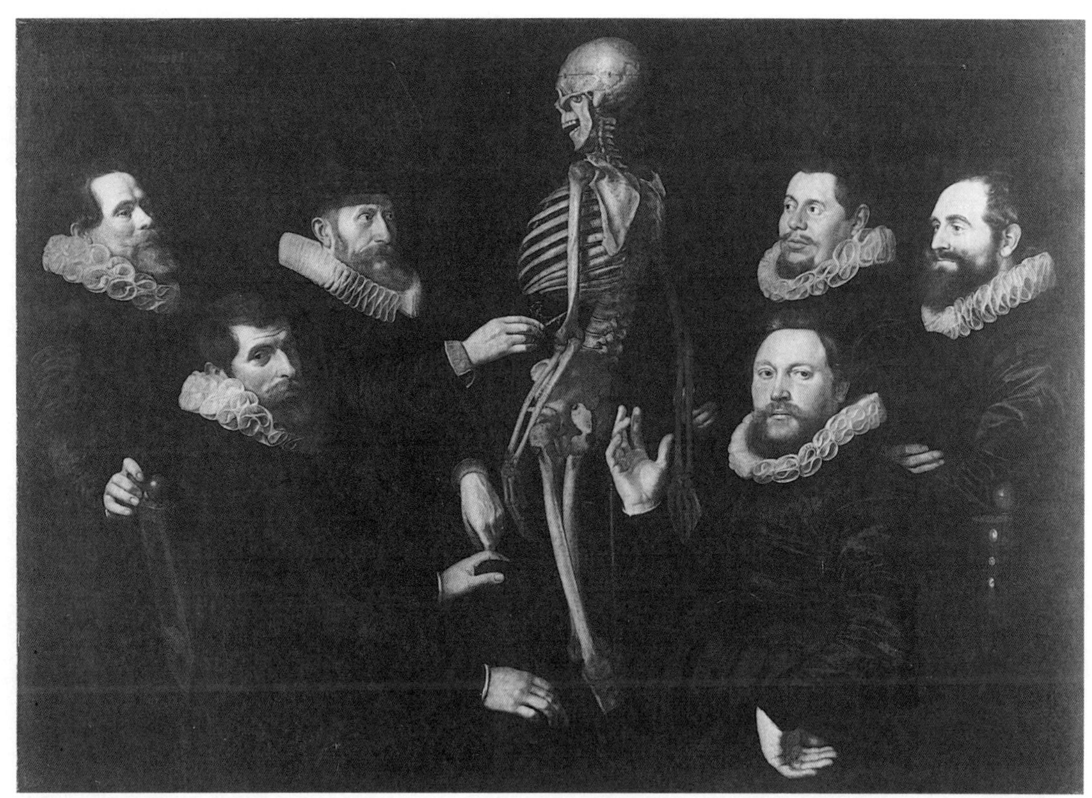

托马斯·德·凯泽（？），《塞巴斯蒂安·埃格伯特松医生的骨学课》，1619 年。布面油画，135 厘米 ×186 厘米。阿姆斯特丹，阿姆斯特丹历史博物馆

融入自己的解剖场景之中。经历了无数岁月之后，位于三角形构图顶端的人物弗兰斯 · 凡 · 卢嫩（Frans van Loenen），头部周围显露出一些原本画上去又被遮蔽了的痕迹。这些笔触透露出，他曾戴着一顶帽子，所以身份特殊，与讲师本人有着几乎等同的地位。凡 · 卢嫩的手势是用食指指着尸体，与皮克诺伊 1625 至 1626 年完成的那幅画作前景里的方泰因医生有着一样的功能：指出我们必有一死的凡人属性。不仅如此，凡 · 卢嫩也是唯一一位直视观者的人物。因由这个姿势，威廉 · 舒巴赫（William Schupbach）认为，伦勃朗的《蒂尔普医生的解剖学课》远远没有在群像题材中取得任何突破，只不过是一幅顺从传统的作品罢了。[29]

这样的推论，和我们眼见的可谓大相径庭。为了实现赞助人的愿望而在画中加入“死亡象征”（Memento Mori），是这幅作品里唯一的传统之处，绝

伦勃朗,《蒂尔普医生的解剖学课》,1632 年。布面油画,169.5 厘米 ×216.5 厘米。海牙,毛里茨之家博物馆

卢卡斯·福斯特曼临摹鲁本斯,《锐银》,约 1621 年。雕版画。伦敦,大英博物馆

不能遮蔽其令人叹服的创新性。伦勃朗经常被误认为是反叛者,甚至用他那个时代的一位批评家的话来说,是一位“异教徒”。但这是对他的严重误解。他从来不会去刻意违背赞助人的基本要求,而只会尽量将这些要求融进前无古人的画面之中。他在处理这份委托的时候,可能心里比蒂尔普本人更明白,作品的核心主题是生命和死亡之间的关系。但他并不满足于仅仅说明一个概念,因为他不是给寓意画册制作插图的雕刻师。他一直以来的习惯,就是尽力将平凡的事物变成非凡的戏剧。

还有谁会比鲁本斯更适合当戏剧课的老师呢? [30] 伦勃朗一定是什么时候看到过卢卡斯·福斯特曼的版画《锐银》。大多数画家看到鲁本斯拥挤的构图,可能会联想到别的历史故事。但伦勃朗看着一排排眼神犀利的面孔,在想象力飞跃的同时,也想到,通过收紧人物的表情,就能使解剖画面不仅仅能表达出格物致知的氛围,也能体现出因由视线集中而形成的动态的身体反应。在构图的中心,是人物目光射出的箭镞,既指向被解剖的手臂,也指向蒂尔普的双手。尽管伦勃朗在作画的过程中加入了一位新人物，即画面最左端的科勒费特（Colevelt），但他也确保其头部对齐，以免破坏在V形或>形构图下方形成推力的那根线。而尸体本身的位置也很不寻常，设置在画面的对角 351
线上，跟两排人物头部中的任何一排都不对齐，其躺姿所呈的角度是精准设计过的，牢牢抓住观众的视线。姿势并不是这具尸体唯一的精妙之处。最早的一些评论家，比如约书亚·雷诺兹（Joshua Reynolds）就指出，伦勃朗用了很多时间和精力才调制出只有死人肉体才具有的那种浅蓝、苍白的颜色，这是用仔细微调过的铅白、灯黑、红赭石和黄赭石，以及微量的朱红混合而成的[31]——这其实也体现了他精湛的“材料表现”，其中“材料”是指尸体如蜡一般的皮肤。早期的解剖场景绘画里，比如阿尔特·彼得松1603年的画作，或米希尔·凡·米勒费尔特和皮特·凡·米勒费尔特1617年完成于代尔夫特的作品*，外科医生在冬天工作时具有的那种活生生的红润皮肤，与他们正在操作的那个了无生气的对象之间，在颜色呈现上竟然没有太大的差异。他们还遵守通常的礼节，部分或全部遮住尸体的脸、下半躯干和双腿。尸体就这样合理地简化成了“解剖主体”，它不再是人体，而只是器官排列在一起，静静等待着解剖学家来深入挖掘。但是，伦勃朗最令人震惊的处理就在这里（几乎可以肯定，他在1632年1月31日出席了蒂尔普医生的解剖学课），他没有掩盖尸体的脸，而是将其完全暴露在外，并在眼睛附近洒下一道阴影，就像他的自画像里那样。事实上，他在描绘死者头颅的细节上投入的精力一点不比给付费顾客的少，这只脑袋塞在两个活人中间，好像他也是公会的一员似的。因此，尽管尸体苍白，他还是设法再次赋予他人性，而不是把他简化成非人的物体。因此，除了体会画面中生者的感情之外，观者也不得不对死者产生一丝同情。

伦勃朗自己可能也会有一种“若非托上帝洪福，我也会如此”的感觉。因为解剖的对象和他一样，是一名土生土长的莱顿人，为了更好地谋生才移居到阿姆斯特丹。但与伦勃朗不同的是，阿德里安·阿德里安松（别名“金

---

* 即《威廉·凡·德·米尔医生的解剖学课》。——编注

德”）的谋财方式是谋其他人的财。长期以来他是惯于小偷小摸和犯罪袭击的小混混，在酒吧和小巷附近闲逛，然后趁机下手。这次被抓的时候，他正奋力解开一位市民的披肩，估计没能顺利得手，因为他在偷东西的同时也殴打了受害者，想要逼他投降。由于这桩罪过，他被吊死在艾湾旁面向港口的一座绞刑架上，那里的一排绞刑架像纽约自由女神像那样迎接着入港的船只。
352 外科医生必须赶在尸体受到损伤之前将其收回，尤其是考虑到有些迷信的人会迫不及待地去取吊死之人的牙齿、血液、骨头，因为有坊间传言称这些东西包治百病（当然了，这种说法与蒂尔普医生惯常会下达的医疗建议是大相径庭的）。这样一来，罪犯才能还清他欠民间社会的债。正如卡斯帕·巴莱乌斯后来在 1639 年献给新建的解剖剧场的诗中所言：“邪恶的人，活着的时候害人，死后却行善：/ 健康从死亡中寻求好处。”[32]

如果这幅画要完全忠实地再现解剖过程，那“金德”就会是不堪入目的样子：蒂尔普摆弄肌肉和肌腱之前，胃腔就已经打开了，肠子被抽出来，展示了很长一段时间。实际上，下消化道才是这位医生最擅长的部位；他是第一个识别出回盲瓣的人，还完整地描述了相关的手术操作。他用了许多漂亮的爱国主义比喻，得意地把回盲瓣比作荷兰运河的船闸和水门，其开合掌管着水上的单向交通。约书亚·雷诺兹认为，伦勃朗故意没有展示解剖的真实状况，是为了避免画面使人感到“不适”。不过，画面虽然看起来十分生动直接，却肯定不是为了忠实地记录下 1 月 31 日那场授课的流程。相反，蒂尔普选择了解剖现场最能将他与阿德里安·凡·登·斯皮赫尔（或许还有维萨里）等前辈联系起来的元素，尤其要体现出上帝在造人时将他与野兽区分开来的精妙特质，那种证明了上帝独一无二的创造力的象征：人类的灵巧。

事实上，图像中的蒂尔普正是在展示人类的两个独特属性：言语和前肢的灵活。他的右手正把（包括腕部和指部的）屈肌分离出来并微微抬起，而他的左手正好也在演示相关肌肉和肌腱的动作。[33] 舒巴赫也注意到，他身旁的几位外科医生对这种奇妙的双重展示做出了不同的反应，好像分别对应着示范过程的几个不同阶段。前排左起第二位的阿德里安·斯拉伯兰（Adriaen Slabberaen）露出侧脸，正望着解剖台尽头摆着的一本书，也许是一本解剖学著作，他的眼神穿越了整个画面。哈特曼·哈特曼松（Hartman Hartmanszoon）从众多目光形成的箭镞后伸出头，他的上半身侧着，头则突兀地扭转过来（按照学者肖像常见的姿态），手里拿着一张纸，这张纸上原本画着一个剥去了皮肤的“维萨里式”人体的轮廓，后来却改成了在座所有外科医生的名字。他正盯着蒂尔普弯曲的左手指关节，伦勃朗在这里的意思是，哈特曼松刚刚还一直在阅览解剖插图，但现在却对着活生生的肌肉演示看得出神。紧挨在他右边（我们的左手边）的外科医生有着浅色的眉毛和尖尖的红色唇髭，耳朵因为兴奋而涨得通红，这是雅各布·布洛克（Jacob Block），他的目光好像既盯着蒂尔普的手指，又游走在手指光亮的边缘，似乎在书和手之间辗转徘徊。其余两位外科医生的身体前倾，是所有医生中离解剖动作最近的。一头灰白头发的雅各布·德·威特（Jacob de Witt），正聚精会神
地注视着蒂尔普用手上的器械操作肌肉和肌腱；马泰斯·卡尔库恩（Matthijs 353
Calkoen）在他的右边，关心的是这一动作的结果，即医生的手指关节在灯光下移进移出。

但蒂尔普在看着什么？又在想些什么呢？如果这幅画出自其他画家之手，他可能会盯着前方，直接面对观者说话，等着观者也来称赞他的聪明才智。但这幅画的主题，首先是造物主的大德大能，其次才是蒂尔普医生的聪明才智。所以，伦勃朗灵机一动，让他不去看那些陶醉的同事，而是看向远方，远离周遭的人，也远离我们自己，仿佛沉浸在对基督的冥想之中。这种冥想，至少对巴莱乌斯来说是显而易见的，他在1639年写的那首诗，就是专门讲伦勃朗的这幅绘画的。

> 笨重的外皮给我们上了一课。一团团肉，虽然是死的，
> 却正因这个原因，禁止我们死亡。
>
> 在这里，学识渊博的蒂尔普用技艺精湛的双手
> 切开苍白的肢体，用他卓越的口才向我们宣讲：

“听众，自己学习吧！在你研习各个部位的中途，要相信
神存在于每一件细小的事物中，即便他是隐而不显的。”[34]

所以说，灵巧就是神性。但明了这一点，也只是明了部分的真相而已。伦勃朗的这幅作品，就是希腊语中字面意义上的 autopsia，一种亲眼直接见证的行为。但他们看到的和我们看到的一样：这具被打上了神工和天赋烙印的躯体，却被它的肉体外壳无情地限制着。除了论述肠道闸门和手臂屈曲机制以外，蒂尔普还在 1635 年发表了一篇演说，关于 17 世纪另一个特别受欢迎的话题：身体和灵魂之间的形而上共振。想必在探讨这个话题时，他大可以让听众参考一下伦勃朗的画作。

因此，伦勃朗所画的其实是一个真理的时刻，是当下和永恒被同时点亮的又一个瞬间。在莱顿的解剖剧场背后那具骷髅骨架举着的标牌上面，写着“Nosce te ipsum”——“认识你自己”，而这个标语牌，他和蒂尔普医生一定都看到过。画家和医生都会在一生中以各自的方式对这句标语加以实践。知者见之，见者知之：既知其壳，又知其核；既知其身，又须知其魂。蒂尔普医生就这样岿然站着，左手举在空中，右手握着他的医疗器械；而伦勃朗也这样静静地站着画他，左手拿着他的调色板，右手握着画笔。二人精魂不朽。

第八章

肢体语言

1. 喜结连理，打扮一番

这位萨斯基亚 · 凡 · 优伦堡，她在阿姆斯特丹做什么？她的下巴胖乎乎 354
的，笑的时候歪着嘴，卷发泛着黄铜的光泽。她当然是个漂亮的弗里斯兰女孩，人们也觉得她自然少不了追求者，毕竟她是吕伐登（Leeuwarden）一位市长的女儿，生下来便有不错的家境。那里的奶牛同样喂养条件好，出了名的产奶丰富。她的父亲罗姆伯图斯（Rombertus）在当地很有名，不仅官职高，也受人敬重，是弗拉纳克大学的创办人，与弗里斯兰省执政威廉 · 弗雷德里克（Willem Frederik）关系不错，而且还很能生育，有八个孩子。萨斯基亚在一屋子女眷的陪伴下长大，她是四千金中最小的一位。料理家事的母亲斯考基耶 · 奥津哈（Skoukje Ozinga）在 1619 年就去世了，当时她只有七岁。姐姐安蒂耶、蒂蒂亚和希斯基亚都嫁得很好，尽管她们各自的追求者的类型很不相同。在那些爱说长道短又见钱眼开的人看来，蒂蒂亚的婚事最好，她嫁到了泽兰省的一个加尔文派贵族家庭——科帕尔（Coopal）家族。她的丈夫弗朗索瓦是港市弗利辛恩（Vlissingen）的一位商业能手，他的弟弟安东尼很爱出风头，觉得自己不单是商人，一有机会就自称“泽兰省弗利辛恩市大议长、前驻波兰和英国宫廷大使”。[1]

伦勃朗，《戴面纱的萨斯基亚》，1634 年。木板油画，60.5 厘米 ×49 厘米。华盛顿特区，美国国家美术馆

另两位姐姐倒也不是嫁得不好。安蒂耶嫁给了一位波兰的神学教授约翰内斯 · 马科维乌斯（Johannes Maccovius），他在弗拉讷克大学平步青云，后来成了大学校长。希斯基亚的丈夫赫里特 · 凡 · 洛（Gerrit van Loo）是海特比
355 尔特（Het Bildt）的市镇秘书，海特比尔特的管辖范围包含好几个散布在吕伐登西北部的村庄，是在上个世纪围海造陆形成的，聚集了好多从荷兰省来的农民。他们的后代现在讲的方言很特殊，一半是弗里斯兰语，一半是荷兰语，所以他们把自己的村子有时叫 Tzummarum，有时叫 Tsjommarum，有时叫 Vrouwenparochie，也有时候叫 Froubuorren。

萨斯基亚·凡·优伦堡的父亲于1624年去世，那时候她才十二岁，但好在她有这么多姐姐和姐夫能照顾她。想必她得在圣安娜帕罗希（St. Annaparochie）的希斯基亚家和弗拉讷克的安蒂耶家来回奔波，在两个地方帮忙看守房子、抖干衣物，或者和仆人们一起拎着篮子穿过低矮农舍间的小巷回家。星期天下午做完礼拜，当人们出去钓鱼或捕鸟的时候，她也许会沿着柳树轻拂的小溪，走在泥泞的小路上，或者到田野里去。田野里的油菜和亚麻籽黄澄澄的，鲜艳得耀眼，金色和蓝色的鸢尾花在层层叠叠的云彩下绽放。

那她为什么会在1633年出现在阿姆斯特丹呢？萨斯基亚二十一岁，有幸继承了父亲留下的一部分财产，但总额不太多。罗姆伯图斯虽然很有名，但并不是很富有，至少没有那些嫉妒他的人传言的那样富有。更何况，毕竟其他孩子也要分一部分。不过，至少她可以随心所欲地支配自己的那份财产。她在阿姆斯特丹有个表亲叫埃尔蒂耶，嫁给了牧师约翰内斯·科内利松·西尔维乌斯（Johannes Cornelisz. Sylvius）。他是老教堂的传道士，会确保萨斯基亚不冒误入歧途的风险。西尔维乌斯自己也是弗里斯兰人。他在海特比尔特传过道，也在菲尔德古姆（Firdgum）、巴尔克（Balk）和明内茨哈（Minnertsga）散布过福音。可能因为归正会在弗里斯兰省的主导地位十分稳固，所以他从来没有受到反抗辩派运动狂潮的影响。因此，他来到阿姆斯特丹，成了雅各布·德·格雷夫的门徒，而德·格雷夫是加尔文派摄政者中最富有而又最不热衷于争斗的一个。当妻子的表亲萨斯基亚来到这座城市的时候，西尔维乌斯已年近七十，也已经做了二十多年的牧师，实际上命不久矣。伦勃朗在阿姆斯特丹创作的第一幅蚀刻版画肖像就是以他为主角的。这幅画中的老人端坐着，双手交叠在《圣经》上，光线投射在他的左侧脸庞上，表情严肃，仿佛正在沉思。另一幅版画则是1646年为纪念西尔维乌斯而创作的，那时画中人早已于1638年去世，画里写着卡斯帕·巴莱乌斯的一首诗，以极为微妙的方式折射了他异常漫长的传教生涯。巴莱乌斯是这样说的："比起振聋发聩 / 践行正确的一生 / 更能传授耶稣的教诲。"（换句话说，西尔维乌斯不 356
像斯毛特和特里赫兰那样严格的反抗辩派，他在宣扬上帝之道时选择了更明智的方式。）伦勃朗的版画也要以某种方式体现这样无言的雄辩之才。所以，

伦勃朗,《约翰内斯·科内利松·西尔维乌斯肖像》，约 1633 年。蚀刻版画。阿姆斯特丹，伦勃朗故居博物馆

这位牧师的双唇几未轻启，但他的身子透过椭圆形的画框向前探了探，仿佛画框是一座挂着布帘的讲坛，而他的轮廓、手势和《圣经》投下的那些阴影，越过画框进入了我们的空间里，像是牧师本人真正的影子。[2] 天鹅绒般轻柔的
357 阴影是用细致的笔触勾勒出的，而最令人难以置信的是画家对动作的精细控制，人物额头上的阴影由细小的圈描画出尼龙搭扣般细密的质地，继而又将阴影打散成几缕随意的线条，以便表现出暗部稀疏的胡须轮廓。

埃尔蒂耶和西尔维乌斯给了萨斯基亚一种虔诚、警醒、清苦的家庭生活。

伦勃朗,《约翰内斯·科内利松·西尔维乌斯肖像》,1646 年。蚀刻版画。纽约,大都会艺术博物馆

这也许就是为什么这位笑容可掬的二十一岁女孩想要去布里街找她住在那里的另一位表亲。也并不是说艺术商人亨德里克·凡·优伦堡有什么明显不光彩的地方。他是门诺派教徒。在浸礼宗各派里，门诺派是最温和的一个教派，它的创始人门诺·西蒙斯（Menno Simons）本身就是弗里斯兰人。既然门诺派浸礼宗在荷兰共和国已经被接纳，它自然也传播到了北海沿岸的弗里斯兰，扎根进了那些飞扬着沙尘的村庄和布满沙丘的岛屿。门诺派教徒常常有一种安静庄严的气质，所以大家都认为他们是可靠的公民，与最初的再洗礼派教徒的古怪作风大相径庭。1534 年，另一个来自莱顿的人——扬·伯克尔松（Jan Beukelsz.）自称弥赛亚，在他的感召下，15 世纪的再洗礼派在威斯特伐利亚的明斯特镇（Münster）建立起他们的千年“王国”，在那儿实行共产和一夫多妻。这位“莱顿的扬”和他的嫔妃、使徒们，都再次接受了洗礼，他们全心全意地期盼末日审判的到来，并且真的得偿所愿——十八个月后，一场血腥的大屠杀宣告了他们的结局。这位先知国王被放在明斯特大教堂墙上的一只铁笼里悬吊而下，狂喜着拥抱自己痛苦的终章，而他的追随者们则纷纷被砍头。在阿姆斯特丹，一群志同道合的再洗礼派信徒曾迎着 3 月的寒风裸奔，身体赤条条地挥着剑。月底，这些人也都被吊在达姆广场的绞刑架上绞死了。一年后，另一伙带着武器的再洗礼派信徒试图冲进市政厅。一轮巷战之后，更多人被砍死或者绞死了。再洗礼派的女人也被斥为异教徒的娼妓，她们的命运和女巫差不多，脖子被系上石头，拖到河里淹死了。

门诺·西蒙斯也许是因为目睹了哥哥皮特的命运，才变成了一位和平主义者。皮特是在保卫再洗礼派位于弗里斯兰的一座神圣公社时受到围攻而死的。西蒙斯的追随者依然都拒绝承认原罪、得救预定论和婴儿洗礼的概念，认为这些违背了福音书的内容。他们也坚持认为成年洗礼和自愿守约是上帝恩典的先决条件，而且不愿承认任何国家或教会的权威。但与第一代再洗礼派信徒不同的是，他们不再认为自己有义务推翻“不敬神”的机构。在发生了这么多桩流血事件之后，他们已经准备好要屈服于地方法官的权力，即便信念不合，但只要不诉诸武力即可。然而即便如此，在 16 世纪的大部分时间里，天主教、路德宗或加尔文派的政府还是常常怀疑他们，把浸礼宗各派的各种教义视为煽动叛乱和亵渎神明，尤其是因为他们否认三位一体。只有波兰王国和立陶宛大公国没有采取这种不容忍的态度。这不是因为两个国家有自己的政治宗教原则，而是因为独特而古怪的君主选举制度。希望参加选举的波兰贵族，会给予已经皈依新教的贵族以宽容，来换取他们的投票。因此，1573 年，经由新的瓦卢瓦王朝国王担保签订的《华沙协约》，使波兰成为欧洲最不正统、最宽容的国家。 358

门诺派和浸礼宗其余各派的信徒从德国、瑞士和荷兰大量迁移到东方，在两个截然不同的地区定居下来。包括凡·优伦堡家在内的一些家族在克拉科夫（Kraków）安了家。这里是选举制君主国的中心，也是雅盖隆大学（Jagiellon University）的所在地，门诺派的神学家在这儿可以和其他人一样，自由地辩论和宣扬自己的宗教观念。另一些人则在维斯图拉河（Vistula）三角洲一带安了家。这里面向波罗的海，地势低洼，多沼泽，适合畜牧捕鱼，乍看上去像是把弗里斯兰移植到了东北方的海岸边上。然而，这片地区和他们的故土有一个方面非常不同。那就是，这片土地上绵延不断的黑麦和小麦田，不是自由农耕种的，而是由农奴耕种的。这些农奴的身体甚至灵魂都完全隶属于波兰和立陶宛的封建巨头。16 世纪末以前，荷兰商船就已经载着装满现金的箱子和诱人的进口物资——意大利丝绸、土耳其地毯和莱顿棉布——来到了格但斯克（Gdansk），并用这些东西从波兰贵族那里提前买下他们收获的全部谷物。然后，他们通过波罗的海把黑麦和小麦运回荷兰（价格比其他贸易竞争对手便宜三分之一），再从荷兰的港口出口到其他缺乏谷物的欧洲国家。从东欧进口廉价的商品，不仅满足了本国的需求，也反过来解放了荷兰农民，让他们可以做自己最擅长做的事：养牛、种植饲料作物、经营菜园。[3] 上述这些联系十分错综复杂，但我们可以从中得知，凡·优伦堡家的一支（波兰–门诺派分支）至少无形之中对凡·优伦堡家的另一支（弗里斯兰–加尔文派分支）形成了经济上的支持。

这并不是说凡·优伦堡家族直接参与了粮食贸易。不过，既然这个家族在奢侈品贸易中如此得心应手，说明他们可能一直就和波托茨基家族、恰尔托雷斯基家族以及其他掌管着粮仓的王公贵戚有些联系。亨德里克的一位亲人——可能是他父亲，曾是王室的一位家具木工，而他的兄长龙布（Rombout）则是一位成功的画家，在宫廷里闯出了一番事业。[4]但到了1611年左右，亨德里克和龙布搬到了格但斯克，这座港口城市当时正在迅速发展，成为波罗的海沿岸大宗贸易的枢纽。[5]亨德里克在那里接受了成人浸礼，并被当地的门诺派社区接纳，正好成为一名周旋于波兰人和荷兰人、商人和贵族之间的中介。毫无疑问，他为了迎合客户的高端品位而开始进口的种种商品中，有从荷兰大批量运来的画作。

359 亨德里克·凡·优伦堡肯定是在某个时间点决定了要“回家”。大半辈子，他了解的土地也只有波兰和波罗的海沿岸。他启程去荷兰的时间可能早在1625年，那时共和国执政莫里斯刚刚去世，而他的继任者腓特烈·亨利显然不想要继续推行反抗辩派的不宽容政策。回到荷兰的不仅有许多抗辩派教徒，也有成千上万的门诺派人士。按照B. P. J. 布罗斯（B. P. J. Broos）的说法，伦勃朗第一次遇见亨德里克·凡·优伦堡，可能是在阿姆斯特丹的圣安东尼布里街和彼得·拉斯特曼一同研习的时候。他们的房子距离街角这位门诺派教徒租住的房子只有几步之遥。[6]三年后，凡·优伦堡去莱顿买了伦勃朗的作品。

可以想象，这次拜访期间，凡·优伦堡向伦勃朗提出了一些安排上的建议，最终促成了伦勃朗1631年底来到阿姆斯特丹。那时，亨德里克早已在阿姆斯特丹艺术市场崭露头角，成了一位多面手企业家，能够同时担任制作、营销和指导工作。他的业务涉及艺术品的方方面面。既出售旧画和新委托的作品，也提供一系列新旧作品的复制品，这些复制品是由助手和学生在大师（比如伦勃朗）的指导下制作完成的。他的公司还销售新的版画和用来蚀刻的金属板。[7]他对这门包罗万象的艺术生意有很大的野心，需要持续不断地吸纳运营的资本和熟练的劳工。伦勃朗正好两者都能提供。1631年6月还在莱顿的时候，伦勃朗设法筹到了1000荷兰盾借给凡·优伦堡，这是一笔数额可观的款项。[8]作为回报，伦勃朗得以进入凡·优伦堡的关系圈子，接触到许多潜在的肖像客户，他甚至还可能和“公司”签了约，专门提供肖像画作。还有一点不能忽略的是，因为阿姆斯特丹的圣路加公会要求其成员必须在城里住

伦勃朗的学生,《有模特的工作室场景》,1650 年。素描。巴黎，卢浮宫美术馆，书画刻印艺术部

满两年，才能作为独立的绘画大师开始设立商铺，所以与凡 · 优伦堡一起合作，也让他在这两年的时间里能够持续作画。

显然，这样的安排很称凡 · 优伦堡的心意。他搬到圣安东尼布里街房子背后的工作室的时候，伦勃朗也带来了像伊萨克 · 茹德维尔这样的学生、助手。他们不但能作为生产复制品的员工，而且还要付给凡 · 优伦堡一份学徒费。伦勃朗在阿姆斯特丹的名声越来越大，可能很快就会吸引另一批渴望学习的学生来一同工作。想象一下凡 · 优伦堡房子里闹哄哄的景象：前厅是一间展示画廊，里面存放着版画、素描和油画；后面的空间是印刷工坊和绘画工作室，窗户朝向北方。这里的每个人都在忙着往凡 · 优伦堡的库存里添东西。其中一些房间里，学生们听着讲授视觉艺术各个分支的课程，伦勃朗本
人是尤为重要的讲师。这儿也会开设写生课程，男女老少的模特都有，有的 360
裸体，有的穿着衣服。年龄比较大的学生坐在凳子上围成一圈，大师走来

走去检查画作，时不时弯下腰来，在这里或那里加一笔。小一点儿的男孩们可能会在他们背后忙着平整背板，裁剪画布，抹上一大块含汞朱砂，倒上亚麻籽油，试图让画面看起来漂亮些，顺便听听大师指导别人时的谈话。这种热火朝天的场景，丹麦艺术家伯恩哈德·谢尔（Bernhard Keil）曾向鲁本斯的传记作者菲利波·巴尔迪努奇（Filippo Baldinucci）描述过，而巴尔迪努奇又使其变得不朽，把它写得比实际更加盛大了一些，说这里是“著名的优伦堡学院”。[9]

很长一段时间，凡·优伦堡和伦勃朗的合作都是真诚的。这位艺术商人无疑给画家带来了第一批肖像委托，而画家也发挥了自己的才情，让商人有了口碑。在1632年夏天还没有结束的时候，有一位负责证实联合养老金投保人依然健在的公证人前来凡·优伦堡家，把伦勃朗从房子后屋叫了出来，证实了伦勃朗“健康状况良好”。这时候的伦勃朗已经成了不可或缺的人，他不光是投资人、讲师，还源源不断地吸引着未来加入凡·优伦堡团队的人才。[10]凡·优伦堡和伦勃朗甚至能够说服一些思虑心重的父母，打消他们对孩子成为画家的疑虑。“难道上帝已经抛弃了我，”来自克莱沃的法警安东尼·弗林克（Anthony Flinck）吓坏了，问道，“竟然要让我的儿子去过放荡的生活，和嫖
361 娼的男人一起工作？”[11]他打定主意要让他的儿子跟着阿姆斯特丹的门诺派同胞一起，从事安全可靠的事业。但他最后一定是被门诺派的兰伯特·雅各布松（Lambert Jacobsz.）说服，明白了地狱之门并不在画家工作室的入口处，因为兰伯特本人既是一位四方巡回、无可挑剔的虔诚的门诺派传教士，也是一位弗里斯兰画家。作为学徒的霍弗特·弗林克（Govert Flinck）最初是由兰伯特负责照料，等到1635年时机成熟的时候，他被送到阿姆斯特丹，在伦勃朗手下度过了一年时间，完成了学徒生涯。[12]

从莱顿来到这里后的几年里，伦勃朗因《蒂尔普医生的解剖学课》这样引人注目的数部作品而备受追捧：他是城里最聪明、最敏锐的画家，是缔造奇迹的人，可以为陈腐的绘画体裁注入新鲜活力，却不会动摇这些体裁基本的章法。他的想法是，要在不吓倒顾客的前提下给他们惊喜，是奉承而非嘲弄。在布里街，顾客纷至沓来。里面不仅有中等阶层的商人，还有年轻的纨

伦勃朗，《作为一名市民的自画像》，1632 年。
木板油画，63.5 厘米 ×46.3 厘米。格拉斯哥，伯勒尔珍藏馆

绔子弟，他们浑身上下都是缎带和花边，很多都是上层贵族出身。由于有了一种自我膨胀、财富殷实的感觉，伦勃朗在 1632 年为自己画了一幅肖像，这是他唯一一次把自己画得像一位真正的市民。这就是他，穿着他的礼拜服（zondagspak），打扮得整整洁洁，戴着下垂的襞襟，以及他曾在 1631 年“鲁本斯风格”的蚀刻自画像中戴过的同一顶软帽。他在阿姆斯特丹住的时间还不够长，仍然没有获得他的市民资格（pooterschap）证书。这是一份写明了住所和财产的文件，可以让他加入圣路加公会。可是，这幅明显缺乏戏剧元素的肖像，却似乎是在认真地宣誓要成为一名诚实的公民：宽阔的五官朝前，

面向观者，一抹胡须浅而规整。这也是要打消安东尼·弗林克这类人的疑心，因为他们觉得艺术家大部分都是游手好闲的人。为了表现优雅的气质，装饰的笔触只有精心而节约的寥寥几笔：系在领口的红丝带、细细的一排金色纽扣。画中的形象被推到比约定俗成的位置要更靠前的地方，宣告着 17 世纪的人们所说的 honnêteté 品质：坦率、可靠、正直。他仿佛在说：“好好看我，也看看我的前程。我可不像臭名昭著的托伦提乌斯[*]，因为异端邪说和通奸而被监禁。我十分安稳而可靠，是一名商人、一名教师、一名权威。”在一位德国访客布尔哈德·格罗斯曼（Burchard Grossmann，可能是凡·优伦堡的一位顾客）的友人图册里，伦勃朗更是留下了庄重的一笔，上面写道：“一位虔诚的人物 / 把荣誉看得比财产重要。（Een vroom gemoet/ acht eer boven goet.）”

这件平凡无奇的小事发生几周后，1634 年 7 月 4 日，伦勃朗就在弗里斯兰省娶了萨斯基亚·凡·优伦堡。[13] 虽然他未来的姻亲实际上可能没有一
362 个人看到过这句话，但伦勃朗可能就是为了他们才这样写的，因为亨德里克·凡·优伦堡的简短箴言“Middelmaet hout staet（隐忍恒久远）”就紧随其后写在格罗斯曼的友人图册上。[14] 画家有理由认为，在这里自我标榜，亨德里克的家人一定也能看见。就算伦勃朗并不是如此精于算计，但这句话表达的那种情感，也是一个试图打消未来姻亲疑虑的人的自然流露。他想要证明，自己绝不是想要谋求这位孤女财产的投机分子。弗里斯兰的凡·优伦堡家族对画家群体还是有所了解的。萨斯基亚的一个表姐嫁给了画家韦布兰德·德·格斯特（Wybrand de Geest），不过他好歹是一位当地人。家里可能也曾因为听了凡·曼德尔讲的那些耸人听闻的故事而犹疑不决。据他说，大城市里的著名画家们因为酗酒、胡乱花钱，变得一贫如洗。但是，这位踏实、可靠、风度不凡的伦勃朗·凡·莱因一点也不让人担心，他的画笔多产，画作深受有钱有势之士的青睐，就差成为宫廷御用画家了。不，他是可以和伟大的亨德里克·霍尔齐厄斯比肩的人物，后者的座右铭（用自己的名字 Goltzius 玩了个文字游戏）就是“Eer boven golt（荣誉高于黄金）”。但伦勃朗对黄金

* 即荷兰画家约翰内斯·托伦提乌斯（Johannes Torrentius，1589—1644）。——编注

伦勃朗,《戴金链的自画像》, 1633 年。
木板油画, 60 厘米 ×47 厘米。巴黎, 卢浮宫美术馆

似乎也不是那么漠不关心，因为在另外两张自画像（都藏于卢浮宫，作于 1633 年）中，伦勃朗戴着硕大的金链和奖章，这两样物品画得十分厚实，挂在他的脖子和肩膀上，喉咙边上还佩戴着一副点缀着铆钉的军用护喉：这些都是世俗成功的缩影。

那么，他是如何在萨斯基亚和凡 · 优伦堡家族面前表现自己的？是把自己打造成可敬、冷静的市民，还是潇洒的求爱者？是可靠的家财保管者，还是头戴羽毛的花花公子？像雅各布 · 卡茨（Jacob Cats）的《婚姻》（*Houwelijk*）这样的婚姻建议书可以提供一些有益的建议：坚实的美德应当先于那些短暂

伦勃朗，《戴软帽和毛领的自画像》，1634 年。木板油画，58.3 厘米 ×47.5 厘米。柏林，柏林画廊

的优点，比如美貌和欢乐，因为这些魅力像玫瑰一样终将凋谢。他们还警告称，不要屈服于激情（同时，书里还会用非常丰富的细节，来描述激情不受控制的结果）。可是，在风花雪月的阿姆斯特丹，也有许多事物叫人难以如此谨慎：在市场货摊上，花几斯图弗就能买到多情的诗集和歌谣；在剧院里，害相思病的人可以在心上人面前尽情地倾吐他的情思（却通常得不到回应）；年轻的情侣们在街上闲逛、调情，有时候监护人都不在，这让外国游客感到十分难堪。伦勃朗也不总是摆出一副取悦姻亲的样子。1634 年，也就是他结婚的那年，他画了一幅顶漂亮的自画像，那神态就好像一个在镜子前打扮自

己的情人。他的头发打理得十分蓬松，穿着手感柔软的天鹅绒和毛皮。那块 363
毛皮上的细毛直竖，绒毛仔细地梳过。丝绸衣领盖过他的下巴和脸颊，使他平时胖乎乎的下颚轮廓变紧实了。伦勃朗的胡子精致而轻盈；他的眼神仿佛充盈了欲望，显得异乎寻常地温柔、清澈、善解人意。他的嘴唇张开，喉部陷在阴影里。他的表情严肃却炽热，头部好像正从阴影处转向光明。颜料稀薄却自由地流动着，是用温柔的手涂抹上去的。这张脸，诉说着天造地设的生命之灵动。

但这张脸也是属于一名都市公子的，而自打出生起就一直待在弗里斯兰的萨斯基亚，可能会有一种乡下人的期待。毕竟，在弗里斯兰的离岛上，夜访（kweesten）还是一种很普遍的习俗。按照这种习俗，单身汉会爬进未婚妻的卧室，有些地方还会爬到未婚妻的床上，两人耳鬓厮磨，共度诱人的夜晚，但黎明离开的时候，他却要让心爱的人仍然保有未被沾染的美德。[15] 虽然他们可以有机会在西尔维乌斯牧师的客厅里挤眉弄眼、相视而笑，但这对情侣大多数的互动都是在海特比尔特那阴冷潮湿的天光下进行的。伦勃朗第一次看到他未来的妻子，可能是在早期访问弗里斯兰的时候，因为有证据显示他与当地的两位画家兰伯特·雅各布松和韦布兰德·德·格斯特走得很近。1633 年的晚春，他肯定回了圣安娜帕罗希一趟，和萨斯基亚一起坐在前厅，提议搬到一起住，也和她的姐姐和姐夫一起商量了订婚的细节。

在写着“我们订婚后第三天”的一幅素描中，萨斯基亚戴着一顶散步时用的乡间草帽（和鲁本斯的模特苏珊娜·福尔芒在《草帽》里戴的那顶帽子一模一样）。这幅素描是以银尖笔在羊皮纸上画成，运用的材料都是艺术家随身携带的可擦除素描板附带的。[16] 作为素描工具的尖笔，是石墨铅笔的前身，笔尖用别的软金属制成，而伦勃朗这支尖笔则是用纯银做的。画纸上覆盖着骨粉白颜料和树胶水的混合物，所以纸的表面有足够的颗粒，可以把精细的银色线条固定下来。由于暴露在空气中，这些银色的线条已经逐渐失去了光
泽，导致伦勃朗笔下的萨斯基亚呈现出褐黑色的色调。但是，萨斯基亚在 6 365
月的那天看到的，应该是一幅极为精致的银灰色素描，线条在纸上微微闪烁着光芒。

伦勃朗,《戴草帽的萨斯基亚》，1633 年。白羊皮纸上银尖笔素描。柏林，版画素描博物馆

这幅画传达着丝丝爱意。也许，他们正在乡间漫步，驻足于6月明亮的树林中。或许，他们已经回到了村子里，伦勃朗看了看她，然后掏出了自己的素描板。萨斯基亚的脸和身体沐浴在初夏鲜亮的阳光里。她坐在一张桌子旁，胳膊放在倾斜的表面上，那儿也许是画家用来撑起素描板的地方。她知晓自己是爱欲的对象，所以向前倾着身子，靠近她的未婚夫。她的五官只有寥寥几笔，却画得十分准确，仿佛被用指尖摸索过。情人把亲密的细节飞快地描摹出来，就像细数一堆小宝贝一样：一缕头发坠在她的右脸颊上；珍珠项链（和藏于德累斯顿的画像上戴的那条一样）环绕着她微胖的脖颈；她鼻尖处的软骨略微隆起；胸脯被上衣层层的布料包裹着，紧贴着右臂；她那尖细的食指微微地按住左颧骨，拇指的内侧轻轻撑着头。在画面的正中央，是萨斯基亚心形的脸蛋和微微翘起的短鼻子，潇洒勾勒出的宽大草帽则平添了一抹戏剧色彩；嘴部仿若丘比特之弓，连上唇和轻垂的下唇之间的阴影部分也画得清清楚楚；那杏仁一般的眼睛透着笑意，显得受宠又亲切，自然地迎接着这份检视。她的帽顶环绕着鲜花，手里也拿着一朵，花冠微微下垂。她是他的花儿，是大自然的孩子，是绿草如茵的弗里斯兰的少女，是丰饶春日的使者，灿烂，如朝露般清新。“这是1633年6月8日，在我们订婚后第三天，给妻子萨斯基亚画的肖像”，他的题词写道。但在这句话里似乎读不出什么占有欲，更多的是一种无与伦比的快乐。看看这里。这个小宝贝，这个小小的艺术珍品；她是我未来的妻子，我无比珍惜的财富。

伦勃朗遵循着那个时代对爱情的理解，以多恩和霍夫特*的诗歌中咏唱的方式，陷入了爱河。同样是在1633年，伦勃朗又创作了一幅她的头肩像，这
一次是严格按照卡雷尔·凡·曼德尔规定的方法，描绘了一张无忧无虑、充满 366
爱意的脸庞：她的双唇轻启，双眼半闭，流露出“眉欢眼笑”的神韵。[17]他让萨斯基亚穿得十分优雅，毫不铺张，身上是一件装饰过的紧身胸衣，头戴一顶开着衩边、饰有羽毛的帽子。她的头急剧地转过来，几乎与身体形成90度角，仿佛在向观者突然发起问候。一束光照亮了她挂在耳朵上的珍珠。她在

* 即荷兰诗人、剧作家和历史学家彼得·科内利松·霍夫特（Pieter Corneliszoon Hooft，1581—1647）。——编注

伦勃朗,《微笑的萨斯基亚》, 1633 年。木板油画, 52.5 厘米 ×44.5 厘米。
德累斯顿，历代大师画廊

画中成了清纯的诱惑化身。

他们二人分开之后，伦勃朗可能对婚姻更加急不可待了。萨斯基亚的姐姐安蒂耶在 1633 年 11 月去世了，她作为最后一个未婚的妹妹，被要求在弗拉讷克的家中照顾姐姐的鳏夫，也就是那位看起来就很难伺候的马科维乌斯教授。在他们分开的那段时间里，伦勃朗从他母亲那里正式获得了结婚许可，没有这一许可，就不能在连续的三个礼拜天在教堂宣读结婚启事。然而，随着他与凡 · 优伦堡家族的关系越来越密切，他似乎与在莱顿的家人越来越疏远。1634 年 6 月 10 日，当他和萨斯基亚在老教堂的祭衣间“穿过那道红门”，在市民政专员那里登记结婚时，他们的见证人是约翰内斯 · 科内利松 · 西尔维乌斯。[18]1634 年 6 月下旬，这对新婚夫妇终于启程渡过了波涛汹涌的须德海，去对岸举行了婚礼，那时除了牧师和他的妻子，一同渡海的还有亨德里克 · 凡 · 优伦堡和妻子玛丽亚 · 凡 · 艾克（Maria van Eyck）。蒂蒂亚和她的丈夫弗朗索瓦 · 科帕尔也从泽兰远道而来参加了婚礼。但是在场的没有伦勃朗自己的家人：兄弟姐妹没来，母亲也没来，尽管尼尔特根身体很好。结婚一个月后，伦勃朗去鹿特丹为富有的酿酒商迪尔克 · 扬松 · 佩瑟尔（Dirck Jansz. Pesser）作画。在路途中，很容易就可以顺道去一下莱顿。但如果他真的带着萨斯基亚去了薪水巷的家里，把她介绍给他的家人，历史记录里不会不提及此事。其实，伦勃朗已经变成了凡 · 优伦堡家的一员；既然在希斯基亚和赫里特 · 凡 · 洛位于圣安娜帕罗希的家里举办了婚宴，那他就是这个氏族的人了。姐姐进了坟墓，妹妹却上了婚床。这就是上帝的平衡之道。弗里斯兰式的婚宴自然应当热闹、丰盛、豪奢：不需要鲁本斯和伊莎贝拉 · 布兰特结婚 367
时朗诵的那些优美的拉丁诗歌，只需要一桌桌糖果、黄褐色的香料面包、葡萄酒、麦芽酒和金盏花，摆得满满当当。新娘戴着花冠；新郎的脸上则充盈着发自心底的欢愉——他在画纸、画板或画布上几乎从来不会允许自己露出这样的表情。

初夏 7 月，是弗里斯兰草地上晒干草的季节。伦勃朗和萨斯基亚并不急于回阿姆斯特丹，他们在希斯基亚和赫里特 · 凡 · 洛家至少待到了 7 月的第一周。由于弗里斯兰文化不感情用事，度蜜月期间还得解决一些实际问题，涉及萨斯基亚从先父那里继承的财产。有债务要去催，还有当地一处农场要出售。[19] 即便在两人都搬回了亨德里克 · 凡 · 优伦堡位于圣安东尼布里街的房子之后，伦勃朗还是惦记着要把乡村带进城市，画了两幅四分之三身长的弗洛拉像，她是象征着春日之丰饶的女神。[20] 很长一段时间以来，人们都认为这两幅画（分别藏于艾尔米塔什博物馆和英国国家美术馆）是萨斯基亚的肖像。无论出于什么原因，我们都宁愿相信这是真的。比如，大约同一时期，鲁本斯也画了自己的新婚妻子海伦娜 · 福尔芒（她的确满足了鲁本斯繁衍后代的欲望）。她在位于安特卫普的宅邸的花园里，戴着乡村风格的草帽，胸衣敞开

伦勃朗,《扮作弗洛拉的萨斯基亚》, 1634 年。布面油画, 125 厘米 ×10 厘米。圣彼得堡, 艾尔米塔什博物馆

着, 是他的乡野缪斯。藏于艾尔米塔什博物馆的《扮作弗洛拉的萨斯基亚》画于 1634 年, 也将画面设置在假想的花园凉亭之下, 女神的面部可能融合了许多萨斯基亚的特征, 这可以从订婚后的素描和两幅藏于德累斯顿的油画中看出来, 更何况伦勃朗出了名的对形貌上的相似抱有很随便的态度。[21] 但毫无疑问, 藏于伦敦的《弗洛拉》画的是另一个模特。她身材魁梧, 脸圆圆的, 眼睛有些突出, 前额微微前凸, 鼻子肥厚挺拔。17 世纪 30 年代中期, 伦勃朗的许多作品中都出现过她的身影。她是藏于纽约的(不太成功的)《贝洛娜》(*Bellona*); 是藏于马德里的《索福尼斯巴收到毒药杯》(*Sophonisba Receiving*

伦勃朗，《弗洛拉》，约 1634 至 1635 年。布面油画，123.5 厘米 ×97.5 厘米。伦敦，英国国家美术馆

the Poisoned Cup）里的女主角；是藏于东京的《密涅瓦》（*Minerva*）；她还是 1636 年出版的蚀刻版画《丘上的女人》（*Woman on a Mound*）* 的模特，身上的一道道橙皮纹都不加修饰地呈现出来，让那些维护古典品位的人很是苦恼。然而，她不是萨斯基亚。 368

没关系。既然来自弗里斯兰的妻子已经定居在城市里了，伦勃朗此时要再度体验一下田园生活，也不是什么怪事。他用鲜花和绿植来清新空气，让

* 也称《丘上的裸体女人》。——编注

两幅画都沐浴在凉爽的春光里。像往常一样，这个举动也很精明，因为随着彼得·科内利松·霍夫特等剧作家的田园戏剧在阿姆斯特丹流行，乡村牧歌也成了一种时髦的风格。霍夫特的《格兰尼达和戴菲洛》(*Granida and Daifilo*)和扬·哈尔门松·克鲁尔（Jan Harmensz. Krul）的《戴安娜和弗洛伦提乌斯》(*Diana and Florentius*)，这两部作品都讲述了痴情的牧羊人和迷人的牧羊女之间的故事。[22] 到1630年，原本只出现在舞台上的服饰也被写进了情诗、歌咏中，画进了绘画里。例如，乌得勒支的保卢斯·莫雷尔瑟画了很多阿卡迪亚牧羊女，她们戴着草帽，披着宽松的披肩，这是当时标准的田园扮相。这种源于戏剧的风尚反过来又影响了现实里的时装趋势，因此，时髦的女人都会把自己打扮成牧羊女子，穿上低胸、高腰的紧身衣，蒙上精致的“阿卡迪亚”面纱，戴上人手一顶的草帽，偶尔到周围的乡村去远足一番。

对于伦勃朗来说，戏剧和生活之间的界线已经习惯性地模糊了。从他画的扬·克鲁尔优雅的全身像来看，画家很可能与这位天主教的田园诗人有过私交。因此，他给自己和萨斯基亚穿上阿卡迪亚式的服装，不仅是迎合当时的时尚，也完全符合他的性格。他的学生霍弗特·弗林克也曾为他们各自画了身着田园服饰的单人肖像。而这两幅弗洛拉主题的四分之三身长肖像似乎过于华丽和奇异，偏离了田园风格那朴实无华的特色。收藏在伦敦的《弗洛拉》，每一个细节看上去都像一位女神，而非牧羊女，她展示着低胸的衣襟，保持着弗洛拉作为交际花守护神的骄傲身段。伦勃朗最初打算画的主题似乎完全不同，是《犹滴与荷罗孚尼的头颅》，构图明显参考了鲁本斯1616年的那幅惊人的画作。鲁本斯的那幅画，他肯定于17世纪20年代在莱顿看到过，里面威武的女刺客袒胸露乳，她的魅力能置人于死地。1635年以前，伦勃朗很可能已把荷罗孚尼那被斩下的骇人头颅放进了画面，就位于现在弗洛拉手持的那束金盏花和郁金香的位置。让他做出如此改变的，也许是一种阿卡迪亚式的幻想，也可能是因为那年回弗里斯兰旅行时，他和萨斯基亚一起见证了希斯基亚的女儿（名字和死去的姨妈一样，叫安蒂耶）的浸礼。还有可能，在1635年春天，萨斯基亚怀上了伦勃朗的第一个孩子，这让他变得更温柔了，所以把谋杀改成了园艺，把复仇的天使改成了丰饶之女神。无论如何，修改过的《弗洛拉》闪耀着夺目的色彩，她的腰带和鲜花项链尤其别致，项链是由红色的琉璃繁缕和勿忘我交错串成的。这两个地方的细节，都是用鲜艳的颜料仔细点缀，形成细小的结节、珠粒、球体、浮泡，就像野花在草地
上肆意丛生一般。博学的伦勃朗会不会也想到，卡雷尔·凡·曼德尔曾把绘画 369
作品比作五彩缤纷的花海，眼睛在画中四处徜徉，就像蜜蜂寻找蜂蜜一样？[23] 若真是如此，那么他的弗洛拉庇护的不仅是物质的富足，更是观念的丰富多样；她就是拟人了的绘画本身。

在古典传统中，轻柔湿润的西风之神仄费洛斯前来访问弗洛拉的时候，植被就会开花。那么，假设画家是西风，而色彩的场域是弗洛拉，则伦勃朗将女神描绘成处于成熟的孕育状态，是没有什么问题的。他和萨斯基亚一起，不仅要创作绘画作品，也要哺育子孙后代，所以他需要祈求这位守护者给予他们双重的祝福。收藏在艾尔米塔什博物馆的那幅画中，伦勃朗甚至采用了中世纪佛兰德人的绘画传统，让女神的腹部微微隆起。然而，在 1635 年，死亡的恶臭却淹没了春天花朵的芳香；弗洛拉面对死神的镰刀也不得不弯下了腰。这是人们记忆中最悲惨的瘟疫之年，那种恐怖在阿姆斯特丹是前所未有的。疫情中死了五分之一的人口。能逃到乡下的人都逃走了，那些不能逃走的，就只能眼巴巴地等着死亡天使离开，祈祷着他们的腹股沟和胳肢窝不会出现像黑刺李的汁液那样的紫色的致命斑点。小孩是最脆弱的。伦勃朗和萨斯基亚的第一个孩子，和萨斯基亚的父亲一样叫作罗姆伯图斯，只活了两个月。1636 年 2 月 15 日，他被父母葬在南教堂，就在亨德里克家附近。罗姆伯图斯仅仅是这场可怕的瘟疫屠戮的无数婴儿里的一个。

不久之后，位于圣安东尼布里街的一大家子分散去了各处。亨德里克·凡·优伦堡搬到了街对面；过了一阵子，伦勃朗和萨斯基亚搬进了属于自己的家，也就是建在新杜伦街（Nieuwe Doelenstraat）上的两所房子中的一所，面朝阿姆斯特尔河。这两幢建筑是由阿姆斯特丹议长威廉·博雷尔（Willem Boreel）主持建造的，他是一位出了名难相处的寡头，但在市里的地位十分重要。惠更斯一旦想和阿姆斯特丹的摄政者拉关系、求援助，就会去找博雷尔。博雷尔住在其中一所房子里，把另一所租给了伦勃朗的女房东，一名富有的

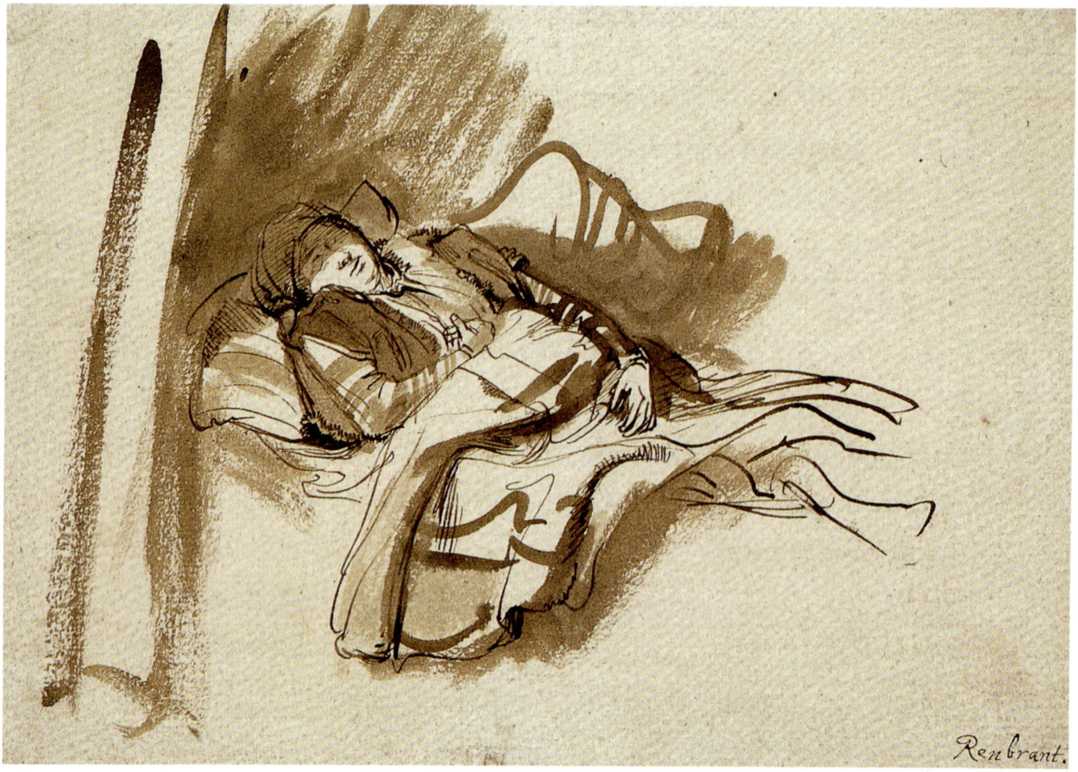

上:伦勃朗,《在床上沉睡的萨斯基亚》,约 1635 年。钢笔和画刷,褐色颜料。牛津,阿什莫尔博物馆

下:伦勃朗,《有萨斯基亚肖像的素描页》,约 1635 年。蚀刻版画。阿姆斯特丹,荷兰国立博物馆版画秘藏

约阿希姆·乌特瓦尔，《自画像》，1601年。木板油画，98厘米×74厘米。乌得勒支，中央博物馆

约阿希姆·乌特瓦尔，《艺术家的妻子克里斯蒂娜·凡·哈伦肖像》，1601年。木板油画，98厘米×74.5厘米。乌得勒支，中央博物馆

寡妇。虽然伦勃朗其实是住在转租的房子里，但他要是想（在惠更斯以及其他人面前）显得气派，便可以说自己的住址就在“博雷尔议长的隔壁”。

两人在那条宽阔的灰色大河边住了好一阵，其间伦勃朗为自己和萨斯基亚制作了一幅双人肖像的蚀刻版画（见第477页）。如果不把那幅他们一人扮作浪子、一人扮作妓女的绘画归类为简单的肖像画，而是看作一幅准历史画的话（其实也必然要这样归类），那这幅蚀刻版画就是伦勃朗创作的唯一一幅描绘他们婚姻生活的作品。

伦勃朗再一次将传统抛之脑后，或者至少是改换了传统的面貌。这幅蚀刻版画的构图是前无古人，后无来者的。他当然不是第一个和妻子一同入画的荷兰画家。比如，来自乌得勒支的风格主义画家兼富有的亚麻经销商约阿希姆·乌特瓦尔（Joachim Wtewael），他在1601年就画了自己和妻子克里斯

371 蒂娜·凡·哈伦（Christina van Halen）的肖像，像许多这样的绘画一样，两幅画是要成对观看的：妻子的左手拿着一本《圣经》，右手向着丈夫做出谦恭的手势。妻子的面庞画得十分光滑流畅，而乌特瓦尔的形象也栩栩如生，他正在工作，手里拿着调色板、画笔和支腕杖。[24] 乌特瓦尔脖戴车轮样子的襞襟，身穿黑色绸缎的紧身上衣，显露出绅士艺术家的气质精髓：端正、直率，是像奥托·凡·维恩和彼得·保罗·鲁本斯一样的模范人士，更令人印象深刻的是，他对名誉显得漠不关心。画家和妻子的背后都有一句铭文，其意义不言自明："不为名誉，但为铭记。"

可以肯定的是，伦勃朗既渴望现世的名声，又渴望万古流芳。乌特瓦尔的这幅双联肖像是为了装饰家里才画的，所以后来也一直挂在家里。蚀刻版画则是要让很多人看到的，所以蚀刻的自画像肯定就成了艺术家给自己代言的广告。就像《戴软帽的自画像》一样，伦勃朗这次也精心地（动用了三重心思）计算了他想要达到的效果。构图上的新奇之处在于，夫妻俩的位置不是平行于画面，而是两人之间几乎形成直角。一方面，安排萨斯基亚坐在比她丈夫"靠后"许多的地方，这保留了婚姻画像中传统的等级关系。然而，因为明亮的灯光照耀着她严肃的脸庞（与收藏在德累斯顿的画像中那位微笑的未婚妻截然不同），萨斯基亚又好像是与伦勃朗相对而坐，在桌子的另一边。
372 从视觉布局能看出来，一旦艺术家完成了手头的工作，他就会转过头去面对着她。但此时此刻，工作就是他的一切。而他的手和头部也相互成直角，因此又营造出了一种重要的效果，那便是将第三方——观者——的注意力引向这幅作品。伦勃朗正在绘制素描的手臂在画面底部被截断了，因此被推到了图像空间里极为前端的位置，似乎伦勃朗的整个身体都快要穿越画幅，穿越这块他紧紧盯着的镜子。他一边凝望着观者，一边工作，手好像"盲目"地服从着他的双眼发出的如本能般的指示。这就好像我们站在一张双面镜子的后面，艺术家注视着我们，同时也注视着他自己。无声无息之中，观者既是观察者，又成了被观察的对象；而伦勃朗的妻子（从另一个角度）看着既看着他又被他看着的我们。很难有比这更亲密的瞬间了。

伦勃朗,《与萨斯基亚的自画像》,1636 年。蚀刻版画。纽约,皮尔庞特·摩根图书馆

就算伦勃朗这阵子不是在度蜜月，他可能还是会（通过凡 · 优伦堡）接
到许多阿姆斯特丹客户的双联肖像委托订单。这批画中，有一些是常规的头 373
肩像，伦勃朗只是偶尔给画中人添上一笔前额的亮光或者胡须的光泽。不过，
一如往常，还有其他一些作品打破了传统的绘画风格，能够在标准的双联肖
像中描绘出伴侣生活的庄严与深情，表现夫妻二人相敬如宾的生活状态；这
也体现着当时的婚姻手册特别主张的美德。[25] 若不是艺术源于生活，伦勃朗又

怎么会把他在新婚家庭生活中体验到的乐趣注入这些杰出的夫妻肖像作品中，赋予它们鲜活而生动的气质呢？

这并不是说，伦勃朗敢无视婚姻肖像约定俗成的准则。当时和现在一样，传道士认为婚姻是上帝赐予的家庭制度，既有利于二人互相扶持，也有利于他们繁衍后代，在上帝的威严下将孩子抚养成人，同时也是让夫妻不要沉湎于声色犬马的纵欲行径。虽然传统上荷兰的婚姻肖像都会描绘伴侣之间的紧密结合，但这种亲密无间的细节总是次要的，首要的是表现出画中人权威的仪态，还要体现出丈夫与妻子之间泾渭分明且不对等的地位。这一时期的任何双联肖像里，男人总是在妻子的左侧（也就是她的右手边）。他正确又精明，
374 机敏又干练*，所有这些词汇都体现着右利手和上帝之律法的联系，毕竟丈夫的确是家庭这个小国家里的最高法官。男性也是家庭里的外交部部长，所以他在婚姻肖像中的姿态和动作总是要显得比妻子更开放、有魄力。他的一只手指向妻子，好像要把内人介绍给观众一样。而女性则显得被动、沉静，默默接受了他充当家和外界之间中介的事实。男人常常站立着，采取入世的仪态，而妻子常常坐着，是家庭生活的主宰。他有时候手里拿着一双手套，代表着“右手交握”（dextrarum iunctio）的仪式，这原本来自天主教文化，象征的是婚姻作为圣礼的本质，但它延续到 17 世纪的新教中，变成了婚姻纽带的符号。在更具典雅风格的画像中，丈夫有时候只用一根手指握住一只手套，仿佛正要做一个多情的动作，将手套扔在爱妻的脚下。妻子用的道具则没有这么主动：她的扇子紧紧地合着，如果打开的话，则总是贴着身体，让它在空中摇曳是绝对不可的。[26]

虽然伦勃朗后期出了名的不遵照委托人的意愿做事，但如果委托人要求纳入这些规定属性的话，他其实是很愿意的。藏于纽约大都会艺术博物馆的“贝勒斯泰恩肖像”双联画，一直以来真伪都有争议，因为妻子的姿态举止很
375 木讷，不像这位偏爱动态的画家所作。[27] 她的头好像是被砍下之后又重新做了外科手术接在身体上的，这种难堪的观感，很大程度上要怪那磨盘一样的老

* 原文列举了英文 dexterous、法文 adroit、德文 rechts 等褒义的形容词，都包含表示“右”的词根。——译注

伦勃朗，《男人肖像》，1632 年。布面油画，
111.8 厘米 ×88.9 厘米。纽约，大都会艺术博物馆

伦勃朗，《女人肖像》，1632 年。布面油画，
111.8 厘米 ×88.9 厘米。纽约，大都会艺术博物馆

式襞襟突兀地把头和脖子分开了。然而，丈夫那饱满的面庞则在眼睛周围下了不少功夫，也是伦勃朗典型的手法，而他的襞襟其实也彰显了画家处理多层布料的精湛技艺，和《作为一名市民的自画像》中运用的方式类似：厚厚地密铺铅白颜料，形成泡沫一般的致密感，绚丽的褶皱不仅衬托出脸部的轮廓，也往脸部投射了光芒，让浓眉大眼的五官变得丰满而富有活力。

另一对真人大小的全身肖像，描绘的是诺威克（Norwick）归正会的神
职人员约翰内斯·埃里森（Johannes Elison）和他的妻子玛丽亚·波克诺尔
（Maria Bockenolle）。这一次，伦勃朗又拿出了看家本领，且遵循婚姻肖像
的要求，尽职尽责地描绘了这对理想而虔诚的加尔文派信徒。肖像的赞助人
是这对夫妇的儿子小约翰内斯（Johannes Jr.），阿姆斯特丹的一位商人。他 376
给伦勃朗带来了财富，却也带来了麻烦。富有的小埃里森出于炫耀的目的想
要让这对肖像的尺寸前所未有地宏大，而这在描绘神职人员的画作中并不常

伦勃朗,《约翰内斯·埃里森肖像》, 1634 年。布面油画, 174.1 厘米 ×124.5 厘米。波士顿, 波士顿美术博物馆

伦勃朗,《玛丽亚·波克诺尔肖像》, 1634 年。布面油画, 175.1 厘米 ×124.3 厘米。波士顿, 波士顿美术博物馆

见。伦勃朗需要用上他所有的技巧——比如在无檐便帽上打了高光，像往常一样把书籍营造出戏剧感，以及把埃里森的手放在心坎上表示对婚姻的诚挚和忠诚——才能保证这对肖像画不会像石像一样单调乏味，尤其是考虑到这对夫妇节俭朴素，不能用道具来丰富画面。伦勃朗用尽了一切方法来完善这对模范夫妇的面部，从埃里森庞大的头和身形可以看出他虔诚的重量，而玛丽亚 · 波克诺尔的眼睛则闪烁着亲和感，左手轻轻放在胸衣上，仿佛在宣称她是一个温柔妻子的完美典范。尽管如此，这对肖像画还是谈不上栩栩如生。也许小约翰内斯本就对生动与否不感兴趣，他想要的就是坐在正义宝座上的家庭族长和女族长的大型肖像。如果是这样，那他肯定对这幅画是满意的。

值得伦勃朗庆幸的是，也有一些结了婚的主顾想要更有活力的描绘，或者至少不反对伦勃朗把他们的婚姻描绘成主动而非被动的伴侣关系。这也不

伦勃朗，《梅尔滕·索尔曼斯肖像》，1634 年。布面油画，209.8 厘米 ×134.8 厘米。私人收藏

伦勃朗，《奥皮延·科皮特肖像》，1634 年。布面油画，209.4 厘米 ×134.3 厘米。私人收藏

违背当时最受人敬重的婚姻手册的建议。雅各布·卡茨曾经生动地（但选了一个奇怪的喻体）把丈夫和妻子比作两块磨盘，他们必须相互磨合才能满足生活的各种需求。[28] 但是，伦勃朗笔下至少有两对年轻的夫妇，似乎连相互磨合的阶段都无须经历，能穿越双联肖像之间那片空着的墙面。我们来看看所有这些情侣中最华丽潇洒的一对。这桩奢华的贵族婚姻中的女方奥皮延·科皮特（Oopjen Coppit），她的结婚戒指醒目地挂在珍珠项链上，好像在向着英俊的配偶梅尔滕·索尔曼斯（Maerten Soolmans）走去。她的身体转向丈夫那边，同时轻轻地提起裙子，裙摆在地板上投下少许阴影，穿着精致皮鞋的右脚向前踏出。两幅画共有的瓷砖地板将两个空间连接起来。这可能是荷兰第一对花了这么多心思在脚上的全身肖像，伦勃朗描绘鞋的时候和描绘手一样细致，而且把他最壮观的笔触留给了梅尔滕·索尔曼斯鞋子上夸张的玫瑰花

伦勃朗,《从座椅上起身的男子肖像》,1633 年。布面油画,124.5 厘米 ×99.7 厘米。辛辛那提,塔夫特博物馆

伦勃朗,《持扇的年轻女子肖像》,1633 年。布面油画,125.7 厘米 ×101 厘米。纽约,大都会艺术博物馆,海伦·斯威夫特·尼尔森赠,1943 年

结,两只鞋摆成直角,体现出潇洒的贵族气派。

奥皮延·科皮特的肖像一反传统做法,即在夫妻肖像中,丈夫是更多展现身体姿态的一方。但是,通过描绘妻子走过地板的瞬间,伦勃朗也表现出了模范妻子应有的恬静魅力;类似地,在另一幅绝妙的画作中,他也尽量让貌似静止的妻子看起来充满活力。她的丈夫是一位衣着时尚的年轻摄政者,穿着饰有玫瑰花结的黑色缎面长袍,上面挂着金色的针扣或饰绳,正优雅地从座椅上起身,斜着身子向妻子伸手示意。虽然女方的动作没有这么丰富的故事性,但她的身体轻微向后倾斜,并微妙地朝逆时针方向扭转,握着扇子
377 的右手投下一片阴影,这些细节都给她的姿势注入了强烈的活力。伦勃朗精心设计了装饰着精致扇形花边的多层衣领和袖口,如细小的波浪一样蜷曲、升起,这样一来,女士整体的个性像是通了温和的电流一般生动鲜明起来。甚至,她的唇边、眼角和眉梢都流露出一丝将笑未笑的意蕴。

昆丁·马西斯,《货币兑换商和他的妻子》, 1514 年。木板油画。巴黎, 卢浮宫美术馆

这两对画作都是在标准双人肖像的基础上进行了一些微小的改变。但这第三幅画,《造船师扬 · 莱克森和妻子格里特 · 扬斯》(*The Shipbuilder Jan Rijksen and His Wife Griet Jans*), 却进行了史无前例的创新, 不像是制式的 "双人肖像", 更像是一段婚姻生活的插曲。这幅画的新颖度让人很是吃惊, 因为一般老年夫妇在绘画中合适的姿势只能是极其拘谨、正式的。和往常一样, 伦勃朗的创新始于对传统加以改造 : 这一次他参考的是一些 16 世纪的画作, 丈夫和妻子坐在同一张桌子旁, 男人专注于生意 (通常是货币相关), 妻子则专注于精神的修为。[29] 他的脑海中可能想到了一幅最著名且被许多人模仿过的尼德兰作品, 那就是昆丁 · 马西斯 1514 年完成的《货币兑换商和他的妻子》(*Money Changer and His Wife*), 这幅画在鲁本斯 1640 年去世时留下的收藏清单上被称为 "大师昆蒂努斯的珠宝商肖像"。[30] 马西斯的双人肖像同样也代表了性别的传统划分 : 男性的生活入世、进取 ; 女性的生活沉稳、虔诚——

378 妻子正在翻阅绘有圣母和圣子像的祈祷书，更是加固了这一印象。马西斯作品的构图特别巧妙，伦勃朗肯定被其中复杂的细节所吸引，尤其是它微妙地模糊了世俗与非世俗之间的界限，比如妻子被钱币的声音和闪光分散了注意力。她仿佛徘徊在一个世界和另一个世界之间，思考着天平，就好像天平在衡量着物质和非物质世界的重量，以及神圣婚姻中伴侣双方各自的重量。[31]

伦勃朗巧妙地颠覆了这些刻板印象。在他的画中，反倒是扬·莱克森好像沉浸在梦幻之中，不过，他不是在做精神上的练习，而是在专注地思考着船的设计，在纸上画了一个后方视角的船尾形状图。换句话说，他迷失在了创造之才（ingenium）当中，这正是理念乘上翅膀的瞬间，也是伦勃朗在藏于波士顿的1629年木板油画中表现过的构思的时刻。因此，艺术家的签名正好位于莱克森的草图上，也并不令人吃惊。与佛兰德的“银行家”画作不同，打破内心沉思状态的，是造船师的妻子。伦勃朗一如既往地结合了新旧体裁，把时新的打断桥段——一般都是由一名男仆、女仆或士兵带一封信给他或她的主人、女主人或军官——嫁接到佛兰德风格的夫妻画中。不同的是，这种
379 结合在此达到了质变：伦勃朗要传达的，可能是那个时代婚姻手册里写着的另一条公理，即理想的妻子应该同时也是丈夫事业上的伙伴，为他分担事业的操劳——用这条概念来解释这幅画，不会太过牵强，因为格里特·扬斯就是来自一个造船家庭。[32] 奥皮延·科皮特向丈夫移动的姿势暗示着女性在婚姻中有了较先前更积极的角色，而在这里则发展成为一种无可比拟的、更无拘无束的活力。虽然这幅画正好是从两个角色的中间分开的，但格里特·扬斯好像在画幅中占据了主导地位，她张开的手臂从门口一直伸到桌子上，上半身向前猛烈倾斜，脸颊和下巴在亮白色的襞襟上投下戏剧性的阴影。她一边把一封信递给丈夫，一边说着话。虽然这幅画的构图十分大胆，但伦勃朗还是小心翼翼地维护了家族里的等级制度。毕竟，妻子还是显得十分恭敬，符合她作为妻子的身份。她斜靠在丈夫的椅背上，就像传统上画中妻子（比如伊莎贝拉·布兰特）会斜靠在丈夫身上一样。她的左手一直握在铁门把手上，似乎表示，她一完成使命，就会马上离开，好让扬·莱克森静静地操持自己的事业。

伦勃朗，《造船师扬·莱克森和妻子格里特·扬斯》，1633 年。布面油画，114.3 厘米 ×168.9 厘米。伦敦，白金汉宫，皇家收藏

伦勃朗巧妙地在画作的核心部分保留了象征婚姻的正式符号——“右手交握”，也就是两只右手握在一起的标记。但他并没有委婉地用手套来表现这个动作，而是将它转化成了丈夫和妻子各自手中持有的物体：圆规和信，这二者即将互相接触。这样的处理是典型伦勃朗式的，他一方面尊重了婚姻肖像的传统习俗，另一方面又大大改造了表现的方式。伦勃朗画扬·莱克森的时候，莱克森已经七十二岁了，而他妻子可能至少也六十几岁了。但是，最后形成的画作和那些僵硬地描绘家庭族长和女族长的作品非常不同，它不是要像圣像一样恭敬地挂在孩子的房里，作为祖先画像被供奉起来。伦勃朗再现的不是婚姻的制度，而是它鲜活的现实。好像从漫长的家庭日历上撕下的一个瞬间，又好像二人生活的整段历史被定格在刹那间的画面中。

那么，伦勃朗和萨斯基亚的二人生活又是怎样的呢？他肯定画过二人在 380

一起的肖像，因为他们的儿子提图斯（Titus）有过一位监护人名叫路易斯·克拉耶尔斯（Louis Crayers）。克拉耶尔斯的妻子1677年再婚时起草的一份亡夫的物品清单中，写着："伦勃朗·凡·莱因和他妻子的肖像"。[33]一直以来，人们都认定这是指藏于德累斯顿的一幅油画*。画中有一个留着小胡子的男人，子弹带上拖着长刀，露齿嬉笑着，把胳膊环绕在衣着华丽的女孩腰间，她那丰满、柔和的臀部稳稳地坐在他大腿上。18世纪中期，萨克森选帝侯艺术藏品的视察员（Inspektor）依据这幅作品，制作了一幅后来被称为《双人享乐》（*La Double Jouissance*）的蚀刻版画。与此同时，围绕着这幅油画的流言也开始纷纷扬扬。人们说这对夫妇沉溺于性爱、葡萄酒和孔雀馅饼，生活大手大脚，并以此为荣，而这幅画就是最好的写照。对于浪漫主义的传记作家而言，这幅画表现出来的享乐主义正好应和了他们要把伦勃朗塑造成浪荡子的想法：深陷债务危机、丧偶和破产之前，他曾多么傲慢。后来，人们还发现，萨斯基亚在弗里斯兰的亲戚曾经抱怨她把继承自罗姆伯图斯·凡·优伦堡的那部分不动产给挥霍了，这好像又强化了伦勃朗一掷千金的形象。

其实，藏于德累斯顿的这幅画不可能是自传性质的，至少不是那种对自己生活的直接描写。要是伦勃朗在这里把自己画成一位浪子，在污秽之地挥
381 霍着自己的财富，那么萨斯基亚就成了笑靥如花的妓女。这是不大可能的，考虑到伦勃朗是一位雄心勃勃的艺术家，喜欢称自己住在"博雷尔议长的隔壁"，客户中还包含共和国执政和许多阿姆斯特丹最顶层的贵族。不过，毫无疑问，这幅画的主题的确是一则寓言。它采用了浪子题材画的悠久图像学传统：一只手围着妓女，另一只手拿着葡萄酒杯，纵情作乐。[34]这一时期的两张相关的钢笔素描，都画得十分直白露骨，让人一眼就能看出伦勃朗对这种主题的浓厚兴趣。在比较完整的那张素描中，浪子穿着紧身上衣，戴着一顶帽子，和上述油画中的人物十分类似，他爱抚着坐在腿上的女孩的双乳；第二个女孩只穿着一半衣服，坐在一边看着；第三个女孩完全裸着，拨弄着一把
382 鲁特琴，这种图像暗示着男女交合，尤其是旁边还有一只长得吓人的笛形杯。

---

* 见第488页插图。——编注

伦勃朗，《三组浪子与妓女速写》（细部），17 世纪 30 年代。钢笔素描。柏林，版画素描博物馆

通过对藏于德累斯顿的油画（后来遭到了大范围拙劣的涂改）进行 X 光扫描显示，原本有一位笑着弹鲁特琴的女人站在二人之间，乐器的颈部朝右伸出，方向和素描中几乎完全一样。在第二张素描里，伦勃朗进行了一些更大胆的实验，其中一组速写很粗略，是浪子把手伸到妓女的大腿之间；另一组速写是他面朝前方咧着嘴笑的样子，和后来的油画类似，而他的右臂绕到女孩的背后和手臂下面，抚弄着她袒露的乳房。女孩把裙子拉到大腿高处，骑在他的一条大腿上，吃吃笑着。

当然，素描和油画的区别就在这里。油画中，妍姿妖艳的“萨斯基亚”好像对她那吵吵嚷嚷的客户没什么热情。事实上，她恰恰表现出了一种略显嘲弄的宽容，这种宽容仿佛是出于她的职业素养。问题正是在这里。早前天真无知的传统认为画里描绘了无邪的肉欲之欢，现在它已被与其截然相反的

伦勃朗，《与萨斯基亚的自画像》(《浪子与妓女》)，约 1635 年。布面油画，161 厘米 ×131 厘米。德累斯顿，历代大师画廊

观点取代：一种天真博学的假设，它认为伦勃朗无疑是把这一幕作为道德劝诫来画的。画里有很多这样的象征物：孔雀，是虚荣的标准象征；后面的理货板，象征着不祥的清算！还有“萨斯基亚”脸上的表情（是这幅画中为数

不多相对完整地保留了伦勃朗自己的手迹的部分），难道不是一种庄严的谴责吗？仔细看看她的表情，就会发现其中令人抓耳挠腮的暧昧和模棱两可，既没有勾结串通，又不是千推万阻，她的嘴角向上翘着，右眼里的光线和她的珍珠耳环一样闪亮。

这并不是说，伦勃朗一边享受着浪子的角色，一边又说这样不好。这幅画真正的意思是，伦勃朗要打破过去那么多陈词滥调的绘画传统，真正生动地表现历史，所以他所做的绝不仅仅是给模特随便穿上衣服而已。于是，他把自己融进了模特的角色里，让人人都能看出这个纨绔子弟是谁：一个戴着饰有鸵鸟羽毛的帽子、牙齿歪歪扭扭、佩着金柄长刀的街头花花公子。醉酒浪子的淫荡笑脸，反衬着交际花那自足而理智的面庞。一旦把这幅画视作《圣经》式寓言和那个时期的风俗画，这种对比就变得十分发人警醒［扬·斯滕（Jan Steen）描绘类似的场景时也常常这样，把自己扮成酒馆女郎醉醺醺的嫖客］。所以，浪子不是伦勃朗。可是浪子又正是伦勃朗。或者说，他既是伦勃朗，也是我们每一个人的化身。伦勃朗曾经扮演过处决圣司提反和基督的行刑者，而这一次，他却成了凡人，是身上携带着原罪的人性缩影。他的画作好像一块海绵，替我们吸纳了我们的罪过，仁慈地没有提及最终的清算。

2. 违规

快进三个半世纪，我们到了 1985 年的 6 月 15 日。在这座当时还被称作 383
“列宁格勒”的城市，白夜来得很快（现在依然如此）。午后阳光下的涅瓦河畔，一位名不见经传的立陶宛年轻画家走进了艾尔米塔什博物馆二楼长长的伦勃朗展厅。第一幅迎接他的画作是《达那厄》（*Danaë*），画中女人躺在床上，用左肘支撑着身体，她的皮肤沐浴在金色的光线中，乳房、肚子和大腿都殷勤地朝着看画的人。这名男子走到画前，用刀朝女人的腹股沟刺去，扎穿了画布，拉出整整 4 英寸长的口子，才把刀从“伤口”里拔出来。他又刺了她一次，然后迅速地展开第二轮攻击，对着她的脸、身子和大腿泼了一瓶硫酸。破坏事件发生后拍摄的照片显示，遭受暴力袭击的地方共有三处，因此他肯定是泼了三次才把硫酸瓶倒空。他把满腔仇恨倾泻而出，一共只用了几秒钟，让博物馆的警卫措手不及。

几分钟内，这幅作品就沸腾起来，油画颜料开始变成黑炭。警卫手上没有水，也没有人指导他们该做什么，但不管怎样，他们想必也不敢用水来冲洗一幅伦勃朗的画。[35]毕竟，那是戈尔巴乔夫改革的头一年。策展人们怀着忐忑的心情赶到现场时，硫酸已经腐蚀了层层颜料和油画底层的单色素描，在作品中央留下一些光秃秃的骇人斑痕。又黑又黏的乌糟液体冒着泡，像煮开的糖浆一样顺着画布表面往下流，滴在画廊的木地板上，在那儿凝结成一团臭烘烘的黑水坑。[36]

《达那厄》遭到的破坏只修复了一部分。虽然立陶宛人只损害了三分之一的画面，但他冲击的当然是最关键的中央部分，也就是女人的身体。修复师和策展人肯定是既焦虑又懊恼，他们花了十二年的时间才让这幅画再次和俄罗斯公众见面。而他们在此期间的行动相当勇敢、正直。1985 年 6 月，这起犯罪事件发生后不久，官方就陷入了之后处理切尔诺贝利事件时的那种虚假宣传逻辑，想要完全向公众隐瞒这场灾难，并下令完全修复这幅画作。“绘画绝不能成为野蛮行径的纪念碑，”一位官员称，“必须让它再次在博物馆展厅里展出，以彰显苏联艺术品修复事业的进步。”博物馆的工作人员却没有那么激情澎湃。这幅画不可能“完全修复”了，就好像苏联这个国家一样。他们深知，官方要求的不仅仅是在某些地方补颜料而已，而是要大范围地重画，
384 若果真如此，那这幅画不管怎么说都不再是伦勃朗的作品了。所以，策展人和修复师拒绝假装《达那厄》只受到了轻微的损伤，也没有基于画作保留下来的部分进行“完全修复”，而是鼓起勇气，决定做一件革命性的事：承认事实，只在画作中没有完全被硫酸腐蚀的部分补画颜料。伦勃朗的习惯是先刷上很多层的清漆和稀释过的半透明颜料，然后才开始着色，因此起到了保护深处的颜料涂层，避免其遭受重大损伤的作用。此时已暴露在外的这些底层颜料，正是这种更加保守的修复手法努力要去保护的，随之而来的代价，则

伦勃朗,《达那厄》(细部，画作遭破坏后)，1636 年。布面油画，185 厘米 ×203 厘米。圣彼得堡，艾尔米塔什博物馆

是不得不彻底变换这幅画的基础色调（尤其是金色的光线，本来是画中故事的核心元素，下文也会再谈到这一点），这种做法是不可逆的。博物馆的工作人员随后肯定又和政府废了许多口舌，但他们凭借自身的专业素养和坚定的立场，最终还是赢得了这场辩论。因此，当这幅画回到展厅的时候，它虽然仍是一幅醉人的佳作，但已经不是人们在 1985 年 6 月 15 日之前看到的那幅画了。一些重要的细节永远消失了：原先盖在她腿上的床单下沿；她左手腕上的珊瑚手镯的大部分；老女仆手里拿着的那串沉甸甸的钥匙；尤为重要的，是倾泻在达那厄肌肤上的金色光芒，这原本让她的周身闪闪发亮，仿佛笼罩在崇高的神力之中。

可就算画面已惨遭破坏，达那厄的肉体那强烈的诱惑力仍然弥漫而出，可能正是这一点激起立陶宛人挥刀砍向她。他的动机众说纷纭。据小道消息称，他问过警卫展厅里哪一幅是伦勃朗最重要（或最贵）的画。袭击者曾接

伦勃朗,《达那厄》(部分修复后)

385 受一名荷兰记者采访，那时他声称自己的破坏行为是一次民族主义的抗议。但是，艾尔米塔什博物馆的策展人伊琳娜 · 索科洛娃（Irina Sokolowa）认为，他是因为宗教情结而义愤填膺，要毁灭渎神的作品。毕竟伦勃朗笔下这个女人的阴部，不光位于三条笔触厚重的曲线的交叉点上，而且还设计在整幅油画的正中央，袭击者的利刃正好插进这个地方难道只是巧合吗?

她是自找的，不是吗？这幅画的确让人感觉很不舒服，它的粗俗显而易见，也不是第一次给自己招惹是非了。它是由叶卡捷琳娜大帝买进俄国的，这位女皇帝出了名的喜爱淫靡之物，会看上这幅画也不是什么怪事。她的儿子沙皇保罗一世统治时期，这幅画被从装饰精美的冬宫（艾尔米塔什博物馆的前身）移到了一间阴暗的画廊里，因为保罗对跟他母亲有关系的几乎所有东西都深怀厌恶。尼古拉一世则是个老古板，在他的治下，那些色眯眯的眼睛更是连这幅画的踪影都看不到了。法国批评家路易 · 维亚尔多（Louis Viardot）在 19 世纪中期参观圣彼得堡的时候，这幅被他说成是“主题下流，作画手法更是粗鄙”的画作，早已被“贬谪发配到了远离各种观众”的皇宫
深处。[37] 对于伦勃朗 17 世纪 30 年代创作的人体裸像，长期以来人们都颇有微 386
词，而维亚尔多也不例外。他继续写道 ：“这个造物如此可鄙，万神之主（也就是朱庇特）怎么可能对她燃起激情？”他总结说，这幅画可以用两句话来概括 ：“讨人嫌的本性，独一份的艺术。”

可伦勃朗究竟为什么要在这样一幅他从未处理过的大型历史画中，创造一个令人反感的裸体形象呢？为什么这个形象会被认为是下流、粗鄙的？达那厄的故事主要取材于贺拉斯的作品，讲述的是罗马人最喜欢的老生常谈 ：面对命运的敕令，自我保护是徒劳的。阿尔戈斯的国王阿克里西俄斯为了避免自己将被孙子杀死的预言实现，把唯一的女儿达那厄关在了一座“黄铜砌成的”* 塔内。当然，用这样的方式挑战朱庇特，不过是枉费心思。朱庇特化作一场金雨，穿墙进入了监狱，并和公主交合。阿克里西俄斯起初不敢相信她是因一场 18 克拉金的倾盆大雨而怀孕的。他决定不抱侥幸心理，把达那厄和她的爱子关进了一只箱子里，然后把箱子扔进大海。不消说，两人都活了下来，而那个婴儿成长为了英雄珀尔修斯。一天，已经创下赫赫功绩的珀尔修斯只是在漫不经心地练习掷铁饼，一阵命运的西风突然使铁饼改变了方向，径直朝他的祖父阿克里西俄斯头上飞去。预言实现了。他遭到了应得的报应。

自古以来，艺术家们就一直钟情于这则故事，因为它巧妙地体现了奢欲的双重含义 ：对肉体和财富的渴求。在希腊陶器中，达那厄往往会掀开自己的裙子，迎接那金色的雨点 ；而在庞贝的绘画中，可以想见，她则是裸体

* 原文是 brazen，在英文中兼有“黄铜制的”和“无耻的”两个含义。——译注

的。古罗马作家泰伦提乌斯（Terence）提到，有位罗马青年被指控强奸，为自己辩护时，他把整件事归咎到迷人的“达那厄”身上，因为她那令人难以忍受的魅力燃起了他的激情。这个被重重高墙锁住的女孩，连朱庇特见了也不能自已，“作为凡人，我又能奈何？”他恳求道。（虽然他的下一句话“其实我不过也是行了和他一样的事，亦从中作乐”，可能让他的辩护显得有些苍白。）[38]达那厄的裸体散发出诱人的色情气息，成了文艺复兴时期绘画的一个标志，尽管柯勒乔、提香和丁托列托等艺术家对金雨的着重程度并不相同。其中一个很大的原因是，金雨开始与交际花的堕落手段联系在一起。在一些画作中，丘比特*陪伴着达那厄，把从天而降的财宝收入囊中；另一些画作中，她的身边有一位（描绘得像鸨母一样的）老女仆侍候着。伦勃朗明显省略了在大部分该题材的意大利画作中都大量出现的金币这个元素，所以有一些研究者甚至怀疑这幅作品画的是不是这个主题。但过去也有一些作品委婉地把金雨表现成一道光线，尤其是在柯勒乔为费德里科·贡扎加而作的油画中，朱庇特化身成了一朵囊状的金色浓云，只有一两滴雨水落进了少女被动接受的身体里。不管怎样，即便没有先例，伦勃朗也常常不会退却。蹈常习故不是他的作风，他的本能是去找寻情节的微妙之处。伦勃朗可能参考了提
387 香描绘这段故事的几幅画作之一，也用神圣的金色光芒而不是实体的物质来代表朱庇特。但他比这位威尼斯大师走得更远，因为他笔下的朱庇特只是一团金黄的灵晕。达那厄用致意的手势迎接着这来自天上的恩辉，它（在画作被破坏之前）穿过拉开的帷幔倾泻而下，照亮了女仆的脸庞。伦勃朗在17世纪40年代末或50年代对《达那厄》进行了一些修改，加强了金色光线落在达那厄身体上的效果，还把女仆的脸从侧面改为半侧面，以便让更大的表面映照在灿烂辉煌当中，包括她的两侧脸颊、鼻子、前额和下颌尖。

有一些比较虔诚的作者认为，因为伦勃朗把金雨转换成了一种更缥缈的存在，所以他的《达那厄》并非情歌，而是圣诗，是有意要回到中世纪的传统，即经由金色光线受孕的贞洁公主其实预示着圣母的形象。[39]他们相信，创

* 古希腊神话中称厄洛斯。——编注

作这件作品的是那个身为清教徒的伦勃朗，他赞颂世俗欢愉是假意，真心却是怒目鞭笞。在这些怀着虔心看画的人眼中，戴着镣铐的丘比特在床头因无法践行肉体之爱而号啕大哭，而床尾则是一只金色的鹦鹉，是维尔茨堡的康拉德（Conrad of Würzburg）* 笔下圣母马利亚的象征，这一切都使上述解读变得毋庸置疑。

遗憾的是，那位侵入艾尔米塔什博物馆的不速之客没有机会听到这种博学的解读，他被伦勃朗的《达那厄》的邪魅气昏了头。如果他早知道这幅画体现的是美德而不是罪恶，可能会免于惹火烧身，也让我们得以看到这幅杰作的全貌。

但是，如果他再看两眼，大概也会觉得基督徒的解释有点牵强。他也许会对那些学识渊博的图像学家说，听着，也许伦勃朗很了解维尔茨堡的康拉德，但我要是能看见那只鹦鹉，就见鬼了。的确，床尾那件精心雕刻的装饰物很难看出是不是一只鸟。埃尔温·潘诺夫斯基（Erwin Panofsky）很久以前就指出，锁链绑住的丘比特之所以哭泣，更合情合理的解释是达那厄要被迫保持处子之身，而不是在哀叹她即将失去贞操！[40] 博学之士睁一只眼闭一只眼，硬要把伦勃朗笔下这位懒洋洋地躺在温暖的床单里的女人，解读为柏拉图式爱情战胜肉体之爱的象征。如果我们对此报以坚定的掌声，就和亲眼所见的背道而驰了，尤其是考虑到整幅画最显而易见的一个特征：她身上深深烙印着的世俗印记。很明显，伦勃朗想追随提香的脚步，创作出一个令人难以抗拒的裸体形象。但即使提香的画作中透着直接的肉欲，威尼斯情色绘画中的色诱也总是奥维德式的幻梦：她的周身闪闪发光、完美而丰腴，好像要献出自己的躯体，却同时又让凡人可望而不可即。伦勃朗的情色却表现出一副可以随时、立刻享用的姿态，勾得人无比心悸。他的《达那厄》让人想起
近距离观察身体时看到的景象：深色线条从肚脐伸延到腹股沟，丰满浑圆、 388
沉甸甸的腹部下垂，使腰部和臀部之间形成一块处于阴影中的斜面，呼唤着温柔的手背来爱抚。她身体的一些部位不像是属于神的：脖子和躯干很短；

* 13 世纪著名的德国诗人。——编注

伦勃朗，《达那厄》（金缕鞋细部）

乳头像珠子一样小；微突的下唇上面的牙齿很不规则；额头闪闪发亮。洒在她身上的阴影不是一层诗意的面纱，而是一条经过精心计算的色情路线：从她腋下的褶皱，到她喉咙底部的小凹痕；从她肉乎乎的手臂下沿，到她阴部那黑暗的三角形“山谷”。在床垫下边那膨胀的线条处（和这幅画中别处一样），一道不寻常的笔触加强了轮廓；而达那厄的左手背贴着她乳房的下缘，手掌则平放在光滑的枕头上。所有这些细节都是在引导我们越过那道金色的门槛，把视觉转化为触觉，把幻想转化为真实的拥有。

就连静物细节也刺激着感官。伦勃朗喜欢将他的朋友约翰内斯·吕特马等人精心设计的曲线优美的“叶状”金银细工融到17世纪30年代中期的历史画中。他的这种趣味，许多人都已经注意到了。金属材料表面那动态的、几乎类似于液体的线条，在这类历史画中常常呼应着裸体的性感曲线，让画面更加充满了性暗示的意味，但这通常只在某些情况下才不经意地显现出来，例如《伦勃朗绘画资料汇编》（*A Corpus of Rembrandt Paintings*）中的一个条目提到，达那厄床脚有许多特征明显的“向内凹陷的孔穴”。[41] 不消弗洛伊德博士提醒，我们也能看到这幅画上到处都是“向内凹陷的孔穴”：达那厄的金缕鞋，它张开大嘴，面朝着我们，和床脚那奇怪的开口极为类似；当然，最显眼的要数那层层帷幔，它大大方方地敞开着，以便朱庇特能随时进来。

虽然伦勃朗后来重新画这幅画时，对达那厄举起右臂的角度做了很大的更改，以便让她变得更受欢迎，但他把女人画成如此模样，很难让人相信她代表的是精神而非肉体的爱情。而且，至于中世纪认为贞洁的达那厄是在排演圣灵感孕，伦勃朗那个时代的画家们已经开始觉得这一传统不过是个笑话。例如，卡雷尔·凡·曼德尔在给科内利斯·克特尔写的传记中就提到，有一个 389
农民看到克特尔画的《达那厄》“双腿分开，光着身体躺着”，就说自己认出了绘画的主题是“圣母领报”。[42] 后来在同一本书中，在关于好友霍尔齐厄斯的章节，曼德尔把霍尔齐厄斯那幅著名的《达那厄》描述为“绝美而肉欲”。后来，荷兰诗人约斯特·凡·登·冯德尔就迪尔克·布勒克（Dirk Bleker，他在 17 世纪 40 年代与伦勃朗的工作室有联系）画的《达那厄》写了一首诗，也毫无疑问把这幅画阐释为肉体之爱而非精神之爱，因为它开头就写道：“赤裸的身体却可引诱神祇。”[43]

冯德尔还进一步认为，布勒克的《达那厄》显然是在抨击女性的贪婪（snoeplust），尤其是她们对金钱的痴迷。他在诗的最后一行明确地警告所有人，女人一旦插手金钱事务，必然会带来罪恶！但伦勃朗这幅杰作的原创性，一如既往地在于他回避了所有这些陈词滥调。他笔下的达那厄既不是圣母，也不是拜金女，所以既不是冷冰冰的古典美人（比如柯勒乔式），也不是提香笔下那种诗意而妖娆的躯干。总的来说，她更让人觉得惊讶：一个不是只存在于理念中的、有血有肉的当代女人。事实上，扬·德·比斯霍普（Jan de Bisschop），后期最猛烈地攻击伦勃朗的评论家之一，在 1671 年批评伦勃朗将自然置于古典理念之上时，想到的很可能正是这幅画，画中“一位勒达或达那厄……成了肚子肿胀、乳房下垂、腿上有吊袜带勒痕的裸体女人”。[44] 十年后，剧作家安德里斯·佩尔斯（Andries Pels）更是愤慨不已，说伦勃朗惯于“从谷仓里找个洗衣妇或踩泥煤的女人，［然后］把他的生理冲动说成是模仿自然，再把其他一切说成是装饰”。[45]

当这些批评家斥责伦勃朗是在藐视古典绘画制度时，他们肯定也想到了伦勃朗在 1636 年出版的两幅不同凡响的蚀刻版画——《丘上的女人》和《沐

上：伦勃朗，《丘上的女人》，约 1631 年。蚀刻版画。阿姆斯特丹，伦勃朗故居博物馆

下：伦勃朗，《沐浴的狄安娜》，约 1631 年。蚀刻版画。阿姆斯特丹，伦勃朗故居博物馆

浴的狄安娜》(*Diana at Her Bath*)，这两幅画都是在他完成《达那厄》(带有冒犯意味的吊袜带勒痕，等等)的同期发表的。这些作品让(一代又一代)维护品位的鉴赏家们吓坏了，他们觉得这违背了礼节，是不可理喻的行为。到了 18 世纪，第一个编纂伦勃朗版画图录的弗朗索瓦–埃德梅 · 热尔桑(François-Edmé Gersaint)，虽然对伦勃朗热爱有加，但谈到他那些不加修饰的裸体作品时，却也只能摊开双手。“我不明白伦勃朗为什么总是这么喜欢画男人和女人的裸体，”热尔桑写道，“可是他［在这方面］似乎从未成功过。我相信找不出任何一幅能不令人心生厌恶的作品。”[46] 两个世纪后，肯尼斯 · 克拉克把这两幅版画说成是“伟大艺术家创作过的最令人讨厌、甚至恶心的作品”，他认为伦勃朗近乎变态地热衷于(在他看来是这样)详细记录女性身体上的褶皱、肿胀、凹陷、皱纹、下垂、囊袋和颗粒，要不是蓄意破坏古典的理想美，就是在进行笨拙的嘲弄。[47] 这方面，伦勃朗和鲁本斯截然不同。鲁本 390
斯建议临摹古典雕像，因为雕像是理想的裸体模特。不光如此，他还选了普林尼描写的一段情节来装饰他自家的花园外立面，讲的是画家宙克西斯让一组裸体的女孩在他面前排成一列，以便他能从中选择五个女孩，用她们最美的身体部位(第一个，乳房；第二个，臀部……)来合成女神赫拉的理想形象。[48] 鲁本斯最热忱的崇拜者，比如巴洛克晚期的法国批评家罗歇 · 德 · 皮勒，会认为这个挑选过程体现了鲁本斯对鉴别力的坚持。而伦勃朗，不管在其他方面多好，却不知道什么时候该非礼勿视。只要把一个裸体女人放在他面前，他就会立马变成贪婪的庸俗之徒。

可是，伦勃朗的裸体人像真的跟鲁本斯的有那么不一样吗？在 17 世纪 30 年代中期，鲁本斯画笔下那些肥硕的躯体，常常也是分外丰满、肉色撩人，像熟透了的果实一般。虽然鲁本斯教导人们要研习古典雕塑，但他画的那些厚厚的脂肪团，可不是 5 世纪希腊雕塑中的阿佛洛狄忒和狄安娜会有的。在他的晚期画作中，最能体现感官之愉悦的是《美惠三女神》(*The Three Graces*)，三个裸体形象的头顶悬吊着盛夏的花朵，一片姹紫嫣红。鲁本斯不仅模拟了美人们双乳和后臀上的每一道皱纹和褶子，还把其中一位女神的大拇指按进了另一位女神肉嘟嘟的上臂，好像想要看看那儿到底有多少肉。不

鲁本斯,《美惠三女神》，约 1635 年。木板油画，221 厘米 ×181 厘米。马德里，普拉多博物馆

391 难推测，艺术家多半因为这个动作体验到了浓烈的快感。在鲁本斯 1636 年为他的画作《银河的起源》所作的草图中，女神朱诺坐着，腰腹特别粗壮，一双农家女孩般笨重的大脚踩在云朵上，画面非常惊人。虽然鲁本斯最终还是遵从了古典品位，在最终版本里赋予了女神一张传统的意大利风格的脸庞，但躯干的上半部分还是和草图中一模一样。[49] 伦勃朗笔下的狄安娜也是乳房隆

鲁本斯,《银河的起源》草稿,1636 年。木板油画,26.7 厘米 ×34.1 厘米。布鲁塞尔,比利时皇家美术博物馆

起、肚子鼓胀,却惹人厌恶,难道她与鲁本斯的这些模特差距如此之大?在这个问题上,为评论家所不齿的《丘上的女人》,应该就是英国国家美术馆收藏的那幅《弗洛拉》的模特没穿衣服、未经修饰的样子;穿上全套衣服,她就变成了假的萨斯基亚。而许多评论家认为,她是这位画家笔下最美的女性形象。在这幅版画问世后不久,像温策斯劳斯·霍拉(Wenceslaus Hollar)这 392
样重要的艺术家就临摹了它。这就说明,无论后人怎么想,《丘上的女人》在 17 世纪 30 年代肯定是幅受欢迎的画,而不是像后来一样成了众人的笑柄。其实,伦勃朗根本不可能像克拉克想象的那样,画这些裸体是为了好玩,或者为了塑造反抗古典传统的扛旗手。奇怪的是,克拉克在他杰出的著作《裸体艺术》(*The Nude*)中,丝毫没有注意到阿尔布雷希特·丢勒的《人体比例四书》(*Book of Proportions*)中的插图和伦勃朗的许多裸像之间的相似之处——画中的人物都有着宽大的臀部和大腿,尤其它也是出现在伦勃朗 1656

年物品清单上的十五本书之一。物品清单上还有“一本画满了［伦勃朗的］裸体男女素描的书”[50]，这本书肯定记录了他如何受到丢勒、提香和鲁本斯的影响，并从中发展出自己独立的风格。

我们之后会看到，到了17世纪50年代，当伦勃朗再次创作油画、素描和蚀刻的裸体时，他会在标准画法中加入一些前人做梦也不敢想的元素。但在17世纪30年代，刚刚崭露头角的伦勃朗没有理由刻意用裸体来冒犯人们对美的品位。毕竟，他的大客户是执政，以及执政的秘书康斯坦丁·惠更斯，而惠更斯正是古典主义的代言人。他肯定渴望拿到利润丰厚的佣金。因此，他何必把自己塑造成不满现实、亵渎高雅品位的反叛者呢？可是，也没有人敢说伦勃朗的历史画中的裸体形象是完全符合传统的。比如，他同时代的荷兰画家凯撒·凡·埃弗丁恩（Caesar van Everdingen），在17世纪30年代也创作了一些裸体人物像（虽然数量相对较少），却都是对意大利风格的二手复制，那些躯体像雪花石膏一般有着精心塑造过的轮廓。相较之下，伦勃朗的裸体
393 人物显得更是怪异。不过，这种差异不仅仅在于人物的丰满程度或者皱纹的多寡。伦勃朗心里有着其他的目的。但和批评家们的想象不同，他的目的并不是表现模特的丑态，而是要传达我们这一代在崇尚精致的审美标准影响下很难理解的一种品质，那就是女体作为欲望对象的性感（desirability）。因为只有当身体展现出一览无余的性感之态时，暴露在天光之下的她才是脆弱的，才是真正裸体的（naked）。

裸体，而不是裸像（nude）。裸像指的是没有衣服遮盖的古典人物，毫不介意他人的观看，好像雕塑一样。实际上，17世纪的荷兰语中没有“裸像”这个词，跟这个词最接近的是naakt，或者moedernaakt（如果不是完全赤裸的话，则称为schier naakt）。所有这些词汇都暗含着尴尬、羞耻的含义，但巴洛克艺术家中可能只有伦勃朗在难以抗拒地探索着这样的感觉。很明显，让他着迷的是一种半途的裸像，是把活生生的模特转化成神话或《圣经》中的人物这一过程中的不完美。他当然知道他应该把人画成跟雕塑一样。但到了某个时刻，至少伦勃朗觉得，仔细观看石头，不如仔细观看肉体。他不由自主地会去看那些又胖又满身皱纹的女人，她们牢牢抓住了他的视线，让他

无法按要求把她们变成狄安娜或维纳斯。鲁本斯最著名的一幅裸体画，也体现出这种模棱两可的状态（她是女神，还是一个脱了衣服的女孩？她是裸像，还是 schier naakt？她是属于时代，还是属于我？），因而多了几分情色：他的妻子海伦娜裹在一块毛皮里，其他什么都没穿。但是，伦勃朗是唯一一位敢于把暴露、尴尬和欲望之间的关系变成自己作品中反复出现的主题的艺术家。

就这样，他开始大画特画宽衣解带的情节：《达那厄》、《狄安娜沐浴，及阿克特翁与卡利斯忒的故事》（*Diana Bathing, with the Stories of Actaeon and Callisto*）、《安德洛墨达》（*Andromeda*）、《苏珊娜与长老》。在这些故事中，主角们并不是碰巧没穿衣服而已。把裸体暴露在外，就是情节本身。[51] 当然，这些主题也是风格主义和巴洛克风格的历史画中常见的题材，但用在那些画作中只不过是为了给情色的本质稍加掩饰。一般来说，为了能让赞助人和别的艺术家都满意，历史画中的狄安娜和苏珊娜一方面被其他人物色眯眯地盯着，另一方面也要毫无保留地把自己展示给观者。要使观察者能顺畅地窥视画面中的肉体，尤为重要的是被观察者不能流露出任何自我意识或羞愧的迹象。比如霍尔齐厄斯 1583 年画的《安德洛墨达》中，公主被锁在岩石上，她的躯体扭曲、旋转着，以便观者可以最大限度地看清她的肉身。而达那厄的爱子珀尔修斯，现在已经有了英武而健壮的体魄，正在远处把怪物大卸八块。鲁本斯曾两次画过这个主题：1618 年的第一幅构图非常庄严，他在花园墙上又复制了一幅，形成了错视画的效果；而第二幅是在他生命的最后几年里画的，为了不让人分心，他把珀尔修斯变成了背景里的一个细节，让人只需要去看海伦娜 · 福尔芒为满足贪婪禽兽的色欲而献上的白花花的肉体。而这禽兽，其实就是我们自己。

伦勃朗笔下的《安德洛墨达》，却不喜欢展示自己的身体。她那双手被
锁在头顶的无力姿势，很可能借鉴了约阿希姆 · 乌特瓦尔的一幅画。[52] 不同之 395
处在于，乌特瓦尔画笔下的安德洛墨达，肘部优雅地弯曲着，身体的线条仍然十分流畅，但伦勃朗却把她的双手拉得紧紧的，似乎非常痛苦。她是真的被囚禁了，珀尔修斯也无影无踪，所以她连得救的希望都看不到。更不用说，我们的女主人公并不漂亮。她的脸画得很粗糙，身材也不理想，是用好几个

左上：亨德里克·霍尔齐厄斯，《安德洛墨达》，1583 年。雕版画。阿姆斯特丹，荷兰国立博物馆版画秘藏

右上：伦勃朗，《安德洛墨达》，约 1630 年。木板油画，34.5 厘米 ×25 厘米。海牙，毛里茨之家博物馆

下：伦勃朗，《狄安娜沐浴，及阿克特翁与卡利斯忒的故事》，1634 年。布面油画，73.5 厘米 ×93.5 厘米。安霍尔特，瓦瑟堡博物馆

圆形和椭圆形叠在一起构成的，鸡蛋一般的肚子和左胸的形状很相似，都朝向地面耷拉着，肚脐和乳头如出一辙。虽然那裹在臀部摇摇欲坠的半条长袍可能取自古典绘画里的主题（或者取自乌特瓦尔的绘画），但他是第一次且绝不是最后一次发现，给人物添加一两块衣服，并拿掉其他人物，会大大增强她痛苦和脆弱的感受。

《狄安娜沐浴，及阿克特翁与卡利斯忒的故事》很可能完成于 1634 年，其中对于裸体之代价的揭示更为直接。两个故事都出自奥维德的《变形记》，伦勃朗无疑非常了解过去描绘这两个题材的版画，但把两个故事结合在一起是一项复杂的工作，他这样做肯定是因为很想把注意力放在裸露带来的悲剧这个主题上。画面的左边是狄安娜，头上戴着一轮新月，发现了偷看她沐浴的阿克特翁。他这时已经为自己偷看的行为付出了高昂的代价：水珠喷洒到他的身上，他就要变成一只雄鹿了，之后会被自己的猎狗撕成碎片。画面右边，宁芙卡利斯忒怀了朱庇特的孩子，违背了自己作为狄安娜侍女必须保持贞洁的约定。她惹来朱诺的嫉妒，命运是变成一头熊（之后本应变成熊皮，但朱庇特介入了，赶在那之前把她变成了一个星座）。在伦勃朗之前，大部分描绘卡利斯忒故事的绘画都聚焦于朱庇特诱惑这位宁芙，或者她正在变成熊的场景。比如，鲁本斯当时已经绘制过追求卡利斯忒的情节，而且在 1637 到 1638 年之间还会画揭露她怀孕了的场景，作为他献给腓力四世的狩猎公馆畋憩别塔（Torre de la Parada）的装饰画之一。为了保持画面整体的田园诗意感，他把场景营造得极为柔和、精致，观众完全看不到卡利斯忒的腹部。伦勃朗的绘画则没有这么感性，它更像鲁本斯比较早的那幅画，粗暴直接。不幸的卡利斯忒被狄安娜的一个随从从背后按住，另一个人扯开她用来遮掩腹部的长袍，露出她胀大了的肚子。她身后的宁芙咯咯大笑着，让场景显得更加残酷。

如果你是一位喜欢裸体和暴露这种主题的画家，有一个情节你肯定不能忽略，那就是《苏珊娜与长老》。这个典故是 1 世纪时添加到《但以理书》里的，被认为是经外书的一部分。苏珊娜是一个富商的妻子，十分贞洁善良，却在沐浴时遭到两位“长老”的觊觎。长老偷窥了苏珊娜，并要挟她做出不

396 道德的事情，如果苏珊娜拒绝的话就诬陷她不贞洁。巴洛克画家们对苏珊娜的热衷比起对安德洛墨达有过之而无不及，他们利用这个主题，为赞助人精心打造一场可以窥视女主人公裸体的好戏，同时假装在谴责故事中不道德的行为。例如在1607年，扬·霍瓦尔茨（Jan Govaerts）不仅让好友霍尔齐厄斯画了一幅《苏珊娜》，还厚颜无耻地让他把自己画成长老之一，去尽情地享受观看她肉体的快感。[53] 十一年之后，鲁本斯又一次画苏珊娜这个主题的时候（他一生画过很多次），他的朋友，英国驻海牙大使达德里·卡尔顿，来信说自己很期待这幅画，因为它"漂亮得足以让老男人倾心"，字里行间仿佛垂涎三尺。鲁本斯回信向他保证，说这幅画的确是"风雅非凡（galanteria）"。[54] 因此，表面上是为了谴责老男人邪淫而创作的绘画，现在竟然成了一剂媚药，让他们能重新燃起疲惫的欲火。明里，《苏珊娜与长老》以偷窥为主题，暗地里，却是一项供众人一同观赏的消遣。因此，也难怪提倡抵制下流绘画的志士迪尔克·拉斐尔·坎普海森（Dirck Raphael Camphuyzen）在把海斯特拉努斯（Geesteranus）较早的一篇攻击绘画的文本翻译为荷兰语的时候，会摘出苏珊娜的主题，说那是"道德的癌症，双眼的毒液"。[55] 这番维护正义的争论恐怕收效甚微，不信的话可以看冯德尔的这首有关"一幅意大利的苏珊娜绘画"的诗，里面开头和结尾都貌似在愤怒地谴责，但中间部分却对作品的视觉诱惑大书特书："口舌欢愉，因为口舌可以亲吻 / 看那双肩、脖颈、后背、臂膀；生命鲜活的雪花石膏……"[56]

伦勃朗又一次从鲁本斯那里得到了启发，但他的创新也是显而易见的。鲁本斯画面中的苏珊娜半蹲着，这个姿势借自他在罗马看到的古典时期的维纳斯雕塑，拉斯特曼也用过这个身体姿态，而伦勃朗则使苏珊娜半蹲的身体更加往前倾，像突然感到恐慌一样。两个长老的形象很猥琐，但是藏在灌木丛里，完全被阴影湮没了，一点也起不到把偷窥的罪咎从我们身上转移到他们身上的作用。他们的隐形让我们非常尴尬。我们必然会产生不舒服的感觉，因为我们就是被女子盯着的那个盯着她的人。[57]

我们没有理由认为伦勃朗比鲁本斯、拉斯特曼或其他描绘苏珊娜的传统画家更有道德感。他画作中的女人会在田野里撒尿，会与僧侣交合，让人很

伦勃朗，《苏珊娜与长老》，约 1634 年。木板油画，47.2 厘米 ×38.6 厘米。海牙，毛里茨之家博物馆

难想到他是一个本应对身体羞耻极度敏感和拘谨的加尔文派教徒。但伦勃朗想要让所有的既有惯例变得复杂。也许他不是后来学术批评中常说的“异端分子”，但他肯定是一个制造麻烦的人，一个不断打破由惯性驱动的重复公式的人。他注重的不是“宾至如归”和“不请自来”的两种凝视之间的关系，而是尴尬与悲剧这个主题。对他来说，这是一次无法抗拒的叙事机会。

所以，他笔下的苏珊娜不仅仅是一个伪装成女英雄的欲望对象。她是一具沦陷在紧张之中的身躯。正如他曾用达那厄发光的床单来传达肉身压在温暖的织物上的感受一样，伦勃朗仔细地勾勒出布料上的褶皱和衣服的纹理，不仅填补了视觉中的细节缺失，也构成了对讲述故事至关重要的图案元素。
398 苏珊娜的左臂紧靠胸部，脆弱地做着防御，丢在一旁的内衬衣在她身上吊着一只空空的袖子。经外书上说得很清楚，长老一开始是看到了她穿着整齐地在花园里散步的样子，便产生了欲望，所以伦勃朗让她的衣服在画面上很显眼，这样更能让人同时想象她披着和没有披着衣服的状态。衣服的移动轨迹很复杂，先是在她的大腿下方，然后包裹她的后背，再向前拉到她的腹股沟，这让我们感觉到衣物接触身体的状态。如此，才让我们萌生了贪婪而迂回的小念头，开始用眼神对她发起袭击。好像这一切还不够，伦勃朗又给她添了（就像他在达那厄的画中那样）两只手镯和一条项链，加强了物品接触她的皮肤的观感。长者隐而不现，苏珊娜的目光转向我们，我们是闯入的人，侵犯了她的隐私。我们可能是笨手笨脚地踩在了一根小树枝上，而她听到了这突如其来的噪音，所以用她的肢体表达出了对性的恐慌：她的手脚动作不协调。这时候，图像学家可能会拿着一本记载着象征符号的典籍走进来，指出把一只脚套进拖鞋的动作是那个时代的人熟知的暗喻，指的就是性行为本身。但伦勃朗其实是最不会去机械地使用象征符号的画家。他更倾向于把它颠倒过来，用女孩的失足来表示她的纯洁无辜，笨拙的脚步是对色眯眯偷窥行径的谴责。

伦勃朗很喜欢描绘赤裸的尴尬和勒索的情节，单画一幅《苏珊娜与长老》对他来说还不够。他的蚀刻版画《约瑟与波提乏的妻子》（*Joseph and Potiphar's Wife*）也是一样的别出心裁、发人警醒。这幅画也作于他结婚的第

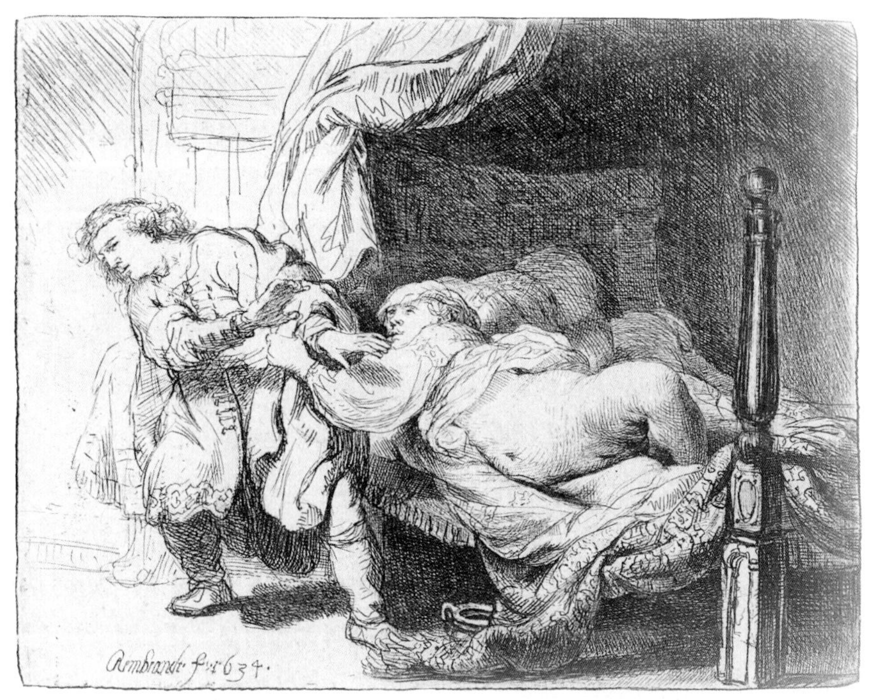

伦勃朗,《约瑟与波提乏的妻子》, 1634 年。蚀刻版画。由波士顿美术博物馆, 哈维 · D. 帕克收藏惠允

一年, 1634 年, 讲述的故事正好是那篇经外书故事的反面, 因为其中女性的身体是性勒索的工具, 而身着衣服的男性人物才是受害者。约瑟正直地拒绝和护卫长波提乏的妻子同寝, 反而被后者诬告强奸(就和苏珊娜所遭遇的一样)。整幅构图以安东尼奥 · 坦佩斯塔的一幅版画为基础, 但和那幅版画传统、温和、古典的风格大相径庭。伦勃朗的蚀刻描绘了两场激烈的搏斗, 给人以不安的感受。第一场较量, 是波提乏妻子的兽欲和波提乏管家的美德之间的较量。她粗大的身躯扭曲得像伊甸园里撒旦化身的毒蛇一般。在那时最著名的《自我的斗争》(*Self-Stryt*)一书中, 雅各布 · 卡茨将这个故事解读为掌控欲望的模范。为了体现书中的精神, 伦勃朗又设计了第二重较量, 表现出约瑟内心的挣扎, 使这则《圣经》故事的层次更加丰富。[58] 他的嘴巴好像嘟囔着什么, 眼睛漆黑微闭, 好像被激情和嫌恶的感觉来回拉扯着。他

该，还是不该？

没有一位 17 世纪的荷兰观众会注意不到那根巨大的阳具形状的床柱，它明显是具有色情意味的。更何况这个女人的下半身极度扭曲，手紧紧抓着约瑟的外套，所以即便床下没有那只夜壶，人们也能一下子体会到她那淫欲的强度。和伦勃朗的《沐浴的狄安娜》和《丘上的女人》中一样，波提乏妻子的身体也很大，但不光是大而已，她的关节还是错位的，好像骨头都是软骨，
399 人皮底下住着的是一个恶魔。她把圆肚皮下面的阴部剃得光光的，准备好要献给约瑟，而约瑟的双手却投下两道浓重的阴影，保护自己离她远些。但是，我们这些可怜的罪人，却几乎能看见她秘穴的全貌。

难怪肯尼斯 · 克拉克这么讨厌伦勃朗的作品。因为这些画作和大理石般纯洁的古典裸像可谓截然不同。伦勃朗显然觉得，论及讲故事，粗野的裸体比高雅的裸像更有动人的力量。当他再一次去描绘《圣经》故事，去描写肉体的纯洁和沾染原罪的自我意识时，这一点变得尤为明显。这幅画就是《人的堕落》。鲁本斯曾用这个主题向拉斐尔致敬，并以此开启了自己事业的序幕；马尔坎托尼奥 · 雷蒙迪也临摹拉斐尔的作品，制作了自己的版画；而科内利斯 · 凡 · 哈勒姆（Cornelis van Haarlem）在 1592 年以这个主题为执政在哈勒姆的宅邸画了一幅流畅漂亮的油画，并得到了凡 · 曼德尔“非常雄伟壮丽”的称赞。[59] 伦勃朗的这幅蚀刻版画，一般认为完成于 1638 年，它的画面看起来极度野蛮和不堪，与上述这些画家受到经典大师启发而创作的作品，无论是荷兰的还是国外的，相差十万八千里。

伦勃朗死后，批评他的人们经常以这幅画为证据，说他热爱原始自然甚于古典理想，而优雅的形体是对造物主非凡品位的证明，所以他这样做不仅违反了道德规范，还是对神的亵渎，是在暗中指责万能的上帝不知怎么搞砸了设计工作。18 世纪早期的传记作家兼评论家阿诺德 · 豪布拉肯（Arnold Houbraken）曾写道，任何人都不应该“花精力去看，更不应该效仿，伦勃朗版画中的亚当和夏娃肖像画得如此拙劣”。[60] 第一个编纂伦勃朗版画图录的热尔桑虽然热爱着这位艺术家，却也认为这幅蚀刻版画进一步证明了伦勃朗“不懂如何处理裸像”。[61] 坎普海森在他翻译的荷兰语版《驳偶像》（*Idololenchus*）

伦勃朗，《人的堕落》，1638 年。蚀刻版画。纽约，皮尔庞特·摩根图书馆

中警告过，描绘在最终审判日复活的夏娃的裸体是非常下流的做法。像他这
样容易被激怒的神职人员，只有天知道他们看到这幅画是什么感觉。[62] 不过，
至少在某种意义上，伦勃朗的蚀刻是与加尔文派的教义完美契合的，因为他
400 有意去追溯哥特风格的木雕以及中世纪晚期和文艺复兴初期的雕版画和木刻
画。在这些更原始形式的早期作品中，亚当和夏娃都被塑造得很粗糙，不像
由上帝精雕细琢的产物，而是承载着羞耻的容器。尤其值得注意的是，伦勃
朗借鉴了阿尔布雷希特 · 丢勒 1512 年出版的版画《炼狱里的基督》中几种爬
行动物的画法，把蛇刻画成了长着长毛、像龙一般的奇怪样子。[63]

不过，丢勒笔下的亚当和夏娃本身就取自中世纪传统中粗犷的“野人”，
他们在 16 世纪逐渐从吃人的半人半兽形象变成了天真无邪的自然之子形象。[64]
401 伦勃朗故意选取了这种蓄着胡须的亚当和原始粗野的夏娃，来同时表现他们
在堕落之前和堕落之后的样子：亚当和夏娃既是伊甸园里的造物，也是初具
耻感的人。把故事中连续的多个瞬间一并展现出来，当然是他非常喜欢的手法之一，而在这幅画中，他又用蚀刻技术加强了这样的效果。在传统的风格主义或古典主义对亚当和夏娃的再现中，他们仍在天堂，安全无忧，虽然即将犯下大错，但他们对自己的裸体还没有意识，所以尚未沾染原罪。伦勃朗故意画出了他们身上所有耻辱的印记，让叙事变得前后不相连贯。亚当伸出的手臂的影子落在夏娃的胸部，并覆盖了她的上半身。但最引人注目的是，伦勃朗在夏娃的整个下半身都画上了浓浓的十字线。这肯定不是出于对传道士的敬重，因为夏娃的生殖器，那罪恶之源，在密集的笔画之间仍然异常清晰。故意选用这层起不到遮蔽作用的笔画，而不用严丝合缝的无花果叶，当然不是蚀刻者出于尴尬或不确定而做出的偶然决定。很显然，此般设计的目的是与画面上最明亮的区域形成强烈的对比，尤其是背景中一只大象正鸣叫着走过，伊甸园的光芒照耀着它。亚当和夏娃身上那浓密的阴影线条，强迫我们把他们看作既没有自我意识又有自我意识的人；他们既是幸福而无知的躯体，又是承载着罪恶知识和羞耻的容器。在偷食禁果以前，我们都是裸像；而偷食禁果以后，我们都成了裸体。

3. 激烈

正当彼得 · 保罗 · 鲁本斯思考自己到底是不是厌倦了历史画的时候，伦勃朗 · 凡 · 莱因却即将成为一名伟大的历史画家。

1635 年和 1636 年是伦勃朗关键的两年。那时，瘟疫笼罩着阿姆斯特丹，但伦勃朗还不到三十岁，依然活力四射，他的创造力之阀大开着，汩汩的灵感有着汹涌澎湃的势头。在接下来的两年里，他以惊人的速度创作了一大批杰作：这些大画幅的作品里血肉横飞、惊叫连篇，仿若要置人于粉身碎骨的境地。画家将躯体乾坤一掷。让拳头狠狠攥紧。使利刃出鞘。让婴儿厉声嘶号，屁滚尿流。用手把脸抓起来。怀着恶意的预谋把眼珠刺穿。画中的色彩比以前伦勃朗笔下的任何作品都更强烈、尖锐。画布似乎在发出噪声：痛苦的尖叫，金器的碰撞，天使翅膀的扑腾。这些作品既来自天堂，又来自地狱；既在情感上淋漓尽致，又在物理上宏伟壮阔；不输鲁本斯过去的任何一件作品，让人大开眼界，让人心惊肉跳，让人惴惴不安。

鲁本斯从没有间断过历史画的绘制。到了 17 世纪 30 年代，他的工作室 402
已经成了一座绘画工厂，用工业流水线的方式来产出神话、圣人和经文的图像。老板做设计，雇员则帮忙在设计的基础上加工成画，最后老板再回来润色、签名。但鲁本斯坦白说，自己厌倦了做这种任人委托的活儿，给各种亲王执行外交事务，却吃力不讨好，只能得到一点缺乏心意的回馈（女大公伊莎贝拉除外）。1632 年，在布鲁塞尔与荷兰共和国进行和平谈判期间，鲁本斯受到了在布鲁塞尔的南部各省议会首领阿尔斯霍特公爵的粗鲁对待，而他对那件事仍然耿耿于怀，也是可以理解的。鲁本斯虽然有着丰富的外交经验和优雅的举止，还被提拔为圣地亚哥骑士团的一员，但公爵仍然觉得，他作为女大公伊莎贝拉的顾问，在社交能力方面有所不足。实际上，鲁本斯的新头衔已经宣告了他就是提香无可争辩的继承人，因为提香就是被查理五世擢升为骑士的。[65] 只不过，鲁本斯是求人帮忙才有了这份殊荣，所以作为骑士的那份自信也不能让他对贵族们怠慢的目光免疫。公爵因为鲁本斯和伊莎贝拉的接触过分亲密而十分生气，鲁本斯努力想要卑微地化解公爵的怒火，但到头来只是一场空。“无论你如何行事，或者如何讲述自己的所作所为，”公爵写道，“我都不会在乎一分一毫。我能告诉你的是，如果你今后能搞清楚像你这样地位的人应该怎么给我写信，我真是感激涕零呢。”[66]

所以，不难理解鲁本斯会告诉自己的朋友佩雷斯克，自己已经“决心割断野心的金结，恢复自由之身。我意识到，比起下降期，人在上升期反而需要学会放弃；人必须在受命运女神眷顾时就放下……我抓住一个短暂的机会，秘密潜入了公主殿下的房间，拜倒在她脚下乞求她，赐予我多年来努力工作的唯一回报，那就是免除我的［外交］任务，允许我在自己家里为她服务。为了得到这份允诺，我费了比以往任何时候都要多的心血……现在借着上帝的恩典……我和我的妻子、孩子们过着平静的生活，我也不再有平凡生活以外的任何野心了”。[67]

鲁本斯的历史画创作还没有就此了结。1633 年伊莎贝拉去世后，继任她作为南尼德兰总督的，是腓力国王的弟弟斐迪南，他是枢机主教兼亲王，也是 1634 年诺德林根战役的胜利将领。斐迪南将在安特卫普进行就职宣誓（joyeuse entrée）仪式，正式宣告他对这座城市，乃至对佛兰德省的统治。自然，鲁本斯接到了指令，要为象征着凯旋的拱门和台阶设计一个精致的装饰方案，把巨大的画作放在中央，以便迎接新总督上任。这次委任既是莫大的荣誉，也是艰难的考验。虽然宣誓就职的过程带着罗马式战无不胜的印记，但它并不是要庆祝征服，也不是要彰显强权，而是要体现出城市居民主动接
403 受总督的合法统治。[68] 为此，必须找到一种寓言式的描述来进行暗示：洋洋洒洒地赞美枢机主教（他在前一年刚刚打赢一场重要的战役）的同时，也要表现出安特卫普在冷酷的战神手下遭受了持续的经济苦难。鲁本斯被要求提供四处台阶和五座凯旋门的设计，这需要的速度之快让他的同行都望而生畏。虽然他可以依靠学者朋友帮助他设计寓言元素，也可以依靠工作室来帮他一起制作，但他仍然觉得这份工作“负担过重”，所以他告诉佩雷斯克：“我既没有时间生活，也没有时间写作，所以我只能撂下对艺术的考量，偷偷在晚上空出几个小时，给你写了这封最不恰当、最粗心大意的信，来回复你那优雅而彬彬有礼的文字。”[69]

鲁本斯,《自画像》，约 1639 年。布面油画，109 厘米 ×83 厘米。维也纳，艺术史博物馆

他努力工作的成果，展现了围攻之下的安特卫普为数不多的光荣时刻。银制的号角、军鼓、彩旗、彩车、马匹和驳船都出来了，枢机主教本人就乘在其中一艘船上。毫无疑问，他很喜欢鲁本斯在《欢迎台阶》(*Stage of Welcome*) 里把自己描绘成骑在马背上胜利归来、欢欣鼓舞的样子。可是，
也不是所有寓言的情绪都这么喜气洋洋。画家自己的疲惫也透露在画里，让 404
人觉得他是在为这座衰弱的城市恳求。当斐迪南取道斯海尔德河到达安特卫普时，他会看到鲁本斯的这套画作中有一幅描绘着墨丘利，这位艺术和商业的保护神竟然正在离开安特卫普！另一个台阶上描绘的是打开雅努斯神庙大

门的可怕场面，这扇门在和平时期通常是关闭的。从大门中冲出一位作为战争化身的割喉人，他的手中握着血淋淋的剑和燃烧的火炬，面孔黝黑、满脸胡须、蒙着眼罩，一张鲁本斯风格的脸。神殿的右翼是安特卫普在和平中的无助景象，而左翼则描绘着死亡对繁荣的践踏。

难怪 1635 年夏季，彼得 · 保罗准备再次秘密前往荷兰共和国，最后一次为和平事业作出自己的一份贡献。他一定觉得这是个难得的好时机，因为法荷联军对信仰天主教的南部发动的入侵刚刚失败了，让联军大感屈辱。为了筹备这项战争行动，枢机主教黎塞留向执政的顾问大肆行贿，目的是动用足够的军事力量，说服南部省份起义，反抗西班牙的统治。如果叛乱成功，各省将拥有选择信仰天主教或新教的自由，并且获得自治权。但如果各省无法脱离西班牙的统治，法国和荷兰就会发兵征服这些省份，将领土进行瓜分。根特、布鲁日和安特卫普将变成荷兰的一部分（萨斯基亚的姐夫安东尼 · 科帕尔也将成为安特卫普的世袭“侯爵”，也就是鲁本斯的领主）。

这一切都没有发生。当时，法国和荷兰没能攻破南方的防线，现在拥有 7 万兵力的佛兰德军队不仅抵抗住了猛攻，还反倒从防御要塞中倾巢而出，进击至荷兰共和国境内追杀敌军。传说中坚不可摧的申肯尚斯（Schenkenschans）堡垒，竟也在 1635 年 7 月底落入了西班牙军队的手里。不用说，鲁本斯松了一口气，感到舒畅万分。但鲁本斯毕竟是鲁本斯，他也想趁这个机会（作为一名优秀的新斯多葛主义者，他知道好景总是不太长久）推动和平事业。所以他制订了一项计划，要在晚秋时借艺术事务之由前往北方，与荷兰的一些议会成员进行谈判，这些议会成员赞成和平，因腓特烈 · 亨利主张入侵南方而被孤立。虽然他尽量绕开执政周围那些主战派，但他仍准备在海牙与惠更斯会面，这让惠更斯兴奋不已。“不知是哪路神怪从中作梗，让我许久未见你。”惠更斯写道。[70] 鲁本斯找了一个借口，要检查一批从意大利海运过来的画作，以便他能以艺术家身份和这位执政的秘书兼艺术品鉴赏家会面。不过那些画作所在的位置——大概也就是那场秘密谈话的地点——却在……阿姆斯特丹。

当鲁本斯 1614 年第一次来到荷兰寻找版画雕刻师的时候，伦勃朗还是个

五官还没长开、毫不起眼的小学童。当他 1627 年再次来访时，伦勃朗虽然初 405
露才华，却还是无名小卒，只是拉斯特曼手下的一个助手。八年后，伦勃朗却成了阿姆斯特丹城里毋庸置疑最重要的画家。两人有可能见过面吗？有可能没有见过面吗？

两人从没见面。阿姆斯特丹议会里，阿明尼乌派占多数，他们都支持和平，其中一些人甚至秘密向敌人提供军火，故意让战争陷入僵局！但腓特烈 · 亨利周遭的心腹受了法国的贿，所以对这场南部战争非常坚决，即便战争形势已经发生了惊天逆转，也还是拒绝任何形式的和平谈判。两派互不相让，也就牵扯到一个紧迫的问题：应该给鲁本斯签发护照吗？由于无法达成一致意见，市议会把这件事上奏到了执政本人那里，而执政的答案是否定的。鲁本斯没能去到斯海尔德河和马斯河以北。

不过他的画作还是去了那边。阿姆斯特丹一些最富有的商人，比如尼古拉斯 · 索希尔（Nicolaes Sohier），家里会有鲁本斯的版画或者原作。伦勃朗对鲁本斯心怀炽热的崇拜，这一点毋庸置疑。过去，他的心中怀揣着要学习或者超越这位“北方的阿佩莱斯”的想法，受此激励一直向前。而现在，当他看到鲁本斯那令人难以置信的伟大成就时，他心里也许会产生一阵嫉妒之情。当然，他也同样得到了宫廷的赞助。可是，鲁本斯委托名单上的赞助人，是各个国家的国王和亲王——西班牙、法国和英国，相比起来，奥兰治亲王算得了什么？比起马德里、伦敦、巴黎，海牙又算得了什么？

伦勃朗对鲁本斯虽然有着很复杂的感情，但在 17 世纪 30 年代中后期，这位佛兰德大师总是在他的脑海中挥之不去。就算鲁本斯没有亲自到阿姆斯特丹，伦勃朗还是在 1637 年 10 月 8 日把他带回了家——他花 424½ 荷兰盾买下了鲁本斯的《赫洛与勒安得耳》。不过，从这个节点往前数至少两年，伦勃朗的大幅历史画就已经有了鲁本斯的影子，就像两位艺术家共用了一间工作室一样。几年来，这位阿姆斯特丹艺术家的油画作品一直洋溢着激情，同鲁本斯最伟大的那些画作中从未缺席的巴洛克式激烈如出一辙，呈现出一场情感和身体的狂风巨浪。

即便在伦勃朗开始创作大人物的史诗之前，他笔下最气度不凡的一些历

伦勃朗,《劫掠珀耳塞福涅》，约 1632 年。木板油画，84.8 厘米 ×79.7 厘米。柏林，柏林画廊

史画就已然是以鲁本斯提供的原型为基础了，特别是《劫掠珀耳塞福涅》（*The Abduction of Proserpine*）和《加利利海上风暴中的基督》（*Christ in the Storm on the Sea of Galilee*）。《劫掠珀耳塞福涅》大致是在 1631 至 1632 年绘制的，当时伦勃朗正在基于鲁本斯的《下十字架》进行创作。这幅画列于执政 1632 年的物品清单中（虽然错写成了利文斯的作品！），所以很可能是受惠更斯委托创作的，这也解释了其中融合了古典主题和鲁本斯式主题的原因。画面的基本构图模仿了彼得 · 苏特曼的一幅蚀刻版画，而这幅版画本身也仿照了鲁本斯临摹古典时期石棺上的浮雕绘制的一幅画。[71] 伦勃朗借用了鲁本斯画中的
406 一个人物形象：他在一篮子溢出的鲜花旁边，抓着珀耳塞福涅的车。虽然鲁

本斯的阐释比伦勃朗的画面稳重许多，但这位佛兰德画家真正要表现的主题，其实是主体之间互相拉扯形成的对立冲突。在其他方面，伦勃朗的画面更加激烈残忍。其中正进行的不单是“劫掠”，也是强奸——普路托的双手伸进珀耳塞福涅的大腿内侧，把她向上猛拉，这时她狠狠地挠着他的脸。普路托的战车上装饰着獠牙骇人的青铜狮子，一排磨尖的犬齿暗示着这场奇袭有多么野蛮，而象征着囚禁的金属锁链，也是伦勃朗用来加强情节的典型机关。不消鲁本斯或惠更斯提醒，伦勃朗也知道夺取珀耳塞福涅的故事也暗喻着四季的循环。这位宁芙的母亲刻瑞斯在失去她之后，收回了赐予世界的生机，使大地陷入寒冷的荒芜。直到朱庇特听取了她的怨怼，让潘神前去打探她女儿的下落，最终说服了冥界之神每一年让新娘自由活动几个月，地球上欣欣向荣的景象才得以部分恢复。所以这幅画也呈现着阳光与阴影的角力，草地上艳丽的花朵逐渐消逝，转化成在黑暗中抽薹的杂草：牛蒡、荨麻和刺蓟。在拖车下方，莎草丛生处张开了一个深不见底的水凼、一道湿漉漉的裂隙。

《加利利海上风暴中的基督》（笔者撰写本书时，这幅原藏于波士顿伊莎贝拉·斯图尔特·加德纳博物馆的绘画仍处于失窃状态）的画面翻滚咆哮，主色调是绿色，受鲁本斯的影响更大，因为伦勃朗借用了两幅他的作品：《赫洛与勒安得耳》在 1637 年被伦勃朗买下之前可能就已经在荷兰了；而 1610 年的祭坛台座画《圣沃尔布加的奇迹》（见第 194 页）描绘的也是暴风雨中的场景，面容安详的圣修女正乘船穿过北海。伦勃朗可能还看过马滕·德·福斯的作品《加利利海上的风暴》（*Storm on the Sea of Galilee*）的一张复制版画，其中也描绘了类似的暴风雨。[72] 鲁本斯式的情节显而易见：狂风鞭打着怒涛；泡沫般的海水猛烈冲击着小船，船头突出的鱼叉（难道要在加利利捕鲸？）丝毫不受影响；水手们肌肉紧绷，拼命要从桅杆底部拉紧船帆，升降索却自顾自地飞进吞噬一切的黑暗；舵手握着船舵，全力对抗着汹涌的海浪。但也有 407
一些细节纯粹是伦勃朗的创新。比如，左船舷上挂着一个悲惨的家伙，正朝着翻腾的大海呕吐。伦勃朗通过让激动和平静的人物形成对比，来体现出奇迹即将到来的状态。和《上十字架》一样，伦勃朗又一次把自己放进了画里，这个代表他自己的人物一手抓着船索，一手扶在帽子上，眼睛直望向观者。

伦勃朗,《加利利海上风暴中的基督》，1633 年。布面油画，160 厘米 ×127 厘米。波士顿，伊莎贝拉·斯图尔特·加德纳博物馆（失窃）

他外套的蓝色和背后紧邻着的人物的黄色并置（蓝黄组合是凡·曼德尔特别推荐的和谐搭配），让观者注意到后者微驼着后背，毫无波澜，仿若置身于人、风和水的喧嚣之外。紧接着，伦勃朗用自己最擅长的方法描绘了右边陷入恐慌的诸位门徒，打造了一场手的戏剧。有一双手正合十祈祷；有一只手因透 408
视而大大缩短了，正比画着某种手势；有一只手正粗暴地把耶稣拉过来，让他面对愤怒和不安。（令人震惊的是，耶稣侧脸的面容竟然和《劫掠珀耳塞福涅》中普路托的模特是一样的！）此时，救世主的手却安然如常，与门徒形成了鲜明的对比：他一只手置于膝上，另一只手放在胸前，希望用宣告信仰的方式平息众门徒的恐惧。就连天气也有两副面孔：一侧天空阴沉凶猛，另一侧则明朗平静，沸腾的云层中已然露出一片开阔的天空。

在伦勃朗1631至1633年的历史画中，所有戏剧元素都是紧密集中的。不管是《加利利海上风暴中的基督》《劫掠珀耳塞福涅》《狄安娜沐浴，及阿克特翁与卡利斯忒的故事》，还是《劫掠欧罗巴》，里面都会由一组小人形成故事线索，在一片宽阔、光影交织、充满神妙奇想的风景中演出。这些历史画的画幅本身都很大，所以从展厅后排望去，就像在舞台上表演的一场用望远镜才能看到的戏剧，一堆堆人物在闪烁的灯光下进进又出出。鲁本斯年轻的时候也用过这种绘画方法，比如《赫洛与勒安得耳》。但这位佛兰德大师更 409
出名的做法是，把动态推到观众面前：真人大小的人物作飞墙走壁之势，将巨大的画面空间塞得毫无缝隙，仿佛要越过画框，把观众也拉进这座肌肉及情感激烈搏斗着的竞技场。

伦勃朗并没有完全放弃他早期的绘画方法。他在1634到1635年完成的单色画《讲道的施洗者圣约翰》（*St. John the Baptist Preaching*）十分令人惊叹，仿佛把以色列移植到了阿姆斯特丹，是一次充满异国风情的世界博览会：裹着头巾的土耳其人、戴着整套头饰的非洲人、携着弓箭的美洲印第安人。不过，和《戴荆冕的耶稣像》和《约瑟述梦》（*Joseph Telling His Dreams*）一样，这一时期的少数几幅灰调画都是为制成蚀刻版画做准备的习作。伦勃朗想要模仿鲁本斯长期以来的做法，自己准备详细的油画草稿，然后让手下的蚀刻师和雕刻师把草稿做成版画。但不知为何，伦勃朗没能找到自己的福斯

伦勃朗,《讲道的施洗者圣约翰》,约 1634 年。木板上裱布面油画,62 厘米 ×80 厘米。柏林,柏林画廊

特曼或庞提乌斯,因而没能把这幅作品委托出去。其中两幅单色习作——《下十字架》和《戴荆冕的耶稣像》——后来有相应的蚀刻版画,但《约瑟述梦》和《讲道的施洗者圣约翰》只留下了油画草稿。也许伦勃朗最后还是觉得,没有人能像他一样把蚀刻作品营造得如此敏锐、精妙、大胆。而他也是对的。

1635 年,伦勃朗的历史画出人意料地突然变得非常具有鲁本斯风格。画作不光尺幅更大,物理冲击力也更加集中。和鲁本斯那些戏剧性极强的作品一样,伦勃朗的画面中也充斥着扭曲的形态:身体像陀螺一样飞旋,躯干如杂耍一般拧结。毫不奇怪,在伦勃朗和鲁本斯的身后,站着一位以螺旋飞行见长的绘图大师:卡拉瓦乔。鲁本斯肯定在罗马圣王路易堂(San Luigi dei Francesi)的肯塔瑞里小堂(Contarelli Chapel)里看到过卡拉瓦乔描绘圣马太生平的系列画作,并把《圣马太与天使》(*St. Matthew and the Angel*)中

伦勃朗，《讲道的施洗者圣约翰》（细部）

天使的翅膀和长袍形成的圆弧形曲线移植进了自己的两幅《献祭以撒》（*The Sacrifice of Isaac*）当中。其中后一幅是为安特卫普的一座耶稣会教堂创作的天顶画，画面中的族长即将杀掉男孩，柴火已经在地上铺好，有一只因透视而缩短的脚伸出祭台。这时空中闪现出一位大能的天使，使得祭祀过程戛然而止。这画面让人联想到两位米开朗琪罗（分别姓博纳罗蒂和卡拉瓦乔）的风格。伦勃朗还知道（也许收藏过）1614 年安德里斯 · 斯托克根据鲁本斯前一幅《献祭以撒》制作的版画，[73] 甚至也记得他的老师彼得 · 拉斯特曼在 1612
年创作的那一幅，其中天使虽然同样具有卡拉瓦乔风格，但他只是伸出手， 410
没有把手放到亚伯拉罕的手腕上，而背景中不祥的祭祀之火已经袅袅升起了青烟。

乍看上去，伦勃朗藏于艾尔米塔什博物馆的《献祭以撒》与拉斯特曼和

鲁本斯,《献祭以撒》, 1620 年。木板油画，49.5 厘米 ×64.6 厘米。巴黎，卢浮宫美术馆

鲁本斯的都很相似，但稍做改动之处却尽显纯粹的戏剧天才。画面中央又是一出剧情丰沛的手部表演。在伦勃朗笔下，天使那只无比光滑的右手，抓着亚伯拉罕深色皮肤的大掌；而亚伯拉罕的左手不是放在儿子的头上把他的眼睛遮起来，以便我们看清以撒脸上的恐惧神色，相反，伦勃朗把亚伯拉罕的这只手变成了绷带，完全盖住儿子的脸，使他几乎窒息而亡，这只手的动作同时充满着温存和残酷。在几只手上演的戏剧之间，用来刎颈的刀从空中直直下坠，上面有着伦勃朗惯用的精美雕饰，刀刃仍然指向无助男孩暴露在外的喉咙。

伦勃朗和几位信奉天主教的前辈（卡拉瓦乔、拉斯特曼、鲁本斯）一样，都很清楚基督教传统把以撒的献祭看作是后来圣父为世人献上圣子之血的预示：耶稣受难。不管这幅画（以及藏于慕尼黑的复制版）的赞助人是谁，都明白这幅画虔敬的主题之下还有一个潜台词。但是，伦勃朗给自己的功课（在

伦勃朗,《献祭以撒》,1635 年。布面油画,193 厘米 ×133 厘米。圣彼得堡,艾尔米塔什博物馆

这方面，他确实是卡拉瓦乔和鲁本斯真正的继承人）并不是去表现深奥的宗教图像学传统，而是要让神圣历史具有人间的真实气息。根据加尔文派的世
411 界观，对万能之神的无法揣测的计划绝对服从，是虔敬之心的标志，因此父亲受命杀死长子，这份考验是极其严肃的。不过，比起新教徒的这种感情，伦勃朗注入了更多父亲的人性。伦勃朗自己的孩子已经死了。不需要听从讲道，他也明白必须服从上帝的铁律。但他也愿意相信上帝是慈爱的，所以他赋予了亚伯拉罕愤怒、痛苦的面部表情，看起来好像是一个刚从地狱里得到意外假释的疯子。

无论伦勃朗自己属于哪个教派，他都是一个精通基督教教义的人，知道基督教如何解读《旧约》甚至异教徒的古代文献以教化自身。比如，当时在尼德兰流传着奥维德《变形记》的"道德化"版本，里面连最难以被基督徒理解的段落也附带了基督教的说教和警句。鲁本斯的老师奥托·凡·维恩编写过一整本关于神圣战胜世俗之爱的象征符号的书籍。[74]卡雷尔·凡·曼德尔在他1604年的《画家之书》中记载了一本奥维德叙事诗的荷兰语版本，内容经过了适当清理，适合新教徒阅览。即便如此，还是很难想象有哪个神话会比特洛伊的牧羊王子伽倪墨得斯的故事更不符合基督教的教义。故事中，朱庇特化身成一只雄鹰，将伽倪墨得斯带走，让他做自己的侍从，为诸神斟酒。那些要把古典故事基督教化的人，幸好还能找到一种柏拉图式的解读，即飞向天际的伽倪墨得斯象征着纯粹的灵魂离开腐朽的尘世，飞往天堂。[75]这样，只需要把荒淫无度的朱庇特稍做更改，替换为天父即可。伽倪墨得斯归于圣父，依旧纯洁；又甚者，他象征的也许正是救世主！要表现这样一位归于正
412 道的伽倪墨得斯，就不能让他是容貌姣好、身材匀称的青年。相反，在基督教的象征体系中，他常常以一位小天使的形象出现，两只腿骑在仁慈的雄鹰身上，好似一个坐着旋转木马的孩子。

伦勃朗《劫掠伽倪墨得斯》(*The Abduction of Ganymede*)里的男孩，则好像不太喜欢这趟旅程。他的嘴张着，哭号抗议着，尿液画出一道壮观的弧线，洒向正迅速向远方退却的大地。肯尼斯·克拉克认为，这是伦勃朗又一次挑战古典传统，只不过这一次，伦勃朗摆出了清教徒的模样，而不像以前

伦勃朗，《劫掠伽倪墨得斯》，1635 年。布面油画，171 厘米 ×130 厘米。德累斯顿，历代大师画廊

是个粗人。他写道，这幅1635年的绘画“抗议的不仅是古典艺术，也是古典道德，以及将二者结合在一起的16世纪罗马艺术”，最典型的便是垂涎伽倪墨得斯美貌的米开朗琪罗。[76]但我觉得，伦勃朗除了觉得粉饰孪童行径令人不齿之外，也还有别的想法。他了解的知识领域非常丰富，所以想必知道在占星术的传说中，被绑架的伽倪墨得斯变成了水瓶座。从画中小男孩正在撒尿这个小细节，就不难感受到伦勃朗的淘气，这种描绘在北方绘画史中可以说是绝无仅有。玛加丽塔·罗素（Margarita Russell）认为，伦勃朗很可能看过弗朗索瓦·迪凯努瓦（François Duquesnoy）在布鲁塞尔的那座著名的“撒尿小童”（manneken pis）雕像，或者它的一张版画，因为在他的破产物品清单中有一件撒尿的小天使，以及一幅哭泣的丘比特木刻。一些作者认为这二者可能是伽倪墨得斯以及一年后创作的《达那厄》中被缚的厄洛斯的模特。[77]在佛兰德，鲁本斯大概率会喝上一口天使的尿，因为他最喜欢的啤酒或葡萄酒的美称就是pipi d'ange（天使之尿）或者pipi de Jésus（耶稣之尿）。

所以，伦勃朗对古典作品和对基督教经文一样了解。但他既不想太虔诚，
413 也不想太学究。如果说他从古典时代汲取了许多想象力的话，那也是来自质朴无华的普劳图斯*，而不是天马行空般钻研形而上学的柏拉图。毕竟，他已经画过两幅女人和男人在小便的蚀刻版画，其中一个蹲着，一个站着，这样粗鲁的画面和精神没有哪怕一丝关系。伦勃朗把世俗的气息故意插入本应具有启迪意义的场景中，显得十分不协调，学者看了会觉得十分为难，急于想要找一个深奥而正经的解释。比如伦勃朗1633年的蚀刻版画《好撒马利亚人》（*The Good Samaritan*），明亮的前景中有只狗正在光天化日之下拉出（大量的）粪便，这不可避免地被学者解读为撒马利亚人的善行可以清洗生命的污浊。[78]但也正是这位认定有必要为这只狗找到“一个合理的图像学阐释”的学者，指出了伦勃朗对排泄主题有明显的偏好，并写道：“身子晃晃悠悠，肌肉拼尽全力，不关心其余一切，只关心手头的紧要事，《好撒马利亚人》中的这只狗也许是该艺术家描绘过的最贴近生活本真的受造物之一。”[79]

* 即罗马喜剧作家提图斯·马克休斯·普劳图斯（Titus Maccius Plautus）。——编注

伦勃朗，《好撒马利亚人》，1633 年。蚀刻版画。纽约，皮尔庞特·摩根图书馆

伦勃朗，《发脾气的小孩》，约 1635 年。带水彩及粉笔的钢笔素描。柏林，版画素描博物馆

拉屎的狗、撒尿的伽倪墨得斯，正是这种细节，让 17 世纪后期那些自 414
诩守护荷兰艺术高雅品位的人感觉受到了冒犯，其中包括伦勃朗自己的学生塞缪尔·凡·霍赫斯特拉滕（Samuel van Hoogstraten）。他们认为伦勃朗坚持观察粗鄙之物，是幼稚而粗俗的行径，与艺术的崇高使命格格不入。他们非常准确地认识到，这位画家是要试图回归早前北方的拉伯雷传统，在同一件作品中毫不顾忌地混合低俗和崇高的元素。伦勃朗（像剧作家布雷德罗一样）坚持这样古老的传统，大概不是因为没有思考过旧模式的弊端，而是出于对其中更完整的人性的尊重，把人同时视作动物和具有高级品质的灵魂。在这样的传统中，生活之粗鄙没有什么可让人羞耻的。相反，它倒可能是值得高兴的事。在伦勃朗为《劫掠伽倪墨得斯》准备的一幅素描草稿中，婴儿的父母似乎拿着一架望远镜对着天空，说明伦勃朗知道水瓶座的起源，而水瓶座也是带来冬季降雨的使者。所以，伽倪墨得斯的银色溪流是一种祝福。他尿在大地上，保护大地的生机。而朱庇特的金光喷射在处女达那厄的身上，也

伦勃朗,《雅各爱抚便雅悯》，约 1637 年。蚀刻版画，第一版。纽约，皮尔庞特·摩根图书馆

播撒下英雄时代的种子。

凡人和神祇在此一同寻欢作乐。因此，伦勃朗认为把古典面孔和阿姆斯特丹街头的面孔混在一起不但没什么不妥，而且正是神话在当代生活中经久不衰的秘诀。鲁本斯同样也是如此教导我们的。虽然如果这位佛兰德大师没有仔细地研习档案中的古代雕塑和文艺复兴绘画，他不可能取得后来的成就，但如果他没有把在安特卫普的市场、酒馆、街道和教堂里看到的人物融入历
415 史画里的话，作品的力量也会是暗淡的。伦勃朗更进一步，把神话人物在史诗中的身份溶解在了自己用画作编纂成的一部人类喜剧大百科全书里。伽倪

墨得斯那眉头紧锁的哭相，不单是取自木刻中哭泣的小天使，另一方面也来自他的写生（naer het leven）素描。正是在创作这个神话题材期间，伦勃朗再次成了准爸爸。所以，虽然有必要警惕把生活和艺术粗糙地联系在一起，但他这时对小孩子的面部表情和肢体语言产生全新的兴趣，是再自然不过的了。[80]

1637年左右，萨斯基亚再次怀孕的时候，伦勃朗创作了一幅动人的蚀刻版画，题为《雅各爱抚便雅悯》（*Jacob Caressing Benjamin*），画中父子手臂交叉，放在父亲的膝上。小男孩的样貌画得非常甜美，正对着什么东西咯咯发笑，扭着身子，粗壮的脚靠在老人的靴子上。可以看出，艺术家在这幅作品中流露出的那种对孩童世界的兴趣（就和他对年迈者的世界的兴趣一样），远远不是标准的图像学所能解释的。婴儿版本的伽倪墨得斯形象十分精确、坦率，这是古典雕刻、撒尿的喷泉男孩、寓意画册里纯粹精神性的丘比特，以及把死去的婴儿再现为盘旋在父母头顶的小天使的家庭肖像画中所没有的。伦勃朗的伽倪墨得斯散发着小男孩的气息；他那难以小觑的阴囊、胖嘟嘟的大腿、婴儿特有的胖肚子，以及他扁扁的鼻子、鼓鼓的脸颊和卷卷的头发丝，都是如此。由于主体形象朴实无华，《劫掠伽倪墨得斯》和《达那厄》都不可能被直接解读为象征着纯粹的美德。伦勃朗脑海中设想的，也许就是比柯勒乔和鲁本斯的作品更加接近真实感官的画作。但是，如果说他选择苏珊娜这个传统的爱情客体的同时，也暗示了其中的羞耻和反抗，使主题变得复杂的话，那么那个被劫走的婴儿，毕竟也表现出对自己命运的强烈不甘。他可以是纯洁灵魂的化身，死死地攥紧手中的樱桃。他也可以是水瓶座，为大地赐以生命之雨。但在伦勃朗的笔下，他反抗着自己的宿命。即便这是去见证显圣容的旅程，他也宁愿选择自由。

4. 移动的手指

死亡的浪潮越涨越高。在莱顿，死神带走了城市整整三分之一的人口； 416

在阿姆斯特丹，死亡人数接近四分之一。布道者说，瘟疫是世人激怒了耶和华而理应受到的惩罚。它是打在不公义者背上的杖责，是惩罚偶像崇拜的手段，是制止物欲和拜金的神力。牧师会向漫不经心的信徒宣读《圣经》，讲述以色列人和犹太人的命运，说他们也曾蒙上帝的赐福，却终究因为不道德的行径而付出了代价。他们纵容自己肥胖、放荡；他们从圣殿拿了器皿，却以娼妓般无法满足的食欲玷污了圣器。他们都是骄傲的醉鬼。牧师警诫道：当心你自己的行为，看看你在酒杯中的倒影，反省反省你肮脏的灵魂。放下你手中的孔雀馅饼吧。

曾让伦勃朗画过自己肖像的诗人兼剧作家扬·哈尔门松·克鲁尔，也发表了好些作品，抨击人们对上流生活的追求，并警告人们这样做会带来哪些后果。[81] 也许是有一位抱持着类似想法的客户，想要以一种过目不忘的方式提醒自己世俗的权力和财富是多么偶然，所以伦勃朗才在 1635 年创作了这幅轰动一时的《伯沙撒的盛宴》(*Belshazzar's Feast*)。这个故事来自《但以理书》第 5 章，一直以来都用于告诫人们远离过度奢华的饮食习惯。例如扬·穆勒（Jan Muller）于 1597 至 1598 年完成的那幅风格主义作品，受到威尼斯圣乔治马焦雷教堂（San Giorgio Maggiore）里丁托列托画的《最后的晚餐》启发，运用了点着烛光的长餐桌作为主导构图的元素。[82] 而在伦勃朗的这幅画里，金色占的比例甚至超过了在同一时期绘制的《达那厄》。不过，在这幅历史画的叙述中，金色不是祝福，而是一种诅咒；不是辉煌，而是一种污浊和邪恶；它覆盖在国王华丽的王袍上，让器皿上闪着不祥的光。这些器皿正是昔日巴比伦王子从耶路撒冷的圣殿中抢夺而来的，现在却遭到亵渎，成了他这场宴会上的盘子。

《圣经》曾描述伯沙撒与“他的一千位大臣”饮酒。为了显示出筵席的厅堂之巨大，伦勃朗本来也可以运用自己过去的看家本领，在宽阔的空间中安排一群小小的人物。但他却挑出了几个有代表性的人物，包括国王本人，然后把他们推到了极度靠近画面空间边缘的位置。这样，伦勃朗成功地营造了一种幽闭、不祥的氛围。在这场聚会上，哪里都没有紧急出口。

画面中的巴比伦看起来也很像乌得勒支画派的风格。为了描绘不敬

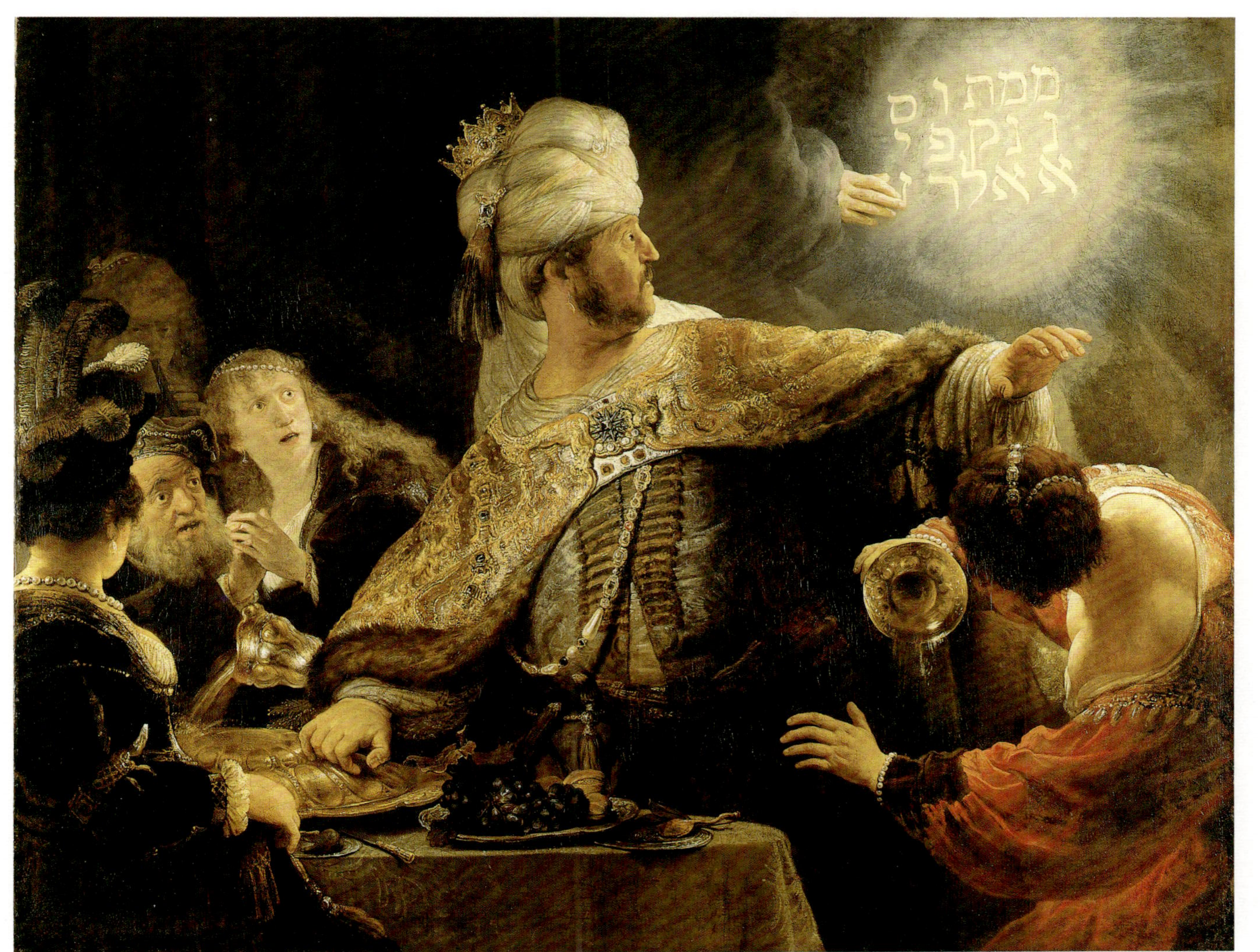

伦勃朗，《伯沙撒的盛宴》，约 1635 年。布面油画，167.6 厘米 ×209.2 厘米。伦敦，英国国家美术馆

上帝的狂欢者——国王的“儿女妻妾”——伦勃朗借鉴了“卡拉瓦乔派”（Caravaggisti），包括凡·巴布伦、特尔·布吕亨以及洪特霍斯特。画面最左边
417 戴着羽毛和珍珠的交际花，背对着刺眼的亮光而坐，她的岿然不动（如同《加利利海上风暴中的基督》中背对画面的那位驼着背的人物那样）更衬托出其余人物惊慌失措的神色。伦勃朗在准备阶段绘制的底部单色涂层中，左边还有一个女人手指拨弄着竖笛，眼神正对着我们，这个人物同样取自乌得勒支艺术家的作品中那些一半性感、一半说教的形象。不过，画面右边身着柔软的朱砂色礼服、裸着肩膀的女人形象，则是直接来源于意大利文艺复兴盛期的作品。她的身子往后微倾，想要远离自己看到的东西，不觉间手里的金色酒壶洒出了葡萄酒。她的姿态很像是藏于威尼斯总督宫的委罗内塞作品《劫掠欧罗巴》中的主角，伦勃朗曾在赞助人约昂·海德柯珀（Joan Huydecoper）位于阿姆斯特丹的收藏中看到过这幅画的副本。[83]

不过，伦勃朗对画中其余的一切都用了自己处理图像的方法，几只手之间的互动甚至扮演了比在《献祭以撒》里还更关键的角色。伯沙撒表现出惊恐之状，好像要将正在写字的幽魂推远，左手的姿势类似于达那厄举起的迎接之手（在原初的版本中左手更低，更是和达那厄如出一辙），亦仿若《献祭以撒》中亚伯拉罕准备杀戮的那只手。除了“移动的手指”之外，画面中最
418 强有力的动态部分沿着平行四边形的构图铺开：伯沙撒的右手放在金盘上，头巾画得十分精致华丽，左手向外伸出；侍女的袖子和手泛着鲜红的色彩。这幅画的边缘被裁剪过（和许多此类历史画一样），因此观看收藏在英国国家美术馆的版本时，需要想象它稍绕顺时针旋转的样子，才能精准体会到天崩地陷的感觉，画面中身体摇晃和酒水洒落的角度也会更加自然。

这幅画也是伦勃朗最淋漓尽致地表现“情动”（affecten）的作品之一，无论是宴会宾客们大惊失色的面容，还是伯沙撒本人在强烈的射线照耀下光影跃动的面庞——他的眼睛（就像以马忤斯的门徒一样）几乎从眼窝里跳了出来——都反映着强烈的情绪。伦勃朗忠实还原了《圣经》的内涵，不遗余力地表现出万物的转瞬即逝：金属之华贵、饮食之欢愉、帝国之延续，皆不过昙花一现。要表现这般戏剧的场景，他却需要采用静物画家的手法，先以

很深的棕色颜料作为底色，再把画面中固体和液体物品的表面营造得更加丰富，让飞流直下的美酒、破裂的（象征着堕落的）无花果和葡萄、花纹蜿蜒的锦缎都闪耀着肉欲的光点。这不是伦勃朗最后一次做工匠，就和他的银匠好友吕特马一样；吕特马那些精心锻造的贝壳形状的金属餐盘，伦勃朗曾多次在历史画中用颜料再现。他好似一名在画板上操作的手艺人，给国王的长袍和冠冕增添了浓密的赭色、铅锡黄和铅白，让它反射出耀眼的辉煌。国王的头巾上，一缕缕珠光斑斓雀跃。令人眼花缭乱的宝石——玛瑙、红宝石和水晶，还有位于头巾流苏末端的那颗大宝石——都是用厚厚的糊状颜料刷上去的。但在这密集的色彩中，伦勃朗费心斟酌了许多微妙而精美的细节，比如悬挂在国王耳垂上的新月耳环，在幽灵现身的边缘不失为引人瞩目的点缀。就连国王长袍上的那块皮毛，也在神谕之光下竖立了起来，仿佛被一阵天降的电流抚过一般。

坚固之物分崩离析，权力如倾洒的葡萄酒一般归于尘土，豪奢的黄铜与人们的放荡行径一同熔毁；为这惊奇的氛围更增一笔耸人听闻色彩的是，那诅咒的文字并不像《圣经》记载的那样写在石膏墙上。伦勃朗曾把达那厄的金雨变成一束金色的光，而在这里，伦勃朗也让预言着末日的手从云中浮现出来，这只手的皮肤比国王的顺滑很多，在一片炽热的光中写下了那些文字。塞法迪犹太裔学者兼出版商门纳塞 · 本 · 伊斯拉埃尔（Menasseh ben Israel）也住在圣安东尼布里街，几乎可以肯定，是他告诉画家，可以让希伯来文 / 阿拉姆文字母纵向排列，而不是从右向左水平排列，以便增添另一层神秘的氛围。那只手在画面中正要写完最后一个字母，由此给国王的命运下了定论：但以理给国王读解这一异象的当天晚上，国王就会一命呜呼。随着那手化作一缕青烟，伯沙撒在世上的统治也全然消散、瓦解了。

5. 参孙之眼

这幅画是《达那厄》邪恶的孪生姐妹。尺寸相同，构图布局也很相似， 419

伦勃朗,《参孙致盲》, 1636 年。布面油画, 205 厘米 ×272 厘米。法兰克福, 施泰德艺术馆

强光透过拉开的帷幔照射进来，一张脸在光线的衬托下显得轮廓分明，一具完整的身体朝着我们伸展过来。但这是灭绝之光，而不是创造之光。那光亮如此锐利、强烈，让我们能透过大利拉外衣袖子的薄纱看到她细腻的前臂。因为极度兴奋，她的眼睛睁得大大的，明眸中充满了残忍。那复仇的眼神落在参孙的身上，可他却看不见。他的一只眼睛因痛苦而紧闭，另一只眼睛被爪哇波状刃短剑刺中，喷射出一股鲜血。那鲜血每一滴都画得十分考究，画家显然需要把右手靠在支腕杖上，以便仔细打磨这些细节。在这目光之下，参孙好像已经死去。他过去困于色欲和美酒，在黑暗中沉睡。而现在，他将再也无法看见世界上的任何东西。

参孙与大利拉这个主题，过去有无数人画过，包括伦勃朗自己早前画的一幅，还有扬 · 利文斯的两幅，以及鲁本斯的两幅。但是没有任何一幅是像这样的；没有任何一幅如此无情地展现出强壮男子的三重毁灭：他的雄风、视力、肌肉都崩解了。[84] 伦勃朗将这个瞬间的重量锻造进了铁器里。锁链残酷地扎进了他的手腕，让手腕也开始流血。爪哇波状刃短剑的把手上有着华丽的浮雕，那弯曲而优雅的刀刃描绘得非常精准，似乎在深深插入眼窝之后还转动了两下。伦勃朗喜爱收藏武器和异域的商品，因此可能也给自己买过一把。作胜利姿态的大利拉手中拿着一把剪刀，那武器在耀眼的光线下光彩夺目。还有一对手铐等着要把无助中的囚徒铐起来。戴着铠甲的手抓住了倒地巨人的胡子。一名士兵躺在参孙身下，从背后将他制住，用手掐住他的喉咙，头盔从士兵头上掉了下来。

当然，17 世纪的图像中，想用血淋淋的场面来教化大众的例子比比皆是。[85] 像鲁本斯这样既看过卡拉瓦乔的作品，又看过《拉奥孔和他的儿子们》的画家，会认为后者是通过折磨来表现美德的经典作品，是“痛苦之典范”（exemplum doloris）。而鲁本斯也绝不是唯一一名会去制造令人惊吓连连的画面的艺术家。尽管在今天看来，就算我们的电影银幕上已经充斥了满屏血浆的场景，这些画面也还是难以入眼。但我们很难不觉得，这位儒雅的绅士其实对这些惊魂动魄的画作相当偏爱，比如为根特的耶稣会教堂创作的圣利维努斯（St. Livinus）主题巨幅画作 * 中，殉道者的鲜血从他的胡须上滴下来，他看着自己的舌头被迫害者用钳子连根夹了出来，放到两只饥饿的猎狗头顶晃荡。受到野蛮的酷刑，他的嘴无法再言说，这让我们想起鲁本斯另外几幅令人难以忘记的恐怖绘画。除了圣利维努斯，他还画过博韦的圣尤斯图斯（St. 420
Justus of Beauvais）†，让人过目难忘。这个小殉道者手里拿着自己刚被砍下的头颅，斩首留下的伤口描绘得精细而清晰。但那神圣的头颅竟能继续向一旁的异教徒讲话，自然让他们极为震惊，这番对话让整幅画的观感稍微没那么恐怖。鲁本斯也记得自己在美第奇托斯卡纳大公的收藏中，看过卡拉瓦乔最可怕的画作之一——《美杜莎的头颅》（*Head of Medusa*）。所以他打算画一幅

* 即《圣利维努斯的殉道》(1633)。——编注

† 即《圣尤斯图斯的奇迹》(1633)。——编注

鲁本斯,《美杜莎的头颅》,约 1617 年。布面油画,68.5 厘米 ×118 厘米。维也纳,艺术史博物馆

比这位意大利模范的作品还要更恐怖的头颅,那是一颗黏糊糊的脑袋,里面装着一大堆蛇(可能是他的搭档弗兰斯 · 斯奈德斯画的)。它们从血淋淋的汁水中不由自主地滋生出来,在混乱中扭动、交配、搏斗、死亡,或者四者同
421 时进行。康斯坦丁 · 惠更斯在他的自传中提到,1629 到 1631 年,他在阿姆斯特丹的商人朋友尼古拉斯 · 索希尔收藏了这幅声名远扬的警世之作的副本。荷兰文化特别喜爱死亡主题和双关语,所以可怕的美杜莎会特别符合一位商人的品位也不是稀奇的事,尤其是他与诗人兼剧作家彼得 · 科内利松 · 霍夫特(其姓氏 Hooft 在荷兰语中就是"头"的意思)的姨子结婚后,就住进了"头之屋",房子的外立面上装饰着许多头颅。惠更斯说自己很高兴这幅画是挂在朋友家里,而不是在他自己的家。这话经常(正确地)被引用。不过,他也说过,揭开保护画面的帘子之后,观众看到的是惊为天人的描绘,女子美丽的面容和不堪入目的毒蛇相互结合,竟如此"优雅精致,很难不为这充满自然的生命力和美感的……残忍作品而触动"。[86]

伦勃朗的《参孙致盲》(*The Blinding of Samson*)显然参照了鲁本斯和斯

鲁本斯与弗兰斯·斯奈德斯,《被缚的普罗米修斯》, 1618 年。布面油画, 242.6 厘米 ×209.5 厘米。费城,费城艺术博物馆

奈德斯合作完成的另一幅画,也是一幅富有暴力感的作品,那就是鲁本斯的《被缚的普罗米修斯》。莱顿的多米尼克斯·巴蒂乌斯(Dominicus Baudius)曾为这幅画写过赞颂的诗篇,给予了它极高的评价。[87] 实际上,这条崇敬链还能追溯到更早的时候,因为鲁本斯的这幅杰作也是基于提香对泰坦巨人提堤俄斯(Tityus)之命运的充满戏剧感的描绘(1560 年由科内利斯·柯特制成版画)。提堤俄斯因为试图侵犯宁芙勒托(Leto),即阿波罗和狄安娜的母亲,而受到责罚下了地狱。他被绑在冥界的峭壁上,那里有一对毒蛇、秃鹫或者巨鹰(在不同文本中物种不同),不停地啃食着他的肝脏:古典时代的人认为,

肝脏是性能量所在的位置。(这种责罚的形式和普罗米修斯遭受的一样，被啄食的器官会再长出来,但只长到刚好够鸟吃的程度。)[88] 鲁本斯下了很大功夫去描绘那个正在被啄食的器官，在透视之下显现出它弯曲的状态，就像伦勃朗在描绘阿里斯·金德* 前臂内部的肌肉组织时一样。也许，伦勃朗看了临摹鲁本斯画作制成的那幅版画，注意到他和斯奈德斯把鹰爪的一个肢节扎进了普罗米修斯的眼窝。他犯下的罪是企图偷盗诸神之火。按照柏拉图的理论，以及当时的许多眼科手册［比如卡莱尔·凡·巴滕(Carel van Baten)的《外科医学》(*Chirurgie*)］的说法，视力的本质其实就是属火的(与此相对的是亚里士多德学派，他们坚持认为视力是透明清澈的，属水)。巴蒂乌斯的赞颂诗篇里特别指出了鹰眼部位的细节，说那眼睛充满了“燃烧的火焰”。将铄铄鹰眼与普罗米修斯那正在熄灭的视力之火并置，正是敏锐的伦勃朗绝不会忽略的那种犀利的笔法，也许正是这一笔点燃了他创作的火花。

所有这些前辈——提香、卡拉瓦乔、鲁本斯——都描绘了巨大身躯向后
422 翻仰的姿态，普罗米修斯的脚伸入空中，身体扭成弯曲的对角线穿越画面空间，头部伸向观众。但是伦勃朗运用光线和色彩的方式，不仅是他的前辈们没有想到的，而且也违背了所有关于塑造图像深度的基本假设。任何一位称职的历史画家都会认为，色彩较浅的部分具有把主体推向观者的光学效果，而较深的部分则造成后退的观感。[89] 但伦勃朗大胆地把最明亮的部分放在后面，这样一来，大利拉似乎是在从这幅画炫目的背景中撤离，离开杀戮现场。(事实上，他后来对这幅画进行修改时，把这个部分改得更加明亮了。)换句话说，她手里拿着复仇的战利品——从参孙头上剪下来的头发，心怀胜利的喜悦跑远了；而巨人那笨重的身躯朝着与之相反的方向跌落，此时，想乘胜杀掉他的士兵们正扑向他的身体和脑袋。二者反向运动的结果，是在画面中产生了一种狂躁的能量。画面中有些部分处理得比较稚拙，比如士兵们手臂的透视结构比较奇怪；和士兵们在一起的那个人物身上的皮草镶边，颜料处理明显比较草率。这样却似乎更凸显了大动干戈的残酷场面。与鲁本斯的《被

* 即《蒂尔普医生的解剖学课》中被解剖尸体的原型模特。——编注

缚的普罗米修斯》相比，这件作品有着怒吼般的暴力气质，让它更像是鲁本斯那些猎狮主题的画作。1629 年，伦勃朗曾制作过一幅非常具有鲁本斯风格的狩猎题材版画，画中一支长矛箭头向下，正要刺穿一只野兽的头部，其构图也让人想起《参孙致盲》中的动作。（毕竟，狮子在参孙的故事中同样扮演了关键的角色。）但伦勃朗在作品中处理颜料的手法，本身就比鲁本斯曾经使用过的任何手法都更具有侵略性。伦勃朗对这幅画修改了很多次，改变了
其中一些人物的位置，显然实际上让作品变得更粗糙了，但一切都是为了在 423
笔法和叙事之间找到一个平衡点。为了彰显参孙的痛苦，伦勃朗用了很多细节——脚趾因受折磨而蜷曲着，面部因疼痛而做出咬牙切齿的样子——在这些地方，颜料就好像是被直接戳到画布上的。

《参孙致盲》传递出的粗野的紧张感，与标准巴洛克历史画要求的华丽的表面可谓格格不入，让安特卫普和意大利的大师们觉得野蛮低级。当然，伦勃朗的目的不仅仅是要制造一出形式新颖的屠杀戏，也是要传递一则关键的信息：因受难而得救。长期以来，人们一直认为 1639 年 1 月 12 日伦勃朗是为了讨好而把《参孙致盲》献给惠更斯的，目的是催促惠更斯尽快付清他在耶稣受难系列画中的报酬，并建议他“请将这幅画挂在光线强的地方，这样便可从远处看到它”。[90] 如果它真的是伦勃朗送给惠更斯的礼物，那么收到礼物的人肯定懂得如何欣赏它，理解它是一场赎罪的牺牲，是悲剧英雄为傲慢、虚荣以及身体的罪恶付出代价的时刻。

换句话说，参孙因道德上的盲目而受到了惩罚。现在，他的双眼再不能看见，却终于可以看清事情的真相。

惠更斯有一首关于眼盲的诗歌，题为 *Ooghen-troost*，是在伦勃朗完成《参孙致盲》十一年后才发表的，但实际上写于 1630 年。这首诗也表达了类似的情感。标题本身具有欺骗性，是惠更斯非常典型的起名方法，因为它在荷兰语口语中指的是小米草这种草药，又名“明目草”。根据中世纪“自然记号理论”，人们认为这种草的亮蓝色花朵可以治愈眼疾，因为它明亮的外表就彰显了治疗的功效。这种中世纪晚期的药方显然很可疑，典型的例子就是建议病人将明目草与仙鹤草、鼠尾草、地榆、马先蒿和“童子尿”混合使用，

以达到最佳效果。[91] 但 Ooghen-troost 的另一个意思是“眼睛的药剂”，在此不仅指实体的药膏，也指惠更斯在诗中向老友的女儿卢克莱蒂亚·凡·特雷洛（Lucretia van Trello）提出了一些安慰性的建议，因为她的一只眼睛刚刚失明，可能是青光眼所致。[92]

惠更斯安慰卢克莱蒂亚的措辞，在我们看来可能很不近人情，但很符合新斯多葛主义的想法，那就是接受命运。上帝的意图不可揣测。看起来残酷的折磨，内在也蕴含着自我启示的种子。人要在诅咒中蒙福，更需要能够区分伪善（falso bono）和伪恶（falsa mala），区分向外的目光和向内的目光。惠更斯告诉卢克莱蒂亚，单眼失明，正好可以使人远离表面看起来欣快的事物，比如闪耀的黄金和魅惑的身体，从而避免因此产生的痛苦和罪恶。

在惠更斯这首诗的中间段，有一长串“盲人队伍”的名单，都是被视觉巫术蛊惑了的人：吝啬鬼、情人、“盲目”追名逐利的人，还有画家，这最后一类受到了特别尖锐的批评。惠更斯说，画家应该受到三方面的谴责：第一，
424 他们认为自己表现了事物的真实面貌，但实际上他们只是在模仿事物的表面；第二，他们竟敢冒昧地模仿上帝的创造；第三，他们把风景或漂亮的人物说成是“如画般美丽”（Schilderachtigh），这是一种亵渎神明的荒谬。惠更斯尖刻地补充说，绘画需要证明自己配得上上帝的造物，才能赢得赞美，而不是反过来。视力受损，反而将凡人从上述所有这些视觉幻象中解脱出来，加强了向内省察（binnenwaarts zien）的能力（正如人在失去一种感官后另一种感官会变得更敏锐）。

惠更斯曾经详细比较过利文斯和伦勃朗的作品，无疑是一位敏锐的视觉鉴赏家，但在这里却显得轻视了视觉，这从表面上看似乎有些奇怪。[93] 然而，这对新教人文主义者来说并非罕见之事。他们在孜孜不倦地探索眼之所见、寻访自然和物质世界的光明之乐的同时，却保持着惩戒的心态，认为这种愉快的勘察始终比通过向内沉思获得的真理要更低级。天主教的反宗教改革最让他们反感，因为反宗教改革积极鼓励视觉奇观，承认那是通往神圣启示的神秘途径。惠更斯呼应了一种古老的传统，这种传统肇始于圣保罗，在奥古斯丁的《忏悔录》中发扬光大，那就是圣人拒绝眼睛的诱惑。他写道：“我的

眼睛喜欢看美丽的形象、鲜艳的色彩。希望我的灵魂不要为这种种所俘虏，而要完全为天父所占有。”恶魔就是光，奥古斯丁称其为肉体之光，“白天，不论我在哪里，彩色之王、光华灿烂浸润我们所睹的一切”，它分散了虔诚的基督徒的注意力，将他引向歧途。他继续说，真光的照耀，是“双目失明的多比看见了你，他以生活之道教诲儿子”。[*94]

因此，伦勃朗在创作三幅描绘参孙的画作（包括这幅令人目不忍睹却过目不忘的《参孙致盲》）的同时，还继续迷恋着《多比之书》，也就不足为奇了。伦勃朗的整个职业生涯是一场向外目光与向内目光的对话，是这个如金属般无比坚硬、闪闪发光的尘世表皮与脆弱的凡人肉体之间的对话，是伯沙撒那庸俗、豪奢的黄金王国与突然闪现的预示着王国灭亡的讯息的对话。又过了二十五年，约斯特·凡·登·冯德尔和他的朋友约翰·弥尔顿各自写出了对参孙失明这个故事的洞见。1660 年，伦勃朗正在创作他那幅轰动的、具有抗议意味的描绘着独眼克劳迪乌斯·西威利斯的画作，而与此同时，冯德尔也以同样的风格写了两部戏剧，在两部剧作中，两位主角都是视力无碍但道德上盲目，并通过盲目的自我毁灭达致了恩典和真相：《参孙的复仇》（*Samson's Revenge*）和冯德尔改编的索福克勒斯的《俄狄浦斯王》（*Oedipus Rex*）。[95] 在《参孙的复仇》中，参孙明确地指出他对陷害自己的大利拉具有“盲目的爱”，后来又指出非利士人有着“盲目的偶像崇拜”，而这种盲目又反过来决定了他们各自的悲惨命运。十年后，失明的弥尔顿在《力士参孙》（*Samson Agonistes*）中用一曲但族人的合唱描述了参孙最终的救赎：

> 可就算他双目失明， 425
> 受尽羞辱，思想奄奄，
> 向内之眼却迸发光明，
> 炽烈的美德使他振奋，
> 自灰烬中猛然熊熊燃烧。[96]

* 本段引用的译文取自奥古斯丁《忏悔录》，周士良译本。——译注

到了 17 世纪 60 年代，伦勃朗的绘画方式本身就已经同时暗含了向外和向内的视线，使观者不仅需要调动视觉，也需要调动触感，这无疑与当时即将到来的绘画风尚是背道而驰的。人们更喜欢聚焦清晰、棱角分明、色彩鲜艳、造型明确的画作，喜欢看它反射着光芒、亮闪闪的样子。[97] 但早在二十五年前，伦勃朗就已经不由自主地开始尝试用不同的技法去描绘不同的历史故事，来体现致盲和复明的情节。

藏于克利夫兰艺术博物馆（Cleveland Museum of Art）的《多比复明》（*The Healing of the Blind Tobit*）这幅素描表明，伦勃朗不仅是作为业余爱好
427 者对解剖学感兴趣，而且对摘除白内障的眼科文献也很熟悉。在《圣经》中，多俾亚遵照天使拉斐尔的指示，在父亲的眼睛附近抹上了鱼胆；但伦勃朗没有遵循传统和《圣经》，他决定描绘多俾亚操纵眼科医生的手术针的一幕（这幅画很可能只有一幅学生的临摹现存）：多俾亚挑拨、转动着那细细的针尖，将结痂的物质从角膜表面移开，推到眼球的下半部分。在这个过程中，医者牢牢抓着老人的头，把他的眼皮拉得紧紧的；那小心翼翼插入眼球的手术针，则直接取材于像乌得勒支医生卡莱尔·凡·巴滕翻译成荷兰文的奥斯瓦尔德·加伯考尔（Oswald Gabelkower）的《药书》（*Medecynboek*）和德国外科医生乔治·巴蒂斯奇（Georg Bartisch）的《目之天职》（*Ophthalmoduleia*）这样的书籍。[98] 甚至有人认为，伦勃朗可能直接听取了阿姆斯特丹眼科医生约布·凡·梅克伦的建议，因为他笔下的手术场景十分细致，而普通外科医生的专业知识仅限于切除胆结石和修复骨折，是不能操作眼科手术的。[99] 就像对蒂尔普医生那灵巧的解剖过程一样，伦勃朗（本人就是一名描绘精细动作的大师）可能也很欣赏这种高风险操作所要求的精细和稳定的手感。

透过素描的再现，我们可以看到，伦勃朗的《多比复明》也展现着儿子内心对父亲的温存——与之相对的不仅有《献祭以撒》，还有极其感人的 1636 年蚀刻版画《浪子回家》（*The Return of the Prodigal Son*）。在《浪子回家》中，这位可怜、邋遢、孱弱，过去只能在猪食槽里吃泔水的受造者，如今终于回到了父亲的怀抱。而在《多比复明》（以及伦勃朗 17 世纪 60 年代再次回到这一主题时的绘画）中，画家让这位父亲的双眼紧闭，似乎暗示着多

伦勃朗，《多比复明》，约 1645 年。用白色水彩校正的棕色墨水钢笔素描。克利夫兰，克利夫兰艺术博物馆

比已经因年老而失明了——尽管《圣经》中没有记载，就像磨坊主哈尔门·赫里特松一样。所有这些贯穿伦勃朗一生的线索，以及他对历史画主题的选择，在多比这幅画中交织在一起，显得更加辛烈，因为在这幅画中，父亲必须把自己盲目的信仰寄托在儿子的仁慈之上。多比不由自主地同时感觉到放松和 428
紧张，当自己的眼皮被向上推时，嘴角微微下垂，双手因为害怕而紧抓着椅子扶手的末端。伦勃朗对文本进行了一些自己的发挥，让它成了一个家庭场

伦勃朗,《浪子回家》, 1636 年。蚀刻版画。纽约，皮尔庞特·摩根图书馆

景。多俾亚的妻子撒辣静静地站在一边，她的手放在肚子上，这是中世纪暗示着妻子怀孕的姿态。然而根据这本经外书的记载，她不应在现场，因为撒辣的丈夫回去找父亲期间，把她留在了尼尼微的城门附近。而多比忠实的妻子安娜，则变成了护士模样，正透过眼镜注视着手术过程，同时端着一碗水随时准备擦拭、清洗眼睛。在多比的右肩上方，还画着天使长拉斐尔，他的表面涂着一层淡淡的白色，看起来比较模糊，似乎是为了强调他的非物质属性。

上：伦勃朗，《天使离开多俾亚和他的家人》，1637 年。木板油画，68 厘米 ×52 厘米。巴黎，卢浮宫美术馆

下：伦勃朗，《天使离开多俾亚和他的家人》，1641 年。蚀刻版画。纽约，皮尔庞特·摩根图书馆

伦勃朗,《多比前去迎接多俾亚》，1651 年。蚀刻版画。纽约，皮尔庞特·摩根图书馆

守卫天使是一道光，而不是凡俗的肉身，这样的观念在伦勃朗的多比系列故事的最后一集中成了核心元素。神秘的陌生人亚撒利雅显现出自己是大天使拉斐尔，他的使命完成了，离开了多比的家，化作一阵灿烂的光芒升上天空。伦勃朗的这幅画大约完成于 1637 年，1641 年他又用蚀刻的方式把这个主题再画了一次，进一步阐释了令人目盲的强光这个他特别喜爱的元素。在 1637 年这幅油画中，两代人的反应各不相同：年轻的多俾亚和他奇迹般被驱除了恶魔的妻子撒辣惊奇地直直望着离去的天使，而年长的那对夫妇则分别看往不同方向，回避了眼前的场景。尤其是多比，他伏在地上祈祷，眼睛上有一道黑色的污迹，似乎是多年失明的痕迹。在较晚的蚀刻版画中，拉斐尔的形象没有了面孔，他散发出的巨大光晕笼罩着家族的所有成员，为父亲治愈了眼疾的医生多俾亚也在光晕中低下了头。

即便此时，伦勃朗也还没有停止借自己喜爱的《多比之书》来探索向内和向外显现的灵光。[100]1651 年，他刻了一幅极为感人的蚀刻画，画中的老人独自待在厨房里，突然意识到儿子就在门口。他笨拙地移动着，穿着拖鞋的右脚抬起，尽可能快地拖着脚向门口走去，撞翻了纺车——这是他妻子长期忍受痛苦的家庭美德的象征，还撞上了家里忠诚的狗。多比的眼睛上有着深黑的线条，表明伦勃朗用雕刀在蚀刻板上制造出了一道道柔软的毛刺。不仅如此，伦勃朗还成功地用这些毛刺让多比好像看得见又好像看不见，或者更确切地说，把眼睛变成了指引方向的器官，它具有的是内在的而不是外在的视力。

然而，这还不是故事的全部。因为多比并不是朝着半开的门走去，我们可以清楚地看到，那扇门是在他的右手边。实际上，他正朝着与自己的影子相撞的方向走去。

6. 与鲁本斯摔跤

在 1637 到 1639 年的一段时间里，伦勃朗和萨斯基亚的日子过得很甜 430
蜜，住在位于城市东端的弗洛延堡岛（Vlooienburg Island）的东端，隔壁便有一所“糖面包房”。[101] 他们的房子正对着内阿姆斯特尔河（Binnen Amstel），透过窗户可以看到帆船经过，驳船的船帆随风倾斜，岛上的船坞里堆着许多木材。船坞的后门处是卸货码头，前门则通向繁忙的长木街（Lange Houtstraat）。到了春天，只要把百叶窗打开，他们便可以听到海鸥尖声飞过，竞相从未设防的渔网中夺取猎物。他们的邻居扬·凡·费尔德斯泰恩（Jan van Veldesteyn）经营着一家名为“四块糖面包”的烘焙店。清晨，伦勃朗和萨斯基亚会在甜美的面包和蛋糕那糖蜜一般浓厚的气味中醒来，香气中夹杂着丁香和姜片糖的气息，正从烤箱中冉冉升起。

但弗洛延堡如此繁华甜蜜，要归功于这里的犹太人。他们直接从巴西或者从里斯本运来了精炼或未精炼的*黑砂糖*（muscovado），这是南大西洋贸易中最珍贵的货物，沿途还运来了绿宝石、钻石、胭脂红、靛蓝、巴西木和烟草。葡萄牙犹太人更喜欢用他们自己财团筹集的资金、他们自己的船只（名字都叫“大卫王”一类的）来进口这些高价奢侈品，这让西印度公司的商人感觉如鲠在喉。[102] 这可不是二十年前他们允许葡萄牙犹太人（其中一些人来自南边的安特卫普，另一些人来自葡萄牙和西班牙）在这座城市定居的原因。虽然阿姆斯特丹的市政府官员们当时愿意为西班牙最大的死敌和受害者提供庇护，但他们也绝不会如此大公无私。为了躲避宗教法庭而移民的葡萄牙犹太人，和那些留在家乡、表面上皈依了上帝的“新基督徒”之间有着非常密切的联系。对于荷兰人来说，这似乎是一个宝贵的机会，可以利用葡萄牙犹太人，将美洲贸易的控制权从西班牙转移到迅速发展的海港城市阿姆斯特丹。因此，葡萄牙犹太人才获准定居阿姆斯特丹，但前提是他们遵循当地的法律和习俗，且不得皈依基督教，不得与虔诚的基督徒同寝。

431 第一代塞法迪犹太人中的大多数，从面貌上几乎辨认不出来。和伊比利亚半岛的“新基督徒”马拉诺人一样，他们不得不在明哲保身和数典忘祖之间作出艰难的取舍。有些人故意当众吃猪肉，有些人则私底下还是遵守着犹太饮食的规定。但过了几代人之后，正统的教义越来越难以为继。人们不再行割礼，因为宗教法庭对这些男人一查便知。犹太教的传统节日中，有些只能偷偷地过，尤其是逾越节；另一些则已经被忘记了；而其他的，比如需要

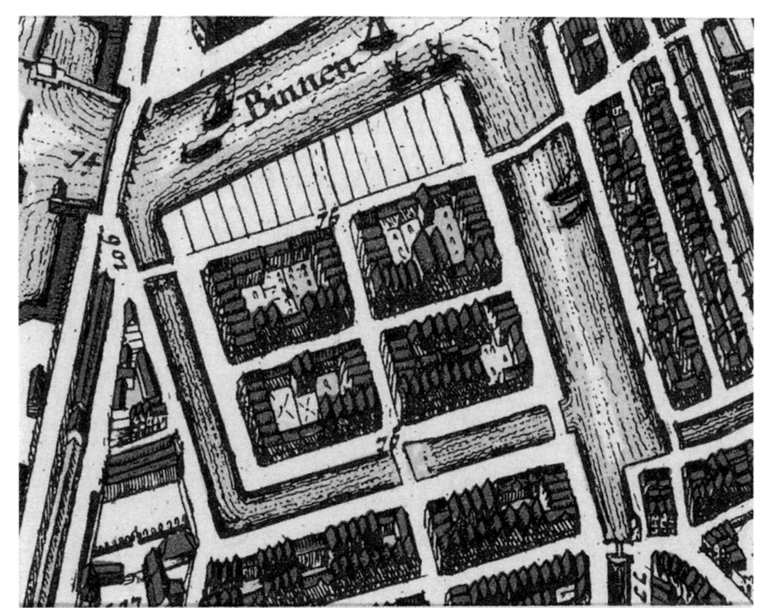

约昂·布劳,《阿姆斯特丹地图》(细部),1649 年。私人收藏

斋戒的圣殿被毁日(Tish b'Av),人们是怀着绝望、强烈的崇敬心度过的,因为那正是他们失去耶路撒冷和圣殿的日子。他们将更早的一次迫害中的女殉道者称作"圣以斯帖"(St. Esther)。但是,在那些从威尼斯、君士坦丁堡、法国派来管理阿姆斯特丹教区的拉比看来,他们不比被遗弃在非犹太人世界里的孤儿好多少,都是迷失了信仰的人。他们需要祀奉仪礼的屠师、割礼司、希伯来文老师和《塔木德》。他们还真的有了。伦勃朗和萨斯基亚搬到弗洛延堡的时候,全阿姆斯特丹的1000名犹太人中有整整800名都住在那里,木材运河(Houtgracht)上已经有了三座犹太教堂和一所名为"生命之树"(Etz Hayyim)的学校。[103]

其中一座犹太教堂坐落在名为"安特卫普"(Antwerpen)的旧仓库里,名字叫作"安宁之所"(Neve Shalom)。说实话,这里可不太安宁,因为犹太文化另一个明显的特色就是喜欢争吵。他们激烈争论着罪人在来世将得到何种处置。有些人,比如伊萨克·阿博阿布·达·丰塞卡(Isaac Aboab da

Fonseca），为大家许下了安心的承诺，认为天堂会原谅所有人、欢迎所有人；而其他人则认为恶人会受到应得的惩罚、在沙漠中受苦。这种争论会让犹太人对着犹太人转头而去、摔门而出、作飞扬跋扈之态，对着受蛊惑的邻居咂舌；在去祈祷的途中，一个犹太家庭如果不想和迷途者走同一条道，会加快脚步匆忙穿过运河桥。像乌列尔·达·科斯塔（Uriel da Costa）这样失去了虔信心的后退者，除了《圣经》之外否认一切权威，包括《塔木德》中的所有智慧，会被逐出社团、视为贱民，除非他同意绑在犹太教堂的柱子上接受 39 次鞭打，以驱除自己的不洁。一年后，1640 年，达·科斯塔自杀了。

但在 1637 年，弗洛延堡是伦勃朗理想的居住之地，因为这里是附近四个街区的国际贸易中心。在外围的街道旁和两条互相交叉的运河（比如木材运河）沿岸，房子外立面都是砖砌的，偶尔还会有石头雕刻的装饰，这些都是属于富人的住宅。这座城里的犹太人没有大贵族那么富有：贵族的收入要以几十万荷兰盾来计，而最富裕的犹太人的收入也只有几万荷兰盾。但只要他们的船能进来，就可以保证衣食无忧。他们的衣着和其他阿姆斯特丹市民一样，主要材料是黑色天鹅绒和毛毡，偶尔也穿绸缎、白亚麻布和蕾丝的衣服。他们的胡子剪得很短，帽子很高。他们说葡萄牙语的时候，你会听到升得很克制的双元音，以及像枕头一样柔软的辅音；而你走进他们的房子，就会闻到玫瑰花水的味道，尝到无花果和杏仁、姜片糖、马拉加葡萄干、干柠檬片，这些都是他们通过自己的贸易从摩洛哥、美洲、土耳其和塞浦路斯运来的——唯独在这些时候，你才会发现他们和附近的邻居是不一样的。

432 沿着弗洛延堡的内巷（stegen en sloppen）往深处走，犹太人的世界变得越来越狭小、越来越贫穷。这里的房屋都是木头造的，因为这座岛不久之前还满是木匠、伐木工人和造船工人，他们会切割、构造轮船的部件，为阿姆斯特尔河沿岸的船厂造船做准备。如今，这些船部件大多是在赞河沿岸制造，然后再在赞河的外围岛屿上的大型海军码头上组装起来。木屑已难寻踪迹，取而代之的是抛光宝石留下的细粉，或者一缕缕被弃置的雪茄烟丝。这里有许多鸡和羊，有屠夫和面包师，有卖旧衣服的人，有外科医生和做假发的人。从百叶窗向屋内望去，你会看到人们在摆弄希伯来文、阿拉姆文、西班牙文和拉地诺文的活字，准备印刷；望进另一间屋，就会看到工人正用剪刀穿过布料，准备把它们染成黄色，做成祈祷用的披肩。再往社区更深处走，你可能会偶尔撞见来自某个野蛮的德国或波兰街区的德意志佬（tedesco），他们蓄着长胡子，外套更是长得可怕，大口大口地吃着东西，让葡萄牙塞法迪犹太人觉得既无知又肮脏。夜深人静时，你若提着一盏散发着灰黄微光的油灯，可能会邂逅一家客栈、一位小提琴手、一缕烟，或者邂逅一位姑娘，尽管谁也不愿承认。

伦勃朗和萨斯基亚安家的地方，算不上贫民窟。他们只需要向北过一座桥，再穿过一个街区，就能到达布里街，左转就是以前和亨德里克·凡·优伦堡一起住的房子了。很多人认为，有着黑头发、白胡子的，就是犹太人，但这种“闪米特”面相不过是一种刻板印象，多半只能在19世纪的漫画里看到，而在17世纪的阿姆斯特丹是看不到的。在这里，绝大多数犹太人的衣着都和他们隔壁的基督徒一模一样。[104] 许多欧洲和美洲博物馆里长期标着“拉比”的古人，都大概率是全心全意的新教徒。比如，无檐便帽其实和种族及宗教都没有关系，甚至卡尔帕克毡帽（kolpak）也不是来自克拉科夫的犹太人的标志，因为戴着这种帽子的更有可能是来自格但斯克的门诺派教徒（比如凡·优伦堡）。即使是伦勃朗那幅大鼻子、厚嘴唇的男子蚀刻肖像*，虽然通常被认定为画的是门纳塞·本·伊斯拉埃尔，但它和犹太艺术家萨洛姆·伊塔利亚（Salom Italia）为伊斯拉埃尔创作的那幅版画肖像几乎没有任何近似之处，而我们可以确认伊塔利亚版本的描绘是比较精准的。更没有任何明确的证据，能让我们判断那位正在下楼梯的优雅绅士是不是犹太医生埃弗拉伊姆·布埃诺（Ephraim Bueno/Bonus），他的衣着、面部表情和姿态都没有包含任何宗教信仰的信息。†

伦勃朗既然在17世纪30年代后期住在弗洛延堡，那他就不可能一点没有沾染葡萄牙犹太人那种纸醉金迷的文化。他毕竟是很喜欢异域事物的一个

* 指伦勃朗1647年为布埃诺创作的一幅版画肖像。——编注

† 指伦勃朗创作于1636年的一幅蚀刻版画，画中人曾一度被认为是伊斯拉埃尔。——编注

上：伦勃朗，《参孙在婚宴上出谜》，1638 年。布面油画，126 厘米 ×175 厘米。德累斯顿，历代大师画廊

下：伦勃朗，《参孙威胁岳父》，约 1635 年。布面油画，158.5 厘米 ×130.5 厘米。柏林，柏林画廊

人，而去接近这些《旧约》的子民，自然也会加强他自己对《圣经》的本能感觉，让他更加强烈地感受到其中故事的丰富性。伦勃朗本来也是天然的普世合一信徒。他母亲的家族是天主教徒，他父亲的家族则是不太严格的加尔文派。他的朋友、赞助人、模特则来自五湖四海，有抗辩派、反抗辩派、门 433
诺派，还有至少两个犹太教徒。在这个问题上，他可能已经不属于任何教派了，这样的人在荷兰共和国其实为数众多，除了洗礼和葬礼之外，国家对此也不会多加置喙。这并不是说伦勃朗不会像鲁本斯那样强烈地坚持自己的信仰。但他信仰的是跌宕起伏的间奏、百般痛苦的诱惑、左右为难的困局和急火攻心的焦虑，而不是蒙受神圣的召唤和在狂喜中殉道。重中之重，在于无常、愤怒、怀疑和背叛。

伦勃朗即将成为荷兰的历史画大家，他这种对《圣经》富于人性的感知，既让他有了新的机遇，也时常让他头痛。再次以大画幅画下两则《士师记》中的参孙故事时，他如鱼得水，因为二者都是有关背叛和愤怒的。在 1638 年的作品《参孙在婚宴上出谜》(*Samson Posing the Riddle at His Wedding Feast*)中，伦勃朗大胆地从一幅复制版画中借用了达·芬奇《最后的晚餐》的构图，以一位衣着奢华、头戴皇冠的非利士人新娘代替了基督。在她的右手边，一群人穿着奇装异服，正有说有笑、双手摸来摸去。这中间有一位身着红色天鹅绒礼服、裸着肩膀、身体向后微倾的女士，和《伯沙撒的盛宴》的前景中那位委罗内塞式的人物几乎是一样的。在新娘的左手边，参孙一边向听他说话的那群人讲着有关甜蜜的谜题，一边用手指比画着。而从死狮腹中取得蜂蜜这个答案，就隐含在他那鬃毛一般的长发和狮子一般的外表当中。

更早的一幅讲参孙故事的绘画则要奇特很多。《士师记》第 15 章有这样一段情节：参孙的非利士人岳父不肯让他进家门见他的妻子，不肯让他与她生孩子。故事中的老人，而非青年人，决心采取行动，并说："我估定你是极其恨她，因此我将她给了你的陪伴。她的妹子不是比她还美丽吗？你可以娶来代替她吧。"《圣经》上只是说，参孙因此认为加害于非利士人"不算有罪"。但伦勃朗却自作主张地发明了参孙发怒的场景：他的嘴大张着，露出的牙齿宣示着怒火，硕大的拳头向上对着岳父的脸挥过去；而老人的右手抓着窗户的铁把手，显得既害怕又轻蔑，表现着幽闭的氛围。对抗的冲击力完全是由那只孤零零的脑袋体现出来的，我们只能看到头的侧面，镶着铁钉的窗板好似它的画框，这样的布局赋予了它一种仓皇的特质，似乎脑袋与身体的其他部分是分离的，可以像童书里的拉纸插图一样一下子缩回去。而且，人物的姿态可能显得太有自我意识了，反而无法很好地表达戏剧感，但这种笔法对空间错觉的探索是非常新颖的，伦勃朗的学生霍赫斯特拉滕用绘制看起来没有身体的头颅的方式来练习错觉技法的时候，肯定也仔细观察过这幅画。

然而，这种不可预知的创造力，这种彻底改造原有体裁的本能，这种洞察概念的睿智，在伦勃朗描绘耶稣受难的系列画作中却偏偏消失了，未免使
435 人扼腕叹息。这个系列是伦勃朗受共和国执政腓特烈·亨利委托创作的，既是他职业生涯的最高峰，也是其最低谷。执政邀请伦勃朗再画三幅画，连同他的《上十字架》和《下十字架》一道挂到执政在海牙老宫殿（Oude Hof）的私人展厅里。打从一开始，这似乎就是一次不合资历的封赏，仿佛在以官方的形式肯定伦勃朗是荷兰的鲁本斯。既然他得了这份荣耀，谁能堪称他在历史画方面的老师呢？利文斯远在英国。彼得·拉斯特曼死了，他圈子里还活着的成员，比如扬·派纳斯、雅各布·派纳斯、克拉斯·莫耶尔特、扬·滕纳格尔，可能都嫉妒得翻江倒海。如果这项工作能顺利进行，那么伦勃朗当初洋洋得意地给自己戴上象征着荣誉的金链子画的自画像，也就不只是自卖自夸，而更像是未卜先知了。

麻烦在于，他从鲁本斯那里学来的经验，以及他在充满了激情的大幅历史画中描绘的刀光剑影、横冲直撞，在这项工作中都完全没有用处。他必须重新运用自己过去在莱顿时期的那种比较克制、隐忍的绘画方式。毫无疑问，这是伦勃朗整个职业生涯中最重要的委托任务，但他却不得不艰难而痛苦地与创造力作斗争，甚至有时会感到非常无聊。1636 年 2 月，伦勃朗给康斯坦丁·惠更斯写了一封信（惠更斯始终充当着分配这些工作的角色），想要假装信心十足，语气中却难掩几分怠惰。这项委托似乎是在 1633 年下达的，当时伦勃朗的耶稣受难系列的第二幅作品《上十字架》刚刚大获成功。三年过去了，伦勃朗却没有多少进展的迹象，因为信中他一直在强调自己勤奋、坚持

不懈，听起来很像是在自我辩护，可能因为惠更斯已经来信委婉催促了。伦勃朗写道，他现在已经画完了委托创作的三幅画作中的第一幅，《基督升天》（*Ascension of Christ*），而另外两幅，《基督下葬》（*Entombment*）和《基督复活》（*Resurrection*），“已经完成了超过一半”[105]。（喜欢拖稿的作家和画家都心知肚明，这意思可能是只完成了十六分之九。）“不知亲王阁下更愿预先收下已绘制完成的第一幅，还是更愿等候三幅作品都绘制完成再一并收下，我谨听候亲王阁下的敕令，将尽己所能满足阁下的要求。”

我们自然会觉得，惠更斯如果够聪明，就理应立马去看看《基督升天》这幅画，因为剩下的两幅画还得要三年时间才能交付呢。接下来很长一段时间内，这件事都没有任何下文（虽然惠更斯很可能断断续续地给伦勃朗写过信，但这些信件没能留存下来）。如果说伦勃朗其实是因为想要给作品提价但没有成功而故意搁置了这项委托，这种揣测也不是没有道理。艺术家在 1636 年写了第二封信，还是那种一边拍马屁一边唱高调的说辞，读了很是令人不快。一方面，伦勃朗急于确保他的新作品能与执政展厅里的前两幅画相匹配，并主动提出要到海牙来，保证它们完美契合。另一方面，每幅新画他都要价 436
200 荷兰镑，相当于每幅画 1200 荷兰盾，这是他《下十字架》和《上十字架》价格的两倍。伦勃朗有理由觉得，自从 1632 到 1633 年他呈上了那两幅作品以后，他的地位和声誉已经发生了变化，理应有更高的报酬。他现在可是著名的《蒂尔普医生的解剖学课》的画家，画过大贵族、老牧师的肖像。更何况，他也不再只是凡 · 优伦堡公司的合伙人，而是一间独立工作室的老师，带着一群天赋异禀的学生，这里就是阿姆斯特丹最重要的艺术创作中心。

但他的放肆也是有限度的。伦勃朗肯定也不确定执政会怎么看待他的这个要求，因为他补充写道，虽然“我理应收款 200 镑……然无论亲王阁下［决定］赐我几许，我都会心满意足地收下”。也许，提出要拿两倍数额的报酬的要求时，他也不完全指望惠更斯会帮他说话。要知道，惠更斯虽然对伦勃朗赞赏有加，但还是写了那首犀利的小诗，指责伦勃朗画的雅克 · 德 · 盖恩三世一点也不像本人。

这几行讽刺的句子一直到 1644 年才出版，那时惠更斯发表了一本选集，里面收集了一些他偶尔写的小诗。但这些话有可能在那之前就传到了伦勃朗耳朵里。伦勃朗当时所在的圈子很小，尤其是他在 17 世纪 30 年代和宫廷打交道的那段时间里。闲扯流言八卦，不管得体与否，在圈子里都像吃饭睡觉一样寻常。自然有一些不怀好意之人，会忍不住向伦勃朗提起惠更斯那毫不奉承的诗作。不管伦勃朗有多少优秀品质，他肯定不是那种会对此事一笑了之的人。因此，虽然他也向惠更斯展示了“我的最新作品”（可能是一幅蚀刻版画），想要以此让双倍报酬的要求显得不那么生硬，但当他的要求遭到拒绝时，他也没有完全感到出乎意料——这项委托剩余部分的佣金和以前一样，每件 600 荷兰盾。

这件事可能埋下了不祥的伏笔。就伦勃朗来说，他可能由于遭拒而感到羞辱，方才意识到，服务于宫廷的画家，地位其实比他以为的更卑微下贱（在这一点上，鲁本斯曾不止一次有同样的感受）。而康斯坦丁 · 惠更斯（或者执政）则也许觉得，他们从莱顿挖来的这位无名小卒变得自高自大了，现在有点装腔作势、狐假虎威，就算鲁本斯见了也会替他脸红。拿这二人作对比是不可避免的。伦勃朗在信中写道，他的新作会与早期表现耶稣受难的作品“相衬”。但为了达成这个目标，伦勃朗就很难避免落入鲁本斯树立的范式之中。他过去画《圣经》中的故事时，也曾多次有意识地参照鲁本斯，想要与他对
437 垒。而他如此反复地使用来自鲁本斯作品的元素——圣沃尔布加、普罗米修斯、献祭以撒——也说明他还没有摆脱那种模仿和超越自己心目中的导师的冲动。

至于惠更斯，即便 1635 年鲁本斯没能如愿前来荷兰，在 17 世纪 30 年代末他也不太可能对这位佛兰德画家置若罔闻。毕竟在 1638 年，鲁本斯最著名（也是政治上最臭名昭著）的女赞助人，法国王太后玛丽 · 德 · 美第奇，因为参与反对枢机主教黎塞留的政变而遭流放，来到尼德兰寻求避难，这件事也在一定程度上是鲁本斯促成的。她经由信奉天主教的南部前往北部，行至荷兰共和国的各个城市，这段路途的高光时刻便是进入阿姆斯特丹城的仪式。无论她走到哪里，她过去胜利的影子都会跟着她，那是鲁本斯绘制的一系列歌颂她人生成就的油画的版画复制品。在这方面，主持阿姆斯特丹这场仪式

的人们肯定也敏锐地感觉到，鲁本斯三年前为迎接那位枢机主教兼亲王以胜利姿态进驻安特卫普所做的设计，已经代表了对象征寓言最高度的运用。可想而知，在阿姆斯特丹的这场仪式中，虽然参与的阵容不同，气氛也更欢快，但它从安特卫普那里借鉴了许多历史更久、更经过考验的内容。

像惠更斯这样国际消息灵通的人，也不会不知道鲁本斯为腓力四世在马德里郊外的狩猎公馆畋憩别塔绘制画作时的惊人速度。在不到两年的时间里，鲁本斯带领他的工作室为这位国王制作了六十多幅神话题材的作品（并为他的朋友弗兰斯·斯奈德斯设计了六十幅动物和狩猎主题的作品，供其画成油画）。国王对画作的渴望欲壑难填，而鲁本斯自己的痛风越来越严重，让他很难控制画笔，所以他不得不在安特卫普找了至少十一位同事来一起尽快画完。这些人里有雅各布·约尔丹斯（Jacob Jordaens）、科内利斯·德·福斯（Cornelis de Vos）、伊拉斯谟·奎林（Erasmus Quellin）。不过，画在木板上、描绘着神话场景基本构图的小幅油画草图，则完全出自鲁本斯之手。这些画大部分取材于奥维德的叙事诗，可以跻身他创作过的最美的画作之列。一个患有关节炎和痛风的老头，身上竟能迸发出如此惊人的诗意能量，这肯定让惠更斯感到心头一惊：看来，无论他之前做过何种预判，当今的阿佩莱斯仍然是生活在斯海尔德河和马斯河以西的那位人物。

其实，在与伦勃朗周旋，想要取到耶稣受难作品的那几年里，惠更斯也一直与鲁本斯有直接的联系。这位佛兰德艺术家不仅给自己建造了一幢能够完美体现人文主义绅士学者身份的房子，也曾出版过有关热那亚宫殿的权威书籍。为了赢得鲁本斯的认可，惠更斯给他寄去了几张绘有自己在城里的新别墅的图片。这栋别墅建在海牙市中心，是按照最时尚的意大利风格设计的。在信的末尾，惠更斯几乎是漫不经心地提及了来自腓特烈·亨利的一项委托任务：要画一幅画放在宫殿壁炉的上方，主题可以由鲁本斯自己选择，但画中必须是三个人物，或者“最多四个”人物，“其美丽应当用爱、钻研与勤勉 438
来彰显”。[106] 专门提及人物的数量，可能是想暗示鲁本斯，执政想要的不是充斥着裸体的爱情花园，而众所周知，鲁本斯在画风业已成熟的中年时期特别偏爱这种题材。于是，鲁本斯最终寄给了执政一幅巨大的、色彩斑斓的《狄安娜的加冕》(*Crowning of Diana*)，画面中到处是顺从的野兽。一场成功的狩猎巡游过后，它自然就是国宴厅里一道亮丽的风景。

关于什么样的绘画适合宫殿的空间，伦勃朗也有所了解，尤其是“老宫殿”诺代恩德宫里腓特烈·亨利的那间展厅。而且，他也觉得自己足够了解惠更斯的个人展厅，所以才会建议惠更斯把画放在“强光下”，以便获得最佳观赏效果。[107] 伦勃朗虽然表面上很自信，但仍然会因为前人的影响而十分焦虑。他在天主教艺术家的作品中四处搜寻耶稣受难画的典范，目的却是要取悦一位新教徒主顾。关于伦勃朗《基督升天》的来源，最常被提及的是提香在1517年左右为威尼斯的圣方济各会荣耀圣母教堂创作的大祭坛画《圣母升天》(*The Assumption of the Virgin*)。但是，除非伦勃朗见过提香画作的某件草稿，否则这幅画不可能是前者的原型，因为在伦勃朗1639年2月将作品交付给执政前，还没有人雕刻过这幅《圣母升天》的版画。不过，斯海尔特·博尔斯维特(Schelte à Bolswert)以版画形式临摹过许多幅鲁本斯的《圣母升天》和《基督升天》，都可以成为伦勃朗研习的素材。单独来说，其中没有一幅的构图像提香的画作一样那么接近伦勃朗自己的《基督升天》。但伦勃朗善于借鉴不同的原型，再进行综合，而这正是他对鲁本斯的绘画所做的事：从一幅画里汲取了飞翔的小天使，再从另一幅画里汲取了下方姿态各异的人物，甚至还从鲁本斯的一幅《圣灵降临》(*The Descent of the Holy Ghost*)里汲取了圣灵的画法，参照的是庞提乌斯雕刻的版画。

只不过，这种不辞辛劳地把天主教主题大杂烩似的加在一起的做法，反而体现了伦勃朗的难处，那就是如何才能够把公共的、带来启示的天主教祭坛画，变成一幅私密的、具有还愿目的的新教作品。最尖锐的矛盾，在于神圣景象是如何增进虔敬心的。对于天主教徒来说，绘画必须有足够的力量，让观者感受到一种亲临耶稣受难现场的幻象，这样，他们自己与救世主、圣
439 母和使徒之间的界限就几乎消失了。但这种界限在新教徒眼里是不可逾越的。他们认为天主教热衷于肉体的圣餐，而非象征性的圣餐，是一种专横、渎神的行为。路德宗和加尔文派都拒绝接受基督徒可以因行为称义的观念，认为这即便谈不上渎神，也至少是弥天大谎。相反，他们认为，救赎是仅凭恩典

赐予的。正如圣保罗所教导的，信仰本质上是一种被动的状态：谦恭地接受自己的原罪和卑微，祈求上帝会怀着丰沛的慈悲之心来救赎罪人。因此，新教的绘画不应自诩要将领受圣餐者带入有基督实质肉体存在的场景当中。相反，新教的绘画应该将重点放在观察、等待和虔信的美德上；不应把凡人和圣子表现得过分亲密，而应该凸显二者之间不可逾越的距离。

在 17 世纪 30 年代中后期，伦勃朗唯一的麻烦当然就在于，他一直都在致力于打造充满动作特写的绘画：有亚伯拉罕粗粝而残暴的双手，有达那厄闪闪发光的乳房，有拉斐尔飞动的双脚，还有伯沙撒那凸出的、仿佛要跳到观者脸上的眼睛。这些都使观者有一种触手可及的错觉。即使在叙述《新约》故事的画作，比如约 1634 年的《圣家族》（*Holy Family*）中，伦勃朗也强调了直接、亲密的身体体验，描摹出家庭生活的细节，让画作中的人物具有人性的光晕。在这里，伦勃朗心心念念的依然是卡拉瓦乔和鲁本斯的那种质朴之美。圣母像任何一位刚当上妈妈的女性一样，右手抚弄着圣婴的脚趾，乳房轻拂过圣婴的前额。约瑟与这个神秘事件既有关，又无关。他小心地靠向婴儿，伸出的手克制地停在了婴儿床的毯子上。房间里到处都是他的木工工具，还有一截砍断的树枝——在喜欢寻找隐喻的人看来，树枝暗示着耶稣受难的十字架，象征着救世主诞生的终极意义，却在这平凡杂乱的木匠商店里变成了实体。

《圣家族》是迄今发现的伦勃朗历史画中尺幅最大的。然而矛盾的是，耶稣受难系列的主题更加宏大壮观，却不得不被塞进较小的画幅中，和原本在 1631 至 1633 年创作的两幅画作保持同样的大小。尺寸并不是伦勃朗面临的最大问题。他必须找到方法，延续前两幅画作中那种壮观而又发人深省的特质：将神圣的显现与世俗的见证结合在一起，将天堂的光晕与凡尘的泥土结合在一起。

如今，我们很难清楚地看到伦勃朗当时是如何努力解决所有这些棘手问题的。这要“归功于”18 世纪曼海姆选帝侯的宫廷修复师菲利普 · 希罗尼穆斯 · 布林克曼（Philipp Hieronymus Brinckmann）错置的热情，他觉得自己有“上帝的力量”，为原画添上自己的笔迹，对其造成了永久的伤害。在《基

伦勃朗,《圣家族》,约 1634 年。布面油画，183.5 厘米 ×123 厘米。慕尼黑，老绘画陈列馆

督复活》的背面，这位自豪的艺术家兼修复师洋洋自得地用拉丁文题写了一句“伦勃朗创造了我；P. H. 布林克曼使我复活”[108]，恐怕也不是出于偶然。一些人认为，伦勃朗好长一段时间什么也没做，一直到 1639 年 1 月需要为新房子拿出钱的时候才马马虎虎地完成了作品，所以颜料处理十分草率。这其实是冤枉了画家，因为画得很草率的地方几乎全是布林克曼的手迹，不是伦 440
勃朗的。虽然伦勃朗的确拖延了很久，而且耶稣受难系列即便未受损，也很难说是伦勃朗最一以贯之的成就。但是，伦勃朗之所以会拖延，更多是出于对这项委托的重视，而绝不是三天打鱼、两天晒网；他并不是想胡乱应付赞助人的投资，而是想要与新教绘画中隐含的矛盾相斗争。[109] 毕竟，如今陈列在英国国家美术馆里的灰调画《哀悼基督》（*The Lamentation over the Dead Christ*），也展现出这位艺术家想要调和神圣庄严与人性细节的努力。伦勃朗在 1637 年开始创作这幅画，同时也在创作耶稣受难系列，但他琢磨这幅画的时间更长，总共花了七年时间，在画纸中央到处都增补了条条杠杠。作家小乔纳森 · 理查德森（Jonathan Richardson The Younger）（可疑地）称，自己和父亲一共数出了十七处这样的增补痕迹，说明伦勃朗“为这幅习作付出了太多……在明暗对照的处理上，他曾多次改变主意”。[110]

即便受难系列的保存状况十分堪忧，但还是可以看到伦勃朗在创作中东添西补的痕迹，看到他尝试用多种前后不一致的方案，来解决这项委托任务内在的矛盾。我们甚至可以感受到伦勃朗辗转反侧、彻夜难眠、焦灼万分，担心自己永远也做不好这件事的情绪。《基督升天》中处处是未能解决的矛盾。它是围绕着明确划分的光明与黑暗两个区域构建的，其对比之强烈即使在伦勃朗的绘画中也很少见，所以符合新教徒将天国与凡人世界分离的要求。但伦勃朗的这幅画，比起他笔下的其他任何一幅画，都更大胆地采纳了天主教的构图，看起来就像是一幅精简过的祭坛画，具有很强的启示性，放在任何一座罗马教堂里也不突兀。画面左边的棕榈树象征着复活，是天主教图像学传统中的典型符号。更重要的是，X 光片显示，伦勃朗原本还打算绘制圣三位一体的形象，包括圣父接受圣子进入天堂的画面，以及代表着圣灵的鸽子。在《基督教要义》（*Institutes of the Christian Religion*）中，加尔文曾明确警告

伦勃朗,《基督升天》, 1636 年。布面油画，92.7 厘米 ×68.3 厘米。慕尼黑，老绘画陈列馆

不要试图模仿上帝，因为“神的尊严伟大既非人的目力所能窥探，就不应当 441
以不相称的形象去玷污他的荣耀”[*]。[111] 而且事实上，特伦特大公会议之后，即使是反改革的天主教神父，也开始不赞成将神学上作为非物质存在的天父予以再现的做法。而这幅画里，伦勃朗却让聚集的人群清清楚楚地看着升天的基督，而且这次没有一个人显示出因眼前的景象而目盲的征兆。他在给惠更斯的第二封信中说，《基督升天》将“在王妃的展厅里光线强烈的地方展出，效果最好”，无意中让整件事变得更糟糕了。

这确实是一着坏棋。腓特烈·亨利刚当上执政的时候，对归正会以外的基督徒表现得比较宽容。但是1633年他又果决地改变了立场，与反抗辩派结成政治联盟。这是经过谋算的，因为他相信这样就能赢得他们的支持，展开他激进的对外战争策略。伦勃朗肯定在某个时候意识到自己的作品超出了新教图像学的接受范围，于是抹掉了上帝的面孔，用圣灵来代替，而且让画面中的所有元素都变得更世俗，使整幅画看起来不那么像无所顾忌的天主教祭坛画。虽然基督的形象比他早前的两幅画里都要更理想化（可能是为了回应惠更斯细致的建设性意见？），但基本上仍然是道成肉身的救世主，从其结实的小腿和双脚尤其可以看出来。他升入天堂的姿态，好像不是飞升上去的，而是被推上去的，身体被一群长着鸽子翅膀的小天使使劲顶着。见证奇迹时刻的云层，好像从来没有像这幅画里一般坚固得如此不合时宜。

惠更斯和执政即便喜欢这幅画，也显然没有着迷到会同意付给伦勃朗双倍酬劳的程度。伦勃朗因为自己的要求遭到拒绝而沮丧了一阵子，之后便继续认真地处理两幅还没完成的油画：《基督下葬》和《基督复活》。这一次，他又回到了被惠更斯特别认定为他所具有的最高天赋：对人类情感和行为的表现。在《讲道的施洗者圣约翰》这幅灰调画习作中，通过巧妙的光线设计，伦勃朗呈现了不可能的景象，仿若召集了成千上万名演员，画面中有土耳其人和法利赛人，有打瞌睡的旁观者和仓皇逃离的狗，还有正中央的使徒正在布道。显然，他在《基督下葬》中也做着同样的努力，试图让全世界

* 此处译文取自约翰·加尔文《基督教要义》，钱曜诚译本。——译注

伦勃朗,《基督下葬》，1639 年。布面油画，92.5 厘米 ×68.9 厘米。慕尼黑，老绘画陈列馆

都能感受到强烈的情感共振。在基督的脚前，伦勃朗安排了三位哀悼的马利亚（他的一只脚放在抹大拉的马利亚的头发和肩膀上，动作和鲁本斯的祭坛画中一模一样），这样，她们就处于画面中大多数人物动作的中心之外。三位女子被来自右边灯笼的微弱光线照亮，而许多没有名字的人物紧密地围绕在基督的身旁。他们的身上非常明亮，那光线更多是来自“基督之光”（lumen Christi），点亮世界的光，而不仅仅是来自左边的大胡子人物用右手遮着的一根蜡烛。主要人物群体形成了一个被救者的小世界：两个魁梧的工人正将尸体下放进坟墓；一位身着华服的人物，也许是亚利马太的约瑟，站在二人中 442
间；闪闪发光的裹尸布映出一位老妇人的剪影，她紧握的双手放在墓沿上。这幅画还有一件可靠的同时期的副本，从中很容易看出，在这组主要人物后面，还有数量庞大的另一组人物，填满了坟墓和山洞口之间的空间。这群人的正中，在两个后背往不同方向倾斜的人物之间，有一张严肃的脸庞正直视着我们。他戴着扁平的贝雷帽。毫无疑问，这便是凡人艺术家的形象。在他身后正是各各他山。当时的任何人都能认出，上面有许多行刑的工具——木桩、轮子，还有十字架——高耸在黑暗的棕色地平线上。

伦勃朗在 1639 年 1 月 12 日写给惠更斯的信中写道，他为了描绘“最伟 443
大、最自然的运动”而付出了巨大的努力，“这也是这些画在我手里花了这么久时间的主要原因”。这是唯一现存的伦勃朗对自己画作特点的阐述，表面上，这句措辞囊括了耶稣受难系列的后两幅，但有很长一段时间，人们都认为他使用的“beweechgelickheit”这个词指的是《基督复活》中左边角落里像雪崩一样滚落的尸体。其实，把这个词翻译为“运动”很有误导性，因为对伦勃朗那个时代的人来说，这个词既有“运动”的意思，也有“情感”的意思；既表示外部的动态，也表示内心的动态。事实上，“die naetureelste beweechgelickheit”想要表达的恰恰是内心感受和肢体语言（包括面部表情）之间的对应关系，这也是伦勃朗众所周知的长项，用来形容《基督下葬》中弓着身子的老妇人，以及《基督复活》中由于棺盖掀起时的猛烈冲击力而被向后甩去、双脚悬空的卫兵，都是非常合适的。[112]

因此，虽然作画过程断断续续又姗姗来迟，但在 1639 年年初以前，伦

伦勃朗,《基督复活》，约 1639 年。布面油画转移到木板上，91.9 厘米 ×67 厘米。慕尼黑，老绘画陈列馆

勃朗必然是投入了自己的所有技能和精力，来尽量出色地完成这个在他职业生涯中最具影响力的委托任务。他对光线进行了戏剧性的处理。他全方位地动用了面部和肢体特征，把在同时期的蚀刻版画《圣司提反被处以石刑》和《浪子回家》中探索过的技法用了回来；他也操纵了空间，特别是在《基督复活》中，试图营造出与《参孙致盲》和《伯沙撒的盛宴》同等强度的戏剧性的爆发。可这却是费力不讨好的。《基督复活》上改画的痕迹尤其能让人看出画家的绝望。一开始，也许是在1636年他向惠更斯保证最后两幅画“完成了超过一半”的时候，伦勃朗正集中精力描绘天使炽烈的现身和“卫兵极为惊愕”（他曾经这样形容）的样子，来自天堂的力量静静飘升，与人群在混乱和恐慌中崩溃形成对比。为了与《马太福音》第28章第1至5节中的经文保持一致，伦勃朗起先没有画出基督的形象。但交付这幅画之前，他却在某个时刻突然改了主意。也许他想到了他的老师拉斯特曼的《复活》，其中基督面容喜悦、欢欣鼓舞，眼睛望向天国，手臂伸展着在穹苍中升起，姿势与在十字架上受刑时一样。当然，拉斯特曼是天主教徒，而且那幅画几乎肯定是为一位同宗的教友创作的。而伦勃朗一旦决定了自己也必须在画中将复活的基督予以再现，就需要确保画面能符合寂静主义的新教理念。最终，他剽窃了自己的作品，用了在《拉撒路的复活》中曾使用过的形象。这是一位没有完全起身、外貌古怪、看起来像凡人的基督，手指放在坟墓的边缘上。也许惠更斯过去很欣赏《拉撒路的复活》，也很欣赏伦勃朗后来按照这幅画蚀刻的版画，所以伦勃朗才决定做这样的修改。但对于《基督复活》的整体构图来说，这却是致命的举动。它并没有（按照伦勃朗预先设想的那样）与画作中其他部分强烈的光线和急速的运动形成对比，只是使画面更加复杂和混乱了。 444

耶稣受难系列怎么也算不上一塌糊涂。曾经纠结于自己究竟敢在多大程度上利用天主教的启示图像的伦勃朗，此前经历的种种苦恼还是得到了回报，因为在17世纪40年代，执政又向他委托了另外两件宗教题材作品——《牧羊人的朝拜》（*Adoration of the Shepherds*）和《基督的割礼》（*Circumcision of Christ*）。他没有把工作搞糟。但在这项终其一生最重要的委托中，他也没有做得够好并借此在宫廷中赢得一份有保障的职位。他成不了凡·戴克。他成不了鲁本斯。阿马利娅·凡·索尔姆斯想要建造一座富丽堂皇的陵墓来纪念丈夫，四处寻找合适的人选时，也忽略了他。

很难想象，伦勃朗在交出这个系列里最后两幅画作的时候，还会沉浸在一幅完成得非常出色的作品带来的喜悦与满足之中。从他留下的文字可以看出，他深知这两幅画的缺点。1636 年他写给惠更斯的信里满是夸夸其谈，现在却好像风光不再，变得谨小慎微、刻板规整，甚至有几分古怪。他肯定知道，这批作品无法与他早期最伟大的成就媲美，没能具备《蒂尔普医生的解剖学课》和《苏珊娜与长老》中那种对既有体裁的惊人再造。耶稣受难系列画作时而畏首畏尾，时而铺张泛滥。而且，诸多迹象也暴露了这几幅作品是拼拼凑凑画出来的，而不是一气呵成的。费力、大杂烩、边角料——这些一般绝不会用来形容伦勃朗的词，在此却显得相当合衬。实在意想不到，处在事业生涯关键时期的伦勃朗，就在离成为荷兰共和国的鲁本斯的梦想一步之遥时，他的天赋之源、创造之才却抛弃了他。他买下了房子。他画下了戴着象征荣誉的金链的自画像。但即便扮演着这样的角色，打造着这样的形象，他也没能像他那些小小的鲁本斯式祭坛画那样，进入新教亲王和贵族的内阁。

冥冥中的召唤，落在别的事、别的人身上。经历了这次相对的失败，在接下来的几年里，伦勃朗倒似乎自由了，找到了不同的方式来构思神圣的场
445 面，甚至超越了鲁本斯最崇高的宗教想象。伦勃朗对救赎最深切的感受，不是在于表现神秘的迷狂，也不是在于体会肉体折磨的剧痛，而是在于安静地再度寻回自我：阅读、祈祷、赎罪。

不过，他暂时不得不充分利用这笔订单，并拿出了他所有历史画中最具鲁本斯风格的《参孙致盲》献给惠更斯，以表示对他“第二次涉手此事”的“感激”。[113] 此般姿态本应有不错的效果，可是伦勃朗立刻写了另一封信，表示希望当执政看到他的最后两幅耶稣受难画时，会“认为足够精美，值得殿下为每幅画付给我不少于 1000 荷兰盾”。[114] 这封信，也许伦勃朗没写比较好。换句话说，伦勃朗把要价每件降低了 200 荷兰盾，但仍然要比前三件多出 400 荷兰盾。在这封本应恭敬的信中，他明显流露出了几丝愠怒，也许是因为他为了克服这项委托中固有的困难已经花尽了心思。“如果殿下认为不值那

么多，那就依殿下自己的意思，少给我付一些钱吧。”[115]

但是殿下没有同意，或是殿下听了某位身边人的意见，所以没有同意。这个人恐怕不是康斯坦丁·惠更斯，除非他玩了两面三刀的伎俩。因为在随后的信件中，伦勃朗似乎对自己那番暴躁的言辞感到有点尴尬（尽管言语中还是带着怨恨），所以特意感谢惠更斯为保证他能获得较高酬金而做的努力。“我感受到了您的深情好意，”他在给执政秘书的信中写道，“我向您致以友谊，将有义务用行动来回报您。”接下来，伦勃朗介绍了这幅油画，并就其最佳展示方式给出了建议。“亲爱的先生，请将这幅画挂在光线强的地方，这样便可从远处看到它，它会闪闪发亮，呈现最佳的面貌。”[116]

软硬兼施，结果还是一样。600 荷兰盾，再加上 44 荷兰盾的黑檀木画框和外包装，一分钱也不多给。伦勃朗把《基督下葬》和《基督复活》送到海牙两周后，还是没拿到一分钱。艺术家花了六年时间才交付了三幅画，执政则晚了两周才付款给艺术家，这中间还出现了一位第三方：约翰内斯·沃滕博加特——不是伦勃朗绘制过肖像画和蚀刻版画的那位抗辩派传道士，而是他的侄子和教子。约翰内斯在 1626 到 1631 年间在莱顿读书，十有八九当时伦勃朗就已经认识他了，那正是伦勃朗在故土展现荣光的日子。现在，他和父亲奥古斯丁（Augustijn）生活在一起，住所离画家在阿姆斯特丹最开始居住的圣安东尼布里街很近。沃滕博加特自诩为收藏家和鉴赏家，他拜访了伦勃朗，在这两幅耶稣受难画作被装箱之前检查了一下（可能也看过送给惠更斯的礼物）。更重要的是，沃滕博加特在 1638 年受国会任命，成了管理荷兰省税务的税收局局长。

所以，沃滕博加特有足够的条件来加速付款，当他在 1 月的最后一周拜
访伦勃朗时，他建议或许可以直接在阿姆斯特丹给画家结算酬劳。提出这一 446
建议之前，原本资金应该从海牙审计总署的秘书泰曼·凡·弗尔贝根（Thyman van Volbergen）的账户打出，但弗尔贝根一直说还没收到相应的收据，所以不能付款。如今能到手的钱不过区区 1244 荷兰盾，画家却还是不得不可怜巴巴地让惠更斯为他求情，看能不能按照沃滕博加特的提议，绕过拖延的凡·弗尔贝根：“恳求我主，请他尽快设法让我在阿姆斯特丹拿到这笔钱；也许通过

您费心为我交涉，我便能享有应得的报酬，若果真如此，我将永远感激您对我的友谊。”[117]

很明显，沃滕博加特已经让伦勃朗了解到凡·弗尔贝根管理下的金库的真实状况。当伦勃朗听到沃滕博加特这番话时，他的抱怨更多了，这次是对惠更斯说的。正是因为有了沃滕博加特的情报，伦勃朗才能明确地指出，已经有超过4000荷兰盾存进了凡·弗尔贝根的署里。“我请求您，仁慈的大人，”他给惠更斯写信说，“请立即让人为我开具付款单，好让我总算能收到我应得的1244荷兰盾。我将永远怀着敬重、礼仪和友谊来报答您。送上我衷心的祝愿，愿上帝赐予您健康与福祉。”[118]

伦勃朗的确也应该好好感谢一下康斯坦丁·惠更斯和约翰内斯·沃滕博加特。同年，也就是1639年，他制作了一幅大尺寸的蚀刻版画，画中的税收局局长坐在桌子旁边，这幅画常常被解读为是艺术家为了表达感激而创作
447 的。但是，这虽然是伦勃朗最好的几幅版画之一，却很难简单地理解为感谢之作。也许其中的确隐含着复杂的谢意，但说它复杂，是因为伦勃朗天生渴望名利与财富，却不知怎的，没能在自己与执政的朝臣的联络互动中很好地赢取功名，这实在令人苦恼。毕竟，画中视野的角度很低。仆人顺从地跪在税收局局长沃滕博加特的面前，沃滕博加特风姿绰约地起身，穿着一件毛皮镶边的外套，戴着一顶时髦的斜边帽，这顶帽子，伦勃朗不久后在蚀刻的自画像里也戴了。主人翁是在收钱，还是在付款，从画面上看不出来。但是现金流在他的领域里显然不成问题，因为画面中央的大天平上还放着另一袋钱。他的周围到处都是钱柜、钱桶和钱袋。早在1626年左右，伦勃朗的绘画生涯伊始，他画过一幅小的木板油画，画中一位老人坐在烛光下审视着一枚硬币，而巨大的书塔悬在空中，几乎快要落在他的钱袋上。这幅画被认为是在描绘基督在《新约·路加福音》第12章第19至21节里讲的一则寓言，讲的是一个有钱的愚妄人“为自己积财，在神面前却不富足”。而伦勃朗凭着他早熟、渊博的艺术知识，尤其是对北方艺术的了解，肯定也对尼德兰的绘画传统熟稔于心。比如马利努斯·凡·雷默斯瓦勒和昆丁·马西斯在“银行家”画作里，就已经将对钱币的热爱和恩典与信仰带来的真正救赎并置在一起了。

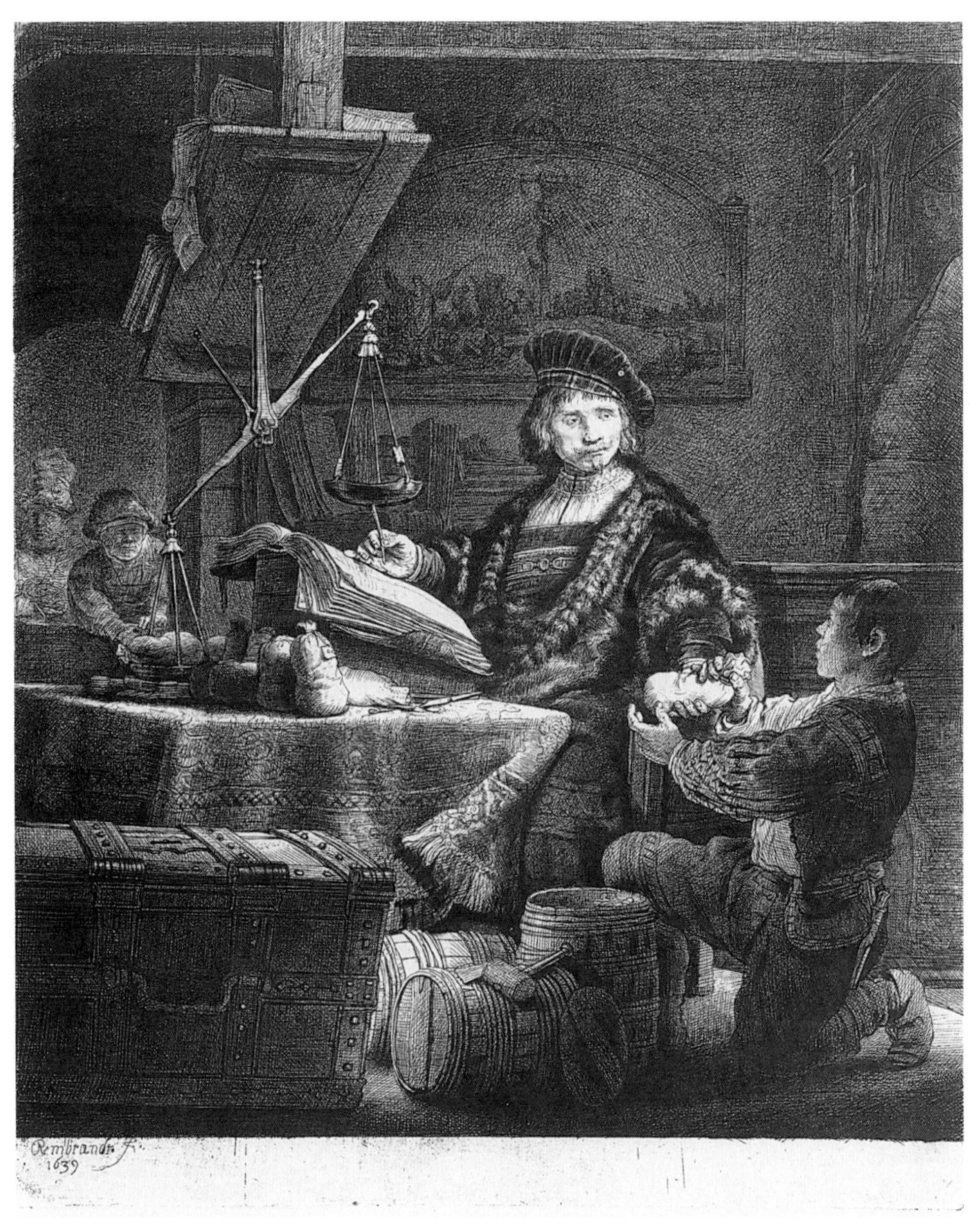

伦勃朗,《约翰内斯·沃滕博加特肖像》,1639 年。蚀刻版画。纽约,皮尔庞特·摩根图书馆

虽然早期的那幅画和这幅蚀刻版画的命题都和金钱有关，但两幅作品的内涵都不简单。毕竟，快要落在那位戴眼镜的老人身上的是书，而不是硬币。但是，他也不完全是一个掰着手指头数钱的人物，比一般意义上贪婪的化身显得更中立。相反，虽然沃滕博加特的确给了伦勃朗很大的帮助，但在他的形象中，我们只能看到画家的奉承与感激吗？税官的身后可以看到一幅画作，描绘的是荷兰艺术中罕见的主题：《摩西与铜蛇》（*Moses and the Brazen Serpent*）。这个故事出现在《旧约 · 民数记》第 21 章，讲的是一场火蛇引发的瘟疫，起因是流浪的以色列人抱怨自己在以东地的命运，"心中甚是烦躁"，上帝为了惩罚他们，使火蛇进入百姓中间，蛇咬了发牢骚的人，那人便会死去。幸存下来的人悔改了他们的罪，神看到人们悔罪，就吩咐摩西制造了一条铜蛇，挂在杆子上，"凡被蛇咬的，一望这铜蛇，就活了"。

在天主教传统中，挂在希腊式 T 形十字架上的铜蛇被视为耶稣十字架受难的先兆。但新教的解读则将目光转向了另一段经文，即希西家王命令将蛇作为偶像加以销毁的情节。这不是伦勃朗第一次狡黠地徘徊在不同教派之间了，当然也不是最后一次。如果沃滕博加特愿意，可以把自己想象成艺术家的拯救者，因为耶稣受难系列就像蛇一样咬了艺术家。但如果其他看到这幅画的人注意到了蛇，然后突然意识到这个跪着的仆人身上有一丝过度偶像崇拜的气息，那么，这当然与伦勃朗无关。不是吗？

第九章

越过门槛

1. 用炭笔画太阳，1640 年 5 月

鲁本斯快死了，他自己也有预感。在草长莺飞的春天死去，是一件难 448
过的事。但他已经度过了六十三个这样的季节，现在，上帝想要从他手中收回生命的力量，他的手指连画笔也抓不住了，因此他别无选择，只能接纳安宁。鲁本斯一旦去世，枢机主教兼亲王斐迪南和他的西班牙国王兄长都会感到很是不便，这两人似乎都比他自己更害怕他死。他为国王的畋憩别塔画了六十一幅伟大的作品，但这些画刚一完成，两人就急忙向他再另要十八幅画，这一次是为马德里皇宫的拱形大厅画一些狩猎场景。也许在一年内就完成了畋憩别塔的作品是个错误。亲王们现在都认为，他什么都能做到，是提香再世。提香八十多岁的时候还穿着油乎乎的工作服。老年提香的画像就挂在鲁本斯的家里，对他既是一种鞭策，也是一种慰藉。他尽了最大的努力来满足他们的要求，花了一个多月的时间就为马德里宫殿的作品画好了草图，他的脑子里仍然充满了创造力。有时候，他的手指可以在画板上飞快地移动，就和他在小画板上画的黇鹿一样敏捷。[1] 素描精美漂亮，看不出画家患有关节炎的痕迹。画面上的动作飞舞雀跃，鲁本斯的画刷敏捷地描画出三叉角的雄鹿脖子上的影子、猎犬绷紧系绳时拱起的背、女神吹着狩猎号角时起伏的面颊。

鲁本斯，《狄安娜与宁芙猎捕黇鹿》，约 1636 年。木板油画，23.5 厘米 ×52.6 厘米。A. 阿尔弗雷德 · 陶布曼先生收藏

鲁本斯可能也不确定自己还剩下多少时间，所以学了些省力之道，使用最浅淡的色彩——用紫色或粉红色来表现他想要的褶皱上的光彩，或者用一抹白垩色来标记出落在仙女乳房上的斑驳光线。他的记忆力也没有衰退。他搜寻了档案和自己脑海中的记忆，找到了朱利欧 · 罗马诺画过的宁芙形象并借用在画作里：宁芙一只手臂挂在树干上，正试图抓住她的狗。看来，“画笔之怒”还没有弃他而去。[2]

449 也许他太努力取悦他人了。他想到自己当初创作畋憩别塔的画时，是怎样被枢机主教兼亲王纠缠的。当他完成了这一系列的工作，去往斯滕以后，痛风突然复发了，疼痛的铁钳缠住了他的脚和手腕，他的手指像枯枝一样纠结脆弱。医生们从梅赫伦赶来，在他的床边忙忙碌碌，像往常一样为他治疗：放血，包扎，研磨粉剂，用药方催吐，在他发炎的关节上涂油膏。但苦难来去无常，仿佛是神的允准。许多年前，利普修斯就曾提示鲁本斯兄弟，要怀着坚毅和谦逊的态度服从万能之神的意志。他一直尽其所能地遵从着这份劝告，尤其是当位高者纠缠不休时。但有时候，命运之风吹得冰冷刺骨，塞涅卡式的虔诚似乎成了缠住他悲伤的一层薄薄的裹尸布。而他最亲密的菲利普和挚爱的伊莎贝拉接连离他而去，也让他很难不抱怨命运的残酷。

但他现在不会再骂骂咧咧了。比起躲在斯滕的森林深处，与隐秘的獾为伴，死亡更能让他摆脱那些纠缠不休的亲王。即便时日无多，他又怎能心怀不甘呢，毕竟连庞大的王国也终将分崩离析。西班牙君主的统治似乎已经到了垂死的边缘，它的四肢和五脏六腑都像患了麻风病一样，正在逐渐腐坏。加泰罗尼亚的贵族和平民都在起义，反抗哈布斯堡的卡斯蒂利亚王权。去年，正当腓力四世因鲁本斯的狩猎画何时能交付而焦躁不安时，他那伟大的无敌舰队在英格兰南部白垩岩海岸外的某个地方，被荷兰人马尔滕 · 特隆普（Maarten Tromp）撕成了碎片，在尼德兰地区恢复天主教的希望也就此破灭。英格兰国王查理一世曾送给鲁本斯一枚金链荣誉勋章，以表彰他在两宗王权之间协调促成的和平，并发誓绝不容忍西班牙船只在他的水域内受到攻击。450
但查理似乎已不再是自己王国的主人了，他似乎无法再以自己的意志让飞扬跋扈的议会听话，而腓力国王也一样无法迫使加泰罗尼亚人屈服。西班牙舰队的七十七艘船中，有七十艘在与荷兰的海战中沉没或被俘，这样的失败犹如一场灾难。现在，西班牙国王不但没派西班牙士兵去佛兰德帮忙，还恳求枢机主教兼亲王协助自己处理国内事务！英格兰的内忧外患似乎也不少。有流言说，鲁本斯本来要为王后在格林尼治的衣帽室画些画，但 1640 年好像不是去满足君主这般奇思妙想的好时候。

对于生命的终结，鲁本斯本来已经有些自暴自弃了。但随着萧瑟的冬日逐渐过去，病魔松开了它枯槁的双手，他好像又苏醒过来。他又能写信了，而且还能自己签名，不需要大儿子阿尔伯特来代替他。不过，画家并没有因一时的好转而心存侥幸。这些信言辞委婉，道出的是诀别。雕刻家弗朗索瓦 · 迪凯努瓦当时住在罗马，给鲁本斯寄去了一些墓碑雕刻模型。鲁本斯一如往常地慨然称赞，说这些模型是“自然而非艺术的”，并补充说他“遗憾因为年龄和痛风成了一个没用的人，所以不得不留在这里，不然我理应去罗马亲自好好欣赏如此宝贵的作品，体会其完美的品质”。无论如何，他是希望见迪凯努瓦一面的，因为这位雕刻家“出类拔萃的作品”在佛兰德享有应得的盛名，他甚至祈祷着自己能“看看你的双手创造的一切奇迹……在我永远闭上眼睛之前”。[3] 几个星期前，为了支持他最喜欢的学生——擅长象牙微雕的

鲁本斯,《自画像》,约 1638 至 1639 年。黑色粉笔素描带白色高光。温莎城堡,皇家图书馆

雕刻师卢卡斯 · 费代尔布的喜好,他写了一份夸大其词的推荐信,说 :“他为我做了各种各样的象牙作品,非常值得称赞……雕得非常好,我想全国没有哪位雕刻家能比他做得更好了。因此,我认为城里所有的贵族和长官都应该喜欢他,赐予他荣誉、特许和优待,积极鼓励他,让他能有机会和他们住在一起,用他的作品装饰他们的住所。”[4]

在鲁本斯生命的最后关头,卢卡斯 · 费代尔布几乎已经成为他的养子。他和伊莎贝拉 · 布兰特生的两个较为年长的儿子——阿尔伯特和尼古拉斯(Nicolaes),都是很有潜质的孩子,但在艺术方面表现平平。尤其阿尔伯特似乎很像他的菲利普大伯,对古典文学有着敏锐的嗅觉。这两个男孩都没有表现出他年轻时那种渴望成为画家的热情。鲁本斯仍然寄希望于他的两个小儿子，弗兰斯（Frans，现在七岁）和彼得·保罗（Peter Paul，三岁），想着等 451
到时机成熟，他们或许可以继承父亲的衣钵。因为觉得有这种可能性，所以他明令禁止散布和出售他那些伟大的素描藏品，那是他视为家珍的古典传统。说不定哪一天，某个小儿子会拿起画笔或雕刀，甚至某个女儿会嫁给画家。他似乎并没有想过，姑娘们也许自己也会成为艺术家，尽管这种事在阿尔卑斯山以北和以南其实都时有听闻。

就这样，费代尔布填补了他没能拥有的艺术家儿子空缺，家里人都对“我亲切的、挚爱的卢卡斯”很熟悉和信任。在鲁本斯、海伦娜和孩子们一起外出乡野的时候，费代尔布便负责照料安特卫普的房子和花园。他们欢迎他在斯滕进进出出，给画家带来需要的东西，无论是从鲁本斯的小果园里摘的水果，还是预先装好的画板。1638 年 8 月，鲁本斯在给费代尔布的信中写道：“你离开时要小心，把所有东西都锁起来，楼上的画室里不要放原作，也不要放任何素描作品。也要提醒园丁威廉，等到花园里蔷薇梨成熟的时候，给我们送来一些，还有无花果，花园里的任何珍馐都可以送些来……你尽快过来……但愿你按照我的交代好好保管了［查理一世最近寄来的］那条金链，这样，如果上帝保佑，我们就能再次找到它。”[5]

1640 年 5 月 9 日，鲁本斯写了最后一封信，也是给费代尔布的，祝贺他迎娶了玛丽亚·斯迈耶斯（Maria Smeyers）。

先生：

听闻你在五月天把五月树栽在了爱人的花园里，我蔚然欢欣；希望你的五月树将适时开花结果。我与妻儿衷心祝愿你和爱人幸福美满，地久天长。那件象牙雕的孩童像并不着急，你现在手头有其他更重要的有关孩子的工作。但是我们会一直欢迎你的来访。相信我的妻子几天后会在去斯滕的路上经过马林*，所以她会怀着愉悦的心情来亲口祝你好运。同时，请代

* 马林（Malines）是比利时城市梅赫伦（Mechelen）的法语名称。——编注

> 我向你的岳父岳母致以衷心的问候，我希望他们会越来越赞赏你的美德，越来越庆幸这门婚事。我对你的父亲母亲也致以相同的问候，你的母亲肯定在暗自喜笑。因为你没去成意大利，所以她不仅没有失去亲爱的儿子，还喜得了一个新的女儿，而且如果上帝帮忙的话，她很快就会当上外婆了。而我，永远都会全心全意地在你身边。[6]

这封信是典型的鲁本斯风格：语气温和体贴，慷慨地表达着内心的喜爱，也传递出无私的热情。他相信在某些时刻，对艺术的追求也要让位于对爱情
452 的追求（为了制造有血有肉的孩子，制作象牙雕的孩童像工作可以推迟），表现出对爱情的硕果毫不掩饰的热爱。这就是他活着的方式。他希望他的亲人们也能用这样的方式来回忆他。

对于即将到来的事，他尽可能做好充分的准备。阿尔伯特被派到巴尔塔萨·莫雷图斯的书店去买了一本《圣祷》（*Litaniae Sacrae*），还有一本《万福马利亚颂祷》（*Officium Beata Mariae*）。这些书能指引鲁本斯（虽然他并不需要）作为一位虔诚善良的教会之子来迎接自己的死亡。但是很难想象，鲁本斯会轻易地接受与这个世上的事物告别。毕竟，在 17 世纪 30 年代中后期，他没有像一般的老人那样开始严肃、忧郁地内观自己，反倒描画出了一个充满肉欲和欢庆的真实世界。如果说有什么改变的话，那就是随着年龄的增长，他描绘感官游戏的能力变得越来越强大，似乎从未衰退过。他为畋憩别塔画的油画素描充满了声色犬马。海仙女涅瑞伊得斯的发辫笼罩在明亮的光线里，身体斜靠在海神特里同那布满鳞片的背脊上。克吕提厄正变形成一朵向日葵，她的脸被太阳晒得发白。闪电划破了海上风暴中的黑云，命运女神的巨大身躯在风中扭曲，摇摇欲坠地在水晶球上保持平衡。巨大的酒神巴克斯坐在他凯旋的大车上，在一片酒池肉林之中，正把一串葡萄塞进一个长着蹄子的萨堤尔男孩嘴里。

鲁本斯并不想悄然离去。三年以来，他一直在创作《佛兰德的乡村节日》（*Flemish Kermis*），描绘着牧野的欢纵景象，把这首乡村乐曲的音量不断调大，直到它变成震耳欲聋的轰鸣，淹没了安特卫普的大堂里那些由彬彬有礼的田

鲁本斯,《佛兰德的乡村节日》(细部), 17 世纪 30 年代中期。木板油画, 149 厘米 ×261 厘米。巴黎, 卢浮宫美术馆

园小调幻化而成的乡村景色。显然，他想要传达事物的粗野气息，描绘杂乱无章的场景：狗在肮脏的杯子间翻来找去；醉鬼在长凳上打着呼噜，背上的肥膘闪闪发亮；婴儿咂咂地吮吸着母亲的奶头；裙子搭在舞女乌糟糟的大腿上；粗壮的手臂紧紧地搂着细腰；麦束做的垫子扎着人们的后腰；一个突然闯入的人身体向下坠，为了平衡住身体，脚底压平了草甸，草甸接住了他的臀部。自然之粗鄙，正是鲁本斯想要呈现的。

但他也珍视自然的诱人爱抚：穿着闪亮丝绸衣服的献殷勤者和他们的心上人正窃窃私语；有着森林之神雕像的石头喷泉在一旁漫不经心地滴流着。在斯滕的乡野里，他曾画过映在赤杨树环绕的池塘里一轮升起的奶油色月亮。在晒干草的时节，他坐在自己的高塔里，沐浴着温暖的阳光，眺望着布拉班

特这片土地，仿佛它就是整个世界，是上帝创造的无与伦比的荣耀。他曾画过日落和彩虹，画过告别与充满希望的誓约。他会想念那些他再也不能骑的马，想念那些他再也不能写的信。他会怀念他的浮雕宝石、他的玛瑙、他的书和他的大理石。他会想念他那些温厚、有学问的朋友：罗科克斯（同一年，他也将跟随鲁本斯入土）、岳父布兰特以及赫法尔茨（Gevaerts），还有莫雷图斯，他自学生时代以来一直陪伴在身边的伙伴。他会想念从远方来的佩雷斯
453 克的温柔智慧。他还会发现，与家里的亲人离别是最难受的。很久以前，他曾感到讶异，上帝剥夺了他的兄弟姐妹，却用这么多的子孙来补偿他的磨难：伊莎贝拉的儿子们现在都长大成人了。（他也不能想见阿尔伯特的可怕结局：阿尔伯特的儿子被一只疯狗咬死了，之后他也在无法安慰的痛苦中死去。）他还有四个小儿女，都是从海伦娜的腹中呱呱坠地的。而鲁本斯死后八个月，海伦娜的第五个孩子康斯坦蒂娜才出生。看来，他肯定也会想念他的妻子，想念她丰饶的身体和她像玉米一样金黄明亮的头发。在生命的最后五年里，鲁本斯甚至无法把目光从海伦娜身上移开。除了圣人和使徒殉难的主题之外，几乎没有一幅他的历史画里未曾出现她扮作某人的身影，而她大多数时候都是裸体的。她是维纳斯，她是卡利斯忒；她是苏珊娜、绪林克斯、阿里阿德涅、欧律狄刻、拔示巴、夏甲。在众多的神话人物中，鲁本斯最经常把妻子描绘成安德洛墨达的形象。在 1638 年绘制的最后一个版本中，她手上戴着枷锁，雪白的身体展露无遗，嘴角浮现出一丝淡淡的微笑，好像感觉到前来拯救的珀尔修斯就在身边。身为骑士（cavaliere），鲁本斯把珀尔修斯奉为自己的英雄：他是达那厄和朱庇特的金色种子诞下的爱子；是画家的守护神密涅瓦和墨丘利的守卫者；是杀死怪物和暴君的人；是骑着飞马的人；是穿着象征创造的带翼金鞋的人。

丈夫如此这般迷恋，海伦娜可能也感到很尴尬，她并不愿展示自己，只是顺从着他那饥渴的注视罢了。鲁本斯走后，她销毁了一些她觉得不雅的裸体像，但还是留下了无数画着她身体的图画，里面她摆着这样那样的姿势，现身于各种亲王和贵族的收藏中，仿佛鲁本斯把她献给了一双双挑剔的眼睛，以表示殷勤。有一幅海伦娜的画，可能是最著名的，当然也是最性感的，他

鲁本斯,《皮草》。约 1638 年，木板油画，176 厘米 ×83 厘米。维也纳，艺术史博物馆

一直想作为私人财产保存起来，并且在遗嘱里特别吩咐要留给她。《皮草》（*Het pelsken*）不仅展现了鲁本斯的绘画技巧，也展现了私人的热情。它以提香《穿裘皮外衣的女士》（*Lady in a Fur Cloak*）为原型，甚至连右臂抱胸的姿势也和提香画作中一样。而地毯和垫子那奢侈的猩红色，还有格外自由的笔法唤起的毛皮、薄纱和裸露皮肤的触感，也都让人联想到那位威尼斯大师。[7]

博学的人甚至会觉得，这张画可以体现鲁本斯所秉持的信念：只有最终能够把冰冷的石头转化为温暖的肉体的画家，才应当将古典雕像作为模仿的范本。可以预见，后来有人想要努力将这幅画与鲁本斯在历史画中惯用神话的做法
454 结合起来，所以称之为《阿佛洛狄忒》（*Aphrodite*）。但这幅画之所以透着令人兴奋的肉欲，当然是因为海伦娜没有完全转变成艺术裸像。她的姿态有一种令人着迷的不确定，恰好介于炫耀与谦逊、天真与洞悉世事之间。她是一位对自己的美貌充满自信的女子，一只脚平放在地板上。她也是一个局促不安的女孩，不安地挪动着身体，另一只脚微微踮起脚尖，脚后跟在地毯上投下了一道阴影。她双手抱着自己，这个姿势中的每一个细节，都透露着对私密之物的双重态度——某种东西是需要同时隐藏和分享的：丰腴的乳房、挺直的乳头，既受到保护，又展示在外；下半身的肉体有着柔软的褶皱；黑色的兽皮触碰着她金色的肌肤；那双大而黑、眼皮沉重的眼睛炯炯发光，使她显得既沉着又脆弱。这幅画位于裸像和裸体之间模糊的分界线上，而伦勃朗也曾迫切地想要探索这条界线，之后在 17 世纪 50 年代，他又回到了这条界线上，并由此拓展出一片视野和表达的新领域。[8]

不管海伦娜对丈夫贪婪地描绘她身体形象的做法作何感想，拘于礼节的尴尬终究没盖过骄傲之情、对他意愿的尊重，以及可能涌起的温柔回忆，所以她并没有任凭道德感的指使，将《皮草》付之一炬。鲁本斯画了很多她和孩子们在一起的画，经常把她宽大的胸脯暴露在众人面前，以此来彰显她的母性生殖力。这多半是让她很高兴的。例如藏于慕尼黑的那幅光彩夺目的画像，用松散的笔刷轻快地勾勒出两个形象，她的双手紧搂着三岁的弗兰斯，而他赤条条的腰部圆圆滚滚，他们的黑眼睛、粉红色的脸庞和带酒窝的面颊互相形成完美的映衬。看到这样一幅画，她也很难觉得受了冒犯。很难想象有哪位巴洛克（或者文艺复兴）大师会像鲁本斯那样，带着不受拘束的喜悦礼赞自己孩子的生命，当自己在疾病和死神的凛寒气息中命数将尽时，却同时在孩子身上看到未来。他的家庭就像一座花园，茁壮生长着，受到悉心的照料，既有旺盛的生命力，又有温情蜜意的静谧。如果他知道自己给海伦娜那肥沃的子宫还留下了一枚种子（不过他死的时候她只有一个月的身孕，要

让他死前知悉此事似乎不太可能），他自然也会很高兴。 455

对鲁本斯来说，在他去世后家人能继续和睦地生活下去是很重要的。5月27日，他一定是觉得病情更重了，所以去请了一位公证人，又立了一份新遗嘱。海伦娜得到的财产达到了佛兰德和安特卫普法律所允许的上限，包含斯滕的城堡和土地在内，他一半的不动产由她和两个大儿子分得。另一半的大部分平均分配给了他的六个孩子，还包括救济穷人和捐给安特卫普教会的份额。有一小部分特意分给了那些为他提供过特殊帮助的普通人，比如他的马夫。阿尔伯特，这位前途无量的古典学者得到了图书馆，而鲁本斯引以为傲的浮雕宝石、玛瑙、硬币和奖章藏品，则需要阿尔伯特同弟弟尼古拉斯分享。[9]

在接下来的日子里，鲁本斯的病况愈发恶化了。医生在他的卧房里来回踱步：除了安特卫普的医生斯宾诺莎（Spinoza）和拉扎鲁斯（Lazarus）以外，还有两个外科医生专门照料他的脚，因为痛风愈演愈烈，让他陷入极大的痛苦。枢机主教兼亲王从布鲁塞尔派来了御医。药剂师开了各种药方，但都无济于事。一阵高烧让鲁本斯陷入了昏迷。31日，格比尔在给一个英国人的信中写道：“彼得·鲁本斯爵士快要病死了。”但不久他又给查理一世写了一封信，说他得知这位画家已于前一天去世，因为“经历了好几天寒病和痛风的折磨，碎片侵入了他的心脏”。[10] 5月最后一个星期三的正午，鲁本斯离开了这个世界。那时，他本应在画室里处理制作中的作品、检查助手的工作、润色细节，或者站在后排看着已经完成的绘画。烘烤馅饼的香味悄然传来，一顿朴素的晚餐即将上桌，气息已在屋子里弥漫开。花园上方的天空熠熠生辉，映着午间的阳光。在那里，繁花纷纷盛开，卵石上嗒嗒的马蹄声阵阵。

然后钟声响起了。鲁本斯的遗体被安放在一口硬木做的棺椁里。晚祷时分，一队修士跟随着棺架一路向西行进，这些修士来自城市里的六座修道院，正是扬·鲁本斯在七十四年前目睹过劫掠的那些场所。送葬队伍从瓦珀广场边沿出发，穿过玛利亚·鲁本斯回到安特卫普时起先住过的迈尔街，然后到了圣雅各教堂街（St. Jacobskerkstraat），彼得·保罗便在福尔芒家族位于此处的地下墓穴下了葬。三天后的6月2日，人们举行了盛大的葬礼，歌咏着《求主垂怜》《震怒之日》和《诗篇》，许多十字架上覆着红色的绸缎。鲁本斯房子的正立面盖上了黑布，屋内按照佛兰德习俗张罗了纪念死者的宴会。安特卫普城内到处都有人举杯向他致敬：在满是地方法官、市议员和市长的市政厅里，那儿仍然悬挂着他的《三博士来朝》；在古罗马研究者社团聚会的“金色花朵”处，他和兄长曾与罗科克斯、赫法尔茨、莫雷图斯还有其他人共赏
456 优雅的拉丁诗句；在“雄鹿”酒馆里，紫罗兰与圣路加公会的同行画家们正为他们公认的大师敬酒。数以百计的人群继续吟唱着弥撒，他们中有来自多明我会、嘉布遣会和奥古斯丁会的修士，有来自赤足加尔默罗会的修女，还有城外来自梅赫伦的黑色姊妹，以及来自根特的耶稣会士。埃勒韦特的一间小教堂举行了二十四场弥撒，为他祈求灵魂的安息。鲁本斯住在斯滕时，曾在那里做过礼拜。

鲁本斯过去想得没错。在英格兰和布鲁塞尔，有一些失望的声音传来，因为他还没有来得及为他们的展厅提供更多作品便离开了世界。枢机主教兼亲王在给兄长腓力四世的信中说：“鲁本斯约十日前去世。对于［皇宫拱形大厅里的］画作的现状，我的确替陛下感到极为遗憾。”[11] 但圣日耳曼修道院的院长在情感上更加敏锐，在给鲁本斯学生时代的老朋友巴尔塔萨·莫雷图斯的信中说，鲁本斯是去“看他留下的那些精美画作的原件了”。莫雷图斯回信道：“说实话，鲁本斯去世让我们这座城市失去了太多，对我自己尤其如此，因为他是我至亲的朋友。”亚历山大·弗嫩贝赫的赞颂诗最后几行写得更好，在赞颂画家之卓越的同时，也贬斥了自己的竞争对手。“熟读韵书仿若天才，大胆文句颂鲁本斯，/好诗篇篇引经据典，夸夸其谈画家荣誉，/个个都以为，妙笔如生花，/但却只不过，炭笔画太阳。”[12]

在鲁本斯去世的前几天，有一个人，也许是卢卡斯·费代尔布，问过他是否愿意在圣雅各教堂建一座纪念的安息小堂。他的回答很审慎，只有寥寥几字，并不想在死后过多显露声名。如果他的遗孀、成年的儿子，以及他尚未成年的儿子的监护人认为这样做合适，那么当然也可以修，并用一幅圣母像作装饰。第二年11月，市政府批准了鲁本斯家人的申请，在唱诗坛后建了一座安息小堂，耗资5000弗罗林。地上刻有扬·赫法尔茨的题词，赞扬道：

“彼得 · 保罗 · 鲁本斯，斯滕之领主，天赋非凡，尤为精通古典历史，非但堪称当代之阿佩莱斯，其成就可谓永恒矣，勤勉之道亦曾奠定诸王及诸亲王间之友谊。”[13] 在墓坛上方，有一尊精致、美丽的大理石雕刻，是被穿透了心脏的圣母，石雕下面挂着鲁本斯的《圣母子与圣徒》（*Madonna and Child with Saints*），那鲜艳的色彩，几乎体现了鲁本斯的全部个性：圣乔治的形象刚健有力；圣杰罗姆则简单朴素；而最动人的是母亲与婴儿互相传递爱意的眼神，温情而甜蜜、随意而柔和。

1640 年 7 月中旬，鲁本斯家中未明确遗赠归属的艺术作品完成了“清点”程序。列出了约 330 件作品，其中 319 件是绘画。鲁本斯本人的作品有一百多件，包括许多临摹提香和其他大师的画作，以及提香、丁托列托、委罗内 457
塞，以及北方画家凡 · 戴克等的原作。不用说，宫廷的官员立刻嗅到了购入作品的机会，未到年底，鲁本斯的大部分藏品便已被运往马德里、维也纳和海牙。

海伦娜 · 福尔芒自己购买了已故丈夫的九幅作品，其中大部分是描绘家人的画作，还有一幅充满诗意与爱意的《时髦的对话》（*Conversation à la mode*）。正如格比尔在给伊尼戈 · 琼斯（Inigo Jones）的信中写的那样，她成了“带着有钱孩子的有钱寡妇”。的确，她的财富金额是一名画家妻子做梦也不敢想的，总共价值 290 000 荷兰盾的不动产，她拥有一半产权。这对任何安特卫普市民来说都是海量的钱款，而对于那些来到世上时父亲的名誉和物质条件都已化为乌有的人来说，则更是如此了。

位于瓦珀广场的房子里，还有一大堆画作靠在墙边，等待着在 17 世纪 40 年代陆续接受拍卖，其中有一幅尚未完成的《圣彼得受难》（*Crucifixion of St. Peter*）。出人意料的是，它是由一位名叫乔治 · 格尔多普（George Geldorp）的伦敦商人委托创作的。乔治 · 格尔多普原是德国人，来自享有尊荣的圣公会城市科隆。1637 年，他受爱好艺术的科隆商人埃弗哈德 · 雅巴赫（Everhard Jabach）的家人之托，请求鲁本斯画一幅画，献给该市的圣彼得教堂。科隆——鲁本斯和这个地方已经许多年没有联系了，也没有听到过那里的任何消息。但他还是理所当然地热心回应了格尔多普。他希望让“支付费用的人”

鲁本斯,《圣彼得受难》，约 1637 至 1639 年。布面油画，310 厘米 ×170 厘米。科隆，圣彼得教堂

来决定绘画的题材，但心里已经想到了一位受难圣徒的形象，那人与他的名字有一半是相同的。“我对科隆市有很深的感情，”鲁本斯补充说道，“因为直到十岁那年，我都是在那里长大。过了这么久，我常希望回去看看。可是我担心时局险恶，而我的职业也不允许我享有这般福分。”[14]

鲁本斯总是如此绅士。但他真的有兴趣回到那片莱茵河流经的故土吗？ 458
的确，科隆并非锡根。说自己的整个童年都是在科隆度过的，好像就能把另一座充满耻辱的城市从记忆中抹掉。然而，他不仅没有去科隆，甚至很难把这幅画画完。油画的素描幸存了下来，画中殉道的彼得正处于极度的痛苦中。而油画本身则是由其他人画完的，既不是鲁本斯画室里最好的一幅，也不是最糟的一幅。这幅画最终被运去了科隆的教堂，那正是许多年以前，某位罪人屈膝忏悔过的地方。

2. 越过门槛

在阿姆斯特丹人人都号称自己认识鲁本斯，但只有一些人真的认识他。比如，安东尼 · 泰斯（Anthonie Thijs）和他的往来就很可信。泰斯的父亲——宝石商人约翰 · 泰斯（Johan Thijs）卖掉了瓦珀运河上的房产，连带一间废弃的洗衣房，后来成了鲁本斯在城里的别墅。和其他许多家族一样，泰斯家族不光分布范围广，信仰的宗派也不一而足。家族中那些更虔诚、谨慎的加尔文派信徒，在动乱期间北迁到了荷兰。但为了避免房产被没收，他们也在安特卫普留下了足够多的成员。所以，虽然约翰 · 泰斯已经在阿姆斯特丹定居了很长时间，可是 1609 年他要把房产卖给鲁本斯的时候，还得通过一个叫作克里斯托弗 · 卡尔斯（Christopher Caers）的珠宝业同行的斡旋。[15] 除了要价 8960 弗罗林以外，约翰 · 泰斯进一步提了两个条件，第一个司空见惯，第二个却很不同寻常。鲁本斯不单要送给他一幅画，还得免费替他照看儿子，让他在画室里见习。这个人大概是安东尼的弟弟汉斯（Hans）。当时的学徒费用大约是 100 弗罗林，所以作为父亲的泰斯既为自己节省了 500 到 700 弗罗林，又确保了自己的儿子不管才能如何，都能因为在世界上最伟大的大师画室里学习过而洋洋自夸。

不管在鲁本斯的画室里待过的是安东尼还是弟弟汉斯（后来成了艺术收藏家），到 1621 年安东尼 · 泰斯结婚时，他在绅士运河上的华丽豪宅怎么看

也不像是画家会住的地方。新娘莱斯贝特（Lijsbeth）倒是在布里街的旧宅
长大的，那条街上到处是钻石商（和其他商人）、艺术家（比如彼得 · 拉斯特
曼）和经销人。这是一段短暂的姻缘。婚后不到十个月，莱斯贝特生了一个
儿子。四天后，她便葬在了老教堂的坟墓里。“兔子不吃窝边草”的道理，安
459 东尼 · 泰斯显然不太明白。他的第一任妻子就是自己的外甥女。五年后，他
又娶了干女儿，十七岁的玛格达莱娜 · 贝尔滕（Magdalena Belten）。女孩也
是来自佛兰德裔的商人家庭，住在布里街上圣安东尼船闸（St. Anthoniesluis）
街角的第二幢房子里。宅第漂亮结实，山墙呈阶梯形，门口装有三角楣饰。
夫妇在那里住了大概六年，然后搬到了国王运河上一处更富丽堂皇的居所。
一年后，也就是 1634 年，安东尼自己也去世了。由于贝尔滕家族和泰斯
家族希望通过联姻的方式紧密结合，没过多久，安东尼年仅二十多岁的遗
孀就又在他的家族里找了一个新丈夫，选定的是先夫的侄子克里斯托弗尔
（Christoffel）。

布里街上的那栋房子是玛格达莱娜和哥哥彼得 · 贝尔滕（Pieter Belten）
共有的，但再婚之后，她就把自己的那部分所有权转让给了丈夫克里斯托弗
尔 · 泰斯。1636 年，两位男业主把房子拿去拍卖，竞标价却没能超过 12 000
荷兰盾，所以把房子收了回来。房子出租了两年，然后在 1638 年以 13 000
460 荷兰盾的价格在市场上卖了出去。

买了房子的人就是蒸蒸日上的伦勃朗 · 凡 · 莱因。所以，伦勃朗一边在耶稣受难系列的漩涡中纠缠，一心要当上荷兰的鲁本斯，一边竟从卖给鲁本斯房产的家族手里买了房子！住在布里街的各个家庭之间流言四起，伦勃朗多半不可能对此毫不知情。他是不是无法抗拒这样的诱惑？这栋房子，这栋坐落在布里街的房子，可不单单是砖块和灰泥。它让人想入非非，把画家一生中最重要的几个人物联系在了一起：拉斯特曼、凡 · 优伦堡，现在还要加上鲁本斯。怎么可能不买它呢？

三十四岁的伦勃朗，是不是也想象自己最后会过上鲁本斯的生活呢？家里有马匹、车夫、仆人、厨子，还有帮自己磨颜料的人。不管怎么说，他肯定是觉得自己足够有钱了，能负担得起一幢比以往的任何一处住所都要豪华

伦勃朗的房子，现伦勃朗故居博物馆，位于今阿姆斯特丹约登布里街

得多的房子，而且比他的同辈和同事们心有所念的任何宅第都要贵得多。伦勃朗买下这幢房子的同一年，资深宫廷肖像画家米希尔·凡·米勒费尔特在代尔夫特买了一幢房子，才花了2000荷兰盾，略高于那座城市的平均价格。[16]但1639年的代尔夫特只是一处穷乡僻壤，无法和欧洲最优雅迷人的城市阿姆斯特丹相提并论，房子和肖像的价格也反映着这种差异。即便像尼古拉斯·埃利亚松·皮克诺伊这样杰出而成功的肖像画家，最后也承受不起布里街的房价。他在与伦勃朗差不多同一时期买下了布里街上的第二幢房子，也就是从街角开始数的第三幢，它原本属于摄政者阿德里安·保乌（Adriaen Pauw）。可是五年后，他却被迫以9000荷兰盾的价格把它卖给了葡萄牙犹太人丹尼

尔·平托（Daniel Pinto）。[17]

但伦勃朗觉得自己很有钱，而且不惮于向弗里斯兰的法庭陈述这一观点。弗里斯兰法庭受理了伦勃朗对希斯基亚丈夫所在的凡·洛家族的诉讼。伦勃朗声称，阿尔贝图斯·凡·洛（Albertus van Loo）博士和迈克·凡·洛（Mayke van Loos）诽谤他和妻子挥霍遗产，且散布他们张扬招摇（pronken en paerlen）的谣言。[18]当然，他本可以选择拒斥浪子的名声，假称生活谦逊节制，堪称楷模。然而，虽然伦勃朗有不少缺点，但他不是个拐弯抹角、虚情假意的人。他反而断言，因为他们夫妻太富有了，所以不能指责他们挥霍财富。"原告称（且并未吹嘘）自己与妻子锦衣玉食、富裕无比（皆拜全能之上帝所赐，因而感激不尽）。"[19]伦勃朗可能不知道，他实际上已经卷入了弗里斯兰的凡·优伦堡家族和凡·洛家族之间的一些长期纠纷当中，因为在这个案件里为艺术家辩护的律师乌尔里库斯·凡·优伦堡（Ulricus van Uylenburgh）曾经起诉过阿尔贝图斯·凡·洛，但没能成功。不难想象，伦勃朗会支持凡·优伦堡阵营，一方面是因为义愤，另一方面也是出于身为丈夫的责任。这对他没有好处。法庭发现，被告的确嚼了关于凡·优伦堡家族部分成员的舌根，但那些话都不是针对萨斯基亚和她丈夫的。这场官司最后没有撤销诉讼，也没有赔偿金，双方却都付出了代价。

对于这些头疼事，画家也只能耸耸肩作罢。毕竟，他只提出了64荷兰盾的赔偿金，对于几个月后就得想着怎么支付13 000荷兰盾来购买新房的人来说，这笔钱可有可无。不过，合同条款并不是特别友好。购买协议是在1月5日签订的，合同交换则约定在5月1日，也就是1200荷兰盾的定金到期应付的那天。难怪伦勃朗要这么坚持，希望早日拿到耶稣受难系列最后两幅画的1200荷兰盾报酬。1639年11月，他又支付了1200荷兰盾，接下来是在1640年5月1日付的850荷兰盾。其余四分之三的购房款，总共9750荷兰盾，需要在接下来的五六年内不定数额地分期付完。但实际上，未偿余额是以抵押贷款的形式清偿，由前房主提供资金，利率为5%。乍听起来，这（在1999年的纽约）可能很划算。但荷兰17世纪中期的商业贷款利率一般在2%到3%之间。因此伦勃朗的债务不容小觑。

不过，好在他自信满满。和新邻居尼古拉斯·埃利亚松一样，他很可能盘算过了。如果还款期限让他承受不起，总还是可以转卖房子，用利润来抵消债务。然而这个应急计划的问题在于，克里斯托弗尔·泰斯没有完全转让房子的产权，要等到分期付款按约及时支付了才行。即便如此，1639 年的伦 461
勃朗也还是有勇气直面不确定的未来。他正值能力和声名的巅峰时期。1641 年，欧尔勒斯编写的新版莱顿历史也讲述了他的职业生涯，说他确实是卢卡斯·凡·莱登的继承人，而同年 10 月，莱顿艺术家公会的会长菲利普斯·安赫尔（Philips Angel）也在圣路加日的演讲上管他叫作“人尽皆知的伦勃朗”（wijt-beruchten Rembrant）。[20] 他不仅声名远扬，世界上最有钱的城里也有许多金主在找他，难道他离大富大贵还会很远吗？

虽然布里街日新月异，还有大量的外国人（尤其是葡萄牙犹太人）从桥对面的弗洛延堡搬过来住，但伦勃朗这次回到布里街，还是尝到了一些胜利的滋味。他甚至表现出慷慨大方的姿态，与一群投资者签约，其中包括一些艺术家同行，他们曾借钱给长期现金短缺的亨德里克·凡·优伦堡。萨斯基亚一定也很高兴，能再一次住在离表哥咫尺之遥的地方。虽然房子离弗洛延堡只有几分钟步程，但布里街对伦勃朗和萨斯基亚意义非凡，代表着一个新的开始：这里是繁荣社区里的优雅居所，即便不如新运河沿岸来得新潮时髦，却也昭示着居民的富足和格调。新房子是世纪之交阿姆斯特丹的标准样式，又高又深，临街的立面相对狭窄。石砌的门口模仿着古典风格（可能会让伦勃朗想起他过去的拉丁语学校），登门进入后，直接来到前厅（voorhuis），可以看到迎面的两尊石膏模型，它们在伦勃朗破产时列的物品清单上叫作“儿童裸像”。[21] 前厅里的家具不多，只有六把座椅，四把“有俄罗斯皮革的西班牙椅子”，以及一个用来看窗外的台阶凳（如果主人不想待在家里）。但走廊里摆满了画，主要是“陈列”画——伦勃朗本人和利文斯创作的小型风景画；描绘动物的画作；一些面部特写；还有佛兰德艺术家阿德里安·布劳沃的风俗画，他的专长是描绘下层人在酒馆里烟雾缭绕、喝得醉醺醺的场景。伦勃朗显然很欣赏他笔下原始质朴的感觉。

前厅旁边是侧室（sydelcaemer），里面有一张胡桃木桌子，一个大理石的酒柜，另外还有七把带绿色天鹅绒坐垫的西班牙椅子，以及四十多幅油画，其中一些出自对伦勃朗意义重大的艺术家之手：同为拉斯特曼学生的扬·派纳斯；也有利文斯；杰出而新颖的风景画家埃库莱斯·塞赫尔斯（Hercules Seghers）；还有海洋风景画家西蒙·德·弗利赫（Simon de Vlieger）和扬·波塞利斯。伦勃朗的学生塞缪尔·凡·霍赫斯特拉滕后来形容波塞利斯是“海洋画家中的拉斐尔”。在1630年左右莱顿举行的一场著名绘画比赛中，波塞利斯击败了风景画家扬·凡·霍延和弗朗索瓦·克尼伯亨（François Knibbergen）。当时伦勃朗应该还在莱顿。[22] 所以“侧室”其实是一个小艺术
462 展厅。再往前有两间屋子，内厨（binnenhaard）和会客厅（sael）。会客厅里有三尊“古典雕像”，是房子里主要用于招待宾客的场所。但所有房间其实都没有严格定义的功能，所以两个房间里都有雪松木的衣物柜、橱柜和桌椅，会客厅里还有一个配备有箱式床的“休憩角”。房间布置有黄铜吊灯、壁灯，黑檀木框的镜子反射着阴冷潮湿的日光。总的来说，会让来访者切实地感受到惬意舒适（gezelligheid）。

不过，伦勃朗挥洒自己个性的地方是在二楼。二楼有四个房间，穿过前厅之后，有一大一小两间画室，然后再到里边——也就是一楼会客室的正上方——有一个叫作“艺术室”（kunstcaemer）的房间。[23] 在这些房间里走一走，你会看到许多令人惊叹的物件，堪比鲁本斯的安特卫普友人们百科全书式的收藏，几乎囊括了全球已知文化的全部，从古至今，从异域到荷兰。大画室很可能是伦勃朗自己工作的地方。从1656年为破产专员准备的清单可以明显看出，他的画室与1629年莱顿的那张木板油画里描绘的不同，不再是一个铺着木地板的空荡荡的房间了。现在陪伴着他的，有两套完整的南美印第安传统服装，分别为男款和女款；有“巨人的头盔”；有五件胸甲；有一只“木制小号”；还有“一尊米开朗琪罗创作的小童像”。[24] 这个房间的布置相对比较宽松，给了画家工作的空间，而小画室和艺术室则塞满了各类物品，有古代和印度的兵器，包括长弓、箭、飞镖、标枪，也有美洲的竹管乐器、爪哇的皮影木偶、非洲的葫芦和瓠瓜、日本的头盔（可能曾应用于灰调画《讲道的施洗者圣约翰》中的一个形象）。艺术室中的一个架子上，放着伦勃朗大量收藏

的贝壳和珊瑚、一只土耳其火药号角、两尊“全裸像”、一副莫里斯亲王的死亡面具、两把手枪、一排手杖，还有一些刻着狮子和公牛的雕像。[25]

把伦勃朗的收藏品像这样随便列出来，就好像执法官们在一个挥霍无度的人留下的废墟里挤来挤去，这儿撞到一根大象的象牙，那儿撞到一个喀尔巴阡马鞍。伦勃朗的收藏品注定像是一座垃圾堆成的奥林匹斯山，收藏时不加区分，陈列得杂乱无章，反映了他那冲动、贪婪、杂食的个性。如果说伦勃朗的绘画表面上也是自由无拘，但却在构图和执行上有着极度艰深的计算和技巧，那么他展示物品的方式也不能说只是鸦飞雀乱。虽然没有严格遵照学术收藏家的分类系统，但伦勃朗的“杂集”仍然反映了他本能的亚里士多德式信念，认为在令人愉悦的无限多样化的世界中，能够浮现出造物主自然设计的启示。

无论如何，他的艺术室还是分成了古典知识和科学知识两个部分，然后 463
再分类为自然（naturalia）和人工（artificialia）。对古典世界进行再现的部分和鲁本斯的收藏同样出色，尽管鲁本斯常常有能力购买古典雕塑的原件，伦勃朗却只能用石膏模型加以补充，而且鲁本斯著名的宝石和小型浮雕收藏也是伦勃朗难以比拟的。然而，鲁本斯自愿将自己收藏的大部分雕塑卖给了白金汉公爵，伦勃朗却没有这么做。只有破产专员才能迫使伦勃朗放弃他的古典作品。他全都留着——十二件凯撒，从奥古斯都、卡利古拉、尼禄，到韦斯巴芗、加尔巴和马可·奥勒留。他们与古代著名诗人兼哲学家的荷马、苏格拉底、亚里士多德放在一起，就像在任何真正的绅士学者的展示柜里那样。伦勃朗甚至还有一尊半身像，刻画着对年轻时的鲁本斯影响最大的那个人——蓄须的塞涅卡，他有着忧郁而悲壮的神色。他还有一尊拉奥孔和一系列“古典女子”的头像。除了雕塑以外，伦勃朗似乎还收藏了许多硬币和奖章，尽管和佛兰德大师的收藏相比，自然没有那么简要和精挑细选。

仅凭第一印象判断，是错误的做法。那个挥霍无度的伦勃朗，那个狂野不羁的伦勃朗，也是博学广识的伦勃朗，对普世知识有着至甄至纯的探究，和鲁本斯一样都随时随地思忖着如何才能不只做一个粗粝的匠人，而是做一名博学的画师，富有知识的画者、运用笔刷的哲人，可以与具有最高级品位的诗人比肩。

虽然伦勃朗的知识可能没有鲁本斯那么深刻，但他那漫无边际的思想的广度，弥补了他在深度上的不足。硬要说的话，他的求知欲比鲁本斯更为广博，无论是对地球还是对天穹的探索都是如此。和这座帝国之城的许多人一样，伦勃朗也对艾湾的各个码头上来自遥远世界的奇珍异宝很是好奇，因而搜集了许多源于海洋深处和热带森林的标本：珍贵的贝壳、海绵、小珊瑚山，还有一个来自新几内亚的极乐鸟标本。极乐鸟耀眼的羽毛不光让人一饱眼福，也引发了激烈的争论。那些关心此类问题的人，会探讨这种生物是否有脚，因为在东印度群岛处理这些标本的人，总是会先用巧手去除鸟的下肢，才送去欧洲。为了保证赌局能赢，伦勃朗把自己那个标本的样子画在了两张纸上，一张有脚，一张没有脚。[26] 在人工收藏的部分，有些出自异域人士之手：中国和日本的服装和陶瓷；刀剑、头盔，有角的兵器，以及可以安在头上、带有尖塔的兵器；土耳其和波斯的织毯，绣着画眉在百合盛开的草地上跃动的画面；高加索的皮革、乐器、弦琴、铃铛、中世纪东方的锣和鼻笛。

在这份豪华的列表里，唯独书籍的数量非常少。清单上的1656件物品
464 中，只列出了15本“大大小小”的书。此外，还有一本弗拉维乌斯·约瑟夫编写的犹太战争史，是由托比亚斯·施蒂默绘制的插图，这位平面艺术家曾给年轻时的鲁本斯留下过深刻的印象。鲁本斯不能缺少图书馆，而伦勃朗对文学收藏明显缺乏兴趣，这是真正能把他们的感性区分开的地方。更奇怪的是，伦勃朗明显很痴迷于书的物理性质，他一遍又一遍地画书，好像书是一座纪念碑，体积庞大、历经风霜、充满权威。当然，这15本书可能构成了伦勃朗叙事激情中不可简化的核心：一本《圣经》，一本塔西佗，当然有一本奥维德，或许有一本贺拉斯和一本普林尼。可以看到，伦勃朗是以阿佩莱斯为榜样的，阿佩莱斯遵循普林尼的思想，只用四种颜色来调色，却创造了最多样化的形式和色彩效果，而伦勃朗很可能也将自己的书卷气浓缩到了最本质的地步。其中还有丢勒论述人体比例的书，可能还有雅克·德·盖恩二世绘制插图的（德文版）武器训练手册，伦勃朗在《夜巡》中用了这本书上的某些人物形象。当然，也很有可能他在1656年破产之前，把原本规模较大的藏书

伦勃朗,《两只极乐鸟习作》, 17 世纪 30 年代后期。钢笔及棕色墨水素描带棕色和白色水彩。巴黎, 卢浮宫美术馆, 书画刻印艺术部

卖出去了一部分。

但书卷上的不足，伦勃朗在艺术上可以说全都弥补了回来，因为他收藏的纸上作品不仅数量庞大、质量优异，范围也很广泛，既有莫卧儿细密画，也有北方最伟大的平面艺术大师卢卡斯·凡·莱登、老彼得·勃鲁盖尔、亨德里克·霍尔齐厄斯和雅克·卡洛。[27]不用说，还有一些鲁本斯的作品，包括许多鲁本斯亲手修正的风景画雕版样张，还有一卷印刷的肖像。此外还有众多意大利大师的作品：清单清楚地列明，伦勃朗多年来一直系统地致力于组建自己的文艺复兴艺术的完整档案，所以他能接触到米开朗琪罗、拉斐尔和提香的几乎全部作品的复制版画。此外，还有一本曼特尼亚的“珍贵书籍”，可能是大师的素描集。但他并没有就此止步，因为收藏中也有“现代画家”的作品，比如卡拉齐三兄弟［包括阿戈斯蒂诺（Agostino）臭名昭著的色情作品《纵欲》（*Lascivie*）］和圭多·雷尼。

17 世纪 30 年代末，伦勃朗怀着狂热的收藏热情，一直流连于阿姆斯特丹的地产拍卖会上。这个习惯，让他浪费了不少钱，但他控制不住自己。1637 年 3 月，在王子运河边为期三周的扬 · 巴斯（Jan Basse）地产拍卖会上，有 50 件版画、素描和贝壳落槌卖给了伦勃朗。第二件这样的大事发生在 1638 年 2 月。俄国商人戈莫 · 施普兰格尔（Gommer Spranger）的收藏品在他位于天鹅绒城墙（Fluwelenburgwal）的家中上拍，伦勃朗又拿下了 32 件拍品，
465 其中包括丢勒、拉斐尔、霍尔齐厄斯和卢卡斯的作品，卡拉瓦乔 · 达 · 波利多罗（Caravaggio da Polidoro）的陶罐，还有另外一组珍贵的贝壳，他明显对此饶有兴趣。在那里，他有可能偶然遇见过凡 · 优伦堡，还有尼古拉斯 · 埃利亚松 · 皮克诺伊和克拉斯 · 莫耶尔特等艺术家。他们也对购入拍品感到心痒难耐，更加激起了伦勃朗的竞拍欲，尽管他也意识到，自己只能负担有限的东西。和他的同行一样，伦勃朗经常不得不满足于普通的竞标者就能买得起的作品，每组版画只花几个荷兰盾。不过，一旦难得的购买机会出现在他眼前，不管价格多贵，他都会屈服于将作品纳入囊中的冲动。所以他花 106 荷兰盾（大概是他当时画一幅肖像的价格）买了三幅霍尔齐厄斯的素描，花 127 荷兰盾买了卢卡斯 · 凡 · 莱登题为《捣蛋鬼》（*Uylenspiegel*）的罕见版画，但这幅画实际上画的是一队乞丐（其中还有一只猫头鹰）。[28]

在拍卖厅里，伦勃朗不仅要和阿姆斯特丹艺术界的朋友和同事竞争，还要和那些财大气粗、本身就是资深收藏家的商人和贵族竞争。在一些拍卖会上，精美艺术品的价格甚至能超过几百荷兰盾，达到几千荷兰盾。这时候，伦勃朗知道自己处于下风，所以只好怀着愤懑，安于扮演一名眼巴巴望着的观众。例如在 1639 年 4 月卢卡斯 · 凡 · 乌费伦（Lucas van Uffelen）的地产拍卖中，他只能看着拉斐尔那幅著名的、美妙绝伦的巴尔达萨雷 · 卡斯蒂廖内肖像画以 3500 荷兰盾的价格成交。伦勃朗不仅用素描临摹了这幅画，还记录下了这幅画的成交价，以及另外一条令人印象深刻的信息，即凡 · 乌费伦的全部收藏品卖出了 59 456 荷兰盾，着实是一笔巨大的财富。买家是葡萄牙犹太人阿方索 · 洛佩兹（Alphonso Lopez），他在钻石行业发了大财，同时也是阿姆斯特丹枢机主教黎塞留的军火采购员。在共同竞标者的行列中，伦勃朗

可能会很惊讶（甚至很恼火）地见到另一位画家约阿希姆·冯·桑德拉特（他是1627年鲁本斯在荷兰旅行时指定的旅伴），虽然出价低于洛佩兹，但举白旗投降之前，他的出价竟然高达3400荷兰盾！桑德拉特可能是拿了钱负责垫高价格的托儿。这种操作在这种场合很常见，伦勃朗有时也会落入他们的陷阱。但是，又有什么办法知道呢？

伦勃朗与洛佩兹很可能有私交，而且参观过洛佩兹位于辛格运河（Singel）边那座被称为“镀金太阳”的豪宅。毕竟，伦勃朗在弗洛延堡的时候，就熟悉像埃弗拉伊姆·布埃诺和门纳塞·本·伊斯拉埃尔这样的塞法迪犹太名人，
而洛佩兹又是印度和东方艺术的狂热收藏家。这份特质也吸引了伦勃朗，无 466
论是作为鉴赏家还是收藏家。伦勃朗多半去洛佩兹家看过他收藏的另一幅令人艳羡的杰作：提香的《绅士画像》（*Portrait of a Gentleman*）。在17世纪，人们认为这名绅士是意大利诗人卢多维科·阿里奥斯托（Lodovico Ariosto），即史诗《疯狂的奥兰多》（*Orlando Furioso*）的作者。1615年《疯狂的奥兰多》被译为荷兰文后，便在荷兰家喻户晓了。而那种腥风血雨、格外喧腾的风格，也很对伦勃朗的胃口。

这两幅画放在一起，好像立刻就对伦勃朗施下了魔咒，不光因为画作本身，更因为其表达了艺术和艺术家的高贵。众所周知，拉斐尔的卡斯蒂廖内肖像不仅仅是画得像《廷臣论》的作者而已，它也是一份见证了作家和画家之间友谊和尊重的文件。卡斯蒂廖内在作品中专门给了画家应有的评价，把达·芬奇和拉斐尔列为可与诗人比肩的人物。拉斐尔本人也写诗，他优雅而精致的笔风声名远扬，经常被拿来与彼特拉克的诗歌相比。[29] 所有这些品质都能在卡斯蒂廖内的肖像中看到，说明绘画和诗歌之间是相互共鸣的，而不是为了一争高下而敌对竞争。[30] 其他画家都很清楚，这幅肖像赋予了绘画以诗意的境界，尤其鲁本斯对此深有了解，他本人非常注重超脱于这种竞争观念之外，而且在曼托瓦时就看过并临摹过拉斐尔画的这幅肖像。事实上，鲁本斯是少数几个能够主动与这幅画的画家和画中人物感同身受的艺术家之一。毕竟拉斐尔也曾被比作阿佩莱斯，因为他和众亲王在一起时的举手投足透着“优雅的魅力”，而鲁本斯不得不很早就去习得这种优雅，其中至少有一部分功课

上：提香,《绅士画像》(原称《阿里奥斯托》)，约 1512 年。布面油画。伦敦，英国国家美术馆

下：伦勃朗,《拉斐尔的巴尔达萨雷 · 卡斯蒂廖内肖像摹本》，1639 年。钢笔与棕色墨水素描，带白色颜料。维也纳，阿尔贝蒂娜博物馆，书画刻印收藏馆

就是去仔细阅读卡斯蒂廖内有关文雅行为的著作。鲁本斯还了解到，为了他的赞助人乌尔比诺公爵（Duke of Urbino），卡斯蒂廖内曾做过不少外交上的斡旋，自己却陷入了麻烦。后来一切都变得不堪忍受，所以卡斯蒂廖内隐退到了曼托瓦，受到了贡扎加家族的热情款待。

第二幅画，也就是提香画的阿里奥斯托，对伦勃朗选择再现自我的方式产生了更直接的影响。从这幅画同样可以看出，诗人和画家之间是相互仰慕的朋友，而非竞争对手。两幅画都体现着宫廷教养［在阿里奥斯托的这幅画中，是指费拉拉的埃斯特（Este）宫廷］，画家并没有卑躬屈膝地完全顺从赞助人的意愿。于是，可以想象提香的肖像描绘的是一位艺术家同行，他把手臂漫不经心地靠在栏杆上，姿态像一位血统纯正的贵族，是文艺复兴时期轻 467
松、优雅的美德之化身。阿里奥斯托的身体向右转，头朝向观者，这似乎也体现了文雅礼仪的另一个重要元素：虽然受到礼貌的约束，但仍富于同情心和亲和力。肖像的氛围既正式又轻松，彰显了提香的崇拜者们所说的“惬意”（disinvoltura）品质：和谐地占据着空间，没有任何塑像一般的钝感。石栏边的人物似乎只是暂时地静止下来。而他衬衫上的皱褶、脖子上闪亮的项链、富有光泽的深色头发，尤其是那蓬松的袖子，都让人感受到茁壮的生命力，仿佛能看到胸膛在华衣之下一起一伏。

伦勃朗不只是欣赏洛佩兹收藏的这两幅画，他决定自己变成画中人。早在 1631 年，他就仿照过佛兰德画家鲁本斯的自画像，化身为假鲁本斯。在那幅临摹中，伦勃朗幻梦里的鲁本斯已经带有了拉斐尔和卡斯蒂廖内的影 469
子。现在鲁本斯进入了风烛残年，伦勃朗则开始借用文艺复兴盛期模范人物们的身份，既包括模特（朝臣和诗人），也包括艺术家（拉斐尔和提香）。事实上，他用素描复刻的卡斯蒂廖内肖像并没有精准地重现原作。伦勃朗把人物的头部稍微倾斜了一些，把帽子放在更高、更轻快的角度。这时候，他似乎已经在为那张蚀刻版画《靠在石制窗台上的自画像》（*Self-portrait Leaning on a Stone Sill*）中的姿势做尝试了。自画像中他戴着贝雷帽，帽子的角度也同样轻快。虽然倚在石墙上的手臂显然取自提香的作品，但他的袖子上那精致、流动的褶皱则更多是受拉斐尔的作品启发。肖像中的伦勃朗虽然穿着文

伦勃朗，《靠在石制窗台上的自画像》，1639 年。蚀刻版画，第一版。纽约，皮尔庞特·摩根图书馆

艺复兴大师的外衣，但却丝毫没有毕恭毕敬的神态。他的嘴巴和钢铁般的目光，丝毫没有意大利绘画中的那种温柔。伦勃朗身处户外，一丛丛野草从石头中伸出来，而他自己的头发则浓密地披散在背上。看来，画家刻意让自己看起来不那么古典沉稳，而更富于自然之雄浑。

伦勃朗在次年，也就是 1640 年创作的“三十四岁”自画像中，还留有几分这样的锐气，但桀骜让位给了彬彬有礼、甚至有几分贵族气息的神色。他找到了掌控的感觉，终于放松了下来。鲁本斯死了。他要确保自己不会只是先知以利沙。伦勃朗身着 16 世纪的华服，袖子开衩，裹着皮毛镶边的披风，

伦勃朗，《三十四岁时的自画像》，约 1640 年。布面油画，102 厘米 ×80 厘米。伦敦，英国国家美术馆

胸前戴着一条金链，帽子上也装饰着一条金链。如此，伦勃朗成了高贵的泰然自若的化身，是无可争议的阿姆斯特丹的阿佩莱斯。他用高超的绘画技巧，证明了自己正是伟大的文艺复兴传统的继承者，兼具拉斐尔的素描（disegno）功底和提香的色彩（colore）功底。瓦萨里曾赞扬拉斐尔［在《教皇利奥十世肖像》（*Portrait of Pope Leo X*）中］表现天鹅绒、锦缎和丝绸材料质地的技巧，认为这般传奇的能力使拉斐尔堪称顶级的雕塑家。而在这幅自画像中，伦勃朗同样展示出他在这种表现材料的技法上无与伦比的造诣。与此同时，这幅画的色调之统一、笔触之流畅，以及人物在指定空间内的完美定位，也让他可以无愧地称自己是提香的继承人。最重要的是，伦勃朗掌握了提香的绝招，即通过对无数微妙细节进行精密调整，使肖像中的人物栩栩如生。例如，有一条白色的细线，从右眼和鼻梁之间开始，延伸到脸颊的下缘。这条线勾勒出了颧骨，再加上伦勃朗鼻尖上的白色高光，使皮肤呈现出一种微微发亮的色调，就好像画中穿着厚重衣服的模特有些出汗。这幅自画像中的伦勃朗之所以让人觉得有血有肉，是因为其中的许多细枝末节：袖口边缘在手背上投下的阴影；小胡子左端有一小撮姜黄色的胡须，在深色头发边缘的映
470 衬下十分显眼；（在画完成之后）他决定把衣领立起来，这样领子的精致褶痕就能与他下巴的线条相协调，就好像伦勃朗的头只要一动，坚硬的布料就会轻轻地顶住他下巴的下侧。目光中的凝聚力仿若一只动物——一只稀有鸟类，羽毛柔顺光亮，眼睛炯炯有神，似乎什么也逃不过它的法眼——但任何人都不会当它是某种懒惰动物的标本。

X 射线照片显示，最初的画面中伦勃朗的双手都是可见的，左手手指放在木窗台上。他在左手上加涂了一层，让手像被黑袖子遮住了一样，这一笔改善了画面，因为这样一来，（拇指和指关节因透视而缩短了的）右手就完全主导了栏杆，宽大的袖子从画面空间的边缘伸了出来。重点在于要给人以权威的印象，因为比起伦勃朗此前的任何其他自画像，这幅画多了一层意义，那就是他自己不仅与文艺复兴传统中那些杰出的前辈平起平坐，甚至也与他的赞助人是同一等级。十年前，惠更斯就（心情复杂地）注意到，利文斯和伦勃朗身上都有一种自信满满的“天然”高贵气质。现在，伦勃朗再也不想

伦勃朗，《持帽的男子肖像》，约 1639 年。木板油画，81.4 厘米 ×71.4 厘米。洛杉矶，阿曼德·哈默收藏馆

对自己的高傲遮遮掩掩了。

尽管如此，伦勃朗在 1640 年就有如此表现，还是有些冒进，因为他的赞助人已经不仅是衣食无忧之辈，也有许多是阿姆斯特丹的社会精英。像尼古拉斯·鲁茨这样生意风险很高、财富时断时续的商人，和控制着王朝金钱的豪门望族有着天壤之别。特里普家族（Trips）、德·格雷夫家族（de Graeffs）和维特森家族（Witsens），这些人的财富可以达到数十万荷兰盾，是执掌城市事务的核心摄政者，其家底之殷实，足以款待来访的亲王贵族。他们去拜访画家谋求肖像的时候，随身会带着一小队女仆、秘书和穿着缎面马裤的黑衣侍从。拿 1640 年前后绘制的《持帽的男子肖像》（*Portrait of a Man Holding a Hat*）来说，我们无法确定画面中的主体是谁，但他的衣着极为华丽，油画木板磨得极为平整，裱褙在昂贵的红木镶板上，所以他要么来自上流社会，要么有极大的渴望要融入上流社会。他的紧身上衣是用华美的塔夫绸制成，与之相衬的披风垂在背上，衣缝处精致编织的纹理微微凸起，这些必然清楚

471 地表明，他不是一位会身穿黑色羊毛衣的寻常市民。

为社会人物描绘肖像的时候，伦勃朗的任务是模仿凡·戴克，而不是鲁本斯；他需要凸显出这些日益崛起的年轻贵族的冷静和优雅。他原本就对布料质感驾轻就熟，现在更臻于完美，衣纹愈发顺滑光亮，近乎以假乱真，让贵族们更加沉迷于端详自己的英姿。在他的手中，亚麻布、蕾丝和丝绸都能体现出人物的性格，它们下垂、扭曲、盘旋、折叠，仿佛在沿着身体线条优雅缓慢地舞蹈。然而，与凡·戴克笔下的皇亲贵戚不同，伦勃朗绘制的商人亲王不能显得太过虚荣。因为他们的住所不在英格兰乡郡，也不在伦敦的意大利式别墅。在 17 世纪 40 年代，加尔文教会会议开始更加激烈地谴责奢华时装和浮夸发饰。因此，虽然伦勃朗努力还原服装的华丽细节和精妙触感，但他一定也清醒地意识到，仍然需要注意谦逊和自制的整体印象。因此，他用了帽子这个元素。在这幅画中，模特的两手抓着帽子，看起来正好处于私人形象和公众形象之间（仿佛正要离开或者刚刚到来），而帽子简洁朴素，与他那耀武扬威的外套形成了对比，显得平凡却富于魅力。

在那几年，伦勃朗也在其他一些富有的客户身上采用了同样的策略。阿莱德·阿德里安斯多赫特（Alijdt Adriaensdr.）是阿姆斯特丹最令人敬畏的商人埃利亚斯·特里普（Elias Trip）的遗孀，埃利亚斯·特里普来自多德雷赫特，在战火连年的时代，他在欧洲各国之间建立了庞大的钢铁和军火帝国。伦勃朗需要为这位寡妇塑造虔诚和谦逊的形象，让她就像是直接从雅各布·卡茨那本有关女人不同人生阶段的警世道德手册中跳出来的。细节决定观感。因此，伦勃朗不仅把关注点放在如同磨盘一般的旧式襞襟上，还成功地在其中运用了大量的绘画技能，用最多的精力对襞襟进行细致的刻画，不过多地添加其他任何东西。因此，这是一幅极为纯净的肖像，凸显了她那瘦削而质朴无华的面容，使她沐浴在淡淡的正义之光中。

472 阿莱德·阿德里安斯多赫特住在绅士运河边上一幢极为华丽的房子里，和她的身份十分相称，这幅画就挂在那栋宅子里，旁边很可能是她女儿玛丽亚·特里普（Maria Trip）的肖像。伦勃朗在画玛丽亚的时候，她大约二十岁，已经到了结婚的年龄，所以身上的服装也相应地更奢华、更时尚有个性。她

伦勃朗，《阿莱德·阿德里安斯多赫特肖像》，1639 年。木板油画，64.7 厘米 ×55.3 厘米。鹿特丹，博伊曼斯·凡·伯宁恩美术馆

身上的垂领有很多层带扇形饰边的蕾丝，看起来非常华贵，在画里也描绘得惟妙惟肖。然而，伦勃朗并没有在这里表现出盲目的炫技。相反，伦勃朗开始大胆地运用断裂或松散的笔触，加以丰沛的颜料，来传达表面的立体感。锱铢必较已不再，而是大刀阔斧地注入活力。此外，他还在色彩上做了更多实验，玛丽亚 · 特里普服装上闪闪发光的金色质感，实际上是由灰、绿、橙棕、黑和赭色轻轻点描，用短笔触组合而成的。与此同时，伦勃朗知道他不能把玛丽亚 · 特里普画得只是像一个光鲜亮丽的衣架子而已。对财阀而言，假装“少即是多”是一项一直要遵守的游戏规则，必须极为微妙地展示出自己的地位。于是，画面中的她站在一扇彰显贵族血统的古典拱门下。玛丽亚虽然服饰华丽，面孔却很简单。她把财富穿在身上，但她真正的黄金是自身的美德。在锦绣的衣衫背后，她还是母亲的女儿，是虔诚的基督徒少女。

这些人来到画家面前，趾高气扬，想要给自己添上一顶王冠，这种情况下，如何能让他们变得鲜活？如何能让他们灵动？伦勃朗越来越多地发现，

伦勃朗，《玛丽亚·特里普肖像》，1639 年。木板油画，107 厘米 ×82 厘米。阿姆斯特丹，荷兰国立博物馆

自己不是把主体包含进传统的绘画空间里，而是在用画面的框架进行实验，使主体看起来好像正越过画框浮现而出，进入观众的“真实”空间。他当然不是发现视错觉的人。文艺复兴时期，这在肖像中司空见惯。在尼德兰，赫里特 · 彼得松（Gerrit Pietersz.）曾用这种方法描绘过身为作曲家、管风琴手的兄长斯韦林克，效果十分惊艳；维尔纳 · 凡 · 登 · 法尔克特和弗兰斯 · 哈尔斯也曾借用视错觉创作出了优秀的作品。[31] 但大多数前人的作品，都是画中人从窗框或壁龛中探出身，或从阳台或栏杆上伸出头。伦勃朗将这一技巧推上了一个新台阶，使得画框不光是所呈现画面之外的固体物，而是成了画面内

部的一个元素。画框并不为观者所在的具体世界和图像的世界之间划定清晰的边界，而是化身为可以自我消解的门槛，好像一面爱丽丝的镜子，观者和
被观者都可以越过它，进入另一端那个难以预料的世界。[32] 473

这一类效果，伦勃朗在阿莱德 · 阿德里安斯多赫特的肖像中已经有所尝试：把她的手轻放在画的下缘上。但与尼古拉斯 · 凡 · 班贝克（Nicolaes van Bambeeck）和阿加莎 · 巴斯（Agatha Bas）的夫妻肖像相比，那次实验只是小巫见大巫。凡 · 班贝克是一位相当富裕的布匹商人，主要经营西班牙毛织品，也住在布里街。他可能是在1640年与伦勃朗相识的，当时他向优伦堡投资了新的贷款。他的妻子则来自完全不同的社会阶层，是迪尔克 · 巴斯（Dirck Bas）的长女。迪尔克是阿姆斯特丹议会中最令人敬畏的政治家之一，曾多次担任市长，还是东印度公司的董事会成员。1634年，巴斯曾让迪尔克 · 桑特弗特（Dirck Santvoort）为家族画过一幅严肃、正式、像檐壁浮雕一样的群像，画面很宽，以便纳入全部七个孩子，而面色苍白的阿加莎娴静地站在母亲身旁。巴斯家族在阿姆斯特丹上层社会的地位显赫，使得处理这对夫妇的肖像时，更难把控夸示和矜持之间的平衡。丈夫必须表现出权威的形象，但阿加莎 · 巴斯血统尊贵，也必须炫耀自己的财富和地位，但又不能违背为妻之道。

伦勃朗一如既往地很清楚应该怎么做。凡 · 班贝克的右臂像提香笔下的 474
阿里奥斯托那样靠在支撑物上，但这个支撑物不是石墙或木栏，而正是画本身的框架。他一手攥着的手套（婚姻忠诚的传统象征）超出了画框边缘，而伦勃朗在《三十四岁时的自画像》中涂黑的左手指在这幅画中则贴着画框，仿佛准备迎接对面来的客人。凡 · 班贝克既站在画框划定的空间里，又身处背后的一扇木门前，因此给人一种感觉，即他既是一家之主，又非常和蔼可亲。

他妻子的肖像也非常具有这种既处于家庭空间内又处于家庭之外的感觉，是伦勃朗最于微妙中见力量的作品之一。和玛丽亚 · 特里普一样，阿加莎 · 巴斯不是恰好回转过身来，而是正面对着观者，似乎故意不要任何优雅的姿态，给人一种卸下防备的坦率印象。她既朴素又超凡脱俗。她的裙子非常优雅，胸前的金色花朵在白色丝绸的映衬下闪闪发光，紧身胸衣上点缀着黑色交叉

伦勃朗，《尼古拉斯·凡·班贝克肖像》，1641年。布面油画，105.5厘米×84厘米。布鲁塞尔，比利时皇家美术博物馆

伦勃朗，《阿加莎·巴斯肖像》，1641年。布面油画，105.2厘米×83.9厘米。伦敦，白金汉宫，皇家收藏

束带，外套是提花缎面料。相比之下，她的下巴纤弱，鼻子细长，没有其他可说的。但画家却在她那略怪异的容貌上投射了一道涟漪般的光线，它穿过纤细的头发，形成阴影和半影交织的微妙纹理。阿加莎乳白色的面孔并非画面的尴尬之处，反而成就了肖像的朴实无华，显示出富贵却不矫揉造作的美德。和丈夫一样，她的双手从画框伸了出来，也同时传递着谦逊和炫耀的双重信息。一把蓝金相间的扇子，顶部闪耀着光芒，下方微微陷入阴影，像孔雀尾巴一样张开着。它介入了观者，但却不会表现出任何不恰当的亲密。更引人注目的是，她的左手拇指蜷曲着放在画框边上，伦勃朗精确地塑造了这根手指的关节和阴影，手的其余部分则留在画框后面和外面那看不见的空间里。这平而厚的大拇指，是伦勃朗笔下最不寻常的描绘对象之一，因为它的质感极为逼真，使得整个人物形象具有了不可思议的立体感，肉身好像在此端和彼端都存在，在现实和幻觉之间游移。

伦勃朗，《赫尔曼·杜默尔肖像》，1640 年。木板油画，75.2 厘米 ×55.2 厘米。纽约，大都会艺术博物馆

也许，伦勃朗沉迷于玩这种画框的游戏，是因为结识了一位做画框的人士：赫尔曼 · 杜默尔（Herman Doomer）。1640 年，伦勃朗画了他和妻子巴尔蒂耶 · 马尔滕斯（Baertje Martens）的肖像。杜默尔生于德国，1611 年来到阿姆斯特丹，专门从事硬质地的黑檀木画框生意，有时也用涂黑的鲸骨来做比
较便宜的替代品。他的经济条件应该还不错，但伦勃朗 17 世纪 40 年代早期 476
的顾客群体里大多都是极为富有的人，他肯定不在其列。不过，伦勃朗把杜默尔的儿子兰伯特（Lambert）收作了学徒，这对夫妇肖像可能也是他们友谊的见证。巴尔蒂耶在遗嘱中（她比丈夫多活了二十八年）特别吩咐要把两幅画留给家人，而画作本身的简洁、温柔、直率，当然也体现出了艺术家和模特之间亲近的关系。

不过，作为一幅伦勃朗的画作，杜默尔的肖像有许多微妙之处。虽然艺术家严格还原了模特着装和举止的简单朴素，但伦勃朗笔下杜默尔的姿态和他依照提香风格画的自画像是一致的。赫尔曼 · 杜默尔因此被赋予了一种崇高的神韵，而且因为他完全没有社会地位的优越感，所以尤其更加适合这个

伦勃朗,《赫尔曼·杜默尔肖像》(细部)

姿态。伦勃朗当然深谙给谦逊的图像以宏伟观感的方法。杜默尔面部的大部分颜料都是用平稳、流动的笔触薄涂上去的，每一条鱼尾纹和眼底皱纹，每一缕胡须，都是用同理心仔细地描绘出来的。可到了衣领附近，伦勃朗的笔法开始大胆起来，笔刷在领子底部的边缘涂上了一层厚厚的黏稠的颜料，刷毛的平边刺入湿润的颜料中，以表现出堆叠在一起的织物上凸起的波纹和褶边。

同时代的画家，没有人能像伦勃朗那样，将戏剧性注入平凡之处，同时又不破坏主体的完整性。他为门诺派的在俗传道士科内利斯·克拉松·安斯洛（Cornelis Claesz. Anslo）及其妻子画的肖像，最能证明他的这种能力。安斯洛是布匹商人和船主，搬过好几次家，每一次搬家后住所都会变得更大。到了 1641 年，他住进了老区后城墙运河（Oudezijds Achterburgwal）上一幢专门为他落成的新房子里。安斯洛的一个孩子欠了 60 000 荷兰盾的巨额债务（显然不是一个典型的门诺派教徒会做出的事），他也有足够的钱来帮着偿还，而在 1646 年去世时，他仍然有着整整 80 000 荷兰盾的财产。他和妻子的外套上的毛皮，也无疑彰显着这种富足，又不会公然地违背门诺派对招摇过市行径的厌恶。

这幅夫妇肖像，无疑是为了新房子画的。不过，画作要宣传的不是安 477
斯洛的财产，而是他的虔诚，尤其是他作为沃特兰门诺派的大谷仓（Grote Spijker）教堂的传道士也是名声在外，沃特兰门诺派是最忠于宗教经卷和主张直译的基督教团体。当时，安斯洛也想要一幅单人的蚀刻版画，可能是用来散发给他的信众，于是伦勃朗提供给了他一份小样（modello），或者素描，供赞助人参考。画面中传道士坐在桌旁，右手拿着一支笔（因为他平时也常撰写神学短文），手掌放在书页上，左手颇有意味地指着另一本书，可能是《圣经》。安斯洛也许亲自提了一些建议，经过两次更改之后，素描被制作为蚀刻版画。版画中，有一颗钉子钉在光秃秃的墙上，钉子下方搁着一幅顶部为拱形的画，显然是从墙上取下来的，正面对着墙。

伦勃朗发现自己又一次陷入了眼睛和耳朵之间的漫长纠纷中。让他感到矛盾的是，赞助人安斯洛想要一幅自己和妻子的巨幅画像，还要在这笔交易

上：伦勃朗，《科内利斯·克拉松·安斯洛肖像》，1640 年。带黑色粉笔和棕色水彩的钢笔素描。巴黎，卢浮宫美术馆

下：伦勃朗，《科内利斯·克拉松·安斯洛肖像》，1640 年。蚀刻版画，第一版。纽约，皮尔庞特·摩根图书馆

里加入一幅蚀刻画。可尽管如此，两幅画都需要体现圣言的崇高，而不是图像的崇高。后来，诗人约斯特·凡·登·冯德尔可能是看到了原本的小样，于是用以下这首四行诗表达了自己对圣言的看法：

伦勃朗呀，画了科内利斯的声音，
可见之物并不能表现他：
不可见的必得通过耳朵来了解。
想要体认安斯洛，必得聆听他。[33]

伦勃朗无疑做到了尽职尽责，画了一幅等身大的肖像。但他长期以来一
直有志于钻研绘画语言的可能性，探讨迄今为止无人能做到的事情。毕竟， 478
那些对蒂尔普医生的解剖过程如醉如迷的观察者，是对视觉和声音同时作出
了反应，而伦勃朗必定想要看到那幅画的人能够想象医生在同时进行视觉和
语言上的解说。画了安斯洛一年以后，他也试图让弗兰斯·班宁·科克上尉
（Captain Frans Banning Cocq）的双唇微张，比画着一个手势，仿佛正命令中
尉去指挥士兵行进。安斯洛自己的一只手因透视缩短了，手掌被照得通亮，
姿态仿佛是对《夜巡》中那个指令手势的排演。夫妻之间的互动，也让人想
起《造船师扬·莱克森和妻子格里特·扬斯》里那对夫妇动感十足的样子。不
过，那幅画中的妻子扬斯伸开双臂占据了整个画面宽度，而这幅画里的传道
士和正在悉心倾听的妻子二人加起来也只占据了构图的右半部分，左半部分 479
的画面里是堆积如山的书籍和蜡烛，用静物的方式处理。视线的角度很低，
桌子的一角以一定的角度伸出了绘画平面，桌上铺着的两块布有着密度极高
的色彩，其中一块是东方风格的毯子，所有这些元素都使桌子看起来像高高
的祭坛，上面累着许多神圣的书籍。那些书，沐浴在从左面透入的强光下，
绝不仅是一堆羊皮和木浆。书页在光线下微微颤动、翘起和飞舞，充满生命
力。那些书像以西结眼见的枯骨一般，蓦然开始呼吸。圣言是活着的。

予平凡之物以崇高的品性，用一摞书和一支蜡烛创造出一座圣堂，正是这种令人瞠目结舌的能力拯救了伦勃朗受挫的事业，让他不光是个让画面

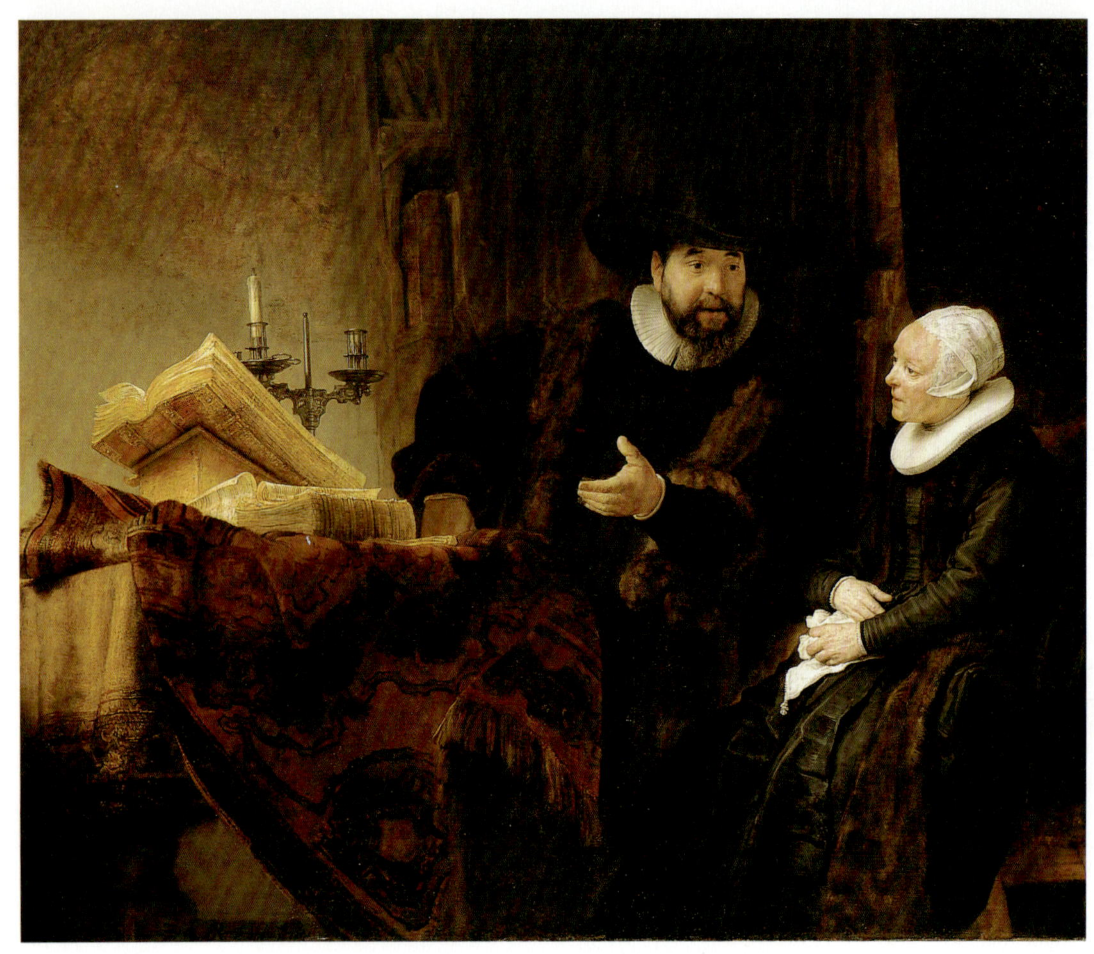

伦勃朗，《科内利斯·克拉松·安斯洛和妻子阿尔蒂耶·赫里茨多赫特·斯豪滕的肖像》，1641年。布面油画，176厘米×210厘米。柏林，柏林画廊

布满了天使形象的鲁本斯摹仿者。伦勃朗对简朴光晕的感受力一直没丢，就和1629年完成两幅杰作《艺术家在他的画室》和《以马忤斯的晚餐》时一样。不过，宫廷画家那诱人的生活摆在他面前的时候，他开始把注意力放在描绘史诗巨作上，无论是神圣还是世俗题材，并且注重迎合时髦审美。到了鲁本斯去世的这一年，伦勃朗总算完成了耶稣受难系列，而《科内利斯·克拉松·安斯洛和妻子阿尔蒂耶·赫里茨多赫特·斯豪滕的肖像》（*Portrait of Cornelis Claesz. Anslo and His Wife, Aeltje Gerritsdr. Schouten*）则宣告了新伦勃朗的诞生。这个伦勃朗，可以用这个世界的事物来讴歌未来世界之神圣，

却不会越过虔诚的规矩和边界。他创造出了传道士们认为不可能存在的东西：新教的偶像。他总算不用做那位佛兰德大师的影子画家了。

要制造出新教的偶像，操纵视线角度是十分重要的，就像在鲁本斯的《上十字架》里一样重要。通过《圣经》以及低角度的视线，安斯洛的权威被表现得如此淋漓尽致，他一定感到极为满意。我们不禁要想，安斯洛可能和伦勃朗沟通过，要把自己的大尺幅双人肖像挂在某个相对显著的位置，比如在壁炉饰架的正上方。他占据了金字塔形构图的顶端，这是一个象征着权威的位置，威严似摩西。据一位学者称，他其实正在向妻子施以“友谊的规劝”（fraternal admonition）。[34] 这种解读的关键在于，较高那支蜡烛的滴盘上放着一把烛花剪子，据说这暗示着“富于弟兄情谊的规劝，可以剪除灵魂中错误的蜡滴”。即便伦勃朗知道这个鲜为人知的寓意，但他毕竟很少运用这种程度的文字游戏。当然，有可能是安斯洛亲自指示了伦勃朗去用特定的符号来隐喻规劝，而画家也确实为了正确描绘出两支蜡烛的细节而费了不少功夫，甚至仔细雕琢了凝结的蜡滴。但奇怪的是，画面表现得很像是蜡烛刚刚被吹灭，灯芯上方仿佛还能看到一股非常微弱的黑色烟迹。在静物画中，冒烟的蜡烛，尤其是还有其他燃尽的残烛作为对比的时候，常常都暗指尘世生命之短暂。480
所以也有这样一种可能，那就是伦勃朗和安斯洛想把书和蜡烛并置，体现出不朽之物和世俗之物的对比、灵与肉的对比。

这幅绘画本身，则不仅仅是符号的堆砌而已，也不仅仅是画家同时运用视觉和语言来完成了一件超越于诗人的作品那么简单。虽然作画过程绞尽脑汁，但伦勃朗这幅画的核心依旧是一对荷兰夫妇的肖像，尤其是一对门诺派教徒的肖像。传道士身上的衣服既有镶着皮毛的华丽感，又有教礼上的确定性。他的身体沉重地靠向他的妻子，慈祥而充满震慑力，但没有恃强凌弱的感觉。他直视着她，仿佛期待着她能承认犯了什么错误。阿尔蒂耶·赫里茨多赫特的脸被伦勃朗照得比画面里其他任何物体都更亮，好像因为忏悔而得到了某种启蒙一般。妻子有点胆怯，盯着书而不是丈夫，她的头微微抬起，像个听话的宠物或者悔恨的孩子，下巴投下细小的阴影，落在磨盘般的衣领上。伦勃朗让我们感觉她满脸都写着习以为常的耐心和顺从。如果说她的面庞表达了沉着和隐忍——皮肤白白净净，头发紧紧塞进帽子里，嘴唇薄薄的，仿佛从不闲言碎语——那么她的双手则有另一番表达。特别是左手，血管突出，指节绷紧，揉捏着手绢，表明持续不断地接受圣言的教诲是一项辛苦的工作。

这并不是说，伦勃朗的画里隐藏着任何类似于怀疑或者要颠覆什么东西的想法。他唤起的这个气氛，与梅尔滕·索尔曼斯和奥皮延·科皮特的夫妻肖像里表现出的那种互帮互衬，的确存在很大的差距。但这仍然是一幅表达了伴侣关系的肖像，虽然两人地位很不平等。更确切地说，伦勃朗又一次放大了人类在亲密关系中的本质真相，并使其在画中变得不朽。

3. 推进

这群火绳枪兵（kloverniers）究竟有什么能耐，怎么就成了大师杰作的赞助人？虽然鲁本斯的《下十字架》和伦勃朗的《夜巡》在目的和效果上都大相径庭，却都是回应民兵枪队的委托而作，只不过一个在安特卫普，另一个在阿姆斯特丹。所以，尽管这两位男士的生命线已经互相交缠得难舍难分，我们还要再卷上一层命运的织网。他们两人都是火绳枪兵的邻居。鲁本斯的
481 花园背面，就是安特卫普火绳枪兵靶场（Kloveniersdoelen），是枪队聚会和练习射击的地方。17 世纪 30 年代的大部分时间里，民兵公会一直在进度缓慢且煞费苦心地建造新的集会堂。建设工程不免造成了噪音和扬尘。鲁本斯悉心保护的院子也受到了影响，所以他可能花了更多时间待在斯滕，享受田园牧歌的生活。

伦勃朗离开凡·优伦堡的房子，搬进新杜伦街住下的那段时间里，可能完全没有注意到阿姆斯特丹火绳枪兵靶场那边正在发生什么事。对于一位事业蒸蒸日上的年轻人来说，这是一个充满吉兆的好地段。阿姆斯特尔河那边，新建筑如雨后春笋般出现，打造出了城市最亮眼的景致：中世纪和现代共和国交融在多样的建筑之间。被称为“沉默乌得勒支”（Swych Wtrecht）的中世

纪尖塔，曾经是城市防御工事的一部分，现在紧邻着新落成了一座华美的古典建筑，一排高高的六扇窗户由一楼的柱子切分，另一排双柱又把顶层高处的窗户隔开。在 1640 年左右受雇去画弗兰斯 · 班宁 · 科克上尉的队伍之前，伦勃朗还要随着事业的发展再搬两次家。不过，在火绳枪兵队后院附近住过的经历，也只是让他更加感受到了民兵职业的重要性。

鲁本斯与伦勃朗各自独特的创作手法，都力求深刻体现他们要表现的民兵组织的核心理念。在笃信天主教的城市安特卫普，这样的理念必然得是敬虔的。火绳枪兵由像尼古拉斯 · 罗科克斯这样文雅的军官领导，依然保持着其一直以来的面貌：由城市中最富有、文化素养最高的精英组成。他们始终是市政官员的坚强后盾，而这些官员又忠诚地为代表西班牙国王的大公服务。因此，鲁本斯的画作，不仅充满了尊崇之意，更是一幅寓意深远的祭坛画。其创作灵感来自神话历史中民兵的守护圣人——克里斯多夫：这个名字的意思是“背负基督者”，被扛起来的那神圣的负担，既显得极度轻盈，又充满了无限的光明。

不过，在 1640 年加尔文派主导的阿姆斯特丹，大教堂的地位已经被市政厅和*靶场*（doelen）取代了，这些地点都代表了神圣的公民价值，其中最受重视的莫过于民兵枪队的场地（虽然已经不再和军事状况紧密相关）。在关于尼德兰独立战争的传说中，这些枪手被赞誉为勇敢捍卫荷兰城镇的英雄：他们曾在莱顿忍饥挨饿，在哈勒姆大义殉道。就算在尼德兰独立战争的早些年里，阿姆斯特丹根本就没有经历过什么史诗式的战役和牺牲，但市民还是相信自己的兵将捍卫了城市的独立和自由，筑起了抵抗专制亲王的堡垒，打击了国外乃至（有人认为）国内的反动势力。尽管和佛兰德一样，高级军官都是从城里最重要的市民中招募的，但从法律上说，民兵连的军衔对任何公民都是开放的。因此，弩兵、长弓兵和火绳枪兵这三个公会，在某种意义上就
代表了整个城市的社群，尽管只是象征性的，政治上并非实质如此。他们会 482
聚集在城门下迎接国外亲王，甚至作为执政的护卫，列成队站在街道两旁，凝视着一排排的长矛和火枪，头顶上飘扬着蓝金色或红白色的旗帜。这时，他们肯定能感受到，自己身为民兵，就是阿姆斯特丹自由的守护者。

他们出现在这里，也不全是为了作秀。虽然在泛欧地区的战争中，主要是雇佣兵和职业军人在互相屠戮，但也有些时候，荷兰民兵会参与到反对西班牙（和天主教占主导地区的尼德兰军队）的战争中。例如在 1622 年，由约 200 名战士组成的阿姆斯特丹民兵队伍出征抵御了对上艾瑟尔省的兹沃勒镇（Zwolle）的进攻。1632 年，两组民兵被派去了海尔德兰省的奈梅亨市（Nijmegen）。民兵由 4000 人组成，分作 20 个区连，是阿姆斯特丹摄政者们取得政治独立不可缺少的基础。1629 年，他们受遣去果断镇压了反抗辩派的骚乱。官员们认为，骚乱的根源来自荷兰其他地域，尤其是来自更激进的加尔文派城市莱顿和哈勒姆。那一次民兵出动，正是受到了新执政的特意许可。不过，到了 1633 年之后，阿姆斯特丹和腓特烈 · 亨利在共和国的许多关键议题上分道扬镳。这位亲王想要赌一把，和法国结盟，于是成了好战派的拥趸；而阿姆斯特丹这座贸易大都会的摄政者们自然想要求和，并削减军队的人员数量。

17 世纪 30 年代后期，伦勃朗自己也卷入了这场不可小觑的对垒，参与了政治上的宣传。他著名的寓意画《国邦之和睦》（*The Concord of the State*，荷兰语 *De eendracht van het Land*）中人物十分密集，很可能是在用某种方式意指共和国内部有关军队部署的分歧。不过，伦勃朗这幅灰调画作品的具体含义很难解读，因为它似乎是一幅小样，是试作的草图，需要赞助人批准，但最终没能变成完整的油画作品。更神秘的是，作品里的日期被部分涂掉了，只剩下“164”，而且《伦勃朗绘画资料汇编》的作者们认为这个日期不是真迹。然而，其中体现的态度似乎不是支持阿姆斯特丹市政府，而是更倾向于奥兰治家族，因为画中描绘的执政骑着骏马，正勇敢地与大批哈布斯堡军队对抗，而通常象征着荷兰联省的雄狮则被束缚着，在前景中咆哮，脖子拴在阿姆斯特丹城徽下方的一条铁链上，十分引人注目。右边前景中的骑士们态度各异，有些人在向战场招手，有些人则把脸转开，对比很是鲜明，这也似乎暗示了组成荷兰省的几个城镇之间的意见分歧。[35] 最显著的那位骑士身材魁梧、满脸胡须，与阿姆斯特丹的最高统治者安德里斯 · 比克有几分相似。这难道只是一个巧合？

伦勃朗，《国邦之和睦》，约 1642 年。木板油画，74.6 厘米 ×101 厘米。鹿特丹，博伊曼斯·凡·伯宁恩美术馆

第一眼看上去似乎有悖常理，伦勃朗竟会画出一幅反对市政府的寓言画， 483
毕竟阿姆斯特丹是他挣得名利的地方。但是城市里真正的巨头，也就是比克家族，其实并不在伦勃朗的赞助人圈子里，而 1640 年左右，伦勃朗也没有理由放弃要做一名宫廷画家的夙愿。创作耶稣受难系列油画的过程中，他一再拖延并经历了那么多困苦，但好歹完成了《牧羊人的朝拜》和《基督的割礼》这两幅亲王附加订购的宗教题材画作，他收到的酬劳和水涨船高的鲁本斯作品价格相当。他觉得自己值这个价——两幅一共 2400 荷兰盾。

但《国邦之和睦》还是出了问题。有可能海牙方面觉得画得太隐晦了，或者对一位阿姆斯特丹艺术家来说太不圆通，因为画里好像在暗示市政府对战争太冷漠，诸位市长也可能觉得受到冒犯。不管怎样，伦勃朗 1656 年的破产清单上还留有这幅灰调画。肯定是有人不想要它。

这幅寓言画的内容密度特别高，可以说是过分复杂，可能因为伦勃朗自己也紧张，不太确定 1640 年左右阿姆斯特丹和海牙到底哪一方处于比较有利
484 的位置。1638 年阿姆斯特丹给流亡的玛丽 · 德 · 美第奇举办了那么铺张的欢迎仪式，可能也让这位艺术家特别觉得，阿姆斯特丹城比宫廷更能让他获利。海牙附近那些星星点点的小房子，甚至都称不上宫殿，怎么比得上大都市里他周遭的那些豪宅呢？在阿姆斯特丹，街上有盛装游行、假面舞会、奢华筵席、戏剧表演，河上有焰火和钟乐。还有三家民兵公会，他们的队伍会蜂拥到街头，一时旗帜飘扬，鼓声阵阵，在城门下盛情迎接王太后，护送她穿过整座城市。他们那共和国的豪迈，似乎彰显着世界最大都市的风范：仪式虽华丽铺张，却毫无卑躬屈膝之意；纵然军力强大，也不作王朝式的威吓。他们是智慧商人（mercator sapiens）之共和国的卫士，纵然帝国不断向前，他们的城市却是帝国的固定中枢。

来自王族的贵客不过是权威不再的专制君主，这当然也对城市有所裨益。玛丽 · 德 · 美第奇（与鲁本斯交好的安特卫普火绳枪兵，也曾于 1931 年接待过她）试图免去黎塞留的职位未遂，随后被法国永远流放出境。1642 年，她的亲生女儿亨丽埃塔 · 玛丽亚继她之后来到了阿姆斯特丹，玛丽亚因卷入了英国的内战漩涡，成了另一位流亡王后。查理一世和亨丽埃塔 · 玛丽亚刚刚把女儿玛丽嫁给了威廉二世，他是腓特烈 · 亨利与阿马利娅 · 凡 · 索尔姆斯的儿子，如此，这位斯图亚特王朝的王后便能在执政的海牙宫廷里寻求友好的庇护了。不过，宫廷的上流生活对亨丽埃塔 · 玛丽亚远远不够。她需要实打实的钱，所以随身带来了英格兰的王冠珠宝，以便典当给做珠宝商的葡萄牙犹太人或者门诺派的银行家——无论谁拿去做一笔大数额借款的担保，都能为她丈夫提供战时资金，压制议会的反抗。1642 年春，尽管当时和共和国执政之间的关系十分冷淡，阿姆斯特丹还是为英国王后和她的女儿、女婿举行了一场盛装出席的“入城仪式”，由大批的民兵队伍护送着。一位在自己国家遭到人人憎恨的流亡王后，接待仪式却安排得铺张奢侈，其实，这是“大权贵”安德里斯 · 比克和他的寡头同僚在利用这次的绝佳机会，明目张胆地警告他们的亲王，阿姆斯特丹的武装公民有自己的权力和尊严。

亨丽埃塔·玛丽亚住在什么地方，才好体现她王室的身份呢？老市政厅是绝对不行的，哥特式样的空间看起来逼仄又古怪，体现不出阿姆斯特丹的宏伟。不过，新建成的火绳枪兵靶场大厅（groote sael）倒是非常华美，六扇高窗眺望着阿姆斯特尔河岸，也许是个好去处。以阿姆斯特丹的标准，房间是宫殿级别的：60 英尺长，30 英尺宽，15 英尺高。直到中央有个巨大无比的公民大厅（Burgerzaal）的新市政厅在达姆广场上建成以前，靶场大厅基本上就是整座城里最大的会场了，火绳枪兵队会让市政府在这里举办各种各样 485
的宴会和娱乐活动。当然了，对于英格兰的王后来说，这个房间可能刚够得上充当一个简陋的衣橱，绝不可能和白厅里边由伊尼戈·琼斯设计的国宴厅相提并论。国宴厅里有一幅鲁本斯为她逝世的公公詹姆斯一世画的肖像，高悬在天花板上，画中的他是力量、美德、智慧的化身，有如神明一般。在神性化身的国王身旁，还能看到在阿姆斯特丹售卖羊毛和红酒的商人、小贩，穿着军人的衣服。这些绘画相比起来可就普通极了。七年以后，她的丈夫就会被人押着穿过这间国宴厅，送往刑场，而斯图亚特王朝的守卫神们则对他的命运非常漠然。就在查理一世沦为议会阶下囚的这段时间里，阿姆斯特丹的贵族却在洋洋得意地庆祝胜利：西班牙正式承认了联省共和国的独立主权。

这样看来，至少在当时，阿姆斯特丹民兵队伍的绅士军官在历史记载中比他们的王室对手更胜一筹。看着这样大好的机会，伦勃朗当然也会认为自己既是一个宫廷画家，也是一个城市画家。提香不也两者都是吗？鲁本斯的口袋里不是装满了安特卫普贵族提供的赞助费吗？他怎么可能会想被排除在荷兰多年来最重要也最宏伟的委托项目之外？怎么可能不想为装饰新火绳枪兵靶场的大厅出一份力呢？他在阿姆斯特丹的所有对手都试图牢牢抓住这个机会，而他却要为海牙那微弱和不确定的前景赌一把，那岂不是荒谬之至。

六年之后的 1648 年，是庆祝他们与西班牙来之不易的和平的时候了（当然，赢得和平的更多是雇佣兵，而不是民兵）。火绳枪兵这时会聚集在靶场里，亲切地站在军鼓、旗帜、长矛和火枪旁，满意地凝视着自己的画像。特别是在火绳枪兵靶场大厅里，已经安装了四幅大型画作（最终共有七幅）。在这个狭长房间的一端，较短的侧墙上挂着一幅由霍弗特·弗林克绘制的民兵公会会长的画像。弗林克在1635到1636年期间是伦勃朗的学生，后来接替他成了凡·优伦堡的机构里的一名教师，门下的学生和助手都需要付学费。其余六张分别是火绳枪兵队各个下属区连的集体肖像。弗林克和鲁本斯的老旅伴兼向导约阿希姆·冯·桑德拉特画了其中两张相对紧凑的群像，分别描绘着由巴斯家族和比克家族成员指挥的队伍，挂在对面短墙上的壁炉两侧。巴托洛梅乌斯·凡·德·赫尔斯特（Bartholomeus van der Helst）是阿姆斯特丹群像画的新星，他的客户们都很欣赏他娴熟而出色的描绘方式。他面对的是最难处理的空间——入口处壁炉上方狭窄的区域，但他完成了一幅非常杰出的特殊作品，画中的人物列成了罕见的长度，而且无疑画龙点睛地塑造出了荷兰绘画史中最引人瞩目的一只长毛狗，它顺从地趴在地上，凸显出严苛的军纪。

486 剩下的三幅绘画，要挂在二楼可以看到河景的窗户对面长长的墙壁上。光线会从窗外涌入，所以这里可能是首要的挂画位置。但强烈的反光既意味着机会，也造成了潜在的问题，对于接受委托为这面墙创作的艺术家来说，这也是需要考虑进去的因素。这两者都和伦勃朗有关联。墙体右端最靠近门口的空间，分配给了科内利斯·德·格雷夫（Cornelis de Graeff）的队伍，而画作则委托给了雅各布·巴克（Jacob Backer）。这位画家数年来产出了许多养老院和孤儿院的赞助人群像，而他笔下的抗辩派传道士约翰内斯·沃滕博加特是一流的肖像作品，展现出了他作为艺术家的微妙笔法和强大实力。挂在墙壁中央的作品，则出自伦勃朗住在布里街时的一位短暂的邻居，也是他的一位长期对手，那便是尼古拉斯·埃利亚松·皮克诺伊。左边的空间便是伦勃朗的了，画作是献给弗兰斯·班宁·科克上尉的。这幅画的动感极强，人物简直像要前进穿过房间、穿过窗户，径直走到阿姆斯特尔河上稀薄的空气里；这幅画如此异乎寻常，却同时又代表了火绳枪兵靶场、阿姆斯特丹、荷兰绘画，甚至巴洛克艺术至高无上的荣耀。

同时代的人，以及后来的批评家，都纷纷为这幅画拍手叫好，绞尽脑汁地想要弄清其中的奥秘。在各种传记中，总有人说赞助人因为画得隐晦、不完美、不像，所以要求退回委托费用。这种说法由来已久，却完全是无稽之
487 谈。按人头算，每个入画的下级军官都给伦勃朗带来了100荷兰盾的收入，

总共 1600 荷兰盾。不过，附着在拱门上的铭牌上写着的名字数量却是十八个，所以前景中的两个主要人物，即班宁 · 科克和中尉威廉 · 凡 · 罗伊滕堡（Willem van Ruytenburgh），给伦勃朗付的钱很可能更多。没有任何迹象显示，弗兰斯 · 班宁 · 科克上尉、威廉 · 凡 · 罗伊滕堡中尉或者画中的其他任何人物对这幅画有不满意的感觉。班宁 · 科克尤其喜欢这幅画，甚至让人画了两幅复制品，一幅由艺术家赫里特 · 伦登斯（Gerrit Lundens）完成，另一幅则是水彩画，收录于一本两册的家庭肖像集里，用于纪念他和妻子家族的艺术赞助事业。

尽管如此，和伦勃朗别的作品一样，这里我们也有过分纠正“谣言”的风险。17 世纪 70 年代以前，批评质疑伦勃朗资质的声音就已经存在了，有一些声音来自 1642 年也参与到这个项目当中的艺术家。比如，此后在国际上有了辉煌成就的德国画家约阿希姆 · 冯 · 桑德拉特，就是第一批严厉批评伦勃朗的人之一，说他“毫不犹豫地反对和破坏艺术的规则”。桑德拉特不是直接指的《夜巡》这幅画，但考虑到他给火绳枪兵靶场绘制的作品也是最具宏大的贵族气息、有雕像式韵味的——在科内利斯 · 比克上尉的带领下，队伍谄媚地聚集在玛丽 · 德 · 美第奇的胸像周围，背景是一座富丽堂皇的古典宫殿——所以，认为他的这种怀疑态度同样适用于伦勃朗这幅构图大胆的非古典作品，也不失为合理的推测。毕竟，《夜巡》违背了两套传统惯例：艺术的规则和火绳枪兵的规则。一幅需要突出纪律的画作，却很是花哨混乱。

那个世纪后期的批评家和画家，也并不是每一个人都这么觉得。有关这幅画的辉煌之处和创作的难度，塞缪尔 · 凡 · 霍赫斯特拉滕总结得最好，他曾
在 17 世纪 40 年代做过伦勃朗的学生。在霍赫斯特拉滕 1678 年发表的有关绘 488
画的论述中，他提出，把绘画的多个元素进行统一是极为必要的，就像军官指挥军队一样。比较惊人的是，他由此提到了《夜巡》这幅画，写道：

> 伦勃朗很好地注意到了［统一］的要求……虽然很多人觉得他做得太过了，按照他个人的偏好更加突出了画面整体，而不是像赞助人要求

上：雅各布·巴克,《科内利斯·德·格雷夫的队伍》, 1642 年。布面油画，367 厘米 ×513 厘米。阿姆斯特丹，荷兰国立博物馆

下：约阿希姆·冯·桑德拉特,《科内利斯·比克的队伍》, 1638 年。布面油画，343 厘米 ×258 厘米。阿姆斯特丹，荷兰国立博物馆

的那样突出个体的肖像。然而，不管这幅画遭受了多大的批评，我都认为它比同期相竞争的其他作品更能流芳百世，因为其构图非常有绘画性（schilderachtigh）且非常强有力，所以在部分人看来，靶场里的所有其他作品和它摆在一起就好像扑克牌一样。[36]

霍赫斯特拉滕用《夜巡》举例，来说明将精妙入微的计算伪装成自发生命力的做法，体现出了他对视觉的精准判断（可能还有他对伦勃朗工作手法的熟稔），而《夜巡》这幅画在17世纪及后世，虽然受到的称赞很多，却鲜少有人说它秩序井然。更典型的反应，可以看19世纪的批评家尤金·弗罗芒坦（Eugène Fromentin），一位鲁本斯的狂热爱好者。他说这幅画毫无逻辑、充满了自顾自的暴力、杂乱不堪，会伤害到“视力的逻辑与正直习惯，它喜欢清晰的形体、明确的观念和勇敢的飞跃，需要有系统的组织”。[37]可是，当霍赫斯特拉滕赞誉伦勃朗充满绘画性的构图时，他指的不仅仅是把色块和形状贴合地组织在一起，也不仅仅是要让人物在空间中可信地排列，而恰好正是弗罗芒坦认为缺失了的那种东西：将整件作品沉淀在一个强大的主导理念之下。这个理念，弗罗芒坦看不见，却从他身旁阔步走过，它的名字就是“推进”：弗兰斯·班宁·科克的队伍向前的步伐不可阻挡，分散在各处的各种各样的人物结合成一个整体在行进，从一道大拱门那晦暗的纵深处浮现而出，经过了我们的观测点，到达我们左边一点点的位置。批评家不理解的是，这个理念的目的并不是体现伦勃朗自己的天资，而是体现城市的人杰地灵，以及民兵的矫捷。这个理念同时蕴含着自由与纪律、活力与秩序，二者共同运动着。因此，《夜巡》就成了画出来的一套思想体系。《国邦之和睦》晦涩难解，《夜巡》却高奏着清晰的凯歌。伦勃朗动用了自己的宝贵天赋来体现这样的思想体系，也就改换了立场，由亲王的朝臣变成了为共和国摇旗呐喊的自由民。现在，他想要让颜料本身在工作时也带着自由的喜悦。

这样一来，也就有了更多的困难。在伦勃朗的莱顿工作室里，能够赋予这种理念以生命的只有他自己、他那油灯照亮的画板，还有他那表面剥落

的石膏像。现在，要将众人联合为一，必得解决另一个自相矛盾的难题。但
489 他坚持要把行进中的多名男子聚合起来，就像一个个滚动的水银珠汇聚成一团银色的液体那样。这样的处理方式最能与靶场里其他群像形成鲜明的对比，因为大多数画作都遵循传统惯例，将人物沿着水平轴线排列。（只有雅各布·巴克的作品将人物排布为半圆，下方台阶上再安排一队人，设法打破了一列人物的单调观感。）但伦勃朗的这一理念也在一定程度上与奠定了他声誉的手法背道而驰：他一直以来都专精于静止的时刻，捕捉动作停下的瞬间，而不是动作开始的瞬间。《夜巡》的设计仿佛是科内利斯·德雷贝尔的机械，永远处于运动中，一群不断集合的人，有人在开枪，有人在敲鼓，军官在发号施令，小狗在吠叫，还有人挥舞着旗帜，正要出征。《夜巡》就像一帧胶卷上的画面，绝不停歇。

这也是一着险棋，试探着画家和赞助人之间的边界，令人有些害怕，因为伦勃朗将制图手法的所有传统惯例丢进了垃圾桶，赌一把班宁·科克和他的同侪军官们不会只想欣赏沐浴在均匀光线中、摆着静止姿态的自己，就像桑德拉特和皮克诺伊的画中那样，而其实更想要看到自己沉浸在勇武的激情中的样子。他押下了注，认为他们准备好了用电光石火的动感来替换冷冰冰的一目了然。

"恐惧留白队"（反对前人小组）抗议道：不要害怕，其实也没有那么不同。要知道，科内利斯·克特尔和托马斯·德·凯泽已经突破了那种檐壁浮雕一般的民兵群像，那种直排一线式的构图——正如霍赫斯特拉滕绘声绘色地描写过的那样："可以说让人能一举砍掉所有人的头。"[38] 不过，虽然德·凯泽在 1632 年完成的《阿拉特·克鲁克的队伍》（*The Company of Allart Cloeck*）中，一位主要军官的确向前伸出了一只（无力的）手，但是这幅画和《夜巡》之间的差异完全盖过了任何的相似之处。那些毫无动感的、塑像一般的人物聚集在半圆形的空间里，后方的队列退入景深的样子毫无真实感可言，这和伦勃朗画面中那喧闹非凡的场景能有什么共同之处？

喧闹非凡，却不会无缘无故。伦勃朗的理念一以贯之，是要使人迷惑，而不是要与什么东西抗争。他不会想到要给火绳枪兵队传达某种他们无法理

托马斯·德·凯泽，《阿拉特·克鲁克的队伍》，1632 年。布面油画，220 厘米 ×351 厘米。阿姆斯特丹，荷兰国立博物馆

解的讯息，让他们绞尽脑汁地想，然后暗自嘲笑他们鲁钝。他想要钱，想要
得到赞扬，想要更多活路。无论是在《蒂尔普医生的解剖学课》还是在其他
富有野心的作品里，伦勃朗都尽力凸显赞助人的长处，拍他们的马屁，但方
式总是令人信服，以至于赞助人无论一开始多么震惊，最后还是确信这无论
如何就是他们最初想要的那幅画。伦勃朗想要赞助人臣服于他的能工巧匠，
并为自己的非凡品位沾沾自喜。他尤其押了这样一个注，赌班宁 · 科克和同
事会更乐于看到自己仿佛身在一场宏大的戏剧中、在摇曳灯光下的姿态，而
不是在一幅反复造作叠加、模式化的群像里。毕竟，这只是在他 17 世纪 30
年代的工作实践基础上进行了一些延伸，他上一个阶段的肖像，无论是单人 490
像、双人像还是群像，都已经具有了戏剧性，仿若历史画一样。当然，伦勃
朗的理念必然是有许多风险的。标题是后来的误称，因为这幅画看起来描绘
的是夜景，但那其实是因为清漆变黑的缘故。不过，伦勃朗确实是想表现这
群人物从阴影走向耀眼光明的样子，似乎正在呼唤班宁 · 科克的队伍参与到
显圣的氛围中，观者对着那刺眼的光芒看上一眼，视野也许却变得更加模糊。

即便那么爱慕着这幅画的霍赫斯特拉滕，也坦诚地说宁可伦勃朗再往上加一些光线。[39]

毋庸置疑，伦勃朗工作时是非常自信的。他的《蒂尔普医生的解剖学课》不见得革命性更弱，但也得到了认可，而《夜巡》里的军官也并不是一群品位低劣的无知之士。班宁·科克也许不是比克，也不是德·格雷夫，但是家境殷实，也受过良好的教育。他的父亲扬（Jan）曾经是一名药剂师，这可不同于江湖郎中，扬凭着卖药的生意挣了一笔不小的财富，而且经由一桩好婚事进入了班宁家族。这个家族很有野心，也精通世道，所以送弗兰斯去普瓦捷（Poitiers）念了法律学校，他拿着博士学位回归故土后，又娶了欧佛兰德（Overlander）家族的姑娘。这是个政治上十分显赫的家庭，又格外富足。这场联姻聪明极了。欧佛兰德家的族长，也就是弗兰斯·班宁·科克的老丈人福尔克特·欧佛兰德（Volckert Overlander），是城里极有名望的证券商，名下有商船，也做国际贸易；拥有阿姆斯特丹一所壮丽至极的宅邸，人称"海豚"，原本是亨德里克·德·凯泽为诗人兼学者的亨德里克·劳伦松·斯皮赫尔（Hendrick Laurensz. Spieghel）建造的；曾当过好几次市长；还是东印度公司的创始董事。和许多同类人一样，欧佛兰德会利用自身地位来精明地谋取财富，他把钱投进了房地产，投资了阿姆斯特丹北部的皮尔默区（Purmer），那里因为进行了大规模的填海造陆工程，土地价值不断升高。坐拥如此丰厚的资产，欧佛兰德很快就不再满足于锦衣玉食，也想要谋求上流的称谓，所以给自己建了一片带城堡的庄园，给它起了一个哥特风格的名字，叫伊尔彭斯泰因庄园（Ilpenstein）。而他在里面扮演乡绅，自称"皮尔默兰及伊尔彭丹领主"（Lord of Purmerland and Ilpendam）。他在1630年去世时，女儿玛丽亚，也就是弗兰斯·班宁·科克的妻子，继承了这块地，也就把这雄伟的称谓传给了丈夫，因此班宁·科克自然旋即成了高级市政官的候选人（第一步是担任管理婚姻协议的特派员）。对伦勃朗来说更重要的是，班宁·科克升职很快，越过了民兵军官团，1635年成了第一连队的中尉，而且在1638到1640年的某个时候又升职成了第二连队的上尉，就驻扎在达姆广场以北和以东的区域。

班宁·科克的中尉威廉·凡·罗伊滕堡，虽然没有这么春风得意，却也绝非等闲之辈。他的家族是优秀的杂货商人（kruideniers），家境也很富裕，足够买下一幢房子和几英亩*地，让他有资格成为荷兰贵族阶级的一员（和其他欧洲贵族傲慢的臆想不同，荷兰并不是一个像威尼斯那样只有资产阶级的国度）。凡·罗伊滕堡家族的确在弗拉尔丁恩（Vlaardingen）从身为贵族的利涅– 491
阿伦贝格家族（Ligne-Arenbergs）那里买下了地产，利涅–阿伦贝格家族在布鲁塞尔的宫廷里长期占据职位，鲁本斯当初正是做了他们的侍从。不过，要在荷兰做一名“绅士”，意味着不仅要在乡间拥有马场，还要在城市里有一栋面朝运河的华丽豪宅。凡·罗伊滕堡二者兼备，就住在绅士运河沿岸的一幢豪华宫殿里。其实，伦勃朗很好地把握住了不同贵族等级之间的细微差别，既把凡·罗伊滕堡和班宁·科克联系在一起，又能把二人区分开。凡·罗伊滕堡身穿的服饰更加闪耀：一件迷人的米色外套，皮革呈鲜黄色，上面装饰着别致的法式蝴蝶结，边缘有丰富的图案。这套服饰还搭配着一双骑士马靴。在上尉相对朴素的服饰旁边，整套装束显得异乎寻常地迷人。不过，民兵军官毕竟没有统一的制服。他们示人的样子是经过自主选择的，需要自己出钱购置服饰，而凡·罗伊滕堡选择穿戴得如凡·戴克笔下的人物般华丽，当然是为了宣传他的地位和财富，可能有点太高调了。不过，他的爱国情怀缓和了这种自恋，他外套边缘的华丽装饰，实际上包含着源自阿姆斯特丹纹章的细节，而帽顶底部的穗带以及肩部的流苏是蓝色和金色的，这两种颜色代表着火绳枪兵和“战争委员会”（Krijgsraad），后者是阿姆斯特丹民兵组织的最高指挥。

不过，中尉如此显山露水，却反而让上尉的指挥气势更加强大。上尉身着黑衣，胸前挂着一条火焰般的橘红色饰带，显得十分威严。画面前景部分如此具有震慑力，尤其仰赖这种惊人的色彩对比。但伦勃朗在工作中反其道而行之，特地没有遵循光学在空间中发挥效用的传统思维定式，即浅色一定制造向前的感觉，深色则是向后。班宁·科克的衣着虽然主要是黑色，却不光支配了凡·罗伊滕堡的浅黄色，而且明显看出他走在罗伊滕堡的前方，使得中尉看起来显然比自己的上级军官要小，由此也体现出了各自的地位。最

* 1英亩约合4046.86平方米。——编注

伦勃朗，《夜巡》，1642 年。布面油画，363 厘米 ×437 厘米。阿姆斯特丹，荷兰国立博物馆

能说明正面朝向观众的指挥官和只露出侧脸的下属之间的关系的，是班宁·科克正发出号令的手的影子，它正好落在凡·罗伊滕堡的紧身上衣上，仿佛从上尉嘴里发出的口令回响着，幻化成了一个图像。

但《夜巡》不单单是向两位贵族人物致敬而已，不能将后方的一众人物画得毫无区别。除了高级军官以外，还有第二连队的十六个人，其中许多是布匹商人，也为肖像付了钱。和从过去到现在的批评家臆测的正好相反，伦勃朗当然打算好好对待这次委托制作的机会，只是不想落入传统民兵群像常见的那种堆叠形制的窠臼。其实很容易就能发现，伦勃朗在尊重画中军官的
494 等级行列之余，也有意识地想要将火绳枪兵队营造为一个小小的社群组织，其中每个人都象征性地代表着某种独特类型的社会人士，每个人都对队伍的团结统一有着自己的贡献，也因此维系着这座大都市的团结统一。

因此，画面最右端和最左端的两位中士——龙布·肯普（Rombout Kemp）和莱尼尔·恩赫伦（Reijnier Engelen）——头部都照得通亮，伦勃朗捕捉到了他们正做出夸张、猛烈的姿态时的样子。和班宁·科克以及凡·罗伊滕堡不同，两人都是来自本地区的市民，做布匹生意维持生计。龙布·肯普的衣着朴素、举止稳健，暗示着他是社群里的一位中坚人物——加尔文派教会的执事，也是当地救济院的管理员。左边的莱尼尔·恩赫伦一定很高兴自己被描绘成了华丽的英雄形象：戴着一顶古色古香的武士头盔，举着一把浮夸的戟，坐在栏杆上。毕竟，他有过一段不那么光彩（即便算不上不可饶恕）的过往：因为签订婚约时谎报了年龄而被罚款，新娘是一位比他小得多的姑娘。[40]

为模特分配角色的核心工作，真的起作用了吗？制服之下，这些人能够代表我们期待在军队里看到的人物类型吗？好像逐渐有些感觉了。在这里，有些人是来自上流社会不苟言笑的军官，其中一部分脾气暴躁、少言寡语；另一部分却充满贵气、魅力十足；还有一些人是一本正经、吃苦耐劳的中士，他们穿着不合时宜的服装，好像是在故作富有德性的老兵模样。而且，连队里不管怎么说也得有一位冲劲十足、喜爱凑热闹的单身汉，他也许是家里的独生子，过惯了娇生惯养的生活，喜欢光说不练，吵吵闹闹地非要当连队的代言人。他就在那里，站在后排正中央，穿着象征着火绳枪兵的蓝金色衣服，

是年轻的团魂化身：扬·克拉松·菲斯海尔（Jan Claesz. Visscher）少尉。少尉率领步兵在战场上不断前进，因而也容易受到攻击，所以民兵和正规军的少尉实际上都必须是未婚男士。三十一岁的菲斯海尔，在伦勃朗画他的时候，和母亲及祖母一起住在新区后城墙运河（Nieuwezijds Achterburgwal）边，是一名业余画家，房子里挂满了画作。偶尔，他也会画画或玩玩音乐。八年后，就在执政威廉二世的军队开始向阿姆斯特丹进军之前，他与世长辞，一生未娶，也未见过任何形式的真枪实战。看一看其他画家是怎么描绘火绳枪兵少尉的吧。这个角色总是带着一丝勇武，但又不太夸张。再回过头来看这幅画，就能感受到伦勃朗笔下的旗手所具有的鲜活的生命力和令人惊叹的能量。在某种程度上，这要归功于霍尔齐厄斯笔下的旗手的浮夸形象。他们手上那巨大的帆状的旗帜似乎有了自己的灵魂，并将武士之力传递给了执旗的人。同时也要归功于 1636 年画的一幅四分之三身旗手肖像[*]，画中旗手像最高等的贵族一般双手叉腰，手臂与平面呈 90 度角，胡须散乱，极易让人想起各个版本的塔西佗《日耳曼尼亚志》雕版插图中描绘的富于德性的野蛮人形象。乍一 495
看，菲斯海尔的整个下半身都被隐藏了起来，他似乎只是那些站在暗处的人物之一，但他和他的旗帜却是这幅画的中心主题。这里和画面里的其他地方一样，伦勃朗把部分隐藏作为一种吸引观众注意力而非分散注意力的方式。

《夜巡》不只是聚集了一群军官而已。它在所有的民兵队群像中是独一无二的，让人感受到一支行进中的队伍，他们几乎像一群街头艺人，所有的演员都跟着一起演出：当天雇的鼓手，送火药的男孩（戴着特别大的头盔，像一个小丑），还有长矛兵和火枪手。这些“演员”中的有些人（更体面的那些人物），一定就是雇伦勃朗画画的十八个民兵中的几个。其他人，比如小女孩，也穿着象征火绳枪兵的蓝金色衣服，则显然不在此列。但是，这幅画强有力的一个重要缘由，就在于其组合的人物的广度，所以它不仅是民兵的缩影，也是整个熙熙攘攘的城市的缩影。

古典主义的批评家认为《夜巡》出格，也不是没有道理，因为虽然它的

* 即伦勃朗 1636 年的油画作品《旗手》（*The Standard Bearer*）。——编注

色彩、色调、构图、形体都经过了精心计算，但对传统规则着实有些置之度外。这是伦勃朗创作过的最不谦虚的一幅画，这不是说他洋洋自夸，而是他认为自己能在一幅画里完成很多件事。它之所以成了巴洛克绘画的巅峰之作，就是因为做了极多的事，成就了极多的事。它既是一幅群像，又是一幅准历史画；既是具有典型刻画意味的静态活人画，又是充满真知灼见的显圣画。而且我认为更重要的是，它是画家对于绘画这门艺术自身的超越性和鲜活性的自我陈述。所有这些，都在一幅画上发生了。这是一幅拉伯雷式包容一切的绘画，嘲笑着绘画体裁的学院式等级排序，尽力要体现出社会的真实样貌。它是一股噪音、一阵喧嚣、一次街头戏剧。这幅画就是我们所有人的样子。可正因为它是所有，它才一直好像快要崩塌成不连贯的碎片。因为它承担着所有它想要聚拢在一起的图像种类到最后无法和谐共处、反而互相争执的风险。也许，崇高的共同体未成，反倒陷入杂乱的溃败。好几个世纪以来，那正是充满敌意的批评家攻讦它的地方，说它是整个 17 世纪最过誉的一幅画。

伦勃朗很清楚自己在玩火。在这个时刻，他可以一举清除自己在耶稣受难系列中陷入的消沉和困惑，也可以摆脱影响的焦虑：这一次，比起鲁本斯，他能做更多，且做得更出色。成则为王，败则为寇。（最后客户对画作是满意的，不算大获成功，也没有失败。）他肯定知道，要获得成功，必须让他那难以驾驭的绘画机械中所有单独的零件团结起来，让机械的铁杆和活塞真正运动起来，所以他需要搭建起最为强大的构图骨架，才能带动这些互相联动的复杂部件。19 世纪的法国批评家弗罗芒坦在写鲁本斯和《蒂尔普医生的解剖
496 学课》时笔调多么微妙诗意，然而对《夜巡》他却完全看不到这一特点，他想当然地称“大家都同意，构图并不能成为这幅画最主要的价值所在”。[41] 弗罗芒坦看到的《夜巡》和后来时代的人看到的样子的确是相同的：画面最左边被切掉了宽宽的一截，下方也去除了一截，有可能是 1715 年把画从火绳枪兵靶场移到市政厅的时候，为了适应新的空间位置而这样做的。虽然有人认为画面最左端的部分是最不重要的区域，但是赫里特 · 伦登斯制作的复制品保留了原件本来的构图，让我们能够看到这些已经不存在了的空间有多么关键，体现着伦勃朗想要将人物放置在可信的城市空间中的意图。左侧的运河

考据为赫里特·伦登斯临摹伦勃朗,《夜巡》，约1650年。木板油画，66.8厘米×85.8厘米。阿姆斯特丹，荷兰国立博物馆

栏杆（送火药的男孩正在旁边奔跑）和石板路边沿实际上形成了伦勃朗视角的正交线，这条线通向一个消失点，也就是巨大的拱形门道的中心，队伍从这里浮现出来。左侧的这些线也更能让人感受到画中确切的位置——一座在火绳枪兵靶场前方运河上的桥——而现在画面被裁切，我们看得就不真切了。这不仅对画作的形式能量至关重要，而且也能加强其道德上的存在意义：它描绘的人物组成的队伍，身担着保护阿姆斯特丹的重任，守卫着城市的大门、桥梁和运河。

即便构图不再完整，弗罗芒坦（和其他人）无视伦勃朗的绘画机械完成的精妙工程，仍然称得上是一件怪事，因为其运作原理完全显露无遗。构图在向四方辐射的同时又围绕着主轴，既向心又离心。主轴从拱门所在的暗处

向外延伸、向前拓展，经过班宁·科克的形象时沿着因透视缩短的手臂和跨步的双腿，一直伸向我们观众所在的空间。但画面的复杂冲力，也就是那种极具力度感的动态和反向动态，却是由辐条状或平行四边形状的零件整合在一起的，班宁·科克的手杖、红衣火枪手的枪口、少尉菲斯海尔的旗帜是这些零件的标记。在右侧，作为标记的还有凡·罗伊滕堡身后近处的火枪杆、中士肯普手中阔头枪的方向，还有位于后方的长枪。我们可以把这种精妙却形成了强力骨架的排布看作是一把折扇，或者是一次蔚为壮观的孔雀开屏（伦勃朗对这种鸟类有很强的兴趣）。我们甚至忍不住要把伦勃朗对画面的排列看作是一个圣安德烈十字[*]，尤其是看到了伦登斯复制的原版构图之后。在红色的土地上展开三个黑色的十字，就是阿姆斯特丹的市徽。而这种十字，也在画面右侧的背景上以长枪互相交叉的形式反复出现。

这样极为机智的假设很难被证伪，尤其是在一幅如此复杂且富于心计的绘画中。除了建立起强有力的结构以便安放非常丰富的动作且不让画面陷入混乱以外，伦勃朗也用自己充满设计思维的头脑清晰表达了自己想要完成的
497 有点自带悖论的关键目标。首先也是最重要的一点（因为这也是民兵军官们最认可的），就是努力重现队伍充满能量、全意向前的团队感，从黑暗跨步迈向光明。这代表着受到纪律约束的自由。然后，伦勃朗也想要融入某种具有象征性或寓言性的元素，将火绳枪兵作为武装公民的历史意义予以再现，却不能牺牲了他们身为一群活生生的人的感觉。所以，对他来说相当重要的是，要将从黑暗至光明和从过去至现在这两个主题连接起来。的确，如果队伍在我们面前穿过的这座明亮的石桥，代表着通向未来的道路，那么伦勃朗笔下身穿历史服装的武装市民，也就具有了正在迈向身后永垂不朽的功名的寓意。如果他能做到所有这些，那么他就无疑最终满足了我认为他所具有的那份野心，会让鲁本斯的影子感到极为嫉妒，因为他创造了一件否认平面性质的作品，突破了绘画的二维性，也就是突破了任何绘画最明显的局限性。批评家克莱门特·格林伯格（Clement Greenberg）曾将前现代的绘画史定义为不断

* 即X形十字。——编注

对抗二维性的局限的历史。[42]（格林伯格认为，现代绘画始于大方承认和赞美平面性，将它看作绘画不可分割的特性。）如果他的看法正确，那么伦勃朗的《夜巡》就是前现代艺术家最典型的楷模，因为它努力要超越媒介的二维限制。伦勃朗不仅想要打败在这方面十分拿手的鲁本斯和提香，更想要比拼米开朗琪罗、卡拉瓦乔、贝尼尼，用自己的笔刷拥抱只有雕塑家和舞台导演才拥有的创作自由，与动态、体积、噪音和在场的身体共舞。 498

伦勃朗最先需要的是动态。所以才有了班宁·科克黑色裤腿旁飞扬的流苏、后脚投下的阴影，而最精彩的是他火红色饰带上凸起的纹理，连它也在向着光明移动，这些元素都显示出人物发号施令时已经开始行进。凡·罗伊滕堡位于班宁·科克后方半步远的地方，后脚跟抬起，手里的阔头枪位置较低，姿势符合他的军衔，对上尉恭敬，却也指引着队伍前进的方向。伦勃朗预示的对艺术规则的惊人改写后来由塞缪尔·凡·霍赫斯特拉滕编入了著作，而厄内斯特·凡·德·韦特林在读后得出了这样的结论：艺术家不得不应用一系列光学的视错觉手段，来让色彩最暗的班宁·科克形象看起来显然位于处在明亮之中的中尉前方，而不是后方。位于最前面的，当然是因透视而大大缩短了的左手，同时代的人都注意到了这种透视手法，而且十分赞赏。但同样重要的，是要让凡·罗伊滕堡的阔头枪得到适当程度的突出，所以伦勃朗用厚涂法画出了它的蓝白色流苏，上色时非常随意，保留了自信的“粗糙感”。在这里，他似乎确实是在遵循提香发明的大胆技巧，即以粗糙和断断续续的手法描绘最接近观者的部分，而那些更靠后的部分则笔法更流畅，这与人们传统上预期的恰好相反。[43]

在两位主要人物的身后，伦勃朗又进行了一番令人惊讶的、对一些人来说太过出格的创新，将红衣火枪手这样表面上描绘得十分真实的人物和其他一些充满想象力和戏剧性的人物结合在一起。比如通身照得亮堂堂的那个小女孩，她的胯上倒吊着一只鸡，还有一个戴着头盔、正在放射枪弹的低矮的人物，他处于上尉和中尉的背后，几乎被挡住了。再加上凡·罗伊滕堡右肩上方那个戴着头盔、手里的火枪正喷出粉末的射击手形象。这三个人物被公认为是象征性的，不是自然主义的肖像。（不过，在凡·德·赫尔斯特给火绳

雅克·德·盖恩二世,《为火枪上膛的军人》。《武器练习》中的版画插图, 1607 年。纽约, 哥伦比亚大学图书馆, 巴特勒古籍善本室

枪兵队绘制的画像中，军官背后其实也有一名类似的火枪手，画得同样很不写实。）伦勃朗这幅画里的这三个男人来自一部著名的训练手册的插图，由雅克·德·盖恩二世绘制。这部手册就是《武器练习》*,1607 年为共和国执政莫里斯首次出版，后来翻译成了欧洲的几乎每一种语言，在国际上也被认为是现代军队不可不读的一本书。这的确是画龙点睛之笔，因为火绳枪兵队毕竟
499 不是职业军队，只是市民组成的队伍，伦勃朗却极力夸赞他们，就好像他们完美地按照指导书中所写，尽着射击手的天职：一、二、三，装膛、扣扳机、射击！这些动作并不是完全出于乐观的想象，因为每到礼拜日游行的那一天，在露天集市和城门处，一列火绳枪兵会停在游行队伍中，用武器射击，而同时另一列队伍则会在他们身后准备好重复这项操练。

小射击手头盔上的橡树叶，还有两个女孩，是画面中最能强调象征意味的片段：这些元素当然是胜利的符号，但也是美德、军事力量，甚至基督复

* 全名是《鸟铳、火枪、长矛的武器练习》(*Wapenhandelinghe van Roers, Musquetten ende Spiessen*)。——编注

活的符号，象征着火绳枪兵战无不胜。两个小女孩当然也是火绳枪兵队的抽象化身，而出现在饮酒的角杯和仪式纹章上的猛禽之爪（klaauw），在这里变成了一只鸡脚。当然，对于委托这幅画的军官们来说，这可能不太合适。但无论是在这里还是在画中其他地方，伦勃朗显然都想让笔下的人物看起来有血有肉，而不单纯是寓言式的拟人形象。两个孩童穿着的衣物色彩象征着民兵公会，她们也是有可能出现在由军官和其他男人组成的列队中的，就像我们今天的城中战士，即职业体育队伍，会带着的球童或者吉祥人物一样。狗也出现在其他民兵队伍画像里，所以甚至有可能画面右手边跃跃欲试的猎犬（和构图中送火药的男孩形成了精妙的平衡关系）同样不完全是伦勃朗虚构的，只不过这只狗不像凡·德·赫尔斯特的画中那般高贵典雅。人们穿着的服装很多样，有的比较当代，有的则偏古典，中士恩赫伦的头盔尤其华丽，可能是来自伦勃朗真实收藏的一件物品。这些服饰和人物相结合，也让有些人显得就是来自那个时代，有些人则趋于永恒，创造出过去和现在融为一体的效果，伦勃朗正是想要用这样的方式来展开整个队伍。把符号性的、自然主义的、象征性的和社会性的不同层面融合在一起，似乎杂乱，却又一次体现出伦勃朗将完全可以接受的手法推向极限的做法。在这样的“历史化的群像” 500
中，模特伪装成较为“高等”的神话或历史中的形象，是当时的惯例做法。可是，伦勃朗更加大胆，他感觉到了这些男人是如何特地打扮自己（到了1642年，他们穿的衣服往往是自己衣橱里的珍藏），好让公众的目光聚集到自己身上的，好像他们迈过了市民觊觎的界限，化身成了大于自己的某种存在：是过去和现在的民兵精神；是阿姆斯特丹的骄傲，上帝从无至有地创造了阿姆斯特丹，让它从一片被风暴和洪水侵蚀的、长满芦苇丛的鱼滩，一跃成了新的迦太基和推罗。

他们感觉自己就是一面飘扬的旗帜。所以，少尉菲斯海尔拿着的那面蓝金色旗帜远远不仅是一种华丽的修饰而已。伦勃朗画这面旗的时候也是用粗放的笔触，却不会让它显得过分耀眼，以至于抢戏地主导了整个画面的背景。（黄色主要是用赭色调成的，不是凡·罗伊滕堡服装上的那种尖锐的铅锡黄。）不过，火绳枪兵队旗帜最上端的一道金色，好像神秘地汲取了来自左侧的

伦勃朗,《夜巡》(细部)

一道不可见的光，这道光落在少尉的脸上和系在他胸前的饰带上。这道柔和的斜光并没有在此处停下脚步。它似乎流泻到画作后方由许多头部组成的线条上，照亮了许多面容。想必伦勃朗希望大家会认可这些面孔是值100荷兰盾的。

但其中有一个面孔，肯定是免费画的。的确，它看起来都不是一张完整的脸，只有鼻子、扁平的帽子和一只眼睛。那鼻子的鼻尖看不见，却刚好够我们认出一副熟悉的面孔。那帽子，刚好够我们认出是一顶画家的贝雷帽。那炯炯有神的眼睛，刚好够我们宣布，这就是伦勃朗自己。他伫立在崇高的喧嚣背后，一言不发，单单一只警觉的眼，既斜向一旁，又向上凝视，越过凡·菲斯海尔的肩，看向那流动的蓝金色。不仅仅是眼睛一眨，也不完全是再向前一推。这是一只指挥将领的眼睛。

4. 坠落的鸟，1642 年 6 月

让我们来想象一下。画家正忙着在他房子后部扩建的展厅里完成他的民 501
兵作品。[44] 这条有顶棚的狭窄过道，在他买下这处房产时就已经存在了，其形式尚属原始，与阿姆斯特丹庭院中常见的靠在邻居后墙上、由木墩支撑的棚屋没什么不同。《夜巡》肯定需要更多的空间。所以，伦勃朗增高了展厅的屋顶，让它和房子的二楼等高，把两侧敞开的部分封闭了起来，安了几扇窗户，在艺术室后面的房间墙上打了一个洞，让自己可以从房子内部进入这个现在已经成了工作室的区域。

在房子另一端，会客厅的箱式床上，伦勃朗的妻子萨斯基亚正病入膏肓，肺结核使她日渐消瘦。[45] 这是一种很糟糕的死亡方式，横膈膜会随着阵阵带血的咳嗽而颤动。在同时代的画家中，只有伦勃朗自然地想到要把妻子同时描绘成一位公主和一位病人，既画她穿着晚礼服的样子，也画她穿着睡衣的样子。他也像鲁本斯一样，注意力时刻在她身上，但他没有兴趣把萨斯基亚画进奥维德式的幻想世界。在大多数情况下，他喜欢在她看不见他的时候画她：画她闭着眼睛，手搁在床罩上。他又画了一幅弗洛拉：萨斯基亚摆着温柔而诱人的姿势，她的衬衣半解开，手甜蜜而暧昧地放在胸部，同时将衣服开口遮起来，让里面的身体若隐若现。像所有的贤妻良母一样，她正向她的丈夫献上一朵鲜花，象征着忠贞、至死不渝。

1639 年，伦勃朗制作了一对夫妇的蚀刻版画，画中夫妻两人穿着古典式
样的衣服，妻子也手持一朵花。但她的这朵花却不是献给丈夫的，而是献给 502
一位形象鲜活的死神，他正从墓口爬出来，露着白骨的手上拿着一只沙漏。面对这样一番情景，这对夫妇并非静止不动。男人半步向前，正向坟墓走去。妻子只见背影，一头金发从颈肩垂下，正站在墓沿上。即便遇见死神，他们两人也都没有退缩之意，好像在和熟人打招呼一样。

这样的感受必然是有的。到了 1640 年末，南教堂的中殿石柱之间已经有三块小小的碑石了：一块是纪念罗姆伯图斯的；一块是给科尔内利娅，死于 1638 年 8 月；另一块的主人也叫科尔内利娅，正好死于两年之后的同一时

上：伦勃朗,《拿着花的萨斯基亚》,1641 年。木板油画，98.5 厘米 ×82.5 厘米。德累斯顿，历代大师画廊

下：伦勃朗,《死神自敞开的墓穴向一对夫妇现身》,1639 年。蚀刻版画。纽约，大都会艺术博物馆，由亨利·沃尔特斯交换馈赠入藏

间。这两个女孩都没有长到两周便去世了。当然，因为新生儿夭折在 17 世纪的城市中是如此普遍的一件事，我们也会想象，也许伦勃朗，甚至萨斯基亚，并没有沉湎于悲痛中。而事实可能就是这样。但没有哪位同期的艺术家凭借记忆或者凭借写生，画过那么多儿童的素描和蚀刻。有吮吸着母亲的乳汁的婴儿，在母亲怀中的婴儿，有扭动哭闹着的婴儿，有蹒跚学步的婴儿。荷兰的艺术中充满了儿童的形象，但他们经常扮演特定的角色，表现出顺从于教导或故意恶作剧的态度，仅仅是道德家们认为他们所具有的品质的图像例证。而伦勃朗则相反，在提图斯出生之前，他几乎没有机会画自己的孩子，他们便被送进了坟墓，因此他必须抓住一切机会，尽可能自然地观察他们。

第二位科尔内利娅在教堂地下与她同名的姐姐团聚之后不到两周，伦勃朗的母亲，尼尔特根 · 威廉姆斯多赫特（两个女婴都是以她的名字命名）也在莱顿去世，享年七十三岁。伦勃朗在 1639 年为她画了一幅充满感情的肖像，由此可知他并没有完全疏远于那座他出生的城市。而且在母亲去世后，他肯定也回去过一次，不管停留时间多么短暂，因为有一份注明日期为 1640 年 11 月的法律文件中，他授权第三方代理自己，理由是自己无法“留在”城里。无论如何，尼尔特根已经设法保证了四位继承人之间不会有任何嫌隙，包括伦勃朗，两位还在世的兄长阿德里安和威廉，还有他的姐姐莱斯贝斯。阿德里安得到了白门外的“花园”地块以及家族位于薪水巷的房子；而他搬进新家后，威廉则搬进了阿德里安位于莱茵河畔的老房子。未婚的莱斯贝斯可以享有凭借莱顿的各处房产收来的租金，还得到了母亲的一些珠宝和金链。不管她的身体是不是有某种残疾，阿德里安的确是照顾着她，终其一生都用 504
房产为她谋得生活上的补贴。伦勃朗呢？他得到了阿德里安工作的磨坊一半的抵押贷款，价值相当可观，有 3565 荷兰盾。[46] 但是这个磨坊对他既没有感情上的羁绊，也没有商业上的影响，所以他想办法尽快把它卖掉了。现在他的家在布里街，他还得付贷款。看来，伦勃朗不可能再回到莱顿了。

1641 年 6 月，萨斯基亚的姐姐蒂蒂亚，也就是泽兰省贵族科帕尔的妻子，去世了。有一幅精美的素描，描绘着正在缝纫的蒂蒂亚，她的镜片悬在鼻尖上，梳得整整齐齐的头低垂着，专心于工作。可以看出，虽然蒂蒂亚和丈夫

左上：伦勃朗，《萨斯基亚的卧室》，约 1639 年。钢笔素描，棕色墨水带棕色和灰色水彩，白色高光。巴黎，弗里茨·卢格特收藏馆，尼德兰学院

右中：伦勃朗，《蒂蒂亚·凡·优伦堡肖像》，约 1639 年。钢笔素描带棕色水彩。斯德哥尔摩，瑞典国家博物馆

右下：伦勃朗，《四幅萨斯基亚习作》，约 1636 至 1637 年。钢笔和棕色墨水素描。鹿特丹，博伊曼斯·凡·伯宁恩美术馆

左中：伦勃朗，《孩子摘老人帽子的习作》，约 1639 至 1640 年。钢笔和棕色墨水素描。伦敦，大英博物馆

住在远在共和国西南角的弗利辛恩，但她也会造访布里街。她去世时，萨斯基亚正怀着他们的第四个孩子，是一个男孩，在 1641 年 9 月受洗，取名为提图斯，以纪念他的姨妈。

萨斯基亚自己似乎也遭受了所有这些出生和死亡的痛苦，不过，即使她一直身体很健康，肺结核也会夺去她的生命。所有虔诚的基督徒都知道，死神灼人的手一旦伸出，就会使最温暖的身体变得冰冷。《传道书》的传道人不是警告过吗，一个人即便精力充沛，也不过是虚妄，可能随时会被死亡擒住，毫无防备。“鸟被罗网捉住，祸患忽然临到的时候，世人陷在其中，也是如此。”[47]

1639 至 1640 年左右，伦勃朗画了两幅死去的鸟的画作，尺幅很大，也十分神秘。表面上，两幅画都归属于荷兰绘画中两个常见的体裁。《猎人与死鹭》（*Hunter with Dead Bittern*）属于猎获绘画；而《女孩与死孔雀》（*Girl with Dead Peahens*）则略微让人想到较早的“厨房”作品体裁，在这一类绘画中，厨师和女佣会将最显眼的位置让给堆积在前景中的食物。但是，只有最执念于分类的人，才会顽固地把这两幅画归类进各自的传统。学究气的图像学家说，“鸟”（vogelen）在当时的俚语中有性交的含义。[48] 所以，画这位手持死鸟脚部的猎人，也一定是为了逗笑观众。不过，要想让这个假设有可 505
能成立，需要两个元素：一名猎人（通常吃吃笑着）和一个女孩。猎人向女孩献上鸟，作出暗示。伦勃朗的画里既有女孩，也有拿着鸟的猎人，但是他们在不同的画面里。伦勃朗似乎更不可能是在用这些绘画来声称自己是地主士绅的一员，借助画作来申请加入枪支俱乐部，虽然《猎人与死鹭》里的确画了一把枪。（事实上，捕鸟是一种很受欢迎的周日消遣方式，即便在普通人之间也非常流行。他们会聆听传道士布道、观看民兵队员、射杀小鸟和兔子，或者挂起钓竿钓鱼。）

认为这两幅神妙莫测的画作与休闲活动或者鱼水之欢有关，这些想法有一个深层的问题，那便是画面中挥之不去的忧郁气氛更接近《传道书》中的描写，而不像是下流的笑话或者猎人的自吹自擂。虽然伦勃朗常用明暗对照法，但跟他通常的标准比起来，这幅画中的面部更加陷于深深的阴影中（枪

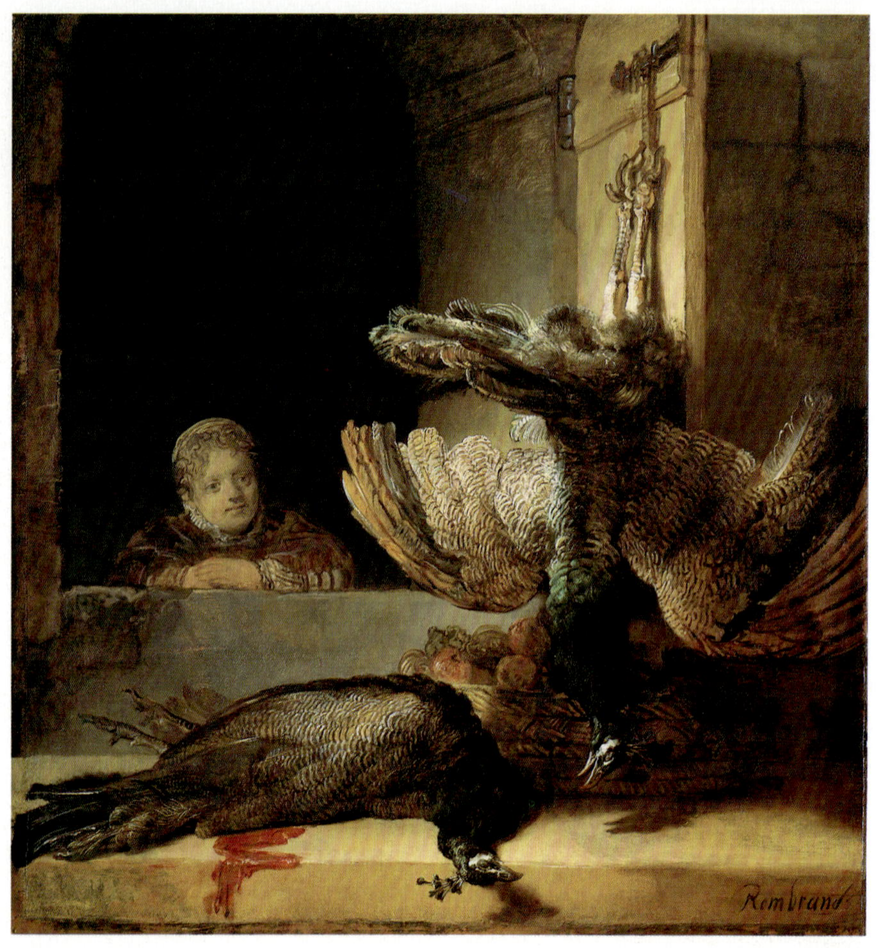

伦勃朗,《女孩与死孔雀》，约 1639 年。布面油画，145 厘米 ×134.8 厘米。阿姆斯特丹，荷兰国立博物馆

支几乎完全看不见)，只有面庞的最右端被照亮。但光线也足够让我们看清他脸上严肃的表情——有点像萨斯基亚在《与萨斯基亚的自画像》(《浪子与妓女》) 中的表情。伦勃朗在这两幅画中都装饰着一根鸵鸟羽毛。现在伦勃朗偏爱带羽毛的帽子，也喜欢自己戴着这种帽子的样子，这种偏好无疑从他早期的自画像就开始了。但是在这两幅画中，羽毛［还有《与萨斯基亚的自画像》(《浪子与妓女》) 背景中的孔雀］的作用是召集起忧郁的思考，让人想到生命之短暂和无常，让人想到尘世的欢愉如蜉蝣般朝生夕死。如果观众要努力寻找意义，伦勃朗在这两幅画中也留了许多线索 :《猎人与死鹭》左边是一个

伦勃朗，《猎人与死鹭》，1639 年。木板油画，121 厘米 ×89 厘米，德累斯顿，历代大师画廊

令人不安的、绞刑架似的木结构，他在上面写下了自己的名字；《女孩与死孔雀》里，从一只雌孔雀身上渗出的血（用薄胭脂红绘制）极为逼真，打破了得体地描绘厨房或猎物的绘画守则。但这两幅画的光线中心都集中在羽毛上（伦勃朗后来还如此详尽地探索了一头被宰杀的牛的内脏）。尤其是鹭的腹部，
506 用潇洒的笔触画出了泡沫一般的非凡纹理，既恣意挥洒，又绝对忠实地还原了毛茸茸的表面。虽然鹭和孔雀的翅膀看上去好像都花了很大的功夫来描绘，但勾勒其外形的过程其实也充满了轻盈的自由和自信。鸟类的翅膀对于伦勃朗好像有特殊的吸引力，就如同达·芬奇也认为，鸟翼既是奇迹的机械，也象征着生命的短暂。毕竟，伦勃朗在艺术室中也收藏着一只天堂鸟。在这两幅画作中，他都把鸟倒吊起来（任何处理过肉禽的人都会告诉你，把活鸟这样倒吊着，它就会动弹不得），让它看起来毫无生气，即便翅膀精雕细琢也无济于事，瘦骨嶙峋的双脚用麻绳绑在一起，虚弱又滑稽。那个脸庞肥嘟嘟的女孩（和《夜巡》里蹦蹦跳跳的小顽童完全不同）在思考着这两只愚蠢的孔雀的命运，而艺术家则一只手戴着紧紧的手套，高高举起，在阴影中凝望着我们。

欣快与痛楚像两名舞者，从房间的两边朝着对方前进。伦勃朗即将完成17世纪绘画中最难以置信的杰作，它既具有深远的典型性又具有完全的普遍性，充溢着传统的光芒，又散发着现代的气息。一个春天的清晨，妥善地保护起来、不受灰尘和天气影响的《弗兰斯·班宁·科克上尉的队伍》（*The Company of Captain Frans Banning Cocq*），将由一辆手推车载到新靶场街，穿过火绳枪兵靶场的庭院，搬上楼梯，挂到面向河流那面光照明亮的墙上。

但过了不久，也许就在几天以后的1642年6月5日，公证人彼得·巴克曼（Pieter Barcman）被召到布里街的府邸，起草萨斯基亚的遗嘱。她的呼吸一定很吃力，因为力气太小，需要花很大的劲才能让空气通过她破旧的肺。巴克曼是早上来的，当时她还有力气去听他宣读文件。这是一个隆重的时刻。两名见证人，罗胡斯·沙尔姆（Rochus Scharm）和约翰内斯·莱尼尔斯（Joannes Reijniers）也在场。“奉我主的名义，阿门……”（In den name ons Heren Amen...）——

奉我主的名义，阿门……萨斯基亚·凡·优伦堡，光荣的伦勃朗·凡·莱因之妻，本市市民，是本公证人熟识的友人，尽管卧病在床，但记忆和理智尚完全清晰。她在我面前宣布，在她把灵魂献给全能的上帝，把身体以基督教的方式埋葬之后，指定她的继承人为儿子提图斯·凡·莱因，以及任何其他合法的孩子或她可能生育的孩子……[49]

如此等等。根据这些繁文缛节可以看出，萨斯基亚既要考虑她的葬礼， 507
也要考虑她的产床！任何人，但凡是带着怜悯看了她一眼，看到她脸颊凹陷、眼神空洞的样子，都无法想象她还会把更多的孩子带到洗礼池里来。

显然，伦勃朗和萨斯基亚已经一起考虑过她的身后事，而且也已经安排好了。整段婚姻中，萨斯基亚的嫁妆在法律上属于她自己的财产，尽管使用权是两人共有的。所以她有权把这部分遗产全部遗赠给提图斯。鳏夫有权使用遗产，并在他认为合适的情况下"交易、消费或做任何其他事"，条件是他"严格承担上述子女的食宿、服装、教育和其他要求的费用"，直到子女成年或结婚。然而，伦勃朗要想自由处置这份遗产，他就不能再婚。画家在服丧的日子里，可能最不会想到的事情就是再婚，但他日后的再婚，却会对他的未来起到决定性的作用。如果他再婚（或逝世），他或"他的骨肉"仍然有权获得剩余遗产的一半，另一半则归萨斯基亚活着的姐姐希斯基亚，她刚刚失去了自己的丈夫赫里特·凡·洛。[50]即使在这种极端的情况下，遗嘱中还有其他条款表明，这对夫妇并没有受法律惯例的约束。正常来说，一个幸存的未成年人有两个法定监护人。但萨斯基亚却唯独指定了伦勃朗一人，作为他们儿子的监护人和遗产的唯一执行人。阿姆斯特丹孤儿院（当一位未成年人的父母中有一方死亡，活着的家长有义务告知这所机构）被明确排除在任何管理遗产的角色之外。萨斯基亚"相信他会凭良心以极为优异的善举行事"，于是还免除了丈夫必须向"世界上任何一个人"提供她财产清单的要求。

这是典型的17世纪婚姻遗嘱：保持头脑冷静，而不是感情用事。在早先 508
的一份遗嘱中，伦勃朗被指定为萨斯基亚在夫妻共同财产中享有的两万多荷兰盾的唯一受益人。现在他什么也没有继承，却控制着一切。但伦勃朗的受

伦勃朗，《包裹着白色头巾，生病的萨斯基亚》，约 1642 年。蚀刻版画。纽约，皮尔庞特·摩根图书馆

托人身份很可能是一种谨慎的法律策略，旨在保护他妻子的遗产不会受到他自己债权人的影响。然而，这份文件还是显得有点奇怪，有一种先发制人的谨慎，就好像在这个画就了《夜巡》的红红火火的年头，他们婚姻的乐观情绪已笼罩上了一层寒意。[51]

十天以后，1642 年 6 月 14 日，萨斯基亚离开了这个世界。又一组游行队伍静默地运送了遗体，遗体像加尔文主张的那样，用一块简单的布包裹着。尽管她死去的孩子葬在离家不远的南教堂，伦勃朗却还是把萨斯基亚埋在了老教堂，那是她表姐的丈夫，也就是传道士西尔维乌斯还在任职的地方。也许正是西尔维乌斯帮画家在几周内找到了一块坟墓让他买下，这块安葬处离管风琴很近，在讲坛后面，在一个被称为商人礼拜堂（Veerkoperskapel）的不起眼的地方。没有写任何墓志铭。

伦勃朗,《戴着红帽子的萨斯基亚》, 约 1634 至 1642 年。木板油画。99.5 厘米 ×78.8 厘米。卡塞尔, 历代大师画廊

反正，在教堂里是没有写的。但是在住宅内，她丈夫有一幅好几年前就开始画的肖像，始于 1633 或 1634 年，那时候他们才刚刚开始共同的生活，充满了游戏与玩乐。[52] 霍弗特 · 弗林克为这件作品的原作创作了一幅素描，从中可以看出其相对简洁的构图。那顶著名的帽子上没有插羽毛。萨斯基亚的着装很朴素，只做了简单的描绘，肩膀上没有毛皮披肩。后来的某个时刻，可能是在她生病时，也可能是在她去世后，伦勃朗重新画了这幅画，把妻子变成了一位珠宝璀璨、身着文艺复兴服饰的公主（principessa）。尽管后来有另一名画家重画了它，对它做了些改变，让那顶著名的红帽子明亮的边沿更加粗糙明亮了，但伦勃朗自己做的装饰本身就蔚为壮观。妻子现在身上穿着好几层画家最喜欢的衣料：毛皮、羽毛、丝绸、天鹅绒。她散发着一种天真无邪和奢侈华丽的气息：内衬衣上有着密密麻麻的刺绣和编织，宽大的袖子垂坠着，衬衣的一部分覆盖着一件色彩丰富、剪裁端庄的老式紧身胸衣，胸衣的上袖开衩、蓬松。与萨斯基亚在世时完成的所有肖像画不同，这幅藏于卡塞尔的画作奇怪地去除了一些关于她的细节。她的身体呈四分之三角度的侧影，但脸部扭转为完全的侧面，轮廓比伦勃朗所有作品中几乎任何一幅肖像都清晰得多，眼神躲避着任何向她投来的目光。她的头部有一种微微的珐琅质感，更像是佛罗伦萨画派或者甚至德国绘画，而不是伦勃朗在 17 世纪 30 年代末和 40 年代热衷的威尼斯画派的柔和风格。就好像萨斯基亚在这一串串珍珠的重压下，已经变成了一颗宝石，和其他珍宝一起收藏在她丈夫楼上的艺术室里。

第五部 预言

第十章

曝光

1. 真东西?

这下，萨斯基亚走了，就好像一串钟鸣戛然而止，铃舌被裹在了消声的 511
厚布里。伦勃朗绘画中那种显山露水的夸示和铿锵有力的喧闹，也变得悄无声息。突然之间，除了木匠约瑟的斧头以外，伦勃朗的绘画中金属的存在明显减少，却多了不少木头和石料。

我很清楚，做这样的解读稍显天真，艺术并非全然源自生活，这是一条不言而喻的真理。但在 17 世纪，悲恸必须节省着使用，因为需要它的场合如此之多，这也是一种无须阐明的事实。死神无处不在，加尔文派教徒也只能不断苛求自己去接受全能者的旨意，不表露悲伤。所以如果你愿意，也可以假设伦勃朗并没有因为失去萨斯基亚而感到极度痛苦。但事实是，荷兰文化中也没有阻止人悲伤的传统。有一些虔诚的加尔文派教徒在失去爱人的时候，完完全全地陷入了悲恸——比如康斯坦丁 · 惠更斯。他的妻子苏珊娜 · 凡 · 贝尔勒（Susanna van Baerle）在 1637 年 5 月去世时，他写了一首悼亡的拉丁文四行诗，结尾几句如下 ：“白日破晓，黑夜逝去，你亦同行 / 斯黛拉，我的星辰，我的白日随你的离去也一并消亡了。”[1] 惠更斯在痛苦的深渊中继续翻滚，一年以后写下了 17 世纪欧洲文学中最动人的诗歌《白日之诗》（*Daghwerck* ），这首长达两千行的挽歌，记录了他如何让已经失去的妻子仍然陪伴在自己身边，来忍受日常生活的痛苦的："就像蓓蕾垂于树梢 / 就像蜜蜡融于封印 / 在我们的一日三餐中 / 我们的谈话也是如此的沉默。"[2] 但随着诗歌继续展开，惠更斯在日常生活和"孤独伴侣"之间调和的努力逐渐付诸东流，变得愈发绝望。他的坚忍不拔不再，他的高谈雄辩亦不再。"这时，谁还会读我？/ 没有你，斯黛拉，分享和指导着我的写作的人 / 我该如何在世界的法庭上为自己辩护？……/ 如今我们在黑暗中对话。"最终，诗句完全垮塌了。诗
512 人恳求他的朋友们来安慰他，让他们发声，而他自己却开始口吃，陷入无言的苦痛。"言辞亦需元气；而我精疲力竭 / 说吧，朋友们，我已全然崩（溃了）……*"。

这位赞助人的门生，大概没有如此这般心灰意冷。身体需求方面，伦勃朗当然一点也不感情用事，让小提图斯的保姆海尔蒂厄 · 迪尔克斯（Geertje Dircx），来自埃丹（Edam）的一位喇叭手的遗孀，上了他的床。而他也没有悲伤到无法言说，至少不至于让他无法继续平日的创作。与之相反，他每天的工作还是安排得满满当当：管理工作室，指导学生，产出版画和素描，为了一些要求高的经销商，比如约翰内斯 · 德 · 勒尼阿尔姆（Johannes de Renialme），甚至还能产出一些历史画作品。但是到了 1642 年以后，事情确实发生了变化，如果单单因为不想轻信关于艺术家生活的"爱情流言"就不承认这种变化，那只会显得愚笨。有时候，用爱情来阐释也是对的。自 17 世纪 40 年代中期开始，伦勃朗的艺术里就不再有那种对物体表面和外部环境的眩目描绘，社会和个体的外在面貌消退了，开始向着物体内部进行探索，有时甚至会描绘被屠宰的动物身上的体腔。他不再像 17 世纪 30 年代那样，创作宏大、充满动态感、尺幅仿佛江湖艺人的剧场一样大的历史绘画。最好的宗教题材画作，例如仅存油画草稿的《亚伯拉罕侍奉三位天使》（*Abraham Serving the Three Angels*），以及藏于圣彼得堡的《圣家族》（*The Holy Family*），其情绪强度都是以适宜室内的尺寸呈现的，易于亲近，虽然

* 原文为："Tot spreken hoort noch kracht; de mijne gaette niet / Spreeckt vrienden ick besw——..."。——编注

伦勃朗，《圣家族》，1645 年。布面油画，117 厘米 ×91 厘米。圣彼得堡，艾尔米塔什博物馆

更符合荷兰风俗画（描绘用餐、工作场景）的传统，表现的却是神圣的历史。即便上述概括也有例外，最大尺幅的一幅绘画《基督与被抓住通奸的女子》（*Christ and the Woman Taken in Adultery*）好像回到了伦勃朗莱顿时期较晚阶段的风格。这幅木板油画里画着一系列微小的人物形象，他们身在巨大的圣殿内，成堆的黄金散发着光芒，但画面正中央的基督形象十分肃穆，跪地的通奸女子也身着象征着忏悔的纯白色衣物。

伦勃朗即便偶尔还会为有钱有权的人画一些历史画，他也不再为他们画肖像了。1642 至 1652 年的十年里，社会人士的肖像从他的作品里完全消失了。而同期，他之前的学生却大量地接到了肖像订单，比如霍弗特·弗林克和费迪南德·波尔（Ferdinand Bol）。更严重的问题在于，他在17世纪30和40年代给自己设置的两条职业路径好像都消失了。腓特烈·亨利于1647年去世之后，阿马利娅·凡·索尔姆斯计划用寓言画来装饰豪斯登堡宫（Huis ten Bosch）里的奥兰治厅（Oranjezaal），把它同时作为陵寝和纪念大厅来歌颂腓特烈·亨利的生平事迹时，伦勃朗却完全没有出现在委托制作的画家名单上。奇怪的是，亲王太后去了安特卫普——她丈夫宣战过的城市，招募了一些继承鲁本斯衣钵的画家，比如雅各布·约尔丹斯和托马斯·博斯哈尔特（Thomas Bosschaert）；还招募了荷兰古典画家，比如凯撒·凡·埃弗丁恩；当然还有赫里特·凡·洪特霍斯特；最重要的是扬·利文斯，他现在回到阿姆斯特丹了！

在有些地区，伦勃朗依然被大家公认为新的阿佩莱斯。但他发现，成为阿佩莱斯，并不完全就锦衣玉食、高枕无忧了。1642年，他处在事业的鼎盛
513 时期，却还是需要评审团（goede mannen）来督促位高权重的安德里斯·德·格雷夫（Andries de Graeff）付清他声称应得的500荷兰盾肖像画费用。这些富可敌国的贵族不愿意给钱，唯一的解释是他们对肖像感到不满意。德·格雷夫拒绝付款，是伦勃朗职业生涯中一个极为致命的转折点。对于一位习惯于受到欣赏的画家来说，这也留下了一道很深的创伤。1644年，另一件事又在这道伤口上继续撒盐：惠更斯发表了一部诗集，其中刻薄地嘲讽了某位画家无法画好雅克·德·盖恩三世的面部特征。诗中删去了含有伦勃朗名字的那句诗行，表面上好像放了他一马。但海牙人多嘴杂，都知道谁成了笑柄。尤其那幅画的所有者毛里茨又是惠更斯的兄长，所以伦勃朗多半受了一番难以启齿的羞辱。

任何读过卢西恩的人都知道，原本阿佩莱斯就不得不忍受心怀嫉羡、怨怼、恶意的人的中伤。其中最恶劣的是一位叫作安蒂福勒斯（Antipholus）的艺术家，胸中的嫉妒极深，曾诬告阿佩莱斯密谋推翻埃及国王托勒密。诽谤的阴谋败露后，托勒密愿意补偿阿佩莱斯所受的伤害，要把诬告者作为奴隶送给他，并奉上一笔金钱。然而画家却拒绝了这两份礼物，说自己宁可画一幅画，用生动的寓言来表现这种发生在他身上的不公义。几个世纪以来，画

家们尽力想象过阿佩莱斯自我辩护的画面，其中轻信的统治者长着驴的耳朵，一面听着出于忌妒、无知和怠惰而杜撰的谎言，一面抽动着耳朵。鲁本斯基于费德里科·祖卡洛的绘画，在自家宅邸面向花园的立面上也纳入了这样一番场景。后来，伦勃朗自己也临摹了一幅曼特尼亚著名的《诽谤阿佩莱斯》（*The Calumny of Apelles*）。

总有一天，每一份梦寐以求的工作似乎都将要落入对手或过去的学生手中，伦勃朗也很可能会觉得自己成了受害者。但眼下，伦勃朗不得不将德·格雷夫的画交给他的同行们进行裁决。他一边感到屈辱，一边用一幅充满怨气的画作表达了自己对批评家的看法，就像一根（或两根）手指不雅地戳进了 514
空气里。艺术家光着屁股蹲在地上，在排便的过程中，用一张纸擦着屁股，那张纸疑似是从评论家的“集思广益”上撕下来的。[3] 当然，他是人群中唯一一个直直地看着观众的人，他的下巴紧绷着，露出一种知趣的表情，半笑半扮着鬼脸。艺术家鄙视的主要对象坐在木桶上，帽子里插着一对驴耳朵，双手叉腰，在一幅画前叼着烟斗发表意见（画中画里的人物被框定在壁龛、门或窗边，这是伦勃朗在 17 世纪 40 年代早期最喜欢的肖像姿势）。这位观画者的评论如此恶毒，就像盘绕在他右臂上的那条蛇一样。他的眼神十分尖锐，这可以从他脚边的一副眼镜判断出来。另外四个人物似乎在认真听他讲话，一个像朝臣一样坐在他的脚边；另一位戴着链子，很可能是画家协会的公仆，手支着画作，全神贯注地向前倾着身子。拉屎的人背后还站着两个人，他们穿着更加华丽，其中一个抚摸着下巴，若有所思地盯着一个木框，那可能是另一幅画，也可能是为他们举着的一面镜子。

在这位长着驴耳朵、自以为是的傻瓜身上，伦勃朗似乎和往常一样，聚集了许多让人产生联想的元素，且全部都是负面的。上述阿佩莱斯的故事，还能让人想到另一段普林尼讲述的故事：阿佩莱斯最忠实的赞助人亚历山大大帝，他对画作的评价是那么幼稚可笑，就连给艺术家磨颜料的仆人听了也情不自禁地大笑起来。[4] 虽然坐着的那位批评家衣着朴素，但他有一张相当圆胖的脸和略带鹰钩的鼻子，的确很像我们所知的一幅安德里斯·德·格雷夫的肖像！也有人认为，这幅画嘲笑的主要对象其实就是惠更斯，但考虑到伦

伦勃朗，《对艺术批评的讽刺》，1644 年。钢笔与棕色墨水素描。纽约，大都会艺术博物馆

勃朗当时手里还有来自执政的历史画订单，这不太可能是真的。不过，厄内斯特 · 凡 · 德 · 韦特林引用了伦勃朗 17 世纪 40 年代的学生塞缪尔 · 凡 · 霍赫斯特拉滕的话，后者后来描述了这些“蠢驴”“可笑的”滑稽行为，认为他们是“自负或迂腐的鉴赏家”，他们“把破烂的复制品以看似便宜的价格当作原件出售，不仅欺骗无知的艺术爱好者，也欺骗自己；把最糟糕的缺点和不足，而不是美德，当作眼前至臻至善的奇迹，表扬那些本应受鄙夷的作品，结果损害了具有原创精神的大师”。[5]

所以，伦勃朗想要嘲讽的有可能不是某个单独的个体，而是一群蠢货。在这份鄙夷人物列表上“名列前茅”的，是头脑空空的空谈家。他们发表的意见比知道的知识更多，还有受他们蛊惑的人，也就是画面右边易受欺骗的

“冲着艺术家名号买作品的人”（naem-kopers），把破布（vodden）当成了真东西。

艺术家脸上狡黠的表情，最好的形容词就是“知趣”。作为17世纪30年代末和40年代荷兰最繁忙、最具影响力的工作室里的大师，伦勃朗知道所有关于复制品的内幕，无论光彩还是不光彩。当然，复制过去和现在大师的作 515
品，在工作室里不仅不是禁忌，甚至还被认为是培养年轻艺术家不可或缺的一部分。工作室会产出用笔刷和灰色水彩完成的素描副本，临摹伦勃朗自己作品——比如现藏于伦敦的作品《弗洛拉》——的素描副本就幸存了下来。还有一些画作是完全复刻了原作，比如藏于卢浮宫的《天使拉斐尔离开多俾亚》以及藏于慕尼黑的《献祭以撒》，都临摹得极为成功。现代的鉴赏家要想将17世纪人眼中的原作（principaelen）及其复制品区分开来，恐怕会感到头疼。藏于慕尼黑的画作里，增加了一只祭祀用的公羊，天使从右边而不是从左边来到场景中。其独特之处在于，这幅画上有一句坦白的铭文——“由伦勃朗涂改过”，所以可以肯定，它是出自他人之手。但至少有一些画作，虽然主体上是基于伦勃朗的设计，但主要的完成者是其学生或助手，比如巴伦特·法布里提乌斯（Barent Fabritius）和塞缪尔·凡·霍赫斯特拉滕。但在伦勃朗活着的时候，人们也会说这些作品是“伦勃朗的”。[6]

这和鲁本斯工作室中的劳作分工惊人地相似，大师负责发明创造、最后为绘画润色，但之间的其余所有事都让“员工”去做。现存的这种近似伦勃朗的作品太少，所以我们很难说伦勃朗自己也犯过那幅素描里嘲笑的那种欺 516
骗行径。如果有过，那他就是第一个义愤填膺地把故意冒充真迹售卖的赝品（“破布”）和公开标示为“摹伦勃朗”（nae Rembrandt）的复制品区分开的人，后者是为了卖给无法承担原作价格的客户。

不过另一方面，也没有什么能够阻止他以练习笔法的名义，安排学生完美地复刻他自己的作品，再利用这些复制品来收获利润。阿诺德·豪布拉肯在18世纪早期便写道，伦勃朗不满足于从学生那里收取的费用，所以每年还会用售卖这种作品的方式赚取2500荷兰盾，其中很多大概也继承了伦勃朗的“血脉”：有面部特写、小幅历史画、肖像画，可能还有静物画。毕竟，布里街上的工作室既是商铺也是学校。这个事实也许会冒犯后来那些心气高的批评家，他们认为艺术和商业就应该严格分开，但在17世纪中叶，两者结合是大家完全能接受的做法。

从17世纪30年代中期开始，伦勃朗的名声吸引了来自尼德兰各地、德国和丹麦的学生。实际上，这些准学生中没有一个人会指望伦勃朗为他们提供素描或绘画方面的基本指导。伦勃朗的名气太大了，每年收取100荷兰盾的学费，也太贵了。实际上，几乎所有学徒都是由另一位画师送来的。例如，霍弗特 · 弗林克是由弗里斯兰画家兰伯特 · 雅各布松送来的，雅各布松管理着凡 · 优伦堡的艺术公司在吕伐登的分支机构。费迪南德 · 波尔在17世纪30年代末跟随伦勃朗学习了数年，他是多德雷赫特一位外科医生的儿子，此前也已经接受过一些指导。赫布兰德 · 凡 · 登 · 埃克豪特（Gerbrandt van den Eeckhout）和波尔大约是同一时间在伦勃朗的工作室学习，他专攻历史画，把相对小的人物形象放进风景中（这正是伦勃朗从拉斯特曼那里学到但已经放弃了的手法）。他是阿姆斯特丹一位金匠的儿子，由于伦勃朗很喜欢装饰过的器皿，所以那位金匠多半和他也是私交。约阿希姆 · 冯 · 桑德拉特曾断言“有无数出身名门的年轻人”来伦勃朗门下学习，虽然这可能是夸大其词的说法，但伦勃朗的大多数学生和助手的确都来自相对富裕、人脉颇丰的家庭，能够负担得起每年高昂的学费。其中有些学徒，比如康斯坦丁 · 凡 · 雷内塞（Constantijn van Renesse），可能只是为了在阿姆斯特丹城里最负盛名的绘画大师膝下完成博雅教育，打算最终回到自己的家乡［比如凡 · 雷内塞回到了布拉班特的艾恩德霍芬（Eindhoven）］，继续过贵族的生活，或者像伦勃朗的第二位远房表亲卡雷尔 · 凡 · 德 · 普莱姆（Karel van der Pluym）一样，继而去从事完全无关的职业：参与莱顿的城市水利工程建设。

不过，更多人一定是怀着满心的诚挚来到布里街的，决心凭借自己的能
517 力成为艺术大师。塞缪尔 · 凡 · 霍赫斯特拉滕从多德雷赫特来到阿姆斯特丹的时候，只有十四岁。他的父亲是一名风俗画和风景画家，给了他绘画上的启蒙，却在1640年去世了。尽管家人极力反对，塞缪尔仍然决意要去阿姆斯特丹。能够得到伦勃朗的指导，这是无价的天赐良机。既然如此，哪位具有理

性和天赋的年轻画家会想到选择别人当老师呢？霍赫斯特拉滕自己的学生豪布拉肯，在他简要著述的霍弗特·弗林克的生平传记中写道，因为“伦勃朗的手法受到普遍称赞……为了取悦世人，一切都要基于这一点，所以他（弗林克）觉得，到伦勃朗那里学习一年是很明智的事，他在那里习惯了那种绘画手法和风格”[7]。豪布拉肯继续写道，因为弗林克自己很有才华，所以在“这么短的时间”过后，他自己的作品就作为“伦勃朗笔下的真迹”被采纳“**且**销售了”（作者做的强调）。

有一些尤其杰出的学生，比如波尔、霍赫斯特拉滕，以及卡雷尔·法布里提乌斯（Carel Fabritius），在工作室待的时间比任何教学通常所需的周期都要更长，后来自己也成了教师或者助手，向另外一群学生传授伦勃朗手法的关键元素：戏剧性地运用明暗对照；将色彩微妙地融合，以塑造（而非仅仅去勾画）形体；通过面部和身体的处理来同时体现出情感的内在和外在动势。伦勃朗自己有一些蚀刻版画表现了几位裸体青年在写生课上摆姿势的样子；还有一幅学生画的素描，画着伦勃朗和一群外貌各异的学生在一起的样子，里面包括一名戴眼镜的年长男子和一群年轻的学徒。这些记录表明，用真人模特来写生在工作室里是一种常见的做法，无论男女。[8] 克里斯丁·凡·德·帕西 1643 年的一本素描集中，收录了一群学生坐着，照着摆出朱庇特造型的模特写生的样子。而威廉·高瑞在 1668 年出版的一本指导手册中，也建议学生要找到一位老师，或者非正式地招募八到十位艺术家，组成一个研习小组（collegie），专门进行写生练习。在伦勃朗圈子里的独立艺术家，比如霍弗特·弗林克和雅各布·巴克（二人都是兰伯特·雅各布松的门徒），虽然不是“学校”的正式成员，却很有可能都积极地参与了这种写生素描课程。[9] 在伦勃朗的艺术中，选择性照明具有特殊的重要地位，所以他们也很有可能是
在晚上聚集起来参加绘画课程，在巧妙地悬挂起来的油灯下工作，以创造出 518
最具感染力的光影效果，这在高瑞的手册中也有体现。[10]

伦勃朗“学校”的物理环境容易重新构建，但他作为老师的教学风范却难以想象。豪布拉肯很可能是基于自己的老师霍赫斯特拉滕的回忆，描写了学生们在小隔间内工作的情景，这种印象得到了证实，因为 1656 年来到伦

上：伦勃朗学校，《伦勃朗与进行裸体写生的学生们》，17 世纪 40 年代中期。钢笔素描带水彩，黑色粉笔上覆棕色墨水。达姆施塔特，黑森州州立博物馆

下：克里斯丁·凡·德·帕西，卷首插画，选自《关于素描与绘画中的光照》（阿姆斯特丹，1643 年）。纽约，哥伦比亚大学，埃弗里图书馆

勃朗住宅的评估员们列的物品清单里，提到了房屋上层被分隔为许多小空间。豪布拉肯笔下的伦勃朗老师脾气不太好，无法抑制自己贪心的秉性，学生们故意在地板上画硬币来捉弄老师，而伦勃朗会弯下腰去捡。豪布拉肯写作的时间距离伦勃朗死后已经间隔了一代人，他收集了许多围绕伦勃朗的流言轶事，其中许多故事都把伦勃朗形容为一个古怪、易怒、讨人厌的人，容易发火又顽固执拗，特别喜欢去记录自然、人类和其他事物破败不堪、笨拙且往往讨人嫌恶的方面，这和他本人肆无忌惮的性格和工作习惯是一脉相承的。

豪布拉肯撰写自传草稿的时候，伦勃朗的绘画手法常常受到纯洁派古典主义代言人的强烈攻讦，而他个人生活的不幸和逾矩，更是让他声名狼藉（虽然不如凡·曼德尔和豪布拉肯的年鉴中记录的许多其他人那般不堪）。伦勃朗其实从未谋害任何人，不像他的学生雅各布·凡·洛（Jacob van Loo），杀死一位酒馆老板后不得不逃亡至法国。在17世纪40年代，正值伦勃朗名誉和权势的高峰，那时没有任何迹象表明，他像他死后被夸张描述的那样，是一个常常气急败坏、指手画脚的人。有一幅尚存的素描，相对罕见地以图画形式记录了他教学的样子，是康斯坦丁·凡·雷内塞的《圣母领报》（*Annunciation*），画中显示。大师将马利亚的书桌和天使加百列放大了不少，使得后者从精心绘制的真人大小的青年摇身一变，化身为真正的显圣者。由于伦勃朗还做了一处改动，即把百叶窗紧紧地关上，因此加百列散发的光芒变得更加富有戏剧感。很容易想象，伦勃朗会倾着身子去指导这位自然有些紧张的年轻学徒，抓着他的钢笔和粉笔，寥寥几画，便将一幅只能说是合格的素描变成了大师手笔。[11]

当然，这很大程度上要取决于伦勃朗必须与之工作的人有什么样的才华，光是我们现在所知曾在伦勃朗的工作室中待过的人物（只是实际在此工作过 519
的人中的很小一部分），就有极高的多样性。他们当中几乎所有人都具有某种才能。伦勃朗17世纪30年代的学生——弗林克、波尔、约翰内斯·维克多斯（Johannes Victor）——都很快就掌握了画出布料和贵金属质感的技巧，正是这些技巧让伦勃朗的历史画和社会肖像得以拿到许多订单，因为在这座加尔文派主导的城市中，人民日益痴迷于闪闪发光的物质。结果，学生们仿造

康斯坦丁·凡·雷内塞（经伦勃朗修改），《圣母领报》，17 世纪 40 年代晚期。钢笔素描带棕色水彩和红色粉笔。柏林，版画素描博物馆

了一大批“伦勃朗牌”作品：套着钢制护喉的年轻男人；戴着头巾的老人；起身的男女，穿着阿卡迪亚风格的服装，拿着笛子和鲜花；皮肤粗糙、脸上满是皱纹的老妇人；围着襞襟的市民，姿态古板而威严。有时候，一些学生或者以前的学生，比如波尔，会从伦勃朗最成功的绘画中挪用一些细节（就像伦勃朗也用了拉斯特曼的一些细节一样）。比如，达那厄在接受金光洗礼时躺着的那张精致华贵、异域风情的床，出现在了一张更虔诚的作品中，以撒就在这张床上给雅各和以扫赐福。

17 世纪 30 和 40 年代的一些仿造作品各有特色，完成得相当不错。霍弗特·弗林克的历史画和肖像，尤其显现出了独立风格的苗头。到了 17 世纪 40 年代，从他为火绳枪兵靶场绘制的作品可以看出，其风格和老师的已愈发不同，光照非常锐利，色彩也更明亮。但还有许多其他平庸的作品，其中有些

在现今受到过度的推崇，但画作本身不堪入目。不过，即便表现得不错的时候，伦勃朗的学生、同事和助手中也没有一位能够接近伦勃朗在概念上的原创性，正是这种原创性使他创作出《蒂尔普医生的解剖学课》《造船师扬·莱克森和妻子格里特·扬斯》和安斯洛夫妇肖像这样的作品。

最为勤勉的学子也会遇到的困难是，当他们很快地（或者费力地）把伦勃朗的技巧移植到自己原有的技术之上时，他们的老师却正忙着矫正自己的风格基础。17 世纪 40 年代早期，一批新的学生来到了工作室，其中包括极具天赋的追随者：卡雷尔·法布里提乌斯和弟弟巴伦特，还有塞缪尔·凡·霍赫斯特拉滕。这时，伦勃朗正在摆脱过去十年里那种色彩强烈、极富动态的巴洛克历史画风格（《伯沙撒的盛宴》和参孙系列），让颜料处理更趋于浓密、 520
更具有雕塑感，选取的人物也更加耽于沉思、富于诗意、冷静自持。大多数时候，他的调色盘都只剩下著名的四种基础颜色（黑、白、赭色、土红），按照普林尼的说法，阿佩莱斯只需要这四种颜色，就能绘制出以弗所（Ephesus）的阿耳忒弥斯神庙（Temple of Artemis）门口手持闪电的亚历山大大帝。[12] 但在 17 世纪 40 年代，伦勃朗好像对激烈的大场面和夺目耀眼的金属光泽不再感兴趣。相反，新的画面中浸透了泥土气息，颜料更加黏稠、坚实、不透明，里面常常添加了像碾碎的石英和硅石这样的粒状物质。这一时期的伦勃朗一般不使用木板作底，而是将画布那粗糙的纹理和画面融为一体，作为构图的元素，并用宽大的笔刷把颜料涂得很厚，使得奶油般黏稠的颜料不均匀地铺展在表面上。

鲁本斯既已离世，伦勃朗便回到了鲁本斯最尊崇的大师之一提香身上，向他学习不连贯的表面所具有的暗示意味。在 17 世纪 40 和 50 年代的一系列颜料实验中，伦勃朗虽然并没有机械地复制提香晚期画作中那种柔软而躁动的动感，但却让人强烈地感觉到了提香提出的悖论，即物体——身体、衣物、静物细节——的坚实感，用松散、开放、自由的绘画，能更好地表现出来，而不应用边缘坚硬的线条来描绘。这种“粗糙”的风格及其故意显得未完成（non-finito）的外观，长久以来都被认为是一种错觉艺术的微妙奇迹，但想要模仿威尼斯大师的人，也很容易陷入其诱惑的圈套。虽然卡雷尔·凡·曼德尔

费迪南德·波尔，《一位八十一岁老妇人扮作历史人物的肖像》，1651 年。布面油画，129 厘米 ×100 厘米。圣彼得堡，艾尔米塔什博物馆

（他自己当然没有尝试过这样画画）非常尊崇提香，但他也警告尝试这样做的人，如果没有提香的那种技巧，就不要揽这份活儿。

《夜巡》中最出彩的几个局部，已经向我们展现了伦勃朗完全有能力模仿提香这种略显悖论的天赋，使画得最粗糙的区域，从远处看时，最具有三维投射的观感。（阿佩莱斯在以弗所画下的亚历山大大帝如此为人称道，也是因为他让国王的手指和闪电看起来好像从扁平的表面投射了出来。）《夜巡》之后的十年里，伦勃朗运用同样的构图，尝试了截然不同的绘画手法，用
521 笔刷粗略地蘸上颜料来画出深色的背景和衣物及石头的表面纹理。不知为

何，他笔下的形象和面孔——常常都是一些乍看上去十分简单的人物，比如厨房女佣——以及静物材料，都塑造得尽可能柔软，有一种经久不衰的纪念意味。要达到这样的成就，需要比伦勃朗的大多数学生都有着更加细微的感知，他们中可能只有卡雷尔·法布里提乌斯和塞缪尔·凡·霍赫斯特拉滕具有这种禀赋。

这一时期的伦勃朗，一直有人尽力模仿，却又十分难以模仿。要了解这一点，只需要看看德威美术馆（Dulwich Picture Gallery）收藏的《窗边的女孩》（*Girl at a Window*）。这幅画是伦勃朗的又一次近距离人物肖像实验，她的手臂和绘画平面平齐，和《三十四岁时的自画像》以及赫尔曼·杜默尔的肖像相似。女孩的姿态很简单，但又具有诱惑力，让人感到不安。她的衬衣部分，伦勃朗用了最粗犷的笔触草草画成，就像穿着衬衣的人一样拥有朴素的内核，但女孩的手指却在摆弄着金链。这条金链在她的颈边缠绕了两圈，让人注意到衬衣在她喉咙附近和两胸之间的开口，手腕在那里投下了一道阴影。右臂上卷起来的袖子边缘的影子，鼻尖在上唇落下的影子，还有卷发在前额上投下的微小的影子（伦勃朗用了最精致、最轻盈的笔触点出），都有着极度微妙和细致的韵味。而这些元素组合在一起，女孩活灵活现的整体却给我们一种难以言说的诡异观感：她的身子朝着我们暧昧地倾来。在伦勃朗的《床上的年轻女子》（*Young Woman in Bed*）中，同样把画得很粗糙的材质与性感柔软的肉体肌肤结合并置，让两者作对比。表面上看，这幅画描绘的是被恶魔缠身的新娘撒辣在新婚夜等待夫君多俾亚的样子，因此也是一幅正好位于肉欲和纯真的边界上的图像。

藏于德威美术馆的那幅画的署名日期是1645年。同一年前后绘制完成的另外三幅绘画，都有着极为相似的主人公，人物都在敞开的两截门边或窗前摆着姿势。这些画是由伦勃朗工作室里的艺术家或者邻近圈子里的艺术家创作的。每一幅模仿伦勃朗的画作，都试图尽量忠实于伦勃朗在这一时期的风格，甚至会去复刻鼻尖的强高光或者飘动的细发丝，展现出许多不同的近距离描绘技巧。藏于贝德福德财产理事会的画作（见第674页）显然是最费劲的一幅，光线更为明亮，阴影不那么精细，肉粉色很像陶瓷，无法体现出19

伦勃朗,《窗边的女孩》，约 1645 年。布面油画，81.6 厘米 ×66 厘米。伦敦，德威美术馆

伦勃朗，《床上的年轻女子》，约 1647 年。布面油画，81.3 厘米 ×68 厘米。爱丁堡，苏格兰国家美术馆

世纪的散文家们尊崇的那种“红润健康的质地”和鲜活的效果。因此，有理由认为这幅画是出自当时第二等的学生之手——可能是卡雷尔 · 凡 · 德 · 普莱姆、克里斯托夫 · 帕乌迪斯（Christoph Paudiss），或者康斯坦丁 · 凡 · 雷内塞。藏于华盛顿特区的《拿着扫帚的女孩》（*Girl with a Broom*）则完成得好很多，人物的嘴唇仿佛丘比特的弓，双手抱于胸前。可是这幅画可能又完成得太用力了，导致面部偏明亮和偏暗的区域之间没有充分的过渡——就好像左边有一道闪光灯猛地打过来一样。现在一般认为这幅画是卡雷尔 · 法布里提乌斯的，他可能是当时所有学生中最好地掌握了伦勃朗画笔下形体的坚实感的一

伦勃朗的学生，《在敞开的两截门边的女孩》，1645 年。布面油画，75 厘米 ×60 厘米。塔维斯托克女侯爵及贝德福德财产理事会

523 个，想必也对视错觉实验很感兴趣。但是在 1645 年，卡雷尔回到了他的家乡米登–贝姆斯特（Midden-Beemster），只有他技巧稍逊的弟弟巴伦特留了下来。

第三幅画（第 676 页）同样有伦勃朗的签名，署的日期是 1645 年，签名可能为真，但大概率是后来添上的，现在人们认为绘者是塞缪尔 · 凡 · 霍赫斯特拉滕。有人认为，《在敞开的两截门边的年轻女子》（*Young Woman at an Open Half-Door*）这幅画主题的演进，源于艾尔米塔什博物馆内霍赫斯特拉滕所绘的一个小男孩倚靠在敞开的两截门上的那幅画作，随后这一主题在这位十八岁画家的自画像中得到了延续，最终才在现藏于芝加哥的这幅画作中展现为一位斜视的女仆。但这个推论很不可靠，因为藏于圣彼得堡和芝加哥的这两幅画虽然明显展现出他对伦勃朗那种粗犷笔法的自信运用，但藏于芝加哥的画作中，女人不仅右上眼睑泛着微妙的高光，而且发丝极为精细，面庞上的阴影也是难以比拟地漂亮，尤其是嘴角的影子，这些都是霍赫斯特拉滕

卡雷尔·法布里提乌斯，《拿着扫帚的女孩》，约 1651 年。布面油画，78 厘米 ×63 厘米。华盛顿特区，美国国家美术馆

塞缪尔·凡·霍赫斯特拉滕，《在敞开的两截门边的年轻男子》，约 1647 年。布面油画，42 厘米 ×36 厘米。圣彼得堡，艾尔米塔什博物馆

当时的风格完全无法做到的。还有她那半扭过头去的姿态，显得审慎甚至有点多疑，没有像一般的画作中那样向观者投去讨好的目光。在 17 世纪后来的岁月，甚至到 18 和 19 世纪，出现了无数模仿“门边的女佣”的作品，但这个半扭头的姿态是这幅画里绝无仅有的。

藏于芝加哥的这幅画，是不是老师和学生在同一个构图上共同协作的结果？很容易想象，霍赫斯特拉滕用“暗底色”画了最基本的外形，可能画的时候好好观察了海尔蒂厄·迪尔克斯一番，因为画中女人的衣着是沃特兰农村的典型样式，伦勃朗的这位情人就是来自那里。然后，他可能在素描的基
础上又工作了一番，直到老师前来完成了最为关键的几笔。这样，伦勃朗便 524
有恰当的理由像鲁本斯那样，在画上签自己的名字了。

无论如何，霍赫斯特拉滕都处于成为一位有成就的画家兼诗人的途中，不太可能一直藏在老师的名字背后。1647 到 1648 年间，他鼓起勇

塞缪尔·凡·霍赫斯特拉滕及伦勃朗(?),《在敞开的两截门边的年轻女子》, 1645年。布面油画, 102厘米 ×84厘米。芝加哥, 芝加哥艺术学院

气做了伦勃朗曾在1631年对鲁本斯做过的事：偷了自己榜样的人物姿态。他画了一幅自画像，把自己放进了古典式样的壁龛之中，姿势和伦勃朗在《三十四岁时的自画像》里采取的几乎完全一致。如果说有什么不一样，那就是他的姿态气势更加宏伟，手臂不是放在石栏上，而是放在一只奢华的枕头上，颈部围着一圈钢制的护喉（伦勃朗在更早期的自画像中也戴过这种护喉），还戴着一条象征荣誉的金链，挂着奖章，一直垂过胸口。更显厚颜的是，霍赫斯特拉滕不仅用这个姿势宣告自己要和老师竞争，甚至还在其中采用了伦勃朗曾在自画像中融入的所有那些拉斐尔和提香的色

伦勃朗,《厨房女佣》，1651 年。布面油画，78 厘米 ×63 厘米。斯德哥尔摩，瑞典国家博物馆

彩。所以，如果有人指责年仅二十岁的霍赫斯特拉滕假装谦逊，那一定是不符合事实的。

霍赫斯特拉滕进而在维也纳的哈布斯堡王朝宫廷里名声大噪，成了错视法的大师。虽然我们从不认为伦勃朗对特别直接的视觉欺骗效果有特别大的兴趣，但霍赫斯特拉滕因此成名（而且也是这项技能让他很早就拿到了自画像里展示的那枚奖章），也很有可能是老师教了他一两项技巧。因为法国批评家和艺术理论家罗歇·德·皮勒曾经讲的一件轶事里提到过伦勃朗画的一幅女孩在窗前的肖像——可能是指后来在 1651 年绘成，现藏于斯德哥尔摩，

笔触比较松散的那幅，但更有可能是指德威美术馆收藏的这幅。皮勒在皇家
525 学院*的演讲结集出版，引言中他给 17 世纪的诸位宙克西斯、阿佩莱斯和普
罗托耶尼斯打了分，伦勃朗在素描方面只得了 6 分（总分 20 分），但色彩
方面得了 17 分，构图也得了 18 分。德 · 皮勒在书中讲述了这样一段艺术家
的故事：

> 他画了自己的小女佣，以此取乐。他想要把人物安排在窗前，这样过路的人就会以为真的能在那地方找到她。他成功了，因为好几天以后人们才发现这是一种视错觉。可以想象，伦勃朗的绘画会造成这种效果，既不是因为他画得漂亮，也不是因为人物的举止高贵。[13]

罗杰 · 德 · 皮勒可能对这种欺骗手法的单纯动机很有兴趣。可以理解，他
526 故意没有提到，自己 1693 年“待在”阿姆斯特丹的理由，是作为路易十四的
秘密特工，带着和阿姆斯特丹的“和平党”人接洽的任务。他也很不幸，寄
给凡尔赛的信被半路拦截了下来，所以他遭到逮捕，被扔进了卢夫斯泰因城
堡的监狱。他没能像胡果 · 格劳秀斯那样，把自己装进书箱或者画箱里逃之
夭夭。直到四年之后，法国和荷兰共和国签订了和平协议，他才被放出来。
但在他被永久禁止入境荷兰以前，他成功地购入了一幅关键的作品，可能在
他尴尬地受到监禁以前就把它寄回了家。这就是那幅正在把玩脖子上挂着的
金链的女孩肖像，她的鼻子短短的，嘴唇闪闪发光，眼睛颜色很深，直勾勾
地盯着观者。这位自命不凡的批评家，终其一生都把这幅画留在自己身边。

2. 变动的线条

527 看一眼伦勃朗 1646 年那幅小小的《冬日风景》（*Winter Landscape*），你

* 即巴黎皇家绘画与雕刻学院（Académie royale de peinture et de Sculpture）。——编注

伦勃朗，《冬日风景》，1646 年。木板油画，16.6 厘米 ×23.4 厘米。卡塞尔，历代大师画廊

可能会觉得画家又像往常一样完全走错了方向。他在乡野漫游时并未走错。像大多数阿姆斯特丹人那样，他沿着阿姆斯特尔河岸边一直向南，行至河上名叫奥姆瓦尔（Omval）的拐角，再远还能到达一座庄园，叫作克斯特费洛伦（Kostverloren），字面意思是“打折”，这廉价的名字和房子自身难以匹配。他也可以向东沿着艾湾旁高耸的迪默堤（Diemerdijk）行进，这段堤坝一面望向船只，另一面望向护坡后方密集的奶牛和村舍。与其说他的散步习惯不同寻常，不如说他选择的绘画手法格格不入，看起来过时得让人难以置信。在小小的木板上，冬日的碧空寒冷刺骨，树木被剥得光秃秃的，人物乏味而孤独，有的缓缓地做着自己的事情，有的只身坐在肮脏的雪地上，冰鞋的鞋尖冲上。这样的画面，如果不是在明确向埃萨亚斯 · 凡 · 德 · 维尔德致敬，也显然是直接回归到了他的风格，乡野、本土、淳朴的荷兰风景画几乎就是这位艺术家缔造的。

埃萨亚斯·凡·德·维尔德,《冬日风景》，1623年。木板油画，25.9厘米 ×30.4厘米。伦敦，英国国家美术馆

埃萨亚斯是第一位将自己生长的乡野景色原封不动、未加修饰地转化为绘画的艺术家，他的素材采自过去的素描和版画，有的是霍尔齐厄斯所作，有的出自被称为“小幅风景画大师”的佚名素描师之手，也有的来自克拉斯·扬松·菲斯海尔（Claes Jansz. Visscher）这样的地理画册制作者。[14] 而使其成就更加令人惊叹的是，凡·德·维尔德并不是一位农民出身的艺术家，而是一个学富五车的人物，是从安特卫普流离失所、最终定居海牙的新教徒，并且有执政作为他的赞助人。他和同为佛兰德人的老师戴维·文克博恩斯（David Vinckboons）一样，曾经以画“嬉戏游伴”题材的作品来挣钱谋生，这些作品里的年轻人衣着华丽，在爱的凉亭里宴饮、调情；他也画成群结队进村劫掠的士兵正袭击村民的画面，场面拥挤，有时甚至十分骇人；还画密密麻麻记录着乡野轶事的风景画，每一个小事件（奶牛出现在渡船上）都用当地特有的鲜艳色彩做了突出标记。不过到了1614年左右，主题和色彩都发

生了很大的变化，变得更加平凡；视野的角度降低了很多；整个画面更加简洁、原始，如同草图；人物之间相互分开，而不是像传统绘画里那样成群结队，显得有些诡谲；眼光十分尖锐却没有感情，整个画面都与田园牧歌的魅力截然相反。

伦勃朗选择要模仿的，正是这样的手法，而这时候荷兰最受推崇且高产的风景画家们，比如埃萨亚斯的学生扬 · 凡 · 霍延，却正想要避免简单的构图，尽力让自己栖息的家园焕发英雄的光辉。视野的角度又提升了，地平线向下沉，以便把上方三分之二的空间都留给雷电交加、仿若一出歌剧的荷兰天空。

当然，伦勃朗并不反对在风景画中制造歌剧效果。17 世纪 30 年代，没 528
有谁比伦勃朗更喜欢在风景画中注入夸张的戏剧元素了。[15] 这些画作与他的历史画风格一脉相承，充满了地陷山崩、星流霆击，即便画者无意，观者也总会觉得这些画作似乎掩藏着不为人知的历史。大概创作于 17 世纪 40 年代的《雷雨下的山景》（*The Mountain Landscape with a Thunderstorm*），也让人想起鲁本斯早期创作的风景–历史画，比如《埃涅阿斯遭遇海难之景》。画中使用了同样的空中鸟瞰视野，有着由山脉和洼地形成的多样地貌，并用色调将氛围统一起来。这种“世界风景”（world landscape）的传统其实非常古老，可以追溯至 16 世纪初的赫里 · 梅特 · 德 · 布雷斯（Herri met de Bles）和约阿希姆 · 帕特尼尔（Joachim Patenir），并在之后一代的老彼得 · 勃鲁盖尔那里达到顶峰。在勃鲁盖尔的画中，景色不仅极为多样，而且会令人惊叹地把不
可能出现在同一地点的景色——例如高耸的阿尔卑斯山峭壁和布拉班特的麦 529
田——放到同一幅构图当中，就好像它们是相邻的地形。[16] 这种奥林匹斯式的视野，表达了对造物主设计万物的狂喜，在可见世界中营造出极为丰富的变化，是无限的大能。这是一件充满人文主义学者热忱的作品，将无限多样但在终极层面上互补的自然现象，融入单个空间之中——无论是植物园，还是伦勃朗自己打造的那种百科全书式艺术室。这是一种有序的全知，是尽力占有更多的智力和直觉，是在哲学上达成饱满状态，是用柏拉图的养生之道去规范亚里士多德的欲求。

伦勃朗,《雷雨下的山景》，约 1640 年。木板油画，52 厘米 ×72 厘米。不伦瑞克，安东·乌尔里希公爵博物馆

伦勃朗有欲望要一口吞下整个世界。这种本能类似于卡雷尔·凡·曼德尔笔下的勃鲁盖尔，“吞下了整座阿尔卑斯山，又把它吐到了画布上”。[17] 在伦勃朗 17 世纪 30 年代后期的画作中，观者也同样要在暴风骤雨中，步履艰难地穿越充满戏剧性的河道的明暗，经过崎岖的城堡，遥望令人眩晕的悬崖，或越过古老的桥梁。他们如同朝圣者，步履蹒跚地向那被教堂尖塔照亮的、充满拯救与希望的地平线前进。但在这繁复的画面中，伦勃朗还加入了一种独特、非凡的切身感受——在废墟中生发的情感，景色中充满了塌陷、腐蚀、颓唐、剥落的事物，砖砌的墙面倒塌了一半、岩石摇摇欲坠，这种景象，全是他过去在极具原创性的艺术家埃库莱斯·塞赫尔斯（也是一位佛兰德的门诺派难民）的作品中发现的。从 1656 年的物品清单中可以看出，伦勃朗藏有八幅塞赫尔斯的作品，甚至还重画了其中一幅（现藏于乌菲齐美术馆）。对大自然留下的疤痕和坑洼，伦勃朗表现出了一种近乎变态的喜爱。这

埃库莱斯·塞赫尔斯,《莱茵斯堡的修道院》，17 世纪 20 年代。蚀刻版画。阿姆斯特丹，荷兰国立博物馆版画秘藏

与他对面部特写表现出的喜好是一致的；从年轻时起，他便热衷于捕捉古老脸庞上的每一道皱纹。除此以外，他还对裸女那不规则、有褶皱和粗纹的身体有着公然的喜好，胜过喜欢光滑、完美比例且无瑕疵的古典形体。他甚至喜欢将流浪者那破败的形象展现得华彩照人。可怜而微不足道的旅行者越过危险的崇山峻岭，是来自阿尔卑斯山以南和以北的巴洛克风景画中一种屡见不鲜的画面，其中最著名的要数约斯·德·蒙佩尔（Joos de Momper）的作品。但塞赫尔斯在自己的平面艺术作品中虽然也采取了常用的画面，却制造出了 530
一种超凡的效果。为了达成这一点，他使用了他人从未想象过的蚀刻技法：用彩色墨水将各种带有扭曲、点状、斑纹、磨损效果的线条印在另一种颜色的背景上，有时还在完成的版画上覆盖第三种色调。比如在一幅莱茵斯堡（Rijnsburg）的修道院废墟画中，塞赫尔斯就在黑色背景上用了黄色墨水，然后再手工将砖块的细节涂上红色。在另一幅中，他用的则是染蓝的纸。每次印刷，得到的都是一件不同的艺术作品，和绘画一样具有个体特质，而不只

是一件机械复制的版画。[18] 当塞赫尔斯那独特的色彩与他精细的线条相结合时，那些鲜明的主题——如巨大而险峻的山脉之间压迫感十足的高原和山谷、荒废的修道院或苔藓密布的松树——仿佛都被转化成了一种原始而富有情感的空间，它既不仅仅属于这个世界，也不完全是其他世界。仿佛塞赫尔斯知道关于山脉起源的争论即将开始，人们认为山脉是大洪水毁坏史前世界之后残留在各处的遗骸，所以他想要重现这场地质变迁的宏大戏剧。

难怪伦勃朗如此受塞赫尔斯的超凡想象和技术魔法吸引。他也许尤为欣赏塞赫尔斯大胆的创新手法：故意将意外产生的痕迹留在印成的版画上（比如天空较暗的区域，其实是误放在印版上的一块布造成的）。如果他相信故事里说的，那么得知塞赫尔斯因为发明创造太过新颖而给自己带来了麻烦，他可能也不会多么惊讶。塞缪尔·凡·霍赫斯特拉滕是彩色版画的推崇者和狂热收藏家，根据他的叙述，塞赫尔斯过去也颇为风光（部分是因由姻亲带来的
531 关系），在阿姆斯特丹的椴树运河（Lindengracht）沿岸买了一幢大房子，而且把名字从“戈尔德公爵宅邸”改成了充满诗情画意的“落水山庄”。但之后，他就陷入了深不见底的债务泥沼。他不得不变卖了房产，离开这座城市，一开始在乌得勒支定居，然后到了海牙，一边做艺术生意，一边也创作艺术品。虽然他也尝试过和当时的品位妥协，制作一些相对现实主义的全景画，但经济状况还是没能改善。霍赫斯特拉滕也写道，塞赫尔斯的生命终结，发生在1633到1638年之间的某个时候，喝醉酒摔下楼梯所致。[19]

伦勃朗并不需要别人警告他。他没有自寻麻烦的习惯，尽管有时候也没有办法避免。虽然他的一些画作，比如《雷雨下的山景》和《有好撒马利亚人的风景》（*Landscape with the Good Samaritan*），在构图和氛围上都很有塞赫尔斯的风格，但也有像《石桥》（*The Stone Bridge*）这样的一些作品，在人们更加熟悉的本土地貌上融入基本的戏剧元素：河岸有一家酒馆，渔夫在打鱼，几间村舍的屋顶照耀着一束阳光。在最开始创作的蚀刻版画中，伦勃朗将自己对破旧与颓败之物的喜爱，转化成了二十年前凡·霍延、彼得·德·莫莱恩（Pieter de Molijn）、萨洛蒙·凡·勒伊斯达尔（Salomon van Ruysdael）等人大批量产出的画作中就已经出现的那种景象：村舍的木梁有些下沉，茅草斑斑

伦勃朗，《石桥》，约 1637 年。木板油画，29.5 厘米 ×42.5 厘米。阿姆斯特丹，荷兰国立博物馆

驳驳；巨大的风车在防御堡垒上拔地而起，木制的立面已经风化，风帆有些
破旧，就像从太多的战役中恢复过来的老兵。所有这些场景，都很难让任何 532
人感到冒犯或者困惑，尽管这种对乡村破败景象的爱好现在看来似乎带有古怪的怀旧感。

第一代荷兰风景版画家——扬 · 凡 · 德 · 维尔德二世、威廉 · 伯伊特维赫，尤其是商业上十分精明的扬 · 克拉松 · 菲斯海尔——正好顺应了令当时的公众沉醉的一种极新的趋势，一种新的欧洲文化：在乡野散步。[20] 事实上，菲斯海尔的“欢欣之地”系列蚀刻风景作品展现了哈勒姆周边的美景，而在其卷首插画的铭文中，他特意提到这些画作特别适合那些“无暇旅行的艺术爱好者”。但菲斯海尔的这本风景辑录出版于 1612 年，也就是休战的第三年，随着荷兰乡间的情势越发稳定下来，人们也有了更多远足的机会。坐船、乘马车、步行去郊游，都愈发可行，也愈发让人向往。这一文化风尚是受田园热潮的推动而时兴起来的。在17世纪20和30年代，荷兰的城市文化受到了意大利，特别是威尼斯的影响，人们喜欢（像伦勃朗和萨斯基亚那样）打扮成牧羊人和牧羊女，然后去欣赏那些以痴情少男和冷艳少女为主角的音乐和戏剧。[21]一群群想扮演西尔维亚（Silvia）和科林特（Corint）、格兰尼达（Granida）和戴菲洛（Daifilo）的人，常常乘坐着巡游马车（speelreisje），来到阿姆斯特丹周围的村庄，特别是南部的村庄（他们的仆人带着食物跟随着），将他们的表演带到了各处的草地和树林里。真正的农民可能暗自不太高兴，却也习惯了看这些打扮得荒唐可笑的城里孩子互相戴上花环（bloemenkransen），背诵诗歌，在樱草丛中饮醉。如果他们需要在暴风雨中避雨，或者想喝上一罐（kan）啤酒，这些农民甚至也能从他们那里赚到一点钱，因为他们吵嚷着享受破旧的长屋（langhuis）里“离奇古怪”的感觉。

533 17世纪40年代，当伦勃朗开始对用素描和蚀刻来描绘阿姆斯特丹周边的乡村发生真正的兴趣时，去乡村散心（必须得是在周日）或者下午出门散步，已经不再是喜好打猎和射击的阶级的特权了。像扬·斯达特（Jan Starter）的《弗里斯兰欢乐园》（*Friesche lusthof*）、伦勃朗友人扬·哈尔门松·克鲁尔的《爱情韵歌》（*Minnelycke sanghrympies*），还有《荷兰青年之镜》（*Spiegel der Nederlandsche ieucht*）这样的情歌集，都是便宜且开本很小的出版物，方便郊游时携带。新打造的载客驳船（trekschuit）的出现，让阿姆斯特尔河上的摆渡人和划艇桨手没有了生意，所以这些人把自己的船出租给游客以挽回部分损失，谋求生计。在伦勃朗的蚀刻版画《奥姆瓦尔》（*The Omval*）上就可以见到一只这样的船（见第696页）。[22]乡野出游成了荷兰年轻人的嗜好，危及了他们的贞洁，所以到17世纪30年代晚期，像雅各布·卡茨这样热衷道德说教的加尔文派人士时不时就会谴责乘马车和游船出游的行为，甚至只要未婚少女散步时没有年长妇女陪伴，就会被认为是有伤风化。

伦勃朗的传记作者们说，他去阿姆斯特丹的乡下散步，在大自然中饮酒寻找慰藉，缓解失去萨斯基亚的悲伤。而且没有任何理由认为他的丧妻之痛不及鲁本斯和惠更斯强烈。的确，17世纪的诗歌经常会把自然景象作为平息伤痛的良药。但我觉得，凭空想象这位画家流着泪漫步在小道上，避开城市喧嚣，在林间和河边草坪上隐匿自己的颓唐，这是一种错误的做法。他在 17 世纪 40 和 50 年代早期的蚀刻风景画，完全不是阿卡迪亚式的，不是那种完全没有城市踪影的梦幻风景。相反，经常都能在其中看到都市的天际线，当然，常常是阿姆斯特丹的塔楼、教堂尖塔、风车，但偶尔也有哈勒姆景色，比如在《称金者的田野》（*The Goldweigher's Field*）里——见第 732 页。[23] 实际上，伦勃朗复制过一幅提香追随者的素描，里面有一对在树荫下的恋人，常常被认为是他的版画作品《三棵树》（*The Three Trees*，1643 年）和《奥姆瓦尔》（1645 年）中隐藏起来的恋人形象的原型。这幅素描之所以让伦勃朗着迷，正是因为画中一排雄伟的建筑物（包括一幢高大的教堂）和富有情趣的风景靠得非常近。[24]

伦勃朗大部分的蚀刻风景画，都明显带有轻微的人类活动痕迹，暗示着都市和乡村世界互相交叉，而不是把两者对立起来。比如，即便是在描绘空空的船只停泊在运河边上的优美景色，画面中也会充分暗示坐船的人就停驻在画面之外的不远处。他们可能是一对欢欣的恋人，我们能够想象他们的存在。在其他地方，各种活动也正在进行：一位渔夫把钓钩甩进水里，其余的渔夫正把收获的鱼用篮子装回家。在伦勃朗一幅极为精致的素描中，他生动地描绘了位于阿姆斯特尔河对岸，坐落于风车旁的那栋名为“小磨坊”（Het Molentje）的房子，此画是在燕麦纸上绘制的。这不仅仅是一座如诗如画的 534
磨坊主的住宅，更是城市南部最知名的小酒馆之一。虽然素描本身显得安静，但伦勃朗想要我们听到一丝欢愉的回响，像一首遥远的歌谣从静谧的水面飘来。画上的所有东西，当然可以用田园牧歌来形容。但按照 17 世纪的语境来理解，这些都应该说是市郊的田野牧歌。

此外，它们记录下来的是散步者看到的样子，而不是骑马者。相比之下，鲁本斯记录的是骑马者看到的斯滕附近的乡野：庄园、房产、田野；乡绅的眼睛观摩着自己的农民坐在推车上，自己的驱猎夫和猎手在蕨草丛中寻找鹧鸪。谁知道呢？也许伦勃朗在财富和社会地位的鼎盛时期，也觊觎过一幢像克斯特费洛伦庄园这样的房子，也就是班宁 · 科克的伪哥特式伊尔彭斯泰因

伦勃朗，《小磨坊》，约 1649 至 1651 年。燕麦纸上作画，钢笔、棕色墨水、水彩带少许白色。剑桥，菲茨威廉博物馆理事会

庄园，或者觊觎过他的新朋友和赞助人、绅士诗人扬 · 西克斯（Jan Six），在乡下的一处置业。但他从没能为自己挣得一幢斯滕城堡。他一直是客人，不是主人；一直是步行者，而非骑行者。他有可能就是喜欢这样。甚至，在萨斯基亚去世之前，他就已经开始描绘自己的散步行迹了。他在牛皮纸上画过一幅闪电般快速完成的素描，笔迹潦草。这表明他像许多艺术家一样，会随身带着一支银尖"铅笔"和一块可擦除的画板，然后再在工作室里把草图画完，有时用钢笔和画刷画成素描，有时做成蚀刻版画。[25] 这使得伦勃朗把两种素描手法结合了起来——凭借想象（uyt den gheest）和写生（naer het leven）——只要结合得符合他当下的想法即可。有时候，风景画的这种直接性和鲜明的自发感成了最引人注目的特色，比如在 1645 年极快完成的蚀刻画《西克斯的桥》(*Six's Bridge*)，按照第一个编纂伦勃朗版画图录的弗朗索瓦-埃德梅 · 热尔桑的说法，就是在一次赌注中完成的：西克斯的仆人去村子里买芥菜，伦勃朗赌他回到宅邸的时候这幅画已经画完了。[26] 其余时候，别出心
535 裁的诗意则占了上风，比如他会出人意料地去画荷兰奶牛在池塘里饮水的样子（但是背景的山峦却很不像荷兰景色），或者在 1648 年的画中展示他在画素描的样子，甚至可能就是在制作我们正在看的那幅蚀刻画 *，但他右肩方向

* 指伦勃朗 1648 年的蚀刻版画《窗前自画像》(*Self-Portrait Drawing at a Window*)。——编注

伦勃朗,《西克斯的桥》，1645 年。蚀刻版画。纽约，皮尔庞特·摩根图书馆

的窗框中却透着缓缓隆起、郁郁葱葱的山峰。

塞赫尔斯在创作中展现了他的大胆创意，这在后来寻求艺术一致性的人们看来可能过于大胆。他在荒凉的岩石谷中画下了一排有着梯形山墙的尖顶房子，而这些建筑的样式与他在椴树运河的家中看到的完全一模一样。[27]伦勃朗的创意虽然没有那么突兀，但他也进行了极为彻底的创新。在 17 世纪 40 年代，他开始使用熟悉而简单的物件和地点，并赋予其诗意或虚张声势的英雄气概［比如《风车》(*The Windmill*) 中］。他的技巧和塞赫尔斯的完全不同，但他很可能因为有这位老艺术家作为前例而多了几分底气，再加上受到另一位他收藏过的伟大平面艺术家——洛林人雅克 · 卡洛的鼓动，所以开始对蚀刻媒介进行试验，从而提取出最大限度的氛围和表现力。[28]哪怕是这样说，也低估了他作为蚀刻版画家的野心，就好像他的这些版画只是对技术进行了修改，而不是革命性的再创造。在资源最丰富的时刻，伦勃朗想要做的，是利用金属媒介，把这种边缘必然很锋利且呈线性的再现体裁转变成柔软、可塑、几乎具有流动性的媒介。这与他对颜料采取的实验完全相反。

伦勃朗,《风车》, 1641 年。蚀刻版画。纽约，皮尔庞特·摩根图书馆

就在他的颜料变得愈发凝固、黏稠，其质感浓重到让人想要用手去触摸、捏塑的当口，他的蚀刻实验却在证明，金属材料那无可撼动的坚硬特征只是虚假的表象而已。

536 极力要推动美学的变形，将艺术运作的材质转化为表面上异于艺术的事物，是巴洛克时代最伟大的设计师共有的渴望，他们着迷于物质之间的可互换性——固体变为液体，液体变为气体，普通金属变为贵金属。他们以各自的方式（有些人采取的方式比另一些人更具有哲思），幻想自己是感官的巫师，类似于魔法师或者炼金术士。也许，在他们的意识深处，有一位终极魔法师形象，那就是米开朗琪罗，他既创作出绘画般的雕塑，又以对大理石那般的严苛要求来创作绘画形体。但像吉安·洛伦佐·贝尼尼（Gian Lorenzo Bernini）这样的人，很年轻的时候就以成就智者们认为不可能之事来挑战自己：让坚硬的石头看起来好像卷曲的火焰，从烤架上冉冉升起，此时与艺术家同名的圣人，圣洛伦佐，在炭火中慢慢遭受炙烤。同样地，我认为伦勃朗也想要征服“艰难的挑战”（意大利人称作 difficoltà），决心将蚀刻版画改造

伦勃朗，《三棵树》，1643 年。蚀刻版画。纽约，皮尔庞特·摩根图书馆

一新，让它不仅是雕版画的替代，而成为雕版画的反面，后者的线条具有无可否认的精确性。他想要让蚀刻具有肉感，有无限锻造的潜能，有惊人的多变性。

不用颜料，便能显示出荷兰天气的喜怒无常，还有什么能更好地证明这种转化性技巧的高超本领？名为《三棵树》的伟大蚀刻画正好做到了这一点， 537
用精妙的密集斜线记录下了一场阵雨。但伦勃朗也找到了方法，在印版上使用硫黄色调，来展现潮湿阴郁的天空给人的印象。这需要将一种腐蚀性浆料直接涂在铜板上，以形成有许多凹坑或被轻微灼蚀的表面，然后翻印形成一个模糊的暗区，就像在版画上用笔刷刷上一层薄薄的水彩一样。塞赫尔斯有时会用一块亚麻布来做印刷表面（霍赫斯特拉滕认为，塞赫尔斯选择这种材料是因为他没有钱买印纸！），伦勃朗不像塞赫尔斯那样极端，但是也会变换使用的纸张类型，不光不同的蚀刻画用的纸张不同，在蚀刻的不同阶段也不同。有时候会用法国或者德国产的优质布浆纸，是用亚麻或大麻纤维制成的；有时候也会用质地更粗糙的荷兰燕麦纸板（cardoes）；或者使用吸水性很强的日本雁皮纸（gampi），是从长崎和出岛用船运来的，呈淡金色或珠灰色，有时也呈柔和的白色，能够轻柔地吸取墨水，使得整张蚀刻画就像沐浴在精致的光线中。正如他开始在画布上运用雕塑家的揉捏和塑形技巧处理颜料那样，他也在其版画中尝试各种手法。有时，他只涂抹部分的印版；有时，他则用布或直接用手指来涂抹，使得他的工作痕迹在印刷的某些版次中得以呈现。他不光是在有意识地消除绘画和制图之间的界限——尽管这的确是他的意图之一。同时，他也开始本能地对一种观念产生深厚的兴趣，即作品创作的过程——竭尽全力地对媒介纹理的深入挖掘——可以同他呈现的外在客体一样（虽然不是更为重要）成为绘画的主题。因此，对本土制图传统十分痴迷的伦勃朗，就其创造性想象的精髓而言，也是一位现代主义者。[29]

当然，要做现代主义者，也就意味着要追随亚里士多德，尤其后者的一句格言“艺术热爱偶然，偶然热爱艺术”。伦勃朗肯定也知道普林尼笔下自学成才的普罗托耶尼斯的故事：这位漆船匠出生的艺术家，想要还原一只正在喘气的狗鼻子上冒出的气泡，因此他全力以赴地去画，但他用海绵擦去了好几层颜料，仍然得不到想要的正确结果。“最后他生气了……把一块海绵扔向了画面中冒犯他的那块地方，海绵复原了他擦除的色彩……”——正好就是狗流口水的样子——“偶然能制造大自然的效果”。[30] 伦勃朗也愈发着迷于艺术材料如何能够仅靠自身就产生出视觉感受和印象，艺术家的手只需要最低程度地参与其中。他的一些最为惊人的素描，是用柔软有弹性的芦苇笔作为工具来完成的（而不是更精确直接的鹅毛笔）。在这样的作品里，无图像、无文字的纸张本身也在积极地制造着幻觉。去除就是填充，这种可以称为减法
538 的表达方法，最好的范例是收藏在福格艺术博物馆的《冬日风景》，一张光秃秃的纸，却准确地记录了白雪皑皑的景象，以及荷兰村庄那万籁俱静、无所事事的冬眠时光。

伦勃朗,《冬日风景》,约 1649 年。素描。剑桥,马萨诸塞州,福格艺术博物馆

虽然未经涂画的纸张自身好像也能产生图像,但无论笔迹多么迅捷潦草,伦勃朗对画面效果其实是精心计算过的。不过,比起其他任何技术手段,硬针雕刻术(drypoint)更能创造性地扰乱和破坏这种对绘图的精打细算。硬针雕刻术是用尖锐的切割工具在铜板表面加工,产生更深更宽的纹路(相对于雕刻刀留下的纹路而言)。切割过程中会产生细小的金属锉痕,这些锉痕会留在凹槽的边缘,印刷出来就成了深色的仿佛天鹅绒般的"毛刺"。这些毛刺,有可能只是让轮廓看起来更硬、更软或更深,但如果上了大量的墨,毛刺也可能会变平、扩散,产生纹理和体积的观感,比如树叶堆积的样貌。或者也可能会产生一些蚀刻师无法完全预料到的效果。研究伦勃朗蚀刻作品的学者们讨论了他使用硬针雕刻术的方法,常常是在酸蚀的蚀刻完成后,再用雕针往蚀刻板上添上几笔——这就是艺术家控制硬针雕刻术形成的难以预料的黑色毛刺的方法。但我认为,硬针雕刻术难以预测的特点,以及不愿被人手完全控制的个性,正是吸引伦勃朗的地方。

所以有的时候,伦勃朗会屏息凝神,只用硬针雕刻法工作,比如那幅著名的《有远景的树丛》(*Clump of Trees with Vista*)。这幅画的标题毫无浪漫色彩,但它那充满表现力的色调让任何平铺直叙地描述画面的尝试都黯然失色。但版画两个版次的色调非常不一样,可能比摄影师在冲洗过程中能够选择的

伦勃朗,《有远景的树丛》, 1652 年。硬针雕刻，第一版。阿姆斯特丹，荷兰国立博物馆版画秘藏

曝光程度还要有更多的差异。在第一版中，小屋好像飘浮在草地上，背景里
只填充了一点点植被，前景中的树木也只用寥寥几笔描出。印版中充满了水
539 流般的光线，因为伦勃朗特意在印版上留了薄薄的一层墨水，墨迹最密集的
地方就在小屋的后面。他用手掌或湿布沿着特定的方向擦拭，从小屋后的深色斑点朝上和向外，营造出仿佛叶子被微风轻轻吹动的神秘效果。这也许是他最接近纯粹黑白绘画的一次尝试。第二版则更传统，也许也更迎合市场。前景的广阔空白地带被裁剪掉了，树叶的层叠更加细致，伸向远方地平线的景深也更加清晰可见。这仍然是一件相当有感染力的作品，前景中的草丘和左方的树木仍然描画得很有想象力，不是追求刻板的形似。这表明在 17 世纪 40 和 50 年代早期，伦勃朗是多么地不拘于传统。

没有必要把伦勃朗变成某种原始浪漫主义者，全然依靠着灵感的缪斯在飞翔，好像这样才足够体现出他作为蚀刻画家的大胆程度。毕竟，蚀刻版画不像绘画或素描，其实没有书写下来的必然规则要求从业者要么非得认真遵

伦勃朗，《有远景的树丛》，1652 年。带硬针雕刻的蚀刻版画，第二版。纽约，皮尔庞特·摩根图书馆

守，要么非得自发反抗。这种媒介本身仅仅存在了一个世纪，而作为一种已
经确立的艺术实践，它更是年轻。所以像塞赫尔斯、卡洛和伦勃朗这样最有
创造力的蚀刻画家，确实可以自由地塑造这种形式的可能性。而伦勃朗并没
有将蚀刻版画和硬针雕刻术这两种不同的图形表现方式流畅地融合在一起，
而是在有些时候故意强调二者之间的不连贯。这一点在《奥姆瓦尔》中可能
最为明显，看起来就像是在同一幅版画中笨拙地结合了两个完全互不相关的
构图，令人困惑。这幅大尺幅版画的右侧，是当时的人们工作和娱乐的场景。
奥姆瓦尔是一块把阿姆斯特尔河和旧时的迪默湖（Diemermeer）分隔开的岬
角。那时迪默湖已变成了一条正在运行的运河，运河的入口只可能位于对岸
的两台风车之间，被站着的农民的背部遮挡住了一些。载着一小群游客的那 540
艘划艇，就是令教会人士大为恼火的那种游船。但是，会激怒传道士的情节
其实是在蚀刻画的左侧。尽管伦勃朗表面上画的是沿着河岸延伸的树丛，但
他事实上有意创造了一个完全不同的世界，一个与普通的城郊河岸不同的世

伦勃朗，《奥姆瓦尔》，1645 年。蚀刻版画。纽约，皮尔庞特·摩根图书馆

界。伦勃朗用硬针雕刻出模糊的深色，营造了一种笼罩画面的朦胧感：荒凉树丛中的孔隙、幽深森林里的一个空间，一下子变成了真正的阿卡迪亚式林间小屋，周围繁花似锦、蕨类丛生，正好为爱侣们提供了藏身之所。在树桩左边的他们是谁？在他们小小的爱之神龛里，男人正为心上人戴上花环，女人背对树干坐在地上，她的侧面有点庄严，也许有几分萨斯基亚的影子，胸衣在领口处宽松地敞开着，脸的上半部分笼罩在阴影之中。

当然，这样一个地点可能就真实地存在于奥姆瓦尔对岸，这并非不可想
541 象。但可能性不大。伦勃朗脑海里想的是，要把写生（河边）和凭借想象（树洞）完美结合起来，这是两种探索大自然的方法，一方面表现平凡却愉快的

市郊风光，另一方面也呈现惊奇、诗意、魔法般的田园世界。当然，他也在使用自己最喜欢的手法，用模糊不清的笔触来吸引我们的目光，就像他在自画像中会加深眼部的影子，或者邀请我们去穿透那些幽深的刻痕及交叉的阴影线，从而将目光引至女体的禁区，让我们清楚地意识到搜寻的目光。我们追寻的路线，与画中的那位农民形成了对比，他戴着平顶帽子，正好站在市郊和田园两个乡村世界之间，站在彬彬有礼和激情四射之间。但是，他目光注视的是两个世界中较为克制的一边——船上的聚会，而在他身后密集的绿色植被深处，却有着更加不羁的自然法则。

在伦勃朗 17 世纪 40 年代的另一幅大尺幅蚀刻版画《三棵树》（第 691 页）中，也有一个人物怪异地背对着画面中的主要情节。这是一位艺术家的形象，在右边的山峰上，刻画得十分细致（按照惯例，这个位置一般会用线条勾勒出教堂），他正在明亮的光线下画素描，而一场大型暴风雨正在他的身后氤氲展开。此外，他忽视的不只是天空中的戏剧，因为右侧前景里用硬针雕刻的茂密植被之中也藏着一对恋人。伦勃朗想让他们几乎完全看不见，因为这对恋人的爱情戏码远远超过了《奥姆瓦尔》中那对情侣诗意朦胧的阶段，女人已经把手伸向了爱人的双腿之间。与此同时，在这幅蚀刻版画的左边有两个正在钓鱼的人，这也会引起 17 世纪的观众窃笑，因为当时的诗歌中经常说男人或女人在“钓鱼”，这指的可不仅仅是业余爱好。[31]

当然，《三棵树》不仅仅是一场色情的捉迷藏游戏。伦勃朗在这幅画中运用了他掌握的每一种蚀刻技术，以呈现出一幅世界图景，但不是 16 世纪传统中那种将阿尔卑斯山脉搬到佛兰德的世界画。相反，由于三棵树必然地寓意着三座十字架，繁茂的枝叶之间承载着的是基督复活的承诺，所以伦勃朗不仅把蚀刻和硬针雕刻术结合在一起，也融合了神圣和世俗，调解了世界的精神性和身体性的经验，带来了维吉尔笔下两种不同的牧歌——赋闲的悠然（otium）世界，以及《农事诗》中周而复始的农忙世界。画面前景中的人在玩乐，艺术家左边的山坡上那架巡游马车载着的乘客也在玩乐。而画面中部，则是劳作的场景：牛羊和牧人站在牧场上。尤其重要的是，左边的地平线体现了城市和乡村之间的结合。在阿姆斯特丹的天际线以外，艾湾被画得通亮，这是城市财富的源泉，一直延伸到须德海。在这一切之上，伦勃朗的手轻轻拂过，描出了滚滚的云雾和雨幕，然后在树的上方，用蚀刻针轻弹几下，点出了每个孩子都能轻易画成的象征记号：一群小鸟。

3. 曝光

542 永远不要把天才和圣人搞混。

1649 年 10 月 1 日，伦勃朗的年轻管家亨德里克耶·施托费尔斯（Hendrickje Stoffels）带着几分惊惶，出现在公证人劳伦斯·兰贝蒂（Laurens Lamberti）面前。亨德里克耶二十三岁，黑眼睛、白皮肤，身材娇小而苗条。她出生于军人家庭，是中士施托费尔·耶赫斯（Stoffel Jegers）的六个孩子中最小的一个，家乡在布雷德福特（Bredevoort），靠近荷兰共和国东部边境的战场地带。她的两个哥哥都在军队服役，其中一个是鼓手，而姐姐马尔蒂娜（Martina）也嫁给了一位军人。[32] 所以，亨德里克耶·施托费尔斯大概习惯了男人在身边，听着麦芽酒屋传来的大笑，嗅着泥烟斗的味道。但这一次不同寻常。还有两个男人在场，一位也是公证人，另一位是见证人，都仔细打量着她。她怎么可能不感到恐惧，仿佛这一切都是她自己的错似的呢。至少整个过程不长。公证人兰贝蒂要求她发誓，证实她主人说的事情确实在上一年的 6 月 15 日发生过，而且那天签下的合同的确经过了所有相关人员的同意。她证实了这些事实，才得以回家，告诉伦勃朗她已按他的要求行事。

当然，也有人说，如果她的主人回应了婚姻事务专员的传唤，出席了海尔蒂厄·迪尔克斯的投诉审理，而不是对整件事置之不理，服从了他们的罚款裁定，这一切都是可以避免的。但这样一个大人物怎么能屈尊做这么卑微的事呢？他这么忙，还要经营版画印刷和工作室的事务。亨德里克耶为他做了这件事，心里感到很荣幸。她现在是他房子的管家，是那个掌管钥匙、晚上最后一个把门锁上的人了。

不过，如果她回想起 6 月和 6 月以前的情况，不可否认，那是一件糟糕

伦勃朗,《穿着荷兰北部裙子的女人（海尔蒂厄·迪尔克斯？）》，约 1645 年。钢笔与棕色水彩。哈勒姆，泰勒博物馆

的事情。提图斯的母亲刚入土不久，她就来到了这所房子。接着，喇叭手的
遗孀海尔蒂厄 · 迪尔克斯开始给她下命令——买什么东西，扫哪块地。海尔
蒂厄是被雇佣来照顾小男孩的保姆。很快，她也开始照顾主人了，而主人也
似乎很高兴地把亡妻的一些珠宝送给了她。按照当时的标准，海尔蒂厄认为
既然她来到了伦勃朗的床上，这就意味着伦勃朗会认真地以基督徒的行事方
式来对待她，甚至会娶她，也不是完全没有道理。[33] 但事情并没有这样发展。
谁知道情欲的烈焰会在什么时候以怎样的方式变得不温不火呢？欲望日复一
日，又是怎样开始磨损了？当伦勃朗看到海尔蒂厄一次又一次戴上萨斯基亚
的珍珠时，他可能也会感到一阵悔恨，然后因悔恨而愤怒，眼前的一切便都
变得不对劲了：晚餐洒了；门开着，他说过应该一直关着的；收藏里的物件 543
没有问过他的意见，就被当垃圾打扫走了，真令人生气。也许他对她说话不

再友善。又或者，他开始与亨德里克耶友善地交谈，看着这位更年轻女子的时间多了一些，超过了主人和女仆之间应有的眼神交流。

没有哪位17世纪的艺术家像伦勃朗这样描绘性行为。虽然审查的人很警惕，但主要来自法国和意大利的色情印刷品还是在尼德兰广泛流传，伦勃朗自己也有收藏，其中可能包括一些精选的作品，阿戈斯蒂诺·卡拉齐的《纵欲》，还有马尔坎托尼奥·雷蒙迪极其生动的《体位》（*I modi*），后者依据的是朱利欧·罗马诺为阿雷蒂诺*翔实的性爱体位手册绘制的插图。但是，在所有这些插图中，热情交合的两个人物形象，几乎总是由来自艺术领域的形象来代表的：长着弯曲阴茎的萨堤尔或直接取自希腊花瓶的潘神，或者（在马尔坎托尼奥的作品中）是高大魁梧、蓄着胡须的英雄和仿古维纳斯模样大方迎客的宁芙。[34]然而，17世纪40年代中期，伦勃朗在与海尔蒂厄的关系中制作的那些令人震惊的描绘交合的版画，比如《玉米地里的修士》（*The Monk in the Cornfield*），还有《法式床》（*The French Bed*，荷兰语 *Het Ledikant*），却完全不符合这种一成不变的传统。其不同之处不仅在于，伦勃朗描绘了一对情侣身穿当时的服装，内衣还没有脱，在互相交合，尤其是在《法式床》这幅大型蚀刻画中；更在于，在两幅画中，人物都好像笨重的动物一样四脚着地，而不是像意大利色情画里那样展示着优雅、诱人、健美的身躯。充满悖论的是，只有当女性的身体（尤其是卡拉齐的《纵欲》中到处都是被插入的女阴）可见地暴露在男性凝视之下时，幻想者才能把自己的阴茎塞入构图当中，色情绘画想要诱发色欲的目标才能达成。

可是伦勃朗将笔下的人物身体横插在女性身体和男性凝视之间，正好阻塞了这种可见性，因此也妨碍了偷窥者燃起欲望。其实，在《法式床》中女性可见的部分是眼睛，伦勃朗用硬针雕刻术使眼部变得灰暗、柔软，但她全神贯注地望着爱人的面庞，这使得偷窥者更明显地被排除在画面之外。伦勃朗有一个著名的“错误”，画了两次她的左手臂，其实也起到了同样的效果。
544 她的左手臂一开始被动地放在床面上，然后画家调整了它的位置，使得她的

* 即彼得罗·阿雷蒂诺（Pietro Aretino），16世纪意大利诗人、散文家和剧作家。——编注

伦勃朗,《法式床》, 1646 年。蚀刻版画。纽约，皮尔庞特·摩根图书馆

双手环着爱人的腰间，把他拉得更加靠近自己。就像在电影中一样，这种轻微的位置调整产生的效果显得非常真实。我认为，这是故意对局外人构成挑衅，有时显得诱惑，有时带有几分抗拒意味。这是一场三人游戏，但是看的人永远不能和做的人交换位置。看的人目之所及的，只有用来替代性行为的普通象征物：在一幅版画中，是背景中的人物，他正有节奏地割着高大的小麦；而在《法式床》中，则是被饰羽帽盖住的类似阳具的床柱，其露出的内部也进行了巧妙的雕刻并被渲染成了深色。

这些版画都是在 17 世纪 40 年代早期和中期完成的，当时伦勃朗正为与海尔蒂厄·迪尔克斯的性关系而痛苦不堪，那时还有一幅蚀刻版画，画中一位好色而阴郁的长笛演奏者凝视着牧羊女的裙摆，一头疯疯癫癫的山羊正误入绵羊群。笛子、山羊，还有这些隐秘的窥视，似乎都揭示了在伦勃朗深陷性与孤独的岁月中内心的固念。他再也不会像现在这样沉迷于欲望的机械了，尽管他在很长一段时间里，都为注视与性唤起、幻想与行动之间的复杂联系深深吸引。

上：伦勃朗，《玉米地里的修士》，约 1646 年。蚀刻版画。阿姆斯特丹，荷兰国立博物馆版画秘藏
下：伦勃朗，《吹笛者》，1642 年。蚀刻版画。纽约，皮尔庞特·摩根图书馆

亨德里克耶第一次感觉到他在看她时，也会觉得羞赧吗？不管怎么说，过不了多久，他就要她上了他的床，让海尔蒂厄下床，然后把海尔蒂厄赶出了房子。这就引发了很大的麻烦，两个女人之间互相嫌恶，一个遭到抛弃，一个受到宠爱，两人却都处于安全与毁灭的边缘。像许多糟糕的家庭争吵一样，一开始的罪魁祸首就是黄金和钻石。在与海尔蒂厄疏远的崎岖之路上，伦勃朗一定在某个时刻感到后悔，尤其是他轻率地把萨斯基亚的珠宝给了她，甚至有可能给了她一枚银质结婚纪念章，尽管十分谨慎地没在上面刻什么东西。[35] 无论是她主动要的，还是他自愿给的，结果没什么区别。虽然没有后悔药能吃，但他必须确保在海尔蒂厄死后，这些珠宝和银饰会回到自己家里来。因此，在 1648 年 1 月，他让海尔蒂厄立了一份遗嘱，表明她的衣物会 545
遗赠给她的母亲，并将“所有其他财产，包括家具、房产、证券和信贷”遗赠给提图斯。[36] 她唯一的条件，是将她的肖像和 100 荷兰盾赠给特莱因蒂厄（Trijntje），她是一个叫作彼得 · 贝茨（Pieter Beets）的霍伦人的女儿，彼得可能是海尔蒂厄的一位亲戚，或者是她死去的丈夫——船上的喇叭手亚伯拉罕 · 克拉松（Abraham Claesz.）的朋友。遗嘱中明确规定，珠宝不能被视为“衣服”，这样伦勃朗至少可以放心，在海尔蒂厄死后（谁也不能保证会不会很快就发生），萨斯基亚的财产会归还给儿子提图斯。这样，画家就可以说服自己，就像律师喜欢说的那样，海尔蒂厄拥有珠宝的使用权（usufruct），而不是直接所有权；他们之间发生的实际上只不过是一种借贷行为。

但伦勃朗还是有一种挥之不去的内疚感，不是对海尔蒂厄，而是对萨斯基亚。毕竟，这么多年里，他给了喇叭手的寡妇一个家，养活她，给了她各种各样的东西。他也为她的离去感到过遗憾，但也没有别的办法，因为她和亨德里克耶不可能住在同一个屋檐下。他可以很慷慨。他可以确保她不会身无分文地流落街头。海尔蒂厄可以保留这些珠宝，只要她承诺永远不出售或典当它们，或者改立遗嘱，把珠宝留给提图斯。伦勃朗可以每年给她 160 荷兰盾，让她度过余生。如果这还不够，他还可以“按自己的酌量，以及她恰当的需求，每年帮助她”。[37] 作为回报，她将承诺不再“提出任何进一步的要求”。整个 1649 年的夏天，伦勃朗一定都觉得，还有什么能比这更公允呢？

546 但是，尽管海尔蒂厄如亨德里克耶在对婚姻事务专员的陈述中证实的那样，在1648年6月15日同意了那项协议，并且当着证人的面，在协议上留下了她的印记。但她一离开伦勃朗的家，内心就开始受到折磨，感觉自己被耍了。她住在拉彭堡路一间破烂不堪的房间里，变得越来越绝望，甚至是惊慌失措。如果她成功给伦勃朗生了一个孩子（就像亨德里克耶即将做到的那样），她就有办法对伦勃朗提出更多要求，可以非常坚决。但她与喇叭手的第一次婚姻中，她的子宫就没能生育，而在她与画家一起生活的岁月里，情况还是依旧。尽管如此，他还是给了她一枚订婚纪念章，只是没有刻上字。那她又该对此怎么想呢？她现在又该怎么办呢？被赶出家门，拿着微薄的补偿？她多年以来含辛茹苦地工作，照顾他的儿子，把自己的身体给了他，这就是她得到的全部酬谢吗？靠他给的那点钱，她怎么能活下去呢？因此，海尔蒂厄不顾（也可能正因为）伦勃朗对萨斯基亚的珠宝命运的愧疚，找到了一位肯借给她钱的船主妻子，将十六件最值钱的物品——包括三枚金戒指，其中一枚镶有一串钻石——典当了。为了做到这一点，她不得不回到埃丹，也就是那个船主妻子放债人住的地方。毫无疑问，也是为了不让伦勃朗知道这笔交易。但她可能会想：如果他发现了这件事，那就太糟糕了！那就让他试试看。她会给他点颜色瞧瞧。她会控告他违反了婚约。让我们来看看这位声名在外、德高望重的画家（eersame en wijtvermaerde schilder）喜不喜欢这样！

我们只能想象，一旦伦勃朗发现有人这样不管不顾地挑战自己的权威，还是一位文盲、被抛弃的管家，他会感到多么讶异和气愤。他肯定觉得自己成了敲诈勒索的受害者，如果不服从海尔蒂厄的要求，就会面临一场公开的丑闻。如果他对自己完全诚实的话，那他也清楚，这种困境完全是自己的所作所为造成的。但是伦勃朗知道，他必须给海尔蒂厄再提供一些利益，才能平息她的怒火。她拿到了200荷兰盾，以便赎回典当的珠宝，偿还手里的债务。他也像保证的那样，给她付了每年的那160荷兰盾。但是，如果她胆敢再违反合同，不把珠宝放在身边，或者对伦勃朗提出更多的要求，那么不光原本的安排不再作数，而且他会要回之前给过她的钱。1649年10月3日，海尔蒂厄被带到布里街，他们问她是否愿意接受这些条款，在场的还有她的一个邻居，鞋匠奥克塔夫 · 奥克塔夫松（Octaeff Octaeffsz.），充当见证人。她说她愿意。但是就在一周之后，海尔蒂厄又改了主意。回到房子里要签文件的时候，她开始冲伦勃朗大喊大叫，说她根本不会听公证人宣读的内容，更不要说签文件了。[38] 最后，公证人让她冷静了下来，甚至让她承认了文件里包含的所有条款都是她同意过的。但她问如果她病了怎么办。（也许她当时已经病了。）她可能会需要护士。每年只有 160 荷兰盾，怎么可能办得到？伦勃朗 547
这时候也许尽力控制着自己，说，好吧，我们看吧。我们可以按照你觉得合适的方式修改合同。海尔蒂厄却说，不，我不要签这个东西。

10 月 16 日，伦勃朗第二次因拒绝在婚姻事务专员面前出庭而被罚款（3 荷兰盾）。然而，10 月 23 日，他终于回应了传唤，双方当事人在老教堂房间的两边面对面站着。桌旁坐着的人里有科内利斯 · 阿巴（Cornelis Abba），他是一名酿酒商，住在辛格运河上一幢叫作“五角大楼”（the Pentagon）的大房子里。还有亨德里克 · 霍夫特（Hendrick Hooft），出身自一个有过许多位市长的著名家庭。这些人自然都是伦勃朗很可能想要画的，而他们的意见他也必然得听从。但他必须坐下来，听海尔蒂厄毫不含糊地说伦勃朗“口头承诺过结婚，并给了她一枚戒指，而且他和她睡过很多次，所以她要求被告和她结婚或者全力支持她的生活”。[39] 伦勃朗的反驳则体现出对法律的充分考量，不客气得有些残酷。他断然否认曾向海尔蒂厄求婚，而且说他也没有义务承认曾与她同床。这得由她来证明。让她试试。

这三位专员肯定听过这种话，而且听过很多次了。毫无疑问，他们至少部分相信了海尔蒂厄的故事。但是，她的行为也明显违反了她与画家的协议，而且无论如何，他们也不会不顾画家的明显反感，去强迫她睡在“阿姆斯特丹的阿佩莱斯”家的床上。因此，近期的协议中的条款得以维持，但现在伦勃朗每年必须支付给海尔蒂厄的不是 160 荷兰盾，而是 200 荷兰盾——增加了 25% 的生活费。这样的裁决为这个不幸的女人提供了经济上的支持，也没有把不可能的婚姻强加给画家。事情结束，颇为公平。

但事情并没有结束，至少对伦勃朗来说没有。这件事不仅对他的名誉造成了损害，而且他在自认为已经很慷慨的数额之外，每年还要多付给海尔蒂厄 40 荷兰盾，伦勃朗显然对他所遭受的一切感到愤怒——谁造成的呢？谁也不是，是一个妓女，一个泼妇。被报复心吞噬的伦勃朗策划了一些邪恶的事情。这个创造了如此之多美丽的人，在这一件事情上，却可以做出在道德上极为丑陋的事。

海尔蒂厄可能对即将到来的事情也有预感，在专员做出判决之后，她也采取了一些措施，保证自己能够从画家那里拿到应得的生活费。1650 年 4 月，她指定自己的兄长彼得 · 迪尔克斯（Pieter Dircx），一位船木工，以及堂兄彼得 · 扬松（Pieter Jansz.）为法律代表，去帮自己催债。海尔蒂厄一定认为，至少自己的家人会是忠诚且值得信赖的。但残酷的是，正是这份信任伤害了
548 她。彼得 · 迪尔克斯来到布里街要拿走妹妹的前几笔生活费，却显然受到利益的诱惑，和伦勃朗展开了一场对话。伦勃朗需要彼得 · 迪尔克斯，因为海尔蒂厄授予了他代理权，只有他能赎回典当的珠宝，而且为了顺利实施剩下的计划，伦勃朗可能提出，只要拿回那些金银珠宝，就给他一笔费用。（和伦勃朗勾结）迅速摆脱掉海尔蒂厄之后，彼得的的确确拿到了一笔钱，这钱原本是要给海尔蒂厄的，用来从船长妻子那里赎回戒指、金币和珠宝。也许彼得 · 迪尔克斯和伦勃朗之间心照不宣，都认为这些珠宝迟早会回到布里街（而不是由迪尔克斯“受托”为妹妹一直持有着）。不管怎样，这种心照不宣后来也破灭了，因为 1656 年，彼得 · 迪尔克斯向公证人提交了一份诉状，称伦勃朗不公正地扣留了他，不准他上自己的船。[40]

兄长背信弃义，这还不是最糟糕的事。1650 年初，伦勃朗让彼得 · 迪尔克斯和一名屠夫的妻子科尔内利娅 · 扬斯（Cornelia Jans）从海尔蒂厄的邻居那里收集恶毒的流言蜚语，让他们在公证人面前发誓，说海尔蒂厄精神不正常，并且暗示她道德上也有问题。同年 7 月，这份证词在阿姆斯特丹的市长们面前被重申了一次。[41] 伦勃朗显然希望，这份证据会充当把海尔蒂厄送进监狱的武器，让她滚得越远越好，消失得越久越好，以防她再来伤害他。那时候，有一些用来关押和惩戒被认为行为不稳定的女人的场所，而在同年年底，不幸的海尔蒂厄就真的进了这么一个地方——豪达的纺锤房（Spinhuis）。她为什么会被送到另一个城市的感化院，目前还不清楚。伦勃朗付给科尔内利

娅 · 扬斯钱，让她安排人把海尔蒂厄送到豪达，还给了她大约 140 荷兰盾的钱，支付海尔蒂厄进入教养院的费用，有人怀疑，这样做是为了增强说服力，使阿姆斯特丹为她做出的无法自理认证更加可信。

也许这段故事中有一点点真实的成分。公证人的记录中提及，当她决定将法律代理权赋予兄长时，她用了“最为强烈的措辞”（allercrachtigster forme）来陈述她的意向。因此，她可能确实依旧对伦勃朗怀有强烈的不满。但纺锤房是一个冷酷无情的地方，散发着碱液和豌豆粥的气味，那里大多是妓女和流浪女，实行着严酷的苦行制度，堕落的灵魂需要在精神上和肉体上受到双重惩罚，不断地纺纱直到手指麻木。那里还有无情的布道、祈祷、读经，所有这些都是为了将污秽从这些邪恶生灵的身体和灵魂中清除出去。

海尔蒂厄 · 迪尔克斯忍受了五年这样的生活，就因为她胆敢挑衅那位赫赫有名的阿姆斯特丹大画家。但伦勃朗似乎觉得五年还是不够长。他想要确保她不能再回来折磨他，至少要十一年才行。这就是他玩过火的地方。海尔蒂厄进入豪达纺锤房后的某个时间点（我认为最有可能是在 1651 年），他派了自己的亲信，也就是屠夫的妻子科尔内利娅 · 扬斯去埃丹看海尔蒂厄的家 549
人，包括她的教母和堂兄，还有两个她认识的寡妇。我们不禁猜想，伦勃朗这么大费周章，一定意味着他非常确信，海尔蒂厄实际上是精神错乱了，而且他甚至可以从她搬到阿姆斯特丹之前的亲密友人那里，获得能够证实这件事的消息。或者，他以为自己的名声、权力和财富会使两位寡妇望而生畏，从而促成她们与他合作。如果是这样，那他就大错特错了。两个名叫特莱因的女人——特莱因 · 雅各布斯多赫特（Trijn Jacobsdr.）和屠夫的遗孀特莱因 · 奥特赫尔（Trijn Outger）——拒绝参与会延长海尔蒂厄监禁期的任何事情，而且得知她被关了起来时，显然特别震惊。1655 年，两人中比较年轻的特莱因 · 雅各布斯多赫特决定去豪达，想设法把海尔蒂厄放出来。阿姆斯特丹就位于她的路线半途（很可能是坐拖船去的），所以她实际上决定顺路去拜访伦勃朗，把她的意图告诉他，也许是为了避免伦勃朗会指控她做了什么不正当的行为。不出意料，这次拜访很不成功。特莱因 · 雅各布斯多赫特后来在哈勒姆的公证人面前说了有利于海尔蒂厄的证词，回忆说画家威胁她，用

Rembrant avec l'habit dans lequel
il avoit accoutumé de peindre

伦勃朗,《身穿工作服的自画像》，约 1656 年。素描。阿姆斯特丹，伦勃朗故居博物馆

手指着她，警告说如果她继续实施自己的计划，会让她尝到后悔的滋味。[42]

伦勃朗心想，又一个爱管闲事、自以为是的老家伙。于是，他赶紧写信给豪达的地方官员，坚持要求在海尔蒂厄的兄长彼得从西印度公司的航行回来之前，不能把她从纺锤房放出来。但是几乎可以肯定的是，到了 1656 年 2 月，在特莱因 · 雅各布斯多赫特的帮助下，海尔蒂厄已经恢复了部分自由，能够到公证人面前作证，并解除了那个背信弃义的兄长作为她法律代理人的身份。同一年春天，善良的特莱因写道，“在经历了巨大的麻烦之后”，她终于设法说服了豪达的官员和纺锤房的管理者，把海尔蒂厄放了出来。

这时，伦勃朗自己也陷入了严重的经济困境。事实上，伦勃朗本该根据

1649年的法庭和解条款支付给海尔蒂厄的生活费，他已经开始拖欠了。原本的阶下囚现在成了他的债主。毫无疑问，在纺锤房的岁月里，海尔蒂厄的健康一定遭受了严重的损害，也许宁可少拿些钱也要保全舒适的日子。但现在对他们两人来说都太晚了，伦勃朗陷入了债务和灾难的深渊；海尔蒂厄死在了1656年下半年，没来得及亲眼看到画家破产时的屈辱。

那位接替海尔蒂厄·迪尔克斯，上了伦勃朗的床的亨德里克耶·施托费尔斯，现在又如何呢？光芒从海尔蒂厄身上掠过，照耀到了她的身上。她作为阿姆斯特丹最伟大画家的情妇的位置坐稳了，扬·福斯（Jan Vos）和兰伯特·凡·登·博斯（Lambert van den Bos）等诗人都在歌颂她的情夫。房子里 550
挤满了学生、雕像、绘画、奇形怪状的武器以及动物和鸟类的标本。总是有重要人物来来往往。提图斯长成了一个漂亮的男孩，一头继承自他母亲的赤褐色卷发。她身为中士的女儿，又怎么可能不觉得自己幸运——哪怕瘟疫袭击阿姆斯特丹、与英国的战争形势不妙、市场上的妇女纷纷抱怨生活困苦、画家因开销问题烦恼不已、隔壁平托先生的锤子不停地敲打着，捶得他们脑袋直晃。如果有人觉得被这幸运中伤，她也只能请求原谅。

当然，邻居们总是在喊喊喳喳地议论她是个迷途的女人，说她向臭名昭著的伦勃朗出卖了身体。在1654年之前，她都可以对这些恶毒的流言置之不理。但这一年，亨德里克耶怀孕了，一段时间过后，即使是最宽大的裙子也遮不住了，她的情况被虔诚和挑剔的人看在眼里。6月，怀孕五个月的她接到传唤，要她出庭接受教会委员会的质询，回应她“与画家伦勃朗放荡同居”（in Hoererij verloopen met Rembrandt de schilder）的传言。[43]伦勃朗也接到了同样的传唤，但教会意识到他已不再是一名积极的归正教会成员，所以没有试图让他亲自出现在委员会面前。亨德里克耶则是另一回事。随着她的肚子越来越大，她又收到了两次通知，终于在1654年7月23日鼓足勇气现身。在那里，委员会按规矩痛斥了她的罪恶行径，说她已堕落和邪恶到了何等地步，告诫她必须真心忏悔，并正式禁止她参与加尔文派的圣餐。[44]不管她有没有悔悟，反正三个月后她生了一个女儿，这个女孩于10月30日在萨斯基亚下葬的老教堂受洗为科尔内利娅，和伦勃朗母亲的教名一样。和前两位夭折

伦勃朗,《亨德里克耶·施托费尔斯》，约 1655 年。布面油画，72 厘米 ×60 厘米。巴黎，卢浮宫美术馆

的同名女孩不同，第三个科尔内利娅最终活了下来。

虽然没有一幅亨德里克耶的肖像可以根据文献确认画的就是她，但她很有可能在 1654 到 1656 年间给伦勃朗做过四到五次的模特，每次裸露的程度都不一样。她长着一张鹅蛋脸，有着深色的眼睛、宽阔而优雅的肩膀、丰满的身体。其中至少有三幅——藏于卢浮宫的《拔示巴》(*Bathsheba*)；藏于英国国家美术馆的名为《沐浴的亨德里克耶》(*Hendrickje Bathing*)* 的木板油

* 也称《在溪流中沐浴的女人》(*A Woman Bathing in a Stream*)。——编注

伦勃朗，《门廊里的女人》，约 1656 年。布面油画，88.5 厘米 ×67 厘米。柏林，柏林画廊

画；还有藏于柏林的《门廊里的女人》（*Woman in a Doorway*）——都给人一
种处于诱惑和纯真之间的暧昧空间的感觉。这是伦勃朗在 17 世纪 40 年代的 551
厨房女佣系列作品中探索过的主题。但以亨德里克耶为模特，让这个新的系
列成为一种亲密的情感表达。

即使是最类似历史画的一幅肖像《拔示巴》也是如此。虽然伦勃朗当然没有展示亨德里克耶怀孕的样子，而且很可能在她的身体开始显怀之前就已经开始创作这幅画了（时间勘定为 1654 年），但任何看到这幅杰作的人都知道，怀孕对《撒母耳记下》中记述的这个故事有着决定性的意义。伦勃朗综合了《圣经》中连续的两个瞬间。拔示巴正陷入沉痛的沉思之中，头微微低着，手里拿着大卫王召唤她到他面前的信，而且她显然意识到了，这不仅仅是要让她去觐见国王。因此画面中要表现她陷入了悲惨的窘境，必须选择要么对她的国王不忠，要么对她的赫梯人丈夫乌利亚不忠。但与此同时，伦勃朗通过充分地展示她美丽的身体，再次将观看者与大卫贪婪的偷窥欲望联系起来，因为他正从宫殿的窗口偷看她洗澡。二十年前，鲁本斯曾让海伦娜 · 福

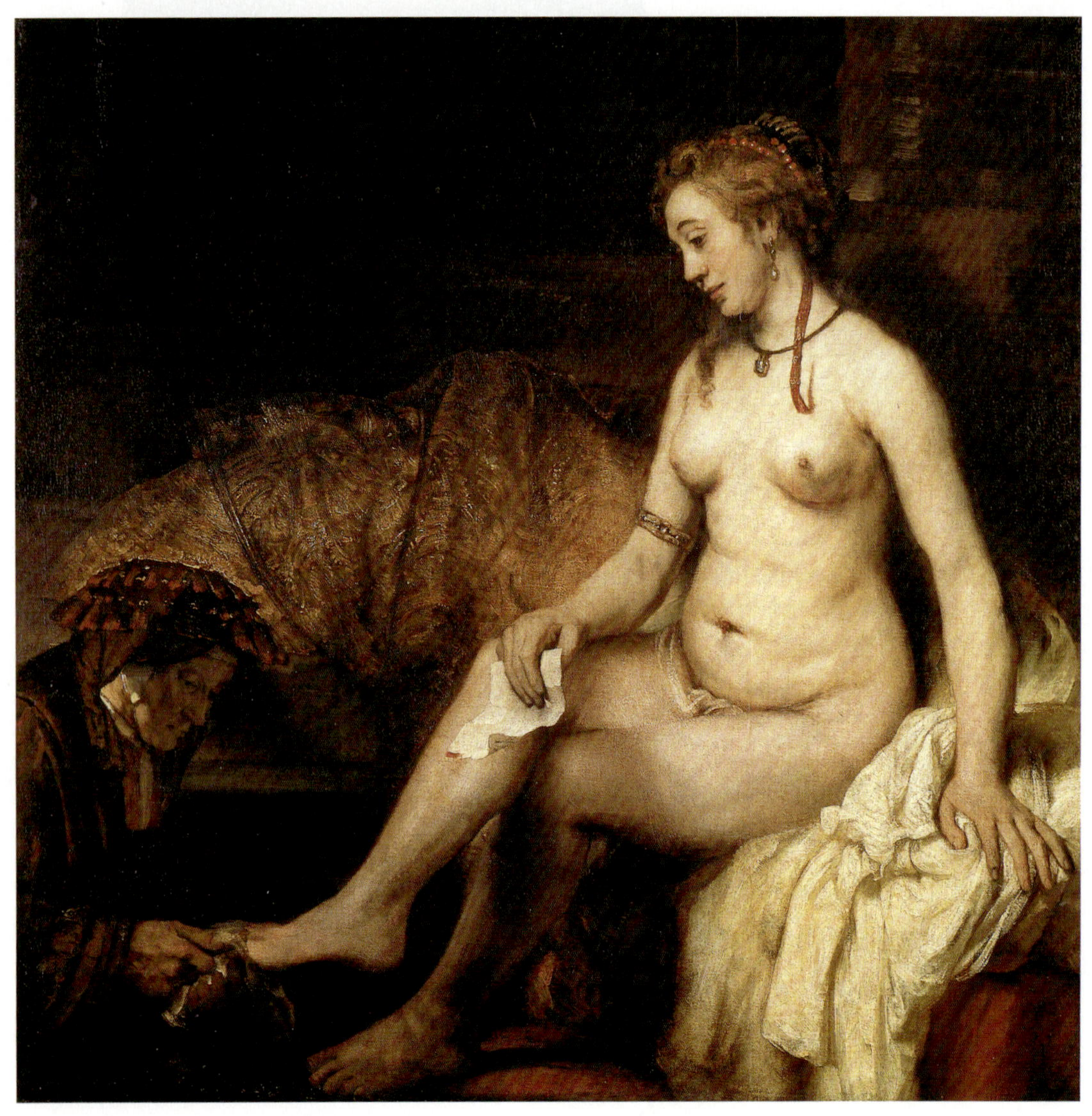

伦勃朗，《拔示巴》，1654 年。布面油画，142 厘米 ×142 厘米。巴黎，卢浮宫美术馆

尔芒做过相同的动作（上身、大腿和小腿都暴露在外），让她在沐浴的同时，从一位非洲侍卫那里接过来自国王的信件。但是鲁本斯笔下的拔示巴脸上，更多的是一种卖弄风情的表情，而不像是要做出牺牲的样子。鲁本斯笔下的妻子仿佛正在等待一场约会，实际上也是遵循了图像学的传统，把拔示巴画成一个勾引男人的女人，纵容她与人通奸。伦勃朗的学生威廉·德罗斯特（Willem Drost）画的拔示巴也是光彩照人地半裸着，就像一个正给自己打广告的妓女，说明这种粗俗地描绘肉欲的传统在 17 世纪中叶仍然很流行。

可是，伦勃朗却画出了他职业生涯中最美丽的一幅裸体画，实际上也是他的最后一幅裸体画，它承载着纯粹的悲剧。在 17 世纪 40 年代，他在一幅更小的画里表现过这个主题，但风格截然不同。那是一位鲁本斯式的金发拔示巴，脸上绽放着笑容，透露出赤裸裸的串通之意。她漫不经心地调着情，挑逗着观者。但 1654 年的拔示巴却陷入了沉思。这一次，她的身体线条有着古典檐壁浮雕般的自足，暗示着拔示巴的宿命；她的情绪裹挟着极强的自我质问。伦勃朗的笔触中既有平静的部分，也有激扬的部分；既有清澈的冷色，也有威尼斯式的柔和暖色。画面中充满了鲜明的对比——金袍的织锦极为华丽（绘有厚重的黄赭色和黑色线条），象征着她将成为王室一员的命运，而纯白色的内衣则代表着她被出卖的纯真；她的容颜如露水和玫瑰般美丽，而那为她洗脚的老仆人的面容则世故而阴森。

污点就在于拔示巴的怀孕。大卫见她怀了孕，就极力劝乌利亚与他的妻 552
子同寝，好掩盖自己的通奸行为。然而，出乎大卫意料的是，原来乌利亚不只是模范丈夫，更是一个良心无愧的爱国者，他想要继续为国王战斗，不想从激烈的战争中抽身回家。大卫王想要利用性爱之事来遮掩的策略失败了，备用方案便是把乌利亚送到一处必死无疑的战场。乌利亚死后，一年的守丧期过去，便立拔示巴为王后，但正如《圣经》中不祥的记载所言："大卫所行的这事，耶和华甚不喜悦。"[45] 先知拿单（Nathan）因大卫的恶行告诫他，并警告说从今以后"刀剑必永不离开你的家"，还说虽然大卫王不会因自己的罪而死，但他私通所生的孩子必然会灭亡。

两年前，伦勃朗脑海中思忖着这个故事，创作了一幅非常精彩的小型蚀

伦勃朗,《祈祷的大卫》, 1652 年。蚀刻版画。纽约，大都会艺术博物馆

刻版画，描绘了大卫跪着祈祷的样子。《圣经》中提到，大卫曾为了新生的儿子禁食（这是徒劳无功的做法，因为他的儿子在出生七日后就死了），而且“终夜躺在地上”。但伦勃朗常常认为，不去严格地还原《圣经》文本也是可以的，重点是忠实于他自认为故事的精髓所在。这幅蚀刻画与《法式床》是在同一年制作的，其中也有暗示着性行为的那种内部敞开的感觉。伦勃朗让这位国王跪在犯错的现场忏悔赎罪，面部沉浸在阴影中，这无疑意味着拔示巴的故事才是伦勃朗在这里要表现的主题。帘子收了起来，折叠着盖在床柱上，这再现了他的通奸行为，即便他正在为孩子的生命祈祷。他跪在两件象征着他自己神圣历史的物体之间：竖琴和书。竖琴在新教主导的荷兰地区尤为重要，因为赞美诗是礼拜仪式的核心，在每周日的教堂礼拜中都能听到吟

唱，这是信徒与上帝之间最直接的交流方式。[46]

《拔示巴》中，这种深思熟虑的内在性依然存在，虽然尺幅上类似于伦勃朗 17 世纪 30 年代那种热情外放的历史画作品。位于这幅画构图中心的是一封信，它汇聚了整个画面的情感，上面不仅写有大卫的命运，而且似乎还写有整个犹大家族的命运。荷兰人深刻理解这次灾难在以色列子民的政治历史中的含义，因为他们的诗人和传教士时常将荷兰人比作上帝的选民，他们获得的祝福受到来自警觉上帝的天命守护，但前提是他们必须遵循他的律法。信件是灾难的关键预兆，所以伦勃朗极为仔细地对它进行了描绘。它的一角向后弯曲，（像他以往的画里一样模糊地）露出了国王的笔迹。信笺在拔示巴的大腿上投下了一道阴影。但她并没有在读信。她对内容已经心里有数了。所以拔示巴的目光超越了信件，朝着给她洗脚的仆人望去。这个细节看似无关紧要，本身却带有悲剧意味，而伦勃朗无疑想让我们仔细看看。《圣经》上说“她的月经才得洁净”，换句话说，在她月经后的洁净礼完成之后，大卫就 554
和她睡了。[47] 因此，实际上，拔示巴是在看着清洁的行为转化成污浊的行为，而重申婚姻纯洁却为她的通奸铺了路。难怪，她的目光既集中又分散，嘴唇柔软而松弛，似乎快要颤抖起来，眉毛紧紧地拱起，仿佛在极力忍住即将夺眶而出的眼泪。

不过，伦勃朗不仅绘制了位于罪恶之水旁的亨德里克耶，也画了她涉足圣洁之水的样子。当然，也不是完全圣洁纯净，因为在《沐浴的亨德里克耶》（见第 718 页）中，美丽动人的亨德里克耶身旁的岸边，那件华丽而厚重的深红色和金色织物，和他给拔示巴绘制的长袍一模一样。她的胸衣低垂，显露出两乳之间微妙的沟壑，同时衣裙上提，暴露出大腿上部和腹股沟处深深的阴影，这些元素互相结合，赋予了画面一种异常强大而又温柔的性感。这幅画如此亲密而大胆，很可能是伦勃朗为了纪念他和亨德里克耶之间的亲密关系而绘制的，至少在这一方面很类似于鲁本斯的《皮草》，经常被拿来与之比较。[48] 但事实上，正是那些与鲁本斯作品最相异的特征，最终赋予了伦勃朗这幅小型木板油画以启示的力量。《皮草》中，海伦娜 · 福尔芒的姿势比较小心翼翼，甚至有点缺乏安全感，处于奥维德的神话故事和丈夫的卧室之间。鲁本斯

鲁本斯，《皮草》，1638 年。木板油画，
176 厘米 ×83 厘米。维也纳，艺术史博物馆

决定了在多大程度上将她表现为妻子或女神，让她在紧张与性感间挑逗着，黑色的皮草在她乳白色的、发光的皮肤上滑动。她需要被他代表，需要被他注视，她的身体完全是他的财产。为了配合被物恋的心爱之人，他在自己欲望对象的细节之处倾注了最细致的绘画技巧：乳房、充盈的大腿、丰满的嘴唇、闪闪发光的眼睛。

但是伦勃朗画的亨德里克耶没有看着他。他欣赏她，显然不是因为想要占有她，而是因为敬爱她的沉着冷静，他是在捕捉她那侧身自我欣赏的行为。
555 诠释这幅画时，若是把它当作对某个特定动作的直观描绘，那就往往会想象成亨德里克耶正在探测水情，或更准确地说，是在河床中寻找一个稳定的立脚之地。也许，伦勃朗觉得无意画下的行为很不谨慎，想要让它变得更小心一些。然而更有可能的是，亨德里克耶正在注视自己映照在水中的倒影，因为她的嘴角微微上扬。从我们的视线来看，倒影是被隐藏起来的，尤其是她的衣裙下那片深黑的阴影明显地遮掩了它。整幅画面中最精心排布的部分，是她的小腿与水面相接的地方，用纯铅白的细线表现水面上微小的涟漪，倒映的双腿则用赭石和红土轻涂出透明的效果。

这幅画是用最流畅自发的笔触将固态的形体自然合成的，令人惊叹。整幅画似乎完成得很快，打底的涂层（primuersel）是富饶温暖的黄棕色（在她衣裙的底部边缘暴露了出来），亨德里克耶的领口、右前臂的轮廓边缘、肘部和大腿以及下巴下方的关键阴影，则呈现为炭黑色的底色。随后，他用浓郁的画笔，通常用湿湿混合的方式，铺上覆盖色。为了细致地描绘衣裙的褶皱，伦勃朗使用了大量的铅白并稍微加入了黑色或赭色。这些褶皱随着上半身的轮廓展开，左侧明艳却略显淡雅，而右侧则呈现出一系列色深厚重的笔触。画中有些部分细致而精确——垂在脖子上的螺旋形卷发、额头上油亮的微光、右上眼睑上的一点点光亮。另一些部分则十分简洁，如旋风般掠过，例如左边袖子上的白色污迹；而且最重要的是，亨德里克耶的右手画得如此随意， 557
只是用一把蘸满颜料的干燥笔刷在画板表面拂过，以至于好几代鉴赏家都认为这个细节遭到了损坏。

看看一年前伦勃朗在扬 · 西克斯的肖像中（见第 747 页）画的那双著名的手，可能就会有不同的看法。因为在这两幅画中，尤其是在《沐浴的亨德里克耶》中，伦勃朗正在开始做一些惊人的实验，其新颖性令人感动。他正在构思一种“反姿态”，有意将形成流畅整体的绘画元素拆解开来，更多地展现而不是掩盖画家独特的笔触。在他这样做的同时，扬 · 利文斯已经回到了阿姆斯特丹，获得了姗姗来迟的盛名。还有伦勃朗此前的学生波尔和弗林克，这些与他同时代的画家，实际上都是朝着完成度更高的方向改进，让色彩更鲜艳、画面更顺滑、画家手的痕迹更加难以觉察，尽量使观众只能看到画面指定的主题，无论题材是肖像还是历史。

换句话说，时代风尚越来越追捧外表华丽的绘画：线条清晰、光线明亮、

伦勃朗，《沐浴的亨德里克耶》，1654 年。木板油画，61.8 厘米 ×47 厘米。伦敦，英国国家美术馆

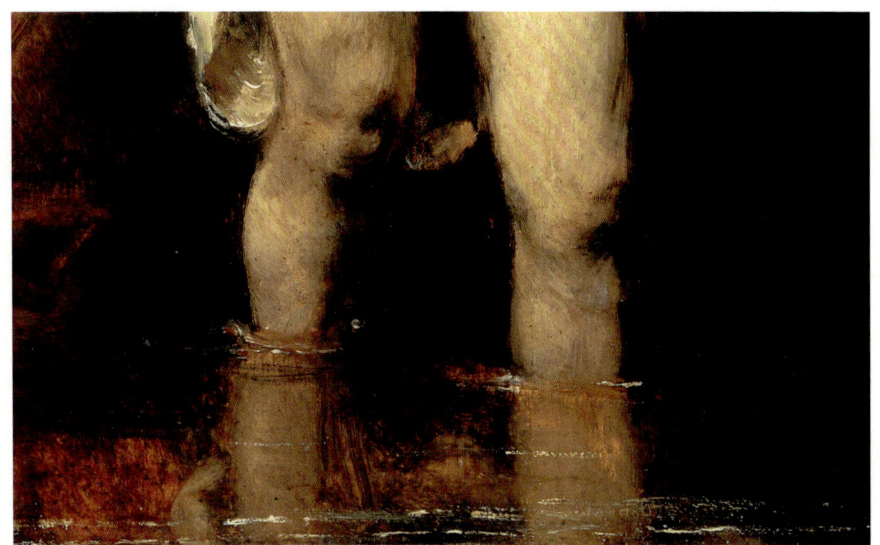

伦勃朗,《沐浴的亨德里克耶》(细部)

表面顺滑。而伦勃朗则越来越喜爱他那锐利、粗厚、断断续续的线条以及闪烁的光线，使得作品仿佛未完成，富于挑衅意味。当然，老年提香因为碎片化的风格，以及对作品完成度的漠不关心，也曾赢得了人们的赞赏。但是从亨德里克耶明显不连贯的左手可以看出，伦勃朗晚期的风格与那位威尼斯大师轻盈、朦胧的抒情氛围相比，几乎没有任何相似之处，即便他对这位艺术家的钦佩可能达到了无以复加的程度。涂抹和拍打的痕迹十分黏稠，牺牲了轮廓的形式，而完全陶醉于绘制手部，这种做法是没有任何先例或者“艺术规则”可以支持的。这也不像有些人认为的那样反常地过时，因为这些论述总是没有办法说出伦勃朗具体回归的是哪一种特定的旧有风格。伦勃朗的确对古物和废墟感兴趣，但这并不意味着他自己抱有怀旧的态度。
声称伦勃朗在向历史致敬，一直不过是自作聪明、冒充博学，但却没有证 558
据的做法。事实其实很简单。无数代他的崇拜者都一直天真地抱持着这种立场：从最深刻的意义上说，他的绘画实验，是一种不屑于规则、遵循本能、自由自在的创造。

伦勃朗的内心世界不像大多数作家认为的那样，只专注于他自己在哲学或精神上关注的东西，而是探索着艺术创作的物质和概念内部。这种探寻将

伦勃朗,《坐着的裸像》, 1658 年。蚀刻版画。纽约,皮尔庞特·摩根图书馆

他带到了同时代人未曾梦想过、更鲜少尝试过的领域。例如,在库尔贝和德加之前,没有其他艺术家想到把裸体模特本身作为艺术的主题。在 17 世纪 50 年代中期到晚期的一系列非凡的蚀刻版画中,伦勃朗的模特都没有通过画家的创作过程被转化为女英雄或者女神,也不仅仅是为了满足色欲的目光而虚伪地展示,而是如霍赫斯特拉滕在描述伦勃朗的工作室时写的,坐在“温暖的火炉”旁。伦勃朗画这些女人所处的实际环境,目的远不只是制造简单的社会轶事;他是在创造一种新的体裁,类似于女性制作蕾丝或坐在纺车前的形象。矛盾的是,她们似乎处于穿衣和未穿衣之间,帽子戴在头上,裙子也还没脱,好像正在感受着寒冷。伦勃朗的绝妙智慧正在于打破了艺术将这

伦勃朗，《戴帽坐着的裸像》，1658 年。蚀刻版画。纽约，皮尔庞特·摩根图书馆

些身体作为再现道具的独断权利。伦勃朗使得这些女孩不只是艺术易容术的被动载体（从名为特莱因的女工变成名为狄安娜的女神），而是恢复了她们的真实身体，暗暗画出了她们身上因靠近火炉而起的鸡皮疙瘩，手臂因受到压迫而血液循环不畅产生的麻木感。模特们几乎都摆出了拔示巴的姿势，仿佛要参加模特选拔一样。总之，从这些蚀刻版画中，我们不仅仅能看到未理想化的女性身体特征，还可以观察到伦勃朗的视觉工作过程，他是如何逐渐地感知到一幅绘画的。最终让他着迷的，不是阿姆斯特丹的肉体与《圣经》里的女英雄的贴切之处，而是硬要将她们契合在一起的尴尬。

从 17 世纪到 20 世纪，伦勃朗的批评家们一直对这种拒绝以艺术品视角

伦勃朗,《在火炉旁坐着的半裸女人》，1658 年。蚀刻版画。纽约，皮尔庞特 · 摩根图书馆

来想象身体的做法感到愤怒和困惑。例如，肯尼斯 · 克拉克认为，在 1658 年的一幅蚀刻版画中，一个身材魁梧的女人双脚站在池塘或河流中，她一定是“一位老妇人”或者“哥特式船身般的老年身体”，因为她与传统文艺复兴时期或古典时期的裸体画截然不同。[49] 克拉克认为伦勃朗在这幅画中描绘了“一
561 艘年迈的船，固执地不被岁月打败”，这更加说明克拉克自己有多么挑剔，或者说比起未理想化的裸体，他对各种帆船更加熟悉，因为在这幅蚀刻版画中，确实没有任何迹象表明伦勃朗试图展示一位会引发猎奇或同情感受的年迈妇人。人们好像觉得，一位早期的绘画大师，是不可能具备类似于弗朗西斯 · 培根（Francis Bacon）或卢西安 · 弗洛伊德（Lucian Freud）后来所具有的那种创意的。

真正的问题在于，伦勃朗不能像绘画规范要求的那样，把艺术的高境界和物质生活的低境界恰当地分开。根据规定，如果一个女人只穿着一半的衣服，周围散落着她的衣物，那么在这种过渡状态下描绘出来的她马上就会是尴尬或不雅的，那么她的肖像就不会是裸像。但对伦勃朗来说，这种游走于艺术与日常生活之间的状态本身就是非常丰富的主题，这在藏于牛津阿什莫尔博物馆的一幅画作中得到了很好的展现。画面的背景是位于伦勃朗房子一楼的工作室，左边高高的画架暗示了画家的存在。房间几乎完全处于阴影之中，但固定在窗杆上的窗帘被拉起来，因此光线可以从窗户的上部透进来。所有的光线似乎都落在了模特亨德里克耶的头部和裸露的上半身上，除了有一点暗淡的闪光滴落到了她的膝盖上，也触碰到了伦勃朗正在工作的材料边缘，也就是房间四周放在架子上的一堆堆纸的外沿。但亨德里克耶不只是艺术家观察的对象。到处都有她存在的痕迹。下半部分的百叶窗都是关上的，这样可以更好地集中光源，当然也可以保护她不受窥探。她坐在壁炉旁取暖，宽阔的肩膀向前倾着，帽子戴在头上，衬衫敞开耷拉在腰间，裙子还穿着，一只手抓着椅子的坐垫。她的身体语言是女人的姿势，而不是绘画模特的姿势。她不仅是一个女人，也是一位母亲。伦勃朗用一支芦苇笔强调了摆在桌上的两件物品：左边是他创作素描和蚀刻用的桌板，表面凸起且略微倾斜；桌板右边则有一块被从原本的位置扯下来的布，它来自小小的摇篮，刚刚能容纳一位新生儿——事实上，就是伦勃朗和亨德里克耶的小女儿科尔内利娅的摇篮。脱掉上衣的亨德里克耶，既是母亲，也是模特，一边在看护，一边又在入画。乳汁和墨水同时在这个小小的房间里流淌。

有没有可能想象 17 世纪的其他艺术家会这样做，把最亲密的家庭场景和工作场所结合在一起描绘？贝尼尼？委拉斯凯兹？维米尔？凡 · 戴克？圭尔奇诺（Guercino）？圭多 · 雷尼？普桑？也许只有一个人创作过类似的画面，把赤裸的婴儿屁股放在母亲的膝盖上。那就是溺爱孩子、不断生育的一家之长——鲁本斯。

伦勃朗,《亨德里克耶在艺术家的工作室》, 约 1654 年。素描。牛津, 阿什莫尔博物馆

第十一章
绘画的代价

1. 拉起手套

菲利普斯·科宁克（Philips Koninck）是一位颇具天资却有几分怪异的风 562
景画家。17 世纪 40 年代晚期，他开始绘制全景画面，将画布水平地一分为二，下半是地面，上半是天空。科宁克娶了伦勃朗一位学生亚伯拉罕·福尔尼留斯（Abraham Furnerius）的姐妹，而他自己虽然没有做过伦勃朗的学生，却显然受到了后者蚀刻版画的很大影响，比如《称金者的田野》是遥望一片广袤的乡村，上面分布着不同层次的阴影和光亮。菲利普斯·科宁克深受这样的画面触动，便在接下来的十年里开始一心一意地以这样的方式绘画。他笔下几乎所有的全景画，都好像是狭窄的暗色缎带和亮色缎带交替覆满整个画面构成的。他取得了巨大的成功，至少是让他赚够了钱，可以买下并经营一条经莱顿往返于阿姆斯特丹和鹿特丹之间的驳船航线，这样他的生意就和他风景画中的地域重合了。科宁克用绘画表现的乡村，总是有一道又一道狭窄的水田，互相平行排布，看起来既熟悉又梦幻，既精致又宏伟，这正是荷兰贵族在 17 世纪中叶对祖国（vaterland）的印象。1657 年，科宁克再次结了婚，妻子名叫玛格丽塔·凡·莱因（Margaretha van Rijn）。

同样，荷兰历史似乎也在 17 世纪 40 年代末和 50 年代初经历了一个光与

菲利普斯·科宁克,《广袤的风景与鹰猎集会》，约 1650 年。布面油画，132.5 厘米 ×160.5 厘米。伦敦，英国国家美术馆

暗的转折点。在明斯特，西班牙和荷兰之间的和平协议终于签署了下来，结束了始于 1566 年安特卫普大教堂捣毁圣像事件的八十年冲突。若是鲁本斯活到这时候，看到期盼已久的和平，那么他在十分欣慰的同时，也会因和平条款感到痛心。佛兰德艺术家终于能够在边境来去自如，而其中一些艺术家，例如雅各布 · 约尔丹斯和阿尔图斯 · 奎林（Artus Quellin），很快就在荷兰共和国得到了重要的赞助机会。但明斯特协议也扼杀了鲁本斯统一老尼德兰十七
563 省的梦想。文化的边界在战争时期本就已千疮百孔，现在更是近乎消融殆尽。只不过，政治和军事的界限依旧存在。信仰天主教的南方和信仰新教的北方，现在清晰地划分成了两个截然不同且在许多方面不可调和的国家。虽然 1815 年尝试再次将两国统一为尼德兰王国，共置于布鲁塞尔的奥兰治家族治下，

但这个联合王国也只持续了十五年。

不过到了 1648 年，阿姆斯特丹的心情已不再沉重。宴会、游行、焰火、枪炮、锣鼓共飨着和平的到来。在达姆广场上，一批来自本特海姆的砂岩铺就了新市政厅的地基，因为旧的哥特式结构似乎格格不入，无法满足这座趾高气扬的新推罗了。第一批木桩打入潮湿的底层土壤中，稳固了地基。接下来还要添加 13 500 根木桩。还有什么是阿姆斯特丹做不到的？还有什么地方是它的舰队到不了的？世界上还有什么东西是不能带到城里市场上的？同年，也就是 1648 年，阿姆斯特丹最繁忙的群像画家巴托洛梅乌斯·凡·德·赫尔斯特画了一幅巨大的民兵题材作品，描绘了 6 月 8 日不少于二十五名弩手在靶场饮宴的场景。毫无疑问，他们是在畅饮胜利之酒，面庞因胜利的满足而泛着红光。闪闪发光的盘子上装饰着藤叶。中间的少尉若无其事地靠在桌边。在他的右手边，是上尉科内利斯·维特森（Captain Cornelis Witsen），帽子上插着一根羽毛，正在接受中尉的衷心祝贺。维特森的脸上洋溢着自我满足的光芒，粗壮的手紧紧握着巨大的银制公会角杯 564
的下端，角杯上还画着他们的主保圣人乔治；之后，维特森也将扮演左右伦勃朗命运的重要角色。一位作家后来写了一篇不讨好的追忆文，其中这样描述维特森：“一位有点太喜欢葡萄的绅士。”[1] 一点不错，他的样子的确很像是巴不得酒杯满到溢出来。

1648 年夏天，似乎有那么一刻，不管是国外还是国内威胁着阿姆斯特丹的敌对势力，都已经被清除了。当时，主导和平谈判的，是来自联省议会的全权大使（以荷兰省的代表为主导），而非执政的特使。如今，阿姆斯特丹的贵族摄政者认为奥兰治诸亲王所坚持的庞大而昂贵的常备军不再有必要，尤其是考虑到这支军队主要是由外籍雇佣兵组成的。他们可以放下长矛和火枪了。甚至，在腓特烈·亨利死前，荷兰就已经开始阻挠拨给军队所需的资金，导致军队规模缩减，执政的权力也相应稀释。因此，亲王死去的时候十分愤怒，也把这种危险的易怒情绪传给了他的儿子威廉二世，他继承执政之位时才二十一岁。儿子缺乏父亲的务实精神。顽固任性的威廉二世看到了岳父英格兰国王查理一世的困境，认为最好在被时局困住之前抓住时机。如果他们坚持缩减军队，荷兰就会受到威胁，阿姆斯特丹首当其冲。当用于支付军队的资金被暂停后，威廉的威胁就立即付诸行动。1650 年，他把一些最明目张胆和自己作对的人抓起来关进了监狱。他的亲戚，拿骚的威廉 · 弗雷德里克，也就是弗里斯兰的执政，奉命对阿姆斯特丹发起了一次秘密的军事远征。1648 年曾有过的美好前景，突然变得暗淡起来。一股恐惧的浪潮席卷了贵族阶层。坚定地支持奥兰治家族的加尔文派牧师告诫人们，上帝即将对荷兰人施以惩罚，因为他们背弃了打击西班牙反基督者的正义圣战。

但事实证明，耶和华有一种恶作剧的幽默感。原计划于 7 月 30 日清晨发动进攻，但在前一晚，威廉 · 弗雷德里克的骑兵迷失在了霍伊（Gooi）* 荒原的茫茫夜雾中。一位从汉堡赶来送信到阿姆斯特丹的邮差，看到连队的马匹和全副武装的火枪手在蕨丛中跌跌撞撞，于是飞奔到阿姆斯特丹，敲响了警钟。城门砰然关上，堡垒武装起来，市政府准备好了迎接围城之战。但在枪响之前，双方达成了政治和解。自 17 世纪 20 年代起担任过十次市长的安德里斯 · 比克，连同他的兄弟科内利斯，被驱逐出了摄政者的核心圈子，亲王的民兵也重新获得了资金。“比克家族联盟”被驱逐后，取而代之的一群人中，有许多都曾经是伦勃朗的赞助人：尼古拉斯 · 蒂尔普、弗兰斯 · 班宁 · 科克、
565 约昂 · 海德科珀 · 凡 · 马尔塞维恩（Joan Huydecoper van Maarsseveen），还有不能不提到的德 · 格雷夫兄弟。不过，他们是否会再次成为他的赞助人，还要打个问号。想到自己的房子还有 8000 荷兰盾没有付清，伦勃朗可能也会开始后悔与安德里斯 · 德 · 格雷夫发生了那场灾难性的争吵。

这些新人对阿姆斯特丹利益的忠诚丝毫不亚于比克家族。奥兰治家族经历的一场灾难，竟给他们的晋升之路带来了福音。1650 年 11 月，威廉二世因天花离世，当时他的妻子玛丽 · 斯图亚特怀有身孕，八天后便诞下了威廉三世，此事令王朝在共和国的地位陷入不确定之中。但在阿姆斯特丹，似乎没有人很在意。当地的一位机智人士在教堂的捐款箱中放入一枚金币，并附上了这样的韵句：

* 尼德兰中部城市希尔弗瑟姆周围的一个区域。——编注

伦勃朗,《营地景象》，约 1650 年。素描。伦敦，大英博物馆

亲王与世长辞
我的周济增加
消息如此亲切
八十年来最佳

为了填补这一空缺，共和国召开了一次“大议会”，由荷兰省主导，大议长约翰·德·威特主持，威特的父亲曾是威廉二世的阶下囚。大会上重申七个省份拥有完全的主权，并决定所有省份（除了弗里斯兰）的执政职位都将无限期保持空缺。

政变和反政变交错，如时断时续的闪电，就这样在联省共和国开创了诸权力者摄政的“无执政”时代。女仆认真地折叠着浆洗过的平整衣物，粗颈的牛在阳光下的牧场上嚼着草，市民们在沙丘之间的海滩上悠然徜徉，或是漫步在即将成熟的麦田中——虽然几个世纪以来，美术馆的访客们常常被这样的画面所吸引，习惯性地将 17 世纪中叶的荷兰想象成中产阶级的理想田 566
园，但 17 世纪 50 年代的荷兰，其实境况并非那么和平。老敌人西班牙已然平息，新的敌人却马上就出现了。1651 年，英国议会通过了《航海条例》，旨在打破荷兰在国际航运贸易上的统治地位。从此以后，鲱鱼、鲭鱼和鳕鱼都必须由英国船只运往英国。而运往英国港口的其他货物，则要么由原产地的船只运载，要么由英国船只运载。为了表明自己的意图，英国军舰开始骚扰荷兰船只。在“英国海域”，不向英国军舰正式敬礼，船只就会被扣押或击沉。1651 年，有 140 艘荷兰商船被英国军舰攻占。[2] 英国议会允准这种侵略行径，还有另一个更纯粹的政治动机：查理一世的遗孀和她的孩子们正在荷兰共和国避难。既然查理一世已被斩首，奥利弗 · 克伦威尔（Oliver Cromwell）便要求荷兰议会保证，他们不仅不会支持斯图亚特王朝在英国以任何形式复辟，也不会再任命任何奥兰治亲王（奥兰治家族与英国王室有姻亲关系）为执政，因为这会对没有国王的英国形成威胁。他甚至提议，在两国之间建立政治联盟：一个不切实际的海上新教联盟。

但是荷兰议会很快就明白了，他的提议只不过是一种客气的敲诈手段。相当于在说：“放弃你们的政治独立，我们就放过你们的船只。”他们知道，“海洋自由”（mare liberum）的原则——不受限制的航运、不受限制的货物运输——正面临危机，而荷兰正是在海上自由的基础上建立起巨大的国家财富的。面对放弃自由的要求，荷兰议会选择了战争。大体看来，整个情况都很糟糕。荷兰舰队很英勇，但火力过于分散，无法在与英国大型战舰的战斗中取胜。1652 年，他们眼睁睁地（有时是在岸上）看着自己的海军四分五裂，大船被撞得桅杆断裂，沉入海底，尸骨无存。在斯海弗宁恩（Scheveningen）附近最激烈的战役中，海军指挥官马尔滕 · 特隆普和 4000 名士兵一起阵亡，11 艘战舰被击沉或俘虏。荷兰经济繁荣所依赖的商业命脉被切断了，共和国开始出现资金流失。许多交易集团的投资者被逼到了绝境。一场可怕的衰退突然降临到这个国度。国家开始征收附加税以筹措资金，修复受损的舰队。面包、黄油和啤酒都涨价了。从南部的多德雷赫特到北部的恩克赫伊曾（Enkhuizen），荷兰的许多城镇都爆发了骚乱。贵族们闩上百叶窗以防听到不祥的喧闹声，或者干脆奔去乡间别墅避难。

有一段时间，国家的新闻一直令人极为沮丧。1653 年，荷兰海军发起一场协同反攻，开始扭转局面，从英国掠夺的船只数量堪比他们当初被夺去的船只数量。然而，即使《威斯敏斯特条约》（Treaty of Westminster）结束了与
567 英国的海战，荷兰人似乎又得突然开始防御其他地方。巴西曾被从葡萄牙王

室手中夺走，从而给西印度公司带来了巨量的财富。但当奥兰治的约翰 · 毛里茨（Johan Maurits of Orange）和他的军队撤退时，葡萄牙就收回了巴西。同一年，即 1654 年，代尔夫特发生了一场灾难性的火药库爆炸事件，摧毁了整个城市的东北部，伦勃朗最有天赋的学生卡雷尔 · 法布里提乌斯也随之遇难。在 17 世纪 50 年代中期，瘟疫以前所未有的凶猛程度再次侵袭了许多城市，使得遭受灾厄的共和国雪上加霜。伦勃朗家乡莱顿的人口在一年内就减少了四分之一。这位艺术家的二哥阿德里安于 1652 年去世，很可能也是受害者之一。在阿姆斯特丹，加多森会墓园里的穷人坟坑被挖了又挖，直到再没有更多地方安葬了，所以只能从传染病院把尸体一个接一个推出来，运至阿姆斯特尔河和艾湾海岸线沿岸的村庄。

正是在这段阴郁的时期，伦勃朗的绘画风格变得更具沉思性；无论是肖像画还是历史画，都不再那么努力地强调肢体的活力，而是包含更多哲学和形而上学的元素。当然，17 世纪 50 年代早期的阴郁氛围，与他对风格和主题的选择之间，并没有完全直接的对应关系。1651 年，离他家不远的圣安东尼大坝（St. Anthonis Dike）决堤，洪水冲垮了堤防下游的村庄，他可能对此感到忧心忡忡（这份担忧是完全合理的）。布里街没有受到影响，但是洪水冲到了街道尽头的圣安东尼船闸，可能破坏了附近一些房屋的地基，这种情况经常发生，因为阿姆斯特丹的底层土壤很潮湿。其中一处受影响的房屋属于伦勃朗的邻居——葡萄牙裔犹太人丹尼尔 · 平托。这位黎凡特商人是在 1645 年从尼古拉斯 · 埃利亚松 · 皮克诺伊手中买下这处房产的。由于房屋受损，平托不得不提高地板的高度，而且由于伦勃朗与他共用同一面墙，画家的房子也被迫进行了一些结构上的改动。[3] 装修工程花费了 33 荷兰盾和一桶啤酒，时间长度（和大部分工程一样）远远超过了平托和伦勃朗的预期。敲击声和撞击声似乎从未停止过。两人的情绪愈渐暴躁起来。[4] 伦勃朗和平托曾达成协议，要为各自所需的木材单独结账，但彼此之间以及与供应商之间都不可避免地发生了纠纷。平托认为自己是在为伦勃朗需要的木材付费，于是便诉诸了法庭。[5] 那噪音简直是酷刑，这让画家怎么工作？到处都是尘土，房子里里外外的空气里都弥漫着灰尘。在 1653 年的前九个月里，伦勃朗没有画过一幅

伦勃朗，《称金者的田野》，1651 年。蚀刻版画。阿姆斯特丹，荷兰国立博物馆版画秘藏。泰斯的别墅“萨克森堡”就位于中景的中央

画，之后的三个月里也只画了一幅。

现在可不是无所事事的好时候。他房子的卖家克里斯托弗尔 · 泰斯开始要求他偿还未付清的 8000 荷兰盾。伦勃朗已经严重拖延了还款计划。1651 年，他曾试图以泰斯的乡村别墅“萨克森堡”为主题，制作一幅他最出色也最雄心勃勃的蚀刻风景画，以此来安抚对方。在他的家财开始衰败、房子开始倒塌之前，他一直试图用画更多的画来还清债务。显然他也是在向泰斯表
568 达自己的窘境。有一幅用钢笔和褐色水粉画的素描，画中有两个女人，还有一位大姐姐正在指导婴儿蹒跚学步，伦勃朗在它的背面给自己写了一条备忘录，要在下次见面的时候“问问我们自己［纠纷］是否能交由仲裁人员处理，并问问泰斯是否希望两张画中的某一张能完成……或者两者他都不想要”[6]。

因此，当敲击声停止时，虽然有亨德里克耶 · 施托费尔斯在床上用肉体给了伦勃朗很大的安慰，但仍有很多事情让他夜不能寐。对于自己对海尔蒂厄 · 迪尔克斯所做的事，他的良心没有痛感，但他对那件事的最终结果就是无法感到安心。知道这些事的人太多了，而且并不是所有人都能被收买。但要是他能确信会有一群富有的新赞助人来找他，那么一切都会好起来。可是，在 17 世纪 50 年代早期，他完全不敢保证还会不会有顾客蜂拥到自己的门前。无论民兵队的军官对弗兰斯 · 班宁 · 科克队伍的画像到底怎么想，在受邀去为明斯特的庆祝盛典绘制大型纪念群像的艺术家名单中，伦勃朗显然是缺席了。

事实上，在 1656 年绘制《扬 · 戴曼医生的解剖学课》（*The Anatomy Lesson of Dr. Jan Deyman*）之前，他一直都没有收到任何形式的群像委托。在焦虑中，伦勃朗一定非常悔恨与安德里斯 · 德 · 格雷夫发生争执，因为市政府中最有权势的派系巨头们已经明确表示，他们更青睐弗林克，而不是伦勃朗。他走到了人生的十字路口，前方的路途十分渺茫。

伦勃朗对路标视而不见。在未来日益扑朔迷离之际，尽管越来越多的证据显示他的尝试不为人接受，但他进行绘画实验的决心却越发坚定。很明显，在最时髦的贵族阶层看来，伦勃朗粗犷的绘画风格，以及他对性爱和金钱秉持的粗犷态度，并不适于每一个人。静物画家、风景画家和肖像画家都在朝 569
着色彩更丰富、光线更明亮、画法更流畅的方向努力；历史画家们则越来越自觉地往古典主义发展，要使轮廓清晰、形体鲜明；而伦勃朗却正在走向绘画的本质主义，不受故事情节和无端的地方色彩的影响。对他来说，将表面描绘得清晰明确不再是一件重要的事，重要的是通过对颜料的操纵，产生富有表现力的效果。从《夜巡》开始，伦勃朗就意识到，使用“粗糙”而非“流畅”的手法，更有可能与观者建立积极的互动，让观者参与到作品富于想象力的“完成”过程中，而不是简单地把画摆在观者面前。他在 1654 年为葡萄牙犹太商人迭戈 · 德 · 安德拉德（Diego d'Andrade）画的一幅年轻女孩肖像也被拒了，因为这幅画“与年轻女儿的脸毫无相似之处”[7]，这也许同样要归因于其表面上“未完成”且画得断断续续。德 · 安德拉德和那名女孩似乎突然打断了作画过程，可能是因为看到了伦勃朗的画作进展，因为法庭证词记录写着她“会尽快离开”。德 · 安德拉德要求伦勃朗立即拿起画笔，在姑娘离开之前把作品完成得令他满意，否则就必须把他付的 75 荷兰盾预付款退还给他。伦勃朗被迫在公证人面前听了这些羞辱性的批评，愤怒地回应说，“他不会碰这幅画，也不会完成它，除非索赔人结清他应得的余款，或者提供担保以保证会结清余款”。画完之后，他准备把画提交给圣路加公会，让他们来决定画得像不像。至于这些仲裁者将如何裁决“相似性”和“完成度”（这在 17 世纪 50 年代的阿姆斯特丹，是个众所周知的棘手问题），伦勃朗可能也并不清楚，因为在风格之争中，时尚和品位并不是按照伦勃朗的道路走的，而是朝

伦勃朗，《自画像》，1652 年。布面油画，112 厘米 ×81.5 厘米。维也纳，艺术史博物馆

着更加平滑、冷静的方向发展。不管他怎么看，这场争论对他都是一次痛苦的打击。

可是，他却仍然拒绝与表面效果带来的虚荣妥协。自 17 世纪 40 年代中期以来，伦勃朗一直在对事物外表与核心之间的关系进行持续的诗意探索。他是一位形而上学家。因此，在藏于维也纳的这幅 1652 年的伟大自画像中，他出现在我们面前的样子没有任何社会属性：没有羽毛、项链、钢护喉，也没有华丽的头巾；只有正在工作的艺术家的外衣和帽子。（不过，这顶帽子可能还是很容易让人想起拉斐尔笔下的卡斯蒂廖内。）这一次，我们对伦勃朗的眼睛一览无余；的确，稍微蒙上一些阴影的左眼，甚至比被光线照亮的另一侧脸上的眼睛更引人注目。画家一点也不想要神秘感。事实上，这两只眼睛上红红的眼睑，额头上一道深深的垂直的皱纹，还有那紧闭的嘴唇和坚定的下巴，都透出十分专注的智力运转；自然，高要求的脑力劳动造就了画家的天职。画中，伦勃朗的拇指用力地塞进腰带里，手肘向外，这个姿势曾被错误地解读为咄咄逼人的对抗姿态，即画家想要与公众对垒。当然，画面中的 571
确没有任何奉承的元素。但当我们把这幅画与他的学生卡雷尔 · 法布里提乌斯临近去世时绘制的简朴自画像相比时，就可以明显感受到伦勃朗此时的创作意图。他刻画大衣时简洁而充满自信的笔触，描绘结实有力的双手时的简明扼要，这些都在试图呈现一种不加修饰的真实：一位独立大师，其身份与作品紧密相连。

在这一时期，伦勃朗描绘其他人时也采纳了类似的表现技巧，展现出一种充满同情的简单，这正反映了 17 世纪高度重视的“honnêteté”特质，那是一种看似矛盾的有意为之的朴素，比如尼古拉斯 · 布勒宁（Nicolaes Bruyningh）的四分之三身长肖像，集中的光线照亮了他英俊的面孔，身体倾斜地靠在结实的椅子上。人们对布勒宁所知甚少，但他或他的家人很可能出身贵族，因为伦勃朗笔下他的坐姿参考了贵族特有的对立式平衡，头部优雅地转向上半身的相反方向。伦勃朗将肖像背景调暗，以便有选择地照亮脸部的区域，使其在整个空间里散发光芒，就像在烛光下一样。面孔和人物从无限中浮现，又消失在无限中。这种感觉之所以得到了加强，也是因为伦勃朗

伦勃朗,《尼古拉斯·布勒宁肖像》, 1652 年。布面油画，107.5 厘米 ×91.5 厘米。卡塞尔，历代大师画廊

伦勃朗，《阿诺特·托林克斯肖像》，1656 年。布面油画，76 厘米 ×63 厘米。巴黎，雅克马尔–安德烈博物馆

有意让自己完成了几乎不可能完成的任务：在近乎黑色的背景下，让黑色的帽子和外套清晰可辨——在他为蒂尔普医生那位显然已年迈的女婿阿诺特·托林克斯（Arnout Tholincx）绘制的肖像中也是如此。

在 17 世纪 50 年代的肖像画中，伦勃朗会调整绘画技巧来表达对画中人的感知。所以在布勒宁的肖像中，笔法是相对自由流畅的，给人一种活泼而
温文尔雅的感觉；而在托林克斯的肖像中，尤其是衣领和照亮的脸颊部位， 572
笔触相当密集粗犷，强调出人物淡漠的美德。然而毫无疑问，伦勃朗 1654 年创作的扬·西克斯的四分之三身长肖像（见第 747 页），是最能因笔刷痕迹自身而完美体现出复杂人物性格的一幅，可以说是伦勃朗最伟大的一幅肖像画，也可以说是 17 世纪所有的肖像画中最具心理穿透性的一幅。为什么？因为它同时描绘了我们在街上摆出的面孔和我们在镜子里看到的面孔、我们选择被别人看到的样子和我们心中认可的样子。

伦勃朗的扬·西克斯肖像是一幅完全没有先例的画作（而且直到戈雅和

马奈出现之前，都没有太多的继承者），虽然我们无法为这幅画找到前因，但它必然是伦勃朗对画中人有深入了解的结果。尽管完成肖像之后，他们的友谊没有持续很长时间，但伦勃朗对他的外在和内在都有如此敏锐的理解，说明他们不仅仅是赞助人和艺术家的关系。如果 1641 年的一幅肖像画中，那位朴素虔诚的中年女士的确是扬 · 西克斯的母亲安娜 · 魏默（Anna Wijmer），那么伦勃朗可能在那时就见到了她的儿子。那一年扬 · 西克斯才二十三岁，刚刚从意大利旅行回来，帅气、富足、时尚，脑海中满是意大利诗歌，比如塔索和阿里奥斯托的诗，他的谈话中无疑会时常夹杂着有关贝尼尼、喷泉、主教和图书馆的事。自十三岁起，西克斯就和他丧偶的母亲住在一起，在火绳枪兵城墙（Kloveniersburgwal）附近一幢名为“蓝鹰庄园”的房子里，旁边就是镜子制造商弗洛里斯 · 索普（Floris Soop）的“玻璃房”。他的祖父是一名胡格诺派教徒，1586 年来到阿姆斯特丹，两个儿子让（Jean）和纪尧姆（Guillaume）已在法国新教徒擅长的行业中站稳脚跟：丝绸纺织和印染。让 · 西克斯死于 1617 年，他的儿子当时还在子宫里，所以妻子安娜后来担负起孩子的教育之责，为了让下一代以精心打磨的学识摆脱粗犷的商业，她采取了一系列的传统教育措施。因此，扬 · 西克斯被送去了莱顿大学学习人文（vrije kunsten），而且可能继续到格罗宁根大学进行了深造。[8] 在被送去阿尔卑斯山之前，他无疑已经精通了古典语言，并且掌握了西班牙语、法语和意大利语。

这趟精进教养的行程的确起到了作用。回到阿姆斯特丹后，扬 · 西克斯以一名诗人贵族的形象出现，并拥有了自己的乡村阿卡迪亚——艾蒙德（Ijmond）的一处庄园。关于他招待伦勃朗的那则传说（因此才有了关于《西
573 克斯的桥》和芥菜的赌注的故事）[9] 几乎可以肯定是杜撰的，尽管把优雅的业余艺术爱好者和出了名难搞的画家搭配起来是一件美妙而诗意的事。不过，第一次有文献记载的二人相遇是在 1647 年，伦勃朗为扬 · 西克斯制作了一幅蚀刻肖像，画面经过精心设计，符合西克斯作为绅士艺术大师的自我形象。

1647 年，这两个年龄、背景和抱负都不相同的人，在对方身上看到了什么？伦勃朗有很多学生、助手和赞助人，但朋友却很少，尤其是像扬 · 西

克斯那样优雅有教养的朋友。伦勃朗当然深知两种古典艺术之间的对垒，绘画和诗歌之间总是在无休止地互相竞争，这在阿姆斯特丹尤其激烈。阿姆斯特丹诗人歌颂自己的城市时，伦勃朗经常出现在被歌颂的一系列人名中；而像扬·佐特（Jan Zoet）这样的剧作家，在想要提及艺术的极致追求时，也会写出伦勃朗的名字。[10] 但是他们那一代最主要的两位诗人——惠更斯和冯德尔——都隐晦且略带讽刺地提到过他：惠更斯取笑他，说他没能画出与雅克·德·盖恩三世相似的形象；冯德尔则挑战他，认为他不能描绘出安斯洛说话的样子。冯德尔没有赞扬伦勃朗，可能会让后者特别心有不甘，因为他在赞扬其他艺术家时足够慷慨大方。（即使后来冯德尔称赞了扬·西克斯的这幅肖像，他实际上也没有提到画家的名字！）因此，当伦勃朗发现一位怀着无可争议的世界主义精神且古典博学的年轻诗人似乎想要与他结交时，他无疑会感到非常荣幸。至于扬·西克斯，他和伦勃朗一样热衷于收藏西方和东方艺术品，而且和伦勃朗有着非常相似的品位，热爱提香、帕尔马·韦基奥（Palma Vecchio）、丢勒、卢卡斯·凡·莱登的作品，中国绘画，以及古典雕塑。他很可能在购买收藏品的问题上咨询过这位大师。

尽管诗歌和绘画之间的竞争由来已久，但在17世纪中叶，两者之间的密切关系却成为人们的热议焦点。为了突破圣路加公会的束缚，将这两种艺术形式结合，阿波罗和阿佩莱斯社团（Society of Apollo and Apelles）于1653年10月举办了一场庆祝的盛宴。然而，令人意外的是，伦勃朗明显地，并且带有深意地缺席了此次活动。[11] 尽管如此，年轻的作家和中年的画家之间共享的文化背景，在伦勃朗为西克斯创作的肖像蚀刻中得到了完美展现。对伦勃朗来说，为蚀刻版画提前准备素描，是相对少见的做法，但为了这次委托，他
画了两幅素描，都旨在表现扬·西克斯优雅淡然（sprezzatura）的神态，这 574
是卡斯蒂廖内要求所有真正的绅士朝臣都要具备的品质。在大多数人眼中，扬·西克斯无疑符合这位意大利作家笔下的绅士形象，因此《廷臣论》的荷兰文首版特地献给了他。另一方面，伦勃朗的两幅素描分别强调了绅士性格的不同方面。第一幅素描中，一只狗正在朝主人跳去。当然，猎犬体现了西克斯作为狩猎阶层的自命不凡，但它也暗示了（狗经常象征的）忠诚和友谊

伦勃朗，《扬 · 西克斯肖像》，1647 年。钢笔与棕色墨水，棕色和白色水彩。阿姆斯特丹，西克斯收藏馆

的品质，甚至可能意味着主人和他的宠物一样有学识，因为利普修斯在关于狗的专著中提到了狗所具有的所有这些品质。[12]但这幅画中的随意姿势可能让扬 · 西克斯感到意外，甚至有些不悦，因为伦勃朗的第二幅素描（在一幅接受施舍的乞丐肖像的背面，对照着西克斯本人快速勾勒而成），才更加体现出西克斯希望展现的自我形象：一个才华横溢的年轻作家，专心地阅读着手稿，以对立式平衡的姿势站在窗前，阳光明媚地照在他那俊俏的脸上。

伦勃朗长期以来一直痴迷于书籍。但他很难称得上书呆子。在汲取书籍中所讲故事的同时，他也会把注意力集中在书本的物理形态上：书的外壳、

伦勃朗，《正在阅读的老妇人》，1655 年。布面油画，80 厘米 ×66 厘米。私人收藏

伦勃朗，《扬·西克斯肖像》，1647 年。素描。阿姆斯特丹，西克斯收藏馆

纸张、羊皮纸；书本堆叠、打包、捆绑起来，形成的权威感。他的眼睛和画家所独有的手，一次又一次地徘徊在书页的封皮上，停留在凹凸不平、发黄的书页上。他把书当作戏剧来使用：圣保罗会对着书做手势，耶利米会悲哀地躺在《耶利米哀歌》旁，安斯洛和西尔维乌斯则在书旁说着他们的福音真理。与鲁本斯不同，为书绘制插图在伦勃朗的工作中几乎是件无足轻重的事。575
在遇到西克斯之前，他曾为一本关于航海的书画过一幅卷首插画，这是他对这种体裁唯一的贡献。在 17 世纪 40 年代末以前（除了那幅可能以他母亲为模特的女先知亚拿以外），伦勃朗一直对描绘阅读中的人物（即正津津有味地读一本打开的书的人物）不太感兴趣。但在 17 世纪 40 年代晚期和 50 年代，他会在蚀刻画和油画中描绘被打开的书页照亮的面孔。在“研究中的学者”绘画传统中，人物（如霍尔拜因笔下的伊拉斯谟）通常露出侧脸，且与画面平行，因此呈现得不完整，但伦勃朗在这一时期画的人物，比如那位老妇人（也许是西克斯的母亲安娜·魏默）和伦勃朗的儿子提图斯，都把脸转过来面

伦勃朗,《扬·西克斯肖像》,1647 年。蚀刻版画,第二版。纽约,皮尔庞特·摩根图书馆

对观众,所以我们能观察到从书本反射至他们脸部的光线,被他们全神贯注的神态深深吸引。

第三幅素描中的扬 · 西克斯正是这样的姿势,面部朝前,深陷在阅读的沉思中,书页往后折叠,这种姿势在蚀刻版画中也会再次出现。他身后有一片明亮的外部光线,就好像他是在一个阳光灿烂的日子里站在窗前一样。由于他背对着窗户,按理说,他的脸应该至少有一部分是在阴影中的。然而,伦勃朗却故意将西克斯的面部刻画得非常明亮,与其说是被室外的阳光照亮的,不如说是被文学的力量点亮了。事实上,整幅蚀刻画巧妙地结合了前两幅素描分别体现的精神：小狗表达的是西克斯在户外的感觉，代表了“行动的生活”（vita activa），在蚀刻中用精美的剑、鞘、匕首和斗篷来象征；而另一方面，则是散发出灿烂光芒的“沉思的生活”（vita contemplativa），是有关想象和心灵的生活。俯首在阅读材料中的扬 · 西克斯，正好站在街道和书房之间，站在室外和室内世界之间的边缘。

在伦勃朗完成这幅蚀刻作品的同一年，扬 · 西克斯的第一部戏剧作品《美狄亚》（*Medea*）登上了舞台。毫无疑问，他是一位狂热的古典主义者。1649年，在一场拍卖会上，西克斯买下了一本价值连城的9世纪加洛林小写体凯撒《高卢战记》（*Gallic War*）手稿（这无疑让那些没这么有钱的学者嫉妒不已）。[13] 可以推断，西克斯在他的意大利之旅中也应当看到过著名的伪塞涅卡 576
胸像。也许他像鲁本斯和伦勃朗一样，甚至还给自己弄了一件复制品。（在巴洛克时期的罗马，制作《塞涅卡》仿冒品的雕塑师一定有稳定的收入。）即便没有，他肯定也会读利普修斯编的塞涅卡悲剧定本（最终由菲利普 · 鲁本斯补完）。但是，本着亚里士多德和贺拉斯所推崇的自由模仿精神，西克斯当然也会觉得可以自由地继续创作自己的版本，一部分作为致敬，一部分也是进行独立的发挥。《美狄亚》是成功的，至少这位作者在第二年，也就是1648年，出版了剧本，并委托新朋友伦勃朗为卷首创作了蚀刻插画。奇怪的是，伦勃朗选择了伊阿宋和克瑞乌萨婚礼的场景作为插图主题，而这个情节其实并没有出现在西克斯的文本中。也许这个场景是以假面舞会的形式插入到表演中的，没有在文本中明确地写下来。在伦勃朗的画作中，伊阿宋跪在戴王冠的新娘旁边，面前站着一位戴着主教冠冕的牧师，熏香的烟云升腾而上，飘至一座高大的半哥特、半东方式神庙的穹顶，这与伦勃朗在《基督与被抓 577
住通奸的女子》等历史画中所钟爱的风格非常相似，确实也让人感受到戏剧性的场面。潜意识可真会捉弄人啊！因为这场婚礼当然是致命的罪行，或者至少是悲剧性的错误。伊阿宋和妻子美狄亚来到科林斯，他随即厌倦了她，便干脆将她抛弃了，转而钟情于年轻的公主。被抛弃的妻子心生报复。美狄亚把她精心挑选的结婚礼物（一件有毒的礼服）交给了新娘，然后便开始屠杀自己的孩子们。在这时，伦勃朗把自己的情妇扫地出门的后果，直到第二

伦勃朗,《伊阿宋与克瑞乌萨的婚礼》, 1648 年。蚀刻版画，第四版。纽约，皮尔庞特·摩根图书馆

年，也就是 1649 年才会显现出来。而可怜的、遭到污蔑的海尔蒂厄最终却没有成为美狄亚。但让人好奇的是，伦勃朗看到他为《美狄亚》所作的蚀刻版画上的铭文时，会不会也有一点畏缩呢？上面严肃地警告了出轨的后果："不忠，你要付出多大的代价"。

那么扬 · 西克斯呢？看来，他并不屑于为这种小小的不愉快而动怒。在当时，伦勃朗是一位朋友。作为朋友，1652 年他受邀为西克斯的友人图册《潘多拉》(*Pandora*) 作画。他提供了十幅钢笔素描，其中一幅是他第一次（但不是最后一次）描绘荷马，这位诗人正在吟诵诗行，盲目的双眼空洞

伦勃朗,《吟诵诗行的荷马》,1652 年。钢笔与棕色墨水素描。阿姆斯特丹，西克斯收藏馆

伦勃朗,《在书房里的密涅瓦》，1652 年。钢笔与棕色墨水素描，带棕色和白色水彩。阿姆斯特丹，西克斯收藏馆

洞的，口唇敞开，面前是全神贯注的观众，有的在他脚下坐着，有的站在
树边或树间。当然，荷马是二人都非常尊崇的人物，在西克斯眼中，他是
一位抒情诗人；在伦勃朗眼中，他则是一位目盲却有远见的吟游诗人。第
二幅素描展现的是密涅瓦在书房里，墙上挂着盾牌，她正在专心致志地读 578
书，头上戴着的头饰与 1655 年那幅《正在阅读的老妇人》(*Old Woman
Reading*)中的非常相似。如果这个老妇人就是西克斯的母亲安娜·魏默，那么这幅画就成了对母亲拥有传奇般智慧的一种高尚而深刻的象征。同一年，西克斯买下了伦勃朗的两幅重要作品，但都是来自 17 世纪 30 年代，一幅是“圣殿里的西面”(可能就是 1628 年的那幅)，另一幅是 1634 至 1635 年那幅令人惊叹的灰调画《讲道的施洗者圣约翰》。一年以后，克里斯托弗尔·泰斯开始对伦勃朗施压，要求他填平房子的欠款，7000 荷兰盾，再加上 1470 荷兰盾的利息和“开销”。西克斯借给了伦勃朗 1000 荷兰盾，来帮助他偿还负债。[14]

这笔借款没有利息。但是一年以后，伦勃朗为这位年轻朋友画的肖像，无疑是用一幅大师手笔回报了这份友情，这是17世纪最伟大的肖像画。

这幅画等身大，但只有四分之三身长，制造出了一种栩栩如生的惊人效果。伦勃朗在1641年画的一幅贵族（可能是安德里斯·德·格雷夫，也可能是科内利斯·维特森）肖像里，人物漫不经心地靠在古典柱子上，构图等身长，类似凡·戴克的风格，在观者和绘画主体之间留出了一段地板的距离，这是精心计算过的，对于体现贵族气质非常必要。但扬·西克斯却站在前方，和我们如此之近，我们甚至可以看到他下巴上微微的凹陷，还有他胡子和上嘴唇之间精心暴露出来的一块粉红色皮肤。一般来说，四分之三身长的肖像会使用长方形的画布作底。但伦勃朗的这幅画却几乎是正方形。画面左边几乎整整三分之一的空间都没有画任何东西，只有一片漆黑，扬·西克斯正从这片漆黑中转向光亮。通过像《夜巡》中一样精心计算色彩的光学效果，从大衣的深灰色过渡到山羊皮手套的赭色，最后到令人炫目、饱和的猩红色披风，伦勃朗成功地让扬·西克斯穿越了空间，从无名的黑暗中走向我们，走进了亲切、温暖、充满认同感的光线之中。

他的动作并不过分敏捷，这与绅士艺术大师的身份相称。他的目光坚定，直直地盯着我们，手和手套部分的动作散发着自然的优雅。但是，伦勃朗将赭色、棕色、灰色和白色模糊地混合在一起，用湿湿混合画法描绘出的动作，究竟意味着什么呢？一直以来，人们都认为西克斯正在把左手手套往上拽，使它更紧地戴在手上，以便进入他在街头会扮演的角色。但是伦勃朗却非常小心地将左手的拇指紧裹在手套里，甚至勾勒出了软麂皮下拇指指甲的上缘。因此，也可以把裸露的右手动作解读为正要脱左手手套，而不是在戴手套。当然，这并不是说我们需要改变扬·西克斯的运动方向，让他从外出上街变成进入室内，从告辞变成迎接。更确切地说，伦勃朗是想要在家庭与世界之
580 间模糊的边缘，准确地捕捉他绘制的主体。十年前，戴维·史密斯（David Smith）非常敏锐地注意到，西克斯为自己的友人图册《潘多拉》里的那幅肖像写拉丁文“小绰号”（chronoticon）时，称自己为“扬努斯”（IanUs）。[15] 所以，当西克斯继续确认说（此举十分体贴，尤其是伦勃朗当年经历了德·安

伦勃朗,《扬·西克斯肖像》, 1654 年。布面油画, 112 厘米 ×102 厘米。阿姆斯特丹, 西克斯收藏馆

德拉德的诉讼），“这就是我扬努斯·西克斯（Janus Six）的脸，自小便敬仰缪斯”[16]时，他一语双关地暗示了自己不仅有一副面孔，而是有两副面孔：面对世界时的那副面孔，以及面对朋友和自己时的那副面孔。这就是为什么伦勃朗做了自己能做的一切，要让我们仔细看看那双手：一只是正做着亲昵问候、裸露的私人之手（指关节乃至血管都描绘得十分精确，笔法自由放松，使得这种亲昵感更加强烈），一只是戴着手套的社交礼仪之手。另外，手或手套的结合一般都象征着友谊和相互忠诚，因此，伦勃朗实际上又一次在暗示画家和诗人之间的友谊。然而，伦勃朗能给予这位恩人的最大的赞美，就是如卡斯蒂廖内敦促的那样，让画布上的颜料呈现出一种纯粹优雅淡然的外观，把他所有的精雕细琢都伪装成漫不经心的手笔。

因此，笔法体现了人物的个性，将注意力引向笔法本身，作为一种令人惊叹的自如自持之举。这是对荷兰的绘画研究者们所说的“松散感”（lossigheid）最令人惊叹的呈现，给人的印象（与伦勃朗准备的草稿不同）是颜料通过湿湿混合、快速涂抹而成，就像同一年的亨德里克耶在溪流中沐浴的那幅画一样（毋庸置疑，1654年和1629年、1636年一样，都是伦勃朗极为多产的年份）。虽然他确实画得非常快，但细节处理仍然异常精细，笔法在相邻的画面部分也有着惊人的变化，显示着伦勃朗在构思画作时的极大用心，尤其体现了被当时的艺术理论家们称为作品“态度”（houding）的特征：用色彩之间精确的相互关系，在空间中创造出可信的视觉幻象。[17]

无论你看这幅画的什么地方，都可以看到准确计算和自由处理之间浑然天成的结合所形成的惊人效果。霍赫斯特拉滕注意到，离我们最近的部分笔法最自由——斗篷上有大面积的黑色笔触，表明面料从西克斯的肩膀自然垂落，点点黄色印迹巧妙地描绘出了斗篷的饰面和纽扣；笔刷的下缘蘸取的颜料更为厚重，时不时混合着一点白色，成功地表现了光线照射织物的方式，比如在饰面更厚重的金色翻领上，反光表现得更加强烈。对整体构图至关重要的，是白色衣领处的两个锐利的直角，它们在画笔的诸多不同动态中将姿势固定了下来。衣领下面的阴影经过了精确的计算，赋予了亚麻布轻盈和挺括的感觉，使其似乎飘浮在鸽灰色的外套上，在右角上形成了一

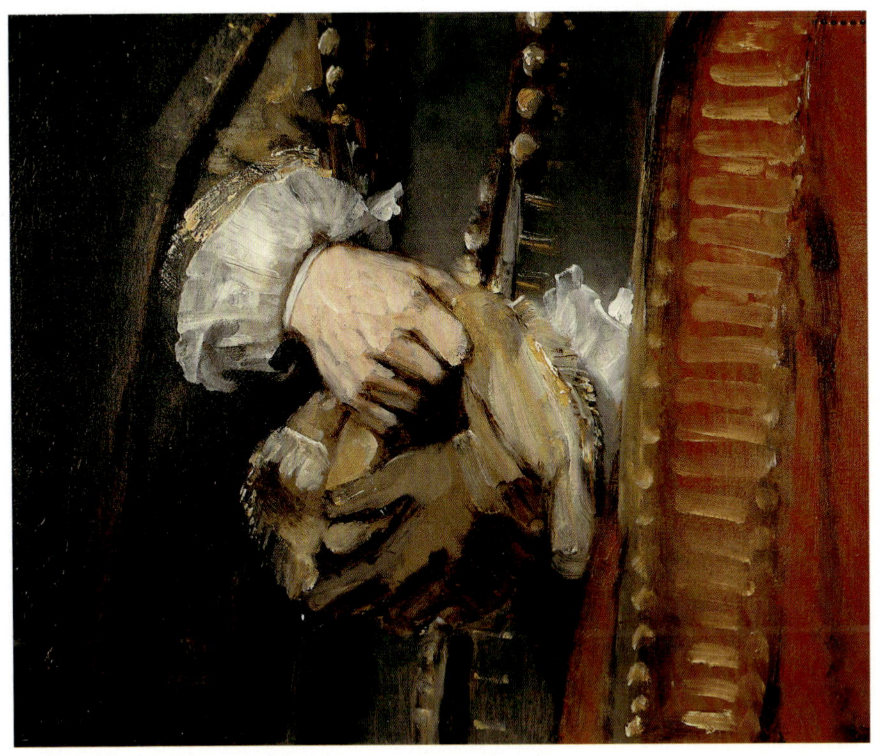

伦勃朗，《扬·西克斯肖像》（细部）

个精致的小卷。在 17 世纪 30 年代，伦勃朗会用近乎迂腐的细致程度来刻画 581
他笔下的模特，用笔刷柄的背面仔细地刮过人物的每一缕发丝。在这里，他却只是轻轻涂抹，用浑浊、几乎飘逸的笔触成功勾勒出扬 · 西克斯满头的红发，只有垂在白色衣领上方的几缕头发，他才用细致而密集的竖线来体现头发的末梢。

因此，这幅画几乎就是一本绘画的百科全书：有最为松散的处理，也有最干燥的笔触；有的地方散漫地蘸取了黄色颜料，有的地方又像西克斯右手袖口边缘那样将黄色拖拽着掠过表面；有最精细的细节，也有最印象派的大胆尝试。但是，伦勃朗却能够把这么多样的技术完全融合在一幅图像当中。因此，扬 · 西克斯站在我们面前的样子，的确就是我们由衷的想象里的自己，我们性格中所有矛盾的面向都奇迹般地融合在了一起——虚荣与谦逊、外在的炫耀与内在的沉思、激情与冷静。

但扬·西克斯真正想要的是什么？毕竟，两年后他娶蒂尔普医生的女儿玛格丽塔（Margaretha）时，为新娘画肖像的是霍弗特·弗林克，而不是伦勃朗。扬·西克斯在某个时候把自己的借款票据卖给了第三方，赫布兰德·奥尼亚（Gerbrand Ornia），一位在阿姆斯特丹摄政圈的高层风生水起的富有贵族。可是，他却一直都保存着这位往昔友人的作品。看来，扬努斯的确有两面，只不过和诗人写的不太一样罢了。

2. 阿佩莱斯思忖荷马的半身像？[18]

582 在斯库拉（Scylla）和卡律布狄斯（Charybdis）之间，在岩石和漩涡之间，海水像天青石一样深邃，闪耀着点点阳光，美得令人几近着魔。斯库拉，那个长着狼头和海豚身的女妖，像碎裂的岩石一样从水面浮现而出，真够糟糕。但真正让掌舵人恐惧的却是在西西里那边的卡律布狄斯，他们向墨西拿（Messina）* 驶去时总是小心翼翼。他们知道，黑色的水面上散布的康乃馨（garofano）是具有吸力的花朵，每一片花瓣都泛着轻盈的泡沫，绽放着，迎接每一艘即将陷入花朵漩涡的船只。他们亲眼看到，或从亲眼见过的人那里听说过，船先是停了下来，然后就无能为力地被卷入了漩涡，船身竖起来，船首斜桅指向天空，然后就永远消失了。西西里的乞丐（lazzaroni）间流传着一首歌，唱的是整支舰队被饥饿的康乃馨吃掉的故事。然而，好的掌舵人总是知道如何避开怪物的吞噬。一旦远离了海峡，船可以通过估算与灯塔之间的距离，来找到安全的位置，向环绕墨西拿坦塔内（Tantane）潟湖的弯曲沙尖驶去，那里的水更悠闲、平稳、清冽。几个世纪以来，这个港口一直被称为赞克雷（Zancle），意思是“镰刀”，因其外沙滩形状弯曲而得此名，它

* 意大利西西里东北部城市。——编注

的“刀刃”看起来很轻薄，却足够坚固，可以减小风暴，保护停泊在港口的船只。

1654 年 7 月 20 日，其中一艘船——巴尔托洛梅奥号（Bartolomeo），从须德海北端的泰瑟尔岛（Texel）出发，经过一个月在狂风中的长途航行，沿着法国西海岸，绕过西班牙，到达第勒尼安海，停泊在墨西拿的潟湖上。巴尔托洛梅奥号从阿姆斯特丹出发，是要把生蚕丝运送到那不勒斯。租船人之一的科内利斯 · 海斯伯特 · 凡 · 霍尔（Cornelis Gysbert van Goor）是一位富裕的商人，将他在墨西拿的商业联系人写为贾科莫 · 迪 · 巴蒂斯塔（Giacomo di Battista）。他借这条航线之便，在货物中放了一个四四方方的盒子，里面装着一幅画，是为巴蒂斯塔的朋友唐 · 安东尼奥 · 鲁福 · 斯帕达福拉 · 迪卡洛（Don Antonio Ruffo Spadafora di Carlo）准备的，他是这座港口城市的参议员之一，是巴尼亚拉公爵（Duca di Bagnara），也是尼科西亚（Nicosia）的领主（自 1650 年起）。[19] 这幅画到达那不勒斯后，很可能由另一艘较小的沿海船只运走了。但是在 1654 年，巴尔托洛梅奥号继续行驶穿越了海峡，肯定是在商业上有什么好的理由。荷兰人被从累西腓和伯南布哥州 * 驱逐出去后，巴西黑砂糖供应中断，造成阿姆斯特丹证券交易所里糖价非常高，这可能诱使商人企业家们在航行途中装载一些西西里产的砂糖上船，然后在返程途中把这些糖卸下，借此捞一笔钱。

所以我们的想象离事实不远。装卸工人会把货物从船上卸下来，在燃烧 583
的天空下用油渍斑斑的背扛住大部分的货物，运到码头上。如果船长暂时把目光从手头的事情上移开，擦去湿漉漉的额头上的汗水，望向密密麻麻的白色屋顶，他就会看到一条令人生畏的山脉耸立在这座城墙环绕的城市背后，被盛夏的酷暑晒得枯黄。那些灌木丛生的山坡上，有几棵顽强的栗树和橄榄树紧紧地附着在泥土里，无视大自然的恶劣条件，虽然树干弯绕、扭曲、打结，但树根却很牢固，哪怕大地时不时会微微晃动，从山坡上抛下花岗岩石块。山峰上空悬着几朵缥缈的云，很轻很薄，难以形成一场雨，除非有潮湿

* 伯南布哥（Pernambuco）是巴西东北部的一个州，海港城市累西腓（Recife）是该州首府。——编注

的西北风从第勒尼安海吹来。驴子三三两两驮着篓子，沿着沟壑纵横的山峦蜿蜒而下，进入偏远的村庄，继续朝着伟大的港口城市，高贵的墨西拿（la nobile Messina）进发。在地震、瘟疫和税收引发的骚乱之间，墨西拿的繁荣断断续续，而当下正是一个蓬勃的时段。[20]

如果从阿姆斯特丹运来的货物被认为有价值，荷兰驻墨西拿的商务领事亚伯拉罕·卡森布鲁特（Abraham Casembroot）就会亲自来到港口，确保货物摆放得井井有条，而且在运去委托商人那里的途中得到妥善的看管。很可能这幅画就是被认为有价值的货物之一。从荷兰运来的一捆捆布料以及从德国和西班牙运来的一箱箱钢铁旁边，放着一个方形木箱，里面装着一幅画。卡森布鲁特领事本人是一位画家（画过一些颇为优雅的墨西拿海滨沿岸小幅风景画，以及其他作品）、雕刻家和建筑师，曾为当地贵族提供艺术品，因此他特别关注这箱货物的命运。[21] 与他同行的，还有衣着华丽的商人和艺术鉴赏家贾科莫·迪·巴蒂斯塔，他是买方的代表。可以想象当时的画面，两个人打着阳伞，指示着搬运工把木箱小心地装上一辆两轮车，然后坐上四轮马车跟在后面，马车懒洋洋地沿着海滨缓缓离去。不大的车队小跑着经过蒙托索利的海神尼普顿雕像*，他一只手拿着三叉戟，另一只手命令斯库拉和卡律布狄斯停止喧闹（其中一个愤怒地尖叫着，另一个徒劳地在空中抓来抓去），然后一行人驶向一处富丽堂皇的建筑群（palazzate），那是一幢幢巴洛克式三层房屋，带有宏伟的门廊，通向有树荫的庭院。庭院里，水珠缓慢地从斑驳的海豚和狮子铜像的嘴里滴下来。柠檬树栽在盆里，茉莉花爬上了墙。

马车拐进其中一处装饰华丽的门口，此时毫无疑问会有一群仆人蜂拥而来迎接。这所房子的主人唐·安东尼奥·鲁福，一个蓄着整齐胡子的人，会从带有奥维德《变形记》主题壁画的主楼层匆匆走下来，经过排列在楼梯间里
584 的古罗马皇帝半身像[22]，前来迎接他的朋友贾科莫·迪·巴蒂斯塔，停驻在箱子前面，看着里面的东西被拿出来。这是一幅巨大的画，顶部呈拱形，高约

* 指雕塑家乔瓦尼·安吉洛·蒙托索利（Giovanni Angelo Montorsoli，1507—1563）的雕塑作品《尼普顿喷泉》。——编注

6.5 英尺，宽约 5 英尺（或 8 掌 * 乘以 6 掌，西西里人喜欢用手的宽度来测量，而不是用脚的长度）。鲁福大声命令仆人们在搬运这幅又黑又亮的油画时要格外小心，虽然他的手下在这方面一定很有经验，因为他每周都在增加新的收藏品。拆开最后一层防护的麻袋布、棉绒和油布后，鲁福终于看到了伦勃朗的画作。这幅四分之三身长画作描绘了一名蓄须浓密、即将步入晚年的中年男子，他的脸部和上半身照得通明，穿着一件类似古代战袍的黑色无袖背心，背心下面有一件宽大的白色长袍，充满褶裥的巨大袖子伸展出来，沿着肩膀和前臂层层叠叠垂下，一直到手腕处才收紧。他头上戴着一顶平顶的宽边帽，遮住了布满皱纹的前额，但那结实的鼻子和颧骨，以及那双相当忧郁的黑眼睛，在金色的光线下清晰可见。人物的右手放在一尊古代胸像的头骨上，虽然鲁福是一位古代艺术鉴赏家，但他一开始没能认出这尊半身像是荷马。[23] 人物的左手小指上戴着一枚闪闪发光的金戒指，左手似乎在玩弄着挂在胸前的那条又大又沉的金项链。金项链的右侧挂着一枚大奖章，上面画着一个戴着头盔的头像。项链是用极其密实的厚颜料涂成的，上面有硬皮、凝块、珠子、水泡、结节，以及浓稠的混合颜料形成的突起，是画笔同时蘸取了白色和黄色再抹上去的，在画布上的有些地方甚至会达到四分之一英寸高。

胸像的后面是一堆书。所以唐 · 安东尼奥 · 鲁福认为伦勃朗画的是某种类型的哲学家，这幅画在 1654 年 9 月 1 日被正式列进了他的物品清单，标注的是“画家伦勃朗在阿姆斯特丹创作的半身长哲学家肖像［可能是亚里士多德或大阿尔伯图斯（Albertus Magnus）］”。[24] 伦勃朗的这幅画并不是唯一一幅鲁福无法确定人物是谁的画。物品清单中，关于另一幅作品是这样描述的：“要么是圣杰罗姆，要么是一位哲学家，左手食指指着一本书上的头骨。”[25] 但从这两个条目来看，似乎可以肯定，鲁福是在创建一个由古典时代、中世纪和现代的学者或哲学家组成的展厅，很像鲁本斯为他的朋友、出版人巴尔塔萨 · 莫雷图斯创建的展厅。鲁福再次提到这幅画是在 1661 年委托圭尔奇诺创作一幅与之相配的作品时，当时他已经认定画中的人物就是亚里士多德。

* 掌（palmi），古罗马长度衡量单位。——编注

伦勃朗,《亚里士多德思忖荷马半身像》, 1653 年。布面油画, 143.5 厘米 ×136.5 厘米。纽约, 大都会艺术博物馆, 莱曼收藏馆

最初的委托可以追溯到1652年，很可能是沿着画作由商船运输来的这条路线，只不过方向相反。鲁福曾请求他在阿姆斯特丹有商业联系的朋友巴蒂斯塔，去问问伦勃朗是否能给他画一幅半身的人物肖像。他会去寻找这位艺术家，本身就说明伦勃朗的名声在17世纪50年代已传播得很广。伦勃朗的学生们也为他的名声传播创造了途径。例如，塞缪尔·凡·霍赫斯特拉滕已经在维也纳成了名声大噪的宫廷画家，在视错觉领域有自己独到的研究，这种 586
手法在荷兰被称作“骗术”（deceits）。他也可能像其他在伦勃朗画室待过的人一样，有很多关于这位大师的故事要讲。首位用意大利语撰写伦勃朗传记的菲利波·巴尔迪努奇就是从丹麦艺术家伯恩哈德·谢尔那里获得相关信息的。可能还有其他同样遥远的伦勃朗帝国前哨在传播消息。

无论米开朗琪罗对北方艺术家的能力有多不屑一顾，毫无疑问，到了17世纪中叶，意大利人对他们的作品已经有了浓厚的兴趣。1624年，凡·戴克在那不勒斯工作，画了一幅《圣罗莎莉亚与十一位天使》（*St. Rosalia with Eleven Angels*，现藏于纽约大都会艺术博物馆），而可以复制的版画也已经让鲁本斯作品的名声传遍了整个意大利和欧洲其他地方。安东尼奥·鲁福于1636年搬进了自己的大宫殿，到1649年已经积累了166幅各种题材的绘画作品，收藏蔚为壮观。他还拥有卢卡斯·凡·莱登的版画，伦勃朗也曾准备花大价钱收购这位艺术家的作品。然而，意大利赞助人中可能只有少数人知道伦勃朗的油画作品。据说，伟大的罗马收藏家，包括巴尔贝里尼（Barberini）、朱斯蒂尼亚尼（Giustiniani）、奥尔西尼（Orsini）以及佛罗伦萨的美第奇家族，都拥有过他的作品，包括他的自画像。但是伦勃朗在意大利乃至整个欧洲的声誉，其实主要来自他的蚀刻版画，这些画受到人们的赞誉、追捧和模仿。例如，热那亚艺术家乔瓦尼·贝内代托·卡斯蒂廖内（他也曾在那不勒斯工作过一段时间），由于十分欣赏这位荷兰艺术家在17世纪30年代创作的蚀刻自画像的大胆风格，他甚至将自己描绘成意大利的伦勃朗，戴着时髦的饰羽帽，留着海盗式的髭须，脸上还带着几分对抗的表情。

卡斯蒂廖内那幅明显带有伦勃朗特色的自画像，可能借用了这位荷兰艺术家早已形成的形象，即虽然会按照赞助人的要求做事，但不会阿谀奉承。

乔瓦尼·贝内代托·卡斯蒂廖内,《自画像》,约 1650 年。蚀刻版画。私人收藏

事实上，出了名的难相处的画家萨尔瓦多·罗萨（Salvator Rosa）也采用了这种形象，他是另一位深受鲁福赞赏且后来被鲁福聘用的画家。很难说鲁福在 1652 年最初下达作品委托的时候是否考虑到了这一点。我们也不知道他是特地要求伦勃朗画一位哲学家，还是只要求画一幅“半身像”。(他收到的成品更接近四分之三身长，现在大都会艺术博物馆展出的版本是缩减过的，原本更长更宽。）多年来，人们一直在猜测这个人物的身份，有人说是 17 世纪的意大利诗人托尔夸托·塔索,也有人说是荷兰诗人彼得·科内利松·霍夫特。[26]（只不过，很难想象为什么伦勃朗会觉得西西里的赞助人会想要一幅荷兰作家

的肖像。）尤利乌斯 · S. 赫尔德（Julius S. Held）在一篇有名的文章中论述道，挂在金链上的大奖章上那个戴着头盔的人物一直都被认为是亚历山大大帝的典型形象，他代表了画中的第三位重要人物，把哲学家和诗人联系在了一起。[27]
亚历山大大帝小时候是亚里士多德最著名的学生，据说非常崇敬荷马，甚至 587
会把这位失明的吟游诗人的作品放在床边。根据普鲁塔克所写的传记，当时的人们还普遍认为，亚里士多德专门为亚历山大准备了新版《伊利亚特》，以便这位年轻的统治者能从诗人那里学习战争的艺术。哲学家右手触摸这尊胸像，象征着已故的不朽学者和在世的学者之间的关系，就如同鲁本斯的《四位哲学家》中，将塞涅卡的胸像与具有同样忧郁气质的利普修斯肖像放在一起那样。[28] 在赫尔德看来，金项链是在暗示《伊利亚特》中写的“存在的金链”，因此把这三位人物联系在了一起，三者互相崇拜。

人们认为，荷马和亚里士多德都不是在和平及繁荣中结束生命的。荷马这个名字本身就意指目盲，而伦勃朗也在接受鲁福委托的那一年，在扬 · 西克斯的《潘多拉》友人图册上画过荷马的素描肖像。人们常常想象荷马遭受了各种磨难，最著名的是他在库迈（Cumae）经历的屈辱。当时荷马承诺，如果该城给予他赞助，他将以他的诗歌使这座城市名扬四海。然而，当地人担心城里会涌进一群乞讨面包的贫困而虚弱的诗人，因此拒绝了他的提议。亚里士多德在他的友人或侄子卡利斯提尼斯（Callisthenes）因叛国罪被亚历山大处死后，也陷入了极大的磨难。虽然亚里士多德本人活了下来，但在亚历山大死后，他因为与马其顿王朝关系过于密切而受到了迫害，并被阿雷奥帕古斯山（Areopagus）[*] 的审判官判处了死刑。流放中，他死在了埃维亚岛（Euboea）。

因此，亚里士多德脸上的忧郁表情，可以合理地理解为他对荣耀之短暂和世俗命运之变幻无常的“沉思”。他的手指穿过沉重的金链，似乎就是在“讲述”自己的故事，从亚历山大给他的荣誉到历经耻辱，再到被流放。鉴于伦勃朗对艺术家与观众之间关系的态度日益矛盾，尤其是他会对艺术中的“蠢

* 指代古希腊雅典的最高法院。——编注

驴们”进行粗俗讽刺的表达，因此赫尔德的解读仍然十分有道理。它甚至可
588 以涵盖一种典型的伦勃朗式悲剧构思，将两种盲目进行对比：荷马既已失明，
公众舆论更是愚昧盲目。

但这个人真的如鲁福坚信的那样，是亚里士多德吗？保罗·克伦肖注意到，毕竟，还有另一个重要人物是伦勃朗认同的（正如他那幅讽刺素描所示），且也遭受过权势反复无常的折磨。这个人当然就是阿佩莱斯。阿佩莱斯一直是亚历山大个人最喜欢的艺术家。在 17 世纪，相比于亚里士多德，阿佩莱斯更常与荷马联系在一起，两人分别被（比如凡·曼德）誉为绘画和诗歌天才的典范。虽然画面中没有任何特征能够表明他身为画家的职业，但其他“王子里的画家”——提香和鲁本斯也是如此，他们（与伦勃朗不同）都曾被授予象征荣誉的金链。在这一点上，伦勃朗笔下描绘的自己既可能手中握着画笔，也可能没有握着画笔。伦勃朗为角色穿上了华丽的丝绸，这是一套近乎帝王的黑白服饰，既适合尊贵的皇室宠儿，也适合哲学家。书籍的存在［和伦勃朗为艺术家扬·阿瑟莱恩（Jan Asselijn）制作的蚀刻肖像中一样］常常也表明，绘画巧匠本也是“博学的画师”（pictor doctus），是一位学者。此外，要记住，在伦勃朗创作这幅画的 1653 年，为歌颂诗歌和绘画之间的相互欣赏而建立的阿波罗和阿佩莱斯社团举办了宴会，也是从这一年开始，人们可以看到伦勃朗把大胆的灵感碎片逐渐汇聚在一起。

伦勃朗似乎缺席了“阿波罗和阿佩莱斯”节日庆典的开幕盛会（也许是因为荣誉宾客约昂·海德柯珀所属的政治派系是和伦勃朗大多数赞助人相对立的），但这并不能削弱这样一种可能性：伦勃朗画作中这个沉思的人物很可能是一位画家，而非像鲁福以为的那样是一位哲学家。伦勃朗很有可能是在利用这个机会来宣称，真正体现了阿佩莱斯的遗产的是他，而不是那些自称代表“古典”品位的庸人——霍弗特·弗林克、尼古拉斯·凡·赫尔特·斯托凯德（Nicolaes van Helt Stockade），等等。随着光线明亮和轮廓鲜明的绘画风格在阿姆斯特丹逐渐流行，伦勃朗可能有意地想要去证明自己的绘画风格比其他人的更接近这位希腊大师。他的方法就是画一幅阿佩莱斯的画像，其中精确地融合了普林尼指出的阿佩莱斯之天才的标志性特征，而这些特征却

开始被抨击为一种自我陶醉的“粗糙”与晦涩。当然，在接下来的一年里，他会再次使用这种绘画主体与绘画技巧之间的搭配，也就是《沐浴的亨德里克耶》中那种流畅而随意的笔触，以及扬 · 西克斯肖像中的“松散”和精心设计的冷漠。

在普林尼讲述的关于阿佩莱斯职业生涯的各种故事中，他特别提到了这位画家的技巧特质，这是使他成为希腊古代至高无上的画家的关键。这些特质，在这幅藏于大都会艺术博物馆的画中都清晰可见。首先，阿佩莱斯笔下的亚历山大肖像手握雷电（用 20 塔兰特*重的黄金制成），手指似乎快要从画 589
的“表面伸了出来”。以金链的形式，伦勃朗亲自制作了这一道金黄的元素，而他的亚历山大形象则也透过密集的雕琢“凸显”而出。其次，据说阿佩莱斯只使用四种色彩（黑、白、赭色和土红）来调色，就可以达到期望的绘画效果。在 17 世纪 50 年代，伦勃朗大部分时候也只使用这四种颜色。第三，据说阿佩莱斯使用了一种薄得几乎看不见的黑色清漆，这种清漆能使鲜艳的色彩变得柔和，甚至会使其在远处看起来显得暗淡。伦勃朗没有使用“黑色清漆”，但他小心翼翼地把底层颜料弄薄，当然是想要微妙地调和明暗之间的对比，尽管这幅画中的色彩看起来十分明亮。最后，正如普林尼讲述的那样，虽然阿佩莱斯很欣赏自己的竞争对手普罗托耶尼斯（也许在伦勃朗的心中，这个竞争对手就是霍弗特 · 弗林克，当时已经有人称赞他为“阿佩莱斯 · 弗林克”）“细致而又费力”的风格，“但在某种意义上，他站得更高，[因为] 他知道什么时候应该把手从画上拿开”。[29]

画中最能表现出伦勃朗这种“未完成”或“粗糙”风格的，莫过于那对巨大的袖子。用大而化之、急切的笔触涂抹颜料，这正是高度精细的古典主义倡导者最不喜欢的。实际上，对伦勃朗晚期绘画风格最早也最尖锐的抨击之一出现在 1670 年，也就是画家去世一年后，来自当时住在罗马的老彼得 · 勃鲁盖尔的曾孙亚伯拉罕 · 勃鲁盖尔（Abraham Breughel），他对比了“试图展示美丽的裸体，以让人从中看出他们的素描功底”的“伟大画家们”和

* 塔兰特（talent），古希腊和古罗马人使用的重量和货币单位。——编注

“一位试图用笨拙的深色外衣来遮盖人体的无能画家……这种画家只把轮廓描绘出来，所以大家都不知道能从中看出什么”。[30] 亚伯拉罕·勃鲁盖尔说这话时心里想的是谁显而易见，因为就在五年前，也就是 1665 年 5 月，他曾在罗马明确告诉鲁福，“伦勃朗的画作并没有受到高度重视”，尽管它们作为肖像画受到了很高的赞誉。[31]

伦勃朗在安德里斯·德·格雷夫和迭戈·德·安德拉德的诉状中，已经听过这种批评了，说他又没能为画中人物画出一幅清晰的、令人满意的肖像（与惠更斯的嘲弄相呼应）。除了把阿佩莱斯描绘成另一个自我，还有什么更好的办法能为自己辩护，同时又对自己绘画上的能力分毫不让呢？他的手抚着荷马的头颅（这位诗人就是以其富有表现力的粗犷风格而著称），深刻地思考着名望的短暂和品位的浅薄。而如果主体人物不是亚里士多德，那么雕着亚历山大头像的奖章吊坠的意义也会变得不同。因为阿佩莱斯比他伟大的赞助人活得更久，去了他曾经的帝国的一些地方，比如以弗所和亚历山大港，国王在这些地方都留下过自己的印记。虽然他越来越依赖像托勒密这样的赞助人，但这些人只是亚历山大大帝的一个微弱的影子。因此，除了别的许多含义之外，这幅画也可以被看作是对帝国权势转瞬即逝的哀思。

590 当然，既然鲁福明确表示对这幅哲学家肖像很满意，而且确实支付了应付伦勃朗的 500 荷兰盾，那这位阿姆斯特丹艺术家也就没有理由再去纠正赞助人了。（甚至有可能，如保罗·克伦肖指出的那样，由于鲁福那封涉及随后的画作且明确提到一幅“亚里士多德”肖像的信件，是寄给荷兰驻墨西拿大使的，而非寄给伦勃朗，所以伦勃朗一直都不知道这位西西里人对画作有过错误的理解。）鲁福随后又从伦勃朗那里订购了两幅作品，分别是一幅亚历山大大帝的肖像和一幅荷马的肖像，这两幅作品实际上都是从原画中分离出来的，都进行了半身长的处理。在伦勃朗的心中，这两个形象倒是既可以和阿佩莱斯相配，也可以和亚里士多德相配。当伦勃朗把他的画作《亚历山大》（*Alexander*）连同一幅拟画的《荷马指导学生》（*Homer Instructing His Pupils*）素描草稿一起运出时，他已经破产了，失去了房子和大部分的藏品，所以按理说，他不会冒着失去像鲁福这样一位重要赞助人的风险，去试图消除某种误解。不过，伦勃朗准备好了要冒其他的风险。因为等到鲁福查收这幅《亚历山大》的时候（也许查收过，但不能肯定，这幅画现在藏于格拉斯哥）[32]，他就会看到，这幅油画是由四块独立的画布缝合在一起的。实际上，就像鲁本斯一样，伦勃朗以前也会随着对构图的想法发生变化而扩大画布，但并不会损害作品的质量。《夜巡》，以及扬 · 西克斯收藏的杰作《讲道的施洗者圣约翰》，都是使用了这种扩大的画布。也许，伦勃朗再次效仿鲁本斯的做法，是想要炫耀自己能够使多块画布产生惊人的整体效果，以至于衔接部位几乎看不出来。

在一段时间里，确实看不出来，因为鲁幅收到《亚历山大》画像十五个月之后才寄出一封牢骚满腹的信。伦勃朗在他的发票上附了一张字条，上面轻描淡写地写着，这幅画大小合适，是 6 掌乘以 8 掌，“价格（500 荷兰盾，另加 123 荷兰盾的包装、运输、海关、保险费用）对先生来说恐怕不是什么沉重的负担”，然而，一旦绘画材料的缺陷被发现，这些话大概是起不到什么作用了。[33]

也许鲁福一旦发现了伦勃朗的投机取巧或者说是卑鄙的行径，便立即变得非常愤怒，因为他已经委托圭尔奇诺为《亚里士多德思忖荷马半身像》创作了一幅搭配的作品。圭尔奇诺看到了这幅画的草图，以为上面画的是一位“面相学家”，因为这个人在用手摸骷髅，仿佛在宣传自己的职业，所以他为鲁福画了一幅《地理学家》（*Geographer*）与其配对，因为测绘地图正好可以和测量人类头颅相对应！伦勃朗付出的努力经年累月，相较之下，圭尔奇诺虽然无疑很重视而且可能也拥有过伦勃朗的蚀刻版画，但却只用了几个月的时间就完成了那幅画作，而且为了满足鲁福的要求，特意不合时宜地回到了他早期那种明暗对照的风格，这样也更能与那位阿姆斯特丹艺术家的风格相称。鲁福设置了一个小展厅，里面陈列着描绘英雄和思想家的作品，和列支 591
敦士登亲王委托胡塞佩 · 德 · 里贝拉（Jusepe de Ribera）绘制的那些作品类似，而《亚里士多德思忖荷马半身像》是其正中央的一幅，这是对伦勃朗的极大恭维。尽管如此，鲁福第二次委托时，却被这位阿姆斯特丹画家如此随意地对待，他必然会感到特别恼火。

伦勃朗，《穿盔甲的男人（亚历山大？）》，1655 年。布面油画，137.5 厘米 ×104.4 厘米。格拉斯哥，格拉斯哥艺术博物馆

唐·安东尼奥于1662年11月1日寄出了一封信，毫不掩饰自己的不满。它是通过驻墨西拿的荷兰领事扬·凡·登·布鲁克（Jan van den Broeck）寄出的，这位领事的意大利语名字叫作瓦伦布洛特（Vallembrot），正在前往阿姆斯特丹的路上。一到阿姆斯特丹，他就找到了艾萨克·茹斯特（Isaac Just），后者可能是伦勃朗和墨西拿贵族之间的中间人。凡·登·布鲁克告诉茹斯特，唐·安东尼奥对收到的作品非常不满。唐·安东尼奥抱怨说，《亚历山大》是由四块分开的画布缝在一起的，接缝“可怕得难以言表”，让人无法接受。在他收集的两百幅欧洲最好的画中，没有一幅是这样拼凑起来的。很明显，这幅肖像最初只有头部，而不是他委托且付过钱的半身长肖像。而那个头像，说不准在早先就已经画完了，后来只是在下方增添了画布使其变长。然后，为了避免给人留下又长又窄的印象，又在两侧各加了两条画布，将画面放大了。要弥补所有这些缺陷，伦勃朗认为合适的办法是，在这幅零零碎碎的《亚历山大》旁再加上一幅荷马的画像，至少它是画在一张独立的精美画布上的。但画得还不够。事实上，那幅画显然是半成品（mezzo finito）。[34]

那么，如何处理这些有缺陷的货物呢？那幅荷马像将立即运回阿姆斯特丹，让伦勃朗把它完成。如果伦勃朗真的希望唐·安东尼奥接受目前条件下的《亚历山大》，那他至少得准备好降价一半，因为他要求的价格是“意大利最优秀画家所要求价格的四倍以上”。但是，既然伦勃朗不可能对“如此昂贵却有如此多缺陷的画”留在鲁福家中的精品展厅抱有期望，他就应该准备好重画这幅画，否则就把它拿回去，退还已经付的钱。

荷马像回到阿姆斯特丹之后，伦勃朗写了一封回应的信，目前只保存了为鲁福翻译的意大利语版本，但译本忠实保留了原文的力量。这并不是一封低声下气的道歉信。

> 看到有关“亚历山大”的文字，我十分震惊，因为作品本身实在画
> 得很好，我只好认为墨西拿没有太多热爱艺术的人（amatori）。我也很惊 593
> 讶，阁下竟然对画作价格有这么多怨言，但如果阁下愿意把它和荷马的素
> 描（schizzo）一同送回我这里，我会再画一幅亚历山大像的。至于画布，

> 是因为我画的时候不够用了，所以必须加长，如果在日光下悬挂恰当的话，是没有人会注意到的。
>
> 如果阁下认为亚历山大像现在这样就行，那就太棒了。如果您不想留着，那么600弗罗林也是很不错的数额。荷马像则是500弗罗林加上画布的开销，要知道，一切费用均由阁下承担。既然已经达成了协议，烦请告知我您所期望的尺寸。等待着您的回复以及问题的解决方案。[35]

既然鲁福已经对这位被公认为其时代最伟大的画家的蹩脚作品感到失望，很容易猜想，他在读到伦勃朗的回应时必定气得七窍生烟。但事实上，画家和赞助人之间的关系并没有破裂。也许伦勃朗更充分地向鲁福解释了他的工作方法，因为无论《亚历山大》多么不令人满意，它都没有被送回阿姆斯特丹。当鲁福收到完成的荷马画像时，他大概感到很满意。鉴于伦勃朗在信中提到了“素描”，也可以认为鲁福误把测试的样品当成了成品（也是可以理解的，毕竟他对《亚历山大》一事很生气）。

然而，鲁福收到《荷马指导学生》之后，却非常高兴地继续委托其他艺
594 术家来画和指导主题有关的作品：马蒂亚 · 普雷蒂（Mattia Preti）的《校长第欧根尼》（*Diogenes the Schoolmaster*）；萨尔瓦多 · 罗萨的《哲学家阿基塔斯和他的鸽子》（*The Philosopher Archytas with His Dove*）；还有在清单中由贾钦托 · 布兰迪（Giacinto Brandi）作的名为“要么是圣杰罗姆，要么是一位哲学家，左手食指指向一本书上的头骨”的一幅画。和圭尔奇诺的《地理学家》一样，这些画都没有保存下来，荷马画像也被火烧毁了，四面都受到了侵蚀，现在只存一个残片。

凭借寄给鲁福征求他同意的那幅初步草图，我们有可能重现这幅画最初的样子。这幅作品展现了伦勃朗不寻常的技法，他使用棕色印度墨水绘制，并在部分区域加上白色的高光。画面中，盲眼的吟游诗人一手持拐，另一只手在上下摆动，似乎是为了保持他的吟唱节奏。一道明亮的光线落在荷马的右肩，并照在他的脸上。但光线继续穿越画作，传播到了坐在书桌前的学生那里，学生的眼睛聚精会神地看着老人，这是伦勃朗关于“启迪”的一种美

伦勃朗,《荷马指导学生》，约 1661 至 1663 年。钢笔与墨水素描。斯德哥尔摩，瑞典国家博物馆

丽且具象的想象。

毛里茨之家博物馆藏的那块残缺不全的油画，已经失去了大半，但也保留了不少重要的片段，可以看出伦勃朗对描绘的这位叙事者明显怀有深厚的敬意。伦勃朗又一次用笔法传达了人物的本质：他的形象质朴而又饱含力量，手部动作夸张生动；他的身躯散发出一种威严的气质；吟游诗人的外披既没有明确的轮廓也无华丽的装饰，但却闪烁着某种诗意的光辉。如那幅亚里士多德 / 阿佩莱斯画像中对荷马胸像的演绎一样，伦勃朗故意让荷马的眼睛陷在阴影里。但在这张画中，光线足够让我们看清这双眼睛，虽然手的部分画得很粗犷、笔触很简略，但伦勃朗在画眼睛时却下了很大功夫。凹陷的眼窝被打凿得很深，眼睑的边缘有灼烧感；上眼睑被遮住，下眼睑的边缘有一道微小的高光。眼球本身是黑色的，毫无生气，好像不能反射任何光线。但在这五官之上，在诗人闪光的头颅中，许多奇幻的景象正在酝酿。

伦勃朗，《荷马指导学生》，1663 年。布面油画，108 厘米 ×82.4 厘米。海牙，毛里茨之家博物馆

3. 牺牲

伦勃朗的麻烦不请而来，一开始好像沉重的雨滴击打在干燥的窗楹，只 595
是使人一时陷入慌张而已。

但随后雨滴却汇聚成了暴风雨。1653 年 2 月 1 日，一名公证人出现在伦勃朗的住所，正式向他提交了一份财产欠款声明。这份声明是克里斯托弗尔 · 泰斯准备的，很明显，虽然伦勃朗为他的乡村别墅创作了蚀刻版画，还送给了他一些画作，但却并没能平息他的怒火。他多半觉得自己已经够有耐心了。伦勃朗曾允诺在五到六年的时间内付清欠款，但对于何时支付还做了些“在合适的时机”之类的模糊约定。而现在，十四年已远超出了“合适”的任何定义，克里斯托弗尔 · 泰斯的耐心已经达到了极限。这一年早些时候，也就是在 1 月，他还要求过缴纳转让税，然后才把这份声明交给了伦勃朗。包括利息和税在内，整个账单达到了 8470 荷兰盾 16 斯图弗。“如果再拖延，”声明中严词警告，“出于迫切的理由，我们将提出抗议，并采取必要的措施，在法官大人面前提出索赔所有费用、附加利息以及损害赔偿金。”[36]

为了至少履行其中一部分义务，伦勃朗签署了两笔数额不菲的贷款。第一笔来自科内利斯 · 维特森，这位贵族上尉曾出现在凡 · 德 · 赫尔斯特为庆祝《明斯特和约》而画的火绳枪兵队群像中。他借给了伦勃朗 4180 荷兰盾，并让艺术家在地方法官面前留下了宣誓声明，保证在一年内还钱。抵押品是伦勃朗的全部财产。尽管维特森并不属于 1650 年后掌控阿姆斯特丹的主要摄政者圈子，也就是德 · 格雷夫家族和海德科珀的势力范围，但他的声望正在重新崛起；在借钱给伦勃朗几周后，他就被选为了四位市长之一。其他的城市巨头明显已不再青睐伦勃朗（尤其是在委托装饰新市政厅一事上），所以就像加里 · 施瓦茨认为的那样，维特森可能只是故意把伦勃朗当作表达自己品位的一枚棋子，以提升自己的政治前景。[37] 在 17 世纪中叶的阿姆斯特丹，一名贵族要想再上一层楼，就必须扮演赞助人的角色。不过，伦勃朗本应对科内利斯 · 维特森多长个心眼。那个把维特森描述为酗酒醉汉的尖锐的墓志铭作者*，认为他也是一个吸血者和伪君子，“一位不受欢迎的治安官，只想榨干自己的社区……却声称自己并不是冲着钱来的，而是被迫担任了这个职位”。[38]

但是在 1653 年春天，伦勃朗并没有挑剔债主的话语权。西克斯为他提供了 1000 荷兰盾的无息贷款，这无疑是友谊的象征。但他手头仍然很拮据。他又从伊萨克·凡·赫茨贝克（Isaac van Hertsbeeck）那里借了 4200 荷兰盾，和维特森的贷款一样都是一年后到期。[39] 难怪整个 1654 年他都在飞快狂躁地画画！

如果他的船回来了，也许一切都可以好起来。但事与愿违，他向破产清算专员提交了“放弃财产”（cessio bonorum）的申请书，上面写着他遭受了“海上损失”和“业务损失”。[40] 发生了什么事？他是不是把钱投资在商船上，结果它在与英国人的海战中被俘了？船是随同运载的香料一起沉没在了万丹海峡（Bantam Straits），还是被好望角呼啸的海风卷走了？而且，伦勃朗到底是怎么花掉了提图斯继承自萨斯基亚的那份遗产——整整 2 万荷兰盾？为了那几只陶瓷制的食火鸡，花了多少钱？毕竟，尽管比起最炙手可热的画家，伦勃朗这时的名气已经低了一两个等级，但他也还没有完全陷入默默无闻的境地。他的画作由商人约翰内斯·德·雷纳尔梅（Johannes de Renialme）代理，其中一幅《基督与被抓住通奸的女子》估价为 1600 荷兰盾，算得上价值不菲。但这幅画是在 17 世纪 40 年代早期完成的，还用的是那种名贵的手法，充斥着足以引起趣谈的细节以及奇特而精巧的建筑和服装。现在，他感兴趣的是一些不那么花哨的东西。1654 年初，雷纳尔梅和另一位交易商罗德维克·凡·鲁迪克（Lodewijk van Ludick）试着帮助他把另一幅画卖给代尔夫特的一位公证人。[41] 当卖家得知买家还得等一宗破产诉讼中的款项到账才能付款时，这笔交易宣告破裂，因为卖家开始对自己能否收回款项感到担忧。但无论如何，这笔交易附加了一个奇怪的条件，那就是，有关各方都不得向任何人透露此事，一个字也不行，“尤其是不能透露给扬·西克斯”。这真是桩怪事，因为西克斯慷慨地向伦勃朗提供无息贷款的时候，商人凡·鲁迪克还

* 见本书第 727 页。——编注

做过担保人呢。也许就是由于这个缘故吧!

这笔交易本身疑点重重,为伦勃朗经济上的崩溃埋下伏笔。拿到这三笔贷款之后,伦勃朗终于还清了房产转让税和房契的金额。但现在,他又欠了几位新债主一大笔债,而其中一些债主,比如维特森,可不是宽宏大量之徒。毁灭的漩涡将他越缠越紧。他想挣扎着寻找出路、寻求解脱时,却感到施加在他身上的压力越来越大。到了 1655 年底,他开始采取谨慎的措施来保护家人,以防最坏的情况发生。他不得不让现年十四岁的提图斯立下遗嘱,写明如果自己比父亲早死,萨斯基亚留下的遗产将归伦勃朗所有。文件声明道:
"遗嘱人不希望留下的任何物品由其母亲一方的任何亲属继承,除非其父亲特 597
别允准。"[42]

12 月,伦勃朗在卡弗街的帝国皇冠酒店(Emperor's Crown Inn)租了一个房间,这是一座宏伟的三层建筑,正面有盾形纹章和雕塑。他在这里把一些物品展示出售,其中主要是艺术品。出售得到的收入很少,让他陷入了失望和痛苦,在接下来的艰难岁月里,这只是他面临的众多打击之一。毁灭就摆在他的面前。无论是惠更斯还是执政,无论是扬·西克斯还是科内利斯·维特森,着实没有一人能把他从债务的深渊中解救出来。

1656 年 5 月,伦勃朗把房子的所有权转移给了提图斯,想要保下这所房子,免受自己债务的拖累。这种操作虽然是合法的,但却会受到道德上的谴责,很快便激怒了他的债权人,他们不想眼睁睁看着自己的抵押品消失,威胁要采取进一步的法律行动。7 月,灾难临头的伦勃朗就像司提反迎接石刑时一般无畏。为了防止债权人采取进一步的法律行动,他向海牙的荷兰高等法院提出了"放弃财产"的申请。这是一种破产形式,健全公民因非自身的过错而遭受了经济损失时,经法院认定而授予。伦勃朗声称他在海上损失了一大笔财富,而法院一定是相信了这番说辞才通过了"放弃财产"申请,保护他免遭进一步的个人索赔。然而,表面仁慈的法律还是无情的。现在,艺术家必须把自己所有的物品和财产,包括动产和不动产,都上交给废弃财产委员会的破产专员处理,并用累计的资产建立一个特别账户,与债权人进行清算。从此以后,伦勃朗实际上就成了他们的受监护人,不得不牺牲自己的自由和尊严。在“放弃财产”的申请通过十二天之后，由商人、律师、地方官员和健全市民组成的五人委员会一同任命了监护人，并勒令资不抵债的艺术家把自己的作品拱手转让给那个人。他叫作亨里克斯·托基纽斯（Henricus Torquinius），连名字本身都是对浪子行径的谴责。1656 年 7 月下旬的一个早晨，他和下属职员一同来到伦勃朗的房子，开始清点房子里的所有东西，从挂在前厅的“阿德里安·布劳沃绘制的一幅小型糕点厨师肖像”开始，到洗衣房里的“几条衣领和护袖”结束，总共 363 件物品。

当他们在房间里走来走去，拉开衣柜、壁橱和抽屉，打开素描和版画画册，拿着羽毛笔在纸上忙碌地写着，职员们在墨迹斑斑的清单上撒沙子的时候，伦勃朗有没有抬起过头来看？或者他藏在工作室里，继续画着画，好像这一切都不值得一提？又或者，他会面对着列清单的人，两手叉着腰，穿着工作室的外套，戴着高高的帽子，表情既坚定又略带轻蔑，就像他在这段时间画的一幅自画像（见第 708 页）里那样？令人惊讶的是，现在无情地席卷了伦勃朗的厄运，并没有削弱他的创造力。在 1655 年和 1656 年，债主们敲着这座奢华住宅的门，破产专员清点了堆积着的各种不可思议的物品，疯狂
598 地把它们全都记录了下来，但也是在这两年，伦勃朗创作出了一系列最具原创性也最震撼人心的画作。

这些作品中，最具感染力的是对介于乐观与死亡之间的阴影地带的描绘。一具剖开内脏的牛尸呈大字形状展开，绑在木梁上，一名厨房女仆正从尸体后面凝视着——这种生与死的对比，我们可能在伦勃朗的《女孩与死孔雀》中见过，但这一回牺牲的力量更加强大。在 17 世纪 30 年代晚期，伦勃朗身处的画家圈子里，曾有个人画过一头非常类似的《被屠宰的公牛》
599 （*Slaughtered Ox*）。那幅画作对牛的肋骨、内脏、脂肪、肌肉和隔膜的描绘如法医般细致，也让整具牛的尸体散发着可怕的光芒，而伦勃朗的画笔则像屠刀一样挥向牛的身体。他的笔触短促而密集——削、剥、砍、剪、剐。这些怒不可遏的笔触加在一起，产生了可怕的结果，既展示着这造物的死亡，同时又赋予了它鲜活的气息，它像一位遭到俘虏的殉道者，被剥皮和肢解，在痛苦中挣扎。毕竟，这幅画的创作时间是 1655 年，对画室之外的伦勃朗

伦勃朗，《被屠宰的公牛》，1655 年。木板油画，94 厘米 ×69 厘米。巴黎，卢浮宫美术馆

来说绝不是个好年头。他是想到了梅尔滕·凡·海姆斯凯克的一幅版画吗？伦勃朗可能拥有过这幅画，画中用屠杀一头肥牛的场景，来象征回头浪子重获父亲的宽恕。[43]或者，他只是沉浸在悲剧的自我映射之中（就像他在《猎人与死鹭》中所绘）：一个正在殉道的人，悬在生与死之间。他的家庭财产在秋季出售时只收获了1322荷兰盾15斯图弗。他的欠款有13 000荷兰盾，还要算上20 000荷兰盾留给提图斯的遗产。难怪他会感觉到好像翅膀被剥皮，骨头上挂着钩子一般。

在《波兰骑士》（*The Polish Rider*）中，一匹瘦骨嶙峋的灰马在阴郁的天光下小跑着，英俊得出奇的年轻男子高高地坐在狭窄的马鞍上，向前倾身，膝盖紧紧地向上抬起，以便把脚放在短短的马镫上，这画面同样让人感到不安。动物的存在如同幽灵一般，表面生龙活虎，却不知怎的显得死气沉沉。某种动物的皮毛搭在马的臀部作为鞍垫，一角卷曲得好像猫爪。没有胡子的男子，朝着他支起的胳膊肘方向望去，从我们身边跃过，右脸上好像突然划过一丝忧虑。他也是一位无辜的牺牲者吗？

无论如何，他肯定是波兰人（或立陶宛人），而且一定是伦勃朗画了这幅作品。[44]我们可以肯定，不管是谁委托创作了这幅画，都不可能有意想让它具有这般凄美的宿命气息，画中人像一朵红润的青春之花，正勇敢地奔向某种模糊的命运，正是这种宿命感，吸引了一代又一代人去观摩这幅现位于弗里克收藏馆的作品。关于《波兰骑士》有过很多种解读，一种解读把它看成是浪子回头的形象；另一种则认为它是在一部有关帖木儿的戏剧中扮演男主角的演员肖像（穿着过时的波兰服饰）；还有人则认为画的是基督战士（miles christianus）的化身，一位勇敢面对基督教敌人、性格温驯的完美骑士；但更有可能的情况是，某个立陶宛贵族家族委托伦勃朗给他们正在荷兰共和国学习的一个年轻的儿子画了这幅肖像。[45]只有懂马的绅士才会知道如何正确地用波兰风格来驾驭一匹马，上身不是坐得笔直，而是向前倾斜，右手要向后蜷曲，抓着战锤（buzdygan）的末端，左手则紧握住缰绳。[46]

在17世纪50年代，出身名门且富有的荷兰贵族也想要拥有描绘自己骑马姿态的肖像画，多德雷赫特的阿尔伯特·克伊普（Aelbert Cuyp）等艺术家

伦勃朗，《波兰骑士》，约 1655 年。布面油画，116.8 厘米 ×134.9 厘米。纽约，弗里克收藏馆

便开始满足他们的需求。但这些画作，以及伦勃朗和一名学生在 1663 年为弗雷德里克 · 里海尔（Frederik Rihel）所画的骑马肖像，都与这幅《波兰骑士》中的服饰、盔甲和马匹毫无相似之处。这一定是一次相当特殊、甚至有 600
点奇特的委托，很可能是亨德里克 · 凡 · 优伦堡帮伦勃朗找到的。他在波兰出生长大，在那里仍然有许多生意和家庭关系。此时已六十多岁的凡 · 优伦堡，自己的财务管理也不是非常审慎。自从搬出布里街的房子以来，他一直过着吉卜赛式的生活，在达姆广场附近租了一幢房子，一直到新市政厅开始建设，他才不得不离开，搬到了位于西市场（Westermarkt）和王子运河交叉的街角

处的另一栋出租房里。伦勃朗资不抵债的同时，他也拖欠了这座城市 1400 荷兰盾的租金。把能赚钱的生意送给伦勃朗，他自己也能从这笔交易里获得佣金，就和二十年前他们还是合伙人时一样。

凡·优伦堡懂波兰语，所以自然能够联系上许多住在阿姆斯特丹的东波罗的海商人，他们中的一些人就在证券交易所做生意。[47] 他大概还认识一个住在斯哈彭巷（Schapensteeg）的人，那人的房子叫作“波兰骑士宅邸”，外墙有一块装饰用的石头，刻画的是一位骑士，穿着带绗缝和纽扣的长外套，也就是祖潘（zhoupane），手肘自腰间伸出。[48] 然而，委托画《波兰骑士》的赞助人可能来自不同的波兰人阶层，他们在荷兰共和国内有自己显赫的身份和代表，即那些土地丰厚的贵族家族。来自其中一个贵族家族的米哈尔·奥金斯基（Michal Oginski），立陶宛的大赫特曼（Grand Hetman of Lithuania），在 1791 年把这幅画送给了波兰国王斯坦尼斯瓦夫·奥古斯特（Stanislas Augustus*），还附上了一封诙谐的信：“陛下，我为您呈上一个哥萨克人，伦勃朗让他骑在了马上。这匹马和我在一起的时候，吃了 420 德国古尔登。陛下公正慷慨，所以我相信橘子树也会开出同样灿烂的花朵。”[49]

亨德里克·凡·优伦堡很了解这些人。他的父亲赫拉德和兄长龙布在克拉科夫和格但斯克都与波兰的众议院贵族（szlachta）有过直接往来，而且向他们供应着其生活必需的奢侈品。他们拥有众多农奴，拥有古老的波罗的海森林，还管辖着数千英亩田地，那里生长着金色的小麦和银色的黑麦。这些身着长袍的富豪，一直都把自己想象成萨尔马提亚战士、马背上的王子、擒拿猞猁和野牛的猎人，尽管他们也为自己建造了带有壁柱的意大利风格别墅，其中摆放着佛兰德挂毯、荷兰镀金皮革和瓷砖、土耳其地毯。波兰国王和立陶宛大公必须先征得他们的同意，才能为自己加冕。他们也会把自己的儿子和未婚的兄弟送上轻盈迅捷的东方战马，组成骑兵部队，在战场上迎战土耳其人，这对他们来说是一件值得骄傲的事。许多这样的大亨家族仍然笃信新教［其中的一些人甚至是索齐尼浸礼派（Socinian Baptists）教徒］，正是这些

* 亦写作 Stanisław August。——编注

家族，尤其是立陶宛的奥金斯基（Oginski）家族，会把他们的儿子连同仆人和家庭教师一道送到荷兰的大学去学习，特别是莱顿大学和弗里斯兰的弗拉讷克大学。伦勃朗的连襟约翰内斯 · 马科维乌斯曾是弗拉讷克大学神学院的杰出教师，也是一位改过自新的酒鬼和嫖客。[50]

奥金斯基家族的学生似乎不是好榜样，至少不是学术权威希望他们成为的那种榜样。1643 年，在弗拉讷克大学，家族的两名成员扬 · 卡罗尔（Jan Karol）和希蒙 · 卡罗尔（Szymon Karol）被指控参与了街上的一场暴力的帮派斗殴，斗殴的一方是波兰学生和德国学生，另一方则是弗里斯兰人。弗里斯兰人付出了惨重的代价，一名神学学生被匕首刺死，另一名学生在试图保护朋友时肩膀被严重割伤。希蒙 · 卡罗尔 · 奥金斯基最终被判无罪，因为原告提供了一位德国目击证人的证词，却被他用来指控了那位德国学生本人。[51] 但希蒙 · 卡罗尔后来将卡斯蒂廖内的《廷臣论》翻译成了拉丁文，弥补了自己的过错，这样他表面上已经变得足够优秀，在仅仅两年后，就娶了吕伐登一位市长的女儿。1655 年，伦勃朗画《波兰骑士》时，备受争议的奥金斯基兄弟年纪已经太大了，所以肯定不是画中的人物，但他们确实有一位名叫马西安 · 奥金斯基（Marcyan Oginski）的亲戚，当时才二十五岁左右，正就读于莱顿大学。

我们有理由猜测，《波兰骑士》或许真的是为这个家族绘制的，并在 18 602
世纪末最终回到他们手里。但不管画中位于灰色战马上的人物是否真的与奥金斯基家族的某位年轻人有关，伦勃朗对那个时代波兰-立陶宛骑士的细节描绘，从羊毛和毛皮的库奇马（kutchma）帽子，到作为饰物的割下的马尾（buntschuk），都展现出他对细节的近乎狂热的追求。这足以证明他绘画时，是在满足某位真实赞助人的需求，而不是刻画着一位想象出来的人物。[52] 当然，由于伦勃朗对异国服饰和武器充满热情，他自然是用心地完成了工作，让微弱的暮光照耀着西吉斯蒙德（Sigismund）军刀的柄和战锤的头。骑士的帽子和紧身衣上鲜艳的朱红色，不仅衬托了他银白色的丝绸外套，同时也使人物沿着那条有低墙的狭窄小路行进的样子显得更有动感。虽然画的中景和背景只是粗略地勾勒（实际上，相较于简单却准确地勾画出的马蹄，这部分的画面显得过分粗略，或许真的是由学生完成的），但可以看出道路似乎临河，河流的对岸则是一座山坡。在山顶上，有一座穹顶扁平的阴森城堡，仿佛由一堆岩石堆砌而成，伦勃朗三十年前在莱顿完成的历史画中，就常用这种建筑作为背景。在背景的右下角，似乎有人点燃了火堆，烟从火堆中升起。

这位骑士的确给人以戏剧之感。但这恰恰是立陶宛贵族喜欢在国内表现出的样子，或许在国外也是如此，他们会穿着黄色尖头无刺马靴，背着过时的箭筒，里面插满了箭。一些部族仍然会骑着马，与匈牙利骠骑兵一起作战，对抗土耳其人。公元683年，波兰骑兵战士的代表扬·索别斯基（Jan Sobieski）从围攻的奥斯曼人手中救下了维也纳，从而赢得了不朽的名声。因此，作为不朽骑士精神的象征形象，伦勃朗的这幅画理应挂在奥金斯基某户宅邸的大厅里，在荷兰或者在树木丛生的立陶宛。

然而在伦勃朗的整个职业生涯中，他创作肖像时向来会超越委托人的要求，而又不去破坏这些要求。在雾霭霭、灰蒙蒙的天空下，面容光洁的年轻人身上似乎笼罩着一种亲切而具有英雄气质的忧郁感，这定然不是观众想象出来的。他在画扬·西克斯时，描绘出了介于公众形象和私人形象之间的气质；而在画他的邻居、年长的少尉弗洛里斯·索普时，则将他表现得如雕像一般[*]，而不是一位潇洒的单身汉旗手。在所有这些画作中，伦勃朗都力图从特定的题材和即时的形象中，提炼出一种普世的情感。他试图捕捉的是一种人性的精神，而不仅仅是个体的形象。他的方法是，将注意力集中在富于表现力的细节上：弗洛里斯·索普旗杆（肯定是抛光的桦木）上的木纹、扬·西克斯拉起手套时的不确定动作。而在《波兰骑士》中，正是骑士和坐骑之间那明显有几分怪异的契合感，赋予了画面以死亡的气息。波兰学者们认为，
603 东欧骑士的坐骑装备，比西班牙在西部用于狩猎和打仗的马的装备要简单得多，这是千真万确的。可以看到，马的头部和脖子的确描绘得非常漂亮。但即使伦勃朗并没有像尤利乌斯·S. 赫尔德说的那样参考了解剖剧场使用的马骨骼，他也的确精准勾勒出了马腿的轮廓，仿佛透过皮肤能够看到腿的每一

* 指伦勃朗1654年的画作《弗洛里斯·索普肖像》（*Portrait of Floris Soop*），又名《旗手》（*The Standard Bearer*）。——编注

根骨头。这匹马的马衔被向后拉扯着，牙齿露在外边，和骑士的情绪不同，它感受到了某种不可违背的义务，怀着必死的决心走向它最终的归宿。

奇怪的是，伦勃朗在《波兰骑士》一年后，也就是 1656 年完成的《扬·戴曼医生的解剖学课》中，这种生与死共存的不安感仍然萦绕着。1723 年的一场大火，几乎完全烧毁了这幅画，只留下了中间的一小块碎片，但幸存的这部分和一幅草稿让我们清楚地看到，这幅画一定是伦勃朗最具力量也最令人不安的作品之一。要知道，这是伦勃朗自《夜巡》以来收到的首个团体肖像委托，因此这幅作品的奇妙之处更加具有勇敢的开拓性，这也意味着他在阿姆斯特丹重新获得了主宰声誉和财富的机构的认可，这正是伦勃朗迫切需要得到的。

从这幅画可以看出，破产的伦勃朗事实上一直在小心翼翼地按照赞助人的期望行事。和我们在《蒂尔普医生的解剖学课》中看到的那种激动人心的戏剧演绎不同，1656 年的这件作品似乎更具权威感，画面十分严肃，近乎壮观，有着不朽的意味，人物对称地聚集在解剖学家的两侧。尸体名为约里斯·丰坦（Joris Fonteyn），他因抢劫布料店并用刀攻击试图阻止他的人而被抓。画面呈现了尸体处于解剖中途的样子，刻画得更为逼真，胃腔已经完全清空了消化器官和排泄器官，脑叶也暴露在外，以供众人检视。[53] 与伦勃朗早期的绘画相比，画面中的所有元素似乎都没有过分挑战传统，对外科医生来说也许更是如此。

事实上，这幅解剖题材画作与早前那幅一样有着惊人的不合惯习之处。只不过，伦勃朗视野的焦点已经从动态感转向了对内在世界的自我审视。《蒂尔普医生的解剖学课》主要强调的是神赐的灵巧，而其中对于死亡的思考，只有凡·卢嫩医生伸出的那根手指暗含着这种意味。在这幅画作中，戴曼医生的解剖学课上不仅有死亡的意象，还有那些庄重地集结在一起的人散发的 604
审判气氛，两种感受的存在都十分强烈。解剖主体暴露在外的大脑表明，作为人类智慧标志的思想（甚至比灵巧更为重要），既是一团黏稠且充满血液的物质，也是上帝创造的无上奇迹。因为，伦勃朗将位于肉市大楼（Meat Hall）上层的解剖剧场转化为了一座教堂，而这幅画则成了教堂里的祭坛画。观者

伦勃朗,《〈扬·戴曼医生的解剖学课〉的初步草稿》，1656 年。钢笔与墨水素描。阿姆斯特丹，荷兰国立博物馆版画秘藏

面对挂在外科医生公会会议厅里的这幅画时，画面的低视角会迫使其抬起头，越过因透视而大大缩短了的双脚，直接看向腹腔处的阴暗孔穴，它已被掏空，但仍然被完整的肋骨支撑着，好像一顶帐篷。同样因透视而缩短了的大手和躯干，以及宁静得有些诡异的面孔，仿佛都笼罩着一层优雅的薄纱。这种画法无疑会让人联想到对死去的基督的描绘，尤其是博尔吉亚尼 * 和曼特尼亚的作品。尸体与戴曼医生本人在一条线上（与画面成 90 度角），戴曼医生站在小混混头部的上方，像父亲或上帝一样，慈爱地剥去他的硬脑膜，把两个大脑半球分开，好像同时在为他祝祷。这一幕如同一场感人而又令人不安的圣

* 即奥拉齐奥 · 博尔吉亚尼（Orazio Borgianni，1574—1616），意大利油画家和蚀刻画家。——编注

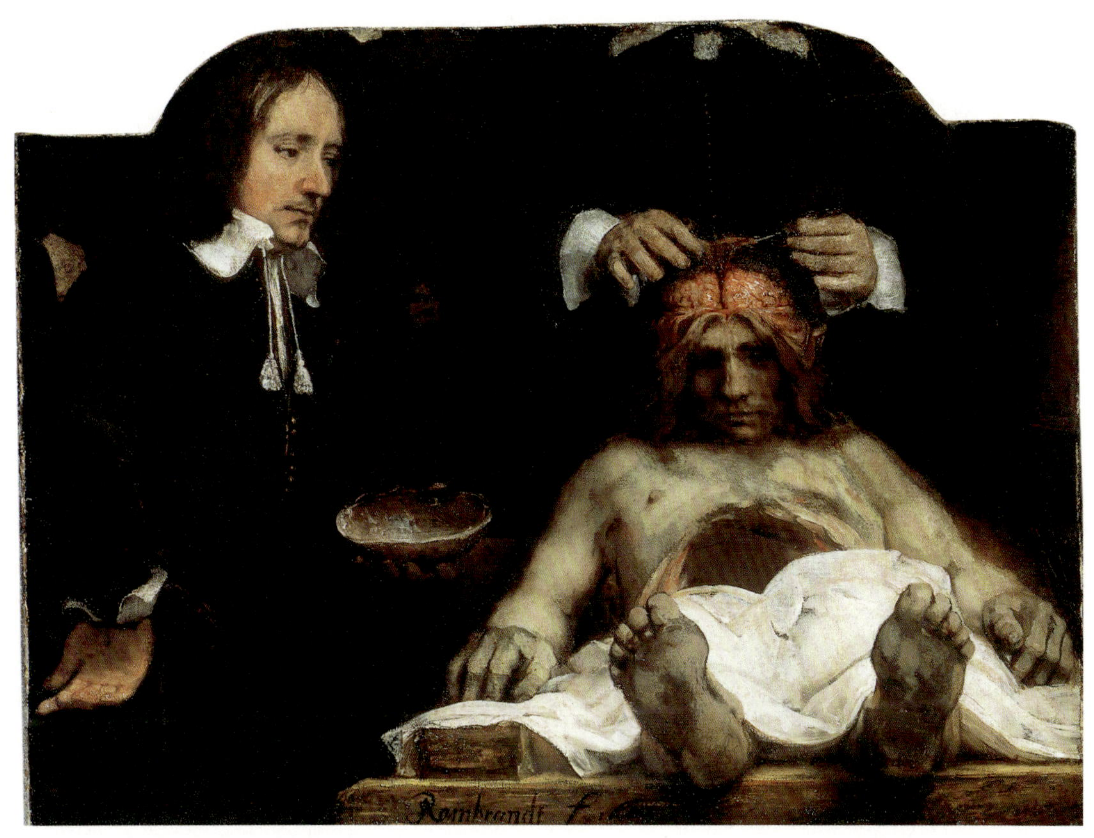

伦勃朗,《扬·戴曼医生的解剖学课》,1656 年。布面油画,裁切后 100 厘米 ×134 厘米。阿姆斯特丹,阿姆斯特丹历史博物馆

事,将由外科助理医生海斯贝特·卡尔库恩(Gijsbert Calkoen)来完成最后一步(他正是马泰斯·卡尔库恩的儿子,伦勃朗在早前那幅解剖学课画作中,曾画下马泰斯向蒂尔普医生的右手倾身的样子),他温柔地用手掌托着割下的颅顶,就好像它是圣餐的杯子。

木制解剖桌的末端边缘上刻着伦勃朗的签名,仿佛解剖学家和画家之间 605
存在一种奥妙的默契。17 世纪 50 年代中期,伦勃朗大量的杰作都是用同样的方式创作的,比如提图斯的书桌、雅各的床、戴曼医生的桌子——它们平行于画面,但一直延伸到底部边缘,也就是画面的最前端。人们可能会认为,这将阻碍我们观看画面所描绘的场景。事实上,这种构图方式恰恰能起到相反的作用,它能使我们更直接进入人物存在的空间。伦勃朗是怎么做到的呢?

通过用床、书桌和桌子完全填满前景空间，他去掉了所有把我们和人物分开的“框架”。相反，我们会产生一种被允许进入场景内部的幻觉，成为一名沉默的目击者。

伦勃朗这种赋予观众特权，使其产生隔墙偷听之感的做法，在美丽得令人心碎的作品《雅各为约瑟的儿子祈福》(*Jacob Blessing the Sons of Joseph*)中，得到了进一步加强。布帘打开着，长者的床仿佛摆放在一道遮篷里边。但这张床实际上穿过了布帘围成的空间，所以，我们自己似乎就站在精心刻画的床脚旁，看着故事展开。故事来自《创世记》第48章，讲述了先祖雅各和他的儿子约瑟仍然住在埃及时，预感到自己大限即将来临，便为孙子玛拿西（Manasseh）和以法莲（Ephraim）祈福。约瑟用左手拉着他的大儿子玛拿西，向雅各的右手起誓，叫他得先福。但雅各把右手按在他小儿子以法莲的头上，正如经上所说，“有意为之”，约瑟便十分诧异。约瑟想要干涉：“我父，不是这样，这［玛拿西］本是长子，求你把右手按在他的头上。”父亲不听，说：“我知道，我儿，我知道，他也必成为一族，也必昌大。只是他的兄弟将来比他还大，他兄弟的后裔要成为多族。”

经外的《巴拿巴书》写于基督教早期，但在1646年刚刚以荷兰语翻译出版，其中将这则有关祈福顺序颠倒的故事视为极具深意的预言。小儿子以法莲将会成为新基督教会的始祖，这个教会将会聚集“众多民族”，而犹太人则将从哥哥玛拿西的后代中诞生。[54]描绘这一传说的艺术家会想象雅各无视约瑟的期望，将双手交叉，作为对救世主牺牲的预演。他们中的许多人，都描绘了约瑟因父亲的错误而陷入困惑或懊恼等不同状态的模样。

不难想象，17世纪30年代的伦勃朗，作为一名喜欢描绘打断场面的大师，在描绘这一场景时会非常符合传统的预期，让羞愧的约瑟从隔壁房间冲出来，抓住父亲交叉的双手，试图把错误纠正过来。但这是二十年后的伦勃朗。现在，他最关心的是和解，而不是冲突。他也开始充满同理心地描绘起家庭中那些亲密和温情的时刻。所以，约瑟的脸上没有任何愤怒的迹象；相
606 反，他以温柔孝敬的关怀俯视着父亲，手部正试图用最轻的动作从下方把父亲的手移开。也许约瑟甚至能看到画得十分模糊的一处关键细节：雅各左手

伦勃朗，《雅各为约瑟的儿子祈福》，约 1656 年。布面油画，175.5 厘米 ×210.5 厘米。卡塞尔，历代大师画廊

的三根手指不是放在玛拿西的头上，而是贴在他垂下脸颊的头发上，所以这算不上一次正式的祈福，而是祖父在做出仿佛宣誓般的手势。这或许可以解释为什么孩子露出了天真而满足的神情。

出于这种将不同事物结合在一起的精神，伦勃朗还添加了约瑟的第二任妻子的形象，她正充满敬意地看着老人与床边的场景。犹太传统认为她是一位埃及大祭司的女儿，已皈依犹太教，弃绝了祖先的偶像。伦勃朗可能曾通
过门纳塞·本·伊斯拉埃尔了解了这则犹太传说，所以让亚西纳在这出家庭剧 607
中扮演了关键角色。当雅各意识到，他不能按照传统的顺序为两个孩子祈福

时，他本应拒绝祈福，但由于约瑟请求他“为了这个正直的女人”而做这件事，他才改变了主意。出于天性，伦勃朗喜欢将相关的不同经文编织在一起。他故意用亚西纳这个角色来使人们想起《创世记》第 27 章中另一则更早发生的故事，当时失明的以撒被利百加（Rebecca）欺骗，以为自己祝福的是大儿子以扫，而不是小儿子雅各。[55] 亚西纳站在那里，脸被照得通亮，像一位天真无邪的母亲，与狡猾而贪婪地夺走以扫祝福的利百加形成了隐晦的对比。利百加给她那“皮肤光滑”的儿子雅各在胳膊和脖子上裹了一层山羊皮，这样，当以撒摸到他的时候，便以为是在摸“多毛的”以扫。不出所料，伦勃朗给临死的雅各脖子上披了一件从背部垂下的动物皮披肩，进一步呼应了更早的那则故事。

当然，长者的眼睛无疑是被画黑了。人们常常忘记，《圣经》中也提到雅各“年纪老迈，眼睛昏花，不能看见”。记忆如同丝带，缠绕着这些在黑暗中的悲伤探索，以及父与子之间经历的种种命定的误解和补偿。雅各虽失明，却拥有强烈的内心之光。这一次，他的枕头是由羽毛制成而非石枕，优雅的光线洒落在枕头上，这道光和他看到天使升入天堂和下凡人间时的光是相同的。于是，他再次上演了那一幕，竭尽全力去修正对他失明的父亲以撒犯下的错，以及对他哥哥的不义。现在轮到他为他的两个孙子祝福了。也许，伦勃朗也想起了自己失明的父亲，也思忖着在 1656 年，在自己即将前途尽毁的关口，还能给儿子提图斯留下什么祝福和遗产。

1655 年，雅各这个矛盾的形象在伦勃朗的脑海中萦绕不去。那一年，他也创作了一件蚀刻版画，描绘的是雅各在伯特利（Bethel）把头枕在石枕上，梦见天使顺着天梯爬上爬下。这幅小小的蚀刻版画，是为门纳塞 · 本 · 伊斯拉埃尔的犹太神秘学著作《荣耀之石，或尼布甲尼撒雕像》（*Piedra gloriosa, o Estatua Nabuchadnosor*）制作的四幅版画之一。[56] 伦勃朗也许并非如感伤的传说中那样热爱犹太传统，被社会放逐的他，却也难以与和他同样境遇的人共鸣，共同沉浸于深沉的忧郁之中。虽然他和像埃弗拉伊姆 · 布埃诺（利文斯也为他绘制过肖像！）这样的人物相处不错，但亲近并不能保证和睦相处，伦勃朗曾与他的犹太人、非犹太人的赞助人和邻居有过激烈的斗争。我们只好得出结论，他不是那种睦邻友好之辈。但他和门纳塞的关系却是既真实又严肃的。门纳塞的父亲曾三次被宗教法庭折磨，儿子为了证明父亲的清白，努力学成了希伯来学问的奇才。得知这些故事的伦勃朗怎能不有所触动呢？而且门纳塞也秉持着知识分子的“游牧主义”，他热忱地寻找着潜伏在遥远地
球另一端的犹太人，以促成宗教预言的实现，即只有当犹太人真正遍布世界 609
各地时，弥赛亚才会到来。而这种狂热的普世主义，正是热爱精神漫游的伦勃朗能感同身受的。

如果说这种相互之间的同情和好奇，最终没能产生任何特别深刻的结果，也没能产生任何绘画杰作，那么它至少也促成了博学的拉比和新教艺术家之间的第一次合作，以版画的形式呈现了出来。在精美的作品《雅各为约瑟的儿子祈福》中，伦勃朗加入了亚西纳的形象，而且他毕生都对伊斯兰、印度和波斯文化有着很强的迷恋，这些都表明他十分认同一神论宗教的普世观点。出于同样的原因，他很可能在这个时期（正是他需要寻找新的神助的时候）受到了亚当·博雷尔（Adam Boreel）惊人且激进的教义吸引。亚当·博雷尔否认单一教会的存在，接受异教观念，即包括犹太教在内的每一个教会都拥有一部分受神启示的真理。博雷尔是门纳塞·本·伊斯拉埃尔的好友，他们两人都对后《圣经》时代的希伯来语注解很感兴趣。

《荣耀之石》通过一块神秘的弥赛亚之石将《圣经》历史上的四个情节联系在了一起，这块弥赛亚之石会按照神意在某些不确定的时刻突然出现，并改变历史的进程，就像《2001：太空漫游》中的玄武岩方尖碑那样。除了雅各的枕头之外，伦勃朗的蚀刻版画还描绘了其他景象：击中了尼布甲尼撒雕像脚部的石头，后来成为一座大山；大卫弹弓射出的鹅卵石，正好击中了两座神殿之间的歌利亚；还有《但以理书》中尼布甲尼撒所见的异象，说有四个“大兽从海里上来”，代表了将要取代巴比伦的几个帝国（波斯、马其顿、罗马）。所有这些事件，都清楚地表明了上帝神力之真正所在。虽然这些故事晦涩难懂，但伦勃朗对幻象有着很强的渴望，甚至难以抗拒。他在不同版次里对画面做出了一些改变，也表明他和这位拉比有过密切的探讨。门纳塞看到伦勃朗合乎逻辑地把睡着的雅各放置在梯子底部时，他一定会说：

伦勃朗，四幅插图，选自门纳塞·本·伊斯拉埃尔，《荣耀之石》，1655 年。蚀刻版画。阿姆斯特丹，荷兰国立博物馆版画秘藏

"不，不，看着，他必须在中间。""在半空中？"伦勃朗可能会问，"怎么可能。""哦，是的，"门纳塞会说，"因为睡着的时候，他身处耶路撒冷，而耶路撒冷就在世界的中心。"

像伦勃朗一样，等待着门纳塞·本·伊斯拉埃尔的也不是幸福的未来。后来在1655年，为了履行使命，让被驱逐遣送的犹太人回到他们原本的国家，他穿过北海来到英格兰，在奥利弗·克伦威尔和护国政府面前为犹太人辩护。两年后，他回到荷兰，得知自己的使命确实已经失败，还带着死在英国的儿子的尸体。门纳塞自己也陷入了贫穷，在绝望中死去。伦勃朗为他的书创作的蚀刻版画，被犹太艺术家萨洛姆·伊塔利亚（Salom Italia）的版画所取代。这些版画的效果更差，也没有那么多的奇幻效果。不过，门纳塞把有伦勃朗版画的版本送给了书的受题献人——莱顿神学家赫拉德·福西厄斯，可见他肯定十分厌恶自己朋友画的这些怪异、诡谲的图像。 610

伦勃朗一定会受到门纳塞及其儿子命运的触动。在17世纪50年代中后期，他自己的作品中父子形象出现的频率十分惊人。1655年，伦勃朗在画提图斯时，捕捉到了他在做练习题时沉思的瞬间：他的下巴压在手上，拇指按着脸颊，看起来心不在焉。卷发也以亲切的方式处理得乱糟糟的。但这幅图中也有一些明显奇怪的地方。因为，这张脸不是1655年已经十四岁的提图斯的脸，而是一个更小的孩子的脸，大约十岁或十一岁，就好像父母打开旧相册时，父亲陷入了童年的美好回忆一样。还有一件作品，能更明显地说明伦勃朗在这个时期对父子感情颇为关注。那是一小幅用钢笔和笔刷完成的素描，大约在1656年完成，是他创作的许多莫卧儿细密画的复制品之一。他忠实地描绘了沙贾汗（Shah Jehan）的侧面肖像，与可能出现在原作上的样貌很像，而伦勃朗作为敏锐的东方艺术收藏家，可能见过甚至拥有过某件原作。但他还在这幅素描上添加了另一张脸：一个胖乎乎的小男孩的脸，这是小王子贾汉吉尔（Jehangir），坐在一处很像是写字台的地方。在这幅精心临摹的莫卧儿画中，小男孩的形象与画面其他部分十分不同，显然是后来添加的，因为他的面部是用笔触流动的芦苇笔轻轻勾勒的，和画父亲的慎重笔触不同。事实上，伦勃朗用褐色水彩覆盖了画面的底部，遮住了沙贾汗左前臂最初所在

伦勃朗，《书桌前的提图斯》，1655 年。布面油画，77 厘米 ×63 厘米。鹿特丹，博伊曼斯·凡·伯宁恩美术馆

伦勃朗，《沙贾汗与儿子》，约 1656 年。日本纸上钢笔与墨水素描。阿姆斯特丹，荷兰国立博物馆版画秘藏

的位置，它原本应该是垂直向下的。伦勃朗只用芦苇笔轻画几笔，就使手臂在肘部弯曲，这样，“世界之王”即使直视着前方，也不忘用食指勾起儿子胖胖的小下巴。

提图斯无助地站在一边，看着父亲的房子被搬得只剩空壳，尽管才十五岁，但他毫无疑问自己也会偶尔摸摸下巴。破产者的孩子受到的心理伤害，
就像经历了父母不欢而散的孩子一样。他们非常清楚自己在这场灾厄中只不 611
过是无辜、无助的一方，却总觉得自己需要对此负责。法院判决将提图斯与伦勃朗的个人财产分开，他抱有的羞耻感可能因此而变得更加复杂，即便法

律是出于仁慈的意图。提图斯原本就只有一位破产的父亲和一位非婚的继母在照顾他，现在更被认定成了孤儿，不久“放弃财产”通过之后，法律要求为他指定一位监护人来保护他的利益。由于没有近亲能够或愿意承担责任（希斯基亚 · 凡 · 优伦堡自己可是也在起诉伦勃朗），孤儿委员会指定了扬 · 弗沃特（Jan Verwout）。也许这位弗沃特没有认真履行他对提图斯的责任，所以在两年后的 1658 年，路易斯 · 克拉耶尔斯取代了他，后者当然认真对待了。只不过，认真对待的意思是，把提图斯当作可以向父亲愤怒讨债的债主。因为从法律上说，伦勃朗确实欠了小男孩 20 000 荷兰盾，这笔钱从男孩已故母亲的遗产中消失了。因此，如果像道德学家常说的那样，家庭是一个小小的联邦，那么在凡 · 莱因共和国，政治秩序已经完全颠倒了。

然而，虽然说提图斯现在成了父亲的债主，但他也是父亲的同谋。伦勃朗日益绝望地想着各种策略，想要从他们财富的残骸中抢救出三三两两的东西，提图斯也被席卷其中。在 1655 至 1657 年间，他让提图斯起草了至少三份遗嘱，每一份都比上一份更有效地确保，伦勃朗即使破产也能在名义上和法律上完全控制儿子的所有财产，就连最不幸的情况也考虑了进去，即提图斯比他更早去世。于是，提图斯同父异母的妹妹科尔内利娅被指定为他的继承人，亨德里克耶则能够从“该财产的收益”中分得一杯羹。由于伦勃朗一定一直在忙着把尽可能多的财产转移到儿子名下，以免被清算人纳入账目中，他在最后一份遗嘱中加入了一项条款，规定“对于遗嘱人留下的财产，遗嘱人的父亲不需要将其交给世界上的任何人，也不需要阐述或提交一份财产清单，更不需要将其用作担保金或保证金”。[57]

所以，提图斯心里肯定明白，自己卷入了灾难的漩涡中，时而站在一边，
612 时而又站在另一边。他已经十五岁了，到了当学徒的时候。父亲还保存着儿子画的素描，大部分画的是狗。伦勃朗和许多其他艺术家父亲一样，很可能曾想让提图斯加入画室，接受他的指导，他会向儿子展示如何设计面部和身体语言，如何创造深度和光影的微妙变化。但现在，提图斯看着人们来运走他父亲大量的收藏，一箱箱物品里露出的戟和头盔，就像从敌人战场上捕获的战利品；罗马胸像被抬进拍卖行，受到了极大的侮辱；他从孩提时代起就

在楼上那个充满奇观的大洞穴里了解过的众多事物——珊瑚、鹦鹉螺壳、狮子皮、鸟羽、头巾、鼻笛，连同伦勃朗的“学院珍宝”——佛兰德绘画和意大利绘画（如阿德里安·布劳沃和帕尔马·韦基奥的作品），丢勒和霍尔拜因的素描——如今都被拿去卖了，并以微不足道的金额成交，着实让人感到屈辱。随后伦勃朗自己的作品也遭了殃：《黑人头像》《下十字架》，一幅圣杰罗姆、一幅公牛、一幅死鹭、一幅达那厄，以及《国邦之和睦》等五十多幅绘画作品，总共才卖了不到 1000 荷兰盾。这怎么可能呢？从艺术商人约翰内斯·德·勒尼阿尔姆的财产中出售的十幅伦勃朗的画，也卖了 2000 荷兰盾呢。是不是有什么不正当的交易？或者是那些热衷于讨价还价的买家之间达成了某种事先的协议，从而在没有竞标的情况下就瓜分了战利品？这是绅士们常做的事，说实在，也没什么大惊小怪的。“阿佩莱斯”似乎要完蛋了，真遗憾。但他是一位臭名昭著的浪子。现在，他们只需要对作品负责，而不用对他本人负责。

从 1657 到 1658 年，苦难一直在继续，债权人不停地就他们的债权优先顺序彼此讨价还价，这场争论由在新市政厅办公的破产专员裁决，办公室里有许多老鼠、一些锁着的柜子，还有入口处上方用石头刻成的没有实际价值的钞票。赫布兰德·奥尼亚自己也很有钱，但现在，他决定把原来西克斯出借给伦勃朗的那 1000 荷兰盾要回来，但他不是向因破产而受到保护的伦勃朗索要，而是向担保人罗德维克·凡·鲁迪克索要。维特森也在争取自己的权益，他给伦勃朗的贷款已经在市议员们面前登记过了，他们把这一笔钱列在了还款顺序的最前面。伦勃朗必须不时出现在专员或其出纳的面前，接过他出售商品的收益，然后马上把钱交给最迫切、最有权势的债权人。更糟糕的是，他熟知这些使他蒙受耻辱的人。啤酒商科内利斯·阿巴七年前在法庭听过他通奸和不信上帝的事，如今又开始深入地探究他的财务困境。伦勃朗甚至认识破产拍卖师托马斯·哈林（Thomas Haringh），他在 1655 年制作过哈林儿子的蚀刻肖像，画中的律师有着兔子般的大鼻子，眼睛宽而浅，神情看起来并非完全没有同情心。

然而，哈林的审判之锤如今正猛烈地敲响，而目标就是伦勃朗生命中的

那些作品，用油彩、木板和画布绘制，并由他倾尽心血珍藏的杰作，其中有
613 他已经过世了二十五年的老师拉斯特曼画的多俾亚，有拉斯特曼的弟子扬·派纳斯画的人物肖像，还有九幅他的老同志利文斯的作品。利文斯在英国和佛兰德的这些岁月，并没有让他回到阿姆斯特丹后比伦勃朗更伟大（直到这时仍然是这样）。他们两人都找到了自己命运的位置。这样的命运是康斯坦丁·惠更斯不曾料到的。惠更斯现在住在海牙或他的乡间别墅里，不再需要下达执政的赞助指令，他知道这位曾经的门徒的困境吗？拍卖槌落在了经鲁本斯之手润色的雕版画样张上。毕竟，他没能把自己塑造成共和国的鲁本斯。但他成了别的人物，不同的人物。他的灵感源泉，全都四散去了各处：埃库莱斯·塞赫尔斯的彩色风景画；他在《达那厄》和《劫掠伽倪墨得斯》中画过的来自米开朗琪罗的小天使头像；阿戈斯蒂诺·卡拉齐笔下放荡的宁芙和萨堤尔；他花了很多钱买下的卢卡斯·凡·莱登的版画集；还有曼特尼亚"非常珍贵的［素描］画册"，里面有《凯撒的胜利》和《诽谤阿佩莱斯》的草图。现在，他不得不放弃自己的博物馆。更确切地说，现在，他必须在自己的 gheest 中找到自己的博物馆，这个荷兰词汇，我们一些人会翻译为"想象"，另一些人会翻译为"精神"。

早在 1658 年，伦勃朗就清楚地意识到，他出售个人财产和收藏品所得的任何一笔收入都无法满足他的债权人。在 1 月底，为了保护自己的房子，他做出了最后的努力，要求对早前转让给提图斯的产权延长期限。他的这一举动得到了孤儿法院的支持，因为提图斯的监护人担心提图斯永远不会得到来自母亲的那份遗产。可是，像公牛一样冲劲十足的维特森不停地指控，现在他已在阿姆斯特丹的政界站稳脚跟，手握大权，维护起自己的利益来也无所顾忌了。1658 年 2 月 2 日，维特森再次当选为市长，当选数小时后，他就出现在破产法院，要求他们驳回将布里街住宅转让给提图斯的判决。就这样，判决遭到了驳回。

房子也被拍卖了。第一个买家是绵羊。"绵羊"（schaep）指的是在拍卖场上虚抬价格的人，目的是拿到高价竞标者的溢价。他们其实本就应该想到的。这个叫作彼得·韦布兰特松（Pieter Wybrantsz.）的人毕竟是一个瓦匠，

而一个瓦匠哪有可能拿得出竞标的 13 000 荷兰盾呢？但是绵羊似乎是成群结队出没的。第二笔 12 000 荷兰盾的出价，来自一位钉子制造商，和之前那位一样，也没能支付购买所需的保证金。在第三次试拍中中标的是一对郎舅，一个是鞋匠利夫 · 塞门松 · 凯勒（Lieve Symonsz. Kelle），另一个是丝绸商塞缪尔 · 海林克斯（Samuel Geerincx），一共出价 11 218 荷兰盾，比伦勃朗买入的价格还少了 2000 荷兰盾，这才买下了布里街的那座房子。

根据破产规则，还有一场小闹剧要上演。2 月 22 日，伦勃朗终于拿到了一笔 4180 荷兰盾的拍卖所得。他从法庭的出纳手中接过钱，二话没说就递给了站在旁边的那个人：坚决、无情的科内利斯 · 维特森。很快，凯勒和海林克斯就把这栋位于布里街的房子一分为二，推倒了伦勃朗在房子后部建的 614
展厅。鞋匠和他的家人搬进了其中一半；丝绸商在搬到绅士运河的豪华宅邸之前，可能也在另一半的空间里暂住过。总之，布里街的模样已经沧海桑田。没有了拉斯特曼，没有了凡 · 优伦堡，没有了皮克诺伊。甚至没有了那些喜好争辩的邻居，平托、贝尔蒙特、罗德里格斯，还有大部分葡萄牙裔的希伯来绅士，他们似乎也都搬到了运河沿岸的大房子里。

但这里就是提图斯曾经认为的家。在这个社区里，有戴着黑帽子和钻石的犹太人，有木材运河的蔬菜市场，有横贯阿姆斯特尔河的桥，在那里他可以悠闲地看着驳船和游船向南驶进绿色的乡村。现在，他们不得不去别的地方；他的父亲、亨德里克耶和妹妹，不得不打包搬去玫瑰运河（Rozengracht），那是一座租来的小房子，里面有一个伦勃朗可以工作的房间。他知道，玫瑰运河和它华丽的名字并不相符。那边没有什么珍贵的玫瑰，但在拥挤的一排排小房子之间的羊肠小道（stegen en sloppen）里，却有许多猪和流浪狗在后院跑来跑去。不过，至少他们可以远离那些闲话和同情的目光了。他们还能得到一些还能算朋友的人的帮助，比如弗朗森（Francen）兄弟和优秀的克拉耶尔斯一家，所以最终摆脱了法庭审问的纠缠。嗯，还有什么理由不走呢？反正布里街的屋子里也没剩多少东西了。所有熟悉的东西，构成他童年生活的所有东西，都被运走了，房间似乎越变越大，他们自己却像壳里的老蜗牛一样萎缩着。

现在，亨德里克耶和他自己都可以帮忙。他们都摆脱了束缚伦勃朗的枷锁。亨德里克耶设法保留了一些零碎的东西，（不顾托基纽斯的反对）声称那个旧的大橡木橱柜是她一个人的，不能卖掉，并把橱柜和衣物、银器，还有其他他们在玫瑰运河的房子里用得上的东西一起包了起来。提图斯也能够帮忙。父亲说，他可以去城里的当铺老板洛默德家（the Lommerd），用母亲留下所剩无几的钱去赎回一些东西。

有一样他父亲特别想要的东西。那是一面巨大的镜子，有着上等的乌木镜框，镀了银，表面很平，很漂亮，很像是从弗洛里丝·索普的工厂里生产出来的。1658 年 4 月 18 日，提图斯前去取回它，让所有人都高兴不已。他从洛默德家出来时，发现有位船夫愿意帮他把这块沉重的物件运回去，便让那人把镜子顶在了头上。但是，搬运这面镜子并不方便，而且提图斯一定也注意到船夫的脚步很不稳。人群在他们周围来来往往，船夫肯定是出了汗，他的手滑了，抓得不那么稳。在鲁斯兰桥（Rusland Bridge）附近，夜间彩票正在开奖，有人听到他大声喊道："朋友们，请小心，不要让任何人撞到我；我正背着一件昂贵的东西来这儿。"[58]

615 然后，有两位目击者证实，当他走下桥时，众人听到了一阵巨大的噼啪声（eene groote knack）。搬运的船夫发誓这不是他的错，目击者也为他作证。他既没有摔倒，也没有撞到什么东西。镜子一定是自己突然就碎了。它就在提图斯面前，碎成了好几千块，碎片在铺路砖上闪闪发光，男孩能带回家给父亲的只剩下一架没有中心的镜框，仿佛一幅空荡荡的画。

第十二章

足量的恩典

1. 粗糙的笔法

耻辱使人低下眼帘，将谈话打断。被剥夺了财产的人，不敢直视别人的 616
目光，唯恐人家提供居高临下的安慰。那个破产的人，带着身上的污点溜进了阴影里，避开了审视的目光。

所以在 1658 年，伦勃朗在命运的低谷，很自然地将自己描绘得像神一样，披着闪亮的黄金外衣坐在宝座上，凝视着傲慢的凡人，他的嘴唇紧闭着，眼睛里暗藏着一种贵族般的快乐。藏于弗里克收藏馆的这幅伟大的自画像（见第 796 页）中，丝毫看不到自我防卫的痕迹，更没有自怜的伤感。伦勃朗非但没有被不幸削弱，反而似乎因这些不幸而变得更加强大了，像阿拉伯神话中的精灵一般在我们眼前愈发扩大，身体紧紧地挤压着画面空间的边缘，仿佛在挑战这个空间，看其能否包容他的权威之力。伦勃朗也许曾在某个地方见过凡·戴克为佛兰德风景画家马丁·莱卡尔特（Martin Rijckaert）画的独臂肖像画（可能是在《图像集》的雕版画中），画中人同样坐着，他的右手，也是他唯一的手，握着椅子扶手的末端，腰间系着精致的饰带，一件毛皮镶边的大衣垂在地上。[1] 凡·戴克把马丁·莱卡尔特放在宽敞的空间里，身体向后倾斜，与画面形成一定的角度，摆出庄严而放松的姿态，显示出年长男性

雅各布·内夫斯临摹安东尼·凡·戴克,《马丁·莱卡尔特》, 17 世纪 30 年代。雕版画,选自《图像集》。阿姆斯特丹,荷兰国立博物馆版画秘藏

的慵懒。而伦勃朗的姿势则一点也不放松。他挺直了身子,迎接光线的是他那宽阔的胸膛,而不是肚子,因此胸腔显得独具威慑力,像个倔强的大块头。身着金色的长袍,衣服的下半部分紧密地贴合着他雄壮的身形。他坐姿尊贵,宛如一位国王,双腿自然地分开。

然后是他的手,又大又多肉,画得充满了残酷的戏剧色彩,迫使我们认真(而紧张地)盯着这双手看。凡·戴克的绘画作品中,手常常下垂着,显
617 得优雅而精致,手指十分柔美纤细,皮肤像百合花一样苍白。他画莱卡尔特时,故意突出了其仅有的一只手,这只手是莱卡尔特名誉的根基,和他的脸

一样被强烈的光线照亮。可是，这只手轻放在椅子的扶手上，与他的上半身形成了不成比例的对比，就像是他身体的一个终结。然而，伦勃朗的右手却从勾勒出袖子和袖口轮廓的厚厚的白色颜料中伸出来，极具戏剧性，每个指关节都明显地突出，关节和骨头（尤其是拇指）都被描摹得极为精确，因此，被画人物的力量感和画画的工具之间，就不可避免地产生了联系。左手处理得更粗糙，以便突出多节、闪闪发光的银手杖。圆形的杖头类似于画画用的支腕杖的圆头，这是对人物职业的唯一暗示。但是，支腕杖的形状不可能如此不规则。这就像是将绘画工具用王权的标志替代了：一根指挥官的指挥棒、一支魔术师的魔杖，或是一把统治者的权杖。

也许，他其实是众神的统治者。因为，尽管弗里克收藏馆的这幅自画像一直以来被视为一幅单独的作品，但正如伦纳德·斯拉特克斯（Leonard Slatkes）所言，这件作品有可能是一对肖像画的一半。与这幅弗里克收藏馆的自画像相对的是以亨德里克耶·施托费尔斯为模特的《朱诺》(*Juno*)，同样非常出色，但严格来说并不是其姊妹作，因为它是在至少三年之后画的。人们很容易相信这是伦勃朗献给亨德里克耶的纪念之作，就像他在萨斯基亚死后为亡妻所作的画像（见第 653 页）一样，是超凡脱俗而且理想化的。事实上，这幅画被提前抵押给了伦勃朗最坚决的债权人哈尔门·贝克尔（Harmen Becker)，所以伦勃朗绘画时，可能绞尽了脑汁想要使第二任妻子表现出的神韵与他曾在自画像中赋予自己的荣誉相称。1663 年去世的亨德里克耶，本身是一位凡人，却在这里转化成了神界的朱诺，是看管朱庇特家宅的人。所以，像伦勃朗一样，她也坐上了王座，手里握着一根巨大的手杖。她的神情坚毅，直视前方，散发出皇家的威仪；身披华丽而厚重的服饰，长袍饰以貂皮，胸前佩戴着璀璨的王室珠宝，旁边还有一只象征着朱诺的孔雀，比她配偶的自画像更加寓意明了。[2] 如果亨德里克耶是朱诺，那么伦勃朗就是她的朱庇特。资不抵债的人和堕落的女人，却宣称自己是不朽的国王和王后，仿佛凡人造成的创伤对他们毫发无损。

这不完全是在承认自己有错（mea culpa)。每一笔都沉甸甸地扫过画布，或是在伦勃朗精美的刺绣领子上形成颜料的绳索，或是以暗色粗犷地涂抹在

伦勃朗,《自画像》，1658 年。布面油画，133.7 厘米 ×103.8 厘米。纽约，弗里克收藏馆

伦勃朗，《朱诺》，约 1661 至 1665 年。布面油画，127 厘米 ×107.5 厘米。洛杉矶，阿曼德·哈默收藏馆

朱诺的胸衣及襟上，这些都表明画家像朱庇特一样毫不悔悟。[3] 即使他没有破产，这一刻仍然会是他画家生涯的一个转折点。因为正是在这一刻，他永远告别了鲁本斯那种飞扬激烈的戏剧笔法，也多少放弃了一直以来想要获得鲁本斯那样的地位和体面的念头。鲁本斯在职业生涯的同等阶段，是一名乡绅，在安特卫普及其周边拥有九处房产。他曾被三个朝廷封为骑士，被公认为那个时代最伟大的历史画家。然而伦勃朗却是个破产的人，和一名作为他非婚
620 妻子的女佣住在一起，被教会驱逐，住在约丹区（Jordaan）一所简陋的房子里，附近只有钟铸造厂、水手酒吧和硝石作坊。然而，就在那些以鲁本斯或普桑作为巴洛克历史画榜样的艺术家纷纷开始污蔑或轻视伦勃朗，认为他的画“奇特”得无可救药的同时，伦勃朗却在重新塑造绘画，正如威廉·哈兹利特（William Hazlitt）后来敏锐地写的，他成了艺术的立法者。[4]

尽管身不由己，但伦勃朗的确从沉重的实体世界中解脱出来，把关注的重心又转移到了画布上，用层层颜料创造出一个前所未有地丰富而复杂的微观世界。在最后十年这些最激进的画作中，伦勃朗走得很远，他不愿让绘画的行为消失在画面的主题中，也不愿去附和画面的主题，而是将绘画本身作为画面的主题。[5] 伦勃朗摆脱了（他同时代的所有艺术家都坚持的）原原本本描绘物体外形的义务的束缚，他操作颜料的技法开始有了自己的生命，那是一种流浪般的奇妙生命：涂抹、拖拽、扭曲、轻蘸、点彩、厚涂、湿湿混合、揉捏、刮擦，用颜料来搭建成具有雕塑质感和密度的大型块面，并同时使其闪耀着情感的光芒。完成于 17 世纪 60 年代的这些伟大杰作，物理上有重量感，但精神上却十分轻盈；有着坚实的土地感，却也同时散发着救赎的光辉。

《雅各与天使摔跤》（*Jacob Wrestling with the Angel*）就是以这样的方式描绘的，画中的两个角色与其说是在互相较劲，不如说是在拥抱。如果是创作于 17 世纪 30 年代，这个动作一定会充溢着激烈扭动着的肌肉的能量，但如今它却安静而沉稳，甚至有几分诡异，仿佛人在梦境中会经历的慢动作。尽管《圣经》中只描述了雅各“直到天快亮”时还在与人摔跤，但伦勃朗却为这场斗争注入了梦游者般的神秘感，那种强烈的情感虽深刻，但在物理层面上却又难以触摸。伦勃朗给了这位天使一副美丽至极的面孔，也许是他所

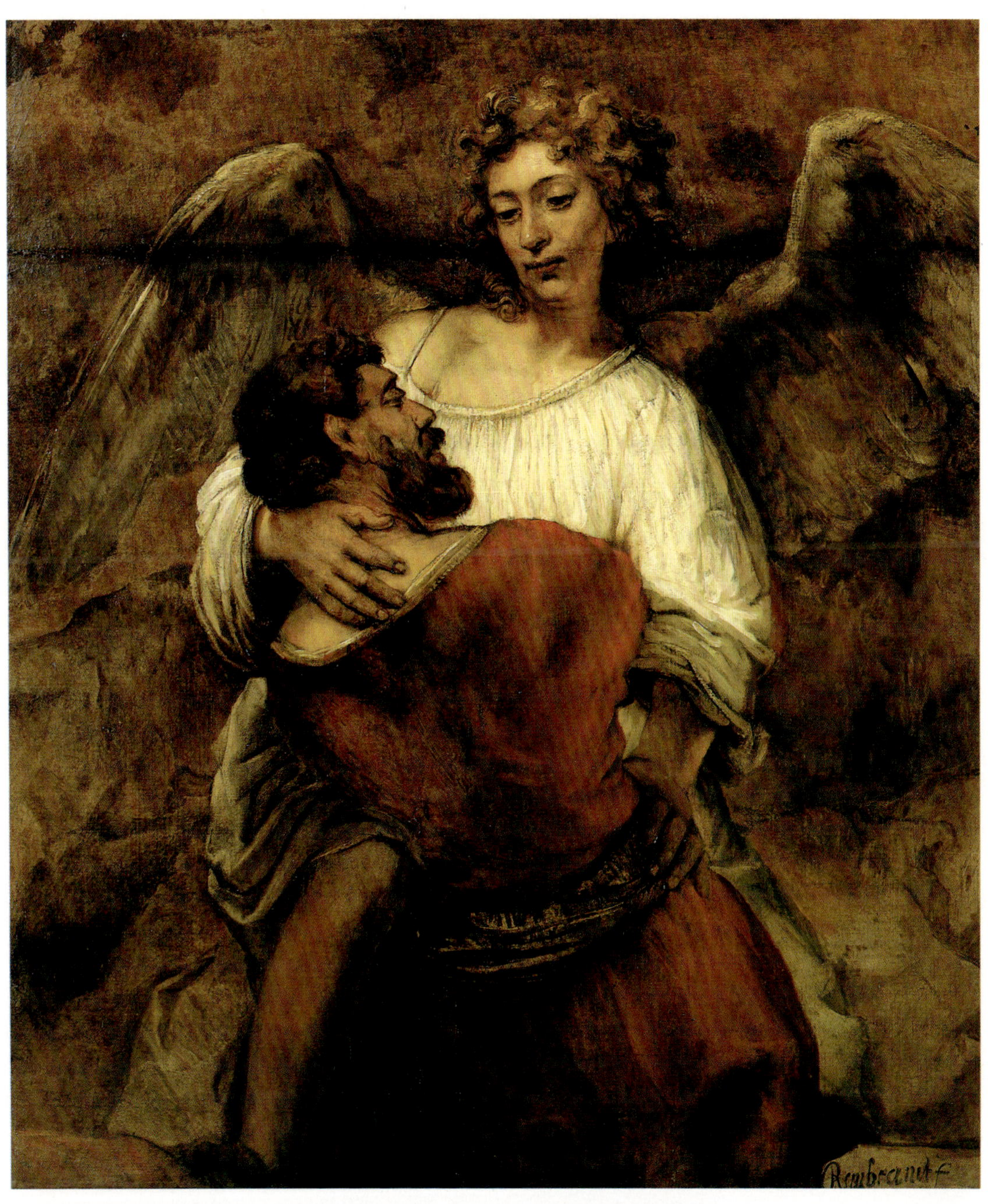

伦勃朗,《雅各与天使摔跤》, 1658 年。布面油画，137 厘米 ×116 厘米。柏林，柏林画廊

有画作中最美丽的（可能是提图斯理想化的面貌）。天使的头上顶着厚厚的、有弹性的卷发，其中一缕垂在脖子一侧，发光的眼睑低垂，温柔地看着雅各闭着的眼睛，像情人一样急切地搂住他的脖子和腰身。尽管如此，伤害还是在发生。天使的右脚压在磐石边上，而雅各上背部的肌肉绷紧，肩膀也从深红色的衣服里挤出来，可以看出他的身体给天使带来的压力。天使的左手果决地放在雅各的髋部，更确切地说是放在“他大腿的凹陷处”，即将把它掰脱臼。雅各盲目地摸索着，尽管接近残废却仍然倔强，紧紧地贴住天使明亮雪
621 白的胸脯，十分无助，却决不愿放开手：“你不给我祝福，我就不容你去。”就这样，他受到了祝福，在瘸腿上获得了一块恩典的印记，标志着他现在不再是雅各，而成了以色列；他“面对面见了神”，因此“性命乃得保全”。

尘世的沉重在天堂的光辉下也显得庄重，这在伦勃朗的《手持律法石版的摩西》（*Moses with the Tablets of the Law*）中也得到了生动的体现。这幅画和《雅各与天使摔跤》差不多是在同一时期创作的，创作时甚至可能想过要用它来装饰达姆广场上的新市政厅的一个房间。有证据显示，这两幅画目前的样貌都是被缩小过的，以其原本的尺寸会显得更加壮观，真人大小的人物，
622 而且是设置在陡峭而浅的空间中，视角更低，能更好地表现出从高处观看时令人生畏的视野。两幅画的色彩都十分精简，只用了阿佩莱斯会使用的四种颜色。但是《手持律法石版的摩西》相比《雅各与天使摔跤》还要更朴素，几乎是黄褐色的单色。西奈山上冒烟的岩石是用沥青一般的色块和斑点勾勒成的，具有不定型的轮廓。先知穿着粗糙的衣服，形象很模糊，好像是从石头中挤出来的。地点的氛围十分昏暗，却只会使得仅有的光线显得更加明亮，这是有依据的，因为《出埃及记》34：29 中提到，摩西下山时，“不知道自己的面皮发了光”。《摩西五经》的基督教注释家认为，希伯来语中“keren”一词的意思是“角”，但这个词其实也有“光线”的意思。由此，就产生了描绘摩西头上长出一对角的绘画传统［例如米开朗琪罗为教皇尤利乌斯二世（Pope Julius Ⅱ）设计的陵墓］。伦勃朗虽然保留了这一传统，却又巧妙地将 17 世纪描绘“摩西与十诫”的版画中常见的在头部增生的角变成了脑袋中央的几缕头发。摩西站在石壁上，手臂和脸都闪耀着崇高的光芒，形象因神的

伦勃朗，《手持律法石版的摩西》，1659 年。布面油画，168.5 厘米 ×136.5 厘米。柏林，柏林画廊

启示而变形，恰好处在凡人世界和不朽世界的边缘。雅各遇见天使之后，成了一位“王子”，被赋予了“与神与人较力”的力量，而摩西也同样如此，他被指定为神旨和固执的受选之民之间的中介，吃力不讨好地背负了（他常为此抱怨）在罪恶与救赎之间进行谈判的任务。

伦勃朗描绘的是摩西第二次从西奈山下山，手持刻有十诫的石版（荷兰加尔文派教会习惯用黑金两色来描绘）的画面。有人认为，画中实际上刻画的是更早的场景（《出埃及记》32：19），也就是摩西看到金牛犊就打碎了石版的故事。[6] 但是《圣经》中明确指出，摩西打破石版不是在山上，而是在他

623 “挨近营前，就看见牛犊，又看见人跳舞”之后。和伦勃朗在《雅各为约瑟的儿子祈福》以及无数其他历史画作中一样，这里他在描绘《圣经》中更晚发生的事件的同时，无疑也暗示了某个更早的事件。摩西的嘴角向下，眉头紧皱，给人以严厉的权威感。他仿佛在回忆第一次下山时看到的偶像崇拜和放荡行径。但伦勃朗也是想让我们想象，在西奈山脚下，聚集着一群悔罪的罪人，他们尽管放荡不羁，却通过摩西从上帝那里得来的恩宠，与上帝订立了契约。将神圣的慈悲赋予那些罪孽深重的人，即便（或者说尤其是因为）他们并不值得拥有这份恩赐，这最符合加尔文派神恩独作的救赎教义。在伦勃朗的晚年，这一主题尤为牵动他的心弦，这也是情理之中的。

1662 年的某个时候，市政厅的市议员室（Schepenkamer）的确放着一幅《手持律法石版的摩西》。[7] 但它不是伦勃朗画的，而是他以前的学生费迪南德 · 波尔的作品，其锐利的朱红色、幽深的青蓝色、鲜明的棱角、做作的姿势，表明学生已完全脱离了自己老师的风格。这并不是说，波尔抛弃了他在 17 世纪 30 年代从伦勃朗那里学到的东西；这更多是反映了伦勃朗与早年相比取得的巨大进步，当时他倾尽全力想要在视觉艺术上超越鲁本斯。事实上，波尔的《手持律法石版的摩西》构图直接来源于鲁本斯的《圣母升天》，只不过是用拿着戒律石版的先知取代了升天的马利亚，并且在下方聚集了一众虔诚的忏悔者，笨拙地还原了《圣经》记载的字面意思。这幅画运用了伦勃朗也常常使用的手势语言，多到了荒谬的程度，一双双手有的在乞求、祈祷、恳请，有的在作证、惊呼、问候，就好像波尔在作画时翻阅了约翰 · 布
624 尔维（John Bulwer）记录各种手势的词典《手势学》（*Chironomia*，约 1650 年），从书中选择了这样或那样的手势，然后为手势附上了匹配的身体。伦勃朗似乎不太可能在明面上和波尔竞争装饰市议员室的资格，尽管这位年长的大师在绘制他的摩西像时，可能也怀揣着为它找到吉祥归宿的希望。如果他真的去竞争，一定会失望。现在符合时髦需求的风格，是波尔那种，而不是伦勃朗的这种。

费迪南德 · 波尔是阿姆斯特丹市政官员召集来的一批历史画家之一，他们会为新市政厅宽敞而富丽堂皇的大厅创作庄严而有说教意味的艺术

费迪南德·波尔，《手持律法石版的摩西》，1662 年。布面油画，423 厘米 ×284 厘米。阿姆斯特丹，荷兰王宫

品。每个主题均旨在成为一个庄重的评论，其灵感来自《圣经》或古典历史，以展现各职位所代表的崇高品德。[8] 比如，普通城市司库是负责公共工程的，所以他们的办公室就用尼古拉斯·凡·赫尔特·斯托凯德绘制的《约瑟在埃及分发粮食》（*Joseph Distributing Grain in Egypt*）来装饰。在作品中，高尚而仁慈的贵族指挥着职员，为饿得脸颊低陷的妇女和焦虑万分的哺乳期母亲提供救助，而一队赤身裸体的人正费力地扛着装得满满当当的玉米篮子。议会厅（Raadzaal）是阿姆斯特丹政府的核心，其三十六名议员会在那里进行商议，里面则挂上了霍弗特·弗林克的《所罗门祈求智慧》

尼古拉斯·凡·赫尔特·斯托凯德，《约瑟在埃及分发粮食》，1656年。布面油画，165厘米×190厘米。阿姆斯特丹，荷兰王宫

（*Solomon's Prayer for Wisdom*）。

弗林克和波尔在每一笔大的委托订单上都进行了激烈的竞争。也难怪，弗林克为市长室（Burgemeesterskamer）创作的绘画酬金高达1500荷兰盾，比伦勃朗除了《夜巡》之外的任何一幅作品的酬劳都要高。到最后，这两位受到市长喜爱的画家都得到了面对壁炉架的空间，他们分别为此创作了象征着清廉和刚毅的模范作品。数个世纪后，这两幅庄重的大型画作意外地带来了滑稽的效果，因为它们的戏剧中心分别是一个萝卜和一头象。弗林克的萝

卜大到可以在农业展览上获奖，它属于朴素的执政官马库斯·库里乌斯·邓塔图斯（Marcus Curius Dentatus）。他手里抓着自己的这根蔬菜，好像害怕把它输给骄奢淫逸的萨莫奈人（Samnite，弗林克笔下的萨莫奈人穿着十分类似于威尼斯人的服饰）。萨莫奈人自欺欺人地认为，他们只要用黄金盘子来贿赂他，就能破坏他正直的秉性。在对面北墙上波尔的绘画中，包着头巾的国王皮洛士（King Pyrrhus）把一头吹着鼻子的大象放了出来。这是他的最后一搏，目的是威吓无所畏惧的（而且当然也是坚不可摧的）盖厄斯·法布里修斯（Gaius Fabricius），让他屈服。从执政官法布里修斯坚决的表情可以看出，这个计谋 625
绝不会奏效，而罗马共和国的荣誉将不会受到损害。这些画仿佛在对阿姆斯特丹的市民说，请放心，守护着你们的政府的官员们，在公共美德上也同样坚定不移。毕竟，17 世纪“执政官”在荷兰语中翻译成“burgemeester”（市长）。这则信息十分重要，为防止被忽视，画面上还会用有警醒意味的诗句再表达一遍，这些诗句一般来自冯德尔、惠更斯和十分多产的扬·福斯等人，通常是放在画面的下方或边上。

几乎所有这些大型画作，在当时都受到了嘉奖、赞誉，并被赋予丰厚的回报，而在我们的时代，却似乎显得令人尴尬且不快：构思平庸、像塑像一般笨重、造型难看（但画家却自认为是古典主义）、过度拥挤，效果不知怎么的既高亢夸张，又冷酷无情。有时（比如弗林克那幅充斥着天使裸像的《所罗门祈求智慧》）它们好像祭坛画，却不在教堂里。有时它们好像虔心的悼亡画，却没有陵墓。在许多近期的学术文献中，一项必要进行的工作，就是重申 17 世纪的判断标准，表明这些本身手法平庸、一味堆砌叠加的作品是高贵的“现代”绘画，相比之下，伦勃朗所谓明暗对比的戏剧手法才是反动的，这种解读恐怕给这些画作赋予了超出其本身的价值。关于市政厅的画作，有人天真地认为这些实际上只是三流作品，它们缺乏令人信服的生命力：既不能与普桑的杰作媲美，也达不到鲁本斯作品的戏剧性热情。然而，这种看法被视为缺乏历史观念、过于天真且过时，因而受到驳斥。庸俗地只迷恋于伦勃朗、伦勃朗、伦勃朗，就是导致我们对凡·赫尔特·斯托凯德和费迪南德·波尔作品中那种独特的风格视而不见的元凶。

只有反直觉的学术界才会生产出这种颠倒常识的荒谬观点，把伦勃朗描绘成守卫马槽的看门狗，反而说古典派画家才是勇敢的前卫艺术家，这真是混淆了风尚和创新。弗林克、波尔、凡·赫尔特·斯托凯德和其他受市政厅青睐的画家，无疑都认为自己是他们那一代真正的历史画家。他们中的许多人离开了圣路加公会，组成了自己的画家联盟，可以和诗人平等地交往，不会因为画家这份职业而显得更低贱。作为一个团队，他们真诚地满足了 17 世纪 60 年代荷兰寡头的渴望，使其得到如同邻国宫廷贵族所享有的待遇，毕竟，那些国家的历史画家和肖像画家都充分展现出了深厚的文化修养。因此，他们唱高调的作品必然比伦勃朗更能满足贵族的品位，而伦勃朗对这种品位却越来越淡漠，他不但没有放弃传统的绘画工艺和展现画家的基本功，反而毫不犹豫地将自己置身其中。那些钟情于古典艺术的画家或许认为，伦勃朗以往的辉煌成就，实际上延缓了他们追求使绘画艺术被视为一门真正的学院
626 式学问的步伐。因此，他们进一步把时钟拨回到四五十年前凡·曼德尔和彼得·拉斯特曼建立的得体规范，而伦勃朗早在 1629 年就已经断然把这些规范抛弃了。在他们的作品中，又一次出现了（就像拉斯特曼的《科里奥拉努斯和罗马女人》中那样）高傲、孤立、色彩明亮的人物，站在浮夸、隐约是罗马风格的建筑背景（有着圆柱、扁平的穹顶、拱门、凉廊和必不可少的雕像）前的平台或台阶上，下方的空间里分布着一群群姿态各异的群众，其中一些模仿着古典雕塑，而且总是有一些奇怪的动物——狗、马、山羊或绵羊——让人忍俊不禁。

这正是阿姆斯特丹的统治贵族们想要庆贺的：他们的城市已经如此成熟，可以与过去的伟大帝国——雅典、推罗、罗马、迦太基相媲美。他们对闪烁着黑暗光芒的深奥洞见不感兴趣，对笼罩在黑暗中或闪耀着光芒的身影不感兴趣，对外在世界与内在精神之间的隐秘冲突更不感兴趣。他们是外部世界的化身，从福莫萨（Formosa）到苏里南（Surinam），无人可以挑战他们，在他们的收藏清单上，形而上的冥想作品排不上号。那一类的思考，最好由自己私下去处理。至于有关公众的思考，他们非常清楚自己需要什么：需要定义清晰、能让人立即明白、值得多花功夫讲述的历史；需要表现得崇高却不

霍弗特·弗林克，《刚正不阿的马库斯·库里乌斯·邓塔图斯》，1656年。布面油画，485厘米 ×377厘米。阿姆斯特丹，荷兰王宫

深沉；需要呈现他们曾在拉丁语学校被迫读过的励志或警世故事，虽然这些故事日后很少再有人提及，但他们还是喜欢在剧院重温。天花板的装饰也是同理，他们需要用通俗的寓言来歌颂统治者的美德，祈求墨丘利、密涅瓦、阿波罗等常见神灵的守护。而且他们非常清楚谁能提供这种服务：这些画家专门创作表意清晰、忠实于原文、具有文学性的作品，会让画面中的人物沐浴在明亮的光线中（市政厅的设计也是让尽可能多的光线照射进室内）；他们会在画布上填满华丽的服装、奢华的建筑和充满舞台感的手势，从而使作品看起来物有所值。如果画家与鲁本斯本人有一些合作经验，那更是理想

的敲门砖，雅各布 · 约尔丹斯以及伊拉斯谟 · 奎林和阿尔图斯 · 奎林兄弟都在这一行列；和凡 · 戴克的合作经验也算数，因此扬 · 利文斯也可以包括进来，自 1643 年回到阿姆斯特丹以来，他一直在尽力模仿这位佛兰德大师，没有和他在莱顿工作室的老伙伴产生过多交集。利文斯画了一幅描绘“市长”（Burgemeester）法比尤斯 · 马克西姆斯（Fabius Maximus）的作品，画中的市长正命令父亲从马上下来，对儿子的职务表达敬意。

627 在 17 世纪中叶的阿姆斯特丹，要想成为一名成功的艺术家，不仅要按照公式作画，还要精心培养重要的社会和政治关系网络。尽管《夜巡》大获成功，但得到最好的委托任务的却是画家弗林克，他为人可靠，但并不会带来意外之喜。弗林克负责绘制的，是 1648 年民兵连为签署《明斯特和约》举行的庆祝活动。1652 年，他的雇主从贵族阶层跃升为亲王之辈，他还为勃兰登堡选帝侯画了肖像画。两年后，弗林克画了一幅阿马利娅 · 凡 · 索尔姆斯为腓特烈 · 亨利哀悼的画作。受青睐程度较弗林克低一级的艺术家包括波尔和凡 · 赫尔特 · 斯托凯德等人，他们从城市里的大商人寡头那里收到肖像委托，从未听到有人对肖像的准确性有任何怨言，设法与位高权重的赞助人建立了近似于私交的熟稔关系。毕竟，波尔在自画像中把自己描绘成一名贵族，显然也渴望加入贵族的行列，所以把这次为市政厅创作作品视为实现这种野心的途径。结果没让他失望。1669 年 10 月 8 日，伦勃朗在极度的贫困中去世时，他曾经的学生波尔，来自多德雷赫特的外科医生的儿子，却正在与极为富有的安娜 · 凡 · 阿克尔（Anna van Arckel）协商他第二段婚姻的合同，这桩婚事使他再也不需要绘画了：他加入了摄政者的行列。最末位的一组画家，是更类似工匠的一些人——威廉 · 斯特莱克（Willem Strijker），绰号叫“布拉斯玛丽”（Brassemary）或“宴会脸”（Feastface）；科内利斯 · 凡 · 霍尔斯泰因（Cornelis van Holsteyn）；还有扬 · 凡 · 布隆克霍斯特（Jan van Bronckhorst），他们都能画出与建筑的威严庄重相一致的天顶画和装饰画。

在整个 17 世纪 50 年代，伦勃朗目睹了被誉为“世界第八大奇迹”的市政厅，从其位于湿地中的桩基上如奇迹般逐渐崛起。他知道这份美差正与他擦身而过。1652 年的一个仲夏夜，由哥特式建筑组成的老市政厅被夷为平地，

赫里特·贝克海德，《阿姆斯特丹达姆广场上的市政厅》，1672年。布面油画，33.5厘米×41.5厘米。阿姆斯特丹，荷兰国立博物馆

自1639年起，这座市政厅就规划着要用新建筑来替代。伦勃朗对刻骨铭心的东西（包括他自己的脸）总是比对新的纪念碑更感兴趣，他画了一幅被烧毁的废墟的素描。他热爱幽暗洞穴般的空间，物体在其中熠熠生辉，而新市政厅却宽阔敞亮，配有炫目的大理石地面，冷硬、精确切割的雕塑，还有透过高大窗户射入的明晰阳光，这与伦勃朗的趣味完全不相容。然而，看到那些并非顶尖的人才——其中许多是由他培养出来的——现在拿着城市里最丰厚的佣金，作品价值数百甚至上千荷兰盾，他不可能无动于衷。但即便伦勃朗会因此感到痛苦，他或许也不会对这样的结果感到惊讶。他的第一个学生赫拉德·道在十二岁的时候来到莱顿做学徒（leerling），那时他还是个小男孩。如今，他已经在国际上赢得了巨大的声誉，赚了一大笔钱，画出了极为精致的风俗画，画作表面如漆器般光滑：在密室里的炼金术士；有着深深的乳沟，
从窗口探出头来的侍女，身旁放着好几盆意味深长的迷迭香；还有闪闪发光 628
的小东西，让你想要在光线下转动它们，把它们变成一颗颗耀眼的宝石。现

伦勃朗,《老市政厅的废墟》，标示的日期为 1652 年 7 月 9 日。钢笔素描。阿姆斯特丹，伦勃朗故居博物馆

在，也就是 1659 年，伦勃朗一个学生都没有了。来自弗里斯兰的门诺派教徒霍弗特 · 弗林克，当初还是兰伯特 · 雅各布松送到伦勃朗这里来的，现在城里的每一位诗人都高呼他是“阿佩莱斯 · 弗林克”，他也受雇为伦勃朗一开始画过的那些人绘制肖像：蒂尔普医生以及安德里斯 · 德 · 格雷夫。

弗林克拿走了市政厅的重磅委托：八幅大型绘画，描绘塔西佗笔下巴达维亚人反抗罗马的历史。这些画作主要是用来点缀市政厅的中心大礼堂——也就是公民大厅（burgerzaal）——周围的画廊。而对于该建筑的管理者来说，它不仅是整座建筑的核心，更被视为世界的中心——这一信念在展示天体和地球的地图上得到了完美诠释。这是一次鲁本斯式的宏大项目，足以与卢森堡宫里歌颂玛丽 · 德 · 美第奇一生的系列作品，或白厅天花板上描绘詹姆斯一世统治时期的系列寓言画相媲美。但与其他画作不同的是，这是一件真正描绘共和国历史的作品；它书写着“真正的自由”（ware vrijheid）。这个国家不需要亲王，甚至连奥兰治家族的亲王也不需要，这种自由一直存在于荷兰人的骨子里，是从古巴达维亚时期延续到现代的辉煌。虽然议会已经有了奥托·凡·维恩的十二幅小型木板油画，但与市政厅的画作比起来就显得相形见绌，正如伟大、自由而富裕的阿姆斯特丹现在也使海牙及其残存的宫廷相形见绌。这些杰作如史诗一般，其规模足以与坐落在屋后山墙上的巨大雕像相匹配，雕像中的阿特拉斯扛着世界，正如阿姆斯特丹承载着无数的贸易。后世如果想要看到阿姆斯特丹是如何崇敬其自由的祖先的，他们只需要来到市政厅，看看这些惊人的画作。

而伦勃朗则被拒之门外。现在，人们对他就像对待一位古怪的大叔，他因不光彩的事迹而蒙羞，有点疯疯癫癫，举止也很不得体，所以只能把他藏在阁楼里，眼不见为净，以免使上流社会难堪。1660 年 2 月 2 日，弗林克突然去世，整个城市都为他哀悼。福斯和冯德尔为他的灵柩献上了诗歌的花环，市议会（vroedschap）面临着一个令人生畏的问题：既然大师已经去世，该如何处理遗留的庞大工程？他留下的只是初步的图纸，的确可以作为继任者的指南。但人们认为，没有其他任何一位阿姆斯特丹画家能够独自完成他留下的作品——至少无法在合理的时间内完成项目。因此，这项任务被简化为，
为公民大厅通向楼梯的四个大型拱形弦月窗制作装饰，并委托给了三个艺术 629
家。其中的两个人，雅各布·约尔丹斯和扬·利文斯曾为豪斯登堡宫的奥兰治厅工作过，因此可以相信他们会画出体面的历史作品。约尔丹斯分配到的是其中两幅；利文斯则需要完成卡尼内费特部落（Canninefates）首领布里尼奥（Brinio）的画像，画中他高高地站在象征着部落的盾牌上方。第三位艺术家，尽管有些忐忑不安，也有些不情不愿，但还是被指派来描绘巴达维亚人领袖克劳迪乌斯·西威利斯在“神圣树林”中向同盟者宣誓抵抗的历史故事——这个人就是伦勃朗·凡·莱因。

回到塔西佗，就是回到了他的起点。三十五年前，他的面前还有整个世界，惠更斯称他为“没有胡子的磨坊主之子”。为了给斯克里维留斯和莱顿留下深刻印象，他绘制了他的第一幅历史画，画的就是西威利斯赦免被俘虏的罗马和高卢士兵。他画那幅画时，脑子里还清晰地记得凡·曼德尔的规则手

霍弗特·弗林克，《克劳迪乌斯·西威利斯的盟誓》，1659 年。钢笔素描。汉堡，汉堡美术馆

册和彼得·拉斯特曼的《科里奥拉努斯和罗马女人》。因此，他按照所有的规则和惯例，尽了最大的努力来取悦人们，在画面中填满了强烈的色彩、宏伟的建筑、为领袖准备的台阶、大量的手势和面部表情，而且毫不羞耻地在西威利斯的权杖后面画上了自己的肖像作为签名。

现在，如果他还想取悦赞助人，他只需要恢复原先得体的风格，尤其是考虑到，在市政厅展出的许多画看起来就像是直接出品自拉斯特曼工作室的！弗林克的素描在精神上遵循了凡·维恩的油画和安东尼奥·坦佩斯塔的蚀刻版画中的那种庄严景象，他从中就可以看出怎样才能让雇主满意。一群人正围在一张整洁的桌子前进行例行的握手仪式，桌子上铺着白色的亚麻布，仿佛一位贵族正在树林里野餐。西威利斯坐在桌子的末端，腰部以上赤裸着，他的脸只露出侧面，因此体面地将他瞎了的那只眼睛藏了起来，正如阿佩莱斯描绘国王安提柯（King Antigonus）时也把他空洞的眼窝藏了起来。[9] 西威利斯的头上还戴着一顶酷似头巾的饰羽帽。他的手紧握着一位衣着类似

安东尼奥·坦佩斯塔临摹奥托·凡·维恩，《在斯哈克博斯的会面》。蚀刻版画，选自《巴达维亚与罗马的战争》，1612 年。伦敦，大英博物馆

罗马士兵的人的手臂，似乎在鼓励叛逃者加入自己的联盟，或者是想要把被征召入伍并发动叛乱的其中一位年轻的巴达维亚人拉入他的阵营。周围的宴会参与者变成了他们的同谋，他们亲昵地向彼此倾斜，私下交流。这种符合市政厅要求的气氛，也曾出现在这个题材更早期的版本中，特别是坦佩斯塔为奥托·凡·维恩的书《巴达维亚与罗马的战争》(*Batavorum cum Romanis Bellum*) 制作的蚀刻版画，其中可以看到许多文质彬彬的绅士，颇有长者风范，他们把手肃穆地交叠在一起，整体的气氛十分庄重。[10]

伦勃朗 1656 年的物品清单中有三本印着坦佩斯塔版画的书，其中一定包含凡·维恩有关巴达维亚战争的那本。他一定是注意到了，塔西佗特别提到过“点燃他们精神的狂欢”，并在脑海中想象这群人一定具有不属于斯多葛主义式决心的意志；那是一种解放的狂欢，一场自由的盛宴。接着他读到，西威利斯不仅把巴达维亚人的长老和权贵带到了谋反的餐桌上，也带来了“最勇敢的普通百姓”。他认为，这场景绝不像是一群尊贵的绅士在乡村俱乐部里 630

庄严地互相握手。当然，伦勃朗应该知道，从尼德兰独立战争的早期开始，握手就已经是联盟的象征，代表的是自由人与主权省份的联盟，而从那时起，这种联盟就使得联省共和国在欧洲一众君主专制国家中扮演了独特的角色。但他又读了塔西佗关于野蛮仪式（barbaro ritu）的描述，因此除了握手之外，其他的景象也浮现在他的脑海里：刀剑相互碰撞，杯子里盛满了酒或血。他一定也知道，由于市长们不喜欢任何对王族英雄的赞美，他必须小心不要把野蛮人的首领画得太重要，尤其因为克劳迪乌斯 · 西威利斯长期以来被认为是奥兰治亲王的原型。但话又说回来，他怎么能不给西威利斯，这位如雄狮一般的昔日英雄，以应得的赞誉呢？塔西佗不是写过他出身皇室吗？西威利斯不是英勇就义，戴着镣铐被拖到了尼禄的面前吗？他的战友尤利乌斯 · 保卢斯（Julius Paulus）不是也被误指造反，并被处以了死刑，使他备受折磨吗？最重要的是，他难道不是尽管面容已毁，却毫不遮掩或感到羞耻，反倒如塔西佗所说，“像塞多留（Sertorius）或汉尼拔那样”以此为傲吗？

631 所以伦勃朗决心再赌一把，认为可以违反委托的常规期望，并以无可争议的卓越成果让赞助人感到震惊，认为他们会原谅他的发明创造，并发现这才是他们一直想要的。他将再次身披荣光，因为他聪明绝顶地猜透了赞助人的真正意图。伦勃朗就这样忽略了弗林克的素描，并进一步使自己对画面的设想偏离了此前的任何图像学传统：没有握手的动作，没有插着羽毛的帽子，没有林间空地里的餐宴，没有整齐地斟着酒的仆人。相反，他如塔西佗所写的一般，想象出一幅野蛮人喧嚣狂欢的景象，他们醉心于自由，粗壮的平民混杂在领主之中，这种场面，“宴会脸”斯特莱克一类人就算做梦也想不出来。在他的脑海中，这个故事不是发生在树林里，而是发生在一间广袤的大厅里。事实上，伦勃朗并未彻底摒弃森林与原始自由间的联系，画面中集会场所的拱门和柱子构成了一棵巨大的树，而其他植物则排列在墙内外，因此，共谋者的聚集地好像是在一块屏风前方，也可能是在一座帐篷或礼拜堂内部。[11] 这一大群人，有的坐着，有的站着，显然是受到了拉斐尔的《雅典学院》启发，需要从较低的视角来观看，观众的目光会沿着长长的台阶陡直地向上爬，走向深埋在中景部分的一群形成三角形构图的人物，最后才会看到画面焦点处

伦勃朗,《克劳迪乌斯·西威利斯的盟誓》，约 1661 年。钢笔素描带水彩。慕尼黑，国立书画刻印收藏馆

那巨大、令人生畏的西威利斯形象：首领的身形如国王般壮硕，那堆叠起来的冕状头饰（这里伦勃朗参考了皮萨内罗 * 的奖章）则使他显得更加高贵威严，他的一只眼睛暗淡地凝视着前方，另一只眼睛则是一道深深的疤痕，这无疑是一件关于苦难和救赎的历史画巨作。[12] 西威利斯的脸将像摩西的脸一样，燃烧着超凡的光辉，洋溢着自由的精神。塔西佗的记载对这位巴达维亚领袖的 632
描述是，他刚刚完成了一场伟大的演讲，阐述了罗马征兵的残暴，“将子女与父母分开，将兄弟与兄弟分开，就像死亡一样”[13]，沐浴在掌声中。紧接着，他呼唤兄弟们用利剑相击，庄重地宣读他们坚不可摧的誓言。

* 指安东尼奥 · 皮萨内洛（Antonio Pisanello），15 世纪上半叶意大利著名画家和奖章设计者。——编注

伦勃朗在这幅画中展现出的野蛮人景象十分惊人，有着莎士比亚式的宏伟气派，但我们却只能经由留存于慕尼黑的一张展现整幅画构图的素描一窥其面貌，这草图画在一张丧礼请柬的背面，标示的日期为 1661 年 10 月 25 日。据推测，1662 年夏天，这幅画的原始版本只在围绕着公民大厅的展厅里那扇指定的弦月窗上挂了几个月。到了这年的夏末，伦勃朗的画作被退回修改。正如斯韦特兰娜 · 阿尔珀斯所言，这幅素描很可能根本不是初步的习作，而是伦勃朗在解决问题、修改作品时经常会随手画的那种草图。[14]

某个时刻，伦勃朗一定也不安地意识到，他可能输掉了这场赌局；他大胆的设想非但没有赢得赞助人的心，反而使他们更加疏远了。并且，那些传记片中编造出来的愤怒市民对《夜巡》感到震惊的场面，完全可能在《克劳迪乌斯 · 西威利斯的盟誓》被拒绝时发生过。不过，大概并没有爆发出一阵嘲笑，也没有发出厌恶的哭喊。正相反，世界第八大奇迹的守护者，也就是市议会的摄政者们，当他们抬头望着空旷的空间，看到《最后的晚餐》和《雅典学院》糅合在一起的作品时，就会觉得野蛮甚至渎神。他们向更远处望去，会看到共和国的英雄西威利斯变成了土匪国王，而周围的面孔在摇曳的灰黄光线下几乎全都难以分辨，这些人的面貌很像犹太人或长着龅牙的古代醉汉，咧着嘴发出可怕的狂笑。他们的确会感到十分困惑，但绝不是伦勃朗原本希望的那样。在信中，也许他们会不失礼貌地在这里或那里提到，他们钦佩伦勃朗在描绘巴达维亚祖先时选取了一种极具趣味和活力的表现方式，但同时又表示遗憾，因为这种引人入胜、创新大胆的构图并不能让人清楚地看到一切。

伦勃朗曾乐观地相信，《克劳迪乌斯 · 西威利斯的盟誓》终究会让他成为荷兰之自由的历史记录者，就像鲁本斯过去被公认为专制君权的最高赞颂者一样，但残酷的是，这种希望肯定很快就破灭了。当梅尔希奥 · 福肯斯（Melchior Fokkens）在他 1662 年那本歌颂阿姆斯特丹的指南中描述这幅 20 英尺宽的巨大画作时，它还挂在公民大厅展厅尽头角落的弦月窗上。但随后，也许是统治圈里某个深知并尊敬大师弗林克之人，如约昂 · 海德科珀 · 凡 · 马尔塞维恩或尼古拉斯 · 蒂尔普医生，表示不论这件作品多么引人赞叹、多么

贴近真实，它并没有完全遵循弗林克的原始设计，因此，很遗憾，这并非他 633
们所期待的。

到了 9 月，一辆大车就会到来，把卷起来的巨大画布送到位于玫瑰运河南端的那所小房子里。伦勃朗把它放在哪里了？把它靠在了他画室一角的墙上吗？谁会想要这幅巨大的画呢？它的顶部专门设计成了拱形，以便与弦月窗相匹配，前景也经过了精确的计算，将展厅长长的空间延伸进了画面本身的空间里，这样的做法给了观者以不可思议的感觉，仿佛自己正在朝着诸位密谋者围坐的高台移动。即便是画面中的光线，伦勃朗也做了周密的构思，白色的光芒从人物面部下方散发出来，宛如被画廊的烛台照亮。

然而，他迫切需要从废墟中抢救一些东西。他还有房租要付，还要让家里有面包吃。否则，他所有的艰苦劳动都将付诸东流；没有名声，更没有财富。他唯一的希望，就是设法将这块难以置办的大画作调整至适中尺寸，以便适应家居环境，使其能够售出。经过裁切之后，也许他能设法找到买主，将这幅画放在楼梯顶上，或者挂在大壁炉架上。因此，他别无办法，只能把这幅 20 英尺宽的杰作摊开在地板上（因为伦勃朗没有任何一张桌子大到放得下它），让提图斯固定住一端，自己跪下来用刀切它。他切割的时候，紧绷的织物开始破损，切下来的画布碎片落在地板上，就像裁缝店里的粗布条一样。他一定从这幅画的一端爬到了另一端，直到这幅画被修剪成了今天保存在斯德哥尔摩的样子：一块又长又窄的残片。

的确，17 世纪的艺术家并不像我们想象的那样敏感，他们会对画作进行裁切、修剪，甚至拼接、缝纫，以便更易销售。但即便如此，伦勃朗毁掉了他所有历史画作中最宏伟、最大胆的作品，不可能不感到深深的痛苦。可是，他仍然尽自己所能，想把这份最耻辱的失败转变成胜利，重新想象了整个构图，重新绘制了剩余画布里的大部分内容。他不再把人物设定在一个深而高
的中景空间中，而是把他们紧密地集中在一起，带着威胁的气息向观者逼近； 636
这种构图凸显出了野蛮人那种对抗性的能量。

于是，我们在斯德哥尔摩看到的这幅画，是对原作进行了残忍裁切和大量重绘后的一个残片。但即便如此，它的尺幅仍然非常大，而且无疑雄心勃

伦勃朗，《克劳迪乌斯·西威利斯的盟誓》，约 1661 至 1662 年。布面油画，裁切后 196 厘米 ×309 厘米。斯德哥尔摩，瑞典国家博物馆

勃，堪称整个17世纪艺术史上最具革命性的绘画之一。近期，关于《克劳迪乌斯·西威利斯的盟誓》未能赢得市政厅权威人士认可的原因，已有了政治和历史上的解释。玛格丽特·卡罗尔（Margaret Carroll）尤其指出，画作中央如帝王般威严坐着的克劳迪乌斯·西威利斯粗犷的英雄形象，可能触怒了阿姆斯特丹坚定不移的共和观念，因为这一观念正致力于完全废弃世袭制的“执政”职位。[15]的确，在17世纪60年代早期，争取荷兰省共和主权的运动展现出了毫不妥协的态度。冯德尔当时正在写作他的最后一部戏剧《巴达维亚弟兄，或被压制的自由》（*The Batavian Brothers, or Freedom Suppressed*，1663年首演），在这部戏剧中，统治古尼德兰家园的残暴罗马官员就被称为“执政”，正是他激起了叛乱。[16]然而，虽然荷兰大议长约翰·德·威特所在的圈子肯定全身心地投入到这场共和派的进攻中，同一时期的阿姆斯特丹摄政者们却如往常一样，是一个更务实多样的群体。例如，其中最突出的是以狡猾而闻名的希利斯·瓦尔克尼尔（Gillis Valckenier），他甚至越来越像奥兰治派的人。无论如何，伦勃朗对克劳迪乌斯·西威利斯形象的处理，很可能会让反对和支持奥兰治家族的两派人都不高兴，前者可能不满于武士王子占据了画面中主导的地位，而且他坐的位置有点像达·芬奇的《最后的晚餐》（伦勃朗曾临摹过这幅画）中耶稣的位置，而后者则因为他看起来像独眼的强盗首领而大为不快。

除了所有这些历史因素的障碍以外，伦勃朗的绘画方式也是个大问题。伦勃朗也许认为，只要隔着一段距离，观者自然会和原画分隔开，但任何人只要来到斯德哥尔摩，哪怕不是站在原作而是其残迹前观看，都会感受到画作笔法的那种毫不妥协的攻击力，因为画面一些片段中的笔法与任何一种当时的绘画都毫无相似之处，与市政厅其他画家精心修饰过的画作相比更是截然不同。那些不得不对这幅画做出评价的人，很可能会和热拉尔·德·莱赖斯（Gérard de Lairesse）后来评价的一样，认为伦勃朗准备让他的“色彩像粪便一样倾泻在这幅画上”。[17]

不过，需要再次澄清，伦勃朗的行为并非出于有意为之的攻击性动机。他非常需要这份工作。事实上，他只是把自己的两条工作原则推向了迄今为止无法想象的极端，它们分别是对熟悉体裁的转化，以及让笔触与故事对话。从未有人画过这样的画，鲁本斯没有过，提香也没有过。

伦勃朗的想象力十分丰富却危险，在这背后，他的想法是把《克劳迪乌 637
斯·西威利斯的盟誓》描绘成一场变形的民兵宴会（schuttersmaal），一群兼职的战士围坐在桌旁，对“真正的自由”的忠诚将他们联结在一起。可以肯定，他们和弗兰斯·哈尔斯笔下的那种虚张声势、醉醺醺的民兵不同，也和善于溜须拍马的巴托洛梅乌斯·凡·德·赫尔斯特描绘的公民卫队不同：在后者的画面中，诸位周末战士打扮华丽，戴着羽毛装饰，披着绶带，肩带擦得锃亮，胡须整理得顺滑光洁。但伦勃朗可能会认为，《夜巡》也和赞助人原本预期的不同。在《夜巡》中，伦勃朗试图重现民兵原原本本的气节，突出了人物的勇武之力，但代价则是要打破绘画的形式惯例（以正确的方式呈现每一个人的身份和等级）。在《克劳迪乌斯·西威利斯的盟誓》中，伦勃朗也同样没有按照赞助人期望的那样完全忠实地还原罗马历史，而是凸显一种理念的力量。但是，在《夜巡》中，主导理念还是迎合赞助人的，火绳枪兵队遵循着纪律的能量向前推进；而在这次的画作中，主导理念就不那么容易消化了。因为它体现的是野蛮人的自由，表达手段是异教的，甚至是德鲁伊教的庄严仪式，其中既包含自由或死亡的契约，也融合了酒与血，这无疑是一场与众不同的民兵宴席。更糟糕的是，它违背了民兵宴会主题绘画的第一原则，即他们只描绘绅士，偶尔会加上恭敬的仆人，可能还有虔诚、体面、严肃的军队中士。克劳迪乌斯的团队成员千奇百怪——有皮肤黝黑的东方人、絮絮叨叨的老者，还有一名德鲁伊祭司。你仿佛能听到他们的叫喊和狂笑，闻到他们污浊的呼吸和不洁的身体，所有的人拥挤着，也挤着观众，仿佛他们的脸也能凑到观众的空间里。这幅画的颜料色调让人紧张：刺眼的铅黄，酸臭的绿色，全都粘在画布上，仿佛野人们紧紧把颜料攥在了拳头里。伦勃朗似乎忘记了，这位将军在成为叛军领袖之前曾是罗马士兵，也曾是忠诚的臣民，只是遇到了极端情况才奋起反抗的，和摩西以及光荣牺牲的威廉一样。但画面里的这个人，太不文明，太不像西威利斯了！

然而，就伦勃朗而言，他只是继续像过去一样作画而已。例如，在扬·西克斯的肖像中，他的笔法不仅描绘了人物，笔法本身也体现了人物。他的颜料处理不再是常规的叙事工具，它本身就类似于一种视觉语言，不满足于忠实地还原，而是比张开的嘴部和挥动的手更具有戏剧性的暗示意味。优雅淡然（sprezzatura）是对扬·西克斯再完美不过的展现，人们可以想象扬·西克斯正吐露着优雅细腻的言辞。但是，西威利斯在宣言中必须展现出他那粗犷的气势、坚定的意志，以及誓要发动血腥起义的决断。在伦勃朗到这时为止的所有画作中，这幅画展现出了前所未有的激烈挥洒，仿佛它自身就是西威利斯手中的巨剑，他用画笔轻轻一蘸又一挥，就好像西威利斯的大刀一样。他在这一时期的其他历史画中会表现自己的桀骜不驯，而这幅作品也一样，
638 画家将自己坚定的反抗精神投射到了首领兼将军的形象中。事实上，西威利斯的穿着甚至也与伦勃朗在1658年的自画像中身披的金袍很类似。他就这样开始作画，将闪耀的色彩以未经调制的块状大量地堆积在画布表面上，然后再来一次，涂抹上第二层、第三层，制造出强光和深影，揉捏、刮擦，把颜料堆得高高的，再刮回去。但这并不意味着整幅画都呈现出了不透光的样子。幸存下来的画面里有一些著名的片段——比如右侧精致的玻璃高脚杯——由于强烈的色彩处理，以及对高光的巧妙计算（这即使对伦勃朗来说也是罕见的），而具有极高的透明度。但其他片段都是用粗糙得超乎想象的笔法画成的，比如高脚杯上方的两个人物，鼻子或颧骨是把颜料像刀片般拍打上去来表现的，眼窝只用了一小块锐利的黑色来示意。接着，伦勃朗又根据对具体人物刻画的不同，对激烈的笔触做出了改变：西威利斯右手边的大祭司描画得柔和而细致，他右手边那位蓄着小胡子的男子也是这样，容光焕发，有点像提图斯；而领袖本人的脸则涂上了厚厚一层凸起的颜料。

虽然伦勃朗想要在这幅作品中创造出一种既狂欢又肃穆的气氛，但他还像往常一样，给画面赋予了动态带来的极大震撼感，这是通过背对着我们的紧张人物来营造的，其中一位正伸出手臂，敬礼表达忠诚，另一位举着仪式用的奠酒杯。在那显眼的中心位置，巴达维亚王子的雄伟身影之下，金黄的光芒即便历经数世纪仍旧闪耀，其亮度在餐桌的平面上达到顶峰，自下而上照射着，仿佛将所有的密谋者围绕在一个辉煌的光环中。

在画作最初的状态下，画作中心的位置有一束光落在西威利斯王冠的头带上，在头带中心的勋章处变得最为明亮。这条头带成了他带刀疤的阴森面孔上的灵韵，使他不仅是一位武士亲王，也升格成了先知和圣人。他虽然有着野兽般的头颅和巨大的上半身，但高贵却未被此掩盖。这条头带也突出了那双眼睛：像伦勃朗的许多作品中一样，他的一只眼睛是黑色的；另一只则只剩残陨的缝隙。但还有一处细节，非常像西威利斯的第三只眼睛，那就是他额头上方闪闪发光的眼状开口，把自由之光集中在了他内心视野之所在。

2. 混杂的队伍

伦勃朗住在一座游乐园对面。游乐园名叫新迷宫（Nieuwe Doolhof），是 639
由阿姆斯特丹的伟大表演家戴维 · 林格尔巴赫（David Lingelbach）在经营。林格尔巴赫原本是法兰克福一家酒馆的老板，现在则更为高调地自称为艺术大师（kunstmeester），但这个职业头衔主要涉及喷泉和烟花，与笔刷和画架无关。他结过三次婚，有一个儿子是画家约翰内斯 · 林格尔巴赫（Johannes Lingelbach），约翰内斯凭借描绘仿似那不勒斯的港口景色和表现吉卜赛人或猎手在阳光下遨游罗马田园的画作，过上了相对殷实的生活。但戴维 · 林格尔巴赫自 1636 年起租下的新迷宫完全是另一种形式的阿卡迪亚，而且比画里还要更有趣。这里有着一系列的喷泉，是胡格诺派水景大师若纳斯 · 巴日瓦（Jonas Bargeois）打造的，其中有一处寓言式的水景装置，雕刻着一只凶猛的荷兰狮，它爪子里握着一捆箭，水从箭中喷涌而出。林格尔巴赫扩建了花园，把它改造成了一处有着内景和外景的奇观宫殿。园子里立有一座木石结构的房屋。一进门，你会被一只绿鹦鹉热情迎接。房内充满了各种稀奇古怪的物品，如大象的头骨，以及由石膏制成、展示“撒马利亚人之井”情景的雕塑。房外则是数个带有篱笆围栏的开放空地。在这些空地上，鸽子、珍珠鸟和孔雀自由穿梭，而每个围场的中央都设有一处精心雕刻、气势磅礴的景观。[18] 在其中一处方形围栏的中央，有另一座巨大的四面喷泉，上面雕刻着各种以四计数的主题：四季、四元素以及（经过些许改编的）四美德和四宗罪。喷泉顶部是人们最喜爱的巨人——背负他人渡河的圣克里斯多夫。另一处围栏的中央是一座壮观的时钟，其上雕刻有各种神奇的野兽，每逢整点，响亮的钟声便会敲响。还有一架精心制作的管风琴，上面刻着犹滴和荷罗孚尼，以及一直很受欢迎的“穿裤子的妻子”，她的丈夫温顺地坐在纺车旁。[19] 游乐园的正中央有一处特色景观，是游乐园名称的来由——高高的黄杨树篱组成的迷宫，情侣可以在迷宫中互相逗笑、跌跌撞撞，讨论着到底迷路到了什么程度。

阿姆斯特丹的每个人——嗯，几乎每个人——都喜欢新迷宫，对他们来说，这是一处户外的珍奇屋。人们对它的喜爱，甚至超过了原来的老迷宫（Oud Doolhof）。老迷宫是在几十年前由戴维 · 林格尔巴赫建造的，但城市治安官认为它逐渐吸引来太多女人，放荡的女人（所以和妓院形成了竞争，毕
640 竟治安官和手下的人本来还能从妓院得到一些分成呢）。因此，新迷宫被建在了玫瑰运河的南端，表面上是一个更适合居住的地方。温暖的周日下午，人们会涌入花园散步，（如果他们愿意的话还可以）畅饮清凉的喷泉水，吃一吃代芬特尔市（Deventer）的特色蛋糕（koek）。这里会有狗和小孩，会有手推车和木马，会有演奏手摇风琴的和吹肥皂泡的人；年轻男子会穿着卖弄风情的衣服，裤子的色彩鲜艳夺目——亮红、芥末色或翠鸟蓝——头发（不管是真发还是假发）都按照最新的时尚打理成精致的卷发，披在肩上。传道士们认为这一定意味着阿姆斯特丹正在变成新的所多玛，无可挽救了。男人们按照法式风格，穿着束腰的长外套，宽大的下摆耷拉在装饰着丝带和玫瑰花结的马裤上。女孩会在脖子上挂无耻的珍珠项链；短短的卷发末端系着丝绸蝴蝶结；她们的紧身胸衣系紧了带子，以便突出丰腴的胸部，介意的会用柔软的织物把胸部覆盖住，以显得体面。在新迷宫的大道上漫步或蹒跚而行的，有水手和火枪手，有土耳其人和犹太人，有中老年妇人和抱着婴儿的新晋母亲，有小提琴手和手摇风琴演奏者。另外，由于没有有效手段遏止某些行为，除非进行持续的巡逻，而这是城市治安官和他的巡逻队既不愿也无暇去做的，于是，这里时常会见到一批盛装打扮的职业女性，她们成双成对，锐利地打量着四周，寻找潜在的客户。

伦勃朗，《自画像》，1660 年。布面油画，80.3 厘米 ×67.3 厘米。纽约，大都会艺术博物馆

那时候，画家的注意力一定会受到孔雀刺耳的尖叫声和花园大钟雷鸣般的报时声考验。林格尔巴赫还种植了一处装饰性的棚架葡萄园，通向一块休憩的场地，因此也少不了醉汉的嚷嚷声。玫瑰运河沿岸经常发生斗殴，尤其是在伦勃朗居住的，也就是新迷宫所在的运河南端。1661 年的 10 月，亨德里克耶被传唤作证，她一定很高兴自己被称作“美画家（fijnschilder）伦勃朗”的“妻子（huysvrouw）”。一同受到传唤的还有她的几位邻居——水手的遗孀、金线制造商的妻子、客栈老板。亨德里克耶称她看到过一个喝醉的外科医生手里拿着一杯酒，身子东倒西歪地晃来晃去，与路过的每一个人搭话，

641 如果不跟他喝酒，他就寻架。这种事情肯定在公园里一直都有发生。人群开始在醉汉周围聚集起来。醉汉很高兴有人来听他说话，就越喝越醉，叫喊声更大了，语气也更难听了。亨德里克耶和她的两个朋友在街上稍远的地方站住，试图提醒迎面走来的无辜行人绕道而行，不要凑热闹招惹麻烦。最后，城市治安官来了，把这个“害虫”拖走了。[20]

这和圣安东尼布里街的生活自然不太一样。但他们也不是生活在阴暗的角落里。如果说有什么不同的话，那就是布里街正变得没有以前那么时尚，而玫瑰运河及周边地区虽然不能说愈发繁华，也绝不是阿姆斯特丹市中心最贫穷简陋的地方。往东跨过一条运河，在新迷宫的另一边与玫瑰运河平行的，是月桂运河（Lauriergracht），那里住着一大群艺术家和交易商，包括周游四方的亨德里克 · 凡 · 优伦堡和他的儿子赫里特，和他一样也是一位交易商；意大利风格风景画家巴托洛梅乌斯 · 布伦贝尔赫（Bartholomeus Breenbergh）；狩猎画家梅尔希奥 · 德 · 洪德库特（Melchior d’Hondecoeter）；还有伦勃朗以前的学生于里安 · 欧芬斯（Juriaen Ovens），他受雇画了西威利斯，来代替他过去的老师被拒绝的那幅画。[21] 另一个以前的学生，也就是后来取代了自己老师地位的霍弗特 · 弗林克，在月桂运河街买了两幢相邻的三层楼房。在他于1660 年去世后，这两幢楼房共估值达 18 000 荷兰盾，里面堆满了宏伟的雕塑和绘画，他称之为“艺术宅邸”（Schilderhuis），仿佛是把鲁本斯的城市别墅搬到了阿姆斯特丹。

这一带一定充满了伦勃朗生前的回忆，有些是美好的，有些是痛苦的。在玫瑰运河沿岸的中间地段，较坚固的房屋和较简陋的房屋之间，住着一位伦勃朗特别熟悉的画家：扬 · 利文斯。在莱顿的日子里，他们两人有着共同的雇主和想法，也都受到了大赞助人的褒扬。四十年后，他们两人都来到了玫瑰运河。在 17 世纪 20 年代，伦勃朗和利文斯都让人看到，他们既能画粗糙的画，也能画精致的画，有时甚至会在同一幅画中展示两种技巧。但现在他们显然已分道扬镳：利文斯在努力用更加世故灵巧的绘画来取悦贵族的口味，而伦勃朗却选择了一条崎岖得多的道路。

1660 年 12 月，伦勃朗的破产账户终于被破产委员会关闭了。同一天，亨德里克耶和提图斯出现在一位公证人面前，表示正式结成商业伙伴关系，从事“绘画、平面艺术、雕刻、木刻、版画和古玩”交易，一同前来的还有伦勃朗。[22] 如此，家族所有的动产便都划归企业所有，每个合伙人平均分享利润，平均分担亏损。由于“他们在这份事业中都非常需要协助和帮忙”，而“没有人比前述的伦勃朗 · 凡 · 莱因更适合这个目的”，所以他将和他们住在一起，由他们提供膳宿，通过为公司库存提供艺术作品来获得相应酬劳。他所有的财产，无论是画、家具还是家用器皿，所有一切现在都属于他的儿子和他的非婚妻子，而他们也会借他一些钱，以供他购买画材，当然，以他的工 642
作为保证。如果合伙人中有一方违反商业协议，把物品从房子里偷了出去，就要从伦勃朗欠他们的钱里扣除 50 荷兰盾——这项附加条款表明，伦勃朗一生中似乎对人类的行为产生了不信任的态度，他无法摆脱这种疑心重重的焦虑。

伦勃朗精心设计了这个把戏，让提图斯和亨德里克耶参与其中，以此为自己的债务划定界限，避免他的破产事件还会出现遗留的索赔人或未来的债权人。尽管伦勃朗已与破产委员会达成和解，但他仍对一些人有欠款。尤为显著的是，当伦勃朗宣布破产时，最初从扬 · 西克斯那里获得贷款时的担保人罗德维克 · 凡 · 鲁迪克，便承担了这笔债务，而其他债权人正在试图从这一款项中收回自己的损失。[23] 不过，也许在他经历了这一切之后，按照合伙人条款的规定，自愿被剥夺拥有的所有财产，对他来说也不是那么难以接受了。他去世时的物品清单显示，他在玫瑰运河的房子里生活得非常简朴：桌上的餐具是陶制碗碟，饮水用的是锡制杯具，穿着只有干净的亚麻布，不让人觉得像乞丐一样就够了。[24] 这所房子和周围大多数房子一样，又深又窄，房主是纸牌制造商雅克 · 凡 · 莱斯特（Jacques van Leest），这几间屋子，他向伦勃朗收取 225 荷兰盾的租金。打开前门，就进入了面向运河的小前厅，伦勃朗在那里放了几把椅子和几幅画。客厅里存放着亨德里克耶从老房子里抢救下来的几件精美物品：一张花哨的床，附有床枕和丝绸帘子，用起来没有看起来好；一张大橡木桌子。后面是简朴的内厨，他们可以坐在那里读书、交谈。内厨后面还有一间小房间，供睡觉和更衣。这与弗林克在月桂运河旁拥有的宏伟的“艺术大厅”（Schilderszaal）可大不相同，那里挤满了学生和艺术品，在17世纪40年代晚期还有许多全裸模特供他描摹。[25]但伦勃朗现在已经不需要大型画室了，因为他只有一个学生，十六岁的阿伦特·德·赫尔德（Arent de Gelder），是霍赫斯特拉滕送来学习的。在其余生里，德·赫尔德孜孜不倦地努力模仿着伦勃朗那深沉、粗糙、明暗对比鲜明的风格。提图斯自己也不时地会帮父亲画画或当他的模特。充当模特的还有亨德里克耶和其他一些来自约丹区的人，他们常常扮作使徒、《旧约》中的族长、圣贤之士或者女英雄。

伦勃朗曾渴望在这个世界上声名显赫，成为人们瞩目的焦点，如今那种雄心已经完全烟消云散，但他一定还以为自己能维持生计，毕竟现在的房租也不是很大的一笔数额。有时，他的乐观情绪会像刚加了油的火炬一样突然燃烧起来，淘气的老浪子再度出现，忘了灾厄带来的教训，比如，他竟会愿意出1000荷兰盾去买一幅霍尔拜因的画作！[26]然后，他也许在赞颂这座城市的诗句中又读到了有关“著名的伦勃朗”的句子，便认为自己重获名誉和青睐只是时间问题。在安特卫普，即便鲁本斯作为尼德兰绘画最高巨匠的地位
643 无可撼动，但在1661年，诗人科内利斯·德·比（Cornelis de Bie）还是在一篇颂扬当时所有伟大画家的诗中，对伦勃朗表达了赞许。那些开始诋毁伦勃朗的人，会说他是大自然无纪律的奴隶，而德·比则毫无保留地反驳道：“大自然羞得脸红/因为从来没有哪位艺术家把她画得这样好……”[27]那么，太好了，他还不打算在约丹区像一只老蜗牛那样缩在壳里呢，至少现在还不行。

这并不是一个曾经辉煌过的人的幻想。在17世纪60年代的最后几年，伦勃朗除了被人唾弃，也在被人书写。与其说被抛弃，不如说是一位引起激烈争议的人物。他的声誉巨大，同时吸引着支持者和诋毁者。可能更让荷兰国内的伦勃朗批评者不悦的是，他们认为伦勃朗过于古怪和不合时宜，他那粗犷的艺术风格与追求“清晰”风格的主流艺术家形成鲜明对比，但即便如此，伦勃朗似乎在国外仍然有大量的仰慕者。[28]对于崇尚优雅庄重风格的人来说，坚持古典主义不仅仅是一种社会礼仪或审美礼仪。这是一个哲学问题。在他们看来，古典主义的苛求、对畸形和不体面的消除、对不确定性和故意

模糊的拒斥，为艺术的崇高道德目的提供了定义和证明：艺术是精神美的结晶。它的本质是清晰的，必然需要灿烂的光芒来彰显。即使是观看鲁本斯的作品时，古典主义的捍卫者也会认为有一些过度描绘的矫揉造作成分，过于努力地想把石头变成血肉。只不过，伦勃朗要糟糕得多——他的反常令人难以理解，他固执地用画笔去描绘丑陋的事物，声称自然界中所有能找到的东西都值得画出来，而且病态地痴迷于朦胧晦涩的观感。约斯特·凡·登·冯德尔在一首诗中赞美了菲利普斯·科宁克描绘的典范般的维纳斯，并攻击了“黑暗之子 / 像猫头鹰一样喜欢生活在暗影中 / 追随生活的人可以放弃对黑暗的美化 / 做一个光明的孩子不必躲在黄昏里”[29]，显然他心中想的是某位大师。冯德尔认为，厌恶清晰，必然是头脑混乱或病态的一种表征。

但是，那些捍卫线条清晰、轮廓明确的形体，以及弥漫着英雄气概和云雾的天空的人，还没有把战场完全占为己有。1660 年出版的著名诗集《荷兰的帕尔纳索斯》（*De Hollantsche Parnas*）收录的诗人中，至少有两位，即扬·福斯和耶雷米亚斯·德·德克尔（Jeremias de Decker），都以各自不同的方式勇敢捍卫了伦勃朗的绘画风格和他本人的人格。事实上，耶雷米亚斯·德·德克尔是冯德尔的学生，但他的名声却并不来自高雅的古典戏剧，而是来自具有强烈精神性的短小沉思，来自内心和自我的告诫，死亡和世界的虚荣是他笔下一个反复出现的主题。在一首名为“影子友谊”（“Schaduw-Vrindschap”）的生动诗歌中，德·德克尔将明亮的光线比作只在晴天存在的友谊。只要阳光明媚，朋友就会像影子一样跟随着你；可一旦晴朗的天空变得
乌云密布，美好的前景消失在逆境的潮湿和迷雾中时，阴影朋友便会迅速消 644
失。[30]德·德克尔想要清楚地表明，他不是伦勃朗的“影子朋友”，所以特意在一首诗中写到了画家的《基督向抹大拉的马利亚显形》（*Christ Appearing to Mary Magdalene*），特意称其为“朋友伦勃朗”，并高度赞扬了画中展现的震撼人心的复活力量——“死寂的颜料似乎被赋予了生命”，好似基督真的在与抹大拉的马利亚对话。同时，他也钦佩画中那些为古典主义者所不齿的元素：一座巍峨的岩石墓，以及构图中“浓重的阴影与灵魂气息交织的威严”。[31]

为了回报诗人的赞赏，伦勃朗给德·德克尔画了一幅肖像，以此作为私

伦勃朗，《耶雷米亚斯·德·德克尔肖像》，1666 年。木板油画，71 厘米 ×56 厘米。圣彼得堡，艾尔米塔什博物馆

下友谊的见证，没有要任何报酬，即便此时的他仍然极度拮据。1666 年，也就是诗人去世的那一年，伦勃朗又画了一幅德·德克尔的肖像，再度见证了两人的友谊。这是他晚年最感人、最有力的习作之一。这幅画的关键在于从德·德克尔的宽边帽上落下的深深的阴影，阴影笼罩着他的眉毛和眼睛，使他看起来仿佛深陷于哀痛的精神沉思之中，这与他诗歌的气质一脉相承。德·德克尔仿佛在思考着自己的结局，在光明与黑暗之间徘徊，伦勃朗自己也将继续探索这种心境，直到生命的尽头。伦勃朗用这幅简洁的画作宣告了兄弟之间的永别：老式衣领在光线的照耀下，仿佛飘浮于黑色的大衣之上；

德·德克尔的脸是用浓密坚实的颜料塑造的，仿佛由画家手工雕刻而成。它是一曲既悲伤又甜蜜的挽歌，感觉是在朋友去世后立即完成的纪念之作。这幅画也是伦勃朗对自己的哀悼，艺术家细腻的情感流连于死者的每一个面部特征上，仿佛在审视一件私藏的珍宝——下巴的凹陷，稀疏的胡子，微蹙沉思的眉毛——所有这些组合在一起，构成了一副亲切的面容。虽然这幅画已来不及供画中人物思考，但它彰显了德·德克尔的主张：阿姆斯特丹真正的 645
阿佩莱斯能够通过不朽的天赋之才征服死亡本身。

耶雷米亚斯·德·德克尔并不是唯一一位在年老憔悴的伦勃朗身上看到能征服死亡的力量的诗人。1654 年，与深刻而形而上的德·德克尔有着鲜明的差异，直接且充满活力的诗人扬·福斯，发表了一首题为《死亡与自然之战，或绘画的胜利》（*The Battle Between Death and Nature, or The Victory of Painting*）的诗歌。大自然陷入死神的围剿时，最终救助大自然的正是“绘画”。它出自一间奇特的房间或工作室，那里堆放着一捆捆有古老装订的书籍、生锈的剑、旧盾牌、人体四肢、一张狮子皮和一个头骨，这些东西都曾被人们丢弃、鄙视，但在“绘画”的巢穴里，它们又恢复了价值。[32] 这个房间也许就是伦勃朗自己的艺术室，而当绘画和诗歌的联合力量拯救了大自然之后，大自然便突然拥有了预言性的愿景，想象着阿姆斯特丹如雨后春笋般涌现了诸多的艺术家，而伦勃朗的名字则毫不意外地出现在了艺术家名单的首位，名单上的其他人还包括弗林克、凡·德·赫尔斯特、波尔以及静物画家威廉·卡尔夫（Willem Kalf）。

对伦勃朗的批评者来说，艺术与大自然之不可分割正是伦勃朗的问题所在，而对扬·福斯来说，那正是伦勃朗荣耀的来源。虽然福斯确实有跻身诗人万神殿的雄心，但他的背景和个性，却使他不太可能成为阿姆斯特丹阿波罗和阿佩莱斯社团的候选人。他原本是一个目不识丁的玻璃工匠，而且还继续做着这门生意。这座城市还有更高尚的缪斯，他们瞧不起他，觉得他只是一个业余、粗俗的吟游诗人，可每个人都不得不承认，他那永不衰竭的诗歌创作能力令人刮目相看。更重要的是，尽管受过意大利教育且拥有法国侍从的绅士们都会对福斯的诗句翻白眼，但他那朗朗上口的诗行特别受欢迎。他曾做过阿姆斯特丹城市剧院的经理，在那里，他展现出毋庸置疑的天赋，让展厅焕发出了应有的光彩，并因此名声大噪：血、歇斯底里、恶毒、复仇、悔恨、更多的血，他把这些元素都塞进了《阿兰与提图斯》（*Aran and Titus*），这是他对莎士比亚的《泰特斯·安德洛尼克斯》（*Titus Andronicus*）的改编。原作虽然也有人肉馅饼的情节，但与之相比还是显得十分端庄。福斯的诗歌虽然韵律平淡无奇，却给了他的读者和观众一些高雅诗人不屑于给的东西：一种质朴感，与古老的闹剧和街头戏剧作家的世界紧密相连。难怪他在伦勃朗身上看到了同道中人（伦勃朗本人喜欢绘制穿着戏服的演员），一个画布上的演员：一个沉醉于流浪汉形象和高亢宣讲的人；一个对于激情绝不吝啬的人。福斯和伦勃朗一样，认为艺术的作用不是去修剪人性的不体面、不规则，纠正大自然难堪的意外，删减人身上的麻子、疣和松弛的臀部。可不是吗，他自己是一个又胖又多毛的家伙，自己也长着疣子，是名副其实的疣王，这个疣子就在他那肥厚的下唇下方，而嘴唇上方则伸出来一个巨大的长鼻子，像猿猴一样。

646 因此，就算伦勃朗·凡·莱因此前的学生纷纷都想把自己变成唱高调的缪斯兄弟，而且对这位过去的老师感到难堪，这位声名不佳但极为幸运的画家扬·福斯，却还是继续为伦勃朗辩护并赞美他。对学生们来说更糟糕的是，不管他们有多讨厌福斯的诗句，都不可避免会读到，因为他无处不在。福斯甚至还有一些身居高位的赞助人，比如常任市长海德科珀·凡·马尔塞维恩，他是伦勃朗早年的赞助人，在辛格运河边有自己的房子，里面摆满了艺术品，福斯在写给他的悼亡诗中详细地描述过所有这些藏品。不知怎的，福斯成了一个不可或缺的人物。每次发生重大事件——一场战役、一次重大的死亡、一场婚礼、一场灾难——他就会借机写首诗。他不知疲倦地写作着，好像戴维·林格尔巴赫的公园里的一台自动机器。即便冯德尔比他抢先一步写了有关事件的诗歌，也并不会妨碍他。冯德尔认为需要为新市政厅的落成典礼写一首长诗。福斯就也为市政厅的落成典礼写了一首长诗。冯德尔写了几句关于市议员室里波尔的《手持律法石版的摩西》的诗行。福斯也写了几句关于市议员室里波尔的《手持律法石版的摩西》的诗行。

对于伦勃朗来说，有这样的朋友，不仅可以帮他捍卫自然主义的理念，还能在那些唱高调的人面前坚守他的艺术声誉。福斯生动地描述了伦勃朗的《以斯帖、哈曼、亚哈随鲁和末底改》（*Esther, Haman, Ahasuerus, and Mordecai*）——这幅画收藏于扬·雅各布松·欣罗彭（Jan Jacobsz. Hinloopen）的家中，他是城市议会中最有权势的成员之一——尤其是哈曼（福斯喜欢的那种反派角色），“他的胸怀充满了悔恨和痛苦”。这些诗句一定帮了伦勃朗的忙，让那种画得粗糙、阴郁、闪耀的历史画，再次变得适合贵族收藏。

因此，伦勃朗并不孤单。在荷兰诗歌界，有八面玲珑、性格张扬、高谈雄辩的扬·福斯用狂欢的诗句来支持他，也有郁郁寡欢、形而上学、虔诚肃穆的耶雷米亚斯·德·德克尔用节制的语言来赞美他。所以虽然他的私生活和公共面貌都存在污点，虽然被认为是顽劣固执、难以捉摸、不可接触也不是无理由的，他仍然是阿姆斯特丹一些重要赞助人合乎情理的选择，甚至是求之不得的选择，即便《克劳迪乌斯·西威利斯的盟誓》惨遭拒绝的事件发生之后也是如此。事实上，迫不得已把一幅高大宽敞得和拉斐尔《雅典学院》同等尺幅的作品进行大幅度修改，变成一幅宴会场景画，这可能让他得以更加专注于大约同一时期接到的另一项关键的委托任务：《布商公会的抽样官员》（*The Sampling Officials of the Drapers' Guild*），常常简称《抽样官员》（*The Staalmeesters*）。[33]

抽样官员是控制布料质量的人员，每年由市长任命，任务是确保阿姆斯特丹生产的蓝色和黑色布匹的做工和成色足够好，如果认证通过，就会在样品上加盖铅封。按照传统，他们会在任期结束时让艺术家画一幅群像，挂在一座叫作抽样场（Staalhof）的楼里，那是他们工作的地方。委托伦勃朗创作群像的这个团队，能够非常完整地（即便有一定选择性）体现这座城市的商人精英的面貌：两位天主教徒、一位抗辩派贵族、一位加尔文派教徒和一位门诺派教徒——从这个典型的例子可以看出阿姆斯特丹在宗教信仰问题上务 647
实的态度，这在欧洲是独一无二的。

如果伦勃朗问自己（正如他对之前画的所有群像所做的那样），这个团队的本质精神是什么，他马上就能看到其中的难处。毕竟，能够证明一位大师

伦勃朗,《布商公会的抽样官员》, 1662 年。布面油画, 191.5 厘米 ×279 厘米。阿姆斯特丹, 荷兰国立博物馆

资格的，是他的决断力，是他能否判断什么是卓越。没错，抽样官员正是对蓝色和黑色的布匹加以判断的人。然而，伦勃朗肯定很清楚，为那些品位卓越的人提供一幅画作是至关重要的，画中他的精湛工艺要与他们的挑剔眼光相得益彰。因此，即便他正在经历由《克劳迪乌斯 · 西威利斯的盟誓》引发的一系列血雨腥风，他也要不遗余力地让《抽样官员》更完美无缺，既让他自己满意，也让赞助人满意。这是唯一一幅还有一系列素描手稿存世的群像画作，而且（X 光片显示）他一次又一次地回过头来修改了这幅画，调整了
648 姿势、位置、投影和景深。所以，这幅画在他晚期作品中的地位与《克劳迪乌斯 · 西威利斯的盟誓》完全不同。伦勃朗的目标不是降下一道不可思议的霹雳（coup de foudre），让观者感受到难以抗拒的力量，而是试图用复杂的技术来解决一个传统体裁中存在的种种问题。这一次，伦勃朗尊重个体的意愿，给予每个人适当的描绘，并同时竭力将众人结合在单个的构图中。

他也许在反思自己到底哪里做错了；反思什么样的构思可能逾越赞助人的预期；反思霍赫斯特拉滕说他收到的有关《夜巡》的投诉——画面太暗了，个体被迫彻底让位于整体的画面；反思市政厅在面对他那野蛮而宏伟的图像时会感觉到什么显而易见的困难。因此，对于这群鉴定蓝色和黑色布料的绅士，伦勃朗不打算再试图混淆或改造，也不想再改革体裁，而是要完善体裁。这幅画的构图设定，很可能是抽样官员们自己敲定的——他们打算把画高高地挂在会议室的墙上，因此需要低视角；群像中的人数和成员是确定的；画面中必须包括账簿、钱袋，还有他们的管家弗兰斯 · 贝尔（Frans Bel），以及象征着警戒精神的瞭望塔，就画在最右侧采样员头顶的木镶板上。将众人安排在一张桌子周围画像，是这一类团体的惯常做法，他们很有可能也向伦勃朗表达过这种偏好。

但是，如果把桌子与画面平行摆放，画出来的就是一排组成长方形的人物，这样的构图单调乏味，而伦勃朗一直引以为傲的就是他能避免这样的构图。在重绘《克劳迪乌斯 · 西威利斯的盟誓》的过程中，（他认为）水平轴线起到了关键的作用，但那是因为密谋巴达维亚叛乱的集团是由形形色色的人物组成的，既有英俊的年轻人，也有咯咯笑个不停的老家伙。但这一次，就像约书亚 · 雷诺兹简短概括的那样，伦勃朗需要处理的是“六个穿黑衣的男人”。[34] 他的解决方案借鉴了自己早期的作品，尤其是科内利斯 · 安斯洛和妻子的肖像，他把桌子与平面形成的角度调整成了 90 度，这样我们就可以从桌角而非沿着桌子的长边看过去。这样一来，就立刻解决了会有人背对着观众的问题，并且仍然能够体现出这群人之间深厚的友谊和团队精神。现在，这群人由面对面的两组人构成，主席（voorzitter）威廉 · 凡 · 杜延伯格（Willem van Doeyenburg）坐在两组人之间，右手自豪地指着账本，这与他身为董事会主席的职责相符。

即便这是一组委员会，但伦勃朗仍然能（如他在整个 17 世纪 60 年代所做的那样）表现出他们每个人作为不同个体的非凡感觉。站着并倾身向着主席的是门诺派教徒福尔克特 · 扬松（Volckert Jansz.），几乎只露出侧面，眼光十分敏锐，不仅体现他适合做抽样官员，也暗示他很有鉴赏能力。他在新

堤坝街的宅邸建了一间收藏古玩和珍品的陈列室，甚至可能让前收藏家伦勃
649 朗羡慕不已。（我们看到的）最左边的人物，是身为天主教徒的布料商人雅各布·凡·隆（Jacob van Loon），他住在达姆广场和卡弗街的拐角处，是这群人中最年长的一个。伦勃朗让他戴着一顶老式斜檐软帽，衣领小而下垂，很像一位温和的长者应有的模样。伦勃朗没有运用过多的手势，但也设法体现出了尽可能多的活力：约赫姆·凡·内夫（Jochem van Neve）位于主席的右侧，左手夹着一页账簿，以表现自己有着和这群人同样值得信赖的品质；而在他身旁的人抓着钱袋；半立着的那个人倚在桌上另一本书的边沿上；桌上的土耳其毯以其华美的图案和鲜艳的颜色，映衬着画中占主导地位的棕、黑、白三色。

最后，当然不得不提到各位抽样官员凝视的方向，这著名的构思让几代的评论家都深陷于丰富的轶闻式想象之中。桌子是放在高台或平台上的。董事会成员正对画中的“诸位股东”讲话，其中一位刚刚提出了某个棘手的问题，打断了会议进程。许多年前，文化历史学家亨利·凡·德·瓦尔（Henri van de Waal）就提出了异议，认为所有这些想象出来的场景都是无稽之谈。他坚称，桌子下面没有高台，也不存在什么股东大会，更没有谁在吵吵嚷嚷地提问题。他的话很有道理。正如19世纪早期的一位评论家（拒绝为荷兰政府购买这幅画时）所言，画面中有且只有“五位绅士……坐着让画家给他们画肖像”[35]。

凡·德·瓦尔断言画中没有任何事正在发生、画面之外不存在任何人，这同样是抱持了过度的怀疑主义，想要纠正不正确的流言蜚语，却在过去的三十年中，掩盖了伦勃朗非凡创造力的许多面向。原因在于，凡·德·瓦尔否认图像之外的人物存在，但事实上，当我们朝着诸位抽样官员以及管家贝尔凝视的方向望去时，不可能不认为他们是在向画面这一侧（也就是我们的位置）的某个人物传递信息。与之最相似的，是藏于海牙的《苏珊娜与长老》，在伦勃朗的那幅画中，观者同时成了偷窥者和拯救者。它或许也与伦勃朗不可能知道的一幅画很相似，那就是委拉斯凯兹的《宫娥》（*Las meninas*），画中人物注视的对象（国王和王后）只能从画面背景里的镜中倒影看得出来。在形式上，伦勃朗与委拉斯凯兹的思维复杂性和独创性是同等的，但这幅画

中没有一面真正存在的镜子，因为它想要奉承每一个进入房间的人，通过悬挂的位置制造一种错觉，即始终保持高度警惕的抽样官员正在亲自对他们说话。一旦我们承认，画中人物与画外的我们之间有意要建立某种联系，我们便可放松身心，沉浸在画面生动活泼的构图动态之中——诸位人物前倾、后退、站立、端坐、斜倚、凝视、拿握、紧抓，形成奇妙的起伏和前后来回，与背后护墙板的节奏交相呼应。我们可以再次看到，即使这幅画一开始看来完全在传统绘画框架内，伦勃朗也对它做了有着惊人的现代性的事情，创造了一种音乐性的构图——一种由人物、线条和颜色对位排列而成的图案—— 650
这种本质上的音乐性，无论是维米尔还是蒙德里安，都能很轻易便识别出来。

这并不意味着，抽样场的非现代派人士就无法欣赏伦勃朗的不朽。悬挂在公会大厅里的群像，注定不会像市政厅里那种纪念意义的历史画那样，对公众产生不可估量的影响。尽管如此，它还是证明了伦勃朗异于常人的技艺对阿姆斯特丹至少一部分有钱的贵族仍有吸引力。毕竟，没有谁比特里普家族更伟大、更富有（也更可怕）。特里普家族来自多德雷赫特，是铁匠出身，建立了一个从俄罗斯延伸至西非、从瑞典延伸至巴西的全球贸易帝国。特里普家族用航船运送着波罗的海的谷物、几内亚的奴隶、美国的白银、波兰的硝石，但大部分时候运送的是枪支。毕竟，有战争在进行。战争本与他们无关。可作为基督徒，该怎么做呢？如果上帝不希望这样，就不会让他们兴旺发达。因此，特里普家族运送着枪支，最多的是英国的枪支、大炮、火药、炮弹，卖给德国人、法国人、荷兰人，然后在一定的时候，又把它们运回英国，给保皇派、议会派。谁出得起钱，就卖给谁。然后，由于战地的指挥官们需要更大、更重的军械，以便摧毁更多的士兵、马匹和堡垒，特里普家族又运来了德国和法国的枪支来满足顾客的需求。最后，他们牢牢掌控了瑞典的矿石和枪支，每年把一千多门大炮运往不同的杀戮现场。

创始兄弟之一雅各布·特里普（Jacob Trip）与伟大的企业家路易斯·德·海尔（Louis de Geer）的姐姐结成了联姻，巩固了特里普家族与瑞典之间的联系，因为路易斯·德·海尔此前几乎垄断了斯堪的纳维亚所有的金属供应链。特里普家族后来又有五位成员和德·海尔家族另外五个人结了婚，两个家族形成了航运和工业联盟，如果不是家族内部的纷争（这是必然会发生的），这个联盟几乎坚不可摧。

17 世纪 40 年代，特里普家族曾找到伦勃朗，为埃利亚斯 · 特里普的遗孀阿莱塔 · 阿德里安斯多赫特（Aletta Adriaensdr.）和女儿作画。他们漂亮的女儿玛丽亚有一头漂亮的卷发，穿着闪亮的黑金色连衣裙。当时他的画画出了少有人能做到的既奢华又冷静的效果，而这正是一位荷兰富豪希望自己的社会地位和美德得到宣传的方式。然而，到了 17 世纪 60 年代，人们对炫富不再有过去的顾虑和忧心，那些积累原始财富的人也大多已逝世。特里普家族的生意由雅各布的两个儿子亨德里克（Hendrick）和路易斯（Louis）掌控着，他们和许多同时代的人一样，更像威尼斯的食利阶层，不像节俭的加尔文派企业家。[还有三弟小雅各布（Jacob Jr.），他投资巴西银矿失败，又做了一系列其他类似的傻事，之后就被送回了多德雷赫特。] 另一方面，亨德里克应尊贵的威尼斯共和国要求，向威尼斯提供了一支由六艘战舰组成的完整舰队，保证在六周内完成全部人员、装备和武装的交付，因而使得威尼斯刮目相看。
651 于是，路易斯和亨德里克兄弟只要照照镜子，就能看到世界贸易大亨的模样。他们和所有其他百万富翁一样，强烈而迫切地感到必须将这种地位转化为坚固的基石。1660 年，他们邀请古典主义建筑师于斯特斯 · 芬邦斯（Justus Vingboons）在火绳枪兵城墙附近为他们打造了这座城市里最为壮观的私宅；这是一栋真正意义上的阿姆斯特丹的意大利式宫殿，直到不久前，这种说法还是个自相矛盾的概念。[36] 年轻的特里普兄弟唯一做出的让步（以体现荷兰人的自谦性格），是在正面设置了两扇毫不起眼的门，却不知怎的（就像市政厅前面同样朴素的七扇拱形门一样）让大楼的其他部分显得更气派了。大楼正面，八根饰有凹槽的巨大科林斯壁柱延伸至三层楼高，顶着毫无顾忌地装饰着大炮的华丽山墙。屋顶的烟囱也同样装饰着大炮，几尊巨大的石头迫击炮指向城市的天际线，似乎在威胁任何胆大妄为（folie de grandeur）的人，让他们少些自负，以免带来严重的后果。

特里普家族位于火绳枪兵城墙附近的宫殿正在建设期间，亨德里克 · 特里普委托了至少四名画家为他的父母画肖像，用来装饰宫殿的内墙。其中两位艺术家——尼古拉斯·梅斯（Nicolaes Maes）和费迪南德·波尔，都是伦勃朗的学生，而且更重要的是，他们都来自这个豪门家族的故乡——多德雷赫特。第三位艺术家是各处都有委托项目的巴托洛梅乌斯·凡·德·赫尔斯特，他被认为是当时无与伦比的肖像画大师，任何时髦的收藏，如果没有他的作品，都算不上是完整的。而第四位是艺术家伦勃朗·凡·莱因，他继续以最不讨好的方式工作着，把棕黑色油彩厚厚地涂在画布上，只零星地用一块块铅白提色。在众多光彩照人的名家作品之间，他的风格显得十分古怪。但也许，年老的雅各布·特里普在 1661 年去世前，或者他的遗孀玛格丽塔，就是想要这么一对画像。画中把他们描绘成了仿佛从铁器时代幸存下来的人，是一对庄严肃穆的家长，而不是像梅斯那样，友善地为他们的后代留下了一幅蓄着蓬松的白胡子、笑容慈祥、优雅且让人感到舒心的老绅士画像。

他们从伦勃朗那里得到的，是一对在构思上有意老派，但在制作手法上却尤为现代的肖像画。人物的面部如燧石般明亮，但因为对阴影进行了巧妙的部署并选择性地应用了高光，又不会显得过分僵硬。这两幅作品都认真研习了如何表现出人物的持久耐力。如果玛格丽塔的丈夫在画这幅画的时候还活着，按照惯例，她会稍微将身体转向他，但现在她正在守寡，可以摆出正面的姿势。她的脸深深地刻着岁月的印记，脸的四周围着层层襞襟，这种样式的襞襟只有在阿姆斯特丹最年长的寡妇那沧桑的脖颈上才能看到；她的眼睛又红又湿，双手缠绕着凸起的血管。在两幅画中，她的肖像描绘得更精细，也有更多修改的痕迹。伦勃朗用了很多心思去调整襞襟的倾斜程度，直到完全精确，还把原本装饰袖口的蕾丝边擦除了。这些修改表明，他试图让画中的形象达到最简洁的程度，完全没有任何矫饰。她是坚如磐石、充满母性之 654
美德的化身：道德训诫手册中常常颂扬慈母的美德，认为它是神圣共和国不可动摇的基础。即便如此，伦勃朗还是用玛格丽塔脸上的阴影来减轻了她的憔悴感，颧骨下方的阴影也使面颊更为丰满，避免产生瘦骨嶙峋的观感。精致的细节和着重描绘的部位软化了生硬的线条，在整幅画中不断重现，仿佛揭示了寡妇的性格：例如，她那粗糙的手拿着的一块白手帕，是伦勃朗用最自由、最柔和的笔法画出来的。

伦勃朗,《雅各布·特里普肖像》，约 1661 年。布面油画，130.5 厘米 ×97 厘米。伦敦，英国国家美术馆

伦勃朗,《玛格丽塔·德·海尔肖像》,1661 年。布面油画，130.5 厘米 ×97.5 厘米。伦敦，英国国家美术馆

伦勃朗的雅各布·特里普像是基于一幅更早完成的已有肖像，而不是根据特里普本人写生完成的（因为老人最后几年是在多德雷赫特度过的），所以比其妻子的画像画得要松弛得多，速度也快得多。脸部的结构很明确地勾勒出来，额头和鼻子上的高光是厚涂上去的，但描绘老人耳朵上方的一簇头发还有胡子的笔触却十分鲜活、跃动。他把刷毛蘸满了铅白颜料，迅速有力地涂抹，塑造出了特里普帽子的发带和披肩式的内衬衣领。但服装的其他部分，无论是毛皮的边缘还是外套的暗色主体，伦勃朗都是以最粗犷的笔法表现出来的，把衣褶填得满满当当，这样特里普就不再像是一个沉闷、没有血肉的老家伙徘徊在昔日的荣光之中，而是一位令人敬畏的家长，笔直地端坐在高高的、有翼背的王座上。

要使得人物的权威感能够彰显出来，不仅仅需要调整坐姿和位置，还要考虑颜料表面的处理。伦勃朗在这里将颜料抹擦混合，以至于除了毛皮领子的部分笔法很柔和，其余下笔之处都没有任何清晰的形状或轮廓，而是作为颜料本身独立存在：有些地方刮擦乱涂，有些地方潦草点蘸，有些地方有着修补的痕迹。看来，伦勃朗已经理解了某种人们开始理解（尽管很少付诸实践）的光学原理，即粗糙的表面比光滑的表面更能激发眼睛的能动性。在现代绘画中，人们逐渐将其付诸实践。事实上，粗糙和光滑的表面，对艺术家和观众之间的关系做出的是截然不同的假定。完成度明确、润色清晰的艺术作品是一种权威的行为，呈现给观众时类似于礼物或者宣言，只需要观众接受，不需要回应。看似未完成的粗略画作，却更像是寻求主动对话，提出问题要求观者积极做出回应；得到回应，画作才算完成。光滑派的艺术家必然会煞费苦心，尽量掩盖他们在完成作品的过程中可能做出的任何修正和改动。粗糙派的艺术家却故意将构图的过程暴露出来，作为一种将观众进一步拉进画面的方式。

不应该把粗糙和随意混为一谈。在伦勃朗的作品中，他画得越粗糙，颜
655 料的层次就越奇妙而精细，甚至有了一种地质分层的密度感。一幅像《雅各布·特里普肖像》（*Portrait of Jacob Trip*）这样的画，颜料中有着各种各样的材料质地，如木炭、白垩和硅，所以具有丰富、复杂、多变的纹理。钴蓝是

一种由研磨得极为精细的钴颗粒制成的蓝色颜料，用作表面颜色时，是出了名的不稳定，但在这幅画和伦勃朗晚期其他画作的底层，却都发现了这种颜料。这并不是为了对画作中某些片段的最终色调产生任何肉眼可见的效果，而是想要借助其粗糙的质地和干燥的特性，使颜料最终呈现为红棕色（特里普的斗篷）或黑色（背景）。[37] 在这里，伦勃朗的思考和行动方式是三维的，但并不是为了让画面变得透明，让它成为一扇进入人造幻觉空间的窗口。相反，他用精心调制的不透明颜料，挡住了那扇窗户，从而使得第三个维度就存在于颜料本身。

伦勃朗为商人绘制不朽肖像的技巧，到此已经历巨大变化，与三十年前他为皮草商人尼古拉斯·鲁茨画出的那种如水银般活灵活现的肖像不可同日而语。在那幅画里，商人紫貂皮大衣上的每一根黑貂毛、脸上的每根胡须都闪烁着光芒。在雅各布·特里普的眼睛里，却没有一丝光芒，但光线落在了他的银手杖上，它看上去就像摩西之杖一样有力，其主人仿佛变成了一种现代的预言家或圣人。大约在 1660 至 1662 年，伦勃朗描绘的人物似乎常常既存在于《圣经》世界，又存在于现代世界。如果说特里普是仿造的圣徒，那么伦勃朗还画了一些四分之三身长圣人，颜色十分克制，几乎是单色的，他们被赋予了令人不安的人类特质，仿佛在市场或十字路口的拐角处就能遇到他们：这些使徒流着汗、咕哝着、颤抖着、喘着气、打着呼噜。提图斯打扮得像圣方济各（见第 844 页），看上去就像佛兰德修道院的见习修士；而圣巴多罗买（St. Bartholomew）则把头发剪得极短，梳成一种直到 19 世纪末 20 世纪初才为人所知的发型，看起来就像是直接从收银台或律师办公桌后面走出
来的（见第 845 页）。在这里，伦勃朗最明显的手法是将圣徒通常具有的特征 656
压缩成委婉或偶然的物件，几乎难以察觉，警惕的图像学家努力寻找才会发现。因此，代表朝圣的圣长雅各伯（St. James the Greater）宗徒的扇贝，成了把他外衣固定在斗篷上的扣子，并不引人注目（见第 846 页）。圣巴多罗买被折磨他的人剥皮而死，他出现在画作中时通常是把剥下来的皮挂在肩膀上，在这里却只是毫无恶意地拿着剥皮刀，好像只是要给自己刮胡子似的。

但是，在精明而务实的 17 世纪 60 年代，圣徒和使徒这类画像的需求明

伦勃朗,《扮作圣方济各的提图斯》, 1660 年。布面油画, 79.5 厘米 ×67.5 厘米。阿姆斯特丹, 荷兰国立博物馆

显下降了。所以，这些画对伦勃朗来说肯定意味着更多的东西，不仅仅是把人们熟知的圣徒和使徒身份转化成比较委婉的版本，剥除杂乱的天主教图像元素，供新教徒消费而已。他们的受难故事更多地印刻在面部和身体上——例如圣雅各伯巨大双手的侧影，或者圣巴多罗买眉间深深的皱纹——道具却
657 是其次。当我们直视这些精心绘制且自成一体的形象时，很难不感觉到，伦勃朗试图用人性来确立他们的神性。他并不认为圣人的生活和普通罪人的生活之间有很大的距离，而是认为恰恰相反，二者亲密无间。

圣人与罪人之间的界限，在 1661 年这位艺术家把自己画成圣保罗时彻底

伦勃朗，《圣巴多罗买》，1661 年。布面油画，87.5 厘米 ×75 厘米。洛杉矶，J. 保罗·盖蒂博物馆

瓦解了（见第 847 页）。保罗坚持不懈地强调仅靠恩典就能得救，这让他在加
尔文派的圣徒和使徒文化中获得了至高无上的地位。画中伦勃朗的面容因命
运衰微而变得谦卑，具有特殊的力量和感召力，大概是有两篇保罗教义的文
章对上了年纪的他有过启示。首先是保罗对律法的诅咒。他反复重申，律法
不仅与救赎无关，而且与慈悲的至高者的裁决相比，其权威是一种欺骗和诅
咒。鉴于伦勃朗曾在各种各样的机构中经历痛苦，这条启示看起来就像在为
他辩护。但与此同时，他也必须诚实地承认，他在法律面前遇到的许多麻烦 658
都是他自己造成的。因此，保罗的启示的第二部分——人本身就配不上拥有

伦勃朗,《圣雅各伯》，1661 年。布面油画，90 厘米 ×78 厘米。私人收藏

恩典，所以恩典甚至会赐给最配不上它的人，或者尤其会赐给最配不上它的人——兴许也让他为之一颤。

怎么还能有这样一个保罗，怎么看都不像，却又明显是他？这不是伦勃朗约十四年前画的那位长胡子、自命不凡的圣徒，那幅画中的圣徒正与误入歧途的彼得争论，坚定地阐述自己的信条，指着无可争议的教义。相反，这是一位有疑问的、忏悔的保罗，眉毛拱起，仿佛在承认福音的真理之光时有点痛苦；他耸着肩，皱着眉头，虽然不幸，但并非没有希望；他既是自己愚蠢盲目的始作俑者，同时也有远见卓识；是一只同时承载着罪恶和救赎的容

伦勃朗,《扮作圣保罗的自画像》, 1661 年。布面油画, 91 厘米 ×77 厘米。阿姆斯特丹,荷兰国立博物馆

器;不是令人生畏、遥不可及的保罗,而是一位富于人道和慰藉的保罗;一位宽恕普通罪人的保罗。

3. 寂灭

1662 年 10 月,阿姆斯特丹一个寒冷的夜晚,午后的光线被暗夜吞噬, 659
伦勃朗卖掉了萨斯基亚的坟墓。买家是老教堂的一位掘墓人,他从一些处境艰难者那里购买地块，然后转卖给那些需要为新死者寻找墓地的人，因而从墓地交易中赚了一点钱。随着瘟疫再次在城市肆虐，受害者比以往任何时候都多，墓地市场活跃，价格也很高。于是，有人拿着圆刃铲来到教堂管风琴后面的圣坛，把萨斯基亚的尸骨铲了出来，让给下一位名叫希勒洪特 · 威廉斯（Hillegondt Willems）的住客。[38] 这并不是多么令人震惊的事。遗体的命运与教会无关；他们安息的地点与灵魂的救赎也没有任何关系，救赎只有全能者能够决断，从一开始便是如此。一个人即便埋在粪堆上，也仍然能被圣父接纳。

上帝知道伦勃朗需要钱。他尽其所能画了许多事奉上帝的肖像、夫妇肖像、自画像，还有使徒的画像，好像永远不够似的。他的生活起居只有几件家具，吃的是鱼、奶酪、硬面包，喝的是普通白镴容器盛的酸味啤酒。可这些还是太多了。他典当了更多的东西，从哈尔门 · 贝克尔那里借了 537 荷兰盾。哈尔门 · 贝克尔住在国王运河边一幢石面房子里，生活很奢华，专门向处境困难的画家提供贷款，并从他们那里得到作为担保的画作。他的眼光十分敏锐，现在又抓住了一桩好生意，接过了扬 · 西克斯作为好友贷款给伦勃朗的那张 1000 荷兰盾的票据。这张票据经几任债权人和担保人的手，度过了一段漫长的旅程，随着伦勃朗财富的急剧下降，最后落入了专门为画家放贷的高利贷者哈尔门 · 贝克尔的手中，为他提供了又一次机会。因此，伦勃朗现在要用九幅画（以及两册蚀刻画集）作为担保，除了暂时免除欠债之外，他什么也得不到。亨德里克耶尽她所能地维持着生计。但她被艰难的生活折磨得筋疲力尽，健康每况愈下。约丹区的房屋紧挨在一起，其间的小巷塞满了垃圾，是家鼠和传染病的温床。1660 年，伦勃朗为亨德里克耶画了肖像，她的皮肤就像未发胀的面团一样皱巴巴的，乌黑的眼睛深陷在肿胀的脸颊里。是时候进行伦勃朗家族长久以来维持的那项仪式了——立遗嘱。这份遗嘱需要特别小心，因为一旦亨德里克耶去世，（如果没有其他指示）她七岁的继承人和女儿科尔内利娅将会被法院指定一位监护人，此人可能会想方设法让伦勃朗无法获得遗产。因此，遗嘱明确了亨德里克耶的愿望，即指定伦勃朗为
660 科尔内利娅的唯一监护人；如果科尔内利娅先他而去，提图斯将成为她的继

承人；在她死后，她与提图斯建立的艺术品交易伙伴关系也应由前述的伦勃朗·凡·莱因控制。因此，这位画家将“受益于［科尔内利娅的遗产］，并以此作为他余生的养料”。[39]1663年7月，亨德里克耶去世，阿姆斯特丹那年死于淋巴腺鼠疫的有9000人，她也是其中的一员。如果拖欠墓地租金或租约期满，坟墓将为新的租户重新打开。没有人知道亨德里克耶·施托费尔斯的尸体最后完好无损地保存了多久。

所以伦勃朗画两幅自杀的卢克雷蒂娅（Lucretia）时，不得不用其他女性作为模特。一幅画中，卢克雷蒂娅正准备将匕首刺进自己的身体，另一幅画中，匕首则被拔了出来，伤口的血浸透了她被割开的衣衫。到了生命的最后几年，伦勃朗竟然还想要画一幅关于性爱的悲剧作品，实在不可思议。但自 661
从约1634年画了《苏珊娜与长老》以来，他一直都在思考肉欲、美德和牺牲之间的关系，掠夺般的凝视和致命的触摸之间的关系，以及性爱和历史之间的关系。十年前，他描绘亨德里克耶/拔示巴脱光的身体，激起的既有欲望，也有悔恨；既有性交前的贪婪，也有性交后的羞耻。李维*笔下这段著名的历史，以罗马王政时代塔奎尼乌斯掌权的最后时日为背景，令伦勃朗回忆起许多自己着迷已久的黑暗主题：妻子的纯洁忠诚点燃了可耻的欲火，对王权的恶意滥用，野蛮的占有最终招致了政治上的惩罚。

和忠诚于大卫王的乌利亚一样，卢克雷蒂娅的丈夫科拉提努斯（Collatinus）也是一名为国王出征的士兵，协助围攻阿迪亚人（Ardeans）。当时他犯了一个错误，那便是吹嘘自己妻子的高尚品德。为了验证他的吹嘘，他和他的同伴——其中包括暴君的儿子塞克斯图斯·塔奎尼乌斯（Sextus 662
Tarquins）——骑马回到罗马，发现卢克雷蒂娅坐在纺车前，毋庸置疑是一位家庭良妇，而别家的妻子却在闲荡作乐。几天后，塞克斯图斯又一次秘密地来到卢克雷蒂娅的房间，试图强奸她。当她反抗时，他威胁要杀死她和他的奴隶，让他们赤身裸体一起躺在她的床上。随之而来的是双重牺牲。首先，卢克雷蒂娅向攻击她的人投降了。第二天，她叫来父亲和丈夫，承认了她越

* 李维（Livy），拉丁名为提图斯·李维乌斯（Titus Livius），是古罗马历史学家。——编注

轨的事实，不顾他们的反对，当着他们的面将一把匕首刺向了自己的心脏。她的父亲、丈夫和同伴［包括马库斯·尤尼乌斯·布鲁图斯（Marcus Junius Brutus）］在她的尸体前庄严宣誓，不仅要为她的清白复仇，而且要让塔奎尼乌斯家族从罗马永远消失。卢克雷蒂娅的身体成为共和国自由的祭坛。

这个故事充满了性与政治的交融，长期以来一直让历史画家无法抗拒。他们要么描绘强奸场面，要么呈现卢克雷蒂娅在她的朋友和家人面前死去的场景。在这两种情况下，都有机会暴露卢克雷蒂娅贞洁的身体。有时是完全裸露，比如詹彼得罗·里齐（Giampetro Rizzi）笔下那令人发指的性感裸体，而更传统的做法是只露出一边胸部，或者至少露出一只肩膀和上胸部。但伦勃朗为了让我们感受到此前她身体被侵犯时的痛苦，给她穿上了一件死亡的外衣。[40]

艺术家把两幅画中的服装都打造得非常沉重，甚至像铁甲一般，和女主人公的美德同样坚实，不可穿透。然而，它却是一件被穿透了的盔甲。藏于华盛顿特区美国国家美术馆的这幅深绿色的厚涂画，画作的下半部分进行了特别的处理和分层，卢克雷蒂娅裙子的腰部以下徒劳地围着一根腰带。但所有这些厚重的颜料层，都是为了表现出身体内部的柔软脆弱，不仅仅是她的喉咙处和乳房之间痛苦地暴露在外的皮肤那微妙的质感，还有敞开的袖子下因透视而缩短了的左前臂，这使得画面更加令人心痛。她紧身胸衣的系带已经解开，自由地垂到腰间。一颗象征着美德的泪滴形珍珠，就悬挂在匕首即将刺破内衣的薄纱并扎进心脏的那一点的正上方。她的眼睛红红的，已经流过眼泪，还有泪滴正在集聚，即将夺眶而出；她的上唇也氤氲着痛苦的薄雾。

在这两幅画中，伦勃朗习惯性地去掉了配角，去掉了任何可能分散悲剧力量的干扰因素。但在藏于华盛顿特区的画作中（和过去描绘这一场景的大多数画作一样），画面强烈地暗示着一位观看者的存在，和绘画的观者变得同一。卢克雷蒂娅举起她的左手，是为了表明自己的无辜，也是为了平息家人惊骇的劝阻。现藏于明尼阿波利斯的版本是在两年后，也就是1666年左右完成的，这幅画表现的是随后的场景。可是李维在原著中充分描写了聚集在现场的目击者，而伦勃朗却彻底地将他们抹去，专注于描绘卢克雷蒂娅。她

伦勃朗，《卢克雷蒂娅》，1664 年。布面油画，120 厘米 ×101 厘米。华盛顿特区，美国国家美术馆

深陷在最深的孤独中，她的生命之血正在流失。有一种文雅的传统认为，画
中的女主人公正抓住一根铃绳，想要唤来朋友和家人。但这种假设听起来就 663
仿佛她是 19 世纪英国某个乡村别墅的老夫人，会用绳子拉动响铃，把声音传到楼下的客厅，从而唤来仆人。在 17 世纪的阿姆斯特丹，还没有铃绳这种东西。事实上，卢克雷蒂娅拉着绳子的同时，也在紧紧地抓着绳子（作为支撑），这条绳子可以把遮篷床的帘子拉开——在那张床上，她被暴力地击穿了两次，一次是遭到强奸，一次是在忏悔赎罪。她正处于曝光的时刻，既有私人的伤痛，也有公开的悲思。

伦勃朗，《卢克雷蒂娅》，1666 年。布面油画，105.1 厘米 ×92.3 厘米。明尼阿波利斯，明尼阿波利斯美术馆

从来没有过这样一位卢克雷蒂娅（也从来没有过像伦勃朗笔下那样的苏珊娜或拔示巴），她的脸因死亡而变得苍白，发着光。这是一幅充满裂缝、划伤和开口的画，被撕裂、刺破的女人身体虽然裹着衣服，却完全暴露了出来。藏于华盛顿特区的那幅画中无力地挂在臀部的腰带，在后来的这件作品中，变成了一条从她的右肩延伸到左腰的饰带，悬挂着穿过了她被刺穿的部位。它凝聚了我们的目光，首先让我们看到的是她衬衫上深 V 形的领口，然后是那扩散开来、浸透了衣衫的可怕血迹，从她的心脏一直延伸到她宽阔的大腿部位。巴洛克绘画中有过无数殉道的场景，描绘过无数被砍下的头颅和乳房，

却没有哪一个能比得上这道血迹；没有哪一个会像这样，伤口虽看不见，却在无声而致命地搏动着。伦勃朗甚至让卢克雷蒂娅内衣的衣褶在伤口的两侧向前突出，而在那两道衣褶之间，浸透着鲜血的布料向下凹陷，湿漉漉地贴在她白嫩的皮肤上，仿佛在重演她被强奸的场景。

长期以来，基督教传统对于卢克雷蒂娅的污点多有争议。更为严格的宗教权威认为，无论她具有何种美德，强奸都是永远无法消除的污点，并认为自杀是上帝憎恶的行为，她的自杀不仅于事无补，反而让污秽的过往更加不堪。加尔文主义最强调的就是完全臣服于上帝的意志，认为自杀是对上帝恩赐的一种特别可怕的蔑视，是恩典的完全丧失。

但是，伦勃朗不是正统的加尔文派教徒，他不隶属于任何正统的宗教。他画笔下的卢克雷蒂娅没有拿起武器刺向自己，更不用说反抗神谕了。她的悲怆是无可奈何的。她已经敞开了身体，接受上帝垂怜的可能。她在道德上无可指摘，却还是犯了罪；她一尘不染，却变得污迹斑斑。但她紧紧抓着绳索，生命从她身上流逝，她等待着拥抱慈悲，接受恩典。

两幅卢克雷蒂娅都沐浴在死亡的清冷色调中：深绿色和裹尸布般的白色；肌肤如玫瑰般红润；金色被一片片撕扯开来，冰冷的孤独像一层薄薄的霜覆盖在女主人公身上。然而，伦勃朗最后的那组杰作却并没有笼罩在忧郁的阴影中，不是像戈雅和凡·高的画作中那样有一种萦绕在坟墓边缘的黑色虚空感。相反，两幅画燃烧着，闪耀着朱红色和金色；画中的肉体是温暖发光的，人物不是孤立无援，而是彼此伸出手，互相触摸：拥抱、爱抚、安慰、联结。

爱的指尖触摸在心上，在心的正中心，不只是《犹太新娘》(*The Jewish* 664
Bride)如此,收藏在不伦瑞克(Braunschweig)的庄严的《家庭群像》(*Family Group*)也是如此。事实上，这种爱的触摸，与一个男人的手轻轻放在女人(无论是妻子，还是母亲)胸前的姿势有着相同的意味；这一姿势比起西方艺术正典中的其他任何标准，似乎都更深刻地表达了生命的意义。它诉说着激情与祥和、欲望与休憩，天性与教养；亲情是解救孤独的良药，能够救赎自私、带来幸福。没有人知道画中的这些人是谁，而且也没有任何理由假设这对夫妇是犹太人，只不过从《圣经》层面来解读的话，他们的姿势肯定是在

伦勃朗,《家庭群像》,约 1666 年。布面油画,126 厘米 ×167 厘米。不伦瑞克,安东·乌尔里希公爵博物馆

模仿以撒和利百加。[41] 在《圣经 · 创世记》中,以撒和利百加夫妇被迫伪装成兄妹,但在一个四下无人的自由时刻,国王亚比米勒瞥见了以撒与利百加在一个花园里"玩耍"。在一幅素描中,我们可以清楚地看到伦勃朗模糊地勾勒出的花园背景,利百加坐在她丈夫的腿上,他的手放在她的乳房上。

然而,把这幅画叫作历史画,仿佛它的全部目的在于阐释《圣经》文本,
665 就似乎有点迂腐了。或许是这对夫妇想要一幅"历史肖像"来歌颂他们的婚姻,虽然画中用来表达他们结合的这种姿态,在当时还是极度敏感的(尤其是在犹太社区,非常注重道德的纯洁)。不仅荷兰艺术中,即便是在整个西方绘画传统中,除了那些博眼球的低俗色情场景之外,根本找不到这样的姿势。但是,这只手的触摸好像一点也不粗糙低级,看起来是纯粹出于本能的柔情。

伦勃朗，《犹太新娘：以撒与利百加》，约 1662 年。布面油画，121.5 厘米 ×166.5 厘米。阿姆斯特丹，荷兰国立博物馆

手的力道很轻，很无私。没有要去揉捏、抚摸或者爱抚乳房，没有忙着去寻求越来越刺激的触感，反倒是手掌微微抬起，只是把长长的手指末端平放在柔软的隆起之上。这是一种庄严而充满尊敬的快乐。同样重要的是，在藏于阿姆斯特丹和不伦瑞克的两幅画作中，女性用自己的手来回应了男性的手，表示接纳，另一种形式的行房：这种爱的行为歌颂着婚姻的丰产、女性身体
被赐福的富饶。毕竟，“利百加”把她的右手放在子宫上，这样，用于生育和 666
养育的身体部位同时都受到了祝福。

所以，当我们发现《犹太新娘》中的彩绘珠子中有卵的微粒时，我们还会感到惊讶吗？生命之链，它那深邃的、有机的神秘，它那引发欲望的生机之脉搏，在激情中表现出来，在永恒的信任和友谊中结束，这就是鲁本斯和

伦勃朗,《犹太新娘：以撒与利百加》(细部)

伦勃朗在生命尽头选择描绘的作为人类本质的主题。两位画家一次又一次回到亲情的居所中（哪怕伦勃朗自己的家庭被疾病和死亡无情地摧残）。

但这两位艺术家表达爱之救赎愿景的方式却截然不同。鲁本斯选择了最轻松、最抒情的风格；他那饱受痛风折磨的手痛苦地紧握着画笔，却以少年时代的轻盈敏捷在画布表面掠过，笔触如丝绸般柔滑、如羽毛般轻盈而细腻，这也许是他从提香那里学来的。当然，伦勃朗也向提香学习过。但在他最后的几幅画作中，他把那些放在了一边。他的爱情画中，笔触并非断断续续，而是有着一种伟大不朽的品质；许多局部既像画出来的，又像切割或雕刻出来的，燃烧的色彩熔化并融合在一起，形成坚固的块状，就像在火山熔岩中变得坚硬的巨大的、发光的宝石。

现代画家站在《犹太新娘》面前，会被它具有前瞻意味的创造性迷住，仿佛一个新的绘画世界在粗糙的画布上展开——在这个世界里，颜料和题材共同构成了画作；颜料似乎被赋予了生命力。1885 年，文森特 · 凡 · 高坐在荷兰国立博物馆的这幅画前，被它令人着迷的魅力深深吸引。小时候，凡 · 高喜欢出去散步，半闭着眼看世界。他对和他一起参观博物馆的朋友克尔斯梅克斯（Kersemakers）说："如果我能在这幅画前坐上十天，只吃一块干面包，即便献出我十年的生命我也愿意。"[42] 伦勃朗在最后几幅画作最令人惊叹的局部中，确实实现了某种创造，它超越了提香最激进和断裂的发明，甚至超越了委拉斯凯兹令人震惊的涂抹式绘画。在这两位画家的绘画中，以及在伦勃朗自己更早一些的作品中，松散和粗糙的笔法都是为了在适当的距离观看时实现自我分解，形成一种内部紧密结合的形体。但在伦勃朗迫近终年的时刻，他处理颜料的方式实际上阻碍了这种分解的实现；颜料除了本身以外，什么也无法描述。

传统的艺术史术语中所谓的"粗糙"（rough）或"宽松"（broad）的绘画，已经不足以描述伦勃朗最后几幅画的革命力量和富有远见的勇气。某些局部——例如，"新娘"闪亮的前额上的亮光，或者她伴侣额头上的一缕缕细长的发丝——仍然画得如奶油般顺滑，并精确地勾勒出形状，同时又避免了像 17 世纪 60 年代流行的品位那样有着冷酷而坚硬的闪光。然而，在其他一 667
些部分，他冒险的笔法远远超出了用调色刀涂抹的传统厚涂法，特别是人物身上向前鼓出的衣物，有些局部仿佛是奇妙地用颜料雕刻而成的，它们表面上要描绘的形状——褶皱、褶裥、花边、浮花——仿佛都溶解、崩塌了，看起来与其说在协助定义形体，不如说实际上在遮挡和阻止。在这里，画面几乎看不出来是由笔触构成的，画家用了什么工具把颜料置于画布上也仍是未解之谜——既不是画笔，也不是调色刀，更不是蘸上油彩的手指。[43] 从一个区域转换到另一个区域，引发的感触和纹理都有很大的不同，伦勃朗显然是在试验不同的干燥速度和分层。在某些局部，比如《犹太新娘》中男子披风的背面，颜料似乎先涂得厚厚的，然后通过擦、刮、梳来使其变薄，使上层有一种纤维状和细丝状的缠结质感。在其他区域，颜料凝结得很浑浊，经历了淤积、下滴、结块；另一些地方，颗粒感更强，磨损更严重；再另一处，颜料看起来像黏土或者砖块，好像在窑里烤过，颜色是焦干的或像是被火焰舔过，一片片烧过的颜料像镶嵌砖一样铺在画面上；还有一些局部，颜料表面伤痕累累、坑坑洼洼，就像塞赫尔斯的荒凉风景画中的谷底，凹凸不平，到处是砂砾；在有些地方，它就像一块有好多补丁的织物，由一块块碎片松散地缝在一起。

668 伦勃朗好似探险家一般，在风暴中航行，在已知的绘画世界的最边缘进行了一次冒险之旅。水面突然静下来，他透过一架覆盖着灰尘的望远镜，凝视着一处迄今未被探索过的艺术景观。这是一片未知的领域，物体和画出的形体之间的关系不同于自透视法发明以来任何尝试过的手法。他模模糊糊地看到了被他那些追求锐利的焦点和清澈明晰的同辈人挡住的东西。他看到了绘画的自主性。但是，他自己的视力在下降，他的时日越来越短。这彼岸之地在薄雾笼罩的地平线上浮浮沉沉。风越来越大。他永远也到不了，但那里也许还有他的未来。即便提图斯并不会成为画家，但父亲对他的教育也足以让他理解父亲的意图，并且也许还能向别人澄清父亲的志向。

现在，亨德里克耶不在了，提图斯表现出了想要填补这一空白、与伦勃朗进行深入交流的强烈渴望，不愿错过任何宣传自己父亲的才华以及获得一些报酬的机会。如果他没有成为一名艺术家，他至少拥有未来。他如今二十五六岁，精力充沛，相貌英俊，也不缺乏坚定的信心。法院裁定，伦勃朗把财产转让给提图斯是合法的，而在伦勃朗破产前曾借给他 4200 荷兰盾的伊萨克 · 凡 · 赫茨贝克，在伦勃朗出售房子时收回了这笔钱，现在应该把这笔钱归还给提图斯。凡 · 赫茨贝克没有这样做，而是拼尽全力向省高等法院和荷兰高等法院提出上诉，反对这项裁决。提图斯和作为他监护人的律师路易斯 · 克拉耶尔斯随后也发起了诉讼，要求强制执行对他们有利的裁决。凡 · 赫茨贝克眼睁睁看着借给伦勃朗的钱消失，对此极为不满，变得越来越愤怒，甚至一度歇斯底里地威胁说，如果提图斯再坚持下去，就会给他颜色看看。[44]（一把刀？某天晚上运河上漂过一个血淋淋的脑袋？）但是提图斯坚持了下来。他提前几个月申请，并获得了多数的支持。1665 年 6 月，他终于从怒火

中烧的凡 · 赫茨贝克的拳头里夺回了他的 4200 荷兰盾。8 月，传来了更多的好消息——从他姑婆的丈夫那里，他又继承到了 800 荷兰盾。9 月，他终于从布里街的售卖会上拿到了 6900 荷兰盾 9 斯图弗。

提图斯 · 凡 · 莱因有了自己的一番事业。现在，可以预料到，他将寻找并找到合适的配偶。那时，他会收获一笔嫁妆。凡 · 莱因家族即将耗尽的财富将会得到补充。儿子将成为父亲的保护者，就像约瑟保护雅各那样。父亲将能够在提图斯的保护下继续工作，远离这个纠缠不休的尘世的各种纷扰。

4. 未完成，1667 年夏

远处的港湾似乎有一阵巨大的骚动：那是一片欢腾；低沉的炮声响起， 669
宣告着胜利;整个城市，从一座塔楼到另一座塔楼，所有礼钟（klokkenspelen）都敲动钟环，响起雷鸣般自我称赞的钟声。阿姆斯特丹如花似锦（Floreat Amstelodamum），一个荣耀的帝国；傲慢高耸的皇家查理号（Royal Charles）军舰在英国国王的水域中被俘，这是那个愚蠢父亲的顺从儿子查理 · 斯图亚特忘恩负义应得的报应。英国战争期间，他曾遭流放，深陷苦难，仁慈的荷兰共和国那时不惜任何代价，像对待他的法国母亲一样，为这个年轻人提供了庇护；甚至用盛大而浮华的（pompeuze）仪式把他送回了王位。没过几年，这位查理二世和他的弟弟詹姆斯却恩将仇报，抢夺荷兰的船只和财产，把新阿姆斯特丹更名为纽约，把繁荣变成了贫穷和沮丧。现在他已经得到了应得的报应。耶和华也因此感到受了侮辱，所以把各种苦难（火灾和虫害）降临在了英格兰头上，并武装了他的仆人米希尔 · 德 · 鲁伊特（Michiel de Ruyter），海上的约书亚，去他们的领土上教训一番。他沿着梅德韦河（Medway）航行，轻易就打碎了那条死死守住河流的铁船舰，仿佛它是由易碎的木柴制成的。这位海军上将烧毁了敌人的船只，让滚烫的煤渣在肯特郡的风中飞扬，然后把皇家查理号军舰带回了北海另一边的荷兰。眼下，人们可以看到这艘船已用链条锁住，七十门大炮也被钉住了炮眼，无声无息地在阿姆斯特丹的各个码头上卑微地示众，而德·鲁伊特则在全城受到欢迎；民兵为他鸣枪；锦旗飘扬；新教堂里唱起感恩的颂歌，夏日的阳光透过高高的竖框窗户洒进来。

1667年的美好盛况，阿姆斯特丹过去没有经历过，以后也不会再有了。7月，荷兰与英国在布雷达签订了和平协议。渔场重新开始营业，再也不用受到英国私掠船的干扰，大量的鲱鱼从此源源不断。扬·福斯那些狂喜的篇章并不夸张。阿姆斯特丹就算不是新罗马，也一定是新威尼斯。它的舰队战无不胜，货仓取之不尽，艺术繁荣昌隆，建筑物富丽堂皇。马克西米利安皇帝授予的帝国皇冠，镶嵌于城市的纹章之上，又被放置在西教堂的尖塔之巅，成为建筑的一部分，与这座城市显得极为相配。

这顶在白色天空中闪烁着黄色光芒的皇冠，伦勃朗只要走出他的房子，沿着玫瑰运河向北瞭望，就能看到它。但他的注意力在别处。他在一幅画中，也画了圆形世界的地图，把世界从中间切成两半，然后让它像露出苍白
670 果肉的苹果一样在墙上张开。但位于这两半之间的不是阿姆斯特丹，而是伦勃朗，他站在那里盯着镜子，手里拿着画笔、支腕杖和调色板。他不是在吹嘘自己，至少不是在彰显自己对世界的掌握，本来他就对掌握世界几乎不抱什么幻想了。与出现在贵族的客厅或者艺术室墙壁上的地图不同，伦勃朗把他身后的那两个半球画成了没有细节的空环：好像两个零，纯粹为了练习手部的灵巧而作，线条十分干净，就像他给疯掉的可怜书法家利文·科珀诺尔（Lieven Coppenol）创作的蚀刻作品里一样。这位书法大师患了痴呆症，无奈只能自己写诗来赞美自己。[45]这幅画毕竟是伦勃朗对自己艺术权威所具有的强大能量的最后一次展示。有人质疑他忽视线条的重要性，乃至把画都画坏了。真的吗？于是，他给他的批评者（和他的崇拜者）完美的圆，如此干净和准确的线条，正如凡·曼德尔所说，就像出自乔托的笔下。当然了，这些圆圈是未完成的（non-finito），我们只能通过既有的痕迹去推测完成的状态。一旦成功驳斥了人们对他不能驾驭古典几何图形的质疑，伦勃朗又回到了他钟爱的风格，更多地用含蓄的笔触去呈现，而非生硬地描绘轮廓。对收藏在肯伍德宫的这幅自画像，学者们常常关注的都是两道神秘的半圆，却很少关注更

伦勃朗,《自画像》，约 1662 年。布面油画，114.3 厘米 ×95.2 厘米。伦敦，肯伍德宫，艾弗伯爵遗赠

引人注目的绘画局部：他的双手呈现为一片模糊的色块，仿佛随意地涂抹和涂鸦而成，而手中的画笔则通过几笔简洁的线条大致勾勒出形态。X 光片显示，一开始伦勃朗画的是自己在画布上作画的样子，最右侧的垂直线就是画布的痕迹。伦勃朗还原的是自己在镜像里的形象，左手放在工作台上，右手拿着调色板和画笔。但到最后，伦勃朗完全放弃了这种机械的还原方法，而是创作出了一幅绘画自由的宣言：他的帽子高高的，用厚厚的铅白涂成；帽子下的那张脸，如果不再是世界的主宰，也仍然是他自己画室的主宰，灰色的云状头发仍然充满活力地卷曲着；他留着 17 世纪 60 年代中期流行的铅笔线条般的小胡子，脸部宽大，但轮廓塑造得极为有力，描出了一道优雅而略带嘲讽的线条；漆黑的眼睛很深邃，但不是陷在眼窝里；整张脸都流露出一种沉着、敏锐的智慧。伦勃朗并不把正统古典主义的精细形式放在眼里，他用衬衫白色领口上的划痕再次展现了这一点，仿佛某种毫无悔意的重复声明，并用奇异的、曲折盘旋的涂鸦来呈现运动中的手。静谧而坚定的面孔与旋转的手势，思维的循环与动作的循环——这是一种独特的结合。伦勃朗在这幅最为杰出的晚期自画像中，选择了这种方式来诠释自己。两个世纪后，爱德华·马奈，另一位将复杂的思维和灵巧的手相结合的至高无上的化身，将精确地重现伦勃朗的这一主题——在急速运动中的手；它无法固定，无限能动，具有永不停歇的生命力。[46]

当二十岁的科西莫·德·美第奇（Cosimo de' Medici）于 1667 年 12 月
672 29 日拜访伦勃朗家时，画家就是这样出现的吗？一名绘画的王子，俯视着一个大公国的未来继承人？又或者脸颊皱巴巴、脾气暴躁、满腹牢骚、怒容满面，正如那幅咄咄逼人、毫无风度的自画像（无疑是一幅复制品）上的伦勃朗？那幅自画像现在位于乌菲齐，挂在美第奇的尼德兰自画像展厅里。在这套收藏中，还包括许多喜欢刻意讨好兼自我吹捧的荷兰画家的肖像，如赫拉德·道、卡斯帕·内切尔（Caspar Netscher）、老弗兰斯·凡·米里斯（Frans van Mieris the Elder）和赫拉德·特尔·巴奇（Gerard ter Barch），他们都是花哨的美画家派风俗画的践行者，喜欢绚丽的高光和丝滑的魅惑质感。伦勃朗显然不在此列。伦勃朗虽然是一个怪人，而且变得越来越奇怪，但受过教育的意大利绅士如果要来到阿尔卑斯山以北进行一趟逆向的大型游览，还是绕不开他这一站。托斯卡纳的游客们对他的称呼五花八门，“伦勃朗·凡拉因”（Reimbrand Vanrain）、“伦勃朗·德尔·雷诺”（Reinbrent del Reno）、“名画家伦勃朗”（Rembrant pittore famoso）。随着阿姆斯特丹在欧洲各城市中的名声日渐显赫，这样的逆向旅程对于意大利名流已经变得不再那么古怪了。

科西莫是斐迪南公爵的曾孙，1603年，斐迪南公爵曾在鲁本斯前往西班牙执行重大使命的途中将其拦下。科西莫在1671年继任为大公。他的性格与美第奇家族的典型形象大相径庭。他虔诚、有学究气，还有些禁欲主义。他的父亲斐迪南二世（Ferdinand Ⅱ）为了使王朝永垂不朽，让他与路易十四的表妹奥尔良的玛格丽特·路易丝（Marguerite Louise of Orléans）联姻，在当时看来，这一定是一场绝佳的联姻。但她的血管里深深地流淌着法国国王家族臭名昭著的血液，所以她宁愿与法国士兵亲密交往，也不愿成为美第奇家族的生育工具，尤其是在她生下了一个孩子费迪南多（Ferdinando）之后。1667年，玛格丽特又怀孕了，为了表达她对夫家的意见，她用尽了各种方式——激烈地骑马、长途跋涉、一次又一次地滥交，最后还绝食——以便让自己流产。尽管努力尝试，玛格丽特还是诞下了一名女婴。在那之后，大公出于谨慎考虑，决定把这对不幸的夫妇分开，让科西莫踏上了去德国和尼德兰的长途旅行。[47]

于是，科西莫·德·美第奇在圣诞节和主显节之间的这一天，出现在了伦勃朗位于玫瑰运河的家门前。他衣着华丽（尽管相对节俭），由一帮通常的随行人员精心伺候着——秘书、司库、忏悔神父、医生和骑士长，其中包括负责记录行程的菲利波·科西尼（Filippo Corsini）和常驻鹿特丹的佛罗伦萨商人弗朗切斯科·费罗尼（Francesco Feroni）。那时正是吃豆饼和在运河上溜冰的季节。伦勃朗并不是他唯一的一站。费罗尼一定把他介绍给了出版商兼书商彼得·布劳（Pieter Blaeu），布劳安排了一趟参观阿姆斯特丹绘画工作室的小行程。一行人拜访了海洋画家威廉·凡·德·维尔德（Willem van de Velde），接着又拜访了另一位艺术家，他在科西尼的记叙中只留下了“斯卡姆斯”（Scamus）这一称谓。由于意大利人的资料中对这次访问只提了一下，

没有其他记载，我们只能发挥想象：亲王穿着裸跟鞋，以避免在阿姆斯特丹
673 声名远扬的泥地里踩脏脚；他从马车上下来，手里拿着手杖，走进林格尔巴赫的游乐园对面房子的小前厅，在伦勃朗仅剩的几把西班牙皮椅中挑了一把坐下，然后站起来，沿着木地板在房子狭窄的空间里走来走去。“名画家”的住所里本应具备的装饰和舒适的陈设在这里都不存在，甚至没有什么绘画作品。他可能也不知道该对这位面如泥土、皮肤斑驳、肤色深得不健康、头发蓬松、腹部下垂的老人说什么。对于他的来访，老人的态度似乎是容忍，而不是欢迎。费罗尼跟伦勃朗的儿子说了几句话，然后又回到科西莫这里，大家互相交换了几个拘谨的微笑和手势。在令人不安的几分钟过后，科西莫就退回到了凛冽的室外寒流中，心里感到如释重负。

结果什么也没发生。来自佛罗伦萨的年轻亲王从马车上下来，屈尊坐了一会儿，又回归了他的贵族气派。整件事一定让提图斯非常失望，因为自从亨德里克耶死后，他就一直试图让父亲的事业回到更加平稳的轨道。当他终于拥有了“年龄优待”（venia aetatis），即等同于成年人的权利时，他总算能够接触母亲留下来的遗产了，然而数额却因他父亲的各种变故而大大减少了，从最初的 20 000 荷兰盾减少至不到 7000 荷兰盾。[48] 不过在这种情况下，这肯定还是一笔小而可喜的财富。这其中涉及一笔 4200 荷兰盾的款项，此款原被伦勃朗的一名债权人占为己有，作为对从父亲到儿子的资产转移行为的抗议，而如今法院下令须返还给提图斯。这个年轻人一定感觉到，他终于得到了自己应得的东西。有几幅作品，包括一幅透出些许优雅的素描《阿塔兰忒与墨勒阿格》（*Atalanta and Meleager*），甚至是提图斯本人的真迹，所以他可能也在考虑将来的职业，想要像凡·优伦堡家族一样，既生产艺术品，又交易艺术品。当然，挑战在于，要么想办法让顾客相信父亲的作品一如既往地出色，要么让父亲生产出如今人们普遍认为优秀的作品（希望渺茫！）。

同一年，也就是 1665 年，提图斯·凡·莱因似乎开始忙于为伦勃朗招揽生意。不过，只消看看提图斯为父亲寻求的委托项目的规模，就知道伦勃朗昔日的荣光早已不复存在。他当时身在莱顿，作为伦勃朗的代理人，试图说服书商丹尼尔·凡·哈斯贝克（Daniel van Gaesbeecq），他父亲当然能够为学

者约昂·安托尼德斯·凡·德·林登（Joan Antonides van der Linden）创作一幅雕版肖像，因为哈斯贝克认为，伦勃朗是以蚀刻版画而非雕版画著称。“我父亲雕刻得和别人一样好，”儿子（在公证人面前）说，“就在前几天，他才雕刻了一个拿着汤锅（pap-potgen）的有趣女人，所有人都感到很惊喜。”[49]书商显然没有被完全说服，所以给提图斯看了另一位版画家以前为这位学者创作的一张作品，上面写着，新的版画必须比这更好。提图斯看到后大笑起来，宣称这和他父亲的作品相比简直是小意思。不过，从后面的结果来看，这位
莱顿书商的担忧是完全合理的，因为伦勃朗后来就是给了他一幅蚀刻版画， 674
而不是雕版画，而且还用了硬针来润色。硬针技法可能改善了一开始的画面外观，但却让印版更不符合书商脑海里的那种样貌了。更糟糕的是，莱顿学者早前那幅肖像出自亚伯拉罕·凡·登·滕佩尔（Abraham van den Tempel）之手，他绝对代表着圆滑、奢侈、高调的艺术家，画出来的肖像里有着丝绸般鲜艳的色彩，红犹如熟柿子，蓝犹如知更鸟蛋，寓意着这座城市的布业繁荣，和伦勃朗那种平淡无奇甚至粗糙的写实画法可谓南辕北辙。因此，如果书商和教授想要的是一幅赏心悦目的小画的话，他们得到的结果肯定与预期的截然不同：一位大脸的学者在影影绰绰的花园中拿着书，背对着古典样式的拱门，摆着很难让人信服的姿势。

对于艺术家经纪人兼杂工的提图斯·凡·莱因来说，这可不是个好兆头。但有了钱，他就有了前途。1668 年 2 月，他与玛格达莱娜·凡·洛（Magdalena van Loo）结婚。新娘和新郎都是二十六岁，提图斯比玛格达莱娜大几个月，他们一定是从小就认识的。两人是远亲，因为玛格达莱娜是萨斯基亚的姐姐
希斯基亚·凡·优伦堡的侄女。伦勃朗的婚宴就是在希斯基亚和她丈夫赫里 675
特·凡·洛位于圣安娜帕罗希的家中举行的。赫里特的兄弟扬·凡·洛，也就是玛格达莱娜的父亲，曾是一名银匠，他所在的手艺人社区里也曾有过伦勃朗的好朋友。扬·凡·洛显然很成功，他和妻子安娜·海布勒赫茨（Anna Huijbrechts）住在阿姆斯特丹一所名为“摩尔人首领”的房子里。安娜本人出身于一户来自布鲁日的金匠世家。安娜为扬生下了十三个孩子，其中，包括玛格达莱娜在内的九人活到了成年。玛格达莱娜还小的时候，扬·凡·洛

伦勃朗,《约昂·安托尼德斯·凡·德·林登肖像》, 1665 年。蚀刻版画。阿姆斯特丹, 伦勃朗故居博物馆

就去世了，她和母亲以及其他一群兄弟姐妹一起，在辛格运河上苹果市场对面的另一栋大房子里长大，房子的名字叫“镀金鲱鱼船”，有时也叫“镀金鳞片”，因为外立面上有好多小装饰。[50]

在“镀金鳞片”的生活，一定是甜比苦多。现在，伦勃朗只和他的老管家丽贝卡 · 威廉斯（Rebecca Willems）以及亨德里克耶将近十四岁的女儿科尔内利娅住在一起。但是，提图斯与凡 · 洛家族的联姻只会给老人带来好处。从实际角度来看（伦勃朗似乎从未忘记过这一点），希斯基亚 · 凡 · 洛也在他 1656 年的债主列表上，无论这笔债务的性质如何，既然家族联姻了，债务肯

伦勃朗,《提图斯》，约 1658 年。布面油画，67.3 厘米 ×55.2 厘米。伦敦，华莱士收藏馆

定也一笔勾销。即便不考虑此事，他的儿子与凡 · 优伦堡的侄女结婚，也一定是个美妙诗意的时刻，就像他画在自画像背景墙上的地球一样，形成了完美的圆圈闭合，既是一次回归，也是一次新的出发。

随后问题就来了。玛格达莱娜怀孕了。但在孩子出生前，也就是结婚八个月后的 1668 年 9 月，提图斯就死在了瘟疫中。此番场景，伦勃朗在亨德里克耶去世时就见过，他们和这座城市里无数的其他人一样。生活在 17 世纪 60 年代的阿姆斯特丹，目睹死神的到来实属常事。到了 1668 年，死亡人数已经逐渐减少了。但减少得还不够快。他唯一的儿子就快要尝到生活的甜头时，却只能眼睁睁看着身体出现紫色的肿块，伴随着心中极大的恐惧，开始发烧、消瘦，撕裂般地咳血，最后去往天堂，这是多么残酷而令人心碎的事
676 情啊。“主啊，为什么走的不是我？”像所有父亲一样，他可能也曾悲伤地质问道，“为什么不是我？”

1668 年 9 月 7 日，提图斯下葬在西教堂一块租来的坟墓里，亨德里克耶的遗骨也躺在此处，坟地也是租赁的。凡 · 洛家族在这座教堂里有家族墓地。但是，自从大瘟疫爆发以来，家族中的很多人，包括孩子以及孩子的孩子，都去世了，因此玛格达莱娜的丈夫在那里已经没有容身之地了。一开始，他们准备过一阵子再把他的遗体转移到家族墓地旁另外购买的一块坟墓里，所以教堂记载了 1669 年 1 月 7 日购置新坟墓的官方契约。但凡 · 洛家族的瘟疫悲剧还在继续蔓延，死亡的速度远远超过了为遗体添置墓地的速度。玛格达莱娜的母亲安娜于 1669 年去世。提图斯的遗体再也没能转移过去。1669 年 10 月，他的妻子，也就是小蒂蒂亚的母亲，在伦勃朗去世两周后也去世了，和丈夫葬在同一地点。

伦勃朗的传记作者写到此处，也不得不发出一声叹息。直到最后，伦勃朗都没有对人生让步，即便没有了牙齿，也还是咯咯笑着。轮到图像学家来解读一番了。看看画家身后那尊奇怪的罗马式半身雕像吧。也看看他最后一位学生阿伦特 · 德 · 赫尔德（后来）的画作——赫尔德在画一位令人敬畏的妇人时，也是在咯咯笑着。翻一翻书页，查看下方的注释：还记得希腊人宙克西斯的故事吧，他就是在画一位老妇人时笑死的。好，明白了。画家想以宙克西斯的名义，在一阵黑色的欢笑中画上句号。他嘲笑的，是他的赞助人，而不是他自己。

但对伦勃朗来说，事情从来都不是这么简单。当然，宙克西斯是位视错觉大师，他画的葡萄栩栩如生，鸟儿会飞过来啄食；他是鉴别力的典范，是一丝不苟的大师，最完美地体现着古典艺术的理念，因为他会从不同的模特身上只取用最美好的细节，再将它们完美地融合成一个不真实的完美整体。

677 我是宙克西斯？孜孜追求人类完美的探索者？美丽形体的崇拜者？仿佛一只千年的乌龟，把头从有着裂纹和皱皮的壳里伸出来，咧嘴一笑，口里没

伦勃朗，《扮作德谟克利特的自画像》，约 1669 年。布面油画，82.5 厘米 ×65 厘米。科隆，瓦尔拉夫–里夏茨博物馆

有牙齿：你在开玩笑吧。

所以，也许伦勃朗并不是在假装自己是宙克西斯。德 · 赫尔德的这张画差不多是二十年后的作品了。画家左边那个以松散的笔触勾画出的形象很难看作是某位“老妇人”，看起来更像是一位古代尊者，是伦勃朗在发迹的日子里收藏的那种胸像，当时他还以为自己能拥有一座鲁本斯那样的小神殿。据彼得 · 凡 · 布雷德罗德的记录，伦勃朗在玫瑰运河的房子里仍然有一座“老哲学家”的胸像，布雷德罗德觉得像一位“拿撒勒人”。但也有可能是一位色雷斯的智者——德谟克利特，他的名字象征着愉快而坚韧地面对难以理解的世

阿伦特·德·赫尔德,《扮作宙克西斯的自画像》, 1685 年。布面油画, 141.5 厘米 ×167.3 厘米。法兰克福, 施泰德艺术馆

界之荒谬。对于 17 世纪的画家来说，他的形象比宙克西斯更常见。勒内 · 笛卡尔（René Descartes）和托马斯 · 霍布斯（Thomas Hobbes）等人都曾引用过他的话，来说明大笑是必要的，是具有治疗功用的嘲弄行为，能使人从口腔排出淤积的黑胆汁。鲁本斯早就知道，德谟克利特曾以锐利而清澈的眼睛审视过人类荒谬的虚荣心，审视过自我形象与真实之间难以弥合的差距，从而发出了那声睿智的狂笑，以欢笑驱逐了痛苦。[51]

不过很快，就连那像粉笔在石板上划过一样刺耳的空洞笑声，也完全消

失了。伦勃朗最后两幅自画像标的日期都是1669年，也就是他去世的那一
年。在这两幅自画像中，都弥漫着一种痛苦的自知之明。当然，伦勃朗可能
并不知道自己大限将至。但他似乎正在摆脱世俗的伪装和幻想；他的衣服是
纯黑色，或方济各会修士服的泥棕色，正是他用来给油画打底的那种死灰色
调。在藏于肯伍德宫的自画像（见第861页）中，他仍然非常专注于工作，
手忙碌地移动着，姿态威风凛凛。而在藏于科隆的那幅奇怪、略显怪诞的自
画像（见第869页）中，工作成了一个无聊的笑话。在藏于英国国家美术馆
的这幅自画像中，他最初画的是自己张开双手，其中一只手拿着画笔。不过，
最后他还是决定放弃画笔，改成了双手紧握的那种有点被动的祈祷式姿势。
将近三十年以来，他的自画像都是同样的角度，身体与画面成45度角，衣着 680
华美。作为近代的文艺复兴艺术家，他总是模仿着拉斐尔和提香的姿势，把
自己塑造成诗人、朝臣和最伟大大师的继承人。现在，这些虚荣都消失了，
伦勃朗也不再有兴致把自己的身体推过画框，以引起注意。以前他用来彰显
自己的身份和文化血统的那些局部细节，比如流畅的长袖和优雅得漫不经心
的手臂姿势，现在成了画面中最模糊的部分。他决定给自己戴一顶简单而合
身的帽子，而不是他以前特意选择的那种高耸又华丽的帽子，这似乎也表
明，他不想再以任何形式来炫耀了。相反，颜料的选用是为了达到简单、坦
率的效果，比如他外套的软领和边缘；比如，以变形和拉拽的笔触描绘出自
己脸部的凹凸与肌理，局部厚涂的部分则勾勒出了眼睑和脸颊下方松弛的皮
肤褶皱。他像一位化妆师一样，勤奋而认真地工作着，把一位老人的面部特
征叠加在还流淌着年轻血液的脸上。但这不是化妆。这是真实，伦勃朗的脸
只有在毫不留情的坦率中才显得光彩夺目。

伦勃朗创作那幅藏于毛里茨之家博物馆的自画像（他的最后一幅）时，这种拆解自我的过程已经走得更远。在柔和的背景下，他的脸被照得通亮，这张脸残酷而详尽地记载着时间对身体的消耗。在藏于英国国家美术馆的那幅画中，他的下巴还很结实，现在却松弛了；肌肉似乎摇摇欲坠；脸颊和下颚松垂；鼻子十分臃肿，表皮上布满了张开且出油的毛孔；头发像一团灰云。即便如此，画中也没有一丝软弱无力的顺从感；相反，似乎表现出一种顺从

伦勃朗，《自画像》，1669 年。布面油画，86 厘米 ×70.5 厘米。伦敦，英国国家美术馆

伦勃朗,《自画像》, 1669 年。布面油画，63.5 厘米 ×57.8 厘米。海牙，毛里茨之家博物馆

和决心之间的激烈斗争。他的头巾仿佛染上了深浅不一的秋色，笔触浓重、色彩运用大胆，似乎顽固地抵抗着衰颓，诉说着自己的最后一丝勇气和自信。这一次，他做出了和藏于英国国家美术馆的自画像里正好相反的改变，他最初把帽子画得紧贴头部，后来却决定让它像皇冠一样耸得高高的，和面部的柔软无力形成了对照。头巾顶部还有一些明显的摩擦痕迹，所以它一开始可

能还要更高，就像西威利斯的冠冕那样。即便伦勃朗失意的人生如此残酷，即便他没能拥有像鲁本斯那样富足又多子的晚年，但他在作品中并没有呈现出一副希望对这个背叛了自己的世界复仇的面孔。现在看起来，照在他脸上的光线似乎过于集中了，是颤抖着涂上或喷上的，白色颜料重叠在他的帽带上，一直延伸到他的太阳穴和颧骨部位，不像是健康的光泽，更像粉状的铜绿，仿佛在圣米迦勒节飘下的雪花。而那片侵入的白色光线环绕着伦勃朗深沉的黑色眼眸。眉头微微扬起，仿佛已习惯于生活中的种种不适。眼周的浮肿如同层层叠加的圆环，它们诉说着无眠的长夜、无尽的悲伤，以及生活重压下的心境。

681 1669 年 10 月 2 日，风声呼啸，寒雨绵绵，椴树和栗树的叶子倏倏落下，堆积在运河桥边；游乐园中了无乐事。一个男人来到了玫瑰运河的房子里，寻找着稀奇的东西。他是彼得 · 凡 · 布雷德罗德，业余研究宗谱的商店管理员，也是一位纹章爱好者，喜欢出没于旧墓地间，匆匆记下彩绘玻璃窗上的文字，端详自己收集的生锈的盔甲。他听说这位画家（也算得上是个稀奇的人物）有一顶头盔，据说曾经属于令人敬畏的赫拉德 · 凡 · 韦尔森（Gerard van Velsen）。这位凡 · 布雷德罗德似乎没有什么恶意，所以被允许在伦勃朗仅存的古玩珍奇中翻探一番。他发现，除了这顶眼缝“狭窄得连剑都刺不进”的中世纪头盔之外，还有各种各样的零星物品，所以饶兴写了一份列表：一顶“罗马指挥官”的头盔；一尊“很古旧”的“拿撒勒哲学家”雕像（头发很长，也许是因为智慧过人）；最重要的是，“四只剥了皮的手臂和腿”，据说是维萨里解剖后留下的。[52]

三天后，也就是 10 月 5 日，这所房子里有更多人进进出出了。一具死尸躺在后面的房间里。仆人丽贝卡 · 威廉斯已经叫来了治安官手下的人。据科尔内利娅说，前一天她看见父亲时，上帝已经让他的灵魂安息了。他离开了人世，嘴和身体都没有了一丝气息，在秋日的天光下冰冷如石。现在他们请来了一位公证人，以按照法律清点财产并处理诸如此类事宜，然后玛格达莱娜 · 凡 · 洛相当迅速地赶来了，决意要把家庭事务处理好。既然上帝早已经定好了公公的大限（比她丈夫在世的年数可多多了），她现在要做的就是确保老人离世后不会给她和她那还是小婴儿的女儿留下任何有害的负担。她知道他过去是怎样的一个人，到处欠债，还作出这样那样的承诺，却不按时交画；现在他走了，再也没有画画这回事了，她当然也不必为此负责了。她是个寡妇，还带着年幼的女儿，承受不起莫名的纷争。然后还有科尔内利娅的监护人，画家克里斯蒂安 · 杜萨特（Christiaen Dusart），他接到女孩的消息后赶来，正在尽责地确保伦勃朗这个唯一幸存的孩子会得到自己应有的遗产份额。

女孩就在客厅里，父亲身上裹着尸布，这时要谈论这些事恐怕也是很困难的，但问题必须马上解决。他们每个人都身处困境，葬礼钱怎么付？伦勃朗肯定在房子里留了一些钱吧？玛格达莱娜问仆人丽贝卡，但她说没有，他一直在用亨德里克耶留给科尔内利娅的遗产来维持家庭开销。“是吗？”玛格达莱娜听到这番话，便迅速去拿科尔内利娅橱柜的钥匙（肯定就是亨德里克耶从布里街搬过来的那个橱柜），杜萨特此时就站在旁边（别忘了他也是个雷厉风行的家伙），她打开门，发现一个钱袋，里头还有一个钱袋，钱袋里装着一些金币。“这东西有一半是我的。”她一边说，一边马上拿起钱袋，然后就不肯放下了，一直拿着它走回了“镀金鳞片”，尽管她答应要把她说的科尔内 682
利娅的那一半换成银币再还回来。在公证人斯戴曼（Steeman）和其他见证者面前，杜萨特和她达成了共识，上帝保佑死者复归大地，他们将接受财产出售所得的钱，以支付埋葬的费用，但前提是财产没有任何债务纠纷。[53]

公证人已经把伦勃朗家里的物品清单列好了：四幅绿织边的窗帘；锡镴烛台，黄铜杵；陶土碗碟；新旧领带；六个枕套；四把普通的椅子；一面带衣物架的旧镜子。但除此之外，还留下了大量未列清单的“珍品和古董”，以及“绘画和素描”。这些物品堆放在房屋后方的三个房间里，公证人根据法律认定（如玛格达莱娜 · 凡 · 洛所坚称的）这些东西是婴儿蒂蒂亚 · 凡 · 莱因的财产，由她的指定监护人，即珠宝商拜勒特（Bijlert）照管，并进行了宣布。他把房间锁上，封印了财产的所有权，然后带着钥匙离开了玫瑰运河。

那只小小的钱袋里面的金币，足够举办丧事了。10 月 8 日，十六个人抬着灵柩沿玫瑰运河向西教堂走去，除了赤贫的逝者外，大部分人都是这样的送葬队规模。路途不太远，即便丧仪队伍必须走得很慢，也最多需要几分钟。

当他们卸下肩上的重担，把尸体放在西教堂指定的地方后，掘墓人就会付给他们 20 荷兰盾还有几杯啤酒钱的报酬。丧仪队伍的人都不知道伦勃朗是谁，他们只是掘墓人的雇员罢了。整场葬礼毫无任何特别之处。在那段瘟疫流行的日子里，家庭主妇只要早上带着仆人去市场买菜，总能碰上这样一支黑压压的小队伍。没有像卡雷尔 · 凡 · 曼德尔和彼得 · 拉斯特曼去世后那样响起冗长的钟声；没有像霍弗特 · 弗林克的葬礼上吟诵的滔滔不绝的悼词；更没有像悼念彼得 · 保罗 · 鲁本斯时那样，从城市这一头到那一头，宴会的喧嚣、诗歌朗诵、哀歌和安息祷告此起彼伏；只有孤零零的一副棺材，放进了教堂地板下租来的坑里。

在玫瑰运河边的房子里，封闭的房间四处蒙尘，一片寂静，里面放满了画家生前最珍视的东西，没有扬 · 福斯想象的狮皮，只有一些劣质的罗马头像复制品、几件古老的盔甲，也许还有一块污迹斑斑、褪了色的金色旧布。由于他一直工作到生命的尽头，房间里还会有些绘画的常用器具：一只立式画架；一枚钉在墙上用来挂调色板的钉子；几块看起来还在使用中的调色板，颜料已经结块开裂了，其中一块调色板上除了黑色、棕色和一大块白色外，什么也没有，颜料在拇指孔旁边堆成了一块尖尖的小丘，顶部像山顶一样塌陷下来；另一块调色板上，颜料色彩比较明亮，是赭色和深红色；旁边的桌
683 子上，有一堆油腻腻的抹布、一件斑斑点点的罩衫、几罐亚麻籽油和颜料、一些大小不一的画布，以及刷毛朝上的画笔。房间里散落着十三幅画，公证人斯戴曼显然认为这些画是“未完成”的。但无论是他，还是其他任何活着的人，又如何能知道呢？

这些画中，有一幅《浪子回家》（*The Return of the Prodigal Son*）和一幅《圣殿里的西面与圣婴》。伦勃朗死后的某时某刻，某个心怀好意的人曾试着把这两幅画画完。也许是阿伦特 · 德 · 赫尔德，他继续忤逆时兴的潮流，保留了伦勃朗晚期的绘画风格，竭尽所能地让脸部更加清晰，基于伦勃朗留下的暗色素描，从几乎没能显现出形体的模糊画面中勾勒出了我们眼前的人物。

685 他在圣母的鼻尖上轻点了一道不那么适当的高光，增加了一群呆呆地盯着浪子和父亲的怪异旁观者（通常是一群愤怒而嫉妒的弟兄）；如果我们想要

真切地看到伦勃朗临终前想要呈现的景象，那就必须把这一切都赶出视线。如果去掉后来的人笨拙地添加的这些片段，那么这两幅画几乎就是同一幅画，故事都出自《路加福音》，主圣路加是医师和画家的守护神。临终前的伦勃朗，好像想对亲近的人以及我们所有人说些什么，他要重复这句话，好叫我们明白他的意思。但是他说话断断续续，信息卡在了那里；他的手时而有力，时而摇摇晃晃，线条的清晰程度参差不齐。

但我们还是看得出他的意思：存在着这样一种景象，虽然肉眼看不见，却可以通过触觉来领悟它，它可以让内在的眼睛充满神圣的光芒。这两位老人眼睛都没有睁开，但他们虽然双目紧闭，却伸出双臂，传递和接受着神恩的馨香。一幅画中，老人怀中抱着罪人；另一幅画中，抱的是救世主。罪人的脸、浪子的脸，伦勃朗曾经蚀刻过、画过素描、用颜料绘制过；曾经有着猿猴般的恶棍面孔；也曾经是伦勃朗自己斜视的脸。但在这里，他的眼睛闭着，不看向我们，脸深埋在父亲宽容的怀里。伦勃朗这幅画的形式来源于梅尔滕·凡·海姆斯凯克的版画，在那幅版画中，儿子虽然倒在了跑过来迎接他的父亲面前，但身体还是像希腊英雄一样健壮，有着英俊的脸庞和一头卷发，脚上白净无瑕，而且他再次出现时依然穿着父亲定制的精美服装，护裆神气十足。[54]然而伦勃朗笔下的浪子，却已经被自己经历的从犯罪到赎罪的过程折磨垮了。他的脚底有割伤和刺伤，让我们深深地体会到，他是如何痛苦地一瘸一拐地回家求得赎罪的。他瘦弱的身体上挂着的华丽服饰已变得破破烂烂，看起来十分悲凉。他的头剃得光溜溜的，懊悔地跪着，完全是悔罪者的样子。我们几乎看不出他的容貌，画家对此只画了寥寥几笔，但也足以让我们看清，他是一个代表普通人的浪子，一个背负了世上所有罪孽的孩子。父亲披着红披风，额间闪耀着圆满的平静，把双手放在儿子的双肩上，仿佛想要用家长的祝福把罪过从那肩上卸下来。但我们甚至不能把这一举动仅仅看作是牧师疗愈罪人的仪式，它也代表着复活，代表着从死到生的转变。义愤填膺的哥哥在一旁抗议，觉得不该为浪子宰杀肥牛犊，而父亲却像神一样，反驳说："你这个兄弟是死而复活、失而又得的。"[55]儿子跪着，靠在父亲的腰间，闭着眼睛，双臂抱在胸前；这一刻，两人融合在了同一个形体中，人性的可怜碎

伦勃朗与追随者,《浪子回家》，约 1669 年。布面油画，262 厘米 ×206 厘米。圣彼得堡，艾尔米塔什博物馆

片回到了无限包容他的创造者的慈悲之中。

神圣的二体交融，在《圣殿里的西面与圣婴》这幅画中也能见到，那是红与金、血与光的汇合。这也是伦勃朗多年前就画过的题材，那是在1631年[*]，光彩炫目的画面吸引了康斯坦丁·惠更斯的注意，也许受到了鲁本斯《下 686
十字架》中的侧翼画板（见第206页）启发。圣殿内部阴暗而宏伟，有一群目光敏锐的拉比，有穿着夸张的服装、做着手势的大祭司，还有满脸狐疑的法利赛人；圣殿中央，年迈的西面和跪着的圣母沐浴在一团神圣的光中，这是“照亮异教徒的光”，在伦勃朗笔下，好像是从睁大眼睛的婴儿耶稣身上溢出的一轮光。西面张着嘴，正在祝福上帝，因为他已经看见了救世主，现在可以安心去死了。三十年后，也就是1661年3月，伦勃朗在牧师雅各布斯·海伊布洛克（Jacobus Heijblocq）的友人图册里也画了同样场景的素描，但这次把祭司减少到了两位，他们身上的阴影十分浓重，俯身朝向西面，而西面的脸和雪白的胡须都是用不透明的白色来提亮的，一道强有力的笔触扫过他的头顶，仿佛他被圣灵击中。[56]这幅画的顶部是拱形的，好像一幅镶了框的还愿画。西面的双眼闭着，其中一只眼睛用一笔黑褐色来描绘，好像他是瞎子似的。伦勃朗死后，在玫瑰运河的工作室发现的这幅油画中，老哲人的眼睛同样是紧闭着的。传统上用来描绘“圣殿里的西面”的元素——拉比、圣殿柱、祭司——都被抹去，只剩下西面自己、圣母马利亚和年幼的弥赛亚。背景是一片阴暗的空白，但三个人物似乎都在一团发光的薄雾中游动着。之所以有这种效果，是因为伦勃朗使颜料如细碎的水晶般呈颗粒状，用的并不是他晚年时那种极重的笔触，而是如细丝工艺般细致刻画，创造了一种仿佛用海绵或精细的纱布轻轻点涂的效果。老人抱着圣婴的那双手十分宽阔，紧紧地抱住，仿佛在深深地祈祷。他的面部因狂喜而恍惚，闪烁着天堂般的光辉，仿佛不再属于这个世界。终于，在沉重的眼睑后面，他看见了救赎的圣光。终于，他能够宣告：“主啊，现在，请让你的仆人安息吧。”[57]

---

* 即《西面的颂歌》（*Simeon's Song of Praise*）。——编注

伦勃朗，《圣殿里的西面与圣婴》，约 1669 年。布面油画，98 厘米 ×79 厘米。斯德哥尔摩，瑞典国家博物馆

第六部　后话

第十三章

伦勃朗的鬼魂

1. 惠更斯之眼

1671 年，亦即伦勃朗死后第二年，七十五岁的康斯坦丁·惠更斯乘坐国 689
王查理二世的游艇从伦敦返回荷兰。他心情很差。前一年，他跟随年轻的亲王威廉三世来到英国。尽管共和国和英国打过两次海战，惠更斯对这个他年轻时曾仰慕过的国家仍然怀有热情。让那么多可怜的人都葬身大海，才得以解决两国之间的争端，他对此也感到很遗憾。现在，他全心全意地服务于新继位的奥兰治亲王。亲王是一位内向的年轻人，带着几分令人不安的严肃，比威廉一世更配得上“沉默者”的称号。现在，共和国内对德·威特家族不满的人越来越多，所以亲王又成了众人瞩目的焦点，人们寄望于他，希望他指引国家的方向。因此，惠更斯不顾自己日渐羸弱的身体状况，和亲王一起去了英国，看看他和他的堂兄（也就是国王查理二世）是否能够和解。然而，在二人进行了通常的外交仪式和礼尚往来之后（英国国王非常和蔼可亲，这使惠更斯感到怀疑），亲王就回了老家，留给惠更斯一个特别吃力不讨好的任务：向英国朝廷和国会讨要他们在内战期间欠奥兰治家族的钱。这种活儿他干得够多了。的确，有时他甚至会觉得自己受够了生活，禁不住要问上帝是否该把他从苦难中解救出来了，尽管这是对全能上帝的明智安排的一种冒犯。

但他不能沉溺于想象的痛苦和疲惫中太久。他理应为他人着想。因此，当皇家游艇在北海铅灰色的波涛中颠簸前行时，惠更斯又写了一首诗，也叫作 *Ooghen-troost*（《眼睛的药剂》），以此来摆脱沮丧。这一次，诗是写给妹妹海尔特莱德（Geertruyd）的，她患了白内障，视力一天不如一天。惠更斯安慰她的方式略显冷淡。

690 人接近死亡时，视力首先开始衰退，
活到七十岁以上的，
或是死了，或是快要死去，谁也无法否认。
视力衰弱之时点，是否总是显得突兀、不可思议？[1]

不，他自己回答道，其实并不是这样。“善于储存的人可以靠收藏的视力生存。”“假如你能预见未来，就会发现时日已不多 / 与过去相比，时光如此短暂 / 看……”

但你我都活了这许多年，
亲眼见到了许多人的离世；
我们在这世上所观察和经历的一切，
有值得看的，有不值得看的。
剩下的只有向内看，寻求什么适合自己
去探索自己的内心，去学习内在的东西
去学习独自向上帝忏悔的智慧
我们最需要他的宽恕之爱。

惠更斯的“哲学明目法”没起到什么作用。他的妹妹还是瞎了。这位诗人、政治家、作曲家兼赞助人，后来又活了十六年。和蔼可亲的英格兰国王跟荷兰共和国算清欠账的方式，是与路易十四秘密结盟对抗荷兰共和国，意图彻底摧毁作为独立国家的荷兰。1672 年，他们从海路和陆路进攻共和国，

明斯特的亲王主教也加入进来抢夺战利品。法国人渡过了莱茵河。国家似乎迷失了方向。牧师纷纷登上讲道台，宣告上帝在他们的背上施了笞刑，以惩罚他们犯下的无数过失和罪孽；这个路易就是他们的提革拉·帕拉萨（Tiglath-pileser），他们的萨尔贡（Sargon），他们的尼布甲尼撒，他们的图拉真。这时不仅有祈祷和斋戒，也发生了暴动和谋杀。威廉三世恢复了家族祖先的职位，受封为执政、陆军上尉和海军上将，而大议长约翰·德·威特和兄长科内利斯则在海牙被一群暴徒肢解了，他们的尸体被大卸八块，骨肉在城市各处出售。乌得勒支大教堂举办了天主教的弥撒，这是一个世纪以来的首次。

距离这个国家上次需要用水来制敌，也已经有一百年了。政府切断了堤坝，让洪水淹没了法军防线和荷兰腹地之间的乡村。共和国的舰队在海上挡住了英国人。祖国得救了。但是惠更斯没有觉得欢欣鼓舞。他痛苦了一段时间，直到回到自己名叫霍夫韦克（Hofwijk）的乡村别墅时才有了些返璞归真的满足感。去世五年前，他为他的小狗盖基（Geckie）写了一首墓志铭，题为“小傻瓜”：

这是我小狗的坟墓，
仅此而已。
我希望（若果真如此，世界定不会更糟），
我的小狗活着，世界上所有的大人物都死了。[2]

2. 热拉尔之眼

热拉尔·德·莱赖斯的目光紧紧盯着成功。1672年的头几个月，他在为 691
阿姆斯特丹的显贵安德里斯·德·格雷夫画天花板。三十多年前，正是这位贵族给伦勃朗的肖像画找了好多麻烦。德·格雷夫用最宏伟、最时尚的古典风格为自己建造了一座新房子，还雇了莱赖斯为自己画些寓意丰富的装饰画，以歌颂阿姆斯特丹的辉煌。这位艺术家为此创作了三幅画，分别象征着团结、商业自由、安全，三者共同构成了《布雷达和平祝福之寓言》（*Allegory of the Blessings of the Peace of Breda*）。时机有点不巧，因为荷兰共和国即将陷入生死之战。

那也没关系。莱赖斯并不关心历史的变化无常。他精心创作了那些灵动华美、具有寓意的形象，他们坐在云端，天真可爱的小天使在一旁飞来飞去。保卫和平的齐克海德（Zekerheid）样貌美丽动人，戴着头盔，手持利剑，把奸诈的蛇发怪物（你觉得敌人是谁，它就是谁）从天顶送去了深渊。[3] 画家的透视是完美的，色彩清澈明晰，比例无可挑剔。只要老格雷夫伸长他那粗糙的脖子，对着天花板端详一番，他无疑就会感到欣喜若狂，这是上了年纪的人特别需要的一种感受。画家的才华是毋庸置疑的。虽然莱赖斯外表看上去很古怪，鼻子长得和鬃毛浓密的猪一样，嘴唇肥厚，双眼凸出，但他总是穿得很体面，梳着华丽的发型，戴着假发，而且他是个值得信赖的画家，能为自己接下的任何作品（不管是公开的，还是私下的）赋予古典美的基调，带来独特的宏大氛围。请莱赖斯为你的会客室墙壁画上充满寓意的灰调画吧，他会描绘罗马的高尚品德和神话故事，你会发现，一座朴素的河畔住宅竟然变成了一座迷你的万神殿，而其主人则变身为当代的贺拉斯或普林尼。

即便在灾难之年（rampjaar），他的声望也还是与日俱增。但坊间流传着一个关于莱赖斯的故事：因为他通常说法语，学荷兰语相对较晚，所以在阿姆斯特丹被一群疑神疑鬼的人当作法国间谍袭击了，后来在监狱里待了几天。然而，由于莱赖斯的父亲制作过沉默者威廉被暗杀场景的雕版画，他很自然地成了奥兰治家族的狂热支持者。战火平息后，威廉三世被誉为救国者执政，而莱赖斯则成了他最喜爱、最得力的画家。1672 年，他为亲王升任执政的庆祝活动画了一幅寓言画。四年后，他又被带到威廉位于苏斯特代克（Soestdijk）的宫殿去绘制装饰画。

692 很快，莱赖斯接到的辉煌的寓言画和历史画订单数量就没有哪个艺术家能比得上了，他取得了整个 17 世纪其他画家都望尘莫及的成就：成了荷兰共和国的鲁本斯，一位真正的艺术大师，他甚至和这位佛兰德大师一样画了《埃涅阿斯纪》中的情节。在西教堂这样的新教教堂里，他可以为管风琴外壳画

佚名画家临摹热拉尔·德·莱赖斯，《自画像》，约 1665 年。雕版画。纽约，乌尔苏斯出版社

上《大卫受膏》（*The Anointing of David*）和《携带着礼物的示巴女王》（*The Queen of Sheba Bearing Gifts*）。在他家乡列日的圣兰伯特（St.-Lambert）这样的天主教堂，他就会画上一幅《圣母升天》。他为一位商人贵族构想了讲述从黄金时代到黑铁时代历史的《人类的四个时代》（*The Four Ages of Mankind*），也为解剖学家比德洛（Bidloo）设计了精美的解剖插图。如果像巴托洛梅乌斯·阿巴（Bartholomeus Abba）那样的有钱客户想让他把自己画成和阿波罗一模一样，他肯定是不会拒绝的。他为阿姆斯特丹剧院绘制了壮观的背景幕，又为市政厅的公民大厅设计了巨大的弦月窗，名字就叫《阿姆斯特丹的伟大》

(*The Greatness of Amsterdam*)。战况紧急，所以用于绘制作品的资金无法到位，但是莱赖斯的一套罗马历史画还是挂在了位于海牙的荷兰省高等上诉法院里。其中包括一幅描绘霍雷修斯 · 科克莱斯(Horatio Cocles*)打败伊特鲁里亚人的画，这幅画就安置在亲王主持审判时的椅子后面，以此表明亲王作为现代荷兰的霍雷修斯的身份是毋庸置疑的。共和国如今陷入战争，因此，莱赖斯对荷兰的价值就犹如夏尔 · 勒布伦（ Charles Le Brun ）对凡尔赛宫太阳王的价值一样，是它的歌颂者；一些法国学者认为，荷兰人只擅长描绘民间生活和静物画，而他的艺术生涯就鲜明地反驳了这样的观点。许多他的崇拜者都认为，他就是阿佩莱斯在荷兰的化身，是鲁本斯甚至拉斐尔的真正继承人（和不小心被冠以此殊荣的某些人完全不同），并且更接近这位古希腊典范：优雅、得体、克制、文质彬彬；不仅熟稔古典作品，也对古典作品保持着极高的热情，维护着它们永恒而不可或缺的崇高感。

过了一段时间，人们开始愉快地把他与普桑甚至是拉斐尔做比较，莱赖斯没有提出反对，也不再假装谦虚。威廉三世称热拉尔为“我的阿佩莱斯”，于是，热拉尔向他尊贵的赞助人赠送了一幅描绘亚历山大和王后罗克珊娜的画作。现在，轮到他像提香一样把手臂搭在石栏上了，就像伦勃朗在约 1640 年的自画像里那样。

可是，1690 年，热拉尔 · 德 · 莱赖斯失明了。黑暗中，艺术家却声称看到了新的事物，比以往更加清晰。他现在看到的，是数学。

他觉得有必要把这一点描绘出来，坚持认为数学、几何、建筑、宇宙的
693 有序调和是所有艺术的基础，并且是艺术必须努力接近的理想。于是盲人莱赖斯决定开始做讲座。他每周在家里讲两次，每周二和周六从晚上 6 点到晚上 8 点。他的三个儿子和两个兄弟担任两组抄写员（因为莱赖斯有很多话要说），一组在写字板上飞快地写，另一组则把写字板上的内容誊写到纸上，以便接下来把写字板擦干净，再次填满智慧的话语。大约十年后，这些笔记足以写成一部大作了。莱赖斯在 1701 年首次出版了作品，作为初学绘图者的

* 一般写作 Horatius Cocles。——编注

手册，然后又在1707年出版了他的代表作，两卷本的《绘画大书》(*Groot schilderboeck*)。有鉴别力的评论家说，他已经从阿佩莱斯变成了荷马，虽然失明，却真正富有远见。

早在失明以前，莱赖斯就对粗俗和高雅艺术之间的区别有自己坚定的看法，认为17世纪大部分时间里荷兰绘画的品质都很糟糕。他特别反感对粗俗题材毫无理由的偏爱和对大自然的盲目崇拜。他在17世纪60年代后期来到阿姆斯特丹，很快就结交了优雅的鉴赏家和能辩的文学家，这群人于1669年成立了一个自称为Nil Volentibus Arduum（“有志者事竟成”）的协会。1676至1682年，他们常常在老区后城墙运河上的莱赖斯家中聚会，那里装饰着古典样式的柱子。[4]他们的志向，就是清除荷兰艺术在形式和内容上的粗鄙。Nil的文化“十字军”一致认为，艺术唯一的目的，就是呈现完美的理想形式，这种形式只有富足且有教养的社会精英以及懂得古典传统永恒真理的人才能欣赏。剧作家安德里斯·佩尔斯的悲剧《狄多之死》(*Dido's Death*)及喜剧《尤尔弗斯》(*Julfus*)都配有莱赖斯的蚀刻版画插图。他明确表示，为了培养共和国年轻的统治精英，当务之急是要把艺术从缺乏尊严的平庸中拯救出来。钢笔和画笔，都是恢复古典传统的盟友，今后必然要共同致力于人格的提升和精进。为了尊严和共和国的整个未来，他们必须把年轻一代从放荡的妓院和赌场中解救出来，因为这是接触低级艺术的必然结果。相反，年轻人要沉浸在高贵的文学和高雅美丽的绘画中，从而根除一切平凡和卑贱之物的坏影响。

荷兰文化遭到如此重度的污染，尤其应归咎于一些艺术家，正如扬·德·比斯霍普在《范例》(*Paradigmata*)一书中（书是献给可敬的市长诗人扬·西克斯的，莱赖斯曾为此书绘制了一幅卷首插图）所说，这些艺术家认为“现实中丑陋的东西在艺术上是令人愉快和值得称赞的。因此，身材畸形、长满皱纹、步履蹒跚的老人比英俊的年轻人更适合入画”，还有人认为“腿上的吊袜带勒痕”可能与艺术对美的追求相一致。[5]为了防止有人还不知道谁是这种种罪恶的最高化身，安德里斯·佩尔斯指名道姓地批评“著名的 694
伦勃朗”是“绘画界的第一大异教徒”。“对艺术来说，真是太可惜了，”佩尔斯接着说，“他有一双巧手，却没用在更好的地方。可是，呵！越是聪颖的人，如果不把自己拴在规则的缰绳上，就会变得越是野蛮。”[6]

学院派宣称伦勃朗是一个恣意挥霍自己天赋的“大下等人”，但与此同时，他们仍然被伦勃朗死后幽灵般的影响力困扰着。他就像一位鬼魂般的客人，不知怎的闯进了优雅的宴席，然后又开始用他奇异的话语、古怪的衣着和对餐桌礼仪几乎可怕的漠视，来粗鲁地吸引别人注意，完全不要面子。然后，他还不肯离开。更糟糕的是，在某些地方，尤其是在国外，他还是享有一定的名气。他们讨厌他故作姿态的自我沉迷，他的情感表现不合礼仪，他的笔触凌乱邋遢，他把清晰的形体溶解进了浑浊的黑暗，他的颜料像一锅粥，他偏好描绘人体最不美观的部分和最肮脏的乡村小屋，他特别钟情于画衰弱的老人，而且他在处理两性话题的作品时总是特别下流。最重要的是，他们憎恨伦勃朗对基本的、历史悠久的构图原则的傲慢和漠视，他不太关心透视法，他错误地认为自己或者任何人都可以凌驾于不朽的、神圣的艺术规则之上。这真是厚颜无耻。“我不否认，”莱赖斯写道，“我曾经对他的风格有一种特殊的偏爱。但那是在我开始意识到绘画万无一失的准则之前。后来我不得不承认错误、拒绝他的艺术，因为他的艺术只是基于虚无缥缈的想象。”[7]

当然，这种古怪的行为在某种意义上确实与他的身世相符（正如传闻所言，他出身平民，他的头发上沾满了磨坊的面粉），尽管他享有上层社会的宠爱和特权，但他始终沉醉于对人性的底层的探索，与社会的败类交往：乞丐、犹太人和演员。至于他个人的坏名声，那些玷污了他仕途生涯的丑闻，最好连提都不要提起。但莱赖斯则确信无疑地认为，正如他在《绘画大书》（这本书的标题必然是有意呼应了卡雷尔 · 凡 · 曼德尔的作品 *，甚至有意取代后者）中所说的那样，对美的理解是以对美德的培养为条件的。为了达到真正的艺术高度，为了在天花板上绘制宏大的历史场景和诗意的构想，以清晰和纯粹的方式呈现颜色和线条，画家本人的人格和技艺必须是无懈可击的。热拉尔 · 德 · 莱赖斯活了很久，经历了目明和失明的岁月，似乎无人能质疑他的

* 即《画家之书》。——编注

正直，更无人想要提及他不便明言的回忆来让他难堪。在许多地方，他个人的节俭和正直家喻户晓。据说他晚餐时只喝一品脱麦芽酒。在其他地方，也会有人说他那疑似感染了梅毒的、哈巴狗似的鼻子是源于纵情狂欢，考虑到 695
1680 年之后他就不再和妻子住在一起了，这种说法也许是有道理的。也许，当他的书在 1707 年出版的时候，当时的威廉亲王已经登基为国王威廉三世并早逝，已经没有一个活着的人还记得莱赖斯第一次来到荷兰共和国的那个季节，当时他的身上并非没有带着污点。

因为曾经有一段时间，热拉尔·德·莱赖斯似乎是最不可能成为下一位荷兰的阿佩莱斯的候选人；那时候，他还是一个身无分文的逃犯。也正是在那个时候，伦勃朗画了他的肖像，尽管莱赖斯后来说，所有胸怀抱负的年轻艺术家都不应该接触伦勃朗，因为他让自己的颜料“像粪便（drek）一样倾泻在画布表面”。[8]

这个热拉尔，是列日几代人里最聪明的人。他的父亲雷尼耶·莱赖斯（Regnier Lairesse）也是一名画家，因其模仿大理石的能力而备受推崇；他的两个兄弟扬（Jan）和亚伯拉罕（Abraham）也从事画家职业。可是，只有热拉尔是天才，他的手艺很好，足以去当贝尔托莱·弗莱马勒（Bertholet Flemalle）的学徒。贝尔托莱·弗莱马勒是当地镇上一位接近国际化的艺术家，他曾在意大利接受教育，在佛罗伦萨和巴黎工作过，广泛接触过文艺复兴盛期和罗马巴洛克时期的大师作品。无疑，弗莱马勒的谈话中充满了对普桑和萨尔瓦多·罗萨这类人的深入了解。当然，他也教导热拉尔要汲取经典著作的精髓，阅读弗朗西斯库斯·尤尼乌斯（Franciscus Junius）的《论古代绘画》（*De Pictura Veterum*），其中收录了所有能想到的希腊罗马绘画方面的权威著作；也许还让他阅读了一些权威的法语著作，这些著作提倡绘画要冷静克制、高雅和谐、运用富有启迪意义的题材。弗莱马勒本人认真汲取了书中真谛，从而得到了奖励：1670 年，他接到委任要去装饰杜伊勒里宫路易十四的会客室（很少使用），并被巴黎皇家绘画与雕刻学院录用。

当然，尽管如此，年轻的莱赖斯还是会把彼得·保罗·鲁本斯作为自己早期的另一位伟大榜样。论及对图像、情感的戏剧性以及绚丽色彩的精准把握，还有谁能与鲁本斯比肩？任何一个生活在离佛兰德不远的亲王主教辖区列日，在鲁本斯去世的那一年（1640 年）出生，有天赋、有抱负的年轻人，都必然会被这位安特卫普大师曾取得的无与伦比的名望、辉煌和财富所折服。莱赖斯想要拓展自己的视野，寻找家乡以外的赞助人圈子，所以他首先来到了科隆。列日的亲王主教巴伐利亚的亨利 · 马克西米利安（Henry Maximilian of Bavaria）碰巧也是那里的选帝侯，而且据说鲁本斯就是在那里出生的。莱赖斯会看到，鲁本斯的《圣彼得殉道》（*Martyrdom of St. Peter*）就放置在圣彼得教堂的高祭坛上。莱赖斯在科隆停留的经历并没有像他和他父亲希望的那样打开赞助的大门，这也许是因为他的绘画风格过于严苛，情感上还不够像
696 鲁本斯。所以，莱赖斯回到列日后花了许多功夫完成的作品中，除了有朴素的古典人物之外，肯定也包含了明显的鲁本斯式狂喜，比如《圣奥古斯丁的施洗》（*The Baptism of St. Augustine*）中，圣奥古斯丁的母亲，即改过自新的醉鬼圣莫妮卡，就正处于一种典型的鲁本斯式狂喜状态。

热拉尔 · 德 · 莱赖斯刚刚二十岁出头，在列日就已经是现象级人物了。1660 年，他成了一名独立的画师；1661 年，他为圣兰伯特大教堂绘制了一幅宏伟的祭坛画；1662 年，他又为德 · 色莱斯（de Selys）市长家的壁炉墙画了一幅《冥界的俄耳甫斯》（*Orpheus in the Underworld*）。他已经上路了。但莱赖斯似乎有一点人格缺陷，这个缺陷让他很难坚定姿态成为艺术的禁欲信徒，或者只为绘画而活。他在列日的同侪艺术家路易 · 阿布里（Louis Abry）曾和他在阿姆斯特丹合住过一段时间，阿布里对他有一句简洁的评价："他很喜欢性爱。（Il aimoit le sex.）"[9] 莱赖斯并不是唯一一位有此名声的年轻画家，但他追求女性，很可能是为了战胜先天梅毒给他面部造成的缺陷，这多少有些自相矛盾。于是，年轻的热拉尔在床上发现，他作为"列日的普桑"的巨大名声就是最好的化妆品，能够掩饰他猪一样的鼻子和脆弱的小下巴，这让他感到莫名高兴。所以，莱赖斯长时间和女人在一起。有过一位年龄不确定的波兰情妇。还有过一对名叫玛丽 · 弗朗索瓦（Marie François）和卡特琳 · 弗朗索瓦（Catherine François）的姐妹，她们来自附近的马斯特里赫特，在莱赖斯住所附近的一家小酒馆住宿和工作，靠给他当模特赚钱。

在 17 世纪，如果地位稳固、前途光明的年轻人答应娶地位绝对低得多的年轻女子，只可能有一个原因——肯定是某次画着画着，模特就跑到床上去了。也许这种事发生了很多次。甚至有可能模特怀孕了。热拉尔确实答应过要娶弗朗索瓦姐妹这两个漂亮姑娘中的一个（不清楚是哪一个），而且还写下了纸质的保证，这是一次代价高昂的错误。听了这个消息，他那目瞪口呆的父母立刻提出了另一个人选，是莱赖斯的姐夫和朋友——律师尼古拉斯·德尔布鲁克（Nicolaes Delbrouck）的表亲，名叫玛丽·萨尔默（Marie Salme）。她似乎也极为貌美。热拉尔·德·莱赖斯带着一副初生牛犊不怕虎的神气，欣然答应了。

1664 年 4 月 22 日，一个春日的下午，他意识到这种天不怕地不怕是有报应的。画家刚吃完饭，正要走回姐夫德尔布鲁克家他借宿的房间继续作画。路上，他经过了弗朗索瓦两姐妹工作的小酒馆，看到她们从酒馆出来，显然正要朝他走过来，他的心情可能也不大愉快。他可能甚至加快了一点步伐。即便如此，两人还是追上了他，当着众人的面，坚持要跟他说几句话。显然，他和玛丽·萨尔默订婚的消息已经传到她们那里了。告示都写了，她们怎么可能不知道呢？很快，她们就会让他知道她们对这个消息有多么不满。在其中一个女孩继续大声斥责艺术家不忠的当口，另外一个女孩往后退了两步，然后把匕首刺向他的脖子，干净利落地割破了肌肉，刺入了他的锁骨。鲜血汩汩涌出，莱赖斯设法把剑拔出了剑鞘，却发现姐妹两人全副武装。他朝正 697
攻击自己的那个女孩刺去，她那时正从裙子里拔出另一把刀，然后他又惊讶地发现，自己正与另一个女孩光天化日之下，在列日市中心，展开一场剑对剑的殊死决斗。女孩持剑坚持了一阵子，但毕竟年轻绅士才是上过击剑课的人。不过，莱赖斯狠狠捅了她两刀她才停手，一刀刺在她胸口下面，另一刀刺进了公证证词描述为“她的耻部”的地方，然后她被拖走了，毫无疑问，她当时肯定在大街上尖叫着，血流如注。莱赖斯本人也需要紧急治疗，他的姐夫和未婚妻玛丽·萨尔默将他带到了一位药剂师那里，药剂师止住了血，救了画家的命。

对莱赖斯的逮捕令已经发出。两天后，他康复了，向他的姐夫出具了一份声明，称自己的行为只是出于防卫。事实或许如此，但莱赖斯毕竟捅了妇女的胸部和阴部，也不能指望自己会受到法律的仁慈对待了，因此绝不能让人知道他的下落。于是，玛丽·萨尔默把他藏在了一座多明我会修道院里，以寻求庇护。4 月 28 日，袭击后的第六天，热拉尔和玛丽一同离开了列日，他们在城市的一个郊区迅速获得了教士的庇佑。那位牧师没有提出难以回答的问题，但他为自己的服务收取了金币并为他们的结合祈了福。

他们越过了列日亲王主教的领土边界，首先前往亚琛，然后向西北前往乌得勒支。热拉尔和玛丽·萨尔默在那里找到了住处，丈夫试以绘画谋生，也许还是像他在列日时那样，接受雇佣去装饰市民的房子。有关这次流亡，大部分故事细节的记录都没有一个成功的结局。莱赖斯完全不会荷兰语，在荷兰也没有什么名声，有段时间，他无奈只得把自己的画挂在门外来招揽生意。

有一则传言，说后来有一天，一个叫霍夫特的阿姆斯特丹人看到了门外的画，于是把它带回了阿姆斯特丹，拿给亨德里克的儿子赫里特·凡·优伦堡看。凡·优伦堡有了自己的公司，一直在寻找新的有才画家，最好是从未被人发现过的。莱赖斯被叫到了阿姆斯特丹，凡·优伦堡让他展示自己的能力。一张空白的画布放在画架上。"好，"凡·优伦堡说，"给我画一幅基督诞生图。"莱赖斯一动不动地站在画布前，默不作声地思考着，然后拿出一把小提琴，弹奏了几首曲子才开始下笔作画，让在场的人大吃一惊。莱赖斯只是勾画出了圣母、约瑟和一头荷兰母牛的模样，凡·优伦堡就立马确信，自己的公司里又多了一位画家（而且还是位音乐家）。

至少传言是这么说的。无论如何，莱赖斯确实从凡·优伦堡那里得到了一些工作，而且画商把这个神秘且长相奇怪（长着怪鼻子、眼睛又大又湿）的家伙，介绍给了他在城里广大的朋友和画家圈子，里面无论老少都认识了
698 他。其中一个，便是闻名遐迩却又臭名昭著、广为人知却又无人问津、备受尊敬却又遭到蔑视、诸人景仰却又视如敝屣的伦勃朗。

就这样，在阿姆斯特丹的一间屋子里，二人面对面站在了一起：一个画家描绘的是不体面的真相，另一个画家描绘的是矫揉的优雅；一个是可怕的老鞑靼人，另一个是灰头土脸的小突厥人。假设情况正好相反，假设是莱赖

斯画了伦勃朗的肖像，那么他会把伦勃朗身体上无数的缺陷掩盖掉吗？毕竟他后来写道，这是负责任的肖像画家的职责。[10] 他会不会把那张粗短、易怒、腐坏的老脸转化成古代哲人饱经风霜的面孔，更像是先知而不是罪人，转化成保罗、奥古斯丁、荷马或者德谟克利特？但既然莱赖斯才是被仔细端详的对象，那么在 1665 年的那一天，他的情绪一定是七上八下。伦勃朗想要画 699
他，他理应感到高兴，可他又感到忧心忡忡，因为伦勃朗多半会把他画成一副怪模样，甚至更糟，画成一副既惹人同情又招人嘲笑的模样。

莱赖斯认为艺术的使命是美化平凡之物，使其变得高尚，这一信念的形成在很大程度上是因为他意识到自己的丑陋并为此感到痛苦，而且在他后来的《绘画大书》中表露无遗。书中他就肖像画家有责任掩盖任何外貌缺陷表达了自己的看法。对于驼背或斜视的不幸者，“大自然本身不可能对这种人的外貌感觉到愉悦……一个有斜视的人在镜子里看到自己的这种缺陷，也必然会感到痛苦和不快。它总是会引起内心的折磨，特别是如果一位女性本来美丽无瑕、体态匀称，却偏偏有这个缺陷……所以，这样一幅画（展示这样的东西）是多么令人厌恶啊”。无论坐着还是站着，说话还是沉默，我们都想展示自己最好的一面，这是完全自然的，所以“我们如果眼睛酸痛，就会把帽子拉低遮住脸……我们如果脸颊上长了疹子或疖子，就会用膏药把它盖住；我们如果有丑陋的牙齿，就会把嘴巴一直闭着”。[11] 莱赖斯暗示说，画家若是揭露这样的丑陋，而不去掩饰它，那就是一种假惺惺的坦诚，是一种难以启齿的残忍行径。

可是毫无疑问，伦勃朗只需看一眼莱赖斯，就会凭他对人性弱点的敏锐把握，马上注意到这位后起之秀表面的自大、自信背后，隐藏着紧张不安的自我意识。正是这种外在与内在之间的不和谐，燃起了伦勃朗对描绘对象的热情，使得伦勃朗对他产生同理心，把他看作一件受伤者的活体标本。因此，这幅画是伦勃朗后期所有肖像画中最动人的一幅，画中既没有任何修饰和遮掩，也丝毫没有把莱赖斯描绘得怪诞。相反，伦勃朗以自由流畅的笔触描绘了一位年轻人，他的文学抱负（从他手里拿的报纸可以看出）和社交举止（从他把手伸入外套的动作可以看出）已经超越了他的成就；这个

伦勃朗，《热拉尔·德·莱赖斯肖像》，1665 年。布面油画，112.4 厘米 ×87.6 厘米。纽约，大都会艺术博物馆

男人的衣服上有着金色的装饰和华丽的花边，而他还需要长得更大一些，才能撑得起这套行头；他的小脸在帽子和领子之间显得不那么合适；他那双聪明的黑色大眼睛，眼圈特别明显，瞳孔张得非常大，可以看出莱赖斯的视力可能有问题。

就瑕疵而言，这些不完美之处都是可以原谅的。无论如何，对伦勃朗来说，不完美是人类的常态。这就是为什么几个世纪以来，他的艺术受众总是那些认为艺术并不是应当只追求理想形式的人；无数受过伤害的人类，都会本能地、满怀感激地意识到伦勃朗对我们这个堕落的种族的看法——他把人类所有的缺陷和弱点都清晰地彰显了出来，不仅作为合适的描绘对象，更是作为值得上帝的爱和恩典拯救的对象。

3. 伦勃朗之眼

他的双眼紧闭着，正是一个在圣十字教堂接受浸礼的婴儿应有的样子。 700
那里有着高耸的尖塔，装饰着小天使。

那是公元 1673 年 12 月 6 日，圣尼古拉斯节（Sinterklaas Day）。孩子们在街上蹦蹦跳跳，手里拿着布娃娃，放着风筝，嘴里嚼着用豆蔻和肉桂调味的蛋糕。若是一阵思乡之苦袭来，你可能会半闭眼睛，想象自己身处老巴达维亚，而不是在新巴达维亚*。这里毕竟有两条 30 英尺宽、绿树成荫的运河，旁边矗立着许多有阶梯式山墙的房子，人行道上砌着玫瑰色的地砖；有一家货源充足的鱼市；有一座漂亮的市政厅，市议员在那里每周开会三次，讨论公共治安问题；还有一处布满岛屿的海湾，岛屿能很好地分散潮汐的力量，所以船几乎都可以静静地停泊在港口，不用放下船锚。除此之外，还有一条绳子小巷，一座布料大楼，一座用作屠宰和肉料交易的鲜肉大楼。[12] 为了使镇上的管理更加基督教化，镇上还建了一所孤儿院、一所医院、一所拉丁语学

* 这里的新巴达维亚指今印度尼西亚首都雅加达。雅加达在 1619 至 1942 年称巴达维亚。——编注

校，甚至还有一所纺锤房。纺锤房的百叶窗紧闭着，妓女和喝醉了的女人会被送到那里，接受敬虔的再教育。

如果睁大眼睛，你就会注意到这两条运河名字叫作“老虎运河”（Tygers-Gracht）和“犀牛运河”（Rinoceros-Gracht），运河旁边的树是棕榈树，俯瞰港口的堡垒有些名字叫作“阿姆斯特丹”“鹿特丹”“代尔夫特”或者“奥兰治”，还有一些叫作“钻石”“珍珠”或者“蓝宝石”。倘若是在家乡，这样的名字肯定会引起许多人的惊讶和不满。运河沿岸的土壤肥沃而潮湿，可以种出优质的荷兰卷心菜、欧芹、水田芥、芦笋和小萝卜，而且都长得非常高大。而这里的豆子是蓝色的，酸模是黄色的，甜菜是白色的。到处种着各式各样的水果，刚开始的时候，人们只是把这些水果叫作“苹果”或者“梨”，后来才开始用“詹布斯”（Tjamboes）、“达普达普”（Dap-Dap）、“塔卡塔克”（Takkatak）和“福基福基”（Fokky-Fokky）这样的专有名词来称呼。人们需要吞下许多从荷兰运来的能平和欲望的产品，才能抵挡住诱惑，不去大吃榴梿这样的水果。榴梿如果食用适度，是健康又美味的，但如果吃得太多，很可能会使血液沸腾，脸上长出一堆丘疹。东印度公司确实带来了黄油和熏肉，并且找尽可能阴暗凉爽的地方存放，但在潮湿、空气不流通的热带，还是很快就会变质。和家里一样，这个地方的主要食物是鱼，鱼的数量多得惊人。但这里的渔妇大多是中国人，这里的人喜欢吃的品种是鲈鱼、光头鱼、银汉鱼、海胆、蝠鲼、海豚、海鲇、蟾鱼、虹鳟、杜父鱼、鮈鱼和鲫鱼。这里的螃蟹呈紫白相间的颜色，龙虾呈蓝色，贻贝则呈棕色。

所以这里不是家，离家太远了。但科尔内利娅·凡·莱因就和所有荷兰
701 来的家庭主妇一样，一定是用尽了浑身解数，竭力给自己、丈夫科内利斯和还是婴儿的儿子营造出家一样的环境。什么都说过了，都做过了，她还能有什么选择呢？在父亲死后不到几个星期，她同父异母的哥哥提图斯的妻子玛格达莱娜·凡·洛就跟着进到西教堂的坟墓去了。然后，玛格达莱娜的母亲安娜·海布勒赫茨也走了，仿佛所有的亲人都被烙上了某种印记。说实话，在死亡的恐惧中，日渐减少的幸存者之间几乎不剩下多少同情心了，因为所有人都在挣扎着保留自己那份剩余的财产。小孤儿蒂蒂亚由她的犹太监护人拜

勒特照管着，而科尔内利娅的监护人克里斯蒂安·杜萨特也对科尔内利娅无微不至。他设法让她保住了亨德里克耶留给她的那份遗产，并且凭着这笔钱为她找到了一个丈夫，可以使她不致孤身一人在这茫茫的世界上漂泊。

1670 年，她才十六岁，就嫁给了画家科内利斯·凡·塞特霍夫（Cornelis van Suythof）。不久，他们乘船去了巴达维亚，东印度公司的人向他们发誓称，只要努力工作，只要上帝保佑他们身体健康，能在发烧和传染病中幸存下来，他们就能在那儿赚上一小笔钱。

可是在巴达维亚，画家只有那么一点工作可以做；只有堡垒和工厂里的几个绅士会想要肖像和风景画，好装饰一下他们位于运河上游的避暑别墅。所以，塞特霍夫和殖民地的大多数手工艺人一样，需要做别的工作才能维持家庭生计，让家人穿上干净的衣服。他成了一名狱卒。“工匠之家”（The Artisans' House）是他们住的地方。这里有许多银匠、锡匠、玻璃匠、陶工和泥瓦匠，也是一个关押犯了特别恶劣罪行的亡命之徒的监狱。这些用铁链锁住的囚犯被逼着做工。所以，塞特霍夫在不画招牌，不迎合商人和东印度公司部队军官的虚荣时，就在监视这些人。其中有印度水手，有马来海盗，有裸着身子、只围一条腰布的帝汶人（他用檀香木制成的剑刺穿了某个毫无防备的人的身体），有留着大胡子的安汶人，还有一些品行最恶劣的欧洲人，关押在另外一边。

两年后，科尔内利娅又生了一个孩子，名叫亨德里克。好长一段时间里，她和丈夫都没有染上黄热病和瘟热，在血流成河的巴达维亚存活了下来。

让我们想象一下，在 12 月的那天，科尔内利娅在“工匠之家”一间阴凉的屋子里摇着她那裹着襁褓的大儿子，摇篮上罩着一层细细的纱布，以保护他不受蚊子、苍蝇、斑蝥以及可怕的蝎子叮咬，它们就潜伏在沉甸甸的柜子背后；同时也是为了挡住土著可能召唤来的各式恶魔，以免他那小小的灵魂受到攻击。或者，当傍晚的凉意渐浓，我们可以跟着她来到总督城堡附近的花园里，远远地看着她坐在宽阔多结的罗望子树下，把金香木花浓郁的香气吸进鼻子里，听着凤头鹦鹉和牛蛙不协调的合唱，看着第一批飞鼠在暮色中
扑来。当科尔内利娅看到一个路过的安汶士兵的丝绸腰带里别着一把致命的 702

波状刃短剑，或者听到墙外远处传来大象的嘶鸣时，她可能会想，在这珊瑚色的天空下，一定有什么东西可以让有进取精神的艺术家有所作为。

她望着她的孩子。他的眼睛仍然闭着，白得透明的眼睑上细嫩的血管清晰可见，眼睑在睡梦中不时地颤动着，仿佛他在默默地、认真地自言自语，在问自己为什么被取了“伦勃朗”这样一个奇特的名字。

作者的话

是伦勃朗真迹吗?

《伦勃朗的眼睛》讲述的是画家通往自己独特风格的漫长旅程。这本书的 703
一个前提就是，只有伦勃朗才能完成像《扬·西克斯肖像》和《雅各为约瑟的儿子祈福》那样复杂精湛的作品。在我看来，这些画作展示了伦勃朗不同于同时代人和他的学生的独创性和创作才能。然而，就在不久以前，有数百幅“伦勃朗风格”的绘画作品被说成是伦勃朗的真迹。但由于伦勃朗研究项目秉持非常严格的标准，这些作品被排除在了《伦勃朗绘画资料汇编》之外。这体现了严格标准得到具体实施的成功。现在只要看一看这些海量的绘画作品，就会惊讶于其中一些竟然曾经真的被当作是伦勃朗的作品，因为它们似乎仅仅因为表面看起来采用了粗糙宽泛的笔法，并有着极端的明暗对比，就被想当然地判定了归属。

我在《纽约客》(*The New Yorker*)和《泰晤士报文学副刊》(*Times Literary Supplement*)上都写过关于这些问题的文章，却有意没在这本书里写下太多关于复杂的真伪鉴别的内容。尤其是，无论我是否声称写了一本关于伦勃朗的生活和作品的权威著作，这种权威也绝不是来自鉴赏家的身份，而是来自作为一个真正投入的观者的细致关注。然而，我如果经过了十多年对伦勃朗的思考、写作和讨论，却不承认自己对绘者身份的某些看法，那也是

不真诚的，更何况，在我的观察方式中，绘者的能动性仍然是一个非常重要的概念。因此，我对于哪些画为真品的看法，读者可以借由书中我选择讨论和阐述的画作去推断。对于《波兰骑士》这幅画，我从没有过任何怀疑，伦勃朗研究项目的成员否定这幅画为真迹时，我就公开发表过自己的观点。

这个项目的重要著作《伦勃朗绘画资料汇编》前三卷中标明了做出判断的分类标准。即便我对于这些标准抱有保留意见，但就像这一领域的所有同僚一样，我对项目工作人员的辛勤劳动表示极大的感谢，尤其是他们对伦勃朗画作做出的技术和材料分析。项目承诺在《伦勃朗绘画资料汇编》后续卷册中将提供新的阐释风格，使其更加明确、坦率，我对此有很高的期待。

尽管如此，我偶尔还是会觉得该书中下的一些判断太过仓促，而博物馆的策划人们又十分轻易地遵循了这些判断，这让我觉得十分困惑。例如，藏于毛里茨之家的作于 1629 年的《戴护喉的自画像》，一幅无疑极为美丽动人的作品，近期被认为是藏于纽伦堡的真迹（见第 006 页）的复制品，理由是这幅藏于海牙的画作的基底草图与伦勃朗的习惯做法不符。那草图确实不符合伦勃朗的习惯，但不符合习惯，并不能说明就不是真迹。假设海牙的这幅画确实是学生作品，那么究竟是哪个天才在 1629 年就有能力完成如此惊人的作品呢？十四岁才刚当上学徒的赫拉德·道吗？从他现存的早期作品来看，这是难以置信的。伊萨克·茹德维尔吗？也不太可能。也许不是他的学生，是那个天赋异禀的利文斯？但我们其实有一幅利文斯画的伦勃朗戴着护喉的肖像，看起来一点也不像毛里茨之家的这幅画。那么，关于这幅画的作者，我们只剩下了两个选择：要么是某个未知的学生，他惊人的技艺不知怎的竟然不足以让他免于名不见经传的命运；要么这两幅自画像都是出自伦勃朗之手的真迹，基底草图异于平常，那只是意外罢了。其实，伦勃朗当时的确会为同一幅画画上好几个几乎完全相同的版本，例如，慕尼黑和阿姆斯特丹都收藏有他对着自己面容画的“面部特写”。

也有人说，同一个艺术家不可能画了肖像的“粗糙”版本，又去画一幅“顺滑”版本。但对粗糙和光滑的笔触兼容并蓄，正是伦勃朗年轻时做的事。终其一生，他都会继续这样做下去。

注释

缩写 705

Corpus *A Corpus of Rembrandt Paintings*, vol. 1, 1625-31, ed. Josua Bruyn et al. (The Hague, Boston, and London, 1982)

CR *Correspondance de Rubens et documents épistolaires concernant sa vie et ses oeuvres*, ed. Max Rooses and Charles Ruelens, 6 vols. (Antwerp, 1887-1909)

LPPR *The Letters of Peter Paul Rubens*, trans. and ed. Ruth Saunders Magurn (Evanston, Ill., 1991)

RD *The Rembrandt Documents*, ed. Walter L. Strauss and Marjon van der Meulen with the assistance of S. A. C. Dudok van Heel and P. J. M. de Baar (New York, 1979)

第一章　本质

1 Jacob Smit, *De grootmeester van woord- en snarenspel: Het leven van Constantijn Huygens 1596-1687* (The Hague, 1980), 153.

2 出处同上，155。

3 Lieuwe van Aitzema, *Historie of verhael van staet en oorlogh in, ende omtrent de verenigde Nederlanden* (The Hague, 1666-71), 2:883-84; 另参见 Jonathan Israel, *The Dutch Republic and the Hispanic World* (Oxford, 1982), 177。

4 Smit, *De grootmeester van woord- en snarenspel*, 154.

5 J. J. Poelhekke, *Frederik Hendrik, Prins van Oranje: Een biographisch drieluik* (Zutphen, 1978), 285ff.

6 关于伦勃朗的戏剧感，参见 Svetlana Alpers, *Rembrandt's Enterprise: The Studio and the Market* (Chicago, 1988), 34-57。

7 Eelco Verwijs, ed., *Constantijn Huygens' kostelick mal en voor-bout* (Amsterdam, 1904).

8 从拉丁文翻译为当代荷兰非韵文体的最新版，见 Constantijn Huygens, *Mijn jeugd*, trans. and ed. Chris L. Heesakkers (Amsterdam, 1987)。

9 Henry Peacham, *The Compleat Gentleman: Fashioning Him Absolute in the Most Necessary and Commendable Qualities Concerning Minde or Bodie That May Be Required in a Noble Gentleman*

(London, 1634).

10 I. Bergstrom, "Georg Hoefnagel, le dernier des grands miniaturistes flamands," *L'Oeil* 97 (1963): 2-9; M. L. Hendrix, "Joris Hoefnagel and the *Four Elements*: A Study in Sixteenth-Century Nature Painting," Ph.D. dissertation, Princeton University, 1981.

11 Huygens, *Mijn jeugd*, 71-72.

12 Hendrik Hondius, *Onderwijsinge in de perspecteve conste* (The Hague, 1623); idem, *Korte beschrijvinge ende af-beelding van de generale regelent der fortificatie* (The Hague, 1624). 关于惠更斯的绘画课程，参见 A. R. E. de Heer, "Het tekenonderwijs van Constantijn Huygens en zijn kinderen," in Victor Freijser, ed., *Leven en Leren op Hofwijck* (Delft, 1988), 43-63。

13 Peacham, *The Compleat Gentleman*, 129-30.

14 关于此种素描和绘画的技巧细节，可参见 Edward Norgate, *Miniatura*, or *The Art of Limning*, ed. Martin Hardie (Oxford, 1919)。牛津大学博德利图书馆存有的手稿（Tanner 326）是诺盖特于 1650 年去世后不久誊写出来的副本。最初的版本大约写于 1648 到 1650 年之间。抛开其他不谈，诺盖特是英国伟大的收藏家阿伦德尔伯爵的孩子的绘画导师，并且私底下对鲁本斯和惠更斯的画作非常熟悉。

15 Huygens, *Mijn jeugd*, 73.

16 Peacham, *The Compleat Gentleman*, 109.

17 参见 H. Perry Chapman, *Rembrandt's Self-portraits: A Study in Seventeenth-Century Identity* (Princeton, 1990), 44。

18 关于尼德兰北部百花齐放的绘画盛景的最佳介绍，见 Bob Haak, *The Golden Age: Dutch Painters of the Seventeenth Century*, trans. and ed. Elizabeth Willems-Treeman (New York, 1984), especially 77-161。关于这之前的绘画，见这份杰出的展览目录：*Dawn of the Golden Age: Northern Netherlandish Art*, 1580-1620, ed. Ger Luijten et al. (Amsterdam and Zwolle, 1993)。

19 Huygens, *Mijn jeugd*, 79。

20 出处同上，82。

21 出处同上，84。

22 有关这些画刷的描述（即截至 17 世纪末的情况），可参看 Willem Beurs, *De groote waereld in't kleen geschildert, of Schilderagtig tafereel van 's weerelds schilderyen, kortelijk vervant in ses boeken: verklarende de hooftverwen, haare verscheide mengelingen in oly, en der zelver gebruik* (Amsterdam, 1692), p. 23。

23 有关将绘画当成炼金术的观点，可参看 James Elkins, *What Painting Is* (New York and London, 1998)。

706 24 这是 Ernst van de Wetering, *Rembrandt: The Painter at Work* (Amsterdam, 1997), especially 154-90 中重点详述的主题。

25 关于这幅画的材料史和技术分析，可参见 *Corpus*, 1: A18, 208-13。

26 厄内斯特·凡·德·韦特林在 *Rembrandt: The Painter at Work*, 132-5 中，曾精彩地探讨过调色板的历史。他认为伦勃朗就像他那个时代的其他画家一样，在画一幅画的不同部分时一定用的是不同的调色板；因此，一块调色板是用来画单色区域，比如黑色、灰色，以及诸如棕土色这种大地色调，另一块调色板则用来画更为明亮的高光区，比如胭脂红、朱红色或者深蓝色。但是也有一些艺术家，尤其是伊萨克·克拉松·凡·斯凡嫩伯格（Isaac Claesz. van Swanenburgh），伦勃朗在莱顿的老师的父亲，其自画像表明，他的画板表面混合着亮色和暗色颜料，其中铅白是最常用的一种颜色，通常被放在画板上最接近拇指孔的地方。在《艺术家在他的画室》中，伦勃朗使得这一点变得悬而未定：他让画板的表面朝向一个完全遮蔽的角度，让人无法看清楚画板上的颜料。

27 Huygens, *Mijn jeugd*, 86.

28 在被波士顿美术博物馆收入之前，这幅画在 1925 年的一次私人展览会上展出时，其顶部和底部都更大，使得它更像是一幅垂直布局而非水平展开的画，由此给人留下了这样一个印象：艺术家站立的这间房实际上更高。尽管西摩·斯利夫（Seymour Slive）指出，是伦勃朗本人将这些附加物添加到原初的画板上的，然而附加物部分更为阴暗的颜料使得它更像是在绘画完之后另外涂抹上去的，这是一次不明智的举动，企图让这幅画拥有额外的“宏伟”感，但事实上，这种宏伟感原画中已经具有。有关这幅画的物理学历史，可参见 *Corpus*, 1:212; Seymour Slive, “Rembrandt's *Self-portrait in a Studio*,” *Burlington Magazine* 106 (1964): 483-86。

29 比如，Victor I. Stoichita, *The Self-aware Image: An Insight into Early Modern Meta-painting*, trans. Anne-Marie Glasheen (Cambridge, 1997), 238-40; Mieke Bal, *Reading Rembrandt: Beyond the Word-Image Opposition* (Cambridge, 1991), 247-70。这两部著作都在伦勃朗的这幅木板油画和委拉斯凯兹的《宫娥》之间进行了有趣的类比。但是在后者的画作中，西班牙国王和王后的图像巧妙地放置在后墙上，表明他俩都是我们看到的《宫娥》中的场景的观察者。事实上，这恰恰有悖于伦勃朗的一贯主张：画家应该完全且不加媒介地将自己融入自己的画中。

30 见第 724 页图。

31 此处，我非常赞同 van de Wetering, *Rembrandt: The Painter at Work*, 87-89 中的观点，他引用了 Karel van Mander, *Den grondt der edel vry schilder-const* (Haarlem, 1604), fol. 12, para. 4 中的观点，认为最有才华的画家“常常会将已经被心灵之眼捕捉到的东西，通过手在画板上流畅地画出来”。

32 Jan Emmens, *Remebrandt en de regels van de kunst* (Amsterdam, 1979) 中认为，纵观伦勃朗的画家生涯，他在许多时刻表现出其自身对绘画行业三种不同元素的敏感：先天之才（natura）、训练有素的练习（exercitato），以及创造之才（ingenium）。《艺术家在他的画室》当然可作为他类似的思考的例证，但是埃蒙斯同样相信，在文艺复兴和当时美术理论视野下，伦勃朗对这些原则的关注，使得他总体上顺应了“艺术的法则”，而非任何形式的实验者。但是《艺术家在他的画室》中最令人惊讶的一个方面在于其前无古人的形式，伦勃朗选择以这种形式来展现他对绘画本质的“约定俗成”的理解——这种形式将实践和想象性的创新天衣无缝地结合在一起，这是其他艺术家从未期望过的。

33 见第 708 页和第 734 页图。

34 研究者在论述这一点时，沿袭了柏拉图在《蒂迈欧篇》中讨论艺术天才时的观点，可参见 Martin Kemp, “The Super-Artist as Genius: The Sixteenth-Century View,” in *Genius: The History of an Idea*, ed. P. Murray (Oxford, 1989), 45。肯普教授无私地将这一重要观点介绍给我，为此我感激不尽。也可参见 David Summers, *Michelangelo and the Language of Art* (Princeton, 1981), 171-76; Rudolf Wittkower, “Individualism in Art,” *Journal of the History of Ideas* 22 (1961): 291-302。

35 该观点出自加里·施瓦茨（Gary Schwartz）：*Rembrandt: His Life, His Paintings* (London and New York, 1985), 55。

36 Kemp, “The Super-Artist as Genius,” 38-39; 另参见 Chapman, *Rembrandt's Self-portraits*, 26ff.。

37 Norgate, *Miniatura*, 96. 另参见 van de Wetering, *Rembrandt*, 51。

38 Van Mander, *Grondt*, fol. 25, para. 26. “Tizijn spieghelen des gheests / boden des herten / Die daer

openbaren jonst / en benij den / Stadicheyt / beweghen / fachtmoedt/ verblijven…”

39 Peacham, *The Compleat Gentleman*, 23.

40 出处同上。

41 1998 年 12 月 28 日，美国全国公共广播电台的“万事皆晓”节目报道了在佛罗里达州南部迈阿密河口附近的一项被人所忽视的考古发现：一处主要由一系列刻在石头上的圆圈组成的遗址，揭示出迄今未知的史前佛罗里达州文化。（同样的圆圈也出现在澳大利亚北部地区的史前土著遗址中。）在这些圆圈中，有一个轮廓显然是绘制人眼必需的基本形状。

42 Giorgio Vasari, *La vita di Michelangelo nelle redazione del 1550 e del 1558*, ed. Paola Barocchi (Milan and Naples, 1962), 1:117-18; 另参见 Kemp, “The Super-Artist as Genius,” 46。

43 *RD*, 1628/1, 61.

44 引自 Kemp, “The Super-Artist as Genius”；另参见 W. M. Conway, ed., *Literary Remains of Albrecht Dürer* (Cambridge, 1889), 244。

45 Pliny, *Natural History*, trans. H. Rackham (Cambridge, Mass., and London, 1952), 35:36:82-85, p. 323. 感谢戴维 · 弗里德伯格，1996 年我和他在哥伦比亚大学开设伦勃朗研讨课期间，他指出了上述这一可能性。

46 Giorgio Tonelli, “Genius from the Renaissance to 1770,” in *Dictionary of the History of Ideas*, ed. P. P. Wiener (New York, 1973), 293-96.

47 Jan Emmens, “Rembrandt als genie,” reprinted in *Kunst Historische Opstellen* (Amsterdam, 1981), 1:123-28.

48 这则令人惊奇的故事可参见 Kees Bruin, *De echte Rembrandt: Verering van eeen genie in de twintigste eeuw* (The Hague, 1995), 65-86。

49 奇怪的是，关于这一层关系的论述少之又少，可参见 Horst Gerson, “Rembrandt and the Flemish Baroque: His Dialogue with Rubens,” *Delta* 12 (Summer 1969): 7-23; J. G. van Gelder, “Rubens in Holland in de zeventiende eeuw,” *Nederlands Kunsthistorisch Jaarboek* 3 (1950-51): 103-50。

50 Karel van Mander, *The Lives of the Illustrious Netherlandish and German Painters from the First Edition of “The Schilder-boeck”* (1603-4), ed. H. Miedema, trans. Michael Hoyle, J. Pennial-Boer, and Charles Ford, 4 vols. (Doornspijk, 1994), 1:180-1.

707 51 *RD*, 1633/1, 97; 另参见 Schwartz, *Rembrandt*, 97。

52 关于海牙的宫廷生活，参见 Marika Keblusek and Jori Zijlmans, eds., *Princely Display: The Court of Frederik Hendrik and Amalia van Solms* (Zwolle, 1997)。

53 参见 *Dawn of the Golden Age, Northern Netherlandish Art*, 1580-1620, ed. Ger Luiten et al. (Amsterdam and Zwolle, 1993), 307 中的生平注释。

54 关于洪特霍斯特，参见 J. Richard Judson, *Gerrit van Honthorst: A Discussion of His Position in Dutch Art* (The Hague, 1959)。

55 Smit, *De grootmeester van woord- en snarenspel*, 167.

56 关于鲁本斯那幅画作的详细讨论，参见本书第 203 至 209 页；关于伦勃朗的回应之作，参见本书第 371 至 373 页。

57 此处参考自 Chapman, *Rembrandt’s Self-portraits*, 59-61 中的精彩讨论。

第二章　扬与玛利亚

1 “*... de dire qui fut le premier il fault bien presumer, que je n'auroie jamais eu la hardiesse d'approacher si j'eusse eu crainte d'estre refuse.*”引自 R. C. Bakhuizen van den Brink, “Het huwelijk van Willem van Oranje met Anna van Saxen,” in *Historisch-Kritisch Onderzocht* (Amsterdam, 1853), 136。

2 关于扬 · 鲁本斯早年的受教育经历，参见 *CR*, 1:17。

3 有关这场婚事以及安娜对威廉“求爱”的回应，参见 Bakhuizen van den Brink, “Huwelijk,” 59。

4 C. V. Wedgwood, *William the Silent* (London, 1967), 51.

5 Ellen Scheuner, *Die Wirtschaftspolitik der Nassauer-Siegerland vom 16. bis 18. Jahrhundert* (Münster, 1926), 19-20.

6 有关尼德兰独立战争，参见 G. Parker, *The Dutch Revolt* (London, 1977); Jonathan Israel, *The Dutch Republic: Its Rise, Greatness and Fall*, 1477-1806 (Oxford and New York, 1995), 129-78; P. Geyl, *The Revolt of the Netherlands*, 1555-1609, rev. ed. (London, 1966)。有关尼德兰独立战争的宗教相关内容，参见 A. Duke, *Reformation and Revolt in the Low Countries* (London, 1990)。

7 Phyllis Mack Crew, *Calvinist Preaching and Iconoclasm in the Netherlands*, 1544-1569 (London and New York, 1978), 12.

8 Max Rooses, *Rubens*, trans. Harold Child (Philadelphia and London, 1904).

9 Mack Crew, *Calvinist Preaching and Iconoclasm*, 159.

10 有关圣像破坏运动，参见 David Freedberg, *Iconoclasm and Painting in the Revolt of the Netherlands*, 1566-1609 (New York, 1987); also idem, “Art and Iconoclasm, 1525-1580: The Case of the Netherlands,” in *Kunst voor de beeldenstorm: Noordnederlandse kunst*, 1525-1580, ed. Th. Kloek et al. (Amsterdam, 1986), 39-84; idem, *The Power of Images: Studies in the History and Theory of Response* (Chicago, 1989), 385-86。

11 有关安特卫普圣母大教堂的圣母像，参见 Stefaan Grieten and Joke Bungeneers, eds., *De Onze-Lieve-Vrouwekathedraal van Antwerpen, vol. 3 of Inventaris van het kunstpatrimonium van de provincie Antwerpen* (Antwerp, 1995), 452ff.。

12 出处同上，363。

13 Mack Crew, *Calvinist Preaching and Iconoclasm*, 17.

14 Israel, *The Dutch Republic*, 157-58.

15 Geyl, *The Revolt of the Netherlands*, 102-3.

16 引于 Peter Sutton, “The Spanish Netherlands in the Age of Rubens,” in *The Age of Rubens* (Boston, 1993-94), 122。

17 Rooses, *Rubens*, 4.

18 出处同上，5。

19 Bakhuizen van den Brink, “Huwelijk,” 59.

20 他们的来往信件，以及威廉向兄弟和姻亲抱怨安娜的信件，可参见 G. Groen van Prinsterer, *Archives, ou Correspondance inédite de la maison d'Orange-Nassau*, 1st ser. (Leiden, 1835-1847), 3:327-96。

21 出处同上，327-31。

22 出处同上，372。

23 玛利亚 · 鲁本斯的生平故事，参见 W. Francken, *De moeder van Pieter Paulus Rubens* (Rotterdam, 1877), passim。

24 这批信件出处同上，15-21；另见 Bakhuizen van den Brink, "Huwelijk," 163-66。信件的英文译文系作者自译。

25 Francken, *De moeder van Pieter Paulus Rubens*, 24.

26 Groen van Prinsterer, *Archives*, 3:393.

27 出处同上，391。

28 Francken, *De moeder van Pieter Paulus Rubens*, 32; 另参见 R. C. Bakhuizen van den Brink, *Les Rubens à Siegen* (The Hague, 1861), 4-5。

29 Bakhuizen van den Brink, *Les Rubens à Siegen*, 6.

30 出处同上，xili, 12。

31 Francken, *De moeder van Pieter Paulus Rubens*, 50.

第三章　彼得罗 · 保罗

1 尼德兰圣徒崇拜相关内容，参见 John B. Knipping, *Iconography of the Counter-Reformation in the Netherlands: Heaven on Earth* (Nieuwkoop and Leiden, 1974), 2:287ff.；及 David Freedberg, "The Representation of Martyrdoms During the Early Counter-Reformation in Antwerp," *Burlington Magazine* 118 (March 1976): 128-33。

2 可参见杰罗姆 · 威尔瑞克斯以圣伯纳德生平为主题制作的版画，出处同上，169。

3 L. Voet, *Antwerp: The Golden Age* (Antwerp, 1973), 202-3.

4 参见 J. Briels, *Du Zuidnederlandse immigratie*, 1572-1630 (Haarlem, 1978), 12。

5 出处同上，43-44。

6 Joachim von Sandrart, *L'academia todesca della architectura, scultura, ed pittura, oder, Teutsche Academie*, 2 vols. (Nuremberg, 1675-80).

7 Fritz Lugt, "Rubens and Stimmer," *Art Quarterly* 6 (1943): 99-114.

8 Karel van Mander, *The Lives of the Illustrious Netherlandish and German Painters*, 1:226-7.

9 有关多米尼克斯 · 兰普森尼厄斯的作品和影响，参见 Walter S. Melion, *Shaping the Netherlandish Canon: Karel van Mander's "Schilder-boeck"* (Chicago and London, 1991), 143-72。

10 Francesco de Hollanda, *Four Dialogues on Paintings*, trans. A. F. G. Bell (Oxford and London, 1928), 16.

11 有关 17 世纪欧洲画室学徒制度的这一特点及有关鲁本斯在前意大利时期作品的其他问题，参见 Julius S. Held, "Thoughts on Rubens's Beginnings," *Ringling Museum of Art Journal* (1983): 14-27；另参见 F. M. Haberditzl, "Die Lehrer der Rubens," *Jahrbuch der Kunsthistorischen der Allerhöchsten Kaiserhausen* 27 (Vienna), no. 5 (1908): 161-235。

12 Melion, *Shaping the Netherlandish Canon*, 153-56.

13 有关 17 世纪初的曼托瓦，参见展览目录 *Splendours of the Gonzaga*, Victoria and Albert Museum (London, 1981)。

708 14 有关鲁本斯与古迹的关系，参见 Marjon van der Meulen, *Rubens: Copies after the Antique*, 3 vols. (Antwerp and London, 1994)。

15 引自 David Chambers and Jane Martineau, eds., *Splendours of the Gonzaga* (London, 1981), 80。

16 出处同上，214。

17 有关这些仿制作品对于鲁本斯后期作品的重要性，参见 Michael Jaffé, *Rubens and Italy* (Oxford, 1977)。

18 参见 Wolfram Prinz, "*The Four Philosophers* by Rubens and the Pseudo-Seneca in Seventeenth-Century Painting," *Art Bulletin* 55 (1973): 410-28。

19 *CR*, 1:5-7.

20 出处同上，62。

21 出处同上，7。

22 Francis Huemer, *Rubens and the Roman Circle* (New York and London, 1996). 以下关于菲利普 · 鲁本斯在意大利逗留的内容，很多都要归功于胡埃默博士的研究。

23 出处同上，7。

24 出处同上，8。

25 *CR*, 1:99.

26 1603 年 3 月 29 日，*LPPR*, 27。

27 *CR*, 1:363.

28 *LPPR*, 30.

29 出处同上，33。

30 有关这种传统及其在鲁本斯绘画中的运用，可参见 Martin Warnke, *Kommentare zu Rubens* (Berlin, 1965), 3-8。马丁 · 沃恩克（Martin Warnke）的观点总体上依旧是适用的，尽管他错误地认为这两幅画作（都是关于赫拉克利特和德谟克利特的）是鲁本斯于 1603 年创作的。迈克尔·雅费（Michael Jaffé）是第一个正确鉴定出这幅画的人，它如今在威尔士的一位私人藏家手中。

31 1603 年 7 月 17 日，*LPPR*, 35。

32 *CR*, 1:175.

33 出处同上，36。

34 参 见 Walter Liedtke, *The Royal Horse and Rider: Painting, Sculpture, and Horsemanship*, 1500-1800 (New York, 1989)。

35 *LPPR*, 38.

36 张嘴的海怪是佛兰德海景画中的典型形象；鲁本斯很有可能知道《海上风暴》（*The Sea Storm*）这幅画（现藏于维也纳艺术史博物馆），这幅画在很长一段时间里都被认为是老彼得·勃鲁盖尔画的，现在被证实是约斯 · 德 · 蒙佩尔的作品。不过，相似的生物经常出现在马滕 · 德 · 福斯和威尔瑞克斯兄弟当时根据《约拿书》创作的佛兰德版画作品里。

37 出自 Jaffé, *Rubens and Italy*, 70。

38 这幅画有两个版本：一个版本藏于纽黑文的耶鲁大学美术馆，通常被认为是伦勃朗买下的原版；另一个版本画幅稍微大一些，藏于德累斯顿，现在认为是鲁本斯画室所出。有关出处和文献，可参考 Peter Sutton, *The Age of Rubens* (Boston, 1993-94), 225-27 的图录条目。

39 1990 年（3 月 18 日），伦勃朗这幅杰作在波士顿的伊莎贝拉 · 斯图尔特 · 加德纳博物馆中失窃，一同失窃的还有伦勃朗的一幅双人肖像画和伟大的维米尔的《音乐会》（*The Concert*），以及一些其他作品。截至本书写作之时，失窃的画作仍未追回。

40 由于埃涅阿斯并没有明显地出现在这幅画中，所以并不是所有专家都同意这幅画中的场景是出自《埃涅阿斯纪》。有一种观点认为，它表现的只是一场“单纯”的海难，有关这个观点，可参见

Lisa Vergara, *Rubens and the Poetics of Landscape* (New Haven and London, 1982), 33-43。

41 Roger de Piles, *Abregé de la vie des peintres... et un traité du peintre parfait...* (Paris, 1699). 也可参见 Huemer, *Rubens and the Roman Circle*, 66-67; Vergara, *Rubens and the Poetics of Landscape*, 33-43; Lawrence Otto Goedde, *Tempest and Shipwreck in Dutch and Flemish Art* (University Park, Pa., 1989), 82-83。

42 参见 Vergara, *Rubens and the Poetics of Landscape*, 39。施普兰格尔的这幅画现藏于美国俄亥俄州代顿市。

43 *CR*, 1:239.

44 出处同上，232-33。

45 出处同上，67。

46 Huemer, *Rubens and the Roman Circle*, 41-42.

47 出处同上，51-52。

48 有关树作为活十字架的传统，可以参见 Simon Schama, *Landscape and Memory* (New York, 1995), 214-26。

49 "La casa di Pietro Paolo Rubens a Roma," *L'Opinione* 245 (September 6, 1887). 也可参见重要的文章 Giuseppe Gabrieli, "Ricordi romani di P. P. Rubens," *Bolletino d'Arte del Ministero della Pubblica Istruzione* 1 (Milan and Rome) (July 1927): 596ff.。

50 *LPPR*, 54.

51 Huemer, *Rubens and the Roman Circle*, 44.

52 Van der Meulen, *Rubens*, 96-112.

53 鲁本斯致基耶皮奥的信，1606 年 12 月 2 日，*LPPR*, 39。

54 有关新堂这项任务，有大量文献。关于第一幅"小样"，可参见 Hans G. Evers, *Rubens und sein Werk: Neue Forschungen* (Brussels, 1943), 112-16; Michael Jaffé, "Peter Paul Rubens and the Oratorian Fathers," *Proporzioni* 4 (1963): 209-14; Julius S. Held, *Selected Drawings of Rubens* (London, 1959), 128; Justus Müller-Hofstede, "Rubens's First Bozzetto for S. Maria in Valicella," *Burlington Magazine* 106 (1964): 445; Sutton, *The Age of Rubens*, 228-31。

55 David Hugh Farmer, *Oxford Dictionary of Saints* (Oxford, 1992), 352.

56 鲁本斯致基耶皮奥的信，1608 年 2 月 2 日，*LPPR*, 42。

57 我的这一观点得益于 Huemer, *Rubens and the Roman Circle*, 229ff. 中诗意的文字论述："鲁本斯意大利时期绘画的三个色彩阶段……"。

58 鲁本斯致基耶皮奥的信，1608 年 2 月 2 日，*LPPR*, 42。

59 参见 P. Génard, *P. P. Rubens: Aantekeningen over den grooten meester en zijne bloedverwanten* (Antwerp, 1877), 371-76；及 Held, "Thoughts on Rubens' Beginnings," 17。

第四章 安特卫普的阿佩莱斯

1 *CR*, 2:20-24.

2 Jonathan Israel, *The Dutch Republic: Its Rise, Greatness and Fall, 1477-1806* (Oxford and New York, 1995), 400ff.

3 由于 1621 年战争再度爆发，这条运河一直也没有修建，但是它引起了所有安特卫普贵族的强烈兴趣，其中就包括鲁本斯。

4 *LPPR*, 52.

5 出处同上。

6 *CR*, 2:7.

7 鲁本斯致费伯的信，1611 年 1 月 14 日，*LPPR*, 53-54。

8 Roger de Piles, *Conversations sur la connaissance de la peinture* (Paris, 1677), 213-15; 另参见 Christopher White, *Peter Paul Rubens: Man and Artist* (New Haven, 1987)。

9 这幅画现收藏于伦敦的英国国家美术馆，一直备受争议，因为埃及文物学家尤弗罗西尼·佐克西亚季斯（Euphrosyne Doxiadis）声称这是一幅复制品，而不是挂在罗科克斯家壁炉上方的原作，这主要基于她从笔触上看到了不同之处。其他批评家，比如克里斯托弗·赖特（Christopher 709
Wright），则认为这幅画的庸俗性令人怀疑。但他用“粗俗”来定义品位的好坏，对鲁本斯是毫无意义的，而且所谓令人反感的细节——比如，参孙的躯干——显然是原作中的元素，这些都可以在小弗兰斯·弗兰肯（Frans Francken the Younger）为罗科克斯家内景绘制的艺术室（kunstkamer）画中看到。

10 参见 E. de Jongh, *Portretten van echt en trouw: Huwelijk en gezin in de Nederlandse kunst van de zeventiende eeuw* (Zwolle and Haarlem, 1986), 155-56。

11 关于鲁本斯的职位，参见 Zirka Filipczak, *Picturing Art in Antwerp, 1550-1700* (Princeton, 1987), 99。

12 鲁本斯为朋友老扬·勃鲁盖尔及其家人创作过一幅非常漂亮且有时代感的肖像画，现藏于伦敦考陶尔德美术馆，只需看看这幅画，就可以看到一种更为正统的“市民”服饰，因为扬本人更偏爱老式的襞襟。

13 克拉拉·塞雷娜只活到十二岁，死于 1623 年。

14 鲁本斯致迪皮伊的信，1626 年 7 月 15 日，*LPPR*, 135-36。

15 非常感谢克劳迪娅·斯旺博士（Dr. Claudia Swan）提供利普修斯自己的花园的详细信息。1997 年，她在哥伦比亚大学发表了博士论文“Jacques de Gheyn and the Representation of the Natural World in the Netherlands ca. 1600”，这篇论文广泛研究了利普修斯和克卢修斯的植物。雅克·德·盖恩二世 1603 年那幅劝世静物画（vanitas）名作（现存于纽约大都会艺术博物馆）中，明显用一株郁金香来象征死亡和悼念。有关利普修斯及其对于鲁本斯的重要性，可参见 Mark Morford, *Stoics and Neostoics: Rubens and the Circle of Lipsius* (Princeton, 1991)。

16 这幅收藏于慕尼黑的画作中的塞涅卡，其参照的原型是鲁本斯在罗马临摹过素描的一尊古代雕像，后来被称为《非洲渔夫》（*African Fisherman*）。参见 Marjon van der Meulen, *Rubens: Copies after the Antique* (Antwerp and London, 1994), 2:34-40。

17 Thomas L. Glen, *Rubens and the Counter-Reformation: Studies in His Religious Paintings Between 1609 and 1620* (Garland Ph.D. Reprints, 1977), 19; 另参见 John Rupert Martin, ed., *Rubens: The Antwerp Altarpieces* (New York, 1969)。

18 出处同上，20。

19 有关该地点和该画作的这些方面及其他方面，可参见 Roger d'Hulst, Frans Baudouin, et al., *De kruisoprichting van Pieter Paul Rubens* (Bruges and Brussels, 1992)。佛兰德–荷兰语中的 schip 一词，至今仍被用来指船只或教堂中殿，但将教堂比作船只的做法早在中世纪就有了。

20 出处同上，53。

21 伦勃朗的这幅画极为明显地体现了他对鲁本斯式主题的改编，但在 1990 年，它在波士顿的伊莎贝拉·斯图尔特·加德纳博物馆被盗，截至本书写作之时仍未寻回。

22 这是一笔巨款，但不算过分。Filipczak, *Picturing Art*, 78 中指出，为《上十字架》和《下十字架》支付的费用，与弗兰斯·弗洛里斯等早期绘画大师的收费标准是一致的，并根据通货膨胀进行了调整。

23 Glen, *Rubens and the Counter-Reformation*, 37-38.

24 有关大教堂收藏的油画（包括留存下来的和损毁的）的详细细节，可参见 Stefaan Grieten and Joke Bungeneers, eds., *De Onze-Lieve-Vrouwe Kathedraal van Antwerpen*, vol. 3 of *Inventaris van het kunstpatrimonium van de provincie Antwerpen* (Antwerp, 1995)。

25 参见 G. Servière, "La Légende de Saint Christophe dans l'art," *Gazette des Beaux-Arts* 5 (1921): 3-63。

26 Max Rooses, *Rubens*, trans. Harold Child (Philadelphia and London, 1904), 164.

27 Glen, *Rubens and the Counter-Reformation*, 77.

28 有关这个主题的重要性，可参见 Svetlana Alpers, *The Making of Rubens* (New Haven, 1995), 101ff. 中的精彩论述。

29 Rooses, *Rubens*, 170.

30 亨利·皮查姆在 *The Compleat Gentleman: Fashioning Him Absolute in the Most Necessary and Commendable Qualities Concerning Minde or Bodie That May Be Required in a Noble Gentleman* (London, 1634), 12 中再次提及了这个故事（关于"我在阿纳姆的老东家"）。

31 参见 Filipczak, *Picturing Art*, 51-53。

32 Rooses, *Rubens*, 113.

33 这幅展现弗兰斯·弗洛里斯房子的素描，由雅各布·凡·克鲁厄斯（Jacob van Croes）于 1714 年左右创作。

34 鲁本斯是个爱读书的人，对建筑理论也很感兴趣，所以一定曾沉浸在塞里奥（Serlio）、斯卡莫齐（Scamozzi）和帕拉第奥（Palladio）的作品中，也肯定会认真考虑他们关于现代别墅构造的建议。

35 引自 Paul Huvenne, *The Rubens House, Antwerpen* (Antwerp, 1990), 4。沃维瑞斯指的既是鲁本斯的房子，也是鲁本斯的朋友巴尔塔萨·莫雷图斯在星期五市场广场（Vrijdagmarkt）的房子。

36 我很感激戴维·弗里德伯格给我看了他收藏的那本 Hans G. Evers, *Rubens und sein Werk: Neue Forschungen* (Brussels, 1943) 上由布鲁塞尔的日耳曼之家党卫军帝国元首留下的图书馆戳印。

37 Victor H. Miesel, "Rubens and Ancient Art," Ph.D. dissertation, University of Michigan, 1959, 317-18.

38 参见 Jeffrey M. Muller, *The Artist as Collector* (Princeton, 1989), 11ff.。

39 鲁本斯有两个地球仪，通常出现在其画作中显眼的位置，常有人认为，这象征着他无所不包的气魄和智慧。出处同上，23。

40 出处同上，150。

41 比如，戴维·德·威尔汉姆（David de Wilhem），他通过航船运送了另一具大约公元前 1 世纪到 2 世纪的木乃伊，给莱顿大学的解剖学教授奥托·修尔努斯（Otto Heurnius）。可参见 *De wereld binnen handbereik: Nederlands kunst- en rariteitenverzamelingen, 1581-1735* (Amsterdam, 1992), 108-9。

42 参见 Simon Schama, *Landscape and Memory* (New York, 1995), 282ff.；另参见 J. R. Harris, ed., *The Legacy of Egypt* (Oxford, 1971)。

43 鲁本斯致卡尔顿爵士的信，1618 年 4 月 28 日，*LPPR*, 61。

44 鲁本斯致卡尔顿爵士的信，1618 年 5 月 26 日，*LPPR*, 65。

45 关于物品清单，参见 Muller, *The Artist as Collector*, 82-83。

46 出处同上，32。

47 在《成为鲁本斯》（*The Making of Rubens*）中，斯韦特兰娜·阿尔珀斯（Svetlana Alpers）选择重申鲁本斯作品中感性元素的重要性，并将其与维吉尔式的自然界的丰富性概念联系起来。在我看来，这似乎是对鲁本斯完全受新斯多葛学派禁欲主义支配的主流观念的一次尤为重要的纠正。

48 鲁本斯致苏斯特曼斯的信，1638 年 3 月 12 日，*LPPR*, 408-9。

49 1635 年 5 月，*LPPR*, 398；1635 年 8 月，*LPPR*, 400-401。

50 *LPPR*, 393.

51 出处同上。

52 *CR*, 12:45.

53 出处同上，46。

54 出处同上，53。 710

55 出处同上，58。

56 Otto van Veen, *Q. Horatii Flacci Emblemata* (Antwerp, 1607), 138-9; 另参见 Justus Müller-Hofstede, "Rubens und die Kunstlehre des Cinquecento: Zur Deutung eines theoretischen Skizzenblatts im Berliner Kabinett," in *Peter Paul Rubens* (Cologne, 1977), 55-56; Filipczak, *Picturing Art*, 32-34。

57 凡·维恩早先用灰色模拟浮雕画法创作过一幅油画草图（现藏于大英博物馆），他在画中表现出诗人和画家认真创作的姿态，并且让诗人在长卷纸上留下了这样一行字，"Pictoribus atque poetis [semper fuit aecqua potestas] quid liet audendi"（"画家和诗人在喜欢的事物面前，一直享有平等的尝试权"），从而将这两个人物形象进行了更精确的比较。

58 有关这几页提到的版画雕刻师及相关问题，可参见 J. G. van Gelder, "Rubens in Holland in de zeventiende eeuw," *Nederlands Kunsthistorisch Jaarboek* 3 (1950-51): 103-50。

59 出处同上，120。

60 在与福斯特曼交恶之后，鲁本斯仍然去了荷兰共和国，而不是佛兰德或布拉班特，去寻找他的雕刻师，尤其是弗里斯兰的博尔斯维特兄弟。

61 Julius S. Held, "Rubens and Vorsterman," in *Rubens and His Circle*, ed. Julius S. Held (Princeton, 1982), 119.

62 *CR*, 2:466.

第五章　RHL

1 这是一首颂歌（lofzang），歌颂的是莱顿的美德，创作者是当地圣彼得教堂的作曲家和管风琴家科内利斯·苏伊特（Cornelis Schuyt，1557—1616）。这首歌可以在 1989 年一张出色的专辑《1100 年至今的尼德兰音乐》（*Muziek in de Nederlanden van 1100 tot heden*）中听到（第二面的第五首），由阿尼玛·依特纳合唱团（Ensemble dell' Anima Eterna）演唱，约斯·凡·伊梅瑟尔（Jos van Immerseel）指挥。

2 有关伦勃朗家作为磨坊主的情况，可参见 *RD*，21ff.。

3 J. R. ter Molen, A. P. E. Ruempol, and A. G. A. van Dongen, *Huisraad van een molenaarsweduwe: Gebruiksvoorwerpen uit en 16de eeuw boedelinventaris* (Rotterdam, 1986).

4 出处同上，86。

5 Gerbrand Bredero, *De klucht van de molenaar* (Amsterdam, 1618).

6 H. van Oerle, “De rol van de schansen bij het beleg, 1572-74,” in *Leiden ’74: Leven in oorlogstijd in de tweede helft van de 16de eeuw* (Leiden, 1974), 32-50.

7 *RD*, 26-27. 丈夫去世后，莱斯贝斯身边有四个孩子，其中包括伦勃朗的父亲哈尔门，他当年五岁或六岁。

8 Elisabeth de Bièvre, “The Urban Subconscious: The Art of Delft and Leiden,” *Art History* 18 (June 1995): 230.

9 有关这些版画的精彩论述［尽管集中论述的是“阿尔瓦恐惧”（Alvaphobic）的图片］，可参见 James Tanis and Daniel Horst in *De tweedracht verbeeld: Prentkunst als propaganda aan het begin van de Tachtigjarige Oorlog (Images of Discord: A Graphic Interpretation of the Opening Decades of the Eighty Years’ War)* (Bryn Mawr, Pa., and Grand Rapids, Mich., 1993)。

10 1995 年 10 月 3 日我在莱顿时，荷兰铁路公司为了感激公众在翻修车站和轨道时的耐心等待，就在城市火车站免费提供鲱鱼和面包（可选择放或不放洋葱碎），队伍排得很整齐，鱼很好吃。没人会再来排一次骗东西吃。我放了洋葱碎。

11 到 1669 年伦勃朗去世时，这一数字达到了 70 000 左右的峰值。

12 参见 J. K. S. Moes and B. M. A. de Vries, *Stofuit het Leidse verleden: Zeven eeuwen textielnijverheid* (Utrecht, 1991)；关于这座城市的大致细节，可参见历史著作 P. J. Blok, *Geschiedenis eener Hollandsche stad* (The Hague, 1910-18)。

13 Ed Taverne, *In ’t land van belofte: In de nieuwe stadt, aal en werkelijkheid van de stadsuitleg in de Republieck, 1580-1680* (Maarssen, 1978), 201f.

14 参见彼得 · 巴斯特 1600 年绘制的莱顿地图；细节请见 *RD*, 44。

15 P. J. M. de Baar and Ingrid W. L. Moerman, “Rembrandt van Rijn en Jan Livens, inwoners van Leiden,” in *Rembrandt en Lievens in Leiden, “een jong en edel schildersduo,”* ed. Christian Vogelaar (Zwolle and Leiden, 1991), 26-27.

16 埃萨亚斯 · 凡 · 德 · 维尔德曾就这个场景画过一幅卓越的画。参见 *Dawn of the Golden Age: Northern Netherlandish Art, 1580-1620*, ed. Ger Luijten et al. (Amsterdam and Zwolle, 1993), 618-19 中的图录条目。

17 J. G. van Gelder, “Rembrandt’s vroegste ontwikkeling,” *Mededelingen der Koninklijke Nederlandsche Akademie van Wetenschap, Afdeling Letterkunde* (1953): 34.

18 参见 Gary Schwartz, *Rembrandt: His Life, His Paintings* (London and New York, 1985), 21。

19 Jan Orlers, *Beschrijvinge der stadt Leyden: Inhoudende ’t begin...* (Leiden, 1641).

20 参见 Rik Vos, *Lucas van Leyden* (Bentveld and Maarssen, 1978), 115-18。

21 关于这些物品清单，参见 Th. H. Lunsingh Scheurleer, C. Willemijn Fock, and A. J. van Dissel, *Het Rapenburg: Geschiedenis van een Leidse gracht* (Leiden, 1996)。

22 出处同上，18。

23 *Geschildert tot Leyden anno 1626*, ed. R. E. O. Ekkert (Leiden, 1976), 17-18.

24 我曾在别处讨论过这个主题，尤其在“Perishable Commodities: Dutch Still-Life Paintings and the Empire of Things,” in *Consumption and the World of Goods*, ed. John Brewer (London, 1993), 478-88。

25 参见 *Dawn of the Golden Age*, 544 中的图注。

26 参见 Marten Jan Bok, “Art-Lovers and Their Paintings: Van Mander’s *Schilder-boeck* as a Source for the History of the Art Market in the Netherlands,” in *Dawn of the Golden Age*, 150。

27 可参见 Simon Schama, *The Embarrassment of Riches: An Interpretation of Dutch Culture in the Golden Age* (New York, 1987), 104。

28 *RD*, 50.

29 可参见 R. D. Harley, “Artist’s Brushes: Historical Evidence from the Sixteenth to the Nineteenth Century,” in *Conservation and Restoration of Pictorial Art*, ed. N. Brommelle and P. Smith (London, 1976), 123-29。

30 E. K. J. Reznicek, “Karel van Mander I,” in the *Grove Dictionary of Art*, ed. Jane Turner (London and New York, 1996), 20:245. 未编辑的完整文本，参见 Karel van Mander, *Den grondt der edel vry schilder-const*, ed. and trans. Hessel Miedema, 2 vols. (Utrecht, 1973)。

31 Orlers, *Beschrijvinge der stadt Leyden*, 376.

32 关于伦勃朗在拉斯特曼门下学习的确切时间，学界并没有达成一致意见。据欧尔勒斯的记载，前后共六个月，而该领域的研究权威认为，不早于 1623 年，不晚于 1626 年。因为在这段时间里，伦勃朗早期的三件作品——《圣司提反被处以石刑》（1625 年）、《“历史画”》（1626 年）和《大卫向扫罗王进献歌利亚的头颅》（1627 年）——都与拉斯特曼 1625 年的《科里奥拉努斯和罗马女人》 711
密切相关，人们推测伦勃朗在那一年，或者最早于前一年的年底已经去了拉斯特曼位于布里街的工作室，当时拉斯特曼可能正在进行他最有野心的画作之一的基本构图。但欧尔勒斯也说，伦勃朗在去阿姆斯特丹之前，曾在凡 · 斯凡嫩伯格的画室里待了三年，这就把他最初的学徒生涯起始时间推迟到了 1622 年，而据说他两年前在莱顿大学完成了注册，后来突然离开了。

然而，假设他确实没有立即从大学退学（欧尔勒斯的文章并不支持这样的解读，尽管它在文献中已成为标准论述），而是作为学生在学校里待了一年左右，并在 1621 年开始在凡 · 斯凡嫩伯格的工作室接受学徒训练，那么他就得在 1624 年才能完成三年的学徒生涯。在随后的圣米迦勒节期间，他踏上了旅程，于那一年冬末或 1625 年早春回到了莱顿，那时他已见到了拉斯特曼正在创作的《科里奥拉努斯和罗马女人》以及这位阿姆斯特丹艺术家的其他作品——《巴兰和驴》(*Balaam and the Ass*)、《圣司提反被处以石刑》（我们只知道保存下来的草图）和《太监的洗礼》(*The Baptism of the Eunuch*)，它们为伦勃朗最早的历史画提供了题材和某种程度上的构图模板。

33 关于拉斯特曼及其父母的生平，参见 Astrid Tümpel, Peter Schatborn, et al., *Pieter Lastman, leermeester van Rembrandt* (*Pieter Lastman, the Man Who Taught Rembrandt*) (Amsterdam and Zwolle, 1991)。

34 关于这些影响以及拉斯曼作品的其他特点，参见 Kurt Bauch, *Der frühe Rembrandt und seine Zeit* (Berlin, 1960), 51-73。

35 J. G. van Gelder, “A Rembrandt Discovery,” *Apollo* 77 (1963): 371-72; 另参见 Martin Wurfbain, catalogue entry on Leiden’s 1626 “*History Painting*,” in *Geschildert tot Leyden* (1626), 66-68; Schwartz, *Rembrandt*, 37。

36 Bauch, *Der frühe Rembrandt*, 97-98 中，作者已经认出这幅莱顿的《“历史画”》或许来自塔西佗撰写的某个历史场景，却错误地认为主要人物是罗马军官塞里亚里斯（Cerealis），而不是克劳迪乌斯 · 西威利斯。然而，在摩根图书馆的一幅未标明作画日期（但可能较晚）的素描中，有一个几乎相同的人物，与一群留胡须的长者站在一起，也拿着一根权杖，这个人已经正确地被认定与“巴达维亚人的起义有关”。可参见 *RD*, 600。

37 Tacitus, *Histories*, books 4-5, trans. John Jackson (Cambridge, Mass., and London, 1979), 31-33.

38 出处同上，33。

39 把他自己放进这幅画中可能是一种签名方式，这样做是在效仿一些意大利艺术家，他们更喜欢这样做，而不是用书面签名。

40 《使徒行传》6, 7：55-60。

41 出处同上，8：26-40。

42 另外的三个版本先后绘制于 1608 年、1612 年和 1620 年，分别藏于柏林、巴黎（卡斯托迪亚基金会，弗里茨·卢格特收藏馆）、慕尼黑（老绘画陈列馆）。参见 Christian Tümpel, *Rembrandt* (New York, 1993), 57-60。

43 有关这一图像学传统，可参见 Simon Schama, *Landscape and Memory* (New York, 1995), 214。

44 参见 Franklin Robinson, "A Note on the Visual Tradition of Balaam and His Ass," *Oud Holland* 84 (1969): 167-96。

45 提出这个论点的关键文献是 Svetlana Alpers, *The Art of Describing* (Chicago, 1983)。阿尔珀斯也把伦勃朗当成是脱离了这种一般规则的人，在我看来，这一观点是正确的。

46 有关这个主题和《多比之书》的相关内容，可参见 Julius S. Held, "Rembrandt and the Book of Tobit," in *Rembrandt Studies* (Princeton, 1991), 118-43。另外有些学者也指出过伦勃朗对失明主题的迷恋，如 Fritz Saxl, *Lectures* (London, 1957), 308；以及最近的 Mieke Bal, *Reading Rembrandt: Beyond the Word-Image Opposition* (Cambridge, 1991)，especially chapter 9, "Blindness as Insight: The Powers of Horror," 326-6。尽管我不完全同意巴尔（Bal）的心理分析式的解读，但是我从她大胆而富有洞见的观察中受益良多。雅克·德里达(Jacques Derrida)为他在卢浮宫"先入之见"(Parti Pris）系列中的展出撰写了一篇观点有力且动人的文章，其中对《多比之书》也做出了突出的解读，可参见 *Mémoires d'aveugle: L'Autoportrait et autres ruines* (Paris, 1990)。

47 另参见 Oswald Galbelkower, *Medecyn-boek*, trans. Carel van Baten (Dordrecht, 1599)；以及 Jacques Guillemeau, *Traité des maladies de l'oeil* (Paris, 1610)；Andreas Laurentius, *A Discourse on the Preservation of Sight*, trans. Richard Banister (Montpellier, 1599)。

48 参见 Kahren Jones Hellerstedt, "The Blind Man and His Guide in Netherlandish Painting," *Simiolus* 13 (1983): 163-81。

第六章 竞争

1 Joaneath A. Spicer and Lynn Federle Orr, eds., *Masters of Light: Dutch Painters in Utrecht During the Golden Age* (New Haven and London, 1997), 379. 马尔滕·扬·博克（Maarten Jan Bok）在其关于亨德里克·特尔·布吕亨（Hendrick ter Brugghen）的传记中引用了理查德·特尔·布吕亨（Richard ter Brugghen）于 1707 年出版的关于其父亲的回忆录。在这部回忆录中，鲁本斯的儿子称鲁本斯"在尼德兰的所有旅行中，他只见过一位真正的画家"（即亨德里克·特尔·布吕亨）。

2 Joachim von Sandrart, *L'academia todesca della architectura, scultura, ed pittura, oder, Teutsche Academie* (Nuremberg, 1675-80), 1:291.

3 *LPPR*, 203.

4 鲁本斯致迪皮伊的信，1627 年 4 月 22 日，*LPPR*, 176。

5 鲁本斯致迪皮伊的信，1627 年 5 月 13 日，*LPPR*, 180。

6 1627 年 5 月 28 日，*LPPR*, 185。

7 1627 年 6 月 10 日，*LPPR*, 187。

8 关于乌得勒支的天主教会，参见文章 Benjamin Kaplan, “Confessionalism and Its Limits: Religion in Utrecht, 1600-1650,” in Spicer and Orr, eds., *Masters of Light*, 60-71。

9 Sandrart, *Teutsche Akademie*, 1:291.

10 出处同上。

11 *LPPR*, 203.

12 1627 年 9 月 23 日和 10 月 21 日，*LPPR*, 206, 209。

13 1627 年 9 月 26 日，*LPPR*, 206。

14 Pliny, *Natural History*, trans. H. Rackham (Cambridge, Mass., and London, 1952), 35:36:80, p. 321.

15 鲁道夫 · 德克尔（Rudolf Dekker）目前正在通过探究笑话书来研究 17 世纪荷兰的幽默史，这些书似乎保存下来的不多。

16 Karel van Mander, *Het schilder-boeck* (Haarlem, 1604), 104.

17 Jan Orlers, *Beschrijvinge der stadt Leyden: Inhoudende ’t begin . . .* (Leiden, 1641), 376.

18 参见 Peter Schatborn, with contributions by Eva Ornstein-van Slooten, *Jan Lievens: Prints and Drawings* (Amsterdam, 1988)。

19 参见 Victor I. Stoichita, *The Self-aware Image: An Insight into Early Modern Meta-painting*, trans. Anne-Marie Glasheen (Cambridge, 1997), especially 207-15。

20 Pliny, *Natural History*, 35:36:66, pp. 310-11.

21 长期以来，伦勃朗和利文斯共享工作空间的故事一直被视为传说，但 Ernst van de Wetering, “De 712
symbiose van Livens en Rembrandt,” in *Rembrandt en Lievens in Leiden, “een jong en edel schilders-duo,”* ed. Christiaan Vogelaar (Zwolle and Leiden, 1991), 39-47 中认为这是事实，尽管论证得不是那么有说服力。

22 Christiaan Vogelaar et al., “Huygens over Rembrandt en Lievens,” in Ernst van de Wetering, *Rembrandt en Lievens* (Leiden, 1641), 128-34.

23 出处同上，134。

24 译文主要基于上述材料第 132 至 134 页中提供的解读。不过，鉴于英文版本身参考的是 C. L. 希萨克斯（C. L. Heesakkers）翻译的荷兰语版 Constantijn Huygens, *Mijn jeugd* (Amsterdam, 1987)，于是我又转而参考了拉丁文本，以便进行个别的修改并从中获得一些翻译灵感。

25 关于这两幅《拉撒路的复活》，参见 Richard Rand, “*The Raising of Lazarus*” *by Rembrandt* (Los Angeles, 1991)。

26 关于相关神学问题的讨论，参见 William H. Halewood, *Six Subjects of Reformation Art: A Preface to Rembrandt* (Toronto, 1982), 36-48；以及 Rand, “*The Raising of Lazarus,*” especially 22-23；以及 Wolfgang Stechow, “Rembrandt’s Representations of the Raising of Lazarus,” *Los Angeles County Museum of Art Bulletin* 19 (1973): 6-11。

27 我再次感谢本杰明 · 宾斯托克（Benjamin Binstock）注意到这一奇特的构图。

28 这是宾斯托克提议的作画顺序，我认为是有说服力的。

29 参见 R. W. Scheller, “Rembrandt en de encyclopedische kunstkamer,” *Oud Holland* 84 (1969): 81-147。

30 参见如下著作中关于这幅画作之演变的精彩论述：David Bomford et al., *Art in the Making: Rembrandt* (London, 1988), 36-41。另参见 C. H. Collins Baker, “Rembrandt’s Thirty Pieces of Silver,” *Burlington Magazine* 75 (1939): 179-80; Bob Haak, “Nieuwe licht op Judas en de zilverlingen van Rembrandt,” in *Album Amicorum J. G. van Gelder* (The Hague, 1973), 155-58。

31 Vogelaar et al., "Huygens over Rembrandt en Lievens," 129, 133.

32 出处同上，133。

33 P. J. M. de Baar and Ingrid W. L. Moerman, "Rembrandt van Rijn en Jan Lievens, inwoners van Leiden," in van de Wetering, *Rembrandt en Lievens*, 29 n. 33.

34 Karel van Mander, *Den grondt der edel vry schilder-const*, ed, and trans. H. Miedema (Utrecht, 1973), 2:178-9.

35 *Corpus*, 1:263. 我对拉丁文本的翻译稍做了修改。

36 Hofman Hendrik Arie, *Constantin Huygens* (1596-1687): *Een christelijk-humanistisch bourgeois-gentilhomme in dienst van het Oranjehuis* (Utrecht, 1983), 86.

37 参见 Jonathan Israel, *The Dutch Republic: Its Rise, Greatness and Fall*, 1477-1806 (Oxford and New York, 1995), 499-505 中对 17 世纪 20 年代末的"宽容辩论"的精彩描述。

38 D. Nobbs, *Theocracy and Toleration* (Cambridge, 1938), 103-5.

39 Elisabeth de Bièvre, "The Urban Subconscious: The Art of Delft and Leiden," *Art History* 18 (June 1995) : 230.

40 John Gregory, "*Two Old Men Disputing* and the Leiden Period." in *Rembrandt in the Collections of the National Gallery of Victoria* (Melbourne, 1988), 21-43.

41 *RD*, 205.

42 Christian Tümpel, *Rembrandt* (New York, 1993), 395; 另参见同一作者的"Studien zur Ikonographie der Historien Rembrandts. Deutung und Interpretation der Bildinhalte," in *Nederlands Kunsthistorisch Jaarboek* 20 (1969): 181-87。

43 宾斯托克认为藏于墨尔本的这幅画的绘者是利文斯。其理由是，彼得长袍上平坦、模糊而柔软的褶皱，更像是出自利文斯而不是伦勃朗之手。但彼得的形象与几乎同时期的《圣殿里的西缅与圣婴》中的约瑟几乎一模一样，而且画中的许多片段——质地致密的亮黄色桌布、保罗下唇边缘的高光痕迹，以及对椅子扶手异常生动的呈现，包括裸露在外的钉子和落在扶手上部边缘的另一道微小的高光——都证明了这是伦勃朗的真迹。

44 参见 Peter Schatborn, "Papieren kunst van Rembrandt en Lievens," in van de Wetering, *Rembrandt en Lievens*, especially 66ff.。

45 Benjamin Binstock, "Becoming Rembrandt: National, Religious, and Sexual Identity in Rembrandt's History Paintings," Ph.D. dissertation, Columbia University, 1997, P. 248.

46 《耶利米书》52：11。

47 "Helden-Godes, Jeremias, de vroegpreiker," in *Vondel: Volledige dichtwerken en oorspronkelijke proze*, ed. Albert Verwey (Amsterdam, 1937), 120.

48 彼得·戴维森（Peter Davidson）和阿德里安·凡·德·维尔（Adriaan van der Weel）曾提出，克里斯蒂安心中那个恒常的信念就是，在历经战争和占领的沧桑之后，他们的故乡布雷达对奥兰治家族始终保持忠诚，我觉得这种说法完全有说服力。

49 引于 Gary Schwartz, *Rembrandt: His Life, His Paintings* (London and New York, 1985), 91。

50 *LPPR*, 357.

51 出处同上，360。

52 出处同上。

53 出处同上，383-84。

54 出处同上，61。

55 关于耶稣受难系列作品，参见 Kurt Bauch, “Rembrandt’s *Christus am Kruez*,” *Pantheon* 20 (1962): 137-44; M. Hours, “La Crucifixion du Mas-d'Agenais par Rembrandt,” *Revue du Louvre et des Musées de France* 19 (1969): 157-60。

56 关于“生命之树”的教义及图像学传统，参见 Simon Schama, *Landscape and Memory* (New York, 1995), 185-242。关于其天主教版本，参见 John B. Knipping, *Iconography of the Counter-Reformation in the Netherlands: Heaven on Earth* (Nieuwkoop and Leiden, 1974), 2:465。

57 参见，例如 Mary Crawford Volk et al., *Rubenism* (Providence, R.I., 1975), 58-59。

58 参见 *Corpus*, 2:276-88 中的条目。

59 伦勃朗在雕刻自己版本的《下十字架》时，将他的自画像人物从扶基督的约翰改为上了一半梯子的那个皱起眉的人物。

60 还有一位艺术家在自己的图画作品中，将艺术创作与普通人的历程进行了类比，他就是鲁本斯和伦勃朗都钦佩的老彼得 · 勃鲁盖尔。

61 H. Perry Chapman, *Rembrandt’s Self-portraits: A Study in Seventeenth-Century Identity* (Princeton, 1990), 这是现在关于伦勃朗这一重要作品类型的重要专著。虽然从后文可知，我并不总是同意她的所有结论，但我显然也从她异常敏锐和博学的讨论中获益良多。

62 Kenneth Clark, *An Introduction to Rembrandt* (London, 1978), 14.

63 Chapman, *Rembrandt’s Self-portraits*, 30. 关于艺术天才的黑暗面，参见 Rudolf and Margot Wittkower, 713
Born under Saturn: The Character and Conduct of Artists; A Documented History from Antiquity to the French Revolution (New York and London, 1963); Martin Kemp, “The Super-Artist as Genius: The Sixteenth-Century View,” in *Genius: The History of an Idea*, ed. P. Murray (Oxford, 1989), 45。

64 关于脸部解读，可以参见这个极为有趣的研究：Vicki Bruce and Andy Young, *In the Eye of the Beholder: The Science of Face-Perception* (Oxford, New York, and Tokyo, 1998)。

65 Joseph Leo Koerner, *The Moment of Self-portraiture in German Renaissance Art* (Chicago, 1993), especially chapter 5.

66 一些可能的图像，参见 *Corpus*, 1:399ff.。

67 Julius S. Held, “Rembrandt’s Interest in Beggars,” in *Rembrandt Studies* (Princeton, 1991), 153-63; 另参见 Robert Baldwin, “Rembrandt’s New Testament Prints: Artistic Genius, Social Anxiety, and the Marketed Calvinist Image,” in *Impressions of Faith: Rembrandt’s Biblical Etchings*, ed. Shelley K. Perlove (Dearborn, Mich., 1989), 24-71。

68 关于对游手好闲的穷人和无业游民的矫正治疗，参见 Simon Schama, *The Embarrassment of Riches: An Interpretation of Dutch Culture in the Golden Age* (New York, 1987), 570-87；另参见 Thorsten Sellin, *Pioneering in Penology: The Amsterdam Houses of Correction in the Sixteenth and Seventeenth Centuries* (Philadelphia, 1944)。

69 参见 Jan van Hout, *Bienfaisance et répression au XVIe siècle: Deux textes néerlandais*, trans. P. Brachin (Paris, 1984)。

70 James Howell, cited in John J. Murray, *Amsterdam in the Age of Rembrandt* (Norman, Okla., 1967), 54.

71 Adriaen van de Venne, *Tafereel der belacchende werelt* (The Hague, 1635); M. 凡 · 韦克（M. van Vaeck）的当代影印和注释版（Gent, 1994）。流浪汉目录原文位于原版第 145 至 154 页，凡 · 韦克版第 461 至 470 页。

72 关于这一体裁，参见 Sheila Muller, *Charity in the Dutch Republic: Pictures of Rich and Poor for Charitable Institutions* (Ann Arbor, 1985)。

73 Vogelaar et al.,"Huygens over Rembrandt en Lievens," 135.

第七章　解剖阿姆斯特丹

1 至少《西班牙的布拉班特人》（*The Spanish Brabander*）中的一位角色，赫拉尔特·佩奈普（Geeraert Pennyp），是这样宣称的。

2 William S. Heckscher, *Rembrandt's "Anatomy of Dr. Nicolaas Tulp"* (New York, 1958), 127 n. 21 中引用了管风琴师的合同，合同规定可以在正常的教堂礼拜之余举行独奏会，在恶劣天气下可使用教堂作为聚会场所。

3 在共和国的大部分通用货币中，20 斯图弗等于 1 荷兰盾或 1 弗罗林。

4 包括这份食谱在内的部分信息，出自 *De verstandige kok: Of sorghvuldige huyshoudster* (Amsterdam, 1683)。参见 Peter Rose 的英文译本 *The Sensible Cook: Dutch Foodways in the Old and New World* (Syracuse, N .Y., 1989)。虽然这本著名且重要的烹饪书等到 17 世纪晚期才出版，但其中的许多食谱显然要归功于荷兰人早期的烹饪传统——不过其调味的丰富，当然是由于来自印度的香料和来自美洲的糖开始变得更容易获得。

5 Willem A. Brandenburg, "Market Scenes As Viewed by a Plant Biologist," in *Art in History, History in Art: Studies in Seventeenth-Century Dutch Culture,* ed. David Freedberg and Jan de Vries (Santa Monica, Calif., 1987), 69-70. 关于相关问题，另见 Linda Stone-Ferrier, "Market Scenes As Viewed by an Art Historian," in idem, 29-57。

6 W. Th. Kloek, "Over Rembrandt's *Portret van Uyltenbogaert* nu in het Rijksmuseum," *Bulletin van het Rijksmuseum* 4 (1992): 346-52. 关于阿姆斯特丹的抗辩派赞助人，参见 S. A. C. Dudok van Heel, "De remonstrantse wereld van Rembrandt's opdrachtgever Abraham Anthonszn Recht," *Bulletin van het Rijksmuseum* 4 (1994): 334-46。

7 关于肖像画构造涉及的问题，可参见这本书中非常激烈的讨论：Richard Brilliant, *Portraiture* (Cambridge, 1991)。

8 这是一份让所有相关人士都感到十分气馁的委托订单，因为哈尔斯在很长一段时间内都拒绝去阿姆斯特丹作画。

9 参见 Raymond H. Fisher, *The Russian Fur Trade, 1550-1700* (Berkeley and Los Angeles, 1943)。

10 出处同上，193。

11 出处同上，192。

12 伦勃朗显然重新修改了鲁茨身体左下方的轮廓，可以看到线条比较粗。修改之后，他才对人物与周围空间之间的核心关系感到满意。

13 关于这些技巧的详细研究，参见佳文 Ernst van de Wetering, "Rembrandt's Method: Technique in the Service of Illusion," in *Rembrandt: The Master and His Workshop* (New Haven and London, 1991), 1:12-30。

14 出处同上，24-25。

15 例如，在纽约大都会艺术博物馆馆藏的被称为"贝勒斯泰恩肖像"的双联画中，对男性人物的处理几乎无可争议地达到了伦勃朗在这一时期绘制的肖像画理应具有的标准，但对女性人物的设计被广泛认为是笨拙、公式化的，技巧也很生硬。当然，也有可能是某位学生或助手部分参与了对这个女人的绘制，或者完全是由学生或助手画的。

16 *Corpus*, 2:51; 另见 H. d[e] l[a] F[ontaine] V[erwey], *Maandblad Amstelodamum* 56 (1969): 177-79。

17 一些学者认为，《蒂尔普医生的解剖学课》中表现的解剖手臂画面是基于解剖学书籍中的插图，很可能是阿德里安 · 凡 · 登 · 斯皮赫尔（Adriaen van den Spieghel）的《人体构造十二书》（*De humani corporis fabrica libri decem*），由朱利奥 · 卡塞里奥（Giulio Casserio）绘制插图，于 1627 年在威尼斯出版。但其中最接近蒂尔普医生解剖画面的一幅插图，实际上表现的是解剖学家正在处理一只断手。因此同样可以认为，伦勃朗在构想其画中的图像时，既直接观察了解剖的形体，也仔细研究了凡 · 布雷德罗德记录的那几个防腐保存的肢体。

18 Heckscher, *Rembrandt's "Anatomy of Dr. Nicolaas Tulp,"* 65ff. 作者认为蒂尔普希望被看作是"维萨里再世"，而 William Schupbach, *The Paradox of Rembrandt's "Anatomy of Dr. Tulp"* (London, 1982) 具有说服力的分析驳斥了这一观点，但这种驳斥也略显武断。

19 I. C. E. Westdorp, "Nicolaes Tulp als medicur," in *Nicolaes Tulp: Leven en werk van een Amsterdams geneesheer en magistraat,* ed. T. Beijer et al. (Amsterdam, 1991), 35.

20 Roy Porter, *The Greatest Benefit to Mankind: A Medical History of Humanity* (London, 1997), 179.

21 有关详细生平，可参见 T. Beijer et al., *Nicolaes Tulp*，尤其是其中 I. C. E. 韦斯特多普（I. C. E. Westdorp）有关蒂尔普的医学教育和事业的文章，以及 S. A. C. 杜多克 · 凡 · 希尔（S. A. C. 714
Dudok van Heel）关于他的家族史以及他的公民及政治生涯的文章。

22 Norbert Middelkoop, "'Large and Magnificent Paintings, All Pertaining to the Chirurgeon's Art': The Art Collection of the Amsterdam Surgeons' Guild," in Norbert Middelkoop et al., *Rembrandt under the Scalpel: "The Anatomy Lesson of Dr. Nicolaes Tulp" Dissected* (The Hague, 1998), 9-38.

23 Dudok van Heel, "Dr. Nicolaes Tulp Alias Claes Pieterszn.," in Beijer et al., *Nicolaes Tulp,* 49 et seq.

24 出处同上，59。

25 《塞巴斯蒂安 · 埃格伯特松医生的骨学课》（1619）的绘者身份在最近的伦勃朗文献中一直有争议，但这一主题的最新出版物 *Rembrandt under the Scalpel: "The Anatomy Lesson of Dr. Nicolaes Tulp" Dissected* 中，诺贝特 · 米德尔库普（Norbert Middelkoop）认为（尽管不确定）德 · 凯泽更有可能是绘者。我赞同他的推论。

26 Schupbach, *The Paradox of Rembrandt's "Anatomy of Dr. Tulp"* 一书中坚持认为（在我看来很反常）伦勃朗缺乏独创性，而且他坚持皮克诺伊在《塞巴斯蒂安 · 埃格伯特松医生的骨学课》（直到最近才归于托马斯 · 德 · 凯泽）中确立的要求，即科学示范必须伴随着道德的姿态。不过，虽然伦勃朗——我相信他很少，甚至从来不会故意违背赞助人的意愿——在蒂尔普医生的案例中确实履行了这一原则，但在我看来，他履行的方式完全是原创的，就像弗兰斯 · 哈尔斯描绘哈勒姆民兵的作品在该类型中也算激进创新一样。在此，我认为可以参阅一个世纪前的作者给出的异常敏锐的描述，即 W. Hastie, "Rembrandt's Lesson in Anatomy," *Contemporary Review* (August 1891): 271-7。

27 荷兰群像绘画的经典分析仍然是 Alois Riegl, *Das holländische Gruppenporträt* (Vienna, 1931)。另见 Margaret Iversen, *Alois Riegl: Art History and Theory* (Cambridge, Mass., and London, 1993), 93-123; "Excerpts from the Dutch Group Portrait: Alois Riegl," trans. Benjamin Binstock; Benjamin Binstock, "Postscript: Alois Riegl in the Presence of the Nightwatch," *October* 74 (Fall 1995): 3-44。

28 后来描绘解剖场面的绘画变得越来越倾向于排除他人，可能是因为很多外科医生都觉得自己以前已经被画过了。

29 Schupbach, *The Paradox of Rembrandt's "Anatomy of Dr. Tulp,"* 3.

30 特别感谢加里·施瓦茨帮我指出这一来源。

31 Petria Noble and Jørgen Wadum, "The Restoration of the Anatomy Lesson of Dr. Nicolaes Tulp," in Middelkoop et al., *Rembrandt under the Scalpel*: "*The Anatomy Lesson of Dr. Nicolaes Tulp*" *Dissected*, 69.

32 在我看来，舒巴赫（Schupbach）从拉丁文翻译过来的版本比 Heckscher, *Rembrandt's "Anatomy of Dr. Nicolaas Tulp,"* 112-13 中的版本要忠实得多。

33 曾有人指责伦勃朗对解剖构造的描绘犯了严重的错误。M. P. Carpentier Airing and Tj . W. Waterbolk, "Nieuw licht op de anatomie van de *Anatomische les van Dr. Nicolaas Tulp*," *Oud Holland* 92 (1978): 43-48 就伦勃朗对解剖构造的描绘是否精确这一问题，做出了漫长且（对不具备医学知识者来说）十分深奥的论证，并与他们在格罗宁根大学解剖学和胚胎学实验室的同事们一起，确凿证明了伦勃朗的描绘在解剖学上无疑是正确的。这的确更说得过去，不然很难想象蒂尔普会批准通过这幅画。因为我们从凡·梅克伦那里就可以得知（见上文注 19），蒂尔普是一个孜孜不倦地追求精确的人，而且他经常解剖前臂。

34 这里，我还是采用了舒巴赫（Schupbach）优秀的英文译本，*The Paradox of Rembrand's "Anatomy of Dr. Tulp,"* 49, with appendix, 85-89。

第八章　肢体语言

1 安东尼·科帕尔后来的另一个头衔是"安特卫普侯爵"，这是他向执政索要的头衔，因为他不是通过武力而是通过贿赂驻军让安特卫普投降了。

2 这种穿过画面空间的投影方式，可能受到了弗兰斯·哈尔斯的启发，他在 1625 年为抗辩派的学者兼历史学家彼得鲁斯·斯克里维留斯画过一幅肖像（伦勃朗也可能是受扬·凡·德·维尔德二世以此为模板创作的版画启发），而伦勃朗在莱顿就认识斯克里维留斯了。

3 Jan de Vries, *The Dutch Rural Economy in the Golden Age* (New Haven, 1974).

4 Gary Schwartz, *Rembrandt: His Life, His Paintings* (London and New York, 1985), 141.

5 H. F. Wijnman, *Uit de kring van Rembrandt en Vondel: Verzamelde studies over hun leven en omgeving* (Amsterdam, 1959), 5.

6 B. P. J. Broos, review of *RD*, *Simiolus* 12 (1981-82): 250.

7 出处同上，142。

8 H.F. Wijnman, "Rembrandt als Huisgenoot van Hendrick Uylenburgh te Amsterdam (1631-1635): Was Rembrandt doopsgezind of libertijn?" in Wijnman, *Uit de kring,* 14. 韦恩曼（Wijnman）还指出，凡·优伦堡的生意经常缺乏资金。1640 年，当他陷入严重的经济困境时，他做了一份公证，约十八个人曾借给他资金，资助他经营生意。这些人大多是门诺派教徒，凡·优伦堡常常向他们提供艺术品或蚀刻用金属板作为抵押品，甚至直接用来交换资金。

9 Filippo Baldinucci, *Notizie de' professori del desegno...*(Florence, 1728), 6:511.

10 *RD*, 1632/2, 87.

11 Arnold Houbraken, *De groote schouburgh der Nederlantsche konstchilders en schilderessen...* (Amsterdam, 1719), 2:19.

12 关于弗林克，参见 J. W. von Moltke, *Govaert Flinck* (Amsterdam, 1965) 和 *Govert Flinch, der*

kleefsche Apelles, 1616-1660: Gemälde und Zeichnungen (Cleve, 1965)。有关弗林克和伦勃朗的许多其他学生，参见详尽的图录暨专著研究 Werner Sumowski, *Gemälde der Rembrandt-Schüler, 5* vols. (Landau, 1983-90)。

13 在圣安娜帕罗希举行的这场婚宴，记录的日期是 1634 年 6 月 22 日，这引起了很多混淆。弗里斯兰当时使用的仍然是旧的儒略历，而根据荷兰使用的新公历，日期应该是 7 月 4 日。

14 *RD*, 1634, 11.

15 Donald Haks, *Huwelijk en gezin in Holland in de 17de en 18de eeuw* (Assen, 1982), 111-12. 在近代早期的英国，也有过类似的习俗，参见 Lawrence Stone, *The Family, Sex and Marriage in England,* 1500-1800 (New York, 1977)。

16 Ernst van de Wetering, *Rembrandt: The Painter at Work* (Amsterdam, 1997), 47ff. 第 70 页也指出，留存下来的另外两幅由伦勃朗创作的银尖笔素描都是粗略描绘的风景画，很像是他“在路上”会做的事。

17 Karel van Mander, *Den grondt der edel vry schilderconst* (Haarlem, 1604), fol. 25, para. 28. 715

18 有关“红门”，参见 Sebastian A. C. Dudok van Heel, *Dossier Rembrandt: Documenten, tekeningen en prenten (The Rembrandt Papers: Documents, Drawings and Prints)* (Amsterdam, 1987), 25。

19 Broos, review of *RD,* 255.

20 有关弗洛拉的图像学传统，参见 Julius S. Held, “Flora, Goddess and Courtesan,” in *De Artibus Opuscula XL: Essays in Honour of Erwin Panofsky,* ed. Millard Meiss (New York, 1961), 201-18。

21 1644 年，康斯坦丁·惠更斯发表了一首相当讽刺的诗，抱怨伦勃朗没能描绘出他的朋友雅克·德·盖恩三世的真实样貌。参见本书第 660 页。

22 M. Louttit, “The Romantic Dress of Saskia van Ulemborch: Its Pastoral and Theatrical Associations,” *Burlington Magazine* 115 (April 1973): 317-26. 另外，有关田园牧歌式的裙子和文学，见 Alison McNeil Kettering, “Rembrandt’s *Flute Player:* A Unique Treatment of Pastoral,” *Simiolus* 9 (1977): 19-44, especially 22-27。

23 Van Mander, *Grondt,* fol. 17, para. 32.

24 参见图录条目，载于 *Dawn of the Golden Age: Northern Netherlandish Art,* 1580-1620, ed. Ger Luijten et al. (Amsterdam and Zwolle, 1993), no. 255, 583-84；另见 E. de Jongh, *Portretten van echt en trouw: Huwelijk en gezin in de Nederlandse Kunst van de zeventiende eeuw* (Zwolle and Haarlem, 1986), 270-71。

25 关于 17 世纪尼德兰婚姻的预期与目标，参见 Haks, *Huwelijk en gezin,* l05ff.；另见 Simon Schama, *The Embarrassment of Riches: An Interpretation of Dutch Culture in the Golden Age* (New York, 1987), chapter 6, especially 386-427。

26 关于扇子、手套和双联肖像的许多其他方面，参见 David R. Smith, *Masks of Wedlock: Seventeenth-Century Dutch Marriage Portraits* (Ann Arbor, 1982), especially chapters 4-6。

27 *Corpus,* 2:740-59.

28 Jacob Cats, *Houwelijck* (Amsterdam, 1625), 51-52; 另见 Schama, *Embarrassment of Riches,* 420-21。

29 在某些情况下，比如 15 世纪末阿姆斯特丹艺术家迪尔克 · 雅各布松（Dirk Jacobsz.）所作的《无名夫妇肖像》中，世俗的和非世俗的角色并不是按照性别分配的，但仍然存在于作品中。在雅各布松的这幅画中，桌子上放着一个沙漏，旁边放着一堆金币，而妻子则用手指着另一个象征着死亡的标准符号——天平。她的丈夫用一只手指着沙漏，另一只手指着背景中一幅绘有骷髅和在十字架上的耶稣的画。见 de Jongh, *Portretten van echt en trouw,* catalogue no. 11, 98-101。

30 Jane Campbell Hutchinson, "Quinten Metsys," in the *Grove Dictionary of Art,* ed. Jane Turner (London and New York, 1996), 21:355.

31 马西斯作品中的天平具有很强的道德象征意义，比如，亚历山大·凡·弗嫩贝赫（Alexander van Fornenbergh）于 1658 年在安特卫普的皮特·史蒂文斯（Pieter Stevens）藏品里看到这幅画装在原本的画框里，上面有一句出自《利未记》19：36 的铭文——"要用公道天平、公道法码、公道升斗、公道秤"。这句话既暗示了世俗和非世俗的区分，也暗示了婚姻本身的状态。这些主题此前扬·凡·艾克都早已探讨过，比如（现已遗失的）1440 年描绘"一位绅士与代理商一起检查账户"的绘画，可能启发了马西斯的画作，也启发了许多类似主题的画作，比如马利努斯·凡·雷默斯瓦勒的两幅描绘高利贷者和货币兑换商的习作。参见 L. Silver, *The Paintings of Quinten Massys with Catalogue Raisonné* (Montclair, N. J., 1984), 137-8。

32 *Corpus*, 2:373.

33 出处同上，3:146。

34 I. Bergstrom, "Rembrandt's Double-Portrait of Himself and Saskia at the Dresden Gallery: A Tradition Transformed," *Nederlands Kunsthistorisch Jaarboek* 17 (1966): 143-69.

35 1989 至 1990 年，荷兰国立博物馆的作品遭受硫酸袭击之后，警卫们则立即采取了这样的措施，从而避免了类似的灾难。

36 参见 Tatiana Pavlovna Aleschina, "Some Problems Concerning the Restoration of Rembrandt's Painting *Danaë*," in *Rembrandt and His Pupils,* ed. Görel Cavalli-Björkman (Stockholm, 1993), 223-3。有关这幅画遭到破坏的经过及其后果，还有后来的修复方法的信息，是我与艾尔米塔什博物馆荷兰油画部分的策展人伊琳娜·阿列克谢耶夫娜·索科洛娃（Irina Alexeevna Sokolowa）以及首席修复师 E. 格拉西莫夫（E. Gerassimov）交谈得来的。他们都很好心，让我有幸在这幅画再次面向公众展览之前，在实验室里检视了一番。我也非常感谢艾尔米塔什博物馆的馆长米哈伊尔·皮耶洛夫斯基（Mikhail Pietrovsky）教授允许我观看了这幅画。

37 Louis Viardot, *Les Musées d'Angleterre, de Belgique, de Hollande et de Russie* (Paris, 1860), 319.

38 引自 David Freedberg, "Johannes Molanus on Provocative Paintings," *Journal of the Warburg and Courtauld Institutes* 34 (1971): 229-45。

39 尤其参见 Christian Tümpel, *Rembrandt* (New York, 1993), 181-82，其中引用了 E. Kieser, "Über Rembrandts Verhältnis zur Antike," *Zeitschrift für Kunstgeschichte* 10 (1941-44): 129-62。

40 Erwin Panofsky, "Der gefesselte Eros: Zur Genealogie von Rembrandts *Danaë*," *Oud Holland* 50 (1933): 193-217；现由彼得·沃斯特曼（Peter Worstman）译为"Eros Bound: Concerning the Genealogy of Rembrandt's *Danaë*," in *German Essays on Art History,* ed. Gert Schiff (New York, 1988), 255-75。关于这一争论，另见 Madlyn Millner Kahr, "Danaë: Virtuous, Voluptuous, Venal Woman," *Art Bulletin 60* (1978): 43-55。

41 *Corpus,* 2:218.

42 Karel van Mander, *The Lives of the Illustrious Netherlandish and German Painters,* 1:376-9.

43 "Dees naakte kan een god bekoren." Joost van den Vondel, "Op Bleker's Danaë," in *Volledige dichtwerken en oor-spronkelijk proza,* ed. Albert Verwey (Amsterdam, 1937), 942.

44 Joh. Episcopius [Jan de Bisschop], *Paradigmata Graphices Variorum Artificium: Voor-Beelden der teken-konst van verscheyde meesters* (The Hague, 1671). 另见 Seymour Slive, *Rembrandt and His Critics* (The

Hague, 1953; reprint, New York, 1988), 83。

45 佩尔斯的完整文本可以见于 Slive, *Rembrandt and His Critics,* 210-11。

46 François-Edmé Gersaint, *Catalogue raisonné de toutes les pièces qui forment l'oeuvre de Rembrandt* (Paris, 1751), 156.

47 Kenneth Clark, *Rembrandt and the Italian Renaissance* (London, 1966), 10.

48 Pliny, *Natural History,* trans. H. Rackham (Cambridge, Mass., and London, 1952), 35:36: 64-5, pp. 308-9.

49 用克里斯托弗·怀特的话说（*Peter Paul Rubens: Man and Artist* [New Haven, 1987]，276），这样看来，虽然鲁本斯决定让朱诺的"姿态更温柔，表情更优雅"，但只有脖子以上才是这样。

50 *RD,* no. 239, 1656/12, 373. 716

51 Erik J. Sluijter, "Rembrandt's Early Paintings of the Female Nude: *Andromeda* and *Susanna,*" in G. Cavalli-Bjöirkman, *Rembrandt and His Pupils,* 31-54. 这里我和斯莱特博士的观点一致。他对伦勃朗裸体作品中偷窥元素的讨论，与我在"Rembrandt and Women," *Bulletin of the American Academy of Arts and Sciences* 38 (April 1987): 21-47，以及 1992 年英国广播公司（BBC）电视节目"Rembrandt: The Private Gaze"中表达的观点一致。

52 参见 Christian Tümpel, "Studien zur Ikonographie der Historien Rembrandts: Deutung und Interpretation der Bild-inhalte," *Nederlands Kunsthistorisch Jaarboek* 20 (1969): 160-63。

53 Sluijter, "Rembrandt's Early Paintings," 39.

54 Elizabeth McGrath, "Rubens's *Susanna and the Elders* and Moralizing Inscriptions on Prints," in *Wort und Bild, in der niederländischen Kunst und Literatur des 16 und 17 Jahrhunderts* (Erfstadt, 1984), 84.

55 Dirck Raphael Camphuyzen, translation of Geesteranus's *Idololenchus,* in Camphuyzen, *Stichtelyke rymen* (Amsterdam, 1644), 218.

56 Joost van den Vandel, "Op een Italiaanse schilderij van Susanne," in *Volledige dichtwerken,* 942.

57 Mieke Bal, *Reading Rembrandt: Beyond the Word-Image Opposition* (Cambridge, 1991), 141ff.，书中谈到另一幅画时写道，伦勃朗"将偷窥作为主题，但是没有迎合它的成规"。

58 感谢塔里亚·霍尔金（Talya Halkin）帮我指出同时存在的两种"自我斗争"。另见 Bal, *Reading Rembrandt,* 181ff.。巴尔认为，约瑟"凝视"的方向是向后的，朝向波提乏妻子要凑到他身体上的腹部和阴道。但在我看来，约瑟的手势是在挡住自己的眼睛，让自己尽量不去看这堕落的景象，这样解读更符合逻辑，当然也更符合伦勃朗这一时期的创作手法。

59 *Dawn of the Golden Age,* catalogue no. 7, 337-38; van Mander, *Grondt,* fol. 293 recto.

60 M. Roscam Abbing, "Houbraken's onbeholpen kritiek op de Rembrandt-ets *De Zondefal,*" *Kroniek van het Rembrandthuis* 46 (1994): 14-23.

61 Gersaint, *Catalogue raisonné,* 18.

62 参见 John B. Knipping, *Iconography of the Counter-Reformation in the Netherlands: Heaven on Earth* (Nieuwkoop and Leiden, 1974), 1:63。

63 Albert Blankert, "Looking at Rembrandt, Past and Present," in *Rembrandt: A Genius and His Impact,* exhibition catalogue (Melbourne, Sydney, and Zwolle, 1997), 36-38.

64 参见 Richard Bernheimer, *Wild Men in the Middle Ages: A Study in Art, Sentiment and Demonology* (Cambridge, 1952); Timothy Husband, *The Wild Man: Medieval Myth and Symbolism* (New York, 1980); Simon Schama, *Landscape and Memory* (New York, 1995), 96-97。

65　王室议会在呈给国王的推荐信中特别提到了提香曾经受到的礼遇。参见 White, *Rubens*, 24。

66　*CR*, 6:35; 另参见 White, *Rubens*, 244。

67　鲁本斯致佩雷斯克的信，1634 年 12 月 18 日，*LPPR*, 392-93。

68　详细的就职宣誓过程，参见 John Rupert Martin, *The Decorations for the Pompa Introitus Ferdinandi (Corpus Rubenianum L. Burchard)*, vol. 16 (London, 1972)。

69　1634 年 12 月 18 日，*LPPR*, 393。

70　*CR*, 4:151; 另参见 J. G. van Gelder, "Rubens in Holland in de zeventiende eeuw," *Nederlands Kunsthistorisch Jaarboek*, 1950-51, 3:142。

71　*Corpus*, 1:371. 另参见 Julius S. Held, "Rembrandt and the Classical World," in *Rembrandt after Three Hundred Years: A Symposium — Rembrandt and His Followers* (Chicago, 1973), 59；另参见 Clark, *Rembrandt and the Italian Renaissance*, 8。

72　版画制作者是埃吉迪厄斯 · 萨德勒（Aegidius Sadeler）。

73　参见 van Gelder, "Rubens in Holland," 103-50。有关卡拉瓦乔和其他意大利前辈对伦勃朗的影响，参见 J. Bruyn, "Rembrandt and the Italian Baroque," *Simiolus* 4 (1970), 28-48。

74　Vaenius [Otto van Veen], *Amoris Divini Emblemata* (Antwerp, 1615). 另参见 Knipping, *Iconography*, 1:51-54。

75　关于这种阐释，以及图像学的其他元素，参见 Margarita Russell, "The Iconography of Rembrandt's *Rape of Ganymede*," *Simiolus* 9 (1977): 5-18。

76　Clark, *Rembrandt and the Italian Renaissance*, 12.

77　Russell, "The Iconography of Rembrandt's *Rape of Ganymede*," 12-14.

78　Susan Donohue Kuretsky, "Rembrandt's *Good Samaritan* Etching: Reflections on a Disreputable Dog," in *Shop Talk: Studies in Honor of Seymour Slive Presented on His Seventy-fifth Birthday*, ed. C. P. Schneider et al. (Cambridge, 1995), 150-53.

79　出处同上，151。

80　Peter Schatborn, "Over Rembrandt en kinderen," *Kroniek van het Rembrandthuis* 27 (1975): 9-19.

81　Jan Harmensz. Krul, *Wereld-hatende nootzakelijke* (Amsterdam , 1627). 另参见 Schama, *Embarrassment of Riches*, 331-32。

82　*Dawn of the Golden Age*, 383-86.

83　Tümpel, "Studien zur Ikonographie," 163; 有关海德柯珀的物品清单，参见 Schwartz, *Rembrandt*, 138。

84　参见 Bal, *Reading Rembrandt*, 286ff.；另参见 Volker Manuth, "Die Augen des Sünders: Überlegungen zu Rembrandts *Blendung Simsons* von 1636 in Frankfurt," *Artibus et Historiae* 11 (1990): 90-169。

85　参见有关图像中的暴力元素以及"痛苦之典范"的优秀探讨：Elizabeth Cropper and Charles Dempsey, *Nicolas Poussin: Friendship and the Love of Painting* (Princeton, 1996) , 275ff.。

86　Constantijn Huygens, *Mijn jeugd*, trans. and ed. C. L. Heesakkers (Amsterdam, 1987), 80.

87　有关这幅《被缚的普罗米修斯》，参见 Peter Sutton 的图录条目，载于 *The Age of Rubens* (Boston, 1993-94), 238-41；另参见 idem, "'Tutti finiti con amore': Rubens's *Prometheus Bound*," in *Essays in Northern European Art Presented to Egbert Haverkamp-Begemann* (Doornspijk, 1983), 270-75; Julius S. Held , "*Prometheus Bound*," *Philadelphia Museum of Art Bulletin* 59 (1963): 17-32; Charles Dempsey, "Euanthes Redivivus: Rubens's *Prometheus Bound*," *Journal of the Warburg and Courtauld Institutes* 30

(1967): 420-25。

88 还有一个可能的来源是科内利斯·科内利松·凡·哈勒姆 1588 年描绘提堤俄斯的画作，或者是扬·穆勒的临摹。参见 *Dawn of the Golden Age*, 333-34。

89 参见 Ernst van de Wetering, “Rembrandt’s Manner: Technique in the Service of Illusion”，收于展览目录 *Rembrandt: The Master and His Workshop* (New Haven and London, 1991), 1:32-33。凡·德·韦特林引用了塞缪尔·凡·霍赫斯特拉滕在 1678 年写的一句话，他的大意是，尽管 17 世纪的“光明的部分前进，黑暗的部分后退”这一公理在很大程度上仍然具有可操作性，但事实上，自然界中也存在着相反的现象，例如，太阳的光辉被认为是遥远的，水下的鱼越接近水面就越暗。关于这个问题，请参见 Ernst Gombrich, “Light, Form and Texture in Fifteenth-Century Painting North and South of the Alps,” in *The Heritage of Apelles* (Oxford , 1976), 19-35。 717

90 H. Gerson, *Seven Letters by Rembrandt* (The Hague, 1961), 53-4.

91 Beneventus Grassus, *De Oculis Eorumque Egritudinibus et Curis*, ed. and trans. Casey A. Wood (Stanford and London, 1929), 59-60. 贝内文图斯的论文于 1474 年首次在费拉拉出版，这篇论文在接下来的两个世纪里成为眼科医学手册的典范，强调忧郁症倾向（艺术家的情绪体质）和眼部疾病之间的联系，尤其是飞蚊症（muscae volitantes），即“视力的魂灵无法找到进入眼睛的路，所以这种阻塞就表现为像蚊子在空中飞过一样”，以及眼障（ungula），必须在阻塞物下方插入银针将其完全清除，否则会完全摧毁视力。

92 J. F. M. Sterck, “Charles de Trello en zijne dochter Lucretia,” *Oud Holland* 5 (1887) : 27594. 近期最完整讨论这首诗歌的是 C. W. de Kruyter, *Constantijn Huygens*’ “*Ooghentroost*” *: Een interpretatieve studie* (Meppel, 1972)。

93 惠更斯也发表过一个截然相反的观点，认为光学和视觉上的明晰描述极为重要，可以参见 Svetlana Alpers, *The Art of Describing* (Chicago, 1983), 1-4。

94 引言来自 Jacques Derrida, *Memoirs of the Blind: The Self-portrait and Other Ruins*, trans. P. Brault and M. Naas (Chicago, 1993), 131。

95 Joost van den Vondel, *Koning Edipus : Uit Sofokles treurspel* (Amsterdam, 1660); *Samson of heilige wraak* (Amsterdam, 1660).

96 John Milton, *Samson Agonistes* (London, 1671), lines 1686-91.

97 Ernst van de Wetering, *Rembrandt: The Painter at Work* (Amsterdam, 1997), 160, 作者提出了一个重要而看似矛盾的观点，即虽然伦勃朗是莱顿美画家（fijnschilder）派的奠基人，画面干净、完成度高，这从他的第一个学生杰拉德·杜就可以看出，但他也创立了一种截然相反的画法：在生命的最后十年里，伦勃朗显然更偏爱断断续续的笔触、强烈的表现力和厚涂的绘画手法（尽管也会把一些片段画得更流畅光滑）。

98 Georg Bartisch, *Ophthalmoduleia: Das ist Augendienst*, 2d ed. (Dresden, 1583).

99 M. H. Heinemann and H. C. Pinelle-Staehle, “Rembrandt van Rijn and Cataract Surgery in Seventeenth Century Amsterdam,” *Historia Ophthalmologica Internationalis* 2 (1991) : 118-43.

100 关于伦勃朗对这个故事的多次描绘，有过非常经典的讨论，见 Julius S. Held, “Rembrandt and the Book of Tobit,” in his *Rembrandt Studies* (Princeton, 1991), 118-43。

101 *RD*, 147. 房子的确切位置是兹瓦嫩堡街（Zwanenburgerstraat）41 号，望向阿姆斯特尔河，如今已经看不到河景了，因为 1660 年填河造陆的土地上兴建了许多房子，遮蔽了视野。

102 有关葡萄牙犹太人和巴西之间的贸易，参见 Jonathan Israel, “The Economic Contribution of Dutch

Sephardic Jews to Holland's Golden Age 1595-1713," *Tijdschrift voor Geschiedenis* 19 (1983): 505-35; Daniel M. Swetchinski, "Kinship and Commerce: The Foundations of Portuguese Jewish Life in the Seventeenth Century," *Studia Rosenthaliana* 15 (1981): 52-74; idem, *The Portuguese Jewish Merchants of Seventeenth-Century Amsterdam*, Ph.D. dissertation, Brandeis University, 1981。

103 A. M. Vaz-Dias, "Rembrandt en zijn Portugees-Joodsche Buren," *Amstelodamum* 19 (1932): 10; 另参见对弗洛延堡的精彩描述，载于 Steven M. Nadler, *Spinoza: A Life* (Cambridge, 1999)。我很感激纳德勒（Nadler）教授允准我参观他书籍的手稿。

104 1996 年春季我和戴维·弗里德伯格在哥伦比亚大学教授一门伦勃朗研讨课，伊丽莎白·柯恩维尔（Elizabeth Cornwell）在为该课程撰写的论文"Rembrandt and Amsterdam's Jews: An Analysis of the Historical Record"中详细地阐明了这一观点，很有说服力。我非常感激她对此议题发表洞见。

105 伦勃朗的原话是"ruym half gedaen sijn"，关键词"ruym"本身语义就有点模糊，可以表示"大约"，也可以表示"至少"。全文请参见 *RD*, 1636/1, 129。信件原本藏于哈佛大学霍顿图书馆（Houghton Library）。关于此话题（以及其他六封给惠更斯的信），另参见 H. Gerson, *Seven Letters by Rembrandt*, The Hague, 1961。

106 Van Gelder, "Rubens in Holland," art cit., 142-3. 有关鲁本斯将自己放进他晚期的爱情主题画作的做法，参见详细的研究 Svetlana Alpers, *The Making of Rubens* (New Haven, 1995)。

107 *RD*, 1636/2, 133.

108 *Corpus*, 3:287.

109 这里，我显然不同意 Gary Schwartz, *Rembrandt*, 117 中的说法，作者认为，伦勃朗表现得"对惠更斯和执政毫无敬重"。

110 Schwartz, 116. 另参见 Bomford, *Rembrandt: Art in the Making*, 66。

111 出处同上。引言出自 Christian Tümpel in *Gods, Saints and Heroes: Dutch Painting in the Age of Rembrandt*, exhibition catalogue, Rijksmuseum and National Gallery of Art, Amsterdam and Washington, D. C., 1980。我很感激杰基·容（Jackie Jung）提醒我注意到这本图录。

112 John Gage, "Note on Rembrandt's *Meeste end die Natureelste Beweechgelijkheit*," *Burlington Magazine* 111 (1969): 381; 另参见 *RD*, 162。

113 *RD*, 161.

114 出处同上，165。

115 出处同上，1639/3, 165。

116 出处同上，1639/4, 167。

117 出处同上，1639/5, 171（英文为作者译）。

118 出处同上，1639/7, 173（英文为作者译）。

第九章 越过门槛

1 David Freedberg, *Peter Paul Rubens: Oil Paintings and Oil Sketches* (New York, 1996), 77-79.

2 有关鲁本斯晚年的高产，参见 Christopher White, "Rubens and Old Age," *Allen Memorial Art Museum Bulletin* 35 (1977-78): 40-56。

3 *LPPR*, 413-14.

4 出处同上，413。

5 出处同上，411。

6 出处同上，415。

7 两幅画都可以在维也纳艺术史博物馆看到，互作对比。

8 参见第 720 至 724 页。

9 有关遗嘱，参见 E. Bonnaffe, “Documents inédits sur Rubens,” *Gazette des Beaux-Arts* 6 (Paris, 1891): 204-210。

10 Max Rooses, *Rubens*, trans. Harold Child (Philadelphia and London, 1904), 619.

11 引自 Jonathan Brown, *Kings and Connoisseurs: Collecting in Seventeenth-Century Europe* (Princeton, 1995), 123。

12 出处同上。

13 出处同上，629-30。

14 *LPPR*, 406. 718

15 I. H. van Eeghen, “Rubens en Rembrandt kopen van de familie Thijs,” *Maandblad Amstelodamum* (May-June, 1977): 59-62; 另参见 Gary Schwartz, *Rembrandt: His Life, His Paintings* (London and New York, 1985), 202-3。

16 John Michael Montias, *Artists and Artisans in Delft: A Socio-Economic Study of the Seventeenth Century* (Princeton, 1982), 120.

17 *RD*, 1639/1, 159.

18 出处同上，1638/5, 153。

19 出处同上，152。在吕伐登开庭时，伦勃朗似乎没有亲自出庭，而是由另一位凡 · 优伦堡家族成员代理，即乌尔里库斯，他是一名律师。这场诉讼在门诺派姻亲当中引起了很大的争议。夹在中间的希斯基亚尤其让人觉得无辜。

20 Philips Angel, *Lof der schilderkunst* (Leiden, 1642); 另参见 *RD*, 1641/5, 211。

21 *RD*, 1656/12, 351. 有关房子里的物品内容列表，可以参见 *RD*, 349-88 公布的完整物品清单。

22 有关这场比赛的重要性，参见 Ernst van de Wetering, *Rembrandt: The Painter at Work* (Amsterdam, 1997), 82ff.。

23 R. W. Scheller, “Rembrandt en de encyclopedische kunstkamer,” *Oud Holland* 84 (1969): 81-147.

24 *RD*, 385.

25 出处同上，367。

26 Scheller, “Rembrandt en de encyclopedische kunstkamer,” 121-2.

27 伦勃朗不光收藏有卡洛的乞丐系列版画，后来在 17 世纪 30 年代早期以其为灵感画了自己的习作，还收藏了十分罕见且研究更为深入的《论述圣地神圣建筑的平面和图像》（*Trattato delle plante & immagini de sacri edifizi di terra santa*），作者贝尔纳多 · 阿米科 · 达 · 加利波利（Bernardo Amico da Gallipoli）于 1620 年在佛罗伦萨发表，其中有 46 幅卡洛的版画。

28 S. A. C. Dudok van Heel, *Dossier Rembrandt: Documenten, tekeningen en prenten* (*The Rembrandt Papers: Documents, Drawings and Prints*) (Amsterdam, 1987), 77.

29 尤其是乔尔乔 · 瓦萨里（Giorgio Vasari）做过如此评断。参见 Patricia Lee Rubin, *Giorgio Vasari: Art and History* (New Haven, 1995), 393。

30 伦勃朗借用提香的《阿里奥斯托》来声称绘画相较诗歌更具有优越性，这个例子出自 E. de Jongh in “The Spur of Wit: Rembrandt’s Response to an Italian Challenge,” *Delta* 12 (Summer 1969): 49-67。

31 有关凡·登·法尔克特的《戴指环的男子肖像》(*Portrait of a Man with a Ring*)，参见 *Dawn of the Golden Age: Northern Netherlandish Art*, 1580-1620, ed. Ger Luijten et al. (Amsterdam and Zwolle, 1993), catalogue no. 267, 594-95。哈尔斯的《戴奖章的男子肖像》(*Portrait of a Man with a Medal*)藏于纽约布鲁克林博物馆；赫里特·彼得松的作品在海牙市立博物馆。

32 关于画框及其角色之颠覆的有趣探讨，参见 Victor I. Stoichita, *The Self-aware Image: An Insight into Early Modern Meta-painting*, trans. Anne-Marie Glasheen (Cambridge, 1997), 30-63。斯托伊奇塔举了许多静物画的例子，尤其是现藏于慕尼黑的一幅扬·波塞利斯的暴风雨题材绘画，在这幅令人震惊的画作中，涂了颜料的画框破坏了观者和再现内容之间本应具有的界限。

33 Jan Emmens, "Ay Rembrant, maal Cornelis stem," reprinted in *Kunst Historische Opstellen* (Amsterdam, 1981), 作者认为，冯德尔实际上是在代表诗歌的力量发出一种对抗性的挑战，从而参与到诗歌与绘画一争高下的漫长较量中。不过，冯德尔和伦勃朗也不太可能真的会为了哪种艺术形式更适合赞助人而严肃地吵起来。

34 J.-C. Klamt, "Ut Magis Luceat: Eine Miszelle zu Rembrandt's Anslo," *Jahrbuch der Berliner Museen* 17 (1975): 155-65.

35 有关这些问题的详细讨论，参见 *Corpus*, 3:346-55；另参见 F. Schmidt-Degener, "Rembrandts *Eendracht van het land* opnieuw beschouwd," *Maandblad voor Beeldende Kunsten* 18 (1941): 161-73; J. D. M. Cornelissen, *Rembrandt's "Eendracht van het land"* (Nijmegen, 1941); J. G. van Gelder, "Rembrandt and His Time," in *Rembrandt after Three Hundred Years: A Symposium—Rembrandt and His Followers* (Chicago, 1973), 3-18。

36 Samuel van Hoogstraten, *Inleyding tot de hooge schoole der schilderkonst, anders De zichtbare werelt* (Rotterdam,1678), 176. 另参见 Celeste Brusati, *Artifice and Illusion: The Art and Writing of Samuel van Hoogstraten* (Chicago and London, 1995), 246-48; Egbert Haverkamp-Begemann, *Rembrandt: The Night Watch* (Princeton, 1982), 66-67。

37 Eugène Fromentin, *The Old Masters of Belgium and Holland* (translation of *Les Maîtres d'autrefois*), trans. Mary C. Robbins (Boston, 1883), 246.

38 Hoogstraten, *Inleyding tot de hooge schoole*, 190.

39 出处同上，176。

40 Haverkamp-Begemann, *Rembrandt: The Night Watch*, 30.

41 Fromentin, *The Old Masters of Belgium and Holland*, 249.

42 Clement Greenberg, "Modernist Painting," in *Modernism with a Vengeance, 1957-1969*, vol. 4 of *Clement Greenberg: The Collected Essays and Criticism*, ed. John O'Brian (Chicago and London, 1993), 85-93.

43 Karel van Mander, *Den grondt der edel vry schilderconst* (Haarlem, 1604), 258-9.

44 有关伦勃朗住宅背后的展厅，参见 Dudak van Heel, *Dossier Rembrandt*, 48-51。这个展厅存在的证据，可以在伦勃朗住宅后方房产的买卖合同中看到，是由外科医师阿德里安·科内利松（Adriaen Cornelisz.）在 1643 年 9 月卖给葡萄牙马拉诺人迭戈·迪亚斯·布兰当（Diego Dias Brandão）的。

45 参见图录 B. J. P. Broos, no. 82, in *Rembrandt: A Genius and His Impact* (Melbourne, Sydney, and Zwolle, 1997), 348；亦参见 B. Bijtelaar, "Het graf van Saskia," *Maandblad Amstelodamum* 40 (1953): 50-52。

46 有关伦勃朗母亲的房产，参见 *RD*, 191-201。

47 《传道书》9：12。

48 E. de Jongh, "Erotica in vogelperspectief: De dubbelzinnigheid van een reeks 17de eeuwse genrevoorstellingen," *Simiolus* 3 (1968): 22-74.

49 *RD*, 223-25.

50 赫里特 · 凡 · 洛逝世于 1642 年 1 月 5 日，显圣节前夜。参见萨斯基亚的侄子罗姆伯图斯 · 奥克玛（Rombertus Ockema）的家庭记录簿，*RD*, 225-27。

51 事实上，1647 年，伦勃朗的确为萨斯基亚五年前去世时的遗产做了一份清单。这个估价数字是从后来 1659 年的一份文件中得知的，参见 *RD*, 1647/6, 255。

52 有关藏于卡塞尔的萨斯基亚肖像的复杂历史，参见 *Corpus*, 2:424-39。

第十章　曝光

1 *A Selection of the Poems of Sir Constantijn Huygens (1596-1687)*, ed. and trans. Peter Davidson and Adriaan van der Weel (Amsterdam, 1996), 93.

2 Constantijn Huygens, "Daghwerck" and "Huys-raedt"，出处同上，747-49, 753。

3 有关这幅素描的讨论，参见 Jan Emmens, *Rembrandt en de regels van de kunst* (Amsterdam, 1979), 719
202-8; Michiel Roscam Abbing, "De ezelsoren in Rembrandt's satire op de kunstkritiek," *Kroniek van het Rembrandthuis* 45 (1993): 18-21；以及近期发表的最深入的讨论，Ernst van de Wetering, "Rembrandt's *Satire on Art Criticism* Reconsidered," in *Shop Talk: Studies in Honor of Seymour Slive Presented on His Seventy-fifth Birthday*, ed. C. P. Schneider et al. (Cambridge, 1995), 264-70。

4 Pliny, *Natural History*, trans. H. Rackham (Cambridge, Mass., and London, 1952), 35:36: 85, p. 325.

5 Ernst van de Wetering, "Rembrandt's *Satire*," 266; Samuel van Hoogstraten, *Inleyding tot de hooge schoole der schilderkonst, anders De zichtbare werelt* (Rotterdam, 1678), 197-98.

6 Josua Bruyn, "Rembrandt's Workshop: Its Function and Production," in *Rembrandt: The Master and His Workshop* (New Haven and London, 1991), 1:79.

7 Arnold Houbraken, *De groote schouburgh der Nederlantsche konstschilders en schilderessen* (Amsterdam, 1719), 2:20-21.

8 Eva Ornstein-van Slooten and Peter Schatborn, *Bij Rembrandt in de leer* (*Rembrandt as Teacher*) (Amsterdam, 1984); 另参见 Peter Schatborn, *Dutch Figure Drawings from the Seventeenth Century* (The Hague, 1981) , especially 22ff.。

9 Willem Goeree, *Inleydinge tot de al-ghemeene teyckenkonst* (Middelburg, 1668), 32.

10 出处同上，25。

11 有关伦勃朗更改过其他雷内塞的素描的例子，参见 Eva Ornstein-van Slooten and Peter Schatborn, *Bij Rembrandt in de Leer*, 40-43。

12 Pliny, *Natural History*, 35:36, p. 339.

13 Roger de Piles, *Cours de peinture par principes* (Paris, 1708); 另参见 Michiel Roscam Abbing, "On the Provenance of Rembrandt's *Girl at a Window*: Its First Owner and an Intriguing Anecdote," in *Paintings and Their Context IV ; Rembrandt van Rijn: Girl at a Window* (London, n.d.), 19-24, especially 22-23。

14 更多有关这种革命性的风格转变的讨论，请参见我的文章"Culture as Foreground," in *Masters of Dutch Landscape Painting*, ed. Peter Sutton et al. (Boston, 1987)；另参见 Christopher Brown et al.,

Dutch Landscape: The Early Years, Haarlem and Amsterdam, 1590-1650 (London, 1986)。

15 有关这些画作，以及伦勃朗的风景画总体，参见 Cynthia P. Schneider, *Rembrandt's Landscapes: Drawings and Prints* (Washington, D.C., 1990)。

16 有关这种传统，参见 Walter S. Gibson, *"Mirror of the Earth" : The World Landscape in Sixteenth-Century Flemish Painting* (Princeton, 1989)。

17 Van Mander, *Lives*, 190-1.

18 参见 Egbert Haverkamp-Begemann, *Hercules Segers: The Complete Etchings* (Amsterdam, 1973)；另参见 J. G. van Gelder, "Hercules Segers, erbij en eraf," *Oud Holland* 65: 216-26。

19 Hoogstraten, *Inleyding tot de hooge schoole*, 312.

20 有关这些版画，参见 David Freedberg, *Dutch Landscape Prints of the Seventeenth Century* (London, 1980)。

21 有关尼德兰的田园牧歌文化，参见 Alison McNeil Kettering, *The Dutch Arcadia: Pastoral Art and Its Audience in the Golden Age* (Totowa and Montclair, N.J., 1983)。

22 这一观点，以及其他诸多关于伦勃朗风景版画的尖锐见解，要归功于我此前在哈佛的学生 H. 罗德尼·内维特（H. Rodney Nevitt），尤其是他的论文"Rembrandt's Hidden Lovers"。

23 在这一点上，我的观点明显有别于这篇有趣的文章：Linda Stone-Ferrier, "Rembrandt's Landscape Etchings: Defying Modernity's Encroachment," *Art History* 15 (December 1992): 403-33。

24 参见 Robert C. Cafritz, "Reverberations of Venetian Graphics in Rembrandt's Pastoral Landscapes," in idem et al., *Places of Delight: The Pastoral Landscape* (Washington, D.C., 1988), 131-47。

25 参见 Ernst van de Wetering, *Rembrandt: The Painter at Work* (Amsterdam, 1997), 70-73。

26 François-Edmé Gersaint, *Catalogue raisonné de toutes les pièces qui forment l'oeuvre de Rembrandt* (Paris, 1751), 162-63.

27 参见 B. P. J. Broos, "Hercules Segers," in the *Grove Dictionary of Art*, ed. Jane Turner (London and New York, 1996), 28:361。

28 对于伦勃朗作为蚀刻版画家的经典论述，出自 Christopher White, *Rembrandt as an Etcher: A Study of the Artist at Work*, 2 vols. (London, 1969)。另参见 Clifford S. Ackley, *Printmaking in the Age of Rembrandt* (Boston, 1981); Schneider, *Rembrandt's Landscapes*。

29 在这里，我再次使用了克莱门特·格林伯格定义的现代主义。我一直认为，格林伯格触及了问题的核心：现代性探索内在于二维表现的物质材料，准确地说是艺术的物质形式，而不是想要让材料在被表现对象的幻觉面前消失。

30 Pliny, *Natural History*, 35:36: 103-4, pp. 338-39.

31 Nevitt, "Rembrandt's Hidden Lovers."

32 *RD*, 1649/4, 269. 另参见 J. Goudswaard, "Hendrickje Stoffels, jeugd en sterven," *Maandblad Amstelodamum* 43 (1956): 114-15, 163-64。

33 伦勃朗与海尔蒂厄关系的故事是由迪尔克·维斯（Dirck Vis）讲述的，但是其中有大量无文献依据的猜测：*Rembrandt en Geertje Dircx, de identiteit van Frans Hals's "Portret van een schilder en de vrouw van een kunstenaar"* (Haarlem, 1965)。另参见书评 I. H. van Eeghen, *Maandblad Amstelodamum* 52 (1965): 167。

34 有关这些人物的色情绘画，以及这些绘画激起的审查反应，参见重要的讨论：David Freedberg, *The Power of Images: Studies in the History and Theory of Response* (Chicago and London, 1989), 317-77。

35 其中一些珠宝，尤其是后来被海尔蒂厄典当了的那些，列于驳船船长妻子及放债者希尔特亨・娜宁斯（Giergtgen Nannings）1656 年 9 月的证词当中。*RD*, 1656/7, 390-91.

36 出处同上，1648/2, 260-61。

37 出处同上，1649/4, 269。

38 出处同上，1649/7, 273-74。

39 出处同上，1649/9, 276。

40 出处同上，1656/2, 337-38 ；Vis, *Rembrandt en Geertje Dircx*, 332-34。

41 *RD*, 1656/4, 339; 另参见 Vis, *Rembrandt en Geertje Dircx*, 75-76。

42 *RD*, 1656/5, 340-41.

43 出处同上，1654/11, 318。

44 出处同上，1654/15, 320。

45 《撒母耳记下》11 ：27。

46 Joseph Leo Koerner, "Rembrandt's *David at Prayer*," in *Rembrandt's "David at Prayer"* (Jerusalem, 1997). 另参见同出版物中的 Simon Schama, "Rembrandt's David"。

47 《撒母耳记下》11 ：4。

48 可参见，例如，David Bomford et al., *Art in the Making: Rembrandt* (London, 1988), 96。

49 Kenneth Clark, *The Nude* (New York and London, 1956), 439. 720

第十一章 绘画的代价

1 引言出自 Gary Schwartz, *Rembrandt: His Life, His Paintings* (London and New York, 1985), 283。

2 S. Groenveld, "The English Civil Wars as a Cause of the First Anglo-Dutch War," *English Historical Review* 30 (1987): 561.

3 *RD*, 1653/9, 300-301.

4 S. A. C. Dudok van Heel, "'Gestommel' in her huis van Rembrandt van Rijn: Bij twee nieuw Rembrandt-akten over het opvijzelen van het huis van zijn buurman Daniel Pinto in 1653," *Kroniek van het Rembrandthuis* 43 (1991): 3-13.

5 *RD*, 1654/3, 308-9.

6 出处同上，1654/3, 610-11。

7 出处同上，1654/5, 310。

8 请参见尼科莱特・毛特（Nicolette Mout）的生平注释，见于 *De wereld binnen handbereik: Nederlands kunst -en rariteitenverzamelingen, 1581-1735* (Amsterdam, 1992), 78。有关扬・西克斯和伦勃朗，另参见 David Smith, "'I Janus': Privacy and the Gentlemanly Ideal in Rembrandt's Portraits of Jan Six," *Art History* 11 (March 1988): 42-63; Clara Bille, "Rembrandt and the Burgomaster Jan Six: Conjectures as to Their Relationship," *Apollo* 85 (1967): 260-65; Luba Freedman, "Rembrandt's Portrait of Jan Six," *Artibus et Historiae* 12 (1985): 89-105。

9 参见第 688 页。

10 例如，西班牙戏剧《撒比那哈》(*Zabynaja*）的荷兰语版在 1648 年上演，剧中间接地称赞了伦勃朗的绘画，说它们在女主人公的针线活面前"黯然失色"，"因为她也用金子作画"。*RD*, 1648/9, 265.

11 参见 Gary Schwartz, “Apollo, Apelles en the Third Man: schilderkunst, letterkunde en politiek rond 1650,” *Zeventiende Eeuw* 11 (1995): 124-30。

12 参见第 191 页。

13 *De wereld binnen handbereik*, 117.

14 *RD*, 1653/11, 302.

15 Smith, “‘I Janus,’” 43.

16 *RD*, 1654/21, 322. “小绰号” 的文本写道：“AonIDas teneris qVI sUM VeneratVs ab annis TaLIs ego IanUs SIXIVs ora tULI. op myn schildery”。

17 有关“态度”（houding），参见 Paul Taylor, “The Concept of *Houding* in Dutch Art Theory,” *Journal of the Warburg and Courtauld Institutes* 55 (1992): 210-32；另参见 Ernst van de Wetering, *Rembrandt: The Painter at Work* (Amsterdam, 1997), 160ff.。

18 保罗 · 克伦肖（Paul Crenshaw）认为，纽约大都会艺术博物馆收藏的《亚里士多德》实际上是阿佩莱斯像。他慷慨地让我研读了他的重要研究“Rembrandt's *Aristotle*? Or Rembrandt's *Calumny*?” 的全文。他的分析理据充分，说服了我，让我也认为人物的身份很可能是阿佩莱斯，但是我不太相信伦勃朗特别想到了“诽谤阿佩莱斯”的典故，并把这个故事投射到自己 1653 年公认非常紧迫的现实问题上。

19 关于鲁福委托作品的文献史料，请参见 Jeroen Gilraj, “Ruffo en Rembrandt: Over een Siciliaanse verzamelaar in de zeventiende eeuw die drie schilderijen bij Rembrandt bestelde,” doctoral dissertation, Vrije Universiteit, Amsterdam, 1997。另参见 *RD*, 1654/10, 315。

20 有关巴洛克时代的墨西拿，请参见 Pierro Castiglione, *Storia di un declino: Il seicento siciliano* (Syracuse, 1987)。我非常感谢梅雷迪思 · 哈勒（Meredith Hale）为我提供这个信息来源，以及其他许多关于 17 世纪墨西拿和鲁福家族的信息。

21 Giltaj, “Ruffo en Rembrandt,” 44. 另参见 O. Schutte, *Repertorium der Nederlandse vertegenwoordigers residerende in het buitenland, 1584-1810* (The Hague, 1986), 454-55。卡森布鲁特画的《墨西拿海港景观》（*A View of the Harbor at Messina*）现收藏于那不勒斯的圣马蒂诺国家博物馆（*Museo Nazionale di San Martino*）。

22 Crenshaw, “Rembrandt's *Aristotle*?” 2.

23 伦勃朗画这幅画时参照的半身像，肯定就是 1656 年在他的物品清单中被鉴定为“荷马”的那尊。但这尊“荷马”与鲁本斯和伦勃朗都曾拥有的伪塞涅卡胸像一样，其肖像类型常常被认为是吟游诗人荷马雕像，但这完全只是推测。鲁福可能对自己鉴别艺术品的能力感到非常自豪，没有明显的理由会和当时的人们有共同的臆测。

24 Crenshaw, “Rembrandt's *Aristotle*?” 35. 另参见 *RD*, 317。

25 Giltaj, “Ruffo en Rembrandt,” 37.

26 Julius S. Held, “Rembrandt's *Aristotle*,” in *Rembrandt Studies* (Princeton, 1991), 28, n. 41.

27 出处同上，17-58。另一种相当不同的阐释，参见 Margaret Deutsch Carroll, “Rembrandt's *Aristotle*: Exemplary Beholder,” *Artibus et Historiae* 10 (1984): 35-56。

28 Richard Brilliant, *Portraiture* (Cambridge, 1991), 81.

29 Pliny, *Natural History*, trans. H. Rackham (Cambridge, Mass., and London, 1952), 35:36: 80, p. 321. 还有一种让我十分惊讶的解释：阿佩莱斯正在接过“按金币重量计算的［亚历山大］肖像的奖赏”（第 92 行），这一主题似乎可以从人物左手的手势中看出来。

30 Seymour Slive, *Rembrandt and His Critics* (The Hague, 1953; reprint, New York, 1988), 81.

31 *RD*, 1665/8, 546.

32 Giltaj, "Ruffo en Rembrandt," 49-56. 作者令人信服地论述说，通过红外光谱检查，格拉斯哥的这幅画上的日期是 1655 年，排除了它是 1661 年寄给鲁福的《亚历山大》的可能性，因为那幅亚里士多德像一寄到，这幅画就画完了，这未免太快。伦勃朗为什么画了《亚历山大》后，等了六年才把它送到墨西拿呢？当然，除非这幅画以前就画完了，伦勃朗用额外的画布来补上边角，以便满足委托的条件。藏于里斯本古尔本基安基金会（Gulbenkian Foundation）的一幅戴着头盔的人物肖像，画的很可能是身着亚历山大服装的提图斯 · 凡 · 莱因，因为头盔上装饰着的猫头鹰雕塑通常象征着那位马其顿国王。另一方面，猫头鹰当然也被认为是密涅瓦，这幅画的主人公也有可能是她。无论如何，这幅藏于里斯本的画作，尺寸远小于伦勃朗附在寄给鲁福的收据上的说明中提到的尺寸。吉尔塔吉（Giltaj）的结论是，鲁福的《亚历山大》很可能已经佚失了。有关不同观点，可以看看克里斯托弗 · 布朗（Christopher Brown）的文章，收录于 *Rembrandt: The Master and His Workshop* (New Haven and London, 1991), 261。

33 *RD*, 1661/5, 485.

34 出处同上，1662/11, 506-8。

35 出处同上，1662/12, 509。我对斯特劳斯和凡 · 德 · 默伦翻译自意大利文的文本稍作了改动。

36 出处同上，1662/11, 506-8。

37 Schwartz, *Rembrandt*, 283-84.

38 出处同上，283。

39 *RD*, 1653/12, 302.

40 出处同上，1656/10, 345。

41 John Michael Montias, "A Secret Transaction in Seventeenth-Century Amsterdam," *Simiolus* 24 (1996): 5-18.

42 *RD*, 1655/6, 330-31. 721

43 这是肯尼斯 · M. 克雷格（Kenneth M. Craig）的观点，"Rembrandt and *The Slaughtered Ox*," *Journal of the Warburg and Courtauld Institutes* 46 (1983): 235-39。另参见 Avigdor W. G. Poseq, "The Hanging Carcass Motif and Jewish Artists," *Jewish Art* 16-17 (1990-91): 139-56; Jan Emmens, "Reputation and Meaning of Rembrandt's *Slaughtered Ox*," *Museumjournaal voor Moderne Kunst* 12 (1967): 112；另参见 Emmens, *Kunsthistorische Opstellen* (Amsterdam, 1981), 2: 133-38。

44 约书亚 · 布勒因（Josua Bruyn）曾认为《波兰骑士》的作者是伦勃朗的学生威廉 · 德罗斯特（他的生平鲜为人知），观点出自他对 Werner Sumowski, *Gemälde der Rembrandt-Schüler*, 5 vols. (London, 1983-90), in *Oud Holland* 98 (1984): 158 的书评。有关随后的争论，参见 Anthony Bailey, *Responses to Rembrandt: Who Painted "The Polish Rider"? A Controversy Reconsidered* (New York, 1994)。贝利（Bailey）的书籍出版后，伦勃朗研究项目的负责人厄内斯特 · 凡 · 德 · 韦特林在 1997 年 10 月澳大利亚墨尔本的一次研讨会上宣布，他认为这幅画即使不是完全由伦勃朗完成的，也主要是出自这位大师本人之手。

45 关于这幅画是委托创作的肖像，最强有力的论据见 B. P. J. Broos, "Rembrandt's Portrait of a Pole and His Horse," *Simiolus* 7 (1974): 192-218。Colin Campbell, "Rembrandt's *Polish Rider* and the Prodigal Son," *Journal of the Warburg and Courtauld Institutes* 33 (1970): 292-303 则提出了一种完全不同的观点，而尤利乌斯 · S. 赫尔德（Julius S. Held）发表在 *Rembrandt Studies* (Princeton,

1991) 中的论文，连同后记中的附言，都仍然主张这幅画主要是一幅具有象征意义的作品。Gary Schwartz, *Rembrandt* 一书认为，这幅画是同时代的约翰内斯 · 瑟沃特（Johannes Serwouter）的戏剧中一个场景的插图，剧中确实有马背上的帖木儿。但骑马人的脸和服饰似乎都不符合令人生畏的蒙古武士王子的形象，甚至不符合舞台形象。

46 这一观点出自 Zdislaw Zygulski, Jr., "Rembrandt's *Lisowczyk*," *Bulletin du Musée National de Varsovie* 6 (1965): 43-67，得到了 B. P. J. 布罗斯的认可，我也认为极具说服力。

47 Filips von Zesen, *Beschreibung der Stadt Amsterdam* (Amsterdam, 1664), 232-33 中提到，波兰语是证券交易所在下午一点时响起的许多语种中的主要语种之一。

48 Broos, "Rembrandt's Portrait of a Pole," 208.

49 出处同上，214。

50 马科维乌斯在 1633 年安蒂耶·凡·优伦堡死后再婚了两次，两次的配偶都身份显赫。他死于 1644 年。

51 Broos, "Rembrandt's Portrait of a Pole," 216. 另参见 W. B. S. Boeles, *Frieslands hoogeschool en het Rijks Athenaeum te Franeker* (Leeuwarden, 1878), 1:295。

52 这身服装可能是伦勃朗用模特拥有的衣物或其他在阿姆斯特丹的波兰人的衣物拼凑而成的。但包括赫尔德和布罗斯在内的许多学者指出，他也可能参考了斯特凡诺 · 德拉 · 贝拉（Stefano della Bella）描绘波兰骑士的版画，其中一些版画包含精确的细节，比如皮毛镶边的库奇马帽、西吉斯蒙德军刀，以及挂在缰绳上的装饰性马尾。

53 Norbert Middelkoop, "'Large and Magnificent Paintings, All Pertaining to the Chirurgeon's Art': The Art Collection of the Amsterdam Surgeons' Guild," in Norbert Middelkoop et al., *Rembrandt under the Scalpel: "The Anatomy Lesson of Dr. Nicolaes Tulp" Dissected* (The Hague, 1998), 25-26.

54 有关这则传说，参见 Wolfgang Stechow, "Jacob Blessing the Sons of Joseph: From Early Christian Times to Rembrandt," *Gazette des Beaux-Arts* 85 (1943): 193-208。

55 事实上，伦勃朗在 17 世纪 40 年代就曾创作过有关《创世记》第 27 章中这一场景的素描作品，但没有基于此绘制的画作留存下来。

56 H. van de Waal, *Steps Towards Rembrandt* (Amsterdam, 1974), 115ff.

57 *RD*, 1657/8, 402-4.

58 出处同上，1658/13, 420-21。

第十二章　足量的恩典

1 我很感激戴维 · 弗里德伯格向我指出了莱卡尔特众所周知的残疾状况。

2 这个结论是我自己得出的，纯粹是基于推测，但我很高兴注意到，新的技术数据表明，藏于弗里克收藏馆的自画像的确和藏于洛杉矶的《朱诺》是一对。L. J. Slatkes, "Rembrandt as Jupiter: The Frick *Self-portrait* and Its Pendant," lecture, Frick Collection, May 20, 1998.

3 从风格上看，阿曼德 · 哈默收藏的《朱诺》中最自由、最粗糙的部分表明，画作完成时间是 17 世纪 60 年代中期，而不是约 1658 年，也就是弗里克收藏馆的那幅自画像完成时。另一方面，画中最平滑、最清晰的部分——脸部和上半身——其风格则与更早的那幅画相吻合。因此，很有可能伦勃朗重画了这幅画（或许也重画了他的自画像），并进行了为期数年的修改。

4 Hazlitt, *The Complete Works of William Hazlitt* (London and Toronto, 1933), 18:61, 引自 Christopher White, *Rembrandt in Eighteenth-Century England* (New Haven, 1983), 16。

5 关于操作颜料表面本身成为伦勃朗的艺术主题，唯一一个接近这种观点的论述可见于 Svetlana Alpers, *Rembrandt's Enterprise: The Studio and the Market* (Chicago, 1988), "The Master's Touch," 14-33。

6 这是 Christian Tümpel, *Rembrandt* (New York, 1993), 293 的观点，据说纠正了 A. Heppner, "*Moses zeigt die Gesetzestafeln* bei Rembrandt," *Oud Holland* 52 (1935): 241-51 中较早的观点，在我看来，较早的观点还是更可信一些。

7 事实上，第一次有文献记载提到波尔的画作，是在 1666 年。但是，约斯特·凡·登·冯德尔和扬·福斯都在 1659 年写了诗来纪念和描述一幅位于市议员室的画。我们可以想象，这两首诗中的任何一首都有可能是在挂上画作之前写的，或者描写的是第三幅画（既不是波尔的也不是伦勃朗的）。关于波尔的绘画及其背景，见 Albert Blankert, *Kunst als regeringzaak in Amsterdam in de 17de eeuw* (Amsterdam, 1975), 30-35; B. J. Buchbinder-Green, "The Painted Decorations of the Town Hall of Amsterdam," Ph.D. dissertation, Northwestern University, 150-58。关于"摩西和亚伦"主题的政治背景，请参见 Simon Schama, *The Embarrassment of Riches: An Interpretation of Dutch Culture in the Golden Age* (New York, 1987), 117-21。

8 有关所有官职，参见 Buchbinder-Green, "The Painted Decorations of the Town Hall," 106-81。

9 Pliny, *Natural History*, trans. H. Rackham (Cambridge, Mass., and London, 1952), 35:36: 90, pp. 327-28.

10 凡·维恩在这本书的扉页上称自己为"Othone Vaenio Lugdunobatavo"，明确表示自己是巴达维亚 722
传说中的古都莱顿的本地人。参见 H. van de Waal, "The Iconographical Background of Rembrandt's *Claudius Civilis*," in H. van de Waal, *Steps Towards Rembrandt* (Amsterdam, 1974), 28-43。

11 关于树木和日耳曼的原始自由，参见 Simon Schama, *Landscape and Memory* (New York, 1995), 81-152。有关图像学的先例，参见 van de Waal, "Iconographical Background," 28-43。关于伦勃朗这些决定的政治解读，参见 Margaret Deutsch Carroll, "Civic Ideology and Its Subversion: Rembrandt's *Oath of Claudius Civilis*," *Art History* 9 (March 1986): 11-35。

12 伦勃朗曾在蚀刻版画《向人民展示基督》（*Christ Presented to the People*）中使用了这种正面的方法来构建一个宏伟的戏剧平台，在上面上演了一出伟大的悲剧。在某种意义上，《扬·戴曼医生的解剖学课》也是如此。

13 Tacitus, *Histories*, trans. Clifford H. Moore (Cambridge, 1979), 4:14, p. 27.

14 Svetlana Alpers, "Rembrandt's *Claudius Civilis*," in *Rembrandt and His Pupils*, ed. Görel Cavalli-Björkman (Stockholm, 1993), 17-18.

15 参见 Carroll, "Civic Ideology," 21-26。

16 Jonathan Israel, *The Dutch Republic: Its Rise, Greatness and Fall, 1477-1806* (Oxford and New York, 1995), 765.

17 引自 Ernst van de Wetering, *Rembrandt: The Painter at Work* (Amsterdam, 1997), 156。

18 N. de Roever, "Het Nieuwe Doolhof 'in de Oranje Pot' te Amsterdam," *Oud Holland* 6 (1888): 103-12.

19 出处同上，109。

20 *RD*, 1661/12, 491-92.

21 S. A. C. Dudak van Heel, "Het 'Schilderhuis' van Govert Flinck en de Kunsthandel van Uylenburgh aan de Lauriergracht te Amsterdam," *Jaarboek Amstelodamum* (1982): 70.

22 *RD,* 1660/20, 462-65.

23 有关伦勃朗这笔直到去世也没有向西克斯付清的欠款的复杂历史，参见 Gary Schwartz, *Rembrandt:*

His Life, His Paintings (London and New York, 1985), 287。

24 *RD,* 1669/5, 586-89.

25 Dudok van Heel, "Het 'Schilderhuis,'" 74-75.

26 *RD,* 1666/3, 562.

27 Cornelis de Bie, *Het Gulden Cabinet van de Edele vry Schilder canst* (Antwerp, 1661), 290.

28 有关这些争议的开端，参见优秀的论述：Seymour Slive, *Rembrandt and His Critics* (The Hague, 1953; reprint, New York, 1988), 67ff.。

29 出处同上，70。

30 Jeremias de Decker, "Schaduw-Vrindschap," in *De Nederlandse poezie van de 17de en 18de eeuw in duizend en enige gedichten,* ed. Gerrit Komrij (Amsterdam, 1987), 321.

31 "Op d'afbeeldinge van den verreseb Christus en Maria Magdalena, geschildert door en uytnemenden Mr Rembrandt van Rijn, voor H. F. Waterloos," in *De Hollantsche Parnas, of versscheiden gedichten,* ed. Tobias van Domselaer (Amsterdam, 1669), 405；亦见于 Jeremias de Decker, *Rym-Oeffeningen* (Amsterdam, 1702), 85；另见 Slive, *Rembrandt and His Critics,* 46-47。

32 Jan Vos, "Strydt tusschen de doodt en natuur, of zeege der schilderkunst," in *Alle de gedichten* (Amsterdam, 1726), 1:193-207.

33 Svetlana Alpers, "Rembrandt's *Claudius Civilis*" 一文直接且在我看来很有说服力地比较了两件作品的构图，尽管就桌子相对于图像平面的位置而言，两幅画之间的差异比相似性更加显著。

34 Sir Joshua Reynolds, *Literary Works* (London, 1819), 2:355-56.

35 引言见于 van de Waal, "The Syndics and Their Legend," in *Steps Towards Rembrandt,* 247-75。

36 R. Meischke and H. E. Reeser, eds., *Het Trippenhuis te Amsterdam* (Amsterdam, Oxford, and New York, 1983), passim.

37 David Bamford et al., *Art in the Making: Rembrandt* (London, 1988), 125.

38 *RD,* 1662/9, 505.

39 出处同上，1661/6, 488-89。

40 我对这两幅卢克雷蒂娅画像的论述，尤其是关于强奸和自杀之间的关系，很大程度上要归功于 Mieke Bal, *Reading Rembrandt: Beyond the Word-Image Opposition* (Cambridge, 1991), 62ff.；以及斯韦特兰娜·阿尔珀斯强调的绘画手法在表现悲剧重量方面的重要性，见 *Rembrandt's Enterprise,* 24-33。有关图像学传统，见 Wolfgang Stechow, "Lucretiae Statua," in *Essays in Honor of Georg Swarzenski* (Chicago, 1951), 114；及 Arthur Wheelock and George Keyes, *Rembrandt's Lucretias* (Washington, D.C., 1991)。

41 Tümpel, *Rembrandt, 355.*

42 *The Complete Letters of Vincent van Gogh* (Greenwich, Conn., 1958), 2:446.

43 Van de Wetering, *Rembrandt: The Painter at Work,* 57.

44 *RD,* 1665/7, 543-44.

45 有关为科珀诺尔绘制的蚀刻版画和藏于肯伍德宫的自画像之间的联系，请参见 B. P. J. Broos, "The 'O' of Rembrandt," *Simiolus* 4 (1971): 150-82。H. Perry Chapman, *Rembrandt's Self-portraits: A Study in Seventeenth-Century Identity* (Princeton, N.J., 1990), 98-101 这本书又回到了凡·德·瓦尔和柯特·鲍赫（Kurt Bauch）的观点，即伦勃朗身后的圆圈代表了荷兰的富裕家庭里常见的双半球地图，但伦勃朗也想用它们来代表他的全球性。Jan Emmens, *Rembrandt en de regels van de kunst*

(Amsterdam, 1979), 92 认为两个圆圈分别代表着艺术（理论）和实践（训练），而伦勃朗本人则代表第三种决定性力量，即天赋（ingenium），或创造力，处于中心位置。

46 我意识到这一点，要归功于以下文献中出色的讨论（虽然其中并未讨论伦勃朗）：Gregory Galligan, “The Self Pictured: Manet, the Mirror and the Occupation of Realist Painting,” *Art Bulletin* 80 (March 1998): 140-71。

47 有关科西莫·德·美第奇以及他的文化世界和欧洲旅行，参见 Eric Cochrane, *Florence in the Forgotten Centuries, 1527-1800* (Chicago and London, 1973), 259-62。

48 *RD*, 1665/13, 550.

49 出处同上，1665/6, 541。

50 出处同上，1668/2, 575；另见 S. A. C. Dudok van Heel, “Anna Huijbrechts en Rembrandt van Rijn,” *Maandblad Amstelodamum* 64 (1977): 30-33。

51 关于荷兰黄金时代的笑声和笑话那复杂而迷人的历史，参见 Rudolf Dekker, *Lachen in de Couden Eeuw: Een geschiedenis van de Nederlandse humor* (Amsterdam, 1997)。有关与宙克西斯之间的联系，参见 Albert Blankert, “Rembrandt, Zeuxis and Ideal Beauty,” in *Album Amicorum J. G. van Gelder* (The Hague, 1973), 32-39。我对这幅画的解读归功于昆丁·斯金纳（Quentin Skinner）1999 年 3 月在哥伦比亚大学举行的莱昂内尔·特里林（Lionel Trilling）研讨会“古老的笑声”（“Ancient Laughter”）中对 17 世纪文本和经典文本的讨论。

52 *RD*, 1669/3, 583-85. 凡·布雷德罗德在清单中将这些四肢描述为“vier stuk gevilde armen en beenen
door Vesalius anatomiseert”，斯特劳斯和凡·德·默伦将其翻译为“根据维萨里的‘方法’解剖的”。
不过，考虑到凡·布雷德罗德热切的好奇心和伦勃朗的品位，这句话也可以理解成，四个标本因 723
为没有被那位帕多瓦医生亲自解剖而得以幸免。

53 记录玛格达莱娜和杜萨特代表科尔内利娅从遗产中收取款项的文件，已经被大火烧毁了，但斯特劳斯和凡·德·默伦认为这份协议是临时性的，这个结论似乎很有说服力。*RD*, 1669/5, 586-89.

54 科内利斯·安东尼松（Cornelis Anthonisz.）的一幅木刻版画，也可能是伦勃朗的形式来源，尤其是父亲把手放在儿子肩膀上的姿势。但画中的两具躯体同样是分开的。参见 I. V. Linnik, “Once More on Rembrandt and Tradition,” in *Album Amicorum J. G. van Gelder*, 223-25。

55 《路加福音》15：32。

56 Otto Benesch, *Rembrandt as Draughtsman* (London, 1960), 163.

57 《路加福音》2：29。

第十三章　伦勃朗的鬼魂

1 英文译文出自 *A Selection of the Poems of Sir Constantijn Huygens (1596-1687)*, trans. and ed. Peter Davidson and Adriaan van der Weel (Amsterdam, 1996), 186-87。

2 出处同上，187。

3 D. P. Snoep, “Gérard de Lairesse als plafond-en kamerschilder,” *Bulletin van het Rijksmuseum* 18 (December 1970): 159-220.

4 看起来，至少在最初，莱赖斯实际上并不是协会的一员，但他非常接近协会的核心，并且做了东道主。参见 Lyckle de Vries, *Gérard de Lairesse: An Artist Between Stage and Studio* (Amsterdam, 1998), 7 n. 15。

5 Joh. Episcopius [Jan de Bisschop], *Paradigmata Graphices Variorum Artificium: Voor-Beelden der teken-konst van verscheyde meesters* (The Hague, 1671); 亦引用于 Lyckle de Vries, *Gérard de Lairesse,* 80。

6 佩尔斯这首诗的完整版，可参见 S. Slive, *Rembrandt and His Circle,* appendix E, 210-11。

7 Gérard de Lairesse, *Het groot schilderboeck* (Amsterdam, 1707), 1:325.

8 出处同上，324。有关伦勃朗的绘画，亦参见瓦尔特·利特克（Walter Liedtke）的图录条目，载录于"Rembrandt / Not Rembrandt," in *The Metropolitan Museum of Art: Aspects of Connoisseurship* (New York, 1996), vol. 2, *Paintings, Drawings and Prints: Art-Historical Perspectives,* 86-87。

9 J. J. M. Timmers, *Gérard de Lairesse* (Amsterdam and Paris, 1952), 7.

10 Lairesse, *Groot schilderboeck,* 2:13-14.

11 出处同上，14。

12 关于巴达维亚的建筑、机构、动植物群的描述都来自约翰·纽霍夫（Johan Nieuhof）极为详细的描写。纽霍夫是伦勃朗的主顾科内利斯·维特森的门徒，他的《非凡的东印度群岛航海与旅行，1653—1670》(*Remarkable Voyages and Travels to the East Indies,* 1653-1670）是根据他在 17 世纪 50 和 60 年代的旅行见闻写成的，最初于 1682 年用荷兰文出版，1704 年用英文出版。该著作现已以影印本形式重印，还附上了安东尼·莱德（Anthony Reid）撰写的精彩引言（Oxford and New York, 1988)。关于巴达维亚，见 pp. 264-321。

参考文献

关于伦勃朗和鲁本斯的文献资料当然是海量的。以下内容并不试图做到学术上的全面，而只是作为一种引导，帮助普通读者进一步探究本书中提及的一些主题。关于更具体主题的阅读资料，可以在注释中找到。

文献与资料

鲁本斯

Max Rooses and Charles Ruelens, eds., *Correspondance de Rubens et documents épistolaires concernant sa vie et ses oeuvres*, 6 vols., Antwerp, 1887-1909; Ruth Saunders Magurn, ed. and trans., *The Letters of Peter Paul Rubens*, Cambridge, Mass., 1955; repr. Evanston, Ill., 1991.

伦勃朗

B. P. J. Broos, *Index to the Formal Sources of Rembrandt's Art*, Maarssen, 1977; Cornelis Hofstede de Groot, *Die Urkunden über Rembrandt (1575-1721)*, The Hague, 1906; Walter L. Strauss and Marjon van der Meulen, with S. A. C. Dudok van Heel and P. J. M. de Baar, *The Rembrandt Documents*, New York, 1979; H. Gerson, *Seven Letters by Rembrandt*, The Hague, 1961; S. A. C. Dudok van Heel, *The Rembrandt Papers: Documents, Drawings and Prints*, Amsterdam, 1987.

《伦勃朗绘画资料汇编》

J. Bruyn et al., *A Corpus of Rembrandt Paintings*, 3 vols., The Hague, Boston, and London, 1982-1989. 在厄内斯特·凡·德·韦特林（E. van de Wetering）、M. 弗兰肯（M. Franken）和 P. G. T. 布罗克霍夫（P. G. T. Broekhoff）的精心编辑和指导下，他们承诺将出版全新构思的《伦勃朗绘画资料汇编》续篇。这部续篇将带来更加坦诚的阐释，摒弃接受或拒绝的死板二元逻辑，并且按照艺术类型而非严格的时间顺序来组织内容。

艺术家传记和研究

鲁本斯

Svetlana Alpers, *The Making of Rubens*, New Haven and London, 1995; Frans Baudouin, *P. P. Rubens*, trans. Elsie Callender, New York, 1980; Kristin Lohse Belkin, *Rubens*, London, 1998; Kerry Downes, *Rubens*, London, 1980; Hans Gerhard Evers, *Peter Paul Rubens*, Munich, 1942; Max Rooses, *Rubens*, Philadelphia and London, 1904; Charles Scribner III, *Paul Rubens*, New York, 1989; Martin Warnke, *Rubens: His Life and Work*, trans. Donna Pedini Simpson, Woodbury, N.Y., 1980; idem, *Kommentare zu Rubens*, Berlin, 1965; Christopher White, *Peter Paul Rubens*, New Haven and London, 1987.

伦勃朗

二战后，有两部作品彻底改变了伦勃朗研究的视角：J. A. Emmens, "Rembrandt en de regels van de kunst," Ph.D. diss., University of Utrecht, 1964; repr. in idem, *Verzameld Werk*, vol. 2, Amsterdam, 1979（另参见 David Freedberg's 在 *Simiolus* 13 [1983]: 142-6 中的观点；关于我个人对这些作品以及它们的影响的见解，见第一章，pp. 24-25）；以及 Gary Schwartz, *Rembrandt: His Life, His Paintings*, New York and London, 1985。施瓦茨将大量的档案材料引入到了对伦勃朗的职业生涯和作品的描述中，比以往任何人都更为全面地揭示了使画家的作品得以实现的历史环境中的全部社会和政治复杂性。作为一份对伦勃朗的赞助者和观众的详尽历史记录，这本书保持着（并可能将一直保持）无可超越的地位。

其他重要的研究包括 Svetlana Alpers, *Rembrandt's Enterprise: The Studio and the Market*, Chicago and London, 1988; Mieke Bal, *Reading Rembrandt: Beyond the Word-Image Opposition*, Cambridge, 1991; Kenneth Clark, *Rembrandt and the Italian Renaissance*, London, 1966; H. Gerson, *Rembrandt Paintings*, Amsterdam, 1968; Bob Haak, *Rembrandt: His Life, His Work, His Time*, New York, 1969; Julius S. Held, *Rembrandt Studies*, Princeton, 1991; Seymour Slive, *Rembrandt and His Critics 1630-1730*, The Hague, 1953; Christian Tümpel (with chapters by Astrid Tümpel), *Rembrandt*, Antwerp, 1986, 1993; Christopher White, *Rembrandt*, London, 1984。Anthony Bailey, *Rembrandt's House*, Boston and London, 1978 这本书引人入胜地介绍了这位艺术家的职业生涯。

著作与文章

关于鲁本斯早期职业生涯的专项研究

K. Lohse Belkin, "Rubens und Stimmer," in *Tobias Stimmer*, exhibition catalogue, Basel, 1984, 201-22; C. Brown, *Rubens' Samson and Delilah*, exhibition catalogue, National Museum, London, 1983; Zirka Zaremba Filipczak, *Picturing Art in Antwerp, 1550-1700*, Princeton, 1987; David Freedberg, "Painting and the Counter-Reformation in the Age of Rubens," in *The Age of Rubens*, ed. Peter Sutton, exhibition catalogue, Museum of Fine Arts and Toledo Museum of Art, Boston and Toledo, 1993, 131-45; T. L. Glen, *Rubens and the Counter-Reformation*, New York and London, 1977; Julius S. Held, "Thoughts on Rubens's Beginnings," in *Papers Presented at the International Rubens Symposium*, ed. William H. Wilson and Wendy McFarland, *Ringling Museum of Art journal*, 1983, 14-35; idem, "Rubens and Vorsterman," in *Rubens and His Circle*, ed. idem, Princeton, 1982, 114-25; Frances Huemer, *Rubens and the Roman Circle: Studies of the First Decade*, New

York, 1966; Roger d'Hulst et al., *De Kruisoprichting van Pieter Paul Rubens*, Brussels, 1993; Paul Huvenne, *The Rubens House, Antwerp*, Brussels, 1990; Michael Jaffé, *Rubens and Italy*, London, 1972; Elizabeth McGrath, "The Painted Decoration of Rubens's House," *Journal of the Warburg and Courtauld Institutes* 41 (1978): 245-77; idem, "Rubens, the Gonzaga and the *Adoration of the Trinity*," in *Splendours of the Gonzaga*, ed. David Chambers and Jane Martineau, exhibition catalogue, Victoria and Albert Museum, London, 1981, 214-21; John Rupert Martin, *The Antwerp Altarpieces*, New York, 1969; Mark Morford, *Stoics and Neo-Stoics*, Princeton, 1991; Jeffrey M. Muller, *Rubens: The Artist as Collector*, Princeton, 1989; W. Prinz, "The Four Philosophers by Rubens and the Pseudo-Seneca in Seventeenth Century Painting," *Art Bulletin* 55 (1973): 410-28; W. Stechow, *Rubens and the Classical Tradition*, Cambridge, Mass., 1968; Christopher White, "Rubens and Antiquity," in *The Age of Rubens*, ed. Peter Sutton, 147-57.

关于鲁本斯在尼德兰的影响

J. G. van Gelder, "Rubens in Holland in de Zeventiende Eeuw," *Nederlands Kunsthistorisch Jaarboek* 3 (1950-1951): 103-50; H. Gerson, "Rembrandt and the Flemish Baroque: His Dialogue with Rubens," *Delta*, 1969, 7-23.

伦勃朗的技巧

M. Ainsworth, E. Haverkamp-Begemann, et al., *Art and Autoradiography: Insights into the Genesis of Paintings by Rembrandt, Van Dyck and Vermeer*, New York, 1982; David Bomford, Christopher Brown, and Ashok Roy, *Art in the Making: Rembrandt*, London, 1988; A. P. Laurie, *The Brushwork of Rembrandt and His School*, London, 1932; Ernst van de Wetering, *Rembrandt: The Painter at Work*, Amsterdam, 1997. 凡 · 德 · 韦特林的论文集具有非同寻常的启发性，探讨了艺术家的绘画材料和构图技巧与其画作对观者产生的诗意效果之间的关系。

伦勃朗在莱顿

P. J. M. de Baar et al., *Rembrandt en Lievens in Leiden "een jong en edel schildersduo,"* exhibition catalogue, Stedelijk Museum De Lakenhal, Leiden, 1992; K. Bauch, *Die Kunst des jungen Rembrandt*, Heidelberg, 1933; idem, *Der frühe Rembrandt und seine Zeit: Studien zur geschichtlichen Bedeutung seines Frühstils*, Berlin, 1960; idem, "Christus am Kreuz," *Pantheon* 20 (1962): 137-44; C. Bille, "Rembrandt and Burgomaster Jan Six," *Apollo* (1967): 160-65; B. P. J. Broos, "Rembrandt and Lastman's *Coriolanus*: The History Piece in the Seventeenth Century, Theory and Practice," *Simiolus* (1975): 199-228; C. Brown and J. Plesters, "Rembrandt's Portrait of Hendrickje Stoffels," *Apollo* (1977): 286-91; H. L. M. Defoer, "Rembrandt van Rijn, De doop van de kamerling," *Oud Holland* 91 (1977): 2-26; J. G. van Gelder, "A Rembrandt Discovery," *Apollo* 77 (1963): 371-72; H. Gerson, "La Lapidation de Saint Etienne peinte par Rembrandt en 1625," *Bulletin des musées et monuments lyonnais* (1962); B. Haak, "Nieuwe licht op Judas en de zilverlingen van Rembrandt," in *Album Amicorum J. G. van Gelder*, The Hague, 1973, 155-58; Franklin Robinson, "A Note on the Visual Tradition of Balaam and His Ass," *Oud Holland* 84 (1969): 167-96; S. Slive, "The Young Rembrandt," *Allen Memorial Art Museum Bulletin* 20 (1962): 120-49; E. van de Wetering, "Leidse schilders achter de ezels," in *Geschildert tot Leyden anno* 1626, exhibition catalogue, Leiden, 1976, 21-31.

肖像和群像

I. Bergstrom, "Rembrandt's Double-Portrait of Himself and Saskia at the Dresden Gallery," *Nederlands Kunsthistorisch Jaarboek* 17 (1966): 143-69; Richard Brilliant, *Portraiture*, Cambridge, Mass., 1991; H. Perry Chapman, *Rembrandt's Self-portraits: A Study in Seventeenth-Century Identity*, Princeton, 1990; S. A. C. Dudok van Heel, "Mr. Joannes Wtenbogaert (1608-1680): Een man uit Remonstrants milieu en Rembrandt van Rijn," *Jaarboek Amstelodamum* 70 (1978): 146-69; I. H. A. van Eeghen, "Baertje Martens en Herman Doomes," *Maandblad Amstelodamum* 43 (October 1956): 133-7; J. A. Emmens, "Ay, Rembrandt, maal Cornelis stem," in idem, *Kunsthistorische Opstelling*, vol. 1, Amsterdam, 1981, 20; L. J. Frederichs, "De schetsbladen van Rembrandt voor het schilderij van het echtpaar Anslo," *Maandblad Amstelodamum* 56 (Oct. 1969): 206-11; Luba Freedman, "Rembrandt's Portrait of Jan Six," *Artibus et Historiae* 12 (1985): 89-105; H. E. van Gelder, "Rembrandt's portretjes van M. Huygens en J. de Gheyn III," *Oud Holland* 68 (1953): 107; H. Gerson, "Rembrandt's portret van Amalia van Solms," *Oud Holland* (1984): 244-49; E. H. Gombrich, "The Mask and the Face: The Perception of Physiognomic Likeness in Life and Art," in *The Image and the Eye*, London, 1982, 104-36; Claus Grimm, *Rembrandt Selbst: Eine Neubewertung seiner Porträtkunst*, Stuttgart and Zurich, 1991; E. Haverkamp-Begemann, *Rembrandt: "The Night Watch,"* Princeton, 1982; W. S. Heckscher, *Rembrandt's "Anatomy of Dr. Nicolaas Tulp" : An Iconological Study*, New York, 1958; E. de Jongh, "The Spur of Wit: Rembrandt's Response to an Italian Challenge," *Delta* 12 (1969): 49-67; Norbert Middelkoop et al., *Rembrandt under the Scalpel*, exhibition catalogue, Mauritshuis, The Hague, 1998; Alois Riegl, *Das holländische Gruppenporträt*, ed. L. Munz, 2 vols., Vienna, 1931; Cynthia P. Schneider, "Death by Interpretation: Rembrandt's *Girl with Dead Peacocks*," in *Rembrandt and His Pupils*, ed. Görel Cavalli-Björkman, Stockholm, 1993, 55-67; idem, "Rembrandt Reversed: Reflections on the Early Self-portrait Etchings," in *Shop Talk: Studies in Honour of Seymour Slive*, by Cynthia Schneider, William Robinson, and Alice Davies, Cambridge, Mass., 1995, 224-26; William Schupbach, *The Paradox of Rembrandt's "Anatomy of Dr. Tulp,"* London, 1982; Jan Six, "*Jan Six aan het venster* (*Jan Six at the Window*)," *Kroniek van het Rembrandthuis* 23 (1969): 34-36, 68-69; Seymour Slive, "Rembrandt's *Self-portrait in a Studio*," *Burlington Magazine* 106 (1964): 483-86; David R. Smith, "'I Janus' : Privacy and the Gentlemanly Ideal in Rembrandt's Portraits of Jan Six," *Art History* II (Mar. 1988): 42-63; Victor I. Stoichita, *The Self-aware Image: An Insight into Early Modern Meta-painting*, trans. Anne-Marie Glasheen, Cambridge, 1997; S. A. Sullivan, "Rembrandt's *Self-portrait with Dead Bittern*," *Art Bulletin* 62 (1980): 236-43; Christian Tümpel, "De Amsterdamse schutterstukken," in *Schutters in Holland*, by M. Carasso-Kok and J. Levy-van Halm, exhibition catalogue, Zwolle, 1988, 74-103; Arthur K. Wheelock, Jr., "Rembrandt Self-portraits: The Creation of a Myth," in *Papers in Art History from the Pennsylvania State University* II (1999): 3-35.

1630 年后的历史主题绘画

J. Bruyn, *Rembrandt's keuze van Bijbelse onderwerpen*, Utrecht, 1959; John Gage, "A Note on Rembrandt's *Meeste Ende die Naetureelste Beweechgelickheijt*," *Burlington Magazine* III (Mar. 1976): 128-38; W. H. Halewood, *Six Subjects of Reformation Art: A Preface to Rembrandt*, Toronto, 1982; Visser 't Hooft, *Rembrandt and the Gospel*, London, 1957; Ilse Manke, "Zu Rembrandts *Jakobsegen* in der Kasseler Galerie," *Zeitschrift für Kunstgeschichte* 23 (1960): 252-60; J. L. A. A. M. van Rijckevorsel, *Rembrandt en de Traditie*, Rotterdam, 1932; Margarita Russell, "The Iconography of Rembrandt's *Rape of Ganymede*," *Simiolus* (1977):

5-18; E. Kai Sass, "Comments on Rembrandt's Passion Paintings and Constantin Huygens' Iconography," *Det kongelige danske videnskabernes selskab: Historisk-filosofiske skrifter* 5.3 (Copenhagen, 1971); Seymour Slive, "Notes on the Relationship of Protestantism to Seventeenth-Century Dutch Painting," *Art Quarterly* 19 (1956): 2-15; W. Stechow, "Rembrandt's Representations of the 'Raising of Lazarus,'" *Bulletin of the Los Angeles County Museum* (1973): 7-11; A. Tümpel and C. Tümpel, *Rembrandt legt die Bibel aus*, Berlin, 1970; C. Tümpel, "Studien zur Ikonographie der Historien Rembrandts," *Nederlands Kunsthistorisch Jaarboek* 29 (1969): 107-98; Arthur K. Wheelock, Jr., "Rembrandt and the Rembrandt School," in *Gods, Saints and Heroes: Dutch Painting in the Age of Rembrandt*, ed. Albert Blanken et al., exhibition catalogue, National Gallery of Art, Detroit Institute of Arts, and Rijksmuseum, Washington D.C., Detroit, and Amsterdam, 1981, 137-82.

目盲

Mieke Bal, *Reading Rembrandt: Beyond the Word-Image Opposition*, Cambridge, 1991; Jacques Derrida, *Memoirs of the Blind: The Self-portrait and Other Ruins*, trans. Pascale Anne Brault and Michael Naas, Chicago and London, 1973; M. H. Heinemann and H. C. Pinell-Staehle, "Rembrandt van Rijn and Cataract Surgery in Seventeenth-Century Amsterdam," *Historia Ophthalmologica Internationalis* 2 (1981): 85-93; Julius S. Held, "Rembrandt and the Book of Tobit," in *Rembrandt Studies*, Princeton, 1991, 118-43; Kahren Jones Hellerstedt, "The Blind Man and His Guide in Netherlandish Painting," *Simiolus* 13 (1983): 163-81; V. Manuth, "Die Augen des Sünders-Überlegungen zu Rembrandts *Blendung Samsons* von 1636 in Frankfurt," *Artibus et Historiae* 21 (1990): 169-98; Patrick Trevor-Roper, *The World Through Blunted Sight*, London, 1970.

裸像

Ann Jensen Adams, ed., *Rembrandt's "Bathsheba Reading King David's Letter,"* Cambridge, 1998; Tatiana Pavlovna Aleschina, "Some Problems Concerning the Restoration of Rembrandt's Painting Danaë," in *Rembrandt and His Pupils*, ed. Görel Cavalli-Björkman, Stockholm, 1993, 223-34; Kenneth Clark, *The Nude: A Study in Ideal Form*, New York, 1956; Colin Eisler, "Rembrandt and Bathsheba," in *Essays in Northern European Art Presented to Egbert Haverkamp-Begemann on His Sixtieth Birthday*, ed. Anne-Marie Logan, Doorspijk, 1983, 84-88; E. Panofsky, "Der gefesselte Eros: Zur Genealogie von Rembrandts Danaë," *Oud Holland* 50 (1933): 193-217; Simon Schama, "Rembrandt and Women," *Bulletin of the American Academy of Arts and Sciences* 38 (1985); Eric J. Sluiter, "Rembrandt's Early Paintings of the Female Nude: Andromeda and Susanna," in *Rembrandt and His Pupils*, ed. Görel Cavalli-Björkman, Stockholm, 1993, 31-54; Irina Sokolowa et al., *Danaë*, St. Petersburg, 1998.

风景画和版画艺术

Clifford S. Ackley, *Printmaking in the Age of Rembrandt*, exhibition catalogue, Museum of Fine Arts, Boston, 1981; K. G. Boon, *Rembrandt: The Complete Etchings*, 2 vols., London and New York, 1952; Robert C. Cafritz, "Reverberations of Venetian Graphics in Rembrandt's Pastoral Landscapes," in *Places of Delight: The Pastoral Landscape*, by idem, Lawrence Gowing, and David Rosand, exhibition catalogue, The Phillips Collection and National Gallery of Art, Washington, D.C., 1988, 130-47; David Freedberg, *Dutch Landscape Prints*, London, 1980; Alison McNeil Kettering, "Rembrandt's *Flute Player*: Unique Treatment of the Pastoral," *Simiolus* 9 (1977): 19-44; idem, *The Dutch Arcadia: Pastoral Art and Its Audience in the*

Golden Age, Totowa and Montclair, N.J., 1983; F. Lugt, *Mit Rembrandt in Amsterdam*, Berlin, 1920; Cynthia Schneider et al., *Rembrandt's Landscapes*, New Haven and London, 1990; idem, *Rembrandt's Landscapes: Drawings and Prints*, exhibition catalogue, National Gallery of Art, Washington, D.C., 1990; Eric Jan Sluiter, "De entree van de amoureuze herdersidylle in de Noord-Nederlandse prent- en schilderkunst," in *Het Gedroomde Land: Pastorale Schilderkunst in de Couden Eeuw*, ed. Peter van den Brink, Utrecht, 1993; Linda Stone Ferrier, "Rembrandt's Landscape Etchings: Defying Modernity's Encroachments," *Art History* 15 (Dec. 1992): 403-33; *Rembrandt: Experimental Etcher*, exhibition catalogue, Museum of Fine Arts, Boston and New York, 1988; Christopher White, *Rembrandt as Etcher: A Study of the Artist at Work*, 2 vols., London, 1989.

伦勃朗的学生和他的"学校"

关于区分仅由伦勃朗亲手创作的作品和他的学生、助手和模仿者的作品，这个恼人的问题在许多重要的近期展览和展览目录中都有谈及，尤其参见：*The Impact of a Genius: Rembrandt, His Pupils and Followers in the Seventeenth Century*, Rijksmuseum, Gemäldegalerie, and Royal Academy, Amsterdam, Berlin, and London, 1983; *Rembrandt: The Master and His Workshop*, 2 vols., New Haven and London, 1991; essays by Görel Cavalli-Björkman, Albert Blankert, Walter Liedtke, Ernst van de Wetering, and Arthur Wheelock, in *Rembrandt and His Pupils*, ed. Görel Cavalli-Björkman, Stockholm, 1993; Hubert von Sonneburg and Walter Liedtke, *Rembrandt/Not Rembrandt*, 2 vols., Metropolitan Museum of Art, New York, 1995; *Rembrandt: A Genius and His Impact*, National Gallery of Victoria, Melbourne and Zwolle, 1997。另见 H. Gerson, "Rembrandt's Workshop and Assistants," in *Rembrandt after Three Hundred Years: A Symposium*, Chicago, 1973, 19-31; Paul Huys Janssen and Werner Sumowski, *The Hoogstede Exhibition of Rembrandt's Academy*, Zwolle, 1992。有关"学校"的标准参考著作是 W. Sumowski, *Gemälde der Rembrandt-Schüler*, vol. 1, Landau, 1983。最近一部关于这个讨论的重要著作是 Walter Liedtke, "Reconstructing Rembrandt and His Circle: More on the Workshop Hypotheses," in *Papers in Art History from the Pennsylvania State University* II (1999): 38-60。

17 世纪 50 和 60 年代的历史画与肖像画

Svetlana Alpers, "Rembrandt's *Claudius Civilis*," in *Rembrandt and His Pupils*, ed. Görel Cavalli-Björkman, Stockholm, 1993, 14-30; Anthony Bailey, *Response to Rembrandt: Who Painted "The Polish Rider"? A Controversy Considered*, New York, 1994; Jan Biatostocki, "Rembrandt's *Eques Polonus*," *Oud Holland* 84 (1969): 163-76; Otto Benesch, "Wordly and Religious Portraits in Rembrandt's Late Art," *Art Quarterly* 19 (1956): 335-55; Albert Blankert, "Rembrandt, Zeuxis, and Ideal Beauty," in *Album Amicorum J. G. van Gelder*, The Hague, 1973, 32-39; B. P. J. Broos, "Rembrandt's Portrait of a Pole and His Horse," *Simiolus* 7 (1974): 192-218; Margaret Deutsch Carroll, "Civic Ideology and Its Subversion: Rembrandt's *Oath of Claudius Civilis*," *Art History* 9 (1986): 12-35; Ilse Manke, "Zu Rembrandt's *Jakobsegen* in der Kasseler Galerie," *Zeitschrift für Kunstgeschichte* 23 (1960): 252-60; C. Nordenfalk, *The Batavians' Oath of Allegiance*, Stockholm, 1982; Gary Schwartz, "Appelles, Apollo en the Third Man: Schilderkunst, letterkunde en politiek rond 1650," *De Zeventiende Eeuw* II (1995) : 124-30; Wolfgang Stechow, "Jacob Blessing the Sons of Joseph: From Early Christian Times to Rembrandt," *Gazette des Beaux Arts* 23 (1943): 193-208; H. van de Waal, "The Staalmeesters and Their Legend," in van de Waal, *Steps Towards Rembrandt*, Amsterdam and London, 1974, 247-75.

致谢

1996年的冬天，我参加牛津大学以人类价值观为主题的坦纳讲座（Tanner Lectures on Human Values）时，大篇幅地对《伦勃朗的眼睛》中的诸多观点进行了阐述，而在场的听众则以无比的耐心倾听着。在此，我要感谢布拉森诺斯学院（Brasenose College）的校长温德尔沙姆勋爵（Lord Windlesham），正是他主持了这些讲座。也感谢我的老同学们的热情款待。另外，我也要感谢乔纳森·伊斯拉埃尔（Jonathan Israel）、马丁·罗亚尔顿·基希（Martin Royalton Kisch）、克里斯托弗·怀特（Christopher White）以及乔安娜·伍德尔（Joanna Woodall）。在讲座结束后的研讨会中，他们提供了建设性的批评和评论。本书的部分内容也曾在哈佛大学、北卡罗来纳艺术博物馆、斯坦福大学、加利福尼亚大学圣巴巴拉分校、华盛顿大学和纽约的格罗利尔协会（Grolier Society）以讲座或研讨会的形式发布过。

在多年对荷兰艺术的思考和写作过程中，我从许多朋友、同事和学生那里借鉴了他们在这个领域的善意和智慧，其中包括乔治·艾布拉姆斯（George Abrams）、安·詹森·亚当斯（Ann Jensen Adams）、斯韦特兰娜·阿尔珀斯（Svetlana Alpers）、龙尼·贝尔（Ronni Baer）、米克·巴尔（Mieke Bal）、本杰明·宾斯托克（Benjamin Binstock）、玛格丽特·多伊奇·卡罗尔（Margaret Deutsch Carroll）、保罗·克伦肖（Paul Crenshaw）、伊万·加斯凯尔（Ivan

Gaskell)、埃格伯特·哈弗坎普·贝格曼(Egbert Haverkamp Begemann)、杰拉尔丁·约翰逊(Geraldine Johnson)、沃尔特·利特克(Walter Liedtke)、奥托·瑙曼(Otto Naumann)、罗德尼·内维特(Rodney Nevitt)、威廉·罗宾逊(William Robinson)、西摩·斯利夫(Seymour Slive)、彼得·萨顿(Peter Sutton)、艾米·沃尔什(Amy Walsh)、厄内斯特·凡·德·韦特林(Ernst van de Wetering)、亚瑟·惠洛克(Arthur Wheelock)以及迈克尔·泽尔(Michael Zell)等人。我要特别感谢我的同事戴维·弗里德伯格(David Freedberg),他不断激励我更深入、更细致地去思考鲁本斯和伦勃朗。在1996年的春天,我们共同在哥伦比亚大学主持了一场关于伦勃朗的硕士生研讨会,加上我在1998年独立主讲的课程,这两个阶段都帮助我更好地集中思考艺术家的各个方面。为此我特别感谢克莱尔·吉尔曼(Clare Gilman)、卡伦·格林(Karen Green)、杰基·容(Jackie Jung)、梅雷迪思·哈勒(Meredith Hale)以及玛格丽特·桑德尔(Margaret Sundell),他们在对旧话题的新思考上给予了我很大的帮助。梅雷迪思·哈勒在书籍出版的所有后期阶段都给予了我必要的帮助:找到插图、检查参考文献,以及总体上确保一份庞大而繁杂的书稿(以及其作者)不会陷入混乱。我还要感谢凯蒂·诺尔丁(Katie Nordine)和索尼娅·雷希卡(Sonia Resika)帮助我寻找和获取插图,并在费尔韦瑟街(Fayerweather)523号这个地方执行了一种严格但友好的管理方式。我非常感谢威廉·吕尔斯(William Luers)大使和米哈伊尔·皮耶洛夫斯基博士(Dr. Mikhail Pietrowsk)在我访问艾尔米塔什博物馆时给予的帮助,同时也感谢伊琳娜·索科洛娃博士(Dr. Irina Sokolowa)及其同事们在《达那厄》对公众开放前让我看到受损的画作,并分享了他们对画作受损事件和修复工作的看法。在写作的各个阶段,吉尔·斯洛托弗(Jill Slotover)、列昂·维塞尔蒂尔(Leon Wieseltier)以及我的代理人迈克尔·西森斯(Michael Sissons)和彼得·马特森(Peter Matson)都很乐意阅读手稿,并提供了令人心安的指导和安慰。我的编辑卡罗尔·布朗·詹韦(Carol Brown Janeway)和斯图尔特·普罗菲特(Stuart Proffitt)都对这部庞大的手稿一如既往地进行了一丝不苟的剖析,并试图在混乱中引入一些立场和态度(houding)。在阿尔弗雷德·A.克诺夫

（Alfred A. Knopf）出版社，德布拉·赫尔方（Debra Helfand）、艾瑞斯·韦因斯坦（Iris Weinstein）和特蕾西·卡巴尼斯（Tracy Cabanis）组成了一支英勇的制作团队。雷切尔·艾布拉姆（Rachel Abram）在获取插图和许可方面提供了无价的帮助。每当伦勃朗风暴席卷着压力，带来似乎无法承受的重担时，我的妻子金妮（Ginny）和我的孩子克洛伊（Chloe）、加布里埃尔（Gabriel）总是一如既往地提供着和平与爱的力量，并在我固执地拉着他们去看每一幅可能找到的鲁本斯或伦勃朗的画作时，贴心地迁就了我。

我要特别感谢我的朋友加里·施瓦茨（Gary Schwartz）——他是我这本书的受题献人之一，也是我的伙伴、评论家、争论者和顾问。在过去的十年中，我一直在努力理解他在他撰写的精彩传记中对画家的描绘。有时，我们就像伦勃朗那幅现藏于墨尔本的伟大画作《两个争辩的老人》中的人物一样，而那个手指指在正确文本上的使徒，毫无疑问是加里。尽管我们对伦勃朗的理解方式各不相同，他还是乐于阅读我的书稿，并帮我纠正了许多错误。当然，剩下的错误只能是我自己的责任。

《伦勃朗的眼睛》这本书，同样献给约翰·布鲁尔（John Brewer）。尽管我们并未曾就伦勃朗的话题进行过交谈，但在过去的三十年里，我们无所不谈，共享了无数独特的思考、奇思妙想、观点和深刻的信念。他始终是一位真挚的朋友，待在我身边，倾听我的言语，发表睿智的见解，然后再为我们二人倒上一杯佳酿。

索引

条目后的数字为英文原书页码，见本书边码。斜体字为插图。

图片来源

条目后的页码为英文原书页码，见本书边码。

Graphische Sammlung Albertina, Vienna: p. 465

Alinari/Art Resource, New York: p. 147 (Palazzo Pitti, Florence)

Alte Nationalgalerie, Staatliche Museen zu Berlin, Preussischer Kulturbesitz, Berlin: p. 116 bottom (Photograph by Jörg P. Anders, Berlin)

Alte Pinakothek München and Kunstdia-Archiv Artothek, D-Peissenberg, Munich: pp. 143, 149, 183, 288, 292 right, 293, 297, 438, 440, 442, 444

Amsterdams Historisch Museum, Amsterdam: pp. 346, 604

Photograph copyright © 1999, The Art Institute of Chicago: p. 525 (Mr. and Mrs. Martin A. Ryerson Collection, 1894.102)

Ashmolean Museum, Oxford: pp. 280 bottom, 370 top, 560

The Baltimore Museum of Art: p. 32 (The Mary Frick Jacobs Collection, BMA 1938.217)

Biblioteca Ambrosiana, Milan: p. 94

Bibliothèque Royale Albert Ier, Bruxelles: p. 83

Bridgeman Art Library, London/New York: pp. 181 (Palazzo Pitti, Florence), 230 bottom (Pushkin Museum, Moscow), 513 (Hermitage, St. Petersburg), 528 bottom (National Gallery, London), 574 left (Private collection)

Copyright © The British Museum, London: pp. 36 bottom right and left, 145, 273, 292 left, 351, 503 bottom left, 565, 631

Centraal Museum, Utrecht: p. 371 left and right

Copyright © The Cleveland Museum of Art: p. 425 (1998, Purchase from the J. H. Wade Fund, 1969.69)

Columbia University, Avery Architectural and Fine Arts Library, New York: pp. 20 top, 79 left and right, 518

Columbia University Libraries, Butler Rare Book Room, New York: p. 46

The Courtauld Gallery, London: pp. 162 bottom, 163

Photograph copyright © The Detroit Institute of Arts: p. 95 (Gift of William E. Scripps in memory of his son, James E. Scripps II)

By permission of the Trustees of Dulwich Picture Gallery, London: p. 522

English Heritage Photographic Library, Kenwood, The Iveagh Bequest: p. 671

Fine Arts Museums of San Francisco: p. 340 (Roscoe and Margaret Oakes Collection, 61.31)

Reproduction by permission of the Syndics of the Fitzwilliam Museum, Cambridge: p. 532

Courtesy of the Fogg Art Museum, Harvard University Art Museums: p. 538 (Bequest of Charles A. Loeser, copyright © President and Fellows of Harvard College, Harvard University)

Château de Fontainebleau, copyright © Photo RMN-Arnaudet: 116 top

Copyright © The Frick Collection, New York: pp. 334, 600, 618

Isabella Stewart Gardner Museum, Boston: pp. 28, 407

Gemäldegalerie Alte Meister, Staatliche Kunstsammlung, Dresden: pp. 365, 381, 412, 434 top, 501, 505

Gemäldegalerie Alte Meister, Staatliche Museen, Kassel: pp. 507, 528 top, 571, 606

Gemäldegalerie, Staatliche Museen zu Berlin, Preussischer Kulturbesitz, Berlin: pp. 124, 264, 265, 363, 406, 408, 409, 434 bottom, 478, 551, 621, 622 (Photograph by Jörg P. Anders, Berlin)

Germanisches Nationalmuseum, Nuremberg: pp. 6, 280 top left

The J. Paul Getty Museum, Los Angeles: pp. 257 bottom, 656 (Gift of J. Paul Getty)

Glasgow Museums, Scotland: pp. 361 (The Burrell Collection), 591 (Art Gallery and Museum, Kelvingrove)

Kunsthalle, Hamburg: p. 630

The Armand Hammer Collection, UCLA at the Armand Hammer Museum of Art and Cultural Center, Los Angeles: pp. 470, 619

The State Hermitage Museum, St. Petersburg, Russia: pp. 341, 384, 385, 388, 411, 520, 524 right, 644, 683

Herzog Anton Ulrich-Museum, Braunschweig: pp. 529, 664 (Fotonachweis: Museumsfoto B. P. Keiser)

Hessisches Landesmuseum, Darmstadt: p. 517

The House of Orange-Nassau Historic Collections Trust: p. 290 left

Institut de France—Musée Jacquemart-André, Paris: pp. 252, 290 right, 572

Collection Frits Lugt, Institut Néerlandais, Paris: pp. 302 right, 503 top left

Copyright © IRPA-KIK, Bruxelles: pp. 154 bottom left and right, 155, 162 top

The Israel Museum, Jerusalem: p. 237 top (Anonymous gift to American Friends of the Israel Museum)

Koninklijk Museum voor Schone Kunsten, Antwerp (België): pp. 120, 287 top

Copyright © Stichting Koninklijk Paleis, Amsterdam: pp. 623, 624, 626

Kunsthistorisches Museum, Vienna: pp. 403, 422, 570

Kupferstichkabinett Staatliche Museen zu Berlin, Preussischer Kulturbesitz, Berlin: pp. 364, 380, 414, 519

Erich Lessing/Art Resource, New York (Kunsthistorisches Museum, Vienna): pp. 454, 555

Los Angeles County Museum of Art: pp. 261 (Gift of H. F. Ahmanson and Company in memory of Howard F. Ahmanson), 338 (Gift of J. Paul Getty)

Musée du Louvre, Paris: pp. 132, 154 top, 241, 360, 362

Bildarchiv Foto Marburg: p. 457

Foto Marburg/Art Resource, New York: p. 100

Photograph copyright © Mauritshuis, The Hague: pp. 348–9 (inventory no. 146), 394 top right (inventory no. 707), 397 (inventory no. 147), 592 (inventory no. 584; Photograph by Daniël van de Ven), 679, 703 (inventory no. 148)

The Metropolitan Museum of Art, New York: pp. 21 (Rogers Fund, 1970 [1970.705]), 87 (The Jack and Belle Linsky Collection, 1982 [1982.60.24]), 303 (Gift of Henry Walters, 1917 [17.37.137]), 333 (Bequest of William K. Vanderbile, 1920 [20.155.2]), 356 (Sylmaris Collection, Gift of George Coe Graves, 1920 [20.46.19]), 373 left (H. O. Havemeyer Collection, Bequest of Mrs. H. O. Havemeyer, 1929 [29.100.3], 373 right (H. O. Havemeyer Collection, Bequest of Mrs. H. O. Havemeyer, 1929 [29.100.4]), 377 right (Gift of Helen Swift Neilson, 1943 [43.125]), 474, 475 (H. O. Havemeyer Collection, Bequest of Mrs. H. O. Havemeyer, 1929 [29.100.0]; Photograph by Malcolm Varon), 502 (Gift of Henry Walters by exchange, 1923 [23.57.2]), 515 (Robert Lehman Collection, 1975 [1975.1.799]), 554 (Gift of Harry G. Friedman, 1955 [55.632.9]), 585 (Purchase, special contributions and funds given or bequeathed by friends of the Museum, 1961 [61.198]), 640 (Bequest of Benjamin Altman, 1913 [14.40.618]), 698 (Robert Lehman Collection, 1975 [1975.1.140]; Photograph by Malcolm Varon)

The Minneapolis Institute of Arts: p. 661

The Pierpont Morgan Library/Art Resource, New York: title page, pp. 36 middle left, 304 left and right, 305, 323, 372, 400, 413, 415, 426 bottom, 427, 429, 446, 467, 477, 506, 534, 535, 536, 539 bottom, 540, 544 bottom, 545, 558, 559 top and bottom, 575, 576

Municipal Archive of Leiden: p. 196

Photographie Musée de Grenoble: p. 127

Musée des Beaux Arts de Lyon; p. 231

Musée Fabre, Ville de Montpellier: p. 125

Copyright © Photothèque des Musées de la Ville de Paris: pp. 237 bottom, 306

Musées Royaux des Beaux Arts de Belgique, Bruxelles—Koninklijke Musea voor Schone Kunsten van België, Brussel: pp. 236 (Photo Cussac), 392 (Photo Cussac), 473 left

Museum Boymans van Beuningen, Rotterdam: pp. 471 (Willem van der Vorm Foundation), 483, 503 bottom right, 610

Museum Catharijneconvent, Utrecht: p. 235 (Photograph by Ruben de Heer)

Museum der Bildenden Künste, Leipzig: p. 153 (Sammlung Maximilian Speck von Sternburg, Lützschena)

Museum of Fine Arts, Boston: pp. 13, 15, 20 bottom (Zoe Oliver Sherman Collection, given in memory of Lillie Oliver Poor), 374 left and right, 399 (Harvey D. Parker Collection, P417); Courtesy, Museum of Fine Arts, Boston. Reproduced with permission. Copyright © 1999 Museum of Fine Arts, Boston. All rights reserved.

Museum het Rembrandthuis, Amsterdam: pp. 224, 298, 299 top right and bottom left and right, 355, 390 top and bottom, 459, 549, 629, 674

Museum Wasserburg, Anholt/Artothek: p. 394 bottom

The National Gallery, London: pp. 141, 180, 339, 367 (Photograph copyright © by Erich Lessing), 417, 466, 468, 556, 557, 563, 652, 653, 678

Photograph copyright © 1998 Board of Trustees, National Gallery of Art, Washington, D.C.: pp. 354 (Widener Collection), 524 left, 660 (Andrew W. Mellon Collection)

The National Gallery of Ireland, Dublin: p. 225

National Gallery of Scotland, Edinburgh: p. 523 top

National Gallery of Victoria, Melbourne: p. 276 (Felton Bequest, 1934)

Nationalmuseum, Stockholm: pp. 503 middle right, 526, 593, 634–5, 684

Nimatallah/Art Resource, New York: p. 250 left

Philadelphia Museum of Art: pp. 186, 421 (Purchased with the W. P. Wilstach Fund)

Museo del Palazzo Ducale, Mantua: p. 101

Museo del Prado, Madrid: pp. 110, 140, 168, 182, 391; All rights reserved

Private collection, on loan to the Museum of Fine Arts, Boston: p. 655

Private collections: pp. 19 top, 212, 233, 257 top, 266, 277, 308–9, 375 left and right, 430, 587, 657

Rijksmuseum, Amsterdam: pp. 19 bottom, 33 left and right, 36 top, 190, 208, 218, 240, 251, 256, 259, 262 left and right, 282, 287 bottom, 296, 299 top left, 328, 344, 370 bottom, 394 top left, 472, 486 left and right, 487, 492–3, 497, 500, 504, 530, 531, 539 top, 544 top, 568, 603, 608, 611, 620, 628, 647, 655, 658, 665, 667

Photograph copyright © Réunion des Musées Nationaux (RMN): pp. 85, 379 (Daniel Arnaudet), 410, 426 top, 453 (H. Lewandowski), 464, 476 (C. Jean), 550, 553 (Jean Schormans), 598 (Gérard Blot)

The Royal Collection copyright © Her Majesty Queen Elizabeth II: pp. 31, 35, 378, 450, 473 right

The Royal Pavilion, Art Gallery and Museums, Brighton and Hove: p. 260

Copyright Rubenshuis, Antwerp: pp. 86, 167, 171, 178

Église St. Eustache, Paris: 250 right

Scala/Art Resource, New York: pp. 130, 366

Six Collection, Amsterdam: pp. 573, 574 right, 577 left and right, 579, 581

Staatliche Graphische Sammlung, Munich: p. 633

Staatliche Kunsthalle, Karlsruhe: pp. 128, 234

Staatsgalerie, Stuttgart: p. 280 top right

Städelsches Kunstinstitut, Frankfurt/Artothek: pp. 272 (Mr. Jürgen Hinrichs), 420, 677

Stedelijk Museum De Lakenhal, Leiden; pp. 215, 227, 230 top, 255, 302 left

The Taft Museum, Cincinnati: p. 377 left (Bequest of Charles Phelps and Anna Sinton Taft)

Mr. A. Alfred Taubman: p. 449

By kind permission of the Marquess of Tavistock and the Trustees of the Bedford Estate: p. 523 bottom

Teylers Museum, Haarlem: p. 543

Board of the College, Trinity College, The University of Dublin: p. 226

Courtesy Ursus Books and Prints Ltd., New York: p. 692

Board of Trustees of the National Museums and Galleries on Merseyside, Walker Art Gallery, Liverpool: p. 29

Reproduced by permission of the trustees of the Wallace Collection, London: p. 675

Wallraf-Richartz-Museum, Köln/Rheinisches Bildarchiv, Cologne: pp. 97, 676

Yale University Art Gallery, New Haven: p. 115 (Gift of Susan Morse Hilles)